LE PERÇU

Introduction au discours du tableau, Le Seuil, 1996.

François Wahl

LE PERÇU

ouvertures

Fayard

Collection dirigée par
Alain Badiou et Barbara Cassin

ISBN : 978-2-213-63441-8

à un tilleul
... et en hommage au pommier de Husserl.

SOMMAIRE

EN GUISE D'EXPOSÉ DES MOTIFS

1.

Le phénomène n'est pas le noumène : c'est même tout ce à quoi, traditionnellement, il sert. Le phénomène a été dès l'Antiquité récusé pour sa mutabilité et les plus patents de ses leurres, ces deux traits renvoyant à son insubstantialité. Le savoir progressif que, "sous" le phénomène, il est possible de dégager une série d'opérateurs physico-chimico-physiologiques a arraché la science moderne à la *contemplation* de ce qui apparaît, pour se porter à la *production* de propositions sur ce qui y est opérant : propositions à la fois falsifiables et si possible littérales, vérifiées par leur confrontation avec l'empirie, et intelligibles de par leur consistance réciproque, qui vaut réquisit. Dans les deux cas, l'opposition est celle du rationnel au phénoménal ; mais la rationalité antique y voyait plutôt l'opposition de deux systèmes, la rationalité "post-galiléenne" s'élabore dans le double mouvement de l'interrogation de l'expérience – bientôt dénaturalisée – et de l'élucidation des procédures logico-axiomatiques qui commandent l'interrogation. La Phénoménologie même n'a prétendu « revenir » au phénomène, c'est dire à la contemplation, que pour en reconnaître d'abord la constitution transcendantale par l'*Ego* pur qui le supporte de son « intention ».

La question est : le phénomène, le phénomène *en lui-même*, est-il aussi disjoint de la nue intelligibilité que le dit l'Antiquité, Platon d'abord bien sûr, mais aussi Aristote puisqu'il n'y a de science que des causes formelles ? Et n'y a-t-il d'intelligibilité que des propositions de la science moderne qui substituent au phénomène l'altérité de leur élaboration déductive ? Qu'on se tienne à l'une ou l'autre place, on néglige ce fait patent, premier : *le monde phénoménal, de par soi, consiste,* en d'autres termes, se tient sans hiatus dans toutes ses parties. C'est même de l'exploitation de sa consistance que toute chaîne d'énoncés logiquement consistants, et plus qu'aucune celle de la science, prend appui. Mais dès lors que ce que nous appellerons l'apparaître consiste, il faut qu'il se laisse lui-même construire en *énoncés* qui, épuisant de proche en proche son parcours, constituent un – son – *discours.* Par "énoncé" s'entend le faire-un d'une situation reconduite à la nécessité interne de ses connexions, et par "discours", le processif de la pensée conduite par le prescriptif de la ou des logique(s) qui la régissent.

Dire : j'ouvre les yeux, le monde consiste – qui pourrait le nier ? –, c'est dire qu'*à l'exercice du laisser apparaître, la discursivité, dans sa résolution logique, est incluse.* C'est cette omniprésence du discursif à l'apparaître que nous désignerons une première fois comme *le perçu.* C'est un exercice encore inexplicité de la logique, mais énoncé il y a. Le tilleul au bord de la pelouse ne se réduit pas à une forme sur un fond : forme et fond sont là des formants qui ne font sens que pour ce que leur détermination l'un par l'autre est un moment de la consistance de ce que je vois. Cette immédiation de l'énoncé au perçu, immédiation de la structuration du perçu en énoncé, est l'assise de tout ce que nous dirons. Ce que disant, nous nous trouverons tourner absolument le dos au déficit du rendre raison qu'on prête à tout suspens à la contemplation, aussitôt prédiquée de futile. Mais nous nous tiendrons aussi loin du recours à quelque transcendantalité de la logique : laquelle a son assise non dans l'infatuation d'un sujet mais dans les choses, nous l'y trouvons parce que nous l'y lisons, et ce qui s'en impose est un strict réalisme. Nous pourrons écrire : *de l'empiricité du Logos se conclut si bien son immanence à la réalité que c'est elle seule qui fonde la réalité comme telle.*

Des objections qu'on fera, qu'on ne manquera pas de faire, là-contre, celles qui se réclameront du pseudo-concept classique de la perception sont les moins solides. Il ne sera pas difficile de montrer que le schème dit perceptif est suspendu au dual du sujet et de l'objet dans un temps où, de ce concept-là du supplément sujet, et avec lui du classique transcendantal, la destitution est acquise. Au demeurant, nous verrons que c'est à une tout autre place et en un tout autre sens qu'il faut dire sujet.

On objectera plus pertinemment que la Logique est un *corpus* qui se développe désormais pour lui-même, en empruntant toujours davantage son progrès au Mathématique, et que le perçu n'en offre qu'une approche ou une approximation élémentaire, bien loin de ce qui induit l'exaltation productrice du logicien. Nous tenterons de montrer que le perçu, loin d'être en exception à l'exercice d'un discours conséquent dont les prescriptions sont énonçables, a dans toutes ses dimensions ses propres réquisits, à quoi sa consistance est intrinsèquement suspendue. Et mieux : qu'à ignorer ses réquisits pour tenter de lui une construction de bout en bout extrinsèque, dont l'instrument déficitaire est l'inventaire des altérités – soit le modèle hégélien –, on est contraint de retomber dans le contemplatif d'un donné opaque qui les précède. Retour du préjugé antique selon lequel la vérité ne se pourrait dire qu'en opposition à un champ qui la dédirait.

On objectera autrement, mais c'est la même chose, que la contemplation a pour champ ces apparences demeurantes, qui doivent leur prestige à ce que, après les avoir quittées, nous les retrouvons, et qu'ainsi elles se caractérisent comme le domaine du Même, auquel la science substitue celui de l'Autre, son idéal étant d'inscrire des lettres qui ne désignent rien hors l'articulation des fonctions qui les argumentent. C'est là une formulation frappante de ce qui distingue, voire oppose, deux langues ; mais c'est aussi un passage au-delà de la limite, qui rendrait la pratique du littéral impossible : chaque lettre n'est que son altérité au regard des autres lettres, mais désigne par cette Altérité le Même de la fonction qu'elle insigne ; chaque fonction peut bien ne se dire que de ce en quoi elle est autre que les autres, mais pour le Même de la structure où – en rigueur – elles font groupe[1]. Ce n'est pour toujours qu'en disant le Même que le *Sophiste* a pu dire l'Autre.

---

1. Pour entrer d'emblée *in medias res* : Jean-Claude Milner a plus qu'aucun autre insisté sur la réduction chez Lacan de la représentation – l'Imaginaire – au Même, et le projet de constituer, à l'inverse, la « chaîne » du Symbolique en syntagme de signifiants qui ne sont rien d'autre, chacun, que sa différence aux autres, indexée sur les différences dont est susceptible un signifiant quelconque ; à son tour, le sujet supporte le non-identique à soi des signifiants, et doit se dire lui-même non-identique à soi, comme en éclipse : reste qu'avec lui, reconnaît Milner, « un pas vers l'imaginarisation peut s'engager », son Zéro comptant pour Un. Lacan était plus explicite, impliquant (*Autres Écrits*, p. 200) que, du manque qui se dérobe dans le signifiant mais soutient la chaîne de sa récurrence, « l'Un du sujet » est la suture qu'il *faut* pour que chaîne il y ait. Autrement dit, même du manque, il faut qu'il y ait un Même, ne serait-

Tout ce qui est consistant est axiomatico-logiquement énonçable : c'est dire que ses éléments constitutifs sont liés par une relation de nécessité. Le perçu nous assigne de produire cette *nécessité intrinsèque du phénomène*, qui en est la condition même : il en faut l'énoncé pour que l'apparaître apparaisse comme tel. Son articulation est ce qui le supporte et ce qui se découvre en lui. Nous verrons que cela ne peut se faire que chaque fois localement et chaque fois d'un seul coup. S'en suit que nous serons tenus dans l'immédiation du Logos à ce qu'il institue comme l'apparaissant, dans l'immédiation l'un à l'autre de l'Autre et du Même. Ni dans le prétendu mutisme de l'empirique, ni dans les chaînes pures de la logique. Et pas non plus dans une déduction par celles-ci de celui-là. Nous avons à reconnaître ce qu'est en son propre la logique de cet apparaître auquel nous sommes, sans défaillir sur la logique, sans contraindre l'apparaissant. Dans la position, si j'ose dire, d'un corps à corps intellectuel où il s'agit de faire surgir du réel de quoi il est fait.

Dès lors que la consistance d'un discours est avérée, il *faut*, pour qu'elle soit, qu'elle traverse son objet de part en part, qu'il consiste dans toutes ses parties et dans toute son épaisseur. S'en suit que les énoncés du consistant épuisent ce qu'il a d'*être* : son réquisit ontologique est sa *constitution*, avec ce qu'elle implique d'*intrinsèque*. Nous ne voyons pas l'infinité des forces et des éléments qui sont à l'œuvre dans l'être-là, mais ce que nous voyons en est un effet qui s'avère logiquement pertinent en lui-même ; cet effet est ce que nous aperce-

---

il que celui de la chaîne et marqué par elle. Lacan va plus loin encore, entendant par manque propre du signifiant le manque d'être un Même, et le spécifiant : « ce qui manque au signifiant pour être l'Un du sujet ». Autrement dit – et nous voici renvoyés au *Sophiste* – il n'y a d'Autre que du Même.

Milner convient par ailleurs que, même admise la restriction faite par le sujet à l'altérité pure, Lacan a renoncé à la linéarité différentielle de la chaîne, dès lors qu'il a assigné aux lettres leur place dans le mathème de chacun des « quatre discours », et plus encore dans le modèle final du nœud.

Ajoutons que du point de la psychanalyse, 1. l'Un du sujet, comme le rappelle au même lieu Lacan, est marqué par la rencontre d'une marque signifiante *identifiante*, qui va fonctionner comme idéale ; 2. impossible d'oublier que la chaîne est orientée par une autre fonction du manque, celui de l'*objet* du désir.

Du point de la science en général, on peut tenir le Même de son discours pour le sujet de la chaîne littérale : ainsi la chute des corps est-elle en position de sujet du discours galiléen.

vons du "monde", et il n'y a certes d'apparaître que pour celui à qui il apparaît, mais nous-mêmes sommes en inclusion à l'apparaître : d'où s'induit que notre aperception est un moment de cette consistance que d'elle-même elle découvre et qui dès lors transit la réalité tout entière ; le phénomène et la science nous font parler ce monde en deux – et même plusieurs – langues, mais chacune d'entre elles transcrit la même constitution du réel, la transcrivant autrement.

Dire que l'apparaître consiste, c'est dire que son discours est celui de sa constitution : telle sera donc, une seconde fois, la définition du *perçu*. Définition entraînant qu'un apparaître est transparent à ce qu'il a d'être, que son énoncé délivre ce qu'est, comme étant, sa composition, et que sa composition délivre sa fondation. Et définition requérant alors que – au rebours de l'effet de surface où s'arrête la logique des relations – il existe, pour le champ où elle est opérante, une *axiomatique* qui en fixe les prescriptions ontologiques. Ce qui va de soi si prononcer sur l'être d'un régime d'étance est prononcer quels axiomes le prescrivent et si décider pour une axiomatique est trancher de ce qui détermine un – réel ou possible – régime d'être. Aucune analyse du discours du perçu ne sera opératoire si elle ne parvient pas jusquelà : jusqu'à l'axiomatique qui fait frontière entre la logique et l'ontologique.

2.

J'ai tenté précédemment de démontrer que tout objet esthétique – et nommément le tableau – se constitue en discours ; que sa discursivité a des règles ou, pour mieux dire, des modes d'articulation syntactique propres ; qu'elle ne connaît que des traits matériels du tableau, autrement dit qu'elle prescrit un discours *immanent* au sensible ; et que ce discours est *auto-constitutif* pour autant qu'il institue du même geste la délimitation d'une séquence, les termes qui la structurent, et la consistance de leur relation. S'en suivait qu'un tableau est un énoncé et, qu'énonçant par lui-même, il est lui-même seul *sujet*, sujet de son énoncé. Enfin, qu'il fait *sens* – au moins de prime abord – de la seule proposition qu'il énonce du dedans du sensible ; cette proposition pouvant, quand dans le sensible s'avère une conjonction disjonctive de ses formants, en d'autres termes la butée d'un Réel, se retranscrire comme une vérité, au sens où c'est un énoncé qui, confrontant le sujet – le tableau, donc – à ce qui ne cesse pas de lui échapper, le détermine dans l'incomplétude de son site propre.

En montrant qu'il n'y a pas de différence entre la structure discursive du tableau et celle du paysage, j'approchais progressivement un autre problème : qui est, grossièrement parlant, celui du perceptif. De quel fond perceptif le discours "esthétique" se soustrait-il ? Et, pour me prononcer tout de suite, ce fond, est-ce un "donné" préalable à toute pensée, celui de la réception sensorielle pré-construite par les *Gestalten*, ou bien déjà un discours, un discours autre, à l'évidence, et que celui de l'argumentation conceptuelle et que celui du tableau ? Tel est l'objet du présent travail, qui voudrait déconstruire le pseudo-concept de perception et y substituer celui de discours perceptif[1] ou perçu. Il n'y a rien là qui, de prime abord, fasse mystère : c'est le discours, en vérité *princeps*, qui, faisant-un d'une situation perceptive, détermine sa matière comme le constituant de l'apparaître, et résout l'énoncé qui en rend compte dans la figure, toujours provisionnelle, de l'objet. Si pourtant il y a problème, et qu'il faudra résoudre, c'est qu'on ne peut exciper d'un énoncé aussi longtemps qu'on n'a pas mis au jour ses prescriptions.

Plus l'objet d'une mise en place théorique est tenu pour concret – enfermé dans la coalescence de ses termes, que seule la pensée peut ouvrir –, plus il y a résistance à admettre la nécessité où se résume son être. La *ratio* est, de façon restrictive et comme pour la maintenir à l'abri, cantonnée dans le champ immatériel du concept. Il est vrai qu'à l'inverse, l'appareil de la perception monté par la psychologie intellectualiste et la théorie du jugement avait quelque chose du fantastique ratiocinant, normant la conscience, retournant sur et en elle, comme réglé d'avance par elle, un travail qui de bout en bout la projette hors d'elle : rien de tel ne peut être retenu. La *ratio* n'est pas toute faite, elle a à se faire, dans l'inspection – la visée – de l'empirie et l'appropriation de ce qui assure à celle-ci son intelligibilité. Il suffit de déplacer la question, de ne pas prédiquer la conscience de ce qui appartient au discours, dans lequel nous sommes tenus comme au réquisit de tout ce qui peut se dire pensée ; ce que "nous" sommes n'importe ici que pour notre sujétion au discursif, entendons : à la recherche de ce qu'il doit être pour régir axiomatico-logiquement la

---

1. « Perceptif » sera utilisé tout au long comme la désignation d'un *domaine*, dont sont interprétations opposées la perception et le perçu.

facticité de l'expérience. C'est le discursif qui, constitué de soi comme un mode processif et passant pour nous par la langue, prescrit hors de nous, avant nous, ce qui est ou ce que peut être pour nous l'expérience. Laquelle se résout dans le discours, que nous ne "construisons" pas – il se construit de par soi –, mais duquel nous avons à reconnaître la structure adéquate. Ceci est, si l'on veut et si le mot est pris dans sa lettre, une proposition de méta-physique. Mais ce n'est à aucun titre la position d'une quelconque substance : le discours n'a pas d'autre existence que discursive. Il règle la pensée, tout ce que nous pouvons et devons penser de ce qui est. Et s'il lui est immanent de se prononcer sur l'être, c'est précisément en ce que lui-même *il n'"est" pas*. N'ayant, par ailleurs, de son intelligibilité d'autre garant que sa destination à dire l'intelligible, dans ce qu'on appelle l'évidence, et qui n'est que sa référence à soi, en soi : au dépli de ce qui a pour lui fonction d'axiomes recteurs. Bref, il y a équivalence entre le champ du discours et celui de l'expérience en tant que l'expérience est – n'est rien d'autre que – discours.

Il m'est revenu, par un de ces échos qui ponctuent de demi-vérités la réception d'un texte – la vérité ne se dit jamais toute –, que l'*Introduction au discours du tableau* était, dans le contexte actuel, un Ovni. Il est de fait que la théorie du discours comme dimension fondatrice de tout ce qui peut s'appeler connaître, théorie qui par des voies diverses et sous des noms divers fut au cœur des pensées du dernier demi-siècle, a comme usé, dans le défilé des idéologèmes tantôt positivistes tantôt méta-logiques, et face à l'exigence d'une remise en place au regard de la mathématique et de la logique, la fécondité de sa nouveauté. Et alors ? Le seul problème d'une théorie, c'est sa capacité, ou non, à argumenter sa vérité. Au demeurant, outre qu'elle n'était reprise dans le précédent travail que sous la prescription propre d'un champ qui restait, pour l'essentiel, en friche, et reconfigurée par son objet, on verra ici que l'analytique du discours doit être non seulement diversifiée mais replacée dans un espace conceptuel plus serré. Si la phrase, si le langage pouvaient être recteurs de l'objet esthétique, ordonner la constitution de ses procédures et de ses dispositifs, on doit s'attendre à ce que l'expérience perceptive mette plus directement en œuvre le noyau même de tout discours : soit ce qu'il faut pointer comme sa dimension *axiomatico-logique*. Ce qui est ici en question, c'est la mise en évidence d'une systématique distincte de prescriptions, là où une tradition bien établie ne retenait que le divers cohésif qu'apprésente l'expérience du perceptif. Notre moment est celui où le discours, en ouvrant l'empirie, est doublement constituant : du perçu mais aussi de la logique même, qui se voit prescrite une axiomatique fondatrice d'univers : autrement dit, une logique qui soit, en termes husserliens, à la fois apophantique et ontico-ontologique.

3.

Ces prémisses nous dictent un plan en trois temps.

Nous partons d'un fait qui, bien que traditionnellement aveuglé, est et doit être tenu pour incontestable : le perçu – dont on a entrevu pourquoi, dans le champ encore inqualifié du *perceptif*, nous le distinguons strictement de l'appareil, idéologiquement bâti, dit de la *perception* – est d'emblée un énoncé constituant. Cela requiert en premier lieu que nous définissions cet énoncé dans sa pratique effective : que nous ayons un schème de la constitution, de son enséité, de sa structure, qui ultimement le régit.

Tenu ce schème, nous aurons ensuite à le remplir : le perçu n'est pas tout d'une pièce, il a des moments logiques différents, qui impliquent des axiomatiques distinctes. Les « qualités sensibles » l'espace, le temps, l'objet sont à constituer tour à tour. Il est clair que nous nous tenons là dans le concret d'une expérience de pensée : comme Théétète, nous voulons « les deux à la fois ». Nous devons et nous maintenir au plus près du perçu, tel qu'il occupe sans discontinuer notre expérience, et nous maintenir dans la rigueur des prescrits de son intelligibilité. C'est à quoi une *axiomatisation* du perçu prend le risque d'apporter une première résolution.

Et puisqu'une axiomatique est, pour toute catégorie du discours, le moment de sa fondation, autrement dit celui de l'*ontologie*, nous aurons à répondre de ce qui, du perçu, s'induit quant à l'être lui-même. Comme constitution de l'empirie, le perçu, fixant ce qu'il en va de l'être-là, induit du même trait ce qu'il doit en aller de l'être, en deçà. Et pas seulement, car une difficulté subséquente réside dans la définition du "qui" percevant, ou – plus justement dit – du Je auquel la structure axiomatique du perçu se découvre parce qu'il s'ouvre à elle. Il ne suffit pas de dire que la réalité s'énonce elle-même comme discours axiomatico-logique ; il faut rendre raison de ce qu'en un point de la réalité, qui y fait exception, la transparence de son discours est accessible et opératoire pour la pensée. Bref, une théorisation de l'*existence* est à son tour requise par le perçu. Difficulté dont on voit d'emblée qu'elle ne pourra se résoudre que dans les termes d'une conjonction disjonctive : il est obvie que l'existence inconsiste, mais de la pensée la condition est la consistance non-étante du Je en un Autre lieu.

On ne pose jamais une question en philosophie sans avoir à répondre de toutes. Ce qui tout au long est exclu, et justement parce que cette exclusion s'initie dans le perçu, c'est qu'il y ait distinction entre *réalité* et *rationnel*.

4.

Ce n'est pas par hasard que l'enquête philosophique sur la perception est en ce siècle exclusivement celle de la Phénoménologie : pas seulement pour l'attention que celle-ci porte par principe à tout le phénoménal, mais parce qu'elle s'articule sur ce qui est le présupposé de toute théorie de la perception : la *dyade* du sujet et de l'objet. Dyade dont j'ai déjà dit que, s'il y eut un progrès de la pensée au cours du dernier siècle, c'est d'en avoir, un peu par tous les côtés, démonté la pertinence. Il m'est donc apparu que se confronter avec le dogme de la perception était nécessairement se confronter avec la Phénoménologie. Dès lors, c'est par le biais de son examen que sera produite et progressivement élucidée la substitution, au dual de la perception, du discours du perçu.

Le double projet de ce livre peut ainsi être éclairé comme une reprise de ce qui oppose terme à terme la Phénoménologie et la constitution discursive du perçu telle que je viens de l'esquisser.

Toute l'architecture de la Phénoménologie, ce qui en constituait l'assise même et qui la rend aujourd'hui problématique, avait pour axe le couple *objet* (chose ou essence, monde, totalité) – *sujet* (*Ego* transcendantal, *Cogito* situé, ou *Dasein*). La destitution du sujet transcendantal – concept d'une *épistèmè* datée qui, sous prétexte de le fonder, place l'intelligible sous condition de l'*Ego* et supplémente abusivement de celui-ci le discursif – a fait tomber tout un pan, et pis : la structure rectrice, de la Phénoménologie. Ce siècle est venu à reconnaître – nous n'en dévierons pas – que le sujet ne s'avère que du discours, et mieux : de n'être que supposé au discours qui le représente : soit de la forme d'Un minimale qui, dans la chaîne syntagmatique, est prescrite à tout discours. Nous n'allons pas découvrir le dégât qui en résulte pour la problématique husserlienne et post-husserlienne. Symétriquement, aucune téléologie de l'Un d'objet, que le sujet appelait et privilégiait comme son corrélat transcendant, n'apparaît plus possible : loin du présupposé d'un objet tenu au bout de la visée, c'est le Multiple qui est attesté comme originaire à toute présentation dès qu'on s'y tient sans préjugé, et il faut bien plutôt constater que c'est sur le fond du multiple que de l'objet ne cesse de se faire, de changer, et de se défaire. Constituer l'apparaître requiert dès lors que soit reconnue la régulation des modes de discursivité qui sont les siens : qui du Multiple font des Uns. Modes dont l'intelligibilité prescrit qu'ils n'aient pas d'autre garant qu'en eux-mêmes et soient à lire à même le phénomène, comme sa consistance propre, hors laquelle tout univers retournerait au chaos. En bref, c'est bien tout ce qui fait des phénoménologies le déploiement ultime de la dyade sujet-objet qui a perdu sa pertinence depuis la sup-position du sujet au discours et l'instance de la consistance comme matrice suffisante de toute objectivité.

Plus propre encore à la Phénoménologie fut l'erreur de faire de la *conscience* le principe fondateur de ce dont elle est seulement l'opérateur. Le couple phénoménologique part de la conscience et y fait retour jusqu'en son effort pour lui substituer l'existence ; davantage : c'est pour avoir assigné la constitution à la conscience que la Phénoménologie a dû traverser le labyrinthe de la transcendance et fonder toute connaissance sur une odyssée – selon les cas – transcendantale, perceptive, ou existentielle, de l'*Ego*. Basculement où le réquisit de la rigueur n'arrive pas à cacher un roman fantastique de ce que peut la conscience. Ulysse était plus sage, qui ne se cachait pas que tout, jusqu'à son obstination à faire retour à Ithaque, était prescrit par la parole des dieux, c'est dire par le texte conséquent des choses. Le concept de conscience doit être, à-contre la Phénoménologie, réévalué, la conscience renvoyée à la seule mise en œuvre de ce qui instruit un savoir, et la mesure prise de ce que c'est une autre figure, celle du discours, lequel ne lui doit rien, qui commande toute intelligibilité. Que la question de la transcendance ait pu être posée comme celle de la croyance à la réalité, de la foi au monde, ou du projet existentiel, trahit un fétichisme de la conscience où s'aveugle que la seule transcendance avérée est celle du discours lui-même : en tant qu'il n'est que de par soi. Il n'y a d'il y a que sous la prescription du discursif. Qui s'autorise lui-même de sa consistance : c'est en ce sens, et en ce sens seulement, que j'utiliserai tout au long ce terme de "transcendance".

On objectera que cette analyse critique privilégie le geste originel : celui de Husserl. Mais c'est bien la même structure qui tire la réalité de la perception de celle d'un sujet qui est d'emblée jeté au monde, ou qui constitue le monde au bout du souci du *Dasein*. En revanche, à ce qui maintenait la structure duale sous la prescription du rationnel chez Husserl, allait succéder l'oubli le plus radical, celui qui destitue la pensée de prescrire toute fondation dans le dépli transparent d'une intelligibilité homogène en tout son parcours. À quoi va se substituer, chez les successeurs, la « délivrance » du sens, dans son surgissement le plus immédiat ou dans l'analyse régressive de sa structure. L'objet, la réalité sont alors tenus au bout du plus intime du sujet humain, de la « vie » ; et ils n'y sont que dans la mesure où ce plus intime est justement l'être « jeté » vers eux. En sorte qu'est maintenue la dyade – du *Cogito* et du monde, de l'être du *Dasein* et de l'étant – au prix paradoxal de son basculement, là dans l'immédiat, ici dans les profondeurs, d'un faire-sens qui est, de l'expérience, le plus intransparent, le moins fiable, le moins articulable, toujours condamné à faire cercle, bref le plus hétérogène à l'intelligible, et donc le moins apte à la constitution d'un univers. Autant dire que l'histoire de la Phénoménologie est celle d'un éloignement progressif de ce qui est fondateur dans la transcendance du discours.

Reste que l'acharnement des constructions phénoménologiques, l'acuité de leurs analyses, ne doivent pas rester à l'abandon sur le bord de la route. Toute une partie de la problématique qui est la nôtre s'y trouve exploitée comme de biais, voire à contresens. C'est notamment le cas pour la relation originante *de l'Un et du Multiple* : que la Phénoménologie confronte l'*Un-sujet* au monde comme l'*un-Tout* – ce qui va de soi, puisqu'elle tire le second du premier, serait-ce sous la forme d'un projet – éclaire *a contrario* ce que refuse de clore l'assise que le discours prend, chaque fois, dans une *multiplicité* quelconque, ouverte, où il ne reconnaît comme formant boucle que la seule consistance *locale* d'un énoncé. De là qu'un point récurrent sur lequel nous aurons à dénoncer la Phénoménologie post-husserlienne, est l'usage pré-critique, inanalysé, qu'elle ne cesse de faire du pseudo-concept de Tout. Nous nous garderons, pour autant, de céder à l'excès inverse, qui serait le fantôme d'un apparaître sans-Un : que l'Ego ne soit pas Un, ni le monde Tout, qu'ici et là le règne soit celui de l'infini du multiple, ne doit pas aveugler qu'en chaque occurrence du discours il y a un faire-Un, qui est celui de la constitution con-sistante. Pas plus ne devrons-nous aveugler que s'il y a une aporie ultime de l'apparaître, c'est qu'il est Un en tant que de part en part il consiste sans pouvoir, dans son infinitude, être un Tout.

Que le thème privilégié de la Phénoménologie ait été la perception n'est donc pas hasard. Tous les traits de la Phénoménologie que nous venons d'évoquer lui sont en vérité suspendus : c'est en lui que sont inscrits, outre la dyade du sujet et de l'objet, le concept de monde comme Tout, la problématique de la transcendance et symétriquement celle du sens. En sorte que si la Phénoménologie s'est présentée essentiellement comme une *méthode*, celle-ci était dès l'abord commandée par une *doctrine*, laissée indiscutée, du perceptif. La destitution radicale du schème de la perception ici engagée est dès lors celle de concepts classiques dont on peut dire que la Phénoménologie a produit les dernières tentatives d'élaboration. Elle aura, du même coup, permis de faire place nette.

Il n'était, pour autant, pas question d'enfermer la discussion dans une sorte de tête à tête avec le *corpus* phénoménologique ; celui-ci tenu pour dépassé, il était plus urgent encore de prendre en compte ce qui, dans le texte immédiatement contemporain, propose des solutions alternes à celle qu'on va soutenir. Débat d'autant plus pressant qu'il porte sur des propositions que je tiens pour radicalement fausses, venues de pensées dont il faut faire, et dont je fais, le plus grand cas et dont sera tout au long obvie ce que je leur dois. On verra à la fin que la cécité au perçu a des raisons où le perçu n'entre pas.

Ses propositions successives sur l'apparaître me feront plus d'une fois recouper le texte d'Alain Badiou. Nous partageons la même conviction originaire qu'il n'y a de fondateur que le procès de l'intelligible ; et il faut dire que, sans lui, je n'aurais pas disposé, sur ce procès, d'un appareil aussi compact et de formulations aussi serrées, creusant tour à tour l'appareil de la mathématique et de la logique. Je dirai quelque part comment Badiou fait en descendant depuis l'être le chemin que je fais en montant vers l'être (métaphore douteuse : on pourrait aussi bien écrire qu'il remonte et que je descends ; en tout cas, les chemins se croisent) et quelles sont de ce double cheminement les conséquences qui nous séparent radicalement au moment où nous nous croisons sur l'étant. C'est qu'on ne peut pas aller plus loin qu'il ne va pour construire de l'apparaître un appareil entièrement extrinsèque. En ce sens, il faut que l'un d'entre nous soit dans l'erreur. La difficulté sera moins d'échapper à la virtuosité de son opération, dont l'artifice est de bout en bout patent, que d'en saisir les réelles motivations.

Le terme de discours, et sa spécification comme discours de l'Autre, me feront aussi souvent recouper le texte de Lacan. Passant du psychanalytique au philosophique, j'aurai à redéfinir et resituer les termes du premier : le champ freudien est en inclusion au « champ des Lumières » il n'en est pas refondateur ; l'Imaginaire égare d'emblée mais ne constitue pas le réel perceptif : le fantasme n'est pas la clé de l'image dont il faut et il suffit de retrouver la constitution, et la dénonciation du leurre perceptif devient elle-même leurre quand elle commande d'ignorer l'intelligibilité du perçu ; le langagier précipite en signifiant l'idée, mais ne constitue pas l'en-soi de l'énoncé ; les apories de l'existence sont en inclusion à l'ontologique qui les surplombe, loin qu'il leur appartienne d'en dénier la possibilité. Reste que nous sommes tous redevables à Lacan de la mise en place de la « subversion » de l'existant par le discours, de ce qu'en sont les implications jusqu'en logique, et du concept recteur de la « chaîne » discursive « souscrite » par la vacuité de son sujet. Autant d'acquis proprement essentiels dont il ne saurait être question que la responsabilité philosophique manque de prendre appui. Je n'en oublierai pas le modèle quand je dirai qu'un énoncé se *souscrit* d'un sujet, mais qui n'est que le sien, pour éventuellement se *suscrire* de l'être qu'il produit. Mais je ne laisserai pas dire que le sujet barré soit celui que le discours lui-même produit comme index de son unité. Soit autant de récusations quand le psychanalytique, qui n'est que discours *existentiel*, croit pouvoir trancher des conditions de l'intelligible, qui sont proprement le *philosophique*.

5.

L'état historique de la question s'est avéré commander une exposition double, terme à terme. Je n'entends pas conduire une discussion qui ne pénétrerait pas aussi loin que j'en suis capable le propos de l'interlocuteur. Il a donc fallu chaque fois reprendre, parfois jusque dans le détail, l'architecture des textes, les ramener à leur dispositif argumentatif. Et avancer pas à pas moins ce que j'avais à leur opposer – ce qui n'aurait qu'un intérêt médiocre – que ce que leur manque de pertinence propre commandait d'y substituer. Au reste, on ne prend pas congé d'un pré-concept aussi massif que celui de perception sans trouver dans ses failles l'argumentaire de ce qui, y étant irrésolu, requiert une autre constitution. Le propos sera, en somme, de laisser celle-ci s'élaborer au fil de ce qu'il aura fallu récuser.

Préférant en toute occurrence la lecture systématique, structurée, d'un texte au vagabondage inévitablement arbitraire parmi les moments successifs d'une œuvre, je choisis de privilégier dans le *corpus* phénoménologique trois textes qui se trouvent répondre chacun à l'un des trois moments de l'élaboration du perçu, trois textes au regard desquels je n'ignore pas que leurs auteurs ont pu varier mais non pas au point qu'aucun trait essentiel en ait été, fût-ce par d'importants suppléments, raturé[1] : *Ideen I*, la *Phénoménologie de la perception*, *Sein und Zeit*.

---

1. Sauf, bien sûr, pour le troisième ; mais c'est, là, la Phénoménologie elle-même qui allait faire l'objet du « tournant ».

I

HUSSERL
et
LA CONSTITUTION DU SCHÈME
DU PERÇU

La lecture classique de Husserl, celle que lui-même revendique, est l'examen sur titres de ce qu'il entend fonder : la philosophie comme « science rigoureuse » nécessitant un « recommencement absolu ». Soit, par le biais des réductions phénoménologique et eidétique, la mise au jour de l'*Ego* transcendantal, et en lui des structures aprioriques dans lesquelles se constitue le « vécu » de toute expérience ; mais aussi ce que le caractère normatif de ces structures doit à une Logique transcendantale dédoublée, apophantique (formelle) et ontologique (de l'objet), et par là, la détermination de la vérité comme évidence intuitive fixant la téléologie de la connaissance, philosophique et scientifique ; et pour finir, un retour sur la constitution de l'Ego lui-même comme constitution du flux temporel. Cela dit pour ne mentionner que les décisions les plus massives, qui sont dans le fait transcrites dans un appareil "ramifié" d'une complexité extraordinaire, où se multiplient couches et recouvrements, et qui devrait s'achever – s'il était achevable – sur le tracé systématique de l'édifice de la raison.

Ce n'est pas cette lecture-là [1] que j'engage. L'objet ici interrogé n'est pas l'appareil entier de la Phénoménologie, mais la dépendance où elle s'est d'emblée placée vis-à-vis du schème de la perception. Et le mode sur lequel elle illustre les impasses où conduit ce schème-là. Aussi bien les *Ideen* entendent-elles exposer les lignes « directrices » de la Phénoménologie sur ce qui s'avère être de bout en bout une analyse de la constitution de la perception : il faudrait s'aveugler pour ne pas voir que c'est là ce qui soutient tout l'édifice. Aussi bien encore

1. Aussi bien cet ensemble doctrinal n'a-t-il pris forme complète que chez le dernier Husserl : celui des *Méditations cartésiennes* (1929) et de la *Krisis* (1936) ; l'intérêt d'*Ideen I* (1913) est précisément de présenter la phénoménologie de la perception comme l'expérience fondatrice.

cette analyse s'appuie-t-elle sur l'inventaire le plus fouillé et le plus éclairant de ce qu'importe ce concept de perception dont il est, pour une pensée conséquente du travail critique que j'appelais en commençant, requis de se délivrer. Il suffira, pour ce faire, de saisir comment c'est le dual de la perception qui chez Husserl se projette dans le présupposé du *transcendantal*. On ne tardera pas à voir que de ce présupposé, le coût révélateur est la problématique de la *transcendance*, entendue comme celle, toujours renaissante, de l'extériorité du perceptif.

En revanche, de ce que la perception est, chez Husserl, constitution rationnelle, on peut attendre que la logique du discours y soit déjà largement dépliée et qu'il y en ait beaucoup à apprendre. Ce que nous attendons de cette lecture, c'est, une fois les termes de l'appareil husserlien délivrés du présupposé transcendantal et la consistance interne de leur articulation retrouvée, tenir un *schème de l'énoncé perceptif* qui s'autorise de lui-même. Nous assurant l'appareil avec lequel nous pourrons ensuite, en le "remplissant", progresser.

I

Du transcendantal au discursif[1]

Soyons « naïfs » puisqu'il convient de l'être. Qu'on l'appelle donation ou présentation ou représentation de la présentation, la perception est, phénoménologiquement parlant, le tuf de toute expérience, et son champ celui où s'éprouve immédiatement le *il y a* de l'empirie. Ce n'est pas le voile tremblant d'un spectacle douteux : nous y sommes autant qu'à nous-mêmes, comme à ce qui dans le sensible se livre à nous pour *de* la réalité, et qui du même trait conforte la nôtre. Le "il y a" inscrit dans ce qui est perçu vient au principe de toute pensée – comme pensée de ce qu'il y a de réalité dans le perçu et au-delà. Au réveil d'une anesthésie, ce qu'on appelle reprendre conscience signifie précisément cela : la pensée du "il y a" qui nous englobe, les choses, la pensée et moi. Sur le fond de quoi un premier travail critique – classique – consiste à dégager *ce qu*'il y a "vraiment" dans ce qui se voit : ce qui de la réalité peut être induit comme proprement réel, dont on déduit bientôt ce qui y tient à *moi,* qui perçois. Une réflexion seconde retourne la question : y a-t-il, ou qu'y a-t-il, hors l'il y a singulier de ma représentation ? – c'est la question de l'idéalisme. C'est celle de Husserl, qui y répond à double entrée : par la passivité des *data* sensibles mais la constitution de la représentation d'objet dans l'immanence de la conscience intentionnelle.

Il est fort étrange qu'en marge du mot d'ordre du retour aux phénomènes, les différentes positions qu'il induit passent toutes, à travers

---

1. Que mes titres nouent les propositions des textes référentiels et celles que je soumettrai d'un *de... à...* pour Husserl, pour Merleau-Ponty d'un *vs,* pour Heidegger d'un *ou,* entend marquer qu'il s'agit respectivement d'un dépassement, d'une récusation, et d'une alternative.

un mode ou l'autre du recours à un Ego fondateur ou fondateur-fondé, à côté de l'énoncé même de la question : comme il se reconnaît à la disparition du *il* – de cet indéfini que l'italien énonce, plus ramassé, dans le *c'è*, que l'espagnol implique dans *hay*, que l'allemand transcrit en *es gibt*, l'anglais en *there is*, et d'abord le grec en *esti* : un "il" qui, à l'évidence, n'est pas même impersonnel, mais *apersonnel*. Il y a, là-bas comme ici, peut-être autrement mais pas plus en Je que là-bas "dehors" ; l'*il y a* est abrupt et s'énonce sans restriction aucune, sans référence aucune au faire-condition d'un sujet, fût-il transcendantal. Reste alors précisément qu'il s'énonce : qu'il est un *énoncé*, qui n'a pour se remplir que l'anonymat de ce qu'il recouvre, et qui n'a pour l'énoncer que cela même dont il prononce l'exister. Il est ce que tout perçu – du "moi" comme du "non-moi" – d'abord pose de par soi comme l'irréductible de son apersonnalité. Demander : ce que *je* perçois est-il réalité objective, effaçant le moment où c'est d'elle-même que la réalité s'énonce et s'énonce comme l'*hen* d'un *polloï*, ramène d'emblée le Multiple de l'expérience sous la prise de l'Un-sujet : du sujet comme l'Un lui-même. Prendre avec la Phénoménologie assise dans la conscience transcendantale est d'abord cela : sacrifier la neutralité du Multiple aux prestiges de l'Un-Ego qui lui ferait face. Et certes, il y a, dans l'il y a, de l'Un puisque l'il y a consiste ; mais sa consistance est gagée sur l'anonymat – le sans-paternité – de sa multiplicité. Se reclore d'emblée dans l'Ego est faire échec à ce qu'a de brutal, dans l'apersonnel de ce qu'il qualifie, le dit de la réalité, qui ne peut avoir, en rigueur, que son statut de dit pour se fonder. Mais peut-on prononcer le mot perception, penser "je perçois", sans ouvrir la voie qui mène au basculement ici dénoncé ?

La réduction phénoménologique comme « mise hors circuit » de la « position » de réalité, ou « neutralisation de la croyance » est, par-delà tout son appareil, ultimement cette réduction à la conscience transcendantale comme à l'Un fondateur. Une phrase décisive – une de celles qui, comme en passant, dirigent l'attention vers le noyau, rarement explicité, de la Phénoménologie – en livre l'axiome : tous les actes du Moi pur – c'est dire : tout le transcendantal – sont enlacés dans « *l'unité de la conscience... exigée de façon si nécessaire que les cogitationes ne peuvent exister sans cette unité*[1] ». De là que le pro-

---

1. § 33, *sqq.*, cit. p. 61. Et p. 160. (La pagination sera celle de l'édition originale, et la traduction celle de Paul Ricœur.)

Badiou a montré chez Kant le même rapport imprescriptible entre l'Un de la conscience transcendantale et les uns des relations catégoriales.

blème auquel les *Ideen* sont de bout en bout confrontées n'est pas celui de l'Une-conscience – qu'elles présupposent – mais celui du statut, devenu incertain, du Multiple dont elle fait-un, sous les espèces du perceptif. En termes triviaux, la question est celle de la réalité de la "réalité". En termes phénoménologiques, c'est celle du passage d'une multiplicité d'actes du singulier-et-un sujet à la multiplicité effective des objets. La grandeur philosophique et la portée révélatrice de ce texte sont là : dans l'exigence avec laquelle il affronte ce qu'il a d'abord dénié et s'efforce de rendre à la perception la réalité – la « *transcendance* » – de l'un-multiple qu'elle est censée saisir dans la seule immanence de l'Ego-Un.

Il nous faut donc accepter le jeu de la dyade, endosser sa problématique, et la laisser filer jusqu'aux nœuds où d'elle-même elle se réfute. Or, dès lors qu'on prend assise dans l'Ego-conscience, le mode sur lequel la connaissance phénoménale – la visée intentionnelle de l'arbre – se constitue est ce qui d'emblée peut faire douter qu'elle nous livre le « plein » de la réalité. La réalité tombe sur nous comme l'or de Zeus sur Danaé, mais nous savons que nous ne savons pas ce que vaut cet or-là. De cela, nul n'a mieux eu conscience que Husserl. C'est la question propre d'*Ideen I*, et posée plus strictement qu'elle ne l'avait jamais été : comment nous est donné « originairement » le monde tel que nous le découvrons dans la perception[1], et qu'est-ce qui, du même trait, permet de le légitimer ? Par une sorte de paradoxe, la suspension principielle de la réalité naturelle (*Realität*) a pour effet d'assigner à la Phénoménologie, comme son objet cardinal, la vérification de la transcendance du réel (*Wirklichkeit*), et singulièrement du réel du perçu.

Il est clair que la formulation même de l'interrogation, et sa radicalité, tiennent aux termes dans lesquels la question a été posée : à l'intérieur du schème classique de la perception, depuis ce qu'il prescrit comme la dualité du sujet et de l'objet ; et qu'elle en est entièrement tributaire. Et que dès lors l'ampleur de la réflexion de Husserl sur la perception se prête, malgré elle, à une démonstration privilégiée de ce

---

1. Que ce soit là l'objet du livre, alors que ce n'est en droit qu'une des voies de la Phénoménologie parmi d'autres, la préface de Paul Ricœur en donne la démonstration systématique. Ajoutons que le problème de la « position » ou du « thétique » est, en vingt lieux, traité « parmi » d'autres, alors qu'il est le véritable vecteur de l'exposé.

qu'il y a d'aporétique *dans le concept même de perception*. Et cela, alors même que la description husserlienne *du perçu* – tout notre effort sera de dégager celui-ci de la matrice perceptive – est peut-être la plus adéquate jamais produite.

a. Dans le geste initial, la critique du thème empiriste de la sensation comme « intériorité » projetée ensuite « au-dehors » et l'affirmation que l'expérience du monde objectal est d'emblée celle d'un « en face de toute conscience…, *"l'étranger"*, *"l'être autre"* », le constat que « *l'être perçu…* accède à la conscience en tant qu'être *"opposé"* »[1], restituent avec éclat à la « perception sensible » ce qui est en effet sa constitution fondamentale, celle de l'il y a perçu comme figure de l'étant-à-part-soi : comme *là*. Si l'on en est encore à « l'attitude naturelle », là au moins est d'emblée posée cette transcendance d'essence du perçu dont la confirmation va, par la suite, requérir un si grand effort ; et elle est posée en des termes qui ne sauraient permettre une ultérieure réfutation. S'y rattache le constat que le perçu ne se livre que par « esquisses », qu'« une imperfection indéfinie tient à l'essence insuppressible de la corrélation entre chose et perception de chose »[2] : au point que l'idée même d'un Dieu[3] qui percevrait le monde « tel qu'il est », l'idée donc d'une perception « adéquate », se révèle absurde, contradictoire dans les termes. Proposition qui lie au perceptif son mouvement propre, son ouverture à la recomposition : il n'est pas dit qu'on ne peut, à chaque moment, en donner la formulation – Husserl dirait : « l'expression » –, mais que cette formulation ne sera jamais l'exhaustion de ce qui pourrait se donner par-delà ce qui se donne : la perception porte dans son incomplétude la marque de l'altérité irréductible du perçu. Bref, l'être-autre comme trait propre du perçu est, dans la description, pleinement reconnu. Restant, cette altérité, à savoir ce qui la fonde.

Or, si elles libèrent la problématique de la perception de tout fatras psychologique et remettent exactement le perçu dans l'ordre de sa consistance propre, ces analyses tournent court dès lors qu'elles visent chez Husserl à rabattre la donation sur le sujet transcendantal, en passant par l'expérience, *a contrario immanente* et partant seule

---

1. Pp. 70 et 71.
2. P. 80. Toute la phrase est soulignée dans le texte.
3. P. 78.

« nécessaire », du vécu intime : « donnée de façon originaire et absolue non seulement quant à l'essence mais quant à l'existence », quand
l'existence du perçu n'est, à l'inverse, que « contingente »[1], c'est-à-
dire pas au principe assurée. Il y a, selon l'expression de Paul Ricœur[2],
un "je vois" naturel, mondain, et un "je donne" transcendantal qui en
jaillit : que l'analyse du "je vois" est précisément destinée à faire jaillir
par torsion. "Je donne" vers lequel il faut se retourner puisqu'il est le
seul terrain de l'évidence. C'est le transcendantal husserlien, mais c'est
aussi le nœud de toute théorie de la perception, soit simultanément le
maintien de la dyade et son basculement sur le premier de ses termes ;
ce sera aussi tout au long ce qui, donnant à la question de la transcendance sa motivation, en rendra si pressante la résolution.

Il y a justice, cela dit, à souligner que, comme Husserl ne cesse de
le répéter, la suspension de la position ne supprime rien de la visée,
hors la *croyance* qui y est attachée : « "cet arbre en fleurs" là-bas dans
l'espace – le tout entendu avec ses guillemets – ... appartient à l'essence de la perception phénoménologiquement réduite » ; « la "mise
entre parenthèses" n'interdit pas que l'on porte un jugement sur ce
fait que la perception est conscience d'une réalité »[3]. La neutralisation
de la thèse, modification tout à fait à part en ce que c'est la croyance
– le « doxique » – seule qu'elle suspend, laisse en l'état ses corrélats
qui « répètent ceux des vécus non modifiés »[4] et qu'elle se contente
de « penser » : notamment l'altérité. Nous ne tenons encore là qu'un
geste méthodologique qui préserve toutes les dimensions du perçu,
et qui même les élucide, si c'est depuis la neutralisation qu'apparaît
clairement que perçu prescrit comme essentielle l'altérité. En
revanche, que le problème de la transcendance soit rabattu sur celui,
purement subjectif, de la croyance que nous lui accordons, le destitue
dès l'abord – dès la première réduction – d'une résolution purement
conceptuelle : la coupure entre immanence et transcendance est, de
par sa nature, telle qu'aucune argumentation ne saurait la dépasser, et
que seul un supplément court-circuitant l'argument pourra y parer.

Au demeurant, la réduction n'est pas seulement un geste de
méthode, si elle n'est pensable que sous-tendue par le modèle de l'im-

---

1. P. 86.

2. Introduction, p. XIX.

3. P. 187.

4. P. 222. Où est repris dans la théorie des modifications ce qui avait été exposé
au principe, au § 32, comme *épochè*.

manence et de la transcendance. En prédiquant l'une d'évidence, l'autre de certitude suspendue, elle élève la première à la fonction de constituant de l'autre, ou de tout ce qui en peut être assuré. La rigueur du projet, sa répudiation de tout empirisme, commande que ce soit constitution transcendantale. Mais l'assise prise dans l'Ego transcendantal va – c'est cela aussi, la rigueur de Husserl – amplifier encore le problème de la transcendance : si l'Ego se saisit réflexivement comme le réel même – au point que le terme de « réel » ne devra plus s'appliquer qu'à lui –, comment se peut-il que ce qu'il fonde, il le fonde comme transcendant ?

b. La réponse va prendre départ de ce que la dyade suppose, sans autre discussion, comme un de ses termes constitutifs, l'*objet*, dont la perception est la saisie. Il n'y a pas à chercher ailleurs – et notamment pas, quoi qu'il en soit dit par Husserl, dans l'exploration réflexive de la conscience – l'origine d'un axiome fondateur de la Phénoménologie : qu'il n'y a de conscience qu'*intentionnelle*, et pas d'intention sans objet – immanent aussi bien que transcendant. Seulement, si tout acte de conscience est visée d'un objet, la constitution de l'objet ne peut qu'être celle des structures intentionnelles dont il est le corrélat. L'objet est d'emblée à la conscience comme ce qu'elle n'est pas, mais c'est l'être du sujet qui prescrit jusqu'à l'être-autre de l'objet, quand bien même de ce dernier, quand il est perceptif – entendu comme opposé à immanent –, l'adéquation resterait pour le sujet suspendue.

Il est dès lors clair qu'avec l'équation intention-objet, non seulement la « suspension » se maintient dans la structure dyadique de la perception, mais qu'elle reporte la dyade *dans* la conscience même. Aussi bien, de la visée intentionnelle sous toutes ses formes, Husserl donne-t-il une description dont le modèle est manifestement le report du schème perceptif à l'intérieur même de la conscience : chaque « acte » est une « orientation du regard » ; « au *cogito* lui-même appartient un "regard sur" l'objet qui lui est immanent et qui d'autre part jaillit du moi », regard qui du même trait peut « en sens inverse » se diriger « vers le moi »[1]. Certes, « l'être-dirigé-sur... », pouvoir propre à l'actualité du vécu, « inhérent à l'*essence* du *cogito* », appartient à toute espèce d'acte et ne doit être confondu avec aucun, sans en constituer lui-même un qui soit distinct ; il n'empêche : la métaphore du voir emprunte à la struc-

---

1. Pp. 65 et 160.

ture du perceptif un rôle que nous ne serons pas étonnés de retrouver quand la problématique du perceptif viendra à sa fin.

Dans la construction que Husserl en donne alors, l'objet est la suite même de la présentation inexhaustible. Les qualités qui font la couleur de l'arbre se succèdent, les apparences changent, et il va de soi que ce n'est pas, d'un instant à l'autre, la même « matière » perceptive ; mais elles disent synthétiquement "la" couleur-de-l'arbre. « La *même* couleur apparaît "dans" un divers ininterrompu d'*esquisses* de couleur »[1]. D'un côté, les objets sont présents à la représentation, de l'autre, ils ne le sont chaque fois que sous certaines de leurs « faces » ; c'est alors le mode sur lequel celles-ci se « confirment » en vertu de certaines « déterminations » du Moi, qui fait du divers des apparences autant de moments, liés entre eux, du même objet. Admis les termes dans lesquels Husserl la conduit, à la *description* comme telle de ce qui fait consister le perçu dans les modes de sa constitution et dans leur confirmation, il n'y a pas à faire objection.

L'*analyse*, elle, reste entièrement placée sous le signe du dual et de son basculement. D'une part, ce qui spécifie et rend irréductible l'objet est souligné. La possibilité même de la « réduction » implique que l'intention n'est pas une avec la réalité de cette chose dont elle est l'intention : il faut donc que la chose soit au moins négativement définie comme distincte de l'intention. Prises dans le redoublement transcendantal de leur structure, « la perception et la chose perçue, bien que rapportées l'une à l'autre dans leur essence, ne forment pas, par une nécessité de principe, *une unité et une liaison réelles* »[2]. Aussi bien est-ce là ce qui distingue le réflexif du perceptif et redéfinit les deux termes : au sein même du « Je donne », dans le flux des vécus de conscience, et des *cogitationes*, on ne confondra pas les actes « réflexifs » qui se rapportent à leur objet de façon immanente – « leurs objets intentionnels... appartiennent au même flux du vécu qu'eux-mêmes »[3] – et les perceptions transcendantes qui ne se rapportent que médiatement à leur objet, qu'elles doivent construire sur le divers sans cesse changeant des esquisses, dites aussi « figurations », dites aussi « apparaître » ; opposition radicale : le vécu est « donné en tant qu'absolu » tandis qu'une « imperfection indéfinie tient à l'essence insup-

---

1. P. 74.

2. P. 73.

3. P. 68. Que ce soit un des présupposés les plus risqués de la phénoménologie husserlienne n'a pas besoin d'être souligné.

pressible de la corrélation entre chose et perception de chose »[1]. Mais d'autre part, et dans un mouvement inverse, cette composition de la perception où l'objet se constitue comme autre n'a, si je puis dire, d'autres liaisons réelles sous la main que celles du même qu'est pour elle-même la conscience transcendantale : déterminations immanentes aux « vécus » du Moi pur prenant appui sur les esquisses « figurati-ves » et les informant par une série d'actes normants. Pas d'autre assise, donc, et pas d'autre « milieu », que le « je pense » entendu comme la subjectivité concrète d'un « flux de vécus intentionnels » qui tout à la fois ont chacun leur « contenu » propre et sont tous « entrelacés au moi ». « Chaque *"cogito"*, chaque acte... se caractérise comme un acte du moi, il "procède du moi", en lui le moi "vit" "actuellement" »[2]. Autrement dit, on est resté de bout en bout dans le reclos de la « purification transcendantale ». La multiplicité des esquisses, comme l'unicité des objets qu'elle devient pour la *cogitatio*, sont entièrement prises dans l'unicité immanente de l'Ego. *A fortiori*, la transcendance de l'objet ne saurait-elle être avérée en lui-même, mais seulement dans le mode sur lequel la conscience le saisit. Au total, le problème de la transcendance est celui de l'objet dans sa relation à la conscience, la constitution en est délivrée dans la transparence de la conscience à elle-même, et c'est dans cette limite seule – celle de l'Une-conscience – que l'objet se donne comme un Un transcendant. Tel est jusque-là le montage, qui laisse Husserl, et avec lui le schème perceptif, en proie à l'aporie d'une transcendance effective.

c. On voit ce que cette construction, au plus radical, présuppose. Elle repose entièrement sur la fonction de ce qu'il faut spécifier comme la *conscience* à l'intérieur de la dyade sujet-objet. Autrement dit, d'une part, la dyade est posée comme une évidence au sein de laquelle l'enquête s'inscrit mais dont on n'interroge pas le principe ; d'autre part, elle bascule – comme il est au vrai inévitable – du côté du sujet, identifié avec la conscience. Le dual, dès lors, n'a d'autre sens que l'*équipotence de la conscience-sujet et du monde*, à la première appartenant tout ce qu'il faut pour que soit constitué le second. Ainsi, tout le projet husserlien, d'une part, suppose le Deux de la conscience et du monde, d'autre part, le reverse entièrement sur l'Un-de-conscience : tel est le premier point sur lequel il nous faut rompre.

---

1. Pp. 80-81.
2. P. 160.

Il suffit, pour ce faire, de remarquer qu'on n'a qualifié qu'à moitié le "il y a" du perçu en désignant son altérité, sans spécifier qu'il n'est pas, dans son exposition, quelconque, mais toujours *consistant* : sans hiatus dans toutes ses parties. Et que la consistance, qui est propriété *logique*, ne peut faire exception de la proposition dans laquelle elle est *énoncée*. Tenu ce nœud, véritablement fondamental, de trois termes sur lesquels je ne cesserai de revenir, les moments du bâti husserlien doivent être radicalement repensés.

Quant au Deux de la conscience et du "monde" : j'ai pleinement assumé la description husserlienne du perçu comme saisie progressive de sa consistance. Mais ce qui constitue ainsi le perçu comme altérité qui consiste, ce ne peut pas être ce qui en fait indice pour Husserl : la réceptivité des « impressions », la « passivité » du sensible, sa « donation », toutes formulations qui renvoient l'être-comme-autre au « pathique » du moi-comme-même ; et ce ne peut pas non plus être une intentionnalité préjugeant de l'objet avant même que le donné n'en soit constitué. Il faut changer radicalement d'instance : si altérité effective il y a, c'est – et ce ne peut être que – pour ce que le perçu *tient sa consistance de soi*, à part soi ; et si consistance il est en lui-même, c'est qu'il se tient comme *discours*. Car où voit-on une consistance qui n'implique pas la logique ? Que signifie le consister, sinon qu'un discours fait syntaxiquement Un du multiple qu'il rassemble ? Et n'est-il pas clair alors que l'altérité est celle précisément de ce discours que je rencontre ou – comme on dirait dans un autre langage – qui vient à mon encontre, en tant que sa logique le prescrit ?

Le perçu se dit de *l'en-soi que constitue son énoncé*. Il ne serait que fantôme pour nous, s'il n'était discursif. Analysez un perçu – « ceci est un arbre », « l'arbre en fleurs se voit par la fenêtre » –, c'est une proposition que vous énoncez. Non pas la « traduction » d'une perception en énoncé : on peut mettre au défi de trouver un perçu « avant » l'énoncé – qu'il *est*. Husserl a d'ailleurs très bien vu que la couleur ou la rugosité de l'arbre ne sont une matière que pour autant que ce sont des prédicables – ce n'est pas d'abord son langage, mais c'en est bien le sens final. Et que l'identification de l'objet – ce qu'il appelle le *Quid* et qu'il n'hésite pas à rebaptiser « le perçu » – n'est pas autre chose que ce qu'en détermine la consistance de la proposition. Mais alors, tout autre chose qu'une argumentation artificieuse prenant appui de la passivité de l'impression, et tout autre chose qu'une précipitation de la conscience sur l'objet (qui est, au mieux, induit par la proposition), le Deux devrait faire référence à la seule institution du discursif comme instance irréductible à toute subjectivité, fût-elle transcendantale, et n'impliquant d'autre sujet que celui que tout énoncé, de par sa structure, requiert, comme à lui-même immanent. Autant dire qu'à reconnaître dans le perçu un discursif, on a déjà quitté le schème de la perception.

Quant à l'Un : il est frappant que la production du concept de sujet, en ce qu'elle a fait histoire[1], ait d'emblée été prise dans la problématique de la *certitude*, qui est encore – on l'a vu – celle de Husserl, et vouée à y fournir une réponse. Or qu'est-ce que la question du doute, sinon proprement celle du manque de fondation d'un discours, et qu'est-ce qui y convoque ou requiert un sujet, sinon qu'en ce discours il est impliqué ? Ou plutôt : qu'est-ce que la question de la certitude, sinon celle de la consistance d'un discours dans lequel son sujet est lui-même impliqué ? Ce qu'on peut appeler l'avènement du sujet s'est fait dans l'ininscription de cette dimension discursive qui le portait. On sait ce qui s'en est suivi : l'être du sujet faisant, comme intuition première, antérieure à toute argumentation, levier pour toute argumentation à venir, quand rien qui puisse se dire sujet n'est pensable hors de l'argument, quel qu'il soit, *dont* il est – dont il n'est que – le sujet.

Ce passé-sous-silence du moment du discursif n'est pas tenable : le sujet n'advient qu'au moment où se *dit* « je doute » et le « *je* » grammatical n'y est que ce que le dit en dit – soit, qu'il doute –, cependant que le *sujet* proprement dit, le sujet logique, est impliqué par ce qui se dit là : soit, par l'énoncé tout entier. Tout cela est aujourd'hui bien connu, et je ne fais que rappeler. Le sujet est ce que la proposition ne "contient" pas mais dont elle se supporte, ce qui n'a d'autre définition que ce qui s'énonce « en son nom », et dont la fonction – ou, si l'on y tient, "l'existence" – n'a d'autre référence que l'axiome selon lequel *c'est l'énoncé qui le prescrit*. En sorte que, loin que le sujet puisse se placer en deçà du discours – partant, en deçà du monde – et le constituer, c'est du discours seul que peut répondre le sujet, en tant que le discours répond de lui, et d'abord de ce qu'il y a du sujet pour autant que le discours le "représente"[2]. Sorti de là, on perd l'ordre du

---

1. Cf. Reiner Schürmann, *Des hégémonies brisées*, III, 1, qui la date de Luther avant encore que de Descartes, comme Je déterminé par le « différend » d'une détermination étrangère. Certitude de la foi, certitude de la connaissance, c'est de toute façon au problème du doute que le sujet était appelé à répondre.

2. On aura, bien entendu, reconnu là la définition donnée par Lacan du sujet. Qui ne doit plus rien au dual.

concept : ce n'est pas la dyade qui est première, ni le sujet premier à la dyade, *c'est le discours qui est premier* et au sujet et à la dyade – ou à ce qui peut en subsister ; le discours est la seule dimension originaire où tous les termes de l'expérience, y inclus son sujet, viennent se distribuer. La radicalité du concept de sujet tient, quant à elle, à ce qu'il a de nécessaire autant que d'évanouissant : porté par tout contenu discursif mais n'ayant d'autre contenu à exciper que sa fonction dans le discours, exclu par là de toute dimension "subjective", inclus par là dans la question de l'être sans qu'on puisse d'abord trancher si, ou dans quel sens, de lui-même on doit dire "il est".

Il va de soi qu'ainsi remis à sa place – qui au discours ne peut manquer –, le sujet n'a nulle destination à poser ni à résoudre du point de quelque *a priori* pré-discursif le problème de la transcendance. Franchissons le pas : si une telle question doit être posée, ce ne peut être que dans la seule critique interne du discours : sous le réquisit de sa consistance.

d. S'il faut faire opérer au sujet un virage de la structure sujet-objet à la structure discours-sujet, si c'est à sa scription dans le discours que le sujet doit sa seule définition pertinente, la fonction de la *conscience*, que toute la construction transcendantale identifiait avec le sujet, doit être à son tour reprise de fond en comble.

Dès l'abord, on voit bien chez Husserl ce que le « regard » porté par la conscience sur la conscience a de prédéterminé. Sa définition est donnée pour réflexive ; mais elle est bien plutôt circulaire. La description phénoménologique ne peut être que la réponse à la question : posée l'expérience, quelle *doit* être la conscience pour que ce soit elle qui constitue celle-là ? Et c'est alors le cours « contingent » des choses qui règle pour nous, Husserl n'en disconviendrait pas, la structure « absolue » de la conscience. La mise en présence de l'objet prescrit ce que peut être l'intentionnalité de la conscience ; la présentation de l'objet sous un divers d'esquisses prescrit ce que peuvent être les actes de synthèse déterminés par lesquels la conscience induit l'identité de l'objet. La construction est ainsi conséquente ; mais en quoi est-elle réflexive ?

Davantage : que recouvre ce concept de réflexivité ? Quelle expérience fonde suffisamment l'affirmation qu'immanence vaille transparence ? Dire simultanément que je dois me « tourner vers » un objet immanent pour le saisir et que cet objet m'est donné sans médiation parce que participant du flux d'immanence, ne va pas sans inconséquence : c'est le genre d'« évidences » que Husserl tient imprudemment pour acquises. De ce que la conscience est certes immédiate ne suit pas, on le sait assez, qu'elle est transparente ; s'en suit bien plutôt que, n'ayant à son égard nulle possibilité de recul, nous n'avons aucune possibilité d'en donner d'autre définition que tautologique.

Tranchons net : *de la constitution, la conscience n'a rien à répondre, sinon son effort pour y être adéquate*, ce pour quoi on devrait se garder de rien lui attribuer, hors le parcours rigoureux de l'opération discursive – sa mise en œuvre – et l'assomption strictement maintenue de la distinction entre le "subjectif" et le discursif. Manque-t-on à ces distinctions, toutes les instances se mélangent, le vécu, l'à-distance, le consistant. Qu'il y ait une constitution discursive du perçu, et que nous ayons à la construire, induit que c'est tout autrement que réflexivement que nous pouvons la lire. La mise de la conscience au travail du discursif fait condition pour la pensée ; mais la pensée n'a et ne peut avoir d'autre référent qu'elle-même : que la conscience *soit* la pensée reviendrait à replier l'articulation sur le flux. Et supposer sous ou dans le flux une organisation transcendantale ne peut être que projeter sur la conscience ce qui se lit à même l'acte énonciatif, là seulement. Husserl le sent bien, qui revient plusieurs fois sur l'hypothèse catastrophique de ce que serait une conscience amorphique, et il n'est pas loin de tenir pour miraculeuse la rationalité de la conscience transcendantale : n'est-ce pas reconnaître que forme et conscience sont deux ? Tenir la conscience à la seule place de la mise en acte du discours et du s'y efforcer adéquate est la seule position méthodologiquement consistante, qui préserve l'auto-nomie du pensé dans son opérativité propre. Ce qui revient à dire une nouvelle fois que la constitution de l'expérience n'est à chercher nulle part ailleurs que dans l'instance du discursif, tel qu'en lui-même il se norme.

Pour finir, le fait doit être souligné que l'odyssée de la transcendance – qui est, à bien la prendre, la version husserlienne de la déduction transcendantale – fait symptôme d'une contamination du transcendantal par l'empirique, propre à la Phénoménologie. Contamination de la dyade pure sujet/objet par la dyade empirique Moi/non-Moi, dont le nœud est l'équation Sujet/Conscience/Moi. Rien là ne va de soi. Fût-il « pur » le Moi est *présence*, et présence subjectivement donnée. Or la conscience, elle, est absence, pour autant qu'elle ne se saisit que comme étant au creux de ce qu'elle saisit. Et du sujet, nous venons de rappeler que, ni présence ni absence, il n'"est" que

dans le champ du discours qui le requiert. Il faut le dire abruptement :
la transcendance de la réalité n'est *pas* le lieu d'une question que la
philosophie puisse poser sans manquer à elle-même si ce dont cette
transcendance est présumée prendre assise et contre-pied est l'immanence subjective du Moi. Schème de ce même empirisme auquel Husserl voulait s'arracher et qui ainsi fait sournoisement retour au cœur
de sa pensée. De la consistance sensible, la seule constitution qui se
maintienne dans l'homogénéité de la pensée est celle qu'elle porte *en
soi*, qu'elle prescrit comme la sienne. Dire que le "monde" sensible
consiste est dire qu'il est pensable, et mieux : qu'*il se pense*, que le
concept y est à l'œuvre. Or au concept, on sait bien que le Moi est
l'étranger qui toujours fait obstacle, aveuglant l'ordre du quelconque,
y faisant effraction du leurre d'une primauté de présence comme primauté de donation. De l'identique dans la différence, l'épaisseur de la
présence est le référent le plus obscur.

Il faut nous délivrer de la chaîne des pétitions de principe perceptives, qui replient le monde sur le sujet, identifient le sujet avec la
conscience, prédiquent la conscience de la transparence réflexive, prêtent à la réflexion la découverte d'une vocation intentionnelle à l'altérité de l'objet, et tombent – aux deux sens du mot – sur l'aporie de
la transcendance : jamais plus ruineusement que quand le Moi vient
occuper la place de la conscience. On commence par poser l'équipotence du sujet et du monde, doit trouver dans le premier tout ce qu'il
faut pour que soit constitué le second, et n'a rien d'autre à assigner
comme sujet que ce qui se donne comme immédiateté de présence.
Mais du monde, tout exclut que ce qu'il lui faut pour se constituer
soit un sujet en face-à-face ; mais du sujet, tout exclut qu'il soit aucune
instance ontologiquement indépendante des actes auxquels il est souscrit, ni que d'aucune façon il puisse être épistémologiquement antérieur à ces actes ; qui sont de discours ; mais de la pensée, toute
l'homogénéité se défait dès qu'on la réfère à l'opacité du Moi. Laissons
le monde à ce qui s'énonce de l'il y a, le sujet à sa place énonciative,
laissons la conscience à son effort pour être adéquate au discours, et
le Moi à ce qu'il engendre de leurres.

Tout cela ponctué, qui déplace vers le discours le problème de la
transcendance, le développement que donne Husserl à la voie qu'il a
prise ne cesse de l'illustrer par l'effort héroïque qu'il fait pour en
rendre à sa façon compte, dans le jeu de présupposés qui y sont le
plus opposés.

II

De l'objet au site logique

Le pas suivant de Husserl est en effet celui où culmine l'effort pour donner, dans le cadre de la réduction transcendantale, tout son accent à la consistance propre, proprement irréductible, du perçu : ce pas, c'est la construction de la structure *noético-noématique.* Dont l'objectif est de tenir, *au sein même du sujet transcendantal,* l'objet *sous la double condition* des données sensibles – non réflexives – et des actes « réels » – intra-subjectifs, noétiques – de leur constitution. Il faut ici suivre de très près, car la terminologie husserlienne suppose mais mêle trois articulations différentes : en tant que tel, *l'objet* n'est pas plus la constitution noétique que le donné sensible, il est leur synthèse ; c'est seulement *du point de la noèse,* parce que le sensible n'est pas du « réel » et parce que celui-ci seul est intentionnel, que l'objet doit être dit *noème* et celui-ci *corrélat* de la visée noétique ; en tant que l'objet noématique demeure immanent au transcendantal, il n'est pas encore acquis qu'il soit objet *transcendant.*

1. *De la corrélation noético-noématique à l'objet comme moment de la consistance*

a. Dans le flux des vécus, la matérialité[1] de l'objet est présente à

---

1. Pour une définition de la matière, il ne faut pas négliger la détermination de la *spatialité* comme caractère propre de l'objet, détermination donnée pour évidente et marque du contraste entre l'immanence, des esquisses dans la *cogitatio* et le *cogitatum* qu'est l'objet. Ainsi, l'esquisse de forme, qui relève du vécu, n'est pas « possible comme spatiale » ; seul l'esquissé l'est. Cf. § 41 et la *Note sur l'espace* qui conclut le présent exposé.

travers des esquisses figuratives, à mettre au compte des *data* sensuels qui servent d'index à l'intention ; mais cette couche des *data, hylétique*, n'appartient pas en elle-même à l'acte proprement constituant, l'acte intentionnel ; ce dernier est mise en œuvre de la *morphè*, « composition descriptive » ou « unité d'appréhension » qui synthétise les esquisses « en vertu d'une nécessité eidétique » et forme la couche *noétique*. Porté par ces deux couches, tout à la fois seulement indexé par la *hylè* et « n'entrant pas *non plus*... dans la composition réelle [: la synthèse d'esquisses] de la perception » mais en formant le corrélat « opposé comme "transcendant" » que l'intention exige, le perçu est l'objet intentionnel, la chose spécifiée comme *noème*[1]. Un « vécu intentionnel » n'aurait pas de sens sans le « corrélat intentionnel » qui lui répond – qui répond par la liaison *morphè-hylè* dans l'authenticité de leur distinction –, mais il est tout aussi vrai que le corrélat ne peut, comme tel, se réduire à chaque « moment » de l'appréhension et que l'objet requiert la « confirmation » de ceux-ci dans une « unité intentionnelle » qui en fait une « unique perception ».

De façon tout à fait remarquable, *seule la morphè* appelle le nom de *conscience* : « ce qui informe la matière pour en faire un vécu intentionnel, ce qui introduit l'élément spécifique de l'intentionnalité, c'est cela même qui donne à l'expression de conscience son sens spécifique »[2]. Manière de redire, évidemment, que toute conscience « indique *ipso facto* quelque chose dont elle est conscience » ; et manière de dire en même temps que toute conscience est *acte rationnel* unifiant : c'est « l'*essence* pure des noèses » dans leur fonction « téléologique » de régler, « normer », fonder en « raison » l'expérience, d'« annoncer » l'objet en le « légitimant »[3]. Mais aussi manière de dire qu'il n'y a pas stricte symétrie entre conscience et noème, que celui-ci

---

1. « Transcendant » est ici pris au sens de ce qu'est le noème dans la conscience pure, et non encore de la réalité. Sur tout ceci, § 41 et, dans la IIIe section, les chap. II (spécialement § 76 et 85-86), III (§ 88 à 91) et IV (§ 97-98).

2. P. 174. Dans le même temps, la fonction rectrice de la *morphè* se trouve constamment voilée dans l'exposé, parce que la grande affaire de Husserl est de mettre en évidence le noème (cf. p. 204 : « toutes les composantes noétiques ne peuvent même être caractérisées qu'en recourant à l'objet noématique... par conséquent en disant : conscience de ») et parce que ce qui sera la corporéité décisive du noème sera essentiellement attaché à la *hylè* (cf. p. 203 : « l'objet arbre qui dans une perception *en général* est déterminé en tant qu'objectif... ne peut apparaître *que* quand les moments hylétiques sont tels et non point autres »).

3. P. 176.

comporte quelque chose de plus, parce que la *hylè* appartient au même titre que la *morphè* aux composantes de sa constitution et parce que celle-ci est synthétique.

Ce qui frappe alors dans cette construction, c'est que l'objet lui-même – ce tourment de Husserl – y est par ses composantes à deux places : donné incomposé mais insuppressible dans sa matière, constitué et intuitionné, autrement dit « objectivité de conscience » dans l'élaboration de la *morphé*. On est tenté de dire qu'avec le *datum* hylétique, précisément en tant que *datum*, quelque chose d'une réalité transcendante à la conscience est déjà assuré ; et il n'est pas sûr que Husserl aura beaucoup plus à dire à la fin. Mais le fait est que, pour le moment, toute son attention reste tournée vers le primat de la conscience, en tant que c'est elle qui, en accueillant la matière, *construit* pas à pas les Uns d'objet, les élève par là à la pleine suffisance de leur identité d'objets, décidément distincts, comme noèmes, d'elle.

De ce biais, le point crucial est que, si le corrélat de la perception comme noèse – indexée sur les *data* sensuels et instituée à partir d'eux – est l'objectité noématique, cette dernière, tout en n'appartenant pas au réel des vécus, « appartient indissolublement à l'essence » pure de l'acte perceptif[1], dans lequel elle reste tenue. Le noème doit être entendu « tel qu'il nous est offert par le vécu, *quand nous interrogeons purement ce vécu lui-même* »[2].

En revanche, « *l'arbre pur et simple*, la chose dans la nature, ne s'identifie nullement à ce *perçu d'arbre comme tel*, qui, en tant que sens de la perception, appartient à la perception et en est inséparable »[3]. Autrement dit, pour être objet intentionnel comme objet perceptif, il n'en suit pas encore que le noème appartienne à la réalité transcendante, et le problème de celle-ci demeure.

Où en sommes-nous alors ? Husserl va jusqu'à écrire que le noème est « immanent »[4] mais répète aussitôt qu'il ne faut pas confondre cette immanence avec le « réel » des vécus ; on demande alors : immanent à quoi ? Par définition, pas à la conscience ; il faut donc, comme écrit Ricœur – mais je ne crois pas que l'expression soit ici chez

---

1. P. 184.
2. P. 182.
3. P. 184.
4. P. 185.

Husserl –, que l'objet soit « dans le sujet »[1], qui devient ainsi une instance distincte de la conscience. Husserl se contente prudemment de reconnaître une « solidarité eidétique » valant « parallélisme » entre conscience noétique et noème[2] ; encore est-ce parallélisme en un sens très large puisqu'il faut distinguer entre la « multiplicité complexe » des *data* hylétiques, les « multiplicités "constituantes" » du plan noétique, qui comme constituantes « unissent fonctionnellement le multiple » et le « lieu des unités » qu'est le plan noématique, le seul à donner « l'identité » de l'objet. Mais non sa transcendance.

b. À supposer admis les termes dans lesquels Husserl pose la question du perçu, nous ne pourrions que reconnaître la pertinence et le prix du repérage qu'il en fait comme construisant sur la matière du donné un noème irréductible à la conscience proprement dite. S'y amorce une pensée du perçu à part soi, qui est précisément ce que nous cherchons. Car la critique que nous avons engagée du schème de la perception et de tous les présupposés qui l'indexent implique évidemment que le perçu doit être pensé pour lui-même, ne se laisse pas penser "avant" lui-même, et mieux : *la reconnaissance de ce que le concept de perçu contient en lui-même ce qu'il faut pour que l'expérience s'en constitue*, et nommément y constitue l'objet. En arrachant le noème à la conscience, en lui reconnaissant une unité – nous dirions une consistance – irréductible aux seuls actes qui, en le visant, l'instituaient, Husserl était tout près de reconnaître qu'il y a une structure propre du perçu, que c'est ce qui le spécifie, et que c'est à l'intérieur de cette structure seulement que sont pertinents ses constituants. Car, la structure reconnue, tout le reste, tout ce qui "précède" comme constitution transcendantale, n'est plus qu'une projection "en arrière" de ce que le perçu élabore de par soi.

Le point est alors de saisir ce qui, en dépit de l'effort que représentait la structure noético-noématique pour désenclaver le perçu de la conscience, a bloqué chez Husserl la reconnaissance de ce que l'objet noématique s'entend et ne peut s'entendre qu'*à part soi*. Le point décisif de pareil blocage, c'est la définition de la conscience comme *intention*, en fonction de laquelle elle présuppose le corrélat. Le point qu'a manqué Husserl, nous l'avons reconnu : c'est le statut propre qui fixe comme ne répondant que de sa seule nécessité *logique* toute identité

1. P. 179, n. 1 et *passim*.
2. P. 206.

consistante, et qui à ce titre ne peut avoir que la forme, irréductible à toute autre, d'un *énoncé*. On ne va évidemment pas nier le *factum* des impressions sensibles, ni les formes qu'elles épousent ; mais cet appareil ne fait pas le perçu, le perçu n'est pas constitué, il ne saurait consister, avant qu'il ne s'énonce. Et de l'intelligibilité d'un énoncé, *rien d'hétérogène ne peut rendre compte* : rien d'autre que la pertinence interne de son articulation. En sa rigueur, la discursivité du perçu – axiome où il faut entendre que la première assure la consistance du second – ne tolère pas de garants extrinsèques, en particulier pas de fondation subjective – hors dans la lecture que nous en faisons. De quoi est fait l'énoncé du perçu ? De l'affirmation de l'intelligibilité de l'expérience qu'on désigne globalement comme celle du sensible. De sa constitution comme "phrase", dont le sujet de surface est un des termes et dont le sujet proto-constituant est la rationalité du sensible même. D'un syntagme où les termes sont définis par les relations sous l'accolade desquelles ils sont rangés. Tout renvoie à l'appareil – et à l'essai de consistance – d'une *liaison de raison*.

c. On comprend alors pourquoi c'est avec les implications de la corrélation husserlienne que, malgré le pas qu'elle représentait, cette fois il faut rompre : parce qu'elle prescrit d'emblée l'énoncé du perçu comme intentionnel et l'intention comme celle d'un *objet*. Et retrouve ainsi la structure projective de l'Un du sujet dans l'Un de la chose. L'énoncé, lui, fait-un du multiple en en assumant la multiplicité. Il régit le divers comme divers. Il structure le divers par les relations sous lesquelles il le subsume. Il ouvre le massif du "donné" à un *polloï* dont il prononce un *én* qui n'est rien de plus que celui du *polloï* : ce qui à et en lui-même le noue. En ne concevant pas que le noème puisse être autre chose qu'un objet, le *én* autre qu'une chose, Husserl une fois encore met à nu les présupposés du schème perceptif classique, le mode sur lequel son Deux ne s'entend en définitive que comme deux fois Un. Et tout de même que nous avions dû objecter à l'unicité du sujet-conscience, il faut objecter à ce que prescrit d'unicité ultime l'objet. L'énoncé est précisément la position de l'intelligible en tant que *l'intelligible ne connaît d'unité que du plusieurs* toujours pluralisable à nouveau.

Il y a plus. L'objet est au perçu ce que le Moi est à la conscience. Figure d'une présence *subsistante*, d'un être soi à soi, d'un sans médiation dans son existence. Toute la construction de la corrélation repose chez Husserl sur la distance infranchissable entre l'unité *multiple* de la noèse et l'unité *une* du noème : elle n'a rien d'autre pour se légitimer. Il faut dire là-contre qu'une telle unité, stase de la pensée, si elle en est le repos, lui est aussi le plus adverse. Donnez à la pensée du Multiple, elle en fera de l'Un ou démontrera pourquoi elle n'en peut faire, et de toute façon réservera la possibilité d'en faire-Un autrement ; donnez-lui de l'Un, elle n'en peut rien faire. Autant dire que, du biais du discours, l'objet n'est pas moins que le Moi un leurre, et le même : celui d'un plein, à soi présent continûment, dans la dénégation de ce que de l'étant ne se pense que comme relation en devenir.

Cela posé, on se gardera, au moins par provision, de nier la constitution possible du discours comme discours *de* ou *sur* un objet ; mais on ajoutera qu'une présentation sensible ne porterait pas une représentation d'objet si l'énoncé ne l'autorisait, pour quoi il n'a besoin que de s'accomplir lui-même. Et il n'est peut-être pas d'attestation plus claire du fonctionnement discursif du perçu que celle-là : l'objet est – et n'est rien de plus que – la *figuration* de ce qu'une *syntaxe* logico-grammaticale prescrit comme ce qui peut légitimement recevoir de cette syntaxe des prédicats, ou être par elle qualifié de prédicats, sans y être lui-même apte à occuper la fonction de prédicat.

Nous retrouvons là – serait-ce provisoirement – les définitions de Frege[1] : l'objet est ce qui est représenté par un nom propre, tandis

---

1. Le renvoi est, bien entendu, à l'article *Concept et objet* (trad. Claude Imbert).

En rappelant pour l'objet la définition de Frege, j'ai choisi celle qui, tout en m'apparaissant la plus neutre, assignait à l'objet, dans la réélaboration de la logique, une place aussi essentielle que chez Husserl. Il est vrai qu'objet est chez Frege un terme purement *logique*, mais on verra qu'il en va de même au moins de sa constitution comme X, chez Husserl. Pour l'un comme pour l'autre, la distance est infranchissable entre objet et prédicats à l'intérieur de la proposition. Et si c'est seulement avec l'objet que la visée husserlienne peut se « *remplir* », ce n'est aussi qu'avec lui que la fonction frégéenne (qui est l'expression formelle du concept) peut former une proposition dotée de *dénotation*.

En revanche, l'objet ne se définit pour Frege qu'à l'intérieur de la fonction, dont il est un argument : se plaçant sur le « parcours de valeurs » de la fonction, dont le concept précède donc le sien, tandis que la logique ontologique de Husserl prescrit l'objet avant même ses prédicats. On n'oubliera pas, enfin, que pour Frege les valeurs de vérité sont elles-mêmes des objets, qui, traçant le « parcours » des fonctions, en définissent l'extension.

Resterait à se demander si « saturation » est un concept transparent, sauf au regard de l'insaturation qui la prédique, et même si Frege convient qu'il n'est de saturation que relative, tout terme saturé pouvant devenir la fonction d'un autre argument.

que le concept de ce sous quoi « tombe » l'objet est représenté par un prédicat grammatical ; en ce sens, « il n'est pas possible... de combler [entre eux] le fossé », « un énoncé formulé à propos d'un concept ne peut pas convenir à un objet », l'objet est seulement, d'une pensée, la partie « close », autrement dit « saturée », cependant que l'insaturation de la partie prédicative est ce qui permet qu'elles soient l'une à l'autre « enchaînées »[1]. L'arbre du perçu – l'arbre perçu – n'a pas d'autre constitution : il *est* pour autant que et tant qu'il n'a dans la proposition aucune fonction prédicative possible, aucune autre fonction que celle d'un nom propre. Ce qui peut aussi bien s'énoncer : nous ne savons pas sans dire, et nous ne savons pas dire sans dire *sur quoi* nous disons. Ce "quoi" requiert l'objet, il le constitue discursivement ; il rend la définition de l'objet possible comme le singulier qui supporte l'incomplétude des prédicats, s'en qualifie et éventuellement subsiste alors qu'ils passent ; mais il n'est que ce que sa position dans la proposition requiert de lui. Bref, l'objet est pour autant que requis par le discours – du moins prédicatif – comme son argument logico-grammatical. Cela, et pas davantage : la chose n'est pas l'immédiat pré-discursif du perçu, elle est un *argument* du discours, plus sa figuration.

d. L'objection ne peut s'arrêter là. S'il nous a semblé que le noème pouvait au moins faire signe vers un concept husserlien du perçu comme enveloppant la position de l'objet dans le discursif de sa constitution, il est patent qu'une telle lecture des *Ideen* est intenable, du fait de ce qu'il faudrait appeler la *pré-donation de l'objet* : « visé » avant toute information, avant le perçu même. C'est bien à une telle pré-donation qu'il est fait allusion quand, introduisant l'intuition des essences à côté de celle des objets naturels, et après avoir noté qu'une intuition d'essence « est la conscience... d'un "objet"... qui peut être pris pour sujet de jugements prédicatifs vrais ou faux – précisément *au sens nécessairement large que ce mot a en logique formelle* », Husserl continue par cette formule étrange : « Tout ce qui peut être objet, ou pour parler en logicien "*tout sujet possible de jugements prédicatifs vrais*" a précisément une manière *propre* de rencontrer, *avant toute*

---

1. Respectivement pp. 134, 136 et 140 de la trad. fr. À rapprocher de la définition formelle de l'objet dans *Fonction et concept* (*ibid.*, p. 92) : « un objet est tout ce qui n'est pas fonction, c'est ce dont l'expression ne comporte aucune place vide. » Et : « une proposition affirmative ne comporte aucune place vide » : il faut donc voir dans sa dénotation un objet. Or la dénotation est une valeur de vérité. Les deux valeurs de vérité sont donc des objets.

expérience prédicative[1], le regard... de l'intuition »[2]. Avant toute expérience prédicative ? Ce qui sous-tend cette assertion, c'est évidemment la définition donnée par Husserl de l'intuition comme, par essence, intention d'*objet*. De ce point, il est permis de se demander si la pétition de la dyade ne s'est pas inversée : tout à l'heure, elle basculait vers le sujet conscience, à présent elle fait basculer la conscience vers l'objet, la première devant être faire-un pour que le second soit, ou plutôt : puisque le second est Un. Mais qu'est-ce que cela veut dire, un objet, hors sa place dans la prédication ? Qu'est-ce, hors d'une métaphysique dont Husserl ne veut pas, qu'un objet disponible « en soi » pour la visée ? « Évident », « donné » – les deux mots sont finalement équivalents –, il l'est, dira-t-on, pour la conscience transcendantale seule, et il a sa nécessité comme essence dans la constitution de celle-ci. Mais de deux choses l'une : ou bien la conscience est énoncé effectif où se fixe une identité, et rien de l'objet ne lui est – hors la *hylè* – « donné » avant ce qui est par la *morphè* constitué ; ou bien elle est comme précipitée *d'un regard* vers l'objet dont il lui est donné alors de seulement « confirmer » par la corrélation une constitution dont les structures propres prescrivent le noème avant tout énoncé. La logique n'est alors que le recouvrement de l'objectité – dans la langue de Husserl : l'apophantique est prescrit par l'ontologique.

Or, encore une fois, qu'il soit le fait de la conscience ou pas, l'acte qui prescrit l'intelligible ne peut pas, sauf à se ruiner, avoir d'antécédent. *Pas plus que le sujet, l'objet ne saurait être antérieur à l'énoncé qui le pose* : comme le sujet, il est ce que l'énoncé doit requérir pour qu'il soit. L'intentionnalité – qui, de la Phénoménologie, est sans doute généralement l'apport le moins discuté –, parce qu'elle se dit d'emblée non d'un « ce dont » comme mode de la liaison, mais spécifie par avance la visée comme visée d'objet, ouvre sur l'artefact duplice d'un transcendantalisme couvrant un réalisme. Or on ne peut faire part limitée à l'énoncé : ou bien la relation y constitue corrélativement nom propre et prédicats, ou bien il se dédit lui-même pour être prédéterminé par une position d'objet qui le précède. Le choix est si contraignant que, comme l'a montré Suzanne Bachelard[3], la logique

---

1. (Souligné par moi.)
2. P. 11.
3. *La logique de Husserl*, spécialement Introduction, chap. IV de la 1ʳᵉ section et 2ᵉ section, *passim*. Par exemple, p. 34 : « il noue en un destin commun deux téléologies ennemies : la saisie directe par l'intuition et l'apriorité scientifique. » Et p. 132 :

formelle elle-même va se trouver, chez Husserl, hantée par ce qui y est présenté comme une dualité assumée – logique apophantique de l'assertion, logique ontologique de l'objet – mais qui ne réussit pas à s'emboîter, sauf à dire que l'intention n'était d'abord qu'opinion (*doxa*) qu'il appartiendra à l'*apophasis* de remplir ; autrement dit, une proposition approximative inclut un fantôme d'objet que seul un discours formellement élaboré pourra garantir, ou supprimer. Or, que ce soit en allant d'une forme à l'autre du « jugement » qu'on va d'une forme à l'autre de l'objet, Husserl ne le nierait pas ; mais que l'objet ne serait nulle part s'il n'était ce point de saturation que la proposition seule requiert, à cela Husserl n'arrive pas à consentir. Pourquoi ? Parce qu'il ne peut concevoir que ce qu'il entend par transcendance, et qu'à travers l'antériorité de l'intentionnalité même il ne cesse de poursuivre, ne soit pas celle de la *chose* dans la compacité de son soi à soi, autant dire sous ce primat de la Mêmeté auquel le discours oppose comme seuls intelligibles l'identique et le différent. J'ai marqué plus haut que sa revendication comme présence est ce qui disqualifie le Moi comme concept ; disons maintenant que la présence n'est qu'une autre figure du Même à soi-même ; et que le Même ne disqualifie pas moins la chose pour ce qui est de constituer un concept consistant. Nous avons reconnu au départ le perçu comme « autre », c'est donc que transcendance il y a, mais *qui se tient du seul discours* : en tant que, d'une part, il *est l'authentique transcendant* au vécu de conscience, ce qui effectivement lui fait face, l'ordre des liaisons que nous pouvons mettre en procès mais qui ne nous doit rien, le discours ne référant qu'au discours ; en tant, d'autre part, que c'est lui seul qui *pose* d'un même acte et le sujet qui le souscrit, qui n'est que pour ce qu'il le souscrit, et la relation objet-prédicats qu'il inscrit. C'est là l'ordre du perçu comme constitution intelligible de l'empirie, terme par lequel nous désignerons ce qui se présente à la constitution : dont nous ne connaissons dans le perçu que la constitution.

« En tant que science de la *science*, la logique a une orientation ontologique » : comme ontologie formelle, elle a pour objets les concepts catégoriaux tels qu'unité, multiplicité, ensemble, relation ; « en tant que *science* de la science, elle a une orientation apophantique » : elle porte des jugements sur des jugements. Il y a là « deux thématiques ». Que la logique transcendantale s'évertuera en vain de réconcilier, si le paradigme de l'évidence est le jugement singulier (: originaire, de perception) et le critère de l'évidence un *a priori* « imposé à tout sujet possible ».

2. *Une autre théorie de l'objet : site logique, site ontique,*
   être-là

a. En fonction de ce qui précède, doit être entièrement repensé le statut de l'objet, dans le cadre d'une nouvelle définition du perçu où la transcendance du discours intègre la détermination d'*un site logique* et sa signification comme *site ontique.*

Fixons d'abord les négations. L'objet n'est pas un terme universel. Caractéristique est le mode sur lequel Husserl conçoit la mathématique formelle : ce qu'on peut « énoncer à l'intérieur de la région du vide : *objet* en général »[1] ; or rien ne requiert que le vide soit à penser sous la catégorie de l'objet, et bien plutôt le concept de vide l'exclurait-il, dont Badiou a pu dire que « nom propre » de l'être il était pour autant que nommant la déliaison. C'est seulement lorsqu'il s'agit de constituer un multiple sous le signe de la liaison que, penser s'avérant en repérer l'articulation *locale,* celle-ci fixe à sa singularité un point de « saturation » *localisé,* et que l'objet peut – aussi longtemps du moins que les prescriptions sont celles de la proposition prédicative – venir « remplir » l'énoncé. Distinguons bien ces moments logiques : il n'y a énoncé qu'aux limites d'une *situation,* et toute situation est – par définition – locale, l'énoncé est donc local à son tour, "sa" situation est tout ce qu'il subsume ; mais il ne noue pas les termes de la situation n'importe où, il les fait con-sister, il fixe à leur corrélation un *site logique* : c'est en ce point que se précise son être localisé. Et *c'est à cette place que vient l'objet.* Tout objet est, dans la situation, la représentation d'un site logique : celui dans lequel sont nouées les relations. En tant que le perçu structure l'empirie sensible en empire de la liaison, qui la définit comme situation, et en tant que l'énoncé du perçu fait con-sister les termes de la situation, le perçu se resserre dans la détermination du site logique, dont l'objet n'est pas autre chose que la figuration. *Figuration* en tant qu'ici tous les prédicats de l'objet sont sensibles, mais figuration dont le figuré n'en est pas moins rien d'autre que logique.

Telle est la structure de l'objet, dans sa consistance discursive. Qui ne requiert, pour l'objet, *pas d'autre statut que logique,* pas d'autre fondement constitutif que ce qui s'impose, au principe, comme prescrivant les conditions pour énoncer, dans chaque situation de pensée,

---

1. *Logique formelle et logique transcendantale,* p. 199. (Souligné par moi.)

les relations qui y articulent l'apparaître sensible[1]. Mais, s'impose-t-il d'ajouter, qui l'articulent *sous prescription de son site logique*. Lequel ne va pas de soi, car une situation peut se construire en plus d'un sens[2]. Il faut en fixer chaque fois la consistance, par-delà d'abord l'indistinct, ensuite les équivoques inscrites dans l'apparence. En termes aristotéliciens, il y a plus d'un « rapport » sous lequel il est « impossible que le même appartienne et n'appartienne pas au même » – entendons : plus d'un site pour une empirie, faisant rétroactivement plus d'une situation. De l'apparaître, la consistance est chaque fois le revers de la détermination qui tente et tranche d'un site – Husserl, par le biais de la concordance des « esquisses », l'avait reconnu – et c'est la pertinence avérée du site qui, "capturant" l'expérience, en assure la définition transparente. *L'identité de l'objet, c'est alors celle du site logique où se fixe l'exigence de consistance du discours.* N'est-ce pas cela encore qui amenait Husserl à écrire que les formes appréhensives de la noèse, étant synthétiques, esquissent dans leur enchaînement la chose « de manière multiple », différenciée, « non univoque » ? On sent bien que, reprise sous cet angle, celui de la pensée *en acte*, la venue à l'unité du noème comme objet, dans ses confirmations, est un problème faussé dès lors que s'y superpose ce que j'ai appelé la pré-donation de l'objet. Problème au contraire résolu si l'on comprend que l'univocité de l'objet a pour condition celle du discours, laquelle n'introduit l'objet que par le biais où elle détermine un réseau de relations pertinentes par son site : y situant ce que noue l'énoncé, et y prenant appui pour l'identifier.

En prononçant "logique", c'est donc à une procédure de style aristotélicien qu'on se réfère, pour autant que seule elle permettrait de

---

1. Je rejoins ici, dans les limites d'une première approche, la déduction de la fonction proprement ontique de la Logique, introduite par Badiou dans sa conférence à la Société française de Philosophie *Logique et ontologie* : « pour autant qu'il appartient à l'être d'apparaître, et donc d'être un étant singulier, il ne le peut qu'en s'affectant d'une liaison primordiale avec l'étant qui le situe. C'est l'apparaître, et non pas l'être comme tel, qui surimpose à la déliaison ontologique le monde de la relation. » (Repris, mais reformulé, sous le titre « L'être et l'apparaître » dans le *Court traité d'ontologie transitoire*.) Que nous n'entendions pas du tout dans le même sens et la relation et son rapport à l'être, j'y viendrai beaucoup plus loin.

2. Autant dire que la logique du perçu est, de prime abord, aristotélicienne. Et renvoyer à une confrontation de l'Introduction de *La décision du sens (le livre Gamma de la Métaphysique)* de Barbara Cassin et Michel Narcy avec le *Court traité d'ontologie transitoire* de Badiou.

poser l'univocité de la constitution dans l'équivocité des phénomènes[1] ; procédure spécifiée de ce que le discours articule entre eux
tous les termes dont il fait l'inventaire, les articule de telle sorte qu'ils
consistent entre eux – répondent de leur être-conjoints, dans les
limites duquel ils sont déterminés comme même chacun à lui-même –
et de telle sorte que leur consistance se fixe en ce que j'ai appelé
leur site logique. Consistance s'entend au registre le plus tendu : non
seulement ils sont compatibles, mais ils ne supportent pas de définition qui soit étrangère à leur liaison : sont cela même qu'ils y sont. En
sorte qu'ils "sont" *ce qu'ils sont en et pour leur site*. En revanche, la
procédure, pour être locale, ne tolère pas d'être spécifiée davantage :
se réglant chaque fois sur ce qu'elle relève des termes qu'elle conjoint.
Quand elle dit « le tilleul », elle énonce la consistance d'un réseau
complexe de formes volumineuses, cohésives et dressées, le brun-vert
ligneux du tronc, le multiple foisonnant des feuilles, ovales et élongées
en pointe, au vert saturé taché de noir, mais aussi le devenir saisonnier
et la poussée... : faire-un de distincts tenus dans l'univocité de leur
site.

Remarquons dès à présent – j'y reviendrai beaucoup plus loin –
qu'en énonçant brun-vert, on entrait dans le registre de moments hétérogènes au sein d'un procès continu, qui est celui de la couleur. Et
que « le mur du fond » ne s'entend pas sans l'organisation, déjà géométrique, de places distinctes dans le continu homogène de l'espace.
Tout perçu est énoncé d'une situation dans la complexité de laquelle
se détermine ce que peut être la logique de cette situation : en quoi
elle se détermine comme logique immanente du divers qu'elle régit.

b. Il faut prendre garde, toutefois, qu'en prédiquant le discours
logique d'un site dont l'objet est la figuration, nous avons esquissé une
nouvelle définition de l'*étant*. Qui va requérir que nous distinguions le
discours perceptif avec plus de précision.

Notons-le d'abord, sans avoir à nous en étonner, et pour éclaircir
la norme par ce qui est à peine une exception : tout ce qui se trouve
articulé de la constitution discursive du perçu s'illustre et trouve sa
confirmation dans l'expérience *esthétique*. Qu'est-ce qu'un tableau, un

---

1. Cf. B. Cassin et M. Narcy, p. 103.

quatuor, sinon un discours-sujet[1], discours qui ne se développe que comme relation de part en part, et qui n'a d'autre réquisit que la consistance qu'il institue dans les termes sensibles qui sont les siens ? Le consister ne peut, dans sa définition, et en toute espèce du discours, qu'être le même en ce qu'il prescrit. Si différence il y a, c'est qu'ici il se tient dans l'*immanence* de la matière sensible, et non – comme le perçu – dans l'articulation de ce que le sensible délivre comme détermination – de quoi, sinon de *l'ordre de l'étant* tel qu'il s'expose ? Et si exception il y a, c'est que le discours esthétique n'a en propre aucune autre détermination de terme saturé que la venue d'une relation signifiante à une place faisant rection : soit le site avec la *fonction* mais non l'*ex-position* de l'objet.

Or c'est précisément à ces distinctions qu'on saisit ce que recouvre de fondamental la référence à l'objet. Le perçu n'est pas n'importe quel discours ; mais il n'y a aucune pertinence à écrire, comme le fait Husserl, que le perçu se donne comme présence, tandis que l'artefact esthétique se livrerait comme présence médiate, sur fond d'absence. Un tableau est aussi « présent » qu'un perçu, et leur différence est d'un autre ordre. Le propre de la constitution perceptive est – au contraire de la constitution justement dite esthétique – de *configurer* la matière du sensible pour se prononcer sur ce qu'à travers elle il en est : ce qu'il y a, ou ce même "il y a" dont nous sommes partis. Autrement dit, le perçu traverse ou "suspend" la matière du sensible pour retenir ce qui s'infère de sa consistance : ce qu'elle prescrit comme l'*étant*. Ce que nous avons reconnu d'abord comme le discursif du perçu restait définition incomplète, et requérait, sur ce point essentiel, son complément : les traits sensibles que le perçu rassemble déterminent *un site ontique,* dont leur reconnaissance fixe progressivement la constitution, dans l'attestation de la nécessité de leur liaison. Il *n'y a*

---

1. Symptomatique de l'aveuglement à quoi conduit le présupposé de l'intention est l'impossibilité pour Husserl de penser le tableau autrement que comme un objet, à la fois dans sa matérialité et dans ce qu'il figure. Qu'on lise, à l'inverse, les analyses du musicien qu'est François Nicolas : toutes les caractéristiques d'une œuvre sont « en droit des caractéristiques du sujet musical », et le sujet musical, « c'est l'œuvre... et rien qu'elle : l'œuvre est sujet de la musique ». Par « sensation », on ne doit dès lors désigner que « la manière dont l'œuvre musicale se déploie en une matière sonore et sensible, existant ainsi indépendamment de tout auditeur concret » ; et par « expression,... le mouvement même de l'œuvre sous la poussée immanente de son propre excès intérieur » (*La singularité Schoenberg*, p. 18 *sqq.*). Toutes formulations qui recoupent exactement ce dont est tentée ici la démonstration.

pas n'importe quoi, la facticité foncière de l'empirie ne se laisse pas construire n'importe comment, sa consistance prescrit sa nécessité propre, le *én* de la relation perceptive se prononce *ousia* de l'apparaître, et le perçu est justement la détermination de cette *ousia* en son site.

D'où il faut conclure que la vocation première du discours – n'étant pas douteux que le perçu soit cette vocation première – est *ontico-ontologique*. La consistance du perçu s'énonce comme consistance dans l'étance ; elle indexe la réalité comme l'"étant-là" ; elle exclut que ce qu'elle énonce ne soit pas de l'étant : immédiatement. La référence à l'objet, et son insistance, découle directement de là : il vaut comme la figure de ce qu'il y a d'être propre dans tout étant, restant que de cet être qu'il figure, c'est la con-sistance seule qui rend raison, et qui suffit à le fonder. Mise au point capitale pour ce qu'elle fixe définitivement le lieu de la *réalité* dans la position de l'être, comme originaire au discours. Mise au point qui, prescrivant le discours du perçu comme constitution de l'étant, avère la destination ontico-ontologique qui est la sienne. D'où il faut inférer qu'à la question de l'être, nous sommes pris comme à la question première du discours.

Il est clair qu'à ce point la logique du perçu reste aristotélicienne mais pour autant que celle-là reste platonicienne – entendons : c'est même chose que penser le consistant et l'être. Acquise l'univocité de son énoncé, le perçu prononce, par-delà l'objet, l'étant. Moyennant quoi, ce qui se dit de l'apparaître se dit d'emblée de l'être-là : le consistant, c'est l'étant. Ou : c'est même chose de reconnaître que, de l'empirie, le perçu est le pensable, et de reconnaître que, comme pensable, il « touche à l'être »[1]. Ou encore : la prescription ontologique est première à tout énoncé dont la consistance est avérée, et l'énoncé du perçu n'y saurait faire exception, dans la spécificité de ses conditions. Toutes propositions, il est vrai, suspendues à cette autre : pour autant que c'est l'étance, sans plus de spécification, qui l'indexe, l'être-en-tant-qu'être est univoque[2] ; proposition dont le perçu, à défaut d'avoir à en assurer la démonstration métaphysique, atteste la mise en œuvre immédiate dans le quotidien de la pensée. Tout étant est étant au même titre, dans sa relation à tout autre étant. Bref, l'empirie peut être, pour la constitution du perçu, équivoque, mais l'étance de la constitution est, elle, univoque.

---

1. Cf. Badiou, *Court traité...*, p. 96.
2. Véritable lieu du partage entre Platon et Aristote. Cf. Badiou, *op. cit.*, p. 187.

Cela posé, le perçu prescrit l'étant en vertu des conditions qui lui sont propres. Nous disions que le pathique de l'empirie ne saurait, comme tel, fonder l'altérité du perçu – sa transcendance –, qu'il y faut sa consistance ; il en spécifie, en revanche, le mode d'étance. C'est du fait qu'est "donné" le matériel empirique, qu'ici il-y-a est étant-*là* ; il y a comme "là" pour ce que c'est l'empirie qui consiste, et Husserl, de ce point, est fondé dans sa référence aux *data*. Tout énoncé consistant énonce l'être, mais c'est le *déjà-là* de l'empirie qui énonce l'"est" comme : "c'est là", et je ne puis faire que ce ne le soit pas. Le site, dès lors, est d'emblée dans l'ontique du là. Et *l'apparaître doit se redéfinir comme ce qui, de l'être, est posé par la constitution discursive de l'empirie comme déjà-là*. La place de l'empirie dans cette définition est cardinale. Elle remet sur le sol du perçu cet être-là à propos duquel on divague en en faisant une constitution d'être préalable à ses conditions, un projet que nous tirerions de l'absolu de notre être. Et elle soumet la logique de l'apparaître au *primum movens* de l'empirie.

Bien entendu, il faut là un retournement au regard du platonisme historique ; parce que l'empirie est la matrice de tout existant consistant, exister avec consistance, c'est être *là* et ce *là* originaire est celui de cet apparaître où le platonisme voyait le défaut de l'être. Il est vrai que l'empirie est factice – le Moyen Âge aristotélicien dira « adventice » – et que de son advenir dans l'apprésentation il n'est aucun moyen de rendre raison ; mais il n'est pas moins vrai que, dans le discours, cette facticité se laisse constituer, et que toute constitution est position d'être. Point où dans les limites de la contingence s'avère la nécessité, l'étant-là *est* et, du même trait, atteste qu'*à l'être convient le là*. Ce qui, en revanche, serait contredire à l'évidence serait l'affirmation que l'être ne se laisse penser que sous condition du là. La question suspendue est celle du *passage de l'être* posé par toute pensée consistante, et dont elle est comme le dépôt, *au là* : question de ce qu'il advient à l'univocité de l'être pour qu'elle convienne avec le différenciel de l'être-là.

Confrontons une seconde fois le perçu à un mode autre du discursif : une proposition *formelle*, en se déterminant, détermine, quant à elle, son site comme *purement logique* ; aussi bien est-ce ce qui commande les limites de sa validité, et dans ces limites la garantit. On pourrait, de ce biais, réinterpréter le concept wittgensteinien de la « tautologie » de la logique non pas pour dire qu'elle ne dit rien, mais pour constater que tout ce qu'elle dit en chaque occurrence se tient dans l'espace de consistance de son site, tel que déterminé par ses seuls connecteurs. Plus clairement encore : une théorie, avec l'axiomatique qui la fonde, est la détermination d'un site de l'intelligibilité, consistant dans les fonctions qu'il articule, et générant par le biais des valeurs de ses arguments autant de sites ponctuels. Ou, dit autrement : fixées des constantes prédicatives, introduites des variables individuelles, faisant norme les connecteurs, on a ce qu'il faut pour écrire des expressions bien formées à l'intérieur de ce qu'on pourrait appeler un site opératoire pour la constitution d'objets purs.

Il est frappant que les quantificateurs s'y lisent "il existe" (x tel que Px) ; quand bien même on dirait que la formulation n'a là de valeur que syntaxique[1], elle n'en désignerait pas moins le site où est "posée" la validité de P pour x – expression transposable à l'objet x du perçu (tenu que la constante prédicative en est généralement non unaire mais "n-aire") : ainsi de l'arbre et de ses "propriétés". Il est plus frappant encore que le formel de cette écriture ne puisse s'interpréter, produire une structure où opérer, chaque fois, que par la détermination d'un domaine déterminé d'*objets*, domaine dit justement "univers" : où s'avère que même une syntaxe formelle ne peut faire exception de l'ontologique qu'elle régit. Seulement de ces sites logiques, on dira qu'ils indexent *les déterminations ontologiques de l'intelligible*, son champ de consistance et éventuellement ses marges d'inconsistance, soit les *possibles* et les impossibles de l'être même, et non la *réalité* d'un étant.

Il faut donc encore une fois préciser : ce qu'on appelle le "donné", par où ne se dit rien d'autre que la facticité de l'apparaître, ne consiste pas *de soi*, *a priori*, de par un dépli pur de la pensée, mais *de fait*, comme le constat de la consistance de "ce qu'il en est". Ce qui, à

---

1. Cf. Claude Imbert, *Pour une histoire de la logique*, pp. 162-163 : « Les dimensions syntaxiques, spécifiées par les substitutions, avaient un régime de composition propre, indépendant de ce dont elles étaient le symbole... Désormais la quantification ne serait plus interprétée comme une figure logique du réel, indicatrice d'existence... » ; et *passim*.

Et *a contrario* Badiou, diagnostiquant dans le primat du syntactique sur la sémantique une évacuation de la philosophie comme, par destination, pensée de l'être. À quoi satisfera en revanche la définition de la mathématique comme science de l'être, et de la logique mathématique comme « corrélat immanent » d'une description d'univers possibles (*Court traité...*, « Logique, philosophie, tournant langagier »).

l'inverse, n'est pas exclure qu'existe, ou puisse exister, une axiomatique du perçu, mais dont l'axiome propre sera celui de "ce qu'il y a *là*" (tous les P dont la consistance fait site logique de x indexent le prescriptif de "tel type de *là*"). Dans un cas comme dans l'autre, c'est la facticité de l'empirie – devenue, comme consistante, apparaître – qui prescrit qu'étant il y a, comme le consistant de ce qu'il y a là. Par où le moins – de nécessité pure – devient un plus – de réalité ontique. On voit l'importance qu'a, dans la constitution du perçu, sa détermination comme discours d'un *constat*. C'est à l'évidence cette détermination empirique qui fait du site la matrice de l'étant et qui qualifie la transcendance du discours comme discours du transcendant.

Reste qu'à la prescription de consistance du discours du sensible, l'objet s'est avéré conjoindre, sous le titre de l'étant, un terme dont l'univocité a jusqu'ici été affirmée ; or on a pu avancer l'existence d'un autre type d'objet qui ne serait éventuellement consistant que du point d'une tout autre structure – non linéaire –, et dont il serait en rigueur impossible de prononcer ou l'être ou le n'être pas. Une troisième modalité du site, entraînant une autre définition de l'objet, dans un troisième mode du discours, celui dont excipe la psychanalyse, doit être ici convoquée.

C'est en tant que porté par le désir, que dans le discours psychanalytique fait retour structurel – et cardinal – le concept privilégié d'un objet porteur pour chaque « parlêtre » de ce qui lui *manque* : et qui, précisément de lui manquer, suscite son désir propre[1] : c'est ce que Lacan a désigné comme « la Chose freudienne ». Au regard de Husserl, les termes se sont retournés : l'objet était pré-donné, il est pré-perdu, dès l'instant où, du sein d'une identification, il se constitue comme ce qui va toujours y manquer, inclus au registre de l'Imaginaire, mais impossible à s'y représenter. Son Un de signifiance n'est isolable que depuis la coupure que son manque creuse dans la réalité, et dont il vient remplir le trou. Si pourtant il est repérable, et avec lui ce qui peut faire impasse pour le désir, c'est pour ce qu'il revient dans la parole, dans les interstices du signifiant, bref dans la chaîne du Symbolique dont ce sont les intervalles qui ont brisé toute possibilité

---

1. Cf. chez Lacan le *Séminaire IV : la relation d'objet*, qui s'ouvre sur la « théorie du manque de l'objet ».

d'Un non médiat. Objet qui n'a pour consistance que celle de l'occurrence de son repérage et dont on ne peut ni dire qu'il n'est pas – son existence est au contraire primordiale –, ni qu'il a le statut transparent de l'étance. À première vue, c'est un *hapax*. Mais il s'impose de n'aller pas trop vite.

De la constitution subjective du désir, on induit, en effet, un peu précipitamment, dans la littérature psychanalytique, que la réalité, la réalité tout entière, est *supportée* par le fantasme, $\$<>$ (*a*), qui conjugue un sujet humain divisé, « schizé » par la langue, et une image – l'objet perdu, (*a*) – qui ne se laisse pas représenter : en « inclusion externe » à laquelle le sujet se trouve placé quand il prononce la réalité. Il serait plus prudent de dire que le fantasme *connote*, de son site perdu, la réalité : étant évident qu'il *présuppose*, pour être objet, le réquisit de consistance et la position d'être qui y est attachée. S'il y fait exception, c'est en ce qu'il précipite et distord la consistance de la réalité, gauchie à partir d'un objet qui en demeure défalqué. Avancer que c'est assez pour qu'il fonde, de son site paradoxal, tout ce qui s'expose comme réalité, et l'expose à sa perte, serait dénier que *la logique précède l'objet* et que le discours, y inclus comme position d'être, ne peut faire exception de la consistance qui est son propre. N'en irait-il pas ainsi que l'image perdue (*a*) flotterait sans venir jamais au rang d'objet. Il y a cercle à prétendre soutenir l'être consistant de la réalité, d'un objet qui n'a lui-même que la relation de raison pour se soutenir comme objet[1].

_____

1. Caractéristique de la propension de la psychanalyse à chercher une genèse du discours lui-même est le texte de la *Verneinung*, où Freud évoque une dialectique originaire de l'introjection et de l'expulsion, fondatrice pour la constitution de l'objet – de tout objet, du concept même d'objet –, accepté ou refusé, retrouvé ou perdu. Dialectique où la figure destructrice de l'expulsion *précéderait* la création du symbole de la négation, entendue, elle, comme la condition même de la pensée en acte : celle-ci étant dès lors saisie comme « dénégation » qui reconnaît la tension originaire du rejet et de l'introjection tout en la niant, c'est-à-dire sans en lever réellement le refoulement. Il est vrai que ce texte peut s'entendre de deux façons. Ou bien on a là le mythe d'une proto-détermination ou proto-condition pré-logique de l'objet, et sur un tel effort de genèse il n'y a pas ici à se prononcer, sinon à dire qu'il n'est pas pertinent dans ce qui s'en conclut : il peut bien rendre compte d'une coloration ambivalente de la réalité ; il ne peut rien fonder de ce qui *avant d'être, pour être tel et tel, et d'abord pour être, doit consister.* Ou bien, en attachant la pensée à la négation, Freud marque, à sa façon, ce que le discours a d'irréductible, et qu'il n'y a proprement hors de lui ni sujet ni objet : d'où qu'en effet, ce qui se prononce de ce dernier, il le spécifie des deux jugements d'attribution et de réalité ; mais alors il faudrait qu'il

Encore faut-il suivre jusqu'au bout l'argumentaire lacanien, dans lequel la mise en impasse de l'objet du désir est un moment de ce que *de l'objet il y aurait manque dans tous les cas*[1], toutes les « instances » du sujet. Soit dans les registres distincts du Symbolique – comme dette du signifié au signifiant –, de l'Imaginaire – comme dam du ne pouvoir posséder –, du Réel – comme trou dans la réalité. Autant de modes du manque, pour autant de modalités de l'objet. D'où s'induiraient et qu'à l'objet le manque est toujours colligé, et qu'il serait structurellement impropre de faire-un des modes du manque. Du premier de ces énoncés suivrait l'inconsistance d'un concept du fondement ontique du perceptif, entamé par l'incomplétude de l'objet qui l'indexe. C'est la possibilité même d'un concept Un de l'étant que récuserait le second énoncé : la disjonction structurelle du sujet et ce qui s'y attache d'impuissances différentes à la fermeture sur soi – au plein – de ses objets ruineraient l'édifice ontologique, tenu pour présumer l'Un des registres de la pensée et l'Un de l'objet dans son être. Telle est, sommairement dite, la base sur laquelle Lacan a fondé sa critique récurrente du concept d'être, érigé par lui en symptôme du leurre de la pensée philosophique.

Objection mal venue en ce qu'elle infère de *situations existentielles*

───────────

ne soit en rien cédé sur ce que, *entre rejet et négation, il y a le hiatus infranchissable de l'accident du pathème à la logique du dictème.*

Il se pourrait que le plus intéressant de ce texte soit ailleurs. Ce dont il y a dénégation, qu'est-ce au plus juste, sinon que la logique du discours reste hantée par une principielle inconsistance ou *déliaison* ? Il semble bien que c'est ainsi que Lacan l'entendait, dans son commentaire de la *Verneinung*, écrivant de la création du symbole de la négation : « On ne peut même la rapporter à la constitution de l'objet, puisqu'elle concerne une relation du sujet à l'être, et non pas du sujet au monde. » Et d'invoquer « une méditation de l'être, qui va à contester toute la tradition de notre pensée comme issue d'une confusion primordiale de l'être dans l'étant ». Autrement dit, serait visé, à travers la « création » de la négation, ce point où, en deçà de sa stase en étant, la violence de l'être devient pensable comme déniable, et où la constitution de l'étant – dans sa logique propre, ou, comme écrit justement Lacan, « sa structuration discursive » – s'avère n'être pas, du biais de l'ontologie, le dernier mot. Ou encore : si la négation est condition du Symbolique comme instance du distinct, ce qui « précède » ce dernier n'est autre que ce qui rôde sous la consistance du discours ; et ce qui, dans le dénié, précède l'objet, n'est tel qu'au titre d'impossible à inscrire. Cette archéologie de l'altérité et de sa maîtrise, bien en deçà de ce que le discours développe, nous n'aurions pas difficulté à y reconnaître à tout le moins la trace du hiatus, sur lequel il faudra revenir, entre la logique de l'étant et l'être.

1. *La relation d'objet*, p. 37.

ce qu'il en va du *site logico-ontique.* Que ce que j'appellerai l'(in)cons-
titution de l'existence se ponctue des occurrences du manque dont
Lacan a relevé la distribution, atteste de ce que le manque est en effet
une dimension paradoxalement fondatrice de l'existence [1] : trait qu'il
n'est pas question de récuser mais dont nous ne pourrons mesurer la
portée que beaucoup plus loin. Ce que nous devons maintenir pour
le moment est que ce en quoi l'existence advient comme marquée par
le manque dans son discours propre, ne saurait signifier un manque
dans l'enséité du discours lui-même. Il y a manques dans l'objet pour
autant qu'il est un de ceux par rapport auxquels Je, dans mon existence concrète singulière, me trouve déterminé et me situe : là et nulle
part ailleurs. Ce n'est même que sur le fond de la consistance discursive, d'un discours qui s'énonce en s'autorisant de par soi, que l'y
venir en défaut de l'existence est articulable. Dire, par exemple, qu'à
la saisie imaginaire d'un objet est immanente la saisie du manque
qu'elle enveloppe serait prétendre faire tenir en Un, sans médiation,
la déception et la position, geste que nous retrouverons, encore une
fois beaucoup plus loin, comme signant la démarche « existentielle »
de Heidegger : le manque ne peut creuser l'image que pour autant
qu'il n'est pas du même ordre que sa constitution. Il rôde autour de
cette problématique du manque – et l'écrire n'est pas la nier, dans les
limites qui sont les siennes – un céder à l'intuition existentielle qui
vient *en exception* au de bout en bout articulé d'un appareil constituant. Ainsi n'y a-t-il aucune pertinence à déduire du manque existentiel un manque local dans l'en-soi de l'étance tel que la logique
discursive l'énonce, partant l'indexation de l'être qui s'y inscrit. De
nouveau, l'induction de l'être ne saurait être remise en cause par l'exception qu'y fait l'existence, qui ne se conçoit que sur son fond.

Il serait, au reste, mal venu d'aventurer qu'il n'y a chez Lacan
aucune idée de l'être ; c'est plutôt qu'il s'en fait un concept non platonicien mais aristotélicien [2] : l'être se dit en plusieurs sens, dans la dis-

---

1. Ce n'est pas accident si le Séminaire cité est celui dont le vocabulaire et la
problématique sont le plus fréquemment heideggériens. Aussi bien est-ce au fil des
relations existentielles à la mère, au père, au phallus qu'il progresse : relations constituantes pour l'*existence* mais dans les limites de son champ.

2. Les nombreuses références à Socrate expert en désir ne doivent pas tromper :
la conception qu'a Lacan du mathématique – discours vide – et de la logique – russel-
lienne – signe une épistémologie aristotélicienne, qui ne peut que commander à son
tour ce qu'il y a d'ontologie lacanienne.

jonction de plusieurs instances ; et c'est du fait de cette disjonction même qu'il se présente pour chacune d'entre elles écorné du manque. C'est donc la simplicité du concept d'être que d'abord il conteste et qu'il déconstruit. Mais après tout, quand – beaucoup plus tard – il fera fond du « nœud » des trois instances, ce sera mode de faire retour à la question de l'Un : de l'Un du disjoint. Et qu'est-ce qui se dit là, sinon que l'exigence ontologique du discours est telle que, dès lors que consistance il y a, quand bien même il n'en resterait plus que la définition déceptive du « ça se tient », la pratique d'une manipulation des nœuds et l'instrumentation de la corde[1], le site discursif se trouve prédiqué lui-même de l'"il y a" ? Ce qui s'entend : il faut bien que ce site *soit*. Disons encore une fois, là-contre, qu'aucune figure qui suscite une intuition de *cohésion* ne saurait rendre compte de la *consistance*[2], à laquelle elle renvoie en y prétendant, et qu'il faut bien que celle-ci soit prescrit recteur de la pensée pour qu'il soit loisible, en un lieu défectif, de l'approcher. L'aporétique du nœud fait à l'ontologie hommage de la résistance à admettre qu'il ek-siste à la consistance de celle-ci une exception. Que Lacan ait ou non finalement pris acte du primat ontico-ontologique de la consistance – ou, pour le dire trivialement, de la rationalité dont il entendait que ne se départissent pas ses procédures – dépend de la lecture qu'on fait de la relation des deux termes entre lesquels sa construction du sujet est suspendue : le grand Autre – la prise de toute expérience, matérielle autant que formelle, sous les réquisits d'un discours convoqué à se normer par la consistance[3] – et le Réel – dont l'essentielle inconsistance ne trouve une résolution que dans la figure cohésive du nœud. Il semble qu'il n'ait, quant à lui, ultimement pas pu choisir.

Les portants de cette discussion sont ceux que nous retrouverons chaque fois que notre réflexion nous mènera au-devant de Lacan. Il

---

1. Sur tout cela, cf. les Séminaires *RSI* (in *Ornicar*, nᵒ 2 *sqq.*) et *le Sinthome*. Frappant est le retour de ces Séminaires à la thématique du *faire* qui sous-tend celle de la « tournure » omniprésente dans *Sein und Zeit*.

2. Au sens que je donne depuis le début au mot – c'est consistance *logique* – qu'on se gardera de confondre avec le retour du terme dans le séminaire *RSI* – où c'est le « tenir ensemble » *imaginaire* faisant critère du Réel.

3. Avec cette double réserve : qu'« il n'y a pas d'Autre de l'Autre », donc que de l'Autre lui-même nous ne pouvons poser le fondement ; et que, l'Autre étant tenu dans la langue qui nous détermine à notre insu, nous n'en maîtrisons la consistance, qui est aussi le transmissible, que par la rigueur des formules et le risque pris du savoir.

est impossible d'écrire que le *concept* d'être inconsiste[1], quoi qu'on doive en définitive mettre sous ce concept. Il est impossible d'introduire l'expérience paradoxale d'un objet que ne précéderait et commanderait pas le concept d'objet, tel que la consistance du discours le fonde. Il est impossible de dénoncer la part de leurre de la réalité autrement que sur le fond de ce qui d'abord assure celle-ci, soit que *l'étant et la consistance de l'énoncé sont Un*. Il est impossible de mettre en question la consistance sans détruire le discours qui proférerait la question. Et il faut d'abord se garder de configurer le discursif sur l'exception de l'existentiel.

Pour conclure – fût-ce provisoirement –, à la consistance est inclus son site logique, et à celui-ci l'être, que le "il y a" originaire au perçu qualifie comme étant. Dont l'objet n'est rien de plus que la figure précaire. Et à vrai dire, le terme même d'objet répugne à la pensée, pour ce qu'il bloque la pure opérativité de la liaison. Reste que sans objet, l'empirie serait impossible à construire : indéchiffrable. Ce que Husserl avait parfaitement vu, c'est qu'il faut du faire-un quelque part[2]. Mais l'Un ne se « voit » pas, ni d'abord ne se vise, il résulte, il

---

1. Je dis : le concept ; ce qui n'exclut nullement qu'il soit justement concept de l'inconsistant.

2. La tension entre l'évitement du réalisme de la « chose » et l'impossibilité d'en mettre hors-circuit le faire-un traverse la plus grande partie de la Logique contemporaine.

C'est ainsi que tout l'effort de Russell, dans sa critique de Meinong et de Frege, vise à construire des formes de la dénotation et de la description qui *évitent* l'objet et assurent dans cet évitement leur consistance logique. Mais cet effort même atteste que problématique de l'objet il y a : ainsi du « père de Charles II... », etc.

Wittgenstein, qui ne reconnaît de *sens* qu'à la liaison, soit au tableau que nous nous formons d'un état de choses, soit finalement à la proposition, et qui tient l'objet isolé pour « impensable », n'en a pas moins besoin de l'objet pour le lier, et, à défaut de pouvoir le décrire, assigne au *nom* de le « représenter ». L'objet est alors ce qui se montrant, se nomme, mais dont on ne peut dire ce qu'il est : façon de dire au moins que, pour que sens il y ait, il faut qu'il soit.

Et Quine, qui prendrait plutôt tout ce qui est ontologie avec des pincettes, et qui vise pour la science une ontologie « désamorcée », n'en reconnaît pas moins : 1. que la « réification des corps », née de l'énoncé d'observation, déborde celui-ci et a une portée théorique ; c'est la « décision ontique » qui nous permet d'« unifier notre système du monde » ; 2. que la pensée théorique serait impuissante si une idée abstraite comme celle de classe n'était pas à son tour saisie comme un objet ; 3. la réserve est qu'une fois la logique de la quantification adoptée comme notation de « l'engagement ontologique », l'objet n'est plus qu'un « nœud » dans la structure de l'énoncé, auquel

est requis par le dis-cursif : il advient au point où *l'énoncé, en se nouant, reporte son unité sur l'étance de son site* : telle serait la seconde définition qu'on puisse donner de l'objet. Il n'y a de l'Un d'objet, et d'étant, que *par provision*, parce qu'il représente un des modes provisoires sous lesquels le multiple de l'empirie consiste ; et c'est toujours à le déconstruire – après l'avoir construit – que la consistance du discours gagne – gagne sur lui. Il faut bien constater que toute la Phénoménologie est enfermée dans ceci, que c'est l'objet qui y préinstitue la constitution.

Tout autant importe-t-il de le noter dès à présent : le procès qui va du site logique comme constat à l'étant, et reconnaît dans celui-ci l'inclusion de l'être, *n'est pas réciprocable.* Pas plus que l'étant ne peut faire défaut à la consistance de l'empirie, pas plus ne peut-on assurer l'étant sans la consistance de l'empirie qui le prescrit. Si l'objet est par provision, l'étance, de par le réquisit ontologique du discours, lui est immédiate. Le perçu n'a pas à "chercher" l'étant sous son constat, mais c'est dans ce constat seul qu'on le trouve. Aussi la première objection que nous ferons à une constitution qui se donnerait en premier lieu une définition de l'être, est qu'il lui faudrait ensuite construire sur celle-ci l'*étant*, pour que la logique de l'apparaître vienne à le *reconnaître*, à reconnaître qu'elle l'a atteint, dans l'exposition perceptive. Or construire l'étant, comment le pourrait-elle, si l'être ne se prescrit, au premier abord, que comme le quelconque et l'inqualifié qui fait fond ? N'offrant rien pour construire l'étant qui est singulier et qualifié. Une logique transcendantale disjointe de toute ontologie et prenant appui du seul divers phénoménal peut, à défaut, rendre compte de la constitution différentielle de l'identité-objet et de son inclusion dans le système relationnel d'un monde, elle peut même « parier » que ce système répond de sa réalité, mais elle est sans moyens pour affirmer que dans l'exposition perceptive passe l'étance dont la constitution propre reste, sur le fond de la définition de l'être, aveuglée, ou redevenue noumènale. Telle est la "croix" de toute tentative de déduction ou de production de l'étant depuis l'être. Il faut inverser les termes : c'est de ce que la constitution du perçu enferme, comme telle, l'étance, de ce que l'apophantique est l'ontologique, que s'*induit* la définition de l'être : soustractive, pour autant qu'il en faut

---

peut être substitué n'importe quel autre nœud par – grossièrement parlant – délégation un-un d'un corrélat : la vérité de l'énoncé ne change pas.

retirer l'articulation propre de l'étant. Redisons cela autrement :
à-contre Hegel, l'être ne contient pas son autre, qui serait sa présentation ou exposition ; et que pareille dialectique soit controuvée exclut
qu'aucune étance du perceptif s'en puisse induire ; symétriquement,
l'étance ne se peut réduire à un ajustement logique des relations d'altérité dans l'être-là, qui destituerait l'objet de la consistance interne
dont, seule, l'étance s'induit. Si l'étance est – et elle est – logiquement
fondée, ce ne se peut ni par déduction de l'être – qu'à l'inverse elle
induit –, ni par une constitution purement relationnelle du phénoménal, qui ne saurait que réintroduire un idéalisme transcendantal. Ce
n'est qu'en prenant départ de l'apophantique du perçu, attestée dans
sa consistance, qu'on a l'assurance d'y tenir sans médiation l'indexation ontologique de l'étance.

III

Du mode de donnée à la consistance de la réalité

Aussi bien l'analyse de Husserl se poursuit-elle, de son côté, en des termes qui semblent tout près de passer outre un schème à la fois idéaliste et réaliste de l'objet, et de ressaisir, cette fois, la constitution du perçu dans le moment de son énoncé. Sur quoi la description du noème comme objectivité immanente culmine-t-elle pour s'y assurer ? Sur sa forme énonciative : « nous la trouvons là [: la chose], nous faisant vis-à-vis dans l'espace, *et nous élaborons sur elle des énoncés* [1] ». C'est, du même trait, le moment du Logique, que Husserl s'efforce, tout en en assumant les exigences eidétiques, de tenir au plus près de la description de « contenu ».

1. *De la* doxa *à l'immanence de l'étance au discours*

a. Le départ pris par Husserl du « réel » des actes de conscience, ou plus largement l'attitude transcendantale, le conduisent à aborder l'énoncé sous la forme psycho-logicisante du *jugement* [2] : concept qui lui convient d'autant mieux que, traditionnellement double, il se laisse de lui-même construire sur la corrélation noético-noématique. Sous

---

1. P. 187. (Souligné par moi.) Il est précisé aussitôt une fois de plus que, dans la réduction, formant des énoncés, nous ne « coopérons » pas avec la thèse de la chose réelle, mais ne la « rejetons » pas pour autant.
2. § 93-94. Outre que Husserl s'embarrasse dans sa propre terminologie, il ne donne ici pas d'autre définition qu'implicite du jugement ; et surtout, il est si préoccupé de montrer que la proposition appartient en propre au noème, qu'il n'a presque rien à dire de la noèse.

l'angle noétique, c'est le *juger* : « noèse de noèses édifiées l'une sur l'autre pour composer l'unité d'un vécu concret ». Entendons : noèse constituée d'intentions *formelles* normatives, réglée par ce que prescrivent tant la logique formelle de l'assertion (apophantique) que l'ontologie formelle (de l'objet quelconque) ; mais aussi noèse « *concrète* » – Husserl revient obstinément sur le mot – dont un composant eidétique propre donne à chaque représentation *son sens « positionnel »* : ou de perception, justement, ou d'imaginé, ou de souvenir, ou de conjecture... Sous l'angle noématique, c'est le *jugé*, par où il faut entendre la proposition proprement dite – ou ce que la logique désigne couramment comme un jugement ; et, selon le même schéma, « le noème de la représentation passe dans la pleine concrétion » du jugé, au sein duquel le représenté va dès lors se trouver *informé dans sa spécificité modale* : par exemple, donc, comme perçu.

Un premier trait frappe dans cette analyse de l'énoncé, complexe et démultipliée sur ses deux faces : bien que le jugement à proprement parler – tel que la logique l'écrit – appartienne au noème, sa *constitution* n'en est pas moins dans le moment du juger, c'est-à-dire dans la pure immanence ; et bien que la structure logique soit donc noétique, ce n'en est pas moins sur le noème, sur le jugement comme *objet*, que va porter en fait tout l'exposé. La corrélation se fait recroisement. Mais le trait essentiel de l'analyse – dont on comprendra bientôt le rôle crucial pour la problématique de la transcendance –, c'est que n'y ait pas seulement été constitué, dans le travers de la visée d'objet, le concept de la proposition comme ayant pour « *noyau* » propre « *l'objectivité visée comme telle* »[1] ; l'essentiel, c'est que par là, et sous le titre du concret, ait été marquée de surcroît l'*inclusion dans le jugement de sa modalité représentative*. Ce qui peut se dire : il y a là deux moments qui ne sont pas confondus, un *même* noyau « peut être le *"contenu"* d'une certitude [*ou*] d'une conjecture », c'est donc que le noyau « est un élément non autonome » en ce qu'encore incomplet, qui « accède chaque fois à la conscience avec des caractérisations... indispensables au noème *complet* »[2]. À un moment noétique tel que « tenir pour possible » est ordonné comme corrélat un caractère tel que celui du « possible » sans quoi le noème ne serait pas complet. Bref, le jugement n'est pas seulement information de la « matière »

---

1. P. 193.
2. P. 197 (souligné par moi).

objective, il inclut, *supplémentairement*, son statut représentatif. La corrélation de ce qu'ont de spécifique l'intention perceptive et le perçu, en tant qu'ils se distinguent du rêve ou de l'hypothèse, doit ainsi être entendue comme incluse dans ce qu'enveloppe de rationalité spécifique le jugement de perception.

Voilà un trait dont l'importance ne saurait être trop soulignée, et qui constitue un complément essentiel au premier pas franchi en direction de la réalité à travers l'intentionnalité noématique comme intuition d'objet : le jugement ne serait pas « concret » et le noème pas « complet » s'il ne comportait un moment décisif pour le problème de la transcendance. Lequel se trouve ainsi posé – comme il doit être en rigueur requis – au champ et sous prescription de la rationalité. Autrement dit, que la croyance reste, dans l'adhésion qu'on lui porte, *suspendue* par la réduction phénoménologique, ne saurait faire qu'elle ne soit, dans la modalité de présentation, *contenue*. La suspension de la suspension reste à venir ; elle est un moment distinct de la matière du jugement – autrement dit, de l'objet avec son mode présentationnel. Remettons pour l'instant – avec Husserl lui-même – la question de ce qu'est cette seconde couche, pour voir déjà comment, sur quel mode, et sous les espèces du certain et de l'incertain, le jugement peut *inclure* en lui-même, et aussi bien dans le juger que dans le jugé, la « manière de se donner » de l'objet, partant la croyance qu'elle entraîne, partant ce qui prescrit le thétique, sans cependant encore le poser.

La réponse ne va pas sans paradoxe : puisqu'elle est bien plutôt retour *au sein du jugement* de la problématique de la *croyance*, qui depuis la première mise entre parenthèses est restée suspendue. Qu'elle fasse retour, il ne saurait en aller autrement pour Husserl, dès lors qu'il a inscrit au départ le thétique comme croyance, au champ de la seule *doxa*. Qu'elle fasse retour dans la structure du jugement même n'est possible qu'au prix d'une sorte d'habillage rationnel : « nul ne mettra en doute que "croyance" et "jugement" au sens logique ne soient étroitement solidaires » puisqu'aussi bien « les synthèses de la croyance ne trouvent leur "expression" [que] sous forme de propositions énonciatives »[1] : la syntaxe de la *doxa* est celle même du « et », du « ou », de la mise en relation, bref de la prédication. Inversement, la seule expression « directe » est celle où « la signifi-

---

1. P. 250.

cation... coïncide avec l'élément doxique » – la seule que supporte un noème complet – et, mieux, celle où la signification coïncide avec la proto-doxa, la doxa « non modalisée »[1] : assertorique. *La proposition par excellence*, celle que toutes les autres ne font que modifier, *est celle qui, sur le fondement de l'Ur-doxa, pose le réel de son objet.*

Sur la base de telles formulations faisant du doxique un moment du *ratio*, on serait autorisé à conclure qu'il y a simple approfondissement entre univers logique et univers perceptif, et plus généralement entre assertorique et thétique. À tel point que toute intuition thétique – et singulièrement perceptive – est, de ce biais, une « proposition à un seul membre »[2]. Husserl, au contraire de ceux qui le suivront, ne fait aucune concession sur la raison. Mais on aurait tort de s'y tromper : le moment où le jugement accède à la thèse fait toujours coupure – coupure doxique – dans le dépli de la raison.

Tout l'exposé de Husserl repose en fait sur une amphibologie assumée. Ce qui, sous le titre de la *ratio*, s'inscrit dans le concret du jugement comme « caractères doxiques » dans la noèse et comme « caractères thétiques » dans le noème, ce sont en vérité des *modifications* de la *ratio* qui la *supplémentent*. Pour entendre ce qui se dit par là, il faut comprendre qu'à la certitude du côté noétique ce qui répond du côté noématique – du côté de l'objet – n'est pas simplement l'évidence : mais un supplément irréductible, « un caractère d'être particulier : celui du "*réel*" ». C'est là le point autour duquel tourne le recours fait à la *doxa*. Il est vrai que la croyance que garantit la certitude – celle dont la rationalité est pleinement satisfaite – est celle qui sert de repère ; si la *doxa* est essentiellement modale et si tout vécu intentionnel possède l'une ou l'autre de ses modalités[3], c'est pour autant qu'elle a dans la certitude sa forme-mère[4], la « proto-doxa ». Mais la forme-mère elle-même tient sa qualification de ce que ce qui lui répond dans le noème est *l'être « non modifié »* dont Husserl écrit curieusement qu'à le replacer dans la série de ses modifications

1. P. 263. (Le texte introduit sous forme d'interrogation son affirmation.) Bien que Husserl distingue entre les contenus du jugement, de la proposition, de l'expression (signification), l'enquête sur les modalités doxiques intervient à tous ces niveaux et contraint au chevauchement.

2. P. 274. S'opposant à ce titre aux « propositions doxiques prédicatives », à plusieurs membres, comme celles qui sont conjecturales.

3. P. 242.

4. § 104.

possibles, « on procède... comme l'arithméticien lorsqu'il englobe aussi l'unité sous le vocable de nombre ». Les degrés de la *doxa* n'ont ainsi de pertinence que pour ce qu'il en est un qui porte, quoiqu'en dise Husserl, le jugement au-delà de lui-même, et demande à l'assertion plus que l'assertion. Ils entraînent, par un mouvement de réciprocité ou de contamination, l'être lui-même à se modaliser. Et l'introduction de la croyance dans le jugement est l'envers d'un concept de l'être réel – l'Un hors nombre – qui en fait – mais ne l'était-il pas dès le départ ? – le méta-discursif. Le supplément doxique, étranger à ce qu'est l'énoncé en son essence et perturbateur pour la pure intelligibilité, est l'intime conséquence du schème perceptif, dès lors qu'il a pris pour pivot le reclos de la conscience et pour question, si je puis dire, l'être de l'objet comme en-soi-encore-et-malgré-tout.

b. Convenons d'abord avec Husserl que l'énoncé fondateur, celui dont toute autre modalité dérive, est celui qui pose l'être effectif de ce qu'il fait consister. Dira-t-on pour autant que la position de transcendance husserlienne vient au jugement tout juste comme la réalité vient à l'énoncé perceptif par son site ? Certainement pas. Que la proposition « pose » est indubitable, et – selon sa modalité – l'implication de réalité de ce qu'elle pose. Seulement ce que nous avons reconnu comme la *proposition*, qui ne doit rien qu'à soi, en soi, n'est pas le *jugement*, que dirige vers elle l'Ego. Seulement le thétique, qui est une propriété *du discours*, n'est pas ce que Husserl appelle un « *caractère d'être* »[1], qui isole un mode de la croyance. Seulement – dirons-nous – la détermination du perçu comme réel n'est pas un *supplément doxique* au noyau du jugé, mais le revers de ce dont la *consistance de l'énoncé du perçu* elle-même est l'avers, sur le fond, lui-même nodal, de la constitution de son site logique : la « modalité de présentation » *dédouble* le jugement, tandis que la position de réalité est *immanente* au discours du perçu dès lors qu'il consiste. Spécifiée, il est vrai, de l'il-y-a-là ; mais celui-ci *précède du dedans* le discours du perçu, discours de l'empirie comme logique du là.

Donnons, pour commencer, au problème sa plus grande généralité, et demandons quelle est l'assise de l'identité entre consistance discursive et position de l'être lui-même dans l'étant. Que l'être soit originaire au discours suit de ceci que *c'est même chose de dire la*

---

1. § 103.

transcendance de la logique du discours et la transcendance de l'être : la consistance du premier n'est résolutive que pour ce qu'elle fonde de soi, en soi, le second. Il n'y a pas d'intelligibilité qui, par soi, ne pose un 'soit' (serait-ce sous la modalité du possible). Inversement, l'être ne peut en rigueur se dire que de l'intelligible. On sépare l'*intelligere* de l'*intellectum*, mais tout ce que le discours délivre est un moment de sa 'mise au point', de son resserrement sur sa consistance. On pose l'être hors du discours, mais qu'y a-t-il d'être dans l'être – le concept d'être – qui ne soit immanent au discours ? De quoi peut-on, disant étant, dire *est*, sinon de ce que prescrit le bien dire, et n'en suit-il pas que, du discours, l'être suit ? *L'être est l'autre nom du discours bien formé pour marquer que la transcendance de la logique assure celle de ce qu'asserte l'énoncé.* Porter l'être hors du discours signifie l'échec à relever le procès discursif, l'entêtement à séparer ce procès de son terme, et l'obstination à y maintenir l'être comme un reste – épuré ; ou l'échec à prédiquer le discours de sa transcendance, en sorte qu'il y faudrait encore un supplément – d'être précisément ; ou c'est, avec plus de conséquence, référence faite à ce que la production du concept même d'être et de sa détermination, loin de constituer chaque occurrence du discours, forme bien plutôt la venue du discursif lui-même à son réquisit ultime : ce qui n'est pas douteux, mais pour autant seulement qu'en constituant l'étant, le discours n'irait pas chaque fois d'emblée à se constituer lui-même, et que le dépli de ce qu'il prescrit comme son immanence d'être ne requerrait pas l'adve-nue du discours sur la constitution du discours. Que tout ce qui s'énonce du concept d'être soit proprement non ce que le discours en requiert mais ce que le discours requiert de lui-même, cela devrait alors s'entendre de soi : car *il n'y a rien de plus dans le concept d'être que ce qu'il faut au discours pour, comme discours consistant, le poser.*

On inférera de là que le concept de la transcendance de l'être au discours, comme faisant norme au discours, tel qu'il est formulé depuis Parménide, est mal formé pour ce qu'il fait impasse de la trans-cendance du discours lui-même ; il n'y a pas à prononcer qu'être et penser sont « le même » parce qu'*au discursif est « l'est »*. « Que est et que n'est pas ne pas être »[1] n'ouvre la seule voie droite du discours que par tautologie : parce que c'est lui, le discours, qui, en se posant, pose « est ». À quoi toute vérité est-elle suspendue, sinon à l'instance

---

1. II, 3. Trad. Barbara Cassin, in *Sur la nature ou sur l'étant*.

propre du discours ? Et qu'y a-t-il de plus dans une proposition vraie, que l'actualité consistante du discours ? Ou si l'on veut, sa venue en acte ? *C'est le discours qui est transcendant* ; et ce qu'il pose de l'être lui est immanent. La proposition que le discursif, en posant l'étant, non pose hors de soi l'être mais pose *avec soi* de l'être, ne tolère pas de dénégation.

Pour resserrer autant que se peut ce point : le cheminement morphologique au fil du Poème parménidien qu'a relevé Barbara Cassin – « ontologie de la grammaire » écrit-elle –, qui va de « est » à « être » et d'« être » à « étant » puis à « l'étant », cheminement d'une substantivation, illustre parfaitement la thématique d'un procès par lequel le dire s'emparerait de l'être comme de ce qu'il contenait – *via* la langue – sans le savoir, puis ferait retour à ce qu'il en reste dans tout subsistant identique à soi. Mais, formulé ainsi, le problème demeure : *ou bien* la Déesse enseigne ce qu'est le discours « juste », « quelles voies de recherche seules sont à penser » et qu'on ne peut « connaître ce qui, en tout cas, n'est pas »[1], bref elle dirige le dire *vers* l'être ; *ou bien* le dire n'est que comme dire *de* l'être lui-même et, pour transcrire en termes platoniciens, participe de l'être, et c'est alors le « un même est en effet à la fois penser et être »[2] ; *ou bien* ce dernier dit doit être pris à la lettre et lu comme : le penser – le discursif – est d'emblée *à* l'être, et il n'y a entre eux distinction que de raison. Il est vrai que cette identité a pu encore s'entendre de deux façons : ou bien le penser est l'intellect en acte, un avec ce qu'il pense ; ou bien il est le « prendre en garde l'être » à l'intérieur d'une « co-appartenance » et sous le signe du Même[3] ; de ces deux interprétations, je n'assumerai ni l'une, ni l'autre : le discours se suppose un sujet propre qui ne saurait être suspendu au référent d'un acte, c'est tout le contraire ; et s'il y va de notre responsabilité d'actualiser en y étant adéquats le discours, cela n'implique en rien, comme en atteste sa transcendance, que nous soyons historialement destinés à être cet être qui, dans le discours, fait advenir l'être. Ni Plotin, ni Heidegger, donc : le discursif avère pour nous l'être si et dans la mesure où nous parvenons à lui être adéquats, et c'est assez.

---

1. II, 2 et 6.
2. III.
3. Sur tout cela, cf. Barbara Cassin, pp. 127 à 134.

Revenant à Husserl, on est fondé à demander pourquoi, alors, s'est si généralement maintenue la position de la réalité *au-delà* du discours, et même comme ce à quoi le discours n'est jamais tout à fait sûr d'atteindre : de savoir en remplir le concept. À quoi on répondra en demandant à son tour : toute doctrine qui fait de la position de réalité un supplément au discours du perceptif ne recouvre-t-elle par un retour subreptice de la dyade dont nous essayons depuis le début de délivrer la pensée [1] ? Et sous le titre de la dyade, n'est-ce pas l'antique mise au soupçon de l'expérience sensible qui fait retour ? On dit : l'énoncé du perçu et on dit : la chose, comme si la seconde contenait plus que le premier, mais pour autant que la chose est, elle n'est rien hors de ce qui s'en énonce à même la constitution de l'expérience, et il n'est d'expérience que constituée. *La réalité, c'est ce dont l'expérience sensible atteste dans le perçu, soit : qu'elle est constituée. Ou : la réalité est la modalité de l'être immanent au discours qui appartient à la modalité du discours qu'est le perçu.* Le perçu n'est pas discours sans plus de spécification : il est le discursif de ce que nous appelons l'expérience sensible – faute de mieux car, nous y reviendrons, le sensible n'en est qu'une composante parmi plusieurs autres. Il y a cette expérience-là ; la réalité se dit de la reconnaissance de cet il y a comme *là*. C'est pour en rendre compte que Husserl introduisait les *data* ; mais les *data* entraient du dehors dans la constitution du perçu ; il faut concevoir le perçu comme la constitution de l'empirie, ces trois derniers termes à prendre comme un seul, d'une seule pièce ; il n'y a rien qui soit isolable en deçà, et notamment pas l'empirie ; nous portant au discours, nous sommes "livrés" à la constitution de l'empirie ; et parce que l'être est immanent à la consistance du discours, celui-ci "pose" la réalité comme l'inclusion propre de l'être dans le perçu.

---

1. Cela du moins dans le cadre du schème de la perception comme schème dyadique. Il va de soi que c'est en de tout autres termes, purement conceptuels, que la question de *la supplémentation de l'essence par l'existence* a été posée du XIᵉ au XIVᵉ siècle, entre Avicenne, qui l'affirme, Averroès et Thomas d'Aquin qui la nient (l'existence n'est pas une catégorie et il n'y a d'essence que de ce qui est), Duns Scot qui fait en quelque sorte la synthèse (l'existence est un accident concomitant – selon le terme de Gilson – de l'essence). L'origine de ce débat est que la religion a pour objet propre l'existence (y compris celle du monde : la création) tandis que la connaissance fait-un de la réalité et de son essence. D'où la difficulté où se sont trouvés tous les aristotéliciens du Moyen Âge. Qui n'était autre, en définitive, que la nécessité d'accorder un questionnement herméneutique à une structure épistémique : dans les termes d'Averroès, là la rhétorique, ici la déduction.

Cette déduction de la position fait toute sa part à l'"il y a" de l'expérience que le perçu constitue ; mais c'est à la seule constitution que la réalité se trouve incluse. Il est vrai que nous n'avons fait ici qu'un premier pas, et notamment qu'esquissé pourquoi la réalité, comme être de l'expérience sensible, se spécifie comme être du *là* ou être des places : nous aurons abondamment l'occasion d'y revenir.

Reste à redire que ces énoncés, cernant ce qui de l'être s'énonce comme réalité dans le perçu, n'induisent à aucun titre une confusion entre l'être et ce qui en passe dans l'étant. C'est la constitution logique de l'étant "sensible" que, pour le moment, nous déplions, et ce qu'elle indexe de l'être comme immanent à un discursif déterminé ne détermine pas encore ce qu'est le discours propre de l'être. Il suffit ici d'entendre que le perçu, quant à lui, *anticipe qu'il y a* en ce que son discours se constitue sur un double fond : celui de la dimension ontologique de tout discours bien formé, celui de sa matière propre d'empirie sensible, prédiquée, par la constitution, du là. Et que le travail du perçu vaut *production de l'étant qu'il constituera* : dont seul il attestera. L'anticipation elle-même témoigne de la prégnance du discours, auquel il est exclu que le "donné" échappe. L'être, quant à lui, n'est, dans l'étant, avéré qu'une fois le discours constitué. Qu'enfin cette constitution soit celle d'une occurrence de l'étant rend compte de ce que la position de l'être est ici relevée sur le parcours du factice.

Cette analyse en appelle à tout autre chose que sa seule cohérence théorique ; je demande s'il en est une autre qui rende compte de ce qui constitue, concrètement, l'expérience du perçu : dans ce dont elle préjuge et ce dont elle est la mise en œuvre. Il y suffit de ne pas être aveugle à ce qu'elle est mise du discursif au travail, au travail de l'empirie. J'ai rappelé que de la prise du discursif sur l'empirie, nous ne pouvons que faire le constat ; mais sur son procès, il n'y a rien d'indistinct : le moment du Deux y est celui de la mise au travail du discours, et c'est dans l'Un qu'il se résout : tout ce qu'il y a d'étant est ce qu'il y a de consistant. Le discours *se* prescrit comme induisant l'être. Et, pour chaque perçu, comme être de l'étant.

2. *Du supplément du mode de donnée* à *l'une-consistance de la constitution*

a. Husserl est trop subtil pour s'en tenir à une double articulation – assertion et croyance – du jugement, et l'une de ses manœuvres les plus étonnantes est celle par laquelle il va réussir à désintriquer, en vérité, le thétique de l'assertorique. Tout de même que « solidaires », jugement et croyance ne sont finalement pas confondus. Ou plutôt, le jugement ne se dédouble pas seulement *de l'intérieur*, par inclusion de la croyance, mais aussi et plus originairement ce dédoublement est motivé *de l'extérieur*, par la composition du noème complet. Conclusion à laquelle on va parvenir en plusieurs étapes.

Le premier pas est franchi par une distinction dans le contenu de l'énoncé : d'un côté, l'énoncé est du sens, et par-delà du concept [1], bref du *Quid* de l'objet ; de l'autre, l'énoncé est du *Wie*, du « *Comment* de son mode de donnée » [2] qui est un « caractère attaché au vécu ». Et cette division est radicale – le *Wie* n'est jusqu'au bout pas le *Quid* –, c'est elle seule qui va commander la solution tant attendue du problème de la réalité. C'est par elle que, du perceptif, la proposition enveloppe à la fois la quiddité et le « caractère thétique » [3].

Car qu'est-ce qui peut assurer la croyance ? Après tout, ou à y mieux regarder, ce que la proposition, ou une succession de propositions, convergentes, a fondé, ce n'est en rigueur que l'*identification de l'objet* [4] : sa Mêmeté. Or ce n'est là ni le problème crucial – de l'identité, la solution est évidente –, ni le centre des *Ideen*. Entièrement

---

1. Strictement : le concept appartient à la couche (noétique) du Logos, qui surplombe celle du « sens » (propriété, elle, du noyau noématique) : la première est la face « mentale » de l'« *expression* », face où le sens devient la « signification » – qu'il faut distinguer de sa face « sensible », qui est le langage. En s'explicitant dans le jugement, tout sens visé s'atteste susceptible d'expression, susceptible d'accéder par là – comme signification – au concept et, du même coup, à la forme logique. De soi, la couche expressive a la singularité – dont on se surprend – d'être « non productive » (256 *sqq.*) ; mais en introduisant la forme du concept, c'est elle qui fournit à la noèse les modalités d'opération et au noème les significations qui seront l'objet de l'analyse logique.

2. P. 194.

3. P. 274.

4. P. 281 : l'objet X, unificateur des prédicats qui le déterminent, « est nécessairement atteint par la conscience comme étant le même. Mais *est-il réellement le même ?* et *l'objet lui-même est-il "réel" ?* »

tourné, par son point de départ, vers la question de la *thèse* du perçu, de sa réalité, Husserl parvenu dans la « sphère logique »[1] a bien trouvé la croyance mais il ne l'a toujours pas fondée. La proposition énonce la matière de la perception : tout ce qui est légitimement donné comme son contenu (effectif mais aussi possible[2]) et finalement c'est là son sens. Mais à l'énoncé de l'être réel, il manque encore un *légitimer*.

Et la question « l'objet est-il réel ? » se repose. Elle se repose parce que, même dans une doctrine noético-noématique du jugement, un sujet enfermé dans l'absoluité de son immanence requiert encore – donc supplémentairement – une garantie doxique *propre* de la transcendance effective de l'objet identifié. Et ce que Husserl annonce alors, c'est que pour assurer la pleine constitution de l'expérience – la garantie de la réalité, la proto-doxa –, il faut de surcroît une « *motivation* » qu'il dira « rationnelle ». Cette motivation – tel est le second pas –, ce sera précisément *le mode de donnée* quand il est mode de « donation originaire »[3], directe : celle où l'objet est *présent* et le sens « rempli », par opposition à l'imprésence du souvenir et au vide de certaines pensées ; et présence, à son tour, ce ne peut l'être que comme donation « sur le mode intuitif » accompli : *l'intuition donatrice « originaire »* donc. Husserl, tel l'apôtre Thomas, a besoin de croire et ne croit qu'à ce qu'il touche, ou qui le touche.

Or – tout le tour est là – *ce n'est que sur le noème* – davantage : sur le noème complet – que se lit alors la motivation. Car le *Wie* n'appartient pas à la noèse ; le mode de donnée est un caractère spécifique du noème complet. Dans « l'arbre qui apparaît comme tel » l'arbre comme perçu, comme objet qui se donne de façon « originaire », en « présentation » (et non en « présentification »), appui est pris de caractères qu'on trouve « *en dirigeant le regard sur le corrélat noématique* et non sur le vécu et sa composition réelle » ; ce ne sont « *pas des "modes de la conscience"* » elle-même, « mais *des modes sous lesquels l'objet de conscience... en tant que tel* se donne »[4]. Bref, le « mode de donnée » est mode du noème seul. Bien entendu, nous l'avons vu au temps précédent, cela ne signifie pas que la perception (ou le souvenir, ou l'imagination) n'appartiennent pas eux-mêmes à des « vécus

---

1. P. 282.
2. Pp. 297-298.
3. P. 282 *sqq.*
4. P. 209 (souligné par moi).

d'espèce différente »[1] ; et Husserl partait du vécu intentionnel – donc du noétique – quand il écrivait[2] que le souvenir a son « souvenu » comme la perception son « perçu » ; ce qu'il veut souligner, c'est que nous ne *saisissons* la typologie des donations que sur le noème complet.

Reste à préciser que de ce qui a été avancé comme l'intuition originaire, c'est encore la *perception* qui a fourni le paradigme, et pourquoi ? parce que l'objet y « accède à la conscience sur le mode du "corporel" » en sorte qu'au noème appartient « le caractère de corporéité, en tant que plénitude originaire, fusionné avec le sens pur ». Cette fusion du caractère de *corporéité* avec le sens est le « soubassement » – de présence – qui manquait au caractère d'être de l'énoncé : c'est le caractère « rationnel » qui manquait pour assurer le caractère positionnel. La perception peut désormais être dite cette intuition dont « la position... est motivée par l'apparaître » ou encore « appartient à l'apparaître »[3]. Tel est, si on les lit dans leur mouvement, le dernier mot des *Ideen*.

b. Conclusion déconcertante à tous les niveaux.

Quant à la perception, car si ce qui la « légitime » est la corporéité comme l'apparaissant (formes, couleurs, etc. – en somme, pour la noèse la *hylè*, et dans le noème la qualité qui l'identifie), d'un côté, on confirme la motivation de la croyance à la réalité la plus naïve et la plus courte, celle-là même de la « position naturelle » à laquelle on s'était si laborieusement arraché ; d'un autre côté, et inverse, parce que la perception doit toujours être confirmée, parce que son évidence reste inadéquate, la chose complètement déterminée dans un *continuum* infini d'apparaître concordants reste une *Idée* au sens kantien[4],

---

1. § 41.

2. § 88.

3. Évidence ou « vision intellectuelle », il est vrai, spécifiée d'être assertorique seulement, pour ce qu'elle porte « sur quelque chose d'individuel » – lui est refusée l'apodicité de celles qui portent sur une essence – et inadéquate, puisque la chose ne s'y donne jamais que par esquisses (problème du « remplissement concordant »). Tout se conclut dans ce que la proposition reste, cette réserve faite, « munie du caractère noématique de validité » et « justifiée » (§ 137-139).

4. § 143. Avec la remarque : il ne peut y avoir un acte fini d'un cours infini. Mais « l'idée d'une infinité motivée par essence n'est pas elle-même une infinité ». Autrement dit, l'Un de l'évidence est au tourment de l'infini constitutif de l'expérience.

« une règle *a priori* qui commande les infinités ordonnées des expériences inadéquates »[1]. La perception est écartelée entre corporéité et renvoi à l'infini de l'adéquation, immédiation légitimante de la présence matérielle – qui est le non-constitué – et médiation – qui seule est proprement la constitution. L'essentiel restant que le débat a été résolu par ce – les *data* – dont il n'a, en vérité, rien eu à dire : sinon le nommer et en spécifier la saisie.

Quant à la réalité, peut-on dire que, dans l'appareil même des *Ideen*, elle ait été trouvée ? Qu'elle n'y fasse pas *exception* ? Le défi que s'est lancé Husserl, c'est, posés deux Un irréductibles, de les faire coïncider en un Un partagé. Or la constitution noético-noématique s'achève sur ce paradoxe que la transcendance de l'objet – qui faisait sa finalité – n'est pas, à proprement parler, constituée, ni donc – en dépit de ce qu'écrit Husserl – proprement légitimée. On peut dire que, dans l'intuition, elle est saisie par la conscience, qui la reconnaît. Mais ce qui est reconnu, qui fixe le mode de donation de l'objet à la conscience, reste propriété – ou modalité d'être – « attachée ». En sorte que la transcendance ne peut exciper de la présence que pour autant que dans l'objet « complet » quelque caractère présenté à la conscience déborde la pure constitution. Ici s'éclaire l'acuité pour Husserl du problème de la transcendance ; ici se marque le prix qu'il a fallu payer pour le résoudre ; ici enfin s'explique que la transcendance ne puisse être dite s'avérer que pour la présence sensible à un *voir*.

Quant à la constitution transcendantale, le thétique s'y est bien dissocié de l'assertif, si celui-ci n'était que le corrélat des actes formels de la noèse, et si c'est le noème lui-même qui *se* donne comme présent. Par là s'est résolue l'amphibologie de la théorie du jugement. Mais au prix d'un recours à l'*immédiation* dont nous avons déjà rencontré plusieurs occurrences – du Moi au Moi, de l'objet à l'objet – et avons chaque fois marqué qu'il est toujours impasse faite sur ce qu'il n'y a constitution que dans la consistance de la relation. Le mode de donation originaire, s'il est avancé comme le terme de la constitution, en est bien plutôt l'interruption. L'intuition de présence décline par ses deux termes, qu'elle superpose, le même blocage. Moyennant quoi, un absolu de convergence semble être atteint, mais ne l'est qu'au point où la pensée, en s'adossant à l'immédiat, se dénie, et où se destitue la réalité, dont l'essence – pour une pensée de la constitution – ne peut

---

1. § 144.

être que *parcours logique* : le non-refermable d'un jeu de rapports qui se poursuit entre une multiplicité de termes toujours susceptibles d'être réouverts, à travers une multiplicité de couches, dans une multiplicité de directions, sans jamais cesser de consister. Ce qu'on appelle « l'épaisseur » de la réalité exclut toute intuition de ce qui n'est pas sans requérir un toujours se reprendre de la constitution.

Quant à la raison elle-même, elle devient une *chasse à l'évidence originaire*, à travers toutes les connexions, recouvrements, transformations et degrés qui peuvent y ramener : « finalement toutes les lignes ramènent à la proto-croyance et à sa "proto-raison", ou "vérité" [1]. » Autrement dit, l'essence *argumentative* de la raison, soit le dépli consistant du distinctif, est ramenée au rôle d'instrument concourant à la seule *saisie* qui importe : « la certitude de croyance » ou « conscience actuelle d'évidence » [2]. Autrement dit encore, l'intuition-donation engloutit l'articulation logique, soit la prescription même du rationnel ; l'exigence formelle de la proposition n'est pas déniée, mais c'est le sans-médiat d'une sorte de proto-évidence qui, à contre-emploi, la résout – et au profit d'un concept de l'être lui-même exclusif de toute déduction. Ce tournant à cent quatre-vingts degrés du rationalisme husserlien est trop connu pour qu'on y insiste. Notons seulement ce qu'il met en lumière : si la dyade perceptive a de prime abord les traits d'un schème rationnel, il suffit que soit posée la question du point où la conscience et l'objet se rejoignent pour qu'éclate ce que le schème enveloppait d'irrationnel, à quoi la parade husserlienne est en somme une compression – comme on dit de certains travaux d'Arman ou de César – de la raison.

Il est vrai que ce dont, à suivre l'exposé dans son cours, nous nous sommes étonnés comme d'une prise de la constitution à contre-emploi et d'un retournement, était en vérité prescrit depuis le début : les *Ideen*, en ouverture, n'avaient-elles pas posé au cœur de l'enquête phénoménologique, en tant que sa « source de droit » propre, l'intuition comme donation [3] ? Husserl, en définitive, n'a trouvé que ce qu'il cherchait. Mais l'ultime paradoxe, c'est qu'alors la solution proposée au problème de la réalité est la fondation de la transcendance dans cela même qui requérait que soit posée la question : le « *voir* » [4].

---

1. P. 290.
2. *Ibid.*
3. § 24.
4. Cf. sur ce point, tout au long, le commentaire de Paul Ricœur.

C'est là toute l'intrigue husserlienne : d'autres s'étaient contentés de « déduire », transcendantalement ou non, l'objet du voir ; lui, tient qu'aucune assurance de ce genre ne saurait être adéquate à la question dans les termes, eux-mêmes implicitement perceptifs, où elle a par lui été posée. La réalité du perçu ne peut – et ne doit – être enfin avérée qu'au prix d'un cercle : *la légitimation de la réalité ne peut être donnée, que par la même donation qui la requérait.* Le voir s'est confirmé lui-même en passant du naturel au transcendantal, ce n'est pas qu'il ait changé en cours de route, et l'impasse de l'idéalisme perceptif, c'est qu'il n'a pu se fonder comme réalisme que par un retour au point de départ naïf.

3. *Ni dénotation, ni interprétation : l'énoncé de réalité*

Il est frappant que cette *problématique de la réalité*, liée qu'elle était, intrinsèquement, à la dyade sujet-objet, se soit aujourd'hui comme évaporée, avec la déconstruction de la dyade précisément. Le perceptif, qu'on l'entende comme fait à énoncer correctement ou comme dimension originante de notre être jeté dans le monde, peut bien requérir une régulation formelle du discours ou l'ouverture de l'abord ontique à sa dimension ontologique ; mais que nous soyons, pour les uns confrontés à la réalité, pour les autres immergés en elle, fait désormais si peu question que la discipline philosophique a maintenant pour seul objet soit de contrôler la validité de ce que *nous* en disons – si doute il y a, c'est seulement sur notre langage : positivisme –, soit d'assigner dans son interprétation un moment de *notre* être propre – si incompréhension il y a, c'est dans l'oubli que nous n'existons que comme être-à. Exemple saisissant de ce qu'est historiquement la disparition d'un problème dans le passage d'une *épistèmè* à une autre[1] : la figure fondatrice est désormais celle du se-trouver-placé *au milieu de*, qu'il importe seulement d'ajuster.

---

1. Ce n'est pas, ou pas encore, celui annoncé aux dernières pages de *Les mots et les choses* : positivisme et existentialisme demeurent dans le « pli » de l'homme et de sa finitude. Ce que j'énonce comme la transcendance du discours, ce que Lacan énonce du sujet comme n'étant que sup-posé au discours, ce que Badiou énonce de la mathématique et de la logique, sont propositions beaucoup plus proches de la coupure épistémique que Foucault annonçait, mais dans une formulation différente de celle que – partant de l'être de la langue dans la littérature – il entrevoyait.

Le positivisme analytique n'est intelligible que pour autant qu'il prend acte simultanément de l'énoncé et de sa référence. Les philosophies de l'existence sont le creusement obstiné d'une co-appartenance de l'existant et de son monde. Ici comme là, on est d'emblée à la réalité. On pourrait être tenté de dire qu'il n'y a que renversement, que c'est à présent du côté du sujet que problématique il y a, puisque c'est maintenant la validité de nos énoncés ou de notre compréhension qui est mise en question. Mais ce serait fausse symétrie : la question de la réalité d'emblée résolue, il s'agit seulement d'y être, comme il est possible, adéquat ou d'expliciter comment nous y sommes. Ce sont là nouveaux défilés auxquels le transcendantal husserlien devait être confronté, pour que soit mise en perspective sa spécificité et mesuré son artefact. Et pour que soit clair, en regard d'eux tous, ce que peut *seul* assurer ce que nous opposons : non un quelconque donné mais la constitution consistante de la réalité. Ou : *qu'il n'y a pas la moindre distance entre sa consistance et la réalité.*

a. Il ne faut pas aller trop vite. Car il est vrai que *techniquement* – à défaut d'ontologiquement –, du côté du positivisme analytique, s'atteste une sourde obstination du schème dual, dès lors qu'à la question de la réalité s'est substituée la problématique de la relation de la proposition à l'objet qu'elle dénote. L'énoncé est devenu le *corpus* qu'on interroge pour savoir à quoi il s'ajuste, mesurer la distance de cet ajustement au réel, ou montrer – « thérapeutiquement » – que certains de ses usages ne s'ajustent à rien de tel. Nouvelle dyade dans laquelle le soupçon porte sur ce qui peut se dire au regard de ce dont on dit.

Wittgenstein est ici le passage obligé, et d'autant plus qu'il ne faut pas se laisser offusquer par l'opposition de tonalité, radicale, entre phénoménologie transcendantale et positivisme logique : c'est exactement le même problème que Husserl et lui tentent de résoudre. Soit : *tenue sous la prescription de la logique la constitution de l'expérience exposée dans le perceptif, que pouvons-nous savoir de l'être de l'objet en soi ?* À la quête husserlienne de la transcendance répond l'indicible de Wittgenstein. Car, d'un côté, tout ce que je peux *dire* du monde, à entendre comme toutes les propositions logiques que j'en forme, est le monde, soit la réalité comme l'ensemble des faits existants ; mais d'un autre côté, je ne peux pas *tout* dire, la proposition qui « décrit » à travers le fait un état de choses ne peut décrire la chose, seulement la « nommer » : quelque part du réel – et en un sens, le réel même – échappe donc au discours qui, de l'oublier, serait aveuglé.

D'un côté, on n'a jamais mieux énoncé que tout ce qui constitue l'expérience, c'est ce qui la « configure » comme logique : que nous ne pensons – ne formons le « tableau » – que (de) la *liaison* dans l'état de choses ; et que c'est « *dans l'espace logique* » que les faits « constituent le monde »[1]. Wittgenstein peut ainsi écrire que « la forme de la représentation », qui est tout ce qu'on peut en dire, « est la forme logique »[2] en s'affranchissant à la fois du transcendantal et de la présence « en personne ». De ce double biais – mais à une opposition près, et capitale, sur laquelle nous viendrons plus bas – son analyse du tableau comme structure logique est *la plus proche* de ce que nous avons reconnu comme proprement le perçu. Ainsi de 3.1431 : « Le signe propositionnel apparaît clairement dès que nous le concevons composé non de signes d'écriture, mais d'objets spatiaux (par exemple, des tables, des chaises, des livres). La disposition spatiale de ces choses les unes par rapport aux autres exprime alors le sens de la proposition. » La rigueur avec laquelle Wittgenstein analyse la proposition dans sa constitution formelle enferme en particulier les termes dans la définition intra-discursive du *local*. « La proposition détermine un lieu dans l'espace logique », un lieu que « garantit l'existence de [ses] parties constitutives à elle seule »[3]. Ce qui peut se retranscrire : tout énoncé liant les uns aux autres des faits se définit d'une *situation locale* dont il collige le multiple pour en faire-un selon un réquisit logique ; ce que la proposition représente, c'est l'Un de la situation, ou l'espace logique qu'elle y découpe.

Mais, *d'un autre côté,* Wittgenstein maintient que « l'état de choses est une liaison d'*objets* »[4] simples, distincts de la relation, formant la « substance » du monde, sans quoi celui-ci n'aurait aucune « stabilité » et serait interdite la position d'une vérité[5]. En quoi on peut le dire ultra-husserlien : comme Husserl, il assigne à l'énoncé l'objet comme son terme imprescriptible, alors même que, contrairement à

---

1. *Tractatus*, 1.13 (souligné par moi). J'aurais pu aussi bien citer 2.04 ou 2.06. L'exposé a sa référence globale dans 1, 2 et 3.
2. 2.181.
3. 3.4.
4. 2.01.
5. 2.0212.

Husserl – ou à ce que Husserl tente d'assurer –, il exclut que la *hylè* nous assure un aperçu sur l'objet. Dans ce que cette prescription réaliste a de paradoxal, le « positivisme »[1] wittgensteinien a sa signature : qui n'est rien d'autre que le recul devant l'avoir à penser la complexité du multiple sans lui laisser prendre assise dans la simplicité résultante de l'Un – ce qui, à y bien penser, est, de toute référence à la chose, l'ultime motif. Voici donc l'objet revenu, et requis, si requis comme « imprononçable »[2]. Le nom est le signe opaque de l'objet, seule la proposition a un sens, et la proposition n'est que relation, et son sens n'est que celui du « comment » de l'objet, qui dès lors insiste d'autant plus que dans sa subsistance il échappe. Ainsi retrouve-t-on un système à deux termes, et entre lesquels, cette fois, la venue à coïncidence est exclue, autant que nécessaire la rencontre.

Sauf que le tableau n'a, en vérité, jamais cessé d'être, pour Wittgenstein, *confronté*, au-delà de ce qui s'y pense, *à du non-quelconque* qui est beaucoup plus qu'impensé. S'il n'y a pas dans le *Tractatus* une déduction en forme de la *chose*, ce n'est pas rien que présumer qu'il faut à la relation – au moins à la relation vraie – des termes qui l'anticipent, qui « existent indépendamment de ce qui arrive »[3], et qui sont simples ; c'est s'avancer plus loin encore que risquer : « il faut que la possibilité de l'état de choses soit préalablement inscrite dans la chose »[4], autrement dit que toutes les connexions possibles de celle-ci lui soient « implicites ». Bref, la chose wittgensteinienne a une série de propriétés qui sont données comme autant de réquisits de la forme de la pensée : dans les termes du *Tractatus*, c'est l'exercice de la logique sur ce qui est avant la logique. Disons que, pour avoir maintenu l'objet comme un préalable, Wittgenstein lui prête des prédéterminations de la proposition quand il eût été mieux fondé de requérir ces déterminations de la matière du multiple mis en relation, dont il ne peut être fait exception.

Quoi qu'il en soit de ces hésitations sur l'objet, le point crucial pour la suite, celui où s'amorce la problématique de la *référence*, est l'insistance avec laquelle le tableau est appelé à se confronter avec,

---

1. Entre guillemets, puisqu'on est fondé à écrire que c'est un positivisme restreint, bordé de part et d'autre par « le mystique ».
2. 3.221.
3. 2.024.
4. 2.012.

cette fois, la *réalité* qu'il est censé énoncer : pour quoi il est requis d'être « fidèle », de « s'accorder » avec l'état de choses, et de s'y « comparer »[1]. À première vue, cette nouvelle dualité entre le tableau, représentation formelle, logique, des liaisons dans l'état de choses, et l'état de choses, qui n'est lui-même rien d'autre que la liaison des faits, ne va pas de soi : Wittgenstein n'est-il pas allé jusqu'à écrire, comme un principe général, que le tableau « atteint » la réalité[2] ? Il faut entendre que la réalité se dit de l'*existence* (ou de l'inexistence) des états de choses dans leur totalité[3] – qui est le monde –, tandis que, comme *représentation*, le tableau contient seulement « une *possibilité* de l'existence des états de choses » – possibilité dont la condition est la forme logique du tableau comme forme de monde –, sans rien faire connaître « par lui-même » de cette existence : de ce qui sera sa *vérité* ou sa fausseté, qui se tiennent donc en son « dehors »[4]. On ne voit pas comment traduire autrement que : il faut que l'état de choses soit *là*, dans son là.

Mais tout n'est pas encore dit de ce qui commande la critique de la représentation. Puisque ce que le tableau représente comme son sens est la forme logique de la représentation, la problématique de la vérité va se répéter au niveau de la proposition, dans laquelle la pensée « exprime » par *signes* articulés entre eux la *forme du sens*[5] ; et puisque le « signe propositionnel » est l'articulation de « signes simples » – les noms, qui signifient l'objet –, le problème va se poser d'une expression telle que « les éléments de la proposition correspondent aux objets de la pensée » ; or dans l'usage courant de ces signes, sans cesse ils sont homonymes ou synonymes, interdisant que la proposition soit « entièrement analysée »[6] ; c'est en ce sens que tout devra être fait pour ramener la coordination des signes, leur syntaxe, à la seule « grammaire logique »[7]. Et puisque nos signes sont – encore un pas – notre *langage*, dont la logique nous échappe, et qui en conséquence « travestit » la pensée, c'est une tâche primordiale de ramener la forme « apparente » du langage à sa forme logique « réelle »[8]. D'où

1. 2.21 à 2.223.
2. 2.1511.
3. 2.04 à 2.06.
4. 2.201 à 2.225.
5. 3.13.
6. 3.14 à 3.25.
7. 3.327.
8. 4.003 et 4.0031.

le fameux « toute philosophie est "critique du langage" » et la dénonciation des « questions dépourvues de sens » qu'il engendre. Autant
de couches du travail critique nécessaire sur ce que la proposition
énonce le fait et sur ce qu'elle nomme comme ses objets.

C'est précisément là qu'on saisit le mieux la différence des deux
styles de pensée. Husserl n'ignore certes pas la spécificité du « caractère modifié » de la « représentation par signes »[1] et la nécessité éventuelle de la « clarifier »[2] ; mais est pour lui beaucoup plus originaire
que le signe, parce qu'*immanente* aux structures noético-noématiques
de l'intentionnalité, la *signification*. Pour dégager celle-ci, il procède à
une série de définitions en arbre : la couche noético-noématique de
l'*expression* (*Ausdruck*) a, avant une face sensible (verbale), une face
mentale ; pour déplier cette dernière, qui l'intéresse seule, il y distingue entre la donation actuelle de *sens* (*Sinn*) et la *signification*
(*Bedeutung*) qui, portée par l'expression, peut être étendue par elle à
« tous les actes », et qui désigne leur structure *logique*[3]. Vient alors
un exemple, pour nous précieux : une perception saisit un objet avec
son sens déterminé (noème) ; nous « explicitons [ce] donné » comme
unité relationnelle (acte noétique), par exemple en : « ceci est blanc » ;
que je le pense ou l'énonce ainsi, serait-ce en l'absence d'une prononciation explicite, alors, la visée perceptive « reçoit une expression au
moyen de significations ». Ou, posé inversement : « la signification
logique est une expression ». Ce que cela veut dire, c'est qu'il y a
*équivalence transcendantale entre expression, signification, logique et
conceptuel* ; mais plus encore, qu'il y a *équivalence entre l'expression
et le contenu (noético-noématique) originaire de la constitution* du visé,
qu'elle ne fait que déplier pour faire accéder le sens au Logos.

La signification colle ainsi au *contenu* de l'intention. Couche

---

1. *Ideen*, § 99.

2. § 125 et 126.

3. § 124, p. 256. Comme on sait, le moment tout immanent de l'expression avait
été isolé dès les *Études logiques*. Je respecte l'ordre de l'exposé, qui ne fait pas ressortir l'appartenance du sens au noème, et de la signification à la noèse.

Il n'est pas sans intérêt de noter que ce schème, avec la généralité attachée à
une signification purement « idéale » mais aussi son pouvoir de faire retour comme
« indice » du sens de l'actualité d'une pratique culturelle, a fourni à Michel Foucault
le modèle des « formations discursives » qu'il a inauguralement entrepris d'isoler et
de combiner (cf. « Le pouvoir chez Lacan et Foucault », *La Célibataire,* n° 9).

noético-noématique « ultime », la couche expressive désigne, du côté de la noèse comme forme, une série d'actes supplémentaires avec laquelle tous les autres peuvent « se fondre... de façon remarquable » cependant que, du côté du noème comme matière, l'objectité rencontre là « son empreinte conceptuelle »[1]. Mais pour bien comprendre le statut de ce supplément, il faut retenir que la couche expressive est « non productive » d'intentionnalités, et ne fait qu'« introduire » en celles-ci la conceptualité, ou mieux : la théoricité. Et il est exclu, pour la même raison, qu'elle ait une qualification thétique propre. On ne saurait avancer plus clairement que l'expression permet d'énoncer une signification dont tout est acquis *avant* elle : des actes de constitution et des modes de position elle est en quelque sorte le « reflet », et elle-même n'est que – on ne peut dire : seulement, car l'enjeu est tout de même le concept – leur explicitation.

Or Wittgenstein a, de son côté, défini comme constitutif d'une expression (*Ausdruck*) « tout ce qui est essentiel pour le sens de la proposition », mais il entend par là « ce que les propositions peuvent avoir de commun », « la marque caractéristique commune d'une classe de propositions », donc pas autre chose qu'une *forme* logique avec des variables. La détermination de celles-ci, soit des propositions, n'a dès lors à traiter « que de symboles, non de leur signification ». Geste typiquement wittgensteinien dans sa double instance : l'expression est déterminée par le sens, mais elle est en elle-même « un prototype logique » et la détermination de ses valeurs, qui sont ses variables, « n'est autre chose qu'une description de symboles et n'énonce rien au sujet de ce qui est symbolisé »[2]. Davantage : des symboles eux-mêmes ne peut être invoquée aucune signification, tout le possible est d'en montrer l'usage[3]. Ainsi, de la représentation au tableau logique, de celui-ci à la proposition qui en exhibe la forme, de celle-ci à l'expression qui la transcrit en symboles, à leur tour seulement exhibés, se poursuit le même mouvement d'*expulsion du contenu*. On est au plus loin de Husserl pour lequel l'expression « réside originellement » dans la signification et doit être déterminée comme « un modèle intentionnel spécifique dont le propre est de refléter si l'on peut dire toute autre intentionnalité, quant à sa forme et à son contenu ». Là, le symbolisme logique ; ici, les couches de signification de l'intention.

---

1. P. 257.

2. 3.31 à 3.317.

3. 3. 326 à 3.332. Et 3.333 : « une fonction ne saurait être son propre argument ».

Nous ne pourrons, quant à nous, que récuser l'une comme l'autre de ces définitions qui dénient l'enséité de la logique à la réalité.

Dans l'appareil husserlien, ex-pression, qui serait mieux dit dé-pli-cation de la perception originaire, enveloppe explicitement[1] le présup-posé d'une constitution préalable, d'un pas à pas intentionnel que la logique de la signification ne ferait que refléter ou expliciter. Nous y avons répondu que si quelque chose précède, c'est l'*il y a* de la consis-tance du perçu dans sa globalité, qui déborde le local de tout « acte » constituant possible, sauf à construire un appareil de la constitution qui renverse sur le transcendantal les réquisits de l'apparaître comme de *par lui-même* de bout en bout consistant. Davantage : nous avons reconnu que si *transcendance* il y a, c'est — et ce ne peut être que — celle de ces réquisits mêmes ; pour quoi le site logique est du même trait site ontique, et le consistant, étant. *Le discursif de l'apparaître n'est pas le dernier moment — le moment logique — d'une perception originaire, il est l'originaire de tout perçu en tant qu'originairement consistant.* Dire que la constitution logique est, et est aussi bien du côté du noème que de celui de la noèse, structure transcendantale, revient à dire qu'elle opère comme dans notre dos et que nous savons seulement en « exprimer » l'opération ; mais non ; ce dont nous avons pris acte dès le départ comme structurant notre expérience du percep-tif, soit le local d'une situation, commandant l'élaboration de sa consti-tution et le dégagement de son site logique, dont l'objet provisionnel est la figuration et l'étant la position, nous renvoie à chaque moment à la mise en œuvre de la logique du perceptif *lui-même*, autrement dit au discursif du perçu. Nous ne "supportons" pas la structure du per-ceptif, qui est de par soi ; nous la déchiffrons ; et la déchiffrer est acte logique, faire-un consistant d'une multiplicité d'abord quelconque : opérer et dans l'opération retrouver le bâti structurel de ce qui *est-là* comme consistant. Les « actes » husserliens, « réels » ou noético-noématiques, nous livrent le perçu tout fait par le transcendantal ; mais non ; il est pour nous à chaque instant en train de s'attester ; aussi bien la logique est-elle chaque fois le *faire-un à situer* pour que compte soit rendu du consister. Ainsi ne trouvera-t-on nulle part dans la perception le sens « blanc » comme un donné *pré*-expressif (sens), dont l'« exprimé » (signification) lui serait *ensuite* restitué par le Logos ; la récusation de tout pré-expressif, déjà concrètement mani-

---

1. Cf. *Ideen*, p. 259.

feste – il n'y a de blanc qu'autant que, le nommant, je le reconnais en le distinguant –, trouvera sa transparence quand nous dirons en quoi et jusqu'où il faut retrouver la constitution logique du sensible même. On se tiendra pour le moment à ce constat : que l'expression soit chez Husserl un acte *tardif* et *improductif* est tout à fait révélateur et découle 1. du préconcept introuvable d'actes intentionnels fondateurs, en regard desquels le passage par ce que comporte d'antériorité le sens ne laisserait à la signification d'autre effet assigné que l'explicitation conceptuelle, qui opère alors comme une intention supplémentaire, « s'épuis[ant] » en elle-même[1] ; 2. de la négation, aujourd'hui impensable[2], de la productivité de l'expression : l'enséité du discours du perçu, nous avons à la déchiffrer, ce déchiffrement a tous les traits d'une récitation, cette récitation n'est pas muette, l'énoncé doit être prononcé, aucune prononciation n'est dissociable des termes – ne seraient-ils qu'ébauchés – dans lesquels elle est produite et s'inscrit, cette inscription détermine comme intelligible la réalité du perçu. Le moment *énonciatif* du perçu est décisif et de lui dépend la transparence qu'acquiert pour nous la réalité. Nous rencontrons ici un terme de Lacan déjà cité et que nous retrouverons plusieurs fois : l'importance du « bien dire ». Le dire ne génère pas, certes, la logique de l'apparaître, mais il est essentiel pour son entente, et la rigueur avec laquelle nous énonçons un paysage est la condition de sa constitution. Le concept husserlien de l'expression pré-verbale est un fantôme sans être et littéralement contradictoire : l'ex-pression est aussi passage par la matière du langage, ne serait-il que symbolique. Et nulle part mieux que sur ce point on ne saisit le déficit d'intelligibilité qu'entraînent la clôture sur soi de l'Ego transcendantal et le repli dans son immanence du noético-noématique lui-même, dont le problème de la transcendance est la conséquence. Autant il faut dénoncer la dérive « langagière » qui va à dénier l'enséité de la pensée et s'achève dans le déni de la philosophie même, autant il faut dénoncer la dérive immanentiste d'une pensée sans langage qui reviendrait, au principe même, à une pensée sans dehors. La langue est ce premier dehors par lequel la pensée tient le *medium* de son adéquation au « dehors ». Et celui même de la vérité.

---

1. P. 258.
2. Saussure, Jakobson, Barthes, Foucault, Derrida, Lacan... Autant de moments de ce qui aura été un axe de la pensée contemporaine : la mise au jour de la langue comme *medium* de la pensée.

Ce n'est pas comme on arrive à un acte ultime et supplémentaire, mais par le seul progrès dans l'analyse de ce qu'il est permis de décrire dans la proposition, que Wittgenstein parvient à la réduction de l'expression au symbolisme logique. Or la question pré-posée dans cette analyse – celle pour quoi nous disions plus haut être en même temps qu'au plus près, au plus loin de lui – concerne la fonction même du Logique. La thèse du *Tractatus* peut se résumer en ceci que dans la grammaire du symbolique « rien n'est énoncé au sujet de ce qui est symbolisé »[1] ; d'où l'amaigrissement drastique de la logique, épurée de tout rapport à l'objet – tel que requis encore par Frege pour l'énoncé, comme son terme « saturé » ; d'où que « rien n'est dit » dans ce qui ne peut être qu'un complexe de signes dotés de fonctions sans contenu. En rencontrant dans le perçu l'exhaustion de sa constitution *propre*, y inclus sa position, il est clair que nous tenons pour attesté exactement le contraire. Nous ne cesserons de dire qu'"il n'y a" que des énoncés *de situations portées par l'être-là*, et de situation que pour et dans une logique, qui ne va à rien d'autre que la constitution d'un étant-là. Nous ne cesserons de dire que le Logos lui-même entre en crise – c'est la classique crise "criticiste" – si ce qu'il peut décrire de l'état de choses exclut qu'il puisse décrire en quoi chose il y a : entendu que du Logos relève cet « en quoi » (: la situation *ontologique*) ; entendu que ce qui, ultimement, est là en cause est la constitution du site *ontique*, où logique ne signifie pas autre chose que *le mode sur lequel la situation, ses termes et leur relation se déterminent réciproquement pour constituer l'être en étant* ; entendu que, de tout exercice de la logique, il est exclu par là qu'il soit vide, les variables du symbolique n'étant jamais quelconques mais toujours celles d'un type spécifié de situation ontologique. Donnons à la détermination de l'objet sa généralité : poser la vuidité de la logique est nier ce qui ne se peut dénier : qu'il n'y a rien qui puisse prétendre à l'apophantique qui n'ait portée ontologique. Un changement axiomatique commande une autre définition des objets possibles, mais détermine toujours un type d'objet. Et le développement proliférant des logiques mathématiques ne génère aucun pur « formalisme », dès qu'on tient que, à travers la multiplicité des axiomatiques, la mathématique, comme faire-un consistant du Multiple, est le moment premier de la constitution de l'être en consister. Aussi bien, nous avons commencé d'en

----

1. 3.317.

apporter la confirmation pour le perçu ; disons une seconde fois que nous ne pourrons en donner le fondement qu'au stade suivant de l'analyse du perçu, et précisons cette fois : lorsque apparaîtra que le calcul de la logique doit s'y supplémenter d'une *axiomatique* qui, par-delà les relations de faits, détermine celles qui y informent les caractères ontologiques de l'objet. Pour le moment, nous nous contenterons de remarquer que nous n'avons nul besoin de dramatiser l'induction qui va du discursif à l'être de l'objet, qui lui est – avons-nous pu dire – immanent, tandis que la réduction imposée par Wittgenstein à la logique le contraint à buter sur l'ontologie comme sur ce dont la pensée ne peut ni faire l'économie ni rien décrire. Avec pour conséquence inévitable une duplication de la vérité comme consistance formelle – autrement dit, tautologie – et comme adéquation du tableau à la réalité[1]. C'est la schize ouverte par cette duplication qui a pu autoriser Lacan à dire que, de soi, un Logos structuré sur le mode wittgensteinien serait psychotique.

Husserl est fondé à dire que l'« expression » du perçu se résout dans la structure logique de son contenu ; mais il ne sera jamais fondé à avancer que, de cette structure, l'Ego peut répondre, parce qu'elle est précisément ce qui, de soi, est transcendant pour toute conscience d'Ego. Wittgenstein est fondé à dire que le monde « est » ce qui, d'un état de faits, peut être élaboré comme l'expression logique ; mais il ne sera jamais fondé à dénier qu'il n'y a pas d'axiomatique qui ne détermine et prescrive un type d'objet. S'atteste ici comme là l'échec sur un même problème – *l'immanence de la logique à la réalité* – dont la constitution du perçu, saisie jusqu'au bout de ses implications, assure intégralement la résolution.

En un sens, Husserl et Wittgenstein se sont ainsi placés – faute de reconnaître l'exhaustion de la réalité par la logique dont elle est l'énoncé – devant le même problème : comment tout à la fois requérir la stricte rigueur de la logique et maintenir ou définir l'être transcendant de l'objet ? Et c'est cette identité principielle une fois reconnue, qu'on peut dresser un catalogue d'oppositions terme à terme :

— Parce que la pensée visait pour lui l'*objet*, Husserl réglait facilement, par le seul jeu de la constitution noético-noématique, la question

---

1. Par ex. 6.1263 « il est d'avance évident que la preuve logique d'une proposition ayant un sens et la preuve *en* logique doivent être deux choses absolument différentes. »

du *Quid*, et le problème était pour lui seulement celui du *Comment* de donnée, moment lui-même duplice : c'est le seul où la réalité soit donnée – dans le *Wie* – à la pensée, mais c'est aussi celui où la pensée n'a d'assise qu'en dehors d'elle, dans l'objet noématique complet. Wittgenstein, quant à lui, ne met pas en doute la réalité de l'objet dont la proposition dit *comment* il est dans le fait, mais de cette réalité, c'est le *Quid* – *Was* – qui tombe dans la nuit[1].

— Symétriquement, que la *logique* transcendantale soit autant *onto-logique* qu'apophantique garantissait chez Husserl la fondation *a priori* de l'objet et autorisait ainsi une première validation – à la transcendance près – de sa visée ; chez Wittgenstein, la *vuidité* de la logique répond à l'obscurité où est tombé l'objet : si les propositions portant sur les faits sont tout ce qui peut être « décrit » il n'y a plus rien à dire de cela que montre le fait ; moyennant quoi la logique n'a elle-même pas d'autre autorité que celle d'un fait.

— Enfin, le *sujet* husserlien étant équipotent à l'objet, idéalisme et réalisme étaient l'un de l'autre converses ; l'ensemble des tableaux formés par le logicien a – est[2] – chez Wittgenstein un – et même deux – *bord(s)*, au-delà desquels règne le silence. Le positivisme de Wittgenstein l'a affranchi de toute référence au Moi transcendantal, mais l'a maintenu dans le schème du dual – devenu celui de la proposition et de ce qu'elle ne peut dire – avec ce résultat que la coupure, dont Husserl peinait à rejoindre les deux bords, est devenue chez Wittgenstein béance, et que la rationalité, défendue par Husserl pied à pied, fût-ce au prix de la confondre avec un voir, a vu chez Wittgenstein son terrain rétrécir et ce qui le borde lui échapper.

On est, d'un côté comme de l'autre, au moment d'exténuation du dual ; et ce sur quoi tous deux butent, qu'on le dise fuite de l'objet ou impuissance ontologique de la logique, appelait sa résolution par *l'exhaustion de la constitution*. Il suffira d'entendre que celle-ci n'est rien d'autre que le faire-un d'un Multiple qui, ultimement – avant tout Un – (in)définit l'être même, pour reconnaître, comme nous l'avons fait et ne cesserons d'en rendre raison, que le faire-un du site logique est site ontique. Alors, s'entend une nouvelle fois cette évidence qu'*il n'y a aucune distance de la consistance du perçu à sa réalité*.

---

1. 3.221. Le parallélisme des termes est encore une fois frappant.
2. Cf. 5.632.

Le malheur a voulu que, dans l'exigence wittgensteinienne du report à l'état de choses, le positivisme analytique ait trouvé une assise pour le circuit court de la *référence* ; et que, moins métaphysicien – si l'on ose dire à contre-emploi – que ne l'était Wittgenstein, il reporte l'analyse de la proposition sur la seule critique du *langage*. On touche là à ce qui va précipiter les deux faiblesses majeures du positivisme : se contentant de confronter l'énoncé de langue à une expérience incritiquée, elle-même promue au rang de fait, il deviendra tout naturellement un réalisme, certes, mais un *réalisme naïf* s'arrêtant à la demande de la référence empirique, le soupçon porté sur l'énoncé se doublant de la renonciation à toute enquête sur la fondation du fait lui-même, autrement dit sur sa constitution. Là où le Logos husserlien pouvait récupérer la *hylè* comme l'index du transcendant de son propre opérer, là où la proposition wittgensteinienne avait à nommer dans l'état de choses le réel de l'objet quand bien même elle l'éludait de sa vérité, là où – pour notre part – nous ne voyons rien à ajouter ni à supprimer du travail de la logique comme épuisant le réel dans l'énoncé de l'empirie, le positivisme, par un brutal ravalement, *oppose à la réalité comme fait brut l'adéquation problématique de ce qui s'en dit*, du fait d'une inappropriation du dire. C'est sa seconde faiblesse, conséquence de la première : la restriction "*langagière*" d'un travail critique qui, en dépit d'une constante référence à Wittgenstein, restreint le travail logique à l'appropriation de la phrase au fait. Non sans y avoir produit des trouvailles, certes ; mais conduit par là à un émiettement de remarques ponctuelles qui sont autant de faits à leur tour, en l'absence de toute enquête – voire de sa possibilité – sur la systématique structurelle de la langue – ce dont on peut en dire l'être propre –, et sur la systématique du "fait" logique pur lui-même [1].

C'est cette structure du positivisme qui fait venir au premier plan le concept de *référence* : de ce qui est énoncé, quel est le fait, quel l'objet qui concrètement le fondent ? À quoi nous répondrons : comment constituez-vous ce fait que vous confrontez à l'évaluation logique – la correction – de la phrase qui s'y réfère ? La logique de la phrase, qui est logique de l'expérience *constituée*, peut-elle prétendre être la logique de la *constitution* ? C'est une tout autre logique que

---

1. Bien entendu, ce n'est pas vrai des positivistes qui, comme Russell et Quine, sont aussi logiciens. L'écart s'inscrit alors entre la puissance du système logique et la ponctualité des problèmes à résoudre.

nous avons vue opérer dans l'ouverture de l'empirie à un multiple de caractères, y attacher les limites d'une situation, en déterminer la configuration, et du même trait la nouer à l'Un d'un site logique. Votre logique est muette sur ce qu'elle noue et qu'elle prend dans le tout-fait de la trivialité de l'expérience. Et quand bien même vous substituez au concept fonctions et arguments, cela reste réécriture du constitué, et d'aucune façon interrogation sur la constitution ; le for- malisme est alors un progrès logique, certes, mais ce n'est un progrès que de surface : une autre façon d'analyser le fait déjà "fait". Écrase- ment du discursif sur son effet.

Quant à nous, la logique de l'apparaître nous permet de nous y reconnaître autrement dans l'apparaissant dès lors qu'il est là comme apparaissant. Et d'écrire : si l'objet ou le fait, ce n'est rien d'autre que la figure ou l'exposition de la place où s'atteste l'une-consistance de la proposition constituante, du même trait *la référence de votre phrase, ce n'est rien d'autre que le faire-un de la proposition dans la situation dont elle s'arrache* : le témoin du champ structuré de multiples sur lequel la proposition s'enlève et dont elle se donne comme une rec- tion, l'assurance qu'elle est bien la mise en consistance de cette struc- ture-là, ou que cette structure-là autorise sa consistance. *La référence du perçu, dès lors, c'est la situation* dont le perçu, en prononçant l'énoncé, prononce l'intelligibilité. Wittgenstein insistait sur le carac- tère local de la proposition[1] – « atomique » – mais ne concevait pas que ce soit là tout ce qu'il lui faut pour se « remplir » : ce qui d'un seul trait donne avec la liaison la situation comme exhaustion de sa matière, et sa consistance comme déterminant l'objet qu'il lui faut. À strictement parler, une proposition locale – et nous avons montré que, comme articulation d'une situation, elles le sont toutes – est le dit, ou un dit, de sa situation ; et si elle se dit d'un état de fait, il est ce qui arrime un Un de relations au sein de la situation.

Quant au *langage*, si c'est lui qui nous tient, et qui retient notre discours dans ses limites propres, la question de l'au-delà resurgit en effet comme celle de ce que tâche à cerner l'énoncé. À partir de quoi la problématique de la référence se retourne aisément en scepticisme si l'on croit devoir ajouter que ce qui se « joue » dans le langage est impropre à décrire la substance de ce qui est. Cette démarche scep- tique s'est transformée en une sorte d'acharnement, du jour où elle a

---

1. Dès 2.061.

excipé du triple statut de ses termes : le dénoté, la langue et la logique formelle, le deuxième tenu pour l'instance qu'il faut sans cesse interroger sous le double réquisit de ne pas la laisser déborder la réalité du premier et de la soumettre à la nomologie du troisième. En un sens, on n'a jamais prêté autant au langage ; en un autre, on ne l'a jamais autant contraint, sous une association incongrue de réalisme et de formalisme. Tenons-nous, comme il devrait s'imposer, à la pratique discursive : son lieu n'est la langue que pour ce dont celle-ci articule l'énoncé ; ce qu'elle énonce comme réalité n'est rien de plus que la situation qu'elle articule ; la langue de l'énoncé n'est pas la "langue vulgaire" et ce qui doit la régler n'est pas le quelconque abrupt de la logique formelle mais le prescrit d'une axiomatique *propre*, requise par la spécificité des multiples de la situation perceptive. Au rebours de quoi, on retrouve chez les positivistes logiques le langage tiré par l'attelage mal assorti de la référence comme donné positif et du formalisme comme non plus sujet transcendantal mais transcendantal sujet.

C'est ainsi qu'on arrive chez Quine, pour prendre un exemple par ailleurs éminent, à un mixte d'empirisme – l'étayage de la science, auquel il faut toujours revenir, ce sont les « énoncés d'observation » –, mieux : de matérialisme – l'observation devrait être ramenée aux « entrées sensorielles » et à la mise à l'épreuve de la science transcrite en « prédiction des stimulations » –, et de logicisme – ce sont les énoncés seuls qui constituent « le lien entre le langage et le monde réel » et les « fonctions déléguantes » permettent de remplacer dans l'énoncé une expression (: une référence) par une autre sans que la structure et partant le « succès » de l'énoncé en soit modifié. Et pour finir, cette transposition de l'indécision wittgensteinienne : les objets sont les « nœuds » dont ne peut faire exception la théorie, mais dont l'être est « indifférent » pour la vérité des énoncés [1]. Le « mystique » de Wittgenstein s'est retourné en positivisme behaviouriste tenu entre les pinces d'une entreprise formaliste [2]. Tout cela, pour se tenir à la fois

---

1. Les références sont prises à l'exposé, lui-même synthétique, que constitue *La poursuite de la vérité*.

2. Procédure conduite avec un humour exemplaire, on en convient : Quine, qui tient son behaviourisme pour acquis, n'en expose pas à pas que les difficultés, dont la résolution vaut chaque fois seulement jusqu'à un certain degré – relatif – de succès, cependant que sont tous avoués approximatifs ses efforts pour « déléguer », *via* la quantification et les fonctions de vérité, tout à la fois le matériel à la fonction et l'intensionnel au physicalisme. Moyennant quoi la traduction, « indéterminée » certes puisqu'elles le sont toutes, pourra être jugée satisfaisante.

en deçà et *au-delà* de l'acte discursif local, suppose une pensée qui tout à la fois déborderait la situation (l'indétermination du formalisme seul faisant foi), et que n'en viendrait pas moins lester une vérité d'adéquation (sans qu'on sache proprement à quoi) ; ajoutons : qui ne requerrait aucun sujet logique pour, de son sein même, la supporter dans son Un. Exemple frappant d'un refus de maintenir le discours dans ses limites et de le tenir sans outre-bords. Husserl aurait jugé à bon droit que c'est faire peu de cas et du phénomène et de ce qui lie, touchant l'apparaître, la constitution à ce qui la remplit.

b. Soit maintenant les doctrines herméneutiques, celles qui s'installent dans le champ propre du sens, de ses configurations, entendues comme y révélant une systématique qui échappe à première saisie, et délivrant à travers une succession de couches un sens plus fondateur sous le sens littéral. Dire qu'il existe un tel jeu de renvois et que s'y découvre l'essence du sens, est impliquer que le sens se dirige dans une tout autre direction que la dénotation ; mais, au moins chez les phénoménologues, c'est encore de mon *être au milieu de* – en l'occurrence, au milieu du monde – que le sens doit être déplié.

De soi, le terme herméneutique est, pour l'essentiel, attaché à une philosophie de l'*interprétation*, philosophie prescriptive en ce qu'elle fixe les règles du déchiffrement, et philosophie assertive en ce qu'elle cherche à se prononcer sur ce qui, sous le manifeste, témoigne pour la *profondeur*, en quelque sens d'ailleurs que celle-ci doive être entendue, et ce n'est assurément pas le même chez Nietzsche et chez Schleiermacher. Ce qui rassemble toutes ces démarches, c'est qu'elles tiennent l'être-au-sens pour plus fondamentalement humain que l'être-au-savoir-positif, que l'enquête sur le sens entend y prendre en défaut le prescrit exclusif du connaître, lequel ne serait que l'envers inhabité d'une habitation plus fondatrice, et que ce que nous avons à délivrer c'est le monde tel que nous y sommes, tel que nous le vivons. Propos dont on va voir qu'il est, de fait, substantiellement phénoménologique, même s'il s'agit d'une phénoménologie détournée au regard du projet husserlien.

Dès lors qu'on y prend assise, on ne peut nier qu'un sens en recouvre d'autres, et que cette structuration soit consubstantielle au sens. Si je dis : le monde ou l'étant désigne ce qui m'est transcendant, le sens prononcé n'est pas seulement celui du monde, il enveloppe tout autant le « ce qui m'est » et cette bascule va commander que ce qui est à « libérer » du monde soit le comment-je-suis-au-monde. Il s'agit d'« ouvrir un horizon », mais un horizon de sens c'est toujours un horizon où je *me* découvre. C'est pourquoi de telles expériences ne relèvent pas du démontrer, mais du *comprendre* comme monstration d'un réseau propre de ma signification.

Que serait, toutefois, un comprendre qui se ferait "n'importe comment" ? L'interprétation ne saurait se dire philosophique sans méthode. Et pour fixer celle-ci, comme y a maintes fois insisté Paul Ricœur [1], l'herméneutique classique n'a d'autre voie que de s'appuyer sur ce qu'est la lecture d'un *texte* ; aussi bien est-ce, chacun le sait, des questions rencontrées par l'exégèse biblique que l'herméneutique s'est détachée comme discipline indépendante. Suit de là que l'interprétation n'est pas moins que la dénotation interrogation dans l'espace de la langue, qui en opère la première rection. Mais ce qui précise, selon Ricœur, l'enjeu philosophique, c'est la supposition que le texte enveloppe un vouloir-dire, une *intention* : autant dire qu'il y a « greffe du problème herméneutique sur la méthode phénoménologique » [2]. Comprendre, c'est ressaisir l'intention ; et si intention il y a, c'est que *tout discours est, de soi,* non description mais *interprétation* ; en sorte que l'interprète ne cherche rien d'autre que refaire à rebours le mouvement du locuteur. Transcrivons : comprendre notre être-au-monde, ce sera déplier la façon dont, d'emblée, nous l'interprétons, et interpréter cette interprétation jusqu'à en saisir le noyau. Car si le champ de l'interprétation peut être tenu pour le plus nôtre, pour ce que c'est le « monde de la vie » qui commande la signification, il y a aussi en nous une propension à nous tourner vers les significations les plus superficielles, voire à aveugler sous la description ce qui la sous-tend d'interprétation. Pas d'herméneutique sans philosophie de l'esprit [3], mais une philosophie nouvelle en ce qu'elle ne peut plus tenir l'esprit pour transparent à lui-même et n'aborde la conscience que comme « fausse conscience » [4].

Le problème sur lequel achoppe alors – lucidement – l'herméneutique, c'est qu'elle est *circulaire* : l'élucidation du sens, de ce qui fait

---

1. Par ex. *Le conflit des interprétations*, « Existence et herméneutique ». Ce texte bref, irremplaçable, constitue un inventaire exhaustif et quasiment déductif des prémisses du courant majeur de l'Herméneutique.

2. P. 7.

3. P. 9.

4. P. 22.

arrière-sens du sens, remontant d'une intention à une autre, suppose l'intention et ne la trouve que pour l'avoir supposée. Aporie pour laquelle, comme le marque encore Ricœur [1], il n'y a d'issue qu'à passer, avec Heidegger, du fait herméneutique à l'ontologie, et poser que « le *Dasein* est *cet être qui existe sur le mode du comprendre l'être* ». Proposition qui va à replacer le savoir positif et la perception même sous le primat du faire-sens, soit du projet, du s'ouvrir-à, de l'être-avec, comme autant de modalités d'être-en-comprenant-l'être. Proposition dont, en somme, ce que se proposa Merleau-Ponty fut de la naturaliser. La grandeur de Heidegger est d'avoir dit jusqu'où il faut aller, dès lors qu'on pense le sens comme ouverture sur l'originaire que le discursif ne ferait que masquer.

J'aurai à revenir longuement, depuis les textes de Merleau-Ponty et Heidegger, sur ce que détermine l'assise prise par la Phénoménologie dans l'*être-au-monde*. Il saute aux yeux que, sinon dans son détail, au moins dans sa globalité, la transcendance du monde – la réalité intramondaine – tel que nous le percevons est supposée ne faire ici plus problème. Ou bien le monde est en nous avant que nous ne soyons à nous-même, et si, à l'image que nous en avons, quelque chose fait défaut, c'est pour ce que *nous* manquons à lui être adéquats : comme dira Merleau-Ponty, le « diaphragmons ». Ou bien il est en avant de nous comme l'objet de notre préoccupation, s'attestant jusque dans le moment où il nous échappe ; le monde est alors co-inclusif au caractère fondamental du *Dasein,* que le « pouvoir-être authentique » dépliera. Bref, *le problème de la réalité s'est déplacé dans celui de l'être-de-l'existant-à-la-réalité.* Non sans conséquences pour la définition de la réalité elle-même.

Un premier trait de cette mise en place est qu'elle postule, au titre de double évidence première, la substitution de l'*existence* au sujet transcendantal husserlien, et, au divers étagé de la constitution, la substitution du Monde comme *Tout englobant.* En ce sens, quelque chose de la dyade encore demeure, à cela près qu'elle n'est plus distinction : existant et monde y sont en co-inclusion. Mais il faut surtout prendre la mesure de ce que les termes ont changé. On oublie trop souvent que le terrain de toute herméneutique est, restrictivement, l'existence, parce que c'est elle seule – et non pas l'essence – qui est concernée

---

1. P. 10 *sqq.*

par le sens, chargé chaque fois d'attester, comme dira Heidegger, « où nous en sommes ». Il n'est dès lors plus question que la signification soit – au moins si l'on parle en rigueur – le moment du Logos. Quant au « monde », aussi dit « ambiance », il devient l'Un massif de cet entourage, dans lequel et auquel il nous revient d'exister. Or, on ne saurait assez le marquer, l'expérience perceptive inclut le consistant mais exclut le Tout. D'abord, parce qu'elle est chaque fois *locale*, au local d'une situation. Ensuite, parce que la chaîne des situations reste, dans sa consistance, *ouverte*. Que le perceptif ne puisse que demeurer partitif, fixe justement que son champ a chaque fois à être constitué et se détermine comme telle situation dont la structuration se résout en son site logique. Et que la chaîne perceptive reste ouverte, la libère du *cohésif*, qui est caractère propre de l'adiscursif, pour la rendre au domaine illimité de l'*articulé*. Le "monde" substantifie sous la figure de la clôture ce qui est multiplicité disponible comme infinité.

Second trait : de la co-inclusion suit que, à l'horizon, l'existant et le monde sont, par-delà leur distinction, du même tissu, de la même substance. Avec cette conséquence que *ou bien* ma perception est entièrement déterminée par ma propre appartenance au monde et me livre le monde comme en prise directe, sans médiation : je suis d'emblée « dans » la chose ; *ou bien* la représentation factice que j'ai du monde n'est qu'un détournement de ce qui le fonde réellement, et qui n'a son lieu qu'au plus profond de ce que j'ai à comprendre de moi-même.

Autant dire que si, dans le premier cas (Merleau-Ponty), il n'y a plus de problème de la réalité, c'est parce que le sens m'en est donné avant moi, en moi : la perception, pour assurer l'homonaturalité du perceptif au monde, doit réduire le « champ de conscience » au « montage » de relations de co-substantialité – approchée – entre un corps et le milieu où il se jette, ne s'y pouvoir ainsi réclamer que d'un appareil de certitudes *pré-discursives*, et pour finir échouer à fonder sur cette genèse une quelconque intelligibilité. Le monde est ce qu'en interprètent mon corps et l'Ego attaché au point de vue de mon corps sur le monde. On a bien rendu compte ainsi de ce que le sens est, en son fond, sens d'être-au-monde, mais on a du même coup reconnu qu'aucun passage n'est à attendre entre l'interpréter et le constituer. L'être-au-sens ne pré-assure le monde qu'au prix de le destituer de ce qui fonde sa consistance, et ce faisant de destituer le "sujet" de son pouvoir-rendre-raison.

Dans le second cas (Heidegger), c'est depuis la dimension immédia-tement ontologique de l'existant comme être-au-monde que se trouve posée, comme toujours déjà-là, la "réalité" ; d'un mot, il faut bien que le monde soit – comme *étant* – puisque nous-mêmes sommes comme *être*-au-monde, à un monde qui nous est « ouvert ». Davantage : cela veut dire ce qu'*est* ce monde, tenu dans l'interprétation de ce qu'est notre existence : « le laisser-faire-encontre de l'à-portée-de-la-main dans son espace du monde ambiant n'est jamais possible ontiquement que parce que le *Dasein* est lui-même « spatial » du point de vue de son être-au-monde »[1]. Et c'est seulement une fois acquis l'être origi-naire de l'existence comme être-en-avant-de-Soi, que se laissera vrai-ment « comprendre » le mode d'être du monde ; et que se verront ainsi fondées et l'étance et la transcendance du « là »[2]. Il y a bien dans cette remontée au Soi-même une sorte de constitution, mais « compré-hensive » : c'est uniquement par le sens que nous lui attachons que se découvre à nous l'étance du monde, recouverte par ce qui s'en livre dans la quotidienneté. Laquelle est aussi bien ce qui promeut la ratio-nalité ; dont à son tour il faut conclure qu'elle n'est pas « à la mesure » de l'existence. Paradoxe d'une « constitution » herméneutique qui se réclame explicitement de son déni de la « juridiction de la raison »[3]. Et nouvelle occurrence de ce que penser au fil du sens est renoncer à toute authentique fondation. Il y a dans l'herméneutique, en particu-lier, un déni de ce qu'a de radical l'ob-jectivité du perceptif, donné premier s'il en faut un. Aucune aventure intérieure ne saurait rendre compte de l'*ob* –, qui, pour être, ne peut être que premier, comme se reposant en lui-même : dans le lui-même de sa constitution. On conviendra que ce déni s'éclaire de ce que toute la Phénoménologie – pour le coup, y compris husserlienne – est enfermée dans le présup-posé que le temps n'est proprement que de la conscience ; d'où suit qu'il faut que, comme temporel, le monde soit au bout de la subjecti-vité, qu'elle soit transcendantale ou ontologisée. Il ne faut pas s'en laisser imposer et nous montrerons, là-contre, qu'ici aussi ce qui fait sens ne saurait constituer l'en-soi de ce qui se prête au faire-sens.

Merleau-Ponty et Heidegger échappent à nombre des objections qu'on peut faire à l'herméneutique – le sens comme champ indéter-

---

1. *Sein und Zeit*, § 22, p. 104.
2. *Op. cit.*, § 69.
3. § 135 des *Ideen*.

miné d'une pensée non assignée à l'objet et à la réalité, l'arbitraire des symbolismes, l'assomption d'un divers des lectures qui n'est que le divers des idéologies ; ils y échappent parce qu'être-au-sens s'entend pour eux : avoir à interpréter être-au-monde. De ce fait, l'enquête sur le sens est tenue dans les limites d'une mise au jour des couches originaires de notre relation à tout ce qui est l'autre que nous, telle que, la vivant, nous la portons de par nous. Le point conflictuel est qu'alors l'autre – le monde perceptif, l'espace, le temps, l'étant, et finalement l'être – est au bout du mode sur lequel nous nous y jetons : que c'est en nous retournant sur nous-mêmes que nous pouvons dire ce qu'il est.

Cette démarche a pour elle sa radicalité. Elle a contre elle son appropriation à l'existant d'une réalité qui, pour se revendiquer comme telle, exige d'être pensée en elle-même et ne le peut que du point de sa constitution. En ce sens, le débat sur le perçu est ici décisoire : ou bien le *sens* « monde » nous est immédiatement donné, et il n'y a qu'à interpréter le mode sur lequel il nous est donné, ou bien la réalité est, dans son objectalité, sans cesse à *constituer*, et ce n'est pas en nous mais dans le prescriptif du discours qu'il faut la chercher. Le recours au sens ne cesse, en vérité, de préjuger de ce qui a été d'abord élaboré. Le pire étant que chercher dans l'en-deçà herméneutique la révélation de ce qui se tient dans l'au-delà du discursif, institue désastreusement la philosophie en contre-pouvoir du savoir.

c. Si différentes que soient les démarches dénotative et herméneuticienne, elles s'accordent en ceci que la transcendance de la réalité y est pré-donnée : comme fait, ou comme substance de l'expérience pré-discursive, ou comme immanence du monde au projet. Or c'est ce qui précisément ne peut pas être accordé. *Husserl était fondé à dire que la réalité doit être constituée, et que seule une constitution rationnelle peut la légitimer comme réalité.* Une critique du dire, une logique du tout-constitué sans la constitution gaspillent un discours qui ne sait pas de quoi il parle dans le moment même où il prétend en assurer le savoir : car, du savoir, la relève a pour réquisit l'énoncé où le divers devient le distinct, dans l'articulation consistante de son altérité. Et à qui évoque un « sens d'être », il faut répondre qu'un sens n'avérera jamais l'être, concept qui ne peut être produit que pour et depuis la chaîne des concepts qui le requièrent, au premier chef celui d'étant.

Aussi bien ne suffit-il pas de dire que la réalité doit être constituée, comme si l'on tenait là deux concepts différents. *La réalité n'est rien d'autre que sa constitution même.* La transcendance de l'apparaître n'est rien d'autre que celle de la discursivité qui l'informe : sans rien qui la supplémente. Il n'y a de tenue en soi, à part soi, de l'empirie, que pour autant qu'elle prend assise dans la transcendance du discursif. Reconnus fiction l'Ego pur et mythe idéaliste la conscience constituante, reconnue l'impasse où la mise ultime hors-discours de l'objet a placé Husserl et Wittgenstein, on s'est trompé en rejetant du même trait la constitution : la constitution résiste, elle ne se laisse pas contourner, elle seule assure la consistance de l'il y a[1], mais elle n'est d'aucun Moi, elle est *en elle-même*, elle est partout où elle s'énonce en faisant énoncé d'une situation. Et énoncé dont le sujet est le souscrit.

Assurément, *nous* sommes là mis au travail – un travail qui est aussi bien une joie : entre le flottement de l'éveil perceptif et le perçu – "ceci est un arbre", "cet arbre est un tilleul" –, il y a l'exercice d'une "mise au point" logique – ceci est un ceci qui n'est pas cela, un nœud d'identités et de différences dûment structurées, localisées dans l'espace et le temps, y articulant le faire-un et y posant l'étance, d'où enfin : ceci est telle véridicité qui s'énonce. Mais nous, ici, ne sommes les agents que d'une *reconnaissance* : que l'empirie s'avère consistante ne dépend pas de nous, *son intelligibilité se prononce en elle-même, et c'est quand elle se prononce que la réalité est attestée*, attestée par la transcendance du discursif qui l'investit. Si réalisme il y a, si l'on entend par là : l'existence en soi de l'univers, c'est au suspens d'une intelligibilité qui n'est que la sienne, dont, quant à nous, nous prenons acte en mettant la logique au travail de l'apparaître.

Reste à ponctuer, au titre de contre-épreuve, ce qui a été, en plusieurs étapes, avancé de la constitution de la réalité. Le perçu n'est pas la pure épellation de l'objectif, ni la *Gestalt* refermée sur elle-même, ni l'immédiat du sous-la-main, mais l'ouverture de l'empirie au multiple d'une situation qu'il structure, sur laquelle s'enlève la consistance d'une proposition. Son articulation logique en fait un énoncé qui se suffit à lui-même et qui n'a d'autre sujet que celui qui y est

---

1. Pour une première approche, l'opération constituante est toujours la même et va, pour reprendre l'analyse qu'en fait Badiou, de la multiplicité d'inertie, celle de la présentation, à la multiplicité de composition, celle de la structure du compté-pour-un, autrement dit de la représentation : la première est inconsistante, la seconde consistante (*L'être et l'événement*, p. 33).

souscrit. Avérant que prononcer la consistance est prononcer l'enséité du consistant, le perçu – instance première du discours – n'est pas proprement énoncé du sensible, mais de ce qu'il en est dans le sensible, c'est-à-dire de l'étant. Ce qui fixe l'étant et le détermine est le noué de la proposition en un site logique de la situation, site dont l'objet et le fait sont la figuration et l'exposition par provision. La discursivité du perçu ainsi constituée, l'est aussi bien la réalité de ce qui y est énoncé, tenu qu'il n'y a d'autre transcendance que celle du discours et que, de ce dont elle est l'avers, la position de l'étant est le revers. La réalité, c'est ce qui, de l'être, est prescrit dans le perçu.

Il faut encore, pour que cette réponse soit exhaustive, une triple précision.

1. L'exercice du langage rencontre à chaque instant le soupçon de s'être lancé sur le vide, de faire-un d'un geste précipité sans être assuré de tenir distincts les éléments qui composent telle des multiplicités énoncées, sans que la constitution en ait été développée. D'où le retour critique sur des propositions dites vides de référent ou ne s'y ajustant pas rigoureusement. Le régime ordinaire est alors le report de la phrase sur ce qui y restait imprésenté : c'est ce qu'on appelle le contrôle de sa dénotation. Nous avons dit que la dénotation ne saurait être, sous les traits de la référence, comme le veut le positivisme analytique, une sortie du discours hors de lui-même, sans y perdre toute intelligibilité. Il faut tenir, avons-nous dit, que la dénotation n'importe rien d'autre que le rapport d'adéquation de l'énoncé à la structure de la situation : autrement dit, l'assurance que c'est bien sur ce qui règle la situation qu'est articulé l'énoncé qui, en un de ses points, la ponctue. Mais encore faut-il prendre garde que la structuration de la situation perceptive n'est elle-même pas pré-donnée. Tant qu'on opère dans un langage formel, on peut définir une situation dans le champ d'une axiomatique dont les réquisits fixent par avance ce qu'y sont les termes-objets : ce sera la présentation d'Uns d'un type déterminé, auxquels d'autres Uns du même type appartiennent, d'Uns soumis ou non au principe du tiers-exclu, etc. S'agissant du perçu, le problème est celui de la structuration *de la situation* elle-même : de la constitution d'Uns dans et avec l'Un de la situation, de la détermination d'un Un comme Un dans l'Un d'une situation : autrement dit l'instauration – nécessairement logique – des conditions d'une logique. Avant la situation, il n'y a rien qui puisse être dit structuré : aucun Un ; un état de l'empirie n'est que le *possible* d'une structuration, possible dont la

logique assure la pertinence par rétroaction. Mais, dans un tel procès, le faire-Un, autrement dit la structuration de la situation, ne peut être que le fait de l'énoncé lui-même : il y a *réciprocité* entre l'advenue de la situation comme multiple-Un d'Uns et la position de l'énoncé qui fait-Un, les deux sont "d'un même geste". *La structuration de la situation est indissociable de l'énoncé qui fixe, en le déterminant, ce qu'y est un Un.* Ou : la situation n'advient à la structuration que depuis l'énoncé, qui détermine les termes de sa composition en même temps qu'il y fixe son site. Cette *réciprocité* est patente dans la constitution identifiante du perçu, qui a à constituer un état disponible pour une structuration, mais authentifié comme pertinent par la seule imposition d'un énoncé d'Un consistant. C'est seulement à partir de là que la situation peut se déterminer comme située dans le réseau d'identités et de différences qui s'est progressivement mis en ordre dans son voisinage.

Il faut alors constater que cette détermination conjointe des termes et de leurs relations, du faire-Un du site et des Uns qu'il noue, de l'énoncé et de la situation, est celle-là même que j'avais reconnue comme l'*auto-constitution* de la proposition esthétique, et pour la même raison : les termes ne sont donnés que *dans* et avec la proposition. Démarche entièrement immanente à soi, où l'exhaustion de la logique est enfermée dans la constitution qu'elle produit, et qui résulte de ce que c'est du même opérer que la situation s'articule – en Uns prédicables – et que s'avère la consistance de l'énoncé qui la prédique de l'Un. La dénotation est alors non plus report au faire-un de la situation, mais contrôle de *la pertinence réciproque de l'énoncé et de la situation*, comme structuration. Le projet du perçu – si projet il y a – se dit ainsi : épuiser en la révisant la constitution de l'apparaître dans le lieu qu'à la pensée prescrit son apparition.

2. Il convient, à partir de là, de reconnaître une nouvelle fois ce qu'a de spécifique ce que j'ai constamment désigné comme la logique du perçu. J'ai rappelé comment la constitution du perçu, qui fut historiquement conçue comme une analytique de l'expérience débouchant sur une logique du concept, a vu progressivement se développer à côté d'elle une logique mathématique produite hors de tout réquisit référentiel, et notamment libérée du prédicatif ; logique qui, dans le cadre d'une axiomatique, *se donne* des « objets » quelconques dont elle construira, par les connecteurs autorisés, les propriétés[1]. La ques-

---

1. Répétons que formel ne signifie pas non ontologique : une axiomatique détermine *ipso facto* un type d'objets.

tion reste ouverte, de chercher *si* telle de ces logiques[1] – convenant au constitué du perçu en ce qu'elle en refonderait l'écriture et y adjoindrait son efficace technicienne – peut reprendre à nouveaux frais la constitution du perçu.

Une réponse affirmative rendrait transparente la consistance de la logique du perceptif dans l'espace de la logique formelle. Mais jusque dans ce cas, on ne saurait *réduire* l'un à l'autre deux discours dont l'un a à *instituer* d'un trait à la fois les termes et les relations dans un moment de l'empirie, quand l'autre n'a qu'à supposer cette institution acquise et à chercher s'il la *retrouve* sur la position de termes neutres, régis par une axiomatique qui règle les relations possibles entre eux : déterminant pour chacun l'argument par la connexion des fonctions. Il est loisible de demander à quelles conditions l'être peut apparaître, c'est-à-dire se fixer dans le multiple d'un réseau d'étants, dont on démontrera sous quels réquisits ils sont et singuliers, et l'un à l'autre sur le mode de l'être-là ; mais ce ne sera jamais rejoindre ce moment où le perçu constitue ce que Husserl appelait sa matière, selon les axiomes qui lui sont propres – nous tenterons plus loin de les reconnaître –, et dans le geste abrupt d'une auto-constitution. En ce sens, le perçu est opération *princeps*, moment d'ancrage de toute la logique, mais aussi moment singulier, et même exception pour ce qu'il a à *instaurer* ce *faire-un* qui sera l'appareil de toute logique. Le perçu, c'est le coup de force du Logique par lequel s'institue à même l'expérience le multiple d'Uns sans lequel il n'y a pas de logique[2].

3. Nous avons constaté, enfin, que c'est même chose de dire consistant et étant ou être-là. Il est étrange que la réalité soit apparue ne pouvoir se soutenir que de la croyance, ou de la positivité indiscutée du fait, ou de l'authenticité de l'être-à-soi comme être-au-monde. Signe manifeste d'aveuglement à l'égard de ce dont suffit sa rationalité pour qu'il se conclue. La réalité n'est ni simple donné ni mystère : elle est l'intelligible tel qu'à soi-même il se suffit et tel qu'il convient à l'apparaître. *La seule énigme est qu'au factice de l'empirie le logique soit adéquat.* Et que sur ce constat, la métaphysique soit fondée : fondée en

---

1. Un exposé inédit de Badiou cite le *topos* et l'algèbre de Heyting.

2. Il va de soi que je n'entends d'aucune façon, et dans le style qu'on peut bien dire burlesque des empiristes, tirer l'Un mathématique de l'Un perceptif. Les axiomes de la mathématique constituent l'Un à leurs propres frais, et par exemple comme le *singleton* de l'ensemble vide. On ne gagne jamais rien à reporter le produit d'une axiomatique dans une autre, sinon la production d'une erreur par confusion.

somme sur le perçu. Prétendre – geste heideggérien – qu'il y a opposition entre ontologie et métaphysique est aveugler cet inventaire de l'être dont le perçu est la garde, comme sensible et consistant tout à la fois. Ce n'est pas encore définir l'être ; mais c'est dire qu'il sera requis de ne pas l'abstraire de ce qui a prescrit sa position. Que dans la logique du perceptif il y ait l'étant et dans l'étant l'être, commande que toute définition de l'être en lui-même intègre l'ensemble des moments qu'il investit. Apparaître comme sensible ne saurait être un "accident" de l'être.

IV

Du sens au sujet du discours

Il nous reste à finir par ce qui – en principe – est le moment originel de toute expérience phénoménologique : le *sens*, et plus précisément par ce qui est un présupposé cardinal de la Phénoménologie : qu'*il n'y a rien de plus ou de moins, rien d'autre, dans la constitution que dans le sens tel qu'il se donne à la conscience*. Ou par réciproque : tout ce qu'il y a dans le sens, ce sont moments de la constitution. En d'autres termes, le sens du tilleul-devant-ma-fenêtre, c'est exactement sa constitution comme tilleul-devant-ma-fenêtre.

On note d'emblée que, pour autant, les termes ne sont pas homogènes, mais l'un de l'autre le revers, et que de l'un à l'autre – de l'immédiation de la donation de sens aux recouvrements d'actes noético-noématiques – le passage ne peut se faire que par un changement de registre qui ne se laisse pas réduire, entre ici constituant réflexif et là constitué pré-réflexif – le mot n'est pas, dans cette acception, husserlien, mais comment dire ? Davantage : le sens va bien plutôt s'avérer le champ d'une série de *suppléments* dans sa propre organisation en couches successives, suppléments qui ne sont pas simples répétitions de la chaîne de distinctions et de reports sur laquelle s'est bâtie la constitution, mais attestent que le sens a, en dépit de toute déclaration de principe, une *constitution spécifique*. Nous en venons ainsi à ce que Husserl avait laissé en attente comme formant la couche propre du thétique : comme le propre du noème « complet ».

a. Parce que le problème que veulent résoudre les *Ideen I* est celui de la croyance dans la réalité, telle que "donnée" au perceptif, la plus grande partie de sa résolution est consacrée à l'analyse *réflexive* de la conscience : à ce que véhicule, et qui la rend constituante, l'unité vécue du flux de conscience [1]. Il n'en reste pas moins que, de celle-ci, si l'envers réflexif est l'activité constituante, l'avers *descriptif originaire*, celui sur lequel l'analyse de la constitution prend appui, est la donation du sens à la conscience.

À vrai dire, le sens est aussi le concept que Husserl a le plus de mal à définir, répétant en chaque occasion qu'il donne au terme une acception « très élargie » mais sans préciser plus, renvoyant implicitement par là au sans-recul d'une évidence immédiate.

Négativement, il faut entendre qu'il ne s'agit pas de l'acception sémiotique – de l'« expression » lorsque portée par la matière du signe –, plus extérieure, et postérieure ; ni de l'« expression » comme « signification » plus intérieure, logique mais médiate. Ce qui est assez marquer que c'est du côté du *visé* lui-même qu'il faut aller chercher l'immédiation du sens.

On serait tenté de dire – et ce ne serait pas faux – que le sens est ce qui nous reste de l'expérience une fois l'*épochè* effectuée ; ce que je perçois se donne à moi avec ou dans le sens "arbre" : c'est seulement depuis ou sur cette donation de sens que l'analyse de la constitution – de *sa* constitution – peut être entreprise. Toutefois, par une étrangeté d'exposition, Husserl a introduit la constitution – et les structures de la « conscience pure » – avant le point de départ authentique qu'est, phénoménologiquement, la donation de sens. On voit bien pourquoi : la même absence de recul qui bloque toute analyse de ce qu'est la conscience – à quoi Husserl a paré par les axiomes de son unité et de sa réflexivité – bloque encore plus radicalement toute analyse de ce qu'est substantiellement, de ce qu'est dans son « être », le sens, auquel nous sommes sans médiation et qui ne peut s'exposer que par lui-même. Et nous voici suspendus à un terme (le sens) qui commande toute notre expérience, mais renvoyés à un autre (la constitution, structure de la signification) qui détient toute l'intelligibilité. C'est, au demeurant, le nœud de toute philosophie du transcendantal. Mais c'est aussi le postulat propre de la Phénoménologie de tenir le nœud pour méthodologiquement dépassé, de par l'essentielle *identité* de la donation et de la constitution. C'est bien la même une-conscience à qui le sens est donné et qui constitue, *d'un même acte* : dont on peut dire – quoique l'expression ne soit pas chez Husserl – que

---

1. De ce dernier et du problème que pose sa propre constitution, la question est, comme on sait, renvoyée aux *Leçons sur la conscience intime du temps*. J'y reviendrai.

ce sont là les deux faces. En sorte que le « contenu » de sens ne peut que recouvrir pas à pas les moments et les couches de l'intention : qu'en l'un, l'autre est exposé.

De là que le sens reçoit finalement une définition tout autre que triviale : « la réalité et le monde sont... un titre général pour désigner certaines *unités de sens* dotées de validité, à savoir... se rapportant à certains enchaînements au sein de la conscience absolue », « le monde lui-même a son être complet sous la forme d'*un* certain "sens" qui présuppose la conscience absolue à titre de champ pour la donation de sens »[1]. Voilà qui est dit : le sens – là est l'essentiel – se décline en *unités*, qui sont chacune celle d'*une* stratification d'intentions ; les unités intentionnelles "sont", sont aussi, mais on dirait bien plutôt : sont surtout, ce qui fonde les unités de sens comme unités de réalité. Où se découvre, une fois de plus, comment sous l'intention court essentiellement le *viser-un-Un* et, à présent, comment elle a pour fonction de rendre compte de ce que le sens échappe à la dissémination[2]. Il faut bien comprendre que, pour Husserl, *le sens donne ces unités sur quoi sera fondé l'objet*. Mais voilà aussi qui souligne l'achoppement inévitable de l'équation sens-constitution : l'unité de sens détermine une unité de visée intentionnelle, mais c'est l'unité de plusieurs visées intentionnelles qui détermine une unité de sens « valide » et celle notamment d'un objet.

Cela dit, l'analyse du sens ne pourra que se calquer exactement sur celle de la constitution, en redoubler tous les termes, et en particulier se glisser dans la corrélation noético-noématique. Jusqu'au moment ultime – en forme de tournant – où c'est, paradoxalement, en interrogeant l'immédiation du sens que Husserl va mettre à nu ce qu'y requièrent de *médiation*, sous la forme d'une articulation propre jusqu'ici inaperçue, aussi bien le *Quid* que le *Wie*.

---

1. § 55, p. 106-107. (Souligné par moi.)

2. Il y a bien des raisons d'entendre le sens autrement : Deleuze (*Logique du sens*) l'assigne au Multiple, et mieux à la mobilité d'une incessante circulation aux extrêmes, où ce qui fait sens comme différence qualitative traduit un écart intensif. Le sens, du même trait, est immédiatement médiation ; il est même médiation de tous les sens à la fois, d'un seul coup. Ce qui est peut-être beaucoup, pour autant que si sens il y a, c'est chaque fois d'une localisation du Multiple et d'une position de sa consistance. Soit du faire-Un, dont aucune procédure de discours ne peut faire exception. Discussion sur laquelle j'aurai à revenir.

Dans une première équation, le sens est, au plan noétique, ce qui « anime » – la métaphore revient sans davantage s'expliciter – les vécus – ainsi des vécus sensoriels –, en sorte que s'impose à leur matière une forme intentionnelle : c'est ainsi que « les vécus intention- nels se présentent comme des unités grâce à une donation de sens » et « c'est cela même qui donne à l'expression de conscience son sens spécifique et fait que la conscience précisément indique *ipso facto* quelque chose dont elle est la conscience »[1]. On dira donc et que le « *moment noétique* » du sens est prescrit, pour la conscience comme unifiante ou pré-unifiante, aux limites d'une intentionnalité, et que c'est dans la donation d'un sens qu'est, chaque fois, avérée l'unité d'une intention[2]. Mais si le sens, à proprement parler, est « indication de quelque chose », c'est qu'il appartient, lui, à l'évidence, au *moment noématique* : il est le « corrélat intentionnel » des « composantes de vécus intentionnels »[3]. Abruptement : *le sens, c'est le noème* : proposi- tion tout à fait cohérente avec la double affirmation que tout sens est une unité et – comme on l'a vu – que le noème seul est proprement Un[4].

S'en suit d'abord que pour la noèse est la *donation* – donation qu'elle « recèle » –, tandis que du noème est le *sens* – qu'il « exhibe ». Ensuite, que, pour être le corrélat de l'intention, c'est comme *l'objet* de l'intention, « l'objet "sous-jacent au sens" », que se donne le sens proprement dit, justement dit « sens objectif », à la fois encore imma- nent et déjà extérieur au « réel » noétique. Ainsi, à la *perception* (phé- noménologiquement « suspendue ») comme faire-sens de la visée (noèse) répond le sens de « *perçu* comme tel » (noème). Tel est le statut phénoménologique de l'un et de l'autre.

Cela ne va pas, toutefois, sans le retour de ce que nous avons appelé l'achoppement de l'équation : conformément à ce qui règle de bout en bout la structure noético-noématique, le *contenu* du sens (*noéma- tique*), c'est – dit autrement – le *Quid* de l'objet : le « ce qu'est ceci », mais le *Quid* c'est – dit autrement – la constitution *noétique* de l'objet,

---

1. § 85, p. 171-174.

2. Argumentation circulaire sans laquelle est impossible tout recours au transcen- dantal. Qu'Heidegger montre chez Kant dans *Qu'est-ce qu'une chose ?* et qui fait toute la matière de la critique conduite par Foucault de l'*épistèmè* des sciences humaines.

3. § 88.

4. Cf. ci-dessus, pp. 47-49.

et c'est dans le moment même de l'intention que tous les actes noétiques – morpho-logiques – « deviennent, grâce à elle, "pleins de
sens" ». À cela près encore que cette constitution doit être dite seulement le « *noyau* » du sens. Car au noyau – que nous retrouvons ainsi –,
il y a encore – nous le savons – un supplément. Et pour sa part, « le
noème complet consiste en un complexe de moments noématiques
et... le moment spécifique du sens n'y forme qu'une sorte de *couche
nucléaire* nécessaire, sur laquelle sont essentiellement fondés d'autres
moments »[1].

Avant d'aborder ces autres moments, prenons de la structure noético-noématique du sens, et des problèmes que pose sa relation à la
constitution, un exemple.

Nous n'avons rencontré jusqu'ici que des Uns d'objet. N'oublions
pas pourtant que le *monde* ou la nature ont été dits avoir leur être
dans un *sens* pour et dans la conscience absolue. J'ai procédé jusqu'ici
comme si la conscience constituait chaque fois un seul objet, en
quelque sorte au cas par cas. J'y étais autorisé par la linéarité frappante
de la séquence intention-noème-sens-croyance. Mais s'en tiendrait-on
là que manquerait encore tout un jeu de déterminations complémentaires qui, s'agissant de l'objet sensible ou « matériel » en général,
« remplissent » le sens, tout à la fois sont constituantes pour le *Quid*
et formeront de surcroît autant de qualités légitimes du noème
complet. La démarche de Husserl va être alors tout à fait éclairante
du mode sur lequel le sens à la fois régit la constitution et s'y plie
comme à son analyse rationnelle – ou est le dépli de celle-ci –, en un
jeu continu d'échanges.

Commençons par un détour : à confronter l'exposition husserlienne
de ce qu'est un objet avec celle[2] de Heidegger dans *Qu'est-ce qu'une
chose ?*, deux remarques s'imposent. D'une part, Husserl conduit du
sens à l'unité de la chose comme son *Quid* sans en mentionner un
second trait dès toujours reconnu comme essentiel : la *singularité*. Bien
sûr, quand il écrit : « ceci est un arbre », le déictique vient pour la
sous-entendre. Reste qu'elle n'est pas thématisée, et l'on voit bien
pourquoi : elle se dit de tout objet par rapport à tout autre, quand
Husserl s'est placé dans le seul rapport de la visée du sujet à l'objet

---

1. § 90.
2. Certes partielle.

de celle-ci ; au moins cette façon de resserrer laisse-t-elle bien entendre ce qui de la démonstration est principiel. D'autre part, et pour la même raison, la lecture du noème laisse échapper chaque fois – ou renvoie à l'horizon – ce que la lecture heideggérienne de Kant met en lumière : que les conditions de l'objectité matérielle ne peuvent être que celles d'un *multiple d'objets consistant* – soit le type de conditions fixées par Kant sous le titre des Principes de l'entendement. Bien sûr, cela encore, Husserl ne l'ignore pas, mais l'angle sous lequel il s'est placé réserve le problème du monde à un autre style d'analyse : plutôt que ce qui inscrit l'ensemble du monde naturel dans chaque objet, il dira ce qui fait de la nature elle-même *un* objet. Différence éclairante : si Husserl et Heidegger s'accordent sur ce que la question de l'objectité ne peut être posée que dans ce que Heidegger appelle « l'entre-deux » du sujet et de l'objet, Husserl l'entend comme d'Un à Un, Heidegger comme d'Un au Tout.

La réponse constituante de Husserl sur un sens englobant comme celui de nature, c'est le concept, posé dès le début, de *région*. « Toute objectivité concrète... s'intègre, ainsi que son essence matérielle, à un genre matériel *suprême*, à une *région* » dont l'*eidos* représente « une forme matérielle nécessaire pour tous les objets de la région »[1]. Définir une région est relever « des fondements *théoriques*[2] essentiels... qui ont un rapport pur et de validité *inconditionnée* à tous les objets possibles de la région ». Autrement dit, il y a des ontologies régionales, notamment une « ontologie de la nature » qui commande toute connaissance rationnelle de celle-ci, et où la *chose* opère comme « proto-objectivité ».

Deux points sont ainsi acquis, qui comblent les deux déficits apparus dans la confrontation avec Heidegger. D'une part, la région a l'unité d'une essence systématique-hiérarchique ; et, pour ce qui est de la nature, y sont constituantes d'abord les *formes matérielles* espace et temps, puis les relations « substantielles-causales », etc. D'autre part, toute région a d'« ultimes *substrats matériels* » qui y sont les noyaux irréductibles de toutes les constructions syntactiques ; dans le plan des étants, c'est le « ceci-là » de chaque chose en sa singularité. Ce sont là autant de prescriptions de la conscience transcendantale,

---

1. § 9.
2. (Souligné par moi.)

qui ne détermine pas seulement ce qu'est un objet « en général »[1] mais ce qu'il est à l'intérieur de chaque région ; et pour la région de la nature – ou de la perception –, il est ce qui fait sens comme la *chose*. Au total[2], le sens a exhibé des formes avec leurs catégories syntactiques et une proto-objectivité, toutes également « matérielles » ; la région a fourni le concept de leur nécessité transcendantale : nécessité *sous le couvert du sens*. On ne saurait mieux saisir ce que veut être le transcendantal husserlien : l'*a priori* de ce qui s'est d'abord donné comme sens ; mais on voit bien ce qu'il en est en fait : une *analyse rationnelle*, qui déborde tout à fait l'immédiat du sens. Le sens n'exhibe vraiment ce qu'il exhibe qu'au terme d'une analyse théorique, qui est en vérité conceptuelle.

Quand aura été résolu par la corporéité le problème de la transcendance, Husserl, revenant sur la région « nature » et sur ce qu'y est condamnée à l'inadéquation la perception, spécifiera : « *à toute région et à toute catégorie* d'objets présumés correspond... non seulement un *type fondamental de sens...* mais aussi *un type fondamental de conscience donatrice originaire* » partant d'évidence[3]. C'est une caractéristique de la donation de la « chose matérielle » que sa détermination ne soit jamais achevée, soit « infinie » ; mais ce caractère même, déterminant le concept de chose, renvoie à une évidence eidétique et repose sur elle : soit la légitimation rationnelle de la chose par l'appartenance concordante – le « perfectionnement » réglé – des intuitions. Autrement dit, c'est cette fois la *typologie de l'évidence eidétique* qui fixe, en la rendant transparente, la typologie « présumée » du sens.

Les dernières pages des *Ideen*, prenant la définition de la région à revers, introduisent le concept d'une *région de la chose*[4], demandant cette fois comment se constitue non plus *telle* chose mais la *conscience de chose* dans sa nécessité spécifique. Donné un divers d'apparences, quelles règles lui impose « *l'idée régionale* de chose... prise avec son statut de sens déterminant, et posée comme étant » ? Il appert, de par la question même, que ce n'est pas un divers « quelconque » : les

---

1. Objet de l'ontologie formelle, dite aussi « analytique ». Les ontologies régionales sont « synthétiques ».
2. § 11.
3. § 138.
4. § 149-150. On avait spécifié, parmi tous les objets, la chose par la région Nature ; on va reconstruire cette région plus concrètement depuis la chose.

séries d'intuitions doivent s'en organiser et hiérarchiser conformément à la composition de l'idée-noyau de chose matérielle ; laquelle, en particulier, implique la *res extensa* « remplie de qualités "sensibles" », avec toutes les déterminations qui s'y lient, comme celle de l'orientation ; laquelle implique aussi la temporalité – laps, permanence et changement –, et ces deux-là avant la *res materialis*, avant les déterminations de « substance » et de « cause ». À ce point, il devient clair que le sens et ses « séries d'intuitions » ne sont que l'*envers* de « l'idée ». La constitution fixe les conditions du sens, qui n'advient qu'à travers elle à la transparence à lui-même.

Nous en conclurons que le sens est, au total, un *index* qui ne reçoit sa pertinence que de la nécessité dont atteste sa constitution. La figure noético-noématique du sens ne devient transparente que reportée sur les actes noético-noématiques de la constitution : *médiatisée* par eux. Ou : dans la phénoménologie husserlienne, et en dépit de ce qu'elle annonce comme « rien de plus », la fonction de la donation de sens est sans cesse éclipsée par celle de la constitution transcendantale.

Remarquons, de surcroît, cette démarche caractéristique : tout au long, Husserl a cherché, le sens d'*une* chose « naturelle » étant donné, ce qui le fonde – réponse : la constitution noétique – et ce qui lui garantit la réalité – réponse : la *hylè* corporelle comme donation de présence ; à présent seulement[1], il ébauche une description des intuitions sous condition desquelles la conscience *quelconque* de chose est donnée comme conscience de chose *dans la nature* ; et ce qu'il attend de cette description, ce n'est pas le dépli kantien de la généralité de l'expérience dans le formalisme transcendantal, mais, départ pris des connexions eidétiques du *sens* « nature », la rection qu'elles opèrent des apparences mêmes pour la constitution d'une unité « chose » : « il est possible d'embrasser par l'intuition et de saisir théoriquement les séries réglées d'apparences qui convergent *nécessairement* dans l'unité d'une chose qui apparaît[2]. » Donnée l'unité de sens « monde », le transcendantal, en tant qu'il est *réflexif*, règle la constitution de cette unité ; en tant qu'il est *régional*, la constitution est exhaustive ; en tant qu'il est *intentionnel*, c'est sur le monde même que la lecture s'en

---

1. On peut aussi dire avec Fink qu'à présent seulement s'esquisse une Phénoménologie proprement transcendantale, fondant le noème comme étant.

2. P. 315.

fait – comme lecture constituante de l'Un de sens qui était donné au départ.

b. On vient de voir que le sens est l'index *immédiat* dont répond exhaustivement la constitution médiate. Toutefois, la description husserlienne du sens comporte, je l'ai dit, un tournant radical : où, brusquement, le sens (noématique) s'avère envelopper lui-même une *médiation* propre. Nous voici donc à ces « suppléments » que Husserl annonçait.

D'abord, on n'ira pas croire qu'avec le « noyau » du sens – le *Quid* – ce qu'est en soi l'objet soit donné sans médiation. Car au moment où il va résoudre enfin le problème de la transcendance et assurer à la croyance sa légitimité, Husserl abruptement revient en arrière et déclare que le « noyau » du sens est – est seulement – son *rapport* à l'objet. « Tout noème a un *"contenu"*, à savoir son "sens" ; par lui le noème se rapporte à "son" *objet*[1]. » Ce qui est désigné comme contenu, c'est bien le *Quid*, mais avec cette réserve qu'il y faut encore une distinction : si le *Quid* peut s'expliciter comme un système plus ou moins clos, plus ou moins mobile, d'intentions, le renvoi à l'objet – ce « plus intime » de l'intention – est déterminé par ledit système sans lui être intérieur ou se confondre avec lui[2]. Comme résume Paul Ricœur, « non seulement la conscience se dépasse dans un sens visé, mais ce sens visé se dépasse dans un objet »[3]. De là que l'objet est, au plus juste, le « support » du *Quid*, et proprement un « *pur X* ». Davantage : plutôt qu'à travers un noyau, c'est à travers une diversité et une *succession de noyaux* qu'il se donne comme « centre unificateur » identique. « Moment central » du sens, le rapport à l'objet ne peut y faire défaut, mais c'est un rapport très particulier : l'objet y est à la fois déterminé par le(s) noyau(x) et s'en distingue pour ne se donner que comme un « *X* vide ».

Le décisif de ce moment requiert que nous le suivions de près. Le point de départ en est : pour que relation il y ait de la conscience à un objet, il faut que le noème ait lui-même « au moyen de son "sens" propre » une relation à l'objet[4], « l'objet » devant être ici entendu non

1. § 129, p. 267.
2. Au moins est-ce la lecture la plus vraisemblable de pages dont l'ambiguïté est bien connue.
3. Note 1, p. 265. Avec la référence à la discussion de Fink.
4. § 128, p. 266.

comme l'objectité qui appartient de soi au noème mais comme l'*unité* en fonction de quoi l'objet « peut être "le même" à travers une diversité d'actes de statut noématique très différent ». Il doit donc y avoir « quelque chose qui forme pour ainsi dire le centre nécessaire du noyau et qui sert de "support" aux propriétés noématiques qui lui appartiennent » : au noème lui-même « s'impose la distinction entre "contenu" et "objet" »[1]. Or cette distinction, c'est celle de prédicats et de leur sujet, qui ne peuvent être pensés séparément ni confondus ; la question revient donc à ceci que les prédicats changent mais le sujet demeure comme le « *moment noématique central... l'identique* »[2]. Mais dire qu'il s'agit du « sujet déterminable de ses prédicats possibles » revient à dire qu'il s'agit d'un pur X « *par abstraction de tous ses prédicats* ». Ce supplément au *Quid* y est général : « porteur de sens et attaché au sens », le X n'y manque jamais, « tout sens a son objet »[3].

Aucun moment du discours husserlien n'est plus proprement phénoménologique : il ne s'y agit de fonder l'objet que pour autant qu'il s'agit de le constater, comme omniprésent au sens, donc au noème, et de dégager à quel titre il y est présent. La surprise réside dans sa formulation comme X et, pour ce, d'un recours au paradigme sujet-prédicats où le sujet est assigné comme vide. Ce qui ne va pas de soi. C'est moyennant cette manipulation que le phénoménologique devient proprement un transcendantal. Remarquons, quant à nous, que, sous le titre du sujet et du moment central, Husserl désigne ce que nous avons reconnu comme le site logique ; mais qu'en désignant l'objet comme la figuration de ce site, nous n'avons eu aucun besoin de recourir à un X par lequel la constitution se déborde elle-même ; et qu'en disant l'objet provisionnel, nous laissions toute sa place à ce qui est en effet le rester-le-même-en-se-modifiant.

L'objet n'est pas seul à supplémenter le sens tenu dans son noyau. Tout sens a un objet, mais tout objet n'est pas réel, et ce que nous savons de la répartition entre *Quid* et *Quomodo* de la donation prescrit qu'à cette nouvelle distinction corresponde, parmi les composantes du sens noématique, un nouveau moment spécifique : celui-là même qui a été reconnu comme réglant la typologie de la donation. En tant que tel, le sens ne préjuge pas d'abord de ce qu'est la position de son

1. § 129, p. 269.
2. § 131, p. 271.
3. P. 272.

objet : il ne comporte pas, dans son noyau, le « *mode de donnée* »
– terme qui prend à présent toute sa signification. Seulement la distinction de la donnée et de son mode devient, au sein du sens, très
difficile : Husserl les distingue bien, comparant un jugement formé
sur le mode de l'évidence et le même jugement aveugle ; et il continue :
« cette distinction ne touche pas le sens pur... ; celui-ci reste identique... La distinction concerne *la façon dont le simple sens ou la proposition sont ou non remplis* » ; mais il ajoute aussitôt qu'il s'agit là d'une
« *simple abstraction* » appelant des « moments complémentaires »
dans le noème concret [1]. Ce qui est assuré, c'est qu'un mode de donnée, quel qu'il soit, est dans le sens un caractère à la fois inséparable
et supplémentaire : pour « un unique fonds nucléaire, le sens en tout
cas est d'une espèce différente... et le noyau commun... présente au
moins des caractères différents... selon qu'il s'agit d'une perception,
d'une imagination », etc. [2].

On mesure le pas franchi : jusqu'ici, nous savions que le caractère
thétique appartient au seul noème « complet » sans appartenir à la
conscience – : à la noèse – ; ce qui apparaît à présent, quand bien
même c'était écrit dès le début, c'est que *la donation du sens elle-même
ne contient de quoi « légitimer » la perception qu'en supplémentant le
sens.* Ou : la réalité de la réalité n'est attestée que dans une « dualité »
du sens. C'est en surplus du seul noyau et de son X que, dans une
donation de sens « complète », est incluse la présentation ou sa modalisation. Constat qui donne une tout autre portée – faut-il dire épistémologique ? faut-il dire ontologique ? – au trinôme noèse-noème-
noème complet, dont le dernier terme appartient à un registre
dédoublé du sens.

Comment replacer ces analyses du sens dans le mouvement des
Ideen ?

Quand ce qui est en question est la recherche d'une garantie de la
transcendance de l'objet, il faut d'abord que soit assurée la donation
de l'objet comme tel : soit le rapport imprescriptible de tout sens, par
son « *noyau* » à un « quelque chose ». Or ce qui mérite ici le plus
d'attention, c'est la façon dont Husserl ne cesse de faire reculer la
caractérisation de l'objet, de lui retirer ce contenu de sens même qui

---

1. § 136.
2. § 91.

le détermine, et enfin d'abstraire tout à fait. Demandons alors : qu'est-ce qui nous est « donné » de l'objectité (puisque sens = donation) ? Réponse : *l'Un*. L'unité du X à quoi se rapportent les prédicats d'un « même » noyau ou de plusieurs noyaux « identiques ». Le sens prescrit l'objet parce qu'il n'y a pas de sens sans Un. Et ce qu'on pourrait appeler l'opacité de l'objet – avant sa transcendance –, n'est-ce pas que de l'objectité comme telle on ne peut dire que ceci : elle est Unité ? Mais dire de cette unité que c'est celle d'un X vide, n'est-ce pas, dans les termes du transcendantal, revenir à Kant et, comme s'en inquiétait Fink [1], rejeter cet X qui prescrit l'objet hors de la conscience constituante ? La constitution semble ainsi se défaire, perdre son pouvoir d'explicitation exhaustive, au moment même où elle s'achève.

De la même façon, que la modalisation de la présentation ne se lise ou se voie que sur un dédoublement de la donation, fait reculer la « position » de l'objet, en accentue le caractère d'exception. Ce n'est pas seulement que le « sens pur » n'y suffise pas, et qu'il faille un supplément pour la garantir, c'est que ce supplément est, dans le sens même, un *hapax*. Sa modalité qualifie l'intention, mais l'intention n'y est – si l'on peut dire – pour rien. Le doublet sens-constitution ne fonctionne plus, ou boite si l'on admet que le *Quomodo* est un mode autre de la donation. Bref, il y a dans le sens même un *hiatus*, ce n'est pas du même trait qu'il « donne » l'Un de l'étant et sa réalité, et c'est bien pourquoi le problème de la transcendance continue jusqu'au bout de troubler toute la machine transcendantale. On peut même dire que par son unité de contenu objectif mais sa dualité interne, le sens est gros de toutes les difficultés de la constitution.

Finalement, l'équation du sens est le révélateur des ambiguïtés des *Ideen* : au principe, il y a identité entre constitution et donation de sens, mais le sens ne cesse de reculer pour recouvrir le rapport à un X abstrait, et le sens n'atteste de la position qu'en se débordant lui-même. Il est un immédiat qui, ici comme là, s'ouvre sur une médiation. Il est vrai qu'ici comme là son dépassement n'a d'autre fin que d'assurer et la garantie ultime, l'en-soi, de l'Un, et la confirmation de sa réalité. Mais, ici comme là, il n'y parvient qu'en mettant la constitution en danger. Quand c'est du sens qu'on entend prendre départ, sur lui qu'on entend constituer, on est sans cesse amené à le déborder, et on

---

1. Cf. le fameux *Die phänomenologische Philosophie Edmund Husserls in der gegenwärtigen Kritik* (Kantstudien, 1933).

lui assigne ce qu'il ne peut donner, soit ce que, quant à nous, nous disons : l'Un de l'énoncé, la transcendance qui n'appartient qu'à la consistance discursive. La Phénoménologie ne peut prendre son assise de l'immédiation du sens sans se défaire sur la médiation du perçu.

Comprenons bien ce qu'était l'ambition de Husserl touchant la fonction du sens : montrer que c'est la *donation originaire* qui « légitime » en premier et dernier ressort la position de l'objet comme réel, et la légitime pour la raison. Seulement, une telle légitimation requiert un nouveau type de corrélation eidétique, en vertu de quoi ce qui avait été acquis comme justification de la transcendance par le mode de donation du noème complet (incluant la *hylè*) doit être repris, en un nouveau tour, à partir de la thèse, proprement fondatrice, de l'évidence entendue comme l'évidence intuitive d'un *voir*. Pages essentielles, où ce qui n'était en somme que croyance rassurée accède à la pleine rationalité *si* l'on accorde que « les vécus positionnels où la chose posée vient *se donner de façon originaire...* [sont] les actes de "*perception*", de "*vision*" » et que « *l'évidence... c'est l'unité que forme une [telle] position avec ce qui la motive par essence* »[1].

Fondation qui, répondrons-nous, tourne court, car évidence *de raison* il n'y a que de ce qui commande, dans tous les registres du discursif, le faire-un de l'énoncé d'une situation : *toute évidence est médiation pour la constitution*, et c'est annuler cette dernière que la faire culminer dans une *intuition* ou attendre de l'intuition qu'elle contienne en elle-même la médiation. Moyennant quoi, une nouvelle fois, la constitution du perceptif se résout chez Husserl dans un retour de la médiation à l'immédiat de l'aperception. Il est vrai que ce résultat est conséquent avec le projet même du « retour au phénomène ». Mais il est tout aussi vrai qu'on touche là ce par quoi ce projet se condamne : le déni de l'*à part soi* du Logique, que Husserl retient sous l'emprise du sujet, dans le dual. Et ce déni-là, dont le perçu est la récusation, retire à toute pensée l'ultime de la fondation.

En même temps, Husserl, avec la cohérence et la finesse dont il ne se départit pas, se garde de confondre évidence des essences – notamment des essences régionales – et évidence de la perception : celle-ci, parce qu'elle est inachevable, ne peut avoir qu'une évidence inadéquate ; et parce que son objet est individuel, l'évidence en est seulement

---

1. § 136, p. 282 et 284.

assertorique[1] ; mais il y a bien, dans l'essence (régionale) de l'objet perceptif, « l'idée » *a priori* de ce qu'en serait une saisie adéquate et apodictique. Cette introduction du terme « idée » n'est pas accessoire et s'accompagne d'un renvoi explicite à Kant : Idée il y a d'« un *système*, absolument déterminé en son type eidétique, qui règle le développement indéfini d'un apparaître continu »[2]. Idée de cet objet Un qu'est, comme on l'a vu, pour Husserl, la nature, « même X déterminable et ordonné », chaque fois plus exact, jamais autre. Idée qui se dit autrement, et plus phénoménologiquement, Idée de l'*apparaître*, terme dont nous aurons à faire grand usage dans la lecture de Merleau-Ponty et de Heidegger. Et il ne sera pas sans intérêt pour nous que la raison pour laquelle Husserl reconnaît dans l'apparaître une Idée, ce soit l'« impensable... [d']une *infinité finie* » : d'« une unité close de déroulement et donc un acte fini qui serait toujours en cours... en raison de l'infinité en tous sens du continu ». Seulement une telle systématique de l'apparaître ne saurait, c'est clair, être l'objet d'une intuition, et encore moins d'un voir.

Dans un ultime effort pour décrire ce qui s'impose à une « phénoménologie de l'évidence », Husserl écrit : « il reste à montrer... comment dans toutes ces médiations synthétiques on n'a pas à faire à des liaisons quelconques entre des actes, mais à une liaison qui tend à l'unité d'un acte *unique*[3]. » Dans cet « unique » il ne serait pas faux d'écrire que c'est la consistance qui – enfin – est visée. Mais c'est bien plutôt *acte* que nous aurions mis ici en italiques, avec ce qu'il implique de « connexions eidétiques » : acte aura été le nœud du débat entre Husserl, qui en prédique le sujet transcendantal, et nous, qui en prédiquons notre seul déchiffrement, parce que nous prédiquons de l'eidétique *le discursif du perçu lui-même*, tel que l'en-soi de sa consistance le requiert. Acte où le travail de – disons provisoirement – la pensée qui se porte au Logos pour y être adéquate est confondu par Husserl avec le Logos lui-même, avec l'à part soi du Logique qui ne s'assure que de soi, avec la consistance que le sensible exhibe de par soi. Déjouer cette confusion est impliqué dans le concept du perçu.

---

1. § 137-138.
2. § 143 (souligné par moi).
3. § 145, p. 301 et 302.

c. Sous la question de ce qu'est le sens, c'est, on le voit, la question du *sujet*, et mieux encore de sa place, qui est posée.

Repartons, avec la précision nécessaire, de ce que dire *sensible* n'est pas dire *sens* : le premier n'est rien qui se laisse saisir – nous l'avons dit, nous aurons tout le loisir d'y revenir – hors de la *constitution* de l'empirie ; le second se donne comme *l'immédiat du constitué*. Il y a une grandeur indéniable dans l'exigence husserlienne que soit fondé par la constitution ce qui était, quoi qu'il en soit, supposé donné avec le sens. Le problème est que le sens – l'arbre en fleurs – n'est pour la pensée, pas plus que quoi que ce soit d'autre, d'emblée constitué, il n'y a pas d'abord l'arbre mais un divers qualitatif, l'arbre est à venir, au suspens de l'énoncé du perçu consistant ; et même alors, le sens est, de soi, le matériel de connaissance le moins fiable, le plus flottant, le plus "subjectif", c'est-à-dire le moins apte à faire argument pour la raison. Autre chose est le sensible, qui est là, dans sa présence indubitable, et qui ne trompera pas s'il ne prend sens que de la logique. Rien de l'intelligibilité du perçu n'est donné, et c'est précisément ce qui lui garantit une intelligibilité.

Que prouve l'obligation où se trouve Husserl de renvoyer l'objet à un *X* et d'ouvrir un hiatus dans la donation de sens, sinon que le sens tel qu'il le définit ne peut faire exception de moments constituants ? Et que prouvent les « essences matérielles » de la région, sinon une *analyse* du sens – au demeurant admirable : ces dernières pages sont les plus impressionnantes des *Ideen* –, analyse qui ne se développe plus du tout dans l'immédiat de l'expérience « concrète » ? L'« idée matérielle » est un concept fécond, opératoire dans la structuration complète du perçu ; mais c'est un concept, requis par la constitution de l'empirie, et qui ne fait sens que comme concept. Il n'y a donc pas un moment immédiat que redoublerait de sa médiation le moment de la constitution ; le sens – pour autant que fondé – est inscrit *par* la constitution : traversant toutes les médiations qu'elle prescrit. Et c'est seulement de ce biais qu'on peut dire qu'il n'y a rien dans l'un qui dans l'autre ne soit. Bref, *le sens n'est qu'un "précipité" de la constitution*, à ce titre opaque pour l'analyse ; c'est sur la constitution que l'analyse doit porter ; et c'est elle seule qui délivre les couches pertinentes de sens.

Sous le titre du sens – "ce qui se constitue là comme objet est un arbre" –, il s'agissait pour Husserl de marquer que le terme de la synthèse intentionnelle n'est pas autre chose que ce qui, d'emblée, à la *conscience* se découvre comme la réalité, telle que donnée (présente ou présentifiée). Sous le titre « raison et réalité », il s'agissait, fût-ce en débordant (*X*), modalisant (*Wie*), analysant (région) le sens, de garantir la totale *rationalité* phénoménologique de l'expérience de conscience. Mais la question est : quel statut faut-il donner à cette expérience ? Husserl répond qu'à toute expérience il faut une subjectivité, et le schème dyadique pose, fort d'une sorte d'évidence, que la subjectivité, c'est la conscience. Mais que l'expérience soit « de » ou « pour » la conscience – que serait-elle, sinon ? –, cela ne prescrit pas que la conscience soit le *sujet* de l'expérience. Et la constitution discursive de l'expérience commande au contraire que pour son sujet soit requise une tout autre place. Ce déplacement du sujet, cette redéfinition de son « être » et de sa fonction sont le moment crucial pour la déconstruction du schème perceptif. Et ce dont il faut, à ce point, repartir, c'est que *la discursivité ne tolère pas que le sujet lui soit extérieur.*

Qu'entend-on, au demeurant, par sujet, nous l'avons dit, sinon ce qui assume la consistance d'un discours ? L'Ego pur husserlien n'a, en définitive, par le biais de la constitution, pas un autre rôle ; mais, par le biais du transcendantal, il inverse les termes et fait du sujet au discours le sujet qui porte en soi, dans ses intentions, le discours. J'ai depuis le début rappelé qu'il n'est plus possible de faire du discours, indexé de sa transcendance, l'acte propre de la conscience ; et encore moins possible de prédiquer le sujet des attributs de la subsistance, fût-elle pure et transcendantale. J'ai rappelé qu'il n'est pas davantage possible de tenir l'Ego de conscience pour une unité constituante ; le sujet n'est qu'évanescence hors du syntagme du discours dont on peut, au choix, dire que le sujet en est supporté ou qu'il le supporte : au plus juste, qu'il y est *souscrit*. Ce qu'il nous reste à dire, c'est comment, par le sujet, le discours, à chaque fois, se referme, comment la consistance qui est sa fin se trouve par le sujet avérée.

Nous avons dit que le perçu est, de prime abord, discours de l'expérience du "sensible", qu'il ne saurait être – comme discours – sans se supporter d'un sujet, et qu'il n'a d'autre sujet que celui qui souscrit le sensible même dans l'énoncé de sa consistance. Nous dirons à présent : *le discours advient quand se boucle le circuit énoncé-sujet.*

Le sujet n'est ici personne – aucune conscience –, il est l'énonciateur requis par l'énoncé. S'énonçant discursive, l'empirie énonce : elle est l'énonciatrice de son discours. On dira sans doute que c'est jouer d'une analogie, que *nous*, lisant ce discours et pour ce faire le reconstituant à nos propres frais, y projetons notre propre expérience du discourir. Mais c'est, je n'ai cessé d'y revenir, se leurrer sur la place du sujet dans "notre" discours lui-même : tout notre agir est de reconstruire, en le constituant, le discursif qui, quant à lui, ne se soutient à l'évidence que de lui-même. On demandera alors pourquoi il faut au discours, de par soi, une place qui soit celle de son sujet. La réponse est : par une prescription de *structure*.

Qu'à l'énoncé soit, de structure, souscrit un sujet, toute la problématique du discursif l'implique. D'un côté, le sujet ne doit être, pour que soit suffisant l'énoncé – pour que de soi il se valide –, que celui *de* l'énoncé. Dans la formulation bien connue qu'en a donnée, pour le champ de son expérience propre, Lacan : le sujet est dans tous les cas « ce qu'un signifiant représente pour un autre signifiant »[1] : ce qui va jusqu'à le poser, de soi, *vide*, et s'attestant de l'intervalle qui sépare un signifiant d'un autre signifiant dans la chaîne. La possibilité même d'un faire-un sous la rection du Logique prescrit que le sujet ne leste d'aucune détermination propre le contenu de l'énoncé : qu'il n'y soit que soustractivement. Et que donc il reçoive de l'énoncé sa qualification. D'un autre côté, le Logos ne saurait se constituer sans *répondant de son faire-un* au principe : ce répondant n'est pas un être, c'est une *fonction* – logique. Que le discours – et j'entends notamment le discours "objectif", ce qui s'avère être celui de la réalité – soit chaîne logique, y implique la fonction du se-tenir-ensemble comme celle d'un principe de syn-thèse ; que l'énoncé soit, dans le cadre de son axiomatique, susceptible de s'avérer fondé dans la consistance de ce qu'il articule, implique que ce se-tenir-ensemble y est prescrit en vertu du réquisit d'intelligibilité ; or qu'est-ce qu'un sujet, sinon ce qui retient – dans notre exemple – la facticité de l'expérience dans l'Un de son intelligibilité ? De ce qu'il est transcendant, résulte que le discursif est immanent à toute matière qui s'avère le porter ; de ce qu'il est, de cette matière, recteur, résulte que, de l'étance, il induit en toute occasion la *ratio* opérante, ou possible ou réelle ; qu'enfin la *ratio* soit rection

---

1. Bien entendu, la citation n'est ici que pour faire paradigme. On ne me soupçonnera pas de confondre les *termes* ou *signes* du discours, qui introduisent – pour reprendre la terminologie de Saussure – un « concept », avec les *signifiants* du discours psychanalytique, dont l'élément recteur est la « barre » qui disjoint le signifié du signifiant. Et pour lequel c'est précisément cette disjonction qui « représente » le sujet.

opérante, avère en elle la duction de ce que Kant appelait un « véhicule » rationnel ; or qu'est-ce qu'un sujet, sinon ce qui "remet" la matière du discours à la loi de son ordre – fût-ce celle du calcul du hasard ? On n'y prédiquera aucune subsistance, serait-elle transcendantale : je l'ai dit, sujet est une fonction discursive. Mais de cette fonction, la déduction est faite et intra-logique : comme réquisit des réquisits, la fonction-sujet est l'ultime condition de la *ratio*. Il *faut* dire : le discours n'est pas sans sujet, et rien de ce que le discours, à l'évidence, règle ne saurait être sans sujet. La croix du discursif se dit : le sujet n'est qu'un terme vide hors l'énoncé qui le prononce, l'énoncé requiert de ce sur quoi il se prononce la fonction sujet. De là que l'énoncé, selon la rencontre, est la chance ou la malchance de "son" sujet, reconnu à l'aune de la pertinence – et de l'opérativité – de "son" énoncé.

Relisons cette structure depuis, cette fois, le "moment" du sujet. Il atteste dans l'énoncé ce dont celui-ci est "capable" : de quelle récollection du divers, qu'il tient en accolade, et de quel discernement de l'Un, il est comptable. Et de sa propre capacité de relancer, depuis cet énoncé dont il n'est rien de plus que le sujet, l'énoncer. Il atteste, dans la transcendance qu'il tient du discours, que de la matière de celui-ci il y a rection, et qu'il la porte : non que ce soit lui qui la régisse, c'est le discursif, mais au discursif il est le trait-d'Un nécessaire. Tout à la fois opérateur de l'énoncé et fonctionnant à une autre place, qualifié par et pour l'énoncé et constitutivement autre dans sa vuidité "matérielle", le sujet du discours en est le garant logique – garant que le faire-un y est faire consistant – et le garant métaphysique – garant que le faire-un avère dans la matière de l'énoncé l'étant. Double proposition d'où il appert que *la fonction du sujet est fonction-d'Un à la fois logique et ontologique*. C'est sous l'accolade de son unité que sont assurées – d'un seul geste – et la récollection de tel divers comme susceptible de structure situationnelle, et la consistance de ce qui en est énoncé[1] ; c'est comme l'attestation de sa fonction métaphysique qu'est "produite" la transcendance de la réalité dans l'immanence de sa matière. C'est l'*un-en-plus* de la constitution de discours mais c'est aussi *ce sans quoi il n'y a pas d'Uns* de discours, et notamment pas de discours de la réalité.

Il faut bien entendre que la fonction sujet, prescrite chaque fois par

---

1. On peut risquer la transposition : « décision » de faire-un d'un multiple quelconque et « discernement » producteur de sa vérité.

le discours comme énoncé local, n'implique pour le sujet, au rebours de la conscience husserlienne, ni totalité – fût-elle idéelle –, ni transcendantalité – si bien transcendance –, ni – *a fortiori* – Ego. La seule constitution que nous connaissions est celle du discours, où la consistance fait norme, et le sujet condition. Nul réquisit là de priorité épistémologique : nous avons assez dit que le sujet n'est que celui de l'énoncé. Redisons : c'est le discours – portant ce qu'il y a localement de pensée dans tous les modes de l'expérience – qui est constituant, et le sujet est l'un des moments nécessaires de sa constitution. Comment, sur l'indéfini du divers, la finitude d'une situation se découperait-elle, comment s'y fixerait un espace de relations structurées, sans cet Un qui, dans son accolade, la supporte ? Comment l'énonciation de consistance trouverait-elle à se refermer sans l'assurance qu'elle est tenue par un sujet, qui y engage ce que prescrit de logique son unité ? On n'a nulle raison d'en induire que c'est *pour* le sujet – un sujet qui alors lui serait extérieur et antérieur – que la situation se constitue ; mais on a toutes les raisons de tenir que c'est *par* son sujet, avec lui et jamais sans lui, qu'une situation vient à constitution.

Ultime conséquence : que la consistance de l'énoncé soit prescrite par la logique situationnelle est ce qui permet de dire l'énoncé *avéré* ; qu'on puisse le dire, y suppose un sujet *véridictif*. La structure de la situation, la consistance de l'énoncé induisent, comme leur condition, que le sujet est celui-là même de la logique. La discursivité de l'étant induit que le sujet y est immanent. Il n'y a de véridicité que du discours, incluant qu'elle se suppose un sujet véridictif. Les termes s'assurent l'un l'autre, ne s'assurent *que* l'un par l'autre. L'instance discursive demeurerait conjecturale et sa certitude illusoire, sans le renvoi à l'Un-sujet du logique qui de bout en bout la souscrit. La consistance de l'étant flotterait comme un possible – une hypothèse épistémique –, si elle ne requérait pas qu'y soit immanent le statut logique du sujet. Quant au sujet, que dans tous les cas il n'ait que le discours pour faire preuve de sa fonction, on l'a assez vu. En cela tient le paradoxe de l'évidence, qui ne peut disjoindre, et pas davantage dans un sens que dans l'autre, l'énoncé et sa souscription[1]. Ce que j'ai

---

1. Le Dieu non trompeur de Descartes est le sujet ultime du discours ; mais le discours n'a pas lieu de faire, du vide de son sujet, Dieu. Reste que le sujet est l'*Un en plus* d'un discours dont l'unité de consistance ne se scelle que pour autant que le discours est, par cet en-plus, bouclé. Reste le paradoxe de cet en-plus : qu'il doive à la fois être dit *Un* et *vide* : Un de rien, sinon de ce que le discours va faire advenir.

appelé la boucle du discursif est alors ceci : une vérité n'est assurée que du moment où elle excipe de son sujet comme nécessairement véridictif, et le "nécessairement" résulte de ce que le sujet, c'est le sien. Ce verrouillage par garantie réciproque suit de la transcendance du discursif : que celui-ci *se* tienne ne saurait être intelligible sans ce *se* qui le tient. Il faut au discours un énoncé, un sujet, et le verrouillage de la véridicité par le véridictif.

Pour ce qui est du perçu, pour autant que tenu dans l'énoncé de bout en bout consistant de ce que Husserl désigne comme « la nature », il s'en induit un sujet en tous points véridictif, et c'est précisément d'être tenu par ce sujet que s'induit la *réalité* de ce qu'inscrit là le discursif.

Ainsi ce qu'a à dire de l'étant l'apparaître est-il d'abord le recueil du sensible dans la structure d'une situation ; que, pour que cette structuration apparaisse, il faille que les liaisons fixant l'étant s'y articulent comme la mise en évidence du consistant, avère l'appropriation de l'empirie sensible au logique et y témoigne de l'in-sistance d'un sujet véridictif ; que le discours et son sujet soient – au sens husserlien – transcendants, en fonde l'extranéité à tout Ego. Ce qui revient à dire que le *Comment*, dont le garant est le sujet logique, et la détermination du *Ce que* logique n'y laissent place entre eux pour aucun écart, y sont rigoureusement réciproques. Saisie cette réciprocité, la problématique husserlienne de la réalité s'est évaporée. C'est cette réciprocité, et pas autre chose, qui induit, sans appel à aucun supplément, l'énoncé sur le fond de l'empirie comme réalité : laquelle ne peut être rien d'autre qu'un discours de l'étant qui contient à part soi tout ce qu'il faut pour se soutenir. *De ce que la consistance de l'énoncé de l'étant posé sur le fond de l'empirie*[1] *est souscrite par un sujet qui ne peut être que véridictif, suit l'advenue du couple énoncé-sujet au statut de réalité* ; ou d'énoncé dont l'énonciateur ne peut porter de semblant : proposition qui prend à contre-pied tout ce qui, de toute éternité (philosophique), est dénoncé dans le perceptif comme illusion. Sauf pour nous à rappeler que la consistance est procès et ne se fixe sur de l'objet que pour s'en défaire.

L'*objet*, précisément, ne dit rien de plus : l'énoncé du perçu fixe sa

---

1. C'est de quoi faisait, à sa façon – défective parce que résiduelle –, index la *hylè* husserlienne.

consistance en un site logique ; resserrant la constitution du sensible, le site y est figuré par l'objet ; l'un-sujet en répond non sans laisser toujours ouverte la possibilité d'une autre multiplicité, d'une autre constitution. Quand nous disons que l'arbre est *là*, nous disons la consistance d'une prédication dans un réseau ou situation de termes homogènes, et le sujet l'assume par provision. *L'objet, c'est dans le champ du sensible la figure du discours "verrouillé".* Il est ce qui est requis, s'agissant du sensible, pour que puisse y venir à la représentation ce qu'est la fondation logique de sa cohésion. Mais il n'a d'autre dénotation que cette fondation, qui a en propre de devoir induire ses termes en même temps que leurs liaisons : situation et énoncé y sont indissociables. D'où sa persistante précarité.

Que la proposition du perçu ait, par le biais de sa transcendance, qui est celle de tout le logique, valeur *ontique*, garantit qu'en se posant sur l'empirie, ce qu'elle pose est l'étant : que de l'étance, tout ce qui suffit à la prescrire est tenu dans la proposition. Ce n'est pas dire que celle-ci soit proposition *ontologique* : qu'en elle ce qu'il en est de l'être soit prononcé, quand ce ne serait que parce que de l'une-consistance propositionnelle il n'est pas acquis – c'est tout le contraire – qu'à l'être lui-même elle convienne. L'être est un concept aux limites du discursif, dans le champ duquel il n'y a place que pour le consistant, et seulement par défaut pour l'inconsistant : veut-on rapporter l'être à la structure discursive, ou bien on devra lui assigner quelque Unité « transcendante » dont la pure consistance de soi à soi aura à rejoindre – par quelque chaîne processive – le divers du multiple discursif, ou bien on devra lui assigner une multiplicité inconsistante, dont l'hétérogénéité au discursif sera « imprésentable » – sauf à y suppléer par un faire-un purement soustractif – dans le champ où le requis est la consistance. Nous ne nous sommes pas encore donné les moyens de trancher, mais nous avons déjà pu impliquer que la métaphysique du perçu, si elle dit quelque chose des conditions dans lesquelles la question de l'être est posée, laisse entendre en quels termes elle doit être résolue. C'est déjà beaucoup qu'aucune proposition ne puisse se poser sans que, dans sa position, l'être soit impliqué.

Et c'est ce qui déjà commande de réécrire : *à l'énoncé, qui se souscrit d'un sujet, c'est comme le suscrit que l'être convient.*

On saisit, à présent, l'erreur de Husserl qui, faute de tenir le discours dans son espace propre, tenta de fonder l'objet sur la donation de sens, en constituant celle-ci dans la conscience, et en en garantissant par la modalité de la donation la transcendance. Entreprise impossible, réclamant un effort sans cesse repris et jamais accompli, qui est aussi bien l'ultime prix payé au schème de la perception : d'avoir à trouver l'en-soi de l'objet au bout de la visée de conscience et à soutenir d'une rencontre du regard la réalité de la réalité. Sur ce chemin, Husserl aura eu cependant le rare mérite, alors même qu'il faisait de l'objet le prescrit de l'intention, de le situer hors du « vécu ». Et de renvoyer la croyance même à ce qu'il tenait pour une légitimation rationnelle de l'apparaître : en sorte qu'il serait « convenable... de désigner l'unité du sens et du caractère thétique par le mot de *proposition* »[1]. Mais, ce faisant, il est demeuré sous le présupposé d'un indépassable Deux fois Un ne se rejoignant que dans la fuite de sa répétition, quand la pensée tout entière, parce qu'elle est tout entière discours, ne connaît d'autres opérateurs que la consistance – ou logique – du Multiple souscrite par son Un et suscrite par ce qu'elle enferme d'être. C'est *d'un seul trait discursif* que ce qu'on appellera, selon qu'on voudra, l'empirique ou l'apparaître ou le "monde", assigne dans le divers sensible qui s'y présente un multiple de termes qui le structure, au prix de déterminer conjointement leurs définitions et leurs relations ; atteste de leur consistance par l'énoncé qui leur fixe l'assise en un site logique – soit, contre le chaos, la fondation de la mise-en-un intelligible du multiple ; fait, de par la prescription du logique, équation du site et de l'objet ; de par la même prescription se supporte de l'Un d'un sujet qui n'a d'autre détermination que d'être le sien, et se referme sur l'assurance que la véridicité de l'énoncé ne peut se souscrire que d'un sujet véridictif ; enfin, de ce que, dans la transcendance conjointe de l'un et l'autre, se constitue l'empirie, excipe de la position de l'étance. Le sensible est de soi pensée ; il suffit de laisser advenir la logique de son discours.

---

1. § 133.

Un supplément aux *Ideen* : espace, temps, et réalité

a. Cherchant tout au long la transcendance de l'objet, et déterminant à cette fin les traits dont ne peut faire exception sa constitution, Husserl est, dans *Ideen I*, étonnamment évasif sur la place qui revient, au sein du perceptif, à l'*espace*. Celui-ci apparaît tout au début, dans la description de « l'attitude naturelle » : « J'ai conscience d'un monde qui s'étend sans fin dans l'espace... Les choses corporelles sont simplement là pour moi, avec une distribution spatiale quelconque » ; après quoi, il passe aussitôt à la fonction de l'attention, où se marque que l'espace est essentiellement le champ « *indéterminé* » de la perception. La géométrie est donnée, beaucoup plus loin, comme exemple d'une science « mathématique matérielle », discipline régionale fondée cette fois sur « l'essence pure de l'espace » et commandée par ses lois eidétiques primitives, ou axiomes, à partir desquels « elle est en mesure de dériver par voie purement déductive *toutes* les formes existant dans l'espace » ; mais cette discipline « analytique » et « définie » n'est introduite que pour préciser, par comparaison, le statut de la Phénoménologie, science descriptive, « constituée par *des* essences du vécu » qui ne sont pas « exactes » qui sont seulement « morphologiques »[1].

---

1. Comme on sait, *L'origine de la géométrie* n'en dira pas beaucoup plus : les axiomes sont « déjà les résultats d'une formation de sens originaire », seule principielle, qui enveloppe « le Quoi et le Comment de leurs matériaux pré-scientifiques » (p. 375 de la version originale, trad. Jacques Derrida). Quant à ce Quoi, on ne s'étonnera pas que ce soit au titre d'« essence invariante » que le monde – le monde de la « vie » – est un monde de *choses*, et nécessairement *corporelles*, dotées de *formes spatio-temporelles* sur quoi « s'enlèvent » les *surfaces, lignes* et *points*... Il faut toutefois noter qu'à cette époque tardive – celle de la *Krisis* – Husserl insiste sur le rôle, absent

Et il faut attendre les dernières pages des *Ideen* pour que soit explicité que l'idée régionale de chose, prescrivant « *des règles qui s'imposent au divers des apparences* », « enveloppe nécessairement... la pure forme spatiale remplie de qualités "sensibles" – dépourvue de toute détermination de "substantialité" et de "causalité" » : autrement dit, la *res extensa* pensable sans – et avant – l'idée de la *res materialis* ; tout ce que Husserl ajoute, c'est qu'au spatial est impliquée l'orientation[1].

On peut, de ces ellipses, induire encore une fois que c'est la constitution synthétique de l'objet, dont la constitution de l'espace ne représente qu'un moment, qui seule fonde – mode de donnée inclus – la réalité et son « extériorité ». Il n'en demeure pas moins étonnant que Husserl ne s'arrête pas davantage sur ce que la détermination d'un objet ne va pas sans sa mise en relation avec d'autres, à l'intérieur d'une situation contextuelle ; et sur ce que, de cette relation, essentielle même à la distinction purement phénoménologique de l'objet, c'est précisément la constitution du spatial qui est l'opérateur originant[2].

Posons, quant à nous, que si le discours porte en lui-même l'architecture fondatrice de la métaphysique entendue comme logique de l'étant, et si le perçu est le relevé originaire de cette logique, la fonction singulière, irréductible, qu'y assume l'espace requiert son élucidation.

Au plan factice de l'expérience, sont corrélés le qualitatif (intensif) et le spatial. Au plan de la constitution, les qualités et l'espace sont (avec le temps) *formants génériques* concourants mais distincts. Il n'y a pas, au sein du perçu, d'espace in-sensible ; mais l'espace prescrit des scansions propres, qui sont au minimum : la place située dans le champ ouvert d'une multiplicité de rapports de voisinage, la forme, et la disponibilité au déplacement : le mouvement. Déterminations sous lesquelles il revient à l'espace de *fonder*, dans le perçu, l'altérité de chaque étant à tout autre, au sens où chacun "a" son lieu, que le

---

des *Ideen*, des *pratiques* entraînant la *mesure* (p. 383-384). De tous ces sens originaires, la science est « l'élucidation ».

1. Respectivement pp. 48, 132 *sqq.*, 315.

2. Sur tout cela, la formulation la plus claire est celle des *Leçons sur la conscience intime du temps*, qui, pour faire voir par comparaison ce que celle-ci peut être, opposent à « l'espace objectif » les « contenus primaires » où nous trouvons « des relations telles que "l'un près de l'autre", "l'un au-dessus de l'autre" », soit une « double multiplicité continue », à laquelle fait défaut la « signification transcendante » d'une surface dans l'espace et des mesures qu'elle autorise (p. 8 de la trad.).

divers de ses propriétés spatiales détermine ; et de représenter la constitution d'un univers consistant des étants comme le *partes extra partes* de termes qui sont, entre eux et pour autant que spatiaux, *homogènes* sur le fond d'un *continuum*.

Or, à partir de là, une série de problèmes se posent, qui sont ceux des conditions propres et du statut de l'espace dans la relève du perçu.

1. De prime abord, l'espace se présente, dans le noué des traits qu'on vient de dire, comme le faire-un d'une dimension ou modalité d'étance singulière, première à toute autre constitution perceptive : comme la *situation* qui enveloppe toutes les autres. Mais de prime abord aussi, la constitution s'en avère un système remarquablement *formel* : toutes les prescriptions s'en ramenant à l'extériorité réciproque des points au sein d'un continu homogène. Qu'il s'agisse d'une situation non quelconque appert, en particulier, de ce qu'y est prescrit le continu, et, davantage, le continu à trois dimensions. Que toutes les propriétés constituantes en soient formelles appert de ce que toutes ne sont opérantes que comme quelconques, s'y incluant la possibilité de penser un espace à *n* dimensions. Après quoi, on ne niera pas que, de l'espace, l'aporie – zénonienne – soit de constituer la finitude de multiplicités distinctes dans la matière infinie – infiniment divisible – d'une continuité : il faut donc que sa constitution comporte une butée propre, un conflit au sein du logique, ce qu'on reconnaîtra comme un Réel[1]. Mais derechef, on renverra ce Réel à la facticité de l'empirie, attestant de ce que, si la constitution y advient sous prescription du logique, le logique y fait fonction de poser *ce* qu'il y a dans *cela qu'il y a*. Il suffira dès lors d'élever l'aporie – le « labyrinthe » – du continu au rang d'axiome pour que la géométrie se déplie comme science *princeps* – et même algébrisable – convenant avec la constitution de l'empirie. Traits dont on induira que l'espace n'est pas seulement un des formants insubstituables de la constitution, mais qu'il l'est sous condition de la spécification de la constitution par *son axiomatique propre* :

---

1. Au sens que le mot a chez Lacan. La constitution de l'espace rencontre encore dans le perçu, mais à un autre niveau, une opacité propre, celle dont faisait index pour Kant l'inversion de la droite et de la gauche au miroir, et que l'exploration par Lacan du topologique n'a cessé d'interroger : depuis la bande à un seul bord et le repli de l'extérieur à l'intérieur jusqu'à la théorie des nœuds. Seule une analyse spécifique pourrait trancher de ce qui relève là de l'Imaginaire – autrement dit de notre place dans la représentation – et du Réel – autrement dit d'une butée de l'intelligible comme tel.

pour le dire abruptement, *l'espace du perçu, c'est la géométrie*, jusque dans l'implicite du discours du "concret", avant même l'élaboration théorique de la géométrie.

Une fois encore, j'en appelle à l'expérience : que faisons-nous quand nous "situons" le perçu, sinon ébaucher un réseau de lignes qui balaient le visible en tant que continu, pour y mettre en des places distinctes le divers de ce qui s'offre à la vue ? Nous passons notre temps à géométriser. Sans ce moment du discours, le perçu s'avérerait impossible, et cela éclaire singulièrement la fonction que détient, en toute occurrence, le *situer* : comme ce sans quoi il n'y aurait pas de paradigme du *distinct*. Quand Husserl prétend distinguer l'être-à-côté originaire, seulement « quasi-spatial », de l'espace proprement dit, objectif et mesurable, il aveugle que le premier est simplement impensable et inconstituable sans le second, quand bien même ce dernier y demeurerait implicite. La Phénoménologie, nous le verrons chez Merleau-Ponty et chez Heidegger, a voulu exciper d'un « pré-discursif » du spatial, lié à notre inclusion dans l'« ambiance » et à des relations primaires comme l'orientation, attachées à l'« habiter » de notre corps. Nous n'aurons aucun mal à montrer que ces « vécus » requièrent ce qu'ils prétendent précéder. L'espace n'est rien, et ne nous est d'aucun secours, s'il n'est pas l'opératoire de son axiomatique, y incluses les apories qui y sont propres.

Synthétiquement dit, que l'*axiome de la géométrie* comme science soit opératoire pour la constitution du perçu avère ce dernier supporté par une *axiomatique de l'étant-là* : l'être advient à l'apparaître sous condition de ce qui prescrit l'existence d'un Un comme spatial. Ces prescriptions ne sont pas celles de la composition de l'être même, elles la supplémentent, elles règlent les opérations dont la constitution spatiale de l'étant répond. De l'axiome perceptif à l'axiomatique de l'ontico-ontologique, le passage est ainsi transparent.

2. Il n'y aurait pour autant – et il n'y a eu – aucune pertinence à isoler le formalisme de la constitution de l'espace – dite alors qualité « première » ou « forme de la perception externe » – dans la constitution du perçu : d'abord, parce qu'une axiomatique n'est pas une forme mais la spécification de conditions d'être ; ensuite, parce que sous l'index du perçu il s'agit toujours, pas plus, pas moins, de tout ce dont est localement capable une multiplicité sensible ; et de ce que tout sensible soit spatial – mais dans le perçu l'espace est tout autant toujours qualitatif et intensif – ne résulte pas que, s'il y a bien à les distin-

guer, il y ait à hiérarchiser les moments de la constitution de l'étant. Le discours est de bout en bout, et au même titre, constituant. Ce qui, à l'évidence, prescrit que du qualitatif aussi l'axiomatique soit attestée : nous le verrons en son temps.

Le discours met au travail le *factice* – il n'y a pas de nécessité que l'étendue soit : pas plus que le son ou la couleur – selon les réquisits propres – l'axiomatique – de *sa* discursivité, qui sont ceux de la mise-en-un consistante de sa multiplicité. Prétendre, à l'inverse, que le discours emprunte ses lois à l'expérience du factice ne saurait produire – et n'a historiquement produit – que l'inconsistance de sa consistance, dans l'impuissance à prononcer la nécessité : comme nous n'avons cessé de le dire, le logique ne se fonde que de lui-même. Reste que la rationalité du discours est, de son côté, déterminée, ou prédéterminée, comme rationalité *de* l'empirie : elle prend elle-même détermination de ce qu'elle informe ; encore une fois, nous saurions peut-être concevoir ce qu'est le distinct sans faire référence à la forme de l'espace, nous ne saurions assurément pas le manier sans elle[1]. Il va de soi, au reste, que n'est pas moins ouverte la voie pour la constitution de systèmes qui feraient exception de tels traits inscrits dans la facticité, autrement dit d'univers alternatifs.

3. Où en sommes-nous alors ? À ceci, que l'espace ne requiert pas plus que les autres « matières » du perçu d'autre constitution que logique ; et que, pas plus que les autres « matières » du perçu, il n'est constituable par le seul formalisme logique, hors la spécificité de l'axiomatique qui règle ce qu'il peut en être – ce qui peut être – dans la facticité de son champ. Autrement dit, *le logique, par quoi se constitue de part en part l'empirie, requiert lui-même l'empirique comme condition et limite de l'axiomatique qui commande sa constitution.* C'est pour ce qu'elle éclaire cette double détermination que l'interrogation sur la constitution de l'espace est cruciale.

Il n'y a pas d'autre dispositif que celui qu'on vient d'explorer pour rendre compte, au plus près, de ce que le "milieu" dans lequel nous vivons se révèle "susceptible" de géométrie. Et singulièrement, de ce que le site logique puisse s'avérer du même trait site spatial : pour ce que tout site se trouve, fût-ce dans un espace purement formel, implicitement spatial ; ou constitutivement, de ce que la spatialité est

---

1. À commencer par l'appartenance des éléments et l'inclusion des parties à un ensemble.

une des propriétés immédiates de tout sensible que le perçu fait consister. *La discursivité s'emparant de l'empirie,* autrement dit le perçu, est le *factum* dont prend départ la pensée ; ce fait pourrait ne pas être possible ; qu'il soit possible est ce à quoi le *nœin,* autant dire nous-mêmes, est suspendu.

4. Reste à dire que la transcendance de la proposition qualitative ne devient transcendance *"objective"* – autrement dit, celle de la réalité – *que* pour ce que le perçu l'inscrit dans l'espace (et le temps). Ce n'est pas un trait quelconque si le *là* propre de l'ontique est non moins proprement le *spatial* : assignant le site logique de l'énoncé dans la multiplicité situationnelle, et la situation elle-même dans la multiplicité indéterminée des situations possibles, il les *situe* dans le tissu des rapports d'espace comme formant ce qu'on appellera la situation enveloppante. Tout autant qu'est factice au regard du pur logique le sensible, est factice que le logique se soutienne du spatial ; mais tout autant que le divers du sensible s'élève dans le discours au multiple susceptible du faire-un consistant, le spatial s'élève dans le discours au multiple des places et au faire-un de leurs rapports (d'intériorité, extériorité, juxtaposition, orientation, etc.) comme *institution axiomatique du transcendant* au sens du *là*.

Ainsi faut-il poser cette fois que l'espace est, est comme enveloppant tout autre moment constituant de l'empirie, matrice insuppressible de tout "il y a". C'est d'abord, et bien entendu, que l'il y a n'est pas abrupt, n'appartient pas au brut de l'empirie : qu'il est lui-même constitué ; c'est ensuite qu'il s'appuie, comme du transcendant, du report du site logique sur cette systématique de termes distincts les uns des autres, situés sur un fond continu les uns au voisinage des autres ou les uns dans les autres, dont fait condition la constitution spatiale du perçu ; c'est enfin qu'il indexe le site logique – de par soi-même transcendant – de ce que sa transcendance s'inscrit dans la constitution axiomatique de l'étance et y inscrit, comme sa localité, son altérité au regard de tout autre site : c'est cela encore qui se dit la réalité. *L'espace – le topologique – est dans le perçu le constituant du réel comme succession de "là" :* ce qui en assure la logique comme logique de l'être "ailleurs" ailleurs ici que là, et ailleurs là que là. Cette réciprocité de l'étance à l'espace et de l'étance dans l'espace à l'il-y-a-là est patente. On n'en induira pas qu'elle y suffise : il y faut que ce qui s'énonce en chaque site s'énonce comme étant, en tant que tout énoncé consistant est énonciation de l'être ou de ce qui en apparaît comme et dans l'étant. Pour autant qu'il enveloppe de sa forme tous les autres objets, l'espace re-légitime de chacun l'objectité en tant qu'il est lui-même objet. L'il-y-a propre du perçu – la réalité – est l'ontico-ontologique dont un moment irréductible se dit dans la constitution de l'espace comme condition insuppressible de la transcendance de l'étance.

Nous ne sommes ici pas loin de Husserl quand, contre la science « dogmatique », il requérait l'explicitation des « informations de sens originaires » conduite jusqu'au dépli des « essences matérielles » qui les gouvernent. Ce que nous en avons récusé est le triplet de la conscience (originaire), de son voir, et des essences. Le perçu n'est pas un voir, mais de bout en bout un constituer ; l'opération constituante ne doit rien à la conscience mais tout à la logique ; la logique du perçu, dans chacun de ses modes, requiert non une essence mais une axiomatique. Et s'il est vrai qu'il n'y a rien dont la constitution ne soit pas dès l'abord incluse dans la matière concrète du perçu, pour peu qu'on se tienne au plus près d'elle, il est tout aussi vrai que le problème de la transcendance de ce même perceptif avère l'impuissance de l'appareil transcendantal husserlien à le résoudre sans se dédire par une succession de débordements de la constitution, et même d'« abstractions », tant pour le X de l'objet que pour l'inconstitué de la *hylè* – de celle-ci, seul le mode de donnée pouvant être, et encore sous réserve, constitué. La simple analyse de l'auto-constitution du perçu atteste, à l'inverse, du statut nécessaire et suffisant de l'espace en tant qu'objet formalisé : c'est le *topo-logique*, l'ordre englobant du distinct des places dans l'homogénéité du continu, qui assure au perçu sa transcendance constituée. Et avère que l'étant est, à même le perçu, l'à-part-soi : le *là*, l'être-là.

Une remarque pour finir. De la fonction cardinale du topo-logique – n'avons-nous pas dit le paradigme qu'il offre à la distinction ? –, on peut être induit à construire la relation logique sur la relation d'espace. Et il semble bien qu'aujourd'hui la théorie axiomatico-logique dite justement du *topos* – géométrale en son paradigme – implique une telle démarche, pour autant que l'objet, neutre, sans propriétés propres, n'y est défini que par ses relations – ou flèches – aux objets voisins, flèches dont il est ou source ou cible. Où l'on voit qu'en se donnant la distinction d'objets vides, il faut bien qu'on se donne – fût-ce sur le mode purement formel – leur altérité dans l'espace, avec tous ses caractères propres, sans quoi l'opération serait irreprésentable.

L'Un de l'objet, dès lors, se reporte sur tout ce qui le définit de l'extérieur, et sa distinction est entièrement relationnelle. Dans les termes de Badiou, on a là la voie pour un passage de la mathématique de l'être à la logique de l'apparaître où « c'est du *lieu* de l'être qu'il est... question »[1], en bref de l'*être-là*. Ou : le concept du *topos* permet à lui seul la transition entre « l'univocité de l'être-multiple » et la définition « des conditions sous lesquelles il est acceptable de parler... de localisation d'une situation de l'être », ce qui est aussi bien dire : d'univers[2].

On ne niera pas – on n'a aucune raison de nier – qu'est délivrée ainsi la constitution de la logique comme logique du local, telle que la requiert l'empirie. Mais d'abord c'est faire peu de cas de tout ce qu'a montré Husserl sous le titre de l'information noématique du X objectal. L'objet n'est pas vide, pas quelconque, pas seulement déterminé par ses relations à d'autres objets, et l'étant est – redisons-le – *intimement structuré*, faute de quoi il se déliterait. On peut certes dire – et nous dirons plus loin – que la qualité elle-même est relationnelle, en tant que différentielle ; mais du point de ce qui remplit cette différence-là, le *topos* n'est plus pertinent. Quand bien même la détermination d'une qualité implique la mise en relation d'un objet avec un autre, qui comme tel est "ailleurs", il ne s'en suit aucunement que la qualité soit, pour l'un des objets comme pour l'autre, un ailleurs, et c'est même exactement le contraire qui se prescrit comme l'*intrinsèque* de sa définition. Le Un logique n'est pas seulement topologique, si du moins on prend l'un et l'autre mot à la lettre.

Quand on passe d'une axiomatique du *topos* à une autre – par exemple, d'une axiomatique qui conserve le tiers-exclu à une autre qui l'annule –, la logique commandée par la décision axiomatique y déterminera l'objet (topologique) comme cela qui est – dans le champ d'une situation, et dans l'ensemble des relations (externes) qui l'y constituent – là « identique à soi », ici « suffisamment identique »[3] : soit, le compté-pour-un d'un multiple de la situation prescrit par ce qu'y est – différemment ici et là – la fonction « Identique ». Ce que

---

1. *Court traité d'ontologie transitoire*, p. 197. (Souligné par moi.)
2. P. 198-199.
3. Trivialement dit, plusieurs objets pourront être le même objet.

j'ai dit du statut de l'objet, qui n'est que par provision, consonne mieux avec cette définition. Cela posé, la question de la structure interne reste la même : construite une typologie des couches d'identité, plus ou moins fortes, maximales ou minimales, ou bien cette fonction d'ordonnancement est pensable à partir de la consistance *immanente* de l'objet Identique, ou bien elle va à dissoudre cet objet dans le divers des altérités qui peuvent l'indexer mais non le constituer. On ne peut pas plus définir l'objet sans son intimité dans sa spatialité que l'inverse. La topo-logique n'est qu'un *moment* de la logique ; vouloir réduire celle-ci à celle-là est le détour d'un acharnement à déconstruire le faire-un de l'objet, qui signifierait en définitive l'impropriété de la logique à constituer la réalité.

b. Le temps et sa constitution ne sont abordés dans les *Ideen* qu'au passage et chaque fois obliquement. C'est que les *Ideen* sont consacrées à la constitution de l'*objectité* du perceptif ; et que, inversement, le schème même de la perception – son dual – ne fut pas pour rien dans la naissance de la conviction que le temps n'est proprement pas de l'objet mais de la *conscience*. Husserl ne nie certes pas qu'il y ait, avant nous et hors de nous, un temps du monde ; mais il assume la tradition selon laquelle il y a une spécificité de la « conscience intime du temps » et, dès lors qu'il tient la conscience pour constituante, c'est dans les couches profondes de la constitution, en sens inverse de la visée d'objet, que son « regard » est dirigé sur le temps.

La temporalité ne peut manquer d'intervenir, dans le mouvement des *Ideen*, une première fois [1], au moment où Husserl s'attache à dégager réflexivement la structure des vécus de la conscience pure : soit l'« *unique "flux du vécu"* qui s'écoule sans fin », dans lequel les vécus se constituent et s'enchaînent, et où leur « maintenant » est une forme persistante dont ne cesse de se renouveler la matière. Le temps n'est donc amené là que pour sa consubstantialité aux vécus ; desquels, il est vrai, il n'est pas davantage séparable comme « temps phénoménologique ». Il faut retenir de ces pages la question : comment le regard peut-il se porter sur la *totalité* jamais donnée, et donc non intuitive, de ses enchaînements ? Et la réponse : par une sorte d'horizon des horizons actuels, qui fait du « *flux lui-même du vécu en tant qu'unité... une Idée au sens kantien* » [2]. Sans doute s'agit-il là seulement de

---

1. § 81 *sqq.*
2. § 83, p. 166.

l'horizon d'*un* vécu, autrement dit d'un Moi singulier ; mais on retiendra que comme Idée « évidente » d'un « sans limite », il ouvre la temporalité de l'Ego pur sur *l'Un de son infinité* là où Heidegger refermera le temps du *Dasein* dans sa finitude.

La seconde fois[1] surgit dans le travers de l'exposition du noético-noématique, au point où doit être montré comment une noèse synthétique a pour corrélat un unique noème. À un premier niveau, celui du temps « concrètement rempli », les synthèses sont celles de vécus entendus comme des « unités durables » qui « s'écoulent » à leur tour dans le flux du vécu. Autrement dit, la temporalité des vécus est une de leurs composantes, et est Une, sans plus, et ce n'est pas sur son unité propre mais sur son remplissement par le divers noématique que l'analyse va se poursuivre. À un autre niveau, celui de la *conscience* « *originelle* » *du temps*, il en va tout autrement : « unité qui embrasse tous les vécus d'un flux de vécu, et unité qui relie une conscience avec une conscience » au sein de laquelle les « segments vécus de la durée » se constituent continuellement, elle fonde *un unique noème* sur une multiplicité de noèses qui non seulement se tiennent mais finalement en « constituent *une seule* ». Toutefois, Husserl n'a indiqué cette analyse, celle de l'*Urkonstitution*, que pour l'écarter des *Ideen*, qui ne remonteront pas jusque-là.

Aussi bien Husserl fait-il là allusion à ce qui paraîtra sous le titre des *Leçons*, qui sont son véritable essai de constitution du temps.

Pour prendre la mesure exacte des *Leçons pour une phénoménologie de la conscience intime du temps*[2], il faut les replacer dans la tradition qui privilégie l'expérience subjective du temps. Husserl en retiendra le schème augustinien d'un empiètement du passé et de l'avenir *dans le présent*, la définition – opposée – de la durée bergsonienne comme pur *passage* – Husserl tentera entre eux une conciliation –, et Kant pour ce que, s'il situe le temps comme la forme transcendantale du sens intime, il ajoute que c'est seulement sur l'expérience *objective*,

---

1. § 118.

2. Les premiers cours que Husserl consacra au temps datent de 1905, huit ans donc avant la publication des *Ideen*. On en conclut que le silence de celles-ci sur les *Leçons* est une option délibérée. D'un autre côté, la lecture des *Leçons* est rendue difficile par tout ce qui y présuppose la terminologie des *Ideen* sans disposer encore de celle-ci.

dans la liaison des phénomènes, qu'est possible une représentation des propriétés formelles du temps [1].

---

1. Pour... mémoire :

Augustin : le présent de « l'âme » n'est pas ponctuel ; un vers, dans son alternance de quatre syllabes longues et de quatre syllabes courtes, définit la dimension d'un présent ; mais quand « je me prépare à chanter... mon attente se tend vers l'ensemble du chant » ; et « quand j'ai commencé... les forces vives de mon activité sont distendues vers la mémoire à cause de ce que j'ai dit, et vers l'attente à cause de ce que je vais dire » (*Confessions* XI, § 27, 28, trad. De Mondadon) : c'est toujours le présent qui est dimension pertinente, élargi aux dimensions de la *distensio animi*. Comme écrit Paul Ricœur (*Temps et récit*, I, 1), c'est le présent lui-même qui est « distendu », c'est en lui qu'*empiètent* passé et avenir.

Bergson : « si les notes se succèdent, nous les apercevons néanmoins les unes dans les autres et... leur ensemble est comparable à un être vivant, dont les parties, quoique distinctes, se pénètrent par l'effet même de leur solidarité », pour aboutir à une « succession sans distinction » (*Données immédiates*, p. 76-77). (Proposition, soit dit en passant, radicalement sourde au musical, d'abord fait de rapports distincts et ceux-ci d'occurrences du nombre.) La durée, elle, est le change pur. Et le présent ne peut plus se spécifier que par le « dehors », qui est l'ordre du simultané ; que celui-ci change à son tour ne peut alors se dire sans « une contradiction véritable » et l'appel à « quelque inexprimable raison » (p. 173-174). *Matière et mémoire* réintroduira le présent comme fonction, au point de rencontre de la poussée de la permanence du passé inscrite en lui en souvenirs-images, et de la tension vers l'avenir à travers les images matérielles qui suscitent du corps une adaptation motrice. On est alors tout près d'Augustin : « ce que j'appelle mon présent empiète tout à la fois sur mon passé et sur mon avenir » (p. 132-133). Mais on n'y est que du point mixte de la fonction, sans que soit retrouvée une unité interne du présent ; de là que l'exemple choisi est celui de l'apprentissage, pris entre l'acquisition motrice d'une habitude et le « souvenir individuel » de chaque récitation, différents « de nature » (p. 83-85), sans que soit plus que mentionnée « l'organisation d'ensemble » du texte appris : seul terme qui eût autorisé une définition interne du présent.

Kant : condition « subjective » de toute représentation « interne », « intuition de nous-mêmes et de notre état intérieur », de ce qui « détermine le rapport de [nos] représentations » (*Critique de la Raison pure*, *Esthétique*, § 4-7), le temps est, bien plutôt que ce dont il y a à élaborer la constitution comme forme de la succession, de la simultanéité et de la permanence, l'information de toute expérience dans la conscience transcendantale. D'où, d'une part, sa place cruciale dans le *Schématisme*, comme « condition formelle de la liaison », homogène à ce titre tant à la catégorie qu'au phénomène ; d'autre part, qu'il « ne peut pas du tout être représenté en lui-même » et que seule la liaison des phénomènes nous donne « le substrat qui représente le temps » ; au point que, retirerait-on du phénomène la substance, schème de la permanence externe (spatiale), on perdrait « l'unique condition de l'unité empirique du temps » (*Analogies de l'expérience*). Kant est ainsi tantôt tout près de Husserl — « toute la difficulté est de savoir comment un sujet s'intuitionnera lui-même » (*Esthétique*, § 8, II, 2ᵉ éd.) –, tantôt au plus loin d'une expé-

La pertinence de l'assertion kantienne est avérée dès qu'on remarque qu'ensemble Augustin, Bergson et Husserl partent non pas d'un regard intuitif-réflexif sur l'expérience intime du temps, mais de la *perception* d'une *mélodie* : qui n'est rien d'autre, sur son mode, qu'un « objet » transcendant[1]. Husserl en a si bien conscience qu'il tient que le temps ne peut s'appréhender que sur des « *objets tempo-rels* », concept neuf et de pertinence évidente, concept décisif, sur lequel prendra appui une analyse régressive[2] : remontant du noème, qu'est précisément l'objet temporel, aux actes intentionnels qui, par couches successives et synthèses, cn constituent – ou plutôt *devraient* en constituer – la signification propre. Bien entendu, dire l'analyse phénoménologique est dire qu'elle sera celle de l'originaire : de l'objet temporel comme noético-noématique, et à ce titre intra-subjectif, avant toute constitution éventuelle du temps transcendant, « objec-tif ». Mais c'est plus encore rencontrer d'emblée une structure sans précédent dans le noético-noématique : « *la perception de la durée pré-suppose elle-même une durée de la perception* »[3].

C'est pour rendre compte de cette structure que l'objet mélodie va être traité comme un *présent* large, fait de successif, fondé sur l'acte de retenir – de retenir une note dans l'autre –, et dévoilant dans cette *rétention* la conscience d'une « continuité de phases » fluant jusqu'au présent immédiat, dit aussi phase de l'instant actuel ou présent court. Formule beaucoup plus complexe qu'il n'y semble ; elle implique : 1. le passage continu – le *flux* – des instants, admis comme un fait pre-mier – un « *datum* » – ; 2. une *donation actuelle*, dans le présent pris au sens court du maintenant ; 3. la *modification rétentionnelle* de cette appréhension dans la suivante, pour laquelle elle constitue le « tout juste passé » : non pas comme une sorte d'impression prolongée – ou contenu « réel » –, et pas non plus comme une impression devenue

---

rience intime sans médiation – « ce n'est que dans les phénomènes que nous pouvons reconnaître empiriquement [la] continuité dans l'enchaînement du temps ».

1. Que la mélodie soit par tous réduite à une séquence de notes enchaînées donne une piètre idée de leur entente du musical. Faut-il rappeler qu'une mélodie est un syntagme complexe de hauteurs, de durées, de dynamique, d'attaque, sans parler du timbre du chanteur ? À se tenir même à la seule dimension temporelle, comment peut-on faire abstraction du rythme ?

2. *Leçons...*, § 7 (trad. Henri Dussort). L'analyse y progresse donc en sens inverse de celle des *Ideen*.

3. § 7, p. 36. (Souligné par moi.)

autre en tant que passée, mais selon un mode d'intentionnalité spécifique, celui du « remémoré de façon primaire dans le présent » ; 4. dans la continuité des phases, chaque donation nouvelle fait reculer – « tomber » –, et dans leur ordre, toutes les précédentes, à travers un *continuum* des rétentions ou *rétention de rétentions*[1].

La question d'Augustin est retournée, qui demandait comment peut se faire le passage du présent, seul effectif, au passé ; le présent de l'analyse husserlienne est conservation, il se fait *par* ou au moins *avec* ce qu'il contient de passé. « Quand... l'impression originaire passe dans la rétention, cette rétention est alors elle-même à son tour un présent, quelque chose d'actuellement là »[2]. Le problème n'est plus celui du passé comme autre du présent, l'affirmation est celle du *même* où l'« appréhension-de-maintenant est comme le noyau vis-à-vis d'une queue de comète de rétentions ». De même, à l'indistinction des moments du change bergsonien, intuition d'une durée inconstituable puisque fusionnelle, réponse est apportée par la chaîne des rétentions qui chaque fois « s'approfondit » sur le mode d'un *continuum* « de telle sorte que chaque point ultérieur est rétention pour le point antérieur »[3]. Appréhension chaque fois d'un *laps* de temps articulé dans la succession de ses moments.

Construction beaucoup plus serrée que celles qui l'ont précédée, et où l'immédiateté de la rétention constitue en somme le présent-du-passage « en personne », doté de tous les traits de l'évidence d'un « voir » ; mais construction qui ne va pas sans poser de solides questions, pour trois raisons : elle doit se contenter de poser le flux comme un *datum* ; elle ne saisit la succession qu'à revers, depuis son dernier instant ; la rétention est nécessaire mais non suffisante pour une constitution immanente du temps. Je vais reprendre ces trois points en sens inverse.

1. Le « remémoré de façon primaire », sans *être* présent, est *dans* le présent : tel est le statut tout à fait spécifique de la rétention. « Les appréhensions *passent*... continûment *les unes dans les autres* »[4]. Il y a conscience du temps parce que la conscience du présent est, *du même trait,* « conscience du tout juste passé ». De là l'hésitation de Husserl

1. § 8 à 11.
2. § 11.
3. P. 44.
4. § 16.

qui tour à tour qualifie la rétention de « perception originaire » et le dénie.

Il faut toutefois prendre garde[1] que, la mélodie une fois achevée et avec elle l'appréhension originaire de l'objet temporel, celui-ci peut faire retour dans un « *souvenir* » le *re-produisant*, c'est dire le « re-donnant » à son tour mais sur un tout autre mode, celui de la mémoire proprement dite, lui décidément non-originaire – Husserl y insiste longuement –. D'un côté, tandis que la rétention est « une *affection*, sur [laquelle] nous pouvons seulement porter notre regard »[2], la reproduction est, elle, un acte « libre » ; d'un autre côté, dans l'intentionnalité du souvenir « restent inchangés les modes relatifs d'écoulement »[3] ; de sorte que ce qu'elle redouble est la constitution même de l'objet temporel. Pourquoi ce constat est-il essentiel ? Parce que, indicié par la « place » qu'il y occupe, c'est le souvenir seul qui pose en se posant « *l'enchaînement "du" temps* »[4].

Le souvenir, qui plutôt que retour de chaque note (ou phase) est celui de leur succession[5], « recouvre » la continuité de la succession originaire par la *discontinuité* de ses occurrences, qui vont jusqu'à celle des souvenirs de souvenirs ; mais il est propre au souvenir, à la différence de tout autre acte, de « *poser* » *comme passé* ce qu'il reproduit, et, ce faisant, de lui donner « une situation vis-à-vis du maintenant actuel » ; or une telle relation n'est possible que « dans la conscience originaire du temps »[6], en sorte que la re-présentation a une *intentionnalité double* : celle des phases de son unité propre, et celle de constituer, par sa forme, « une réplique de l'intentionnalité qui constitue le temps ». C'est dans « l'unité du remémoré » que « nous avons conscience d'une unité intentionnelle » du temps.

Ce *détour par le non-originaire pour une constitution complète, unitaire, de l'originaire* – autre formulation de ce qui se disait dans les *Ideen* « l'Idée » du temps – est, dans la structure des analyses husserliennes, singulier ; il atteste de la torsion que le temps impose à une tentative de constitution retenue dans le champ de l'Ego transcendantal. Et il est tout aussi étonnant que ce détour – un peu comme l'ex-

---

1. § 14.
2. § 20.
3. § 23.
4. § 25. (Souligné par moi.)
5. § 18.
6. § 23.

pression « non productive » – ne change rien de ce qui le remplit. En sorte que Husserl peut continuer d'écrire que toute la « conscience présentative concrète » tient dans « l'enlacement » maintenant-rétention[1]. Autant d'apories assumées.

Mais il en est une autre qui n'est pas interrogée. Le préconcept de toute la constitution de l'objet temporel, c'est *l'unité distincte des* « *phases* » données dans le continu du vécu comme autant de « *maintenant* » ou « *points* » ; ce préconcept découle, bien entendu, du fondement même de la phénoménologie husserlienne : de l'identification entre donnée originaire et présent ; mais il revient, dans la continuité du flux, sans aucune fondation pour, d'une telle ponctualité, répondre – disons tout net : sans axiomatique pour en rendre compte –, hors le constat que le « vécu » de la conscience intime du temps requiert comme la *modalité* de sa *hylè* propre une succession de maintenants. Moyennant quoi il faudrait dire, dans la langue des *Ideen*, que l'objet temporel ne tient son *Was* que de son *Wie*. Mais c'est si peu ce que dit Husserl qu'il n'hésite pas à s'appuyer de l'« identité » ou « individualité » d'un maintenant, « objet intentionnel » dont on peut avoir le souvenir indépendamment de celui de l'objet (le son) qui dure[2].

Reste donc qu'en définitive fait seule référence la « *spontanéité originaire de la conscience* » comme succession et distinction de maintenants : tout[3] repose sur elle sans qu'à travers elle on parvienne, malgré une tension de l'analyse extraordinaire, à ce qui serait, dans son sens propre, une *constitution* des moments du temps[4]. La rétention a

---

1. Supplément III.

2. § 30.

3. Y compris ce que je n'analyserai pas en détail : les efforts pour construire le « temps objectif », soit la constitution d'un *ordre unique* de la succession, sur ce que l'appréhension du souvenir comme d'un *passé* implique la *situation temporelle* de son contenu comme inchangée et modifiée seulement du continu de son écart au maintenant (§ 31), puis par la « *mise en coïncidence* » de tels « champs temporels » (§ 32), puis par l'existence de donations originaires différentes dans un même maintenant ou « même situation temporelle absolue », autrement dit la *simultanéité*, qui, en reculant, se conserve (§ 33) : autant d'indices de ce qu'« il appartient à l'essence *a priori* de cet état de choses » qu'elles ont « part au *même* flux temporel » ; et que le temps « préobjectivé » de la sensation n'est pas possible sans « l'objectivation des situations temporelles ». Husserl est ici tout près des « essences matérielles » des *Ideen* : il estime avoir trouvé, appui pris de la distinction des phases, la constitution du *temporel* ; ce qu'il avouera ne trouver pas, c'est la constitution du *temps* lui-même.

4. En atteste bien l'effort manqué pour donner, sur la base de la conscience rétentionnelle, un graphe qui ne peut construire qu'en extériorité des moments et des

fourni un concept plus distinct de la figure constatative de l'empiètement, mais n'a pu dépasser le constat de la rétention à son tour. La
conscience y est renvoyée à son être – son ce-qu'elle-est – et non à
son pouvoir constituant. Aussi bien est-ce la grandeur de Husserl que
d'assumer ce qu'il tient pour l'être-en-exception du temps.

2. Sous l'expérience de conscience, il y a toujours le risque que ce soit
l'Imaginaire du temps qu'on décrive. Imaginaire qui, manifestement, est
chez Husserl une vue en perspective, qui fixe le présent au maintenant
« vivant » et tire *de lui* la queue de comète qui va se perdre à l'horizon.
De là que, avec conséquence mais sans paraître s'en étonner, il va
construire la représentation du temps sur un schème purement *rétro-
grade* : et devrait appréhender la mélodie elle-même comme la suite des
notes qui sont retenues dans la dernière, suite entendue *depuis* celle-ci,
à reculons – à l'écrevisse. Pour parer à pareille absurdité, il va redéfinir
la première note entendue comme le « point-source » et le laps de la
mélodie comme « une multiplicité orthoïde *limitée d'un côté* »[1] ; davantage : chaque rétention étant « héritière » des précédentes, toutes
ensemble « appart[iennent] au point initial » qui s'en trouve chaque fois
et continûment « modifié »[2]. Bref, il faudrait distinguer entre le progrès
de l'objet temporel et le regrès de la conscience que nous en avons.

Cette bizarrerie, totalement inappropriée au donné phénoménal, est
une seconde fois l'effet de ce qui est donné pour un empilement de
phases distinctes et masque que l'appréhension d'un objet temporel
n'est pas celle d'une succession mais d'un *progrès* qui, dans l'appréhension, précède chacun de ses moments[3]. Il n'y a pas là d'autre présent que celui du progrès lui-même, comme objet en devenir, que ses
moments ne font pas plus que scander. Ce n'est pas dire, au reste,
que le jeu des protentions et rétentions y est impertinent, mais qu'il
ne cesse de faire fonction d'indice de la primauté de l'être-en-change-
ment-progressant.

Pour être transcendantal, un *Ego* n'en est pas moins, si plus subtilement, égocentrique. C'est faire basculer sur un de ses points le temps
que de charger l'ultime instant, « vivant » d'« animer » tous ceux qui

---

épaisseurs présumés inhérents les uns aux autres : c'est la spatialisation, dès lors, qui
les articule, la différence modale se transformant en différence réelle.

1. Supplément I. (Souligné par moi.)
2. § 11, p. 44.
3. De ce biais, c'est Bergson qui est pertinent.

le précèdent. Husserl, qui ne consacre autant de pages à aucun autre trait du temps, y revenant étape après étape, paye là le prix du privilège que, de bout en bout, il attache à l'actuel, au rempli, à l'en-présence, à l'intuitif. Jusqu'à manquer, en l'occurrence, l'en-présence du présent large de la mélodie elle-même, enjambant les maintenant successifs de sa constitution ; et à manquer, du même trait, ce qui structure, dans la mélodie, le progrès. Présent – global – d'un passage, où les moments fondateurs, en inclusion, sont ceux de son *articulation*.

3. Quand bien même il pouvait croire avoir fourni la description la plus serrée de l'*objet temporel* par le glissement « en dégradés » du présent-maintenant dans les rétentions et protensions, Husserl restait devant le fait – de « degré » plus profond, et en réalité premier – du *flux* de changement continu dans lequel toute conscience est entraînée : autrement dit du *temps* lui-même. Flux qui est à la fois « constitutif du temps » et, par celui-ci, de toute conscience[1], et par là de toute conscience d'objet.

Or, le flux « présente le caractère absurde de s'écouler exactement comme il s'écoule et de ne pouvoir s'écouler ni "plus vite" ni "plus lentement" » ; davantage, « il n'y a rien là qui change » ou qui dure : seulement un « accroissement » continu de « la nouveauté » sans que, en cela même, rien soit créé de « nouveau »[2]. On n'en peut énoncer qu'un « l'un après l'autre » *constitutif*, qui *apparaît* dans un maintenant – chaque fois « originaire » – avec son auparavant, et dont les deux ensemble sont le *constitué*[3] : soit un courant absolu, doté d'une unité formelle paradoxale au regard des lois mêmes de la constitution. Husserl ne ruse pas : il n'a cessé de chercher la constitution du tout de l'expérience dans l'immanence intentionnelle de l'Ego, mais arrivé à ce qui est le plus proprement l'immanent, soit la conscience elle-même, il trouve, comme constituant, le *datum* brut d'une loi dont il peut seulement prendre acte. Car s'il a été constamment tenu qu'il n'y a pas de conscience sans intention, il n'y a dans le flux « rien de produit », rien donc qu'un « produit originaire... qui s'est formé *de façon étrangère à la conscience* »[4]. Un pathique et non un acte. « Mais

---

1. § 34-35.
2. Supplément I.
3. § 37.
4. Supplément I. (Souligné par moi.)

qu'est-ce que cela veut dire ? On ne peut rien dire de plus que "voyez" »[1].

Du moins, peut-on produire le procès réflexif selon lequel l'*intuition* du pathique construit ? Dès les premières pages, nous l'avons dit, Husserl avait souligné que « la perception d'une forme temporelle quelconque possède elle-même une forme temporelle »[2] ; redoublement intelligible seulement si la rétention possède une *double intentionnalité,* « transversale » vers l'objet temporel – qui est donc condition nécessaire –, « longitudinale » vers elle-même : retenant la rétention des rétentions dans sa continuité, et par là constituant le flux dans son unité[3]. Bref, le flux ne se laisserait proprement présenter qu'au prix de se réfléchir sans se mettre à distance de soi[4]. À partir de là, Husserl pense tenir la constitution pour au moins phénoménalement assurée : il suffit de concevoir que les deux intentionnalités forment « une unité indissoluble..., enlacées l'une à l'autre », et que dans la seconde « le flux de la conscience constitutive du temps non seulement *est*, mais encore... est tel qu'une apparition en personne du flux *doit* avoir lieu nécessairement en lui, et que par suite on *doit* pouvoir nécessairement saisir le flux lui-même dans son écoulement ».

Effort désespéré : la conscience ne réussirait à fonder l'intuition du temps que par un tour double, poursuivant un objet tout en en poursuivant un autre qui *n'en est pas un*, qu'elle saisit sous condition que « le flux... se recouvre lui-même intentionnellement,... constitue

---

1. § 38,
2. § 7.
3. § 39.
4. Sur la saisie du flux comme acte *réflexif*, le supplément IX distingue la rétention comme intention qui « garde en tête » le passé proche, et l'« acte nouveau », de réflexion, qui permet, de surcroît, de la regarder. La rétention n'est que « conscience instantanée » ; c'est l'acte réflexif qui « fait de la phase écoulée un objet » enveloppant la « suite » des rétentions précédentes. Ce qui mène à la déclaration décisive : « *C'est donc à la rétention que nous sommes redevables de pouvoir prendre la conscience pour objet.* » L'impression originaire est, comme la rétention (qui la suppose), conscience instantanée « sans être objective », et ne peut être « intuitionnée dans la réflexion » que comme « réflexion portant sur les vécus constitués, en tant que phase constituante ». L'enjeu des *Leçons* est là étalé : 1. Constituer la conscience du temps, c'est constituer la conscience elle-même. 2. L'intuition du temps comme flux – et donc la constitution – est, d'essence, intuition du passé (rétention). 3. Cette intuition est, comme réflexion, acte distinct de son objet, et l'on peut alors dire réflexion sans tomber dans les difficultés de la régression à l'infini.

une unité dans le flux », lequel donc « n'exige pas un second flux mais... se constitue lui-même ». Intention qui constitue sans se constituer en intention-de, où, entre phases constituantes et phases phénoménales-constituées, « le constituant et le constitué coïncident, et pourtant ils ne peuvent naturellement pas coïncider à tous les égards » ; le flux « en personne » apparaît bien, mais comme un ordre en retrait, qui ne peut se dire que « *quasi*-temporel », qui ne peut être que celui d'une temporalité « pré-phénoménale » et même « préimmanente ». Point extrême de ce que Gérard Granel appelle une « phénoménologie sans phénomènes »[1]. Husserl dit, quant à lui : « la *forme* de la conscience constitutive du temps », et l'on voudrait alors pouvoir risquer une comparaison avec ces « formes matérielles » qui dépliaient la hiérarchie régionale des constituants de la réalité, mais il est clair qu'on est ici entré dans un tout autre ordre, qui fait radicalement exception, débordant jusqu'aux apories classiques de la réflexivité.

On aboutit alors à ceci : la conscience, partie de l'immanence du présent-rétentif, refigure le temps en *une forme qui précède le présent-rétentif sans autre terme pour se remplir que la répétition du présent-rétentif lui-même*[2] dans un polygone de miroirs se reflétant les uns les autres à l'infini : formalisme inconsistant, de ne pouvoir s'énoncer que dans une intention sans objet propre. Quelle que soit la rigueur – impressionnante – de l'analyse, elle ne peut que payer à la fin son point de départ subjectif. Le présupposé immanentiste est incapable de rendre compte de la constitution du temps.

On ne peut qu'éprouver le plus grand respect pour la lucidité sans concessions avec laquelle Husserl débusque l'aporétique d'une conscience constituante qui se découvre constituée, et d'une présence dans le temps qui simultanément embrasse le schème totalisant du temps. Et l'on doit convenir que, aussi longtemps que la temporalité

---

1. *Le sens du temps et de la perception chez Husserl*, p. 47.

2. Un formalisme à ne pas trop vite rapprocher de celui de Kant qui, se contentant de nommer le successif et le simultané, s'épargne d'explorer ce que la forme du sens interne a, dans l'expérience, de paradoxal ; et qui, désignant simplement « l'intuition de nous-mêmes et de notre état intérieur » (*Esthétique transcendantale*, § 6 b), s'épargne d'explorer comment ladite intuition se détermine, depuis ce qu'elle emprunte à l'objet, comme devenir. Tout le reste, et notamment les *Analogies de l'expérience*, se tient par définition dans ce que Husserl appellera le « temps objectif ». Kant a en fait laissé en blanc le passage du sens interne dans le temps objectif.

est abordée du point de la conscience que nous en avons, on ne voit pas comment ces apories – ce labyrinthe – pourraient être levées. Mais justement, est-ce de ce point que la question doit être posée ? C'est ce que la procédure de Husserl lui interdit de se demander.

Nous voici loin de l'objet temporel. Pourtant, ce n'est pas seulement de lui qu'il fallait partir mais à lui qu'il fallait se tenir. Qu'est-ce que la mélodie ? À l'évidence le présent long, structuré, d'*un discours* dont les moments, loin d'être purement successifs, sont articulés par leur fonction *logique* – dans la logique du discours musical – et n'ont d'autre fondement que cette fonction dans l'énoncé d'une *situation de devenir*. Logique dont il serait, au demeurant, facile de montrer qu'elle est elle-même plurielle, en vertu du mode différent dont la scandent les différents formants du musical : autant de structures du temps dans le temps de la mélodie. Certes, il s'agit là d'un objet « symbolique » dont la formation discursive est explicite. Mais quand il s'agirait d'une action ou du va-et-vient des branches du tilleul tour à tour soulevées et ployées par le vent, la structure du changement serait la même, et même la définition du présent : soit celle d'une proposition dont seul l'énoncé détermine le début, les simultanéités et les avant-après, la fin. Aucun en-soi des maintenants ; les seuls moments sont ceux où s'énonce l'articulation de l'Un dans le changement.

Nous n'avons encore là que la prescription par un énoncé de "son" temps, et de l'articulation logique de ce temps. Mais nous avons pas à pas été conduits au constat que c'est même chose de dire que la réalité est consistante et de dire que sa constitution est celle de propositions emboîtées. Or, si de prime abord il existe une foule d'objets qui ne sont pas temporels, qui ne "changent" pas, nul ne peut contester que l'apparaître, dans sa globalité, soit temporel, entraînant dans sa temporalité ce qui est justement dit, avec une double entente, « durer ». En sorte qu'il ne faut pas hésiter à écrire : *la réalité entière est un objet temporel ramifié*. "La" réalité est le présent transcendant d'un énoncé dans lequel s'articulent une infinité d'énoncés ; cet énoncé-là s'articule temporellement comme le présent le plus enveloppant. Il n'y a rien de temporel avant ce présent : *c'est sur l'organisation du discursif en tant que discours du changement que le temps, chaque fois, se constitue*. C'était s'engager d'emblée dans l'impasse que chercher comment je vis le temps alors qu'il eût fallu chercher comment il *se dit* lui-même.

Mais il ne suffit pas de reconnaître que c'est le discours qui structure le temps, en y définissant chaque fois l'articulation du changement intérieure à un présent global du discursif. Cette proposition nous renvoie à une autre proposition, et plus radicale : *à l'énoncé lui-même le temps se trouve prescrit.* Prescrit de par la linéarité processive infinie du discours, resserrée chaque fois dans l'Un du syntagme, de son site logique et du sujet qui le souscrit et de l'être qui le suscrit. Un discours ponctuel, au resserrement absolu, serait un non-sens, ou le présupposé d'une intuition infinie. À l'essence de la proposition – et de la constitution – est immanent le pas-à-pas. Le Logique peut être atemporel, mais il n'y a pas d'immédiat de la logique. *La médiation inclut le temps.* Je ne dis pas qu'elle le fait : je dis qu'elle ne peut se faire sans lui. Et qu'en elle se répète l'opérativité du temps.

On sera, il est vrai, fondé à constater que nous retombons là dans l'implication du temps par le temps sur quoi butait la constitution husserlienne : l'objet temporel est constitué par et dans le discours qui est lui-même un objet temporel. Mais nous n'avons pas, pour autant, à exciper d'une forme inconstituable : nous sommes ici comme là dans la constitution. Et à aucun moment nous n'avons prétendu fonder hors de l'intelligibilité dont elle est le garant la constitution discursive : nous n'avons jamais fait plus que prendre acte de sa consistance dans la rection par elle de l'empirie, tenu que, de la facticité de cette dernière, nous ne connaissons justement que ce qui peut s'en dire une fois constituée. Toute constitution est discursive, tout discours est temporel, tout le constitué est par là temporalisé, et il l'est en son entièreté. Cela ne résout pas ce qui de la temporalité, prescrit de la médiation dans le Logique, fait une exception dans la logique de la constitution : labyrinthe du continu, réduction de celui-ci à la linéarité, ex-position de l'articulation comme procession, enjambement de celle-ci par le laps du présent long... Toutes apories que nous n'avons pas plus dépassées que ne l'ont fait les analyses du temps subjectif. Du moins avons-nous pu pointer dans ce que Husserl qualifiait d'« absurde » une structure intra-logique, davantage : un réquisit de la logique elle-même, et finalement avoir toutes les raisons d'affirmer que le temps, en tant que le requiert l'articulation de l'empirie, est d'abord *objectif*, sans avoir pour autant à nier les complexités structurelles qui sont le propre du temps objectif comme subjectif. Notre analyse, elle, s'arrête pour le moment au point où elle confronte la Logique elle-même à ce que *ses énoncés, intemporels en droit, ne peuvent dans leur*

énonciation – qui est le Logique même – faire exception du temps. Ou :
il n'y a pas d'éternité qui s'énonce autrement que prise dans les pinces
de la temporalité de l'énoncé.

Nous sommes loin d'avoir, du temps, résolu tous les problèmes,
mais nous savons que sa constitution, comme toutes les autres, appartient au champ du discours.

Du point du discours du perçu, à présent, le temps est un formant
de la réalité : en tant que celle-ci est mouvement, changement, recommencement. On le répète depuis Aristote. Davantage : le temps, au
même titre que l'espace, *fonde la réalité comme réalité* : comme structure transcendante déterminant la relation d'un de ses états à un autre,
et d'un autre présent au nôtre. À la réalité d'un objet est consubstantielle sa place, simultanée ou successive, par rapport à celle d'un autre.
Le temps est un facteur d'altérité irréductible dans l'articulation d'un
unique *continuum* infini. Le temps subjectif même n'est qu'en tant
que toujours décalé par rapport au temps objectif. Ce que nous avons
dit de la constitution de l'espace dans le travers de la facticité de
l'empirie, se redit évidemment du temps. On en infère qu'à la géométrie du spatial répondent la consécution, la simultanéité, et la position
dans le temps, traits consistants avec la structure du discursif comme
faire-un d'une multiplicité. Bref, la facticité de l'empirie se constitue
comme réalité par l'institution du *chrono-logique*. Logique de soi si
prégnante que même l'atemporalité du Logos ne se laisse pas constituer hors de la temporalité.

Ainsi pouvons-nous conclure qu'espace et temps sont moments de
la transcendance du discursif. Restera à dire, avec la précision requise,
et ce qu'est l'axiomatique propre de leur discours, et ce qui scelle
spécifiquement l'existence au discours du temps.

II

MERLEAU-PONTY
et
LE SCHÈME DU PERÇU « REMPLI »

1.

Husserl ne cessait de mettre – de se mettre ? – en garde sur la distance de ses analyses, toujours provisoires, à une réduction pleinement effectuée et à une constitution transcendantale achevée : la Phénoménologie n'a cessé pour lui d'être à-venir. On pourrait dire brutalement que chez Merleau-Ponty elle n'a pas commencé et qu'il n'a, au moins dans la *Phénoménologie de la perception*, pas dépassé la région – d'ailleurs par Husserl reconnue – de la *psychologie* phénoménologique : laquelle s'abstient, certes méthodologiquement, de tout recours à un réquisit d'objectivité radicalement étranger au vécu intentionnel, pour ne considérer que celui-ci sous la double figure de sa structure et de son sens, mais continue de tenir l'un et l'autre pour des données simplement « naturelles »[1]. D'où cette opposition immédiate : où Husserl *constituait*, Merleau-Ponty *décrit* ; où le premier entendait donner, par le retournement réflexif sur la conscience transcendantale, une exposition à la fois exhaustive et entièrement rationnelle de l'expérience, là en somme où il platonisait à l'intérieur d'un modèle cartésio-kantien, le second – faudra-t-il le dire aristotélicien ? ce sera, alors, sur un modèle bergsonien – explore de l'intérieur la perception comme un *donné* à la fois *premier* et *total* que rien ne saurait précéder ni démembrer. Non pas donné inarticulable pour autant, si ce dont la perception atteste, en se jetant dans le monde, c'est que d'emblée elle se structure dans l'adéquation l'un à l'autre du *corps* et du *monde*. Ce qui, de Husserl à Merleau-Ponty, demeure

1. *Ideen I,* § 89.

intouché, c'est le mode intentionnel du schème perceptif ; mais aussitôt revient, plus qu'une différence, un renversement : ce qui était condition *a priori* de l'expérience va trouver dans la matière même de celle-ci sa condition : le *partenariat* du percevant, tenu dans le tout de son corps, et du tout du corps du perçu. C'est cela que signifie désormais *être au monde*.

Cette première mise en place n'est pas juste, pour autant qu'il y a chez Merleau-Ponty, à défaut de la constitution au « royaume ontologique des origines absolues »[1], passage du face-à-face du corps et du monde à l'*appartenance* du corps au monde. De là que la perception doit être entendue pour ce qu'elle enveloppe d'abord de ressources, tirant de son fonds tout ce qu'elle fait de ce qu'elle rencontre : le monde, les autres, le moi sont au bout du perceptif parce qu'ils sont à son départ. De là aussi que restituer au perceptif ses structures originaires peut être métaphoriquement considéré par Merleau-Ponty comme une démarche transcendantale. De là surtout qu'il y a dans la *Phénoménologie de la perception* l'amorce d'une ontologie : je ne perçois le monde que parce que je suis « *du* » *monde*, qui non seulement m'enveloppe mais me précède. Qui est inscrit « en » moi de telle sorte que ma pensée du monde est ancrée dans une pensée plus profonde, antérieure à toute mienne pensée. J'appartiens à un fonds qui ne m'appartient pas. C'est là le sens ultime de ce qui se dit *être en situation*.

Dans le contexte post-husserlien dominé par Heidegger[2], Merleau-Ponty repense radicalement la dyade perceptive, en substituant au voir la *rencontre* du se projeter et de ce qui vient à son encontre. C'est sur le fond de cette relation dynamique – encore un trait aristotélicien et bergsonien – qu'il reconstruit le *Cogito*. Avec cette conséquence qu'il ne peut y avoir de pensée pure, de sujet immanent à soi. Ni, la rencontre du projet et du monde étant toujours déjà posée sans être

---

1. *Ibid.*, § 55.

2. Je ne prétends pas dresser un tableau complet des références philosophiques de Merleau-Ponty, auquel il faudrait, bien entendu, adjoindre Sartre – et s'étonner de la place consacrée à la discussion avec Lachièze-Rey. Il s'agit seulement de mettre au clair le déplacement – en un sens, le retournement – de la Phénoménologie qu'il opère, et quelles références il prend à rebours. Cela explique aussi pourquoi je choisis de le lire avant Heidegger : l'inclusion au monde, la remontée du fait perceptif à sa genèse et au pré-discursif, le flottement du sujet entre corps et *Cogito*, l'immédiation de la chose au sens, constituent un excursus qui se réclame d'une *expérience* réauthentifiée, entre les deux tentatives de *fondation* radicale husserlienne et heideggérienne.

jamais épuisée, et le regard du sujet y faisant lui-même obstacle, de vérité au sens d'une complète intelligibilité. C'est ce qui requiert pour la vérité une modalité singulière de la *foi*, dite *perceptive* : la perception ne peut pas ne pas avoir foi dans le perçu.

Enfin – et tout l'enjeu du mot Phénoménologie est là en question –, tandis que Husserl entreprenait méthodiquement la constitution du *concept* de l'objet impliqué dans la donation de sens, Merleau-Ponty prend demeure dans le *sens*, se consacre à l'exploration du sens, sur le fond duquel il n'élaborera qu'à la fin, et avec restriction, le concept. C'est qu'il se tient au « champ phénoménal » comme à ce qui, de l'expérience perceptive, se donne à la conscience et du même trait s'y donne comme faisant sens. Cette immédiateté même met le sens en antériorité à toute la logique, et commande une théorie générale de l'échange significatif par la *communication* et la *compréhension*. Décision sur la substance même de la Phénoménologie, où le non-discursif devient partout opérant.

Tous ces choix sont énoncés dès l'Avant-propos. « Il s'agit de décrire, et non pas d'expliquer ni d'analyser »[1], de se tenir à « la vue de la conscience » ; geste pris comme excluant le tournant réflexif vers un moi constituant, bref tout transcendantal de la conscience pure. Cela étant, « il ne faut... pas se demander si nous percevons vraiment un monde. Il faut dire au contraire : le monde est cela que nous percevons ». Il s'agit *ensuite* de « rompre notre familiarité » avec ce monde, de nous en « étonner » ; mais « cette rupture ne peut rien nous apprendre que le jaillissement immotivé du monde ». Cela étant, c'est vers cette immotivation ou facticité du déjà-là comme « commencement » qu'il faut se tourner, et la philosophie doit être « conscience de sa propre dépendance à l'égard d'une vie irréfléchie qui est sa situation initiale, constante et finale ». Il s'agit *encore* de montrer que si le *Cogito* est, de soi, indépassable, s'il reste nécessaire de dire : « je suis la source absolue, mon existence ne vient pas de mes antécédents..., elle va vers eux et les soutient, car c'est moi qui fais être pour moi (et donc être au seul sens que le mot puisse avoir pour moi) », cette reconnaissance se retourne dans le constat que « le véritable *Cogito* ne définit pas l'existence du sujet par la pensée qu'il a d'exis-

---

1. Toutes les citations qui suivent sont prises à l'Avant-Propos, qui constitue la déclaration d'intention de la *Phénoménologie de la perception* : autant qu'une explicitation de la méthode, une exposition des philosophèmes qu'elle retient et de ceux qu'elle exclut.

ter » puisque s'il existe, c'est, et c'est seulement, comme « voué au monde ». Cela étant, il y a priorité, même cognitive, du vécu concret sur la pensée élaborée : « la perception du monde [est] ce qui fonde pour toujours notre idée de la vérité » et « le seul Logos qui préexiste [est] le monde même », auquel il faut croire. Il s'agit *enfin* de « révéler » le sens dans l'intention, et si possible dans l'intention « totale » ; « parce que nous sommes au monde, nous sommes *condamnés au sens* » ; et ce que délivre le sens, ce n'est rien d'autre que « l'unité naturelle et antéprédicative du monde et de notre vie, qui paraît dans nos désirs, nos évaluations, notre paysage ». Cela étant, « il faut comprendre », « tout a un sens », et c'est la même structure signifiante qui se « retrouve sous tous les rapports ».

Il est clair que ces quatre options philosophiques empruntent une partie de leurs références, davantage qu'aux *Ideen*, au dernier Husserl : le monde comme horizon, la genèse de l'idée élucidée par le retour à l'évidence originaire, les apories de l'auto-constitution de l'*Ego cogito*, la problématique de l'*alter ego* et de la communication. Il est tout aussi clair que les concepts heideggériens d'existence, d'existence comme projet, et du projet comme être au monde, sous-tendent la théorie merleau-pontyenne de la perception. Mais tout cet appareil est retenu dans la conviction singulière que *l'immédiat de la perception*, son contenu empirique, *est l'assise de la vérité*, et qu'on perd la seconde chaque fois qu'on s'éloigne du premier. Phénoménologie de l'empirie, ou empirisme nouveau, de se vouloir phénoménologique. Avec ce supplément singulier que, la « foi » au monde y occupant la même fonction que la « croyance » à la réalité chez Husserl, l'empirisme n'est plus, comme il est de tradition, scepticisme ou au mieux positivisme, mais accède au statut de la fondation, d'une fondation crypto-métaphysique, dans ce qu'il faut appeler une *remise à elle-même de la perception*.

Nous voici donc, dès le départ, loin en deçà de la définition que nous avons donnée du perçu : rejetés, à-contre la constitution, dans le non-discursif. Ce serait déjà raison suffisante pour que nous ayons à risquer la confrontation. Mais si cette seconde lecture phénoménologique s'impose à nous, c'est surtout parce qu'elle se développe comme une exploration intérieure de la perception dans ce qu'elle a de plus *concret* : et dans sa matière et dans tout l'appareil de relations – à commencer par celles du percevant au perçu – qui, en la traversant, balisent son parcours. Nous ne nous égarerons pas dans les expériences-tests qui occupent une grande partie de la *Phénoménologie de la perception*, qui relèvent de la psychologie comme science humaine, et sont arguments en faveur d'une « psychologie de la Forme » débarrassée de son positivisme. Mais de la perception, nous n'avons rencontré avec Husserl qu'un squelette. Il faut rendre grâce à Merleau-Ponty de balayer extensivement l'univers perceptif, de le *remplir*. Et, tout autant, de nous donner l'occasion de montrer, chaque fois, pourquoi une analyse fondée sur l'a-discursif comme celle de Merleau-Ponty rend tout simplement impensable la pensée – ce qu'il faut tenir, du point de la philosophie, pour son échec – et comment, à l'inverse, la constitution rend compte *exhaustivement* du perçu, jusque dans le détail de ce qu'il faut appeler, au pluriel, les couches distinctes et emboîtées du perceptif. Ce sera même l'occasion de démontrer que ce que, dans le perceptif, l'opinion philosophique s'est résignée à tenir pour inconstituable, possède, au contraire, une constitution spécifique, et rentre par là sous la prescription du discours. N'en irait-il pas ainsi que toute théorie du perceptif serait dénégation du moment originaire de la pensée.

Le second acquis de la discussion sera de faire apparaître la *systématique du perçu*. Merleau-Ponty ne progresse qu'au fil d'une reprise du *tout* de la perception par le seul dedans ; il se tient dans un territoire clos où les seules perspectives sont celles qui parcourent le champ en son entier. À tel point que son propos ultime sera de tenir le Cogito qui perçoit et le monde perçu comme appartenant – inclus – l'un à l'autre. Nous devrons opposer ce que nous avons construit analytiquement comme le discursif du perçu à un propos à la fois aussi synthétique et aussi compact, placé sous l'accolade du "tout est toujours et d'un seul coup déjà donné là". Nous verrons que, tout au contraire, le "donné" éclate, se démultiplie, requiert une multiplicité d'axiomatiques emboîtées, et que c'est sous cette condition précisément qu'il s'avère consistant. Ce qu'on doit légitimement tenir pour la consistance du perçu pris dans son ensemble, soit le réglage sans failles des relations entre les étants, serait surimposition inintelligible si les mêmes prescrits d'intelligibilité ne réglaient pas d'abord la constitution des étants eux-mêmes, et avec leur constitution, l'être même des étants : soit ce qui s'expose en eux de l'être, ce en quoi leur apophantique est ontologique. À ce prix, mais à ce prix seulement, on peut rendre compte du perceptif tel qu'il s'expose : non comme un massif compact, mais comme un système bien lié, factice certes, mais, tel qu'il est, de bout en bout constituable, et, de par les réquisits mêmes de cette constitution, disjoint tant de la psychè que de l'être tel qu'en lui-même. Impliquant, en revanche, avec le discours, son sujet.

Pour finir, une *excusatio*. Husserl se posait une seule question et s'y avançait pas à pas, selon un plan parfois déconcertant, mais qui ne nous empêchait pas de progresser avec lui. La pensée de Merleau-Ponty, je l'ai dit, est de celles qui, embrassant tout d'un seul coup, ne cessent de revenir sur elles-mêmes et dont la progression n'est que formelle : donnée notre inclusion au monde, on ne peut qu'en reparcourir à chaque point d'attaque le cercle. Il a donc fallu retenir les quatre thèmes cardinaux sur l'énoncé desquels nous avons commencé, et qui sont dès lors ce par où la discussion nous fera nous-même avancer, dans l'exigence de la conduire en chacun de ces moments aussi bien à son terme critique qu'à ce que, en regard, il nous aura permis d'avancer comme autant de remplissements de la structure du perçu. Ce n'est qu'une fois achevé que ce mouvement en spirale pourra exciper, pour son compte, de son exhaustivité.

2.

Puisque notre projet est d'opposer tout au long à la *Phénoménologie de la perception* une élaboration radicalement différente de l'énoncé du perçu, et de montrer qu'elle est seule pertinente, il ne sera pas inutile, il sera éclairant, d'exposer dans quel esprit, avec quels réquisits, nous abordons la question.

Ce qu'on appelle mettre au point le regard, que ce soit pour reconnaître l'*Unheimlich* d'un gris-blanc-orangé auroral découpé par un lacis de craquelures noires (esthétique) ou pour parcourir le divers qualitatif qui s'expose comme un arbre à contre-jour devant le ciel matinal (perçu), comment peut-on nier que ce soit acte, et tendu, de pensée ? Il est vrai qu'on peut l'accorder et juger qu'on n'en est pas très avancé, car enfin il n'y a là que parcours des apparences ; faire consistance du sensible comme sensible bloque la pensée au plan de la médiation la plus courte, et c'est de toujours à dépasser ce plan que s'est avancée la pensée. Mais non. Il faut tenir que l'exploration du sensible en tant que tel constitue non seulement une dimension première de toute expérience mais une de celles qui requièrent l'apprentissage le plus subtil, la tension intellectuelle la plus forte, et *produit* un type d'intelligibilité à quoi aucune autre ne saurait se substituer.

Élaborant ainsi le sensible dans l'immanence de la pensée, le discours ne peut manquer de poser la question de ce qu'*est* ce qui est là pour que vienne au voir le contraste d'un rose abricot et d'un vert olive, ou d'une branche en premier plan se découpant sur le ciel, et pour que ce contraste fasse de sa différence énoncé absolument singulier. Aucune réduction de l'arbre à sa « forme » ou à son concept ne saurait effacer le parcours, qu'on dit dédaigneusement sensoriel, de ce que le discours informe comme une multiplicité qualifiée, nouée au site logique de son apparaître propre. Prendre la mesure de cette opération est poser la question d'une dimension constituante de l'*il y a*.

Si la matière de la perception était ce préformé naturel qu'on nous représente, l'intérêt que nous portons au perceptif serait inévitable mais nous jetterait dans l'aporie de ce qui s'y avérerait sans cesse d'opaque au regard de cet autre mode du consister qu'est le logique ; l'enfermer dans le discrédit de sa facticité et l'opposer à l'Idée fut l'erreur – indéfiniment répétée – du Platonisme, là-dessus au demeurant déchiré contre lui-même. Merleau-Ponty, en affirmant le contraire, dit le même inversé : que dans la perception se prononce l'immédiateté du vrai, commande, nous le verrons, une réduction sceptique de la *ratio*. Que l'apparaître ne puisse manquer d'être au travail de la constitution du sensible entraîne, à l'opposé, que son champ doit être de part en part plein exercice de la pensée. Champ où *le sensible, comme tel, est un à-penser* : doit advenir par et dans le travail de la pensée, comme un de ses moments constituants. Ou plutôt : ne saurait advenir au discours que pour autant que requis par l'exercice constituant ; comme toute espèce du pensable, soumis à ce qu'autorise et qu'exclut la logique de son penser. Davantage : si le sensible "veut" et peut être pensé, il lui faut revenir à l'errance d'un divers et obéir du dedans de celle-ci aux réquisits d'une *axiomatique* qui prescrit la "nature" des termes que l'énoncé découpe, articule, et fixe à leur articulation tout à la fois. Moyennant quoi seulement, énoncé il y a, et qui, pas plus qu'un autre, ne se laisse dénier.

Bref, nous avons à poser la question du sensible non – comme on fait d'ordinaire – en tant que "reste" ou "matière" de l'opération conceptuelle, mais en tant que moment immanent de celle-ci. En cela, *le sensible reste à penser.* Jusque dans le multiple de ses registres qui diversifie sa constitution : renvoyer la pluralité des sensibles à la pluralité de nos sens détourne le problème ; quoi qu'il en soit de notre "condition", c'est la pluralité des modes de l'univers sensible qui est à constituer. Et jusque dans ce qui fait buter sa constitution sur l'aporie de ce que j'ai appelé des conjonctions disjonctives : la hauteur d'un son et son timbre se définissent chacun pour lui-même mais ne se présentent pas séparément ; autant en va-t-il de la couleur et de la lumière : l'énoncé du sensible n'échappe pas à l'énonciation d'un Réel trouant la vérité.

Requérant la détermination de la constitution propre du sensible, on aperçoit aussitôt qu'en tenir la définition serait réinterpréter toutes les couches de la connaissance – ou plus généralement de la pensée – dans lesquelles elle est réinvestie, et qu'à prendre strictement les choses, elle l'est dans toutes, comme dans autant de modes successifs du consister. Ce n'est pas par hasard qu'à omettre cette diversité des modes de la consistance on fait l'impasse sur la constitution *intrinsèque* de l'étant, et ne retient que la logique qui commande la relation différentielle de son site à un autre site. Le faire-un de la situation est autrement riche et étagé, de la saisie d'une différence sensible à une proposition sur l'être, autant de types d'énoncés, sur des types divers de termes, noués par des types divers de liaison – de spécification logique –, qui sont projection de leur constitution. Tout le discours dont nous poursuivons l'analyse, tout ce discours qui prend départ du sensible, ne peut qu'être confusionnel si ses modes de consistance successifs ne sont pas distingués.

Disons donc : le sensible consiste une première fois dans sa matière propre, en son *immanence* (on dira le vert, le bai) ; c'est ce qu'on appellera, dans l'acception la plus large du terme, le champ des propositions *esthétiques*, où le discours est l'énoncé d'une relation – et par elle, d'un sens – entre des sensibles (qualités, mais aussi espace et temps) pour autant qu'ils sont eux-mêmes déterminés par l'axiomatique de leur constitution. Il consiste une deuxième fois dans la détermination des étants (on dira l'arbre, le cheval), dont le *perçu*, en s'organisant autour du site logique, institue l'ordre des consistants demeurant ; l'axiomatique du perçu constitue à nouveaux frais la qualité sensible, devenue "propriété" de ce qui figure son site comme celui d'un *objet*. Le sensible consiste une troisième fois dans la constitution de systèmes de *savoir* (on dira tour à tour l'ordre, la loi, le mathème) qui sont autant de réécritures, si possible purement relationnelles, de l'expérience sensible, substituant aux "choses" les *fonctions* et leurs arguments Il consiste une quatrième fois, en tant que, premier à déterminer l'étant, il est le support originel de la question *ontologique* dont Badiou a montré pourquoi elle est justement celle où le choix assigné est celui qui prend assise ou de l'*Un* ou du *Multiple,* en sorte qu'il a nécessairement rapport fondateur avec l'axiomatique de la *mathématique.*

Chacun de ces moments englobe ceux qui le précèdent ; mais ils sont irréductiblement *distincts*, constituant chaque fois sur un autre mode la situation, commandant autrement son une-articulation. Dire "le monde" est toujours étouffer cette diversité, en faire coaguler les moments. Il est frappant que Merleau-Ponty les confonde tous, et les verse en bloc, fût-ce pour les en faire dériver, sous le nom de *perception* : ce qu'il entend par là circulant de la donation présentative à une sorte de statut ontologique du monde, sans qu'entre ici et là le faire-relation soit redistribué.

Bien entendu, qu'il y ait à la fin et dans tous les cas consistance, impose que si la matière et les réquisits de la constitution sont, pour chacun de ses moments, propres, ils s'emboîtent, chaque niveau du discours reprenant à nouveaux frais la distribution de ce qui a été produit par l'axiomatique du niveau précédent : ainsi les sciences de la "nature" (physique, chimie, biologie) déportent-elles ce qui, dans l'apparaître, était le tissu des relations entre objets sur la littéralisation mathématisée des fonctions et les règles de leurs combinaisons qui en commandent les arguments. Cela dit, l'énoncé du perçu, qui est pour nous l'instance empirique originaire, porte, avant comme après lui, mais finalement toujours avec lui, la chaîne des énoncés tout entière ; et parce que l'axiomatique du sensible, de le précéder, y est incluse, il n'est aucun moment qui, dans sa composition exhaustive, n'y fasse renvoi.

Une élaboration comme celle-là est justement ce qu'on aurait pu attendre de la Phénoménologie ; elle n'en a rien fait parce qu'elle est toujours restée prisonnière du dual sujet-objet, et tantôt de la dualité forme-matière, tantôt de la perception comme image-*Gestalt,* tantôt de ce qui jette l'existence à l'étant. Eût-elle reconnu la primauté du discursif et l'étagement des discours qui, par leur recouvrement, assurent à l'univers sa consistance, qu'il en serait allé autrement ; cela l'eût délivrée de croire et que la fin de toute perception est la subsistance en soi de l'objet-monde et que le sujet la "fait" quand il est ce que le discours le fait.

Quant à nous, nous ne céderons pas jusqu'à ce que la constitution du sensible dans le perçu ait été démontrée.

I

L'être-au-monde
vs
la constitution du sensible

Enquérir sur la perception, c'est enquérir sur son essence ; mais de la perception, l'essence même récuse, dans les termes de Merleau-Ponty, l'abstraction : la perception, c'est l'occurrence du fait, et chercher à retrouver la nudité du fait est tout le contraire de la reconstruction tentée par un idéalisme transcendantal : la perception doit être remise à sa place, à même le vécu, l'existence, là et nulle part ailleurs. Œuvrer en phénoménologue, ce sera donc retrouver l'*authenticité de la perception*[1]. L'enjeu, la difficulté et le mérite de la Phénoménologie résideront dans un retour au perceptif délivré de toute élaboration qui le surdétermine, mais plein de ce qui ne lui manque jamais.

Or, à la perception ainsi entendue, ce qui ne manque jamais mais qui aussi bien délimite tout ce à quoi elle peut avoir accès, est *le monde*, « présence inaliénable » qui « est toujours "déjà là" ». Autrement dit, il n'y a rien dans la perception qui précède le monde, dont le préconcept unitaire, loin d'advenir comme l'élaboration d'un moment ultime, est immanent dès la première aube du perceptif, où "déjà là" s'entend comme "déjà donné", et qui ne peut être annulé. Être en « contact » avec le monde est fait absolument premier, synonyme du trait de l'exister qu'est percevoir. Et revenir au phénomène s'avère ainsi, dès le premier pas, rencontrer une équation du perçu et du *total*.

Comme assise d'une existence elle-même redéfinie par l'être-au-monde, la corrélation de la perception et du monde entraîne qu'il n'y

---

1. Dite aussi son « existentiel » (Avant-propos, p. I).

a rien dans notre expérience, fût-elle réflexive, fût-elle spéculative, qui ne soit tiré de cette corrélation, ni même qui la dépasse. Comme d'un côté et de l'autre originairement globale, une telle corrélation se place à l'opposé de la tradition empiriste, qui reconstituait le perceptif à partir d'une analyse en impressions simples et de leur combinaison en une dynamique naturelle de synthèse. Merleau-Ponty prend à la lettre le singulier du terme, *la* perception, et décrit celle-ci comme attachée, toujours la même, à un toujours même et unique objet ; les couches qu'il aura à distinguer s'inscriront toujours à l'intérieur d'une immédiate unicité. Là réside la double nouveauté de la Phénoménologie telle qu'il la conçoit : dans la tenue de notre existence tout entière entre les limites d'une expérience sensible sans en deçà ni au-delà, et dans la caractérisation de ce phénomène premier comme celui d'un être-là sans césures ni coupures.

Pour qui se tient frais armé de la transparence rationnelle du transcendantal husserlien et de son intentionnalité toujours singulière, ce sont les données mêmes du problème du perceptif qui ont changé. Autant en va-t-il au regard de notre propre substitution du discursif à l'Ego : chaque élément singulier s'est constitué-Un sur le matériel d'une situation toujours locale et c'est sur le seul appareil logique de sa consistance que l'apparaître s'impose à son tour comme le faire-Un tous ensemble des singuliers. Au titre d'un effort héroïque pour revenir à l'originaire du « naïf », ce qui nous est demandé par Merleau-Ponty n'est rien de moins qu'un renversement. Là où, chez Husserl, la multiplicité matérielle opposait son intransitivité au faire-un de la forme immanente à l'Ego pur, c'est le monde lui-même qui serait, chez Merleau-Ponty, Un, au sens d'une globalité irréductible à tout procès d'ultime division. Et là où le perçu argumentait en articulant et n'articulait qu'en découpant, acte devrait être pris d'une compacité sur laquelle la pensée ne saurait que rebondir. Nous serait, en revanche, promis le retour à des évidences que l'analyse nous aurait fait perdre et qui seraient devenues pour elle autant d'énigmes.

C'est ainsi que se laisseraient découvrir dans l'être-à-la-perception les dimensions les plus enfouies de l'être-au-monde, pour peu qu'on sache distinguer dans le premier une série d'opérateurs qui s'y emboîtent : le pré-concept de *monde*, son statut primordial d'*image*, l'implication réciproque du *corps* et de son *milieu*. Il faudra donc suivre à travers chacun de ces termes la tentative d'adosser la pensée à ce qui serait l'*être tout d'une pièce* du perceptif. Pas seulement pour chercher si un tel modèle peut s'avérer pertinent, mais pour progresser nous-mêmes en sens inverse, opposant au *maximal de contenu* merleau-pontyen ce *minimal des formants* qu'est, au cœur de tout perceptif, la constitution d'une différence sensible.

1. Le « *monde* » vs *le local de la constitution*

Premier trait, donc, et dont on ne dira jamais assez l'importance : *globale*, la perception l'est, et de prime abord, dans son contenu ; ce qui y est à décrire n'est pas la visée d'un objet singulier – l'arbre en fleurs de Husserl –, ni la totalité virtuelle de telles visées – dans les termes de Husserl, leur horizon commun[1] –, mais la « présence » réelle d'un seul objet-monde, toujours total comme tel bien que jamais épuisé, tel qu'il « se dispose autour de moi »[2], mieux : tel qu'il « commence à exister pour moi » avec moi, avant toute détermination seconde – singulièrement celles de l'analyse et du savoir. Le « nous sommes au monde » est à entendre : tout ce à quoi nous sommes existe comme *le* monde.

a. Mais qu'est-ce que le monde : non pas banalement l'idée d'un cadre minimalement déterminé, mais le monde comme cette unité d'*existence* au milieu de laquelle la mienne surgit et qui fait part égale avec elle ?

De ce « que j'ai un corps et que je suis par ce corps en prise sur un monde »[3], de ce que « c'est à travers mon corps que je vais au monde », suit que le monde perd son mode propre d'existence dès qu'on prétend le construire à travers un réseau de lois à la fois formelles et objectives : il n'est pas d'abord en-soi mais « corrélatif », il est le

---

1. Husserl écrit certes, dès les premières lignes des *Ideen*, que « l'horizon qui circonscrit » l'attitude naturelle est « caractérisé dans son ensemble par un mot : *le monde* » (7) et que « c'est la somme des objets d'une expérience possible » (8), comme « un seul et même monde » (50). Mais son enquête dirigée sur la constitution de l'objet laisse à l'horizon l'horizon. D'où, à l'inverse, Merleau-Ponty prend son départ. De là que quand Husserl définit le monde comme « un horizon obscurément conscient de réalité indéterminée » (49), Merleau-Ponty part du monde comme « fond » de présence (V) qu'il suffit de laisser se déplier à travers les ressources de la perception.

2. P. III.

3. P. 349. Cit. suiv. p. 365.

contraire d'un système de formes et doit avoir à son tour la densité du *corporel*. Tout ce que la perception saisit, elle le lit sur le corps du monde, comme sa réponse, sa réactivité aux questions de mon corps. D'où une modélisation de l'unité-monde sur le paradigme non du mécanique mais de l'organique-praxique, une modélisation de la totalité-monde non sur le procès d'une sommation exhaustive mais sur l'antériorité de l'ensemble aux parties, et une supériorité de présence – ou d'être ? – du monde sur toute existence englobée. Le monde n'avait jamais – dans aucune doctrine – été doté d'une présence à la fois si compacte et si réactionnelle.

La *Phénoménologie de la perception* peut bien suivre pas à pas comment le monde se construit pour nous à travers le développement de notre propre expérience, et insister – rejoignant là Husserl – sur ce qu'il n'est jamais achevé : « la réflexion n'a jamais sous son regard le monde entier... elle ne dispose jamais que d'une vue partielle et d'une puissance limitée »[1], elle peut donc bien prendre acte d'un processif – remaniements et incomplétions – où rien n'attesterait de ce qui constitue d'emblée l'Un d'un monde indicié par sa réactivité et son épaisseur ; mais c'est pour aussitôt annoncer qu'elle a de tout autres motivations, et certes moins banales, pour s'assurer de cette existence – le perçu, en somme – au sein de laquelle chacun surgit : « pas un instant je ne doute que les choses n'aient été compatibles et compossibles ». Et pourquoi ? « Parce que je suis dès l'origine *en communication avec un seul être*, un immense individu sur lequel mes expériences sont prélevées[2]. »

Nous devrons revenir plusieurs fois sur cet *initium*, à bien des égards stupéfiant. Tenons-nous pour le moment au « pas un instant je ne doute ». Dira-t-on que ce n'est là pas plus qu'une assurance empirique ? Mais non. C'est en vérité une assurance qui précède toutes les autres et qui ne tolère pas de remise en question, fût-ce au titre de la rationalité de ce qu'elle implique ; il faut dire : c'est « la *foi* originaire de la perception »[3]. La foi est donc, au principe, dans et pour le monde. Foi telle, et si originaire, qu'au regard de sa conviction, l'invocation – husserlienne – de la consistance attestée des perceptions n'aurait au mieux valeur que de réassurance. La Phénoménologie connaît ainsi un retournement : au problème husserlien de la fondation ration-

---

1. Introd. p. IV et p. 74.
2. P. 378 (souligné par moi).
3. P. 66.

nelle de la croyance en la réalité – problème de philosophie critique –
s'est substituée la croyance immédiate – excluant toute possibilité de
critique – en la présence du monde comme existence-une du donné
pris dans sa totalité, au cœur du fait perceptif. Pareille foi, en d'autres
temps, aurait pu soutenir un déisme : aussi bien, plutôt que cadre
prédéterminé de mon agir et objet d'une certitude épistémique, le
monde y est-il appréhendé comme une sorte de *partenaire* sans lequel
ne saurait avoir lieu l'échange perceptif. Bref, si dire « le monde »
indexe bien une rationalité, ce n'est pas la rationalité qui le fonde,
mais la présence d'un unique interlocuteur.

Ce n'est donc plus dans la connaissance que nous en avons mais
dans la communication que nous avons avec lui, qu'il faut chercher le
statut de la perception. Que nous résistions à reconnaître dans l'expérience que nous en faisons une telle approche, cela ne saurait faire
objection, puisque la communication dont il s'agit met en jeu notre
corps avant que nous-même comme conscience. La foi qui tient aux
pré-concepts du corps précède toute déduction et conclut par anticipation.

Il n'empêche : le mode sur lequel la foi pose le monde enveloppe
une chaîne de propositions qui, énoncées comme autant de *prescriptions* phénoménologiques du perceptif, n'en supposent pas moins
autant de *choix* restrictifs parmi les orientations majeures du philosophique. On va voir que, de proche en proche, ils sont lourds.

D'abord et surtout, le retour du postulat dyadique, encore que
devenu implicite : le monde est l'*Un-Tout du perçu* qui se présente
aux réquisitions de l'*Un percevant*. Il ne peut en aller autrement quand
on a posé d'abord un « horizon dont la distance à moi s'effondrerait,
parce qu'elle ne lui appartient pas comme une propriété, si je n'étais
là pour la parcourir du regard »[1]. Je n'ai d'interlocuteur que pour
autant que, moi-même et d'abord, je suis, qui le requiers. Et l'Un du
Moi, ancré dans l'Un de mon corps, est, tout au long de la *Phénoménologie de la perception*, tenu pour un pré-acquis implicite qu'il n'y a
pas à problématiser, qui se trouve comme masqué parce que toute
l'insistance est mise sur ce que son essence est de communiquer avec
« l'Autre » du monde. Un d'existence qui sous-tend des propositions
comme celle-ci : « comprendre ces relations singulières qui se tissent

---

1. Avant-propos, p. III.

entre les parties du paysage ou *de lui à moi comme sujet incarné* et par lesquelles un objet perçu peut... devenir l'*imago* de tout un segment de vie ». Dire que « le sensible est... communication vitale avec le monde » doit alors s'entendre comme « c'est à lui [le sentir] que *l'objet perçu* et *le sujet percevant* doivent leur épaisseur »[1].

Or qu'un tel postulat du dual, qui se réfracte depuis le Deux des corps – le mien et celui du monde – dans toutes les analyses de la *Phénoménologie de la perception*, et en s'y réfractant les place de bout en bout sous son insigne, soit, en ce dont il préjuge touchant l'énoncé perceptif, d'emblée réfutable, et doive être réfuté, nous espérons l'avoir déjà démontré : scinder la pensée du phénomène pour projeter, comme cardinale, la dualité de ses *conditions* dans le texte homogène de sa *constitution*, revient à la précipiter dans des apories à l'intérieur desquelles elle ne cessera plus de s'épuiser à se retourner. D'Un, il n'y a, il ne peut y avoir, dans un énoncé qui de soi consiste, que celui de l'énoncé même, constituant simultanément la situation, ses termes, son site logique, et sa souscription par un sujet qui n'est que le sien. Quand bien le dispositif de la perception peut être double, ce qui s'en représente comme le perçu, et qui seul en constitue l'effectif, ne tolère en son sein aucune dualité : l'objet qui le figure n'y étant pas dissociable du sujet qui, en immanence, le soutient comme garant de son Un.

Que le postulat du dual soit ici pris au compte d'un remodelage du phénoménologique où le rapport du sujet au "donné" est replacé dans la structure dialogique de la communication a, par ailleurs, cet effet qu'où Husserl mettait la réalité en face de l'Ego transcendantal, Merleau-Ponty met le monde et le moi en face-à-face. Seulement, devoir se tenir de bout en bout dans ce champ-là ne va, à son tour, pas sans risques : qu'il y faille la foi dans l'Autre en atteste. De la communication, on doit toujours demander si tromperie elle n'est pas par essence, et davantage encore quand, précédant la langue, elle précède toute articulation où s'assurer. Il faut même s'étonner qu'au moins une critique de la communication, qu'on eût attendue, soit ici absente, et c'est un point – majeur – qui livrera toujours le discours de Merleau-Ponty au soupçon porté là-contre par celui de Lacan, auquel pourtant il est connu qu'il ne pouvait être sourd. La « compréhension » qui préside à la communication – nous l'avons déjà dit,

---

1. P. 64-65 (souligné par moi).

Heidegger nous y fera longuement revenir – détermine un régime herméneutique dans lequel l'épaisseur du sens ne garantit aucunement sa vérité. Suit que, du monde, l'Unité-Totalité dans l'apparaître ne gagne rien, et c'est plutôt le contraire, à s'avérer implication de ce que nous présumons être un seul partenaire. « Un seul » dont on sait combien il est, de surcroît, difficile de le désintriquer de la position de transcendance – ici entendue comme transcendance dans l'être – qu'il induit.

Plus encore s'étonne-t-on que, du travail de réarticulation intraperceptif qui fait progresser la connaissance du monde, et récursivement celle du « sujet » percevant, la figure structurante soit celle d'un procès *adaptatif* du Moi-corps au corps de l'Autre : progrès modulé certes mais aussi assuré par le fait que, du monde, je ne saurai jamais que ce que lui demande mon corps et ce que le monde lui répond. Or plutôt qu'une adéquation foncière des structures perceptives au monde, garantissant un progrès du connaître par remaniements, n'est-ce pas leur *inadaptation* qui sollicite la pensée (Lacan encore), en sorte que loin de rapprocher le monde, le savoir le fait reculer ? Tout se tient : il est vrai que la communication adapte les interlocuteurs l'un à l'autre, mais justement la communication n'est pas le savoir qui, loin de rapprocher, éloigne. Résiste l'opposition entre compréhension et constitution.

Finalement, le dual tend vers l'Un, mais cet Un ne s'assure qu'autant qu'il se dédit. La compréhension n'étant jamais donnée comme achevée, il lui faut pour s'attester décisivement du côté du monde un moment toujours supplémentaire de cohérence empirique, et du côté du *Cogito* cette insolite certitude qui est, comme Merleau-Ponty ne cesse de le répéter, « *pensée d'avant la pensée* ». Or qu'est-ce que cet « avant » peut vouloir dire, sinon que la pensée a en soi, à son insu, un tuf originaire qui, tout en la précédant, lui est pourtant homogène, et que ce tuf ne recouvre à son tour rien d'autre qu'une co-naturalité du Moi au monde – à la naturalité du monde – pourtant jamais accomplie ? Le dual d'existences étouffe – mais doit en conserver quelque chose – le partage métaphysique du sujet et de l'objet, afin de légitimer la confrontation réussie de deux modes du faire-un fondamentalement identiques ; mais si confrontation il y a, c'est bien parce que chacun fait-un pour son compte.

La démarche de Merleau-Ponty peut être, dans tous ces choix, entendue comme une leçon de modestie philosophique : cessons de prétendre constituer le monde, reconnaissons que notre existence est prise dans une sorte de partenariat, un partenariat dont tout ce que nous pouvons prétendre est observer comment il fonctionne. Prenons acte de ce que le monde du perceptif est là, comme il existe là. Mais la philosophie répugne – sauf à se ruiner elle-même – à laisser à l'abri du soupçon ces modesties qui, sous leur vertu affichée, cachent toujours un retour masqué du *theorein*. Et ce que nous venons de voir, c'est que le principe de modestie n'est pas, quoi qu'il en ait, sans options qui le précèdent au moins autant qu'elles le suivent.

Davantage : l'exercice même du perceptif est-il bien celui dont on nous donne la description : premier à toute élaboration et commandant seulement une interprétation ? Les options de Merleau-Ponty ont pour elles leur cohérence, sous l'accolade de la communication de l'Un corps-sujet percevant avec l'Un corps-monde perçu. Le prestige qui fut un temps celui de la *Phénoménologie de la perception* était dû à ce qu'elle déplie de bout en bout, sans s'en départir, le contenu du syntagme décapant « être-au-monde » ainsi entendu. Faut-il accepter, pour autant, ce dont elle préjugeait ? Et le peut-on si ses présupposés s'avèrent ceux d'un partenariat qui autorise, au mieux, la compacité du perçu mais met sa consistance – soit ce qui en est le trait nodal – en défaut ?

b. Nous n'en avons pas fini avec les pré-concepts. Dire « le monde », c'est indexer le Tout de l'apparaître, et mieux : poser l'apparaître comme un Tout[1]. Mais cela ne se peut sans une double objection, logique et ontologique.

Il y a *des* touts – provisoires –, il n'y a rien qui se puisse dire *le* Tout. Et pas davantage le Tout du phénomène perceptif. Quand bien même la perception serait d'emblée présomption de globalité, il faudrait toujours la ramener au local de l'opération constituante sans laquelle rien du perçu ne se laisse penser.

---

1. Prise dans sa radicalité, l'expression renvoie manifestement à l'*Absolu*, Tout, Un, infini, purement affirmatif, du premier Schelling : « Il y a... seulement Une chose, Dieu et le tout, et sinon rien. ». (*Aphorismes pour introduire à la philosophie de la nature*, 43 et l'ensemble des sections *b* et *d*. Trad. Courtine et Martineau.) La différence réside en ce que, manquant de la vision *privative* du sujet merleau-pontyen, Schelling se verra contraint, dans la *Recherche philosophique sur l'essence de la liberté...*, de reconfigurer l'Absolu sur la dualité humaine du spirituel et du matériel.

Reportons-nous au point du discours où se constitue chaque fois un perçu. C'est l'énoncé de consistance du multiple d'*une situation* et, dès lors qu'il consiste, c'est tout autant un énoncé véridictif, mais sa consistance – donc son unité – est par définition *locale*, partant sa véridicité *particulière*. Son faire-un n'est jamais que le sien. N'aurait-on pas démontré qu'il ne peut consister que comme l'énoncé d'une situation qu'il articule, rien n'aurait contraint à le prescrire local, rien n'aurait interdit de le laisser glisser dans la continuité du perceptible, mais rien n'aurait été susceptible de le fixer ici plutôt que là ; et quiconque aurait prétendu le fixer au terme de quelque montage logique de l'apparaissant n'aurait su que proposer un jeu d'approximations fuyantes, là où, au contraire, la carrure du perceptif en son site assure sa véridicité de prime abord, comme cela même – le perçu – dont il est requis de rendre compte. Le nœud est là : *ce sont les réquisits de l'énoncé de consistance eux-mêmes qui impliquent la détermination locale de ce qui est énoncé.* Autrement dit, c'est de la consistance du perçu que sa caractérisation locale est avérée. Et tout cela s'entend facilement. Si pensée véridictive il n'y a que du consistant, il n'y a tout autant pensée consistante que d'une situation : dans les limites de celle-ci, qui sont par définition locales. En ce sens, un rationalisme conséquent ne peut connaître de véridicités « totales ». Non que des véridicités locales ne puissent s'enchaîner, mais que leur chaîne ne peut que demeurer ouverte, par le dedans comme en son au-delà.

On ira plus loin pour peu qu'on demande, reculant d'un pas, comment s'opère, dans le divers de l'expérience, la découpe d'une situation en quoi l'énoncé s'anticipe. C'est sur l'état de fait que Wittgenstein dit « former » dans l'espace logique le « tableau », qu'il faut tenir pour distinct de l'état [1] et qui seul fixera le sens de la proposition. Mais peut-on retenir ce qu'il reste là d'opposition du fait et de la proposition, si l'énoncé produit sa "matière" – la situation – en même temps que sa "forme" – la structure logique de la situation ? Nous retrouvons ici le schème que nous avions, lisant Husserl, esquissé sous le nom de l'*auto-constitution*, et dont la conséquence est l'absence de toute antécédence de l'Un à sa constitution. La mise en consistance du perçu ne saurait reposer sur le préalable d'une situation donnée, pour ce que le divers lui-même dont elle fait ensemble n'est à l'évidence que l'envers du faire-un qui en opère la liaison ; en

---

1. 2.141.

d'autres termes, la situation ne saurait être antérieure – concrètement comme logiquement – à la proposition qui, *du même trait*, la délimite et en rassemble les termes ; les termes, aussi bien, y sont du même trait rassemblés et leur liaison constituée. *Aucune consistance ne serait pensable qui ne rendrait elle-même compte de l'ensemble de ce qu'elle fait consister.* Il faut donc dire que la situation n'est fixée que par rétroaction. L'apparaître lui-même, alors, ne consiste que pour autant que la pensée prélève sur un fond où le divers est errant ce qui sera à déterminer comme une situation, impossible à distinguer de la procédure de sa mise-en-un, elle-même indistincte de l'une-détermination des termes dont elle fait-un. Dans le procès constitutif de la proposition, il ne peut y avoir des moments logiques successifs, tous sont réciproques, et tenus dans les limites qu'ils instaurent en forçant l'errance des liaisons. Le décours même du discours avère que la situation dont la proposition répond n'est rien d'autre que celle de la proposition. À ce point, *le local ne précède pas l'énoncé, il en est un trait inclusif.*

Suit de là qu'il y a autant de consistances possibles que d'énoncés se déterminant les uns les autres de proche en proche, chacun assuré de par soi en son lieu ; qu'autant que consistance il y a, elle peut sans cesse se renouveler ; et qu'*elle peut être dans tous les cas assurée sans être jamais pré-figurée*. En cela radicalement opposée au monde de Merleau-Ponty qui, comme *corpus* du perceptif et mieux, comme corps, est une fois pour toutes configuré : un Tout bloqué.

Reste que l'*apparaître* – si nous désignons par là l'"ensemble" mouvant du perçu – consiste à son tour, que c'est sa consistance qui indicie le perçu comme discours, et que ce fait, sa consistance pas à pas vérifiée, semble légitimer le passage du local au total. La consistance ferait-elle défaut au perçu génériquement entendu, monde il n'y aurait pas, de ce qu'y manquerait d'abord *de* l'Un – ce qui n'est pas encore affirmer qu'il *est* Un.

Autant dire que du fait de la consistance de l'apparaître, forte de tout ce qu'elle entraîne, il y a, comme écrit Badiou, de quoi s'étonner. Et l'on comprend l'effort qui fut longtemps celui de la philosophie pour lui assigner, en court-circuit du multiple des perçus, l'Un capable de la supporter, du Dieu des cartésiens au sujet transcendantal sous toutes ses espèces et au sujet absolu hégélien. On mesure du même coup l'acuité et la pertinence de la question de Hume : toute présupposition métaphysique une fois écartée, quand bien même consistance il y a, comment assurer que **consistance** il y aura ? Voire, que consistance réellement il y a ? L'abîme ainsi ouvert n'était pas arbitraire, et le nouage l'une à l'autre de l'*Esthétique* et de la *Logique* transcendantale – dont le cœur est ici *l'Analytique des principes* – fut effort exemplaire pour verrouiller la question. Mais restant prisonnier, dans la dyade, d'une constitution de l'Un (du monde) pour l'Un (du sujet), Kant présupposait encore, quelque effort qu'il fît et malgré les antinomies qu'il maintenait au-delà, l'unité foncière du monde phénoménal. Or l'Un premier, absolu, origine – Dieu ou sujet – ne peut, sinon par postulat, se trouver. Nous revenons ici à la *facticité* : l'il y a est – au moins pour ce que nous pouvons en savoir – factice, et que la constitution y avère en toute occurrence son réglage consistant ne l'est pas moins : nous ne savons qu'en prendre acte. Mais dès l'instant que l'apparaître consiste, il consiste de part en part, et c'est un réquisit qui à son tour ne peut être contourné.

Aussi bien n'y a-t-il pas contradiction entre le prescriptif de la constitution locale du perçu et la consistance de l'apparaître, pour autant qu'il n'y a pas de limites *a priori* d'une situation. Rien n'interdit que l'apparaître, en tant que tel, soit conçu comme une situation, impliquant, au même titre que toute autre situation, la consistance qui la détermine justement comme situation. Que nous disions *l'*apparaître n'a pas d'autre sens. Sauf que l'apparaître est alors à son tour un partitif, et que la proposition de consistance définit seulement la condition – limitative – pour qu'il y ait ce qui dans le perçu se constitue comme *cet* univers objectal, celui de *cette* logique de la consistance. Énoncé d'une vérité *particulière*, celle de la situation "apparaître", qui dit sans plus que tout ce qui s'avère consister est susceptible de consister selon le même prescriptif[1]. Cela ne referme ni ne totalise d'aucune façon le champ des situations perceptives. Que, de l'apparaître tel qu'il est assise pour la pensée, nous puissions à bon droit dire qu'il consiste, n'est vérité que de sa procédure, mais aucunement des occurrences offertes au pluriel non totalisable des consistances qui viennent le remplir.

Que le perçu soit en toutes ses occurrences compossible, partant que le champ du perçu soit lui-même un ensemble consistant, que de sa consistance s'infère que, de soi, il subsiste *logiquement* – quelque

---

1. C'est, en gros, la définition que donne Kant de l'Idée cosmologique.

sens qu'il convienne de donner ici à "subsister" –, tels seraient donc les réquisits d'un concept qui n'a plus rien de mystérieux : il atteste de l'homogénéité logique de la constitution qui traverse le perçu de part en part, et y répartit chaque fois les unités, chacune en elle-même et l'une par rapport aux autres. Je dis "homogénéité" de l'appareil opératoire au principe, parce qu'on peut attendre qu'il y ait plus d'un mode de la constitution du perçu selon le divers de sa matière. Que le perçu consiste emporte l'assurance que ces modes sont compossibles et subsumés à une seule et même apophantique, prescrivant un seul et même univers. Mais pour autant, la cohérence logique de l'apparaître n'implique ni qu'il se fixe, ni qu'il soit achevable : nous montrions, l'instant d'avant, qu'il ne cesse, dans l'infinité des déterminations de situations, de se redécouper, de se reconstituer, qu'il est à tout jamais *ouvert*. Ce qui se laisserait retranscrire en lieux et places d'un "monde", ce serait donc la consistance de l'apparaître comme *Un dans sa systématique* mais irréductiblement multiple et *multipliable dans ses énoncés*. Bref, au contraire d'un Tout, jamais fermé. Il faut dire adieu à un "monde" qui s'épuiserait pour nous dans le constat de son être. Ici passe la ligne de partage entre l'existence englobante du partenaire merleau-pontyen et la consistance plurielle du discours du perçu.

c. Alors, le grand corps Tout-Un du monde ? Resterait, pour en sauver quelque chose, le multiple intotalisable des situations étant avéré, à faire hypothèse de ce que la consistance en toute occurrence maintenue porte présomption d'une Unité *d'être*, et qu'en cela l'existence du monde est une Idée régulatrice, ou – retournement wittgensteinien – que ce qui fait limite pour la logique trace *ipso facto* les limites pour l'existence d'un monde[1]. Si les situations s'insèrent les unes dans les autres, si les énoncés, même au prix de s'y reconfigurer, s'enchaînent, il est légitime, venu *virtuellement* à l'ensemble de l'apparaître, d'y supposer l'enséité d'un Tout qui se dit "monde".

---

1. 5.61 *sqq.* Le thème, omniprésent dans le *Tractatus*, du monde comme « totalité des faits dans l'espace logique » (1.204), ne consonne bien entendu en rien avec le Tout de Merleau-Ponty, dès lors que les faits sont « indépendants » les uns des autres (2.061). S'en suit qu'où se dit « totalité », il faut bien plutôt entendre un « ensemble » et un « ensemble *limité* » : parce qu'il est celui des seules propositions élémentaires vraies (3.01, 4.26) et parce qu'il ne peut être autre que celui que les propositions logiques décrivent (6.12, 6.124). Là, un Tout effectif ; ici, l'unité non close de l'espace logique : un concept virtuel.

Mais non : car c'est cette fois *du point de l'axiomatique* qu'au Tout il faut faire opposition. Le moment est venu de redire que le faire-un-d'un-multiple est chaque fois la constitution d'un étant. Et que si ce dernier mot a un sens, il signifie que le constitué fait index de ce qu'il en va de l'être lui-même. Et donc index de l'axiomatique qui, si l'on veut arracher l'ontologie au bavardage, fixe en toute occurrence ce que, comme tel, l'être peut être : le prescrit propre d'un axiome étant alors de déterminer – ou éventuellement de décider – les *compositions* possibles du Multiple, ou de tel type de Multiple, avant tout procès du faire-un et en deçà de lui ; et en cela, de pré-déterminer ce que pourra être, sous quelles restrictions, l'énoncé supplémentaire du *faire-un*.

Or, comme on sait, l'axiomatique du Multiple pur prononce avec la solennité de l'imprescriptible *l'interdit sur le Tout* comme générateur de paradoxes : que ce soit négativement, en ce croisement dramatique de la pensée logico-mathématique où elle bute sur l'impossibilité d'une totalisation du Multiple – il n'y a pas de concept consistant d'un ensemble de tous les ensembles –, ou positivement, dans la décision fondatrice de l'infinité sur le fond de laquelle ce n'est qu'au titre du restrictif ou de la coupure que le fini – partant, un Tout – peut être affirmé. Comment, dès lors, admettre que le phénomène perceptif prescrive pour l'étant ce que récuse la pensée de l'être, sur le fond duquel est comme prélevé l'étant ? Comme écrit Badiou, dans une formule admirablement serrée : « Le Tout n'a pas d'être. Ou : le concept d'univers [retraduisons : de monde] est inconsistant[1]. » Il faut s'étonner que ce soit là un problème qui, pour Merleau-Ponty, ne se pose pas : simplement parce que pour lui l'existence corporelle du monde, précédant sa totalité, suffit pour induire celle-ci.

Innombrables sont les Uns-Multiples, aucun Multiple n'est Total. Que disant objet, quand bien même provisionnel, on dise étant – où serait ce dernier, sinon ? –, c'est ce dont atteste la réalité, dont il n'est pas question de nous départir. Et mieux : c'est de l'objet comme imposant son étance que l'être lui-même peut et doit s'induire, induire sa Multiplicité sans Un – proposition sur laquelle nous aurons tout

---

1. *Les 35 énoncés des trois premiers chapitres de Logiques des mondes*, in *Élucidation* n° 4, 1. Ce que l'ensemble du dernier exposé doit à Badiou, est-il même besoin de le souligner ? On notera qu'en revanche son énoncé devient, tenue la disjonction radicale posée par lui entre être et apparaître, source de problèmes que nous n'aurons pas, affirmant, au-delà de cette disjonction, la constitution *ontologique* de l'apparaître.

loisir de revenir. Si donc l'objet, dans lequel le perçu fait figure de son énoncé, indexe l'être et se constitue subsumé par l'axiomatique de l'être, il est exclu, de par cette dernière, que de l'ordre du perceptif il y ait un moment totalisant, une quelconque unité-totalité-clôture mondaine de son *corpus*.

d. De ce point où l'ontologie se referme sur « le Tout n'a pas d'être », la discussion peut repartir en sens inverse, pour peu qu'elle se focalise sur ce qui fait médiation de l'Un de l'étant perceptif à l'être. La constitution en quête de laquelle nous sommes, c'est celle-ci : l'ontico-ontologique écrit d'un seul trait.

Il est vrai qu'existe, nous l'avons dit, une tradition de pensée alterne, selon laquelle l'être-là du perceptif ne se laisserait construire que par le jeu des relations différentielles dont sa surface autorise le relevé : relations antérieures et extrinsèques à l'objet qui n'existerait que pour autant qu'il s'en induirait ; ce qui retirerait à l'apparaître, radicalement disjoint de l'être[1], de pouvoir témoigner pour l'être. Et autoriserait du même trait la juxtaposition de l'impossibilité axiomatique du Tout pour l'être avec une clôture logique – sans plus – de l'apparaître, quand bien même elle serait inassignable comme le parcours d'un nombre infini. Bref, c'est précisément parce que le fondement ontologique lui manquerait que le monde, une structure *logique* du monde, et, parce que logique, seulement *de surface*, redeviendrait possible.

Cette tradition – hégélienne[2], entre autres –, forte de ce que de l'être-là rien n'est *a priori* déductible hors sa dispersion dans le là, dénie que s'y puissent rencontrer d'autres déterminations que composant une somme d'*altérités*. Que ces altérités entre elles à leur tour se composent, induit une de ces systématiques des *relations* qui fait la matière d'une *logique*, ainsi clairement distinguée d'une axiomatique. Comme écrit Badiou, « l'essence de l'apparaître est la relation... Si bien que nous pouvons dire : c'est l'apparaître comme tel qui impose qu'il y ait une logique, parce que c'est lui qui fixe comme relation le là de l'être-là »[3]. S'en suit que de l'apparaître il y a bien une « cohéren-

---

1. Nous retiendrons, on l'a vu, la *disjonction* du faire-un des apparaissants à la composition sans-Un de l'être, mais récuserons que cette disjonction signifie l'*intransitivité* de l'apparaître à l'être.

2. C'est tout le sens du chap. II du Premier Livre de la *Science de la Logique* (référencié désormais *Logique*).

3. *Court traité d'ontologie transitoire*, « L'être et l'apparaître », pp. 192-194.

ce » – on ne dira plus consistance[1] – autorisant quelque chose comme une mondialité, mais que ce qui la rend possible est sa pure extériorité.

Je ne crois pas forcer l'argument en disant qu'un tel schème s'appuie de ce qu'il récuse beaucoup plus que de ce qu'il expose. Car ce dont il s'agit d'abord, c'est d'interdire que la transparence des chaînes de raisons et la nécessité de leurs consécutions, où toute pensée fondatrice a son assise, perdent leur spécificité pour peu que quelque chose d'intrinsèque s'en retrouve dans cette paysannerie de la pensée (à moins que ce n'en soit le prolétariat) : le sensible. Que ce dernier se plie à la relation sans qu'en celle-ci s'avère aucun fond, voilà qui garantit contre toute confusion de ce qui n'est qu'opération logique avec l'axiomatique de la composition ontologique : le perceptif partout opère, mais il lui manque les titres généalogiques de l'opération. Badiou, au temps de son *Court traité*, peut ainsi assigner à la seule ontologie les réquisits ultimes d'une axiomatique[2], tandis que la logique permettrait, sans plus, d'ordonner la cohésion de l'apparaître – sous réserve de la déliaison de son fond d'être. Il conviendrait de distinguer entre « l'univers intotalisable de la pensée du multiple pur » (décision ontologique qui exclut toute mondialité) et les conditions de possibilité logiques d'un univers où « la localisation d'une situation de l'être » (autrement dit, la mise en série d'un monde) deviendrait « acceptable ». Un pouvoir de localisation réciproque des sites rendrait compte de ce que nous appelons un monde, mais celui-ci serait du même trait « intransitif à l'être ». D'où enfin ce doublet où « une situation de l'être quelconque [peut être] à la fois multiplicité pure aux lisières de l'inconsistance, et intrinsèque et solide liaison de son apparaître ».

Malgré la beauté philosophique de cette construction, il faut bien voir qu'à la question "qu'est-ce qui se pense quand on dit qu'un univers consiste ?" elle répond par : 1. la déduction que s'il n'y a pas de Tout de l'être, un étant ne peut se distinguer que d'un autre, par ce qui se dira le local de son site ; 2. de là que l'apparaître, où s'exposent les étants, est entièrement relationnel ; 3. s'y tisse un réseau de

---

1. Le terme, absent du *Court traité*, revient toutefois avec insistance dans *Logiques des mondes*.

2. Dans la dernière série de textes du *Court traité*, spécialement pp. 197-200. Il faut prendre garde que ce que Badiou dit là est loin d'être son dernier mot, plutôt la première occurrence d'une démarche que je tenterai de suivre dans toutes ses étapes, où elle ne cesse de se préciser pour gagner en subtilité.

qualités repérables sur la base de leur altérité ; 4. sans qu'il soit excipé d'un quelconque mode de détermination de cette altérité, tout juste constatée par un retour au phénoménal ; 5. ni d'un autre motif que phénoménal pour fixer la relation de telle qualité à tel site, ou la détermination de tel site par les relations des qualités qui s'y fixent ; 6. en sorte qu'on doit, à la position *a priori* d'une topologie, substituer une topographie qui rebaptise le site en "objet". Bref, une impossibilité ontologique commanderait pour l'apparaître un appareil *extrinsèque* de la logique, sous condition du *phénoménal*. La question est : la première proposition commande-t-elle la seconde ? Et la logique est-elle *a priori* l'extrinsèque ? Je contesterai plus loin que l'interdit sur le Tout prive l'apparaître de toute fondation ontologique, c'est-à-dire axiomatique ; mais admettons-le provisoirement ; s'en suit-il que, de l'apparaître, il ne peut se penser de constitution ? De ce qu'un apparaissant a une connexion *intrinsèque*, de ce qu'il ne se détermine pas sans détermination de *ce qu'il est*, ne s'induit-il pas que l'apparaître indexe l'étant autrement que de la seule conjonction d'altérités déterminant la localité d'un site ? Que l'ontologie, comme soustractive, n'ait rien de plus à en dire n'entraîne pas que l'apparaître n'avère pas une nécessité immanente propre de ce qu'il a d'être : une consistance ne peut pas manquer de descendre jusqu'à prédiquer chacun des termes qu'elle conjoint. Et l'on attendrait bien plutôt de Badiou qu'il affronte cette double détermination de l'étant[1] ; il ne le fait pas, adossé qu'il est à l'opposition de l'axiomatique et de sa définition, en somme (déjà) transcendantale, de la logique. Mais ce qui prescrit, dans sa composition d'être, le multiple de l'apparaître doit être intelligible comme toute autre composition d'être, et son intelligibilité commande la question de sa constitution. Qu'on avance, navré, qu'il n'y a plus là de transparence à la *ratio* – sinon de surface – est tenir le combat perdu avant de commencer.

Réduire l'expérience du perceptif à l'exercice d'une logique des altérités – ressemblances et différences – serait, pour le dire autrement, priver l'objet de sa structure intrinsèque et priver la qualité de toute possibilité de se structurer. Y a-t-il, comme l'impliquait Husserl, constitution *interne* de l'objet – le *tode ti* aristotélicien – ou pur jeu de relations différentielles qui n'induiraient l'objet que par la distribution

---

1. Il faut aussitôt ajouter que c'est sur quoi se conclura *Logiques des mondes*. Mais comme reposant, sans plus, la question, faute d'admettre la constitution.

logique de "propriétés" *externes* ? L'objet peut-il n'avoir d'autres
déterminations qu'empruntées à l'empirique du différentiel et ne se
distinguer que par leur sommation ? Nous répondrons que cette thèse,
en faisant deux fois l'impasse et sur une constitution propre des qualités et sur une constitution propre de l'objet, détruit ce dont elle
prétend rendre compte en présupposant qu'il ne saurait *être* ni même
être *Un*[1] de plein droit. Le tilleul n'est pas, en hiver, la somme de
toutes les différences qui vont du gris rugueux de son écorce, verdie
de mousse et tachée par endroits de noir, au tronc lisse du saule, si
pâle qu'à peine il se distingue du pré sur lequel il se découpe ; il ne
se réduit pas, en été, à la sommation des différences entre sa cloche
de feuilles si pressées que n'apparaît plus aucune des branches qui les
portent, et les longs filets flottants au moindre souffle de vent que le
saule laisse retomber jusqu'au sol. Le tilleul et le saule sont chacun
l'Un d'une situation qui n'est jamais quelconque, qui est d'emblée
pour chacun la sienne ; ils sont ce qui fait Un de l'ensemble de leurs
traits par une nécessité intrinsèque, dont leur site logique rend raison,
et qui se traduit dans leur consistance manifeste ; ils se spécifient de
leur matière sensible saisie du point des différentielles – de couleur,
de forme, de densité... – qui lui sont *propres*, normant ce qu'une différence y peut être et en quoi elle n'est différence que pour et dans
cette matière-là[2]. La réduction de l'apparaître à un jeu de relations
extrinsèques est un artefact auquel il faut absolument résister parce
qu'à ce compte, d'une part on se donne l'altérité des qualités sans
avoir rien à en penser – on dit « différence » mais de quoi qui se
donne à penser ? –, d'autre part – sauf rattrapage dialectique[3] – ce
qui fait-un dans l'apparaître perd toute nécessité, et le terme "étant"
lui-même cesse d'y convenir. La seule relation d'altérité ne saura
jamais induire – sauf à trouver issue dans un coup de force – ce qu'il
y a d'être dans l'ontique ; n'est pas pensable une définition de l'étant
qui ne requière une détermination immanente et de l'étant lui-même
comme apparaissant et, partant, des qualités qui le spécifient. Et c'est
précisément leur constitution. Qui, loin que la différence puisse régler

---

1. C'est la démarche de Hegel, n'introduisant l'Un qu'au chapitre suivant, et par
le détour du pour-soi.

2. Nous verrons que toute qualité est différentielle, mais l'est *intrinsèquement* à
sa propre constitution.

3. C'est celui de Hegel au moment du pour-soi. Badiou y suppléera par une sorte
de pari qui vaut réquisit de référence de l'objet d'apparaître à l'être de l'étant.

l'apparaître par défaut, à sa place, assure par ses prescriptions propres et qu'il y a et ce qu'est la structure ontico-ontologique de ce qu'il y a.

Venons au cœur de la doctrine de Badiou au temps de la présente discussion. Saisissant à la lettre la terminologie de l'*être-là*, il y met en exergue le *là*. Et ce qui fonde le concept du là est l'interdiction d'un étant « total » commandant qu'il n'y a d'étant que « particulier » ; c'est la « localisation » de l'étant, laquelle ne peut recevoir sa détermination de la Multiplicité pure de l'être, et ne saurait donc se déterminer que par « cette contrainte d'une exposition... située » qui n'est rien d'autre que ce que nous appelons l'apparaître. « Il est... de l'essence de l'étant d'apparaître, dès lors qu'insituable selon le tout, il faut qu'il fasse valoir son être-multiple au regard d'un non-tout, c'est-à-dire *d'un autre étant particulier*, qui détermine l'être du là de l'être-là » : déterminant « ce qui... relie un étant à son site »[1]. On part cette fois *de l'étant*, supposé acquis, mais on suppose qu'il ne peut être acquis qu'en posant des différences quelconques. Or la conséquence n'est pas bonne : qu'il n'y ait pas d'étant total n'implique pas qu'ils soient *particuliers*, l'étance pourrait distribuer ses là dans un moutonnement homogène ; pour qu'ils soient particuliers, il faut plus qu'un site, il faut qu'ils soient *distincts* ; *intrinsèquement* distincts, sans quoi le multiple de l'être-là serait dépourvu de toute définition suffisante de son altérité à l'être, et l'être manquerait à ce qui se revendique être-là. Or c'est bien de cela qu'il s'agit : il *faut* que l'être-là s'indexe de ce qui prescrit son *être-en-exception à l'être*, et cette prescription-là ne peut être que celle de ce que l'inconsistance de l'être – dont on convient – récuse, soit celle de *l'un d'un multiple consistant* ; or de cela, seule la fonction *constituante* du discours de l'apparaître peut rendre compte. Le site n'importe que pour sa distinction de tout autre site ; mais la distinction n'est prescrite que pour un apparaître *ontologiquement constitué dans sa distinction d'avec l'être*. En sorte que l'argument se retourne contre ce qu'il est présumé démontrer. La même démonstration vaut pour l'apparaître comme "univers" : que la logique des relations locales esquissée dans le *Court traité* puisse rendre compte du primat de la consistance globale par le biais du même opérateur logique est tout à fait exclu. D'abord parce que l'Un consistant de l'apparaître précède tous les uns qui viennent, en le balisant, le rem-

---

1. *Court traité*, pp.190-192.

plir. Ensuite parce qu'aucune logique ne saurait être opérante sans tenir sa validité d'une axiomatique par laquelle l'être est exhaustivement supplémenté. Enfin parce que, de l'être à l'apparaître, la disjonction n'est, encore une fois, argumentable que comme celle de l'inconsistant au de soi, primairement, consistant.

En d'autres termes, le raisonnement qui enchaîne « l'être ne s'expose à la pensée que comme site local de son déploiement intotalisable », « mais cette localisation... affecte l'être » sans qu'il « contien[ne], dans son être, de quoi rendre raison des limites du site où il s'expose », « ce qui d'un étant est lié à la contrainte d'une exposition locale... de son être multiple, nous l'appellerons l'apparaître de cet étant », présume du *local* comme détermination exclusive pour tout autre étant. Qu'il le soit n'est pas douteux, mais il ne suit pas que ce soit détermination suffisante. Il y faut un apparaître *d'abord* consistant : l'exposition locale n'est pas une « affection », elle est une reconfiguration de l'être, que l'impouvoir de l'être à se localiser *requiert*, et qui ne saurait être requise du point de ce qu'elle nie sans l'être du même trait dans ce qu'elle pose. *Comment la distinction ontico-ontologique pourrait-elle valoir prescription métaphysique si, nécessaire d'un côté, elle restait infondée de l'autre ?* Que « l'apparaître comme tel... impose qu'il y ait une logique » et qu'elle « contraigne » l'être, nous en sommes, bien entendu, tous deux d'accord ; mais il n'est pas possible d'accorder que la logique, la relation, *contraignent* l'apparaître sans qu'il *se prescrive*, de soi, comme onto-logique. L'apparaître n'est relation que pour autant que le nœud de la relation est la constitution du consistant.

De surcroît, présumer que c'est la seule relation d'un site à un autre site qui fait-un de l'étant, retirant à l'étant toute unité intrinsèque – thèse intenable au vu de ce qu'est l'étant, tel que nous en avons de prime abord le concept, celui de l'*Un* s'il en est un –, inverse ce fondement de toute pensée ontico-ontologique que *c'est seulement l'un-multiple de tout étant qui commande le concept du Multiple sans-Un comme celui de l'être*. Badiou prend le problème à revers, pour ce qu'il s'est donné d'abord, sur le fond des mathématiques cantoriennes, la définition de l'être comme Multiple pur ; mais il est assez manifeste que ce concept-là est précisément l'ultime progrès de la pensée mathématique pour délivrer ce qui s'y expose, dans son régime opératoire, comme l'être, sous le prescrit primaire de l'Un, dont d'ailleurs elle ne peut faire jusqu'au bout exception comme il s'avère à la fonction d'Un originaire de l'ensemble vide. Que le procès d'une pensée du Contre-

Un, qui est le nœud de la démarche entière de Badiou, se dise procès « soustractif » atteste bien qu'il n'y aurait rien pour produire le concept du sans-Un si *ce qui est* n'était pas d'abord *de l'Un*.

Aussi bien ne comprend-on pas que le *Court traité* désigne l'étant lui-même comme sans-Un en deçà de son apparaître ; car qu'est-ce qu'*un* étant – et comment dire autrement ? – sinon le faire-un d'une « partie » de l'être ? Le texte de Badiou ne distingue pas entre être et étant ; par exemple : « ce qui peut se dire rationnellement de l'étant en tant qu'étant, et donc du multiple pur » ; mais justement, l'étant n'est-il pas cet Un-Multiple, Un d'un Multiple, qui n'est plus Multiple pur ? Où, sinon, y a-t-il passage de l'être, pur fond, à l'étant, qui déjà « particularise » l'être[1] ? Si Badiou veut dire qu'il n'y a de particularité que dans l'apparaître et que c'est elle qui particularise l'étant – nous verrons que c'est à peu près ce qu'il dira à la fin –, alors même il faut bien qu'un étant ne soit pas un autre étant, et pour cela soit Un.

Allons au bout : toute pensée est, de soi, faire-un, c'est son régime, et si bien que Badiou lui-même a dû articuler la définition de l'être à l'Un de ce qu'il a appelé la « situation ontologique » : nous sommes au plus loin de nier que c'est un pas mémorable qui est produit par la « définition » (ou dé-finition ?) de l'être comme inconsistance du Multiple, mais il ne se peut que ce ne soit encore *un* concept. Et l'on erre quand on oublie que la production du sans-Un ne peut se faire que sous le prescrit rationnel de l'Un[2].

Aussi est-ce comme un rappel de cette prescription d'Un que veut être entendue la constitution du perçu. Toute relation implique altérité, mais toute relation constituante implique *altérité d'appartenance* : dans les limites d'une situation, les termes – ici, les qualités sensibles – appartiennent à l'Un de leur connexion et ne peuvent manquer de lui appartenir si, comme nous le montrons, elles ne sont – n'apparaissent – même pas hors de leur liaison, nouée en son site logique ; et si les qualités elles-mêmes n'ont cet être relationnel que du point de leur appartenance, comme on verra, à un régime – une axiomatique – du sensible[3].

---

1. Le malentendu sur ce point est capital ; j'en ferai plus loin la genèse.

2. Comme le montre la déduction du procès générique d'une vérité dans *L'être et l'événement.*

3. J'écris, dans tout ce développement, « qualités sensibles » pour ne pas alourdir. On verra que celles-ci ne sont qu'un des constituants de l'apparaître.

On saisit mieux le déficit d'une réduction de l'apparaître à la prescription d'altérité des sites – qu'on ne confondra pas avec ce que nous avons appelé le site logique, qui est site d'appartenance comme site constituant – par la référence que prend Badiou de la théorie déjà citée du *topos*. Théorie logico-mathématique dont l'"os" est de se donner au départ des objets vides que des opérations orientées (« flèches ») vers et depuis d'autres objets vont, de leur extériorité, qualifier ; mais qu'est-ce que cela veut dire, un objet sans qualités ? Et une qualité sans objet ? Il n'y aurait rien là qu'on puisse philosophiquement concéder si cette logique ne s'avérait remarquablement adéquate au géométrique, dont toutes les opérations s'effectuent sur la détermination vide du point[1]. Or le « là » de l'être-là, tel que Badiou en excipe, n'est rien d'autre que ce point vide, que des relations de ressemblance et de différence vont progressivement déterminer. Il n'est rien de plus que le n'être-pas-un-autre-là. Vider à ce point la constitution de l'apparaître est n'assurer sa consistance – ou, au minimum, sa cohérence – qu'au prix de la dénier : de *le* dénier. Nous ne nierons pas un instant que l'altérité de ses sites soit un moment constituant du perçu, nous affirmerons que ce moment est strictement réciproque de celui par lequel un perçu est chaque fois la constitution de son Un, de l'immanence de son Un. Et qu'à le dénier on réussit tout juste à déréaliser la réalité, voire à priver de sa matière le matérialisme. Allons plus loin : bien que Badiou prenne soin de dire qu'« il ne s'git ici nullement ni du temps ni de l'espace »[2], la référence à la théorie du *topos* commande qu'on entende par être-là être-en-extériorité, et qu'on se donne la structure de l'espace comme support de l'apparaître. Ce qui présuppose un primat du spatial dans la structure de l'apparaître, dont nous avons vu qu'il ne vaut que pour son objectité. Disons que la terminologie de l'être-là en préjuge, et que la rationalité conquise du géométrique est ce qui, par-delà un prétendu déficit ontologique, est censé fournir l'assurance d'un discours transparent.

Là-contre témoigne la procédure par laquelle s'énonce l'apparaître, telle que je n'ai pas fait plus que la suivre à la trace et qu'il faudra la suivre encore : l'acquis est que, de prime abord, elle énonce *ce qu'il*

---

1. Badiou a montré, dans un Cours inédit, comment on pouvait, sur ce réquisit, reconstituer l'ensemble de la logique « classique » et construire, de surcroît, ce que seraient les logiques alternatives possibles. Nous dirons que la logique des opérations *sur* le spatial ne rend pas nécessairement compte de *ce qu'il en est* du spatial.

2. P. 190.

est. Certes, quand on prononce la consistance de l'univers[1] – de cet univers, parmi d'autres possibles –, on excipe de la logique qui y régit une opération suspendue à la mise en relation : ainsi prendra-t-on acte de ce que, dans l'apparaître tel que nous le connaissons, tout terme – toute qualité comme tout objet – tient sa distinction de sa relation avec plusieurs autres et de ce que ces relations sont sous condition de la logique dont c'est précisément l'objet de les régir. Mais il ne suit pas de la fonction de la relation extrinsèque pour la détermination de ce qui remplit l'apparaître que c'en soit l'essence, ou ce qui supplée à sa constitution, ni que le là épuise l'être-là : il en instrumente la définition, il échoue à en poser l'être. Il est vrai que c'est justement cet échec que certains recherchent : il "faut" que le perceptif ne soit pas position d'être pour que l'idée seule le soit, à laquelle le sensible n'est pas transparent. Préjugeons qu'il sera pour chacun patent que le perçu s'entend comme la réfutation de cette thèse-là.

Ce qui, au terme de cette séquence de discussions, peut être tenu pour acquis, c'est que le Monde, qui est omniprésent à la *Phénoménologie de la perception*, qui en est même le personnage principal, qui y a la compacité et la clôture d'un corps, et qui à ce titre est le partenaire privilégié du nôtre, propose à la pensée, sous forme de figure, ce qui doit être tenu pour un pseudo-concept. Le débat lui a opposé, avec le local de toute situation, l'impossibilité d'un énoncé de globalité ; avec l'étance du perçu, sa subsomption à l'interdit ontologique sur le Tout ; avec le prescrit de compossibilité, la récusation du massif de la compacité ; avec le procès infini de la consistance, le réquisit d'un réglage toujours ouvert, toujours provisionnel, de l'apparaître ; avec la transparence du discursif, l'inadéquation de ce qu'emporte primairement d'obscur la communication. Le monde ne "tient" pas, son pré-concept inconsiste, entraînant avec lui tous les présupposés et tous les traits substantiels qu'on a vus lui être attachés. *A fortiori* ne peut-on fonder la perception sur ce qui n'en est qu'une image pré-critique, dont s'impose la récusation. Pareille rencontre au seuil d'une phénoménologie qui se veut pure description, fait preuve du risque ainsi encouru : celui de suspendre l'avenir de la recherche à l'illusion du point de départ.

---

1. J'adopte la terminologie de Lacan, opposant l'ouverture de l'univers à la clôture du monde. Badiou maintient terminologiquement l'univers dans le registre du clos.

Mais pas davantage ne peut-on réduire l'apparaître, sous le seul prescrit de l'interdit du Tout, à un jeu d'altérités que ponctueraient autant de sites pas autrement déterminés dans leur vacuité. Là-contre l'apparaître résiste, qui est ponctuation d'uns-multiples, tenus dans la conjonction intrinsèque de leur Multiplicité à leur Un, et dans l'interdiction que l'Un de l'étant puisse se constituer autrement que sur les compositions de l'être qui autorisent son Multiple à être ce qu'il est. Autant que le monde est concept impossible d'un incompossible à l'être, l'apparaître est le concept de bout en bout intelligible de ce qui fait du perçu sa transparence à l'être.

L'exercice du perçu se trouve, lui, par cette analyse, à la fois limité, garanti et libéré. Limité, en ce qu'il n'y a pas de perçu "total". Garanti, en ce que devront être, chaque fois et en chacun de ses moments constituants, produites et fixées les conditions de sa pertinence ontico-ontologique, sans qu'il soit loisible d'excepter aucun de ces moments. Libéré, pour ce qu'il lui revient de mettre en œuvre un divers dont il est assuré que l'exploration est infinie. Et se définit son statut, qui est celui d'une multiplicité ouverte, absolument rebelle à la clôture, non qu'il ne cherche à unifier sans cesse, puisque poser la consistance, et plus encore intrinsèque, est chaque fois poser le faire-un prescrit d'un multiple, mais sous prescription que ce faire-un est toujours disponible pour une redistribution, et sur plusieurs niveaux, de ses termes. D'où l'exaltation perceptive. En vérité, il n'y a pas de plus grande joie pour la pensée que l'assurance où elle est de s'exercer dans une toujours renouvelée multiplicité de l'intelligible.

2. *L'Imaginaire* vs *l'image constituée*

Cela reconnu, il faut demander ce qui a pu induire, au cœur du dispositif de la *Phénoménologie de la perception*, une figure du Monde sur laquelle on dirait que toute perception vient se déposer, s'il n'était plus juste de dire qu'elle offre libéralement ses ressources à l'effort d'adéquation qui guide la perception. Figure qui hante les étranges métaphores de la « communication avec un seul être », de l'« immense individu » invoqué par Merleau-Ponty.

Or, d'une telle figure, il faut bien dire qu'elle revêt tous les traits d'un fantasme, et repérable : celui où la Mère, loin de se voir entamée d'un objet partiel, serait l'objet total, l'Une-image où toute multiplicité se résorbe. Détentrice de toutes les ressources pour les avoir toutes absorbées, en elle englouties. Figure extrême, archi-archaïsante – Freud dirait : antérieure à la négation. Et ne laissant, de par son manque de manque, aucune place où puisse s'articuler le désir de l'autre. Figure désastreuse si, en l'absence de sa reconnaissance par la mère – autant dire : de désir à son endroit –, le sujet lui-même s'y trouve absorbé – dévoré ; figure au minimum aliénante si, par l'adresse de l'amour maternel, le sujet a à sa disposition la ressource – mais c'est la seule – de l'*identification* avec ce partenaire englobant. À quoi, sinon à cette dernière structure, renvoient les métaphores insolites de Merleau-Ponty qui, au travail multiple du perçu, substituent par prétérition l'effort d'adéquation soutenu par l'appartenance à l'Autre total ?

a. Cette rencontre, au seuil même de la *Phénoménologie de la perception*, d'une *imago*, avec – ou plutôt en – laquelle le Moi s'identifie, ouvre un pas de plus dans la distinction entre le perçu et le type de représentation qui donne au monde merleau-pontyen son assise, d'appariement sur fond d'appartenance. Mais loin que ce constat se suffise en lui-même, il ouvre un nouveau problème. Car il va de soi que nous ne pouvons qualifier de structurellement inadéquate, ou pour mieux dire en déficit de structuration, l'image merleau-pontyenne, sans fixer ce que doit être, *a contrario*, la structuration constitutive d'une image. C'est ce que, lisant Husserl, nous avons commencé de faire. Mais nous rencontrons là l'objection de l'*Imaginaire* dans la définition qu'en a donnée Lacan : soit ce qui serait l'inadéquation par précipitation de constitution, qu'à titre général l'image, quelle que soit celle-ci, tiendrait de l'*imago*. À ce point, la difficulté se retourne : c'est la fonction constituante du perceptif que nous ne saurions plus soutenir, et c'est la consistance du perçu qui serait au principe niée. C'est donc de ce côté que nous devons déplacer le débat si nous ne voulons pas courir nous-mêmes le risque d'une objection préalable du concept d'Imaginaire à la discursivité qui nous a fourni notre point de départ et notre assise. Car, de prime abord, il s'agit bien ici et là de la même représentation, de la même image, mais ne revendiquant pas le même statut. Qu'est-ce alors qui nous permet de traquer avec Lacan dans l'image l'Imaginaire – et de voir englué dans ce dernier Merleau-Ponty –, mais de montrer, au rebours de Lacan, dans l'image perceptive de quoi constituer le perçu ?

Question dont nous ne viendrons pas à bout sans un retour en arrière sur l'élaboration du concept d'Imaginaire et une mise au clair de ce qui, à en serrer l'argumentation, en réfute la généralisation avancée au titre d'un défaut dans la structure indépassable.

L'objectif de Lacan avait été d'abord – « stade du miroir » – de montrer comment un *infans* qui n'a pas encore l'une-maîtrise de son corps se reconnaît dans, et du même coup s'*identifie* avec, une image – ce qui est dire : du même trait fait l'Un d'une image et se fait Un comme elle. L'Un régit de part et d'autre l'opération. Opération dont l'effet est ambivalent : car d'un côté, on ne peut nier que le Moi soit une instance figurale dont ne saurait manquer de prendre appui le "sujet"[1], sauf à entrer, pour ne pas l'assumer, dans la psychose ; d'un autre côté, pour être originellement spéculaire, le Moi se construit Un « dans une ligne de fiction », l'image y étant « plus constituante que constituée ».

Par la suite, c'est sur ce second aspect que Lacan mettra tout l'accent, multipliant les exemples où l'Imaginaire est « méconnaissance » ou « *leurre* » : entendons, l'est par nature, en ce que toute image se donne, sur le modèle de l'*imago*, comme dotée de plénitude, de permanence, et susceptible de généralité (*l'*arbre). L'Imaginaire s'instituerait ainsi sur la confusion du *cohésif* – celui d'un « sac de peau » – avec le *constitutif*, et rendrait nécessaire une opposition terme à terme de l'image à l'altérité mobile du différentiel, condition de toute articulation de la pensée et prescription du calcul du littéral. Appuyée à cette analyse, la critique lacanienne de l'image pouvait se généraliser : « l'image spéculaire est le seuil du monde visible »[2], c'est elle qui « établit une relation de l'organisme à sa réalité » ; et pour s'être formée dans la précipitation d'une anticipation identifiante-substantifiante, elle fait porter sur la réalité entière le même gauchissement,

---

1. La discussion me contraindra à rencontrer maintes fois « sujet » pris au sens de la tradition cartésio-kantienne du « sujet pensant » ou « sujet de la pensée ». J'écrirai alors "sujet" entre guillemets, puisque je tiens que de sujet, il n'en est pas d'autre que de l'énoncé, autrement dit d'aucun existant singulier : sujet logique et non de la conscience. Mais une fois la précision apportée, je ne la répéterai pas, pour ne pas alourdir.

Je dirai dans la discussion avec Heidegger quel terme il faut substituer au "sujet" de la psychanalyse. Reste que Lacan, en reprenant le terme, marquait le souci de se tenir dans la tradition cartésienne, fût-ce au prix d'une réarticulation radicale.

2. « Le stade du miroir », *Écrits*, pp. 95-96.

celui d'une représentation dont on voit mal comment l'illusion pourrait être surmontée. C'est cette inadéquation pressentie qui jette le voile si fréquent d'un doute sur une réalité où et le Moi et les objets ont pour prédicats « la permanence, l'identité, la substantialité »[1] : perplexité qui induit le caractère « paranoïaque » de la connaissance.

Un troisième développement lacanien – que nous avons déjà rencontré, traitant de l'objet husserlien[2] – mettra en évidence au creux du plein apparent de l'image un manque, dont le *désir* est chez le sujet le témoin, manque qui traverse l'Imaginaire lui-même puisque d'Imaginaire est l'objet perdu du désir. Autrement dit, sous la compacité de l'image, à commencer par celle de l'objet perceptif, ne cesse de rôder une absence, celle d'un autre type d'objet, impossible à représenter, témoin du Réel. D'où l'ambivalence d'une image à la fois trop pleine et sans épaisseur, promesse à la fois de jubilation et de déception, et qui n'en est pas moins – comme aurait dit Heidegger – ce que nous habitons.

Fondé sur la prégnance d'une identification précipitée, le concept de l'Imaginaire se laisse dès l'abord pressentir lui-même marqué, dans sa généralité, du même caractère de précipitation-fascination, tant par la radicalité de l'illusion dont il qualifie toute représentation et dont il faut bien dire que l'expérience de la consistance de l'apparaître ne cesse de la démentir, que par l'hétérogénéité des modes dont il s'argumente[3]. Nous dirons que la théorie est ici happée par l'image du Moi comme l'*infans* par le miroir. Et plus strictement : *qu'au Moi l'objectité manque, à quoi il substitue une image, ne requiert d'aucune logique que toute image soit leurre sur son objet.*

Soit ce que nous avons appelé la *première* définition de l'Imaginaire. On pourrait d'emblée, sans rien objecter à la construction du stade du miroir, opposer que toute la chaîne interprétative qui s'en suit, et avec elle toute la théorie de l'Imaginaire, a pour support ce seul statut d'*imago* du Moi, qui égare le sujet en lui fournissant une représentation de lui-même précipitée, aliénation double où il ne se reconnaît qu'hors de lui-même, dans l'irréel du miroir, et ne s'y reconnaît qu'en

---

1. « L'agressivité en psychanalyse », *ibid.,* p. 111.

2. Cf. p. 63 *sqq.* ci-dessus.

3. Pour les effets du concept de l'Imaginaire sur la lecture lacanienne du tableau, cf. *Lacan et le discours du tableau* in *La Célibataire,* 2, qui prépare une partie du présent développement.

s'y faisant image de l'autre comme son semblable. Or le stade du miroir, ce n'est après tout qu'un moment symptomatique [1], certes capital, mais local. Et s'il est permis d'en conclure que toute image peut, *du point de sa subjectivation*, virer à l'Imaginaire et en épouser les traits de projection et d'identification, peut-on en induire que c'est ce que, de soi, l'image est ?

Lacan le fait pourtant, et le fait sur le mode affirmatif. Inférant que toute représentation est duplication inadéquate, Un virtuel d'une Multiplicité irréductiblement dispersée. Mais qu'est-ce que la prématuration de l'*infans* à côté du faire-un, chaque fois consistant, de la réalité ? N'est-ce pas son impuissance à se constituer en objet, en objet comme un autre, qui le précipite dans l'identification spéculaire ? Comment peut-on induire de son instructuration, donnée comme un accident spécifique, que s'en trouve déterminé ce au regard de quoi il s'expérimente en défaut ? Que son image dans le miroir soit pour l'enfant une duplication virtuelle de lui-même, comment s'en peut-il suivre que toute image soit marquée de la même virtualité, si ce que nous appelons la chose n'est – retour à Husserl – rien d'autre que l'ensemble consistant des images que nous en avons ? C'est donc, au mieux, seulement du semblable – de l'autre humain – que l'image pourrait, dans un jeu de rétroaction, être configurée par l'*imago* : aussi bien est-ce ce que Lacan écrit sous la forme *a---a'*, image de l'autre---image du Moi. Compensant ce qu'une telle structure a de vacillant, par le moment symbolique de la structuration (A---S) [2]. Où l'on commence d'apercevoir que le soupçon porté sur l'Imaginaire est destiné à fonder, bien plutôt que le statut de l'image, la constitution *du sujet*.

Ce qui nous conduit à la *deuxième* définition, dont le registre est d'abord tout à fait différent. Pour élucider ce qu'y recouvre le concept d'Imaginaire dans sa généralité, décisive est la formulation radicale qu'en a donnée Jean-Claude Milner, écrivant que l'instance de l'Imaginaire, c'est le règne du Semblable « où s'institue tout ce qui fait lien » mais où « rien n'est accessible pour représenter le discernable » [3]. S'y opposerait terme à terme l'Autre du Symbolique, où est requis et

---

1. Il serait même permis de dire qu'on a déjà là tous les traits du fantasme, l'*imago* étant ce plein brillant venu combler le vide de représentation que le sujet a de soi et le combler sur un écran troué dont sa libido narcissique cherche à saisir le contenu.

2. Soit l'Autre, insigne de toute espèce du prescriptif, et le Sujet.

3. *Les noms indistincts*, 1. Cf. ci-dessus, note 1, p. 17.

s'écrit l'Un d'« un discernable qui... soit indifférent à toute propriété distinctive » tel que dans une chaîne de 1,1,1... Ce qui va à dire que la représentation (ou Imaginaire) est bien rapport, mais seulement du semblable et du dissemblable, où se définissent les « propriétés » tandis que le discernable (ou Symbolique) requiert la seule succession de lettres nues, dépourvues de tout contenu représentatif[1] : chaîne d'altérités pures.

Il faut aussitôt dire que ces formulations du Symbolique et de l'Imaginaire, qui s'excluent l'une l'autre, sont purement définitionnelles, et que leur clarté deviendrait obscurité si l'on oubliait que, conduite à ce point de pureté, l'opposition est dépourvue non seulement de toute effectivité mais même de consistance théorique : puisque la ressemblance est inopérante sans le discernement propre à l'écrire, et puisque le pur discerner suppose la représentation des lettres ou celle des places où se succèdent les 1. Aucun procès n'est possible qui ne distribue le Même *et* l'Autre ; une prédication comme celle qui fait accroche du semblable ne surgit que sous et depuis le prescriptif du diacritique ; et inversement, la lettre serait de productivité nulle si elle n'avait, à la fin, un sens. Lacan lui-même en atteste, pour qui la chaîne des 1 n'est, quant au sujet, opérante qu'en tant qu'elle investit l'Imaginaire, et pour qui l'aporie constituante du sujet est celle de l'hétérogénéité insurmontable des deux instances. Déjà, dans l'analyse qu'il en donne, l'image du Moi ne "prend", et ne prend sa valeur identificatoire, que de ce qu'un trait dans l'Autre la garantit : pour s'être formée soit sous le regard de l'Autre maternel – qui vaut preuve pour ce qu'il vaut autorité de la reconnaissance –, soit en trouvant sa ressource dans l'armature du nom que lui offre la langue[2] – désignant au sujet sa place symbolique dans la structure sociale. Pour autant qu'il est le témoin que requiert la *foi* du sujet interrogeant : "ne me trompé-je pas ?", "ne me trompe-t-il pas ?", l'Autre occupe ici la place du garant de cela même qui dans l'image n'est conformé que comme leurre et qu'il conforme autrement. Et pour autant que ce qui est

---

1. On pourrait avancer que, de ce biais, le dispositif de l'Imaginaire et du Symbolique déplace la vieille querelle des Universaux en distribuant de part et d'autre réalisme (qui n'est que du semblable à soi, et de ses rapports aux autres) et nominalisme (qui est puissance de la lettre nue) : à chacun son instance.

2. Le regard de la mère ou le nom sont aussi, comme insignes de l'Autre, ce qui, surdéterminant l'instance transparente de la *lettre*, en fait instance opaque du *signifiant*.

garanti par l'Autre est présomption de la *vérité* – peu importe qu'elle soit ou non adéquate –, la place occupée par lui est celle de la lettre requise par la *ratio*[1]. Le propos de Lacan est clair : « On aurait tort de croire que l'Autre du discours puisse être absent d'aucune distance prise par le sujet dans sa relation à l'autre » et « l'Autre... c'est ce lieu à quoi répond... *l'espace réel* à quoi se superposent les images virtuelles »[2].

Reste qu'au plan de la représentation, identifiante par essence, l'Autre serait empêtré dans le Même, et la *constitution* prisonnière d'une *matière* aliénée. Le leurre consisterait alors en ceci que l'image se donne pour discernant l'objet alors qu'elle y privilégie le *semblable* et le dissemblable, à soi comme hors de soi. D'où une critique de l'identifier au double sens de la position toujours constitutivement confuse d'une "identité" et de sa destination à se répéter. C'est alors non seulement l'image dans sa présentation sensible mais tout repérage identitaire qui, sous le nom d'Imaginaire, est questionné. Ce qui est là en cause est l'*impropriété du semblable* : c'est le semblable – à soi comme à tel autre – qui formerait la matière de l'Imaginaire, et la vouerait au risque que le semblable ne soit – dans la position du « modèle » comme dans celle de la "copie" – que semblant. La mise au soupçon est *logicienne*, et c'est par là qu'elle est structurale : le semblable leurre au point où ce qui est distinction dans le Symbolique vient, improprement, prédiquer ce qui n'est que mêmeté approchée. Nous aurons plus d'une fois à rencontrer cette interprétation du perceptif comme dégageant de leur rapprochement des *propriétés* et opposant à leur logique – prédicative – une autre logique, celle du formulaire littéral. Nous n'aurons pas de mal à répondre que c'est confondre apparition et apparaître, perception et perçu, et que ce

---

1. Je n'ignore pas, bien entendu, que l'Autre lacanien, loin de se confondre avec le pur Logos, sera tout au long le répondant de la singularité opaque des signifiants. Mais, en vertu de la polyvocité qu'ont tous les sigles de Lacan, il faut bien que, puisque Logos il y a, ce soit l'Autre qui le porte. Et quels que soient les accidents de son histoire, le Logos n'est jamais prescriptif que de par soi.

2. « Remarque sur le rapport... », in *Écrits*, p. 678 (souligné par moi). On ne confondra pas l'espace « réel » – celui du mathème topologique – avec le Réel – qui serait, à l'inverse, le lieu de l'indiscernable radical.

Dans ce texte, il appert du montage de Bouasse, dit du « bouquet renversé », que 1. l'image de l'autre (*i(a)*) est elle-même virtuelle ; 2. que l'image du Moi (*i'(a)*) duplique la première ; 3. qu'elle ne le fait que par l'intermédiaire du miroir plan, A, de l'Autre. Nous y reviendrons un peu plus bas en tant que schème du perceptif.

dernier non seulement saisit l'apparaître dans sa constitution logique mais remonte même jusqu'au formulaire d'une axiomatique.

Il est manifeste qu'à travers la critique logique, ce à quoi Lacan fait retour est – geste cette fois *ontologique* – le traitement de la représentation comme *duplication* « virtuelle » d'un « réel ». Or c'est là un concept de la représentation qui, pour traditionnel qu'il soit, ne va pas de soi. On serait d'abord autorisé à demander : la réduction de l'image à une duplication ne serait-elle pas un présupposé problématique de l'idéalisme occidental si, comme l'écrit François Jullien, le concept même de duplication est absent à la pensée chinoise[1] ? Ce que recouvre ce présupposé, c'est, plus encore que l'inadéquation de la duplication, son manque d'être – thème omniprésent à la critique platonicienne du mimétique. Mais qu'est-ce que l'être, sinon ce qui d'abord s'induit de l'étance, telle qu'elle se représente ? Quand bien même les structures différeront pour finir, de requérir deux langues différentes, elles sont inscrites l'une dans l'autre ; en irait-il autrement qu'on retomberait dans l'argument du "troisième homme". Il faut tenir l'être de l'étant pour dire qu'il n'est qu'être-là, il faut donc qu'au perceptif qui se délivre comme étance l'être soit au moins médiat. Or l'être de l'étant n'est en rien introuvable : il tient dans la seule consistance – le « réel » – de sa constitution, en tant que faire-un d'une multiplicité devenue par là consistante. Tirons au but : ce n'est pas l'image en soi, telle qu'elle se constitue, mais un certain *traitement* de l'image qui la fait définir comme duplication, et qui définit alors l'Imaginaire, et en commande la dénonciation : celui où, prenant l'image pour *toute faite* et non pour un *faire* discursif, on y fonde en après-coup sur le jeu des ressemblances et des dissemblances les « propriétés » et les « classes » où elles se rangent, qui elles-mêmes s'empilent. De ce biais, l'opposition est bien ultimement logique : logique du faire-un de la constitution contre logique constative des prédicats. Mais quand on dit cela – et on le dit depuis Platon[2] –, on présuppose ce qui est le plus faux : que l'image est un tout-fait et non pas un faire.

Tout ce mouvement se ramène pour finir à *l'inconsistance foncière du sujet*, qui n'obtiendrait une image toujours spéculaire, et donc vir-

---

1. *La grande image n'a pas de forme*, chap. XV.
2. Il semble bien que Parménide (par ex. frag. VIII) n'indicie du non-être que le devenir.

tuelle, que par le redressement d'une première image, tout illusoire, où l'« enveloppe » obscure du corps enserrerait le multiple approximatif de ce qu'à la fin on appellera l'Un de l'objet. Tel est le sens de ce que Lacan illustre par le montage de Bouasse où, d'une part un vase renversé, d'autre part un bouquet dressé, le second superposé au premier au foyer d'un miroir sphérique, apparaissent, sous un certain angle, dans l'image – dite, en optique, « réelle » parce que sans miroir pour la supporter – du vase (le corps comme enveloppe) enfermant le bouquet (l'objet) ; et où, sous un autre angle, supposant déplacement du sujet, cette même image peut réapparaître, cette fois comme virtuelle, dans un miroir plan : ce dernier moment, où le miroir plan serait index de l'Autre, serait donc celui où le Symbolique impose l'ordre du distinct à ce qui lui a été livré par l'Imaginaire, sans qu'il puisse effacer le leurre pour autant. Remarquons d'abord que l'intention de cette exposition est ambiguë : prise dans sa lettre, elle est une déconstruction de la perception, mais du seul point de la prégnance du Moi et de l'autre, et en visant pour finir la distinction entre Moi idéal et Idéal du moi. Quoi qu'il en soit, ce qui fait matière de l'argument est d'une part le corps, d'autre part une multiplicité sans consistance. L'argument du *corps* est ce que Lacan a en commun avec Merleau-Ponty ; mais où ce dernier en invoque la structure, Lacan y oppose l'image d'un contenant informe et de ses orifices. À confronter cette image avec celle dans laquelle s'inscrit la pratique du corps venu à l'Un de sa consistance opératoire, il est tout à fait impossible de tenir la première pour la matrice de la seconde, et sa pertinence ne peut être que fantasmatique ; Lacan ne l'a cependant jamais rangée parmi les fantasmes parce qu'il indicie ceux-ci aux seuls orifices du corps ; disons alors qu'elle est leur champ propre, consacrés qu'ils sont à son obturation. Quant à l'inconsistance foncière de l'*empirie*, c'est ce que nous disons aussi bien, mais comme un contre-argument : car la mise-en-un de l'empirie, qui est tout autre que quelconque, ne va jamais sans cette instauration d'un site logique dont nous avons tant de fois déjà décrit la constitution. On ne peut comprendre qu'au schème de Lacan n'ait pas été faite l'objection : *comment, à partir d'une première image bâtie « à la six-quatre-deux » et de sa reprise par une autre qui y impose le leurre dit d'un objet*, doublée d'ailleurs d'un « flottement » entre les deux images, *peut-on concevoir que résulte la consistance qui à l'ensemble de l'apparaître ne fait jamais défaut ?* Comment celle-ci se constituerait-elle si elle n'était pas première, et première, par voie de conséquence, à la consistance de l'objet ?

À la théorie défective du perceptif que Lacan bâtit, il suffit de demander : qu'est-ce que cet « espace réel » qu'il oppose, sans davantage s'en expliquer, à l'espace imaginaire ? et de répondre : ce ne peut être rien d'autre que l'articulation sans failles du perçu, dont l'Imaginaire est seulement le tout-fait représenté dans la dénégation de son faire. Le statut d'énoncé du perçu et sa consistance ne cessent pas d'être, et à titre de fondateurs, les garants d'un faire-un discernant qui est proprement *constituant* pour l'image. Laquelle n'a, de ce biais, rien à envier au concept. Avant le faire-un, il n'y a rien, sinon le chaos du Réel, et le pur divers de l'empirie. L'image n'advient pas dans la duplication du semblable, elle n'est que parce qu'elle est Une. C'est ce dont le perçu ne cesse d'attester. Il n'y a là que le Réel et sa mise-en-un, garant *princeps* de ce que veut dire consistance. Que nous lisions la représentation dans le registre des ressemblances et des différences et que s'en fonde la logique, dite « naturaliste » ou « perceptive » des propriétés et des classes, c'est là le véritable leurre ; aussi bien ne la lisons-nous jamais seulement dans ce registre-là : il faut l'Un consistant du tilleul, en son site logique, pour que je le rapproche et distingue du saule proche, et chacun de ces moments n'est rien d'autre que position discernante. *L'image est du discernable, et réelle, chaque fois que je la tiens dans sa constitution ; elle ne devient virtuelle que dans l'oubli de sa constitution.* Aussi bien n'en va-t-il pas autrement de n'importe quel objet de pensée.

La *troisième* définition de l'Imaginaire est moins liée aux caractères propres de l'image et renvoie à son creusement par le Symbolique. C'est celle qui prend appui de l'ancrage du perceptif dans la structure du désir : dont l'objet, partiel et perdu, rôderait sous toute représentation et la creuserait de ce qui y manque.

Cette disjonction dans l'image doit être tenue pour l'effet de la traversée du besoin, de soi simple, par l'Autre du Symbolique qui le fait éclater – loi de la chaîne des altérités pures – en pulsions partielles, et de l'interdit que la chaîne soit prédiquée du compact de la représentation. D'où ce paradoxe que c'est l'Autre lui-même qui paraît amputé de ce qui manque à la représentation et qui est requis par le partiel de la pulsion[1].

---

1. J'essaie ici de livrer l'appareil conceptuel dans sa pureté, débarrassé de son matériel proprement psychanalytique.

De là que, parlant du fantasme, Lacan le situe toujours de la coupure d'une embrasure dans le mur de la perception : embrasure dans laquelle ce qui apparaît n'est que voile de ce qui s'y tient. Autrement dit, l'objet du désir tout à la fois y insiste et y manque. Et c'est précisément l'ambivalence de cette structure qui assujettit le sujet au désir, au point d'y nouer la structure du sujet lui-même.

La célèbre analyse du voir poursuivant dans la représentation le regard qui s'y dérobe signifie non seulement qu'elle est articulée par un *creux*, mais que ce qui se tient dans ce creux est *immanent* à la matière même de la représentation et appartient à sa constitution – autant en va-t-il, par exemple, de la voix pour l'entendre. D'où qu'à la fois il n'y a pas de « plein » de l'image et elle ne cesse d'être en quête de ce qui, lui manquant, la remplirait.

L'ensemble de cette analyse du désir est, sans conteste, la plus pertinente et la plus opérante qui en ait été faite, et renvoie à sa médiocrité ce qui s'en dit depuis Aristote [1]. Mais la question est celle de sa portée : le désir fonde-t-il la représentation ou y fait-il exception ? Notre argument est toujours le même : la consistance de l'apparaître, qui ne nous doit rien et qui garantit pour nous la représentation, ne laisse de place à aucun manque, et c'est seulement quand nous l'abordons du point du désir que le manque apparaît. Or le désir est local, et le vacillement qu'il entraîne dans la réalité situe son caractère d'exception. Davantage : tout autre que fondateur pour la représentation, le désir la fait basculer, en ce que son objet, « manque dans l'Autre », prédique ce dernier du représentatif qui ne saurait lui convenir. Que l'objet perdu (*a*) à la fois soit du registre de l'Imaginaire et irreprésentable, atteste de cette contradiction. Que cet accident dans la structure de la représentation ne soit plus un accident – c'est tout le contraire – dans la structure du sujet, cela s'entend sans contradiction. La prise du vivant dans le discours y génère le partiel des pulsions, qui décomplète la représentation ; et c'est parce que celle-ci, comme nous ne cessons de le rappeler, est elle-même discursive, que le désir en entame la discursivité : faisant trou dans ce que soutient le discours même. Il va de soi que de le dire ne supprimera jamais le désir ; mais on n'en saurait induire que la consistance de la représentation soit, en elle-même,

---

1. La question classique étant celle de la *maîtrise* du désir, tout s'est passé comme si la pensée n'abordait celui-ci que négativement, ou ne s'y aventurait que par des voies réductrices. Il faut mettre à part Platon, et Lacan ne se trompait pas en en repartant.

affectée par ce qui vient la troubler dans le champ du désir. En d'autres termes, le perçu et le voir-sous-la-prise-du-regard-perdu sont positions alternes dont on ne saurait effacer que la première s'assure en elle-même de sa consistance, tandis que la seconde, structurellement inconsistante, ne peut que se fantasmer : si elle a une vérité, c'est celle seule de la jouissance qui affronte le sujet à ce qu'il a perdu mais dont il ne peut supporter le retour.

Tenir ces distinctions est délimiter la portée du recours lacanien constant à des figures « paradoxales » telle celle de la bande à un seul bord, empruntées à des topologies alternatives[1], figures construites pour illustrer la course du désir autour de son objet et le statut de celui-ci comme déjet inclus. Il est impossible de modifier l'image autrement que par et dans l'image : c'est seulement dans la substance de l'image que peut se disjoindre celle-ci. Mais il faut bien voir que ce qui est là figuré, c'est *ce qui*, dans le local du désir, *disjoint la représentation*, une fois encore du fait de la disjonction entre Symbolique et Imaginaire, prise cette fois du point du premier, et non pas ce que la représentation aurait de disjoint de par soi. *Il ne saurait y avoir de fondement alogique du logique.* On se gardera de nier que le sujet soit boiteux dans son être, scellé d'une schize structurelle, et que le désir introduise dans le champ de la représentation notre (in)constitution d'existants : de « parlêtres », qui ne maîtrisent ni le discours du désir – glissant du signe au signifiant –, ni l'image qui le soutient – la décomplétant : c'est en somme ponctuer qu'en regard de ce que nous savons penser comme le réel, nous sommes nous-mêmes dans l'impuissance à être "réels", et que cela est précisément la signature de notre impossible, qu'il faut écrire alors comme le Réel. Mais on se gardera tout autant de nier que la discursivité qui signe, du perceptif,

---

1. Deux remarques. 1. Lacan a manié la topologie avant de mettre au premier plan ce qui fait d'elle une discipline logico-mathématique dûment constituée. C'est sans doute pourquoi il a, jusqu'au bout, insisté sur la difficulté qu'elle pose à la représentation, dès que ses figures ne sont plus celles de la géométrie perceptive « classique ». 2. On aura sans nul doute aperçu que l'algèbre topologique recoupe exactement – et pour cause – la théorie du *topos* à laquelle nous avons fait plusieurs fois allusion : théorie où une « catégorie » est un groupe de permutation entre des termes qui ne sont déterminés que par les flèches marquant leurs relations. La théorie du *topos* est toutefois plus étendue et proprement fondatrice pour ce que, partant de la décision axiomatique, d'une part elle explore toutes les géométries possibles, d'autre part elle permet d'en induire autant de logiques dans l'exhaustivité de leurs propriétés.

la réalité, tombe sous la prise de ce qui nous laisse, dans le désir, disjoints. Le perçu est logique qui ne nous doit rien : ce qui nous insigne est de pouvoir nous y porter, tout en étant quant à nous-mêmes, de par ce même pouvoir, contre nous-mêmes divisés.

Le fantasme est tout le contraire du "fond" des choses et, s'il y a un leurre dont il faut se déprendre, c'est celui de prendre sa "profondeur" pour *la* vérité. Le disjonctif, disons du "sujet", disons de l'existence, rôde sous et dans le perçu, il ne peut être question de les confondre. Le fantasme fait manquer le perçu à lui-même, creusant la logique de l'image du sourd désordre des pulsions qui, bien plutôt que porteur d'une image autre, est impuissant à en former une qui soit proprement constituée, ce qui n'exclut pas son insistance, dans la compulsion à l'appeler.

C'est de ce trait que la représentation est, jusqu'en sa consistance, mise au risque de notre inconsistance ; que ce dont le sujet est décomplété peut faire élision dans l'image et ne cesser d'y rôder comme désiré : dans la terreur – celle où se signe tout désir – de se perdre comme sujet en le retrouvant. Parvenue à ce point, l'analyse rend compte de ce qui fait, *dans les marges du perçu*, l'« irréalité » de la réalité : recul structurel qui peut désinvestir la réalité sans que la constitution de celle-ci en soit affectée. Il faut toujours tenir que le moment *subjectif* de la constitution, celui qui s'inscrit dans l'(in)constitution du sujet, ne saurait démentir – seulement, l'investir – le moment *logique* du perçu. Qu'il faille à l'(in)constitution comme exception une exception dans la logique elle-même en est encore la confirmation[1].

Lorsque, dans ses derniers *Séminaires* – ce n'est ici qu'une indication, nous y reviendrons beaucoup plus loin –, Lacan se heurtera au nœud « borroméen » comme à la seule écriture possible de la structure triple du sujet, non sans reconnaître d'abord qu'une telle écriture n'est pas plus qu'une représentation, et donc figure d'Imaginaire[2], il

---

1. Pour exemple : on ne saurait, sans faire exception au maniement prescriptif du *quantum*, y faire glisser la négation sur l'argument. Soit passer de « il n'existe pas de femme qui soit castrée » à « il n'existe pas de femme qui ne soit pas-toute castrée ». Lacan trouve là une transcription géniale de l'exception.

2. En fonction de la chaîne figure-espace-corps, le Séminaire *RSI*, allant beaucoup plus loin, substituera à la critique logique du Semblable la référence à la seule *compacité matérielle* du « ça se tient ». Dans le même temps et inversement, la quête obstinée d'une topo-logique du nœud signait la recherche d'une algèbre littérale. J'y reviendrai en son lieu, qui n'est plus celui de l'Imaginaire mais de l'existant.

en conclura, avec une sorte de désespoir, que la prégnance du *corps* – désigné cette fois comme matérialité – est indépassable. Le dérisoire de l'homme, c'est qu'il n'est qu'avoir, et avoir de quoi ? D'un corps, et c'est comme parlêtre qu'alors il se leurre, à faire « passer l'être avant l'avoir »[1]. Expression ultime d'une anti-philosophie, dénégation de ce que le dernier mot puisse être le « y a d'l'un » du pur discernable : mais expression impossible à concéder si elle confond ce qui peut se dire du sujet avec ce que le sujet peut dire. Aussi bien, ce qu'il peut dire de l'être, ce n'est qu'à l'identifier, en heideggérien, avec ce qu'il peut dire *de lui-même*, que le sujet s'y avérerait impuissant. Notre facticité d'étants se laisse parfaitement écrire, et l'impossibilité d'écrire la consistance de notre facticité d'existants ponctue encore, dans son statut d'exception, le primat du Logos où nous nous tenons.

Ce qu'il y a dans le dernier discours de Lacan de pathétique n'est pas le fait d'une aporie soudaine mais résulte de ce que je désignais à l'instant comme le parti heideggérien : *chercher le réel au bout du Dasein*, dans le même temps où le parti lacanien est que le réel du *Dasein* ne cesse pas d'échapper. La grandeur de Lacan est d'avoir exploré ce discord non dans les termes complaisants de la « compréhension » heideggérienne, mais dans ceux de la constitution cartésienne. Son déni est celui de ce que peut le discours – sur la seule rigueur duquel il ne cessait en même temps de s'appuyer : de ce que peut le discours par lui-même, partout où ce n'est pas sur l'inconsistant – et peut-être n'y en a-t-il pas d'autre que l'existence – qu'il vient achopper. Ce qui a requis cette longue discussion est que le déni fut singulièrement celui du discours ontico-ontologique dont ne cesse d'attester le perçu, premier même à l'attester.

Ce n'est pas dire, loin de là, que le concept d'Imaginaire n'est pas opérant – la structure dans laquelle Merleau-Ponty imaginarise l'être au monde nous en a fourni un exemple –, mais c'est souligner dans quelles limites seulement il est opérant : celles où l'image, par un geste narcissique qui la restructure, n'est plus qu'un moment de la subjectivation. Il nous suffira toujours d'y répondre qu'au-delà de tous ses avatars, l'image consiste, qu'elle est même le consistant originaire, et que le perçu n'est rien d'autre que le dépli logique de sa constitution.

---

1. *Joyce le symptôme*, in *Autres écrits*, p. 565.

Cette mise au net d'un concept trop labile, pertinent pour la seule subjectivation, articulé sur un déni de la constitution, éclaire ce qu'il faut retenir comme la lucidité d'une page ancienne de Lacan qui nous intéresse particulièrement, parce qu'elle enveloppe – non seulement implicitement mais quasi explicitement – une critique de Merleau-Ponty[1], impliquant et qu'il se tient – sans l'assumer – dans l'Imaginaire, et qu'il l'interprète à contre-sens. L'adéquation de *sa* réalité à un organisme animal, autrement dit de son *Umwelt* à son *Innenwelt*, est ce qui se trouve assuré par le jeu des *Gestalten*. Ce qui, *a contrario*, spécifie, pour ce qu'elle prend appui sur nos images, notre connaissance (ce qui l'arme aussi) est de se trouver fondée sur une *discordance* par rapport aux *Gestalten* : soit pour le statut de l'image un moins, le caractère anticipé de l'ensemble des images sur les réquisits de l'organisme et l'articulation de son monde, partant leur peu de réalité, mais aussi un plus, une représentation demeurante qui se prête à une infinité de lectures dans une indéfinité d'extensions. Merleau-Ponty pourrait répondre que, se plaçant toujours dans l'expérience existentielle du sujet comme celle d'une communication avec le monde et en celle-ci d'un projet qui est « commencement absolu », il n'a pas réduit la perception – insistant, aussi bien, sur ce qu'elle entraîne de flottement du sens – à ce qu'elle a de clos dans le champ animal. Reste, répond Lacan, qu'il n'a pas aperçu que ce n'est pas d'être d'abord structurellement adéquate mais *inadéquate* qui fait pour nous et le risque et la « puissance » de l'image, inséparable de son aptitude à se constituer. Proposition qui n'a aucun sens si, comme l'affirme d'emblée Merleau-Ponty, la situation « finale » de la connaissance n'est que le dépli de sa situation « initiale » : le sujet se porterait vers le monde pour autant qu'il en est, et le gagnerait en en étant toujours mieux. La critique de ce qui entraîne Merleau-Ponty à écraser l'image sur l'Imaginaire de l'identification au monde est ici imparable. C'est parce qu'on peut dire que l'image comme ressemblance "ce n'est pas ça", qu'on peut tenter de dire "ce que c'est que ça". L'erreur de Merleau-Ponty est d'enfermer le Même en lui-même et de faire du sujet même un moment du Même.

Partageant sa conclusion, nous pourrions nous reconnaître jusque dans l'argumentation de ce texte, pour autant que, pas plus que Lacan, nous ne confondons l'image avec la positivité de la *Gestalt*, la logique

---

1. *Écrits*, « Propos sur la causalité psychique », p. 179.

du discours est d'un tout autre ordre ; et pour autant que, à cet instant, Lacan va jusqu'à invoquer une constitution de l'image. Mais nous nous étonnons encore une fois que l'inadéquation propre du semblable aveugle le faire de l'appareil consistant du perçu, dont il n'y a plus à demander s'il est adéquat : il est, du point du Logos, tout ce qu'il peut être, et c'est en quoi toute connaissance y a son départ. Si déhiscence de notre être il y a, elle est justement le revers et l'effet de notre être au discours.

Dans le texte extraordinairement ambivalent qu'il publiera à la mort de Merleau-Ponty[1], Lacan récusera toute relation fécondante de la phénoménologie perceptive à une théorie de la connaissance, qui n'est d'ailleurs plus, de nos jours, qu'en lambeaux, cependant que la prétention d'un « savoir absolu... n'habite plus à présent que le logicisme ». Et pour être tout à fait clair : « la théorie de la perception n'intéresse plus la structure de la réalité à quoi la science nous a fait accéder en physique ». Nous sommes cette fois dans le déni de ce que le savoir doit à l'apophantique *princeps* du discours du perçu. Toutefois, le cœur de cette mise hors-jeu de la perception requiert une précision supplémentaire : désormais, ce qui absolument la réfute, et ce jusque dans l'assise qu'elle prétend prendre du corps, est « son corrélatif d'un *sujet*, module divin d'une perception universelle ». Et ce qui, en revanche, pourrait sauver une phénoménologie de la perception – ce que Lacan croit entrevoir dans les derniers écrits de Merleau-Ponty –, c'est le sujet encore, mais dans ce retournement de sa définition où, loin que le *percipiens* soit le support du *perceptum*, c'est ce dernier qui, comme signifiant, commande au titre de *percipiens* un sujet, et bien plutôt que comme présence, comme élidé.

Cette dernière discussion appelle de notre part deux remarques. D'une part, elle pose cela même qui a été notre point de départ : l'illusoire du sujet comme unité pleine, présupposé métaphysique qui supporterait le perceptif. Et elle y substitue ce même concept du sujet que nous avons requis comme le seul à rendre intelligible l'expérience : sujet sans autre détermination que celle des signifiants – perceptifs, entre autres – qui le suscitent à une autre place : « sujet comme rejeté de la chaîne signifiante, qui du même coup se constitue comme refoulé primordial », « *je* évanouissant de la véritable énonciation ».

---

1. Dans le numéro d'hommage des *Temps modernes* d'octobre 1961. Repris maintenant dans *Autres écrits*, p. 175.

Ce sont là nos repères mêmes. Mais d'autre part, Lacan fait ici impasse sur l'« espace réel » qu'il invoquait en un temps précédent, espace qui n'est pourtant pas celui de la physique, et dont il faut bien qu'il précède au moins logiquement son revers d'Imaginaire : ce qui réfute le corps compact du monde dès lors qu'on vient au plan de l'apparaître, ce n'est rien si ce n'est pas la consistance de l'univers perceptif ; et ce qui réfute au plan du perceptif même la structure duale de la perception, ce n'est rien si ce n'est pas la sous-scription du perçu par un sujet qui n'a plus rien de « divin », qui n'est qu'en élision. Réponses frôlées mais détournées par Lacan au profit d'une analyse du pictural comme jeu de signifiants dont « l'usage d'irréel... n'exclut pas du tout leur fonction de vérité » dans un tout autre ordre que celui des « tables de la science ».

Il est frappant et inconséquent qu'en ce point Lacan ne laisse même pas au perceptif la "chance" d'une articulation dans l'Autre qu'il reconnaît au pictural, et rabatte implicitement sur l'Imaginaire le perceptif. La vérité du perçu n'est pas celle de la science ? Certes : si c'est celle de *ce qu'est* le sensible et non celle de *ce qui est*, tel qu'exhibé dans le sensible. Mettre au jour si et quelles prescriptions commandent la vérité perceptive, quelle axiomatique la prescrit, voilà ce qui devait être mis à l'épreuve. Que la réalité s'apprésente comme image dans l'apparaître n'entraîne aucunement que, comme telle, elle ait un autre référent que son intelligibilité. En déplaçant la question sur le versant de l'esthétique – Lacan n'en a jamais mieux parlé qu'en ce lieu –, de ce qu'il doit à la logique du signifiant, de ce qui en résulte comme élision du sujet et de ce qui le traverse du désir comme manque – « l'œil est fait pour ne point voir » –, Lacan simultanément livre là les procédures qui permettent de libérer de la perception le perçu, et semble exclure qu'elles soient pertinentes en son cas parce que – traditionnel en cela – il couche sur le champ de la connaissance des propriétés le champ du perceptif, dont il méconnaît la spécificité : celle d'énoncé de l'apparaître, souscrit par un sujet vide comme ils le sont tous, et suscrit par l'être. Nous dirons quant à nous qu'il y a, qu'il y a aussi, une vérité du perceptif, qui n'est ni celle de l'esthétique ni celle de la science : qui se tient dans le seul appareil logico-axiomatique de son propre discours. Bref, de l'image, le déceptif inscrit au titre – local – de l'Imaginaire n'est pas le dernier mot.

Une réfutation exhaustive de l'objection préalable qu'à la consistance du perçu oppose la thèse lacanienne non du concept d'Imaginaire mais de ce qu'on pourrait appeler son *hypostasie*, était nécessaire. Encore resterait-on à mi-chemin et manquerait-on à mesurer les enjeux critiques si on ne la replaçait pas dans l'opération structurale dont elle est un moment.

Aussi soucieux que le philosophe le plus rigoureux de saisir en chaque occurrence le concept et de requérir de celui-ci qu'il soit formalisable, Lacan lui oppose, comme une objection radicale, l'aporétique de la *structure du sujet*. Tout ce qu'on retient pour le propre de l'appareil lacanien – les trois instances, la fonction du désir, le manque – a son inscription dans la structure du sujet. Un philosophe comme Badiou retiendra de cet appareil que le sujet est, de soi, vide – effet pour Lacan du discours, où il est représenté par un signifiant pour un autre, assomption pour Badiou de ce qui dans l'événement excède le faire-Un du Multiple de l'être – et que la vérité dont il peut répondre fait trou dans le savoir – pointant pour l'un les déterminations restrictives du savoir dans la structure, pour l'autre indiquant le forçage de la décision événementielle. Mais on voit dans ce croisement même l'opposition que le départ pris de la structure du sujet induit, substituant, à la déduction des termes que l'ontologie prescrit, un appareil dont le dépli est restrictif.

Quelque restriction que je fasse, comme on verra, à l'emploi du terme « sujet », je tiens la construction structurelle de ce qu'on appelle ainsi pour un moment dont aucune métaphysique ne peut faire exception. Dès lors qu'on s'accorde sur la définition de l'existant comme un individu vivant *et* pensant, par là ek-sistant, excédant à la vie, on ne peut passer outre les conditions constituantes de cet excès. C'est dire un moment excessif à l'être-là, qui était là dès le départ, et qui n'y était pas quelconque. Mais ce n'est pas dire que ce moment détermine ce qu'il en va du discours, du savoir et de la vérité ; c'est même dire le contraire.

Il ne faut jamais oublier que Lacan a abordé la question du sujet du point de l'existence elle-même, et nommément du désir. Il l'a abordée sous le prescrit d'en saisir l'intelligibilité et, pour ce faire, de ne céder en rien sur ses apories en regard du discours formalisé de la science, qui devrait sa transparente consistance à ce qu'il fait exception, précisément, du sujet. Ces apories se diront : il n'y a de sujet que par, depuis et pour l'Autre qui toujours déjà le précède ; primauté du discours qui fixe au sujet son site ; reduplication leurrante du Moi dans la représentation ; retour obstiné d'un reste ou Réel qui « ne cesse de ne pas s'écrire ». Séparant d'abord l'opérer distinct des trois instances, prescrivant pour leur opérativité conjointe une série d'exceptions logiques, et assignant pour le sujet au sein de cette structure opératoire le retour d'une place qu'elle seule détermine, ce que Lacan a mis au jour est une articulation constituante dont l'*existence* ne peut faire exception. Et dont, du fait de son essentielle disjonction, est tout autant exclue la résolution.

Ce dernier point est crucial en ce qu'*il n'introduit l'analyse intelligible de la structure que pour en constater l'effet défectif*, et produire du point de la connaissance un renversement du philosophique contre la philosophie : sans structure du sujet, on avait l'élaboration axiomatico-logique d'un monde ; telle que Lacan la construit, y articulant antériorité de l'Autre, inscription dans le Symbolique, leurre de l'Imaginaire, insistance du Réel toujours à la fois insistant et perdu, le monde n'est plus qu'un moment de la structure, moment où il n'y a même plus chance que l'être puisse faire retour, absorbé qu'il est par le « manque » constitutif du sujet[1]. Du monde, ne reste validé que ce que peut énoncer la Physique, c'est dire ce même discours dont l'être doit être évacué au même titre que le sujet, comme illusion de celui-ci.

Or il faut objecter qu'à l'inverse le statut même du sujet, où l'être-là et y ek-sister se recroisent, commande que soit d'abord élaborée une théorie de, selon qu'on voudra, ce qu'on appellera l'être-là ou l'étance, sur le fond de laquelle le sujet s'enlève, et avec lui la pensée : c'est ce réquisit-là que j'ai dès l'abord posé comme celui de la réalité. Le sujet est toujours *du* monde, de ce qu'il y a d'*être* dans le monde, avant de l'élaborer et de s'affirmer en changeant de monde. C'est pourquoi on ne peut désigner le sujet sans se trouver contraint de forcer jusqu'à ce qui s'exhibe de l'être dans le monde. Que le sujet y fasse trou de son vide situé prescrit qu'on dise *ce qu'il troue*. Inconnaissable, répondra à la fin Lacan, désignant par là l'opacité du corps : le sujet se leurre quand il croit être, bien plutôt il « a » un corps. Mais qui doute – sauf éventuellement le schizophrène – que le corps

---

1. C'est très exactement ce qui, dans le schème structurel du sujet, s'écrit S (A) – (S D) : de ce qu'il n'y a pas d'Autre de l'Autre suit qu'à la demande absolue d'être il n'y a pas de réponse.

« soit » ? Et qu'il soit au même titre que le tilleul ? On peut bien douter que la connaissance soit jamais à la mesure de l'être, mais on ne le peut qu'autant qu'on conçoit ce que recouvre le concept de l'être. Que signifierait, sinon, ce que Lacan insigne du manque, et que lui-même retraduit par « manque-à-être » ?

Or, derechef, ce qui pose et impose le concept d'être, c'est *ce qu'il y a d'être dans l'être-là*. Et l'être de l'être-là, qu'est-ce qui l'atteste décidément ? Non simplement qu'il se donne, mais qu'il se présente et se représente consistant ; car tout est là : c'est de ce point, celui de la consistance, seulement, que l'être s'assure. Non que l'être lui-même doive se dire consistant, mais que son advenue à la consistance de l'être-là soit précisément ce qui le prescrit. Si – et qui oserait le nier ? – le monde consiste, alors il y a *cela* qui consiste. De sorte qu'il ne faut pas hésiter à poser que c'est sur l'être-là que l'être doit être interrogé.

On voit bien que le nœud est ici la critique conduite par Lacan de la représentation du monde à partir de l'élaboration du concept de l'Imaginaire, fondé sur la duplication de la figure du Moi au miroir, et la substitution d'enveloppes – à commencer par le « sac » du corps – au multiple de ce qui se présente. Mais qu'on nous dise alors comment ces unités fallacieuses, loin de nous égarer dans un chaos, si manifestement, si évidemment, consistent : comment pourrait s'en faire un monde. Le monde n'est pas une hallucination : il est ce sur quoi toute hallucination se reconnaît. L'Imaginaire peut bien rendre compte des mises en impasse de l'existence, et nommément du désir, où le Moi ne se soutient plus que de la recherche d'un objet dont l'image lui échappe, situation où le sujet lui-même se retrouve « schizé ». Mais l'impasse est là défaillir à l'être-au-monde, et encore une fois on ne défaille pas sans que puisse être posé ce à quoi l'on défaille. Que le sujet désirant in-consiste ne saura jamais faire que l'être-là, lui, manque à consister, et que cette consistance manque à opposer à l'être-en-défaut du sujet son imperturbable enséité. Oui, le sujet est transi par le manque, mais la consistance de l'être-là lui interdit d'y projeter son manque. *Le monde est ce qui dédit le sujet.*

Lacan, avec le plus obstiné des présupposés philosophiques, reprend la condamnation platonicienne de l'apparaître, fait un de l'apparaître et de l'apparence, exclut que le premier puisse requérir une axiomatique, et même que lui soit adéquate une *constitution* logique. Entre lui et les langues formelles, la disjonction serait radicale, dont l'écart entre perception et discours scientifique serait le témoin. Du dédit que le monde oppose à ces dénégations – le mot pris dans son sens strict, celui du « mais quand même... » –, il reviendra au discours du perçu de rendre raison. Je me contenterai pour le moment de faire remarquer qu'on ne constitue pas un monde avec des bribes de phénomènes qui se laisseraient sans raison interne ajuster, et qu'avec un divers de compacités trompeuses on ne peut qu'en venir à nier contre toute évidence qu'il y ait du monde. Aucune pensée ne progresse en contournant ce qu'il y a. Et ce qu'il y a, ce ne sont pas des termes confus mais des *rapports intrinsèques*, dont les termes, à leur tour, sont le faire-Un consistant. De ce point, le débat est méthodologique : tenir pour donnés les termes vaut s'interdire toute fondation ; mais ici comme partout, le réel ce sont les rapports, les rapports non en ce qu'ils relient du dehors des termes qui les précèdent mais en ce qu'ils en fondent la constitution. Tout ce qui existe a une structure interne, et dans toute structure les rapports précèdent les termes. Revenir là-dessus est retomber au discours taxinomique. C'est ce que l'analytique du perçu récuse de prime abord : restituant du même trait à l'être-là sa place primordiale dans le procès consistant du système ontico-ontologique. Où le sujet seul fait exception.

Il va de soi que cette discussion, pour axée qu'elle soit sur la thématique du monde, n'est pas locale. Ouvrant à la théorie du sujet la structure qui lui manquait, Lacan a déplié un appareil à la fois disjoint et lié, là où, jusqu'à lui, le sujet était *ou* resté inarticulé, point-conscience distinct de la pensée qu'il supporte, *ou* confondu avec l'articulation du savoir qu'il possibilise. Contre la première de ces définitions, contre l'*intuitus* sans médiation d'une saisie « compréhensive » de ce qu'être sujet signifie, la structure oppose à bon droit son articulation ; mais contre la seconde, les termes-portants de la structure, pertinents contre tout transcendantal de type kantien, s'avèrent n'avoir en revanche aucune pertinence, pas de place, dans la théorie du savoir. Ce dernier point est capital. Le sujet lacanien, *sujet de l'existence*, n'est pas celui qui répond de la science, où Lacan le dit « suturé » ; c'est bien pourquoi Lacan est fondé à dire qu'il n'y a pas possibilité de discours, touchant le sujet tel qu'il se structure, qui, pour la science, ne s'avère paradoxal. Tenir un savoir de ce qu'est le sujet existentiel est le trouver toujours en défaut au regard du sujet sapientiel.

C'est ce que Lacan expose, mais c'est moi qui précise : si *hiatus* il y a, c'est que la structure du sujet de la psychanalyse, sujet de l'existence, n'est en effet pas celle du sujet de la science. Je dirai plus loin ce que peut être ce dernier, comment il n'est possible que pour autant qu'il appartient lui-même au discours dont il répond ; et le disant, je ne dédirai rien de ce que Lacan a « inventé » – comme on s'exprime en archéologie –, qui est définitif, touchant ou le vide du sujet d'un discours, et sujet il n'y a que de discours, ou le faire-trou de la vérité. Mais ce où je dois pour le moment venir est la tentation à laquelle Lacan, après Freud, n'a pas résisté, de glisser de l'existence à la science et de chercher dans la première les fondations de ce que peut ou ne peut pas la seconde. Ce qui se concluait de la discussion précédente est que, quand bien même il y aurait équation entre la représentation et la définition lacanienne de l'Imaginaire, aucun argument n'en pourrait être tiré contre la consistance de l'apparaître de tout monde : ce n'était assurément pas le mouvement de Lacan, ne retenant la consistance discursive de la Physique que comme substantiellement étrangère à la présentation de l'être-là. Dont aucun Imaginaire, pourtant, ne peut faire que, dans sa consistance, elle ne soit là. »

Pas davantage ne peut être accordé à Lacan que le sujet existentiel soit prescriptif pour le discours philosophique. Du point de manque du sujet existentiel, il y aura toujours pour lui impossibilité de se tenir pour fondé dans son être ; mais il est justement le seul à qui l'être se dérobe ; et tenir que l'essentielle disjonction de l'existence interdit une pensée consistante de l'être serait remettre la pensée au nœud du sujet existentiel ; or qu'est-ce que ce nœud ? L'élaboration du désir, de ses impasses et des voies par lesquelles il s'énonce ; le sujet barré en inclusion externe à l'objet perdu ; la fonction du phallus et le « il n'y a pas de rapport sexuel » avec la réécriture de la logique des quanta qu'il commande. Mais l'être n'est aucun objet, requis par aucun désir (même si dans la névrose il lui peut advenir de le devenir) et rien n'est moins barré que le sujet du discours ontologique : sujet souscrit d'une pensée qui ne s'autorise que de soi lorsqu'elle prescrit qu'elle ne peut poser d'il y a sans le suscrire de l'être, et, pour en dire un peu plus, poser l'Un qu'il y a sans poser le Multiple comme l'être dont il est fait ; ces propositions-là sont de celles qui s'écrivent, qui se littéralisent, sans qu'y fasse barrière l'opacité d'aucun signifiant ; et si l'on objecte que poser est déjà se porter hors de la lettre, il faut répondre qu'une lettre sans référent, réel ou possible, le savoir ne connaît et n'a à connaître de rien de tel, quand bien c'est dans l'opérer du faire-Un, qui n'« est » pas, que se pense l'être : aucune exception n'est possible au fondateur « un même est à la fois penser et être ». Et Lacan n'a été pertinent ni en faisant le sujet de la pensée contraint par le sujet existentiel, ni en en induisant – plus wittgensteinien en cela que Wittgenstein – que l'être est, davantage que l'impossible à dire, la référence exclue du discours du savoir.

Tout cela écrit sans ignorer qu'on pourrait sur tous les points invoquer des propositions lacaniennes qui y contredisent, avancées dans les allers et retours d'une pensée en recherche, et portée à poursuivre chaque fois les implications d'un exposé local jusqu'en leurs développements ultimes, fussent-ils divergents avec d'autres et argumentés d'une fois à l'autre sur des sources éventuellement contradictoires. Le texte lacanien se remet au lecteur comme un problème qui requiert de chacun qu'il tranche, venu à ce qui emporte pour lui le moment de conclure. Je tiens que sur la thématique de l'à part soi de l'être-là et de l'en-soi de l'être, ne peuvent ni analytiquement ni philosophiquement être levées les objections faites au parti réducteur, anti-philosophique, du discours lacanien.

Pour ce qu'il en est de Merleau-Ponty, les termes sont maintenant clairs, et le propos de la *Phénoménologie de la perception*, qui se tient tout entière sous le réquisit du semblable et de son interprétation, faisant exclusion de la constitution pour n'invoquer que des structures ajustées, est patent : *c'est la philosophie de l'Imaginaire*. Se donnant d'emblée une figure du monde comme le contenant commandant tout le contenu de la perception, Merleau-Ponty fait fond non sur le consistant de l'univers mais sur le cohésif du monde. Sans doute tout le procès de la *Phénoménologie de la perception* a-t-il pour objet la formation – il serait impropre d'écrire : la constitution, si ce ne sont qu'effets noués à une communauté de structure – de représentations plus complexes, plus précises et plus raffinées, ajustement des semblables là où il n'y avait d'abord qu'une image globale indéterminée : c'est ce progrès de l'image dans les seules limites de l'image précipitée que Merleau-Ponty appellera « vérité ». Mais l'on voit bien à cette définition que c'est sous la seule loi du Même – du Même du monde et de l'Ego –, que le procès de la perception se trouve enfermé.

Il est vrai qu'aux yeux de Merleau-Ponty, l'image reçoit de son assise structurale attestée la garantie d'une sorte d'objectivité, celle d'un savoir *positif* de ce qui articule entre eux le corps et le monde.

Le procès en miroir, tout autre chose que le leurre lacanien, s'entend alors comme un donné naturel. Mais la phénoménologie – comme le remarque Lacan – ne peut se tenir longtemps sur ce versant du naturel : elle ne saurait s'y installer sans ouvrir un espace d'incertitude entre ce qui est adéquation difficilement gagnée de la conscience au monde et ce que délivre le monde en fonction du projet du sujet. Ce qui, dans un cas comme dans l'autre, marquant l'irréductible d'un écart, plaiderait pour ce qu'il y a d'artefact dans le recours à une simple dualité de semblables – ne serait l'argument par lequel Merleau-Ponty referme l'Imaginaire sur lui-même : le projet du sujet, qui le précède, ne peut être que la trace inscrite du monde dans le sujet. En sorte que l'espace où se déroule la *Phénoménologie* a pour fondement l'identité du monde avec lui-même. Ce qui était au départ co-naturalité n'a été perdu que pour se retrouver dans une appartenance co-substantielle.

Plus encore : les métaphores de l'in-dividu total sur lesquelles s'est construite pour Merleau-Ponty l'image du monde vouent l'Imaginaire lui-même, dès lors *pars totalis*, au statut de fantasme ontologique ; *l'image, comme nœud de la semblance, est devenue imago du Tout subsistant.* C'est comme semblable à soi de tous les semblables entre eux que le monde, toujours présent, donné, est aussi toujours absent, perdu, pour ce que chaque identification s'y déborde de l'originarité inassignable de l'identifiance comme nœud de l'être que se partagent le monde et le sujet ; et c'est parce que sa propre identification précède le sujet comme le précède le monde, qu'il n'en a jamais fini avec lui-même non plus.

Une philosophie du Même est-elle possible ? N'implique-t-elle pas contradiction dans les termes ? La réponse là-dessus ne peut être que celle de Lacan : au formulaire du distinct et de l'élision, répugnent le semblable et le subsistant. Tenir la pensée dans la boucle fermée du Même est se tenir hors des chaînes de l'argument. Le Même est inévitable mais il n'y a que la constitution pour en assurer, au champ de l'Autre, la fondation.

b. Qu'est-ce que l'*image, au rebours de l'Imaginaire* ?

Ce n'est rien d'autre que l'*acte constituant* de l'expérience sensible – prise ici et pour le moment dans l'ensemble de ses formants : qualités, espace et temps – tel qu'il s'énonce en lui-même, sur le divers de sa matière, dans la cohérence de ses éléments. *Énoncé à même le sensible*, et qui ne connaît pas d'autre terme que sensible, énoncé qui fait-un d'une situation sensorielle en en déterminant d'un seul geste les traits, le site logique où ils se nouent, et la figure où il se résout. Résolution qui *jamais* ne manque – il n'y a pas d'objet inconsistant. Résolution *intrinsèque*, tenue par le nœud de ses parties dans son site logique. L'image est Une, et *l'Un de l'image est intelligible*, c'est-à-dire s'organise de bout en bout comme l'Un de la Multiplicité qu'il articule. On prétend que cette Unité est brute, compacte, qu'elle précède toute analyse et y échappe, qu'elle est en même temps labile en ce qu'elle se conserve quand elle se déforme. Autant dire, pour reprendre un exemple de Husserl, qu'on sait ce qu'il en va de 2+2 quand on répète l'opération en ayant oublié ce qui la fonde. L'image se forme de ce qu'elle assemble, et que cet assemblage soit en toute occurrence définitoire de l'en-soi de l'objet avère qu'il est tout autre chose que fait brut ; ou plutôt, il est ce qui dans sa matière, et pour elle, s'autorise comme nœud infrangible de ses constituants. Par-delà toutes les contingences, une image est toujours tout ce qu'elle doit être, et ne le serait pas si en elle ne se prononçait pas *la consistance d'un énoncé ontique*.

Levant les yeux au-dessus de mon clavier, je vois dans-la-nuit-noire-un-croissant-lumineux : cela, et non pas du tout la « bonne Forme » de la Lune sur un fond ; le croissant-Lune et le Nocturne sont ensemble l'Un d'une figure qui a son site en elle-même ; logique, le site l'est si bien qu'il peut sans inconvénients n'être assigné en aucun point particulier. Tout à l'heure, le faire-un du croissant de Lune s'avérera déchiqueté, lui-même multiple, traversé qu'il sera par un réseau de fibrilles sombres ; ce sera la matière d'un autre énoncé, interprétatif celui-là, mais logiquement identique, faisant figure dispersée de la découpe des branchioles du tilleul à-contre-Lune. *Où voit-on qu'il y ait du perçu sans la consistance d'un Multiple fait Un, et de l'Un consistant autrement que par l'opérer qui le fonde ?* Comment tout perçu se constituerait-il comme Un – fût-ce provisionnel – s'il n'enfermait pas une proposition ? Que consiste un Un immédiat, cela ne veut rien dire. Cet Un-là, il faut qu'il se fasse, et il ne se fait que dans le discours.

Davantage, et fait essentiel : *la consistance de l'apparaître* – qu'il soit sans hiatus, que toutes ses parties s'articulent sans jamais de contradiction – *inclut celle de chaque image*. Là-contre de nouveau on prétend que l'Un de l'image embarrasse, parce qu'il est chaque fois découpe sur ce qui semble bien plutôt se définir comme une insécable continuité : il y a un tissu sans couture de l'imagé avant toute image, qui n'y est pas plus que prélevée ; et à tailler dans l'image, on ne trouve pas de limite à l'imagé mais de l'image encore : c'est ce qu'on désigne comme l'arbitraire de toute découpe, où semble s'évanouir la consistance de chaque unité. Mais autant il est vrai qu'à l'imagé est d'essence la continuité, autant il est vrai qu'à sa continuité est d'essence la coupure par des unités : ce sont termes réciproques. Nous tenterons de rendre raison d'un trait comme de l'autre. Pour le moment, retenons que de l'apparaître, comme l'imagé, la consistance ne peut se dire sans cette réciprocité.

Ainsi le problème de l'image est-il le problème de son Un, dont l'évidence originaire forclôt toute dénégation.

En atteste qu'à vouloir déconstruire l'Un on n'aura jamais fait que le perdre.

La réponse des psychologues résout le problème dans le style naturaliste, arguant comme d'un trait factice que la perception fait *des* uns. Prétendre qu'il suffit que la perception soit justement cette propriété ou faculté que nous possédons de saisir les excitations sensorielles en blocs contrastés (Formes, structures) c'est oublier qu'en résulterait une dispersion de fragments non liés – à chaque Forme son fond – et non cet Un-et-multiple de l'imagé qui, d'emblée, fait toute la question. Qu'est-ce que cette bonne *Gestalt* que le poulet sait si bien reconnaître ? Certainement pas l'Un d'un Multiple, mais une disjonction induite sur le non-être de tout ce qui n'intéresse pas l'animal, un bloc sans multiplicité interne, ni externe, le « fond » n'existant comme position d'un Deux que dans l'esprit du manipulateur. Bien entendu, nous ne nierons pas qu'il y ait des Formes sur lesquelles se configure préférentiellement le perceptif ; nous dirons que compactes, closes sur elles-mêmes, elles sont sans être encore Unes, ce sont précipités d'un sans Un : sans cet opérer sur un Multiple qui est fondateur de l'*articulation* de tout Un véritable. Prétendre qu'on trouve de l'un tout fait, comme ça, dans l'apparence, est ne rien vouloir savoir d'une Unité qui **se** fait non par mais *contre* l'opacité des Formes, sur la nue dissémination de multiples, l'infinité de divers qui s'ouvre en elle, et qui sont eux-mêmes autant de moments de l'opération constituante qui prescrit l'Un de l'image en ne les discernant que pour les nouer.

Prétendre, pour en dire un peu plus, que nos besoins, et d'abord ceux de notre corps, commandent notre découpe du perceptif comme autant de réponses à nos questions, est faire basculer toute possible unité de l'image sur la nôtre, dont le moins qu'on puisse dire est qu'elle ne va pas de soi. À tous ceux qui mettent le perceptif au bout de nos besoins tantôt, et tantôt en font l'effet de notre structure neuro-mentale, il faudra toujours demander comment il se fait que, sur la particularité d'un appareil projectif ou la singularité d'un appareil réceptif-constructif, ce qui se présente à nous sous l'intitulé du « monde sensible », ce ne soient pas des bribes disjointes d'apparaître – comme sans doute en a l'animal –, ni les impasses où ne pourrait manquer de défaillir un opérer qui n'aurait que nos aptitudes « naturelles » pour se fonder : comment, donc, il se fait que l'apparaître apparaisse comme l'une-consistance qu'il *est* et dans son ensemble et dans son détail, sinon de ce que *sa discursivité, sa logique, le précède*. Au titre de sa condition. En dehors de nous : transcendante. La consistance sans faille de l'apparaître, dans son ensemble comme dans ses parties, se tient de bout en bout dans l'actualité de chaque image, à même l'Un de l'image ; je peux bien la dire factice en ce que je ne sais ni ce qu'est l'empirie, ni pourquoi c'est telle « décision » axiomatique – parmi toutes celles qui sont possibles – qui la commande ; mais ce que je ne peux nier, c'est qu'il n'y a pas de hiatus entre l'apparaître de l'image et sa consistance, et pas de consistance sans prescriptions axiomatico-logiques. Et que cette prescription-là, qui ne saurait être ni projective ni partielle, ne saurait du même trait m'appartenir. Tout ce qui m'appartient est de la reconnaître. Il y a quelque chose de stupéfiant à ce que la réflexion sur l'apparaître ne parte pas de cet Un de l'image, là.

Renvoyer, à l'inverse, l'Un de l'image à l'Un du sujet transcendantal est pour une part pertinent – l'Un du perçu ne peut se résoudre dans la compacité d'un donné, il n'est immédiat ni dans sa multiplicité ni dans son unité –, et pour une part fait basculer – aporie de tout idéalisme – l'Un en-soi de l'image dans le pour-soi d'une subjectivité qu'il faut fictionner pièce à pièce à la mesure du premier. Chez Husserl lui-même, si le transcendant noématique ne peut être chaque fois sans la *hylè*, on ne voit pas comment la région ultime de la matérialité et de l'objectité serait opérante sans que l'apophantique ou bien investisse, en annulant la transcendance, la *hylè*, ou bien ait toujours, comme ontologique, déjà régi le transcendant. Autant dire que le transcendantal n'a pas besoin d'un sujet qui ne fait que redoubler l'en-soi structurel du perçu. Autant dire que bien avant la scansion logique de son site par un objet, le perçu lui-même, ou plus haut encore la situation perceptive, ne vont pas sans l'énoncé qui les fait Uns en faisant un de leur multiplicité qu'un même geste discerne et lie.

Le fait cardinal que le positivisme psychologique néglige, que l'analyse transcendantale husserlienne n'approche qu'*in fine*, c'est que l'un s'affirme d'abord comme celui de l'image *en son unicité* : il n'y a pas d'image disjointe[1]. Le perceptif est d'emblée constitué d'Uns exhaustifs, dont chaque moment atteste qu'ils ne sont pas, au regard des autres, arbitraires ni en défaut d'homogénéité entre eux. C'est sur le fond de cette unité sans faille des apparaissants que s'induit de prime abord – sur quoi, sinon ? – la consistance de l'apparaître, autant dire la structure de l'imagé comme logique de la réalité. Et – sur quoi, sinon ? – l'image comme insigne de l'étance. Reste qu'entre l'image et la réalité, il y a la différence entre des unités manifestes et l'évidence réflexive d'une discursivité constituante qui les englobe toutes. De là que, par un retournement de l'induction, on oppose la prétendue compacité de l'image et l'articulation globale de la constitution. L'image se donne comme une pièce à part. Mais cet être-à-part flotterait, perdrait sa transcendance et bientôt se dissoudrait, s'il n'avait pas pour se soutenir *l'en-soi de la constitution dont il est un moment local*. Un même sont les moments de l'un et du global. Il n'y aurait pas d'image de l'arbre-à-son-site-dans-le-jardin si ce n'était pas dans le divers articulé – fût-ce virtuellement – du jardin que l'arbre se constitue effectivement comme multiple et comme un. De tout l'appareil de cette constitution intrinsèque au sensible, de son ramassement dans son site logique, l'image de l'arbre-demeurant-à-sa-place est la condensation dans le court-circuit de toutes les opérations qui la précèdent. Demandez à quiconque de quoi cette image est faite, vous verrez les opérations remonter l'une après l'autre, et l'étance s'en conclure. L'image n'est pas de soi trompeuse, elle ne le devient que quand elle est reçue comme un donné qu'aucune constitution ne fonde. Quand est pris pour un fait ce qui est la conclusive logique d'une séquence d'opérations. Il n'y a aucun sens à nier que l'arbre soit la mise en un consistante d'un multiple qu'il requiert ; il y a aveuglement à prendre pour un tout-fait cet Un qui est l'articulation définitoire d'un multiple de termes sur une séquence de points de

---

1. La disjonction – par exemple l'hallucination – n'y va pas sans être marquée du signe du pathologique.

voir. L'image n'est un voile que si elle masque de quelle *nécessité* intrinsèque elle répond. L'image n'est au défaut de la consistance que si, d'un arbre à l'autre, ce qu'elle reporte n'est pas le schème constituant. L'une-"compacité" même de l'image serait inconcevable si elle n'était pas "véhiculée" par la logique d'un discours qui ne peut être que le sien. *Il n'y a rien dans la représentation sensible qui ne soit ultimement la consistance de sa constitution telle qu'en elle-même elle se tient.*

Opposant la constitution à la forme imagée comme celle du diacritique, de l'articulé, du faire-un, du situé, à celle de l'immédiat, du cohésif, du fait sans faire, du clos en soi, on aveugle qu'il y a jusque dans le moment précipité de l'image ce qui lui prescrit une tout autre constitution, et à proprement parler *la* constitution. C'est là que se tient, au rebours de l'Imaginaire, la *réalité*, avec la souscription de son sujet propre et la suscription de son étance. Et, à vrai dire, on ne voit pas ce qui, autrement, autoriserait à nommer la réalité.

Ce qui ne va pas sans complexifier l'analyse est que l'Un de l'image est lui-même complexe, feuilleté par le *sens* qui l'investit. Qu'un paysage se récite comme des plans parallèles de peupliers sur fond d'herbe au bord d'un canal cressonnier, cela éveille toute une série d'identités, substantifiées sans doute, qui sont les épaisseurs de « sens » de l'image, attestant sur un autre plan de sa constitution comme segment signifiant. Prétendre que le sens détermine l'image, en prescrit l'unité – c'est ce que Merleau-Ponty tend à faire et que Heidegger énonce franchement – revient à dénier l'évidence : c'est de ses constituants sensibles et de leur nœud intrinsèque que l'image se constitue, et avec une nécessité telle que nous ne pouvons y contrevenir. D'où il faut induire que ce qui la prescrit, qui est la logique de sa constitution, la précède. Qu'elle soit connotée de son sens, et notamment de son usage, ne fait pas problème. Et pas davantage que le fantasme repère son (a)objet dans les détours de l'opacité du signifiant qui en répond. Cela dit, il y a – ou non – une insistance du sens de *cette* image, qui la surdétermine comme telle et telle dans le régime de la signification. L'image s'y fait – ou non – Un de sens en la "regardant", et s'épelle de ce biais comme s'enchaîne une séquence de propositions. Les peupliers abattus, l'image n'est pas simplement et grossièrement différente : elle a une tout autre organisation, générant un tout autre sens, parce que désormais elle s'ouvre sur un horizon ;

le site logique en était au point de naissance du vertical coupant l'horizontal, il est désormais dans le glissement vers l'indéterminé du lointain, appuyé sur la base du canal traçant la ligne du tout proche ; la relation signifiante était d'opposition, elle est devenue de déclinaison. Un nombre toujours plus étendu de propositions singulières s'articulaient et s'articulent sous celles-là. Ou bien les propositions convergent, et le discours est conclusif quant au sens, ou bien le sens de l'image se délite et requiert une autre découpe ; mais ce qui est exclu dans tous les cas, c'est que, dans sa matérialité sensible, l'image ne consiste pas[1].

Il est donc vrai que la constitution finale de l'image s'entend sur plusieurs registres qui se chevauchent. Ce peut être un rapport d'immanence – l'or qui claque d'un champ de colza sur le vert lourd, saturé, "sonore", d'un carré d'épinards ; le trait noir du canal tranchant dans les rives desséchées, jaunies, d'un été caniculaire – ou la juxtaposition d'objets hétérogènes qui configurent, par exemple, un microcosme social – du lavoir, tout en bas, à la rue qui monte en tournant vers l'église, doublée le soir venu par le pointillé des lampadaires ; l'image est synthèse en ce qu'elle joue de toutes les étapes d'une constitution qui la précèdent pour s'arrêter, si je puis dire, à l'Un de sens qui la confirme. Elle s'arrête là parce qu'au-delà ce n'est plus comme tel – comme apparaître – que le sensible sera constitué, mais transcrit dans une autre écriture, qui est celle du savoir. Mais où qu'elle s'arrête, ce qui est exclu est qu'elle ne consiste pas comme image d'abord. L'image est le total consistant du procès de la constitution dans sa traversée du sensible, fort du propre de ce procès.

3. L'aporétique de la constitution du sensible

a. On dira : qu'est-ce qu'une consistance dont on ne peut rendre ultimement raison ? Admis que l'Un de l'image implique la consistance de sa substance sensible, qu'y gagnons-nous si cette dernière n'a que son opacité pour se manifester ? Autrement dit, si elle n'est pas elle-même logiquement transparente ? Le faire-un du perceptif se spé-

---

1. Bien entendu, ce problème est celui de la « représentation » en peinture, et de ce que le représentatif n'est pas nécessaire pour que la peinture, sur la constitution de l'image, fasse sens.

cifie d'être celui non du pur Multiple mais d'un *divers* dont les termes sont irréductibles entre eux. C'est là une donnée logiquement contingente, dont nous ne pouvons que prendre acte. Et c'est ce champ du divers qui détermine l'Un de la représentation comme celui de *qualités*, tenues dans le cadre de l'espace et du temps. La qualité spécifie, si l'on peut dire : depuis toujours, l'empirique comme ce qui l'oppose, dans sa matière, au conceptuel. Elle est tenue pour un immédiat qui n'offre pas de prise, qui, s'il peut entrer dans la constitution, c'est sans se laisser constituer lui-même. Le changement – *alloiosis* – s'y spécifie à son tour de n'être pas, au moins de prime abord, quantitatif ou au moins quantifiable. En revanche, un caractère propre en est l'*intensité*, la possibilité pour une qualité de se conserver tout en possédant les mêmes caractères à un degré plus ou moins élevé. Toutes ces spécificités assignent au qualitatif, et par lui au sensible, la place et le rôle d'un tuf originel de l'expérience dont on ne peut que prendre acte, dont toute organisation relationnelle se fera par après et du dehors : en en tenant compte sans prétendre la percer, sinon au niveau d'une réécriture épistémique qui articule la matière des choses à la psycho-physiologie du perceptif ou à sa physique.

S'arrêter là, c'est s'installer dans l'aporie. Donné irréductible formé au point où le monde et nous-mêmes nous rencontrons, la qualité est tenue tout à la fois pour irréductible sans être fiable et pour ce qui sert d'assise à toute ultérieure distinction. Contre une tradition paresseuse, nous affirmerons que, ce champ étant ce qu'il est, aucune détermination n'y peut être quelconque. Aussi bien le faut-il si les qualités, l'espace et le temps sont les constituants d'un faire-Un qui prête son assise suffisante à la constitution d'un apparaître consistant. Tenir les qualités pour un "donné" irréductible, ou plutôt les reconnaître pour toujours relatives les unes aux autres en tenant cette relation même, d'être qualitative, pour irréductible, c'est tenir pour miraculeuse la consistance de l'apparaître tel que l'image le délivre : comment d'un divers nu de rapports ne résulterait-il pas un chaos ? Problème double. D'une part, qu'on nous dise comment l'image est Une, sans hiatus dans toutes ses parties, *si sa matière même n'est pas régie par une systématique qui la précède et la régit*, en réglant de bout en bout la présentation. D'autre part, qu'on nous dise sur quoi reposerait la logique de l'apparaître *si rien n'était prescriptif des qualités qu'elle articule*. Ou : comment l'image serait-elle à la fois sans concept et Une, et comment la consistance de l'apparaître réussirait-elle à s'articuler sur une image sans principe ?

C'est parce qu'on a tenu ces questions pour insolubles, que l'empirisme, sans moyens pour pré-organiser l'immédiat de l'« impression », n'a pu que se révéler incapable de rendre raison de la raison ; et que le rationalisme épistémique n'a pu qu'exciper d'une sorte de coup de force du Logique qui réussirait à articuler l'inarticulé : faisant-Un, et Un bien constitué, de ce qui n'est, en soi, que multiplicité de disjoint, restant irrésolu comment la matière hétérogène de l'image se prêterait à sa transcription par la cohérence logique de l'apparaître. Il faut reconnaître que les formes kantiennes de l'intuition tentaient au moins d'apporter la solution – controuvée comme telle – de l'idéalisme, pour ce qui certes n'est pas le qualitatif lui-même mais la structure formelle qui l'encadre et le soutient, dite il est vrai pré-catégorielle : en quoi du moins elles commençaient d'approcher ce que nous cherchons. Et il faut reconnaître que Wittgenstein va au-delà, qui rend aux *relations* de qualité leur propriété de formes dans l'espace logique, celui du « lien » qui constitue l'état de choses ; l'impossibilité de rien induire qui soit étranger à ce dernier implique qu'aux objets on ne peut prêter des qualités matérielles – « la substance du monde ne peut déterminer [dans l'état de choses] qu'une forme et non pas des propriétés matérielles... Les objets sont incolores »[1] –, mais « l'espace, le temps, la couleur (la coloration) sont des formes des objets »[2], les qualités ne sont pas sans avoir entre elles des relations dont la suppression est « inconcevable ». Il est vrai que, par la suite, Wittgenstein, en une démarche qu'on a pu dire par moments « phénoménologique », épinglera ce qu'il y a d'essentiellement factuel et disjoint dans la nécessité même des relations intra-qualitatives : retour en arrière qui culmine avec les *Remarques sur les couleurs*.

Pour nous, nous ne saurions accepter ni l'irrésolution de l'aporie, ni une amorce locale de résolution qui laisserait la logique de l'apparaître sans assignation constituante, dans l'empirique de son fondement. Nous chercherons à fixer *comment et pourquoi apparence et apparaître se conjoignent dans une même systématicité*. Parce que le Logos ne saurait tomber du ciel de la raison sur ce qui lui est étranger *toto caelo*, justement.

---

1. *Tractatus*, 2.0331 et 32.
2. 2.0251. Cf. 4.123.

Une aporie supplémentaire, sans être propre à la saisie du seul qualitatif, doit pourtant être rappelée. À une logique de l'apparaître, on oppose en effet que cette dernière ne peut aller sans intégrer en chaque occurrence celui qui perçoit à ce qu'il perçoit. Objection classiquement spécifiée quand on vient à la détermination des qualités par l'appareil réceptif de celui qui perçoit

S'agirait-il de la structure défective du sujet lui-même, nous avons dit, en traçant les limites du concept d'Imaginaire, que cette inclusion de l'Ego dans la structuration du perçu y induit une dimension supplémentaire qui creuse l'apparaître, « sujet » inclus, en le suspendant – notamment – au regard en fuite de l'Autre. Mais c'est là une supplémentation de la structure perceptive, supplémentation « subjective » en ce qu'elle est portée par le désir du sujet, qui présuppose le « réel » du perçu, et au regard de laquelle celui-ci n'est aucunement dépendant.

L'objection de l'Ego désirant levée, la place de l'œil – ou plus généralement de qui perçoit – est un moment qui s'intègre de lui-même dans la constitution. Un point-pôle n'est pas une exception à la nécessité, pour tout site, d'être relation : des sites ne sont rien d'autre que cette relation-là. Que dans le perceptif l'un d'eux soit pôle-origine, commandant horizon, perspective et point de fuite, la géométrie algébrique a pu un premier temps l'oublier sans qu'un rappel ultérieur suscite un changement radical de registre. Nous ne nierons jamais que le perçu se constitue dans les conditions effectives du perceptif. Qu'il s'y constitue ne le relativise pas mais démontre, au contraire, qu'il est exhaustivement réglé – topo-logiquement réglé – dans la permutation des places qui s'y répartissent. Un pôle perceptif est ce que telle logique du topique désigne comme générant un « cône » où s'assure la consistance du voir, n'y ayant pas de terme du diagramme qui ne soit fléché depuis ce pôle et pas de flèches entre ces termes qui ne commutent avec les premières. Nous ne prétendons pas que soit ainsi épuisée la problématique de la co-naturalité du percevant au perçu, et Merleau-Ponty nous y fera revenir ; mais nous disons qu'ici aussi, les éléments d'une constitution de l'apparence doivent être disponibles, et qu'ici, pour autant qu'ici il s'agit de l'espace, ils le sont immédiatement.

Mais les qualités sensibles sont, elles, en quelque sorte projectives, de n'être que celles qui sont au bout de nos sens. Certes. Et nous aurons à dire quel parti Merleau-Ponty tire de cette certitude. Mais encore une fois, la question n'est pas celle de la facticité du perceptif ; ce qu'on interroge est, pour parler comme Wittgenstein, le *fait* de la constitution de l'apparaître. Celle-ci est impensable si elle n'intègre pas les différences qualitatives. Mais à quel titre ? Comment serait-elle possible, et transparente, sans une constitution des qualités elles-mêmes ? On y voit une difficulté parce qu'on oublie que les qualités ne sont pas plus absolues que les places, pas moins relatives les unes aux autres. On objecte que les places ne sont « que » relatives, que la relation épuise leur être, et qu'il n'en va pas de même de la qualité. Mais on oublie que l'être relationnel des places ne se dit que donné l'espace. Et la question symétrique est : *qu'est-ce qui est donné comme le qualitatif pour qu'il soit de part en part relatif ? Et pour que la relation y soit consistante ?* Voilà ce à quoi il faudra patiemment répondre.

b. Nous sommes venus au point où nous aurons à rompre avec toute une tradition, peut-être serait-il plus pertinent d'écrire : avec "la" tradition. Nous tenons pour exigible d'interroger jusqu'en son abrupt cet énoncé toujours local qui nous est apparu conditionner la pertinence propre de l'image, suspendue à la mise-en-un de ses termes ; et écrire "jusqu'en son abrupt" signifie : l'interroger là précisément où l'articulation des relations est le plus unanimement contestée : *dans la matière du sensible.* Que celle-ci soit, de toute nécessité, informée, et nous tiendrons l'énoncé premier du perçu. Mais cette accolade de la constitution et du sensible, c'est là ce qui depuis toujours est récusé. Le sensible serait le donné brut, la facticité même de notre condition naturelle, le phénoménal sur quoi la pensée vient buter. Ce qui, si l'on en croit la tradition, fait dès lors problème, c'est qu'on peut bien articuler le sensible, mais sans pouvoir dire *ce* qu'on articule, car il ne tombe que sous le « c'est ça » du déictique. Ou vous reconnaissez ce qu'est un bleu, ou je ne vous le ferai jamais savoir. Il s'agit en un sens du premier terme que la logique, qui ne peut aller en deçà, ait à articuler avec d'autres termes ; et en un sens de la dernière articulation, pour ce que c'est celle où l'intelligibilité des rapports ne comporte plus d'au-delà. La pensée se heurte là à une limite absolue. Conviction si massive que chaque fois que la pensée a paru vouloir affronter le sensible et s'en emparer, on aperçoit bientôt qu'elle a cru devoir éviter sa substance, et n'a fait que le contourner.

C'est ainsi que la *Phénoménologie de la perception* s'ouvre sur un chapitre dont le titre, « La "sensation" » – et non « le sensible » – annonce que le problème sera détourné et non pas résolu. Dire « Je

sens du rouge,... du froid... » est, écrit Merleau-Ponty, faire recours à
une notion « confuse »[1] ; et il n'a pas tort ; car il lui est facile alors de
montrer que la « sensation pure » n'existe pas, qu'il n'y a que des
perceptions complexes – non pas de termes mais de relations ; et qu'il
n'y a pas davantage de « qualité pure » parce qu'une qualité n'est
pas déterminable hors du champ dans lequel elle est prise. Seulement
ce n'est pas la question : quelles que soient la situation relationnelle
d'un bleu et ses nuances successives, on n'a pas dit *ce qu'est un bleu*.
« Une propriété de l'objet », répond alors Merleau-Ponty, donnée à la
« conscience du monde » qui toujours est « conscience de quelque
chose » ; mieux : la qualité est elle-même un objet, mais « indéterminé », au sens « équivoque », « une valeur expressive plutôt qu'une
signification logique »[2]. Seulement, de nouveau, qu'est-ce qui « remplit » *ce* sens ? Qu'est-ce qui fait qu'un bleu n'est pas un violet ? Nous
ne nous interrogeons pas ici sur la sensation qui porte le sensible, ni
sur le monde qui serait par lui exprimé ; nous demandons : le sensible
est pensé, qu'est-ce qui est ainsi pensé ?

On répond : la qualité. Comme telle, elle est une détermination de
l'étant ; mais non pas la seule, ni la plus proprement fondatrice. Elle
est attachée à l'être-là ; mais le là (qui n'est pas proprement sensible)
et le *quantum* le sont aussi[3]. Reste donc à la spécifier. Et voilà que,
faute de munitions, on revient au sentir, caché dans le percevoir. C'est
un argument qu'il faut s'interdire. Certes, c'est parce que j'ai des yeux
que je perçois le feuillage touffu des glycines qui, à l'appui de la
fenêtre, en a envahi la grille ; mais ce qu'ultimement je *constitue*, à
travers le lacis de feuilles piquées symétriquement le long des tiges qui
se divisent, s'entrecroisent et traversent les volutes de fer forgé, ce sont
des taches vertes – ici claires, là à contre-jour – et un jeu compliqué de
courbes noires. Des verts, un noir, mais aussi bien toute cette découpe
de la grille, qui m'intéressent *en tant que verts, en tant que noir*, en tant
que découpe. Que je sache ce que je dois là à l'anatomo-physiologie de
l'œil et au chiasme nerveux, et d'abord aux ondes, photons et composants atomiques, m'intéresse à un autre égard, mais n'y change rien.
Que les verts, les noirs et les formes soient ce qu'ils sont, tels qu'ils
apparaissent, en fonction de mon corps, jusque dans leur distance à

---

1. P. 9.
2. P. 11-12.
3. Autant de propositions de Hegel, au chap. II de la *Logique*.

moi et mon orientation par rapport au soleil, tous traits dont je ne puis faire abstraction, Merleau-Ponty est, bien entendu, fondé à y insister ; mais cela même se reverse dans ce sensible qui requiert d'être pensé *comme tel*. Qui n'est ni plus ni moins qu'aucun autre objet ou thème d'enquête, ce que nous avons à disposition pour le soumettre à la saisie de la pensée, selon les seules prescriptions qui sont siennes : dans l'immanence du penser.

Que nous soyons ici devant une difficulté décisive, en fait preuve l'échec réitéré de la philosophie à lui donner une solution. Que se passe-t-il en effet quand elle aborde l'expérience *du* sensible, tenue comme celle du qualitatif ? Ou bien, disant « le sensible » elle prononce déjà autre chose, elle est déjà dans le concept. Ou bien donnant à toute pensée son assise dans le sensible comme dans notre contact « immédiat » à la réalité, ce n'est pas de son « donné » brut qu'en fait elle traite mais bien plutôt de rendre compte de ce qu'elle l'a toujours déjà dépassé. Il vaut la peine d'observer, sur deux styles d'exemples opposés, comment une analyse du sensible est ainsi toujours évitée.

La première démarche – la première impasse – est, à bien prendre les choses, celle de Hegel dans les premiers chapitres de la *Phénoménologie de l'Esprit*[1]. Ouvrant sur « la certitude sensible » comme « *savoir* de l'*immédiat* », il place d'emblée le sensible dans la problématique – point du tout immédiate – de la connaissance. La qualification de certitude signifie certes que le savoir, encore subjectif, s'arrête à l'immédiateté de son occurrence singulière. Mais aussi qu'il implique la visée d'un « ceci » par un « celui-ci », enfermant ainsi par avance l'exposition dans la dyade sujet-objet : toute la dialectique de la certitude sensible, comme ensuite de la perception – et, à vrai dire, toute la dialectique de la *Phénoménologie* – n'exploitera rien d'autre que le dual métaphysique. Plus encore décisive est la « mise en évidence » de ce que la certitude « a » dans le « ceci » : soit le passage du singulier du sensible à l'*universel*, négatif et médiatisé, du *hic et nunc*, universel comme « ceci » en général ; et corrélativement le passage du moi singulier – le celui-ci d'un ici – au moi universel – celui de tous les ici. Ce procès, essentiel au moment de la certitude sensible, a en fait pour conséquence l'évitement, comme « inessentiel », du *contenu* du sensible : ce qui remplit la certitude, ce sont déjà et ce sont seule-

---

1. Toutes les références de pagination dans les notes qui suivent sont à la traduction de Jean Hyppolite.

ment les formes d'une esthétique transcendantale, avec son sujet transcendantal. En conséquence de quoi, le moment de l'immédiateté
véritable s'avère ne devoir être ni celui du ceci visé ni celui du celui-
ci qui le vise, mais celui plus concret du « tout » qu'en chaque occurrence ils constituent ensemble, celui d'une certitude sensible à la fois
« entière » et de nouveau singulière ; seulement, à son tour, ce
moment singulier, en se réfléchissant-supprimant dans la multiplicité
de ses « maintenant » et de ses « ici » successifs, voit ce qui semblait
l'immédiat indexer médiatement un universel formel : « mouvement
qui, de l'ici visé à travers beaucoup d'ici, aboutit à l'ici universel qui
est une multiplicité simple d'ici »[1]. Paradoxalement, sous l'intitulé de
la certitude sensible, ce n'en est que le montage formel qui est retenu.
Et il est significatif que le langage – « qui est le plus vrai » – tienne
dans cette discussion un rôle essentiel : c'est l'impossibilité pour lui
de dire le singulier sensible qui, en dernier ressort, atteste que nous
nous tenons toujours déjà ailleurs, dans l'universel.

Il semble d'abord qu'il doive en aller autrement avec le passage à
la perception où le sensible devient, pour le percevoir, la « propriété »
de l'objet perçu : « La richesse du savoir sensible appartient à la perception. » Il faut toutefois finir la phrase : « ... car c'est seulement la
perception qui a la *négation*, la différence ou la multiplicité variée
dans son essence »[2] ; une fois encore, ce n'est pas en lui-même, dans
sa constitution interne, mais dans ce qu'il autorise comme *relation
externe* à d'autres sensibles, et pour ce qu'elle fait de lui, que le sensible est « conservé ». On aura reconnu ici l'exposé paradigmatique
de ce jeu du Même et de l'Autre que nous avons retrouvé chez Lacan
et Badiou[3]. Ce qui nous importe à présent, c'est qu'alors ressemblances et différences prédiquent mais ne déterminent pas *en elles-
mêmes* les qualités, qui sont perçues sans loi qui les commande,
chaque fois sur un site particulier, et ne font à la fin système que dans
la mesure de leur appartenance à l'objet – déterminé seulement à son
tour par son dehors relationnel. D'abord, les propriétés sont « distinctes et déterminées », « simple rapport à soi-même », « indifférentes
mutuellement » ; ce sont autant d'Unités universelles de l'immédiat,
prises dans l'universel « Aussi » de leur juxtaposition ou « choséité ».

---

1. A, I, III, trad. fr., p. 89.
2. II, p. 94.
3. Ci-dessus, pp. 181 et 193 *sqq.*

Mais elles sont également « exclusives » les unes des autres, tombant ainsi dans un autre universel, l'Un du multiple de leurs différences. Elles deviendront, littéralement parlant, « propriétés » du moment où l'Un, passé à la négativité absolue, devenu pur Un « en soi et pour soi-même », ne se rapportera plus qu'à lui-même, égal avec lui-même : soit le moment de la « chose » opposant sa singularité à l'universalité des propriétés[1]. Sans aller plus loin, on voit bien que du sensible – de la qualité, ici dite « propriété » – n'est prise en compte que la place qui lui revient dans le procès, en elle-même, puis par rapport aux autres, du Même et de l'Autre, et enfin comme posée dans l'objet, sans que rien soit dit de *ce* qu'elle est. Au demeurant, il ne pouvait en aller autrement dès lors que Hegel avait posé au départ que, du sensible comme tel, la conscience ne peut savoir que « il est » et que, partant, sa vérité ne peut être, comme celle de l'être, que « la plus pauvre » et « la plus abstraite »[2]. Seulement la question se pose alors de ce qui nourrit la « richesse » de la perception et de ce de quoi est faite la « variété » des propriétés. À ce stade, l'objet, purement formel, du premier savoir ne contient rien qui, de par son inadéquation au savoir, puisse se changer en l'objet autre d'un nouveau savoir[3].

Ainsi y a-t-il chez Hegel *dénégation* d'une constitution du sensible en et pour lui-même. Dès qu'il écrit : « C'est... comme un universel que nous *prononçons* le sensible. Ce que nous disons, c'est *ceci*, c'est-à-dire le *ceci universel* »[4], il referme d'un coup la question posée par le sensible, renvoyant d'un côté la singularité du visé, en soi imprononçable, de l'autre le « général » de sa vérité, seul à pouvoir être prononcé. Le départ de la *Phénoménologie de l'Esprit* n'est pas l'immédiat du sensible, mais le médiat d'un préconcept de la connaissance en

---

1. Opposant dans la perception l'« Aussi » de propriétés indépendantes et l'Un de leur appartenance à la chose, Hegel offre au mouvement dialectique ce que l'auto-constitution du perçu reconnaît comme un seul moment, soit une liaison dont les termes n'ont pas d'existence séparée. Il faut noter toutefois (p. 96) que le multiple indifférent n'est encore que « matière » avant sa négation par le Un qui le fait proprement multiple de « propriétés ».

2. P. 81.

3. Cf. Introduction, p. 75. On voit aussitôt 1. combien Hegel est mieux armé dans la *Science de la Logique*, où il lui suffit de partir, entre être et néant, de la pure négation ; 2. que même là, le saut de la sensation à la perception subsiste en ce que l'appareil proprement dialectique, la négation de la négation, ne prend son départ que de l'être-là dans la perception.

4. P. 84.

vertu duquel, du sensible comme tel, rien ne peut être dit. À l'inverse de quoi, ce que nous cherchons, c'est si les réquisits logiques de l'apparaître, qui fondent le perçu comme consistance d'une situation dont le sensible est la matière, constituent du même trait le sensible en et pour lui-même, et attestent d'une consistance qui a prise *en lui-même*. Ce qu'il s'agit d'entendre, c'est si et comment la matérialité du sensible se laisse saisir, au rebours de ce qu'implique Hegel, par l'universel du réquisit de consistance ; partant, si et comment elle est capable de vérité : le propre du discours du sensible serait alors *son adéquation au prescriptif de la consistance*, assurant sa transparence à la logique de l'apparaître.

On saisit, par comparaison, le pas qu'avait franchi la Phénoménologie husserlienne. Pour transcendantale que soit la *morphè*, elle ne se substitue pas au sensible et ne peut prononcer sur le perceptif aucune vérité hors du contenu de la *hylè*. La fonction de l'universel ne fait pas abstraction de la matière sensible qu'il informe. Mais le pas s'arrête là, parce que c'est le préconcept dyadique de la connaissance qui commande la définition de la matière par ce qui la distingue de la forme, et qui pose l'objet pour le sujet. Ce qui se donne conjoint, se retrouve alors séparé. Classicisme du transcendantal, qui, malgré l'imposition de l'Un singulier du noème, exclut que le particulier du sensible tienne en soi, dans sa matière même, son pensable et sa logique propres.

La figure alterne est celle de l'empirisme. Du moins serait-on en droit de le croire. Mais à vrai dire, il n'en est rien. En se donnant pour point de départ, et seule généralité assurée, la « vivacité » des *impressions* « simples », Hume se place tout de go non dans ce qu'*est* le sensible mais dans son *effet* sur l'esprit ; davantage, il tient[1] que, du sensible en soi, la philosophie n'a rien à dire, et remarquera plus loin[2] – quasi kantien – que, de ce qui lui répond dans la réalité, nous ne pouvons rien savoir. Reste qu'assignant aux « idées », par nature effacées, l'existence d'un « effet » dérivé de l'impression, posant l'équation d'une sensation, toujours simple, à une idée, toujours « claire et précise »[3], et réduisant le contenu de l'esprit à une collection – un

---

1. *Traité de la nature humaine,* livre I, Iʳᵉ partie, section 2. Trad. Leroy.
2. IIIᵉ partie, section 5.
3. IIIᵉ partie, section 1.

matériel – de telles idées répondant aux impressions terme à terme
– au moins pour ce qui est des idées « simples » –, il présuppose du
sensible un concept analytique : *atomique*, et du même coup transparent. Une couleur n'est rien d'autre que couleur, une nuance de rouge
n'est rien d'autre que la nuance qu'elle est. Autant dire que le sensible,
c'est pour lui l'ultime élément, antérieur à toute pensée constituante :
une collection d'électrons libres. Reste encore que, si pensée il y a
pourtant, c'est que quelque chose comme une mise en ordre advient
entre les idées. De là que l'immense dispositif du *Traité* a paradoxalement pour objet non le sensible, renvoyé à sa factualité physiologique-
ment naturelle, et non plus les idées, comme lui dispersées, mais
l'*entendement*, que doit fonder la conjonction – pour une part « réflexive » – des grands modes de relations entre idées. Ce qui ne serait
pas sans rapport, au moins, avec la relation du divers à la constitution
logique de l'apparaître si la conjonction des idées n'était donnée pour
un nouveau fait « naturel » et doublé par l'habitude engendrant la
croyance.

Ce second montage de la référence prise du sensible est alors le
double artifice et d'une généralité de fonction pour une impression
– partant, une idée – qui de soi reste toujours d'une intégrale atomicité
– « l'esprit ne peut former aucune notion de quantité ni de qualité
sans former une notion précise de leur degré »[1] –, et de « principes »
de connexion qui prennent sur eux l'« universel » sans que leur action
soit davantage que « courante » et par là « probable ». Autant dire
qu'entre atomisme et croyance, l'empirisme n'aboutit jamais à la
construction du Logique qui est sa vraie préoccupation, mais s'arrête
au montage d'un *comme si* : pourquoi tout dans l'esprit se passe
comme si l'idée était générale, comme si la connexion était nécessaire.
Un tel système aboutit à la fois à nier que la donation du sensible,
tenue pour pure dispersion, soit le fait de sa constitution et à s'échouer
sur le roc de ce qui fait tomber le sensible sous l'universel de la nécessité dans un énoncé de vérité.

On peut tenir Merleau-Ponty, quand il traite de la connaissance,
pour empiriste. Construisant les propositions les plus abstraites, et
auxquelles est le plus intrinsèquement attachée la nécessité, sur leur
ancrage dans les structures perceptives, c'est-à-dire finalement dans le
corps, il réduit la logique aux limites génétiques du champ phénomé-

---

1. Ire partie, section 7.

nal. Au moins l'accouplement qui préside à la constitution du champ phénoménal interdit-il le repli de la conscience sur la *passivité* de ses impressions : c'est en venant au-devant du monde sensible et dans un ajustement avec lui que la perception comme projet cohérent se construit. Il y a là, de nouveau, un pas majeur de la Phénoménologie. N'en demeure pas moins la butée contre l'irréductibilité du Logique qui, s'il n'est plus un "comme si", est un "parce que le monde et moi nous sommes ainsi" : soit un laisser infondé cela qui précisément n'est rien qui vaille s'il n'est pas, comme savait Husserl, de soi fondateur. Le réquisit de consistance n'est plus rien s'il advient dans la seule continuité du pré-discursif : qu'on dise tant qu'on voudra que, moi qui le pense, je suis « du » monde, il restera toujours que, de la rationalité du perceptif, rien ne peut être prescrit si ce n'est pas comme rationnel que le monde lui-même est prescrit.

On pourrait, à l'évitement d'une constitution propre du sensible chez Hume et à son impossibilité de fonder la nécessité, opposer que Berkeley avait sur les deux points proposé une analyse plus proche et de l'expérience et de son intelligibilité. Pas de réduction de l'objet, dans sa consistance, à une simple addition d'atomes qualitatifs – cette... abstraction – ; quand Hume dit : « bien qu'une couleur particulière, une saveur et une odeur soient des qualités réunies... dans cette pomme, on aperçoit aisément qu'elles ne se confondent pas »[1], couleur, saveur, odeur sont des idées « simples » donc originelles, la pomme une idée « complexe » donc dérivée, Berkeley, d'une part prenait acte de l'un-multiple de la chose : « une couleur, une saveur, une odeur, une forme et une consistance qui... s'accompagnent, sont considérées comme une chose distincte, désignée par le nom de *pomme* »[2], d'autre part isolait l'« abstraction » – la seule licite – par laquelle « je considère certaines qualités particulières à part des autres » quand « elles peuvent exister effectivement de manière indépendante », telles la couleur ou l'odeur, enfin interdisait que je sépare « des qualités qui ne pourraient exister séparées les unes des autres »[3] – ce serait la mauvaise abstraction, celle qui conçoit une couleur sans étendue ou sans nuance : par où, outre qu'il impliquait une sorte de

---

1. I, I, section 1.
2. *Traité sur les principes de la connaissance humaine*, Iʳᵉ partie, § 1.
3. Introduction, § 10.

consistance immédiate du perceptif, il reconnaissait que le sensible y atteste de *régulations* propres. De même, pour contester avec la même vigueur que Hume l'abstraction – où, à vrai dire, c'est surtout de l'idée de matière que l'évêque Berkeley veut se délivrer –, ce qu'il propose n'est pas le naturalisme constitutivement pauvre des associations, mais une doctrine consistante du langage, où c'est le signe qui est « général » de ce qu'il renvoie à « plusieurs idées particulières »[1] : modalité *nominaliste* de la syntaxe logique.

Après quoi surgit le grand partage : les idées – qui restent singulières – sont « imprimées dans les sens », donc *passives*, l'esprit qui les perçoit est *actif*, et c'est seulement en lui que les idées « existent »[2] : autant qu'une doctrine de l'être respectif des idées et de l'esprit, avec les conséquences métaphysiques que Berkeley en tirera, l'*esse est percipi* emporte à son tour le présupposé de la passivité du sensible[3]. Il faut toutefois prendre garde que, dans la passivité, Berkeley lit le signe d'une *présence*, et cette affirmation-là met au jour la couche sans doute la plus profonde du concept traditionnel du sensible (en dépit de ce que la doctrine des Idées semble depuis Platon y avoir opposé comme une sorte de sur-présence). À bien les interpréter, ce que les empiristes[4] reprochent à la généralité de l'abstraction, c'est de manquer de présence par elle-même et de tout devoir à l'activité de l'entendement, qui est certes une présence aussi mais sur un autre mode, et dont selon Berkeley nous avons seulement une intuition ou « notion ». Ce qui fait le prix du sensible, c'est qu'il a, en deçà de tout ce qui peut s'en dire, l'être-là.

Cela posé, l'avantage propre de l'idéalisme berkeleyen est de ne

---

1. § 11. Doctrine très traditionnellement nominaliste, en dépit du mépris de Berkeley pour les débats de l'âge scolastique.

2. Ire partie, § 1 et 2. Cf. § 25.

3. Jusqu'à un certain point ; ainsi pour la ressemblance ou la contiguïté, Hume attribuera aux idées – qui ne sont que reflet des impressions – la dynamique de la pensée : elles s'appellent l'une l'autre ; Berkeley exclut totalement une dynamique propre, une participation du sensible à la pensée du ou sur le sensible – qui n'en est pas moins la seule assise assurée de la pensée.

4. J'entends bien qu'empiriste, Berkeley ne l'est que jusqu'à un certain point : c'est sa théorie de la connaissance qui l'est. Théorie dont, dans sa forme classique, l'arbitraire *à l'égard même du sensible* apparaît dans l'impossibilité où elle est de penser l'infini : comme si, dès qu'on dit nuance, on n'était pas confronté à l'infini. Berkeley ne suppose pas moins que Hume un atomisme de la sensation ; simplement, plus concret, il n'en part pas.

faire, lui, aucun obstacle à la nécessité des connexions, dès lors que l'Esprit (divin) qui imprime les sensations en nous est, quant à lui, raison : en bref, les idées sont signes à l'intérieur d'une langue, cette langue a une grammaire, et cette grammaire a des règles[1]. Seulement de l'un à l'autre, la distance est plus que jamais absolue : du côté de la passivité du sensible, le singulier préconstitué sans que nous sachions rien de cette constitution, du côté de l'Esprit tout-actif, l'universelle logique de la nécessité ; la première jouit de la force de la présence, tandis que nos esprits finis n'ont que des « perceptions inefficaces » pour concevoir la seconde, ainsi inexplicitée à son tour. Il faut cette fois un coup de force métaphysico-théologique pour que le discursif advienne au sensible.

De tout cela encore, on retrouve chez Merleau-Ponty certains accents. Le monde est la présence par excellence, à quoi répond, sur un mode d'existence moins cernable mais plus immédiat, le *Cogito*. On peut même dire que ce que, comme l'ordre du monde, Berkeley prêtait à Dieu, devient ce que le monde, s'inscrivant en nous avant nous, remet à notre facticité. Mais le perceptif et le *Cogito*, le tout-présent et la pensée, ne sont pas davantage articulés chez Merleau-Ponty que chez Berkeley : chez l'un tout les séparait, chez l'autre ils sont confondus, et se saisit bien là ce qui est le geste philosophique essentiel de Merleau-Ponty. Comme écrira *Le visible et l'invisible* : « Le visible ne peut me remplir et m'occuper que parce que, moi qui le vois, je le vois... du fond de lui-même... [en émergeant] par une sorte d'enroulement ou de dédoublement[2]. » Au demeurant, ce qui émerge ainsi dans la perception n'est déjà plus, nous l'avons vu, le sensible, pour le discours propre duquel Merleau-Ponty ne réserve aucune place ; l'être-au-monde l'a toujours déjà constitué, et tout ce qui s'en laisse connaître est sous condition de l'ajustement des structures du corps à celles de son milieu. L'erreur qu'a faite Merleau-Ponty, comme tout le monde, c'est d'enjamber le sensible pour n'en retenir que la part opaque, qu'il tient de sa venue en présence.

Il faut sortir de ces impasses, qui sont celles de toute la tradition. Nous sommes ici dans le cas où ce qui est demandé se dit : *qu'est-ce que la pensée du sensible ?* Pensée avérée de ce que, dans le perçu, le

---

1. Notamment § 64-65.
2. Pp. 152-153.

sensible est moment insubstituable de la constitution de l'apparaître en étant, moment intrinsèque de la détermination de l'étant ; et aussi de ce que, dans la saisie du sensible en immanence (esthétique), c'est sa propre détermination qui s'expose, en deçà du perçu même. Ici comme là, il n'est pas possible d'écrire que le sensible ne se pense pas.

Disons alors, reprenant toute cette discussion : il n'est pas vrai que le sensible ne soit, comme le plus pauvre, rien pour la pensée, rien de proprement énonçable, et que son élaboration par le savoir puisse le passer sous silence ; il n'est pas vrai qu'il n'y ait qu'une dispersion atomique du sensible et telle qu'elle commande le soupçon sur tout travail ultérieur de la consistance ; il n'est pas vrai que le sensible atteste par sa passivité que tout en est dit dans sa seule attestation de présence. Il faut rompre et nous déprendre de cette illusion que le sensible est par excellence le donné-là, le présenté originaire sur quoi vient buter la pensée.

c. Nous pouvons maintenant prendre *a contrario* la mesure de ce qui nous prescrit de ne céder ni à l'Imaginaire de la totalité-monde merleau-pontyenne, ni à l'aporétique du divers de la qualité, de resserrer ce qui nous assure que le sensible, comme tel, *doit* être constitué, et de définir *à quelles conditions*, cette constitution, nous aurons chance de la trouver.

Rien ne saurait être plus opposé à une réduction de l'image à l'opaque de la compacité, rien ne saurait mieux réfuter une inertie de la qualité au regard du constitué, que ce qui s'expose dans le dépli sans hiatus du perçu : le mode sur lequel il est traversé de bout en bout par la relation, opérateur de sa consistance *logique*, requérant la détermination exhaustive de sa matière sensible, témoin de sa consistance *ontologique*. Chaque fois s'y énonce, sur le fond de l'inconsistance, la double articulation d'une multiplicité qui n'est jamais quelconque et de l'ordre qui, en la nouant, la régit.

Ce qui soutient la consistance de l'expérience perceptive, ce ne peut être que ce qui la fait relation opératoire de termes, objets, ou sites, distincts, *et* ce qui détermine comme tels ces termes, tenue la spécificité de leur matière, dans le procès même de la constitution. Au regard de la tradition, le statut de ces deux opérations n'est pas le même. On accorde d'autant plus aisément l'existence d'une logique de l'apparaître que c'est proprement dans son exploration que s'est constituée la Logique. En revanche, il semble admis que des éléments du sensible on ne saurait rien dire, sinon qu'il est « donné ». Mais le dire reviendrait à proposer l'étrange édifice d'un appareil relationnel régissant un matériel opaque à toute approche opératoire. Or s'il est un lieu où la logique ne peut exciper d'une structure véridictive qui se suffirait à elle-même, sans avoir à constituer le divers de ce qui vient la remplir, c'est la représentation perceptive : parce qu'elle est abruptement, exactement, faite de ce qu'elle est. Toute apophantique commande l'ontologie d'un univers possible ; si exception il y a, c'est qu'ici l'univers *précède* l'apophantique, la précède et la prescrit. Ou il y a une apophantique *parce qu'*il y a une ontologie du sensible, ou la logique de l'apparaître reste "en l'air", suspendue à l'énigme de la *hylè* qui détermine tout ce que la première collige, toute la substance de ce qu'elle lie. Ne voit-on pas qu'il n'y a ici aucune relation qui ne soit pré-inscrite dans la constitution singulière des termes qu'elle noue, et que cette constitution est celle du sensible qu'ils sont ?

Ce matin, le cadre transparent des rameaux de glycine s'ouvre sur ce qui est devenu un volume épais, gonflé, un globe de feuilles, celles, à contre-jour, saturées, du tilleul, s'ouvrant à leur tour en de rares échappées sur celles, plus loin, plus haut, plus claires, d'un marronnier en plein soleil : cette profusion qui disperse, module et oppose des tonalités voisines, telle l'orchestration d'un accord, n'est rien – et d'abord, n'étage pas ses trois plans –, rien qui se puisse dire fondé, si ce qui y fait Un et ce qui y fait discernement n'est pas *réglé,* discursivement réglé, c'est-à-dire constitué comme cet Un et ce discerné. Comment l'apparaître consisterait-il comme il le fait, si sa matière sensible n'était pas elle-même consistante, si unité et différence n'y étaient pas le fait d'un appareil qui en rende raison pour la raison ? S'il n'y avait là qu'empirie, et non *intrinsèque nécessité* de l'articulation qui, de part en part, traverse l'apparaissant ? Avant, bien en deçà de ce qui pourra s'en transcrire dans une chaîne d'énoncés physiques et physiologiques, et ne leur devant rien – la consécution sera de sens inverse –, il y a ce champ déterminé de variables non quelconques qui spécifient, sur le parcours d'une équation qualitative, sa résolution. Aucune logique de la représentation perceptive ne saurait être mieux qu'un artefact si elle ne descend pas jusque dans sa matière, qui est son assise, et ne prend pas son départ d'un appareil constituant, seul susceptible de commander la diversité du sensible dans ce qui en est le propre. L'être imagé est l'instance où la matière du sensible se constitue comme faire-un spécifique qui déterminera tout ce qui s'inscrira comme rapport. C'est sous cette condition que l'intelligibilité de l'image et celle du perçu sont conjointes.

De prime abord, l'image est un discours qui s'énonce lui-même dans son économie. Les déterminations qu'on vient d'y pointer impliquent que cette économie creuse bien au-delà de ce qui est couramment admis : qu'elle n'est pas seulement syntactique, ou plutôt que les termes noués par la syntaxe logique sont eux-mêmes le produit d'un travail constituant. Je peux, en vertu de besoins pragmatiques, privilégier la structure logique, et par exemple, dans l'image précédente, épeler les plans qui y fixent trois luminosités sur l'orientation de trois sites ; mais ce ne sera d'aucune façon rendre compte de ce qui s'expose primairement dans cette image-là, et qui est la prodigalité d'un seul énoncé : dispersé dans l'infinie multiplicité qu'il autorise. Unité thématique ? Si oui, parce qu'unité de constitution, et dans l'espace de celle-ci différences qui remplissent la constitution des places et des objets. Re-garder est apprendre à tenir en garde chacun de ces moments. En prenant à sa lettre le discours du perçu, pas un instant nous n'avons cru que, discours du sensible, il ne soit requis d'investir, et c'est dire de fonder, celui-ci.

Le perçu creuse la clôture de la Forme, fait retour au divers, y constitue à nouveaux frais le multiple sensible, institue sur sa matière **le** faire-un objectal, superpose ainsi les sites logiques, et configure le perceptif comme consistance par provision. *Le sensible, qui est la matière de cette opération, ne saurait y rester étranger pour autant qu'il est cela même sur quoi se prescrit la constitution.* Il ne s'interprète pas, il est ce qu'il nous est, et il n'y a aucune raison de le suspecter dans sa facticité même : tel qu'il est, il ne peut être que ce que de nécessité discursive il doit être.

Ou encore : de l'apparaître, on ne saurait dire qu'il est le relationnel des étants s'il n'y était induit par la constitution des étants eux-mêmes, dont la matière sensible enchaîne les moments. La chaîne logico-axiomatique doit descendre au plus intime de l'étant, et ce faisant produire l'image comme l'exposition d'une *ratio* du qualitatif. Redisons que s'il n'en allait pas ainsi, si le sensible ne se résolvait pas dans cette constitution qui passe dans l'image, nous ne saurions rien de ce que peut la raison. *Le « réel » du perceptif, ce doit être qu'on tient non seulement dans l'apparaître mais dans l'apparaissant la mise en œuvre de la constitution, telle que nous la cherchons.*

4. *Où le sujet ? Le corps* vs *le sujet logique du sensible*

La longue discussion qui précède avait une double visée : déblayer d'une objection préalable le terrain où ce qui fait question est la représentation sensible comme constitution, et tracer en pointillé sur ce terrain l'amorce de ce qui rendra possible la résolution de la question. En repérant dans la structure merleau-pontyenne de la perception la structure de l'Imaginaire et en ébauchant pour la représentation une autre organisation, celle, axiomatico-logique, de son faire-un – axiomatico-logique qui reste certes à fonder –, nous avons dès maintenant pris largement distance à l'égard de ce qui, chez Merleau-Ponty, s'était d'emblée avéré qualifier de sa massivité l'être-au-monde.

Ce dernier, pour autant, ne laisse pas de rester creusé par le dual du sujet et de l'objet. Qu'il faut, en dépit des dénégations, traiter séparément. Traitement frappant en ce qu'il fera apparaître que nous ne saurions rencontrer élaboration du perceptif plus opposée aux concepts que nous cherchons du sujet et de l'objet.

Ce qui est, quant au premier, propre à Merleau-Ponty, c'est le rappel – si atténué chez Husserl – de ce que la perception du monde met de bout en bout en jeu, comme en creux, le *corps*. Si monde il y a pour moi, c'est depuis mon corps que je le porte. De là que la question du sujet se confond avec celle du corps.

a. D'abord, s'il y a une objectivité – une « constance » de la chose par-delà le divers de ses apparaître –, elle n'est pas, comme chez Husserl, conclusion d'un procès constitutif complexe, mais « se fonde... dans l'évidence de la chose », laquelle à son tour réside dans le « moment » où la perception est à son « point de maturité » ou « maximum ». Or, comment ce point est-il saisi ? Non pas localement mais globalement, « en tant que j'ai un corps et que je suis par ce corps en prise sur le monde ». « Mon expérience débouche dans les choses et se transcende en elles, parce qu'elle s'effectue toujours dans le cadre d'un certain *montage à l'égard du monde* qui est *la définition de mon corps* »[1] et qui donne à toute perception son horizon. Voici donc la corrélation perceptive structurée par les montages du corps se portant vers la chose, et le monde pré-posé comme l'horizon de cette corrélation.

---

1. Tout cela, pp. 345-350. (Souligné par moi.) La note de la p. 350 dira que la constance des formes est « une fonction existentielle... rapportée à l'acte prélogique par lequel le sujet s'installe dans son monde ».

Encore faut-il entendre ce qu'importe, dans cet accouplement, chacun des pôles. Si la chose est « intersensorielle », c'est que « tous mes sens sont ensemble les puissances d'*un même corps* intégrées dans une seule action »[1]. Chaque phénomène « polarise vers lui *tout* mon corps ». La chose est « le terme d'une téléologie corporelle »[2]. Et l'existence étant définie comme « l'être au monde à travers un corps »[3], le monde lui-même doit être dit chaque fois un « champ d'existence ». Bref, c'est le corps qui, à même la perception, est l'assise première de l'Un-Tout. Toutefois, par une sorte d'inversion, « nous ne saisissons l'unité de notre corps que dans celle de la chose »[4], et c'est seulement dans son intentionnalité vers son dehors que nous pouvons la pressentir. Mieux encore : la chose est le réel, l'« en-soi-pour-nous » précisément en tant que « nous nous ignorons en elle » : en même temps qu'elle est « le corrélatif de mon corps..., elle le nie »[5]. Synthétiquement – tout le schème perceptif tel que Merleau-Ponty le lit, se dit là –, « l'Autre absolu » ne saurait être si le sujet percevant n'en portait dans son corps le « projet »[6] ; qui n'est autre que le monde comme Autre, auquel nous sommes ainsi du plus propre de nous-mêmes « jetés ».

À la fois *omnitudo realitatis* dès la première expérience mais toujours inachevé, mais informé par le glissement des perceptions les unes dans les autres au fil de la continuité du temps, c'est encore de par ce qui est la « typique » de mon corps que le monde, autant qu'objectif, est *qualifié* – ou n'est jamais sans qualité : « j'éprouve l'unité du monde comme je reconnais un *style* » qui est, en définitive, celui de mon corps.

Bref, la perception est aller et retour entre le Tout de mon corps et le Tout de mon monde.

La séduction des descriptions de Merleau-Ponty tient à leur refus du *partiel* ; leur légitimité tient à la critique, conduite tout au long, de cette analyse artificielle qu'est la décomposition de la perception par l'atomisme psychologique. Le point est, par-delà la référence au corporel, l'insistance sur ce que le corps importe avec soi d'intégration

1. P. 367. (Souligné par moi.)
2. P. 373.
3. Note p. 357.
4. P. 372.
5. Pp. 374-375.
6. P. 376.

de ses opérations sensorielles comme de ses actes : autrement dit, sur sa fonction structurante. Et sur ce terrain-là, qui n'est pas celui de la pensée mais celui de ce qui se présente à la pensée comme le *pré-informé* à mettre en question par la pensée, celui de ce sur et contre quoi va s'instituer le discours, il n'y a certes pas à discuter l'omniprésence de formes intégrées ou totalisantes. Seulement la globalité de cette matière représentative, son caractère structurel, sa clôture, sont justement le signe de ce qu'elle n'est *pas plus* proprement l'image qu'elle n'est la pensée. Disons alors : quand bien même il serait avéré que le corps, comme porteur d'un schéma unifié, apprésente originairement de l'unité, celle-ci et resterait à constituer comme pensée – c'est là que le perçu s'origine – et n'offrirait qu'une unité bloquée qui n'est pas encore une image, que l'image dé-lie pour la re-lier selon la loi de sa seule intelligibilité. *Les structures ne sont pas le perçu ; elles sont ce qui le précède, et finalement ce qu'il nie.* À proprement parler, elles n'ont pas de sujet.

L'originalité de Merleau-Ponty est encore de déborder, à l'intérieur de la théorie de la Forme, le positivisme de celle-ci, en construisant un champ où, entre le corps et son autre, circule un jeu d'échanges, de reconfiguration réciproque, en quête d'un point d'équilibre commun, ou d'une « bonne forme » commune. Il n'est plus possible alors de lui opposer, comme nous le faisions à l'instant, le « blocage » des structures ; il faudrait plutôt parler de structurations qui se succèdent par ressauts, mais toujours – et de part et d'autre – sous le prescrit de l'unité. On est là dans un *inter-espace* où le corps est en prise sur le monde comme sur son autre et n'est à soi que par et dans cette prise à l'autre. Cet inter-espace est ce que la phénoménologie peut se targuer d'avoir apporté, déplaçant dans le champ mobile d'un échange ce qui n'était dans le Gestaltisme qu'une enquête sur l'en-soi des structures.

Cette description, toutefois, n'est possible que pour une conscience qui « survole » le « champ phénoménal » : car enfin, le corps est, quant à lui, avant qu'*au* monde, *de* ce monde au sein duquel il définit la frontière entre le moi et l'autre. Il ne s'oppose – et surtout ne pose –, ou plutôt n'est reconnu comme répondant de la position, que supposée la conscience comme *conscience du champ phénoménal*. Et là surgit un, sinon encombrant, au moins problématique troisième terme. Car dans l'exposé de Merleau-Ponty, « la » conscience garde toute sa différence d'avec la matérialité du corps, mais c'est toujours "ma" conscience, et "moi" c'est toujours mon corps. En sorte que le corps est invoqué *deux fois*, ou à deux places : il est du monde, dans le monde, et il est ce depuis quoi, le percevant, je saisis d'un coup le monde en surplomb. Et ce n'est pas au même titre qu'il est ici et là[1].

b. Si l'on veut repérer le geste philosophique que présuppose cette assomption aporétique d'une double essence du corps, à la fois pris dans l'inter-espace phénoménal et condition de ce qu'un espace phénoménologique – c'est-à-dire conscient – peut exister, un rapprochement sera éclairant, qui conduit très loin de Husserl. En s'installant *à l'intérieur* du champ perceptif, le corps y inclus, sans autre préalable pour la perception que la position singulière qu'à la conscience assigne le corps, Merleau-Ponty ne fait pas autre chose que Bergson quand celui-ci pose que rien de la représentation n'est intelligible tant qu'on ne se donne pas au départ les seules *images* qui en sont la substance, et exclut que la conscience ait rien d'autre à disposition : le corps n'étant qu'une image parmi les autres, dotée seulement de modes particuliers de réception et de réaction, en vertu desquels les images qui lui sont extérieures lui présentent le parti qu'il peut tirer d'elles[2]. Il n'en va pas autrement pour Merleau-Ponty si pour lui la perception est synthèse des champs perceptifs que le corps ouvre à la conscience, et fonction de « l'efficace » de ses actions ; si la fonction structurante du corps ne se saisit que dans la chose structurée ; et si le corps lui-même ne nous est pas donné comme une unité objective mais comme la « synthèse » de « segments [qui] ne sont connus que dans leur valeur fonctionnelle » dont « la coordination » constitue sa vraie définition[3]. Ici comme là, la représentation ou perception n'est rien

---

1. Remarquons que Deleuze 1. est placé devant le même problème, 2. le résout par l'inégale *vitesse* avec laquelle la conscience se saisit du phénoménal ; au « surplomb à vitesse infinie » du philosophique s'opposent le « ralentissement » de la science et l'arrêt sur image (*Qu'est-ce que la philosophie ?*).

2. Deleuze, justement, fait le même rapprochement entre Merleau-Ponty et Bergson dans *L'Image-mouvement* (chap. IV), en notant toutefois la différence entre la conscience merleau-pontyenne de la chose, ancrée dans l'être au monde, qui s'organise en intentions, et l'équation bergsonienne image-chose, où la perception n'est pas une lumière en plus mais une lumière en moins, et le mouvement du corps propre un retard. Il n'est pas sûr que ces différences résistent à une lecture complète de Merleau-Ponty : l'effet « diaphragme » du sujet, sur lequel je reviendrai, est bien aussi un « moins » ; de même que le style limité de chaque corps.

3. Pp. 173-175.

d'autre que ce que requiert la relation inclusive des représentations
– ou phénomènes – corps et monde ; et la conscience ne se saisit qu'en
ce point d'inclusion, auquel il faut la ramener.

Le parallèle peut d'ailleurs être poursuivi : quand Merleau-Ponty
écrit que le corps est « un certain style de gestes » qu'il transfère au
monde, Bergson l'écrirait aussi bien. Et quand Bergson écrit que « ma
perception ne peut... être que quelque chose [des] objets eux-mêmes ;
elle est en eux plutôt qu'ils ne sont en elle »[1], Merleau-Ponty ne dit
pas autre chose : ainsi, « quand je dis qu'un objet est *sur* une table, je
me place toujours en pensée *dans* la table ou dans l'objet et je leur
applique une catégorie qui convient... au rapport de mon corps et des
objets extérieurs »[2]. Bref, que le champ phénoménal soit indépassable
est ce qui requiert que le corps tout à la fois en soit, comme phénomène, et, parce que son rapport à tous les autres les commande
comme phénomènes, y soit en quelque sorte, comme conscience, en
surplomb.

Différence il y a pourtant, et fondamentale. C'est que Bergson a
une place pour la conscience, à la pointe entre la perception pure qui
nous placerait dans la chose et le souvenir pur qui nous placerait dans
l'esprit, qui l'une et l'autre débordent la conscience de leur virtualité
ontologique, tandis que Merleau-Ponty se tient dans la seule actualité
empirique du champ perceptif ; et que, de ce trait, là où il y a pour
Bergson une *dualité fondatrice*, celle de la matière et de la mémoire
vers quoi la conscience est de part et d'autre tournée – schème qui
assure au système sa consistance –, Merleau-Ponty se tient dans une
corrélation factuelle du corps et du monde qui n'arrime ontologiquement la conscience à rien, et lui assignerait de n'être en quelque sorte,
comme mienne, que le *témoin du corps*, si ce n'était précisément ce
témoin, et lui seul, qui *requiert* le monde, y inclus le corps, en « ouvrant » le champ phénoménal.

On peut dire – et Merleau-Ponty le dit – que s'en tenir là est montrer le courage, contre l'artifice des bâtis métaphysiques, d'assumer
l'impuissance où nous sommes de prononcer la fondation. Jetée, l'existence l'est, sans plus de raisons pour l'être. Mais le prix en est un
flottement constant, qui n'est, lui, absolument pas tenable : *qui est le
sujet ?* Dans le détail des analyses, il semble à tout moment que ce

1. *Matière et mémoire*, p. 257.
2. P. 118.

soit le corps dans la configuration qu'il impose aux objets ; que signifie, sinon, « si mon corps peut être une "forme" et s'il peut y avoir devant lui des figures privilégiées sur des fonds indifférents, c'est qu'il est polarisé par ses tâches, qu'il *existe vers* elles... et le "schéma corporel" est finalement une manière d'exprimer que mon corps est au monde »[1] ? Mais pour qui la configuration prend-elle la figure d'un « monde » sinon pour la conscience ? Qui, sinon la conscience, transcrit les structurations de la perception en « être jeté à » ? Que signifie, sinon, « l'expérience même des choses transcendantes n'est possible que si j'en porte et j'en trouve en moi-même *le projet...* [elles] sont les manifestations d'un *pouvoir de connaissance* qui est coextensif au monde et qui le déploie de part en part »[2] ? Les deux langages sont constamment mêlés, faisant fluctuer l'exposé entre expérimentation ponctuelle sur les schèmes du corps et épopée de la traversée du monde par la conscience. La vérité est que si l'on prétend construire sur elle-même la perception, on se trouve condamné à dédoubler le sujet et à le laisser dans l'impouvoir non seulement de fonder le perçu – ce que Merleau-Ponty assume – mais – ce qu'il ne semble pas apercevoir – de se placer, entre « fonctions » du corps et « être à ». Incertitude ruineuse et non pas « ambiguïté ».

c. « Que toute réalité ait une parenté, une analogie, un rapport enfin avec la conscience..., aucune doctrine philosophique, pourvu qu'elle s'entende avec elle-même, ne peut... échapper à cette conclusion[3]. » Mais Bergson avait bien vu que si l'on s'en tient là, la perception, balançant entre ce qui en elle est de la conscience et du corps, échoue à rendre compte de cette dualité constitutive : retournant le problème, il rejetait la dualité de part et d'autre du champ perceptif, dès lors fondé de se placer sur l'espace de recouvrement où esprit et matière se rencontrent. Son immersion dans la perception comme enveloppe totale, qui enferme aussi bien la conscience que le corps, interdit à Merleau-Ponty de déterminer la place du sujet entre l'un et l'autre.

Or, si l'« ancrage » de la conscience dans le corps où elle a son site n'est que trop évident, ce *datum*, antérieur à tout ce qui peut s'appeler un sujet, ne saurait produire la pensée qui a à s'en saisir. Posons

---

1. P. 117.
2. Pp. 423-424. (Souligné par moi.)
3. *Matière et mémoire*, p. 258.

comme formulation minimale : *le perçu, c'est le travail de la pensée – du discursif – sur ce dont la conscience est informée –* dans tous les sens de ce mot *– par le corps.* Formulation qui, il faut en prendre son parti, loin de réduire la dualité, la redouble, mais pour en déplacer le moment fondateur, en posant la distinction conscience-pensée : le problème à situer n'est pas celui, factuel, de la prise du *corporel* sur le *conscient –* il y a un animal humain –, et de la représentation sur le corps, partant de l'existence d'un ensemble où le conscient est configuré par la relation corps-contexte, mais celui de la *constitution* de ce qui est ainsi *"donné"*, de sa constitution par la logique du discours. Faute d'isoler ce dernier terme – et bien plutôt porté à le tirer de l'ensemble corps et contexte –, Merleau-Ponty ne peut, quant à lui, que se trouver impuissant à déterminer entre corps et conscience la place du sujet. Moyennant quoi, l'enquête phénoménologique sur le champ perceptif reste "en l'air" : sans assise pour qui la prononce.

Sujet il y a, mais c'est celui que prescrit la logique du discursif : il ne peut donc être ni du corps pris en lui-même, ni du corps en tant qu'au monde, ni de la conscience. Mais pour le dire, il faut avoir abandonné et la perception et l'immersion dans son champ total, s'être porté dans l'énoncé et le local. L'odyssée des formes peut rendre compte de l'élaboration concrète du moi et de l'autre, elle ne vient à être pensable que dans le logique qui l'investit sans lui appartenir, et qui est seul à prescrire le sujet. Faute de quoi, une « description » qui se veut autosuffisante n'a qu'une figure "bougée" de qui l'énonce. Encore faut-il redire : "le" sujet, ce n'est *chaque fois* que celui de l'énoncé local qu'il supporte et dont il répond. Si unité il y a là, c'est seulement celle de la *fonction* sujet.

Reconnaître cela n'est pas oublier que le discours, comme discours du sensible, est arrimé à la persistance cohésive du corps : à sa spécificité, à son individualité, et que cet arrimage ne se laisse pas objectiver, que le corps y « vient au-devant des stimulations », « se lève vers le monde »[1], bref y est animé par une intention. Merleau-Ponty, après Bergson, et beaucoup plus subtilement que Bergson dans le concret des analyses, montre très bien comment l'apparaître répond aux requêtes d'un corps qui résiste à se laisser traiter comme une chose. Et après ? La problématique du perçu – et aussi bien de la proposition

---

1. Pp. 89-90.

esthétique d'immanence – n'est pas là : que le corps percevant *conditionne* le perçu n'entraîne pas qu'il soit le *sujet* du perçu, ni même que ce sujet soit arrimé à lui. Le travail de la constitution reçoit du perceptif le divers dont il a à faire consistance : le sujet est celui de cette consistance, et n'est rien de plus. Autant dire qu'il se tient en marge du corps, ou qu'il tient le corps en marge, et de même la conscience : le sujet a son site là où consistent un multiple de qualités sensibles, un multiple d'étants. Tout ce à quoi il doit est ce divers, et d'abord celui du sensible, dont il assume que la relation fait, de soi, sens.

On objectera que, tout de même, nous avons le plus grand mal à désenclaver le sujet – le Moi comme "sujet" – et de la continuité d'existence du corps, et de cette condition de tout penser qu'est la conscience. On pourrait même arguer, revenant à la discussion précédente, que c'est ce doublet du corps et du sujet qui propose à la foi dans le monde son assise la plus résistante, l'une étant le corrélat de l'autre. Mais ce qui fait là retour est un débat que nous espérons avoir réglé déjà deux fois. Une première fois quand nous lisions Husserl : certes, tout « vécu » est suspendu à la *conscience* et celle-ci a, au-delà de chaque immédiateté, une unité-continuité. Ajoutons qu'arrimée au corps, elle ne cesse jamais d'être conscience du corps, et ses éclipses sont celles du corps même ; la conscience qui prétend pouvoir faire abstraction du corps délire ; et ce ne serait pas déborder la pertinence que d'énoncer : le corps est la situation propre de la conscience. Mais ce que la conscience a en propre est d'être tenue au discursif pour autant que celui-ci ne doit rien qu'à lui-même. De tout énoncé, y inclus l'énoncé du sensible, c'est la pensée qui est constituante, et non la conscience ; partant, ce n'est pas celle-ci mais le logique qui supporte le sujet et porte le divers empirique que la pensée a à faire multiple consistant. Y parvient-elle qu'on est déjà ailleurs, déjà dans le discours, l'indéfini de l'empirie a pris forme d'énoncé, et le sujet y est, sans plus, celui, purement logique, de cet énoncé.

Quand, d'autre part, nous décrivions plus haut la construction identifiante du Moi, apparaissait bien ce que celui-ci doit à une représentation réifiante du corps, lequel reçoit par là une densité statique, une figure de cohésion persistante, une clôture rémanente. Nous avons reconnu qu'il y avait là les conditions d'une aliénation. Mais c'est leurre du Moi, non du sujet. Et c'est la confusion de l'un avec l'autre qui fait prédiquer le sujet d'une subsistance qui est exclue par son concept.

On dira donc : sujet il n'y a que de l'intelligible, en quoi le sujet est intelligible à son tour ; et l'on ajoutera : de sujet, il n'y en a pas plus que de ce qui se prononce vrai : comme l'énoncé, comme sa vérité, il n'est de sujet que local.

Qu'il n'y ait de sujet que logique est précisément ce qui n'exclut à aucun titre que le sensible, dont tout ce qu'il a d'être propre se constitue dans son appartenance au pensable, *soit soutenu par un sujet* : qui n'est que le sien. C'est une bonne nouvelle : rien n'était sinistre comme ces machines à imprimer de la sensation dans un entendement qui devait se travailler ensuite à construire sur elle la subsistance qu'il requérait, quitte à rejeter plus loin la chose en soi. Rien n'était bloqué, irrémédiablement comme un sujet qui s'englue en un miroir dans lequel il se prend pour cette chose parente de toutes les autres, un Moi. Et rien n'était plus dépourvu d'intérêt que le sensible si son être mesquin s'avérait inapte à monter sur la scène du discours. C'est tout le contraire qu'il faut dire : le sensible est chaque fois trouvaille du discours, il n'est constitué que pour autant qu'il est cela, étant cela il n'est pas sans sujet, sujet de sa consistance, comme c'est d'une consistance, et seulement de cela, qu'il y a en toute occurrence un sujet.

5. *Où l'objet ? Le sol perceptif* vs *l'apparaître*

Quand on se tourne du côté du corrélat, autrement dit du monde *objectal*, cherchant ce qui le conforme, il n'est plus question d'un pôle privilégié et c'est l'*accouplement* du corps et du monde qui à la fois remplit et restreint tout le champ. Nous serons ici contraints à suivre d'assez près, pour ne retirer à l'exposé aucun de ses arguments qui se succèdent en basculant progressivement de ce qui tient encore du corps à ce qui spécifie comme Autre le monde.

a. Merleau-Ponty entend arracher la lecture de la perception à un régime de reconstruction psychologique selon lequel l'objet ne serait qu'un « aboutissement », la « raison » d'une multiplicité d'expériences qui ne répond exactement à aucune d'entre elles – « la » maison n'est « aucune de [s]es apparitions », elle est « vue de toute part »[1] ; il

---

1. P. 81.

faudrait dans ces conditions un passage à la limite, qui nous ferait tirer la « chose » de ce que seule a pu nous donner une expérience qui n'a sur elle que des « perspectives »[1] toujours particulières ; mais alors l'objet « absolu » ne serait qu'une idée, celle de ce que serait la chose si « donnée » comme par une seule vision à mille regards[2]. Et un *vacuum* infranchissable séparerait l'expérience ouverte à la conscience de l'objet qui, « fige[ant] toute l'expérience », serait « la mort de la conscience »[3].

À ce perspectivisme laborieux, Merleau-Ponty va – non sans raison – répondre que, loin de précéder la chose, il en reconstruit la perception après coup. Que le précepte toujours oublié, c'est que du fait perceptif, tel qu'ancré dans l'existence, il ne faut pas s'éloigner. Nous sommes *dans* la perception, immanents à elle, et ne saurions proprement la dépasser ; il faut donc qu'en elle le monde soit « déjà introduit ». Or qu'il y soit introduit comme objectal tient, poursuit la *Phénoménologie de la perception*, à cet autre fait premier : qu'il y est le partenaire de mon corps, qui lui-même n'est pas un objet, et qu'on ne peut connaître, à la fois « jamais fermé et jamais dépassé »[4], qu'en le *vivant* : bref, comme sujet « psychophysique », « incarné », qui « anime » le monde. Ainsi le dé ne saurait-il être une reconstruction géométrale articulée sur une reconstruction géométrale de mon corps : deux figures qui sont, comme « en elles-mêmes », également « impensables », tenue l'impossibilité d'une telle expérience ; la vérité de la perception, c'est que nous ne voyons pas un côté du dé sans prendre position dans cet espace singulier que notre corps « habite » et nous « enfoncer » dans l'épaisseur du dé au sein du monde, en vertu d'une « connexion vivante... identique à celle qui existe entre les parties de mon corps ». Ainsi n'y a-t-il pas de perception qui ne soit et du corps propre et de l'externe : c'est que ce sont « les deux faces d'un même acte » ; acte non symétrique, toutefois, où « le corps est un moi naturel et comme le sujet de la perception »[5].

Construction de la perception si close en elle-même, récusant avec une telle violence toute sortie hors du partenariat perceptif, qu'on ne

---

1. Pp. 84-86.

2. P. 84. Transposition intra-perceptive de l'*X* husserlien.

3. P. 88.

4. P. 231. Le corps « anime » la perception comme faisaient chez Husserl les couches « réelles » de l'intention.

5. Pp. 235-239. En ce biface s'amorce *Le visible et l'invisible*.

peut, à première vue, la discuter qu'en y entrant par effraction. Mais aussi retour du dual, requalifié. D'un côté, c'est le report de la place du sujet sur l'intentionnalité du corps vivant, au regard de laquelle se trouve déterminée toute expérience ; d'où l'on peut induire qu'il y a un moment originaire de la perception et que c'est celui de la synthèse du corps propre, comme « ensemble de *significations vécues* »[1]. De l'autre côté, c'est le *fait objectif* que la structuration du corps et celle du monde sont homogènes : que l'« orientation » du corps s'inscrive dans le phénomène atteste qu'à la structure du corps, celle du monde doit répondre ; la perception objectale ne s'avérera possible que par « le système rigoureux que forment ensemble les phénomènes et mon corps »[2], système dont la perception est en somme l'expression. Au terme de quoi on a ce qu'on pourrait appeler une *motivation intra-perceptive* de l'objet.

Ce schème, dont je n'ai retenu ici que le squelette – j'aurai plus d'une fois à y revenir en détail –, suscite d'emblée une perplexité méthodologique : il se tient « dans » la perception ; mais, en la motivant aussi bien par la prise de l'intentionnalité du corps sur le monde que par l'appartenance de la structure naturelle du corps au monde, il donne aux procédures de la perception un fondement à la fois subjectif et positif. Du point de l'intention, le corps n'est pas « dans » l'espace, il est « à » l'espace, et « la spatialité de la chose et son être de chose ne font pas deux problèmes distincts »[3] ; mais du point de l'organisation positive du corps, c'est en tant que celui-ci ne peut être disjoint de la spatialité qu'il la partage avec la chose. C'est là l'ambiguïté de la *Phénoménologie de la perception* qui, tout au long, veut tirer ce qu'elle avance du psycho-naturalisme qu'elle réfute et se place, en définitive, sur le même terrain. En résulte que l'objet, à son tour, se tient à deux places : d'un côté, le corps vivant, de l'autre l'accointance naturelle du corps et du monde. Comme, de cette accointance, c'est la perception qui atteste, et dans son détail, et comme dire l'accointance ne fait pas plus que déplier le contenu de la perception, Merleau-Ponty peut estimer ne franchir jamais les limites du phénoménal. Mais sous condition d'une interprétation motivante qui ressemble fort à une explication du type "il faut bien que" ils soient, par nature,

---

1. P. 179. (Souligné par moi.)
2. P. 347.
3. P. 173.

conjoints. C'est, aussi bien, ce qui permettra à la traversée tout intrinsèque de la perception de s'ouvrir, pour finir, en ontologie.

À la perception comme système du monde ancré dans ce doublet
du corps vivant et de la nature du corps, la question la plus radicale
que nous poserons obstinément sera : *que faites-vous de la consistance
de l'apparaître ?* Vous raisonnez sans cesse sur des *structures* et naturelles et porteuses d'intentions. Mais d'abord, quand on dit qu'il n'y
a pas de Forme sans fond, on pose beaucoup plus profondément qu'il
n'y a pas de structure qui ne se détache sur l'instructuré d'un fond.
De là qu'une structure totale, cela ne veut rien dire. Or l'apparaître,
consistant de part en part, n'est ni l'indéterminé d'un fond, ni le local
d'une Forme ; il est un système homogène en lui-même, que rien n'interrompt. Davantage : pour indéniable que soit la référence à notre
mode de percevoir, à notre corps, c'est dans *son texte propre* que le
perçu, à chaque moment, est Un, et Un de proche en proche, sans
que, dans la logique de sa contextualité, notre implication corporelle
fasse retour : on peut s'en étonner, mais *le perçu existe comme tel*, et
c'est ce dont nous avons à rendre compte. Quant à renvoyer cette
existence à une *synthèse* « originaire », c'est-à-dire sans intelligibilité
ultime, portée à même le corps, c'est rester en défaut de ce qui se
laisse intégralement *articuler* comme la constitution du perçu, et n'est
qu'en elle. Il est vrai que je « projette » dans le tronc dressé du tilleul
l'expérience que j'ai de ma tension musculaire et de ce qu'elle me
donne assise sur le sol – expérience que le chat a, et mieux que moi –,
mais il est tout aussi vrai que je resterais toujours incapable – comme
l'est le chat – de *constituer* cette expérience sans le recul de la tridi-
mensionalité de l'espace si ce dernier n'était pas moment prescriptif
de l'énoncé du perçu, commandé par son axiomatique, et impossible
à tirer de l'expérience immédiate du corps. Autant en va-t-il de deux
couleurs et de leur constitution comme différence. Bref, des structures
partielles peuvent s'emboîter, celle de la synthèse du corps peut les
commander toutes, mais alors l'objectalité ne sera, au regard de la
logique de l'apparaître, pas plus qu'une hallucination efficace : ce fut,
comme on a vu, la conclusion déceptive de Lacan, ce ne fut pas celle
de Merleau-Ponty glissant sans cesse du subjectif au positif. Le corps,
pourtant, ne peut pas faire synthèse de ce qu'il ne "sait" pas qu'il est,
et qu'il ne saura, pour ce qui le concerne, que par rétroaction de ce
qui s'énonce dans le perçu. En invoquant un « savoir pré-discursif »
du corps, Merleau-Ponty pointe lui-même l'artifice de sa construction.

Aucun savoir ne s'autorise de ce qui n'est pas sa pleine intelligibilité. Et que le perçu soit de bout en bout intelligible, nous aurons tout le loisir de dire comment et pourquoi. Répétons seulement, pour le moment, que suffit l'évidence de sa consistance, irréductible à la compacité du corps, dont Merleau-Ponty dit justement qu'il fait pour nous fonction de « limite », mais à quoi nous ajouterons : limite de l'inconsistant. S'il y a un paradoxe du perçu, c'est qu'à travers lui, qui est discours, nous avons un savoir de l'apparaître, qui est apparaître à notre corps, sans avoir de savoir de notre corps.

On plaindra Merleau-Ponty d'avoir dû consacrer beaucoup de temps à réfuter et la réduction du corps à un objet – dit « le corps objectif » – et la substitution d'un en-soi de l'objet au progrès de perceptions singulières. Nous ne tenons pas plus que lui le corps pour un objet, et de l'objet nous avons déjà reconnu – mais sur de tout autres bases – qu'il n'est que par provision. Cela dit, la question que pose d'emblée la clôture sur soi de la perception est celle de la *réalité* de ce qui est perçu : de ce que, dans pareille phénoménologie, il en reste. Merleau-Ponty ne réduit-il pas la perception à un indépassable auto-référentiel ?

Soit une de ces analyses qui partent d'exemples classiques pour les ramener peu à peu au pouvoir que j'ai, par mon corps, de « configurer » le monde et pour ramener ce pouvoir à la « certitude » qu'il me porte dans le monde[1]. Examinant l'illusion du « membre fantôme » chez les amputés[2], y soulignant l'insuffisance en même temps que la pertinence des explications tant physiologiques (en 3e personne) que psychologiques (en 1re personne), Merleau-Ponty avance l'existence d'un troisième terme, une « vue préobjective » de l'être au monde en vertu de laquelle « un Je engagé dans un certain monde physique et interhumain... continue de se tendre vers son monde ». Belle analyse, et – dans la limite de ses *a priori* – convaincante, de ce qu'aucune perception particulière ne donne l'objet, qui excède l'être perspectif qu'elle tient de l'objectivité du corps, et de ce qu'un autre ancrage de l'expérience au corps est ce qui fait que toute perception converge

---

1. Un exemple frappant de ce mouvement, pp. 351-362.

2. P. 90 *sqq.* Ce n'est pas par hasard qu'une des autres analyses directrices sera celle de l'hallucination.

À noter, au passage, la confusion faite ici entre l'existence de la *pensée* inconsciente et celle d'un *savoir* inconscient.

pour la conscience vers « l'évidence de la chose »[1]. Mais analyse qui, non par hasard, est celle de la perception comme *illusion*. Nous ne forçons pas les mots : « Ce paradoxe est celui de tout l'être au monde : en me portant vers un monde, j'écrase mes intentions perceptives et mes intentions pratiques en des objets qui m'apparaissent finalement comme antérieurs et extérieurs à elles, et qui cependant n'existent pour moi qu'en tant qu'ils suscitent en moi des pensées ou des volontés[2]. »

C'est exactement ce « peu de réalité » qui, pour Lacan, connote dans la représentation sa dimension d'Imaginaire. Mais c'est, du même trait, laisser la réalité flotter au seul pouvoir des déterminations naturelles du « corps habituel » et des convictions du « pôle intentionnel »[3]. À vrai dire, dès lors qu'il n'y a pour rendre compte du fait perceptif que le fait perceptif, il n'y a plus de réalité : seulement une sorte de *monophysisme*, singulier en ce qu'il n'est pas celui d'une substance mais celui de la perception elle-même, dans laquelle est pris le sujet. Moyennant quoi, on se retrouve dans une tautologie de la perception sans résolution. Or constater que le monde consiste est tout autre chose que lui reconnaître des habitudes. Pouvoir dire comment il consiste est tout autre chose que se remettre au *factum* d'une intégration de structures. Tenir dans sa consistance l'en-soi de la réalité est tout autre chose qu'une certitude, quand bien même celle-ci ne supporterait pas la discussion. Et ce qui n'était chez Husserl que supplément de croyance ne saurait devenir, au bord d'une perte menaçante, le sauvetage de la réalité par la seule innéité de la foi. On touche là les conséquences de ce que Merleau-Ponty, qui voudrait pouvoir nous dire : "voyez, je décris tout ce que contient la perception, rien que ce que contient la perception", fournit, en démontant une illusion, la preuve éclatante de ce que nous ne cessons d'affirmer : que *seule l'enséité de sa constitution* peut fonder le perceptif comme *réalité*.

b. À la vérité, il y a bien chez Merleau-Ponty un terme qui fait plus ou moins fonction du discursif dans le perceptif, et c'est *le monde* : en tant que son unité cohésive vaut critère implicite de ce que la perception ne va pas sans un réquisit d'intelligibilité. À la fin d'un long examen, et subtil, de ce qui conditionne la constance des couleurs

1. P. 348.
2. P. 97.
3. P. 103.

« comme le fond sous la figure », et le rôle de l'éclairage comme guide du regard, Merleau-Ponty conclut : « notre perception tout entière est animée d'une *logique* qui assigne à chaque objet toutes ses détermina-tions en fonction de celles des autres et qui "barre" *comme irréelle* toute donnée aberrante, *elle est tout entière sous-tendue par la certitude du monde* ». Et conclut, après avoir invoqué « la *conscience primordiale du monde comme horizon* » : « c'est... dans la mesure où ma percep-tion est de soi ouverte sur *un* monde et sur des choses que je retrouve des couleurs constantes »[1].

Il est clair que la « foi » perceptive ne va pas cette fois sans requérir – et s'en garantir – une *rationalité*. Il n'est pas moins clair que ce garant n'appartient plus aux seules déterminations conjointes du corps et de son environnement, mais à la conscience d'une existence qui, en s'ouvrant au champ phénoménal, en s'y jetant, fait le pari d'un monde objectivement constructible. Nous retrouvons alors, à un autre niveau, l'incertitude où tout au long demeure le recours de Merleau-Ponty au rapport du subjectif et de l'objectif. D'un côté, le monde est fonda-mentalement une *option*, une certitude non pas logique mais desti-nale : « Il faut que le sujet percevant, sans quitter sa place et son point de vue..., se tende vers des choses dont il n'a pas d'avance la clé et dont cependant il porte en lui-même le projet, s'ouvrant à un Autre absolu qu'il prépare du plus profond de lui-même. » D'un autre côté, le projet n'est pas quelconque, l'Autre absolu est qualifié tel pour la *compossibilité* de tout ce qu'il enveloppe, et c'est le propre du sujet de pouvoir en explorer toutes les possibilités consistantes[2].

Il faut convenir qu'un tel *projet de consistance* – pour le dire en des termes qui ne sont déjà plus merleau-pontyens – pourrait rendre à la relation du sujet et du monde cette assise que nous avions dite lui manquer. On basculerait alors vers une thématique de la corrélation où la foi du sujet aurait son répondant dans la consistance de ce qui est pour lui l'objet réel. Thématique où l'on retrouverait, au choix, sur l'un ou l'autre versant de la lecture du projet, soit la forme duelle d'un ordre *préétabli* entre projet rationnel du sujet et intelligibilité du monde – en somme, le *credo* pré-criticiste –, soit – criticisme remo-delé – la constitution de l'ordre concret du monde tel que nous le connaissons par ce qui est *notre* projet : les prononciations théoriques

---

1. Pp. 361-362. (Souligné par moi.)
2. Pp. 376-377.

de Merleau-Ponty vont dans le second sens, les démonstrations plutôt dans le premier. Seulement Merleau-Ponty joue comme en écho de l'une ou l'autre tradition, de l'un ou l'autre thème métaphysique, sans s'arrêter à l'un ou à l'autre : car ce à quoi il entend introduire n'est ni un transcendantal des prescriptions rationnelles, ni une transcendance métaphysique de la rationalité ; c'est, au plus serré, *un projet aveugle de rationalité* : aveugle en ce que je ne puis pas plus en rendre compte que de mon existence, rationnel en ce que là réside le point d'équilibre poursuivi par mon existence dans sa finalité. Mais un tel syntagme a-t-il un sens ?

La séduction que suscite ce type de formulations doit assurément à la figure romanesque – *Bildungsroman* – d'un clair-obscur engendrant de lui-même une obscure clarté. Dans le même temps, le parti pris a pour lui la vigueur d'un geste de désillusionnement : vaine est la croyance que nous disposons des moyens d'une fondation de nous-mêmes – et notamment de la connaissance – par nous-mêmes : nous sommes à nous-mêmes donnés. Le dernier mot de l'être-au-monde est de faire limite, pour la pensée, d'un devenir intra-perceptif finalisé, fondé sur le donné des structures, et revisité par la fonction constituante d'une sorte de relation intersubjective avec ce qui s'avère être une rationalité du monde : ce qui fait une genèse de la connaissance tout à la fois déterminée et dramatisée.

Que ce soit faire erreur sur le problème tient à ceci que ce dont la fondation est requise, ce n'est pas *nous* – et là, elle nous échappe en effet – mais *la pensée*. Et que quant à fonder la pensée, elle seule le peut, et y suffit : ne prescrivant que ce que sa consistance est, de soi, sans origine ni devenir, ne posant pour intelligible que ce que dans son immanence elle reconnaît comme tel, ne tenant ses réquisits que de ce qui s'expose à elle comme tel. La rationalité ne peut être le terme d'un projet aveugle, elle ne peut pas même être le terme d'un projet, elle se supporte d'une *décision* : décision qui n'assume du moi, de l'autre et du moment que ce en quoi ils qualifient et situent l'acte, décision qui ne se porte qu'au lieu où procède le discours, où se prononce une vérité et où advient pour en répondre un sujet. Que cette décision soit, d'emblée, condition du perçu, c'est ce que nous ne cessons d'argumenter.

c. Pour donner au contenu objectal de la perception une assise, Merleau-Ponty a toutefois une ultime ressource, à un troisième niveau d'interprétation : la cohérence de la perception ne tient pas seulement

à l'articulation structurale du corps à son milieu, ne satisfait pas seulement le réquisit de compossibilité qui convient à un monde, ce projet
lui-même est précédé par le rapport *existentiel*[1] du corps à son milieu
de vie. Les modes de ce rapport forment un « fond plus ancien » que
toute représentation. Et avant qu'orientation dans le phénoménal, la
perception, « enracinée dans l'existence »[2], « doit être rapportée à
l'acte prélogique par lequel le sujet s'installe dans son monde »[3]. Autrement dit, la perception est elle-même un moment de l'*exister*, celui-ci
est un *habiter* qui précède toute analyse, et c'est cette *ante-prédicativité*
qui commande la perception jusque dans son moment « logique » qui
est justement celui de l'objet.

Pour comprendre cet enchaînement, il faut encore une fois prêter
attention à son ambivalence : d'un côté, l'ante-prédicatif est opaque,
il transit une perception aveuglée, et ne se manifeste que dans son
effet phénoménal ; d'un autre côté, il est déjà *connaissance* : savoir
préalable, sourd, en dessous et à la racine du savoir. Nouvel exemple
d'une stratégie qui ne laisse ouverte, dans la globalité de la perception,
aucune porte parce que d'abord elle les confond toutes : la corrélation
des structures, le pli existentiel, la pré-détermination du savoir.

Avec cette conséquence, certes non quelconque, qu'elle met toute
pensée fondée dans le perceptif – et c'est pour Merleau-Ponty dire :
le tout de la pensée – sous condition d'un pré-savoir à la fois originaire
et ultime. S'en suit, cette fois, que ce qui donne à la perception son
assise retire toute assise propre à la raison. Ou : le logique même est
mis sous condition du pré-logique de l'existentiel. Nous voici au plus
loin du parrainage – revendiqué – de Husserl ; la Phénoménologie
s'est muée en anti-intellectualisme : notre enracinement dans le monde
a pour revers la dénonciation de ce qu'il y aurait d'artifice dans une
intelligibilité qui prétend ne s'autoriser que de soi.

Il n'est pas facile de saisir, ni d'admettre, ce qui a pu conduire
Merleau-Ponty, si soucieux de rigueur dans le détail de ses analyses,
si préoccupé d'être démonstratif, à pareille réduction de la pensée
– même si Heidegger était allé beaucoup plus loin, dans une hostilité
déclarée à toute démonstration de style objectif. Il semble que, du
sein même d'une stricte volonté de savoir, l'attention portée à ce qui

---

1. Cf. note, p. 350.
2. P. 173.
3. P. 350. (Souligné par moi.)

en précède le questionnement sans en avoir la forme prescriptive entraîne la pensée à tomber, avec une sorte de fascination, dans la construction d'un procès génétique, au prix de récuser les césures les plus décisives, à commencer par l'autonomie de la pensée elle-même, dont le travail qui la conteste ne cesse implicitement de se réclamer.

Aucune organisation « *pré*-discursive » ne pourra jamais fonder le discursif. L'*ante-prédicatif* entendu comme matrice du prédicatif est une maladie de la pensée. Son corollaire est une *genèse* mythique, qui devrait rebâtir toute expérience, y incluse celle du Logos, sur les données les plus immédiates, voire sur une sorte de médiat plus ancien que l'immédiat. Suit le report de la pensée sur une évolution pensant à notre place[1], ou à défaut déterminant ce que pourra être le pensable : quand l'évolution ne saurait être rien de plus que ce qui s'offre à être pensé. Mythe véritablement insoutenable est, à ce titre, la genèse, que tente Merleau-Ponty, de la *constitution* par les étapes successives d'une *structuration* : le présupposé en est l'implication – qui vaut contradiction – du discursif (jusque dans les sciences) par le structural-existentiel : contradiction qui n'est en rien dépassée par le mode sur lequel le structural est, par Merleau-Ponty, remanié en un savoir sans Logos.

Il faut donc prononcer que *si remettre la perception à elle-même revient à destituer le Logos, c'est la faillite de cette remise même qui est avérée.* Comme la faillite du discours qui l'énonce. D'où le malaise qu'on éprouve à la lecture d'un texte dont les démonstrations sont autant d'affirmations de ce qui restreint, par ce qui en fixe pré-logiquement les conditions, toute démonstration. Nous avons dit que le monde de Merleau-Ponty est celui de l'Imaginaire, et d'un Imaginaire refermé sur soi ; il nous faut dire à présent que c'est un monde *sans Autre*, ou plutôt dont l'Autre est lui-même ramené aux limites des formes les plus enfouies de l'Imaginaire. Or aucune pensée responsable – sinon sceptique, mais ce n'est nullement le cas de Merleau-Ponty – ne peut faire exception de la suffisance à soi de la pensée : de ce qui peut se dire son Altérité.

Que, de surcroît, se tenir dans l'Altérité prescriptive du Logos ne soit pas lui demander de redresser une perception qui lui resterait substantiellement étrangère – comme le veut la lecture classique du

---

1. Où l'on retrouve encore une fois Bergson.

Platonisme –, que le perçu soit transitif à l'Autre – vraiment transitif, contrairement au déni de Lacan –, c'est ce que nous avons commencé de démontrer. Mais c'est sur le terrain même de Merleau-Ponty que nous entendons porter la réponse. Si l'intelligible est ce prescriptif qu'il ne doit pas cesser d'être, il ne se peut qu'il fasse exception du perçu, dans lequel toute connaissance est de prime abord attestée. Nous n'avons jamais nié les conditions contingentes, factices, du perceptif, mais nous n'avons cessé de pointer qu'il n'est en rien un accident au regard de la pensée, et qu'il tomberait dans une représentation cohésive inarticulée, ou se prêterait à des prédéterminations existentielles sur lesquelles la pensée n'aurait pas de prise parce qu'elle y serait elle-même prise, s'il n'était tenu par le moment – l'énoncé – logique de sa constitution. La consistance du perçu est tout autre chose qu'un fait : une rection. Depuis laquelle la facticité – disons-la logiquement antérieure – que le perçu constitue n'est concevable que rétroactivement – depuis la constitution. Disons : *au perçu est immanente l'attestation première de l'Autre qui ne connaît, de par soi, aucun précédent.*

S'agissant du perçu, ses instances sont doubles en un sens qui ne comporte aucune diachronie : d'emblée il met en jeu deux types d'organisation – l'une, logique, saisissant l'autre, structurale –, dont l'*altérité* d'essence doit être reconnue et dont seule la première, comme mise en relation processive du différentiel là où il n'y avait que du massif, comme position de la relation là où il y avait la facticité d'une condition d'existence, est proprement le lieu d'une constitution.

Un exemple. Qu'il y ait une organisation, ou une forme, propre au règne de la représentation, il y a longtemps que la philosophie le sait, mais jamais aussi clairement que depuis le transcendantal kantien et husserlien, sans oublier la dialectique hégélienne. Merleau-Ponty va, là-dessus, contester qu'il y ait lieu de poser un formalisme *a priori* de l'espace, de ses dimensions, de l'orientation, et montrer que les formes sont tout simplement inscrites dans l'inter-espace que prescrit la présence du corps au monde. Soit l'orientation du haut et du bas : il induit d'une batterie d'expériences-tests que, saisie « avant toute élaboration notionnelle »[1], elle requiert un « point d'ancrage » qui est le corps « comme système d'actions possibles » en « prise » sur le champ perceptif ; que se trouve ainsi reconnu « un *sol perceptif...*, un milieu

---

1. P. 282.

général pour la coexistence de mon corps et du monde » ; et il en conclut qu'il n'y a pas à se demander « pourquoi l'être est orienté » : il est, de par la coexistence qu'on vient de dire, « essentiel à l'espace d'être toujours "déjà constitué"... L'être est synonyme d'être situé »[1], l'objet synonyme d'être orienté.

Eût-il écrit : l'être *de ce qui vient à la constitution dans l'image*, dont on tient ici l'assise formelle, qu'il n'y aurait sans doute rien eu à lui opposer, hormis ce qu'implique déjà d'articulé le concept de « milieu » ; que le corps et ce vers quoi il se porte ne se structurent pas séparés, que le corps actif soit en prise sur l'image et que l'image tienne au corps comme aux structures qui s'engendrent hors de lui de ce qu'est sa propre structure, cela va de soi. On conviendra sans peine qu'il y a là un trait de notre facticité ; et que, de ce biais, l'expression « sol perceptif » est pertinente. Mais ce sol s'avérerait bientôt non maniable pour la pensée, c'est dire pour le perçu même, et du même coup pour le faire, si les coordonnées, en lui indistinctes, nouées dans leur corrélation primitive, n'en étaient pas discernées, et la *systématique* de leur articulation – qui n'est plus le système structural, qui en est l'*ouverture* – d'emblée constituée. Ce qui est, dans l'exemple de l'orientation, avéré comme autant de traits du perçu de l'espace, on peut en amorcer sans peine la définition : ce n'est déjà plus la pragmatique d'un ancrage dans le pré-discursif de l'habiter, mais la découpe de distinctions co-pertinentes, pertinentes pour se combiner, dans l'homogène d'un infini de continuité[2]. Procès constituant sur la base duquel *le géométrique* est prêt à se développer, sans lequel il ne saurait se développer : tenant sa nécessité de ce qui se pose comme la logique du distinct dans ce qui n'était encore que du co-varié. Aucun « point d'ancrage » ne saurait rendre raison de cette articulation qui n'a rien de la réquisition sèche, de la détermination close des structures ; et cette articulation, on peut mettre au défi de nommer une expérience perceptive qui n'y trouve, de toute nécessité[3], appui. Il n'est pas besoin, pour autant, de quelque forme *a priori*, on en convient avec

---

1. P. 282-291.

2. Plus techniquement, les combinaisons sont celles d'une structure de groupe. Sans plus, s'agissant de l'orientation, car on n'y peut parler de triangles qui commutent pour deux trajets – mettons : direct et indirect – d'un point à un autre.

3. L'ancrage qui est recouvert par la constitution peut, pour un perçu inadéquat, paraître « avant » elle ou reparaître sous elle. C'est le type d'expériences sur lesquelles fait fond Merleau-Ponty.

Merleau-Ponty ; il est exclu, en revanche, que rien du consistant puisse se tirer de quelque pré-notionnel : dans le champ du distinct, il n'y a recours que du distinct ; *il suffit mais il faut que le perçu soit constitué pour que puisse s'en appuyer tout ce qu'il revient à la pensée d'en tirer.*

Ce n'est pas tout, et l'on s'inquiétera à lire que « comme tout être concevable se rapporte... au monde perçu, et comme le monde perçu n'est saisi que par l'orientation, nous ne pouvons dissocier l'être de l'être orienté » ; que celui-ci implique « l'exécution d'un *pacte* plus ancien » conclu entre « un autre sujet au-dessous de moi » qui est mon corps, et le monde ; que c'est sur ce mode qu'il y a dans toute perception « un projet général..., *un parti pris en faveur de l'être...,* plus vieux que la pensée »[1]. Toute métaphoricité abolie, le recours à pareil mélange des registres génère les problèmes bien plutôt qu'il ne les résout : un « pacte » est un discours – et même un performatif –, et l'on mesure ici toute la différence entre ce que nous nous attachons à montrer – que le perçu est la saisie du perceptif par le discours – et ce qu'aventure Merleau-Ponty – l'échange d'un discours a-discursif entre le corps et le monde ; un parti pris ne peut pas être plus ancien que la pensée, il en est un accident et, qui pis est, en vaut détourne-ment ; qu'il y ait un parti pris de l'être revient à faire le concept d'être simplement modal ; enfin, que l'être soit inclusif au monde le ravale à l'altérité vécue du partenariat. Merleau-Ponty – qui ici s'oppose terme à terme à Heidegger – écrase l'être sur la perception pour une double raison, et contradictoire : parce qu'il se tient enfermé dans la percep-tion, il ne peut rien poser au-delà, mais parce que la perception dis-pose pour le corps son Autre, il lui faut un supplément immanent – le parti pris, la foi dans l'Autre. Cet être par le dedans, par le dedans de la perception, vient sauver la réalité, mais au prix de détruire, par la désappropriation des termes à leur fonction d'argument, tout ce qui s'est appelé ontologie.

En vérité, ce qui a disparu, ce n'est pas l'être, c'est la distinction cardinale entre *apparaître* et *être*, telle qu'inaugurée par le « comment les choses qui apparaissent [*ta dokounta*] doivent être en leur appa-raître [*dokimôs*] »[2] de Parménide annonçant la voie qui n'est plus celle de l'être. On saisit dans cet effacement de l'écart être/apparaître ce qu'entraîne une pensée à un seul terme, comme l'est ici celle de la

---

1. Pp. 293-294. (Souligné par moi.)
2. I, v. 31-32.

perception. Il faut dire : *la question de l'être est celle même de la pensée pour tout ce qui, dans la constitution, renvoie en deçà de la constitution, et y fait fond.* Et poser la question de l'être est, du même trait, tenir en regard le concept d'apparaître, comme celui du constitué. Nous ne céderons pas sur l'apparaître. Certes, nous récusons une disjonction sans articulation du concept pur de l'être et du divers de l'expérience perceptive, qui rendrait la seconde incompréhensible et qui retirerait à la constitution son opérer sur le premier. Mais que le perçu soit le champ de la constitution du multiple de l'empirie commande la question du *ce qu'il en est* de ce multiple en deçà de sa mise en Un, et fixe par réciproque *la constitution du perçu comme celle de l'apparaître.* Ce que nous avons montré du perçu comme logique de l'apparaître requiert ce fond d'être sur lequel le logique se prescrit. Aussi bien l'avons-nous déjà dit : nous ne pourrons manquer, le moment venu, de questionner ce que le perçu comme apparaître induit de l'être.

Davantage : que, tenu le fond de la co-appartenance du corps et de son environnement, le schème structurel en soit, une fois ressaisi, découpé, et articulé par le discours, constituable, ce qui fait dès lors l'effectivité de l'apparaître devient pour la pensée – disons : du géomètre – pas plus qu'un parmi les systèmes conceptuellement possibles ; *des* espaces se laissent, à partir de ce qui limite notre expérience, penser selon les axiomes spécifiques de leur intelligibilité. Symétriquement, nous disposons aujourd'hui d'appareils formels qui permettent de parcourir sur le seul fil des décisions axiomatiques la pluralité des espaces possibles et qui démontrent comment des espaces différents, aux propriétés différentes, requièrent des logiques différentes[1]. S'il n'est pas contestable que le sol *perceptif* – pour reprendre le mot – met sa forme à la disposition du *perçu* de l'espace, si perçu il n'y a que du moment où cette forme est rompue et où s'y substitue une consistance, c'est aussi bien parce que l'espace perçu s'avère ainsi espace logique qu'une pluralité des géométries possibles peut ensuite se constituer. Inversement, c'est parce qu'il aveugle l'écart du perceptif à la constitution du perçu, que Merleau-Ponty adopte à l'égard de toute science rigoureuse une position réductrice intenable, qui suffirait pour ruiner sa phénoménologie.

---

1. Assignant – par exemple – à la fois ce que sont dans chacun l'identité, le statut du vide et la validité ou non du tiers-exclu.

Tout cela dit, il faut reconnaître que lire dans l'espace perspectif un « parti pris » sur l'être – si nous en avons conclu la formulation inconsistante – est loin de constituer une proposition banale, en ce que s'y amorce au point le plus inattendu, *malgré* la clôture sur soi de la perception, la question de sa fondation. Il serait tout à fait mal venu de soupçonner Merleau-Ponty de faire ici métaphore pour désigner la seule enséité, ou la réalité, du monde perceptif. Il n'est pas douteux que la *Phénoménologie de la perception* est tout au long hantée par la question de ce qui y peut être sauvé de l'être ou des moyens qu'elle a pour en maintenir la position, quand bien même ce n'est que l'énigme existentielle qu'elle peut produire pour sa solution. Revenons à la théorie des *topoï* : décrivant le jeu prescriptif d'autant d'« univers » elle reconnaît, comme il convient, à chaque constitution d'espace la dimension ontologique qui revient à toute apophantique ; Merleau-Ponty ne fait pas autrement, excluant que ce qu'il décrit comme l'espace perceptif puisse être dépourvu de poids ontologique. La restriction, grave, est qu'à enfermer l'être dans le phénomène, il laisse confondus l'ontique et l'ontologique. S'interdisant de reconnaître que ce qui fonde la question de l'être, c'est d'en avoir distingué l'apparaître.

d. La problématique de l'objet, dont la constitution noético-noématique ne pouvait à aucun moment s'avérer logiquement suspecte pour le sujet, se réduisait chez Husserl à la question de sa transcendance effective ; Merleau-Ponty, qui ne tient pas davantage pour existentiellement suspecte la structure de l'objet, au croisement des questions du corps et des réponses de son milieu, est conduit par le global de l'existence à identifier la question de l'être avec celle du monde. Ce qui s'est pour nous conclu de ce sur quoi achoppent l'une et l'autre thèses, est que *la « chose » du perçu* – dont nous avons dès longtemps dit qu'elle est figure du site logique – *a son lieu propre dans la consistance de l'apparaître*, et que toute chose pensable requiert un apparaître, fût-il alternatif au regard du nôtre, c'est dire autrement constitué, sous le prescrit d'une autre axiomatique. Et, du même trait, que peut et doit être entièrement intelligible – soit tout autre qu'une arrière-scène tirée de l'existentiel – ce qui noue l'apparaître à ce qui le précède comme l'être.

Toutefois, assurer le prescrit de la constitution de l'objet requiert que soit réouvert le débat engagé avec Badiou, du point où lui-même a reformulé, dans un texte-annonce postérieur au *Court traité*[1], sa doctrine déréalisante maintenant remise à un calcul *sur* l'apparaître, dans le déni d'une possible analyse de sa matière propre, autrement dit de ce qu'*en lui-même* il est, et conduisant ce procès jusqu'à ce qu'il propose comme une nouvelle définition de l'objet.

Sur le fond de la constitution du perçu, le mouvement que je suis remonte de la facticité des Formes à l'articulation de l'apparaître : soit cette discursivité qui, en regard des structures, *délie* et, en regard de la déliaison, *lie*, pour que l'étant advienne comme apparaître. Que la liaison soit constituante commande que l'apparaître détermine l'être dans l'étant : c'est dire qu'une axiomatique doit prescrire sa logique, et ce jusque dans sa matière, le sensible inclus. C'est de cela même qu'atteste le discours du perçu, et pourquoi c'est de lui que doit s'inférer l'être. Nous savons que quand Badiou écrit : « la logique de l'apparaître... [est] science des univers possibles pensés selon la cohésion de l'apparaître »[2], il entend, à l'inverse, que l'être est foncièrement étranger aux relations logiques qui gouvernent l'être-là, proposition qui a pour assise une interdiction ontologique – il n'y a rien dans le pur Multiple de l'être qui puisse rendre raison du caractère *local* du *site* où s'expose l'étant[3] – et le déficit axiomatique qui s'en suit touchant l'odre du phénoménal. L'interdiction ontologique est incontestable, et nous avons depuis longtemps montré qu'en effet un étant ne se peut poser que du local d'une situation qui le détermine comme site : l'apparaître en atteste comme domaine du *là*, distinct de tout autre là. J'ai contesté, en revanche, ce qui interdit à la différence ontico-ontologique toute possible consistance *si* en est au principe exclu tout supplément axiomatique qui rende compte de la constitution de l'étance ; et j'ai nié que la consistance avérée de l'étance puisse se laisser réduire à la seule imposition d'une cohérence induite de sa phénoménalité. Reste que le débat n'étant pas minime, qui ne met en jeu rien de moins que la résolution de son intelligibilité pour la facticité de la réalité, il importe d'examiner la nouvelle formulation du réglage de l'apparaître qui doit conduire Badiou à la définition de l'objet, et dont

---

1. *Les 35 énoncés des trois premiers chapitres de* Logiques des mondes, in *Élucidations*, n° 4.

2. In *Logique et ontologie,* conférence à la Société française de Philosophie, contemporaine du *Court traité.*

3. *Court traité...*, p. 191.

je vais, pour le moment, retenir seulement l'*appareil* qui y conduit, intitulé du « transcendantal ».

Supposons que, l'être se disant de la seule axiomatique du Multiple pur – qui est sans Un –, la problématique de l'apparaître soit celle de l'advenue en son champ de l'Un qui se distingue de tout autre Un par le local de son là – soit ce que, de soi, l'être n'a pas. Supposons que s'en suit la détermination de l'apparaître comme ne pouvant connaître que de la *relation* d'un étant à un autre. Supposons que, dans le multiple de qualités phénoménales diverses où s'expose l'apparaître, de telles relations sont seules ce qui permet de déterminer un apparaissant, ou étant ; et que c'est de ce tissu de relations que l'apparaître tient sa cohérence avérée. Supposons que cette détermination implique un réglage logique à un seul opérateur, celui du *différent* et de l'*identique*, tel que la liaison phénoménale de deux étants coexistants atteste entre eux d'une identité plus ou moins forte. Supposons que ce degré d'identité ou différence est calculable parce que mesuré sur une *échelle* unifiée qui ordonne les *degrés* d'identité ; disons alors que cette échelle est le « *transcendantal* » (sans sujet) d'un monde[1]. Supposons qu'une série d'occurrences d'une identité, entre elles de degré variable, ait son *degré maximal* dans une de ces occurrences, d'autant plus forte qu'elle subsume tous les éléments qu'intègre, au fil de son parcours, l'identité visée : on pourra dire alors de cette occurrence qu'elle constitue une sorte d'« *atome* » ou unité indivisible d'apparaître. Et le passage à l'*objet* pourra se définir d'une dernière double supposition : celle que l'atome est la « composante » d'un apparaissant qui fixe en lui « *l'instance de l'Un* » et celle qu'un tel atome doit être « *réel* », c'est-à-dire répondre d'une composition du Multiple, ou étant au sens le plus propre, dans l'être lui-même[2].

Remarquons d'abord que cette séquence de propositions, dont le premier énoncé seul est hors de contestation, tient pour acquise l'existence d'Uns qui sont définitoires de l'apparaître, et qui sont même d'emblée qualifiés d'« étants » ; que ce qui se donne dans l'apparaître

---

1. C'est évidemment là la nouveauté des *35 énoncés*. Avec les deux propositions suivantes, de l'atome et du réel.

2. Pour ne pas alourdir, la référence est successivement aux énoncés 2, 4, 5, 13, 21 et 22. Ou, dans *Logiques des mondes*, 13, 15, 16, 24, 32 et 33. Puis au Glossaire (ou dictionnaire) sous atome et objet, ces deux définitions largement modifiées dans *LM*.

ait le statut ontologique d'étant n'est donc pas nié, l'ontologue présumant que rien d'autre ne peut se penser exister que l'être et ce qui en appartient à l'étance ; en ce sens, les énoncés ne prétendent "produire" rien, ils entendent seulement exposer le mode, restrictivement logique, sur lequel un étant se laisse repérer ou, plus strictement dit, s'identifie.

Pas davantage ne dira-t-on nouveauté, au regard du *Court traité,* la structuration de l'étance sans recours à un quelconque procès interne de constitution, par le seul parcours logique des relations. On ne reprochera donc pas à Badiou de rompre abruptement en excluant pour l'apparaître toute axiomatisation. Il ne fait qu'aller plus avant dans le même sens, et expose comment c'est la différence ontico-ontologique qui l'y contraint. Ce qui est développé en *35 énoncés,* c'est une spécification inédite de la *logique de l'apparaître.* Et c'est son schème qui doit être mis en discussion.

Or ce schème surprend d'emblée en ce qu'il repose entièrement sur les identités et leur degré, autrement dit sur un trait *phénoménal* et son traitement par un *calcul,* soit deux termes tout à fait hétérogènes. D'un côté, rien n'est prédéterminé, on est devant le brut du perceptif où c'est empiriquement qu'identités et différences sont relevées, ainsi que leur degré, opération dont, par définition – mais pas seulement, car qu'en dire ? –, les *35 énoncés* n'exposent rien ; de l'autre côté, elles sont « indexées » sur une échelle (d'identité) opérant comme un « transcendantal » ; appareil sur la complexité duquel (celle d'une logique mathématique) porte tout le texte. L'écart est saisissant et l'on doute qu'il puisse jamais être déterminant.

Ce qu'il faut encore souligner, c'est que le calcul ne porte même pas sur les identités, mais tout entier sur leur *degré,* autrement dit qu'il abstrait ou évide au maximum le donné sur lequel il opère. Mais qu'en même temps, il entend retrouver, sinon le perceptif, au moins sa conceptualité, sous la forme de l'unité objective. Ainsi le plus fuyant, le moins fixé, devrait, de par l'autorité du calcul opérant sur elle, rendre compte de ce qui constitue dans l'apparaître la première ontique Unité.

De ce grand écart, le tournant est l'invention de l'« *atome* » qui fixe l'Un d'apparaître par le biais du degré maximal d'une identité. *Degré* qui n'est, de soi, pas plus fondé qu'elle, mais qui excipe de son Un phénoménal, et subjectif pour suffire à fonder un Un objectif. Et ce d'autant mieux que par l'attribution de son nom, il fait référence au matérialisme.

Après quoi, il suffira de déterminer pour chaque autre élément du même apparaissant – retour du phénoménal – son degré de conjonction à l'atome – retour du calcul – pour avoir retrouvé l'*objet*. Soit l'identification à soi. Mais de quoi ? D'une image qu'il n'y avait pas lieu de décomposer puisque c'est encore sur sa composition qu'on se règle ? Ou de la chose telle qu'elle prétend rendre compte par sa consistance de son étance ?

Et il suffira – mais ce n'est pas peu et l'on voit combien c'était nécessaire – de présumer qu'un atome est « *réel* » si et en ce qu'en lui une « catégorie de l'apparaître » indexe *dans l'être*, un étant, ou « Un-Multiple », qui supporte l'objet trait à trait. D'où, on est contraint de conclure que l'ouverture de l'apparaître en éléments disjoints n'a eu d'autre fin que de substituer à la *constitution* la *composition*. J'y reviendrai plus loin ; pour le moment, il suffira de constater que l'opération n'aura rempli sa destination ontico-ontologique que sous condition de se supplémenter de ce qu'elle échoue à d'elle-même fonder.

De ce schéma – très simplifié, amputé des problèmes techniques d'une logique formelle de l'identité qui sont sans doute ce que Badiou privilégie dans son travail – il appert d'abord que l'opération du transcendantal cherche par un immense détour – consistant dans sa logique, inconsistant dans son principe phénoménal – à écarter tout ce qui pourrait envelopper une quelconque transparence de l'être à l'apparaître, sans en écarter jamais les effets, réinterprétés. C'est aussi bien que les « énoncés » doivent valoir pour *tout* monde, quelles qu'en soient les axiomatiques et la logique ; pour toutes les variables des unes et de l'autre, mais que la démonstration ne se fait, et sans doute ne peut se faire, que sur la "réalité". J'ai pensé un moment que Badiou aurait dû, pour se faire bien entendre, proposer comme une de ses « phénoménologies objectives » un épisode de philosophie-fiction. Et montrer ce qu'il advient des termes retenus par les théorèmes du transcendantal, à commencer par l'identité, dans un monde que ne régirait plus le tiers-exclu. Mais la difficulté majeure qui m'est apparue, c'est que le matériel phénoménal lui-même y serait entièrement à rebâtir.

Nous tenant, comme *Logiques des Mondes*, à la ré-interprétation de ce qu'est "notre" apparaître, comment l'évaluer ?

Métaphysiquement, à la fois la disjonction entre être et apparaître est maximale, et leur conjonction est assurée puisque ce qui apparaît c'est l'étant. Mais la circularité de pareil procès est tout-à-fait problématique, qui se donne ce qu'il cherche. Après tout, on peut douter – nous avons vu que Lacan doutait – que l'apparaître, c'est dire la représentation, indicie l'étance ; on peut même douter – avec Milner – que le monde du semblable soit autre chose qu'un voile au regard de la pure altérité qui se laisse seule penser en rigueur. Et qui donc croira que la consistance cherchée par Husserl peut être fondée par un appareil si rigoureux dans ses règles mais si approximatif, si inassuré, dans ce sur quoi il les applique ? À aucun moment n'est surmonté ce que j'ai appelé l'écart. Et Badiou se satisfait de ce qu'il ne lui *interdit* pas de faire, sans que par là une démonstration quelconque de ce qu'il se fait ou même puisse se faire ait été apportée.

Épistémologiquement, le schème de Badiou passe par la conjonction de six démarches également problématiques : 1. on se donne, sous le nom d'apparaître, le *phénoménal*, dans sa complexité, sans en requérir l'analyse intrinsèque, mais en y relevant d'emblée des uns-multiples *herméneutiques* ; 2. on soumet ceux-ci à une seule opération, le relevé, dans le champ des uns-multiples coexistants, des identités et de leur degré, qui sont ainsi l'opérateur véritable[1], et restrictif, du calcul ; ces identités ne sont à aucun moment *fondées*, elles n'excipent que d'une quelconque *factualité* perceptive ; 3. on fait distinction de l'atome d'apparaître, qui n'est plus identique sur le même mode, en ce que, assignant de sa maximalité l'identité visée, il est au regard des autres identiques le témoin de l'Unité ; mais, outre que celle-ci est entièrement dépendante de l'arbitraire occurrent des opérations précédentes, elle doit *se garantir elle-même* et n'y réussirait pas sans son *nom,* en quoi revient ce qui faisait l'aporie, dans *L'être et l'événement,* du second ; 4. en tant qu'il entraîne avec lui d'autres identités partagées, à des degrés divers, est assurée une identité à soi, de composition, par ce qui n'est pas plus qu'une expérience de la *saturation* comme définition ; 5. on se targue dès lors de pouvoir définir l'un-multiple qui est indexé sur le transcendantal d'un monde et dont l'atome est une "partie" comme un objet de ce monde ; mais que la singularité d'une différence (de degré) autorise une *identification* ne

---

1. Lui-même enveloppant s'articulant sur trois opérations : la minimalité, la conjonction et l'enveloppe.

suffit pas pour passer à plus qu'une conjonction d'identifications, qui ne fait pas une *uni-fication* ; 6. si, par une *décision* dite « matérialiste », on infère – ou parie – qu'un degré supérieur d'identification, et partant d'existence, indexe, dans l'être, la composition multiple d'un étant, la décision –Kant l'aurait dite « réfléchissante » – fait argument d'un ontico-ontologique *harmonique*, mais manquant au réquisit d'un rapport déterminant[1].

Ces déficits ne paraissant pas pouvoir être récusés, on s'autorisera à demander ce qui a pu ou dû constituer les motifs d'une entreprise aussi aventurée.

Disons que Badiou a tenu pouvoir inventer un *dispositif* échappant à la requête d'une *procédure* consistante épuisant la raison d'être de ce qui est. Et pourquoi ? Parce que cette raison d'être, il a été décidé qu'elle ne peut exister, et qu'au premier abord il semble qu'entre la définition de l'être et elle il faut choisit. En sorte qu'au second abord, il s'agit de *vider de consistance la consistance*, comme si – c'est le présupposé cardinal – l'intelligibilité de l'être-là, quoique ontologiquement première, *devait* ne se trouver assurée que par défaut, et la dernière. L'appareil boîteux qui en résulte montre assez que ce choix n'était pas le bon. La question est : une seule axiomatique –celle du Multiple pur- est-elle pensable, ou faut-il prendre acte de ce que le factice y atteste, par sa constitution, l'opérativité de suppléments ?

Disons encore qu'il s'agissait pour Badiou, passant de l'axiomatique au logique, de demeurer dans l'ouvert et d'éviter ce qu'il tenait pour le clos de la constitution, précisément. Et il y tenait d'autant plus qu'il voulait raisonner à hauteur de tous les mondes possibles, mais aussi de tous les changements possibles dans ce monde-ci ; et que, c'est vrai, la pensée du degré est plus qu'aucune autre ductile pour les concepts de variation. La question est : y a-t-il une détermination d'essence interdisant à la constitution de rester ouverte incessament à sa variation, y inclus intensive ?

Disons enfin que ce que j'ai pointé comme la fragilité d'une construction qui circule entre l'empirique, le subjectif et le formel

---

1. Il faut ajouter que dans un système où ne sont indiciels que les degrés, l'*existence* elle-même, revers de l'intensité d'apparaître, se trouve retenue dans les pinces du même calcul, qui exclut sa disparition, reportée sur un degré minimal. Forçage du concept par dénégation du provisionnel de l'existant, et conséquence de l'indexation par l'objet d'un Un-Multiple dans l'ontologique.

offrait à Badiou le profit d'une remise de l'apparaître à la subtilité de qui ne fait rien de moins que le bâtir. Et que, partant, elle ouvrait la voie à un sujet capable, en le rebâtissant, d'attester d'une vérité que le factice enveloppait mais dont c'est à lui qu'il revenait d'en répondre, répondant de l'être qui la supporte, du même trait. La question ici est : ce dont il y a, philosophiquement à se surprendre n'est-ce pas plutôt que, de soi, le Logos s'avère transir la facticité de la réalité ?

Qu'on entende bien : c'est justement la tentative d'obtenir une dou-blure de l'étant apparaissant par ce qui voudrait être son déni qui fait l'intérêt singulier du dispositif de Badiou, soit les voies par lesquelles il invente un moyen de *contourner* pour retrouver. Son agilité ne cède en rien et on a un vrai plaisir intellectuel à la suivre à la trace. Mais à cela près que le contourner est détourner, et qu'il échoue à trouver autre chose que ce qu'il a dénié. Moyennant quoi, une opération qui ne cesse de chercher ce qu'elle a toujours déjà trouvé, mais refuse d'en exciper, ne peut produire de bout en bout qu'un apparaître fantô-matique, dénué de toute consistance, flottant, onirique ; et l'exercice d'une logique, au regard de ses ambitions, gratuite. Le mathématique se renverse deux fois, du point du phénoména et du logique, dans le poétique.

Finalement, et le plus frappant, c'est que ce qui a résisté au calcul sans cesser de tenir bon pour sa part, c'est l'Un. Disons alors :

L'apparaître est l'univers des Uns – du faire-un – en tant que *consti-tués d'Uns* – de faire-un – *matériels*, il comporte de bout en bout de l'Un, et il n'y a pas d'Un, à quelque niveau que ce soit, qui ne requière pour apparaître la fondation dans sa constitution. On voit bien pour-quoi toute relation d'Un à Un, d'objet à objet, n'y prescrit pas plus que la logique "classique", celle du tiers-exclu ; mais on voit tout aussi bien que si l'objet de l'apparaître fait-un d'une matière aussi diverse que le sensible, y est requise la loi diversifiée du faire-un de cette matière, c'est-à-dire pas moins qu'une *pluralité axiomatique du faire-un*. Supposer que la matière de l'objet est un divers confus de traits que l'élaboration de l'objet en extrait, c'est faire de l'Un, qui est pre-mier, un résultat, mettre à-plat, en le traitant comme homogène, le divers irréductible de ses propriétés, et pour finir ne pouvoir faire l'économie de ce que seule la constitution interne de l'objet aura per-mis de définir.

Ainsi conclurons-nous que *c'est sous condition ontico-ontologique de l'apparaître que l'objet advient au perçu. Et qu'il y advient de par le mode sur lequel c'est la matière même du perçu qui consiste, qui impose sa consistance comme le "contenu" de l'objet : ce qui le "remplit".* L'énoncé du perçu que nous ne cessons de décrire est, sous l'accolade de l'Un qui le fait consister, l'instance d'une multiplicité déterminée, qu'il saisit pour l'avoir lui-même constituée. Articulation qui n'est jamais *quelconque* – elle est déterminée dans sa matière – mais qui est toujours *ouverte* – elle est position de relations par provision.

Paradoxe du perçu : dans l'ordre ascendant, première instance du penser à requérir l'étance, il est du même trait l'instance par excellence où s'affirme la prise de l'Un sur le sans-Un et celle où la mise en évidence du Multiple est le plus restreinte. À quoi il est éclairant d'opposer l'esthétique, faire-sens du sensible en sa seule immanence : parce que sa consistance demeure toujours la plus ouverte, la plus déliée, celle où l'Un est le plus évanouissant, celle qui est chaque fois la plus singulière ; c'est là aussi que l'apparaître, étant le plus ontiquement pauvre – y étant absent le "ce qu'est" de l'objet –, est ontologiquement le plus riche : celui où le Multiple de l'être lui-même s'ouvre le plus généreusement dans l'Un. En regard de quoi, il est loisible d'écrire que *l'apparaître, c'est proprement l'instance de l'objet* comme faire-un matériel se résolvant dans *la constitution d'un étant*. Instance axiomatico-logique, qui peine à s'ouvrir sur l'être, dont elle a toujours déjà fait l'Un de l'étant. Ébauchant la reconnaissance d'une constitution distincte du sensible, de l'espace, du temps, nous entendons qu'il s'agit dans l'objet d'un *même et seul faire-un* qui prend leur diversité sous son accolade, qui traverse leurs couches pour constituer la situation et fixer son unique site logique comme celui de son étance. L'objet, disons-nous, c'est la figure sensible du faire-un comme faire-un d'un étant. Et il suffit d'un faire-un manifeste dans un sensible quelconque pour qu'il soit légitime de parler d'objet. Soit, par exemple, cette figure fréquente dans telles des *Études* ou tels des *Préludes* de Chopin : une matière musicale si pressée qu'indistincte s'enroule – généralement à la main gauche – autour d'une place vide que vient remplir – généralement à la main droite – une série distincte de notes qui s'en détache, ce peut n'être que trois ou quatre, qui aussitôt font thème de leur articulation subsistant à travers toutes leurs transformations : on a là proprement, dans leur faire-un, qui est détermination distincte de la constitution du son, un objet musical. Et peut-être la figure première de ce que c'est qu'un objet. Ce qui nous autorise à dire qu'en sa définition pleine, *l'objet est le faire-un de toutes les couches d'une situation sensible dans la constitution axiomatico-logique – ontologique – d'un Un d'apparaître.*

6. *L'axiomatique du sensible. La coupure et la vérité*

Nous ne saurions nous en tenir là. Nous avons opposé à Husserl que l'objet n'est pas autre chose que la figure des propriétés qui se nouent au site logique du discours du perçu, discours qui ne saurait faire exception de l'objet mais que d'aucune façon l'objet ne précède. S'agissant de la qualité sensible – nous avons entrevu qu'il faudra conduire une analyse parallèle de l'espace et du temps –, nous avons opposé au Tout perceptif de Merleau-Ponty le local d'une situation et le réquisit de sa consistance qui veut que le Logos dont elle atteste ne s'y autorise que de soi. Nous avons opposé à Badiou l'insuffisance d'une logique de l'apparaître qui ne descend pas jusque dans les termes qu'elle conjoint, et avons requis l'ouverture, dans le perçu, d'un multiple différentiel qui est l'avers axiomatique de ce dont sa consistance logique est le revers. Nous savons par là sur quel mode, sous quelles conditions, nous *pensons* – constituons – le sensible qui est essentiel à notre expérience de l'apparaître, mais nous ne savons toujours pas ce qui se désigne par là de ce qu'il *est* : ce que, en le pensant, nous pensons ; nous n'avons toujours pas discerné ce qui spécifie ces différences – ces différences premières – comme *sensibles.* Car enfin, les arguments que nous sommes en train de produire ou d'échanger avec Merleau-Ponty ou Badiou ne sont pas, eux, du sensible. Et le sensible n'est pas la matière de n'importe quelle pensée. Bref, *acquis que le sensible est pensée, qu'est-ce qui se pense là ?*

a. Il faut d'abord venir à une distinction que j'ai laissée jusqu'ici implicite, tout en y recourant parfois, distinction avancée par Lacan et amenée à sa rigueur par Badiou. Le *savoir*, qui fait inventaire de consistances stables et déploie ce qu'on pourrait dire l'appareil lui-même consistant de la connaissance des étants, prononce la *véridicité* ; on y opposera la *vérité* qui fait « trou » dans ce système en ce qu'elle l'ouvre à ce qui, du dedans même de la pensée prescrivant l'énoncé, déborde celui-ci, et s'y avère indécidable comme outre-cerné ou citradiscerné. Badiou dira : là, *véridicité* de l'encyclopédie du savoir, ici, *vérité* qui « force » les limites du discernable et met au jour ultimement l'inconsistance de l'être qui en est le fond évanouissant. Pourquoi ce rappel à présent ? Parce qu'il va apparaître qu'interrogeant le sensible sans aucun préconcept, c'est pour autant que sa constitution se tient au plus près de la déliaison ontologique que s'éclaire le penser qu'il est, celui de la liaison *princeps* dont le prescrit est son axiomatique. Rien ne saurait être plus rationnel, si une vérité est ce lieu où une pensée est au bord de voir se défaire le consister dont elle est faite.

Or nous venons de dire que ce n'est pas, du moins quotidiennement, dans *le perçu, qui est de l'ordre du véridique*, que la vérité qui le transit advient au sensible. L'activité énonçante du perçu opère sous l'axiome du compossible et du stable de l'apparaître en son unité : le sujet syntaxique de son énoncé est l'objet au sens de l'*étant*. C'est de lui qu'elle présume la consistance, à lui qu'elle la prédique, du même procès qu'elle implique la consistance de l'apparaître comme ensemble. Le tilleul hivernal n'est pas la somme dispersée de sa masse qui s'élève et retombe, de son tronc dressé, de ses branches qui s'incurvent en s'inclinant sous leur propre poids – comme près de se rompre –, du vert-de-gris de son écorce ; il est d'emblée l'Un d'étance de ce tilleul, et c'est pour ce qu'il l'est que le divers de ses constituants se détermine. Déjà, j'ai appris à dire « ceci est un arbre », et dès que je l'ai dit, c'est cet énoncé qui se creuse, en sorte que le perçu devient l'articulé du multiple, notamment qualitatif, qu'il subsume. Dans les limites où c'est le divers de *cet* objet que j'explore, le sensible y est parcouru comme « le sien » ; tout à la fois, c'est du perçu « arbre » que je fais le tour, et ce perçu s'inscrit dans celui de cet arbre-là, de « ses » différentes rugosités plutôt que du rugueux, et c'est à lui que j'attribue la frappante singularité de l'angle, toujours le même, selon lequel chacune de ses branches et branchioles part de celle dont elle se détache. On aura de ce se-tenir-en-soi du perçu une formulation approchée mais frappante en empruntant la distinction que fait Badiou entre la structure d'une situation, qui est le faire-un de ses éléments, et la métastructure ou *état* de la situation, qui est assurance du faire-un de la structure elle-même, qui requiert l'Un non plus des seuls éléments mais des parties : j'avance, cohérent avec l'analyse de son auto-constitution, que le perçu, irréductible au procès de la nue présentation, est *d'emblée de l'état* et que tous les éléments – c'est-à-dire les sensibles – y sont des parties, qui en commandent la diversité dans l'unité.

À l'opposé de quoi, c'est dans le champ que j'ai dit de l'esthétique que le sensible est, à chaque instant, posé comme susceptible d'ouvrir la pensée à ce qui, de son mode de constitution, ne se laissait pas, dans le quotidien du perçu, discerner. Non qu'il ne se constitue pas aussi d'objet dans l'immanence du sensible, et nous en avons donné un exemple musical. Mais c'est un objet fait de la *seule* mise en consistance du sensible. C'est donc là qu'on pourra mieux tenir ce qu'est le sensible comme pensée, et son rapport à l'être comme à sa vérité.

b. Les conditions sous lesquelles le sensible comme tel, le sensible pur, tenu dans la dimension de son immanence, en lui-même, avant tout objet, apparaît, ne sont pas quelconques. Elles sont, quoiqu'on en puisse dire, facilement déterminables. Et cette détermination est précisément ce que nous cherchons. Car ce qu'elles fixent ne peut être, du sein du discours, rien d'autre que *l'ensemble consistant des prescriptions requises pour qu'un sensible apparaisse*, apparaisse comme ce sensible-là. En d'autres termes, nous voici venus au point où se « remplit » la place de ce que nous n'avons cessé d'impliquer comme *l'axiomatique* du sensible. Ce qui est dire : livrer la preuve de ce que nous avancions.

D'emblée est essentielle au sensible – au sensible *lui-même* – son être comme *mode spécifique de la multiplicité*. Multiplicité spécifiée d'abord par le divers qualitatif. Le sensible est la figure contrastée sous laquelle s'expose de prime abord le divers. Il est par excellence le moment du multiple *différencié*[1]. Ou : *le sensible, c'est d'abord le multiple accédant à la différence par la qualité*. De là qu'il ne vient à faire-un que depuis le travail du discours dans la détermination de ce différent-là. La consistance du sensible est chaque fois celle de l'Un posé sur un multiple à partir de ce que celui-ci est diversement qualifié. Encore sera-t-il plus exact de dire, la consistance constituant ses termes du même geste que la relation où ils se nouent, que l'errance du divers accède au multiple dans le temps même où elle se qualifie et que ce temps est aussi celui du faire-un. En d'autres termes encore, le sensible est, au regard de l'empirie, le premier multiple, et c'est

---

1. Où se voit que l'objection faite à Badiou peut se résumer de la place et de la nature de la différence.

tenu dans le travail pour la faire consister qu'il s'énonce comme différence dans la qualité.

C'est constater que, loin d'être quant à lui sous le signe du Même, le sensible est d'emblée signifiant de l'altérité. Il l'est toutefois, c'est le second trait, sous condition d'une dimension qui lui est propre : *toutes les espèces du sensible sont espèces d'un continu.* On le néglige souvent, mais il suffit d'inspecter les ordres divers du sensible – visuel, sonore, tactile – pour l'avérer. Il y a, et la musique contemporaine y fait retour, un *continuum* des hauteurs dont les "notes" ne sont qu'une découpe, un *continuum* des valeurs, des timbres, de la dynamique. Il y a un *continuum* aussi bien des couleurs que de la clarté. En sorte que le sensible "apparaît" comme *différence ouverte dans la continuité d'une qualité.* Aussi bien est-ce ce qui le fait qualifier communément d'intensif. Se définissant chaque fois de la différence qu'il institue dans un continu sur lequel il s'arrache, sans que ce continu soit jamais exposé.

Suit évidemment que la différence sensible – troisième trait – est celle d'un *écart entre deux coupures* dans le champ d'un continu qualitatif : détermination dont l'exemple obvie est et la place de deux nuances sur le « cercle des couleurs » et la qualification, chaque fois, de chacune par sa distance à l'autre. Avec ce qu'il y entre d'écart « absolu » dans le déroulement implicite du cercle entier, et d'écart « relatif » à la seconde couleur occurrente.

Ces trois réquisits commandent la constitution du sensible. Ce n'est là qu'un squelette, mais ce squelette est celui des conditions sous lesquelles un sensible apparaît, et ces conditions s'avèrent être celles d'une axiomatique propre, qui fixe pour la détermination d'un sensible les lois de son intelligibilité. Et c'est assez pour faire preuve que le sensible n'est pas matière "brute", qu'il n'apparaît que par la mise-en-un d'une multiplicité spécifique selon des prescriptions déterminées, qui ne sont pas celles, classiques, de la seule logique, mais celles d'une région de l'apophantique gouvernant les traits d'une région de l'ontologique.

Dira-t-on que nous n'avons pas rendu compte de la *qualité* comme telle, ni de la diversité de ses *modes* – visible, sonore, etc. – qui restreint pour chacun la différence dans l'intrinsèque de son champ ? Il est vrai. Nous ne prétendrons jamais outrepasser la facticité de ce qui vient à l'apparaître, qui est ce qu'elle est. Et le qualitatif, chaque mode du qualitatif, est un mode irréductible de l'apparaître. Mais que ce qu'il convient au dire d'en dire ne fasse pas défaut est avéré dès lors que la constitution est, pour chaque occurrence qualitative, celle qui convient à sa matière. Il suffit pour le moment qu'il soit acquis que la qualité n'est pas retenue dans l'opacité d'une *hylè*, ni un simple *factum* du phénoménal, mais vient à l'apparaître comme le lieu d'une opération constituante dont l'intelligibilité *propre* se laisse assigner.

Davantage : si la constitution du sensible, qui "meuble" l'entièreté de l'apparaître, est bien la toute première qui y soit attestée, et si elle est en chaque occurrence *au suspens d'un écart différentiel sur le fond d'un continuum qualifié*, il est clair qu'elle se tient et opère au plus près de cette déliaison du Multiple qui fait repère de l'ontologique : qui rôde en elle. Et l'on voit bien pourquoi le sensible est tout à la fois la matière « première » de toute expérience, la condition de tout le système du discursif, et la plus fragile, celle où le lier est toujours au bord de se délier. L'être étant cela même qui vient à l'apparaître, tout flottement de la qualité, toute incertitude dans la détermination du sensible, laisse entrapercevoir le sans-Un qui les précède comme l'indiscernable de leur vérité.

Il fallait être clair. J'ai donc choisi d'exposer abruptement, dans la seule analyse des conditions de son apparition, ce qu'il appert de la constitution du sensible dans le discours esthétique – de l'exposer dans sa seule forme, à nu en quelque sorte – avant de revenir sur le procès de celui-ci. Redisons donc plus concrètement :

Que le sensible se pense, dans le discours esthétique, *seulement* comme relation, comme *différence* – de tel noir et de tel gris, de telle durée plus longue ou plus brève, et de telle hauteur comparée à telle autre –, ce n'est pas douteux. En immanence, le sensible n'est que différence. Mais ce n'est qu'une demi-détermination tant qu'on n'aperçoit pas qu'il ne se pense dans l'écart d'une différence que sur un fond virtuel sans coupure. Autrement dit, il se pose sur le fond et à l'intérieur d'une *continuité* qui est – quand on l'oppose à l'objet – spécificité du sensible et qui chaque fois est prescrite par la différence même. Il n'y a couleurs que d'entailles faites dans le continu des couleurs, et si lui-même n'est pas visible, une couleur ne se voit – et encore : par rapport à une autre – que comme la place que sur lui elle occupe. De même en va-t-il, pour le son, du *continuum* des hauteurs, pas plus perceptible "en soi", mais dont la musique sait parcourir une séquence. Autant en faudrait-il dire des timbres, dont ne sont exploités que quelques-uns. Et du clair à l'obscur, la série différentielle des intensités est infinie. La différence s'inscrit chaque fois comme *écart* dans une continuité sans que dans la seconde le premier s'annule. Nous n'avons pas là un moment du négatif, ce n'est pas une dialectique : la différence est immédiate à la continuité qui l'investit, et le continu au différent qui le détermine. Le gris et le blanc, le *mi* bécarre et le *mi* bémol avèrent un *continuum* en cela même qu'ils tranchent dans son éventail vu simultanément comme mi-replié et comme ouvert. Un sensible – le visible, l'audible – est *la multiplicité sans différence ultime d'un champ essentiellement continu qu'il suffit – mais il le faut – d'un écart entre deux coupures pour attester.* C'est là ce qu'il faut reconnaître comme son schème constituant propre. D'où appert sa définition : chaque sensible est *dans la singularité d'une coupure par rapport à une autre,* au sein d'un même continu.

Cela, cette structure qui régit à l'évidence les pratiques esthétiques et commande leur constitution, est, pour peu qu'on y réfléchisse, avéré de toute occurrence du sensible. Mais le discours qui se tient dans l'immanence du sensible met seul au jour ce que la détermination de l'apparaître comme sensible ne fait qu'envelopper : parce que, en son immanence esthétique, en deçà – ou au-delà ? – de tout savoir qui le fixe, le sensible est au plus près de se perdre dans la précarité de sa différence et de sa multiplicité infinie, au plus près de forcer ses propres limites. Le perçu, quant à lui, par un geste précipité, fixe le sensible et le tient pour toujours-déjà déterminé comme "*propriété*" de l'étant au sein de la constitution de l'objet, dont il est un des moments. La saisie esthétique, à l'inverse, ouvre le sensible, s'ouvre à l'infini que balise sa différence, y inscrit en immanence celle-ci comme son quasi-objet, mais avère qu'en elle l'objet est toujours *au plus près de la remontée de la continuité dans la différence.* Cette remontée du continu dans le flottement de la coupure, si saisissable dans la dimension d'immanence au sensible de l'expérience esthétique, est ce en quoi du sein même de la constitution s'atteste quelque chose de l'inconstitué qui fait le fond de toute constitution.

Précisons un peu plus. Les problèmes classiques auxquels se heurte toute analyse du discours pictural ou du discours musical n'ont pas d'autre source que cette définition de la pensée du sensible comme détermination d'un différentiel au sein d'un continu. Ce sont discours : comme tels, diacritiques, opposant des termes, les combinant, et construisant de leur assemblage un système fini, qui se dit "l'œuvre" comme, ou depuis, l'objet immanent qu'elle produit. C'est ainsi qu'un tableau s'élabore touche après touche, en autant de décisions dont chacune peut modifier l'équilibre des autres et réarticuler son énoncé : il en va comme d'une longue phrase, pleine de subordonnées, et capable – ou non – de consister. Mais dans le même temps, chaque touche, chaque terme, n'y a pas la pré-détermination absolue, ou relativement absolue, qui est celle d'un mot : on sait assez qu'une "même" couleur, telle que définie sur le tube, va se trouver sur la toile redéfinie, requalifiée, par le contexte dans lequel elle vient s'inscrire et qui la fait glisser vers une autre ; ce n'est pas seulement son "effet" qui change, mais sa nature même ; c'est que chaque terme atteste, autant que de ce qu'il est, de ce qu'il devient dans le moment d'une mutation sans limite, sur l'infini qui creuse du dedans une matière indivise. Souligner le jeu des différences occulte souvent la continuité sur laquelle elles s'arrachent. C'est ne saisir les premières qu'à demi. Tout peintre sait que, sur une toile, les « vides » requièrent l'analyse autant que les « pleins ». Mais ce que l'écart commande n'est pas un vide : deux tracés nerveux incurvés, compacts et blancs, enroulés d'abord sur eux-mêmes puis au bout d'eux-mêmes étirés en queue de comète, et jetés comme au hasard de places quelconques sur l'homogénéité d'un fond gris en à-plat quasi aqueux, donnent naissance au sein de celui-ci à un procès de dispersion de la transparence, où passent tous les moments de saturation et de dilution de la couleur ; que les deux tracés blancs, en se renversant sur leur propre substance, s'ouvrent sur des dessous épais où affleurent les verts et les jaunes, et ils cessent d'être pure forme colorée, pour devenir, en même temps que geste, matière : empreinte de l'instant où se dépose un double sceau sur le flottement intemporel du fond[1]. Un regard qui ne se porte qu'à ce qui est distinct sur la toile, et qui n'y laisse pas remonter les *continua* qu'elle ponctue, n'aura constitué du tableau qu'un squelette décharné. Qu'est-ce, de même, que met en évidence un écart inouï en musique, sinon l'étendue sonore, tout le parcours, dont il atteste ? C'est tout cela qui fait qu'en peinture, en musique, il n'y a pas, comme écrit Benveniste, de niveau sémiotique en deçà du niveau sémantique[2] : les termes font sens autant du fond qui les indistingue que de l'écart qui

---

1. Ébauche d'analyse d'un tableau d'Olivier Debré où il est aussi permis de voir – si l'on y tient – une évocation des bancs de sable dans le cours du fleuve. Le geste s'entend bien évidemment, lui aussi, sur le mode de l'intensif.

2. *Problèmes de linguistique générale*, II, p. 65.

les distingue. Le sens tout à la fois se dit et dit qu'il exclut l'in-formé dans le même temps qu'il le pose. Impasses pour l'analyse qui en vérité n'en sont pas, qui bien plutôt attestent de ce qu'est proprement la constitution de la pensée dans l'immanence du sensible, de ce qu'elle a d'irréductible, et de ce qu'il faut s'y plier pour en donner une description adéquate[1].

On dit avec raison qu'un empâtement ponctuel sur une toile, un changement d'orchestration ou une modulation à l'intérieur d'une phrase, sont des *événements* picturaux ou musicaux. Au premier degré, c'est qu'ils font apparaître une dimension jusque-là occultée de la structure en quoi l'œuvre s'organise, qu'ils recomposent les termes, et ponctuent de leur apparaître le temps de l'écouter ou du voir. Mais, second degré, s'il advient qu'ouvrant la structure sur la matière même du pictural, du musical, ils avèrent son excès sur ce qui réglait jusque-là l'armature discursive, alors c'est à travers eux le multiple dont est « capable » la continuité du sensible qui vient hanter le discontinu sur lequel s'articulait, comme sur son appareil propre, l'énoncé. Instant qu'on dit justement de l'"inouï", pour ce que s'y découvre, en une occurrence strictement locale, l'*infini* dont le sensible est tissé. Ce point, écrit François Nicolas, est celui où la musique écoute la musique même[2]. Ce point est celui de la vérité qui hante le sensible, et du même trait celui où s'assure ce qu'est penser le sensible, parce qu'ici s'avère, dans l'écart d'une différence, le continu sans fond qu'elle zèbre en y opérant un prélèvement. On pourrait aussi dire qu'ici, une constitution différentielle du sensible s'avère n'être que l'exposition de l'une entre autres d'une infinité de constitutions qui la hantent[3]. Chacun aura compris que nous retrouvons ici, et mieux :

---

1. Sur tout cela – la détermination purement relationnelle des termes et la saturation du sens – et sur ce qui en résulte comme caractères propres du discours pictural ou musical – soit son *auto-constitution* et son *auto-référentialité* –, cf. l'*Introduction au discours du tableau*, sous ce même intertitre.

2. *La singularité Schoenberg*, p. 175.

3. Prenons acte au passage qu'en avançant cette définition, on se trouve croiser tant le concept deleuzien du sens comme ponctuation par une différence intensive d'un champ différentiel infini, que la définition par Badiou de la présentation de l'être comme multiplicité inconsistante que viennent ponctuer localement des vérités infinies. Il n'y a pas à s'en étonner : ce sont deux philosophies du Multiple, faisant fond l'une sur la virtualité du tout compénétrant des rencontres, l'autre sur la soustraction à tout Un du Multiple inconsistant qu'il prélève.

que nous trouvons, la raison de ce qui nous faisait constater plus haut le privilège du discours esthétique comme dire de l'être.

c. Cette détermination de la pensée du sensible – du point de son discours immanent – laisse un problème irrésolu, en soulève un autre, et commande enfin le renversement d'un lieu commun philosophique.

Irrésolu : nous avons saisi le sensible par ce qui *advient* ou fait événement dans son champ, nous n'avons pas dit ce qu'*est* – de quoi est fait – chaque fois ce champ. Soit – le mot était pertinent – une *qualité* du différentiel : le visible, l'audible, l'haptique sont des modes sous lesquels, au sein desquels, s'expose, sur fond de continu, le différentiel. Où la consistance de l'apparaître s'énonce dans la différence d'un écart saisi au sein d'une continuité. La seule chose que nous ne puissions pas là déduire, c'est la séquence ou la typologie des sensibles. Et sans doute l'impossibilité d'une telle déduction – il n'y a pas de déduction transcendantale du visible, de l'audible, de l'haptique... – est-elle pour beaucoup dans la méfiance du texte philosophique à l'égard du sensible. Mais c'est toujours naïveté de croire que la pensée rend compte – autant dire : la génère – de l'*existence* de ce dont elle se saisit, de quoi que ce soit d'empirique dont elle se saisit. Il suffit qu'elle s'en saisisse selon les seules *prescriptions* qui, du dedans d'elle-même, à elle-même s'imposent. Elle ne décide pas de la réalité, elle tranche de son intelligibilité, y inclus de ses points de butée.

Au moins discernera-t-on mieux ce qu'il faut entendre comme la "matière" des sensibles quand on aura remarqué que ce dont se rapproche le plus le mode sur lequel la pensée constitue le sensible, c'est celui sur lequel elle constitue le nombre. Ne dit-on pas de tout nombre qu'il est prélèvement ou *coupure* dans la matière infinie du Nombre ? Et de chaque nombre, qu'il est (Frege) l'extension bi-univoque (: cardinale) de deux concepts ; ou qu'il est (Badiou) le « duel » d'un ensemble transitif (: ordinal) – sa matière – et d'une partie de celui-ci – sa forme[1] ? Ici comme tout à l'heure, ce qui se livre à la pensée se dit : une différence taillée dans la continuité d'une matière ; et peut inversement se dire : la complétion d'une matière exposée dans le différent qui vient s'y placer[2]. À cela près, bien entendu, que de par l'immanence du nombre à la détermination de toute multiplicité, de

1. *Le Nombre et les nombres*, chap. 12, 15 et 16.
2. 15, 4.

par ce qui s'en suit comme la transparence de sa définition, c'est tout ce qui est à penser de lui – soit son être – qui peut, en rigueur, être déterminé, tandis que l'hétérogénéité du sensible se soutient de ses différences propres sans pouvoir exhiber ce qui la fait advenir comme cette matière-là : comme sensible, et comme ce sensible-là. C'est assez, du moins, pour savoir que ce dont est "fait" l'apparaître prescrit, pour s'exposer, la *coupure* dans une matière *sans couture*. C'est aussi prendre acte de ce que la différence produite par la coupure n'y a d'autre spécification que qualitative : la matière de l'apparaître s'atteste *portée par l'infini d'un continu depuis une différence nue*[1].

Tenu – seconde remarque – que la différence dans la matière du sensible, du même trait qu'elle s'énonce, fait sens, et peut produire une vérité, ceux-ci ne sont pas, ne sauraient être, quelconques. On se refusera d'en appeler à la seule vérité ontologique qu'on vient de dire – à la seule insistance de la multiplicité quelconque dans l'Un d'un écart –, encore qu'elle soit ici manifeste. Car chaque champ sensoriel prescrit, à l'intérieur d'une régulation qui lui est propre, une *qualification et une constitution particulières du sensible*. C'est un mérite de Wittgenstein de l'avoir montré pour les couleurs, même si son investigation tourne court[2]. Quand on dit : un rouge rubis, on ne définit pas seulement une nuance situable sur le cercle des couleurs, on désigne de surcroît une transparence dans la traversée d'une épaisseur, qui renvoie le visible au seules qualités signifiantes du visible. L'entrée de deux thèmes superposés aux contrebasses – l'un ondulant, l'autre alignant deux accords de tierce qui dissonent – dans une tessiture si basse que l'écoute échoue à les situer sur la gamme, raclement abyssal d'où le contre-basson extrait à grand-peine le thème de quartes à tra-

---

1. Suit de ces homologies ce qu'il y a de tentation, historiquement récurrente, à chercher le nombre sous la musique ou le tableau ; tentation parce que le même procès de pensée se fait ici et là dans des registres différents, et selon un chemin inverse : le nombre est par excellence la multiplicité consistante dont le foisonnement sans terme et la diversité typologique ne se découvrent – et ne se sont historiquement découverts – que peu à peu ; le sensible est le foisonnement immédiat d'un divers hétérogène, dont la consistance qui le détermine ne se délivre qu'à chercher ce qu'est le saisir, abstraction faite de tout autre réquisit que cette saisie. On verra plus bas qu'il faut aller beaucoup plus loin dans ce qui est la distinction de deux axiomatiques.

2. Je ne reviens pas ici sur ce que j'en ai dit dans l'*Introduction au discours du tableau* : le mérite des *Remarques sur les couleurs* est de s'étonner qu'il y ait des règles du visible qui n'ont pas de fondement hors de lui : hors donc de ce qui le fait consister comme visible.

vers quoi une ordonnance commence de se profiler : ces cinq premières mesures du *Concerto pour la main gauche* de Ravel exposent tout ce qu'il faut soulever dans le son pour en venir à dire, et l'exposent par la mise en évidence de la matérialité chaotique du son, sans autre référent qu'intra-musical. Et si j'écris qu'il y a là un « événement » musical qui fracture l'exposé à sa naissance, c'est qu'ici – comme à vrai dire dans tout ce *Concerto* – la musique elle-même est prise à témoin de ce qu'elle a substantiellement d'excessif, de ce qu'il faut forcer pour que, comme discours, elle advienne. Le sens de la musique est... musical, ou il serait n'importe quoi. C'est pourquoi il faut insister sur l'immanence du sens esthétique. Et c'est pourquoi on le prétend – sottement – indicible. Dicible, il l'est, mais dans l'espace du sensible où il institue sa différence. Il y a là, d'une certaine façon, tautologie – l'audible ne dit, au moins d'abord, que l'audible ; mais la tautologie est la condition de tout sens, dès qu'on essaie de le déplier. Que ce sens advienne à faire trou dans l'audible et à produire l'excès d'une vérité ne dépend que de l'acuité avec laquelle est saisi ce dont est fait le différentiel qu'il institue – ou s'il s'agit d'une "œuvre", avec laquelle elle en a prononcé le relief – et de ce qui s'y déploie en sa dimension propre, fût-ce dans une distance minimale, d'infinité gonflant l'écart.

Enfin, redisons qu'*il faut en finir avec le lieu commun que le sensible est présence*[1]. Il est saisi comme présence dans le travail du perçu, parce qu'en celui-ci c'est la consistance stable de l'étant qui se constitue, avec la densité ontique de son site : que les constituants – le "donné" – du perçu s'articulent non "sur" mais "dans" le perçu, dont tous les traits se commandent mutuellement, y avère – c'est ce qu'il faut retenir de Husserl – l'être en un fondement apophantique, valant fondement ontologique. Dès lors qu'il y a l'arbre, il y a une nécessité interne de l'arbre, et dans cette nécessité l'être est indexé. Mais il n'en va pas de même dans la saisie de la matière du sensible en son immanence. S'il est tout à fait remarquable qu'on ne puisse prononcer ce qu'il en est du sensible que là où – soit : dans son exposition esthétique – il est, de soi, au bord de produire sa vérité, il n'est pas moins remarquable qu'on ne puisse cerner cette vérité qu'à refuser d'y voir – comme le propose Heidegger[2] – la « venue en présence » de l'être

---

1. Souvenons-nous de Berkeley.
2. Je pense, bien entendu, à *L'origine de l'œuvre d'art*.

tel qu'il échappe à toute discursivité ; et qu'il est requis, au contraire, d'y repérer le développement d'une discursivité propre, conduite jusqu'au point de ce qui l'*excède*. Et il est remarquable, alors, qu'à ne pouvoir s'entendre que de ce biais, le sensible, loin de se prédiquer de cette immédiateté de présence dont toutes les philosophies de la perception le qualifient – n'est-il pas dit même le donné présent sur quoi l'idée construit, en "abstrayant", la disponibilité qu'elle tient de son imprésence ? –, s'avère *toujours menacé d'absence* : son sens, transcrivant sa saisie, avérant que son étantité même se tient constamment au bord de la dissolution : dissolution de la coupure qui l'institue dans l'infinie continuité du multiple dont elle s'arrache.

Le sensible, plus que tout autre terme d'une situation, *ne vient à la manifestation qu'en venant à la fragilité de la consistance qui s'atteste dans la double coupure*. N'étant pas, ou n'étant, avant sa mise-en-un par la différence, qu'errance du possible sans site dans un continu aveuglé, il n'a par rapport à l'errance aucune précédence ; il ne peut pas se déterminer sans elle ; et il n'est à son tour détermination de rien d'autre que de la découpe singulière que, comme écart en elle, il est. Trois sons n'adviennent à la pensée que sous condition de faire consistance d'eux-mêmes – qui ne sont à leur tour que par l'écart qu'elle dispose –, avec cette conséquence que leur consistance suppose et suscite l'intervalle qui la gonfle, aux extrémités de laquelle ses termes sont tendus ; mais les termes s'effaceraient-ils, l'intervalle s'évanouirait avec eux : c'est pourquoi la musique ne cesse pas de produire et de déployer sa propre naissance sur le fond, qui la ronge, de son inexistence. Deux taches de couleur, ou la traversée d'un rayon de lumière, n'existent, pour les mêmes raisons, qu'au risque incessant de leur évanouissement. Contrairement à ce que répète une tradition aveugle et sourde, le sensible – pour peu qu'on s'y arrête un instant – n'est ni passivité ni présence : il est, plus qu'aucune autre expérience, hanté par son absence ; et c'est pourquoi il est peut-être plus qu'aucune autre expérience habité par le triomphe de ce que suppose d'activité la saisie de son advenue à consistance. On le dit donation : mais toute situation dont la pensée peut se saisir, ou plutôt qu'elle peut constituer, est d'abord l'opération de cette constitution. On le dit inanalysable : mais la relation d'immanence ne s'articule pas autrement qu'une autre, à ceci près que se réduisant à l'Un de ses différences à l'intérieur d'un champ qualifié évanouissant, elle ne s'expose que reproduit l'opérer qu'elle est, en tout ce qu'il est. En quoi, plus qu'une autre, la pensée requiert alors un vouloir penser.

Aussi bien faut-il dire, retournant Hegel : le divers du sensible étant celui de l'*hic et nunc*, le travail de la mise en consistance y advient toujours comme celui d'une première fois. Toute situation est locale, certes, et toute vérité singulière ; mais nous avons reconnu aussi que le local peut être – et est le plus souvent – celui d'une généralité. Il n'en va de rien de tel pour le sensible, où le local est à prendre à la lettre : l'apparaître s'y disposant dans un "point" de l'espace et du temps ; où l'éternité d'une véracité, comme d'une vérité, n'est par prétérition que l'éternité d'un instant. Chaque fois, l'universel du faire-un de la consistance avère dans le sensible sa singularité sous condition de sa précarité. Ce qui doit s'entendre : *il n'y a pas de consistance qui soit davantage au bord de son absentement.*

De là que l'énoncé se résout ici dans sa "manifestation", formulation tenable sous condition qu'on n'y entende pas que l'apparaître n'y serait que l'apparence. Le sensible, comme tel, dans les propositions qui le régissent en son immanence, n'est nullement apparence *de*, il est "apparaître" *absolument parlant* : autrement dit, en lui-même. Il serait plus satisfaisant d'écrire "venir à la présentation" si, à son tour, ce terme n'impliquait pas, une fois de plus, la qualification du sensible par la présence. On dira donc : *le sensible est de l'apparaître l'exposition* ou la disposition *consistante soustraite à tout effet de subjectivité* – le sensible n'est pas le « *percipi* » qui, quand bien même, comme psychologique, il le précède, n'a rien à dire de sa consistance, ou alors, qui se confond avec la mise en consistance – *comme de substantialité* – c'est un objet sans persistance, quand bien même il peut se répéter éternellement, qui se constitue en faisant bâti de l'immanent. En se disposant dans le sensible, l'apparaître s'y propose comme sans support à sa position, sinon le *continuum* qualifié, l'écart qui, de son Un, autorise la détermination de ses termes, et le sujet souscrit au discours qui se constitue de leur nœud. C'est la saisie de cette situation par le travail obstiné de la coupure et de la complétion qui ne cesse de produire les concepts ultimes alternes de la fondation et du sans-fond : de l'Un d'apparaître et de l'Infini sur lequel il est prélevé. Le sensible, quant à lui, dispose son sens dans le suspens. C'est dire par quelles confusions, projetant sur lui tantôt le psychologique pour l'y réduire, tantôt l'étantité de l'objet du perçu pour l'en investir, on manque ce que sa rationalité propre a de suspensif. Qui ne signifie à aucun titre insignifiance : sens il y a partout où c'est du sein de la consistance que s'ouvre l'excès de l'inconsistance.

Pour conclure, nous n'aurons pas saisi comment le sensible se pense au fil de l'esthétique sans apprendre un peu mieux ce qu'est le perçu. Qui ne se constitue sur le sensible que pour constituer l'objet en étant. Basculant du côté de l'Un, tandis qu'en immanence le sensible réduit l'Un à l'instance du multiple infini exposée dans l'écart. On peut encore dire, pour se rapprocher du langage de Merleau-Ponty : le perçu destitue le clos de la structure, la délie, pour instituer une liaison qui fait argument de sa consistance, tandis que dans l'immanence du sensible, c'est l'inconsistance qui ne cesse de se rappeler sous la consistance. Tenant que c'est toujours là la marque d'infini d'une vérité, on sera loin d'y voir une moindre valeur ontologique du sensible. Ce qui reste un paradoxe, c'est que sans doute le perçu se constitue dans un court-circuit de la constitution propre du sensible qui le supporte, et que celle-ci n'est avérée que par rétroaction, dans ce moment où l'ordre du véridique – soit : de constitutions sur elles-mêmes refermées – s'éprouve forcé sur le seuil de sa vérité.

Venus au terme de ce que commande chez Merleau-Ponty le syntagme être-au-monde, acte pris de ce que ce montage est tout entier tenu dans le registre de l'Imaginaire et de ce que, pour l'essentiel, dans tous les biais sous lesquels il requiert d'être abordé, il met en vis-à-vis, pour les ajuster l'une à l'autre, deux structures autant qu'introuvables ontologiquement impensables, celle du Tout du monde et celle du Tout du corps, nous avons progressé, pour notre part, de deux façons. De l'une, nous sommes redevables à Merleau-Ponty, qui nous a arrachés à la problématique purement formelle du perçu pour nous replacer dans son immédiateté enveloppante, à même son tissu *matériel* : bref, dans sa concrétude. Ce faisant, il nous a requis d'intégrer à notre modèle la systématique du perceptif – que nous avons dite l'apparaître – et la mise en consistance spécifique du sensible – dont nous avons pu définir l'axiomatique propre. Autant d'étapes que nous nous devions de franchir et auxquelles la prégnance de l'*in medias res* merleau-pontyen, dans la cohérence avec laquelle il tente de le traverser, donnait une impérative acuité. Nos réponses, en revanche, ont toutes dû prendre Merleau-Ponty à contre-pied. Il ne pouvait en aller autrement dès lors que le perçu ne peut, acquise son articulation d'énoncé, qu'être local, la consistance de l'image faire opposition au cohésif-duplicatif de l'Imaginaire, et que le sensible, loin d'être pré-donné, se constitue chaque fois sous la prescription axiomatique d'un

II

L'être en situation
vs
la disjonction entre être et apparaître

Nous avons vu jusqu'ici le Moi percevant et le monde se tenir en vis-à-vis. Mais un accent majeur de la description « existentielle » récuse cette mise en place : le Moi – ou le « sujet » – ne peut se dire en face du monde, il y est d'emblée *en situation*. Proposition dont la portée est chez Merleau-Ponty – on peut désormais le prévoir – beaucoup plus que factuelle : il faut y lire le statut ambigu d'un sujet qui *appartient* lui-même au monde. Proposition qui, d'abord, va lester la facticité de ma position au sein du monde, et notamment du monde « intersubjectif », de mon *inclusion substantielle* au monde. Proposition qui, beaucoup plus radicalement, induira pour finir que, paradoxalement, la perception elle-même « est » du monde en même temps qu'elle le découvre ; et qui, dès lors, rendra inévitable la question du *fondement* conjoint du monde perçu et du sujet percevant : autrement dit, de l'ontologie que l'appartenance induit.

Ces énoncés-là, où Merleau-Ponty joue avec éclat son va-tout philosophique, sont à l'évidence les plus radicalement adverses à l'en-soi d'une constitution discursive : ils nous permettront *a contrario* de montrer de quelle *économie de l'intelligible* le perçu atteste. Opposant à des métaphores ambivalentes, qui ne font que répéter le problème qu'elles cherchent à résoudre, une séquence de disjonctions transparentes.

1. *L'appartenance* vs *la disjonction Moi-Sujet*

a. Il n'est, de fait, pas possible de maintenir en face à face, même sous l'accolade d'une adéquation de l'un à l'autre, le projet du « sujet » et la réalité perçue. Cette mise en place classique, en vis-à-vis, laisse hors circuit l'insertion originaire du sujet percevant dans un monde qui est en deçà de lui en lui, avant d'être devant lui. Si c'est l'essence de la perception d'être jetée au monde, sa condition est l'appartenance du sujet au monde et chaque fois à un certain état du monde, dont le sujet porte en soi les déterminations. Radicalement, s'il y a une réalité, c'est « autour » de moi, mais d'un moi qui est, avant même de le savoir, « dedans » : dans son projet de monde, il est déjà marqué par l'in-sistance du monde, et d'un état, d'un moment du monde, au plus profond de lui ; c'est à quoi notre vie et notre pensée ne cessent pas d'être confrontées. Il faut donc reculer d'un pas, retrouver l'expérience du point où elle nous pénètre, en reprendre la description et l'analyse sous l'angle restrictif de la situation – le mot pris en un sens très large – que nous y occupons.

De ce point, dire « l'homme appartient au monde » est réfuter qu'il ne soit « ni ici, ni là », autant dire réfuter cet idéalisme – notamment husserlien – qui fait de la conscience un « prépersonnel » et du monde une « unité de valeur indivise ». Qu'on « réduise » tant qu'on voudra, il restera toujours vrai que « la *cogitatio*, si elle est sans lieu dans le temps et l'espace objectifs, n'est pas sans place dans le monde phénoménologique » ; « il faut que jamais mon existence ne se réduise à la conscience que j'ai d'exister, qu'elle enveloppe... mon incarnation dans une nature et la possibilité au moins d'une situation historique ». Davantage : « puisque même nos réflexions prennent place dans le flux temporel qu'elles cherchent à capter... il n'y a pas de pensée qui embrasse toute notre pensée » ; le *Cogito* ne résorbe pas le monde dans l'Un de la pensée mais doit « me découvrir en situation »[1] jusque dans cette durée qui est la substance de ma pensée.

On voit que l'énoncé est triple. Radical : comme corps, et comme corps percevant, je suis inclus dans le monde, j'en suis dès le départ un moment, et je ne saurais m'en abstraire ; la perception va, en toute rigueur, du monde au monde. Particulier : je suis du monde comme nous le sommes tous, mais cet être-du-monde se spécifie pour chacun

---

1. Toutes ces citations sont prises dans l'Avant-propos, pp. V-VIII.

de sa situation propre, notamment historique et sociale. Problématique : la conscience elle-même est prise dans le monde si elle est prise dans le temps.

Dans tous les cas il faut dire que je ne perçois le monde que depuis ce qui de lui-même est pré-inscrit dans la facticité de ma situation, et que c'est aussi ce qui détermine ce que j'en perçois. Mais le dire, c'est aussi bien reconduire la description phénoménologique à ce qui *fonde* la perception : ma facticité, ce qu'elle présuppose comme, en moi, à moi pré-donné, c'est cela qui ancre d'emblée la perception dans l'être comme être du monde ; et cela permet du même trait de mesurer comment je puis, par rapport au monde, me déclarer. Bref, l'être en situation dévoile à la fois les conditions les plus contingentes et les conditions les plus fondamentales du sujet percevant. De là que, de ce qui est d'abord le rappel décapant d'un constat, l'interprétation conduira à la question de l'ultime fondation.

b. Situons d'abord le constat en marquant ses limites. Il revient à dire que – y inclus dans mon projet – *j'appartiens* à ma situation. Et nous ne nierons pas que le discours – et d'abord celui du perçu – soit celui d'une situation au sens que donne au mot Merleau-Ponty, après Sartre : celui de notre condition factice comme limitation qui vaut pré-détermination. Mais nous exclurons que la portée constituante du *discours* de la situation, comme tel, appartienne à celle-ci, quand même c'est d'elle qu'il fait-un : la situation, au sens que *nous* lui donnons, la situation dont le discours s'empare pour en faire consister l'énoncé, n'est que ce qu'il fait d'elle et n'a plus, comme intra-discursif, d'autre condition.

Certes, par là même qu'il n'y a – pour ne prendre que cet exemple – pas de déduction transcendantale des qualités du sensible, le discours se trouve tenu dans les registres et les ressources que le corps met à sa disposition. Par là même qu'il n'est pas sans se situer dans l'espace et le temps, le discours du perceptif ne saurait être sans se spécifier d'une place, et son sujet n'est, à son tour, jamais que celui du discours tenu à cette même place. Par là même que, du point du sens, il ne cesse pas d'être la reprise d'un discours qui le précède et de se confronter aux discours qui l'enveloppent, il est toujours situé historiquement et culturellement. Ainsi, il est clair que, même dans l'ordre de la proposition d'immanence, la gamme pentatonique indonésienne commande un autre espace de la découpe du sonore que la tonalité dodécaphonique occidentale, clair aussi que cette dernière est aujourd'hui sur la voie d'une déconstruction par démultiplication des écarts et composition de ceux-ci avec d'autres traits de la matière musicale dont nous faisons encore l'apprentissage. Et quant à la structure du perçu, l'anthropologie y a assez dégagé l'importance du divers des taxinomies, qui font rétroaction sur ce qui donne sens à la constitution du sensible (importance qui, soit dit en passant, renvoie à son impertinence la théorie de Quine sur l'apprentissage des langues par déiction). Bref, il n'y a, dans quelque registre qu'on se place, pas d'assurance que le sensible même soit « universel » et le sensible aussi est sous inventaire des limites factices d'une situation.

Mais en prendre acte est simplement revenir à ce que nous avons reconnu comme le caractère provisionnel de l'objet. Une "même" situation peut se constituer de plusieurs manières, se découper de plus d'une façon. Ce dont il faut tout autant prendre acte, c'est qu'en aucune occurrence elle ne manque de se constituer, autrement dit que ses différentes découpes sont autant de modes de sa consistance. Et que celle-ci jamais ne manque confirme son enséité, que notre situation ne fait que modaliser.

Celui qui est en situation, ou qui porte la situation-condition, c'est toujours l'individu, tel qu'il se figure dans le *Moi* – c'est moi qui suis *à* un corps, une place, une époque, une classe... ; le discours, lui, est discours *de* la situation offerte à la constitution, il la constitue d'un énoncé véridique ou vrai, qui, de lui-même, ne saurait « appartenir » ; s'en suit que le *sujet*, sujet d'un énoncé local, certes, comme locale est la situation, ne s'en tient pas moins dans l'universalité requise par sa fonction. Ou : *la matière du discours n'est pas universelle, mais l'élaboration qu'en produit le discours l'est.*

Quant à ce que Merleau-Ponty – après Husserl – rencontre comme l'aporie d'une saisie du temps qui est elle-même déroulée dans le temps, elle découle de la confusion du sujet non plus avec le Moi mais avec la *conscience* ; se tient-on dans cette confusion-là, la vérité[1] dont le sujet de l'énoncé répond devient, en rigueur, impossible à fonder, y inclus – Hume le savait bien – celle du scepticisme. Or s'il y a lieu à philosophie, c'est, et c'est seulement, parce *qu'il y a des vérités* ; et si le procès de toute vérité met en jeu la constitution aporétique de la conscience elle-même dans le temps, ce n'est que problème de cette constitution-là, de ce procès-là, ce ne peut être celle, intemporelle, du

---

1. Le mot est pris ici dans son acception générale.

discours, qui ne doit qu'à la consistance de son énoncé son statut de vérité : où *le sujet est celui de l'atemporel de cette vérité-là*. Autrement dit, la facticité désigne un divers de conditions qui scandent la détermination du Moi conscient ; le sujet, comme Un qui répond du point du discours – et non de celui de la conscience –, ne connaît, assumées ces déterminations, d'autre condition que celle qui régit la validité d'une proposition[1]. Toute la différence entre la perception selon Merleau-Ponty et le perçu se dit là.

2. *L'alter ego* vs *le Tiers Autre*

En fait, l'analyse de l'être en situation se resserre très vite. De l'indépassable de la situation, l'appartenance sociale et sa détermination historique sont, dans l'exposé de Merleau-Ponty, les traits majeurs. Le « problème du *monde* » débouche ainsi sur le « problème d'*autrui* » et il n'y a pas lieu de s'en étonner puisque le monde lui-même a été traité comme un *socius* objectal. Reste que si monde il y a, il n'est pas seulement « naturel ». Et il n'est pas contestable qu'un des apports de la Phénoménologie, dans son ensemble, est d'avoir montré comme elle ne l'avait jamais été l'importance d'une problématique propre de l'« intersubjectivité ». Mais, prise dans le retour, au sein même de la thématique de l'appartenance, du schème dual obstiné de la perception, la question ne pouvait que devenir : comment, pour le « sujet » que je suis, tel « objet » s'avère-t-il être un autre « sujet » ?

a. Le mouvement laborieux par lequel les *Méditations cartésiennes* avaient dû supplémenter la « réduction » par une « abstraction » qui resserre le moi dans sa « sphère d'appartenance » éliminant tout ce qui est « des autres »[2], puis retrouver ceux-ci dans une « apprésentation » *médiate*, analogique, par « accouplement »[3], comment ne pas apercevoir ce qu'il a de forcé ? Que cette constitution « de l'alter ego par l'ego » doive remonter de mon corps, seul donné dans la « sphère primordiale », « en original », comme « organisme », au « comportement » de l'autre corps qui « se confirme dans l'expérience comme

---

1. Affirmation provisoire : il n'y a pas de temps des vérités ; mais j'ai déjà mentionné, et j'y reviendrai exhaustivement, l'essentielle temporalité du discours, comme tel.

2. *Méditations cartésiennes*, § 40-44.

3. § 50-51.

organisme » et du même trait « apprésente du psychique comme ce dont il offre un indice »[1], illustre, par son artifice en ressauts, l'impasse où l'on s'est au principe placé en identifiant sujet et conscience, contraint par là à demander comment un objet donné à la conscience peut néanmoins être un sujet[2].

Objectons – ou plutôt, rappelons – qu'on ne peut rien construire sur une corrélation de l'*ego* subjectif et de l'autre objectif, qu'il n'y a pas de Je qui puisse se construire ainsi, comme premier, parce que, du même trait qu'il n'y a pas de Je hors du discours, *il n'y a pas de Je avant l'Autre*[3] ; c'est prendre le constitué pour constituant que de requérir une constitution de l'*alter* par l'*ego* sans apercevoir qu'aucun sujet ne peut être pensé sans que le soit du même trait une infinité d'autres, parce qu'un Tiers les précède et de son accolade les enveloppe tous : Tiers qui n'est leur être à la langue que parce qu'inséparable de leur être au Logos. À poser la question d'autrui depuis l'immanence de la conscience, on s'est trouvé devoir paradoxalement passer par l'identification *imaginaire*[4] – qui n'est d'ailleurs pas contestable – pour fonder, comme « suggérée »[5], la co-appartenance des sujets au registre – linguistique, logique, *symbolique* – qui est, en vérité, originairement le leur. Qui plus est, on a dû le faire sans même prédiquer de la langue[6] ce que Husserl appelle le « psychique ». Il est saisissant que, amarrés à la seule conscience, tous les phénoménologues – Merleau-Ponty (jusqu'à un certain point de son exposé) et

---

1. § 50.

2. L'effort – sincère – de Husserl pour échapper au solipsisme est la dénégation d'un aveu : *métaphysiquement*, il ne peut s'y soustraire, et *transcendantalement* il ne s'y soustrait qu'artificiellement.

3. Ce même Autre qui, traversant le langage pour aller au discours, s'atteste comme exigence impersonnelle – et infondable – de la vérité.

4. Il faut être juste : Husserl ne cède pas pour autant sur l'objectivité, qu'assurerait en l'occurrence le passage par les permutations du *hic* et de l'*illic* dans l'espace (§ 54).

5. § 53.

6. C'est parce que la recherche transcendantale prend son départ de la Logique que Husserl aborde la question de la *langue*. Mais de façon ambiguë : il va de soi que le jugement se dit, mais dans le dire c'est le jugement qui fait sens, et ce en quoi réside ce sens, c'est la chose pensée. Au surplus, si le langage est comme la « corporéité » du sens, c'est une corporéité elle-même idéale (cf. *Logique formelle et logique transcendantale*, § 1 à 4). C'est bien le même schéma que recouvrait dans les *Ideen* le concept ante-linguistique ou a-linguistique d'« expression ». Ce procès par lequel la langue est, dans la phénoménologie husserlienne, invoquée pour être pré-passée, signe l'idéalisme de la doctrine.

Heidegger comme Husserl – aient cherché à fonder autrui, comme déjà avant lui l'objectalité, sur le *corps animé* et son activité, avant que sur l'être-au-discours.

Que l'intersubjectif – en redonnant au mot sujet son référent personnel –, ce soit d'abord tous les niveaux de langue et plus profondément le Logos, que par là seulement le rapport de Je à Je se prête à être pensé, c'est pourtant une évidence qui ne se peut contourner. Parce que, davantage, c'est là que je suis d'emblée constitué : dans et à la discursivité. Le discours est ce par quoi, les uns et les autres, nous accédons, les uns comme les autres, à nous-même *et* aux autres. En sorte que c'est en lui seulement que nous pouvons nous reconnaître les uns les autres. « Autrui » est celui dans le lieu duquel un discours s'énonce, et dans le même temps il n'est jamais que cela : celui *en qui* le discours passe, qu'il n'"est" pas plus que nous, par qui il est, au même titre que nous, constitué. Quand on dit l'autre sujet de "son" discours, il ne faut entendre rien de plus par "son" que le lieu où tel discours s'énonce, induisant le sujet que ce discours, le sup-posant, prescrit. C'est dire que les termes d'« intersubjectivité » et de sujet individuel, s'ils sont ceux des phénoménologues, et s'ils impliquent le schème auquel ceux-ci restent cramponnés, je n'en ai pas usé, serait-ce un instant, sans malaise ; je ne puis que réécrire : *interdiscursivité* et spécifier qu'un individu n'y entre que pour autant que son discours a la consistance qui le fait se supporter d'un sujet. Où se reconnaît en chacun la capacité de faire advenir *du* sujet. Bref, on ne *perçoit* pas autrui, ni ne l'"aperçoit", on *entend* – dans tous les sens du mot – un sujet.

b. L'articulation est moins laborieuse chez Merleau-Ponty, parce qu'enveloppée dans le radical du jeté-à. L'exposition se fait en deux temps, l'un d'approche, l'autre de retrait

D'abord, une constitution progressive. Acquis que « *j'ai* le monde comme individu inachevé à travers mon corps », que je l'ai « dans une implication réelle » et que celle-ci requiert « un troisième genre d'être[1] » – ni du sujet pur ni de l'objet (ni du pour-soi ni de l'en-soi) –, la reconnaissance de l'autrui ne devrait pas faire problème. Dès lors que le moi, percevant ou perçu, est comme tel « dépassé par [son] monde, ils [: moi et les autres] peuvent bien être dépassés l'un par l'autre[2] ». Ils le sont déjà, sous la forme de l'anonyme, du *On* – si

1. Toutes ces citations p. 402.
2. P. 405.

important chez Heidegger –, dans le « monde culturel » où « l'action humaine... s'entrelace avec ma vie personnelle »[1]. Mais cela ne dit pas encore comment On ou Tu peuvent être saisis « dans le mode du Je » : comment une conscience peut être « vue par le dehors ». Or cette possibilité trouve sa réalité d'abord avec l'expérience, antérieure à toute réflexion, de ce que les corps dans lesquels je reconnais un « comportement... portent une *existence* »[2], sont doués des mêmes « puissances » que le mien. Toutefois, cela n'atteste encore que d'un autre « vivant » avec qui je partage l'expérience d'un même monde. C'est avec le langage – enfin pris en compte – qu'advient pour moi l'*alter ego* : dans le dialogue, « nos perspectives glissent l'une dans l'autre » et font que « nous coexistons dans un même monde »[3], assurant le « monde intersubjectif ».

Reste que – c'est le second temps, de recul –, même dans une situation commune, je ne la *vis* pas comme la vit autrui : et voici que la clôture du *Cogito* n'a été dépassée que pour retrouver un « solipsisme vécu qui n'est pas dépassable »[4]. Repartant alors de ce que « la solitude et la communication... doivent être... deux moments d'un seul phénomène »[5], on reconnaîtra dans le monde social « un champ permanent » par rapport auquel « je ne puis cesser d'être situé »[6] : pas plus que je ne cesse de l'être par rapport au monde naturel : champ qui, à son tour, sera à la fois « notre patrie » et le « résolument silencieux » qui « nous ignore »[7].

Complétons d'abord un instant, sur cette réexposition du « monde humain », ce que nous avons objecté à Husserl. Nous disions que nous sommes, moi comme l'autre, à l'Autre. Mais nous n'y sommes pas n'importe comment. Un autre Moi, ce n'est une autre existence que pour ce que c'est un Moi porté par une autre situation et y répondant autrement. D'où que le discursif s'élabore sur le fond du divers des

---

1. P. 400-401.
2. P. 404. (Souligné par moi.)
3. P. 407.
4. P. 411. Comment ne pas penser ici au « j'ai mal aux dents » dont les wittgensteiniens se font un tourment délicieux, de ne pas pouvoir, à l'entendre, l'éprouver à leur tour ? Ou comment on confond sujet et subjectivités.
5. P. 412.
6. P. 415.
7. P. 372.

situations, et que nous sommes l'un et l'autre *localement* à l'Autre. Davantage : nous y sommes défaillants parce que jamais indemnes de ce que Merleau-Ponty pointe comme notre existence et qui baigne dans une infatuation d'Imaginaire. Ma situation, si elle est par un côté le repérage objectif du site d'où s'énonce mon discours et où se trace la finitude de ce discours, ne va pas, d'un autre côté, sans mettre en jeu, avec la figure identificatrice de mon corps, avec la résonance de ma place dans le temps, avec tout ce qui m'affecte dans ce que j'ai à dire ou à entendre, un lourd investissement d'Imaginaire : en même temps que les ressources, les ruses du Moi qui sont ombre portée sur le discours. De là qu'autrui et moi, ensemble, répondant du discours, ne sommes pas plus mais *moins* que lui, mais en revanche sommes, outre ce pour qui il y a discours, ce à qui est remise son advenue ; de là que, du même mouvement qu'il nous advient, il se prescrit, à-contre notre défaillance, comme notre éthique.

Après quoi, nous n'allons pas nier – pour que justice soit rendue à de fines analyses de Merleau-Ponty[1] – que le lecteur *s'accouple* avec ce qu'il lit : n'entend ce qu'il lit que dans la mesure où il est devant un texte accessible à sa lecture, et où il est lui-même disponible pour le faire-sens que le texte prescrit[2]. Aussi bien, prenant acte, pour ma part, de ce que et le « monde » et le tableau se prononcent comme un texte, si je ne puis faire exception ni de leur discursivité propre ni du sujet qu'elle comporte, je conviens que je réponds de l'intelligibilité que j'y reconnais. En revanche, prenant acte de ce qu'ils s'inscrivent au champ du discursif, j'implique sans ambages que c'est dans ce champ, et nulle part ailleurs, que l'accouplement a lieu, et que le sujet, ici comme là, n'a d'autre épaisseur ontologique que celle que le discours tient de sa consistance. Nous disions que s'il est une couche de l'expérience où chacun s'avère – par ce qui fait pour lui condition – responsable, c'est celle-là : mais il s'en avère tout autant tributaire de ce qui lui-même le légitime, l'autorisant à faire advenir du sujet dans cet espace discursif qui est avant et devant nous en même temps qu'en nous. Nous n'y sommes rien d'originaire ; *l'originaire,* le mien et celui

---

1. Par ex., p. 208.

2. C'est exactement ce qu'en divers lieux, et notamment dans « Le troisième sens » (in *L'obvie et l'obtus*), écrit le prodigieux lecteur qu'était Roland Barthes : la saisie du sens le plus singulier, le sens « obtus », requiert une adéquation particulière de l'écoute chez qui l'entend, mais ce n'est pas pour autant un sens « subjectif » : dès que montré par qui l'a pointé, il est accessible à tous ; c'est un universel.

d'autrui inclus, *c'est le discursif* que, portés par la langue, nous parta-geons.

Pas plus qu'il n'y a de substance du Logique, il n'y a à chercher, bien entendu, quelque support de l'Autre dans le collectif : le Discours – les trois termes Autre, logique et discours disent le même sous trois faces – est instance qui se suffit à elle-même comme elle ne s'autorise que d'elle-même. Quant à tenter une ontologie du discours, ce serait vouloir lui prédiquer ce qu'il lui appartient de thématiser justement parce qu'*il n'"est"* pas. Proposition fondamentale : en tant qu'il opère sur l'être, le discours ne peut se dire que *l'Autre de l'être* : étranger à l'être. Il y a le discours, puisqu'il opère ; mais cet il y a n'appartient pas à l'être ; c'est ce qui me contraindra désormais à écrire, déjouant l'implication ontologique de la langue, que le discours n'"est" pas. Réglant tout ce que nous pouvons intelliger de ce que nous sommes comme de ce qui est de l'autre, le discours est ici comme là l'Autre, en quoi se constituent l'un et l'autre (toutes les espèces d'autres). Sans, comme disait Lacan, qu'il y ait d'Autre de l'Autre. Tel est le pas conclusif de la discussion sur l'*alter ego* : le discours dont nous n'avons cessé de suivre le travail constituant vient à la place de l'Autre, que nous ne sommes pas, les uns et les autres, et qui n'"est" pas, mais qui nous somme de faire advenir du sujet, ici comme là.

Nouvelle occurrence où l'on aperçoit la violence, et pour mieux dire : la violence double, que requiert le déplacement du sujet, tel que prescrit par la réflexion sur le discursif : déplacement *dans l'Autre* qui nous des-titue, chacun, d'"être" sujets, pour nous investir, en revanche, de la res-ponsabilité de faire advenir le sujet d'une consistance de discours. Et, pour le mieux, nous investir de la responsabilité que se produise une vérité débordant un état du discours par son excès qui touche à l'être. En cela, certes, nous avons "quelque chose à voir" avec le sujet : une délégation. Le *Cogito* ne fait pas preuve que Descartes, pensant qu'il est, est lui-même un sujet ; il fait preuve que de la consistance des *Médita-tions*, il y a un sujet ; et Descartes, qui les signe, atteste par là qu'il est celui qui a tenté d'embrasser la totalité d'une situation – datée – pour saisir avec le plus de rigueur possible, à travers l'articulation de son dis-positif, et ce qui la constitue, et ce qui la déborde.

c. Ces conclusions assurées, il faut venir à la seconde problématique de l'exposé de Merleau-Ponty : à l'insistance qu'il met sur l'aporie du solipsisme et à sa façon de la résoudre. Merleau-Ponty se tient, comme Husserl mais – comme Heidegger – plus dramatiquement parce que plus immédiatement, tantôt au-dedans de l'autre, dans l'« intermonde » des comportements et de la communication qui sont « trace parlante d'une existence », tantôt en deçà, dans l'*Ego*, qui est dit « sujet infini... en tant que toute situation et tout autre doit être vécu par moi pour être à mes yeux » et que l'autre ne peut, de ce biais, que me demeurer étranger. Ce faisant, il se tient de part et d'autre encore une fois dans le Moi ; seulement entre le Moi projeté dans la communication et le Moi tenu dans la singularité de son expérience, il y a un écart qui ne pourrait être résolu, qui ne cesserait de me hanter, si je n'étais moi-même renvoyé à la facticité plus radicale encore du « je suis *à moi-même donné* » comme « donné » à mes mondes[1]. Entendons que *de l'autre*, naturel et humain, *est déjà en moi présent*. Incontestablement, c'est, sur la thématique de l'altérité, la plus originale et la plus forte intuition de Merleau-Ponty.

L'analyse du « monde humain », qui vaut pour tous les modes de l'être situé et de la facticité, implique dès lors un Deux recroisé. La conscience solipsiste ne peut s'ouvrir à ce qui la transcende que pour autant qu'elle trouve, par un renversement radical, *le transcendant*, naturel comme culturel, *déjà-là, au plus intime du Moi*, dont la singularité n'est pas autre chose que son être d'être-en-situation dans le monde. Sur les dualités – le monde et le moi ; le corps et la conscience ; le pré-thétique anticipant le thétique – rencontrées dans la perception, un retour s'impose alors : elles sont toutes tenues par un chiasme, qui nous fait retrouver l'un des termes dans l'autre. En son sens le plus profond, la *Phénoménologie de la perception* a pour charnière cet *être en appartenance* – d'organique, de mortel, de daté, de porteur d'un passé, de membre d'une classe... – qui n'est pas transparent à la conscience mais qui en commande, chaque fois, le style propre ; en sorte que l'élancer de celle-ci vers le monde se retourne

---

1. Respectivement p. 401, 412 et 413. Il est patent que Merleau-Ponty tire tour à tour parti, tout au long de cet exposé, de l'immédiateté à soi de la conscience – solipsisme du vécu – et de sa détermination par la situation d'où elle émerge – donné d'un vécu. Aussi bien l'un ne peut-il pour lui être posé sans l'autre : il n'y a, au principe, conscience que *depuis* la situation. De cela, on peut parfaitement être d'accord tout en remontant à ce que ces deux abords d'une même expérience, qui demeurent à la fois inséparables et distincts, en requièrent dans l'Autre, et avec lui dans le sujet, un troisième.

en obscurité pour elle-même de son être au monde. Ce qui se désigne là débouche sur le renversement de l'immanence à soi en l'opacité qui, dans le même soi, fait signe de la transcendance. Et si Merleau-Ponty reconnaît là une « contradiction fondamentale »[1], il la tient pour, dans la description, indépassable. « Si le passé et le monde existent, il faut qu'ils aient une immanence de principe – ils ne peuvent être que ce que je vois derrière moi et autour de moi – et une transcendance de fait – ils existent dans ma vie avant d'apparaître comme objets de mes actes exprès ». Cette immanence du transcendant est « le véritable transcendantal ».

3. Le visible et l'invisible. *La « chair » vs la disjonction de l'apparaître et de l'être*

Redisons alors : l'être en situation recouvre aussi bien que la situation intersubjective, culturelle, historique, la situation dont nous avions d'abord suivi le dépliement dans la perception : la situation dite « naturelle ». Et c'est en les prenant ensemble, en interrogeant jusqu'en son fond ce que Merleau-Ponty entend tirer de l'être en situation – le conduisant dans une direction si différente de celle de Sartre, et si opposée à la nôtre qui n'autoriserait que le syntagme l'être-*de*-la-situation –, qu'on saisit le mieux ce qui est le noyau de la *Phénoménologie de la perception*. Il est impossible de ne pas apercevoir dans la lecture que fait Merleau-Ponty de l'être en situation bien davantage qu'un constat, ou même que l'énoncé radical de notre facticité. Sans doute, la facticité, c'est l'affirmation que nous ne sommes pas commencement absolu, qu'il est vain de prétendre trouver en nous-mêmes – vain de chercher dans la conscience – un principe fondateur ; fondés, si nous le sommes, c'est en deçà de la conscience, tout à la fois dans ce qui fait la *complicité* de la perception avec le monde naturel et humain, et dans ce par où la perception, simultanément, se *sépare* d'eux : soit, ce quelque chose d'insu, antérieur à toute lucidité, que nous *partageons* mais ne partageons que dans la *distance*. Or cette disposition double déplace la question du fondement, loin qu'elle la supprime : en vérité, elle induit que la question doit être posée autrement. Et il n'y a pas lieu dès lors de s'étonner que *Le visible et l'invi-*

---

1. P. 418.

sible ait cherché, dans les termes mis en place par la *Phénoménologie de la perception*, ce que sont les problèmes fondateurs : ceux « [de] la vérité, et [de] l'être, aux termes de la complicité que nous avons avec eux »[1]. On ne peut faire grief – comme je l'ai fait – au premier essai d'avoir restreint le phénoménologique au psychologique et méconnaître la tentative d'ontologie phénoménologique que voulait asseoir sur lui le dernier écrit. Auquel il faut se porter[2].

a. Nous et le monde, unis dans le voir : tels sont les termes qui pour Merleau-Ponty scandent ultimement la question philosophique, ceux qu'il s'agit de « faire parler... du fond de leur silence »[3], pour saisir, en deçà de tout préjugé, le « sens d'être »[4] de l'un et de l'autre. Le premier nœud, c'est toujours la foi perceptive : « la chose est au bout de mon regard »[5], tel est le « lien natal »[6], une « expérience, plus vieille que toute opinion, d'habiter le monde par notre corps, la vérité par tout nous-même »[7], et sur laquelle toute autre affirmation prend sans le savoir son appui. L'invisible dans le visible, c'est donc d'abord que celui-ci enferme l'assise, ontologique et véridictive, du monde. Le second nœud, c'est que, prise dans le corps, la perception est, dans le même temps qu'accès, « retrait » ; à la fois « proximité absolue » et « distance irrémédiable »[8]. Il y a une « inertie de la vision qui... par compromis avec le tout à voir, donne mon point de vue sur le monde... L'ouverture au monde suppose que le monde soit et reste horizon »[9]. Le mode d'être du monde n'est pas celui d'une pure transparence à la conscience ; « l'être brut » est celui d'une coexistence où le visible, toujours en perspective, ne peut jamais perdre – autre façon d'en dire l'invisible – une certaine latence. Troisième nœud : si rien ne peut

---

1. *Le visible et l'invisible*, p. 144.
2. Je ne vois, dans ce qui sert de prémisses à la partie rédigée du dernier livre, rien qui diffère de celles du premier ; c'est bien plutôt un retour. On verra que, si déplacement il y a, c'est chemin faisant.
Une des difficultés qu'offrent au déchiffrement les chapitres rédigés est leur intention essentiellement critique ; je tenterai de n'en dégager que les énoncés affirmatifs.
3. P. 18.
4. P. 21.
5. *Ibid.*
6. P. 54.
7. Pp. 48-49
8. P. 23.
9. P. 136.

rivaliser avec le visible sans toutefois qu'il soit jamais visibilité du tout, c'est « parce que moi qui le vois, je le vois... du milieu de lui-même, moi le voyant, je suis aussi visible »[1] – ce dernier mot à entendre comme : « j'en *émerge* ».

Tel est, dans sa problématique, le texte interrompu.

b. Avant de prendre la mesure de ce qui est là impliqué quant à l'être et quant à la vérité, il sera utile de s'arrêter sur ce que j'ai appelé le deuxième nœud, qui peut paraître nous ramener très en deçà, mais qui, étant donné sa place centrale dans le débat ontologique de la triade vu-voir-visible, n'est ni secondaire ni simplement factuel. Ce que nous aurons, quant à nous, à en induire sur le plan ontologique même, éclairera la discussion d'ensemble à venir.

L'accent mis sur l'être « latent » du visible, tenant à ce que, en une forte image, Merleau-Ponty appelle le caractère « *diaphragmé* » du voir, rappelle d'abord un truisme : pas de visible qui ne soit perspectif, pas de visible sans *point de vue*. Truisme plus digne de rappel qu'il n'y semble, pour peu que, forclusion faite du voir, on étale le visible sur le bâti relationnel d'un espace conçu comme pure objectivité. La géométrie cartésienne surplombait sur ce mode-là l'espace depuis la transcendance du sujet, qui n'avait pas à s'y voir assigner une place ; qu'avec l'œil revienne le point de vue, signifie *ipso facto* l'arbitraire d'une telle construction. C'est justement ce rapport de l'œil – qui est lui-même mondain – au monde, ce rapport inclusif, qui dénonce pour Merleau-Ponty l'artifice de la pure transcendance, donc de tout espace sans place pour un sujet ; et dès lors, c'est dans la référence à ce qui se pourrait appeler le *point oculaire* que se détermineront les relations spatiales : non plus sous ou en face de lui, mais autour de lui à partir de lui.

La référence est restrictive pour le concept d'espace, mais opératoire pour sa constitution si le visible est premier à l'espace. Merleau-Ponty, qui ne connaissait évidemment pas la théorie – à peu près contemporaine – des *topoï*, aurait vraisemblablement reconnu une formalisation de ce dont attestait pour lui l'intuition, dans une construction du géométrique qui rencontre constamment comme définitoire le « recul » possible à l'intérieur d'une configuration : autrement dit, un point d'où tous les objets de la configuration sont « visibles » formant ainsi avec lui un « cône » – figure sur laquelle toutes les opérations

---

1. Pp. 152-153.

ultérieures se construiront. Ce qui est là mis en évidence, c'est bien la fonction rectrice du point de voir pour toute description des rapports d'espace, au registre de la géométrie algébrique même.

Toutefois, il s'agit pour le géomètre d'une détermination purement logique : au plan de la théorie, n'importe quel point peut être désigné comme source (= œil), n'importe quel autre comme cible (= vu) : seule la flèche les joignant dira, selon son orientation, qui est quoi[1]. Or il ne peut en aller ainsi du perceptif : où les déterminations du sensible qui, en saturant l'espace, remplissent le visible à ras bord, sont elles-mêmes fonction de la place, de ce trait à son tour qualifiée, du voir. L'œil ne se déplace pas dans un espace que ses déplacements laissent homogène : le visible est requalifié, autrement qualifié, partant autrement constitué, à chaque déplacement de l'œil (et, rigoureusement parlant, des deux yeux).

Cela pose un problème que nous n'avons encore qu'entraperçu et qui nous permettra d'avancer dans la logique de l'espace perceptif : quel est le rapport de la constitution du perçu à la position qui le détermine ? Étions-nous pertinents en décrivant celle-là sans y inclure d'emblée celle-ci ? Et si celle-ci marque le relationnel orienté de tout visible, ne voyons-nous pas, de la sorte, se profiler la nécessité d'intégrer l'appartenance du voir au visible ?

La réponse, dirons-nous, est d'abord au prix d'une distinction : que dans toute position d'un visible soit inclus le point de voir, est obvie ; c'est donc *dans tous les cas une condition, mais non pas dans tous les cas une variable* du discours. Pourquoi ?

Commençons par une expérience : je sais bien que pour saisir la vue la plus consistante d'un paysage, il y a une "bonne" place ; je sais bien qu'un tableau définit la "juste" distance d'où le regarder ; je sais bien que d'un orchestre l'écoute est modifiée selon la position que j'occupe dans la salle ; mais je ne dirai jamais que le discours du paysage, la pensée musicale de la symphonie, le texte du tableau en sont en eux-mêmes affectés. Ils sont, dans leur immanence, tout ce qu'il leur appartient d'être. En d'autres termes, la représentation *esthétique* n'inscrit sa discursivité qu'en elle-même, abstraction faite de toute autre détermination. C'est, à y bien penser, ce qui autoriserait, par un renversement de Kant passablement aventureux, la distinction entre

---

1. De même, un cône s'inverse en « co-cône ».

jugement réfléchi et jugement déterminé. Et la raison en est qu'ici le point de l'œil – comme de l'écoute – est fixé avec l'œuvre, dans l'œuvre : il gouverne le perceptif, loin que ce soit le perceptif qui le détermine. De plus près ou de plus loin, je vois cette nature morte de Chardin à la même distance, qui est la sienne. Le discours en immanence *intègre* dès lors le point de l'œil jusqu'à en effacer la fonction de condition et à n'en conserver que celle d'élément constitutif, attestant ainsi d'une intelligibilité *en soi*, aussi indépendante que celle du texte qui ne doit rien aux circonstances dans lesquelles j'ouvre le livre et je le lis.

Il n'en va pas – fût-ce implicitement – de même du *perçu* qui est *de* ma place, en même temps qu'*en* lui-même. Toujours ce que nous appelions tout à l'heure le cône y est explicité. L'énoncé du perçu inclut au ce-qui-se-voit, comme perpendiculairement, le d'où-on-le-voit. Bien entendu, il serait faux, pour autant, de dire que, constituant l'*étant*, le perçu l'arrête à la figure – l'angle – sous laquelle il le découvre ; il est vrai, au contraire, qu'il le constitue en dépassant ce qui, de ma position, conditionne cette figure, en faisant virtuellement tourner l'œil autour de l'objet. La consistance de l'apparaître passe alors par celle des positions dans l'espace, sous prescription de la subsistance de l'objet dont il fait son support. Reste qu'ainsi *la position est la variable* – ou plutôt une variable essentielle – *du perçu*.

L'existence d'une telle variable n'est à aucun titre un supplément : elle s'intègre à la constitution de l'espace – et implicitement du temps – comme condition immanente de la constitution du perçu. L'énigme sur quoi butent et s'acharnent psychologie et épistémologie – celle de la « construction » de l'espace, tantôt comme forme abstraite élaborée à partir d'expériences chacune singulière, tantôt comme l'implicite de formes *a priori* – se retourne, du point du perçu, dès qu'on entend que la place du voir et l'orientation consécutive dans l'espace y sont moments intégrants d'une *forme princeps du distinct*.

Cette forme, nous en avons déjà donné le bâti lorsque nous nous interrogions sur le traitement husserlien de l'espace. Mais le prescrit axiomatique en devient plus clair et le trait spécifique en devient évident, nous permettant de franchir un nouveau pas, maintenant que nous avons pu énoncer ce qu'est, pour sa part, l'axiomatique de la constitution du sensible. Car de celle-ci à la constitution de l'espace, la différence primordiale, aisément repérable, réside en ceci que le sensible se constitue de l'écart au sein d'un continu *hétérogène* (qualitatif), tandis que l'espace – le *partes extra partes*, avec la forme et le mouvement qui s'en induisent – se constitue de l'écart au sein d'un *continu homogène*.

De prime abord, l'*écart* dans le continu homogène y autorise le marquage d'un segment, avec lequel d'autres segments sont co-pertinents, pertinents pour se combiner, sans autre différence que celle, relative, des sites et de la distance qu'ils ouvrent entre eux. Qu'un tel écart – comme distance, comme angle... – en se combinant, en se déplaçant, en se recouvrant, reste le même, et que les opérations y soient celles qu'autorise une structure de groupe, est fondateur pour la constitution d'identités distinctes dans l'homogène du perçu ; c'est pourquoi, aussi bien, toute pensée en quête d'un dépassement critique de l'identique commence par la critique d'un usage analogique du spatial[1].

Ce moment axiomatique de l'Un d'un écart n'est à l'évidence pas constituant hors du moment de l'espace lui-même, comme l'Un du champ continu homogène, indifférent à ce qui le « remplit » mais prescrivant ce qui peut le « remplir » (avec toutes les variables topologiques que la pensée y pourra faire advenir). L'Un du champ spatial régit la consistance d'un ensemble d'éléments tous semblables, d'être tous inqualifiés, mais distincts du point de leur place relative, soit du *partes extra partes*, trait spécifique de l'homogénéité du spatial, et condition de toute constitution du distinct dans le perçu. En tant que le champ est homogène, les éléments y sont autant de termes de l'ensemble continu "étendue", et autant de sous-ensembles constitués d'un nouveau multiple de termes, selon un procès de division des places qui se poursuit à l'infini. En tant que le champ est étendu, les éléments y sont dans un rapport d'extériorité les uns aux autres, qui donne figurativité au discernable. L'adéquation de l'espace aux réquisits d'une axiomatique mathématicienne – et la rencontre en lui des apories de celle-ci, à commencer par celle du continu – ne requiert pas de condition supplémentaire. Mais il faut la venue du *distant* sur le fond continu de l'homogénéité foncière du multiple spatial, pour faire axiome du distinct dans le perçu. Davantage : elle y est de part en part nécessaire parce qu'il n'y a pas de consistance de l'hétérogène

---

1. Bergson, bien sûr, mais aussi Deleuze, dans le partage entre la « différentiation », remontant aux variables et à leurs valeurs singulières, et la « différenciation » qui actualise la première en excipant des parties et des qualités (*Différence et répétition,* chap. IV).

seul, sans sa place : si le qualitatif sensible est ce qui de prime abord
« remplit » à ras bord le perçu, l'antériorité *axiomatique* de la distance
dans l'homogène est prescrite à toute espèce de consistance qualitative
pour la "placer" : co-distinguer le divers par ses places. À tout le
moins pouvons-nous dire alors que la constitution de l'espace prescrit
le distinct que requiert pour s'informer le qualitatif du perçu. Le
divers du sensible ne saurait se constituer sans se "poser" chaque fois
sur ce fond de distinct homogène, dont il faut dès lors présumer qu'il
peut consister avec lui.

Tout est multiple et le multiple consistant est d'abord le faire-un de
la *dispersion de l'homogène* ; l'espace est cette dispersion : réglée par
l'*écart* comme extériorité, et mise à disposition du perçu. Mais à son
tour la dispersion n'est avérée chaque fois que par l'instance insuppressible de la *coupure* qui ouvre l'écart. Troisième moment de l'axiomatique de l'espace : l'Un de la place comme extérieure à toute autre
place ; ou l'Un du système des places comme l'une à l'autre en extériorité, sise en un autre "point", distant, de l'espace, requiert pour se
constituer la coupure. Que chaque coupure soit "au-dehors" de toute
autre coupure, comme cela même qui sous-tend l'écart, est aussi ce
que signifie littéralement "é-tendue". Plus strictement, la *double coupure* est, pour ce qu'en elle il en va de l'écart, première à toute distinction susceptible de composition, y inclus la position de l'œil comme
celle d'une des coupures. C'est la double coupure qui rend l'écart
discernable ; c'est en elle que nous trouvons une nouvelle fois l'opérateur ultime de tout discerner. Quitte à ce qu'entre deux coupures
remonte l'infini des coupures possibles. *L'espace se constitue comme
l'innombrable que deux coupures viennent nombrer dans l'écart de leur
extériorité.*

Nous ne sommes pas – pas du tout – sur la voie d'une genèse
idéaliste de l'empirique, voire d'une dialectique de style hégélien : la
réalité est ce qu'elle est, et n'est pas nous ; ce que nous pouvons fixer,
ce sont les réquisits de sa constitution discursive, en d'autres termes
les conditions de la saisie, dans l'immanence du discours, de ce qui,
sans quoi, n'y serait que chaos. Que l'espace tridimensionnel y soit ce
qui convient au moment premier de la consistance de l'expérience, se
constate ; qu'il se dise le multiple des places, et le parcours de celui-
ci, assure sa conformation comme l'axiomatiquement transparent.
Mais pas plus que la qualité, l'étendue ne se laisse déduire : cela seul
s'induit qui, commandant sa consistance, commande sa constitution.

Merleau-Ponty est fondé à dire que le Moi percevant est qualifié d'un point de vue ; mais le point de vue ne se laisse penser – et même invoquer – que pour autant que l'espace le précède, comme se résolvant en une infinité de points de vue et ne se soutenant que de son propre sujet (pour autant que discours il peut être).

De là découle, en un premier temps, que le perçu, bien plutôt qu'aux puissances du visible englobant avec le vu le voir, renvoie l'apparaître à une restriction *ontique* : quand on en vient à interroger le perçu non plus comme simplement apparaître, mais comme l'apparaître sous le restrictif de ma place, s'avère qu'il ne peut exister d'apparaître que *situé*. Nous sommes toujours placés dans un site de l'apparaître ; et c'est vrai, nous y sommes par là implicitement inclus. On accordera donc à Merleau-Ponty que la restriction attachée au point de vue fonde bien plus essentiellement que ne le faisait l'« inadéquation » de la perception husserlienne l'impossibilité d'un perçu « total » ou totalement adéquat. *Il y va de l'essence de l'apparaître de ne s'apparaître que depuis une place.* Pour autant que nous sommes à l'apparaître, tout apparaissant est relatif et se tient, comme dit Merleau-Ponty, « au bout de » nous-mêmes. Le propre de l'apparaître est une déhiscence, l'impuissance à s'exposer autrement qu'en défaut d'universel. Ou s'il y a universalité, c'est celle de cette définition même. Toujours attestée, la consistance de l'apparaître ne peut être que consistance interrompue. D'essence, l'apparaître est *fractionné*. Et la difficulté que nous avons rencontrée dans l'examen du pseudo-concept de monde, non pour attester mais pour fonder sa consistance globale, n'a pas d'autre racine[1].

Redisons donc : il existe toujours, dans l'exposition d'un moment du visible, une *zone de rupture*, latérale et d'horizon, définie par la spécificité du rapport voir-vu. Le perçu est sous cette condition et ne

---

1. Le trait est aussi vrai du tableau, bien entendu ; mais comme de sa discontinuité au regard du contexte perceptif où il est placé il fait sa condition même, il renverse la relativité de son site en absoluité. Et peut exposer un énoncé pur, de bout en bout immanent, de sa discursivité.

Dans deux textes également célèbres, faisant tous deux référence au tableau, et prenant tous deux leur assise de la place du voir, Michel Foucault a montré que la représentation (classique) inclut en creux dans l'espace des signes la place du sujet, et Lacan que toute représentation défalque, de l'exposé au voir, le regard. C'était ponctuer – Foucault – que le réglage de tous les rapports ponctuels internes au tableau peut basculer depuis un point intérieur à son texte et – Lacan – que le tableau est lui-même le point (en quelque sorte absolu) d'où est regardé le spectateur.

peut, au contraire de la saisie en immanence, faire exception du singulier de la vision. De là qu'il y a une infinité de discours du perçu – autant
que de points de vue – ; cela ne fait pas objection à ce que le discours
soit chaque fois, si du moins approximativement consistant, tout ce qu'il
doit être. Le discours peut bien être relatif à ma place, il n'est jamais
relatif *en soi*. Finalement, l'être à l'espace du perçu commande d'un
même trait sa consistance pour chaque place et sa restriction par ce qui
spécifie la place comme le local. Le point de l'œil marque que le visible
est, de par sa condition d'espace, à la fois Un et rompu.

Reste que s'il y a plusieurs – une infinité de – vus, c'est chaque fois
dans le champ d'*un seul visible*, que Merleau-Ponty a posé dès le
départ comme le Tout-Un du donné au voir : Tout-Un dont chaque
voir est le revers incomplet, la prise propre sur l'Un du « grand individu ». C'est présumer, nous l'avons dit, de ce qui est en question ; et
la « foi », même alimentée par la constance des structures, même
armée d'un constat de cohérence, ne saurait suffire à nous assurer de
ce Tout-Un. S'il nous a fallu redescendre de la pure réciprocité des
places et des orientations dans l'espace géométrique à la qualification
du visible par la relation originante de l'œil à son horizon, il nous
devient donc, avec la même rigueur, nécessaire de remonter, pour et
dans la constitution elle-même, de la particularité d'un voir à l'unicité
du visible. Que celle-ci soit chez Merleau-Ponty donnée première,
antérieure même au point de l'œil, tient à ce qu'elle a pour elle l'immédiation de l'Imaginaire sous le précepte du Même à soi-même. Seulement cette image-là n'est pas constituante, et il n'y a pas identité du
continu de l'espace, qui est aussi bien son infinie divisibilité, au *tout
d'une pièce* de l'Imaginaire. Avec le « tout d'une pièce » qui n'est pas
de l'Un mais du semblable à soi, nous retrouvons la zone d'opacité
que l'image merleau-pontyenne oppose à la constitution. Nous ne nierons pas qu'une image soit de prime abord au champ du visible ; nous
dirons que l'image est alors un leurre qui induit « le » visible comme
un objet, ou quasi-objet, quand il suppose, pour tout voir, l'espace
qui précède tout vu, comme le premier prescrit qui fait tout vu à tout
vu homogène, et sur le bâti duquel viennent prendre site les différences qualitatives. Une fois de plus, le perçu délie (l'image-structure)
pour lier autrement (l'image construite par l'énoncé), instruisant la
logique de l'apparaître comme *ratio* du visible, prescrivant et qu'une
place exclut de par soi toute autre place en sa place et qu'aucune

place n'est sans être dans son écart à d'autres places. Dès lors, *le visible, ce n'est rien d'autre que l'être-en-espace du voir* – comme il y en a un de l'entendre, du toucher, du sentir : la prescription Une du voir par l'axiomatique de l'espace. Et dès lors, il faut bien, puisque l'espace(-temps) est premier moment logique de tout perçu, et qu'en lui chaque perçu de la même façon consiste, sur le même mode de compte (mais chaque fois propre) d'une situation, que toutes les occurrences du vu consistant consistent entre elles : autrement dit, que le visible soit *constitutivement* Un pour le discours, dans l'homogénéité de ses prescriptions. Consistant, l'apparaître ne saurait l'être pour le tout virtuel des occurrences du visible, qui incluent le site du voir, sans l'être déjà chaque fois ; et ce n'est pas en aveuglant, comme fait Merleau-Ponty, les prescriptions axiomatiques mises en œuvre par chaque vu, qu'on aura chance de tenir la vérité de l'Un-visible qu'ils sont tous ensemble. Tous et chacun parce qu'*il est dans l'essence de l'apparaître de s'exposer comme l'unité de consistance du sensible et de ne laisser saisir son unité que depuis les conditions de consistance des places* : attestation double, de l'universel du Logos au travail de l'empirie, et du singulier de l'étant à sa place, depuis celle du voir. L'orientation, dimension chère à toutes les phénoménologies pour son implication du « sujet », ne fait pas exception à la constitution de l'espace, elle implique que l'en-soi du groupe de transformation spatial ne comporte et requiert pas seulement deux coupures mais *trois*, et que c'est forts de ce dernier que nous tenons l'axiomatique du spatial.

Quant à nous, nous ne nous étonnerons pas que, si le réquisit de tout pensable est sa ressaisie dans l'immanence de la pensée, la ressaisie d'un apparaître puisse être dans tous les cas consistante sans être pour autant jamais autre que particulière.

c. Quel est, pour y venir, l'enjeu ultime de *Le visible et l'invisible* ? Certes, ses énoncés déplient ce que la *Phénoménologie de la perception* impliquait ; mais ils portent l'insistance plus radicalement encore que naguère sur ce que le point de voir n'est pas seulement un point. Et il est maintenant attendu d'eux qu'ils ouvrent – ou exemplifient – une issue à ce que Merleau-Ponty tient pour une impasse majeure du discours philosophique. Ce qui, par lui, est désormais contesté de front, c'est le dispositif métaphysique classique prescrivant une hétérogénéité radicale de la conscience percevante à l'être perçu. Dans un passage clé qui prend à partie Sartre, Merleau-Ponty objecte que si la conscience était le néant, si voir c'était n'être pas, rien ne pourrait plus être dit scinder le voir de l'être parce que rien ne les relierait, et il n'y aurait pas de limites au voir ; que si, au contraire, il n'y a pas de voir pour lequel l'être ne s'avère comme le transcendant, c'est que la vision n'est pas pur non-être, non plus que l'être n'est pur en-soi[1]. Autrement dit : est démontré qu'une dialectique entre des moments purs de l'en-soi et du pour-soi qui s'excluent, rendrait la perception impensable. Cette démonstration tient son argument empirique – celui même auquel nous nous sommes arrêtés d'abord – dans le caractère toujours diaphragmé de la vision ; celui-ci acquis, c'est à partir seulement de l'ouverture de la conscience à l'être et du recul de l'être à l'horizon, que le triple problème de la vision, du néant, et de l'être, peut trouver sa solution[2]. Et s'il existe sur cette voie un opérateur de vérité décisif[3], ce ne peut être qu'une remontée, en deçà des alternatives absolues, vers le visible comme une de ces « expériences à la fois irrécusables et énigmatiques... qui nous offrent pêle-mêle et le "sujet" et l'"objet" »[4].

Le moment crucial de toute expérience, c'est, pour Merleau-Ponty, qu'il y a *inclusion*, non pas seulement situationnelle, mais *substantielle* du voir au visible. La spécification qu'il en donne est de la forme : le monde saisi n'est pas donné objectif comme sensible, espace, ou temps ; il a, comme chose sensible, comme spatialisation, comme temporalisation, une épaisseur, « *une pulpe* » où celui qui saisit reconnaît « *une extension de sa chair* »[5]. Proposition double et réciproque sur la substance du visible et celle du voir : *pour être voyant, il faut bien que je sois, que mon œil soit, fait de visible aussi.*

---

1. P. 107. Merleau-Ponty n'est pas là-dessus sans sources probables : soit « l'organe de la vue : en tout point de son essence, il est un être et un voir... *En son être, il est aussi un voir, en son voir aussi un être.* » Schelling, *Aphorismes pour introduire à la philosophie de la nature*, 70 (trad. Courtine et Martineau).

2. P. 135. Même argumentation de ce que la connaissance deviendrait impensable si nous étions ou enfermés dans la ponctualité du fait ou arrachés à nous-mêmes pour accéder à une pure essence : la dimension propre du connaître, c'est la *non-coïncidence* (p. 163).

3. Aussi bien l'interrogation philosophique se contredit-elle quand elle prétend tenir une réponse qui la comble : c'est faire fi de l'être de l'interrogation elle-même, qui implique et une certaine coïncidence et son caractère inéluctablement partiel (p. 160).

4. P. 172.

5. P. 153 (souligné par moi).

Repartons, dans le prolongement de ce que nous analysions à l'instant, de la place du voir et rapprochons-la de l'argument que Merleau-Ponty tire du « moi le voyant, je suis aussi visible ». Argument, pris à la lettre, plus qu'étrange. L'œil est visible, certes ; et autrui peut me voir regarder ; mais ce qu'il ne peut assurément pas, c'est me voir voir : voir mon voir. Car le voir qui tient au corps visible ne saurait pour autant *y* être. Je vois et je suis visible ; mais pas sous le même rapport. Il semble que Merleau-Ponty, dont les formules restent ici elliptiques, veuille dire : puisqu'en l'œil la vision s'ouvre sur le visible, et puisque dans le visible il y a l'œil lui-même, il faut bien que l'œil soit du même *tissu* que le visible : tissu qui n'est de part en part *que* visibilité. Seulement, cette proposition contraint simultanément à faire Un de deux termes – l'œil et la vision – qui, d'essence, ne se laissent pas confondre ; et à faire Deux – la vision et le visible – d'un terme qui ne se laisserait pas scinder – la vision, ce n'est pas autre chose que l'être-là du visible – si, dans cette Une-visibilité qu'on vient de proclamer, on ne devait aussitôt introduire, pour rendre compte du diaphragme, ce Deux où défaillit son unité. Le résultat de cette série de coups de force annulant une différence obvie (œil-vision) pour la retrouver indûment ailleurs (vision-visible) au motif d'y fonder une restriction (le diaphragme), est qu'on ne sait plus – comme nous avons vu qu'il advient en effet à Merleau-Ponty – où mettre le sujet : qu'on finit par trouver le conscient dans l'œil, l'être dans le champ phénoménal, et placer dans la matière le lieu d'une incomplétion dont tout ce qu'on avance atteste qu'elle ne peut tenir qu'à la vision, en sorte que le corps encore une fois se trouve à deux places. Il faut répondre qu'exposée dans le sensible, l'altérité de l'être n'est *pas* de l'ordre du sensible, qui seulement l'induit ; que la conscience pour laquelle il y a le sensible, conscience qui n'est pas sans le corps, n'est *pas* du corps, si bien le corps trace, de ce qui est pour elle sensible, la limite : ce sont là faits têtus ; avec cet autre : qu'une saisie locale du sensible par l'opérateur discursif du perçu, qui n'est *pas* de la conscience mais de l'Autre, permet seule que se constitue un savoir universel de l'apparaître.

Reste à comprendre quelle représentation du *visible* a pu, sous prescription de l'immédiat, conduire Merleau-Ponty à des formulations substantialisantes aussi contraires à l'expérience dont sans cesse il se réclame. C'est que sa démarche est immédiatement ontologisante : dès lors qu'il y a du visible, l'être se trouve par là indicié. Pareille inférence ne peut aller sans prédiquer le visible d'une épaisseur, d'une densité propres. Dès le début de la *Phénoménologie de la perception*, le visible était présenté comme le milieu où advient la mise en présence, où le monde se donne comme être que, puisqu'il le voit, partage avec lui le voyant. Le visible est à présent devenu le tissu même de l'être. Révélateur est le déplacement qu'il a fallu opérer pour produire une formulation de ce type ; la *Phénoménologie* se tenait dans l'expérience duelle de la perception : le pôle de son progrès restait la *conscience* percevante – le sujet phénoménologique –, même si par le corps elle se savait prise dans ce même monde perceptif vers lequel elle se jetait comme vers l'Autre ; à présent, l'enquête sur le dispositif ontologique du voir se place d'emblée dans le visible comme dans une de ces *couches originaires* – « barbares » – où il n'est possible de placer ni en simple intériorité ni en simple extériorité l'un à l'autre le sujet et l'objet. Terme tiers, à valeur d'hypostase, et l'on dirait volontiers "matière première" de la dualité à venir de la vision et du vu : le visible est traité – je ne vois pas qu'on puisse le dire autrement – comme une sorte de *substance biface*, entendu que les faces en sont inversement orientées. Substance : que signifie, sinon : « Le visible autour de nous semble reposer en lui-même »[1] ? Biface : que signifie, sinon : « Ce qui fait le poids, l'épaisseur, la chair de chaque couleur, de chaque son,... c'est que celui qui les saisit se sent... foncièrement homogène à eux, qu'il est le sensible même venant à soi, et qu'en retour le sensible est à ses yeux comme son double »[2] ? La *Phénoménologie* assumait encore le *dualisme* de l'articulation métaphysique classique, quitte à la soutenir d'une inclusion-obturation paradoxale ; s'y substitue à présent un *monisme à deux faces* du visible, figuré comme un tissu tiré entre deux places ou exposant en alternance ses deux faces, d'orientation opposée.

D'un tel monisme substantialisant l'apparaître dans la matière bipolaire de l'apparition, le moins qu'on puisse dire est qu'il est problématique, et même que le soutenir – pour poser l'immédiateté de l'être à l'apparaître, voire la poser comme une immédiateté plus immédiate que tout immédiat – a quelque chose d'héroïque. Car enfin le visible, s'il est l'instance première de l'apparaître, n'est ni l'étant qui se construit sur lui – l'arbre n'est pas « fait » ontiquement de visible –,

---

1. P. 173.
2. *Ibid.*

ni l'appareil qui le supporte – l'œil n'est pas davantage « fait » de visible ; à l'inverse, le visible est, pour le redire, l'apparition de l'apparaître : le pur apparaître, exclusif de toute substantialité. C'est même pourquoi on a été si souvent, et plus que de raison, tenté d'en faire la (trompeuse) apparence. La substance, quant à elle, est un concept ; posé – qu'on se souvienne de l'objet husserlien – au terme du travail du perçu ; mais ultérieur à la phénoménalité du perçu qui l'indexe : d'un côté, le sujet de la proposition, de l'autre, sa réification. Et au second sens, un concept douteux qui – nous l'avons dit au même lieu – fait l'impasse sur ce que toute réalité doit à la discursivité, partant au sujet qui soutient sa consistance, pour forger en regard une enséité qui ne saurait être que provisionnelle. Pour nous, qu'il y ait une discursivité du visible et dans sa matière propre, telle que qualifiée, n'implique, cela va de soi, aucune substantialité – n'avons-nous pas marqué que le sensible est toujours au bord de l'absentement ? Et s'il est un point où se mesure l'enjeu philosophique de la constitution du perçu, c'est justement celui-là : qu'à ce qui n'est que pure exposition de soi, la pensée, dans sa consistance, s'avère d'emblée adéquate au prix d'en laisser provisionnelle la substantialité. La résistance à reconnaître un énoncé dans les *qualia* atteste précisément de la difficulté à prédiquer de la consistance l'in-substantiel. La transformation du visible en substance a, elle, quelque chose de fantastique, pour ne pas dire une fois encore de fantasmatique : qu'il s'agisse effectivement d'un fantasme se reconnaît aisément à ce que le visible de Merleau-Ponty, s'arrachant à l'expérience perceptive pour combler l'écart du vu au voyant, a les mêmes caractères – inversés – d'objet paradoxal que le regard creusant et retournant du dedans le voir, dans l'analyse qu'en fait Lacan. Seulement le regard est, comme objet du désir scopique, ce qui manque au voir ou ce qui le détotalise, et le fantasmer est précisément obturer d'un semblant la place où il manque ; Merleau-Ponty, faisant du visible le *medium* du voir et du vu, le propose comme l'insaisissable moment totalisant d'un champ auquel il a fallu le supplémenter : obturant ainsi de son plein l'irréductible de la déhiscence[1].

Il faut toujours, sauf à être injuste, se demander ce qui a pu faire

---

1. Il serait facile, dans le fil de ce que nous avons relevé de l'identification au monde comme identification à la mère, de lire dans le visible le fantasme du regard maternel partagé entre l'*infans* et elle. Restons prudents : les chicanes de l'inconscient sont moins linéaires que tourmentées.

pour un philosophe argument d'une affirmation aussi controuvée. C'est ici vraisemblablement la conviction que toute *vérité* a dans l'expérience double du visible son assise, que pour qu'il en soit ainsi il faut que du visible lui-même – ou de ce qu'en étant, nous en avons – il y ait vérité, et que pour qu'il en soit ainsi il faut que le visible en lui-même *soit* : l'équation du visible et de l'être trouve, dans la substantialité paradoxale du visible, une figure pour le vrai. C'est alors sur la vérité que, contre Merleau-Ponty, il faut rompre, prononçant qu'elle n'est sûrement pas de prime abord mais ultime : non pas du « barbare » mais de l'argumenté. Quand bien même toute vérité serait initialement travail *dans* le visible et plus généralement le perceptif comme pur « donné », il n'en suivrait pas que celui-ci est, sans sa constitution, la vérité du visible. De vérité, il n'en est que de l'intelligible, et la plus forte conviction empirique ne fera jamais une vérité. Il y avait dans l'appareil de Merleau-Ponty toutes les conditions d'une nescience – reconnue, au reste, dans la mention de l'infondé – que le paradoxe de sa philosophie est de retourner en prescience. Mais non. Le visible n'accède à la véridicité – et proprement n'accède à sa définition – que pour autant que le travail de la consistance le constitue dans l'énoncé. Et si le visible peut, dans le travail esthétique, produire une vérité, c'est pour ce que, dans l'immanence de sa matière, s'atteste une intelligibilité. Mais cette vérité-là, au même titre que toutes les autres, est précisément ce qui récuse comme d'Imaginaire toute immédiation substantifiée.

d. De l'essai de Merleau-Ponty, ce qui a généralement été retenu est moins l'une-substantialisation du visible que l'insistance sur les différences qui continuent de le traverser : pour ce que la perception – diaphragmée – a en lui sa propre assise, mais comme en creux, et engendre de ce fait les figures croisées que sont l'*entrelacs* et le *chiasme*. C'est le visible qui « m'impose » la vision, mais ce n'est qu'en le voilant que je le dévoile ; je vais « au cœur des choses en me faisant monde et en les faisant chair » ; le corps – ce sentant sensible – a lui-même « deux lèvres : la masse sensible qu'il est et la masse sensible où il naît » ; l'être dont ce corps est une « variante », l'être « à plusieurs feuillets », à envers et endroit, doit être reconnu comme lui-même paradoxal : étant aussi bien « deux êtres » dont chacun est « archétype pour l'autre »[1].

---

1. Citations éparses dans le dernier chapitre, où l'on en trouverait vingt autres.

Le rôle des métaphores incessantes dans cette exposition mérite d'être relevé. C'est qu'il s'agit, à la lettre, d'un déplacement perpétuel où ce qui est saisie subjective reçoit un prédicat de la réalité objective, ou l'inverse, pour signifier enfin que l'être – tel qu'à la perception il se découvre – est méta-phore par essence. Le lieu métaphorique par excellence, c'est la *chair* que tout à la fois je perçois du dedans, comme mienne, et du dehors comme un corps parmi les autres. C'est parce que j'éprouve l'épaisseur de ma chair que je perçois des « choses », c'est-à-dire donne au visible l'épaisseur interne-externe de ma chair[1]. D'où l'importance que prend soudain le toucher, et la « palpation du regard » qui « habille [les choses] de sa chair »[2]. Symétriquement, le sensible ne se réduit pas à un *quale* sans épaisseur, il est une « concrétion », une « configuration » de différences à l'intérieur d'une trame : « Entre les couleurs et les visibles prétendus, on retrouverait le tissu qui les double, les soutient, les nourrit, et qui, lui, n'est pas chose, mais possibilité, latence et *chair* des choses »[3]. Ce n'est pas qu'il n'y ait deux systèmes, ainsi de la main qui tâte (sentant) l'autre main (sentie), mais systèmes qui – sous l'insigne, si je puis dire, de la chair – s'appliquent l'un sur l'autre. En marge, Merleau-Ponty avait écrit : « L'*Urpräsentierbarkeit* c'est la chair[4]. » Le résultat, un peu inattendu, c'est qu'à partir de là, ce qui est substance *intermédiaire* entre le sentant et le senti, ce n'est plus le visible mais en deçà de lui la chair, « interposée ». Le corps, en tant que « sensible pour soi... offre à celui qui l'habite et le sent de quoi sentir tout ce qui au-dehors lui ressemble »[5] : sentir signifiant prédiquer le senti d'une « différence sans contradiction du dedans et du dehors » semblable à celle du corps.

Voici donc que « l'être charnel » doit être dit « le prototype... l'étalon... de l'Être »[6]. C'est, certes, une proposition qui ne va pas sans « mystère » et même « extravagances »[7] : une fois encore, alors même qu'on résiste – et à bon droit –, il faut prendre acte du courage avec lequel Merleau-Ponty assume ce que pareille « intuition » a, de son aveu, d'aberrant au regard de la tradition philosophique tout entière.

---

1. P. 175.
2. P. 173.
3. Pp. 174-175.
4. P. 178.
5. Pp. 178-179.
6. P. 179.
7. Pp. 180 et 184. Entre autres.

Aussi bien, passant de la défensive à l'offensive, pointe-t-il les « impasses classiques » qui supportent une impensable mise en place ou bien du voyant dans la boîte du corps ou bien du monde dans le voyant, et qui signifieraient « renoncer par avance à comprendre le sensible » ; ce serait, au contraire, échapper à ces impasses que se placer dans le « Sensible en soi »[1]. Ce qui veut dire : poser, du corps sentant, et qu'il « s'incorpore le sensible entier » et qu'il s'y « incorpore lui-même » ; et dès lors se trouver dans l'unité d'une « vision centrale » de la multiplicité du sensible, où s'indiquerait à chaque instant l'amorce chiasmée de la pensée[2].

Que ce ne soit finalement pas le visible mais le *corps*, comme sentant-sensible, qui porte toute l'exposition du chiasme de par l'ambivalence de la chair – qui n'est ni matière, ni esprit, qui n'est même plus substance, pour laquelle il faudrait réinventer « le vieux terme d'*élément* »[3] – peut se lire de deux façons. D'une part, s'autorise ainsi la coexistence entre dualité de l'entrelacs et monisme du visible. D'autre part, la topologie qui s'ébauchait pour figurer comment le voir et le vu se retournent l'un sur l'autre trouve, dans le nœud serré à même la chair, de quoi induire comme *proposition d'être* l'ambivalence. Il n'y a pas hasard quand Merleau-Ponty illustre au passage la dimension ontologique de l'entrelacs par la bande de Moebius. Ce qui est ici requis sont des topologies de même famille que celles par lesquelles Lacan représentait le glissement du signifié dans le signifiant, ou réciproquement, sans possibilité d'une face distincte pour l'un et pour l'autre : ou la *libido* comme une « lamelle » se retournant sur soi autour de ses objets partiels. Seulement Merleau-Ponty traverse une figure fondamentale de la pensée contemporaine sans faire de cette traversée autre chose qu'un malentendu, parce que, pour construire un anneau à deux faces en figure à un seul bord, générant la continuité d'une seule face, fait chez lui défaut le *Réel du manque* qui seul appelle, avec la troisième dimension – d « ek-sistence » –, le vide autour duquel la bande vient à se retourner. Une fois de plus, Merleau-Ponty paye le prix d'un geste identificateur qui ramène en court-circuit l'Autre au Même : bref, le prix de se tenir, toujours et malgré

---

1. Pp. 182-183.
2. Respectivement p. 184, 194-195 et 191.
3. P. 184.

tout, dans l'Imaginaire. Il y a, pour le dire abruptement, un "modernisme" de Merleau-Ponty auquel manque toujours le Tiers qui seul permet de constituer le Deux ambivalent (du voyant et du visible) sous condition de lui soustraire un troisième (la différence, la perte) par le retour excessif duquel il ne cesse pas d'être polarisé. Et pour le dire explicitement : aucun chiasme fondateur n'est soluble dans l'Imaginaire, aucun chiasme n'est fondateur sans être articulable – symbolisable –, et aucun chiasme n'est articulable comme fondateur sans le repère, au-delà de lui, de l'excès d'une perte. Ce n'est pas la multiplication des paradoxes, dont Merleau-Ponty demande qu'on veuille bien s'y résigner, qui fait problème : la pensée contemporaine ne cesse de se mesurer, précisément, aux paradoxes du Réel, de la butée, de l'excès ou du forçage, et ce sont de bons paradoxes, parce qu'ils confrontent la pensée à ce qui, du dedans d'elle-même, s'avère la déborder ; problème il y a parce que ceux de Merleau-Ponty sont de *mauvais paradoxes*, paradoxes où la pensée, loin de puiser la ressource d'un dépassement, d'une reconstitution de ses instances, capitule devant la fascination de ce qui, du biais de l'Imaginaire, écrase les uns sur les autres les moments entrelacés de la pensée, en manquant à ce qui soutient son ambiguïté, de la décompléter.

Je disais l'importance des métaphores qui, au fur et à mesure que l'exposé avance, se développent de plus en plus vertigineusement : il est frappant que l'exposition y tienne à tel point qu'on ne peut la rapporter sans citer sans cesse, sous peine de la voir s'évanouir. Or une des plus révélatrices suggère qu'il y a « un *narcissisme* fondamental de toute vision »[1] : aucun aveu ne saurait être plus clair de ce qui maintient l'ontologie même de Merleau-Ponty dans le moment où l'image est semblance. Or le visible mérite et promet mieux que le doublet du spéculaire : il requiert *la mise en place du sensible et du discours*, du sensible comme constitué dans le discours, *partant du sujet qui le souscrit et de l'être qui le suscit* ; des pulsions – et du manque – aussi, pour autant qu'il y a traversée du visible par le désir, mais sous réserve alors qu'on se garde de confondre l'être, qui s'induit de l'apparaître, avec ce qui survient là comme l'objet du fantasme qui creuse l'apparaître d'une absence insistante circonscrite par notre (in)constitution. Et cette confusion-là est, à l'évidence, celle de Merleau-Ponty. Si l'être est requis par l'apparaître, ce ne saurait être dans le va-et-vient sans

---

1. P. 183. (Souligné par moi.)

assise de celui qui se penche sur la source à celui qui s'y reflète penché ; et pas davantage dans l'impossible substantification de ce va-et-vient. Toute la philosophie de Merleau-Ponty s'avoue ici traversée par ce symptôme : une pensée qui n'est pensée que du renvoi de l'Image à l'Image[1] : formulation à quoi aucune pensée ne saurait céder. D'où le malaise qu'on éprouve à la lecture d'énoncés à la fois si noués au problème authentique de l'apparaître et si, au principe même, falsifiés, de coller à l'illusion de l'identification. Cela écrit sans méconnaître le courage, le sens d'une responsabilité authentiquement philosophique, qu'il y avait à tenter de fonder sur la *Phénoménologie de la perception* une ontologie, et la réserve que commande la lecture d'un texte resté inachevé.

e. Pour parer à ces déficits, est requise une déduction du rapport de l'*apparaître* à l'*être* : en quoi le premier, de ce qu'il s'en distingue, requiert le second. *Le visible et l'invisible* a progressé *phénoménologiquement* du point de l'œil à sa prise dans la substantialité du visible et de celle-ci à l'élément « feuilleté » qu'est la chair. Chacun de ces moments a impliqué davantage l'*inclusion* de l'apparaître à l'être, jusqu'à faire de leur différence un clignotement. C'est un tout autre argumentaire que commande la logique discursive de l'apparaître, et qui exige pour ce dernier sa *distance* pleinement intelligible à l'être. Question que nous avons plusieurs fois frôlée sans, de front, l'aborder.

Le montage de Merleau-Ponty, tel que nous le suivons depuis le début, revient à prononcer que l'être n'est *pas autre chose* que l'apparaître, mais que l'apparaître n'est *pas tout à fait* l'être, de par la déhiscence attachée à un corps, un sujet[2]. À partir de quoi le creux ouvert par le voyant dans le vu s'inscrit, pour finir, comme le moment du déficit, dans un système à deux étages dont il n'occupe que le second : le visible est le ce-en-quoi, valant le ce-sans-quoi sentant comme senti ne sauraient advenir, mais n'adviennent que de ne pouvoir y être l'un à l'autre adéquats. Le système alors se dédouble en d'un côté ce que nous avons reconnu comme le monisme du visible, de l'autre la dualité en lui, dans son tissu, du voyant et du vu. Le visible est promu au rang d'être en-soi à-soi ; mais le voir y est reconduit à la disjonction

---

1. J'entends par cette majuscule : d'Imaginaire, bien évidemment.
2. Cf. le reproche fait à Bergson de ne pas laisser sa place à la non-coïncidence, p. 163.

du sentir et du senti. Et cette disjonction n'est pas un supplément, un accident, puisque si *l'être lui-même* doit être dit « feuilleté » « à double archétype » c'est comme nœud pré-disjonctif du visible et de l'invisible, nœud qui, si je puis dire, lui colle à la peau.

Dans les pages sur lesquelles le texte s'interrompt, le langage est abordé comme ouvrant, entre voix et pensée, une nouvelle occurrence de cette « vérité ultime » qu'est la réversibilité[1], dont la chair serait cette fois portée par l'expression[2]. Ce n'est qu'un pas encore vers le centre – « nous cherchons à comprendre comment il y a un centre » – où « la pensée paraît [...] sur une infrastructure de vision »[3]. Il faut, repensant la pensée, venir à « l'évidence » que l'idée ne saurait être donnée autrement que « dans une expérience charnelle »[4]. C'est « le point le plus difficile », un « lien de la chair et de l'idée »[5] tel que l'idée est « réalisation d'un invisible qui est exactement l'envers du visible, la puissance du visible ». Tentative ultime de faire Un du Deux – être et pensée de l'apparaître – sur le fond d'une primordiale réversibilité. Dans un ajout entre les lignes[6], Merleau-Ponty note que dire le voir, le visible et la déhiscence était en un sens déjà se placer « dans l'ordre de la pensée » ; mais aussi bien n'y être pas « dans le sens que le penser que nous avons introduit était IL Y A, et non IL M'APPARAÎT QUE... (apparaître qui ferait tout l'être, s'apparaître) ». La pensée serait l'« accomplissement... du vœu du IL Y A » comme « vœu d'inhérence » mais « par d'autres moyens », ceux d'une « sublimation » du vœu. Pour autant que j'entends ce texte énigmatique – mais tout ici est énigme –, l'« il y a » serait encore pensée surplombante, le « il m'apparaît » serait la pensée remise à sa chair : dont elle serait la sublimation. Mais comment ? Comment la simplicité d'un *intuitus* peut-elle se dire la résolution ou l'expression du doublet de la réversibilité qui la soutient[7] ? Merleau-Ponty ne peut, une fois de plus, qu'assumer une difficulté aux sources de laquelle il ne voit pas de moyen, quoi qu'il en soit, de renoncer.

---

1. Ce sont les derniers mots, p. 204.
2. Nouvelle occurrence de l'indétermination d'un terme que Husserl tirait vers l'intériorité et que Merleau-Ponty tire vers les « doubles lèvres » de la corporéité.
3. P. 191.
4. P. 197.
5. P. 195.
6. P. 190.
7. P. 203.

Apories d'un voyant qui ne saisit dans le miroir rien qui, du monde que le miroir reflète, excepte son regard, et qui pourtant ne peut confondre avec le monde du miroir son regard. On dira que Merleau-Ponty est fondé à maintenir que le *Je pense* advient à l'intérieur d'un voir ; mais le voir est lui-même tout autre chose que le tout-feuilleté de la réversibilité « charnelle » : ce que nous y opposons est sa structure logique de discours. Le Deux à l'intérieur du Même, qui est le propre de l'Imaginaire, n'est pas le bon, parce qu'il fait impasse sur ce qui est l'essentielle *articulation* de la pensée. Le Deux prescrit par l'« il y a » récuse la réversibilité du « il m'apparaît » dont la dualité immédiate manque la *médiation* discursive, première à ce qui se pense dans le voir. C'est de là que, à l'opposé d'une précipitation l'un dans l'autre de l'être et de l'apparaître, et d'une réversion du visible dans l'invisible, est requise une tout autre distribution : dans le vu, la constitution, et *entre être et apparaître* cette même *disjonction, radicale*, dont nous convenions avec Badiou. Il suffit, pour la mesurer, de se tenir à ce qui autorise de chacun l'intelligibilité.

L'*être*, comme *fond*, n'est d'aucun apparaître ; le pur il-y-a doit être pensé en deçà de tout acte comme de tout prédicat ; concept ultime, il ne peut se dire en rigueur que de ce en quoi, d'essence, il est soustractif. Or ce dont il se soustrait est, sous toutes ses formes, faire-un, lier, énoncer. S'en légitime la proposition de Badiou : ce qui se peut énoncer de l'être est la déliaison du Multiple, en deçà de ce qui en fera récollection pour y produire de l'Un ; c'est la déliaison advenant au penser comme Multiple par rétroaction de ce qui en fait de l'Un, et c'est donc *Multiplicité qui inconsiste*. On objectera que l'histoire de l'ontologie est bien plutôt celle des prédicats dont on a voulu qualifier l'être et des conflits qui s'en sont suivis ; je reviendrai plus loin sur la série des confusions de l'être avec l'Un, avec la substance, avec le Fini, et avec l'existence : toutes confusions de l'ultime neutralité avec ce qui en ferait le plus déterminé. Je me tiendrai ici à l'opposition entre la déliaison propre au fond et la *liaison* où se reconnaît le propre de l'apparaître. Tout ce que nous analysons sous le titre du perçu, ces faire une situation en la faisant une, ces énoncés, avec ce qui les souscrit et ce qui les suscrit, ces sites, ces objets, ces règles en gouvernant la constitution, tout ce travail du discours que le retour des *Uns* martèle, sont autant de procédures incompatibles avec le sans-Un de l'être-en-tant-qu'être. *Les conditions de l'apparaître ne sauraient convenir à l'être.*

Ce qu'il convient à l'*apparaître* de poser, c'est, avec le faire-un d'un site logique, la figuration de son énoncé dans l'objet qui en rassemble les termes constituants, comme à lui inhérents ; c'est, de la quiddité, le revers d'objectité. Sous une forme ou sous une autre, immédiatement ou médiatement, un objet est ce qui dans le perçu indexe le faire-un d'une Multiplicité, et Multiplicité de quoi ? sinon de l'empirie, Multiplicité, quant à elle, déliée puisqu'elle n'est rien d'autre que la venue de l'être à la présentation. *Le problème crucial est alors celui du passage de la déliaison à la liaison.* Mais d'abord, "un" objet, cela n'a pas de sens : un objet ne peut se constituer qu'à l'intérieur de cette chaîne de prescriptions qui commandent la consistance de l'apparaître dans son ensemble, première à tout ce qu'elle enveloppe, toutes ses parties. L'apparaître, comme tel, précède toute représentation. Mais ensuite, entre la liaison de l'apparaître et le Multiple déterminé d'une représentation, subsisterait un hiatus qui priverait l'objet de son statut d'*étant* ou articulation locale de l'être, si manquait, pour lui et pour l'apparaître, ce que j'ai cherché à dégager : soit *une série de prescriptions pour la composition de l'être qui autorisent et limitent le faire-un de l'étant dans l'apparaître.* Une axiomatique est précisément cela : une loi prescrite pour la composition de l'être, autorisant les relations du Multiple ainsi déterminé. Pour qu'étance du perçu il y ait, il faut donc que l'axiomatique du Multiple inconsistant, n'offrant à cette fin aucune ressource, soit supplémentée d'une axiomatique qui autorise la réprésentation comme représentation de l'être. Il faut que *l'être se laisse composer* sous cette loi-là pour que *l'opération qui fait-un du sensible* soit légitimée à se dire opération *sur l'être*. Que l'apparaissant ne soit pas ontologiquement arbitraire – qui sérieusement en doute ? – requiert que les conditions de l'opération remontent dans l'être même : y requiert une séquence d'axiomatiques – du sensible, de l'espace, du temps – et leur consistance mutuelle. *Fonder l'étance est sous cette condition : la décision de son axiomatique.* Le pas que nous avons franchi, ou le risque que j'ai pris, est d'énoncer celle-ci. On aura noté que le débat avec Badiou devient ici tout à fait clair : nous sommes d'accord sur le primat de la systématique de l'apparaître ; Badiou prend son parti du hiatus entre cette systématique et l'être, et bien plutôt le promeut – sous le nom du transcendantal ; je nie le hiatus, propose les voies de sa résolution, les explicite dans leur axiomatique ; et ce qu'il avance *in fine* comme l'adéquation du calcul des identités à l'Un dans l'être ou me donne raison ou reste en l'air, faute de prescription dans l'être pour ce faire-un-là.

Ainsi s'impose-t-il de poser à la fois la radicale disjonction de l'être délié et de l'apparaître lié, et le réquisit pour le second d'une loi de composition du premier qui l'autorise. La disjonction est radicale, mais ne va pas sans requérir ce qui, au prix d'une supplémentation axiomatique de l'être, rend – seul – compte de son indexation par l'apparaître.

Nous voici loin de la précipitation merleau-pontyenne qui place l'être au milieu de la perception, mais loin aussi de Husserl qui prescrit pour l'être les conditions transcendantales de la perception. Nous voici moins loin peut-être de la tradition qui tient – depuis Platon – l'apparaître pour intransparent à l'être tout en impliquant une continuité qui fait de l'apparaître une approche de l'être. Nous voici même devant la conséquence que ce qu'on veut requérir comme l'Un-Dieu, si le concept en était plus que d'Imaginaire, ne pourrait se penser du côté de l'être : seulement dans l'apparaître. Mais nous voici tout autant fondés à affirmer qu'étance il n'y aurait pas si elle ne se fondait dans une composition, par elle prescrite, de l'être même.

Proposition, toutefois, encore provisoire, incomplète. Disant le perçu liaison consistante sur le fond inconsistant – la déliaison – de l'empirie, disant la finitude du perçu restrictive au regard d'une infinitude qui la précède et sur le fond de laquelle elle se découpe, nous ne savons pas encore si, dans ce que nous venons de désigner comme le « fond » de l'apparaître, et qui l'excède, ce fond lui-même étant moment de la constitution qui s'en arrache, il n'y a pas, jusque de la disjonction, quelque pré-scription dans l'être. Se peut-il que l'étant ne prescrive pas, de ce qu'il le déploie, ce qu'il est requis de penser comme l'être ? C'est – dans sa langue ancienne – le *logion* spinoziste, auquel il faudra aussi être fidèle : « Plus nous comprenons les choses singulières, plus nous comprenons Dieu[1]. » Nous en retrouverons une trace au temps suivant, celui du connaître, où se chevauchent axiomatiques et logique de l'objet du perçu. Mais quant à ce qui pourrait dans l'apparaître s'induire de l'être, la question restera suspendue jusqu'à ce que la lecture de Heidegger offre l'occasion pertinente de la traiter.

---

1. *Éthique*, V, xxiv.

Le *Cogito*
vs
la tresse de l'apparaître

Parvenue à l'approche de la « pure pensée », la phénoménologie de la perception, telle que Merleau-Ponty a voulu la conduire, au fil de l'être-au-monde et de l'être-en-situation, a épuisé ses ressources ; et ce qu'il lui reste à faire prendra un tour plus classiquement déductif ; Merleau-Ponty, quant à lui, propose, sans plus d'explicitation, d'y voir une « phénoménologie de la phénoménologie »[1]. Il s'agit de *se retourner sur la conscience*, de se placer en deçà – ou faut-il dire au-delà ? – du mouvement qui la jette immédiatement dans le monde, pour rendre compte de ce qu'en propre elle fait de l'originaire perceptif et de ce que, pour le faire, elle doit être. Nous ne sommes plus dans l'appartenance mais dans le reclos de l'à-part-soi.

1. *La facticité de l'évidence* vs *axiomatique des constituants et logique de l'objet*

Il importe, encore une fois, de ne pas oublier les termes dans lesquels toute la Phénoménologie pose le problème de la *pensée* : c'est la *conscience* qui doit en rendre compte. Proposition que je n'ai cessé de réfuter depuis le début parce qu'elle ne peut que retirer toute

---

1. P. 419. Il ne faut pas oublier que la problématique du *Cogito* s'enchaîne ici directement à celle de la *perception* alors que dans *Le visible et l'invisible* elle s'enchaînera à celle de l'*être*. Nous sommes donc contraints de revenir en arrière.

consistance à la pensée – sauf à identifier comme Husserl, par un coup de force, conscience pure et *ratio*. Pour Merleau-Ponty, il s'est agi d'abord de se tenir strictement dans l'*effectuation* de la conscience comme ouverture immédiate au monde, et la conscience ne pourrait s'ouvrir ainsi si ce n'était là son propre projet ; il s'agit maintenant de montrer qu'il y a assez dans cette expérience conscientielle, qui est la perception même, pour que soit fondée sur elle l'intelligibilité revendiquée ultérieurement par la *connaissance*. On dira mieux : la perception est l'acte même de la conscience, elle doit donc enfermer, serait-ce implicitement, tous les pouvoirs de la pensée, et l'on doit donc montrer que la seconde – entendue comme pure intelligibilité – a dans la première de quoi se fonder.

Elle n'y réussira pas : elle ne saurait y réussir parce que l'intelligible ne se constitue que de lui-même et que toute genèse y reste inéluctablement inadéquate. Ce qui, à l'inverse, se démontre, c'est que si la connaissance n'est en effet possible que sur le fond de la constitution du perçu, à la fois exhaustive et plurielle, c'est non dans et pour la conscience, mais de soi.

a. Le chapitre sur le *Cogito* commence par réinterroger l'antinomie réalisme-cartésianisme, telle qu'elle menace alternativement ou de faire l'impasse sur ce qui fait porter toute perception par le projet du Moi, ou d'enfermer en lui-même un *Cogito* absolu. L'exposé est porté, encore une fois, par la double lecture de la conscience perceptive entre conscience constituée qui, précipitée dans les choses, se découvre « située dans son monde » et conscience constituante, qui « tire [le monde] de son propre fond »[1]. « Ma vie se passe tout entière au-dehors », « ma conscience se fuit et s'ignore » dans les « êtres sensibles » qui « ne me livrent pas leur secret » ; mais « l'expérience même des choses transcendantes n'est possible que si j'en porte et j'en trouve en moi-même le projet », « toute pensée de quelque chose est en même temps conscience de soi » et « la conscience de soi est l'être même de l'esprit en exercice »[2].

La résolution *de facto* de ce qui répète là le chiasme tient, bien entendu, dans la proposition – anti-husserlienne[3] – qu'on ne saurait, dans le voir, séparer l'acte subjectif de son terme objectal en ce que

---

1. P. 424.
2. Pp. 423-426.
3. C'est ce qu'assume Merleau-Ponty. Mais après tout, n'y a-t-il pas quelque chose comme le chiasme dans le schème du noème complet ?

celui-ci a non seulement de transcendantal mais de transcendant. « On ne saurait séparer de la perception la conscience qu'elle a ou plutôt qu'elle est d'atteindre la chose même... La perception et le perçu ont même modalité existentielle[1]. » En d'autres termes, c'est dans son acte qu'il faut « comprendre » la conscience, et cet acte, chaque fois extatique, est de ce fait même « contact simultané avec mon être et avec l'être du monde »[2]. Formule qui vaut définition du *Cogito* merleau-pontyen.

N'y a-t-il pas, pourtant, « dans les actes de "pensée pure"... une absolue coïncidence de moi avec moi »[3] ? Si, sur un seul point, la pensée peut se suffire à elle-même, alors la définition de la conscience comme le jeté-en-l'autre dès son projet ne tient plus. Que Merleau-Ponty s'impose lui-même d'apporter là-dessus une réponse négative éclaire l'intransigeance de sa démarche : il ne suffit pas de montrer qu'au départ, dans la perception, la conscience ne peut se saisir sans saisir le monde, il faut encore montrer qu'*en aucun cas* elle ne peut se tenir dans le recès d'une prétendue pure intériorité.

Parer au danger n'est pas trop difficile dès lors que, se tenant toujours à la conscience, le problème qu'on posera ne sera pas celui propre de l'intelligible, de l'énoncé et de sa véridicité, mais seulement celui – encore phénoménal – de la *certitude*. Certitude qui, rapportée à moi-même – me révèle à moi-même comme la vision me révèle la chose, c'est-à-dire tout à la fois comme présence assurée et comme inadéquation d'une synthèse inachevable[4] ; et qui, rapportée à la connaissance, y induit à la fois l'évidence et sa « *facticité* »[5] : formule qui signifie que la conscience demeure, même dans l'évidence, non transparente à elle-même, qu'aucune de ses affirmations ne se laisse développer entièrement, que ses certitudes ne font que « reporter plus haut l'opacité », encore que ses évidences – au sens le plus fort, celui du Logos – doivent être tenues, dans le temps qu'elles sont, pour fondées.

---

1. P. 429.

2. P. 432. Ces formulations ne sont encore qu'une ébauche de ce qui se dira de la chair comme « feuilleté » commun du Moi et de la chose.

3. P. 439.

4. D'où qu'il ne faudrait pas dire que le Je pense contient le Je suis, mais que « c'est le Je pense qui est réintégré au mouvement de transcendance du Je suis » (p. 439).

5. P. 452 *sqq.*

Ce qui vient là comme argument est une relecture du génétisme comme s'auto-assurant : ce qui a été configuré par le corps, prescrivant la chose, prescrit la certitude de l'idée ; ce qui était la garantie de la perception est donc aussi bien celle de l'intelligibilité. Ce passage de la facticité du perceptif à la facticité de l'évidence est le prix à payer pour le retournement du projet husserlien – fonder en raison la perception – dans celui de Merleau-Ponty – fonder dans la perception la raison. Suit ce qu'il faut bien appeler une induction de la connaissance par substitution de sa facticité au procès de son immanence.

Le traitement que fait Merleau-Ponty de la construction géométrique[1] est révélateur ; c'est au fond exactement celui de l'empirisme ; mais pour n'en pas porter le déficit, il en inverse le mouvement, prenant départ de l'évidence pour la ramener peu à peu à l'ambiguïté dedans-dehors de son matériel perceptif. Oui, « je construis selon des règles, je fais apparaître sur la figure des *propriétés*, c'est-à-dire des relations qui tiennent à l'essence du triangle » ; mais cela implique un acte que peut seule soutenir l'intuition figurée, le dessin de la *Gestalt* ; quel que soit le « surcroît de rigueur » attaché au formalisme, « le lieu où se fait la certitude et où apparaît une vérité est toujours la pensée intuitive » qui contient, sur le mode de la transcendance, la « présupposition » à vérifier ; à son tour, cette présupposition n'est pas le fait d'une figure « gelée et morte », mais de ce que la figure est « une certaine modalité de ma prise sur le monde » ouvert à la mobilité et orienté ; d'où enfin « *c'est au monde de la perception que j'emprunte la notion d'essence* » parce que j'y ai, sur le fond de ma motricité, l'expérience d'un triangle qui « *a* nécessairement en lui-même tout ce qu'il pourra manifester »[2].

Que la géométrie opère ou non exclusivement par construction, que la découverte y suive ou non le schéma psychologique proposé par Merleau-Ponty, on ne voit pas comment résulteraient de cette séquence, à la prendre cette fois en remontant, et le *concept* de propriété essentielle, et la *déduction* de l'une à l'autre des propriétés du triangle, bref son intelligibilité : soit ce dont l'axiomatique est seule à rendre compte, et qui à ce titre constitue bien le moment d'une « coïncidence » de la pensée avec elle-même. Il est trop clair qu'il n'y

---

1. Cf. le développement des p. 439 *sqq.*
2. Pp. 441-445 (souligné par moi).

a plus de savoir là où le savoir ne rend pas compte lui-même de lui-même.

Aussi bien, qu'est cette certitude qui, selon Merleau-Ponty, ne vaut d'autre assurance que relativement ultime ? « *La certitude est doute* »[1] en ce qu'elle est seulement interruption d'une expérience sédimentée infinie : « la consistance d'une chose perçue ou d'une idée n'est obtenue que si je cesse de chercher partout l'explicitation et si je me repose en elles ». Cet arrêt n'est pas arbitraire, la pensée y épouse un champ d'expériences concordantes, conformes à la téléologie de la conscience. Mais aucune évidence n'y est « sans appel ». Dire que ce sont des « opinions » n'est pas péjoratif si la forme « la plus rudimentaire du savoir » est aussi bien sa forme « la plus mûre » ; ce qui est exclu est un savoir absolu. De telles formules n'excipent de leur prudence que pour, du geste le plus imprudent, dénier l'effectif de la science.

Merleau-Ponty esquisse dès lors une philosophie de la connaissance qu'on pourrait dire "moyenne". D'un côté, il n'y aurait pas de savoir si tout acte de conscience ne visait, dès l'origine, comme son adéquation, une vérité[2], mais, d'un autre côté, toute vérité garde un « coefficient de facticité ». C'est sur ce fond d'ambiguïté qu'« *il y a des vérités comme il y a des perceptions* »[3], et que même – première indication de ce qui sera tenté vingt ans plus tard – il y aurait là de quoi fonder pas moins qu'une *ontologie de la perception* : « Si la chose perçue n'avait pas fondé pour toujours l'idéal de l'être qui est ce qu'il est, il n'y aurait pas de phénomène de l'être[4]. » Mais la perception qui se gonfle jusqu'à valoir comme le critère des actes de conscience et à générer le tout des actes de connaissance, ne peut pour autant jamais s'exhausser ni surmonter sa facticité.

Ce n'est pas tant l'ambivalence qui fait ici problème, mais les propositions – vérité = perception, certitude = doute – qui la fondent. Propositions qui se retournent contre elles-mêmes. D'une part, Merleau-Ponty a mis dans la perception *trop* pour qu'être et vérité, réduits à *moins* qu'ils ne le prescrivent, puissent préserver l'irréductible de leur concept. Renfermés dans l'expérience première du perceptif et res-

---

1. P. 459.
2. P. 453.
3. Pp. 451-452.
4. Pp. 444-445.

treints par elle, ils perdent leur définition et se retrouvent en déficit
d'essence. D'autre part, quoiqu'en avance Merleau-Ponty, la certitude
ne sera jamais l'évidence conceptuelle, l'évidence ne sera jamais sans
résolution. On sent bien, au demeurant, qu'en suspendant la certitude,
c'est la transparente intelligibilité de son "contenu" que vise obliquement l'exposé. Le problème sur lequel achoppe Merleau-Ponty, c'est
qu'il faut bien que le Logos soit, mais que, reporté sur la perception,
il n'est que secondairement et relativement : autant dire n'est pas, ou
que Merleau-Ponty ne parvient pas à le produire. De là que ces pages
sont si manifestement décevantes au regard de leur ambition.

b. On dira donc, avec raison, que pour ce qu'il en est de la connaissance, Merleau-Ponty n'a rien d'autre à proposer qu'une version
modernisée de l'empirisme, et que la discussion n'en peut que reparcourir un chemin depuis longtemps tracé. Ce qui donne sa singularité
au débat n'est pas ce que sa position induit de scepticisme – dénié[1],
et d'ailleurs mitigé – mais bien ceci qui n'est plus dans la tradition
empiriste, ceci que je ne vois pas comment désigner autrement que
comme le *transfert de l'évidence à l'être-au-monde-en-situation de la
perception, et à ceux-ci sans médiation* ; là, bien plus qu'une certitude
inaccomplie : le tuf d'où toute assurance s'induit. Là, je suis au corps
– à la chair –, je suis au monde, et à l'intimité du *Cogito* simultanément ; en revanche, je ne suis à l'idée que pour autant qu'elle est
encore de la chair et du monde, mais apprésentés dans une pensée
qui a perdu sa transparence et sa présence.

On ne niera pas, une fois de plus, ce qu'a d'impressionnant l'arrimage de Merleau-Ponty à cette conviction que si évidence il y a, c'est
celle qu'il y a la perception telle quelle. Ou plutôt, c'est la conviction
intime qui le jette *dans* ce qu'il perçoit. Il n'est pas possible que cet
être jeté-*là* déçoive. On ne se tromperait pas à dire que si Heidegger
met toute l'insistance sur ce qui *me* projette hors de moi, Merleau-
Ponty retient du projet essentiellement *ce* vers quoi il est jeté : c'est,
aussi bien, qu'il l'aperçoit à même sa propre pratique, au fil de ses
propres structures. D'où la tonalité subrepticement effusive de ses
descriptions du monde : tonalité, en cela, bien différente de celle,
déceptive, des empirismes classiques.

---

1. Par exemple, p. 455.

C'est cette tonalité-là qui traverse, en particulier, l'identification de Merleau-Ponty à Cézanne, ou son interprétation de Cézanne : « rechercher la réalité sans quitter la sensation, sans prendre d'autre guide que la nature dans l'impression immédiate... donner l'impression d'un objet en train d'apparaître, en train de s'agglomérer sous nos yeux... la vibration des apparences est le berceau des choses ». Ce serait justement cela le vrai *Cogito* : « *regarder*, s'enfoncer dans les choses sans en rien attendre que la vérité »[1].

Le prestige de telles formulations ne laisse pas d'étonner ; sans doute tient-il à ce qu'a de gratifiant la promesse d'une atteinte sans médiation du dedans des choses par leur dehors ; mais atteinte de quoi ? Non seulement on ne réussira jamais à articuler sur de telles prémisses une théorie consistante de la connaissance – ce qui suffit pour les réfuter –, mais on manquera ce qui constitue la jubilation esthétique même, dont j'espère avoir montré et qu'elle n'est rien sinon proprement discursive, et que, produite à même la matière du sensible, ce n'est pas la *choséité* qu'elle produit. Les deux points sont ici à distinguer.

D'une part, l'analyse – certes admirable – que fait Merleau-Ponty des procédures de Cézanne, il est frappant qu'il la conduise vers quelque chose comme un "c'est cela même que nous percevons !", quand il n'y a pas chez Cézanne une perception plus juste ou plus originaire que chez – mettons – Fouquet ou Titien, mais une autre façon de construire un tableau, et le risque couru de réussir ou non à produire une autre vérité, un autre sens, à même une autre constitution des seuls rapports sensibles. Pour autant qu'elle est "représentative", une figure peinte se bâtit inévitablement sur un choix parmi les constituants du représenté, et reçoit de ce choix son accent. On ne *dit* pas la même chose quand on étale seulement un vert et quand on lui juxtapose le rouge complémentaire « qui le fera vibrer », quand on remplace la courbe fermée d'une assiette par une ellipse incomplète : ce dispositif est celui d'un autre discours, qui joue autrement des couleurs et des formes. Tel qu'on peut écrire – par exemple – que le geste cézannien, c'est de construire la consistance du tout sur l'inconsistance du détail. Procédure qui ne va pas sans faire signe vers une expérience authentique du perceptif ? Certes, mais seulement pour autant que l'expérience perceptive est déjà expérience esthétique, et que celle qu'on vient de dire en est une élaboration discursive parmi d'autres.

1. *Sens et non-sens*, « Le doute de Cézanne », *passim*.

D'autre part, pour se tenir dans l'être-là de la matière sensible, le discours du tableau peut bien nous projeter dans la « vérité » du sensible – y inclus du sensible-de-la-chose – mais non dans celle de la chose elle-même : dans l'être-là de l'étant, qui appartient, lui, au perçu. C'est qu'il s'agit d'un autre discours, ou plutôt d'une autre couche du discours. En les confondant, Merleau-Ponty prétend trouver l'objet dans la présentation sensible, mais au prix d'ignorer la spécificité et du discours du sensible en son immanence et du discours de l'objet. Soit de *deux temps distincts de la constitution*, que l'acquis des discussions précédentes va nous permettre de discerner maintenant avec précision.

Autre que l'*esthétique,* et plus encore autre qu'un « s'enfoncer dans les choses », est le *perçu, en quoi se constitue l'étant*, et qui fournira son assise à tout ce que la connaissance élabore de l'apparaître. Cette assise n'est rien d'autre que *la constitution de l'objet tenue dans l'axiomatico-logique de l'apparaître.* Que l'objet soit dans l'apparaître le point fixe auquel sont rapportés tous les autres – qualités, relations d'espace et de temps – et que la systématique prescriptive de ce type de rapports constitue la logique de l'apparaître, c'est ce qui est acquis depuis Aristote et qui a pu être tenu pour le schème de la Logique même. Retenant que l'objet n'est que provisionnel et qu'il n'est pas autre chose que la figuration du site logique où se noue chaque fois le faire-un d'une situation, nous nous sommes établis d'emblée en deçà de l'objet, dans sa constitution ; ce n'était pas nier la pertinence d'une logique qui tient les termes de la constitution pour autant de prédications, mais lui reprocher d'aveugler le moment du faire-un pour se tenir dans l'analyse du fait ; c'était du même trait requérir *ce qu'il en va de la constitution des termes eux-mêmes*, et nous avons commencé d'en donner le schème axiomatique pour le qualitatif et le spatial. Nous voici donc retrouvant du point de la *gnosis* ce que nous avions établi du point de l'ontico-ontologie.

Que l'objet soit le conclusif d'une constitution et que cette constitution implique un multiple d'axiomatiques, réfute radicalement aussi bien un parti qui met l'objet au bout de la structure du corps, le leste de l'épaisseur de la chair, et l'assure de la foi perceptive, que celui qui prédique l'objet d'une duplication introuvable, y dénonce le leurre d'une identification, et redouble le leurre par celui de l'objet perdu, et que celui enfin qui bâtit l'objet sur le phénoménal ressaisi et transcrit par la logique d'un monde, fondée sur la seule unité de mesure des identités et des différences. La constitution de l'objet ouvre la consistance du perçu et met au jour ce qui la prescrit. Entendons que *toute constitution d'Uns-termes* dans l'apparaître, laquelle ne va pas sans le mettre en rapport avec d'autres Uns-termes constitués sur le même mode, requiert comme sa condition un ensemble d'*axiomatique*s, et *leur ressaisie par la logique des rapports intra-objectaux.*

c. Ici s'impose de rappeler ce qu'a montré Claude Imbert[1] : qu'il y a irréductibilité de la « logique des phénomènes » qui se trouve avoir été l'acquis des logiques grecques, *logique*, dirons-nous plutôt, *de l'objet*, s'instrumentant du matériel des manières d'être et de leur traitement comme prédicats, sur laquelle se sont conformées les langues « naturelles », aux *langues formulaires* des logiques modernes, extensionnelles, purement syntaxiques et multiples comme leurs syntaxes[2] ; langues appropriées d'abord à la mathématique, quand bien même elles se sont, en contradiction avec elles-mêmes, épuisées – nous l'avons vu de Frege, Russell et Quine – à tenter de retrouver ou au moins de se rendre possible l'intention d'objet du phénoménal. Que, techniquement, toute tentative de transcription de l'une dans les autres ait abouti à une impossibilité marque les réquisits mais aussi le restrictif de la logique de l'apparaître, dans laquelle l'identité de l'objet, commandant la prédication, interdit la quantification.

Cette distinction cardinale détermine ce qu'il faut entendre par logique de l'apparaître : qui n'est pas logique mathématique, ou ne l'est éventuellement que sur son bord, celui – au vrai, ontologique – où peut être indicié le passage de la Multiplicité constituée au Multiple inconstitué de l'être ; pas davantage ne dira-t-on qu'elle est purement relationnelle, si le terme autour duquel elle bascule est la consistance chaque fois singulière de ses Uns, et si sa syntaxe spécifique est celle de la prédication.

On tiendra donc pour acquis que, dans l'apparaître tel que le discours le supporte, l'objet est la forme matricielle de l'Un, d'un Un discret, identique à lui-même, garanti par la loi du tiers-exclu, et formellement susceptible d'entrer avec un autre dans toutes les opéra-

---

1. *Phénoménologies et langues formulaires*, notamment chap. I.
2. Syntaxes couplées elles-mêmes avec la paradigmatique de telle ou telle pratique de savoir.

tions rangées sous la rubrique d'une analytique. C'est ce *corpus* consistant de prescriptions qui fixe, en première approche, l'ensemble des énoncés admissibles dans le discours du perçu.

Mais pas jusqu'au bout, dès lors qu'on "ouvre" l'apparaître aux axiomatiques de sa constitution. Au titre desquelles et le spatial et le temporel – nous y viendrons – et le qualitatif n'autorisent plus d'Un qui ne se dissémine par le "dedans" et par le "dehors" à l'infini, pris dans le labyrinthe du continu, cependant qu'aucun terme ne se détermine hors de son écart à un ou plusieurs autres co-présents, et que l'écart lui-même requiert l'intervention de coupures – deux au moins – dans la matière du continu. *Axiomes*, disons-nous, parce que *prescrits ontico-ontologiques d'une constitution* – celles de la qualité, de la distance, de la durée – et qui s'écrivent sous une forme du type : *étant donnée une qualité, elle ne peut venir à l'apparaître et s'y définir que s'il existe un champ continu de variables hétérogènes dans lequel deux coupures ouvrent un écart*. Il est clair que ce qui s'énonce ainsi est une syntaxe spécifique, qui est étrangère à celle de la prédication. D'où il appert que la logique de l'objet se construit sur des syntaxes autres et emboîtées. Nous remarquions plus haut que dans le champ du perçu, l'ontico-ontologique précède l'apophantique : c'est dire que l'axiome du qualitatif (ou du spatial) est celui qui a permis de se constituer à la qualité (ou l'espace), tels que, dans leur facticité, d'abord ils s'apprésentent. La facticité est ici la part de ce qu'informe l'axiome : l'empirie. Les limites de pertinence de l'axiomatique sont ainsi fixées.

Or ce que nous avons commencé de reconnaître là comme la pluralité et la complexité des axiomatiques de l'apparaître fut ignoré par la pensée hellénique – stoïcienne comme aristotélicienne. C'est que, comme l'a encore montré Claude Imbert, tout à la fois elle considérait la représentation comme un pur donné à prendre tel quel, et tenait ce donné pour portant en lui-même une vérité apophantique, pour quoi il « suggère une pensée productive de discours »[1] : d'un discours qui n'est, par le biais de l'analyse logique (catégoriale), pas autre chose que son explicitation. « Quand à propos d'une couleur blanche on dit que c'est là du blanc ou une couleur, on dit ce que c'est et on désigne

---

1. Pseudo-Longin, *Traité du sublime*, XV. *In* C. Imbert, p. 89. Il est amusant qu'en rapprocher la formulation choisie par Tarski de sa convention (T) – « "il neige" est vrai si et seulement s'il neige » – suffise pour tenir la différence entre phénoménal et formulaire.

une qualité[1]. » En d'autres termes, la représentation se laissait *analyser*, il n'était pas question de la *constituer* ; le discours énonçait la vérité qu'elle contenait, il n'était pas ce dont, pour être, elle est faite, ou du moins selon quels axiomes elle se fait. Aussi sommes-nous loin de retrouver la logique des Anciens qui s'instrumentait – au mieux – de bout en bout de la seule distinction – de l'objet mais aussi de ses prédicats : comme déterminant, sans plus de spécification, la logique du perceptif, au détriment de celle du perçu. Nous ne reviendrons donc pas à Aristote.

Bien plutôt va-t-il de soi que, décidant d'une axiomatique, on décide, serait-ce implicitement, de la logique qu'elle commande[2]. On sait[3] que la *logique* de l'objet est asymétrique – entre objet et prédicats –, que son terme pivot est – au moins dans la mesure d'une unité d'énoncé – ultime, et que de ce même terme la consistance est présomption de subsistance. En tant que, dans les *axiomatiques* qui commandent la constitution des termes que l'objet noue, ceux-ci font conjointement prescription d'un autre système d'énoncés que la logique : l'écart s'y qualifie du symétrique, le continu n'a d'autre terme ultime que son fond, toujours prêt à remonter, où toute unité est toujours au suspens de se dissocier, un double geste de coupure opérant est ce dont l'écart préjuge comme de sa condition. Du même trait s'évanouit la conjonction de l'analyse avec la langue naturelle : c'est bien plutôt la difficulté de celle-ci à se plier à la syntaxe axiomatique qui est avérée. Il n'y aurait, pour autant, pas de sens à dire que ce qu'on vient d'énumérer est une conjonction de termes arbitraire : il faut et il suffit que ce soient ceux que la qualité, la place et le moment

---

1. Aristote, *Topiques*, I, 9 (trad. C. Imbert).

2. Nous avons dit que des axiomatiques comme celles du *topos* fondent l'intelligibilité d'une pluralité de mondes possibles, et situent parmi ces mondes celui que nous constituons : il est remarquable que l'identité à soi d'un terme puisse disparaître dans un topos quand les flèches indéterminent, comme « isomorphes », les termes dont elles font indifféremment leur source ou leur cible ; il est remarquable que le tiers-exclu aille de soi dans tout univers discret où toute différence est localisable, mais puisse ne pas être pertinent pour certains univers continuistes où toute différence est globale. Départ pris de l'apparaître comme fixé dans le perçu, il faut prendre acte de ce que celui-ci s'énonce dans une logique du discret, de l'identité à soi des termes, et du tiers-exclu. Ce n'est pas le seul réel « possible » ; c'est la réalité telle que son discours fixe « son » consister. (Sur tout cela, cf. Badiou, *Court traité...*, « L'être et l'apparaître »).

3. Qu'on se souvienne de Frege.

requièrent pour se constituer. Disons alors – à titre propédeutique et sans nous faire d'illusions sur tous les problèmes qu'une telle formulation soulève – que *la contitution de l'apparaître conjoint des couches formulaires, soit de rapport fonction/argument, avec le discours objectal, dont le schème est sujet/prédicat* ; et que cette pluralité avère que la logique de l'objet n'est pas celle de ses constituants (qualitatifs, spatiaux, temporels) ; ajoutons qu'entre l'axiomatique du qualitatif et celle du spatial (et du temporel), les analogies de structure sont manifestes, y faisant différence le continu là de l'hétérogène, ici de l'homogène. Et remarquons que c'est sans doute l'énigme ou l'embarras de ces conjonctions de couches qui conduisit Wittgenstein à renoncer, non sans difficultés, à ce que la connaissance, qui ne devait être que du formulaire, pût rien atteindre de l'objet.

Encore ne faut-il pas s'y tromper. S'il y a une consistance de l'apparaître, c'est que ses axiomatiques *s'emboîtent* pour prescrire enfin l'objet comme identité. La syntaxe selon laquelle sont constitués les différents caractères ou « propriétés » de l'objet n'est pas celle qui détermine la place et la constitution de l'objet dans l'apparaître ; mais la syntaxe de l'objet « s'empare », pour le dire ainsi, de l'axiomatiquement constitué, se l'approprie, et l'on pourrait aussi bien écrire que c'est pour ce que le faire-un de l'objet en requiert les termes, qui sont ses propriétés, que ceux-ci viennent à se constituer. L'ensemble de ce procès est celui de l'apparaître : il n'existe aucune raison de transformer, comme on a coutume de le faire, sa complexité en opacité. Redisons plutôt quelle joie intellectuelle c'est de pouvoir le traverser.

Reste que l'objet est ici – dans la logique de l'apparaître – *princeps* en ce que le faire-un s'y expose comme se tenir en soi-même en y maintenant toutes ses déterminations. En irait-il autrement qu'il n'y aurait pas de réécriture, ou de constitution, de l'être en *étant*. Certes, tout terme dont la constitution est consistante "est", au moins comme possible, dans le champ de l'axiomatique qui le prescrit ; et dans le champ de la réalité, tout ce qui apparaît, consistant par là même du point de la ou des axiomatique(s) de la réalité, "est" comme effectif ; mais à partir de la constitution de l'objet dans l'apparaître, tous les autres termes ont fonction de constituants, seul l'objet possède, de par l'immanence de ses prédicats, et au moins provisoirement, le caractère d'un site logique ultime. Sa déqualification par le discours de la science et son expulsion des langues formulaires ont jeté sur lui le soupçon de ne constituer qu'une illusion ; mais c'est simplement dénier l'emboîtement axiomatico-logique, commandant celui des discours.

De même dirait-on que l'être-là n'est que relation, qu'un objet n'« existe » que selon la mesure de ses degrés d'identité et de différence au reste de l'apparaître, et finalement de l'intensité que son existence assure et distribue dans l'apparaître – on aura reconnu la solution de Badiou –, qu'on viderait l'étant du trait qui, dans *sa* logique, commande que ses caractères lui soient *inhérents*. Ce trait-là, vouloir l'expulser est retirer à l'objet du perçu son enséité : il faut se rendre au fait que l'apparaître se prescrit comme constitué d'Uns dont la constitution perceptive recouvre la constitution ontique[1]. Les traits apparaissants de l'objet-étant sont implication des « propriétés » qu'il *a*, comme son propre, et commandent mutuellement son existence. Le dire « Un ultime » est prendre acte de ce que c'est la co-existence de ses propriétés qui le « font » : bien plus que juxtaposées, elles se *déterminent* réciproquement.

Nous disions que l'objet est la figure du site logique ; il faut maintenant préciser : pas de n'importe quel site, mais de celui qui du faire-un fait un étant à soi-même immanent. Ce qui est alors cardinal n'est pas le caractère toujours provisionnel de l'objet, mais l'équivalence entre le qu'il y ait *de* l'objet, et la détermination *interne* de l'étance. C'est le prescrit de la réalité : *le fonds d'être de l'apparaître s'expose*

---

1. C'est à quoi Badiou lui-même cherche une équivalence dans le concept d'« atomes réels » : composante de l'objet dotée d'une valeur maximale d'appartenance au transcendantal du monde en question et à ce titre instance d'Un de l'objet. Mais de deux choses l'une : *ou bien* – comme il le propose – on fait porter l'accent sur l'appartenance au monde de tel trait atomique, autrement dit de son degré d'identité qui, en quelque sorte, *entraîne* avec lui l'Un d'existence des autres composantes ou traits d'identité de l'objet dans ses occurrences multiples ; *ou bien* – au contraire –, l'accent porte sur la « composition » de l'objet et il faut alors dire en quoi elle n'est assurément pas une simple *juxtaposition* ou « intensité de co-apparition » ou même identité d'intensité d'apparition (laquelle peut parfaitement qualifier la même composante dans deux objets différents). On s'étonne d'ailleurs que Badiou écrive qu'« une relation entre objets, définie comme une fonction entre [leurs] ensembles-supports... conserve l'ensemble de la logique atomique... pour autant qu'elle conserve le degré d'existence d'un élément et ne diminue jamais le degré d'identité de deux éléments » (*Les 35 énoncés*, p. 33) : il est avéré que la relation entraîne le plus souvent ces différences, sans conséquences pour la logique de l'objet.

Indications cursives sur une discussion qui ne sera vraiment conduite que plus bas.

dans l'immanence de l'Un d'étant. Répétons qu'on ne se précipitera pas, pour autant, à rabattre la logique de l'objet sur la systématique aristotélicienne des catégories, ce qu'elle empruntait à la langue naturelle, et la polémique contre la participation platonicienne qui l'animait[1]. Logiquement, il suffit de marquer le basculement de tous les termes, prescrits chacun par une supplémentation axiomatique du Multiple ontologique, sur la nécessité interne de la constitution, chaque fois, d'un étant. L'apparaître y doit d'être l'univers du « ce qui est » comme ce qui ne peut être sans y être *de par soi* dans les limites de l'apparaître. L'effet de la constitution est que le faire-un n'y est pas seulement la venue à consistance d'un multiple, mais la venue d'un Un si intimement Un qu'il a pu s'approprier le nom même de l'être, transparent dans celui de l'étant. Illusion cette fois car, de tout étant, l'être ne peut désigner que le Multiple soustrait au faire-un. Paradoxalement, la vuidité de l'être – son absence de prédicats – a pu ainsi se voir prêter l'énoncé de ce qui s'exposerait comme l'Un d'être : soit un passage de l'immanence de la constitution au fantasme de la substance. On sait les dégâts métaphysiques qu'a générés ce paradoxe. Le nœud d'étance, quand il prétend se reverser en noyau ontologique, singularise et remplit l'être à – si l'on peut dire – contre-emploi.

Soit telle grappe de glycine qui retombe là-devant, parmi des dizaines d'autres. Le perçu premier, c'est bien l'existence distincte de la grappe, c'est elle qui appartient d'abord au perçu et qui ne cesse pas d'y appartenir comme se résolvant dans chacun de ses traits : sa discrétion est affirmative, loin de se disperser elle se renforce de tout ce qui la constitue. C'est d'abord cette boule de fleurs pressées les unes contre les autres, dense, compacte, oblongue qui fait l'une seule grappe, à sa naissance arrondie en coupelle, qui se resserre en s'inclinant, tirée par son poids, et s'achève en pointe. C'est du même procès le passage du mauve délavé, transparent, des premiers pétales, dépliés et fripés, à l'essaim de corolles bleu de prune taché de rose à l'instant de leur ouverture, qui s'empêchent les unes les autres, gagnant en intensité à proportion de ce qui suspend leur éclosion, pour se clôre dans le violet franc, saturé, des derniers boutons élongés, encore fermés. Une grappe donne à lire simultanément le progrès de sa poussée et le retard de son éclosion, sa forme se retournant sur son

---

1. Cf. la remarquable présentation de Frédérique Ildefonse et Jean Lallot à leur traduction des *Catégories*.

unique devenir au fil du temps. Au divers des nuances, inexhaustible par le dedans, tel qu'entre deux il en peut toujours survenir une nouvelle, taillée dans le continu de la couleur, répond, dans l'identité des corolles, le retour de moments du même procès à des instants différents de son parcours, sur le mode d'un canon musical. Je veux bien accorder à Merleau-Ponty que la grappe est configuration d'une structure accordée à sa saisie par la main, capable à la fois d'envelopper sa chute et de la retenir pour la trancher, je veux bien même que le voir n'en aille pas sans être traversé par l'expérience « charnelle » du « creux » de la main. Je veux bien accorder à Badiou que c'est la somme compacte de ses caractères identitaires, attestant l'intensité de son droit à l'existence dans l'apparaître, qui me permet de prononcer : "la" grappe. Mais ceci comme cela ne fera jamais que ce soit sur ces modes que se constitue le perçu de la grappe : ce qui en articule la matière sensible, formelle, temporelle, y avérant sur quelles prescriptions – quelle axiomatique – cette constitution chaque fois repose, et ce qui fonde sur leur conjonction emboîtée leur subsomption à l'énoncé consistant d'un site logique, celui-là même dont l'autre nom est : la grappe, là. C'est de ces moments d'Un, moments d'un discours constituant, qu'est fait le propre de l'apparaître.

Le *Cogito* merleau-pontyen, mûr d'emblée dans la perception, se tient en elle, sans avoir à la dépasser – la dépasser est au contraire ce dont il doit se déprendre –, sans même avoir à la constituer ; et tient, sur l'assise de sa certitude anticipée, de quoi fonder toute connaissance, car toute connaissance ne fait qu'en dériver et s'y évaluer : jusqu'au « phénomène de l'être » qui, entre le monde et le *Cogito*, est partagé, « chiasmé ». Il aura été trivial de rappeler là-contre que c'est non dans une immaculée « co-naissance » – toute la théorie merleau-pontyenne de la vérité est un développement de ce mauvais jeu de mots de Claudel – mais sur le complexe de médiations discursives qu'on vient de suivre, que se constitue l'apparaître, sur d'autres syntaxes que se constituent les sciences, et sur l'absence de toute syntaxe que se définit l'être qui n'est à aucun titre phénoménal. Le *Cogito* ne se précipite pas dans le perçu, il n'y est qu'autant qu'il s'y porte, et il ne s'y porte qu'autant qu'il le constitue. Cette constitution, ce n'est pas en lui qu'il la trouve, ni dans quelque parenté sienne avec le monde, mais dans l'immanence discursive de l'apparaître et dans sa propre ouverture aux logiques qui la régissent. Logiques plurielles, tenues dans des axiomatiques plurielles, dont résulte enfin que, loin qu'il y ait un partenariat entre *Cogito* et perception, ce que le premier a à déchiffrer de l'apparaître est la disjonction de la constitution prédicative de l'objet et de l'axiomatique de ses termes constituants, partant l'interdiction que l'être qui s'en induit soit jamais à une seule place. L'apparaître ne "tombe" pas sous la *ratio* ; il y *est* d'emblée ; mais il l'est sous plus d'un mode, dont aucun n'est immédiat. Le seul point, alors, sur lequel il convient de se reconnaître en accord avec Merleau-Ponty, c'est quand il implique que le *Cogito* ne se porte vers rien du monde qui ne soit véridiquement du monde : la discursivité de l'apparaître ne peut manquer d'être l'énoncé de ce qu'il advient à l'être dans l'axiomatico-logique de son exposition.

2. *La temporalité. L'intraconscientiel* vs *la constitution du temps*

Tout n'est pas dit du *Cogito* : quand bien même on aurait rendu raison de la « pure pensée », celle-ci recèlerait encore une aporie, car il va de soi qu'une phénoménologie de la conscience ne peut aller sans « ren[dre] au *Cogito* une *épaisseur temporelle* »[1]. Je n'aborderai pas ce qui occupe la plus grande partie de l'exposé de Merleau-Ponty : un débat avec Bergson, Husserl, Heidegger et Sartre. Je m'en tiens ici au mode sur lequel il aborde la structure du temps : comme en toutes ses couches porteuse d'un double sens, dans le fil des précédentes analyses de la perception.

a. Un premier trait est que, de la temporalisation, « ce n'est pas moi qui prends l'initiative », elle signe en moi une *passivité* ; mais elle ne se réalise que dans une « *spontanéité* » qui est ma subjectivité même[2] ; et ne peut se décrire – dans le style d'Augustin – que depuis un mien « champ de présence... qui traîne après lui son horizon de rétentions et mord par ses protensions sur l'avenir »[3].

Cette première ambiguïté en commande aussitôt une autre, qui traverse la spontanéité elle-même : si le sujet est au temps, il faut que ce soit « en vertu d'une nécessité intérieure », car « l'existence... ne peut

---

1. P. 456. (Souligné par moi.)
2. Pp. 488-489.
3. Pp. 475-476.

être quoi que ce soit... sans l'être *tout entière* »[1]. C'est dire d'abord
que nous ne sommes pas au temps dans une couche de nous-mêmes,
dans une autre à l'espace ou au sensible, mais que nous sommes à
chacune dans la globalité de notre existence, qu'elle investit de part
en part. C'est dire ensuite que non seulement nous sommes au temps
comme nous avions une pensée d'avant la pensée, mais que le temps
lui-même ne peut être fait d'une succession d'instants, il faut qu'il soit
à titre originaire la succession *tout d'une pièce*. Il en va – aucune
phrase ne saurait être plus typiquement merleau-pontyenne – de
l'écoulement comme d'« un geste [qui] enveloppe toutes les contrac-
tions musculaires qui sont nécessaires pour le réaliser »[2]. Mais tout
autant n'y suis-je jamais qu'*en une place*, celle de mon champ de présence. Si la temporalité a constitué pour Husserl l'aporie d'une pré-
constitution du constituant, elle est pour Merleau-Ponty la preuve
ultime de la facticité du *Cogito* : « il n'y a de temps pour moi que
parce que j'y suis *situé*,... parce que je m'y découvre déjà engagé, parce
que tout l'être ne m'est pas donné en personne »[3]. Que je sois au
temps en ce que j'ai un présent, avec son épaisseur, avec son double
horizon, est stigmate de ma condition et préfigure la structure du voir
à l'intérieur d'un visible Un en soi mais par moi diaphragmé.

Une troisième ambivalence va prendre plus d'importance encore,
qui est, elle, propre au temps : le temps est, d'un côté, ce « *passage* »
en moi que « j'effectue » extatiquement, et en ce sens je puis dire que
« je suis moi-même le temps », et que c'est seulement *pour la
conscience* qu'« il y a un style temporel du monde » ; pourtant, d'un
autre côté, la *présence* n'est rien d'autre que « la zone où l'être et la
conscience coïncident » : c'est la présence *au monde* qui définit le
présent, et c'est ce présent qui permet de saisir le temps[4]. Davantage
qu'ambiguïté, contradiction, qui ne se résout qu'en basculant cette
fois d'un côté : si le visible me jetait au monde – à l'être –, le temps,
alors même qu'il ne peut faire exception du monde comme marquant
pour moi le présent, ne me jette pourtant pour finir qu'*en moi-même*.
Merleau-Ponty, qui a commencé par dire que, comme tel, le monde
objectif n'est, en lui-même, pas au temps, pour ce que tout y préexiste,

---

1. P. 469. (Souligné par moi.)
2. P. 479.
3. P. 484.
4. Pp. 484-485. (Souligné par moi.)

pour ce que lui manque « le non-être » et « l'ailleurs »[1], en vient logiquement, pour finir, à demander non proprement ce qu'est le temps
mais ce qu'est *la conscience*, pour que temporelle elle soit. Réponse :
« *il faut* qu'elle soit un *projet global...* qui, *pour s'apparaître*, pour devenir explicitement ce qu'il est implicitement,... a besoin de se développer dans le multiple »[2]. Unité du projet, multiplicité de l'apparaître :
la conscience, qui est aux deux places, serait un temps ramassé, pas
– si je puis dire – consciemment conscient, qui ne deviendrait explicitement conscience que comme temps dispersé. C'est au prix de cette
semi-dichotomie que le temps et la subjectivité – c'est la même chose –
seraient capables d'auto-position : « celui qui affecte est le temps
comme poussée..., celui qui est affecté est le temps comme série développée »[3].

Ainsi le questionnement du temps débouche-t-il sur la singularité
mais aussi l'inachèvement de la conscience. Et certes, ce thème du
repli de la succession dans la conscience, comme un « propre » de la
conscience, et non plus comme propre de sa « forme » mais comme
couche de son contenu qui véhicule toutes les autres, n'est plus une
nouveauté conceptuelle : il s'est imposé, de Bergson à Husserl, Heidegger et Deleuze, comme le recel de l'intime, revers de ce dont la
conscience est l'avers. Affirmation énoncée ici une nouvelle fois, sous
le couvert de la terminologie existentielle, dans un style en définitive
bergsonien – unité de la poussée, dispersion attachée à son effectuation ; mais, une nouvelle fois, bergsonienne au prix d'un défaut de
fondation : faute d'une position de la conscience entre le temps et le
monde matériel, ce qui passe du global au développement multiple,
de l'acte à son procès, est simplement constat de la relation factice de
la conscience-temps au temps de son déroulement. Soit, en somme,
l'apparaître à la conscience de la conscience elle-même.

Merleau-Ponty, il est vrai, a enrichi – avec Heidegger et Sartre – le
schème de la conscience-temps en le meublant de la singularité d'un
projet qui *se* porte dans le temps pour s'y réaliser. Il ne va pas sans le
temps, qu'il suppose ; la difficulté est de dire ce qu'il *est*, sinon ce qui
donnera au cours d'une histoire son authenticité, définissant du même
coup sa liberté. Cela revient à dire que le temps cesse d'être quel-

---

1. P. 471.
2. P. 485.
3. P. 487.

conque, que la durée d'une vie se signe. Nouvelle réversion, par quoi la nécessité d'être temps se retourne pour la conscience en le propre de sa singularité à travers le temps.

b. Le temps n'est-il concevable que du point de l'existence concrète – la « vie » – de la conscience, à tel titre que toute tentative de le constituer *en soi* soit exclue ? C'est une proposition dont l'autorité en ce siècle ne doit pas, tel le regard de Méduse, paralyser la discussion. Car enfin, dire que rien n'"arrive" que du point de la conscience est insoutenable, et fait basculer l'apparaître dans la prise d'une idéalité où l'on est fort étonné de voir se ranger Merleau-Ponty. Que reste-t-il du « je suis jeté au monde » si le temps qu'il me faut pour parcourir ma chambre du regard et voir par la fenêtre tomber la pluie, n'est rien du monde ? Quel sens alors donner à la succession, aussi bien celle du parcours de l'espace – du visible – que la chaîne des événements ? Et où voit-on que le changement dans l'ordre des choses ne soit bien compris que prédiqué du négatif, du manque, où se signe la conscience ?

À vrai dire, et quelle que soit la précaution qui s'impose dans le maniement d'un argument comme celui-ci, on a par moments le sentiment, en lisant ces pages où le temps est coexistant à la conscience, qu'elles relèvent plutôt d'un exercice obligé, requis par l'époque. Et ce qui pourrait le confirmer, c'est que plusieurs des Notes de travail pour *Le visible et l'invisible*[1] amorcent une tout autre interprétation du temps : où le présent – formulation quasi-deleuzienne – est « une ampoule de temps », où le temps lui-même « n'est pas... un tempo – pas même le tempo de la conscience », mais « une institution, un système d'équivalences » ; où surtout « la *Stiftung* d'un point du temps peut se transmettre aux autres... *sans support fictif dans la psyché* » et ceci – décisif : « à partir du moment où l'on comprend *le temps comme chiasme* » du passé et du présent, « chacun enveloppé-enveloppant... cela même est *la chair* ». En d'autres termes, une ontologie « feuilletée » du temps.

Quoi qu'il en soit, le parti qu'attend pour le moment Merleau-Ponty de son analyse de la temporalité est clairement intraconscientiel, avec pour la conscience un éclairage double. En tant que succession, multiplicité étalée, la temporalité renvoie la conscience à ce qu'elle a de creux, de dispersé, de diaphragmé. En tant que ledit multiple est le

---

1. Pp. 237-238, 321. (Souligné par moi.) Cf. aussi pp. 247 *sqq.*, et 296.

revers de l'Un d'un projet, le *Cogito* non seulement retrouve, du sein même de sa facticité, sa dimension de « source absolue », mais se leste d'un contenu singulier, promesse d'authenticité. La relation du geste à ses étapes lui fournit même un bon paradigme, homogène à tant d'autres de la *Phénoménologie*, et qui ne serait pas boiteux *si* toutefois était avéré qu'il n'y a temps que de l'*Ego*.

Mais justement, s'il y a selon Merleau-Ponty – on l'a vu – une accommodation entre le geste et l'espace, telle que l'être doit être dit, au même titre que le geste, orienté, pourquoi la temporalité, à traverser le geste, ne serait-elle pas qualité de l'être – nous dirions : de l'apparaître – aussi bien ? Disons, quant à nous : elle est consubstantielle au perçu – dire celui-ci d'un *Augenblick* serait l'annuler –, elle est une des conditions de l'ontique, pour quoi il n'est d'apparaître que temporellement situé. Elle appartient donc à sa constitution.

Que cette constitution du temps, à laquelle nous venons enfin, soit parente de celle de l'espace est obvie : l'Un du fait, du geste, ou du discours, ouvre un *écart* impliquant le double réquisit d'une *continuité* de succession et de *coupures* qui la scandent en la fracturant. Aussi bien, comme l'espace est, au contraire du sensible, *homogène*, le temps peut-il être n'importe où pointé d'une double coupure sans en être aucunement modifié : consistance foncière sur le fond de laquelle toute position, qui n'est rien d'autre que position, est assurée d'être, en tant que telle, dans une différence assignable à toute autre. Et dès lors l'Un de leur écart a toutes les propriétés du mathématisable[1], autrement dit se prête à la discrétion du nombre entier et fractionnel. Aussi bien encore n'a-t-on jamais manqué de désigner, nombrant le temps, la remontée « tautologique »[2] de l'infinité de la « matière » (celle de la durée comme celle du nombre) dans la finitude de l'écart.

Une fois de plus, nous ne rendons pas compte de ce qu'il y a le temps : seulement de sa constitution. Et l'il y a comporte ici ce qu'on figure par la linéarité orientée du temps, qui n'est rien d'autre que le *passage*, soit ce trait paradoxal que du temps ne demeure, comme sa continuité, que son évanouissement. Paradoxe dont chacun sait que la

---

1. Structure évidente pour l'espace, au moins pour l'espace « classique » ou « logiquement sobre », prescrite d'abord par lui, et y régissant toutes les relations géométriques. La « linéarité » du temps investit bien le champ opératoire des mêmes propriétés mais sur un mode plutôt virtuel.

2. Cf. Badiou, *Le Nombre et les nombres*, 9, notamment 9.17.

représentation n'en devient possible que sous condition d'y distinguer l'actuel du présent, le ce-qui-fut du passé, et le ce-qui-sera de l'avenir. Cette triple "manière" du temps a requis, pour chacun de ceux qui ont tenté de la saisir au plus près, une pseudo-constitution calquée sur ce qui n'est que ses "moments" représentatifs [1].

Ce que nous cherchons est une constitution pure du temps, tel qu'articulé en lui-même. Disons d'abord que l'étoffe du temps est le passage. *Que le passage soit le continu incessant et en cela même demeure, le constitue lui-même comme présent.* Le présent est l'actualisation de la constance du passage, toujours près de déborder, par le dedans de sa dissémination intime comme par le dehors de son dépassement. *Que le passage, en tant qu'il passe, prescrive le partage, l'écart, entre un ce-qui-précède et un ce-qui-suit,* génère et sous-tend la

---

1. C'est ce qu'Augustin et Husserl ont cherché à éviter, en refermant tous les moments du temps dans le présent.

Les trois « synthèses du temps » de Deleuze, à l'époque de *Différence et répétition*, sont sans doute les plus proches de ce que nous cherchons parce qu'elles ne partent pas des trois moments mais les déduisent d'une constitution qui les précède. « Le temps ne se constitue que dans la synthèse originaire qui porte sur la répétition des instants. Cette synthèse contracte les uns dans les autres les instants successifs indépendants. Elle constitue par là le présent. » Mais si le présent passe, « il faut un autre temps, dans lequel s'opère la première synthèse », à la « fondation » doit s'ajouter le « fondement » : c'est « la Mémoire... qui constitue l'être du passé (ce qui fait passer le présent) ». « Loin de dériver du présent ou de la représentation, le passé se trouve supposé par toute représentation. » Faisant passer sans passer lui-même, il n'est plus une des dimensions mais « la synthèse du temps tout entier ». Seulement ce fondement reste « relatif à la représentation qu'il fonde » : il en est encore un « corrélat ». D'où la troisième synthèse, celle du « sans-fond » : le temps « se découvrant comme forme vide et pure », un « ordre *a priori* » dont futur et passé sont, sans plus, des « caractères formels » ordonnés chaque fois par une « césure ». C'est alors cette dernière qui constitue le point de bascule du temps. Deleuze y récupère – dans son style – le futur en tant que, dans l'immédiat, la césure « distribue » l'image symbolique d'une action ou d'un événement entre le moment où elle apparaît impossible à réaliser – « trop grande pour moi » –, celui du « devenir égal » à elle, et celui où la réalisation « égalise » le moi à « l'inégal en soi ».

La procédure de Deleuze ne sera pas la nôtre pour autant qu'il la développe comme celle d'une triple expérience : de l'habitude, de la mémoire et de l'événement, à travers laquelle il isole répétition, représentation, et intervention. Aussi bien le passage ne saurait-il être précédé par la distinction des instants (Deleuze en conviendra plus tard), ni la mémoire valoir préférentiellement pour le temps (à cela, le bergsonisme de Deleuze ne renoncera pas), ni le futur tenir à l'analyse – pour belle qu'elle soit – de l'événement.

représentation du temps dans sa triplicité essentielle, à l'intérieur même du présent. Il peut être pertinent, du point de la conscience, de privilégier le passé comme portant tout le "poids" du temps, mais rien de tel n'est avéré du point de l'axiomatique. Constituer le passage est le constituer comme indexant triplement son déroulement. *Que le passage enfin prescrive, comme la condition de son apparaître, la césure*, conjoint le contracté du présent et l'é-tendu du passé et de l'avenir. C'est d'essence, et avant toute expérience, que le passer ne se représente pas hors du trancher. Trancher qui requiert cette fois une triple coupure pour ce que le déjà-plus et le pas-encore s'orientent eux-mêmes sur le présent. On redira donc : le passage demeure comme présent de la continuité, il est écart en tant qu'il passe, ce qui avère l'écart est la double coupure rapportée au premier moment comme à sa césure. Telle est la triple condition axiomatique du temps, entièrement fondée dans son être de passage et non dans les catégories du présent, du passé et de l'avenir, qui ne font pas plus que s'en induire. On saisit ici à quel titre une axiomatique de la représentation peut se dire proprement constituante, confrontée à des analyses du représenté comme le sera encore celle de Heidegger, n'y changeant rien qu'il qualifie les trois moments d'ek-stases. Les moments d'une constitution ne sont jamais ceux du constitué, mais ceux, nous l'avons vu chaque fois, de prescriptions axiomatiques qui commandent l'apparaître en s'en énonçant distinctes dans leur articulation. Cela revient à dire que le triplet du temps, qui le prédique du présent, du passé et de l'avenir, indexe le moment où une occurrence du temps lui-même comme passage prédique l'objet, et tombe sous sa logique : figure de l'appartenance à un site dont autre est la rection.

Tout n'est pas encore dit. Car du fait du flux, et de l'impossibilité de fixer en un point demeurant la coupure, le perçu du temps se raccroche à ce qui vient *meubler* le temps.

Pour autant, rien dans la constitution du temps n'autorise à faire revenir, sous l'insigne du passage, une quelconque figure de la « poussée » dont le thème remonte sans doute au rabattement aristotélicien du temps sur le mouvement – de surcroît substantivé maintenant de la force –, et qui a produit depuis Bergson le schème d'une identification fantasmatique de la *dunamis* avec le temps, doublant cette identification avec la conscience[1]. Certes la *dunamis* suppose le temps : en tant qu'elle supplémente tel étant qui est "dans" le temps d'une continuité de vection, ou *conatus*, ou « action », ou « élan », qui en est prédication. Identifier temps et poussée, en revanche, n'est possible que pour une décision ontologique, qui fait de la seconde la substance du premier. Or cette décision-là est d'avance ruinée par la constitution du temps qui précède, quand bien même elle l'impliquerait, la poussée et dont aucun moment n'est substantivant.

En revanche, on conviendra que le perçu du temps requiert plutôt, *à titre d'objet,* une *séquence*, soit une suite finie qui, dans sa succession interne, est remplissement du temps, articulant les moments du temps dans la matière de son remplissement. C'est ce qui légitime Paul Ricœur à reconnaître, dans la saisie concrète du temps, la fonction constituante d'un récit. Le perçu du temps déraperait dans la fuite incessante du passage s'il ne s'arrimait pas à la consistance singulière qui fait-un d'une situation "étalée" dans le temps. C'est l'objet temporel dont l'analyse husserlienne prenait son départ. Et c'est ce qu'impliquait notre objet *princeps* où l'articulation de trois notes porte dans sa représentation séquentielle la venue en présence du temps. Ce peut être aussi bien le récit du temps qu'il faut pour épeler un paysage, ou celui de la persistance d'un objet dans une succession ordonnée du contextuel. Ce qui est là opérant est en somme une seconde couche du discursif, non plus constituante du temps lui-même, mais de sa représentation dans l'objet. À l'axiomatique du perçu succède la logique de l'apparaître.

Enfin, je l'ai déjà souligné[2], tout énoncé, partant celui de la constitution axiomatique même, requiert le temps propre de sa succession interne, réserve faite de ce que les moments axiomatico-logiques y

---

1. On saisit ici une nouvelle fois l'écart de l'intelligibilité intra-discursive à la conscience. Car, du point de celle-ci, on dit vrai quand on dit qu'une durée est *qualitative*, que ses bords sont marqués par son « épaisseur », et que ses moments s'y gonflent et dégonflent *globalement*. Et l'on dit vrai quand on dit qu'on n'est plus alors dans l'ordre de l'homogène, mais dans celui de l'hétérogène. La saisie – ou, si l'on veut, le « vécu » – du temps par la conscience n'est dès lors pas sans parenté avec le perçu du sensible ; sauf qu'il demeure ici inconstituable, et n'est donc à aucun titre un perçu. Les apories classiques de la temporalité tiennent toutes à la confusion entre le conscientiel et le constituant.

2. Cf. p. 153, ci-dessus.

sont, à justement prendre les choses, moments d'une succession en droit atemporelle. S'agissant du discursif, le temps y est donc à deux places : celle, *transcendant le flux*, de l'énoncé et de son argumentation, et celle, *intérieure au flux,* de l'énonciation qui les prononce ; cette dualité n'est pas aporétique, elle est de part et d'autre intelligible, mais elle avère que la pensée, en ce qu'elle est conscience, passe elle-même dans l'apparaître que régit la succession. Le discursif enferme lui-même le passage de "son" temps, du temps par lui requis, mais il est tout aussi vrai qu'il se ramasse au point où il consiste, et ce point transcende in-(ou a-)temporellement le passage du temps. De chaque perçu, la durée se rabat sur l'énoncé de constitution et se prononce à partir de lui, soit finalement de l'intemporel, mais elle le fait sous l'accolade de l'Un de consistance venu à la temporalité de son énonciation. Tout de même[1] que nous ne pouvons que prendre acte d'une constitution quadruple de l'apparaître – de l'objet, de l'espace, du temps, de la qualité –, nous devons prendre acte de ce qu'à la fois le Logos est, de soi, sans site temporel, et ne se prononce que dans le champ et sous les réquisits de la temporalité. De quoi il est permis d'induire que si l'apparaître prescrit d'un énoncé de temps qu'il soit temporel, cela doit bien signifier que quelque disponibilité à la temporalité gît dans la présentation même de l'être. Amorces pour une discussion qui reprendra.

Pour conclure, allons au fond des conséquences que Merleau-Ponty tire de son accroche du temps au *Cogito,* du *Cogito* au projet, et du projet à la singularité d'une existence : une fois de plus, une insaisissable – et impensable – Une-Totalité est censée précéder sa dispersion par déficit dans la saisie qu'en a le sujet percevant, et cette dispersion tenir elle-même son unité de la situation du sujet cogitant. Or il n'y a rien du monde qui échappe à l'essentielle *dispersion* du temps, à commencer par l'énonciation du passage comme moment *princeps* de l'axiomatique qui prescrit la composition temporelle de l'étance. Quant au projet, on sait bien qu'il n'est l'Un d'une situation que par rétroaction, pour autant que c'est dans sa réalisation qu'il aura fait la situation. Je n'entends nullement faire l'impasse sur ce qui nous déter-

---

1. « Tout de même » approximatif : il y a au moins deux logiques de l'apparaître – celles de l'étant et de ses constituants –, il y a un temps de la logique de l'apparaître (y inclus la conscience) et un temps de la logique comme éternel.

mine, chacun, chaque un, comme Un au travers de "notre" temps. Mais quand le moment sera venu de décider ce qui peut fonder cet Un-là, nous le rencontrerons en un tout autre lieu qu'un projet qui doit mettre, une fois de plus, le sujet à deux places.

Le temps est sans projet, le temps est la constitution du passage, et s'il est bien vrai que la discursivité est *au* temps pour autant qu'y est le déroulement, et d'abord la décision, du discours, elle n'est pas *du* temps pour autant que la prescription du discours est de soi atemporelle, ou si l'on veut le dire ainsi : éternelle. Le temps n'est en rien un propre de la conscience, ou même son « sens intime » ; il précède la représentation comme l'axiomatique qui la prescrit, au même titre que la qualité, et l'espace. Aussi bien n'est-ce déjà qu'un "sujet" oublieux de ce qu'il se tient lui-même dans l'"extériorité" de l'espace qui y oppose comme plus proxime l'"intériorité" du temps.

Chaque fois que nous nous reconnaissons dans le sujet d'un énoncé inédit, nous avons le sentiment de ponctuer par là l'Histoire, et ce n'est pas faux ; mais nous ne la ponctuons que de nous tenir dans une intelligibilité qui, de droit, est sans devenir pour la vérité de ce qu'elle énonce. Aussi bien le *Cogito* n'est-il événement que pour autant qu'il pose qu'il n'y a pas de pensée instauratrice – datable – sans sujet *logique* – dépourvu de date – souscrivant l'énoncé de son site. C'est pourquoi celui-là seul peut légitimement signer : le sujet, qui se trouve, comme *Ego*, advenir au site où la vérité d'une énonciation fait preuve que l'énonciateur n'a plus d'autre statut que logique. Il est remarquable que ce soient des énonciations comme celle-là qui confrontent un existant à l'Histoire : effet de l'universelle condition de l'exister au passage, recteur de tout ce qui ne peut se penser que comme passage du pensé, même une pensée qui ne passe pas.

3. *La tresse de l'apparaître*

Du mode sur lequel se constitue l'apparaître, nous voici parvenus au point où est possible une récapitulation à-contre le holisme (passé son dual) de la perception. Ce dont nous aurons dû prendre acte, c'est qu'il ne s'agit pas d'une constitution unique ou même homogène, mais bien d'une *constitution multiple* ou *tresse*, hétérogène dans ses appareils axiomatiques. L'apparaître n'est pas tout d'une pièce, il se saisit et s'informe sous des modes irréductibles entre eux et qui pourtant se composent.

Constitution du *spatial* et du *temporel,* sous le régime de la détermination par coupures de l'écart au sein d'un continu homogène, indifférent, aux prescrits près de l'*extra partes* et du passage, à ce qui est susceptible de le remplir. Écart spatial pour autant que ses limites, faisant coupure dans la statique du champ, y définissent des places sous condition de leur extériorité réciproque. Écart temporel pour autant que ses limites, faisant coupure dans le passage, y définissent des moments sous condition de leur succession. N'ayons pas peur de répéter qu'il ne s'agit pas ici de quelque genèse déductive de l'espace et du temps – c'est pourquoi j'ai écrit : le spatial et le temporel –, exercice qui a toujours eu quelque chose de bouffon. Le spatial et le temporel *sont* dans le perçu, en sont des conditions. Nous demandons comment, par quelles opérations, ils s'y constituent pour venir à l'apparaître. Qu'il s'agisse d'une axiomatique, autrement dit que l'apparaître du spatial et du temporel prescrive la séquence de réquisits que nous avons dite, est avéré de ce qu'à l'évidence ce sont conditions qui s'impliquent réciproquement, de ce qu'aucune ne saurait être opérante sans les deux autres, et de ce que leur implication est suffisante pour constituer le spatial ou le temporel. Tant qu'on se maintient dans l'expérience perceptive et se défend de la forcer, on ne peut que prendre acte de ce que l'écart par coupure dans un continu homogène tranche là dans un champ statique et ici dans le successif ; aussi bien pourrait-on dire que c'est la coupure dans le continu homogène qui seule atteste de celui-ci et en atteste là comme *stasis,* ici comme *diado-chè* ; quant à la coupure elle-même, le plus exact serait peut-être de la poser comme opération qui prescrit déjà non l'espace ou le temps mais l'espace-temps. Précisons encore que si j'ai écrit écart au singulier, c'est pour ce qu'il s'agissait de trouver la condition minimale suffisante ; mais il va de soi que le spatial et le temporel sont, dans le perçu, le réseau constituant infini des écarts, possibles aussi bien qu'effectifs. Enfin, si le prescrit de l'apparaître du spatio-temporel est un Multiple infini dans lequel, au risque qu'il remonte en elle, une Unité est déterminée par l'Un d'un écart au prix d'une double coupure, cette opération est parente de celle par laquelle un nombre fait entaille de l'écart qu'il ouvre dans la matière infinie du nombrable : il n'y a pas de faire-Un du Multiple qui n'y soit sur le même mode de césure, et de ce trait la condition constituante du discours est de part en part homogène. C'est dire, en l'occurrence, homogène *dans les décisions qu'il a dû prendre sur l'être pour l'amener à l'apparaître*.

Constitution du *sensible* dont les moments corrélatifs sont : une différence qualitative, son assise dans un continu hétérogène au sein duquel elle ouvre un écart, et la double coupure qui détermine cet écart. À la différence des précédents, ce procès n'est pas transparent, seules les qualités viennent à l'apparaître, n'y sont donnés de prime abord ni le champ continu hétérogène dans lequel elles font découpe, ni même la condition de leur caractère différentiel – leur écart. Que telles soient les conditions nécessaires et suffisantes du perçu du sensible n'en est pas moins évident dès qu'on se tient à l'articulation sans laquelle il ne saurait être, et nous n'avons pas eu à aller plus loin pour tenir le schème de ce qui ne saurait être en exception aux axiomatiques constitutives de l'apparaître. De nouveau il faut prendre acte, comme d'autant de facticités, de l'existence des continuités hétérogènes, dans le dépli desquelles tout passage est changement de qualité, et de la pluralité de ces champs d'*alloiosis*. Prendre acte aussi de ce que la différence y tranche dans le continu par le progressif des degrés et dédouble ceux-ci par l'infinitésimal de l'intensité[1]. Surtout, l'axiomatique de l'hétérogène n'y prescrit pas un réseau virtuel des relations possibles entre coupures, chaque coupure locale y entraînant une transformation qualitative globale du champ d'apparaître. D'où ce double trait de l'axiomatique du sensible : c'est celle qui de prime abord est exposition du différentiel et c'est celle qui enferme la différence dans l'infinitésimal de sa variation globale. Conditions constituantes jamais plus évidentes que lorsque la matière sensible est saisie dans son immanence par le discours esthétique.

Si la constitution de l'*objet* requiert les axiomatiques précédentes, c'est à une autre typologie des rapports qu'appartient la logique de l'objet, prescrivant l'asymétrie qui prédique le nœud de tout ce qu'il noue. De là que l'objet "a" les termes de son nœud comme autant de "propriétés", et se re-constitue comme doté d'une intériorité, où la relation des multiples de son faire-un revêt le caractère d'une nécessité, à valeur définitionnelle. Cette constitution de l'apparaître de l'objet, structurellement *si différente des trois autres* ; c'est assez pour

---

1. Infinitésimal *à même le perçu*, qu'on n'ira pas confondre avec le *substrat* intensif de Deleuze, qui n'est plus proposition phénoménologique mais proposition ontologique.

exclure qu'il apparaisse comme seulement différentiel, et c'est à ce même titre qu'il est seulement provisionnel. Il apparaît comme l'identique à soi, dont toutes les relations confirment, chacune en ce qui la situe dans la composition objectale, la distinction à tout autre objet. De là aussi que, disant objet, on dit étant, soit l'index de ce qui passe comme l'Un d'être dans l'apparaître. Cela dit, les propriétés de l'objet ne sont rien d'autre que les termes de l'apparaître produits, sur le fond de sa facticité, par les axiomatiques du spatial, du temporel et du qualitatif. D'où il appert que, pour différentes qu'elles soient, ces axiomatiques et la logique de l'objet se recouvrent, s'articulent, et finalement font-un. D'où il appert enfin que, pour différentes que soient les syntaxes des langues formulaires des trois axiomatiques et de la langue « phénoménale », elles ont au moins en commun de prescrire pour leurs inférences une même logique du distinct, qui est celle – dite « classique » – du tiers-exclu : condition évidente de leur recouvrement. Avec celui-ci, nous avons un concept de la complexité de l'apparaître, mais on dira tout autant que nous en tenons un concept transparent, sous condition bien entendu de la facticité de l'empirie dont tout ce qu'il était requis était d'élucider comment elle se constitue en apparaître. Et de saisir pourquoi c'est la constitution de l'objet, et ce qui s'en suit comme le réseau consistant des relations d'objets, qui remplit le discours du perçu.

L'être-Un de l'*apparaître*, c'est ce système consistant des objets que nous avons d'abord rencontré sous l'étiquette du « monde » et que la philosophie transcrit comme l'être-là faisant ensemble. La facilité et l'erreur est de ramener les relations d'apparaître à la logique des relations d'objets seule ; certes, le perçu se conforme sur la détermination de la distinction d'un objet au regard d'un autre, certes sa consistance est justement le maintien en tous ses points, dans toutes ses propriétés, du distinct sous le prescrit du tiers-exclu ; mais la consistance des objets tous ensemble serait impensable si elle ne descendait pas dans leur *matière* : si l'apparaître n'était pas de part en part constitué en une séquence de prescriptions axiomatiques consistante, telle que le spatial, le temporel, le qualitatif y sont toujours et partout, chacun pour sa part, constants dans leur rection et tous ensemble foncièrement consistants dans la forme de l'axiomatique qui, chacun, les prescrit : d'où qu'ils sont à la fin susceptibles de faire-un. La consistance de l'être-là ne saurait être le fait d'une logique de surface, elle requiert une descente dans la "profondeur" d'une axiomatique prescrivant tout ce qui apparaît : c'est pourquoi il est juste de la dire ontico-ontolo-gique.

La conclusion, c'est que l'apparaître n'est Un qu'à la fin, parce que les coupures spatiale et temporelle ne produisent qu'un écart de places et de moments relatifs dans la poursuite du continu, parce que la coupure sensible ne produit que la variation de sa différence, parce que c'est la position de l'objet qui découpe dans l'apparaître l'iden-tique à soi de l'étant, et parce qu'enfin l'étance ou *l'apparaître c'est le système consistant des axiomatiques qui déterminent dans tous ses traits, à tous ses niveaux, l'apparaissant.* L'irréductible des voix de cette parti-tion aura au moins montré ce qu'on gagne de mise en place à ne pas se réfugier dans la seule facticité de « l' » apparaître, et quelle res-source assure le questionnement de la constitution, soit de l'axioma-tique plurielle qui prescrit l'apparaître – à moins qu'il ne faille écrire : que l'apparaître, en la prescrivant, se prescrit.

IV

Le sens
vs
le sujet du discours

Merleau-Ponty – nous rencontrons là, une seconde fois, un des concepts nodaux de la Phénoménologie, plus encore après Husserl que chez Husserl – ne distingue jamais la perception de son *sens*. Tout est dit dès le départ : une *Gestalt* est à la fois forme et sens ; le cercle, en définissant une Forme, définit du même trait le sens « cercle ». *Écrire perception et écrire signification, c'est écrire deux fois la même chose.* Ce que j'ai appelé le holisme de la perception reçoit ainsi sa formulation la plus extensive, qui ne laisse aucun reste. Elle est un tout, qui rend compte des modalités de l'interprétation comme de celles de la saisie sensible. C'est encore une fois le Deux mieux dit l'*Un Double* que nous n'avons cessé de défaire, en y pointant, sous l'ambivalence imaginaire, un basculement improductif entre deux faces hétérogènes censées s'accoler l'une à l'autre ; et en relevant, tout au contraire, dans la constitution discursive du perçu, un appareil consistant tant de disjonctions que d'articulations superposées. C'est même chose de dire que l'apparaître consiste et de dire que son déchiffrement n'est pas tout d'une pièce ni sur un seul mode. La forme du cercle ne détient pas comme son revers le sens cercle : le précède tout ce qui est en étant rond, le suivent toutes les propriétés du cercle, qui découlent de sa constitution dans l'espace. Il n'est même pas sûr que, de soi, la forme ait un sens. L'opération du discours est discrimination. Ou son réquisit, le discriminer. C'est ce dont la démonstration sera achevée quand aura été analysé, avec le sens, le terme le plus difficile à cerner.

1. *L'immédiation du sens* vs *le mémento du Moi*

a. « En revenant aux phénomènes, on trouve comme couche fonda-mentale un ensemble déjà prégnant d'un sens irréductible »[1], dans lequel « le signe sensible et sa signification ne sont pas même idéale-ment séparables »[2]. Et avec plus de précision : « les mouvements du corps propre sont naturellement investis d'une certaine signification perceptive, ils forment avec les phénomènes extérieurs un système... bien lié »[3]. La signification est donc interne à la structure corps-monde et inscrit ou dégage dans celle-ci ce qu'y investit celle-là.

À cela près qu'« immanent » sans d'ailleurs être clair pour soi[4], le sens retranscrit la structure *pour la conscience*. Nous retombons ainsi sur la place ambiguë du sujet, entre sujet-corps (en fonction duquel ça signifie) et sujet-*Cogito* (pour lequel ça signifie), avec pour le second la dualité supplémentaire entre actualité de la conscience et épaisseur du projet-monde.

Mais ces dualités constitutives sont étouffées sous le trait propre-ment merleau-pontyen de ne jamais rien séparer : si nous l'avons vu d'abord se placer sous le signe du Tout, puis du chiasme dedans-dehors, puis du nœud intimité du flux-présent du monde, nous le trouvons, en finissant, conjuguer le sens lui-même et ce qui a sens : l'envers et l'endroit *d'une seule pièce*, et une seule pièce qui ne va pas elle-même sans mordre sur tout le reste de l'expérience. Ainsi, là où Husserl distinguait soigneusement *morphè* (qui porte la forme du sens) et *hylè* (sur laquelle le sens se porte), Merleau-Ponty écrira : la chose ne peut qu'être signification, dès lors que « je viens au-devant d'elle avec... mon champ perceptif, et finalement avec une typique de tout l'être possible, un montage universel à l'égard du monde »[5].

Psychologiquement, cela suppose que c'est en tant qu'elle répond au dit montage, que la *Gestalt* est à la fois forme et sens ; sémiotiquement, cela implique que toute perception est signe et que cette « prégnance » de la signification « qui pourrait définir le monde » est originaire à toute thèse ultérieure sur le sens ; existentiellement, cela entraîne une fois de plus qu'« au creux » de lui-même, le sujet trouve la présence du monde,

---

1. P. 29.
2. P. 48.
3. P. 59.
4. P. 61.
5. P. 490.

et qu'entre cette présence et ce creux, le sens est « ek-stase ». Bref, le sens est l'expression d'une *connivence*, connivence du projet avec le « berceau des significations »[1] qu'est pour lui le monde.

Cette immédiation du sens à la perception ne laisse pas de place pour une définition spécifique du sens, hors le resserrement de son statut comme projection ek-statique de la conscience ; et de fait, on n'en apprendra guère plus. Tout ce qu'on peut est marquer, pour le cerner, ce qui déborde le sens, en deçà et au-delà de son actualité. *En deçà* : il revient au phénoménologue de « comprendre » comment chaque moment de la saisie du sens met en jeu des couches de signification *du monde* qui sont aussi *les siennes* ; et qui, parce que siennes, demeurent pour une part *en défaut* du monde. On dira donc : « stase » au monde, parce que je suis moi-même du monde qui, à travers certains « points sensibles »[2], me répond ; « ek » de ce que, pour reconnaître un sens au monde, je dois me dépasser et me jeter en lui ; « ek-stase » en ce que le sens qui m'est délivré du monde reste débordé par le sens – quel qu'il soit – du monde. *Au-delà* : s'il y a « une signification du perçu qui est sans équivalent dans l'univers de l'entendement »[3], il est vrai qu'on n'en peut pas moins « chercher à faire voir dans la perception à la fois l'infrastructure instinctive et les superstructures qui s'établissent sur elle » et trouver dans « l'inhérence vitale... l'intention rationnelle »[4]. La science – nouvelle formulation – est le développement du sens perceptif, devenu sens objectif. De quoi l'on peut conclure qu'à l'expérience quotidienne du sens manque au moins la lucidité et sur ce qui le conditionne et sur ce que ce dont lui-même est condition n'a d'ultime validation que dans sa consistance intellectuelle.

b. Le développement le plus révélateur de ce qu'est la sémantique merleau-pontyenne concerne le mode sur lequel peut se déchiffrer le sens. *Compréhension, interprétation, signification* sont des catégories cruciales pour la phénoménologie existentielle. Elles y valent pour ce qu'elles récusent : *expliquer, constituer, énoncer*. Pour autant que facticité et situation nous renvoient à notre appartenance au monde, pour autant que nous sommes à la perception avant d'avoir eu à en décider,

1. Pp. 491-492.
2. P. 216.
3. P. 58.
4. P. 65.

nous ne pouvons – tel est le présupposé herméneutique – que confronter le champ phénoménal à lui-même : « comprendre » par retour au plus immédiat de l'expérience, « interpréter » sur la base de ce qui nous fait communs, nous, le monde et autrui, et tenir pour notre ressource première cela même qu'il y ait un « signifier ».

Comment comprend-on un geste de colère ? « Tout se passe comme si l'intention d'autrui habitait mon corps ou comme si mes intentions habitaient le sien... Les pouvoirs de mon corps s'ajustent [au geste] et le recouvrent. Le geste est devant moi comme une question, il m'indique certains points sensibles du monde, il m'invite à l'y rejoindre[1]. » Le sens est au corps d'autrui parce qu'il est – et seulement s'il est : ce sont là les limites de la compréhension – à mon corps, il est à l'un et l'autre sans médiation ; ce serait le cas de dire que la compréhension est un accouplement. Même quand il s'agit du monde, qu'est-ce que le sens, et d'abord le sens « monde », sinon l'interprétation portée par le « style » de mon corps sur son environnement, dans l'accouplement de l'un à l'autre ? Dire qu'il y a des « points sensibles » du monde – la *Phénoménologie de la perception* multiplie ce type de métaphores –, c'est retraduire le projet en projection.

Seulement ce qui est là décrit – et d'ailleurs justement décrit – est à l'évidence la communication *dans l'Imaginaire*. Ou l'instance narcissique-identifiante de la communication. Mais rien de plus. En sorte que c'est elle qui tient entre ses pinces l'interpréter, le signifier et le Logos même. Il ne faut pas passer avec légèreté sur des réductions aussi écrasantes de l'Autre au Même. Il est difficile de... comprendre qu'on ait pu s'en contenter.

Merleau-Ponty a tiré de là une analyse de la communication dans la parole qui a, un temps, paru révolutionnaire parce qu'elle récusait toute existence du sens du mot hors du mot, et de la pensée hors de la parole. « La dénomination des objets ne vient pas après la reconnaissance, elle est la reconnaissance même... Le mot, loin d'être le simple signe des objets et des significations, habite les choses et véhicule les significations[2]. » Parole et pensée « sont enveloppées l'une dans l'autre, le sens est pris dans la parole et la parole est l'existence extérieure du sens »[3]. Une pensée pure serait vide, pensée et expres-

---

1. Pp. 215-216.

2. P. 207.

3. P. 212. Amorce des doubles lèvres dans *Le visible et l'invisible*.

sion sont une seule et même chose. Le schème n'a pas changé : le sens est à la parole ce qu'est le monde à la perception. Ces énoncés ont eu d'autant plus d'échos qu'ils sont accompagnés d'analyses aiguës de ce qu'est concrètement l'expérience de l'orateur et du lecteur.

Mais écho plus encore de ce qu'ils étaient contemporains de la mise au jour par Lacan de la détermination du "sujet" par la langue et de ce qu'importe à part soi de sens ou de non-sens le glissement du signifiant. Or il faut prendre garde d'abord que Merleau-Ponty écrit *la parole* et non *la langue*, et que la parole est par lui conçue comme le fait d'une « puissance d'expression » du corps : il est, à cet égard, saisissant que le chapitre sur l'expression soit placé dans la section du livre intitulée *Du Corps* ; en sorte que ce qu'il décrit ici n'est pas du tout l'ordre propre de la langue tel qu'on s'entend à le reconnaître, dans sa spécificité systématique, fondée sur la discrétion de ses formants phoniques et sur sa structure syntaxique, absolument étrangères à la spontanéité de l'expression. Merleau-Ponty évoluera sur ce point, et donnera au fait linguistique son importance. Mais pour le moment, c'est du même geste qu'il inclut le sens à la perception et substitue la parole à la langue, retirant à la spécificité du langage toute espèce de transcendance. Et récuser que du sens au mot il y ait distance portée par toute la constitution propre de la langue, est en vérité récuser que le mot soit autre chose qu'expressif, avec ce que ce terme peut envelopper de qualitatif.

Ce qui s'en suit est dans le droit-fil de toutes les analyses de la prise du corps sur son monde : « la parole est un véritable *geste* et elle contient son sens comme le geste contient le sien » : elle est un geste qui a « un style » et dont la « signification est un monde »[1] ; ce qui enfin va conduire à renvoyer la parole elle-même à l'équivalence sens gestuel-sens *émotionnel*, entendu que ce dernier n'est pas « naturel » mais correspond à « la manière d'accueillir la situation et de la vivre »[2] dans un milieu donné de communication, et partant de culture. On arrive alors à ce paradoxe que la pensée, mise au pouvoir de l'expression, est mise au pouvoir de toutes les strates qui sont en nous avant toute pensée, et contre elle. Autant de propositions qui attestent qu'on a frôlé, et non traité, le rôle recteur de la langue pour la pensée et la

---

1. P. 214.

2. P. 220. On retrouve ici l'« intonation » heideggérienne et son attestation d'« où nous en sommes ».

fonction constituante du discours, et qu'on ne pouvait que les frôler : les eût-on traités que la *Phénoménologie de la perception* eût été à réécrire tout entière[1].

Aussi bien Merleau-Ponty n'ira-t-il jamais – et il ne pouvait aller – jusqu'à se placer dans ce qu'est la détermination quasi ontologique du "sujet" par la langue – au point où Lacan rééinvestit celle-ci du Réel de « Lalangue » – comme *medium* de l'Autre, que nous retrouvons ainsi : qui, le précédant, traverse le sujet et dans lequel le sujet se cherche. Dans un développement sur le mouvement par lequel la pensée se dépasse et le fait à travers un usage inédit de l'expression[2], Merleau-Ponty écrit que ce dépassement a au fond toujours été inscrit dans le langage constitué, y est inscrit comme la « pensée pensante » dans la « pensée pensée » et qu'il y a toujours eu « excès du signifié sur le signifiant ». Aucune formule ne pourrait traduire plus clairement que rien de la constitution du sens non *avec* la langue mais au revers de ce qui fait *barre* au sens dans la langue n'a effectivement été pris en compte. Car ce qu'il faut dire est, tout au contraire, qu'il y a toujours excès du signifiant sur le signifié, en ce que c'est le premier qui porte, dans l'autonomie de ses accidents, une détermination du second qui le supplémente en le structurant autrement : effet tel que le signifié n'est plus productible hors d'un calcul opéré à même ce qui survient dans la matière du langage. Ce n'est pas alors sans travailler dans les détours du signifiant que la pensée se dépasse ; et il n'y a pas un « mystère de l'expression » mais une logique du signifiant, qui fait exception à la logique des discours, et qui finalement détermine la place qui y est assignée au sujet parlant : logique dont la pensée ne peut prendre appui qu'à condition de la connaître et maîtriser[3].

---

1. Ce qui, il faut le dire, rend inexplicable la longue indulgence de Lacan pour Merleau-Ponty. Cf. cependant, outre les textes déjà cités, dès le *Séminaire II*, pp. 99 *sqq.*, la critique de ce qu'est pour Merleau-Ponty la compréhension et de son rattachement à la supposition d'une « unité donnée qui serait accessible à une saisie en fin de compte instantanée », supposition elle-même appuyée sur « l'expérience de la *bonne forme*, tellement ambiguë ». De façon significative, suit l'ébauche d'une disjonction entre la forme sur la rétine et le cercle du géomètre.

2. Pp. 445 *sqq.*

3. Le formulaire lacanien des « quatre discours » est, à ce titre, exercice de la maîtrise discursive par la prise en compte des places qu'y occupent tour à tour les quatre termes constitutifs du discours, dès lors que celui-ci est traversé chaque fois par une autre figure du désir. Grille sur laquelle le signifiant lui-même se réinterprète en fonction de la place où un autre discours le fait advenir.

Thèmes désormais classiques. C'est bien dans ce qu'elle les méconnaît que réside la clé de toute la phénoménologie merleau-pontyenne : si elle se tient de bout en bout dans l'Image, c'est pour ce qu'elle ne reconnaît pas l'Autre du Logos – dans tous les sens de ce mot – pour constituant. Et rencontre un échec spectaculaire[1] à tenter de générer le discursif.

L'ensemble de cette démarche – narcissisme de la compréhension, interprétation de la parole dans le déni de ce qui, de la langue, la précède, remise au pré-discursif de la signification et non de ce qui la barre – est, à y bien penser, d'autant plus curieux que, polémiquant à chaque pas avec et l'empirisme et l'intellectualisme psychologiques, soucieux d'échapper aussi bien au réalisme qu'à l'idéalisme, Merleau-Ponty tenait en cela l'instrument pour ensemble les dépasser dans le Tiers terme que nous nommons l'en-soi pour-soi du discursif. Au rebours de quoi, il s'est replié, selon son postulat originel, sur le Deux chiasmé : d'un côté, pour situer le sens, jouer de la distinction entre la conscience et le monde, de l'autre, pour assurer le contenu du sens, le poser comme intérieur au monde. Ce qui lui est rendu possible par une formulation comme celle-ci, la plus développée et la plus consistante qu'il en ait proposée : « Les données du problème [du sens] ne sont pas antérieures à sa solution, et la perception est justement cet acte qui crée d'un seul coup, avec la constellation des données, le sens qui les relie – qui non seulement découvre le sens *qu'elles ont* mais encore fait *qu'elles aient un sens*[2]. » Si sens il y a, c'est *pour moi*, dans « l'acte perceptif », mais ce qui dans cet acte m'est délivré est la « *constellation des données* » : il y a « une syntaxe perceptive qui s'articule selon ses règles propres ».

Que le « pour moi » de l'acte perceptif ne se résolve pas en clôture sur soi, c'est en plaçant le sens dans le *temps* que Merleau-Ponty l'illustre le mieux. Il reformule donc : le pour-soi est « le creux où le temps se fait », se fait comme passage liant passé, présent et avenir ; l'en-soi du monde est, au contraire, pure présence ; s'en suit – nous l'avons vu – que l'en-soi ne peut m'apparaître que comme « l'horizon de mon présent » ; mais c'est dire aussi bien que, pour « avoir un

---

1. On a peine à croire que Merleau-Ponty ait pu lui-même tenir pour fondée sur l'expression émotionnelle la systématique du langage. Pour nous en tenir à ce seul exemple.

2. P. 46.

présent », le pour-soi « se supprime ». Ainsi, il y a un « temps-sujet », un « temps-objet », et le temps « fait apparaître le sujet et l'objet comme deux moments abstraits d'une structure unique qui est la *présence* »[1]. Le sens est à ce point de basculement de l'acte perceptif où le présent, qui est du monde, vient remplir le creux du temps subjectif – successif –, autour de quoi reste pour le sujet en suspens l'horizon de présence.

Or, à ce point s'amorce un tournant dans l'exposé – qui n'est pas sans méandres : c'est que, de son côté, le présent n'est pas chaotique : il forme une « constellation », il a même sa « syntaxe », effet de ce que, dans la compacité de l'Un du monde, les parties d'emblée se répondent, de sorte que c'est cette fois sur les relations intra-percep-tives, et non sur l'Un d'une forme, que Merleau-Ponty fonde le sens. On comprend alors comment le monde même – le monde perceptif, mais il n'y en a pas d'autre – peut être dit la « patrie » du sens.

Présence et *patrie* : doublet, quoi qu'il en soit, aux résonances inso-lites pour dire que le sens est l'expérience du partenariat dans l'immé-diat et que ce qui y fait fond est l'appartenance du *cogitans* au partenaire, dont toute sa ressource est l'hériter. Autant dire que le fantasme de Merleau-Ponty se montre ici à ciel ouvert.

c. Cette résolution du sens dans le présent et l'appartenance au monde reconfigure, dirons-nous, le sens à contre-sens.

Admettons qu'il y a entre le corps et son environnement un jeu de questions et réponses. Il y faut, dit Merleau-Ponty, passer de la *Gestalt* de cercle, « reconnue par un sujet familier avec son monde... comme une modulation de ce monde » à « la *signification* cercle... reconnue par un entendement qui l'engendre »[2], et qui ne va pas sans cette dy-stance qui constitue la condition immanente du dire et du penser. Mais dès qu'on écrit « *entendement* », ce dont il s'agit ne prescrit pas le simple recul d'une prise de distance. Comment le sens « relierait »-il, s'il ne *déliait* pas d'abord l'Un-Tout de la Forme – déjà déliée quand on la dit « constellation » –, pour la re-lier, la réarticuler, selon le procès, fût-il précipité, de sa constitution ? Davantage : peut-on – même abstraction faite de la constitution qui le précède – concevoir un sens, tel celui de cercle, qui ne serait pas *différence* – et, c'est le cas de le dire, différance – au regard d'autres états et couches du

---

1. Pp. 493-494.
2. P. 491.

sens ? *Un sens « à-part soi » serait un non-sens.* Et ce serait une des propositions les plus controuvables de Merleau-Ponty s'il ne fallait entendre que premier à tout sens, sens originaire, est l'Un-Multiple du monde lui-même, de cela même qu'il est ce au-devant de quoi je me jette, et sur le fond duquel viennent se découper toutes les occurrences du sens [1]. Seulement il apparaît alors que *le sens « monde »*, qui n'est pas une donnée mais la décision – serait-elle pré-discursive – d'une foi, qui précède et surplombe toute perception, est assis sur un *acte propre du Cogito*, un pari sur le sens qui ne se résout en aucune perception singulière, dont aucune perception, aucun présent, ne peut rendre compte. Et si la signification portée par toute perception présuppose la signification « foi au monde », alors il n'est plus *aucun* sens qui puisse se dire tenu dans l'immédiateté d'une perception particulière.

Pas plus ne peut-on admettre que le sens soit ce qui se tient chaque fois à l'horizon du *présent* qui le suscite. Un trait tout à fait singulier de son accroche du sens à la perception est que, pour Merleau-Ponty, il n'y a vraiment de sens qu'au présent. Il ne saurait alors être trompeur : fixé par le présent du monde, il peut être élaboré mais non critiqué ; mais comme aucun présent de conscience n'est le Présent immobile et total, le sens est aussi bien toujours inadéquat, sous le mode au moins de l'incomplétude des constellations qui y sont relevées. Bref, le présent est à la fois trop défini et trop limité pour ouvrir le sens comme il est supposé le faire. Aucun Gaulois n'est la Patrie, il faut que méthodiquement il apprenne sa géographie, son histoire, et la place qu'il y occupe, pour commencer à l'interpréter.

Davantage : le sens ne nous serait rien, d'aucun usage, si son actualité n'enveloppait pas au principe la possibilité de sa réactualisation – Deleuze aurait dit : de sa répétition. D'essence, le sens est *inactuel* et exclut le particulier ; sans doute, sa généralité est molle, approximative, et – pour notre bonheur ou notre malheur – protoplasmique ; mais s'il y a un caractère attaché aussitôt au sens, même dans le cas d'une expérience dont la singularité saute aux yeux et fait le prix, c'est sa disponibilité pour la saisie d'autres expériences : autant qu'interprétation, le sens est interprète. Nous retrouvons ici, non par hasard, la

---

1. Proposition reprise dans les Notes de travail pour *Le visible et l'invisible,* p. 271 : « Chaque "sens" est un "monde", i.e. absolument incommunicable pour les autres sens, et pourtant construisant un *quelque chose* qui, par sa structure, est d'emblée *ouvert* sur le monde des autres sens, et fait avec eux un seul Être ».

détermination lacanienne du *semblable* : le sens appartient au premier chef à la définition de l'Imaginaire – bien mieux, en vérité, que l'image, qui est instance figurative de l'énoncé. Non analytique – c'est en quoi il se distingue du concept –, épais, le sens est un condensé polysémique et *multi-disponible* dont chaque occurrence éveille et « anime » l'un ou l'autre trait. D'où une circulation au sein de laquelle chaque sens ne se tient pas diacritiquement en lui-même, mais n'est ce qu'il est, différant d'un autre, que par la *tension* qui existe entre eux. Et finalement il est continu, chaque sens se découpant – ductilement – à l'intérieur "du" sens, de *l'univers du sens*, système constamment mobile, mais système sans quoi nous ne saurions pas nous y repérer. Où le ponctuel ne serait rien s'il n'était pas le moment d'une différence au sein de laquelle remonte l'infini d'une continuité[1].

Merleau-Ponty est, en revanche, fondé à marquer que, du point de notre être en situation, le sens – même quand il s'agit d'un sens « abstrait » – est « mien ». Pris dans la continuité d'une histoire, personnelle mais aussi collective, il en porte toujours la marque. Le sens le plus universel est encore singulier. Et tout sens m'engage, quand un concept n'engage que soi. "Mon" arbre, "ma" rose sont, chance ou malchance, les miens, et je le sais chaque fois que le sens m'en vient. Ou : nous sommes faits de l'histoire du sens, telle que nous nous sommes prononcés sur lui, que nous avons pris parti en lui. Mais ce qui doit se conclure de là, c'est que, bien plutôt que présent du monde, *le sens est mémento, et mémento de quoi, sinon du Moi* ?

Une ambivalence réside pourtant là, en ce que c'est la langue qui, doublant et gorgeant l'expérience, porte le sens, que c'est elle qui l'articule – éventuellement à mon insu –, et que la langue, c'est l'*Autre*, tandis que le sens c'est *Moi* ; que s'il y a bien une immédiateté du sens, c'est son immédiateté – transparente ou non transparente – à ma conscience, et que j'éprouve une « intimité » du sens. La situation est alors la suivante : si – selon la proposition de Benveniste – il n'y a pour la langue sens que du discours, et si le moment du discours est celui où le sens d'abord est articulé par la structure syntaxique, le sens devient ensuite ce que je retiens du discours pour mon compte, et dans quoi je me déplacerai en *m*'y reconnaissant. C'est cela, le sens,

---

1. Sans doute n'ai-je pas besoin de souligner ce que cet exposé du schématisme du sens doit à la *Logique du sens* de Deleuze ; et ce qui y ponctue une analogie molle, désarticulée, avec les axiomatiques pré-objectales du perçu.

tel que nous y sommes, plus ou moins inchoativement, à chaque instant. Le sens advient de ce qu'en dit un énoncé et c'est dans le dépli des propositions qu'il va – ou non – véritablement se constituer et se ramasser : il y a à ce point une proximité entre le sens et la logique, qui est elle-même sous condition de "faire" sens ; mais le sens va demeurer comme la *mémoire flottante* du mouvement par lequel nous avons accédé à l'universalité, ou l'impersonnalité, de la proposition. De là que, tantôt comme mémoire tantôt comme anticipation d'énoncé, le sens va sans cesse se remodeler au sein d'un *corpus* ductile qui glisse sous l'articulation distincte du concept. Il est alors, mémento d'une constitution dont il est la duplication, l'*Imaginaire de l'énoncé*.

Sa doctrine du sens met en jeu tous les présupposés – la métaphysique implicite – de Merleau-Ponty : l'appartenance au monde et la déhiscence de la conscience, la réduction de la logique aux immédiations rectrices de ce partenariat, les deux figures chiasmées du monde et du *Cogito* dans le présent. Mais sans doute est-elle bien plutôt le point originaire et l'assise subjective de tout le système, celle-là même que *Le visible et l'invisible* tentera de fonder *: j'ouvre les yeux, le sens-monde est là, et toute vérité s'y enracine.* La *Phénoménologie de la perception* n'est pas autre chose que le développement de cette intuition-là. Seulement, elle ne réussit à poser l'immédiateté du sens qu'au prix d'en faire chaque fois *une révélation*, quand bien même elle se meuble de constellations dans le monde et de couches où le Moi s'investit. Or le sens n'est pas une épiphanie, le mémento se tient dans un *jeu* différentiel au sein d'un *corpus* mobile, et ce jeu ne serait pas même pensable si le sens n'était pas cet en-devenir qui mixte et distord la consistance d'une proposition tenue, quant à elle, dans l'antécédence de la langue, celle du formalisme logique inclus. Tenir le sens pour une épiphanie ek-statique est le prendre à contre-emploi de ce qu'il est, et s'en achève la démonstration de ce qu'aucun moment du perceptif n'est intelligible comme immédiat.

L'immédiation ne va à rien de moins que faire perdre à la réalité l'irréductible de son altérité.

2. *L'immédiation de la réalité au sens* vs *la 3ᵉ personne du réel*

a. Si, comme le veut Merleau-Ponty, le sens est la perception même, si c'est par lui que je puis atteindre la réalité, alors *objet* et *réalité* doivent être à leur tour relus depuis leur prise *à même le sens*. Husserl avait atteint la constitution de la transcendance de l'objet au terme d'une longue analyse de la *donation de sens*, allant de l'intention au noème, du second comme *Quid* à son « mode de donnée » ou *Quomodo*, du *Quid* comme noyau à l'X qui le supporte et du *Quomodo* au remplissement par la *hylè*. Merleau-Ponty a résolu d'avance le problème de la transcendance, et n'a que secondairement résolu celui de l'« objectivité », puisque pour lui la choséité de la chose coïncide exactement avec la donation du sens : « le sens même de la chose se construit sous nos yeux, un sens... qui se confond avec l'exhibition de la chose dans son évidence »[1]. D'où l'équation – combien paradoxale – de la réalité au sens.

Ce n'est pas dire qu'il n'y a pas, chez Merleau-Ponty, une histoire – comme une mise au point à reculons – de ce qui garantit cette équation. On va voir que, si nous ne rencontrons là rien qui désormais nous surprenne, cette nouvelle approche pousse à l'extrême ce qui, depuis le début, pouvait être tenu pour aventureux.

Le temps premier est celui de l'« évidence » de la chose. Ce que nous percevons, ce n'est pas une série de sensibles que nous aurions encore à associer, mais d'abord et d'emblée *une chose*, à laquelle nous sommes « comme suspendus »[2]. Pourquoi ? Parce que « les "propriétés" sensorielles d'une chose constituent ensemble une même chose comme... mes sens sont ensemble les puissances d'un même corps intégrées dans une seule action »[3]. Autrement dit, on n'ira pas, comme Husserl, chercher « un substrat, un X vide » ; « je perçois une chose parce que j'ai un champ d'existence »[4]. Notons une fois de plus qu'il y a là définition de l'Un qui perçoit comme un Un d'existence, impliquant – ce qui ne va pas de soi – que mon existence elle-même est à chaque moment Une, engagée « tout entière » dans une même

---

1. P. 373.
2. P. 366.
3. P. 367.
4. P. 367-368.

perception. Notons surtout que, sous le présupposé de la communication, la chose à son tour est *une existence* et peut se décrire comme un *comportement* : « une certaine manière de traiter le monde »[1]. Bref, la chose n'est rien d'autre, dans son sens, que « la mise en scène de notre propre vie... dans une sorte de dialogue »[2]. Ce qui la revêt, Merleau-Ponty en convient, de « prédicats anthropologiques ».

Reste – second temps – que la chose « repose en soi » et « nous ignore ». Quand, quittant notre familiarité avec elle, nous nous en avisons, elle prend un autre sens, *« inhumain »*[3]. Nous avons déjà rencontré cette référence à un visage fermé qui fait de la chose un « Autre silencieux ». S'en suit un renversement : « la chose est pour notre existence beaucoup moins un pôle d'attraction qu'un pôle de répulsion »[4]. Pourquoi cela, de nouveau ? Parce que la chose ne se « dit » qu'au fil de son organisation sensible, et que celle-ci implique une exhaustion qui toujours échappe. « Le sens ne se distingue pas de l'apparence totale » et c'est ce total de l'apparence qui se définit comme le réel. L'explication est surprenante : on aurait bien plutôt attendu, dans le contexte, une résistance du comportement de la chose à ce qu'attend d'elle mon existence ; mais – nous sommes au point où notre lecture de Merleau-Ponty se referme sur son départ – va là-contre l'absence, dénoncée par Lacan, d'une place pour la discordance structurelle, et même originaire, entre représentation et innéité. L'incomplétude de la perception est dès lors le seul déficit que Merleau-Ponty puisse reconnaître à la chose.

Peu importe. Car il s'agit surtout – troisième temps – de retrouver, comme sens ultime de la chose, l'expérience d'« une transcendance dans un sillage de subjectivité »[5], bref la coexistence du projet comme foi et du partenaire monde. On peut bien dire que la chose se détermine progressivement sur ce qui n'est que le flux des apparences, mais c'est toujours comme *chose du monde* que les apparences elles-mêmes se constituent et signifient : entre le monde et moi, le terme fondateur est la co-originarité, garant de la réalité. C'est du même trait que « le comportement humain s'ouvre à un monde et à un objet ».

À suivre cette analyse, le *sens* de la réalité, celui d'abord d'un

1. P. 369.
2. P. 370.
3. P. 372.
4. P. 374.
5. P. 376.

comportement répondant au mien, puis celui d'un comportement
répulsif, enfin celui d'« une certaine manière » de traiter les « situations »[1] qui est la « manière » du monde, se coule sur celui de l'*interprétation*[2] de l'*alter ego*. Je connais la réalité, la reconnais et la connais
de mieux en mieux comme un « style » – le style d'une personne –
que j'apprends à déchiffrer ; avec, certes, ce que tout déchiffrement
importe de distance, et qui, comme nous savons, laisse ultimement
l'interprète merleau-pontyen à son solipsisme ; seulement ce moment-
là vient cette fois en seconde place et c'est la parenté existentielle du
lecteur et du texte qui a le dernier mot. « Avant autrui, la chose réalise
ce miracle de l'expression : un intérieur qui se révèle au dehors, une
signification qui descend dans le monde et se met à y exister et qu'on
ne peut comprendre pleinement qu'en la cherchant du regard en son
lieu[3]. » D'un mot, la chose n'est même pas un point de condensation
de la réalité, elle est sans médiation la réalité même, et si le sens est
immédiat à la chose, c'est parce qu'il est immédiat à la réalité.

b. Du même coup s'impose et s'éclaire une nouvelle – une troisième – interprétation du *temps*, dont il faut constater que, d'abord
réservé à la conscience, il lui échappe de plus en plus, sans que
Merleau-Ponty en rassemble les lectures successives. Le temps devient
ici ce à travers quoi tout à la fois se manifeste le style de la réalité,
progresse son déchiffrement, et s'assure l'« ubiquité » de celui-ci.

Nous avions vu que le jeté-à requiert l'« engagement [de la
conscience] dans un champ de présence »[4] où elle « annule » l'être

---

1. P. 378.
2. Le terme n'appartient pas au vocabulaire de la *Phénoménologie de la perception*
qui dit « connaître », « comprendre », et « se présenter », « signifier »... C'est, sans
doute, que Merleau-Ponty entend se démarquer de l'idéalisme des phénoménologues
herméneuticiens autant que du réalisme objectal : le style du monde est d'abord celui
du corps, et ce n'est donc pas un style quelconque, il est pré-fondé dans l'appartenance. Aussi bien est-ce déjà sur la base des comportements que se fait fondamentalement la communication avec l'*alter ego*. Il n'empêche : qu'est-ce que « coïncider »
ou « s'accoupler » avec l'expression d'un visage – exemple récurrent – sinon l'interpréter ? Et « corriger sa connaissance », sinon réinterpréter ? Si enfin notre expérience du monde est celle d'un « *facies totius universi* » (p. 381), ne s'agit-il pas de
bout en bout d'une expérience interprétative – dans les limites de la co-originarité,
on le veut bien ?
3. P. 369.
4. P. 382

successif qui lui est propre. Or voici[1] que si la perception, comme compréhension du style monde, peut signifier la réalité, c'est pour autant que le présent y « passe par transition insensible... du prochain au lointain », qu'il est « impossible de séparer rigoureusement le présent de ce qui n'est qu'apprésenté », que « la transcendance des lointains gagne mon présent »[2]. Il n'y a pas d'ici ou de maintenant qui puissent se dire tels sans cesser de l'être, au point que dans toute coïncidence se glisse un « soupçon d'irréalité ». Écrire cela est renverser ce qui enfermait la perception dans le présent du monde, constater qu'en lui aussi nous sommes au passage du temps, et même, à travers lui, en situation ; et qu'il n'y a pas d'autre façon de comprendre le monde. « Le temps..., c'est-à-dire l'ordre des coexistences aussi bien que l'ordre des successions, est un *milieu* auquel on ne peut avoir accès... qu'en y occupant une situation et en le saisissant tout entier à travers les horizons de cette situation[3]. »

Inconséquence ou aporie au cœur du système ? Tantôt le monde y est pur présent, succession il n'y a que de et dans la conscience, tantôt *« le monde... est le noyau du temps »* et « ne subsiste que par ce mouvement unique qui disjoint l'apprésenté du présent et les compose à la fois » ; alors, le plus exact serait de dire que « rien n'existe et que tout se temporalise ». D'où une page énigmatique[4] où parfois il semble que cette temporalité du monde ne dit que ce que *je* saisis de lui, parfois qu'il faut conclure à « une *subjectivité* » du monde lui-même. « Le monde au sens plein du mot n'est pas un objet... il a des fissures, des lacunes par où les subjectivités se logent en lui » et l'on comprend ainsi pourquoi des choses « qui lui doivent leur sens..., [le] sens dernier demeure brouillé ».

C'est probablement vers une interprétation de ce type que se serait dirigé *Le visible et l'invisible*. Dès lors que percevoir, c'est reconnaître dans le monde un style qui fait sens pour le style de mon corps qui emprunte lui-même au monde son style, il n'y a pas de raison suffi-

---

1. J'intervertis ici l'ordre de l'exposition ; c'est sous le titre de l'être-pour-soi et du *Cogito* que sera définie la temporalité, tandis que c'est sous le titre du monde, autrement dit de l'être-en-soi, qu'est montrée la fonction du temps dans l'interprétation de la réalité. Mais, comme le montre la précédente citation, ce qui sera posé beaucoup plus loin est déjà impliqué ici.
2. P. 382.
3. P. 383. (Souligné par moi.)
4. P. 384.

sante pour que ce qui ne va pas d'un côté sans subjectivité temporelle ne retrouve pas de quelque façon la même subjectivité de l'autre côté : le temps s'y trouvant, au même titre que le visible, ontologisé. On peut présumer que si impasse il y a là dans l'architecture du système, c'est dans la difficulté de situer une frontière dans la complémentarité du chiasme.

Quoi qu'il en soit, qu'après que des attributs anthropologiques aient été prêtés à la chose, on arrive au bord d'une hypothèse comme celle d'une subjectivité propre de la réalité, illustre où se précipite la définition du champ objectal quand n'est pas tenue l'inadéquation du sens *moïque* à l'*impersonnel* du discursif : à *la troisième personne comme personne de la réalité* parce que personne du logico-axiomatique. Nous nous étonnions du : "j'ouvre les yeux, le sens est là". Que dire alors du : "j'ouvre les yeux, la chose est là", induit par l'équation de la subjectivité du perçu à celle du percevant ? Comment admettre que le sens perceptif contienne assez pour garantir l'étance sans la constituer et la garantisse comme une sorte de parenté ?

Autant d'apories ultimes qui résultent d'un écrasement du travail du discours sur la conscience, de la logique de l'apparaître sur l'apparition, de la langue dans la parole, de l'objectif dans le subjectif, de l'éternel dans le présent : du perçu dans la perception.

Ainsi aura-t-on pu voir jusqu'au bout la structure d'Imaginaire de la perception merleau-pontyenne enfermée dans la fantasmatique d'une relation Je-Tu où le je appartient au tu, qui sont le Même, et où la connaissance est ravalée à l'intersubjectif, soit au plus opposé de ce qui en fait le prix : la reconnaissance de l'Altérité. La réalité, disions-nous, est en troisième personne : l'expression doit être prise à la lettre, s'agissant d'un discours auquel nous savons nous porter. Ce n'est pas « notre » discours, mais le sien. Et c'est aussi le seul qui, porté par l'expérience, ne nous renvoie à aucun moment au mémento de nous-mêmes. Ainsi est-ce au sens purement logique du terme que, de son discours, la réalité est le sujet.

3. « *Cela s'appelle l'aurore* » *ou Herméneutique et dénotation* vs *constitution*

a. On trouverait difficilement un recouvrement plus controuvé que celui, l'un par l'autre, du *Moi du sens* et de *l'Autre de la réalité*. Que Merleau-Ponty n'ait pas reculé devant pareille association atteste qu'il avait pour la risquer une motivation essentielle. Cette motivation, c'est la conviction que l'aurore de l'expérience est l'heure où le phénomène se donne en sa vérité – donne la vérité. Moment lustral où l'apparaître ne voilerait pas, ne déformerait pas encore, l'être, distribuant en tous ses points l'épaisseur de la chair. Moyennant quoi, il est vrai, toute expérience serait, dans son moment natif, identique à toute autre, comme aussi bien les chapitres de la *Phénoménologie de la perception* produisent les uns après les autres le même discours, qui se résume dans l'application d'une des lèvres sur l'autre, faisant basculer l'une dans l'autre extériorité et intériorité.

La distribution universelle de ce schème, qui n'a au demeurant d'autre mode d'expression que métaphorique, atteste aussitôt de son inefficience opératoire. Aucun fait n'est transparent sans la remontée à son faire, c'est dire à ce qui spécifie le faire de chaque catégorie d'étant ; aucun faire n'est transparent hors de la mise en évidence de ses composants et de ce qui norme leur composition : non pas au sens où ce qui est devait être, mais au sens où il ne pourrait être autrement. Cette question est celle de la vérité tenue dans sa pluralité : vérité en ce qu'est chaque fois rendu transparent pourquoi ce qui est ne peut l'être que comme il l'est ; vérité tenue, pour chaque couche du perçu, dans l'axiomatique qui en commande la constitution et, pour leur syn-thèse objectale, dans la logique de la prédication : vérité conclusive de ce qu'il n'y a conjonction que disjonctive de la constitution de l'appa-raître et de l'inconstitué de l'être. Au contraire de quoi, le séjourner dans l'immédiat n'aura su qu'éveiller une séquence de figures ambiva-lentes, co-inclusives, qui, loin d'éclairer le problème qu'elles étaient censées résoudre, n'auront fait que le précipiter dans le registre d'une spécularité sans issue : élevant une *description interprétée* de ce qui apparaît tel qu'il nous apparaît au statut de *constitution* de l'appa-raître. De ce qu'on appelle la réalité, qui est consistance, l'ordre *médiat* du discours est seul à pouvoir être fondateur, en ce que seul il en fournit l'argument, inclus le mode d'argument qui y convient[1]. Autant conclure que la lecture de Merleau-Ponty nous aura convaincus, s'il en était besoin, qu'aucune procédure qui ne puisse se dire authentiquement constituante ne saurait rendre compte du perceptif. Et qu'en rendre compte n'est pas rien, puisque c'est garantir son intelligibilité.

Ainsi s'éclaire ce qu'on pourrait appeler *le paradoxe de Merleau-Ponty : conserver, quant à la forme, le dual de la perception, tout en le déniant quant à sa matière*. Nous y aurons opposé l'en-soi transcendant du perçu comme constitution axiomatico-logique : discurtivité de l'étance de par soi, mais opération médiatrice qui met à l'œuvre deux termes, la facticité de l'empirie et l'appareil de sa venue au consister. En regard de quoi ce que Merleau-Ponty donne comme le contenu de la perception est ce qu'il nous reste du perçu quand nous en effaçons la constitution.

Aussi bien est-il impossible d'accorder la séquence sens-réalité sur quoi le projet de Merleau-Ponty se referme, dès qu'on a pris la mesure de la violence qu'elle présuppose sur l'un et l'autre de ses termes : qui ne va à rien de moins qu'à *tenter de conjoindre les doctrines contemporaines opposées du sens et de la dénotation*.

Ce qui saute aux yeux dès qu'on tente de le replacer dans l'oecumène philosophique, est en effet qu'il faut un geste de torsion extrême pour tenter d'épouser à la fois les deux démarches herméneutique et dénotative dont nous avions rappelé, par-delà l'effort de Husserl pour faire la part de chacune, l'irréductible opposition. Cela n'est possible qu'au prix de les faire glisser l'une dans l'autre : le sens serait – au diaphragme près – notre prise directe sur le réel référentiel, et la référence serait ce dont nous participons assez pour qu'elle se délivre à nous dans ce qui fait pour nous sens. Mais un tel glissement n'est lui-même possible qu'au prix d'exclure l'essentiel : ce par quoi chacun des dispositifs a pensé devoir se refuser à l'autre. On a là l'ultime aperçu sur la singularité de la procédure de Merleau-Ponty dans le

---

1. Qu'en délimitant un champ dont l'intelligibilité doit être avérée, on détermine le dispositif argumentaire qui lui convient, renvoie à sa désuétude d'idée générale le concept d'une simple universalité de la logique. Si toute apophantique est ontologique, chaque ontique prescrit son apophantique. C'est ce que Husserl démontre aux dernières pages des *Ideen I*, en quête non plus des ultimes essences régionales mais de la composition de l'objet.

contexte contemporain mais aussi sur ce qui l'a forcée dans une impasse.

Nous qui, dans un premier examen, avions conduit une double critique de l'herméneutique et du positivisme analytique, nous nous devons cette fois de déterminer ce qui contraint leur incompabilité, et d'induire le Tiers qui commande de la dépasser.

b. Certes, l'hésitation entre une immédiateté du sens, qui se déchiffrerait de lui-même, et sa remise au suspens d'une altérité à surmonter, n'a pu manquer de soulever pour Merleau-Ponty la question de ce qui voue le sens à l'*interprétation*. Mais cette question reste, chez lui, écrasée : le sens a bien une opacité, il est sens de l'Autre, mais cette opacité même est justement ce qui convient à la donation d'un Autre auquel je suis d'abord, par appartenance, accordé, qu'il me suffit d'habiter pour le comprendre ; en sorte qu'il peut se préciser, se modifier, mais ce sera encore s'avérer : fondamentalement, il ne peut être *soupçonné*. Or c'est dénier l'ensemble d'un débat – celui du sens – dont nous avions vu que la non-transparence est justement le mot clé.

La promotion du concept de sens par la pensée contemporaine a sa racine, je l'ai rappelé, dans la quête de ce qui s'enveloppe d'arrière-sens dans le sens littéral. Toute l'enquête herméneutique, qui prend l'univers du sens comme un champ spécifique dont elle poursuit les ramifications, est orientée vers la recherche du « *vrai sens* » comme noyau du sens. On doit lui objecter que ce n'est pas nécessairement le *sens* « *vrai* »[1]. Mais on doit prendre en compte que le projet herméneuticien est, là-contre, l'émergence d'une divergence – d'origine largement nietzschéenne[2] – entre le savoir et le signifier, qui prédique ce dernier d'une pertinence, sinon subjective, au moins humaine, dont seraient dépourvues les formations déductives du savoir, et tout autant la positivation des données de l'expérience. De ce biais, la poursuite

---

1. La distinction est évidente en psychanalyse. Les lectures poétiques de Heidegger impliquent, au contraire, que le vrai sens est la vérité, qui n'est à chercher nulle part ailleurs que dans le sens.

2. À côté de Schleiermacher et Dilthey, bien entendu. À son origine allemande, à son absence dans la pensée antérieure à l'existentialisme en France – absence notamment remarquable chez Bergson –, se marque ce que la thématique du sens doit à la philologie, soit sa relation à la problématique de la langue : qui est bien ce qu'elle a de fondé. Sa fortune dans les pays anglo-saxons a probablement ses racines dans le problème de l'*interprétation des impressions* qui occupe centralement l'empirisme – celui aussi bien de Condillac.

du sens implique pour l'herméneute – c'est en quoi elle convient à Merleau-Ponty – une immédiateté à la *vie* qui ferait défaut au savoir ; mais dans le même style nietzschéen, elle implique son champ – c'est en quoi Merleau-Ponty ne peut qu'en écraser le procès – comme celui d'une *profondeur* d'idées et de valeurs qui sont autant de dépassements de la réalité, prédiquée, quant à elle, du peu-de-sens, sinon du non-sens.

De même, on peut concevoir que venir au sens est d'emblée advenir – comme fait Merleau-Ponty – à une *totalité* du sens, à l'intérieur de laquelle s'établissent progressivement de nouvelles ramifications, par un progrès de découpe interne. Mais il faut aussi prendre acte d'une *mobilité* propre du sens, qui a pour fonction non pas d'être mieux ajusté mais plus "riche" : or nous avons remarqué que si le sens se trouvait, chez Merleau-Ponty, riche de dire le réel même, il était par avance bloqué de ne pas dépasser ce que le style du corps éveille comme par avance dans le perceptif. D'un point de vue nietzschéen, c'est un sens improductif.

Tenue cette détermination du sens beaucoup plus large, et beaucoup plus affranchie, que ne la fait Merleau-Ponty, on saisit quel *écrasement* du sens il impose à ce qui serait une authentique *phénoménologie du sens*, attachée à en spécifier la nature et le fonctionnement propre. On ira plus loin dans le repérage de ce qui écrase chez lui le sens *parce qu'*il le circonscrit à la donation du réel, et on entendra mieux pourquoi j'ai, en regard, proposé d'assigner au sens la fonction de mémento moïque du discours, en examinant ce que peut être une phénoménologie – c'est celle de Deleuze – qui exploite jusqu'aux plus extrêmes limites le thème de l'*autonomie* du sens au regard de la dénotation. Dût-on en marquer l'excès à son tour.

Deleuze pourrait conforter d'abord Merleau-Pontty en ce qu'il place le sens en deçà de la langue, récuse toute référence à un quelconque *corpus* des symboles, et ne fait même plus de place au soupçon – le sens se donne comme tout ce qu'il peut être. Mais ce qu'il en induit, où il quitte Merleau-Ponty et où nous, à l'inverse, le suivons, est qu'il faut inscrire la constitution propre du sens sur une scène qui n'est que la sienne et qui *s'affranchit de la réalité*.

Il convient et il suffit dès lors de se tenir dans le « plan d'immanence » où le sens se délivre et que, trait frappant, le sens traverse *en tous sens*. Le sens a là un mode d'existence propre, au regard et de la réalité déterminée du corps et de la rationalité fixée – sinon figée – du concept ; le trait essentiel en est une mobilité spécifique : chaque sens se tend entre les extrêmes qui lui sont propres – il n'y a sens que du grand et petit, de l'avant et l'après... « les deux à la fois »[1] –, mais aussi chaque sens circule à une vitesse infinie sur toute la surface du plan d'immanence, et ainsi traverse tous les autres sens, le « tout du sens ». Bref, le sens est tension et circulation à double orient. S'en suit toute une série de caractères qui vont à contre-sens du « sens commun » et du « bon sens » où se définit la réalité : le sens est duplice et pré-individuel, neutre – il ignore le Même et l'Autre, l'ici et l'ailleurs, le singulier et le pluriel ; il est sans épaisseur, et si les sens s'entraînent les uns les autres, ce ne sera que comme « quasi-causes » dans un temps *sans présent*[2], « devenir fou » tiré entre l'illimité du passé et l'illimité du futur. Certes, le moment de la proposition viendra, qui « l'exprime » mais en le détournant, en le fixant.

On mesure que les points où Merleau-Ponty et Deleuze s'accordent sont ceux où ils font opposition du sens au discursif, à la proposition, à la logique ; mais on mesure surtout combien, assignant le sens à la perception, Merleau-Ponty exclut, paradoxalement, les propriétés phénoménologiques du sens : sa mutabilité et son devenir, son déni de l'identité et des catégories du "monde", enfin ce que Deleuze appelle sa « logique » propre. Que dire alors, et quand bien même on ferait réserve sur le caractère systématiquement paradoxal que Deleuze assigne au sens, sinon que le sens manque chez Merleau-Ponty de toute épaisseur spécifique – « les perspectives se recoupent, les perceptions se confirment, un sens apparaît »[3] –, et qu'il se trouve alors sans propre ?

Si, de la phénoménologie du sens, une conséquence essentielle est en outre sa fonction de *production*, c'est, constate Deleuze, qu'il est de bout en bout *différentiel*. Un sens, ou plutôt telle intensité d'un sens, n'est qu'un moment qui renvoie à toute une série d'autres moments[4]. « Un » sens n'est même rien d'autre qu'une distribution

---

1. C'est en quoi il est paradoxal.

2. Le renversement de la définition merleau-pontyenne du sens ne saurait être plus clair. On pourrait demander si Husserl, attachant le sens à l'actualité de l'intention, n'enferme pas lui aussi le sens dans le présent ; au moins préserve-t-il son devenir dans l'« expression ».

3. P. XV.

4. La rencontre de deux séries est rencontre de deux hétérogènes, régie par leur différence, pour le règlement de laquelle Deleuze suggère même l'existence d'un

de renvois qui fait « nœud » des variables qu'elle retient, et en cela un « événement ». On peut ici encore tenir le détail de la construction qu'en élabore Deleuze pour aventuré ; mais on ne peut nier qu'elle souligne deux traits essentiels du sens que Merleau-Ponty, tout à la vocation qu'il lui assigne de rencontre entre le *Cogito* (ou le corps) et le monde, ignore : le sens est différence dans le sens, et sur le fond d'une inventivité evénementielle.

De toute cette analyse résulte enfin, pour Deleuze, que le sens – et sa productivité avec lui – est, en même temps que le mouvant, l'*aléatoire*. Et cette instance – le « Lancer » du sens – est, quant à elle, sans singularité assignable, à la fois conjonctive et disjonctive, introuvable : autant dire que les *alea* du sens sont sous condition originaire d'un non-sens qui est bien le plus exclu de la perception merleau-pontyenne. Proposition que Deleuze étend jusqu'à lire dans le sens une implication ontologique, retrouvant ainsi pour le sens l'ambition de Merleau-Ponty : dans un sens exactement opposé, bien entendu.

Aborder dans le style phénoménologique le sens comme une instance autonome dans sa fonction, aura permis de mesurer la violence perpétrée par Merleau-Ponty sur la dynamique du sens : pour accoler celui-ci au présent perceptif, et le réduire à ce qu'est sans médiation l'apparaître pour celui à qui il apparaît. Ce sens-là colle à la chose même, et s'il y a pour lui une prescription, c'est de n'en pas décoller. Il est vrai que cet écrasement du sens a sa converse : la *Phénoménologie de la perception*, en nouant le pour-soi du sens à l'en-soi de *ce qui fait sens*, rappelle opportunément "contre" Deleuze que l'aléatoire de la productivité du sens n'est à son tour productif que dans la mesure où il est anticipation sur la réalité – nous dirons : sur son discours : soit ce qu'est le sens bien conduit.

Il est incontestable que, dès qu'on le libère de ce qu'il qualifie, le sens est ductile, mouvant, multi-disponible ; incontestable qu'il est différentiel et, si qualitatif, intensif ; et qu'il est aléatoire. Les grandes lignes de la description de Deleuze doivent être assumées. Mais il n'y a pas de sens en liberté qui seraient sens *de rien* (le mot pris en son usage négatif) ; tout sens est prédicat, se pose et se trouve défini à l'intérieur d'une prédication : ceci est un arbre, cet arbre est grand, et

troisième terme, l'« instance paradoxale », qui distribue entre elles les intensités et structure la figure ainsi constituée.

si Alice ne cesse d'être à la fois grande et petite c'est bien que le grand et petit, dans son mouvement tournant, tourne autour d'Alice, *sur* Alice. Autant dire que le sens n'est une « entité nomade » que pour autant qu'il prélève l'énoncé préalable d'une *proposition* dans un état du discours. Et discours de quoi – sinon d'une option prise *sur la réalité* bien réglée ? Quand bien on se tourne vers les profondeurs ou la mobilité du « vécu », celui-ci n'est jamais que prise de position à l'égard de ce qui est, et qui est comme constitué. Substituant au plat concept de l'association de pensée un univers d'atomes de sens en circulation aléatoire, Deleuze a destitué une terminologie creuse et inventé une figure intelligente du cosmos de la pensée. Mais il reste que le penser ne peut faire exception, sauf à devenir vain, de ce qu'il en est de la réalité, telle que constituée, et c'est encore sur celle-ci que le sens est fondé à se risquer.

C'est le même renvoi dos à dos que requiert le rapport problématique du sens au temps. Deleuze prend assise dans le sens pour libérer la pensée de tout ce qui la « ralentit » : et si l'infalsifiable de Nietzsche était, comme l'affirme encore Deleuze, le faire critère du haut et du bas, le « haut » du sens se dirait pour lui : privilégier partout la *vitesse*. Isolant la productivité du sens, Deleuze l'institue comme le noyau ultra-rapide de ce que la lenteur du logique démembrerait. Le progrès du sens, qui est celui de son adéquation, doit en revanche tout, chez Merleau-Ponty, au devenir du rapport sujet-monde, et ne fait pas de place à une temporalité alternative du sens. Les quais de la Seine n'ont pas après des mois de séjour à Paris le même sens qu'au premier jour ; mais il s'agit toujours, selon la même structure, qui est celle de la perception, de moi et des quais de la Seine, enrichie par des couches de souvenirs qui sont à leur tour souvenirs perceptifs. En d'autres termes, le sens ne cesse jamais d'être au régime d'un *présent* qui déplie ses horizons rétroactifs et projectifs. Nous dirons, quant à nous, objectant à l'un comme à l'autre, qu'il y a, oui, un éclair du sens, libéré du temps lourd du monde, mais qu'il lui *faut* l'énoncé qui le « ralentit » : ou bien le sens est, comme tout ce qui relève du penser, sous la prise du discours, ou bien il n'est *pas* pensée : mais alors comment « fait »-il sens ? Nul moyen de destituer le sens de son essentielle propension ou pro-tension, qui fait que toujours il y a inadéquation entre son régime et celui du présent, mais sa trajectoire ne cesse pas de se glisser dans la discursivité, sans laquelle il ne pourrait que s'évanouir en apparaissant, ou ne pourrait pas même apparaître : la lenteur de l'énoncé

– son « long détour » – est ce dont, en en conservant la trace, tout sens se légitime. Et il n'est pas de sens qui, fût-ce indûment, ne prétende se légitimer.

Ce qui s'impose, en revanche, c'est que, par sa ductilité même, le sens ne cesse pas d'*enrichir* le perçu. Quiconque a quelque expérience de la peinture sait ce que "signifie", d'où je parle, « ce paysage est un Corot » ou, en Languedoc, « ce paysage est un Guigou ». Ce qui veut dire que le style propre de la forêt (Corot) ou des villages (Pissarro) ne m'apparaît que pour autant que Corot et Pissarro en ont fait apparaître la singularité éparse en affinant le perçu lui-même, en en dégageant les moments structurants les plus propres, et restituant du même trait ce qu'est pour le Moi l'« habiter » : son sens. C'est en saisissant, au plein hiver, que les branches du marronnier se dressent "comme" les doigts d'une main levée que je perçois l'arrondi de celles du tilleul, qui retombent "comme" les gouttes en pluie d'un jet d'eau. Le sens s'approprie le transcendant, et ce faisant me l'approprie.

Si Deleuze en vient enfin à proposer une ontologie du chaos, comme la seule qui soit adéquate à la description du sens, c'est aussi une ontologie que cherche à produire Merleau-Ponty ; mais l'objection sera dans les deux cas la même, et radicale : il est impossible de convenir que l'être soit indexé du sens, au bout du sens, fût-on prêt, pour en venir là, à indexer l'être ou du non-sens du sens ou de la subjectivité du *Cogito*. On peut admirer Merleau-Ponty et Deleuze, position prise dans le sens, de n'avoir pas cédé sur l'ontologie ; mais le sens est du Même et l'être est de l'Autre ; l'être s'induit ou se déduit, mais il ne signifie pas. La réalité est têtue *parce qu'*elle est discursive. Et l'être n'est pas une donnée immédiate mais une prescription du discours. Au regard de quoi le sens est à la fois dépendant et égaré. *Il n'y a pas plus impuissant à dire l'être et l'étant que le sens.*

De tout cela, la conclusion est double : que Merleau-Ponty a, en dépit des apparences, exténué le sens, en le privant du devenir de son mouvement différentiel ; mais aussi que Deleuze a soufflé sur le sens, en le délestant de tout ce qui l'attache à la consistance des énoncés auxquels il ne cesse pas, sauf à devenir vain, de se référer. Le sens n'est donc ni ceci, ni cela. Mais ce qu'il y a de forcé dans ces deux restrictions du sens atteste de ce que son instabilité oppose à toute tentative de le tenir pour fondateur : il ne peut être de la chose sans cesser d'être mobile, il ne peut être en proie à une mobilité gratuite sans cesser d'avoir de quoi se remplir. C'est tout simplement qu'*il n'est pas constituant*. Et du même trait, il ne peut remplir la fonction que Merleau-Ponty, sans employer le mot, lui assigne : d'être la vraie dénotation.

c. Prenons la séquence de la réalité et du sens par l'autre bout : celui où Merleau-Ponty assigne à ce que d'autres appellent la dénotation d'être indistincte du sens. Il y a, chez Merleau-Ponty, le souci constant, l'exigence, de tenir un répondant et garant de la réalité, et la réponse tout au long réaffirmée est qu'il n'y en a qu'un qui ne puisse manquer, c'est – soit directement, soit indirectement – la perception. En sorte que le trajet est le plus court qui va, sous l'égide de la foi perceptive, du *Cogito* à l'en-soi du monde, dans lequel il est plongé sans médiation. Mais à son tour, sur quoi porte la foi ? Sur la signification de ce qui se voit, qui signe l'appartenance commune du monde et du Moi. C'est la nouvelle que veut apporter la *Phénoménologie de la perception.* Par cette mise en place, la réalité est au bout de ce qu'on pourrait appeler la *référence vécue.* Et de nouveau, parce qu'elle est immédiate, la référence – la chose –, telle que la perception en enveloppe l'expérience, ne tolère pas, au moins principiellement, la mise au soupçon.

C'est dire combien il y a, de prime abord, loin de la *Phénoménologie de la perception* aux exigences de la dénotation, dont nous avions rappelé que l'arête est le contrôle de l'énoncé aux fins d'assurer qu'il ne parle pas pour ne rien dire, ce contrôle requérant que toute proposition dispose bien d'un objet sur quoi elle porte, et que ce soit l'expérience « positive » qui en fait foi. Mise du discours à l'épreuve d'une définition objectale de la vérité, la quête de la dénotation associe, du côté de l'énoncé, la thérapie des *erreurs logiques* et, du côté de l'objet, l'*empirisme* du fait. En sorte que, quant à la réalité qui est son critère, la dénotation *restreint le sens,* à contre-sens : à-contre ce que nous avons reconnu comme son propre ; et tient pour seul doté de sens le dire juste d'un pur en-soi.

Merleau-Ponty efface le problème critique en incluant l'un à l'autre le pour-soi et l'en-soi. Certes, ce qu'il montre tout au long, à travers un luxe de tests, c'est d'abord comment la réalité est la rencontre « positive » du schème du corps avec les formes du monde ; mais le schème est déjà sens et le corps déjà sujet. Quand, sur le sens, le faux sens, et le contre-sens, la critique de la dénotation est intarissable,

Merleau-Ponty se contente d'invoquer quelque accident dans la genèse qui conduit du donné pré-discursif au point d'équilibre perceptif[1].

Mais plus encore est significatif que chaque sens, celui même de chaque objet, enveloppe pour lui le Tout du corps avec le Tout du monde, autrement dit toujours « *le Tout du sens* », concept qui n'est en vérité tenable que chez Deleuze, c'est-à-dire dans la libération du sens au regard de la dénotation. De là que les dénotateurs, au contraire de Merleau-Ponty, ne font sens que d'*un* objet ou d'*un* état de fait. Rien ne leur est plus étranger qu'un Total du sens, et c'est dans cette acception que leur positivisme peut se dire « analytique ». La dénotation ne déborde jamais l'objet tel et tel ou la situation telle et telle (ainsi du performatif). D'essence, elle est *fragmentée.*

Une troisième opposition manifeste est la dimension *logico-langagière* dans laquelle, par le biais du contrôle de ses énoncés, est ancrée la critique de la dénotation : laquelle est – avons-nous vu – proprement critique logique du *dire* pour gagner son adéquation à la positivité empirique. Ajuster celle-ci devient alors, au moins autant que réformer la proposition, donner pour l'exacte définition de l'objet son énoncé de langue. *Il y a réciprocité de la dénotation et du langagier.* En regard de quoi, on sait et à quelle distance la perception merleau-pontyenne tient la langue – y substituant la chair où se glissent simultanément la voix et le sens – et comment il fait du pré-discursif le fond qui précède et prescrit l'expérience. Aussi bien référence, dénotation et contrôle logique de l'énoncé ne sont-ils pas des termes qu'on doit attendre sous la plume de Merleau-Ponty, et c'est de prime abord qu'il écrit, récusant tout intervalle critique, « l'objet » « la chose » « le fait ». Lesquels sont, sans plus, ce qui d'abord est ce qui nous apparaît.

Qu'il faille, une nouvelle fois, venir en tiers dans ce débat découle de ce que, si Merleau-Ponty fonde le sens sur une identification précipitée du percevant et du perçu, les dénotateurs ne cessent de soupçonner une inadéquation à la chose, tantôt du langage "naturel", tantôt du formalisme logique, mais qu'ensemble ils manquent de remonter jusqu'à ce que *nous* montrons exigible : la constitution ontico-ontologique de la réalité. *Ce que le perçu requiert pour la dénotation est sa constitution, et*

---

1. D'où l'importance du débat sur l'hallucination, p. 385 *sqq.*, laquelle prendrait assise dans le moment ambigu de « l'être antéprédicatif » où toujours « un mouvement nous porte... dans le monde » tandis qu'un autre « s'enlise dans nos apparences privées ».

pour sa langue propre le prescriptif de sa venue à l'apparaître. Fondant l'objet et le prédiquant d'un sens qui toutefois ne cessera, selon son inclination propre, de se déplacer et métamorphoser.

Tout de même que son rapport originaire à l'exégèse livre la clé de l'herméneutique, il faut, pour éclairer la venue de la dénotation au statut de thème logico-philosophique, ressaisir comment c'est *en sa mise en rapport à la langue* que s'est élaborée, dans le texte fondateur de Frege, la *détermination de l'objet comme matière de la vérité logique.* Soit la relation initiale entre *signe* et *dénotation* : le sens est d'abord au signe en tant que celui-ci est le « mode de donation »[1] d'un dénoté non subjectif, d'être correctement prescrit par la langue, et de ce biais objectif[2]. Qu'il y ait une spécificité du sens se reconnaît à ce qu'il y a plus d'un signe pour une seule dénotation. Et à ce qu'il existe des propositions dotées de sens sans l'être de dénotation. Distinctions essentielles en ce qu'elles entraînent que le contrôle de la dénotation seul détermine la valeur de vérité de la proposition. Mais puisqu'à la langue revient de déterminer l'objectif, c'est au « nom propre »[3] légitimement utilisé qu'il revient d'avoir un objet qu'il dénote ; cela ne se discute pas : c'est le présupposé de la langue[4] ; en revanche, un concept – si l'on entend par là un prédicatif, autrement dit un terme insaturé[5] – ne saurait avoir un objet dénoté. On saisit là comment se sont nouées l'identification de la dénotation avec la valeur de vérité de la proposition, une définition de la dénotation restrictive – il n'y a vérité que d'une dénotation d'objet ou de fait –, et la contrainte par la langue de la définition de l'objet ou du fait. L'analyse s'arrête là. C'est le postulat déconcertant d'un texte qui, cherchant à débusquer méthodiquement les erreurs d'attribution de la dénotation à travers la systématique des constructions grammaticales, n'interroge à aucun moment le concept d'objet auquel il est suspendu, et qu'il prescrit à la logique.

Marquée du même double signe : définition factuelle du référent et subtilité critique quant au pointage des défilés – voire des *puzzles* –

---

1. « Sens et dénotation » in *Écrits logiques et philosophiques*, trad. C. Imbert, p. 103.

2. *Ibid.*, p. 106.

3. C'est-à-dire tout nom doté de dénotation.

4. *Ibid.*, pp. 107-108.

5. Cf. *ibid.* « Concept et objet » et « Fonction et concept ». À noter que le terme insaturé est celui-là même qui, par une décision inverse, forme le sens deleuzien.

de la référence dans les énoncés de langue, la logique de la dénotation s'est développée comme une mise au soupçon – quasiment une éthique – du dit dans son rapport à la réalité. Ainsi est-ce comme un scandale que cherche à supprimer *On denoting* dans l'existence d'expressions formellement correctes posant un sens faux – dont le dénoté est fallacieux – ou un non-sens ; d'où la méthode de thérapie du discours proposée : *éviter* l'expression pseudo-dénotative, en lui retirant, sous la forme d'une variable, tout sens indépendant, et pour cela briser la syntaxe par une réécriture où le nouveau sujet de la phrase a, lui, une valeur dénotative d'objet incontestable[1]. Le dépli de la langue aura ainsi mis l'expression à dénotation incertaine sous condition de réexpression, où le référent est assuré. À cela près, toutefois, que puisse – par exemple – être connu comme un *fait* qu'il n'y a pas d'actuel roi de France, et cette connaissance-là n'est plus au pouvoir de la phrase : Russell, voulant marquer la puissance de l'analyse logique du langage pour assurer sa relation à la dénotation, marque aussi bien son impuissance en resserrant pour finir le vrai sur le constat empirique le plus pauvre du fait.

Il s'agira dès lors toujours de *dire le fait* et de cadrer sur lui la proposition ; et si la saisie d'un état de choses a pour critère chez Russell sa présence (*acquaintance*), d'où la définition de la connaissance comme *knowing about*, la même relation se dit chez Wittgenstein de la proposition complexe à la proposition atomique d'existence. La finalité de la démarche critique, c'est de toujours remonter de l'immédiat de sens à la positivité du fait. Il faut insister sur des formules qui fixent et ferment l'horizon de toutes les théories de la dénotation : « Il n'y a qu'un monde, le "monde réel"... Le *sens de la réalité* est vital en logique[2] » ; « les signes simples employés dans la proposition sont appelés noms. Le nom... représente l'objet »[3] et

---

1. C'est pourquoi le point décisif de l'opération est que la dénotation appartienne non à une expression – ex. la calvitie du roi de France – mais à la phrase, et que celle-ci revête la forme conditionnelle d'une fonction propositionnelle libérant un objet défini – il est quelquefois vrai que s'il n'est pas toujours faux de *x* que *x* a la propriété F [roi de France] et s'il n'est pas toujours faux que le même *x* qui a la propriété F a la propriété G [être chauve], il est faux que l'actuel roi de France [: référence vide] soit chauve.

2. Russell, *Introduction à la philosophie mathématique*, trad. fr. G. Moreau, p. 203.
3. *Tractatus*, 3.202 et 3.22.

« quand même le monde serait infiniment complexe... il faudrait encore qu'il y ait des objets et des états de choses »[1].

Tout n'est pas encore dit. Car la dénotation elle-même doit être interrogée du point de son statut *pragmatique*. Strawson supplémente les conditions de la dénotation : aucune phrase n'est dénotative en elle-même, au mieux présente-t-elle une « directive générale »[2] d'utilisation, cependant que seul son usage dans *un* se-référer-à ou fairemention-de particuliers est susceptible de vérité ou de fausseté. Du coup, l'*acte* de référer est isolé comme « condition de l'énonciation de dénotation. » Ce qui certes n'est pas faux. Mais le plus intéressant n'est pas encore là. Déjà, pour chacune des variables, Russell devait introduire un « s'il est toujours vrai qu'il existe un et un seul *x* qui a la propriété F » ; et Wittgenstein impliquait, par le biais de l'atomisme logique, la singularité de chaque état de fait ; Strawson, à partir de ce qu'a d'unique chaque occurrence où usage est fait de la proposition dénotante, va mettre au jour un trait essentiel de la référence[3].

Suit en effet une définition de la réalité qui conduit à une plus grande cohérence le positivisme analytique. *Il n'y a référence que de l'individuel.* Et cela est vrai deux fois : une fois quant à l'objet de la référence, une autre fois quant aux circonstances de son occurrence. On voit alors que tout report de l'énoncé sur sa dénotation ne suppose pas seulement une définition de la vérité comme factuelle, mais aussi une proposition *ontologique* : la réalité est faite d'individualités placées dans des circonstances particulières[4]. Ce point, souvent laissé implicite[5], est capital en ce qu'il donne au positivisme une dignité philoso-

---

1. 4.2211, très abrégé.

2. *Études de logique et de linguistique*, « De l'acte de référence », trad. fr. p. 18.

3. Cela n'exclut pas qu'on puisse faire référence à des termes généraux, ainsi d'un côté à l'autre d'une égalité ou de deux nombres à leur différence, ou – comme eût dit Meinong – à des « objets idéaux » : mais pour autant qu'ils « sont » ou « subsistent » comme singularités.

4. Sur ce dernier point, cf. le « trait de placement » qui fait pour Strawson critère d'une « occurrence particulière », *Op. cit*, « Particulier et général ».

5. Linsky (*Le problème de la référence*) montre de façon convaincante que c'est déjà la question ontologique qui était déterminante pour Russell, et que c'est elle – soit le refus de dire que ce qui n'est pas, est – qui l'avait amené à réfuter, en même temps que les objets idéaux – étants mais non existants – de Meinong, ce qui avait été sa propre conception (« Pégase a de l'être ») avant le tournant d'*On denoting*. Reste que le texte de Russell n'invoque aucune autre dimension que la théorie de la connaissance, et n'annonce aucun autre type de fondation.

phique, celle d'un nominalisme. Or, que toute référence soit à ce que Strawson appelle « l'individuel » n'est pas douteux ; mais reste à demander si s'en suit qu'il n'y a vérité que de l'individuel et que seul l'individuel est réel.

Le recours au brut du fait et l'adéquation à l'objet d'une langue qui en ignore la constitution sont ce dont le perçu fait objection à la pratique de la dénotation.

La dénotation ne sait que s'aveugler quand elle dit le fait ou l'objet, impasse assumée sur la constitution de l'apparaître, dont ils sont des moments. De la dénotation on n'a que l'*effet apparent* quand on n'interroge pas la consistance de l'être-là et ce qui la prescrit en prescrivant la venue de l'être à l'être-là. Ce qui vient à la place est un *fétichisme de l'objet* masqué par l'autorité de l'appareil logique supposé à tort unifié. Soit le célèbre exemple de Frege : il n'y a rien à reprendre de l'étoile du matin et de l'étoile du soir, différentes quant au sens parce qu'effectivement différentes du point de la logique du perceptif ; que ce soit le même objet relève d'un autre discours, celui du savoir ; mais Frege ne peut admettre qu'objet soit un terme relatif au registre dans lequel sa constitution est saisie. Dans les *puzzles* de Russell, l'incertitude sur un prédicable se résout par la certitude sur le sujet de la phrase, en sorte que le recours à la logique propositionnelle se trouve mis au service de la logique des prédicats, sans que la différence de pertinence des deux procédures soit relevée. Quand nous disons l'objet provisionnel, cela doit s'entendre aussi en ce que sa définition est toujours *relative* au mode et au degré où a été conduite l'analyse de sa constitution. Toute constitution possible est, de soi, vérité ontique, et partant ontico-ontologique ; toute constitution effective est au présent réel de la dénotation. Le discours du perçu fixe de bout en bout la réalité de sa dénotation et, pour répondre à un problème que Merleau-Ponty se pose, une « erreur » perceptive, ou perspective, ne se trompe pas sur la dénotation : simplement, en approchant, celle-ci change, avec la constitution. Ou : ce qui est en question n'est pas la constitution du roi de France, plus le prédicat chauve, mais la constitution du roi-de-France-chauve en un seul mot – un seul site ; y manque le « là » de la dénotation.

Aussi bien est-il faux de restreindre le dénoté à l'objet ou au fait. L'écart de deux couleurs ou de deux sons, d'être axiomatiquement fondé, n'a pas une valeur dénotative plus faible que celle de l'objet ;

si différence il y a, c'est celle des prescriptions qui la fondent. Il est vrai que, leur constitution étant conjointe à celle de l'objet – le multiple des termes et le singulier de leur nœud au site logique se constituant d'un seul trait –, l'objet est en effet autrement « saturé » ; mais il n'est pas pour autant autrement suturé à l'être : il s'agit ici comme là du même procès constituant d'une situation. Est du même coup mise en évidence l'irréductibilité formelle de l'axiomatique au prédicatif : ce n'est que dans le second temps, le site logique y revêtant la figure de l'objet, que les termes de la situation deviennent des prédicats. Il faut insister sur la pleine fonction dénotative des qualités ou des positions (d'espace, de temps) et en prendre pour témoin, une fois de plus, le discours esthétique, où les couleurs, les formes, la durée, saisies dans leur immanence, ne sont pas moins attestées en elles-mêmes que ma table ou le jardin, sans pour autant que leur consistance se constitue en objet [1].

Aussi bien est-il permis de reconnaître sous le fétichisme de l'objet un *fétichisme des Uns*, abstraction faite du Multiple dont ils font-un, des conditions prescriptives de ce faire-un, et par là de ce qui ouvre l'apparaître au Multiple de l'être. Au demeurant, ce nouveau fétichisme vient surtout masquer une inquiétude : celle que l'Un lui-même vienne à manquer à la réalité – inquiétude qu'on peut lire entre les lignes chez Wittgenstein. Le réalisme de la dénotation est loin de posséder la structure apaisée dont il se targue. Il lui faut qu'à tout prix soit assuré, avec l'objet, qu'il n'y a vérité que d'un Un. À quoi nous avons depuis longtemps répondu qu'il n'y a véridicité que du *faire-un*, sur le fond de la vérité du sans-Un. Nous ne nions pas l'Un mais nous objectons qu'il *résulte*, au suspens de ce que la constitution ontico-ontologique de l'apparaître prescrit. Il n'est pas plus pertinent de célébrer le culte de l'Un d'objet singulier que de proclamer avec Merleau-Ponty qu'il n'y a qu'un seul temple, celui du monde. C'est ici comme là manquer à voir que, toujours à constituer et jamais une fois pour toutes constituée, *la réalité est infinité d'énoncés*.

Il va ensuite de soi que la rection par le *langage* du positivisme analytique est – avec la psychologie intellectualiste – ce que Merleau-Ponty combattait : tout proche du *knowing about* pour dire que nous

---

1. Je ne dis pas que le tableau ne « produit » pas un objet, mais que son objet, lui-même pur rapport d'immanence, ne se figure pas comme tel. Il n'y a pas de tableau qu'on puisse dire, au premier degré, figuratif.

ne sommes à la réalité qu'autant que nous y tenons l'objet même, mais au plus loin quand c'est dans une expérience « barbare » précédant toute énonciation, que nous pouvons et sommes assurés de le tenir. En ce sens, c'est en frères ennemis que Merleau-Ponty et les dénotateurs s'opposent : tous deux fascinés par la saisie de l'objet comme originaire. La dénotation s'attache du moins à la régler par le dire ; Merleau-Ponty s'attache du moins à la fonder ; que cette fondation reste tautologie, nous y avons assez insisté.

Du point du perçu, il y a une *pluralité des langues*, et elle est irréductible. Qualité, espace et temps, ne se constituant pas de la même façon, ne s'écrivent pas dans la même langue, même si leurs langues sont assez parentes dans leur syntaxe pour pouvoir se conjoindre. Et tout autre est la syntaxe de la construction de l'objet. Il est vrai qu'il s'agit alors d'une réécriture du même. Aussi bien ne saurait-il en aller autrement si la constitution d'une situation commande d'un seul trait les termes et leur liaison ; il n'empêche que c'est une constitution qui se joue sur plusieurs registres et qui fait-un d'un divers de composition. Disons : une fugue à trois voix de tonalités différentes dont le contre-thème reprendrait la matière en l'organisant autrement. La dénotation, paradoxalement, prend assise dans la langue, la langue « naturelle », serait-ce au prix éventuel des détours que nous avons dits, sans l'interroger ; elle n'interroge obstinément que son *usage* ; moyennant quoi elle tourne court, laissant le philosophe interdit devant pareil déficit de l'analyse.

Tranchons net : qu'il n'y ait vérité que de l'Un objectal et de réglage que dans la langue naturelle fait de la poursuite de la dénotation une anti-philosophie, portée par le déni de ce qu'aucune exploration ne peut faire exception de la multiplicité des syntaxes logiques et de ce qu'aucune logique n'est transparente hors de l'axiomatique où se ponctue sa vraie référence : ontologique.

Enfin, si la référence est *individuelle* et l'objet Un, ils ne le sont que *par provision*. Ce qui veut dire que la singularité est le faire-un strict d'une multiplicité locale qui peut se nouer autrement ou dont une partie peut se déplacer vers un autre nœud. Le dénoté est chaque fois singulier, mais figer sa singularité est – outre que recours à un préjugé ontologique inexplicité – symptôme d'une inertie de la pensée métaphysique. Car, d'une part, on retombe là, entre langue et objet, sur le schème dyadique, et d'autre part, ce même schème, on en efface ce qui légitimerait les termes : le positivisme n'ayant que faire et du

« sujet » – le locuteur quelconque se voit réduit à la seule émission de l'expression, et celle-ci au seul réquisit qu'elle soit bien formée –, et de la mise-en-un de l'objet – tenu pour synonyme d'une réalité de laquelle est évacué tout autre moment.

Le nominalisme de la dénotation est évidemment ce qu'il y a de plus opposé à, disons, la tentation moniste de Merleau-Ponty, pour qui il n'y a en définitive qu'un Un, partant qu'un référent, qui se dit le monde ou la réalité. Même s'il n'est pas possible à la *Phénoménologie de la perception* de passer outre la constitution de l'apparaître en unités objectales, et si c'est, au contraire, un des points sur lesquels elle s'arrête le plus longuement : « comment il y a de l'objectif »[1]. La réponse, on s'en souvient, renvoie à la prise sur le monde de mon corps « existentiel ». On dira : mais pourquoi la « chose »[2] ? Parce que de l'objet – de la « chose intersensorielle » –, les propriétés « constituent ensemble une même chose comme mon regard, mon toucher... sont ensemble les puissances d'un même corps intégrées dans une seule action »[3]. Ou encore, « je perçois une chose parce que j'ai un champ d'existence et que chaque phénomène apparu polarise vers lui tout mon corps comme système de puissances perceptives ». Reste que la chose n'est pas seulement « le terme d'une téléologie corporelle », qu'elle se signifie comme en-soi, elle est « ce genre d'être dans lequel la définition complète d'un attribut exige celle du sujet tout entier et où par conséquent le sens ne se distingue pas de l'apparence totale » ; mais ce qui intervient ici n'est pas la chose elle-même : c'est son lien « à un monde dont nous portons avec nous les structures fondamentales »[4] élevées au rang de réalité[5]. Bref, l'objet merleau-pontyen n'a d'*être* l'Un qu'il est que parce que le monde et moi sommes Un.

Constatons alors que la positivité du fait vient occuper, chez les analystes de la dénotation, *du dehors* de la langue au regard de la chose, la place qui, pour Merleau-Ponty, est celle de la perception

---

1. II, III, p. 346.

2. Il y a certes des « constantes perceptives » qui nous guident, mais ce n'est pas sur elles que se fonde l'objet, au contraire, « c'est dans l'évidence de la chose que se fonde la constance des relations » (p. 348). « Une certaine option motrice » ne se vise pas elle-même, mais « la chose... à laquelle... elle est comme suspendue » (p. 366).

3. P. 367.

4. Pp. 373 et 377. Cf. ci-dessus, chap. I. 5.

5. La référence ici à l'intelligibilité est un supplément, une réassurance, sans plus, sur le sens de l'être relationnel.

dans l'*immanence* de la conscience au monde. Et demandons aux uns
ce qui leur garantit le fait, ce qui le fonde, et avec lui sa constitution
logique, à l'autre comment une immanence partagée peut fonder de
soi le discernable consistant où s'insigne la transcendance du réel. Ici
de nouveau, s'avère une même, si double, impuissance à tirer de la
seule *désignation* du fait ou de la chose sa *légitimation*, qui ne peut
être ni celle de la donation dans le jeté-à, ni celle de la proposition
adéquate : il n'est de légitimation possible de l'Un qu'où il y a le Tiers
de la constitution. Et c'est dans une consistance qui devient mais
jamais ne vient à manquer que toute individualité se résout. *La réalité
se tient en ce point où le faire-un consistant de l'apparaître avère chaque
fois ce qu'il y a en lui d'être.*

   d. C'est avec quelque malaise que j'ai conduit cette dernière discussion. Culpabilité de m'arrêter à un problème mal posé, dont les
seuls termes pertinents sont *la facticité de la matière de l'apparaître
pour la facticité du Moi* et *la fondation de sa constitution* par la consistance discursive. Que de me porter au discours soit, derechef, un trait
de ma facticité, mais que de la constitution de celle-ci je n'aie pas les
moyens, c'est un second problème, qui doit être et sera traité en son
temps. Pour le moment, c'est la pertinence du débat du sens et de la
dénotation que nos réponses ont implicitement remise en question.
En nous contraignant à poser pour notre ressource, comme l'herméneutique, la question du sens, et à poser pour notre critère, comme le
positivisme logique, la question de la dénotation, le débat égare sur
ce qui constitue le lieu où réponse doit être apportée, et promeut des
termes qui restent très en deçà.
   Si le sens n'est transparent que pour ce qu'il retient de la consistance de la logique, s'il est, comme adéquat, l'appréhension du faire-
un constituant, et s'il n'est plus, au-delà, déscellé de la logique, que
ce qu'il en reste pour le Moi soit un mémento mobile, un repère
nécessaire mais in-discret, c'est à la problématique défective de ma
facticité qu'il renvoie : le sens est, au regard du discursif, un moment
de la *facticité de la conscience.*
   Et s'il est vrai que le discours se suffit à lui-même, s'il est vrai que
c'est l'axiomatique qui y est prégnante, s'il est vrai que la prescription
de consistance régit au même titre, encore que différemment, le perçu,
le tableau, le mathème, s'il est vrai que tout ce qui s'avère logiquement
pertinent l'est aussi ontologiquement, ce qui reste de *la problématique
de la réalité se réduit au restrictif de sa facticité.*

Ces propositions scandaliseront tous ceux qui requièrent, pour l'intelligibilité, l'exercice autonome de la conscience, récusant la transcendance d'un discours sans « sujet », ou tous ceux qui requièrent, pour l'adéquation du dire, la suffisance de son réglage sur l'expérience positive de l'intra-mondain. Mais il n'y faut pas céder : si l'apparaître est consistant, c'est qu'il est au discours, et le discours est de par lui-même ; et si le sens est fuyant, c'est que la conscience n'est pas elle-même le lieu du discours consistant. Et c'est enfin ce qui prescrit de reconnaître que le sujet – le seul, celui de l'énoncé – n'est pas de la première mais du second.

Il n'y a qu'une intelligibilité, c'est celle de l'axiomatico-logique ; elle rencontre le factice sous deux figures, celle de l'empirie et celle de la conscience : l'erreur classique, l'inconséquence, aura été de chercher à construire l'ordre de l'intelligible là où il ne saurait être : au point où ce qu'on promeut est deux facticités : *en deçà du discursif*, celle de la conscience, qui n'a titre que d'être ce par quoi l'existence se trouve pouvoir advenir au discours, *au-delà du discursif,* celle du fait qui n'a titre que d'être ce que, de l'empirie, a porté à la constitution le discours. Cette double erreur-là n'est rien d'autre que celle que nous dénoncions dès le début et qui se trouve ainsi éclaircie : c'est celle qui s'intitule de la dualité du sujet et de l'objet.

Reste que le factice est ce en quoi nous demeurons suspendus, et que c'est par l'usage que nous en faisons que nous nous portons, en l'y portant, au discours. Nous sommes, comme Moi, au sens, sans médiation, cherchant toujours « où nous en sommes ». Mais il n'y a pas moins de flux du sens que du temps et ce n'est qu'à chercher à fixer le sens que nous venons à saisir ce qui le soutient, qui ne nous appartient plus, sinon qu'il nous appartient d'y advenir : advenir à ce qui est l'en-soi du discursif. Nous y sommes toujours déjà advenus, c'est le perçu, mais ce n'est pas dire que nous le savons, et le perçu est le savoir que nous y sommes.

Que la représentation de l'apparaître soit celle d'une compacité qui ne se compose que d'objets singuliers, assume la facticité sans assumer l'intelligibilité. L'objet insiste comme cela même qui est – nous inclus – et à tel titre que nous ne le discutons pas. C'est même lui qui prioritairement fait expérience ; pourtant, il n'est jamais que par provision. D'où que notre condition même commande que nous cherchions ce qui *prescrit* qu'il soit et qui, du même trait, ne prescrit le compact que comme consistance. Encore une fois, nous avons toujours déjà la réponse, c'est le perçu, mais nous avons à le savoir. Où s'avère, dans la suffisance à soi de l'intelligible, que l'objet est le faire-un d'un multiple, et que tel est l'être de l'étant, impliquant du même trait la disjonction de l'apparaître et de l'être.

Il est vrai – mais je l'ai déjà tant de fois dit – que notre pouvoir être au discours, ou notre être tenus par le projet discursif, est à son tour un trait de notre facticité. Mais celui-là s'entend pouvoir de n'être réellement nous-mêmes qu'en n'étant plus à nous-mêmes. C'est, en même temps que le plus avéré, le moins transparent de notre ek-sistence.

Le prix du perçu est d'attester dans l'immanence du factuel que l'apparaître est consistant. Il ne lui appartient ni de rendre compte de l'empirie dont il s'arrache, ni de rendre compte de la conscience que nous en prenons. Son parcours, balisé par le primat de la constitution, la quadruplicité de celle-ci, la prescription ontique de l'énoncé, est entièrement tenu dans la suffisance à soi du discours. Et, de se tenir en ce site, il avère que l'intelligibilité du perceptif ne réside nulle part ailleurs qu'en lui-même : que ses énoncés ne peuvent être que les siens. Lui manqueraient-ils que nous n'aurions plus d'univers pour nous y tenir.

Qu'est-ce qui conjoint la facticité de l'univers et notre facticité à la transcendance du discours ? À poser ainsi la question, nous ne saurions donner aucune réponse. Le problème doit être renversé : parmi les univers axiomatiquement possibles, celui qui s'offre à la constitution du perçu se trouve par là spécifié comme la réalité. Et de ce qui, d'être logique, fait sens – de sens proprement fondé, il n'y en a pas d'autre –, le perçu a le privilège, portant l'exposition de l'intelligible dans l'immanence du factice, d'en avérer la réalité en y découvrant sans cesse le dépli de nouvelles couches d'intelligibilité. Par où elle est promesse de consistances plurielles.

À hauteur d'axiomes, la réalité n'est qu'un des possibles, mais c'est le possible effectif. Et qui dans ses constitutions successives – percep-tive, esthétique, scientifique, ontico-ontologique – délivre sur une infi-nité de sites, dans une infinité de situations, le retour chaque fois local, chaque fois singulier, d'une nouvelle signifiance, d'une nouvelle énonciation. D'où notre chance, de pouvoir nous tenir du même geste dans toutes les couches de ce que le perçu aura délivré d'abord comme l'être-là.

Reste seulement à redire qu'aucun de ces énoncés constituants qui s'emboîtent, dans l'enchâssement de leurs axiomatiques respectives, ne va sans se supporter, chaque fois, d'un sujet. Et que ce sujet-là ne saurait être factice.

4. *Le sujet, enfin*

Nous constations dès le début de notre lecture l'impossibilité de situer chez Merleau-Ponty, entre corps et *Cogito*, le sujet – en son sens classique, où le psychologique et l'épistémologique débouchent conjointement dans le métaphysique. Il ne pouvait en aller autrement, nous le comprenons mieux maintenant, dès lors que d'un côté comme de l'autre tout était englouti dans l'être massif, à la fois unique et double, de la perception. Ce qui se retraduit existentiellement, dans les dernières pages : si je suis cet individu qui est jeté au monde, mis en situation, livré au flux du temps, pris dans l'immédiateté du sens, je suis déterminé par ma condition, disons-la alors : de singularité *passive* ; mais dans le champ propre de ma conscience, champ à la fois défectif et ouvert, je suis aussi un projet qu'il m'appartient de réaliser, et de ce biais singularité *active*. D'où les apories ultimes du chapitre merleau-pontyen sur la liberté.

Il s'agit une fois de plus d'échapper à une double illusion : celle – idéaliste – d'« une liberté absolue sans extérieur » que « rien ne peut limiter, sinon ce qu'elle a elle-même déterminé comme limite par ses initiatives », où « le sujet n'a que l'extérieur qu'il se donne », et celle – réaliste – d'une « conception scientiste de la causalité... entre le sujet et son corps, son monde ou sa société » qui par le biais des motivations le conduisent[1]. La première suppose une conscience qui n'a pas de « nature », dont dès lors « rien ne peut passer au monde » dans lequel « le non-être qui nous constitue ne saurait s'insinuer »[2]. La seconde a contre elle « l'évidence » : « sous peine de perdre le fondement de toutes mes certitudes, je ne peux révoquer en doute ce que m'enseigne ma présence à moi-même », « un pouvoir démesuré d'éva-

---

1. Pp. 496-499.

2. P. 499. Première formulation de la critique de Sartre que développera *Le visible et l'invisible*.

sion » sans « aucune limite imposée », un « projet global » sans qualification[1].

Le point est que « choisir, c'est choisir *quelque chose* » ; « si la liberté doit avoir *du champ*,... il faut qu'elle ait *un champ*,... qu'il y ait pour elle des possibles privilégiés ou des réalités qui tendent à persévérer dans l'être »[2]. Autrement dit, il y a des décisions mais il n'y a de décision qu'en situation. Et pour cette raison même, il n'y a pas de décision « première ». Ce qu'il y a, ce sont – nous y voici revenus – la perception et le sens. La perception parce que ses « formes privilégiées » sont bien quelque chose comme une nature qui nous est commune. Le sens parce que, s'il est attaché à la perception, « sens autochtone du monde qui se constitue dans le commerce avec lui de notre existence incarnée », il est aussi – se décollant cette fois du perceptif – mon « implication » propre, et « exprime mon attitude à l'égard du monde »[3]. Bref, je ne suis pas libre absolument, « acosmiquement », mais j'ai la liberté de « transformer » le sens que je donne à la situation qui encadre ma liberté par sa « sédimentation ». Encore faut-il ajouter que cette transformation n'est pas transparente, pas acte pur : « c'est moi qui donne un sens et un avenir à ma vie, mais cela ne veut pas dire que ce sens et cet avenir soient conçus, ils jaillissent de mon présent et de mon passé »[4], de ma manière d'être au monde. C'est en quoi mon projet est, et ne peut être que, existentiel.

Tout cela revient à dire, quant à l'individualité comme particularité située, mais aussi bien quant au sens comme projet d'une singularité, qu'ils sont ceux de notre vie[5] et seront ce qu'elle aura été. Mais aussi, voici qu'à la figure, somme toute privative, du diaphragme s'en substitue une autre, celle de la *Sinngebung*, qui est, dans les limites d'une situation, intervention propre de la conscience, et décisoire[6]. Merleau-Ponty excipe là d'une évidence phénoménologique supplémentaire, qu'il n'y a pas plus à fonder que la perception, et qui est la suite de l'ouverture du *Cogito*. Comme, dans cette ouverture, les deux évidences – celle dite de l'en-situation et celle dite du projet – se chevauchent, on peut dire que s'en trouve réanimé le chiasme de l'en-soi et

1. P. 496.
2. P. 500.
3. Pp. 503-504.
4. P. 510.
5. Cf. p. 492.
6. P. 503.

du pour-soi ; mais c'est cette fois, non plus seulement, comme pour le *Cogito*, d'une couche d'expérience propre qu'il s'agit, mais d'une possible, si relative, *indépendance* et *interaction* des instances : suffisante pour que l'histoire du sens puisse advenir à, faisant l'Histoire, transformer le perceptif[1].

C'est, une fois de plus, sur l'expérience temporelle, mais cette fois dans sa seule subjectivité, que Merleau-Ponty articule la décision du sens. Dès le *Cogito*, il était acquis que la pensée « se précipite » en avant d'elle-même, sans avoir à s'installer dans une éternité impossible, ni être au risque de se dissoudre en instants morcelés[2]. Ce dont nous avons l'expérience, ce sont « des actes concrets de reprise par lesquels, dans le hasard du temps, nous nouons des rapports avec nous-même et avec autrui »[3], que de surcroît nous ne pourrons plus manquer d'assumer. En sorte que tout à la fois c'est en « ressaisissant » le temps, parce que le temps ne cesse de « se ressaisir » lui-même, que nous pouvons poser du sens et le dire vrai, dans les limites d'une histoire « sédimentée »[4]. Suit que la détermination intra-conscientielle du temps se retourne en impossibilité de constituer le sujet – et avec lui, le sens – hors du temps. Le sujet *est* temporalité, par essence. Il l'est comme un « champ de présence » que rien ne peut empêcher de passer mais dans lequel ne cesse de passer et de se reprendre la singularité du projet. De là que finalement le choix est le possible d'un *présent* qui est lui-même la reprise d'une *histoire*. Comme passage, le temps nous échappe[5] – autre à nous-mêmes au même titre que l'en-soi –, mais comme présent – ou plutôt présence – de ce qu'il a été, il est le lieu où peut s'exercer une « liberté ».

Dans les termes où Merleau-Ponty pose la question de la liberté et la conclut biaisée, son analyse est de bout en bout consistante ; et dans les limites de l'existentiel, qui sont les siennes, elle est émaillée de formules saisissantes, comme celle qui conditionne l'avoir du champ par l'avoir un champ, la négation de l'acosmisme, la décision du sens

---

1. Rencontre frappante : on verra que, dans un tout autre style, Badiou ne définit pas autrement, dans *Logiques des mondes*, l'*événement*, qui se dit alors « changement réel de l'apparaître » par la montée en lui de l'être-support d'un site singulier.
2. P. 428.
3. P. 452.
4. Pp. 452-453.
5. P. 517.

à l'intérieur du sens, la ressaisie du temps dans le temps, le présent comme reprise d'une histoire... Mais ces formules sont autant de variations sur une même aporie : *au ras de l'existence, on peut décrire un « bougé », mais rien qui puisse soutenir le mot liberté n'est proprement constituable.* En se tenant là, Merleau-Ponty bute sur deux impasses communes à toute démarche qui s'arrête en deçà de la production, restée enfouie, du discours et de son sujet.

La première tient aux hésitations de l'analyse merleau-pontyenne du temps, qui renvoient aux hésitations de sa description de la conscience : d'un côté la conscience est au temps comme elle est au monde, il est ce fond de passage qui la précède et sur lequel elle ne fait que se détacher, d'un autre côté le temps n'est que pour et par la conscience qui, si elle y éprouve sa passivité, le meuble de l'épaisseur de sa réactivité. Cette dualité, qui retourne sur soi la conscience, n'est, bien entendu, pas niable, mais comme toutes celles que nous avons rencontrées, s'épuise dans son paradoxe dont elle est impuissante à produire une fondation, faute d'un Tiers qui fasse résolution. On saisit ici avec la plus grande acuité comment Merleau-Ponty s'enferme dans un champ dont il est convaincu, et dont il entend montrer qu'il est impossible de s'évader. Mais il n'est pas question d'évasion : le champ est arbitrairement refermé, qui fait impasse sur le discours transcendant la conscience, et par là même susceptible de donner prise, de son atemporalité, sur le temps. Si la perception ne requérait que le dual ambigu de la chair, alors oui, le paradoxe serait sa substance même ; mais dire qu'elle est telle rend simplement impossible, nous l'avons vu, la constitution, où nous sommes, de l'appareil du discursif. Si l'être à l'Autre du Logique n'est pas premier à toute définition de l'exister, soit de ce qui le met en exception à l'ontique, il n'y a plus qu'à se taire. Si, en revanche, le perçu est d'emblée sous condition de l'axiomatico-logique, alors, les paradoxes sont dépassés. Ils le sont pour autant que, du point de la *ratio*, la facticité de l'expérience se trouve subsumée par ce qui la *prescrit.* Requérant de l'existence qu'elle s'oriente elle-même à hauteur du prescriptif. Cela ne règle pas tous les problèmes, et justement pas celui de ce qu'est l'existence, et justement pas celui de la conscience, parce que d'elles la constitution nous échappe. Mais nous tenant à ce qui se prescrit comme l'intelligible, nous tenons ce qui fait condition transparente d'une possible liberté. Merleau-Ponty n'a retenu que ce qui la restreint, dans la forclusion de ce qui la fonde. Nous nous conduisons tous "comme si" nous étions libres, et le plus souvent, croyant l'être, nous ne le sommes pas, parce que nous ne savons pas ce qui nous entraîne, ce que nous sommes. Nous n'en sommes pas moins libres, d'une liberté que ses accidents mêmes attestent, de cela seul qu'où nous sommes, nous sommes au Logos.

Ce qui nous conduit à la seconde difficulté : qu'est-ce que ce « fondement de toutes mes certitudes, je ne peux révoquer en doute ce que m'enseigne ma présence à moi-même »[1] ? Qu'est-ce que cette "aura" où le Moi se reconnaît lui-même comme à soi-même, et où la certitude du présent se retourne en certitude de la présence à soi ? Qu'est-il, ce Soi – dont Heidegger fera le plus grand usage ? On peut reconnaître la description pour « évidente », on doit tenir la définition du Soi qu'elle enferme pour évanescente, entraînant avec elle celle du sujet. Certes, la présence subsistante à soi est un trait fondateur de l'existence ; mais c'est un trait qui se meuble de méconnaissance : le Moi est par excellence le champ de pertinence de l'Imaginaire, celui dans lequel nous ne pouvons pas ne pas nous égarer. La présence à soi s'éprouve et du même mouvement s'aveugle. Constat qui serait sans issue si, de nouveau, l'erreur n'était pas de refermer sur soi l'immédiation d'une expérience « énigmatique », quand notre être au discours requiert que soit retournée la question : comment serions-nous ouverts au Logos *si nous n'y étions pas* ? Si nous ne nous orientions pas sur, de nous-même, un représentant – ou un signifiant – transparent aux réquisits de l'intelligibilité ? Je laisse ici ouverte la question, qui devra être résolue avec précaution. Si réponse il y a, alors, ce ne sera pas du Moi que sera assurée la constance d'un Soi qui fait retour à soi, mais du *témoin* de ce qui, au lieu de l'Autre, en me prescrivant le Logos, prescrit ma consistance. Et la prescrit incessamment, de la prescrire intemporellement.

Cette double analyse ne fait évidemment pas preuve que nous soyons effectivement libres, ou que nous réussissions à l'être. Tout ce qui a été acquis, c'est, semble-t-il, que, dans les conditions de notre existence, nous *pouvons* ou pourrions l'être. Mais cette proposition-là se retourne en : il est *impossible* que nous ne le soyons pas, parce qu'en droit nous le sommes et qu'une liberté improprement exercée est encore un témoin de la liberté.

Faute de dépasser le Moi dans l'Autre, et dans l'impossibilité de distinguer entre devenir subjectif et réquisits de l'intelligible, Merleau-

---

1. P. 496.

Ponty ne pouvait produire qu'une figure "bougée" de la liberté. Et une fois de plus, il apparaît qu'était intenable le parti qu'il avait pris, ou le pari qu'il avait fait, de se passer du *logein*. Il est vrai que s'il s'y était engagé, l'immanentisme dans lequel il entendait tenir la Phénoménologie se serait trouvé réfuté.

« Libres » nous ne sommes que pour autant que, loin de coller à nous-mêmes, nous nous ouvrons au discursif, non comme à un donné mais comme à un labeur, en *produisons* les connexions, en décidons quand, d'une aporie, il nous y contraint. Et effaçons le Moi pour lui substituer *ce Sujet qui n'est pas le "nôtre" mais celui que se prescrit le discours.* Que nous puissions le faire est certes encore un trait de notre facticité, mais c'est celui par où elle se déborde elle-même, nous portant d'emblée à la transcendance de l'intelligible en son procès. C'est prendre le problème à l'envers que chercher dans l'être en situation que nous sommes les conditions d'une liberté qui toujours le dépassera ; c'est parce que dans notre facticité est inscrit de prime abord ce qu'on peut – si l'on y tient – appeler le *projet discursif*, que l'immanence de la situation n'est jamais refermée en elle-même, prisonnière d'elle-même. Effacer le Moi est, bien entendu, impossible ; mais possible est d'en savoir assez sur lui pour tenir quel est le sujet du discours auquel il lui revient d'être. Autant dire, de faire advenir l'existence à la consistance. Et de donner par là forme intelligible à la facticité de son agir. Ce ne sont là à aucun titre propositions idéalistes ; là où l'on manque au réel de l'existence, c'est quand on dénie l'ouverture de notre étance à ce qui, depuis l'aurore de la philosophie, se dit le Logos, qui ne se laisse pas contourner. Il y a une constitution de la liberté : c'est celle du pouvoir être responsable de l'énoncé, tel qu'il est de par soi. Il est vrai que cette fois la constitution n'est pas transparente : nous n'en tenons que les deux formants, notre condition factice et le discours. Ce qui les lie est l'ek-sistence ; mais le dire ne fait que répéter la question. À laquelle nous nous confronterons.

Pas plus qu'on ne peut fonder le perçu sans le disjoindre de la perception, on n'a chance de fonder le sujet sans le disjoindre du présent de conscience. J'ai dit depuis le début que, de la conscience, la description – faute de recul – ne peut être que la plus pauvre, et qu'il faut se garder de faire de cette *penia* le lieu de l'énigme la plus vertigineuse, parce que la conscience n'est pas, n'est à aucun titre, le sujet. Sujet il n'y a que du discours, et c'est dire de ce qui s'énonce dans ce qui constitue la vraie transcendance : celle de l'intelligible, qui en rigueur est aussi l'éternel. Si Merleau-Ponty dit : la conscience – de rien ne sert de la prononcer *Cogito* –, dit le sens, dit l'individualité existentielle, c'est qu'il décrit toujours le Moi, jamais le sujet. Mais le Moi, s'il est ce qui nous occupe le plus, n'est jamais le vrai. Et toute l'histoire du Moi serait vaine, à peine plus qu'animale, si elle n'était soustendue, soulevée, par ce qu'on redira le projet discursif. Il y a un Je chaque fois que le Moi s'efface devant le discours auquel il se porte, qu'il produit, et pour lequel, quand il le faut, il décide. Il y a un Moi qui vaut qu'on s'y arrête dans la mesure où il se met à la disposition du Je et lui fournit son matériel. Mais se prononcer sur ce mode est encore intervertir les termes : le Moi n'est ce qu'il est que pour ce que le sujet du discours, qui nous fonde, du même trait est ce qui le fonde ; s'il faut donner à son étance consistance, le Moi est l'ombre portée, la dissémination existentielle, de ce qui se constitue dans le discours comme son sujet ; on ne conçoit pas comment Moi il y aurait s'il n'était la figure manquée mais aussi la requête de ce qui, de soi, est la fonction d'un sujet. La description que Merleau-Ponty donne de la conscience est pure énigme si elle ne pré-pose pas le sujet comme prescripteur du discursif – pour autant que celui-ci le prescrit –, éveillant le sens – pour autant qu'il circule d'énoncé en énoncé –, balisant le temps – pour autant que le sujet s'en arrache –, et constituant une histoire – qui n'est pas celle du sens, mais celle du procès discursif, individuel et collectif, dans ses avancées et ses apories. Ma présence à moi-même reste un mystère si elle n'est pas l'éveil en moi de cette *absence* à moi-même que requiert la constitution du sujet du discours : qui est celle du discours même.

C'est cette absence à moi, cet arrachement dans le Je qui n'est pas "en" moi, que Husserl, disant *Ego pur*, avait aperçus, et que Merleau-Ponty dénie, pour ne pas désinvestir le vrai de l'immédiat. C'est vers elle que, en nous plaçant d'emblée dans le discours, nous nous portons. C'est comme prononçant avec l'énoncé le sujet qui le souscrit, et pour autant que celui-ci nous indicie, que nous pouvons prononcer sur l'étant et sur l'être qui le suscrivent. Mais sujets, nous ne le sommes plus "nous-mêmes" : nous sommes au sujet du discours. Cet écart est ce qui, comme aurait dit Husserl, « anime » notre vie : lui, et non l'ambiguïté de la rumeur du pré-discursif à quoi Merleau-Ponty se raccroche, et du projet du sens, grâce à quoi il retrouve quelque chose comme une ressaisie. La présence à moi elle-même ne peut m'apparaître que dans et comme ma distance, non à un monde qui est, comme le Moi, factice, mais au sujet du discursif.

Du sujet lui-même, on voit bien qu'il ne se prête à aucune logorrhée. Son contenu propre est ce vide que vient remplir son se supporter du discursif. Sa forme est celle du tenir-ensemble, du sous-tenir. Son site est dans l'intervalle de ce dont il assure et atteste le lien transparent. Sa qualité, pure réciproque de la rigueur du discursif, peut se dire ce qui le fait véridictif tantôt, et tantôt véridique. Son effet est de pointer pour le Moi, dans le circonstanciel de l'exister, la transcendance du Logos.

Il est vrai que, la discursivité de l'apparaître prescrivant à l'apparaître un sujet, il faut penser à nouveaux frais l'apparaître. Et par là l'être. Non, certes, comme supportés par un sujet substantiel, mais comme se supportant d'un sujet logique, valant-pour local de l'Un du site logique. Car il n'y a rien – ni le discours de l'apparaître, ni le discours soustractif de l'être – qui ne se prescrive comme souscrit par son sujet. N'ayons pas peur de dire : là où il y avait, pour qu'il y eût, il fallait que ce sujet-là soit advenu.

Que le sujet soit ainsi cette absence qui conditionne la présence, c'est la dernière des interrogations ontologiques qui ont émaillé les deux lectures qui précèdent, et que celle de Heidegger devra tenter de résoudre.

Tenir l'aurore de la chair pour le vrai qu'exténuerait le Logos du jour : l'impasse où s'est placé Merleau-Ponty, c'est que croyant épuiser la perception en décrivant la bivalence qui ponctue chacun de ses moments, il l'a laissée inconstituée, n'a pu que retrouver – alors même qu'il cherchait à les fonder – les apories de sa structure duelle, et cela pour n'avoir pas fait porter le soupçon sur le concept même de perception. Le relire aura permis de produire, à l'inverse, l'axiomatique de l'expérience sensible sous la prise de ce que nous avions, lisant Husserl, reconnu comme le schème du perçu : non pas le Tout du monde mais la consistance de l'apparaître, non pas la communication mais la transcendance du discours au regard du psychologique, non pas la compacité des Formes mais la tresse d'axiomatiques qui, en se recouvrant, s'emboîtent, non pas le jeté de la conscience au sens, mais, sur le fil de la double facticité du monde et de la conscience, la chaîne de réquisits qui ne s'énonce pas sans se souscrire d'un sujet. Le perçu fait système, et c'est un système bien lié, déplié jusque dans la constitution de sa matière en discours qu'un sujet ponctue et que nous ne saurions cesser de traverser.

En prendre la mesure est, au rebours de l'effusif de l'appartenance, ce qui s'appelle, ce qui mérite de s'appeler, la joie d'advenir jusque dans le sensible au travail du discursif.

III

HEIDEGGER
ou
DU PERÇU À L'INDUCTION DE L'ÊTRE
ET DE L'EXISTER

On s'étonnera à bon droit que Heidegger soit appelé dans une discussion du schème de la perception, dont il ne se préoccupe absolument pas : ne serait-ce que parce qu'elle appartient à une épistémie qu'il écarte ou ne retient que pour la distordre dans le procès de ce qui n'est rien d'autre qu'*une herméneutique du Soi à vocation sotériologique*. Mais l'analytique du perçu nous a conduits à une série de problèmes ontico-ontologiques pour la résolution desquels la Phénoménologie n'offre pas d'énoncé plus radicalement alternatif, au regard de notre projet, que celui de Heidegger. Et *Sein und Zeit*, au contraire de ce qui l'a suivi, propose de l'ontologie une approche authentiquement phénoménologique, entendu que l'eidétique y est réinterprétée comme délivrant la structure « existentiale » – ontologique – de la quotidienneté « existentielle » – de prime abord et simplement ontique – du *Dasein*.

La discussion avec Husserl nous avait armés d'un appareil logique ; la discussion avec Merleau-Ponty nous a permis de « remplir » cet appareil : d'en retrouver l'opération dans la matière de l'apparaître ; nous sommes, avec ou plutôt contre Heidegger, au point de *fonder* le perçu : non seulement d'assurer que c'est bien l'être qu'en s'énonçant il énonce, mais de produire ce qu'il en est de l'être, tel et pour ce qu'il se dit requis par l'énoncé de l'étant perceptif.

Voilà qui éclaire sur quelle voie parallèle et dans quel discord il nous faudra cheminer aux côtés de Heidegger.

Pourquoi voie parallèle ? Interrogeant le perceptif, nous avons été conduits à ceci que, là où l'on dit : la perception – supportée par la dyade du sujet et de l'objet –, il y a – évacuée la dyade – le perçu, qui est constitution discursive, au local d'une situation, et requérant un sujet qui n'est que le sien. Ce premier énoncé nous a reconduits à l'apparaître comme univers consistant des étants distincts dans leur faire-un, mais aussi à la tresse qui supporte cet Un, où l'axiomatique de l'espace et du temps est celle de coupures au sein d'un continu homogène, et l'axiomatique du sensible celle d'hétérogénéités déterminées par leur écart au sein d'un *continuum*. Ces acquis nous ont laissés devant la disjonction de l'apparaître et de l'être comme celle du constitué et de ce qui "précède" logiquement la constitution. Or, requérant du perceptif jusqu'au bout l'intelligibilité, nous ne pouvons arrêter là et nous satisfaire de cette disjonction : aucune définition de l'étant ne peut faire exception d'une définition de l'être, aucune définition de l'être ne peut faire exception de ce qui s'en expose dans le multiple consistant des étants. Questions dont la résolution impose la remontée de l'étant à l'être, où nous rejoignons, avec un autre point de départ, Heidegger.

Dès ses premières pages[1], qui assurément sonnent comme l'ouverture d'une grande partition de philosophie, *Sein und Zeit* se porte en effet à ce qui, chez les phénoménologues, n'avait été jusque-là que le moment ultime : « la question », dit-il, est celle de l'être. Elle s'est trouvée prescrite dès lors que, disant étant, on en impliquait l'être. Mais elle s'est trouvée détournée parce que, disant être de l'étant, ce dire semblait aller de soi tout en restant à la fois vide et impropre. Vide, du fait qu'on retenait l'universalité du concept d'être sans voir qu'il est concept non générique mais concept d'un « transcendantal »[2]. Impropre, parce que si c'est depuis l'être de l'étant que s'impose, quelque forme qu'elle prenne, la question de l'être, tout autant il faut que l'interrogation sur l'être se garde de profiler l'être sur l'étant : geste qui serait l'héritage d'une tradition métaphysicienne contre laquelle doit être « reprise » la question.

Remarquons déjà ce qu'implique cette « répétition » de la question. Heidegger va tenter de re-définir le concept d'être en le déplaçant, en lui assignant d'être le tout-autre de l'étant[3]. Cette première décision – avec laquelle ce que nous avons reconnu comme la disjonction entre apparaître et être marque notre accord – réintroduit la question onto-

---

1. § 1 à 4. La traduction citée sera tout au long celle d'Emmanuel Martineau. Et les renvois, aux pages de l'édition allemande originale.

2. La référence aristotélicienne dans sa formulation scolastique est claire. On y reviendra.

3. La tâche est « la dissociation de l'être par rapport à l'étant et l'explication de l'être lui-même » (§ 7, p. 27).

logique au centre du philosophique : la discipline criticiste, en en barrant l'accès, n'a pas supprimé la question, et les « antinomies », si elles en indexent une époque, ne sont pas propres à interdire qu'elle soit posée à nouveaux frais. Ce n'est pas seulement possible, c'est nécessaire, si la philosophie est la discipline de la fondation.

Pourquoi sommes-nous aussitôt dans le discord ? Multipliant les distinctions dans la position de la question[1], le rechercher, écrit Heidegger, a pour orient la « libération » d'un *questionné* – à entendre comme : ce qui est en question – dont on « s'enquiert auprès » d'un *interrogé*, avec l'exigence d'une élucidation complète du *demandé* « auprès de quoi » on touche au but. Ces expressions ne sont pas innocentes : elles impliquent, c'est la seconde décision heideggérienne, que ce que nous cherchons – le questionné – est, comme susceptible de se libérer, « toujours déjà » à portée, se tenant là comme seulement dérobé : « nous nous mouvons toujours déjà dans une *compréhension* de l'être » quand bien même nous ne savons pas en fixer le concept – le demandé. Mieux, elles impliquent que le progrès dans la question n'est pas son articulation mais son « *orientation* » sur cet interrogé à qui il convient de la poser : « dans la mesure où... être veut dire être de l'étant, c'est l'étant lui-même qui apparaît comme l'interrogé de la question de l'être ». Davantage encore, à un tel interrogé pré-donné, ce qu'on peut et doit demander n'est rien d'autre que son *sens* : la question oubliée est « celle du sens de l'être », soit la compréhension de ce qu'il y a de pré-signifié dans l'interrogé. Enfin, dès lors que ce qu'on doit atteindre est la compréhension du sens propre de l'être comme celle du propre de la question posée, l'interrogé ne peut être n'importe quel étant, mais le seul étant « exemplaire », « l'étant que *nous, qui questionnons*, nous sommes chaque fois nous-mêmes »[2].

On ne peut qu'admirer le processif dans cette exposition, typique de la rigueur de Heidegger à l'intérieur de son style de pensée. Mais un tel schème est à l'évidence celui d'une tradition instrumentant la recherche non de l'élaboration conceptuelle de son objet mais de la « *remontée* » vers lui par le biais d'une interprétation du manifeste : tradition qui, dans sa reprise heideggérienne, se réclame du phénoménologique comme du « ce qui se montre en lui-même »[3], sous condi-

---

1. § 2.
2. Les italiques sont ici introduits par moi.
3. § 7, p. 28.

tion expresse qu'est à y mettre en lumière « ce qui, de prime abord et le plus souvent, ne se montre justement pas »[1] ; mais plus encore, tradition qui, dans la reprise heideggérienne de la phénoménologie elle-même, s'autorise du seul progrès de l'*interprétation*, et retient – il ne faudra jamais l'oublier – dans le champ clos de l'herméneutique son demandé. Du même trait sont récusés non seulement la constitution transcendantale husserlienne mais l'appareil même du procès discursif, seul pourtant à garantir le dépli de l'intelligible – dont nous avons assez dit qu'il ne se confond à aucun titre avec le sens – : soit ce procès où tout doit être non recueilli mais constitué, l'énoncé placé sous le réquisit de sa consistance, et la question du fondement renvoyée à ce qui doit et peut s'en argumenter.

C'est écraser l'un sur l'autre des termes impropres l'un à l'autre que prétend trouver l'être au bout de la compréhension du Soi[2], en nous interprétant nous-mêmes pour advenir au sens de l'être : en d'autres termes, demander l'être, « *transcendens* » selon les termes de Heidegger lui-même, à l'expérience que nous faisons de notre existence, dans le reclos de notre présence, serait-elle la plus « authentique », à nous-mêmes. Le présent n'est jamais fondateur, demeure toujours à déconstruire. L'immédiat est toujours en attente de la médiation qui l'articule. Que le sens même de la réponse soit prédonné vaut toujours signe que ce n'est pas la question pertinente qui a été posée. L'authenticité ne peut faire critère, qui préjuge d'une remontée au plus pur du Soi qui serait du questionnement le terme ultime, dans le temps même où questionner sur l'être prescrit de se détourner du Soi pour interroger univoquement ce qu'il y a dans toute expérience d'opération sur la matière de l'être. Enfin, comment peut-on attendre, sinon au prix d'une ruineuse confusion des instances, que ce soit à-même une intuition privilégiée du Soi que se délivre ce qu'il en « est », par définition retenu dans l'en-deçà de son retrait ? Il faut le dire abruptement : *il est de l'essence de l'existence de tenir à distance l'être.* Si le concept d'être s'impose à nous, c'est, tel que posé inauguralement par Parménide, comme l'ultime réquisit d'un discours qui ne connaît d'autre consécution que celle, argumentative, du *logein* ; il ne saurait se prévaloir d'aucun contenu subjectif ; et, dans sa récusation des prédicats

---

1. P. 35.
2. Le concept heideggérien du Soi a évidemment pour fonction d'écarter la subjectivité du Moi et de se placer dans l'universalité du *Dasein*.

d'étance, il est bien de tous les concepts celui dont se placer dans le sens permet le moins une quelconque approche. « Structurer » la question sous la forme d'une phénoménologie de l'interprétation est récuser les termes hors lesquels la question de l'être n'aurait pas même été posée, et – il faut là-dessus conclure dès à présent – ne pourra être que détournée.

Une troisième décision cardinale de Heidegger, celle qui a fait histoire, et qui « ouvre » sur leur contenu les traits méthodologiques précédents, peut, il est vrai, revendiquer la consistance d'un axiome : si la question de l'être se pose proprement à nous, et si elle ne saurait être résolue par un savoir du chosique, c'est que *nous* sommes, en posant la question, cet étant pour qui – nouvelle formulation – « il y va en son être de cet être »[1]. En sorte que c'est en rendant « transparent » *cet* étant, que pourrait être « élaborée la question de l'être ». D'un premier mouvement, nous pourrions accepter l'axiome, nous ne pourrions même que l'accepter, pour autant qu'on entendrait : les questions qui se posent dans l'immanence de la pensée sont celles qu'il lui revient de – et qu'elle peut – résoudre. Mais c'est de tout autre chose que Heidegger part : de la « compréhension moyenne de l'être où nous nous mouvons » ; non d'une « fondation déductive » mais de « la mise en lumière libérante d'un fond »[2]. Entendons que le demandé est le moins discursif de notre expérience, jusqu'au recours à ce pathique que Heidegger appelle l'« intoné » ; et qu'une « lueur » qui « fait voir » ou « délivre » est, dit-il, la clé de la vérité.

C'est bien là, de l'ontologique, la version ipséiste, toujours près de croiser la philosophie et de contaminer son procès, infléchissant le Logos au profit de l'existence et ramenant l'être à l'enjeu mesquin de la "profondeur" d'un destin. Raison de plus pour, venu au point de ce croisement, en distinguer les voies. Le porche même de ce qui, à n'en pas douter, constitue un *corpus* philosophique majeur, jette dès ce moment dans la perplexité : d'une procédure qui se donne pour analytique, faudra-t-il dire qu'elle est ici le geste du philosophique sur une problématique qui lui disconvient et qui prend à rebours sa méthode ? Le nœud est sans doute plus complexe, et il faudra à chaque moment le démêler, mais se garder de l'oublier.

1. § 4, p. 12.
2. § 2, p. 8.

Qu'enfin le « nous » de Heidegger, celui dans l'intimité duquel il va tenter de voir se dévoiler l'être, soit dit le *Dasein*, n'est pas innocent. Dire : le *Dasein* est bien évidemment éviter de dire : le sujet, avec ce qui s'y prescrit du discursif, et par là de l'onto-logique. Positivement, c'est fixer que l'enquête s'orientera au fil des seules expériences existentielles de celui qui n'est jamais sans être-là ou, s'il faut l'écrire ainsi, de l'être-le-Là. Négativement, c'est préparer le décryptage d'un « recouvrement » de l'authenticité de l'existence par son échéance quotidienne. Et positivement de nouveau, c'est attacher à cette double inscription notre destination ontologique authentique comme « dé-couvrement ». On peut dire que, ce faisant, Heidegger joue, sous le titre de l'existence, de toutes les ressources d'une étrange figure : *le vécu de l'ontologique.* Mais l'on est contraint d'admirer comment la pensée la plus aiguë se déploie dans le parti qu'il sait en tirer. Il y a chez Heidegger une constante tension entre le matériel a-critique des expériences qu'il convoque – de la préoccupation à la sollicitude, à l'angoisse et au souci, au projet et à la résolution – et la pénétrante pertinence de ce que – de la mondanéité à l'être-avec, au *Nichts* et à l'être-jeté, à l'être-pour-la-mort et à l'être-en-dette – il en élabore et qu'il tiendra pour l'existence « constituée », terme sur l'emploi duquel il faudra toujours nous tenir en garde.

Nous ne nierons pas que l'existence elle-même requiert d'être mise au travail de sa constitution[1], qu'elle doit et peut être de ce biais évaluée, quand bien même ce serait au prix de buter sur son inconsistance. Mais une constitution est suspendue – si les mots ont un sens – à l'axiomatique d'une situation, non à l'interprétation du caché dans le recouvert. Et si écrire *ek-sister* est dégager une structure, se tourner vers ses significations est se détourner de ce qui commande celle-ci, soit les prescriptions autorisant la structuration. Quant à l'être, qu'il soit dès lors au bout le plus profond du vécu – figure qui, non par hasard, amène Heidegger à citer dès les premières pages Pascal – présuppose une valeur rectrice de l'intime et un travestissement du discursif. Il est vrai qu'il nous « advient » de dire l'être ; on se gardera de dire que nous en sommes les « gardiens ». De nous, l'être n'a cure :

---

1. Caractéristique de l'ambiguïté philosophique de la démarche heideggérienne, y est le contre-emploi fréquent de ce mot sous la forme de « la constitution structurelle de la situation herméneutique ». Une *herméneia* peut être structurée, mais elle n'est jamais constituante et ne saurait prétendre l'être. Certes, la situation herméneutique elle-même peut et devrait être constituée, mais sa portée s'y avérerait aussitôt limitée.

il est ; sinon, c'est seulement ce que nous tenons pour notre avènement à nous-mêmes qu'en le définissant nous définissons.

Reste que l'insistance de la démarche heideggérienne nous confrontera, pour notre part, à des questions restées par nous inabordées : en premier lieu, celle de ce que, sans quitter la rigueur, nous pouvons avancer quant à l'*être*. Et que nous définissions – pour autant que ce mot est encore pertinent – l'être, est justement ce qui nous renverra, du sein même de cette définition, à la question de ce qui y est notre statut, soit finalement celui de ce que nous avons appelé notre "travail" du discours, travail jusqu'ici invoqué sans aucunement le fonder. À quel titre sommes-nous au discours ? Et où nous tenons-nous au regard de notre propre énoncé, je veux dire : de l'énoncé que sur nous-mêmes nous constituons ? N'est-ce pas sur ce fond que doit être, à son tour, défini l'*exister* ? Ce sont des questions que, le moment venu, il faudra affronter. Que nous nous ouvrions au discours mais comme à ce qui nous est transcendant, que le sujet ne soit que du discours, le démontrant, espérons-nous, nous avons montré que l'être, s'il se « rencontre » en faisant à l'énoncé suscription, ce n'est pas en nous mais dans l'Autre de la *ratio*. Mais que sommes-nous pour que l'Autre nous soit possible, à moins qu'il ne faille écrire : nous soit prescrit ? Le seul point, dès lors, où il soit dès à présent acquis qu'un examen consistant de ce que commande le discours rencontre le Soi, c'est – nous l'avons entrevu – que le Soi doit importer en lui-même assez d'absence à soi pour se porter au faire-acte du discursif, qu'il doit être assez inconsistant pour pouvoir advenir lui-même à la consistance de l'axiomatico-logique. Autant dire que si un trait est assuré, c'est que nous ne sommes pas sujets : nous sommes, au mieux, représentés dans le discours par un sujet quand nous parvenons à la consistance d'une énonciation qui fixe dans le discours notre site. Bref, ce n'est pas, comme le *Dasein* heideggérien, au plus intime, mais au plus *ex-time*, que nous avons chance de nous rencontrer.

Les termes de la discussion sont ainsi mis en place.

Je procéderai cette fois dans la lecture pas à pas, les « moments » de l'exposition heideggérienne – on vient d'en avoir un premier exemple – découlant chaque fois les uns des autres comme ceux d'un déchiffrement progressif et ne s'entendant que dans le respect de leur succession. Cela me contraindra à réassurer, chaque fois aussi, la vigilance critique et à progresser du même pas dans l'écart ouvert par notre chemin propre. De la lenteur qui en résultera, faire l'économie aurait été trancher des nœuds sans savoir comment les fils s'y sont emmêlés. Il faut *lire* Heidegger pour se tenir à la mesure de ce qui, à travers lui, doit être récusé[1].

---

1. Ajoutons la lecture du "dernier" Heidegger est aujourd'hui si prévalente qu'il a paru nécessaire de ramener l'attention sur *Sein und Zeit*, en tant que c'est là qu'est mise au point la "méthode" compréhensive, là que toute expérience est conduite à dé-couvrir, comme dépli de l'être-au-monde, les tonalités de l'être pour la mort et de la résolution, là qu'équation est préjugée du concept d'être et du prescrit axiologique d'authenticité : autant d'assises de la pensée heideggérienne que le « tournant » laissera intactes, serait-ce en les laissant à l'arrière-plan, et qui insignent où doit, ici comme là, être portée la discussion.

I

L'être-au-monde
et la question préalable de la méthode :
la philosophie, ses autres, et son propre *agôn*

« La compréhension de l'être est... une déterminité d'être du *Dasein*[1]. » Mais, invoquant au départ une « compréhension moyenne et vague de l'être », Heidegger bute aussitôt sur une aporie : comment s'orienter dans une expérience « pré-ontologique » de ce type ? « Insigne » est l'enjeu ; mais où trouver le « fil conducteur » ? La question ne se résoudra qu'en plusieurs temps. D'abord[2], en laissant le *Dasein* « se montrer en lui-même à partir de lui-même dans... des structures essentielles qui se maintiennent, à titre de déterminations de son être », éclairer « le sens de l'étant que nous appelons *Dasein* » ; ce moment, celui de l'analytique du *Dasein*, est de soi nécessaire, mais les voies qu'on « choisit » pour y parvenir ne le sont pas ; et le procès restera toujours entaché de ce qu'il prend son départ d'emprunts à la quotidienneté, avec pour seul projet la possibilité d'en dégager la « constitution fondamentale ». En d'autres termes, pareille analytique, enquête sur ce qui s'avère de l'existential dans l'existentiel, est seulement « préparatoire ». Second temps, la « réinterprétation » de ce qui a été dégagé, comme autorisant le passage aux « structures » constituantes du *Dasein*, autrement dit le passage à l'existential en lui-même, à ce qui doit proprement se dire « l'être du *Dasein* » ; ce moment-là est celui d'une articulation dont les structures se commandent les unes

---

1. § 4, p. 12.
2. § 5, p. 17. Tout ce qui suit, à commencer par la distinction des Première et Seconde Sections, se trouve annoncé, sous la forme la plus succincte, dans cette page.

les autres et se confirment de la relecture de l'existentiel qu'elles permettent ; il n'est cependant de nouveau que « provisoire ». Car ce qui n'a pas encore été dit, c'est justement ce qu'on cherchait : « le sens de l'être », de l'être du *Dasein* certes, mais, par delà, de l'être « en général » ; comme on sait, ce troisième temps n'a pas été écrit, non plus[1] qu'une Seconde Partie qui devait être une histoire critique de l'ontologie.

Au commencement, donc, l'analytique des déterminations cardinales du *Dasein*, telles qu'attestées dans l'existentiel.

1. *Existant et étant* ou *discours et être*

a. « L'interrogé primaire dans la question du sens de l'être est l'étant qui a le caractère du *Dasein*[2]. » Caractère double[3] : d'une part, c'est un étant qui n'a pas proprement de quiddité, son essence « réside dans son existence » qui est son « *avoir-à-être* », ses « propriétés » sont plus justement des « possibles pour lui d'être » ; d'autre part, ces possibles sont toujours des « siens » par quoi le *Dasein* « se rapporte à son être comme à *"sa possibilité la plus propre"* » : syntagme qui ne cessera de revenir et qui reformule la question du *Dasein* comme celle de son « *authenticité* ». Ces traits s'éclairent de leur opposition aux déterminations de tout autre type d'étant, doté de quiddité, dénué de mienneté, et dit « sous-la-main ». Nous n'aurons pas tout à récuser d'une description de l'existant qui y met en question la quiddité et y tient pour essentiels les possibles ; mais nous n'avons à retenir en ce premier moment que le parti qu'entend en tirer Heidegger pour une élaboration de l'ontologie primairement extraite de l'existentiel.

Tout là se tient comme réciproque. C'est pour ce que le *Dasein* est existence qu'il est celui qui doit être interrogé sur l'être et que le discours de tout autre étant ne saurait convenir à cette place. Mais c'est seulement quand vient à découvert sa destination ontologique, que l'existence est authentiquement comprise. La rupture que Heidegger entend introduire dans l'histoire de l'ontologie est au prix de ce cercle. Tout *Sein und Zeit* est orienté à le fonder ; mais on voit dès

---

1. Du moins sous la forme annoncée. Car c'est bien elle qu'on retrouvera, dispersée, dans les grandes monographies de Heidegger.

2. P. 41 (introduction à la Première Section).

3. § 9.

maintenant qu'il ne peut y parvenir que sur le ton de l'adjuration faite au *Dasein* d'être authentiquement conforme à son être.

Pour caractériser davantage cette analyse, on remarquera que le il-y-va (« il y va de son être ») se traduit aussitôt en dépli de possibles, eux-mêmes qualifiés ou non d'authentiques. Il y a choix, je me gagne ou me perds. Termes dont la tonalité peut paraître d'abord celle d'une éthique de l'avoir à être ce qu'on peut être, mais est bien plutôt, à travers l'opposition cardinale de l'inauthentique et de l'authentique, celle d'une advocation à se porter « à la mesure » du Soi. Autant dire qu'on ne doit pas ici entendre l'existence comme simple non-quiddité, ni attendre une ontologie « pure », spéculative, que le projet même l'exclut quand bien même il se donne pour « constitution d'existence » ; autant dire que tenter une disjonction entre l'être, être moi-même, et advenir à l'authenticité mienne, serait impossible. Croisement résolu du champ ontologique et de la vocation sotériologique.

Ce qui, dans le même temps, se réclame là de la tradition phénoménologique – transposée – est l'insistance mise sur le refus de privilégier initialement un mode quelconque de l'existence ; le *Dasein* « comme il est », dans sa « médiocrité », ne doit pas plus qu'un autre des possibles être perdu de vue. Certes, le « quotidien » est pour nous, au regard de l'être, « le plus lointain » ; mais c'est parce que nous ignorons l'être en nous ignorant nous-mêmes ; et, à la vérité, le quotidien enferme sans l'apercevoir, parce qu'il le « recouvre », ce qui se « libèrera » comme la structure de l'existentialité, et qui est « le plus proche ». L'à-être s'inscrit déjà dans l'oubli de l'être, et donc dans l'inauthenticité. Il apparaîtra même que c'est justement de notre être médiocre qu'il est non seulement pertinent mais exigible de partir. Argument qui consonne avec les précédents[1]. Pour résumer : entre existence et étant quelconque, le rejet ; entre existence et être, un cercle ; entre le quotidien et l'authentique, l'injonctif.

D'emblée, nous tenons, dans ce que nous venons d'appeler le rejet, la divergence maximale de deux problématiques.

Que l'existant fasse exception dans l'étance, on n'en peut disconvenir ; et pas davantage de ce qui noue son interrogation sur l'être à son y être en exception. Mais qu'il ait chance d'encontrer l'être au fil de lui-même est justement ce que la définition patente de l'existence, ou

---

1. *Etiam peccata...*

plutôt ce qui d'emblée s'indexe – nous le montrerons – comme son *indéfinition*, exclut. Qu'on prétende saisir l'être comme ce qui manque à l'existence, ou plus subtilement comme ce à quoi elle ne cesse pas de manquer[1], c'est encore approprier l'être à l'existant[2] ; et il ne faut pas céder sur ce qu'a d'impropre cette appropriation. De ce qu'il revient au *Dasein* d'avoir à connaître du conceptuel et à y poser la question de ce qui ne serait qu'un mot vide si ce n'était pas le nom de l'ultime concept requis par l'étance, on est certes fondé à induire qu'il lui revient d'indexer l'être, et par la détermination d'un argument consistant. Mais c'est tout autre chose que recouvre l'appropriation heideggérienne de l'être à l'existant : à savoir, que celui-ci « est » la clé de l'être en lui-même, par une inversion de ce qui le fait n'être au concept que pour ce qu'*il n'est lui-même à l'être que par défaut*. Aucun étant singulier n'inclut l'être comme son propre, et moins qu'aucun autre celui que l'existence marque du manque ; aussi bien cela obligera-t-il Heidegger à demander, pour finir, si être est concept « universel ». Enfin, que la question de l'être devienne, sur le fond de l'inversion qu'on a dite, celle du salut du Soi, fait preuve irréfragable d'un détournement radical. Concept ultime s'entend pour : requis par tous les autres, fond qu'il n'y a nul lieu de faire glisser à fonds et de là à fondateur.

Suit de là qu'où nous maintiendrons que le cheminement requis est celui de *l'induction logique sur la consistance de l'étance*, l'orientation prise du *Dasein* implique qu'on s'est dès l'abord détourné de l'étant. Ce que nous avons reconnu dans le perçu comme la *disjonction* de l'être à l'apparaître, se fondait sur ce que l'apparaître, d'un même trait, détermine ce qu'il en est *de l'étant* et requiert *pour l'être* le soustractif de toute consistance. Que dire "la constitution de l'étant" soit se tenir à ce que tout étant consiste, induit que c'est de là qu'il faut repartir, que la différence ontico-ontologique doit trouver là son accroche, et que c'est dans le renversement du lien définitoire de l'étant que doit être cherchée une détermination propre du concept d'être : autrement prescrit, mais prescrit toujours, par la procédure que le site logique introduit[3]. Inversement, la question de son être ne

---

1. Soit respectivement les « définitions » de Sartre et de Heidegger.

2. Soit ce dont sera l'inversion la démarche de Merleau-Ponty.

3. On se rappellera que Badiou fixe l'écart ontologico-ontique comme étant celui du *Mathématique*, soit des axiomes du pur Multiple, et de la *Logique,* soit des relations constitutives de l'apparaître déterminant chaque fois l'être-là d'un Un (l'étant) parmi d'autres Uns, sous le prescrit de la consistance d'un monde. J'écris pour ma

pourrait plus se voir pertinemment posée pour l'étant, si la question, qui le requiert, de sa consistance était *a priori* récusée.

Au rebours de quoi, c'est entre *quiddité de l'étance* et *avoir-à-être de l'existence* que Heidegger fonde la disjonction ; et bien qu'il désigne constamment l'homme – l'existant – comme « cet étant qui... », il n'y a en réalité pour lui aucune chance de remonter de l'étant à l'être, tant que le premier se dit de ce qui n'est pas l'existence. C'est un des points dont il ne démordra pas, tenant dans la seule existence l'opposition du quotidien, qui se pense encore sur le mode de l'étant « sous-la-main », et du pouvoir-être qu'une compréhension authentique de l'existence peut « dé-couvrir ». D'où s'infère au moins ce que, dans les termes de Heidegger, n'est pas l'être – il n'est pas « libéré » mais bien plutôt égaré tant qu'on le cherche dans l'apparaître –, et commence de s'inférer ce qu'il est supposé – l'exact synonyme de l'interprétation existentiale de l'existentiel. La coupure entre étant et être est cette fois radicale, infranchissable. Ce n'est plus une différence intra-logique, mais de vection ontologique.

C'est dire qu'où nous cherchons dans la différence axiomatique le *passage* rationnel entre apparaître et être, restituant l'intelligibilité de leur disjonction, Heidegger *exclut* qu'il y en ait un, abandonnant l'univers des étants à un quelconque peu d'être qui n'a chance de s'élucider qu'une fois déterminé l'être du *Dasein*[1]. Il est vrai que, même du point du Logos, on peut également récuser le passage, soit qu'on assigne à l'être l'Unité absolue à quoi répugne tout partage, soit qu'on renvoie l'être au chaos qui répugne absolument à toute indexation, fût-elle soustractive. Mais c'est dans les deux cas n'avoir plus qu'à buter sur l'être comme sur le disjoint de ce qui autorise la pensée elle-même. Au moins voit-on par là que tout doit se tenir : ce qui se dit de l'être et ce qui se dit de ce qui n'est pas l'être mais qui, à un titre quelconque, est cependant. Si, comme l'écrivait Heidegger en commençant – pour se dédire aussitôt en spécifiant par le *Dasein* l'étant pour qui « il en va » –, la question est celle de l'être de l'étant, alors on ne saurait passer outre ce qui prescrit l'être à l'étant, à même l'étant.

---

part « la logique » sans référence à cette opposition, en laissant au terme toute sa généralité, chaque fois que le contexte n'impose pas de distinguer Axiomatique et Logique.

1. § 10, p. 46.

b. Le dispositif heideggérien n'en pose pas moins une question qui doit être retenue, quand il argumente la pertinence de l'orientation de la question de l'être sur le *Dasein* par l'insuffisance des concepts traditionnels de sujet et d'être [1]. Quand, écartant toute assimilation avec une ontologie du *sujet*, il écrit que le *sum* du *Cogito* y reste inélu-cidé, que ses *cogitationes* échouent, comme lui étant propres, à couler leur être sur celui de l'étant, enfin qu'inversement ne suffit pas, pour échapper à une réduction du sujet à l'étant, de dire le sujet insubstan-tiel – toutes objections qui, contestant en ses fondations l'appareil post-cartésien de la pensée, entendent contester qu'aucune production consistante de l'être puisse être attendue du discours qui y prétend –, nous ferons d'autant moins objection à ses critiques qu'elles sont aussi bien celles que commande en vérité le concept du discours. Lequel s'est entièrement dégagé de la problématique de la conscience, par-tant, d'un écrasement du logique sur la *cogitatio* ; a si peu à connaître des apories de la substance, qu'il récuse pour le sujet d'autre statut que celui de fonction ; et détermine l'être de l'étant comme cela seule-ment que *suscrit* chaque fois à son site l'énoncé consistant. On voit bien qu'il y a loin de la définition cartésienne de l'être – d'ailleurs guère élucidée, comme l'écrit Heidegger – à la nôtre, et qu'en disant sujet, nous avons depuis longtemps quitté le *Cogito*.

Cela acquis, les mêmes critiques d'une ontologie construite sur l'im-manence de l'être au *Cogito* conduisent, comme on peut s'y attendre, à des conclusions opposées. Le *Dasein* étant lui-même le phénomène ontologique qu'il a à élucider, il faut lui objecter qu'il ne fait pas plus que se substituer au *Cogito* dans un autre style : au prix supplémen-taire et d'interdire que de l'être, tenu dans l'exister, soit formé un concept se suffisant à lui-même, nécessaire de par soi, et d'enfermer le problème ontologique dans le cercle où tout comprendre fait renvoi à un se comprendre. Nous objecterons que c'est le réquisit de consti-tution, le seul à l'aune duquel un concept peut se dire complètement déterminé, qui permet d'évacuer la problématique de la conscience, l'impasse de la *cogitatio,* et le fantasme de la substance ; et de remettre en place étant, être, discursif et sujet. Aucune immédiation à soi, aucune fascination de la mienneté, aucun effet de sens, mais conduit le procès du Logos sans ce que le cartésianisme en laissait inélucidé.

On aperçoit alors que la critique anti-cartésienne de *Sein und Zeit*

---

1. § 6 et 20.

est, quant à elle, bien plutôt une argumentation polémique adossée à la coupure entre *Dasein* et étance, dictée par la résolution de ne faire fond que du premier, et de conduire par là à une appropriation du concept de l'être à ou par l'existence. Que le *Dasein* – et il faut prendre garde que Heidegger invoque significativement ici la « personne », opposée, il est vrai, au « psychique »[1] – requière un type propre d'analyse, reste assurément une possibilité ouverte : dont il faudra discuter la légitimité. Ce qui apparaît dès à présent exclu est que le privilège ontologique que Heidegger entend lui attribuer soit aucunement fondé par une critique délibérément réductrice de ce que le cartésianisme réinstituait et qui reste à poursuivre : une ontologique.

c. Précisons, *a contrario*, ce que, de l'appareil logique du discours, nous sommes légitimés à attendre. Ce sera fixer le cadrage de ce que peut, délivrée de toute autre pétition, l'ontologie, acquise la ponctuation d'une *quadruple détermination de la procédure ontologique dans les limites de son statut de discours*.

D'abord, une distinction capitale que nous n'avions, jusqu'ici qu'ébauchée : *le discours* – non comme acte d'un discourant mais comme énoncé de l'intelligible – *ne requiert pour lui-même ni l'être ni l'étance* : il les énonce et en poursuit la constitution ; il en écrit le bâti. Que sa décision pose et ce qui revient d'être à l'étant et ce qu'est l'être en lui-même, n'implique pas – au rebours des existentiaux heideggériens – qu'elle soit elle-même dans la dimension de l'être ; pas plus – pour faire image – que le fait matériel dont rend compte une équation de physique n'est dans l'écriture qui en fixe le mathème. Pour le dire plus strictement : que l'être soit au discours comme l'en-deçà de ce dont le discours produit la consistance dans le faire-un de l'étant, *exclut* à l'évidence *que le discours "soit"* ; que l'in-consistance de l'être appartienne au discours – in-consistance à ne pas confondre avec les apories du discours –, ce serait, sans plus, le non-discours. Qu'à l'étant que nous sommes, la mise au travail du discours appartienne, ne saurait davantage entraîner le discours lui-même dans l'étance : c'est pourquoi, depuis le début, nous le disons transcendant. Et si le

---

1. § 10, p. 47-48. Il vaut la peine de le noter : Heidegger tient là le *personnalisme* pour une approche préalable, un précurseur, auquel il reproche seulement de ne pas avoir posé la question de l'être de la personne.

discours ne tient à l'être que par ce qu'il en énonce au soustractif de l'étance, il va de soi qu'il ne peut en aller autrement d'un sujet qui n'y a détermination que de fonction. Bref, le discours est cet énoncé qui produit, sous la prescription d'une axiomatique et de la logique qu'elle commande, tout ce qu'il y a d'être et d'étance dans l'ensemble du pensable, *sans avoir à relever lui-même de l'être ni de l'étance*. De là qu'il peut à la fois prescrire, de soi, une écriture entièrement "formalisée" et prescrire tout ce qu'il y a, pour la pensée, de fondé dans le phénomène et en-deçà ; de là qu'à la fois il n'est pas *du* "monde" et qu'il énonce, tout ce qui est *dans* le "monde". Ou : il n'y a pas nécessité qu'*il* "soit" pour qu'en et par lui *soit* tout ce qui est, et tout ce qu'a d'être ce qui apparaît.

Que le discours assure ce qu'il y a d'être et d'étance implique, en revanche, que c'est en cela même qu'« il en va » d'eux. Faut-il en conclure qu'en avérant le "que soit" de l'étant, le concept rend intégralement transparents et le "que soit" et le "que soit l'étant" ? Nous l'avons dit : l'ontologique est réciproque de l'apophantique. Il a pu sembler qu'une telle exigence impliquait déduction de la nécessité pour l'être d'être (Spinoza) et celle (Leibniz) pour l'étant d'être tel qu'il est : ce fut, comme on sait, la croix de toute ontologie discursive, de tout argument ontologique. Nous nous garderons d'aventurer un tel programme où, sans doute, le discours s'excède lui-même. Il nous suffira de nous tenir dans les *limites* de ce qui s'offre à l'apophantique. L'être est réquisit de la transcendance du discours, et nous n'avons rien à en dire qui déborde ce que requiert la constitution de l'étant, où s'avère l'ubiquité conceptuelle de l'être *possible*, mais non qu'exige d'être tout étant dont se prononce la consistance[1].

S'en suit qu'il ne faut pas dissimuler le *factum* : nous savons d'abord qu'*il y a* et *ce* qu'il y a ne se laisse pas déduire. Qu'il s'avère constituable est le point où nous nous arrêtons. Qu'il soit tel et tel reste, au regard de la nécessité intra-discursive, factice. En sorte que le discours

---

1. On notera 1. que les passages aux limites qui ont entraîné la critique de la métaphysique ont là leur origine : tout le réel est rationnel, mais tout le rationnel n'est pas effectivement réel ; 2. que retenir cette critique de la – ou plutôt d'une – métaphysique n'est aucunement faire appel au transcendantal, mais demeure d'argumentation purement conceptuelle ; 3. que cette limitation du pouvoir de l'intelligible à fonder le réel comme existant qui aurait aussi bien pu être non-existant, et comme une réalité parmi d'autres possibles, est sans doute la seule définition non triviale du matérialisme.

prend acte de ce qui est *le brut du là*, le nôtre inclus. Qu'avons-nous fait jusqu'ici ? Rien de plus que reconnaître dans la discursivité du perçu, qui *est là*, la consistance de l'apparaître comme son étance : rien d'autre ne se laissant penser comme l'être factuel de l'arbre que ce dont il fait consistance. Nous ne cherchions rien de plus : car qu'en ce sens l'arbre *est*, c'est – n'en déplaise à Heidegger – une évidence, celle même du perçu. Si l'on demande ce qu'il y a d'intelligible dans *être* à l'intérieur du syntagme être-de-l'étant-là, la réponse du perçu est sans équivoque : l'étant fait consistance d'un divers qui est détermination matérielle de l'inconsistance. Nous en sommes restés là en nommant l'empirie. Et ce là ne va certes pas sans faire question d'un : en quel sens le divers est-il lui-même, pour spécifier l'inconsistance dans la matière d'un perçu ? Nous n'en savons rien dire avant le moment où le perçu vient à consister. Tout ce que nous connaissons comme étant consiste ou cherche à consister, ce qui s'entend : fait consister de l'inconsistant ; l'être de l'empirie est dans ce nœud, non d'un de ses fils ou de l'autre.

Ce que nous avons appris du perçu commande enfin de récuser que le discours ontologique soit monologique : par énoncé sous le réquisit d'une axiomatique, exclusion est faite d'un formalisme vide ; l'analyse du perçu a attesté que des couches d'expérience différentes requièrent pour se constituer des axiomatiques plurielles, commandant des sémantiques différentes ; et puisque, de surcroît, existant – *Dasein* – il y a, on peut attendre que son faire-un soit de structure encore différente ; la formalisation est chaque fois celle qui assure la consistance d'*un* mode de l'inconsistance, qui déjà est devenu le "sien". Autrement dit, la consistance du discours n'est pas sa subsomption à une loi uniforme. Nous devons, en conséquence, récuser le singulier du logique. Ce pluriel est aussi bien ce qui permettra, ayant reconnu ce qu'a d'être l'étant, de venir à l'être lui-même. Que le discours puisse s'assurer de dire chaque fois l'être de l'étant, *n'induit pas que l'être se dise dans une seule axiomatique de la constitution.*

Tout cela, qui forme, si l'on veut, la dialectique du discours et de l'être – que le discours ne "soit" rien de ce qu'il constitue, que le discours ne puisse résoudre de l'être plus que ce qu'en commande la constitution de l'étant, qu'il faille le supplément factice du divers pour que vienne à la constitution l'étance effective, que soit requis du discours plus d'un mode de constitution – détermine les limites auxquelles est soumis l'argumenter ontologique. Mais ces limitations se retournent en autant d'assurances d'un discours ontologique qui fixe ses procédures dans la rigueur de ce qu'elles sont autorisées à produire, traçant les réquisits logiques conjoints d'une détermination de l'être et de l'étant.

Entre le questionner heideggérien et le logique du discursif, il y a toute la distance entre l'appartenance – qui vaut cercle – de la réponse à la question posée, et la tenue en soi d'un énoncé : qui, précisément parce qu'il n'"est" pas, peut assurer quelle intelligibilité est résolutive de l'être, et que c'est tout ce qu'en peut dire, mais rien que ce qu'en peut dire, le logique même. Brutalement dit, l'être requiert et mérite l'intelligible, mieux qu'une quelconque appropriation.

2. *L'être-au-monde* ou *qu'à l'être disconviennent l'Un, le Tout, et l'Immédiat*

a. Qu'est-ce qui, par Heidegger, est proposé comme le point de départ « correct » d'une analytique du *Dasein*, correct parce que s'y laisse aussitôt comprendre à-même la quotidienneté de l'existentiel une constitution d'être[1] ? L'*être-à*, aussitôt spécifié dans le « phénomène unitaire » de l'*être-au-monde*.

De soi, l'être-à est typiquement un existential, où il faut comprendre « à- » comme le « séjourner auprès », par opposition au seul « dans » qui, comme relation d'inclusion, reste de l'ordre de l'ontique-chosique. D'un côté, les « catégories » classiques, ontiques et non ontologiques ; de l'autre, pour elles « insaisissable », le « *discernement* d'une structure d'être originelle du *Dasein*, dont la teneur phénoménale doit gouverner l'articulation des concepts d'être »[2].

C'est d'abord un fait purement existentiel qu'« au *Dasein* appartient essentiellement l'être *dans* un monde »[3] ; il implique déjà que la compréhension du *Dasein* concerne « coorigiinairement » celle du monde ; mais surtout il « ouvre » la question « en quel sens le *Dasein* est-il auprès du monde ? » Bref, il nous oriente sur « la constitution d'être que nous appelons *l'être-au-monde* ». Entendons que nous ne sommes pas sans être au monde ; que c'est comme être que, propre-

---

1. Chap. II, § 12.
2. § 12, p. 54.
3. § 4, p. 13 (souligné par moi).

ment, nous y sommes ; et que c'est depuis ce « nous y sommes » que nous pouvons nous « enquérir de la structure ontologique du "monde" »[1].

Décision philosophique majeure : en excluant que le Soi puisse se rencontrer à part soi, qu'il tienne en lui-même sans tenir au monde, Heidegger se délivre de l'exclusif *intimior intimo meo* dont sa démarche est, dans son essence, si proche ; négativement, il se met à l'abri du reproche de s'enfermer dans le reclos de l'idéalité ; positivement, il impose une nouvelle définition de l'intentionnalité qui non seulement lui donne une portée immédiatement ontologique – le monde *est là* avec le *Dasein* –, mais exclut que l'être lui-même – le *Dasein* – soit sans être hors de soi : *ek-sistant* est à prendre à la lettre. Tu ne te trouverais pas si tu ne te cherchais voué au dehors. Enoncé qui a fait date, qui refonde ce qui n'avait été qu'à peine élaboré comme nécessité pour *l'intimité* de la conscience de "poser" *l'extériorité* de la réalité ; énoncé qu'il ne saurait être question pour nous, sauf à en déterminer les conditions, de récuser.

Convenons que l'existence est en effet, et que le perceptif est par excellence sur le mode du *à-*. Encore faut-il mesurer au plus près ce que Heidegger introduit là. La structure de à- peut paraître, de prime abord, une autre figure de la structure de la conscience, définie par toute la Phénoménologie comme conscience « de », et mieux encore « de » l'objet noématique. Mais elle va beaucoup plus loin et surmonte la dyade sujet-transcendance de l'objet, pour autant que le monde est désormais cet extérieur vers quoi l'existence est portée comme à ce qui fait condition intérieure de son être même, et qu'exister doit dès lors se dire quasiment en un seul mot être-au-monde. Le pas est considérable, mais comment s'articule-t-il ?

Le fait est que prononcer être-au-monde ne règle pas tous les problèmes. D'abord, rien n'est, méthodologiquement, fluide comme le champ de la compréhension, ce qui s'y éclaire et ce qui lui échappe étant le même tout en ne cessant pas de s'opposer. À preuve ici le procès qui part de la quotidienneté du *Dasein,* vécue comme un moment de la « *mondialité* » où le monde reste pensé sur le mode de l'étance et y entraîne avec lui le *Dasein*, pour la ramener peu à peu à se comprendre comme un recouvrement de la « *mondanéité* » où le

---

1. § 12, p. 53.

monde se trouve lui-même rapporté à l'être propre du *Dasein*. Le comprendre et l'incompris sont alternes mais *sur la même ligne*, de sorte qu'ils n'ont pas de repère tiers pour, par delà le bougé des inter-prétations, trancher de ce qui doit les départager. C'est pourquoi une caractéristique du mode d'exposition heideggérien est que les avan-cées fondamentales y sont chaque fois assénées par leur seule force affirmative et l'illumination espérée d'une interprétation « *a priori* »[1] de ce que doit être, si elle est, la constitution du *Dasein* – soit ici le saut de « dans » à « auprès de », et du Soi-rapporté-à au rapporté-au-Soi – ; mais le coup de force compensé par l'acharnement avec lequel est examiné jusque dans le détail ce qui, dans l'expérience inauthen-tique, convient avec cette interprétation et atteste ainsi de sa « possibi-lité ».

Davantage : passée la corrélation de qui est ouvert-à et de ce qui lui est ouvert, qu'est-ce qui va ontologiquement définir, à l'intérieur du syntagme être-au-monde, la *face* monde et la *face* du proprement vécu comme le « mien » en son « inhérence » ? Rien d'autre, doit-on semble-t-il entendre, que l'opposition entre le *comprendre*, qui est le possible propre de l'existant, et ce qu'il comprend comme ce à quoi *cette possibilité-là manque*, Heidegger se gardant – si l'on excepte quelques références dispersées à la conscience – de toute détermina-tion supplémentaire. l'« intuition » de ce qu'est comprendre – nou-velle figure de la réflexivité – constitue donc le fond sur lequel le monde, comme étant sans plus, et le *Dasein*, comme mien, vont faire l'objet de lectures alternes sous l'accolade « originaire » du syntagme être-au-monde. Que nous verrons se remplir plus loin, mais sans que soit jamais abordée de front la question de la dualité des faces qui s'y trouve du même mouvement annulée et conservée : constat laissé en somme au sens commun, repris sous la forme philosophique de la remise de l'être-au-monde à la facticité de l'exister.

De là que Heidegger renverse la question en un : « *qui* » *suis-je*, pour être comme être-au-monde ? sans demander si la structure être-au-monde est de soi suffisante pour s'expliciter et fonder le *Dasein* comme « qui », doté de son « éminence » de qui : affirmant sans plus qu'en « l'*étant* qui est selon la guise de l'être-au-monde » est avérée une différence radicale d'avec l'étant sous-la-main. Et certes une chose

---

1. *Ibid.*

n'est pas « à » une autre chose. Mais déjà il faudrait s'aveugler pour ne pas voir qu'un animal est lui aussi au-monde, lui aussi "concerné" par le monde comme monde où il s'oriente et qui le préoccupe, fût-ce sous une forme plus ou moins confuse[1]. On ne peut dès lors accorder que s'il y a un point qui fait césure, il ait été bien localisé. Il en va là comme de la conscience : il y a de la conscience animale, et il faut se décider à reconnaître que la conscience est encore une catégorie – difficile à cerner, certes –, de l'étant. Heidegger objecterait : oui, mais nous sommes les seuls à apercevoir que dans « être-au-monde » il y a « être ». Assurément. Mais c'est bien la preuve que nous l'induisons non parce que nous sommes au monde, mais parce qu'avant d'être au monde, *nous sommes* plus essentiellement *au discours*. L'étance-au-monde est, dans le monde, la chose la mieux partagée, et seul le pouvoir de la constituer constitue le *Dasein* comme tel. En sorte que la conclusion heideggérienne se trouve méthodologiquement précipitée, le « qui » devoir changer de lieu et se reporter sur le syntagme imprescriptible, lui, de l'*être-au-Logos*. Si par le biais de ma facticité je suis étant comme à-, on ne voit pas comment je viendrais à l'énoncer autrement que par mon accession au *logein* dont nous avons marqué que c'est à lui seul qu'il revient d'indexer l'être en faisant fond de cela même que, quant à lui, comme discours, il n'"est" pas, mais que, du même trait, il avère ce que l'être, tel qu'il le suscrit à mon étance au monde, est.

De l'à- lui-même, qui devient dès lors structure *conditionnante* de ce que nous avons reconnu comme notre être "à" l'Autre, et dont la mise en lumière devient dès lors ex-plication de la seule situation véritablement fondatrice, il convient donc de dire que ce qu'il ponctue et qualifie est notre advenue au discursif. C'est seulement comme déterminés par *la situation "énoncé"* que et l'ouvert et ce sur quoi il ouvre peuvent exciper ultimement chacun de sa place et de ce qu'il leur revient d'y être. Seule cette situation-là, sur laquelle nous reviendrons longuement plus loin, permet d'articuler, comme un moment de son appareil structurel, à quel titre nous sommes "à" son matériel multiple, ce que nous sommes pour y être, et ce qu'il est pour que nous y soyons. L'être-au-monde est impropre pour distinguer et arti-

---

1. Comment, serait-ce en tenant compte de tout ce qui, par ailleurs, spécifie le *Dasein*, admettre une phrase comme celle-ci : « Seul un étant pour lequel en son être il y va de cet être même peut prendre peur » (§ 30, p. 141) ?

culer principiellement ce que l'à- conjoint : *ce qui est porté par l'à-, ce n'est pas le Dasein et le monde, mais l'étant que nous sommes et le Logos, sous l'accolade de la situation de discours.*

Nous pouvons alors revenir à la question, laissée par Heidegger hors-champ, de ce qui détermine l'un au regard de l'autre, dans la rigueur chaque fois de leur corrélation, le *Dasein* et le monde. Pour constater qu'elle était en effet insoluble prise dans l'indétermination du syntagme compréhensif, auquel manquait ce *troisième terme*, le Logos, l'Autre, seul à départager pertinemment en chaque occurrence le champ entre *l'énoncé*, un *qui* dont le travail le supporte, et la *situation* qui fait l'objet de ce travail. Manquant l'instance tierce de l'énoncé, le « qui » qui est-au-monde ne peut être autrement spécifié, et l'articulation interne de l'être-au-monde ne peut que rester indéterminée ; c'est dire que la compréhension y est substantiellement insuffisante ; et c'est pourquoi Heidegger est chaque fois contraint de *préjuger* de son articulation en se portant à l'existential du Soi avant de le retrouver dans l'existentiel du On.

b. Ancré dans la pré-compréhension du « phénomène "monde" », Heidegger non seulement récuse, pour la question ontologique, la nécessité d'un point de départ « catégoriel » et non compréhensif, mais reproche au départ déductif le présupposé, et la responsabilité, d'une définition de l'« aviser le monde » qui signerait l'erreur de la métaphysique : dans et par une saisie, sans plus, de l'étance du monde, aveugler que, pour le « qui » de l'être-à, le monde est « ce *"où"* [il] "vit" », et que, du point de l'être-au-monde, loin qu'il y ait priorité de l'étance, c'est bien plutôt l'être du monde qui précède l'étance du monde. Prétendre chercher l'être de l'étant sous-la-main comme tel serait donc manquer la césure entre ontique et ontologique. Laquelle césure requerrait la procédure alterne : partir de l'immédiateté du séjour « auprès » des choses et relever dans la mondialité la mondanéité comme « le moment structurel "monde"...dans l'être-au-monde » : soit, pour l'étant lui-même, un mode « ontologico-existential » du *Dasein*[1]. Au regard de quoi le seulement inspecter serait un « recouvrement », un « retrait », qui ne saurait être adéquatement compris que comme – déceptivement dit – une « modification de l'être-à originaire ».

---

1. Ch. III, § 14, p. 63 et 65.

Reprenons la discussion de ce nouveau biais. Que – mettons – la conscience vise originairement un dehors – l'objet de Husserl, le monde de Merleau-Ponty, le sous-la-main de Heidegger –, cela n'autorisera jamais que sa détermination puisse faire tout aussi « originairement » exception de ce qui détermine le *dehors en tant que tel*, ni qu'il y ait un autre dehors que la transcendance de sa consistance, seule à faire constituable le dehors : dès lors, *seule véritable dehors*. Le monde, tel que l'invoque Heidegger, ne cesse pas d'être le monde en soi du connaître, quand bien il n'est dit que celui de l'être-à. Et comment serait-il à-, s'il n'était pas ce monde dont le connaître délivre la clé ? Le constituer ne "crée" pas le monde, certes, mais il l'énonce ; s'il y a erreur quelque part, c'est bien dans la prétention qu'on peut se retourner sur l'être-au-monde abstraction faite de ce que le monde n'a pas même un commencement de définition hors de sa constitution. Erreur dont suit ce paradoxe : ce dehors qu'introduisait l'être-à se trouve aussitôt renversé dans ce qui est en définitive l'être en repli sur soi de l'existence. La démarche heideggérienne, se portant d'emblée, sous les espèces de l'être-au-monde, au questionnement du « qui » cherchant, en interprétant celui-là, à soi-même s'interpréter, se condamne à ne produire de l'être du monde que ce qu'en retient l'infatuation de l'*anthropos* : singulier renversement de ce qui fut produit à l'aurore du philosophique comme l'ultime intelligible, devenu du même trait impuissant à rendre raison de son intelligibilité[1].

Rien n'illustre mieux ce retournement que l'ambivalence de la saisie « purement ontique » du monde dans l'appareil heideggérien. Elle « fonctionne... comme le mode primaire de l'être-au-monde sans que celui-ci soit connu comme tel » : expérimentant ontiquement comme « rencontre » ce qui ontologiquement est « faire encontre ». Mais ce que nous ne « voyons » pas nous est pourtant – il faut retenir les termes – « connu *préphénoménologiquement* »[2]. Le non-voir est, au plan de notre facticité, inévitable, « fatal » ; mais il faut entendre qu'un tel « recouvrement » est aussi toujours « vu » – reconnu – par le *Dasein* comme le recouvrement qu'il est. En sorte que l'erreur d'interprétation serait finalement le point de départ prescrit à l'interprétation

---

1. Comme quoi on a bien tort de faire argument d'un « retour » proclamé aux Présocratiques, et combien il est arbitraire de se placer sous le jugement valorisant du pré-.

2. (Souligné par moi.) Autrement dit, seule l'interprétation ontologique est proprement phénoménologique.

authentique. Geste où, encore une fois, se conjoignent l'herméneutique et l'ipséisme, qui fait illusion d'argumentation en ce qu'il revendique le dé-couvrement d'*immédiations déjouant le médiat* : à quoi il faut répondre que l'argumenter ne saurait trouver de répondant sans un procès où *toutes les médiations s'avèrent constituantes de l'immédiat.* Si la destitution de la dyade a été pour nous une étape propédeutique nécessaire, c'est parce qu'elle interdisait la constitution de l'apparaître en lui-même, comme médiat en lui-même ; et c'est parce que nous n'avons rien requis d'autre que l'analytique du perçu que nous avons pu, non pas préjuger en la débordant mais y induire, avec sa constitution axiomatico-logique, le moment de la position d'être comme étant.

Destitution de la visée de l'étant « sous-la-main » et invocation d'un préphénoménologique qui d'emblée le déborde pour faire index non d'un transcendantal mais d'un phénomène d'être propre au mien : la rupture avec Husserl a chez Heidegger sa place en ce point[1]. Et c'est cela que dit, en vérité, l'être-au-monde : dans la dénégation du constituer le monde. Dénégation où nous dirons que l'être est d'autant plus perdu qu'il est donné pour le vrai immédiat.

Mais aussi bien c'est là que réside la force impressionnante de Heidegger : dans la *constitution* d'une conceptualité différente, sur l'habiter, le familier, l'autrui, la contrée..., qui sont autant d'expériences où l'existential s'annonce préphénoménologiquement dans l'existentiel, et qui requièrent à leur tour l'analyse. On ne récusera pas celles qu'il propose, qui sont magistrales. Et l'on se trouvera alors devant le dépassement d'un dilemme qui semblait simple : voici que l'alternative constituer ou comprendre, telle que nous l'avons jusqu'ici rencontrée, apparaît se défaire devant l'affirmation qu'est possible une constitution propre du comprendre. Soit que l'être-au-monde est une *structure*, qui en commande une série d'autres, et qu'à ce titre elles ne diffèrent pas de ce que nous avons reconnu comme l'articulation d'une situation ; que chacune de ces structures se noue dans ce qui fait con-sister ses termes, à commencer par la con-sistance du *Dasein*

---

1. Rupture qui revêt implicitement dans les énoncés des § 12 et 13 une violence dramatique. On retiendra comme indexant le point même de la rupture la note, p. 62, où E. Martineau souligne l'homonymie d'*accueillir* (par Heidegger opposé à faire-encontre) et *percevoir* dans *Vernehmen*, lui-même construit comme *per-cipi.*

et du monde ; et que ce qui se noue ainsi peut être produit chaque fois comme le dépli d'une même proposition sur l'être.

Il ne faut pourtant pas s'y tromper, et la divergence demeure pour ce qui n'est qu'improprement qualifié de « constitution » : la relation n'est plus du faire-un d'un multiple local à un autre, et de son énoncé au sujet et à l'être, mais *de l'Un-Tout du Dasein à l'Un-Tout de l'étance* ; et ce qui y est inclus – plutôt que posé – n'est plus ce qu'a d'être l'étant mais le dé-voilement *de l'être même*. Soit, gouvernant la compréhension, le renvoi de la constitution à une thématique de l'Un, supposé sans discussion caractère du *Dasein* en son essence ; au Multiple, substituée la Totalité ; et le progrès de l'ontique à l'être court-circuité par une saisie directe, à-contre étant, de l'être. Or, sur chacun de ces points, la procédure constituante nous a appris à faire opposition. L'être-Un du *Dasein*, tout au long implicitement présupposé, et explicitement formulé à travers la recherche rectrice d'une « structure totale » du *Dasein*, est, au plan analytique, un postulat métaphysique que rien ne vient conforter, que même l'expérience ne cesse de dénier, et que finalement le statut souscriptif du "sujet" au *local* de l'énoncé interdit de constituer : *l'imposition de ce postulat de l'Un-Tout du Dasein suffirait à elle seule pour assurer la ruine de la phénoménologie heideggérienne.* Avancer la Totalité – nous l'avons montré longuement, il nous faudra pourtant y revenir –, est manquer à un prescrit de la pensée, qui ne constitue que du local, et ne saurait donc refermer l'apparaître, non plus que sommer une existence dont la caractéristique ontico-ontologique même est l'évanescence. Précipiter sans médiation la compréhension de l'être à-contre les réquisits articulés de l'étant, est faire fi d'un pluriel qui ne tolère pas de cheminement sans disjonctions et décrochements : la question de l'être n'est prescrite que comme inscrite dans le long procès, et diversifié, des médiétés de l'étant[1]. Conclusion : une « constitution existentielle » n'est possible qu'au prix de manquer aux réquisits fondamentaux de la constitution. Ce ne peut être, pour enveloppant qu'il soit, qu'un détournement de la constitution.

---

1. Démonstration *a contrario* : on ne peut établir *a priori* le concept d'être, comme fait Badiou posant que la mathématique est l'ontologique, que sous la prescription du *Multiple* des éléments et parties, définitoires pour l'axiomatique ensembliste ; et l'on ne peut sur ce concept de l'ontologique produire le mode de multiplicité définitoire de l'apparaître qu'en *supplémentant*, comme il le fait, l'axiomatique de l'être par la logique de l'apparaître, ou – comme nous le faisons – par l'axiomatique de sa propre constitution.

Cette opposition des termes mêmes sur lesquels s'articulent *constitution* et *compréhension* vaut démonstration de l'hétérogénéité radicale de deux procédures entre lesquelles il n'y a pas possibilité de négociation. Si ne retient pas d'abord l'attention le *hiatus* qu'ouvrent dans toute possible ontologie des propositions préjugeant de l'Un, du Tout, et de l'Immédiat qui s'en suit, sur lesquelles Heidegger argumente, ou si l'on glisse sur son indifférence au regard de leur consistance, c'est parce que ce sont chez Heidegger des propositions, là où Merleau-Ponty argumentait de la même façon, dans les mêmes termes, mais sur l'image perceptive. Et parce que, ces termes, Heidegger les a par avance investis dans la problématique du *Dasein*, telle que pré-posée dans la pré-compréhension de celui-ci, non sans que les propositions qu'il en induit investissent cette problématique en retour : systématique circulaire, ravagée par sa précarité, et qui ne peut être, reportée dans les réquisits d'une exposition consistante, que refutée en chacun de ses présupposés. Conduite sur un mode beaucoup plus spéculatif que celle de Merleau-Ponty, la procédure heideggérienne n'en a pas moins les mêmes assises, mais les rend plus prégnantes, à la mesure de la pré-compréhension qu'elle invoque : voilant du même coup beaucoup mieux que c'est là-même que le système s'avère, colosse aux pieds d'argile, donner pour des structures constituantes des pré-interprétations que récusent les réquisits de la constitution.

L'inconsistance de ce qui est présenté comme une constitution vaut contre-épreuve à ce que nous avons vu pouvoir attendre du discours, et nous aura, quant à nous, permis de confirmer que *ce que peut le discours constituant, il est seul à le pouvoir*. Autrement dit, qu'il est seul légitimé à se dire fondateur. Et du même trait nous voici assurés, autant que de ce qu'elle commande, de ce qui, sous les intitulés de l'Un, du Tout et de l'Immédiat, est exclu de la fondation.

Conclusion frappante. Car que voyons-nous depuis le début de cette discussion ? D'une part, que la détermination de ce qu'il faut entendre par être ne peut être que discursivité de part en part ; d'autre part, que le discours y est contraint par un certain nombre de restrictions qui tantôt sont celles du *factum* perceptif, tantôt sont celles de son axiomatique. Requérir le concept de l'être ne peut s'autoriser de la recherche d'un sens à la fois pré-orienté et ultime, supposé celui de l'être authentique, que sur le mode d'un court-circuit dans le trajet de la constitution ; la « situation » ontologique s'inscrit là où l'apophantique, constituant l'étant, ouvre mais restreint la voie de l'être qui y fait fond.

3. *L'outil et la tournure* ou *qu'aucune appropriation ne convient à l'être*

a. Si « le "monde" est lui-même un constituant du *Dasein* »[1], si de l'étant intramondain et de la mondialité il convient de redresser le concept, ontique, dans celui de la mondanéité, qui est un « caractère du *Dasein* lui-même », la « structure d'un moment constitutif de l'être-au-monde »[2], ce déplacement prend appui d'un autre : être-quotidiennement-au-monde n'est plus, à l'orée de *Sein und Zeit*, être à la perception mais être à l'usage du monde : à l'*outil*.

Ce changement de registre n'est pas légitimé : il est abruptement accompli. Ses implications sont doubles : négativement, il soustrait l'enquête ontologique au théorétique, chez Husserl et même Merleau-Ponty pré-inscrit dans la prééminence du voir : c'est donc une nouvelle fois rupture radicale ; positivement, il implique que le monde n'est pas au bout de notre visée mais dans la prise de notre *appropriation* : la pertinence existentielle n'est pas de l'envisager en lui-même mais dans le mode où nous faisons de lui notre propre. Du monde même, c'est son « imposition »[3] à et en nous qui sera considérée. Le geste est intéroceptif, le monde captif. Il est surprenant que la violence de ce parti réducteur n'ait pas davantage été relevée par les commentateurs ; d'autant plus surprenant qu'une philosophie au cœur de laquelle se développera une critique du monde de la technique, s'ouvre ici dans la connivence avec les modes les plus élémentaires du pragmatisme.

Le déplacement interprétatif n'est cependant pas sans motif. Dans l'analytique du *Dasein,* le passage du phénomène « monde » à l'être-au-monde requiert une assise phénoménale dé-couvrante : c'est cette place systémique que doit préparer, dans l'intramondain, la subsomption du *sous-la-main* à l'*à-portée-de-la-main*. À partir de là, si nous sommes au monde et ne sommes que d'y être, c'est que nous y sommes

---

1. § 11, p. 52.

2. Ch. III, § 14, p. 64.

3. Heidegger, quant à lui, restreint ce terme aux occurrences où l'outil s'impose en faisant défaut (p. 73-74).

en tant que nous le manions, y opérons. « L'être-au-monde quotidien », qui sert de « fil conducteur », se désigne comme « l'*usage* que,
dans le monde, nous avons de l'étant intramondain » et « le mode
prochain de l'usage n'est pas ce connaître qui ne fait plus qu'accueillir
l'étant, mais la préoccupation qui manie, qui se sert de... », laquelle
« d'ailleurs, possède sa "connaissance" propre »[1].

Ainsi, dans la définition classique de la *chose* comme unité substantielle, il y a manquement à thématiser la *préoccupation* que nous en
avons, pour laquelle le phénomène à dégager est l'ustensilité. Pas
d'autre définition non plus du *signe*[2] : c'est encore un outil ; aussi la
définition est-elle insuffisante, qui tient pour son « caractère spécifique... le montrer » : ce dernier trait, purement relationnel, demeure
sous-la-main – et théorétique – ; le signe a, en revanche, sa déterminité
adéquate dans « l'être-signe pour », et sa « tâche » est de « *faire s'imposer* l'à-portée-de-la-main » toujours près de ne pas ressortir.

Suit un ensemble d'analyses[3] de l'intramondain éclairantes pour ce
que nous avons défini comme l'appropriation, D'abord, pas d'outil
qui ne renvoie à d'autres, qui ensemble ne renvoient à l'ouvrage, qui
lui-même ne renvoie à l'emploi : la saisie de cette chaîne d'« ajointe-
ments » se dira la *circon-spection*. « La *tournure*, tel est l'être de l'étant
intramondain », et de quoi un étant à-portée-de-la-main retourne « est
chaque fois préfacé par la *totalité* de tournure »[4]. C'est que si, dans
chaque tournure (ex. l'usage du marteau), il y a le « ce dont il retourne », qui est son pour-quoi, celui-ci entre à son tour dans une chaîne
culminant, ou plutôt le « préfaçant », dans l'en-vue-de-quoi (ex. l'ha-

---

1. § 15.

2. § 17. Tout ce paragraphe est symptomatiquement laborieux. Notamment dans
l'argumentation de ce que ce qui est pris pour signe n'est pas objet avant d'être
structuré comme signe.

3. Noter que le procès en est difficile à démêler n'est pas anecdotique : c'est que,
selon une procédure constante, Heidegger lit le progrès depuis sa conclusion, et que
ce dispositif répond à la contrainte, où il ne cesse de se trouver, de préjuger de
l'existential pour l'anticiper dans l'existentiel.

4. § 18. (Souligné par moi.) Il s'agit, dans le propos de Heidegger, de préparer le
passage de l'ontique à l'ontologique : si la tournure est encore « *l'être de l'étant
intramondain* », la totalité de tournure renvoie, elle, à un pour-quoi « avec lequel il
ne retourne plus de rien », qui est alors un « en-vue-de-quoi », lequel concerne proprement « *l'être du Dasein... en tant que en-vue-de-quoi authentique et unique* »
(souligné par moi).

bitation). C'est sur le fond de cette totalité « pré-découverte » que le préoccuper intramondain est lui-même découvert[1].

Concernant la *chose*, on dira de même qu'elle est expressément comprise comme « l'indication du pour... » et que celle-ci « n'est pas simplement la nomination de quelque chose, mais le nommé est compris *comme* ce *comme* quoi ce qui est en question doit être pris »[2]. Et de même, du *signifier* on dira qu'y est essentiel le « *renvoi* » à une « employabilité » comme à « ce dont il retourne » : orientant la préoccupation du *Dasein* vers la compréhension de la totalité complexe des rapports qu'elle met en jeu. Et c'est enfin cette « totalité de signification » qui rend possible – pour autant que le *Dasein* y est « explicitatif » – « l'être du mot et de la langue »[3].

La totalité de tournure, à son tour, éclaire, par-delà la multiplicité des emplois, ce qu'il faut comprendre par *monde* : même quand il paraît se dérober, l'à-portée demeure[4] et reste « ouvert » comme totalité ; le monde n'est pas autre chose que « *la mondialité de l'à-portée-de-la-main* », le toujours total de la tournure. Le procès d'élargissement passe ainsi de la tournure au monde : « le monde, en tout étant à-portée-de-la-main, est toujours déjà "là" »[5]. Dans la découverte de la tournure, il y a toujours la « pré-découverte » de la mondialité[6] et avec elle la découverte de tout à-portée-de-la-main comme « intramondain ».

Mais l'essentiel reste à dire. Pour autant qu'à l'à-portée-de-la-main revient de se renverser dans le *Dasein* qui en use, un dernier pas doit être annoncé. Car la totalité de tournure, elle, « *ne* retourne *plus* de rien » ; partant, elle « n'est plus un étant sur le mode d'être de l'à-portée-de-la-main à l'intérieur d'un monde mais un étant dont l'être est déterminé comme être-au-monde »[7]. Bref, l'en-vue-de et la mon-

---

1. P. 85.

2. § 32, p. 149.

3. *Ibid.* Même instrumentalité du langage que dans les *Investigations philosophiques*, donc ; mais ce qui n'est plus du tout wittgensteinien, c'est le Tout de la mondanéité.

4. § 16. Première occurence d'une structure qui sera celle de l'angoisse.

5. § 18, p. 83.

6. P. 85. Il est tout-à-fait caractéristique qu'on doive accumuler les « il y a », là où l'on écrirait plus naturellement « présuppose ». Ce que faisant, on réintroduirait l'ontico-ontologique sur le terrain du théorétique, et le « libérer » sur le terrain du discursif. C'est à ce genre de détails qu'on mesure le refus heideggérien d'une constitution déductive.

7. P. 84.

dialité elle-même ne sont à aucun moment des caractères ultimes de l'étant ; de l'étant ils indexent l'être, de la mondialité ils indexent la mondanéité, et ils ne le font que pour autant que c'est l'*être du Dasein* qu'ils libèrent. Ce qu'ils caractérisent de l'étant comme en-vue-de-quoi approprie le monde à l'être du *Dasein* comme à celui qui doit être reconnu pour l'en-vue-de-quoi lui-même.

De cette réinterprétation du champ du perceptif dans le champ qui s'intitule de l'outil, et de son mouvement tel que nous venons de le suivre en détail parce que son importance pour tout le bâti de *Sein und Zeit* ne saurait être assez soulignée, un moment à la fois critique et phénoménologique frappant est celui de la *spatialité* : où l'on voit comment des analyses de tradition husserlienne sont réinvesties par la thématique de l'appropriation.

Heidegger commence par arguer de ce que l'*intellectio*, comme mode de saisie assurée et constante de l'étant qui prétend « dicter son être au monde »[1], échoue jusque dans son effort de se laisser guider par l'étant intramondain, qu'elle réduit – et typiquement chez Descartes – à la chose matérielle : l'*extensio* « abolit le mode d'être de l'accueil sensible » qui requiert « le mode d'être du *Dasein* ». Davantage : pareille interprétation conduit à « *passer par-dessus* le phénomène du monde », ramené à la juxtaposition d'un multiple de sous-la-main, faute d'y apercevoir le « comportement » du *Dasein,* qui enferme chaque fois « une possibilité de l'être-au-monde ». C'est parce que la mondanéité a été manquée, que l'étant intramondain a pu « s'impose[r] comme thème ontologique » et que la *res extensa* a pu passer pour l'être de l'étant, dans l'oubli du mode sur lequel il « fait de prime abord encontre ». Heidegger renvoie donc à l'« omission » du monde – qu'il fait remonter à Parménide – la lecture « chosique » de l'étant, et le report sur lui de l'être, dans une sorte de forclusion du *Dasein*.

Le pas suivant[2] sera l'analyse, cette fois positive, de ce que et comment *l'être-au-monde est constitutivement spatial*, retenu que le monde est lui-même le Tout de l'à-portée-de-la-main.

Tout « à main » a une proximité et une orientation ; tout outil a une place qui n'est pas celle d'un système de relations neutres, mais

---

1. § 20-21.
2. § 22-23-24.

celle de sa « destination » ; l'ensemble des places définies par le tout d'une tournure est une « contrée » ; ainsi, « l'espace [est] découvert dans l'être-au-monde circon-spect comme spatialité de la totalité d'outils », et c'est une spatialité qui « appartient... comme sa place à l'étant lui-même »[1]. Ou : l'en-soi de l'espace « a éclaté en places » qui sont ce qui, de la tournure, vient à chaque étant comme lui appartenant.

Mais l'analyse n'a porté encore que sur la couche intramondaine du phénomène spatial ; la question ontologique est : qu'est-ce qui rend celui-ci possible ? Et la réponse : « que le *Dasein* est lui-même "spatial" du point de vue de son être-au-monde ». À l'être-à circon-spect de la préoccupation, l'étant fait encontre sur le mode « actif » de *l'éloignement* (: laisser venir dans la proximité) et de *l'orientation* (: pouvoir trouver dans la contrée) qui sont des constitutions d'être du *Dasein* lui-même ; on en conclut que, se « libérant » sur ce mode au *Dasein*, le monde est « cooriginairement » avec lui spatial. Et si l'élaboration théorétique-mathématique de l'espace, purement « avisante », est posssible, mais non sans « déposséder le monde de son caractère spécifiquement ambiant ». c'est pour ce qu'elle se thématise sur ce « sol phénoménal ».

Retenons cette fois 1. que ç'aura été une option constante de la Phénoménologie – Merleau-Ponty, bien sûr, mais déjà le Husserl de *L'origine de la géométrie* – de constituer l'espace sur la base de la *praxis* ; 2. que le propre de Heidegger est de prédiquer de la spatialité non pas l'étant ou le monde du « visible », mais *le Dasein lui-même* : « c'est seulement parce que le *Dasein* est spatial selon la guise de l'éloignement et de l'orientation que l'à-portée-de-la-main intramondain peut faire encontre en sa spatialité »[2].

N'épiloguons pas sur ce que cette dernière proposition, comme genèse du géométrique sur une autre prémisse qu'axiomatique, fait une fois de plus sombrer[3] la phénoménologie post-husserlienne dans l'impuissance radicale à fonder le savoir. Le Husserl des *Ideen*, du

---

1. § 22, p. 104. Il faut toujours se souvenir de ce qu'à la préoccupation pour l'outil, la circon-spection fait complément de l'attention aux relations.

2. § 24, p. 110.

3. C'est le terme que Heidegger utilise pour qualifier, lui, le passage de la « totalité de places orientée de manière circon-specte » à la « multiplicité d'emplacements pour des choses quelconques » (p. 112). On ne niera pas que la démarche heideggérienne puisse invoquer *L'origine de la géométrie* et *La crise de la conscience européenne*, mais au prix de faire de l'origine la fin dans tous les sens du mot.

moins, tirait d'autres ressources du « proto-objet matériel » conditionné par le prescriptif de la « région nature ». Et ce n'est d'aucun « sol » *spatial* que peut s'induire le dispositif opératoire de l'*espace*, non plus que le moment constituant de l'étant qu'il est, comme celui de son *là* ; le dispositif opératoire n'est pas celui d'une multiplicité dispersée, mais se resserre dans la consistance du géométrique ; le géométrique précède si bien tout ce qui se peut imposer d'un monde qu'on ne saurait é-loigner autrement que sur le fond de la distance et de sa mesure, et qu'on ne s'oriente pas sans système de coordonnées : il n'y a pas d'expérience qui n'ait, de toujours, été galiléenne, ou aussi bien einsteinienne, sans le savoir.

Le singulier dans cette espèce de déduction transcendantale de l'espace sur la base de l'usage attendu de l'étant outillé est que, d'une part, elle n'a qu'un caractère *local* pour la spatialité originaire, qui est toujours celle d'*un* outil – sa « place » –, même si c'est à l'intérieur de la détermination d'autres places – ; mais d'autre part, elle préjuge chaque fois d'un jeu de relations *global* implicite à la préoccupation, en tant qu'elle se fait circon-spection. S'en suit que tout autant qu'il faut dire que l'être-au-monde « est », par la tournure, spatial, tout autant il faut dire que le monde est déjà de lui-même spatialité dans sa totalité à quoi la circonspection fait encontre. Certes, l'insistance porte sur ce que la spatialité n'est pas l'espace, elle est un « caractère » du *Dasein* ; mais le Tout du monde de la circonspection impose sa globalité à la main é-loignante et orientante du *Dasein*, et ce qui l'impose, ce n'est déjà plus la spatialité mais l'espace comme en étant la condition. En sorte que la démonstration se retourne, et que, quoi qu'il en dise, Heidegger n'a pas pu tenir la spatialité en-deçà des modalités de l'écart, autrement dit des coordonnées constitutives de l'espace. On ne peut thématiser l'appropriation sans rencontrer l'objectivité de ses conditions.

La thématisation de l'outil illustre la méticulosité avec laquelle Heidegger développe, et par là-même impose, ce qu'il a avancé d'abord comme l'encontre d'une constitution existentiale – ici l'être-au-monde –, qu'il entend ensuite légitimer en en exhibant les bases phénoménales – ici l'appropriation quotidienne du monde à l'être-au-monde. En regard de quoi pourrait nous être retourné le soupçon d'arbitraire : n'aurions-nous pas, sous le nom du perçu, privilégié le seul *theorein* ? Au nom de quoi ? La réponse, il est vrai, serait, comme on vient de le voir, facile, car il en va ici de la tournure comme tout à l'heure du à- et du au-monde : quand bien le faire-en-vue-de serait existentiellement premier à la constitution du monde, il resterait toujours que ce faire lui-même serait inopérant si le monde n'y était pas représenté comme constitué, et que c'est cette constitution seule qui lui assure la consistance du "dehors" sur quoi nous opérons.

Le problème est ailleurs. Qu'est-ce qui motive au plus profond cet accent inattendu mis sur la *praxis* ? On ne se contentera pas d'avancer l'hostilité au théorétique d'un auteur qui n'hésitera pas à écrire, quelques années plus tard, que « la Raison est l'ennemi la plus acharnée de la pensée »[1] : Deleuze, qui ne considère pas moins comme réductrice la logique de la proposition et qui proclame comme une « bonne nouvelle » la fin de l'essence, l'avènement du sens[2], se garde, pour autant, de chercher dans la mobilité de ce dernier autre chose qu'une logique paradoxale, propre au « champ d'immanence », et n'a jamais manqué de faire sa place au règne de la science, mieux : de le spécifier comme la systématique discursive de fonctions pour lequel fait référence l'actuel[3]. Davantage que dans la récusation globale du théorétique, on sera près de ce dont il s'agit pour Heidegger en relevant que, pour lui, l'ère de la technique est encore un moment, et mieux : le moment présent, de la métaphysique, soit celui où celle-ci se poursuit jusque dans ce que la technique porte de renversement des plus antiques valeurs de la métaphysique elle-même ; contre le caractère extrême de ce mouvement, l'intention serait donc de retrouver, au revers et en-deçà de la technique, une constitution originaire – pré-métaphysique – du *faire*.

Ce qui, à son tour, nous renvoie à l'accord et au désaccord de Heidegger avec Nietzsche. Sous les noms du pour-quoi et de l'en-vue-de, c'est selon toute vraisemblance le privilège nietzschéen de la *vie* que Heidegger veut conforter, conséquent en cela avec la fonction rectrice du vécu dans la suite de son herméneutique. Mais il faudrait entendre que, radical, il tente ici de réassigner l'appréhension de la tournure à un moment vital, quoique invu, de l'*être*-au-monde, qui échappe au reproche fait à Nietzsche de se « couper de l'appréhension de l'être » en la « scellant au sceau », resté *ontique*, « de la valeur »[4].

---

1. « Le mot de Nietzsche "Dieu est mort" », dans les *Holzwege*, trad. fr. p. 219.
2. *Logique du sens*, p. 89.
3. Notamment in *Qu'est-ce que la philosophie ?*, chap. 5.
4. « Le mot de Nietzsche... », p. 212 *sqq*.

On accordera volontiers qu'il y aurait impropriété à prédiquer l'être d'une quelconque valeur. Il est, point. Mais on ajoutera que ne lui convient pas davantage l'appropriation enveloppée dans la tournure Et reparaîtra le malaise qu'induit[1] l'affirmation que, de l'être même, l'appréhension ne peut se faire, au temps de la modernité, que dans la « subjectité », enrichie par Leibniz du *nisus*[2] ; il y a toujours eu là un détournement d'héritage, car le sujet de Descartes était celui de la science, que notre propre effort est de dépouiller de ce qu'il pouvait conserver de référentiel à l'*ego,* pour le trouver à sa seule place : dans l'énoncé. De ces arrière-plans résulte que la question heideggérienne est, par-delà celle du faire, celle de ce qu'il enveloppe d'appréhension-appropriation du monde au *vécu de la subjectité*[3], dont nous dirions volontiers à notre tour que c'est l'ennemi le plus acharné de la pensée, du *pistos logos*, de « l'épreuve aux nombreux combats... du discours fiable sur la vérité »[4]. Si ce dernier *logion* fut la formulation la plus ancienne du philosophique, c'en reste aussi la plus moderne puisque c'est celle du prescriptif de l'intelligibilité, dans l'intraitable de sa rigueur ; et c'est inversement faire retour à la résistance qui, tout au long de l'histoire, n'a cessé de lui être opposée, que de prendre habitacle dans le "profond" – jusqu'à être sans-fond – reclos de la subjectité. Les résistances les plus subtiles – les plus "hautes" aussi, on n'en disconvient pas – sont celles que la philosophie suscite au titre de l'anti-philosophique.

Resterait à constater que notre temps pensant la science dans la fascination de la technique, Heidegger a choisi, pour mettre hors-jeu la première, de proposer une description du faire outillé qui mette hors-jeu les fondations rationnelles de la seconde : au risque, cette fois, d'un archaïsme patent.

b. Parce qu'elle entend conduire à la constitution du monde comme monde du *Dasein*, et à cette fin le constituer comme celui de l'appropriation par la tournure, la *représentation* du monde que propose *Sein und Zeit* est tout à fait singulière. À proprement parler, elle récuse la représentation, et partant la perception.

---

1. *Ibid.*

2. *Op. cit.*, p. 188.

3. Le mot, utilisé par Martineau, a l'avantage d'éviter toute connotation de subjectivité. Qu'il s'agisse, en revanche, du vécu, les exemples dont Heidegger prend appui le montrent surabondamment.

4. Parménide, frag. VII, v. 5 et VIII, v. 50 (trad. Barbara Cassin).

On pourrait d'abord dire que *le perceptif est le refoulé de Sein und Zeit*, et que ce refoulé, qui n'est pas sans remonter par à-coups sous l'invocation du « phénoménal », fait aussitôt problème. Car, manquant avec lui le tiers moment qu'est la constitution du perçu, le *Dasein* leste du poids légitimant qu'enveloppe toute référence à l'être ce qui n'est, somme toute, que le tautologique sujet de conscience, mué en sujet de l'emploi : c'est tout le tour. De sorte qu'en contournant la *perception* pour éviter le *perçu*, qui résiste, Heidegger se retrouve encore une fois, *volens nolens*, dans la structure dyadique, sous l'accolade, subsumée par le thème de l'appropriation, du *Dasein* et de l'outil. En dépit de ce que voulait impliquer d'insécable le syntagme être-au-monde, il n'y a pas là d'échappatoire, et la Phénoménologie aura bien été tout entière prisonnière du schème double de la perception, fût-ce en croyant s'en détourner.

Ce qui, dans la persistance du moule dual, singularise le mode sur lequel Heidegger le remplit, est sa *récusation du perceptif comme récusation du théorétique*. La mondialité de Heidegger n'est pas le monde de Merleau-Ponty. Celui-ci était l'immense « partenaire » de la perception, avant de se retrouver au fond du *Cogito* ; celui-là est au bout de moi-même, entre mes mains, selon ce que j'en fais et selon la « découverte » qui ainsi s'en fait. L'outil et la découverte qu'il commande remplacent l'Altérité merleau-pontyenne, ou plutôt en constituent l'index mien. L'usage a remplacé le visible. La totalité n'est plus d'horizon, elle est celle de la circon-spection. Si le vu ne peut être passé sous silence, il n'est pas même thématisé. On est en droit de supposer que, pour Heidegger, il y a le même leurre dans le perceptif que dans l'ensemble de la quotidienneté avec ce qu'elle préjuge comme l'objectivité du donné[1].

Or le point essentiel pour la récusation du théorétique est – une fois de plus – ce qu'on pourrait appeler *l'argument de totalité*. La totalité est tenue par Heidegger pour un caractère si prégnant du monde qu'il fait argument, contre le « simplement aviser », de l'impuissance de celui-ci à remonter du partiel quelconque à la totalité où il doit être « ajointé » : « le comportement théorétique est cette vue

---

1. À noter que le leurre que Heidegger attache au voir comme théorétique est exactement inverse de celui de l'Imaginaire chez Lacan, leurre qui tient à l'appropriation de toute image à ce dont est faite la mienne et qui, à ce titre, est un défaillir au théorétique.

qui cesse d'être circon-specte pour aviser sans plus »[1], « la structure de "comme" a subi une modification. Le "comme", dans sa fonction d'appropriation du compris, ne déborde plus dans une totalité de tournure »[2]. Autrement dit : on ne comprend vraiment le saisi qu'à se tenir à l'en-vue-de-quoi totalisant il est saisi. Certes, une totalité de tournure est elle-même toujours à redéterminer par la circon-spection : on prendra acte de ce que le « monde » de Heidegger est ouvert, à la mesure des questions que le *Dasein* lui pose, de l'usage qu'il en attend. Mais il les pose en préjugeant que totalité de tournure il y a chaque fois. Pour mettre cette thèse en place : il y a une inspection qui ne fait que constater pas à pas – c'est celle de la constitution husserlienne, abstraction faite des régions suprêmes dans lesquelles elle vient s'encadrer – ; il y en a une autre – celle de Merleau-Ponty – qui toujours, immédiatement et d'abord, est confrontée à la totalité ; celle de Heidegger implique pour chaque en-vue-de sa totalité, et pour celle-ci le tout des totalités. Moyennant quoi, c'est son incapacité à fonder le Tout du monde – d'un « en main » – sur l'Un du *Dasein* – d'un sien pour-quoi – qui légitimerait la mise hors-jeu du simple voir, et par conséquent du perceptif.

Argument tout à fait étrange : nous sommes plus d'une fois revenus sur ce que l'apparaître, s'il ne doit pas se dire "total", n'en précède pas moins de sa consistance chacun des termes dont il fait chaîne, en sorte qu'il n'est jamais rompu. Et nous avons pris acte de ce que l'image, ne tolérant pas de "trous", continue dans son tissu, est, de soi, totalisante, se transformant éventuellement en "précipité" aux dépens de la constitution elle-même. Au reste, il est assurément plus facile d'induire du visible le Tout – comme le fit Merleau-Ponty –, que de l'induire de pratiques outillées qui sont, en définitive, toujours partielles. Il faut alors admettre une nouvelle fois que, glissant du perceptif au théorétique, c'est bien plutôt à la modernité technique que Heidegger pense, et que c'est à l'objectité du projet, lui aussi global, de la technologie, qu'il oppose la subjectité de l'en-vue-de-quoi.

C'est, comme on peut s'y attendre, le même argument qui commande la critique heideggérienne d'un concept gnoséologique du langage. On s'étonne d'abord d'une interprétation pragmaticienne,

---

1. § 15.
2. § 33, p. 158.

c'est dire : réductrice, dont il faut avec perplexité constater que c'est aussi le parti de Wittgenstein dans les premières pages des *Investigations philosophiques*. On peut penser que, pour l'un comme pour l'autre, mais avec un propos opposé, il s'agissait de trouver le plus court chemin pour ramener le dire aux apories du signifier. Et que c'était pour Heidegger contester que soit pertinent le concept husserlien, tout théorétique, d'expression. Mais sous l'abord pragmaticien du langage, il faut surtout apercevoir le retour de la tournure, et il devient facile alors de comprendre pourquoi nous avons vu le signifier ne s'expliciter dans le langage qu'en dernier ressort. Si le « *de quoi* » il retourne « est à chaque fois prétracé à partir de la totalité de tournure »[1], laquelle « concerne toujours l'être du *Dasein* » lui-même[2], la compréhension ne peut se fonder que sur le « *tout de signification* »[3]. dont le parler sera l'« explicitation » dans le *partiel* de l'articulation. C'est ainsi seulement que le parler est « un existential originaire de l'ouverture ». Mais toujours menacé par un « mode d'être spécifiquement *mondain* ». Et d'autant plus mondain qu'il « se tient à chaque fois en une guise déterminée de l'être-l'un-avec-l'autre [:autrui] préoccupé »[4]. Si quelque chose comme médiation il y a, elle réside dans la chute de la compréhension-appropriante-totalisante au parler dans le On.

c. Pour mettre dans ce type d'arguments un peu d'ordre, il nous faut encore une fois revenir à ce *Tout* qui revêt pour Heidegger le poids d'un concept recteur : pour fixer précisément, quant à nous, ce qu'il en est, à son égard, de l'apparence, de l'apparaître et de l'être, qui ne lui conviennent pas identiquement.

Avec *l'être*, qui ne saurait être que ce que l'axiomatique en prescrit, nous savons que le Tout est incompatible, et que son indexation par le faire-un de l'étant impose pour lui *a contrario* le concept du pur Multiple *sans-Un*. Le concept de l'être ne saurait être concept contradictoire : si le Multiple fait-un dans l'apparaître, l'être qui s'en induit, et pour ainsi dire le supporte de son en-deçà, requiert l'attribution du sans-Un. Et derechef, il y aurait contradiction à ce que puisse se prononcer le Tout d'un sans-Un[5].

---

1. § 18. (Souligné par moi.)

2. *Ibid.*

3. § 34, p. 161.

4. *Ibid.*

5. On ne reviendra pas ici sur ce que les paradoxes de la théorie des ensembles *interdisent* le concept même d'un ensemble total.

L'apparence a, sinon dans sa genèse, au moins dans son statut, les traits qui spécifient l'Imaginaire dans la construction qu'en fait Lacan : soit le faire-Un d'une image passant au faire-Un de l'imagé, dès lors tenu comme permanent et généralisable, et le règne du Même qui culmine dans l'image du monde comme l'Un-Tout, à lui-même identifié. Du même trait, ordre de surface, dépourvu d'épaisseur ontico-ontologique, et dont la précipitation bute sur ce que lui fait défaut l'assurance tenue dans le moment fondateur de la constitution : défaut qui va jusqu'à faire l'apparence douter de sa réalité. Ou plutôt à faire douter de la réalité elle-même. Que ce qui est là décrit soit l'apparence ne laisse aucun doute sur le fait que c'est à celle-ci, et à celle-ci seule, qu'est appropriée – contrairement à ce qu'écrit Heidegger – l'idée de Totalité : que de la structure même de l'apparence c'est l'assise, soit un ensemble de touts de proche en proche enveloppés dans autant de touts, jusqu'au *Tout* ; et que ces touts ne sont pas plus que semblance. De n'être pas autre chose qu'une analyse de l'apparence est ce que nous avons reproché au concept de l'Imaginaire lacanien.

Le vrai problème est celui de *l'apparaître*. Tel que constitué dans le travail du perçu, autant dire dans une axiomatique du Multiple, il ne saurait pas plus que l'être tolérer le concept de totalité : *un Tout de l'apparaître est exclu par la pensée.* C'est la conclusion à quoi la discussion du pseudo-concept merleau-pontyen de « monde » nous a amenés. Il ne va pas de soi, en revanche, que l'apparaître soit ou fini ou infini ; et le fini emporte la totalité. Quasiment toute l'Antiquité, à commencer par Parménide, a tenu l'apparaître – et, il est vrai, l'être avec lui – pour fini ; la révolution galiléenne ouvrit la voie au concept, libérateur pour le connaître, d'un apparaître infini ; sans toutefois qu'on puisse précipiter, sur ce qui reste une hypothèse épistémique, une assertion ontico-ontologique absolue : *de fait*, nous ne pouvons pas dire qu'entre les deux décisions opposées, nous soyons à-même de trancher. Mais après tout, y sommes-nous obligés ? Ce qui est assuré, c'est que le Multiple qui s'articule dans la constitution de l'étant recouvre cette multiplicité de multiplicités infinie sans laquelle un Multiple fait-un ne se laisse pas penser. Par là, l'apparaître est toujours ouvert sur ce qu'on peut appeler *l'infini de sa matière d'être*. Mais dans le même temps la disjonction entre être et apparaître, la consistance du second et sa tenue par des axiomatiques qui font restriction au regard de l'infinité du premier, font preuve qu'en toute hypothèse il y a *moins* – moins d'énonçable, moins de multiples tenus par l'étance – dans l'apparaître que dans l'être. Aussi bien savonsnous combien le pensable comme possible d'être, ou plutôt possible de l'être, déborde l'étant effectif, prescrit par le restrictif de son axiomatique propre. Cela reconnu, reste qu'un moins peut aussi bien être infini que fini et qu'il n'y a nulle contradiction pour la pensée dans la définition d'un infini *Y* "il-limitant" un infini *X*. Il n'y a donc pas plus de raisons de supposer l'apparaître fini *ou* infini, partant d'en voir prescrite *ou* exclue la totalité. Placés devant l'aporie, nous ne pouvons guère, quand nous nous appuyons sur l'apparence qui fait flotter la constitution de l'apparaître, résister à la supposition – quasiment "naturelle" – de la Totalité ; et quand nous ouvrons l'apparaître sur le Multiple dans lequel il choisit sa matière, résister au surcroît d'intelligibilité attaché à l'In-totalité. Esquisse pour un développement qui nous ramènera à la problématique de la *réalité*.

Cette dernière discussion, qui circonscrit un moment typique dans l'orientation de l'ontico-ontologie comme orientation dans ce que prescrit la pensée, ce qui est dire aussi bien : dans ce qui se prescrit à elle, on en chercherait vainement la place dans *Sein und Zeit* parce que la quête de l'être y est rabattue d'emblée sur la recherche d'*une structure Une-Totale* du *Dasein*, qui, par le biais de l'appropriation outillée, rabat à son tour sur lui-même l'étant-apparaissant comme une-totalité De ce biais, il ne faut pas hésiter à dire que *les problèmes cruciaux de l'ontico-ontologie* – problèmes de l'Un et du Multiple, de la Substance et de la Constitution, du Fini et de l'Infini – *n'y sont pas posés*, non pas même irrésolus mais étouffés par une chaîne de présupposés : qu'être se dit de l'étant pour qui il y va de son être, que l'il-y-va signifie que cet étant-là se comprend, et qu'il faut être Un pour se chercher en cherchant à se comprendre [1]. On mesure du même coup les effets pour le *theorein* de la réduction de l'apparaître à son appropriation et de l'être-au-monde à l'*a priori* de sa compréhension.

La problématique du perçu est *a contrario* incontournable, parce que c'est en elle que se constitue comme distincte de l'apparence la consistance de l'apparaître, que celui-ci se constitue comme distinct de l'être dans le faire-un d'une multiplicité, et qu'enfin sa constitution exclut toute appropriation pour n'exciper que de son axiomatisation :

---

1. Jamais explicité par Heidegger, ce dernier présupposé paraît le seul à pouvoir imposer l'Unité structurelle du *Dasein* dans la logique du système.

s'il y a une question de l'étant, et de l'être-de-l'étant, elle passe par là. En refoulant le perceptif, Heidegger a forclos l'apparaître et, partant, s'est rendu impossible l'énoncé d'un véritable concept de l'être. Son monde ne gagne dans la tournure qu'un artifice de consistance, inapte à exhiber sa propre suffisance ; ne gagne dans l'Un de préoccupation circon-specte, qu'une assise réductrice de l'étance ; et dans l'être-à existential, qu'un rabattement qui interdit toute détermination de la problématique de l'être dans son *intellectio*. L'outil est l'instrument de ces détournements.

Le pas que nous venons de franchir dépasse la mise-en-place critique du seul concept de l'outillage ; il annonce une autre mise-en-place restée jusque là implicite, décisive pour ce qu'il en est du procès ontologique : si l'être ne se peut induire que du constitué, *le matériel originaire du discours de l'être est, à l'exclusion de tout autre, l'apparaître* tel que nous en avons suivi la constitution ; c'est dire aussi bien : le perçu.

4. *La critique du* theorein *ou* le sans-totalité de la vérité

Il faut aller au fond : sous l'invocation de l'outil, c'est une *critique radicale du théorétique comme tel* qui est par Heidegger engagée. Et c'est la perplexité suscitée par cette critique que préparait ce que notre lecture nous a fait jusqu'ici dégager.

Le rappel des choix que Heidegger assume là est trop important, et trop souvent négligé, pour qu'on puisse éviter de les traiter jusque dans le détail. Heidegger ne cessant lui-même de fonder l'ontologie du *Dasein* sur son mode d'en élaborer l'herméneutique – nous avons eu et nous aurons tout le loisir d'y marquer le va et vient à chaque pas entre existentiel et existential –, ce serait faire preuve d'inconséquence que ne pas mesurer ce que ladite méthode entend exclure de façon radicale, et comment elle tente d'y parvenir.

a. Spécifions d'abord, de ce biais, le *pourquoi* et le *comment* de la démarche heideggérienne.

Le pourquoi est clair. J'ai dit qu'il y a quelque paradoxe à voir une philosophie qui fait-un de l'authenticité du Soi et de la quête de l'être, prendre départ d'une pragmatique. Et il y a un comique discret dans les analyses qui remontent du marteau au marteler pour aboutir au se-tenir-à-l'abri-sous-un-toit, et pointer dans le se-presser-à-l'abri-ensemble la reconnaissance mutuelle d'un *Dasein* et de ses autres. Dès son "aurore", le philosopher a eu pour fin les disciplines du penser assurant une saisie du monde, de l'étant, et de l'être, tels qu'en eux-mêmes articulés, et détachés de notre « préoccupation » : si l'on peut le dater, c'est de ce geste. En allant là-contre, *Sein und Zeit* entend renverser les rapports de l'*épistèmè* et de l'ontologie : il s'agit de produire le vrai comme originairement porté par et pour l'existence. Davantage : de trouver dans l'être-au-monde une voie sur laquelle fonder qu'il y a *leurre épistémique* – de quoi ? *De la connaissance elle-même*. Et pour ce faire, de montrer en nous – dans la circon-spection, plus loin dans la sollicitude – un abord du monde qui retrouve, par une sorte de primitivisme non avoué, ce qui fut l'origine existentielle, parce qu'existentiale, de la connaissance [1], devenue depuis lors « simplement » – entendons : déficitairement – « avisante ».

Découle de là le comment de la procédure destinée à argumenter ce retour. Un premier trait – qui ne nous surprendra plus – est que, s'agissant de replacer la saisie du monde et de l'autre dans sa « guise » ontologico-existentiale, Heidegger part de cette guise même à laquelle il veut reconduire, pour tenir dans l'inauthentique du connaître un levier appelant le retour sur ce qui en prescrit l'authenticité : le déracinement est encore ou déjà un être-auprès [2]. « Dans le pur regard qui fixe, l'avoir-devant-soi-sans-plus-quelque-chose est présent, *en tant que ne-plus-comprendre* » [3]. Façon de dire qu'au procès articulatif du connaître, qui se révise sans se rompre et demeure – en droit – homogène dans toutes ses moments, est opposé le *tournant* du reconnaître l'être-à comme agent d'une plus profonde vérité. Dans l'énoncé, l'ouvert « n'est pas complètement retiré – il est précisément découvert, mais en même temps dissimulé » [4] : trait où le *Dasein* prend la mesure nécessaire et de sa facticité [5] et de son pouvoir de la surmonter. Le propos est de lire dans le connaître qu'on récuse la présence dissimulée de ce dont s'autorisera la récusation qui « soustrait au retrait » : mouvement caractéristique du cercle herméneutique, devenu cercle véridictif.

---

1. La responsabilité du dernier Husserl est ici patente.
2. § 35.
3. § 32, p. 149.
4. § 44, p. 222.
5. Cf. toute la thématique de l'échéance et de la « positivité » de l'inauthenticité, § 38.

Second trait : un appareil de distinctions chargé de reconduire toujours plus radicalement l'étant au sens totalisant de son appropriation. C'est d'abord ce *pour quoi* est l'outil. S'agissant de l'outil, son « pour quoi », justement, pourrait suffire à pointer sa prise dans la préoccupation ; mais non ; chaque fois, il doit être clair que le passage par la *praxis* n'a valeur que d'intermédiaire pour reconduire au Total de la structure existentiale. De la *praxis*, il y a une lecture inauthentique avant la compréhension authentique. La discipline du renvoi, correctement entendue, atteste d'une méthode alterne au connaître, où l'approfondissement par le Total signe la plus grande proximité à la vérité. Autant dire que la décision inaugurale quant à la structure de l'être-au-monde commande rétroactivement un incessant travail de réinterprétation du se-reconnaître-préoccupé, qui toujours davantage reconfigure la vérité « à la mesure » de ce qui est cette fois *la structure de Tout* qui est celle du *Dasein* lui-même.

Enfin, il faut signaler un retour inattendu du voir apophantique husserlien dans une exposition qui entend récuser le *theorein* : la vérité de l'être-au-monde est dite « luire »[1] jusque dans la médiocrité de l'ontique, et cette lueur ne fait jamais défaut. Serait-ce reconnaître qu'il n'y a, au regard de l'en-soi de la vérité, que des détours, et que même l'interpréter est sous réquisit d'une transcendance épistémique – et plus précisément, d'une « intuition » – qui conditionne et oriente la signification sur quoi l'interprétation se prononce ? Que c'est ladite intuition qui dévaluerait la constitution du sens comme « retrait » quand elle se porte à l'ontique, mais la ferait « ouverture » quand il s'agit du report sur le *Dasein* ? Disons plutôt, pour le moment, qu'il y aurait un mauvais et un bon *theorein*. Mais en nous gardant d'oublier que, tout au long de ce dispositif, l'ouverture se connote d'un révéler délivrant, d'un « dé-voilement », qui appartient à une autre langue et n'est déjà plus du ressort du théorétique.

On voit que c'est bien une dévaluation systématique du *theorein*, conduisant à sa récusation globale, qui est engagée. Et qu'à quiconque se déclare heideggérien, la question doit en être posée : cette récusation, est-il prêt à l'assumer ? Sans doute dira-t-on qu'une place qui préserve la connaissance lui est, dans le système, assignée ; mais ce sont bien les fondements mêmes du connaître qui sont, comme tels, récusés. À tel point qu'on doit réarticuler la question : est-ce l'ontolo-

---

1. *Aufleuchten*, § 18.

gie du *Dasein* qui requiert la critique de la connaissance ou bien celle-ci qui commande la recherche d'une nouvelle ontologie ?

Une mise au clair de ces questions, qu'on doit se refuser à tenir pour accessoires, requiert que soient examinés au plus près d'abord le report du connaître dans la *manifestation*, ensuite la *critique* explicite du concept classique du connaître, enfin la définition de la *vérité* qui s'y substitue.

b. Repartons de ce que le savoir ne ferait qu'« a-viser » l'étant, et ce faisant en manquer l'appropriation première. J'ai déjà dit l'inconséquence de cette dernière proposition : comment l'emploi pourrait-il être au fondement de la définition – qui est constitution –, et. la préoccupation opérer sans le connaître « objectif » – le savoir – qu'elle enveloppe ? Soit la réduction, que nous avons dite, de la spatialité à l'é-loignement et l'orientation. Il est surprenant mais significatif que Heidegger ne mentionne pas la *continuité* et l'*homogénéité* où nous avons reconnu les conditions axiomatiques de l'espace : comment jouerais-je du proche et du lointain sans impliquer l'en-soi du continu qu'ils balisent ? Comment m'orienterais-je sans présumer l'homogénéité du milieu – je n'ai pas écrit : « de l'ambiance » – où alternative il y a d'une orientation ou d'une autre ? Nous l'avons déjà aperçu : le montage heideggérien ne peut cesser de présupposer ce qu'il récuse. Comment le pour-quoi de l'objet *constitue*-t-il l'objet comme unité consistante ? La question n'est même pas soulevée ici[1]. Il faut prendre garde que tout ce que Heidegger accentue comme la prévalence de l'utilité prend assise dans la dominance de l'*évaluation* et se rattache à une phénoménologie des valeurs[2] : de là toutes ces inventions verbales – saisissantes, on en convient – qui sont autant de déplacement des caractères de l'étant dans leur qualification évaluante : l'en-vue-de-quoi, le familier, l'ambiance, la contrée... on ne finirait pas de citer. Mais la transposition ne tient pas : elle n'est constituante que pour autant que *d'abord* l'étant, disons plutôt : ce que nous avons reconnu comme l'apparaître, a été constitué en soi, de par soi, dans le perçu. Ce que Heidegger essaie de disqualifier comme un détournement

---

1. Elle le sera plus tard, et j'ai, plus haut, fait référence à *Qu'est-ce qu'une chose ?* Mais il n'y est plus question de l'ustensilité.

2. § 21, p. 99. On n'oubliera pas que ce n'est qu'un moment du procès où l'herméneutique doit commander le gnoséologique ; nous avons vu qu'à l'être lui-même ne convient plus la valeur.

résiste et demeure le préalable insubstituable de l'opération heideggérienne elle-même. Et quand Heidegger se défend de se tenir dans une qualification qui ne serait pas « primaire », il faut répondre qu'il est réfuté par l'appui qu'il ne cesse de prendre, en l'aveuglant, de la constitution.

De celle-ci, « tout d'une connexion de fondation de propositions vraies »[1], Heidegger ne nierait pas qu'elle soit, sur son mode, et en un sens restreint, requise, mais sur d'autres fondations que celles dont elle excipe. Il n'a de cesse d'en relire les prescriptions pour les reporter sur ce qui n'est plus une logique mais une « mise au jour » du « *se montrer* » tel qu'« annoncé » par l'apparaître ; une telle mise au jour serait même le geste le plus propre du phénoménologique[2]. Exemple célèbre est la retraduction de *Logos*[3] : ni discours – qu'est-ce que « discours veut lui-même dire » ? –, ni énoncé – entendu comme tout à la fois « liaison » et « prise de position » –, mais « *rendre manifeste* ce dont "il est parlé"... dans le discours ». « Le Logos "fait voir" ». Ce qu'on présente comme connexion de relations doit s'entendre « faire voir quelque chose dans son *être ensemble* avec quelque chose ». À son tour, le vrai est ici le « soustraire à son retrait l'étant *dont* il est parlé » : le dé-couvrir ; et le faux est le « recouvrir » quelque chose par quelque chose.

Définitions stupéfiantes dès qu'on veut bien les arracher à l'*aura* de quelque phénoménalité originaire pour les reporter – comme l'entend ici Heidegger – sur l'appareil de la science. Qu'est-ce que rendre manifeste, au regard de l'articulation d'un dépli des composants ? Qu'est-ce que l'être-ensemble de deux choses, au regard du faire-un consistant d'une connexion de fonctions ? Qu'est-ce que le soustraire au retrait, au regard d'une argumentation déductive ? *Il n'existe aucun passage dont on puisse exciper entre le se-montrer et le Logos*, entre le tournant du dé-couvrir et le processif normé du connaître, celui de la science au premier chef.

C'est avec quelque chose comme un *unheimlicher Gefühl* qu'on se trouve confronté à cet Heidegger-là : celui qui n'entend pas seulement remonter en-deçà du Logique, mais bien assigner au concept même du Logique de se résoudre dans celui de manifestation, et plus encore

---

1. § 4.
2. § 7, A.
3. § 7, B. (Plusieurs citations soulignées par moi.)

assigner à celle-ci de suffire pour assurer le discours de la science, au titre de premier recours. On lit en doutant qu'on ait bien lu. Car à ce stade, la critique du Logique n'est plus seulement ontico-ontologique, n'est plus seulement la contestation d'un discours à la mesure du seul sous-la-main : c'est la consistance propre du savoir qui est rapportée à ce qu'elle ne cesse de récuser ; et l'impuissance de l'analytique du *Dasein*. à rendre raison de la raison, du même coup, avérée. Dire que le seul moment originaire est le faire-voir, ramené à « l'accueil » du « faire encontre », revient à ouvrir un écart béant, impensable, entre le savoir qui opère et le philosophique qui s'ouvrirait au découvrir[1].

Il est vrai qu'est esquissée plus loin[2], et en sens inverse, une analyse processive du laisser-se-montrer comme projection vers des possibles dont l'*explicitation* sera l'élaboration, explicitation que l'*énoncé*, à son tour, déterminera et rendra communicable.

Ce que la préoccupation de l'à-portée-de-la-main « se donne à comprendre », il revient, en effet, à la circon-spection de l'expliciter : en découvrant « ce dont il retourne », et partant ce « *comme* quoi » il doit être pris. Ce dont il retourne n'est toutefois pas plus qu'une mise-au-point de la manifestation, il n'est pas nouveau, il était contenu dans le se-montrer comme son « ex-primable », l'accueil compréhensif étant en toute occurrence celui de la tournure en son tout. Et que l'étant ex-plicité soit dit avoir « la structure du *quelque chose comme quelque chose* » signifie seulement que la chose – la table, la porte – n'a, pour Heidegger – comme elle l'aura, d'une autre façon, pour Merleau-Ponty –, pas de définition qui ne soit celle de son « pour... » et de son « en vue... » comme sens propre du comprendre. Heidegger induit ainsi une interprétation de l'explicité comme retour du comprendre sur lui-même : *le cercle herméneutique a absorbé la connaissance*[3], loin que les conditions de celle-ci – qui, selon

---

1. Il va de soi qu'aucune confusion n'est possible, hors le recours à la métaphore du voir, entre le regard de la *psuchè* platonicienne sur le croisement et la hiérarchie des Formes, et le rendre manifeste ce qui fait encontre : là, déchiffrement critique – et déjà dialectique –, ici approchement par un effort de dé-couvrement du total ; là travail sur les concepts, ici laisser revenir la chose même ; là sortie de soi, ici retour sur soi ; et finalement, là projet de constituer, ici d'être adéquat à l'originaire du manifesté.

2. § 32 et 33.

3. J'emploie ce terme, que Heidegger évite, pour que soit bien entendu de quoi... il retourne quand il écrit « compréhension ».

Heidegger lui-même sont l'idéalité, l'objectivité, la nécessité[1] – soient retrouvées. Il ne pouvait en aller autrement puisque la compréhension est, et demeure comme explicitée, un existential du *Dasein* : c'est « lorsque de l'étant intramondain est découvert avec l'être du *Dasein*, autrement dit lorsqu'il est venu à compréhension, [que] nous disons qu'il a du sens » ; et le sens n'est pas de l'étant, c'est le *Dasein* qui « l'a ».

À son tour, l'énoncé – soit, dans la théorie de la connaissance, selon Heidegger, le jugement –, ne déborde pas la compréhension précédente, mais ne fait qu'expliciter l'explicitation, en faisant voir l'étant dans la détermination qui le restreint (c'est le marteau *comme* trop lourd)[2], qui le spécifie ainsi comme tel étant-là, et rend du même coup possible la communication du voir originel. Ainsi, l'énoncé « se tient toujours déjà sur la base de l'être-au-monde... Il a besoin de la pré-acquisition d'un étant ouvert... Il implique une prise de perspective orientée... où le prédicat à dégager... est lui-même... réveillé de son inclusion tacite dans l'étant lui-même »[3]. À ce point, Heidegger en convient, on n'aperçoit guère ce qui distingue cette explicitation « seconde » de la « première ». On ne l'aperçoit qu'en notant que le « *avec-quoi à-portée de-la-main* » est devenu le « *ce-sur-quoi* » : en clair, *l'objet* que prédiquent des propriétés (ex. le marteau et la gravité – sauf que celle-ci ne vient pas comme acquis intra-gnosique mais comme incluse dans la préoccupation, sous la forme du « trop lourd ! »).

Il est vrai que la production de l'énoncé doit dès lors être reconnue comme – le mot est fort – marquant un « *virage* dans la pré-acquisition »[4]. Comment ce virage est possible, Heidegger n'en dit rien, et l'on est en droit de douter que, loin d'attester « l'inconsidéré » de la « proposition énonciative théorique », il soit pensable hors des réquisits de l'analyse logique. Ce sur quoi Heidegger va insister, aussi bien, ce sont les effets *négatifs* du virage : l'à-portée-de-la-main se « voile », c'est le sous-la-main qui est déterminé en son « être-ainsi ou-ainsi », le *comme* « ne déborde plus dans une totalité de tournure » : ce « nivellement » qui caractérise l'apophantique de l'énoncé, et qui l'oppose

---

1. P. 156.
2. En somme, la compréhension fait voir l'étant à partir de son usage ; l'explicitation y trouve inclus le pour... ; l'énoncé y trouve incluse la spécification d'une restriction qui va entraîner définition.
3. P. 156-157.
4. P. 158 (souligné par moi).

à l'existential-herméneutique de la première explicitation, permet de comprendre comment le Logos lui-même en vient à être pensé dans sa seule adéquation à un étant. On retombe ainsi sur la co-inclusion de l'existentiel et de l'existential : l'énoncé est un progrès dans lequel se cache, au fondement, un recul.

À cette tentative de déplier une épistémologie de la manifestation, d'en construire ce qui en serait le progrès, il est aisé de répondre qu'est par trop patent son artifice. Il n'y a pas deux théories de la connaissance : la mathématisation de l'expérience est le procès paradigmatique de tout savoir, et l'écriture axiomatico-logique en est le prescrit ; tout au plus peut-on discuter de ce qui en est, au titre ou d'apparence ou de manifestation, le point de départ ; et de l'existence de champs d'expérience qui ne sont ouverts qu'à un autre abord, intuitif ou compréhensif – ceux, précisément, de la subjectité de l'existence –, dont il est exclu qu'il puisse réguler le connaître comme tel. Aussi est-il frappant qu'Heidegger ne puisse aventurer une thèse qui fait fond du se-montrer, en place de l'élaboration du formulaire, sans chercher à construire des équivalences aux moments constitutifs du connaître, qui ne cesse ainsi d'imposer son paradigme, au prix de ne le retrouver que dénaturé. Expliciter n'est pas expliquer, et énoncer – dans le sens que donne au mot Heidegger – n'est pas produire le concept mathémique de l'expérimenté. Toute l'opération repose sur le « comprendre *comme* » : un temps compréhension de la compréhension, un autre temps tentative de l'objectiver en la faisant virer sans l'avoir pourtant dépassée : le tronc comme "tout droit !", la silhouette du tilleul comme "toute ronde !", ce ne sont pas des définitions opératoires de l'arbre ; et nous-mêmes avons soigneusement distingué à son tour la logique du perçu de celle de la science, qui reconfigure radicalement le matériel constitué que le perçu lui tend. En vérité, le « comme », qui est toujours renvoi à l'appropriation, ne sera jamais l'en-soi de la constitution, et il ne s'est rien passé qui puisse ouvrir un accès au connaître comme tel.

Enfin, on ne peut manquer d'apercevoir le flottement d'une concesssion apparente, qui doit faire "passer" ces analogies forcées : puisque l'étant est, de soi, « *non-sensé* », le savoir prétend le traiter comme tel ; et c'est « tâche légitime de saisir le sous-la-main dans l'incompréhensibilité qui lui est essentielle » ; mais cet « idéal de connaissance... n'est lui-même qu'une forme *déchue* du comprendre »[1], et par

---

1. (Souligné par moi.)

déchéance, il ne faut pas entendre seulement l'écart de l'ontique à l'ontologique, mais bien un manque à comprendre le comprendre qui court sous la prétendue « validité » d'un savoir[1] formalisé et positif. Autrement dit, ce que Heidegger présente d'abord comme une mise en réserve de la science rigoureuse est annulé par une critique déconstructive de ses caractères constitutifs. Aussi bien, que le savoir puisse être une compréhension déchue suppose de nouveau qu'est, de l'un à l'autre, possible et pensable un passage, là où nous retrouvons la béance de l'écart entre savoir constituant et compréhension interprétante, dont les prescriptions sont alternes absolument[2]. Béance que Heidegger ne fait que souligner quand il écrit : « ce qui est décisif, ce n'est pas de sortir du cercle, c'est de s'y engager convenablement ».

c. On ne peut pas se contenter de relever que l'élaboration heideggérienne du comprendre ne propose que le tracé rompu d'une série de fausses pistes pour contourner le problème de l'épistèmique, sans réussir à le surmonter. Car *Sein und Zeit* n'entendait pas seulement promouvoir une démarche existentiale-herméneutique *à côté* de la démarche théorétique-logique, ni même *réduire* à la première la seconde, mais *ruiner* les fondements de celle-ci comme illusoires. Ce qui est bien, et deux fois, la pire aventure qui puisse arriver à la philosophie.

Isolons ce moment – jamais plus qu'ébauché. Moment où Heidegger, reprenant la critique amorcée sur l'exemple du cartésianisme, entend retourner le théorétique contre lui-même, et démontrer qu'il est inconsistant structurellement, parce qu'il reposerait sur l'insurmontable distinction de l'idée et de la réalité prétendument « accordées ». *Sein und Zeit* a là-dessus deux types d'arguments, les uns négatifs, l'autre positif. D'une part, l'énoncé, en se prévalant de son « caractère de "validité" » – l'objectivité, « l'accord avec l'objet »,

---

1. Toujours évoqué sous la rubrique du jugement (cf. p. 156).

2. Une phrase proprement symptomatique : « La mathématique n'est pas plus rigoureuse que l'histoire, elle est seulement plus étroite quant à la sphère des fondements existentiaux dont elle relève » (p. 153). On ne saurait mieux démontrer le contraire de ce qu'on avance. La mathématique et la logique ne sont plus rien – ou, pour heideggériser, n'ont plus de sens – s'ils relèvent d'autres fondements que les *prescriptions* qui leur sont propres et qui sont universelles. C'est même ce qui les destine, tout autrement que le *Dasein*, à poser l'être.

l'*adaequatio*[1] – se prévaudrait d'un « caractère hautement problématique », d'une « idole verbale »[2] ; comment l'*intellectus* pourrait-il livrer la *res* « *telle qu'*elle est » ? On répond – et nous avons répondu – par *l'immanence à l'apparaître* de ce que Heidegger appelle la « teneur idéale » du connaître. Mais Heidegger derechef, passant de la théorétique de l'objet à celle du jugement, de sa teneur et de son accomplissement : « *Comment la relation entre étant idéal et sous-la-main réel doit-elle* [: peut-elle] *être saisie ontologiquement*[3] *?* » Et nous : la question est sans pertinence, dès lors que la constitution de l'objet « réel » est son énoncé, que sans celui-ci il n'y aurait pas même d'objet, et que, de l'étant, l'être se trouve, par là-même posé.

Mais Heidegger entend aller au plus court, faisant cette fois argument positif du « *phénomène de la vérité de la connaissance* »[4] – autant dire : du fait qu'est au cœur caché du phénomène cette vérité –, et l'assignant à la « visée » de la chose même, sans l'intermédiaire d'une représentation. Le problème, selon lui insoluble pour le théorétique, de l'accord entre ce que nous appellerons plutôt l'idéel et le réel, a seulement ainsi sa résolution : ce qui « autolégitime » le connaître, c'est de s'attester comme connaître de l'objet, et s'il peut ainsi s'attester, c'est que son énoncé vise « la réalité phénoménale de ce sur quoi [il] est porté ». Autrement dit, « *l'énoncé est un être pour la chose étante elle-même* » en son identité[5]. Ainsi, de la perception, brusquement évoquée : « *c'est* l'étant lui-même qui était visé dans l'énoncé [perceptif] ».

En quelques pages fort serrées[6], Heidegger aura ainsi retiré toute pertinence à la problématique husserlienne de la connaissance – le dur chemin de la transcendance – et couronné ce mouvement par une référence à la doctrine husserlienne du remplissement. Mais cette critique de la connaissance comme accord impossible ne vise en réalité

---

1. § 44, p. 214. La série des arguments qui suivent, amorcée avec la réinterprétation de Logos, est répétée presque terme pour terme aux § 33 et 44.

2. § 33, p. 155 et 156. Et p. 158 : Dans « le "quoi" comme quoi l'énoncé détermine le sous-la-main... le "comme" est ramené au niveau uniforme du sans-plus-sous-la-main ». La problématique de l'objectivité s'est ainsi soustraite à l'ouverture de l'être-à.

3. § 44, a, p. 216.

4. P. 217. (Souligné par moi.)

5. P. 218. (Souligné par moi.)

6. Serrées en ce que, comme souvent chez Heidegger, l'insistance des répétitions met en ellipse les moments-déplacements de l'argumentation.

que le schème dual, redoublé par celui de la représentation interposée, schème qui en effet réclame un accord impossible à prouver entre la représentation, qui est du sujet, et l'objet ; schème – ce fut le point de départ du criticisme – pour cette même raison dépassé. Sous le titre de la *Vorstellung*, Husserl se garde, quant à lui, de placer la noèse à part du noème et celui-ci à part de la *hylè*[1] ; en sorte que c'est non l'écart mais le recroisement des premiers et du dernier de ces termes que nous avons vu spécifier l'objet dans sa réalité. Et nous-mêmes n'avons à aucun moment fait surgir quelque intermédiaire psychologique entre l'empirie et sa constitution, qui la saisit – si je puis dire – à bras le corps. Bref, la critique est trop facile, et le seul accord dont présume la connaissance, partant le critère de la vérité, doit se dire : *la disponibilité – qui est la constitution même – de l'empirie à l'axiomatico-logique.*

Allons plus loin. Dès lors que ce qui est revendiqué est la saisie de la chose même, et qu'il est admis que la visée de l'objet quelconque est auto-légitimée par la saisie phénoménale, sans médiation, qu'est-ce qui exclut que le même type d'évidence attestée indexe l'*être* même de l'étant, de n'importe quel étant ? Pourquoi, cette fois, le phénomène n'est-il plus index suffisant ? Heidegger, réintroduisant en ce point le dual, entend et objecte que de l'étant, on n'a que « l'être-*découvert* » pour un « être-*découvrant* » ; ce qui revient à reporter la vérité de la connaissance sur une autre, celle du *Dasein* dans la compréhension de son être-au-monde, et ce qui requalifie le phénoménal comme cela qui, en étant découvert, dé-couvre le découvrant, seul dont on puisse dire qu'il saisit la chose même, et qui ne la découvre que *du point de sa propre structure* ; c'est cela-même qui conduit à dénier que soit suffisant pour l'évidence ce que Heidegger appelle le « concept traditionnel de la vérité ». Finalement, de cette discussion suspendue à la possibilité pour le connaître de poser lui-même sa relation à son objet, et en ce sens au moins héritière de la problématique de Husserl, ce qui est proposé comme résolution présuppose que le *Dasein* est « découvrant *pour* l'étant *réel* », que c'est là un moment ontologiquement antérieur à l'explicitation de la « teneur idéale » de l'énoncé sur l'étant, et que la détermination ultérieure de l'apparaître n'est qu'un « virage » sur le préalable de l'être-à. Où se tient la seule véritable évidence, portée par la structure du Soi.

---

1. Cf. *Ideen*, § 102.

À ce stade, Heidegger peut se lire de deux façons. Ou bien l'on dira qu'excipant de la constitution du *Dasein* comme être-à, il en démonte les articulations, montre comment elles se commandent les unes les autres, et produit une relation intelligible de la légitimation du découvert *par la seule légitimité ontologique du découvrant*. Ou bien l'on dira que reporter la légitimité sur le découvrant et sur la compréhension de celui-ci, revient à *délégitimer la suffisance à soi-même de l'évidence*, y inclus celle de la chose même, et faire usage de la « constitution compréhensive » contre l'en-soi de toute constitution. Le propre de la première lecture est de n'être, en vérité, pas gnoséologique mais ontologique : *si* il n'y a d'être que du *Dasein*, alors il est seul à pouvoir assurer l'être des choses ; seulement ce *si* ne relève pas de la théorie de la connaissance, mais de la seule expérience que le *Dasein* fait de soi, dans le déni d'avoir de l'objet une expérience qui ne soit suspendue à celle-là ; en sorte qu'être au monde devient n'y être finalement pas. C'est ce qui ne peut être accordé : le "monde" – qui en doute vraiment ? – a – au moins – autant d'être que nous-mêmes. Mais ce qu'*est* cet être, et d'abord son apparaître – le nôtre comme celui du "monde", ne nous devient transparent que par la discipline du connaître ; et du point du connaître, ce que relève dans le texte heideggérien la seconde lecture, où l'enjeu du texte est gnoséologique en effet mais à-contre la *gnosis*, ne peut qu'être réfuté à son tour. Nous avouerons ne pas comprendre ce qu'évidence peut signifier si ce n'est pas exhaustive intelligibilité de l'à-penser, ne se réclamant de rien d'autre que de la chaîne des raisons, dans la clarté des décisions. C'est, implicitement, l'axiome parménidien [1] avant que platonicien. On peut toujours objecter que l'évidence enferme un pari sur la réalité ; réponse : que la réalité consiste, et ne soit que pour autant que consistante, avère qu'elle est, *de soi, constitution*, que cette constitution est transcendante comme nous est transcendant le Logos, qu'*à la réalité est immanent son discours*. Au regard de quoi, le recours à la signification du *Dasein*, figure décalée de l'immédiateté de l'intuition réflexive, est assise prise de l'a-discursif, entraînant choix de l'anti-discursif sous la forme d'un épuisement-évidement du Logos, qui n'est

---

1. Que la croisée des chemins parménidienne indique l'alternative du « découvert » et du « retiré », comme l'écrit Heidegger p. 222, c'est une de ces traductions-transcriptions-forçages qui sont idiotismes récurrents du style heideggérien. Mais qui traduisent une préoccupation de la continuité du philosophique sur laquelle on va revenir.

plus rien s'il ne s'autorise pas de soi seul. Il ne suffit même pas de dire que, du point d'une telle intuition, à la réalité devient accident l'intelligibilité du discours ; car alors – tout ce que nous avons énoncé en constitue la démonstration –, c'est l'existence même de la réalité qui devient inintelligible. Aussi bien la décision n'est-elle pas : partir de l'existant ou de la réalité, mais se tenir au Logos de l'un comme de l'autre "côté".

d. Heidegger, quant à lui, tenant l'impouvoir de la connaissance à se fonder elle-même pour démontré, et nécessaire son report sur l'être-découvrant du *Dasein*, va déplier, pour finir, ce qu'il en va de la *vérité*. Si le connu, c'est « l'être-*découvert* » de l'étant « dans le comment de son être-découvert », l'énoncé peut y être dit provisoirement l'« être *découvrant* », et « *l'être-vrai (vérité)* de l'énoncé » s'entendre lui-même comme être-découvrant. Mais, à son tour, « l'être-découvrant n'est possible que *sur la base de l'être-au-monde* »[1].

Suit[2] que le « faire voir » l'étant « en le dégageant de son retrait » est tenir l'être-vrai comme découvert, mais que l'être-vrai comme découvrant est l'être-vrai originaire, celui dont c'est « une guise d'être » de découvrir. Et cette guise-là est le mode d'être fondamental du *Dasein*. Le *Dasein* qui, comme être-à, est essentiellement ouverture, par là « *est "dans la vérité"* ». Formule spectaculaire : cet ajointement de l'ouverture du *Dasein* et de la vérité porte toute la bascule de la systématique heideggérienne. Elle en porte aussi la restriction : le *Dasein* n'est pas « le » vrai, il « y » est seulement, en tant qu'« à sa constitution existentiale appartient l'ouverture de son être le plus pur », mais qu'à sa constitution appartient aussi bien que le découvert puisse ne lui advenir – et ne lui advienne le plus souvent, selon « l'échéance » – que dissimulé : le *Dasein* se perdant « dans son monde » est « cooriginairement... *dans la non-vérité* ». Pourquoi cooriginairement ? Parce que la dissimulation elle-même n'est que sous condition de l'ouverture qui l'origine.

Remarquons alors qu'en chacune de ses systématisations, la Phénoménologie aura cherché l'élucidation de la vérité dans une auto-élucidation de la visée de l'Ego, de l'adresse du *Cogito* percevant, de l'ouverture du *Dasein* : en quoi elle pourrait bien être l'ultime manifes-

---

1. P. 219. (Souligné par moi.)
2. § 44, b.

tation – déportée en-deçà du gnoséologique – de cette duplication du connu par « l'homme » dont Michel Foucault prévoyait et requérait la disparition. Mais remarquons surtout que le monde chez Merleau-Ponty, et beaucoup mieux l'ouverture chez Heidegger, signent déjà le passage à un autre-qu'humain qui dans l'humain transit l'homme[1]. Car le vrai n'est plus suspendu à la visée comme ce qui vient *au terme* de la visée, il est *dans* la visée même, comme son être, dont il n'y a pas à espérer d'autre fondation. Bref, on ne peut entendre[2] la destitution de la connaissance comme aveuglement dans le retrait, sans l'argumenter par la définition de la vérité comme *ouverture à l'être-de-l'être-à*.

De là qu'« "il n'y a" de vérité que dans la mesure où et aussi longtemps que le *Dasein* est »[3]. Si la vérité est « présupposé », c'est pour ce qu'en nous est présupposée l'ouverture. Mais il faut que soit l'ouverture : « Les lois de Newton, avant lui, n'étaient ni vraies ni fausses... avec elles de l'étant devint en lui-même accessible pour le *Dasein*. » S'en conclut ce que nous annoncions : que la vérité ne peut être fondée qu'*ontologiquement* : dans le seul être du *Dasein* ; que, dans le même temps, elle ne peut être « prouvée », le *Dasein* ne pouvant se soumettre lui-même à la preuve, mais seulement se comprendre ; qu'enfin la position d'un sujet pur manque le véritable *a priori*, qui est « la déterminité » du *Dasein* à « être cooriginairement dans la vérité et la non-vérité ».

Avec *l'articulation de la vérité à l'ouverture* – même si ce n'est peut-être pas beaucoup mieux qu'une figure –, Heidegger s'est débarrassé enfin de ses substitutions artificielles, de ses intuitions introuvables et de ses dénis intenables. C'est le point – et peu importe alors que ce soit le seul – où il lui sera revenu d'avoir mis en lumière un trait structurel du connaître, sa place imprescriptible, et ce qu'elle emporte de notre facticité. Chance et limite : le constat est profond. Et doit être retenu. Si le connaître est, comme dirait Heidegger, notre destina-

---

1. Il y a chez Heidegger, je l'ai fait remarquer, une référence au personnalisme, et plus importante qu'il ne le laisse transparaître ; mais il n'est d'autre part aucunement anecdotique qu'il n'écrive que : « le *Dasein* » ou « le Soi-même », à l'impersonnel de la troisième personne.

2. Je synthétiserai ici une discussion que *Sein und Zeit* reprend en plusieurs étapes, § 7, 10-11, 13, 32-33, 43-44. Ici, § 44.

3. § 44, c.

tion, c'est bien pour ce qu'il nous *advient* de nous porter *au-delà* du brut être-à-l'ontique de notre in-sistance à l'étance. Le connaître n'a pas d'autres prescriptions qu'en lui-même, mais que nous y soyons le précède de ce que nous y soyons ouverts, et c'est la même ouverture qui sous-tend l'infini par essence de son procès productif. Aussi avons-nous dit et redirons-nous, mais dans une tout autre langue, que la connaissance est ouverture à l'axiomatico-logique du discours, à sa transcendance ; toute la différence est qu'alors, *ce n'est pas sur nos propres ressources mais sur celles de l'Autre qu'il y a renvoi.* Et c'est aussi bien pourquoi ce n'est pas nous-mêmes que nous y rencontrons comme sujet. D'où nous conclurons sur cette réserve que si Heidegger a pu dégager la structure « ouverture » de la connaissance, c'est précisément parce que, bien plutôt que structurante de la connaissance, elle en est la *condition existentielle.*

On ne niera pas, cela dit, que Heidegger ait porté, sous le titre de l'ouverture tel qu'il l'entendait, la question de la vérité en son cœur : *est-ce l'être qui fonde la vérité ou l'énoncé vrai qui pose l'être ?* La réponse de Heidegger est l'indexation de la vérité sur l'être – du *Dasein* –, mais sur un être qui n'est ni fondé, ni même donné, sinon sous la forme de l'originaire : l'être-vrai, c'est celui qui indexe le découvert à un découvrant toujours échéant. Cercle, de soi, légitime en ce qu'il prend la facticité au sérieux et du même trait évite à *Sein und Zeit* la dérive déterministe qui menace toute pensée selon laquelle le vrai *repose* dans l'être : le vrai est, chez Heidegger, suspendu, sans plus, à l'existence, en tant qu'il est découverte portée – ontologisée – par le découvrant. Inversement, toute pensée qui *remet* l'être à la fabrication du concept court le risque d'une dérive constructiviste, déniant que l'énoncé puisse, en se prononçant sur l'objet, se prononcer sur son être, arguant de ce que l'opérer et le décider sont seulement des faits contraignants, faisant fond d'un choix pragmatique dans le pluriel des axiomatiques[1]. Heidegger, quant à lui, se garde de conduire de l'infondé de l'ouverture à un quelconque pouvoir qu'elle

---

1. On voit bien que nous ne sommes, quant à nous, ni ici ni là : récusant que l'être puisse se dire autrement que dans l'énoncé qui le pose, récusant que l'intelligible du discours nous soit autre que transcendant et que les décisions que nous avons à y prendre soient autres que le parcours de ses possibles, enfin ajointant l'être à la constitution logique de l'étant. L'objet – l'arbre – est au perçu qui, depuis son site logique, ne peut pas être autre qu'il n'est, dans le moment qu'il est, même si ce moment est provisoire.

aurait de décider du découvert. À ce stade, sa position est donc équilibrée : ni antériorité du vrai à sa détermination, ni réduction du vrai à sa construction.

Mais le problème se déplace : si la vérité n'est pas autre chose que l'ouverture du découvrant et ne peut pas plus que celui-ci être fondée, elle demeure « primairement » un existential mais pas plus qu'un existential. Ainsi se trouve une nouvelle fois illustré qu'articuler l'ouverture à l'immanence du *Dasein*, et non à la transcendance de l'intelligibilité, revient à lui retirer l'auto-suffisance de sa légitimité : preuve que *ce qui est cherché comme le Mien de la vérité entraîne la ruine de la vérité*. Forçons le trait : la seule vérité pour Heiddeger, c'est celle de l'ouverture à soi du *Dasein*, qui fait basculer dans l'Unité-Totalité de son être l'homogénéité discursive de la consécution des énoncés de vérité. Et dès lors que l'intelligible ne répond pas de lui-même, en lui-même, est perdue la vérité de la vérité.

Qu'il n'y ait de question de l'être que pour cet étant singulier que de temps à autre Heidegger appelle : « l'homme », cela n'impliquerait pas, de soi, une redéfinition du connaître et de la vérité qui prive de sa consistance le théorétique ; cela ne l'impliquerait pas *si*, de l'homme, la définition n'était pas : celui pour qui il en va de *son* être. C'est ce « son » qui commande, à-contre le théorétique, le recours à la compréhension du *Dasein* par le *Dasein* et oriente un travail de mine qui démantèle le savoir. Ce qui masque les dégâts de cette opération – et ce qui y signe le coup de génie – est la détermination de l'être du *Dasein* comme être-au-monde, reprenant aux frais de celui-ci le connaître comme ouverture, et la vérité comme « présupposée »[1] par l'ouverture : en tant que saisie de ce « en vue de quoi le *Dasein* est ». Mais le dégât pour la connaissance s'en trouve finalement radicalisé. Traditionnellement – dans la pensée mystique, chez les Néo-platoniciens ou chez Bergson –, le recours à une instance comme celle de l'être-découvrant entraînait la distinction entre des modes ou des niveaux de connaissance conservant chacun leur pertinence. Heidegger, produisant l'être-découvrant mais s'y arrêtant, *destitue tout autre mode du vrai*, qu'il relit *depuis* la compréhension de l'être du Soi. Qui est prêt, aujourd'hui, à assumer une telle destitution ? Nous reposons la question. Constatant – et comment le nier ? – que l'ouverture ouvre elle-même une brèche mémorable, quand bien même il la

---

1. § 44, c.

referme en se retenant dans le champ à la fois clos et circulaire de la compréhension, contre l'articulation transparente et illimitée de l'intellection.

Ponctuons donc : il n'est pas de définition pertinente de la vérité hors de son immanence à l'axiomatico-logique du discours ; et parce que c'est même chose de dire consistance du discours et constitution de l'étance, il n'est pas de définition pertinente de l'être qui puisse faire exception de la vérité de l'apparaître. Heidegger, qui ne conjoint vérité et être qu'en les disjoignant du discours, n'a pour rendre raison de la vérité que l'infondé de son être : puisque destituer la vérité de ne se prévaloir que du discours revient à la fonder – elle, la fondatrice – dans un être-découvrant qui la précède, et puisque destituer l'être de son indexation par la consistance de l'étant revient à le remettre à la facticité du *Dasein*. Ramener à l'être-à-Soi la vérité, atteste toujours d'un défaillir dans la consistance de la seconde et d'un report de l'assurance sur le premier, qui lui-même ne se découvre jamais qu'autant qu'il se cache : réduction de l'*alétheia* au jeu d'un *Fort-Da*.

Je ne suis pas engagé, ce disant, dans un plaidoyer pour une transparence discursive sans butée. J'ai repris déjà plusieurs fois la distinction, proposée par Alain Badiou dans le fil de Lacan, entre véridicité et vérité. La procédure discursive tantôt fait-un d'une multiplicité qu'elle régit de proche en proche selon les réquisits de sa logique domaniale – en quoi elle se dira savoir « véridique » –, tantôt rencontre des apories – de l'indiscernable – qui font « trou » dans son procès – l'existence elle-même nous en sera un exemple –, trous qu'il lui revient d'assumer : c'est cette assomption qu'on dira à son tour l'ouverture du discours à une « vérité » rencontrée au site ultime où le discours bute, bute sur les apories de la constitution[1]. La vérité prise en ce sens, loin d'être déjà-là, dans un être-à préalable au discours, est au terme du discours, au point où ce qui s'avère est l'impossibilité de le refermer. Elle est l'index du Réel qui pointe

---

1. La définition que donne Badiou de la vérité met l'accent sur l'infini de la procédure, récollection d'une partie toujours « au futur » de la situation, qui donc fait « trou » dans le savoir, mais, qui, comme « générique », prononce par anticipation l'être de la situation. Je déplace quelque peu la définition en tenant l'infini en question comme l'effet d'une butée indépassable qui, venue dans le discours, tient à l'être de la situation plutôt qu'elle n'en anticipe la résolution : proposition qui rejoint l'« impossible à écrire », autrement dit une des définitions du Réel chez Lacan.

l'impossibilité pour le discours de tenir une instance du connaître sans apories, et la nécessité pour lui de décider d'ouvrir la voie par où progresser. Cette vérité-là est retour sur l'argumenter, dont elle marque une impasse, en ponctuant la limite où ses réquisits viennent à manquer et où elle est acculée à produire ce qui autorise à « forcer » la limite par une décision sur l'axiomatique. Ce qui nous ramène à ce que nous n'avons cessé d'affirmer, et que nous affirmons en prenant référence d'une instance *toto caelo* alterne à la précarité de l'être-découvrant : *c'est du seul point du Logique que, de la vérité comme de l'être, il n'y a pas de totalité.*

5. *Qu'il n'y a pas d'alternative quant au philosophique, mais que le philosophique se nourrit de* l'agôn

Mise à nu comme nous avons tenté de le faire, la démarche heidegg-gérienne – entendons : la confrontation avec cette démarche – commande ultimement la question : *une définition alternative de la philosophie est-elle possible ?* Ce qui revient, disons-le abruptement, à demander : le philosophique peut-il – tolère-t-il de – n'être pas grec, et plus strictement parménidien ? La réponse sera négative.

a. La philosophie n'est pas d'abord un questionnement *sur* ceci ou cela, mais un *comment* questionner. Elle est entièrement commandée par ce que j'ai rassemblé sous le terme du discursif : soit l'ordre des raisons telles que, sous la décision d'une axiomatique, elles s'enchaî-nent et en s'enchaînant rencontrent éventuellement la vérité d'un énoncé où ce que les termes donnent à lire est leur détermination par un nœud qui fait butée. C'est le Logos. Il n'y a pas de variétés du Logos. La confusion naît de ce que le discours n'épuise pas la *pensée*, comme en atteste ce que nous avons eu à explorer au titre et du sens et de la dénotation. Il y avait bien là les modes d'une argumentation mais *restreinte*, tenue dans l'espace clos d'une expérience qui ne remonte pas jusqu'au concept, et mieux ne requiert pas de la concep-tualité d'être *fondatrice* du *corpus* systémique de ses énoncés.

Il faut donc spécifier : il y a argument et argument, dont la vection et la portée diffèrent : nous n'aurons rien à dire là-dessus qui ne soit banal. Il y a un raisonnement de la *praxis*, celui que Heidegger intitule de l'outil ; il revendique son efficace, qu'on peut dire sa véridicité sous condition de la chaîne des fins des préoccupations : l'en-vue-de est immédiat à la vie ; mais l'utile, s'il peut faire lumière sur le *Dasein*, est à l'ordre des choses un supplément restrictif qui ne saurait passer pour une détermination de l'en-soi de l'être, ni même de l'étant. De l'*herméneutique*, nous avons dit que de remonter au vrai sens, il ne s'induit pas qu'elle atteigne le sens vrai ; pour autant qu'elle explore les profondeurs de l'être-au-monde, elle saisit comment nous nous y orientons, mais cet orient n'est jamais que réponse à notre question, soliloque, et c'est vertigineuse tentation que de croire que nous tenons dans notre structure, celle du *Dasein,* l'ordre des raisons qui prescrit la définition de l'être à toute espèce de l'étant. De la *dénotation*, que son souci d'exactitude honore, nous avons constaté que ce même souci tourne court, et deux fois : parce qu'il confond logique et langage, mettant la constitution de la phrase à la place de la constitution de l'étant ; et parce que de la phrase il tient comme la référence une lecture positiviste de l'objet, où se réitère la forclusion de sa constitution. La *science*, est, elle, élaboration discursive de la matérialité elle-même, autrement dit des objets et actions qui sous-tendent et déterminent l'apparaître, sous condition de leur formalisation littérale et selon des modes qui n'ont cessé de se diversifier, commandant une réinterrogation incessante des prescriptions du logique lui-même. Tout cela est trivial. Mais permet de mettre en place que *le philosophique* est l'interrogation du discursif tel qu'il se déploie *de lui-même* en tant que rendant raison de ce qu'il y a d'intelligible dans toutes les couches de la constitution – esthétique, perceptuelle, scientifique – de l'étant ; et raison il ne peut rendre de l'étant sans venir à la définition de l'être. De là que le philosophique est, par essence, prescription de l'ontologique. Là-dessus on n'a pas fait, on ne pouvait pas faire, depuis l'aurore de l'hellénisme, un pas. Le philosophe est le *kouros* dressé interrogeant d'un regard discursif l'horizon de l'être[1].

Notre démarche, prise de ce biais, est reconnaissance du discursif à-même, ou dans l'immanence de, l'expérience sensible, à-contre le rejet du perceptif dans l'opaque d'une empiricité qui demeurerait un en-deçà de l'intelligible ; ce faisant, elle étend, contre un vieil aveuglement paresseux, le champ du discursif. Mais, pas plus qu'un autre opérer du discours, elle ne serait accomplie si elle n'en induisait pas

---

1. Je retraduirais volontiers le quadriparti heideggérien par : le discours de la terre, la facticité, l'existant et l'être.

ce qui doit se dire l'être du perceptif, ou plutôt ce que le perçu a à dire de l'être.

b. Il sera éclairant, dans ce contexte, de prendre en compte ce que, au fil d'une série de travaux remarquables, développe François Jullien, opposant à la tradition grecque dont fond nœud, dit-il lui-même, la vérité, l'Un et l'être, le « dehors » que représente pour elle « la » pensée chinoise, qui les ignore précisément tous trois : se construisant sur les figures non du juger mais de l'apprécier, non de la chaîne démonstrative mais des glissements de l'entretien ; non du faire-un mais de la ramification, non de la détermination mais du processus à laisser mûrir, non de la chose mais d'une « tension » d'« interactions » ; non du fondement mais de ce que, dans le réel des conditions, il peut être efficace de saisir.

On ne peut qu'accorder le profit qu'il y a à confronter la tradition philosophique à pareille altérité, quand ce ne serait que pour déterminer de son dehors ce qu'elle est. Mais que Jullien écrive lui-même « autre pensée » atteste que cet autre n'est *pas*, contrairement à ce qu'il écrit parfois, une autre philosophie : étrangère qu'elle est non seulement aux prescriptions logiques de la philosophie, non seulement à ses concepts recteurs, mais à son primat du théorétique. « Autre intelligibilité »[1] ? Cela s'entend s'il s'agit en fait, pour la pensée chinoise, d'une autre façon de régler la *praxis*, avec l'appareil extraordinairement subtil et cohérent de notions qui sous-tend ce règlement : dispositif qui constitue dans sa globalité une autre figure de ce qui est. Cet appareil, toutefois, est entièrement référé à ce qui nous manie et au mode sur lequel nous pouvons le manier. Il se construit comme une autre lecture de la « réalité » sous l'accolade de l'agir, celui de la réalité elle-même aussi bien. La clé en est : comment régler sa conduite, et non mettre à l'épreuve jusque dans ses axiomes le procès discursif de la connaissance où s'avère ce qu'il y a de consistant dans l'expérience et ce qui y fait fond. Aussi doit-on dire que si Jullien nie qu'il faille, pour la pensée chinoise, faire appel à une autre logique, cela ne se peut qu'autant qu'on en tient l'appareil disjoint du mode sur lequel on l'applique : le mot même résiste, qui inter-inscrit le Logos avec ce qu'il régit ; et que reste-t-il de notre usage du logique,

---

1. Qui n'appelle toutefois pas, selon Jullien, une autre logique. Cf. *Penser d'un dehors*, p. 205.

là où disparaît le concept et où au consistant se substitue un jeu fluide du processif, interprété du point où peut y prendre appui l'agir ? Aller plus loin requerrait une enquête mettant à nu l'appareil et distinguant les modes de son remplissement : elle reste à faire. Elle ne pourrait que démontrer ce qu'il y a de radical dans la disjonction des deux types d'opérations.

La difficulté commence alors au point où Jullien attend de la confrontation un ébranlement, un bougé, des trois concepts sur lesquels repose la pensée « occidentale », et en elle la philosophie. D'un côté, il accentue les définitions alternatives ; de l'autre, il en attend pour nous une révision. On dira, certes, avec raison, qu'une « hétérotopie » dans la pensée est ce sur quoi, au premier chef, la pensée doit s'interroger ; et qu'une interprétation de la réalité, fût-ce celle qui en requiert la constitution, ne prend la mesure de sa propre responsabilité qu'à se confronter avec d'autres. Mais penser sur des bases alternes avec celles du philosopher ne peut être philosopher autrement. On dira encore, et c'est manifestement ce que vise Jullien, que le passage de la philosophie par son dehors peut l'aider à desserrer ses concepts sans y renoncer, et que ce geste consonne avec une orientation patente de la pensée contemporaine : qu'elle « déconstruise » le discours reporté sur la trace, le sujet assigné du vide, ou l'être comme multiple pur, soit autant de bordages du discerné par l'indiscernable. Mais il restera toujours que ce geste n'est opérant que pour autant qu'il intervient à l'intérieur du discours philosophique et le prolonge sans le dénier. On pourrait remarquer par exemple, que le jeu de forces et de contre-forces tirant parti les unes des autres, qui fournit son bâti au schème chinois du réel, n'est pas sans équivalences dans notre physique, et qu'une philosophie comme celle de Deleuze le requiert comme la matière même de son ontologie ; mais on ne peut parler d'analogies, tenus ce que sont pour la science et la philosophie les concepts connexes de force, de virtuel et d'actuel, et tenue la mathématisation de la force par le calcul différentiel ; le *traitement* d'une figure comme celle du *tao* est tout différent. On objectera, pour resserrer le débat, que d'Héraclite à Augustin, de Kant à Hegel, de Bergson à la Phénoménologie, la philosophie n'a cessé de chercher à penser le procès ; et que le nœud de l'être au temps est précisément la question de Heidegger. Mais il ne s'agit pas du *même* temps : ici, on demande ce qu'il *est* – et, à la limite, ce qui *se* fait en lui –, là ce qu'il *fait* ; et, à lire Jullien, on conclut que la pensée chinoise *réifie* ce procès – de par un « immanentisme matérialiste » – que la philosophie cherche, elle, à *constituer*. De ce biais, le procès devient en Chine une sorte d'« élément » au sens que le terme avait chez les pré-socratiques, et le retour vers ceux-ci de Jullien consonne finalement avec celui de Heidegger. Mais, ainsi qu'il se voit chez l'un comme chez l'autre, c'est alors le geste propre du philosophique qui se trouve, par ce retour en arrière, remis en question.

C'est bien, en un sens, la mise en œuvre la plus radicale du même mouvement qui fait orient pour Heidegger quand il dénonce la sujétion de la métaphysique à la logique, dite à cette fin celle de l'étant exclusivementt. Mais en un sens seulement, parce que, tout en récusant l'appareil même du philosophique, il se tient encore dans le *topos* spécifié par Jullien comme occidental : celui de la vérité, de l'être, de son unité, et de ce qui reste du "sujet" dans le *Dasein*. D'où son acharnement à relire le grec en heiddegerien. Et son assurance, de produire ainsi une alternative philosophique. Il faut trancher là-dessus : remettre le Logos à la facticité de l'ouverture découvrante est conserver le nom en dénaturant le concept. Ce trait, qui donne à la pensée heideggérienne et sa couleur archaïque et son injonction sotériologique, marque assez qu'une motion de *défiance* au regard de la philosophie recouvre chez lui l'appel à une hétérotopie du philosophique.

L'appel, il est vrai, n'est pas nouveau : au sein de la pensée « occidentale » même, c'est celui d'un de ces régimes d'intelligibilité qui de l'intelligibilité font contre-emploi, régimes dont le style d'argumentation est philosophique mais dont la prescription initiale n'est *pas* celle du philosophique et ne peut, malgré ses revendications – tour à tour religieuses, romantiques et phénoménologiques –, qu'être récusée par la philosophie. Heidegger peut bien se faire fort de l'élever au philosophique par la constitution compréhensive du *Dasein*. Autant dire : annuler Parménide en le retenant. Ce qui en résulte n'est pas une autre philosophie mais une philosophie *in partibus infidelitatis*. En sorte qu'on a à la discuter comme philosophie, alors même que ses prémisses manquent au prescrit du philosophique. Paradoxe d'une constitution autre, qui dénie le propre de la constitution.

On peut toujours dire que retenir la philosophie dans les limites de sa définition, qui sont à la fois celles de ce qui la fonde et celles de ce qui présida à sa fondation, est la coucher sur un lit de Procuste. Mais c'est aussi le seul critère d'un discernement conduit avec acribie de la consistance ou de l'inconsistance d'une pensée qui se donne pour philosophique. L'embarras là-contre vient, encore une fois, de ce qu'il y a, dans l'Histoire de la philosophie, beaucoup de séquences philosophiques enchâssées dans des régimes de pensée que la philosophie doit récuser. Faire le tri revient à constater que, comme le disait Descartes, le champ de la philosophie n'est ni très étendu, ni très long à parcourir. Dites la logique de la proposition sous le prescrit de la décision axiomatique, on rencontrera la constitution de l'étant, le sujet, l'être qui y fait fond ; et l'ordre dans lequel ils interviennent. Il n'en faut pas plus, mais surtout il faut qu'il n'y en ait pas plus, pour que la pratique dite du philosophique soit philosophique en effet.

c. Bien entendu, il ne s'ensuit pas que le conflit soit étranger au champ-clos du philosophique, tel qu'on vient de le définir. Il y est même inévitable sous – pour en tenter une distribution synthétique – la quadruple échéance de la décision axiomatique et de la détermination du logique, de la relation de l'être à l'étant, du statut de l'existant, et de la définition de la vérité qui les subsume.

Et quant à nous, qui avons dit d'abord à quelle place et dans quelle fonction, y faisant condition, le discours se tient au regard de la facticité de toute expérience ; qui y avons d'emblée re-situé le sujet ; qui venons de dire pourquoi nous ne cèderons pas, et nommément quant à la vérité (le terme pris cette fois au sens large), sur l'identité du *noein* et du *theorein* ; qui ne cesserons pas enfin de rappeler que, pour que la question de l'être se pose, il faut à l'évidence que dans le perçu *l'étant dont se dit l'être ait été constitué comme apparaître*, cette chaîne de décisions nous prescrit de reprendre le débat *intra*-philosophique sur ce dernier point : y ayant preuve qu'on peut nous accorder les autres et récuser pourtant le dernier.

Les conditions mêmes dans lesquelles, du sein d'un discours philosophique, la question de l'être est posée, commandent toute la suite des définitions. Il n'y a pas à s'en étonner. On ne s'étonnera pas davantage que la discussion de ces conditions, de ce qui les légitime et des conséquences qu'elles entraînent, soit un bon exemple du mode sur lequel le philosophique fait *agôn* au philosophique. Or si, partis du *princeps* de l'apparaître, nous avons pu en induire l'être, Badiou, parti de l'inconsistance de l'être et du site prescrit à l'étant, avance l'impossibilité de déduire de l'être la structure de l'apparaître, et nous l'avons vu fonder sur cette impossibilité l'opposition entre l'axiomatique de l'être et la logique de l'apparaître. De là suit aussitôt l'ampleur du débat : *si*, comme le perçu l'implique, sa discursivité immanente est constituante, si donc énoncé il est de ce qu'il est, rien ne vient se glisser entre ce qui rend possible cette transparence, soit son *corpus* axiomatico-logique, et l'expérience perceptive, où l'intelligibilité de l'apparaître s'avère fondée ; *si*, au contraire, il faut, pour construire une expérience phénoménale à quoi la constitution fait défaut, élaborer un système opératoire sans prise sur l'être de ce qu'il ordonne, ce que ce système restitue d'intelligibilité à l'apparaître ne peut être qu'intransitif et extrinsèque, il opère sur le perceptif sous interdiction de pouvoir énoncer ce qu'il est (abstraction faite de ce qui ne sera qu'une hypothèse ontico-ontologique).

Un avertissement encore est nécessaire, pour situer le moment de ces énoncés dans le progrès de la réflexion de Badiou, progrès qu'a suivi jusqu'ici notre discussion des thèses du *Court traité d'ontologie provisoire* puis des *35 énoncés* [1]. Ce n'est, de fait, qu'avec *Logiques des mondes* que s'éclaire ce qui fut le motif de cette évolution et ce qui commanda le passage d'une nouvelle définition de l'être à ce que nous tiendrons pour une ancienne, bien que techniquement « nouvelle », définition de l'être-là.

Badiou avait, dans *L'être et l'événement*, proposé pour définition de la vacuité qui convient au concept de l'être, au soustractif des prédicats de l'être-là, le recours au concept le plus pur qui ait été produit par la pensée, celui du mathématique, et plus précisément celui de la théorie des ensembles qui n'en retient que l'axiomatique du Multiple de multiples ; il y opposait le faire-Un du multiple d'une situation locale comme l'acte fondateur de tout ce qui apparaît ; et il isolait, symétriquement, l'événement comme excédant le faire-Un de l'être, en tant que décision sur une situation indécidable dont certains des termes sont indiscernables pour le savoir. Il élaborait ainsi une métaphysique dont tous les termes sont conceptuels. Il lui fut objecté que le recours à une « nomination » de l'événement, qui lui était apparue nécessaire pour parer à l'insaisie originaire de celui-ci, faisait tache dans la consistance de son appareil. *Logiques des mondes* entend précisément réélaborer la définition de la décision événementielle, en la fondant *sur la seule singularité de ce qui vient à apparaître dans un*

---

1. Cf. pp. 174 et 251.

monde où d'abord on ne le discernait pas, et requalifie par là l'événement comme un « changement » de monde. Il lui faut, à cette fin, passer de la problématique de l'être à celle de l'être-là, discerner pour l'appareil de ce dernier ce qui disjoint l'une de l'autre logique et axiomatique, et instrumenter mathématiquement cette opposition dans le recours, cette fois, à la théorie des Catégories qui ne détermine un objet que par ses relations. Mais dans le même temps, restant fidèle à la conclusion de *L'être et l'événement* – qu'*il n'y a de sujet que de la décision événementielle* –, il se trouve accentuer la singularité du sujet qui saisit la multiplicité excédentaire rôdant dans un monde, s'« incorpore » à elle, et de ce fait produit littéralement l'événement en se produisant lui-même : thèse qui assure l'action politique, repensée comme proposition proprement métaphysique d'un monde dans le déni d'un autre.

Or ce projet comportait pour Badiou une double contrainte : 1. pour construire l'être-là tel qu'il apparaît, introduire dans son ontologie non plus seulement la transparence du mathématique, mais la singularité d'un répondant de la réalité des *objets* ; 2. pour sauver la transparence de cette construction, fonder l'être-là sur la seule logique de la *relation extrinsèque*, soit une disjonction des prescriptions respectives de l'être et de l'être-là. Moyennant quoi il s'exposait à deux types d'objections, opposées terme à terme : 1. le retour de l'objet – et plus encore, comme on verra, sa fondation ultime dans l'être – brise le mouvement premier d'une métaphysique dont l'axe était l'opposition du Multiple pur de l'être et du non-être du fait-Un ; 2. une construction de l'être-là qui l'induit du non-être des seules relations extrinsèques fait délibérément impasse sur l'axiome premier de toute ontologie : que le problème de l'être a son *initium* dans le réquisit d'être de l'étant – impasse à laquelle le même ultime détour voudra parer et ne le pourra que par l'artifice d'un pari. Bref, d'un côté, objection à ce que son système assume désormais de la *réalité*, de l'autre côté, à ce qu'en la composant du seul extrinsèque, il *dissout la réalité*. Du point où je suis engagé, la seconde objection sera la mienne ; on verra – on a déjà vu – que c'est elle qui peut parer à la première, pour autant que l'existence d'une axiomatique des Uns-multiples de l'être-là dans son apparaître supplémente l'axiomatique de l'être sans rien perdre de sa nue intelligibilité.

Il convient maintenant d'aborder le débat, que nous n'avons jusqu'ici approché qu'au fil des occurrences qui en requéraient l'exposition, dans sa dimension fondamentale : celle de l'ontico-ontologique.

Soit donc l'*agôn* : **acquis qu'être se dit du Multiple inconsistant, comment y poser l'Un de l'étant ? Faut-il que l'advenue de l'Un à l'être, telle qu'attestée par l'apparaître, soit un moment de l'ontologie elle-même, dont celle-ci ne peut faire exception ? Ou faut-il, pour préserver la nue Multiplicité de l'être, renoncer à ce qu'aucun Un soit, de prime abord, ontologiquement fondé, et pour ce faire ruiner la consistance de l'apparaître ?**

Voilà un exemple de conflit dont on aura aperçu sans peine pourquoi il est, dans un essai de systématique qui prend son départ du perçu, cardinal. On en prendra toute la mesure en inversant l'enjeu du débat : *la définition de l'être* – qui, comme l'écrit Heidegger, se dit toujours de l'être de l'étant – *doit-elle porter interdiction d'une constitution de l'étant dans son apparaître, ou celle-ci est-elle première et imprescriptible pour tout ce qui peut s'énoncer de l'être lui-même ?*

Il doit être entendu que je vais, à cette étape, retenir en quoi la logique du « transcendantal » entend, tenue l'intransparence de l'apparaître à l'être, se donner pour *fondatrice par défaut* de l'étant. Je réserverai pour une dernière discussion sa mise en monde.

Faisons remonter les concepts à *L'être et l'événement.* L'être y est d'emblée défini comme le pur Multiple, celui dont a livré les fondations la théorie des ensembles, dont tout ce qui peut être énoncé sont les modes de composition des éléments et parties, restreints par les axiomes qui les délivrent de toute aporie. Le pur Multiple est du même trait dit inconsistant. Pourquoi ? Parce qu'il est absolument sans-Un : « ce que l'ontologie compte pour un n'est pas "un" multiple, au sens où elle disposerait... d'une définition du multiple-en-tant-qu'un. Cette voie nous ferait perdre l'être [car] l'ontologie dirait à quelles conditions un *multiple* fait *un* multiple »[1]. Plus loin, l'exposition sera celle, complémentaire, de tous les modes du faire-un, depuis ceux dont la structure est « stable », dont l'énoncé est véridique, jusqu'à ceux des vérités « génériques » qui supposent le « forçage » de leur Un. Toujours « c'est la loi d'une présentation structurée qu'"être" et "un" y soient réciprocables, par le biais de la consistance du mul-

---

1. *L'être et l'événement*, p. 37.

tiple »[1]. Or, si est ainsi de bout en bout mise au travail, dans la représentation d'une situation, la structure d'un un-multiple – seul terme alors utilisé par Badiou pour désigner le fait-un –, la nomination « étant » se trouve systématiquement évitée, donc écartée toute définition de ce qui, de *tel* Multiple comme Un, fait un étant. Dès lors *il manque tout au long un concept du statut de l'Un-Multiple en tant qu'étant*, sauf à le confondre avec le compté-pour-un de l'être comme multiple *quelconque*. Bref, l'ontique est absorbé par l'ontologique. Mais si l'étant n'est pas *tel* un-multiple, qu'est-il ? Et s'il est seulement un quelconque un-multiple, on a sa *structure*, mais sans en avoir le *statut* distinct d'étance. Certes, une découpe dans la matière d'un ensemble relève encore de l'anonymat de la composition, elle ne requiert pas pour le faire-un une distinction spécifiée ou une diversité des termes du Multiple. Mais il est frappant que, lorsque Badiou donnera une définition consistante du nombre, il ne pourra déjà plus laisser la distinction des Uns hors-champ, conjoignant « la donnée d'*un* ordinal et celle d'*une* partie de cet ordinal »[2], chacun de ces uns étant distinct de tous les autres. Et les exemples d'uns-multiples empruntés par *L'être et l'événement* à l'apparaître seront, il ne pourrait en aller autrement, ceux du multiple d'un divers spécifié, encore que traités du seul point de ce qui ordonne leur multiplicité. Ce traitement soustractif résulte de ce que, dans l'exposé de Badiou, quel que soit l'Un, il est toujours présenté comme celui du *compte*, qui saisit le Multiple pur sous le seul régime de l'appartenance et de l'inclusion. Or ce point est capital, car par étant on ne peut entendre, on n'a jamais entendu, la composition d'une partie quelconque saisie, sans plus, par le compter-pour-un, sous ce seul régime du compte ; et si, à l'inverse, la structure de l'étant, comme effet du compte-pour-un, est la position d'une multiplicité consistante de plusieurs uns[3] *mais* dûment discernés, irréductibles à ceux de tout autre faire-un, ces uns, distincts, ne sont plus l'inconsistant quelconque du Multiple ontologique. *Un étant ne va pas sans un point d'Un qui détermine comme discernabless mais entre eux consistants tous ses uns.* Sans quoi un étant ne serait pas distinct *dans sa matière* de tout autre étant, ce qui reviendrait à rendre indiscernables les étants, et viderait de tout contenu le concept d'étant,

---

1. P. 111. Cf. déjà p. 104 *sqq.*

2. *Le Nombre et les nombres,* p. 128.

3. Définitions de la situation et du multiple consistant dans le « Dictionnaire » de *L'être et l'événement.*

concept de la singularité matérielle, et par là intrinsèque, advenue à l'être. Concept qui est le grand absent, la place vide, de *L'être et l'événement.*

On ne saisit bien qu'armé de ces références à *L'être et l'événement* comment *Logiques des mondes,* auquel nous pouvons venir maintenant, *évide deux fois l'étant apparaissant,* en lui refusant de prime abord, comme Un d'un *site,* l'être – qui du site ne peut rendre compte – et en lui refusant comme Multiple le *point d'Un* qui discerne de tous les autres les multiples qui sont *ses* uns. Or s'il est en effet exclu que de l'être puisse se déduire le local du site, et s'il est nécessaire pour qu'il y ait l'apparaître qu'il s'indexe du *là* des sites, si même Badiou est fondé à dire que, *comme tel,* un site ne se peut « localiser » que de sa relation à d'autres sites[1] et que, de ce fait, « monde » doit être substitué à « situation » il n'est pas loisible, il est exclu, d'en déduire pour non seulement nécessaire mais suffisante la « dérivation de la pensée d'un multiple à partir de celle d'un autre multiple ». Suffisante, une telle dérivation ne le sera jamais, parce qu'elle fait l'impasse sur la *consistance* de chaque *un*-multiple. Jamais le tilleul ne sera la somme de ses ressemblances et différences, à quoi il oppose l'essentielle consistance de tout ce qu'il est, tout ce dont il est fait, qui fait seule qu'il *est* là. Dissoudre l'Un, le reporter sur l'apparence, est dénier ce qui se prescrit comme l'apparaître. Qui inclut l'intrinsèque de toutes les qualités de chaque être-là. *Déduire l'être-là du seul là est ne traiter que la moitié de la question, et passer outre la consistance qui à aucun être-là singulier ne fait défaut.* Une analyse adéquate de l'apparaître requiert donc deux mouvements, et opposés. Tout y est local, mais tout, de par soi, consiste. Ce qui commande qu'à l'être, l'être-là fasse exception deux fois.

Or, que fait Badiou ? Après avoir fort justement écrit : « je montre qu'il y a une consistance relationnelle de l'être-là comme apparaître-en-un-monde », il glisse dans la même page[2] à « cohésion » qu'il explicite un peu plus bas comme « la règle par quoi le "là" fait advenir le multiple comme essentiellement lié ». Suit une démonstration des plus problématiques[3] en ce qu'elle requiert de l'être-là que, pour être, il

---

1. Cf. *Logiques des mondes,* Livre II, section 1,1 à 3, où est tissé le lien entre l'inexistence du Tout et la nécessité pour un étant d'être pensé « à partir de l'existence d'un autre étant ».

2. P. 109.

3. P. 119 *sqq.*

soit soumis aux prescriptions de l'être, et notamment aux paradoxes d'un ensemble se contenant lui-même, autrement dit à l'impossibilité de faire un Tout. Or s'il y a problème de l'être-là, c'est justement qu'il n'est *pas* un ensemble, que l'être s'y voit supplémenté d'une loi qui, pour une part, le dédit, et que chacun de ses uns-multiples est, dans le temps où provisionnellement il est, un Tout. Qu'on ne puisse dénier que l'apparaître en sa globalité consiste contraint à dire qu'en ce sens il fait à son tour Tout. Nous avons déjà dit, nous y reviendrons, que c'est un Tout *ouvert*, en ce qu'aux là, à leur découpe les uns par les autres possiblement infinie, il n'y a pas de limite ; il n'empêche que, comme consistant, l'être-là apparaisse chaque fois sous le prescrit de l'Un, irréductiblement. L'erratique de cette démonstration liminaire de Badiou[1] va grever toute la suite, entraîner *le traitement de l'être-là comme un ensemble respécifié du là*, qui ne peut dès lors faire-Un que dans l'extrinsèque de son apparaître de là, et par un étrange calcul phénoméno-logique où l'Un, quant à lui, manquerait d'être tout-à-fait si ce que j'ai appelé le pari du « réel » atomique ne venait, par renversement, à ruiner la définition de l'être en y introduisant l'Un. Tout cela parce que *Logiques des mondes* que je disais, dans l'exposition de l'*agôn*, fondé sur l'exception qu'à l'être fait l'être-là, récuse aussitôt l'exception, lui refuse un mode d'être propre, et la traite comme un accident de l'être pour lequel il ne peut dès lors exister de construction que par défaut. En revanche, si j'ai été fondé à reconnaître l'existence d'axiomes de l'apparaître, il y a une couche axiomatique de l'être-là qui fixe les conditions auxquelles y peut opérer le faire-un. Je ne dis pas qu'il s'en déduit : l'il y a reste il-y-a-là ; mais *l'ontique devient ontologiquement possible,* et prescrites les règles selon lesquelles il peut supplémentairement faire-un. Supplémentairement, car le consister ne sera jamais un moment de l'axiomatique ; mais sans faire à l'axiomatique exception.

Tel est – imposition pour l'apparaître du seul site et mise en défaut de son Un – le noyau originaire du débat. Dont l'inventivité de l'appareil construit par Badiou requiert et mérite que soient mesurés les

---

1. Particulièrement frappant p. 122, où l'on voit le pas-Tout de l'être sommé sans discussion de prédiquer l'être-là. Ce qui revient à dire que l'ensemble ontologique, qui peut bien se voir supplémenté du là, ne peut en revanche se voir supplémenté du Tout provisionnel. Pourquoi, sinon parce qu'on a décidé que seul le là commande le relationnel ?

effets 1. pour la situation ontico-ontologique, 2. pour l'élaboration de l'ontique. Après quoi viendra 3. l'étonnante manoeuvre de pensée par laquelle l'être récupère ce qu'il avait laissé dériver. Sera alors possible 4. la définition de l'objet, et loisible 5. l'élaboration d'une nouvelle logique circulant entre être et apparaître.

1. Quant à la procédure de l'ontico-ontologique, j'ait dit l'artifice analogue de la théorie des Catégories, d'objets vides qui seraient antérieurs à leurs relations : qui ne sont pourtant que les leurs. Or que fait Badiou ? Il se *donne* le site, et lui seul, comme le propre de l'apparaître, qui impose la disjonction de celui-ci et de l'être, et tout l'exercice du transcendantal se résume dans le remplissement ultérieur du site, qui permet de le prédiquer de son épaisseur « atomique ». Il faut tenir là-contre que le concept même du site ne peut, non seulement pour se déterminer mais pour se fonder, être distinct de celui des constituants de sa *singularité*, sans quoi il n'aurait pas d'effectivité ontico-ontologique : c'est cela seul qui fait de lui un étant. Quant au point d'Un d'un apparaissant, il n'est pas moins nécessaire qu'il soit *intrinsèque* pour indexer la singularité d'un étant, et indexer *du même trait* celle-ci d'un site : ce qui veut dire que l'Un de *ses* multiples doit de toute nécessité être constituant. La raison en est évidente : l'Un de l'apparaître ne serait-il pas consistant, et de consistance il n'y a qu'intrinsèque, que l'apparaître se disperserait en liaisons empiriques quelconques – comme fait le calcul de Badiou – et que l'être-là n'aurait plus l'index fixe qui est de bout en bout le sien. Nous verrons plus tard que c'est précisément une telle in-détermination du monde que Badiou cherche, pour que soit possible, dans l'événement, le passage d'un monde à un autre ; mais il sera facile de montrer qu'un tel « changement » ne se peut opérer que sur et à l'intérieur de *ce* monde, sur le fond de ce que j'en ai appelé le provisionnel. Assigner l'Un de l'étance au seul défilé quelconque des sites de l'apparaître, dénier à celui-ci toute intrinsèque consistance, assigner par là à l'étance un nouveau point *de compte*, transcendantal cette fois, revient à destituer l'apparaître – et par lui l'être-là – de ce que spécifiquement il requiert pour être pensable : l'*analyse constituante de sa consistance*, et non d'une vague cohésion.

Dès lors, l'étant lui-même n'est pas plus, nous l'avons vu, que l'indexation transcendantale d'un site par le détour du compte d'un multiple phénoménal à partir d'une échelle d'identités et de différences, puis de degrés d'existence, échelle qui serait seule constitutive d'un monde, et selon quoi se déterminerait du dehors la « localisation » d'un étant[1], dite aussi (par excès de langage) son identité à lui-même : opération dont le trait majeur est que l'étant n'y laisse pas assigner son atomicité par lui-même. On a bien cette fois et la nomination et un statut de l'un-multiple étant, mais deux fois *défectif*, en ce qu'il ne se laisse pas analyser dans ce que son existence requiert de l'être, et en ce qu'il n'a pour déterminer sa composition qu'un calcul extrinsèque. Au fond, *c'est le fait-un qui est devenu lui-même défectif.* Il apparaît alors que la clé de l'élaboration de l'apparaître proposée par Badiou n'est pas même, comme il semblait d'abord, la destitution de celui-ci à dire l'être, mais le souci d'expulser l'Un de tout ce qui de près ou de loin touche à l'être : de garantir l'être contre tout effet d'Un par le biais de l'étant. Moyennant quoi il est impossible de penser pour l'étant autre chose qu'un Un phénoménal-logique, purement relationnel et toujours approché, qu'on n'invoque que pour lui refuser d'abord toute raison d'être ce que pourtant il est.

Le cœur du débat est l'in-consistance que Badiou assigne au statut de l'étant, entre ce qui le tient au sans-Un de l'être et ce qui l'inscrit comme *tel* Un dans un compte, fût-il extrinsèque. Or, dès lors qu'on se reporte à l'apparaître en se tenant libre du préjugé qu'il « doit » être intransparent à l'intelligibilité de ce qu'il a d'être, *l'un-multiple de l'étant est précisément ce qui vaut pour l'apparaître en tant qu'il vaut pour ce qu'autorise l'être* : ce qui, dans le dépli de son immanence d'apparaître, s'ouvre à la constitution par lui faite-une de l'être, selon – ai-je ajouté – ce que son supplément axiomatique en prescrit. Rien ne peut passer outre non seulement que, comme disait Lacan, « ya d'l'un » mais que cet Un, malgré Lacan, s'ex-pose comme ce qu'il advient d'Un à l'être lui-même. C'est dans l'apparaître que nous saisissons l'Un ; mais c'est de l'être qu'il atteste – de l'advenue de l'Un à l'être – quand nous l'analysons. L'étant n'est ni être ni apparaître, il est *ce qui appartient de l'être à l'apparaître, ce qui advient à l'être comme y advient l'apparaître*, et du même trait. Ou plutôt, ce qui peut advenir à l'être comme y advient tout possible apparaître, tout possible monde. On peut dire que rien de l'être ne le requiert ; il restera tou-

---

1. « Dictionnaire des concepts » de *Logiques des mondes* sous *être-là,* qui lève toute possible ambiguïté sur la référence primordiale à la localisation ou « là » Cf. aussi p. 103 : « Penser le multiple "mondain" selon son apparaître, ou sa localisation, est la tâche de la logique, théorie générale des objets et des relations ». Et p. 109 : les situations ou mondes « comme site de l'être-là des étants ».

jours que c'est à l'apparaître que nous sommes, et, partant à l'étance, et que c'est ce qui nous requiert de penser l'être, y inclus quand c'est par la seule axiomatique du Multiple pur que nous le définissons. Ce sont là autant d'évidences. Les refusant, refusant de renoncer à son évidement du concept d'étant qui pourtant n'est aucunement nécessaire pour que soit préservée l'inconsistance de l'être, Badiou a en somme tenté de montrer qu'on pouvait s'accommoder dudit évidement, en introduisant l'artifice d'un calcul qui ne le produit que parce qu'il se le prescrit, non sans qu'y reste sans consistance propre la définition de l'étant. Au terme de l'opération, la seule chose dont on pourrait dire qu'elle consiste, c'est la localisation des atomes en leur site.

Que l'étant soit, comme constituant de l'Un d'une situation, et pour mieux dire se confondant avec la constitution elle-même, nous sommes, quant à nous, partis de là, non sans en induire la pure Multiplicité de l'être. Nous nous gardions, ce faisant, de confondre ce qui est prescrit tant pour l'étant que pour l'être. Aucune opération de sauvetage de l'un aux dépens de l'autre n'est philosophiquement tolérable. Aussi bien avons-nous entrevu déjà ce que peut être la solution. L'étant n'est jamais un Un d'être quelconque. Toujours situé dans le local de la *situation* dont il part, dans le monde dont il part, il est toujours spécifié et situé par sa *matière*. Et celle-ci n'a pas le peu d'être d'une apparence mais ne se laisse penser, telle qu'elle apparaît, que sous condition d'*une axiomatique propre*. Nous avons montré que les qualités, le temps, l'espace ont chacun leur axiomatique, qui est la condition de tout apparaître. Il faut donc prendre acte de ce que dans l'énoncé d'apparaître sont incluses d'un même trait les limites ou site d'une situation dans un monde, *et* sa constitution par les axiomatiques qu'on a dites, qui supplémentent celle de l'être-en-tant-qu'être. Reprenant le concept d'une « présentation » de l'être, inconsistante comme lui, et que nous avons proposé d'appeler l'empirie, nous en avons conclu que l'axiomatique de l'apparaître, en reconfigurant l'empirie, re-configure l'être, lui impose des modes de localisation et de composition supplémentaires, qui commandent la constitution de l'apparaissant. Tant qu'on dit modes (axiomes) de composition locale, on demeure sur le "versant" de l'*être*. C'est en tant que l'apparaître, sous ces mêmes conditions, en est le faire-Un, qu'on vient sur le "versant" de l'*étance*. Et c'est quand on dit que l'opérer est chaque fois intrinsèquement consistant, qu'on a défini l'*étant*. Tout le procès constituant

– celui du perçu – ne s'entend que depuis cette dernière instance : tout étant consiste, l'apparaître lui-même dans son ensemble consiste, et c'est en remontant dans la consistance, en en relevant les conditions, que tout ce qui précède s'entend. Cette structure régressive, qui était incluse dans l'énoncé dont nous sommes partis et dans l'implication de son auto-constitution, atteste d'abord que *l'être-en-tant-qu'être ne suffit pas pour rendre compte de l'étant* mais que – et comment en irait-il autrement ? – *l'étant a les conditions de sa constitution propre dans l'être*, dont l'axiomatique du local de l'apparaître est le garant. Dit en d'autres termes : la logique du compte transcendantal ne suffit pas pour rendre compte de ce qui de prime abord est, qui est l'étance. Il y faut ce que nous avons reconnu comme la tresse de l'apparaître dans le local de l'énoncé. Le statut de l'étant s'entend, lui, sur l'autre versant : celui de l'Un. Le discours du perçu n'est rien d'autre que ce faire-un local sous condition de ses axiomatiques. Comment celles-ci s'emboîtent et comment elles se réécrivent, pour finir, dans la logique prédicative de l'objet, j'y ai déjà fait allusion, j'y reviendrai avec plus de précision. Ce qu'il convient de souligner ici, c'est que *la constitution de l'étant s'avère*, comme toute l'expérience que nous en avons le requiert, *entièrement intrinsèque* : l'apparaître consiste de par les prescriptions de sa constitution, en vertu desquelles il est de part en part traversé par les couches du faire-un dont il est l'opération. C'est aussi bien en quoi il est, *dans son intelligibilité, transparent*. Conclusion d'autant plus assurée que ce n'est pas en la cherchant mais par le travers de l'analyse du perçu que nous nous étions assignée, qu'elle s'est avérée.

2. Badiou serait légitimé à dire que son seul objectif était de construire du point du *theorein* ce que peut être la logique d'un monde, tenue son hétérogénéité à l'axiomatique ontologique-mathématique, et qu'il ne prétend pas rendre compte de ce qu'est effectivement l'apparaître, et encore moins l'expérience que nous en avons. Qu'il a seulement voulu faire la preuve qu'on peut tenir l'apparaître pour évidé – à la fois de la consistance de l'Un et de l'inconsistance de l'être –, sans pour autant être impuissant à l'ordonner. Outre que témoignent là-contre les analyses d'exemples dont il s'appuie – qui sont d'une virtuosité éblouissante, sans que ce soit assez pour les rendre convaincantes –, il faut mesurer du point de son ambition l'impuissance de sa construction à se refermer sur une détermination

propre de l'ontique : reposant sur une sorte de face à face du *brut* du phénoménal – que Badiou, non sans raison, se garde de confondre avec l'objet que ses relations déterminent – et de la *ratio* transcendantale – qui, comme échelle, ne sait dire que le différent – : opération qui laisse le premier "à cru", sans enquête sur ce qui en lui noue l'étant, et qui entraîne pour la seconde un exercice qui se nourrit de lui-même, opérant seulement à la surface de ce qu'il saisit, bref une algèbre du semblant. Moyennant quoi, on a, je l'ai montré plus haut, dans le premier un instrument trop faible et dans le second un instrument trop fort pour saisir l'étant apparaissant. Ce qu'il faut là apercevoir, c'est pourquoi Badiou s'en contente : *ce qu'il cherche n'est pas* – ou pas encore – *la détermination de l'étant, mais celle du site* dont, prenant à la lettre le *là* de Heidegger, il fait tout l'être de l'être-là. Autant dire : cela seulement par quoi l'être-là n'est *pas* l'être, et cette différence envisagée du seul point de l'être.

La première conséquence intra-ontique est le report de l'étance sur un faux "naturel" ou une fausse transparence du phénoménal, dont l'élaboration n'est pas interrogée ; s'agit-il, sous le nom de « phénoménologie objective » – : sans sujet intentionnel – de données empiriques, comparables au perceptif de Merleau-Ponty, ne s'agit-il pas plutôt, comme je l'ai déjà remarqué, d'*une thématique herméneutique faisant index pour la logique* avant que la logique ne l'indexe sur le transcendantal ? Le calcul des degrés d'identité d'un phénomène – le tilleul sur le pré ou la glycine se nouant à la balustrade – a pour préalable son identification, mais à ce stade l'identification du phénomène ne peut être qu'une *interprétation*, "naturelle" ou acquise : avant de dire que le tilleul, en premier plan, a phénoménologiquement une identité plus forte que la chaîne confuse des arbres qui clôturent au fond le jardin, il faut que j'aie interprété "ceci est un jardin", "cela est un des arbres du jardin", "l'arbre et le pré sont de prime abord deux identités différentes". Lectures qui préjugent, sans plus, du *sens* de ce que je vois, si, faute de constitution propre de chaque terme, je n'ai pas d'autre instrument pour déterminer "ce" que je vois. Ou, pour abandonner un instant les exemples pris du seul perçu : Alfred et Nadine sont tous deux militants du Front Prolétarien, mais Alfred l'est davantage – son intensité de militance est plus forte – parce qu'il fixe les objectifs, tandis que Nadine vend seulement le journal du Front sur les marchés ; soit, (encore que l'inférence soit discutable) ; mais être militant, c'est quoi ? Quoi, sinon le sens dont sont investies certaines conduites ? Davantage : si le calcul consiste dans des confrontations du type : "le tilleul est plus identique au marronnier qu'au saule", et si sa finalité est d'aboutir à une conclusion du type : "le tilleul est le plus identique parce qu'il rassemble le maximum d'identités avec les autres arbres", alors on est de bout en bout dans le régime de *l'évaluation*, avec ce qui s'y accroche de subjectif. Tout le calcul du transcendantal est ainsi supporté par le pré-donné d'opérations herméneuticiennes décidant des unités du phénoménal et les "remplissant" de leur degré d'existence pas à pas. Et dès lors, écrire « une logique de l'apparaître... revient à une échelle unifiée de mesure... des identités et des différences, et aux opérations qui dépendent de cette mesure"[1] est habillage dans le style de la rigueur calculatrice de ce qui reste à la merci de la subtilité de l'observateur ; et d'autant plus que cette unité de mesure, dite le « transcendantal d'un monde » n'est nulle part définie – comment y définir l'unité ? –, ou ne l'est que par son exercice supposé. Davantage encore : quand on découvrira qu'il y a toujours un – qui peut être plusieurs – des phénomènes confrontés qui a le « maximum d'identité » se retournant en identité avec lui-même, à quoi a-t-on affaire alors, je l'ai dit, sinon à ce qu'une lecture sémantique désigne comme la *saturation* des traits ? Sans doute Badiou répondrait-il qu'il n'a pas voulu cacher, et que même il a voulu montrer, le dénuement de moyens que l'apparaître prête à sa structure d'ordre et la puissance requise du transcendantal pour y parer. Mais, du transcendantal, il a du même trait montré la fragilité, celle des données sur lesquelles il s'exerce, et cela contredit l'assurance de la détermination d'un site qu'il entend en tirer. Du mode sur lequel une identification – un *Id* – est repérée, rien ne permet d'induire que ce soit repérage « objectif » des sites, c'est-à-dire tout simplement : repérage pertinent. Que le souci d'évider l'apparaître contraigne Badiou à des démarches – empirisme et herméneutique – qui lui sont aussi peu affines, fait à son tour index de ce que nier l'enséité de ce à quoi l'on se confronte – quel qu'il soit – contraint la pensée la plus rigoureuse à s'avancer sur un terrain où elle ne peut que trébucher. Du point de la constitution de l'ontique, tout cela entraîne et signifie que Badiou ne *cherche* pas le site et l'objet, il les a dés le départ, mais cherche un moyen de les *déterminer*, posé *a priori* que l'objet ne saurait y suffire par lui-même ; de là finalement la gratuité de l'immense détour par

---

1. *Les 35 énoncés...*, énoncé 5.

l'indexation transcendantale, qui ne peut que revenir à son point de départ après avoir requis de lui tout ce dont d'abord il s'appuie. C'est à quoi le procès du perçu prétend parer, relevant dans chaque trait de l'arbre le site logique d'un écart réglé par une axiomatique, et dans l'arbre le site logique de ces écarts, souscrit par son sujet et suscrit par son être-là.

Quant à la « structure d'ordre » – d'ordre d'identité ou d'intensité de celle-ci – qui résulterait de la mise en œuvre du transcendantal sur l'apparaître, que sa fin soit dite la détermination de l'objet par le calcul fixant la « cohésion de son être-là », on voit le saut qui y est impliqué : qu'une série d'identités atomiques, identifiées par leur degré d'existence – du minimal au maximal – et par sa connexion avec les degrés d'existence du même atome différents – laquelle est un atome à son tour – fixe dans l'apparaître un site, n'en saurait spécifier la *cohésion*, même condamnée à demeurer sans concept intrinsèque ; au terme d'un montage qui n'a de prise que sur le divers des différences exposées dans le parcours de coexistants, aucune cohésion ne résulterait *si elle n'impliquait pas que les atomes se commandent les uns les autres*, démonstration pour laquelle le calcul transcendantal est démuni de tout moyen et doit se donner ce qui lui échappe. D'où le saisissant écart entre la modestie – au moins ontologique – de ce qui est d'abord attendu du transcendantal d'un monde et la construction d'une « grande » logique qui serait finalement celle de l'objet, par le passage des identités qui fixent un site à l'identification de ce qui le remplit.

Utilisons un exemple, en tout semblable à ceux de Badiou. Soient un apparaissant – mettons : les arbres du jardin, au lever du soleil – et « un élément fixe du multiple... de cet apparaissant » – mettons : la file d'arbres directement illuminée par le premier rayon du soleil – ; notre file d'arbres aura la plus grande identité à elle-même, en tant qu'arbre-éclairé-par-le-soleil, et tous les autres arbres auront un degré d'identité (de clarté) moindre, qui se déterminera par rapport à elle. Badiou traduit : l'ensemble des arbres est une composante (:partie ou région ou « enveloppe »), opérant sur ses éléments comme une « fonction vers le transcendantal » de ce monde ; et l'assignation à tout autre élément de son degré transcendantal d'identité à la file où l'ensoleillement a son degré maximal, qui est unique, donc *atomique*, par là-même, peut être considérée comme un atome d'apparaître à son tour. Soit une première unité, mais qui n'est pas plus que celle d'une indexation locale. (Objection : comment l'échelle se construirait-elle sans *l'Un préalable de la « partie »* arbres-du-jardin ? On retombe ainsi sur ces unités phénoménales-thématiques primaires qui, pour passivement accueillies qu'elles soient, sont en réalité le présupposé d'un premier tel-étant nécessaire pour la démonstration – circulaire – qu'il y a de tels étants.) Second pas : tout autre arbre ou groupe d'arbres qui viendrait à partager l'illumination de notre file – mettons que le soleil continue de se lever – serait, du point du transcendantal, identique avec elle ; on peut donc être assuré que l'atome est *réel*, c'est-à-dire d'abord, réellement atomique. (Retour de l'objection : il y a pétition de principe à écrire que l'Un est celui des degrés de luminosité, qui ne serait rien *si l'Un n'était pas d'abord celui de la luminosité* ; qu'elle apparaisse par degrés ne peut faire exception de ce qui, comme apparaître, constitue la luminosité en tant que telle.) Troisième pas : notre arbre-brillant-au-soleil est un *objet* du monde régi par le transcendantal, en ce qu'il est un multiple de composantes atomiques identifiable par un de ses sites possédant un exposant maximal. Cette identification est ce qui permet d'assurer qu'on tient là l'instance de l'Un dans l'apparaître et que l'objet est donc une « catégorie de l'apparaître » non de l'être[1]. Seulement, de cet Un, tout ce qu'on peut dire est qu'il *se distingue*, non qu'en toutes ses parties *il se tient*, comme toute définition de l'objet le requiert. Le problème n'est pas qu'objet il n'y ait que de l'apparaître – nous en avons toujours convenu –, mais que l'objet ne saurait être le défectif d'une juxtaposition de traits identitaires sans détermination de ce qui les conjoint. (Où font retour nos objections : les traits invoqués ne sont conjoints que parce qu'ils sont d'abord herméneutiquement Uns, et cette unité-là est d'autant moins constituante qu'elle est loin d'être consistante.) Aucune solution du problème ontico-ontologique n'a été trouvée si ce à quoi elle aboutit ne peut être tenu pour un Un-multiple étant ; ou plutôt, ce qui a été trouvé n'a pas cessé de présumer que son calcul disposait à chaque pas de ce qui constituait déjà, empirico-herméneutiquement, un étant.

Le plus étonnant est que ce travail sur des différences de degré (d'identité) devient, au terme de l'opération, par un virage de langage, identité à soi-même[2], puis saisie du degré d'identité comme degré d'*existence*, celle-ci marquée paradoxalement du plus ou du moins

---

1. Glossaire de *35* et Dictionnaire de *LM*. *LM*, Livre III, Introd. et section 1, 3.

2. Comment passe-t-on, dès la p. 113, à « l'évaluation des degrés d'identité ou de différence *entre un multiple et lui-même* ou entre un étant-là et d'autres étants » (souligné par moi) ?

d'« intensité ». Objection : du point de *l'être-là*, une plus grande cohésion peut bien faire indice d'une meilleure caractérisation mais elle ne fait pas une existence plus intense : tout ce qui est-là existe et existe au même titre. S'il est une idée qui ne me pourrait venir, c'est que les arbres du fond existent moins que le tilleul. Badiou répondrait qu'il a voulu montrer que, de part en part soumis au relationnel, *l'apparaître*, quant à lui, ne connaît que des degrés, même d'existence[1]. Mais un plus de caractérisation, car c'est de cela qu'il s'agit, s'il fait index pour la lecture, ne saurait à aucun titre indexer l'effectif de l'étance. Et il faut retourner l'argument : l'identité d'existence, index à son tour de ce que l'apparaître se tient de bout en bout dans l'identité de sa consistance, comment serait-elle pensable, fût-ce « minimalement », sans l'unité de la constitution ?

À la vérité, ce que j'ai qualifié de virage réside en un autre point. C'est qu'ici Badiou passe de l'identité d'un apparaissant à un autre, à *l'identité d'un apparaissant de par soi*, qui tient soit à la richesse des éléments dont il se compose, soit à leur « cohésion » – terme défectif pour dire sans le dire leur consistance –, soit même à une intensité purement sensible[2]. « L'indexation est une fonction qui *relie* toute différence *immanente* du multiple à l'évaluation de son *intensité d'apparition* dans le monde »[3]. Un un-multiple d'apparaître est envisagé maintenant du point de sa composition propre – autrement dit, on est *passé à l'Un*, mais comment ? – et son intensité d'apparaître, dite alors d'existence, peut se mesurer à celle que ses éléments ont en commun. Chacun de ces éléments n'a d'existence que de par le calcul identitaire, chacun a par rapport à ses identiques un degré – souvenons-nous de nos arbres sous le soleil –, mais l'intensité de l'un-multiple lui-même est le résultat d'un calcul sur les relations de "ses" degrés. Badiou peut dire qu'il a ainsi produit un Un qui ne doit rien à l'être. Je demande : qu'est-ce qui, de l'ensemble de traits qui fixent un site,

---

1. Incluant l'existence d'un degré d'existence « minimal » et excluant qu'à l'apparaître puisse convenir l'inexistence. Cf. Livre II, introd. 3, et section I, 5 puis 10 *sqq*. La démonstration repose sur ce que l'apparaître « est en soi une affirmation » (p. 115) où la négation d'un étant-là dans un monde doit elle-même apparaître, sous la forme de son « envers ». Question : cette solution – brillante – au problème classique de l'apparition de la négation, en retenant qu'il ne peut être posé que *pour un même monde*, ne requiert-elle pas la consistance de celui-ci, comme de tout monde ?

2. Ainsi de la luminosité de l'arbre dans le tableau d'Hubert Robert.

3. Livre III, Introd., p. 206 ; (souligné par moi).

autorise le passage à l'unité phénoménale qu'ils sont ? Qu'est-ce qui prouve entre eux une autre unité que celle d'appartenir à tel site, d'être ensemble là ? Depuis un long moment, ma chatte dort, sa queue étalée, dans le désordre-enveloppe de la table, sur le manuscrit de Badiou : rien ne peut faire que l'identité respective de l'une et de l'autre résulte suffisamment d'une somme de Id (x,y) ou de différences de chacun des x, y, au regard de l'autre, ni que je réussisse à leur prêter, en fonction du degré de leurs x,y, pris cette fois dans la respective immanence de leurs sites respectifs, une différence d'intensité (sinon intellectuelle, et encore n'est-ce pas sûr, tenu ce qui est "naturellement" requis, en l'occurrence, d'intelligence de chacun)[1]. Un Un qui résulte est *un Un d'assemblage dont on ne peut sans coup de force faire un Un de composition.* Et un Un de composition ne saurait qualifier l'unité-dans-un-monde d'un chat ou d'un manuscrit, qui n'ont d'existence que par le faire-un dont ils supplémentent l'être, et dont leur consistance est le témoin

Il faut bien voir ce qui est là en jeu : si Badiou entendait seulement montrer le déceptif – ce que j'appelle l'évidement – de l'apparaître, il n'aurait pas besoin de le faire, avec un plus ou un moins, « exister » ; mais sa question est tout autre : c'est celle du rapport de l'Un d'apparaître à l'être, de ce qui fait leur irréductibilité, et de trouver cependant de l'un à l'autre un *passage.* En quoi l'on peut dire qu'il s'est lui-même donné, par son traitement de l'apparaître, la plus grande difficulté, sans, héroïquement, là-dessus céder. Mais ce qui lui permet le passage, c'est qu'*il s'est gardé de nier l'Un* dès le départ, en a seulement privé d'être la production, et a seulement requis du transcendantal qu'il le remette à l'épreuve : ce qui lui permet – au prix d'un saut – d'y réintroduire l'immanence, qui à l'être peut s'ajuster.

3. Tout le montage, en effet, semble n'offrir rien pour « *suturer* » l'apparaître à l'être. Bien plutôt en exclut-il la possibilité. Mais l'ambition de Badiou est de parvenir à la suture, de la sauver, faute de quoi l'ontologie, définie comme retour de l'inconstitué dans ce que l'opération constitue, serait elle-même ruinée. D'où la nécessité de tenir dans l'apparaître un terme assez *Un* pour qu'il puisse répondre

---

1. Bien entendu, il y a des différences d'intensité dans l'apparaître. Et s'il y a un point où je serais prêt à retenir l'exposition de Badiou, c'est le mode où il fait résulter l'intensité de celle des éléments de chaque Un. Mais il faut avoir fondé d'abord l'existence de l'Un. Sinon, on démontre l'existence par le degré d'existence.

d'*un* parmi les Uns-Multiples de l'être lui-même. C'est l'opération la plus risquée[1] : le paradoxe en est que, de par sa portée ontico-ontologique, elle ne peut plus se réclamer d'un simple inventaire du statut défectif de la logique du phénoménal au regard de l'axiomatique de l'être, et que c'est pourtant la même défectivité qui, seule, va rendre possible une transparence de l'apparaître à l'être. Il n'aura pas fallu moins que cette association, contradictoire en ses termes, du sans fondement intrinsèque et du fondateur pour que l'Un redevienne métaphysiquement opérant.

Il faut serrer de près ce dont Badiou admettrait peut-être que c'est une suite de propositions opérantes plutôt qu'une démonstration. *Logiques des mondes* en déplie les moments. Le cherché (III, I, 4) est une « composante minimale » d'un ensemble[2] donné d'uns-multiples d'apparaître plus ou moins identiques, et qui, d'être unique, puisse être comptée pour « une-au-plus ». Comme telle, elle fait fonction de « lisière » de l'apparaître[3]. Mais comme indexé au transcendantal, ce minimal ne peut être qu'un maximal : celui d'un caractère atomique dont l'existence soit du degré le plus élevé (l'arbre au soleil). Dans le même temps, cet atome se répartit à des degrés inférieurs comme une composante atomique des uns-multiples plus ou moins identiques et de l'enveloppe (les arbres du jardin) comme de leur ensemble. Il peut, de ce trait (III, 1,5), être dit « *réel* ». Or le dire tel reviendrait à reconnaître qu'une composante atomique de l'apparaître « correspond » à un élément – nécessairement lui-même multiple – du Multiple *ontologique* dont se compose ce qui proprement sera alors dit l'étant.

Cette dernière proposition est à l'évidence capitale dans l'appareil ontico-ontologique de Badiou ; on peut dire qu'elle le fonde ; mais on est contraint de dire qu'elle n'a pour se fonder elle-même que son affirmation. Car qu'est-ce qui *démontre* que « pour toute multiplicité pure A amenée à être-là dans un monde, on est *assuré* qu'à la composition ontologique de A (l'appartenance élémentaire d'un multiple a au multiple A) correspond une donnée de sa composition logique (une composante atomique de son être-là-dans-ce-monde) »[4] ? Quand on a suivi pas à pas les prescriptions défectives du calcul transcendantal

---

1. Énoncés 21 à 28 de *35* (32 è 38 de *LM*). Dictionnaire de *LM* sous *atome d'apparaître, atome réel, objet*. Livre III, section 1, 4 à 9.
2. Le retour, explicite, du terme, p. 223, est significatif.
3. P. 225.
4. P. 231. (Souligné par moi.)

d'un monde, on peut bien conclure qu'avec l'atome, on a enfin trouvé un Un irréductible dans l'apparaître, mais *rien ne prescrit que cet Un ait valeur ontologique*. On peut dire qu'invoquer l'appel d'un Un par l'autre est une solution inventive, élégante, supérieurement intelligente, mais enfin elle n'a pas d'autre trait pour se légitimer, et ce n'est pas assez. La vérité est que la question telle la pose Badiou est tout autre, et résolue par avance. Car, à relire sa proposition, on voit que son énoncé n'est pas : y a-t-il un Un dans le Multiple de l'être qui vaut réponse ontologique à l'Un qui apparaît, mais : y a-t-il une possibilité de voir un Un-multiple d'être apparaître dans l'apparaître ? À quoi l'on doit répondre 1. que la question n'est résolue que tenu le présupposé d'un tel Un d'être, 2. qu'il faut encore supposer, malgré tout ce qui a été avancé comme le calcul de l'apparaître, que son point d'Un est aussi bien celui de son support "dans" l'être. Autant d'affirmations dont le risqué est confirmé par la discussion qui suit : peut-on avancer par converse qu'à tout élément ontologique de l'étant est « prescrit » un atome d'apparaissant ? Autrement dit, que « là où l'un apparaît, l'Un est »[1] ; et que tous les atomes sont réels ? Oui, répond Badiou, non sans reconnaître que c'est, cette fois, un « postulat », une « décision » conforme à la récusation matérialiste du virtuel. Soit ; mais le postulat signifie plus intelligiblement : pour que la construction de l'être-là dans *Logiques des mondes* trouve enfin une assise, il fallait d'abord, il fallait surtout, il fallait à tout prix, que *l'Un transite entre l'ontique et l'ontologique*. Ce que nous n'avons, nous, pas à demander, puisqu'Un il n'y a de l'ontique que sous condition de son axiomatique, sans que jamais l'Un pénètre l'ontologique ; mais que Badiou, réduit à mettre l'Un des deux côtés, ne peut faire plus que décider.

4. C'est à ce moment seulement, celui du réel de l'atome, que devient possible la définition de l'*objet*. L'Un, retrouvé dans l'apparaître par le biais de l'atome, degré (relationnel) d'identité dans le transcendantal d'un monde[2], a pu conduire à l'identité individuelle d'un apparaissant – le tilleul ou le leader du Front –, par le biais de la composition d'atomes et du maximal : le tilleul comme maximalement l'arbre, le chef comme ayant maximalement tous les traits (pour ne

---

1. P. 232.
2. C'est une « fonction » de l'apparaissant « vers » le transcendantal.

pas dire prédicats) du Front, indexent un un-multiple singulier dans l'apparaître, et tous les autres (arbres et militants), s'identifiant plus ou moins à eux, sont du même trait fondés dans leur singularité. Mais dès lors que l'atome est réel, l'Unite d'apparaître devient Unité d'être et retrouve la *réalité* qui prédique la définition requise de l'objet. Puisque cet apparaissant singulier est le même site phénoménal dont on est parti, plus ceci que tous ses atomes sont réels, il est aussi un Un-Multiple pas moins singulier dans l'être. C'est ce qu'implique la définition que donne Badiou de l'objet ; soit « le couple formé par *un* multiple [d'être] et *une* indexation transcendantale de ce multiple, sous condition que tous les atomes d'apparaître dont le référentiel est le multiple considéré soient des atomes réels du multiple référentiel »[1]. La singularité du site, devenue celle de ses composantes, devient celle de son support dans l'être, et c'est cette dualité d'Uns qu'on appelle l'objet. Je retiendrai seulement ici que ce que j'ai appelé la circularité principielle sur quoi se referme toute l'entreprise de *Logiques des mondes* y génère une ambiguïté : posant que son « mouvement de pensée principal est de remonter de l'être-là vers l'être-en-soi », il va en induire que ce dernier n'en sort, par « rétroaction », pas indemne : « à qui apparaît advient d'être autrement pensable dans son être » ; mais dans la définition de l'objet qu'on vient de lire, c'étaient les atomes de l'Un-Multiple d'être qui faisaient référence rectrice pour ceux de l'apparaître.

Revenons alors à nos arbres en plein soleil. Ce qui selon Badiou a été montré, c'est qu'il y a dans l'apparaître du jardin (« enveloppe ») des uns-multiples – les arbres – qui y sont des *parties* identiques, composées d'une cohésion, sans plus, de traits – ainsi de la disponibilité à l'ensoleillement –, qui en sont autant d'*éléments* atomiques ; et que, de chacun de ces éléments, il y a un degré maximal qui le « fixe » pour tous les uns-multiples identiques. Opération double car, après avoir garanti l'Un de l'élément, elle va garantir que l'un-multiple d'apparaître n'est rien d'autre que la *composition* du pur divers de ses éléments. Autrement dit, *on a retrouvé dans la logique du transcendantal la relation d'appartenance qui commande l'ontologique*, son mode de composition, radicalement différent de celui de la constitution. Là est le véritable nœud de toute l'opération, suspendue au moment précédent, celui où à la localisation des sites a été substituée l'immanence

---

1. Livre III, I, 6, p. 233. (Souligné par moi.)

de leur composition, et suggérant hardiment que c'est précisément parce qu'elle n'est pas Un de consistance que ladite composition peut invoquer une portée ontologique. La relation d'appartenance, spécifique de l'ontologique, dès lors, peut être ressaisie par la composition de la logique atomique. Dès lors, il devient loisible de dire que les atomes réels *peuvent* indexer l'être, et d'attendre que l'*objet* soit la venue à l'apparaître d'un Un-Multiple de l'être qui lui correspond élément (du Multiple d'être) à élément (de degré d'identité). Il y aurait ainsi une correspondance Un-Un de l'apparaître à l'être. Restant qu'on ne peut pas le démontrer : seulement trouver un confort raisonnable à l'avancer. Ce qui, outre le paradoxe que nous avons dit, qui contredit tout le mouvement initial, toute la portée définitivement restrictive du recours au transcendantal, ne peut que soulever de nouvelles objections.

L'apparaître produirait, par le biais de l'identité – relative, mais saisie à son maximum –, de l'Un, qui, trivialement dit, serait le trait phénoménal le plus frappant ou le plus insistant ou le plus exemplifiant... Et parmi les Uns-Multiples de l'être, il y en aurait un qui répondrait de celui qui s'est distingué dans l'apparaître. Comment arrive-t-on à cette suture-là ? L'acquis, nous l'avons dit, est que l'Un d'apparaître, puisqu'il ne répond pas d'une constitution, est une composition : les rapports y sont du même ordre que ceux des éléments dans le pur Multiple : on peut dès lors mettre en *parallèle* la composition d'un un-multiple d'apparaître et d'un Un-Multiple dans l'être : lequel Un-Multiple est dit rester, comme dans *L'être et l'événement*, et malgré son être-un distinct de tout autre, intra-ontologique. Le neuf, et le pari, est qu'entre l'Un d'apparaître – n'oublions pas que c'est l'Un fixé par le *degré* d'existence d'un élément – et celui d'être – qui est celui d'un multiple d'*éléments* –, le parallèle possible sera tenu pour réel, et tel que la corrélation s'établit entre un atome de ce qui peut désormais s'appeler l'*objet* apparaissant et un élément du Multiple sous-jacent, lequel sera désormais dit l'*étant*. Comme un objet est la cohésion maximale de toute une série d'atomes qui tous ont un maximal, on supposera encore qu'à tous leurs degrés répondent autant d'éléments du même Multiple ontologique. L'étant sous-jacent peut dès lors – sous *l'hypothèse* de la corrélation – être dit l'Un-Multiple dont la composition correspond à l'un-multiple de l'objet Et Badiou peut estimer avoir gagné contre la butée ontico-ontologique.

J'avoue une fois de plus ne pas comprendre ce que peut être, tenue la définition intra-ontologique donnée par Badiou de l'Un-Multiple, la *distinction* d'*un* ou de *tel* Un-Multiple, et de tel de ses éléments, dans la nue Multiplicité inconsistante de l'être. Il semble que, pour pouvoir écrire, « un élément (au sens ontologique) du multiple qui apparaît »[1], il faille être passé de l'être au Nombre – qui, nous l'avons rappelé, n'est déjà plus le Multiple pur –, pour distinguer les uns des autres les Uns-Multiples. D'où l'on passe à ce que c'est cette fois l'apparaître qui, en l'affectant ou l'« infectant » comme le reconnaît Badiou, a dû gagner sur l'être. Preuve *qu'on ne peut, même dans les termes adoptés, connecter l'apparaître et l'être sans supplémenter d'unités l'être.*

Encore resterait-il à convaincre que les atomes de l'apparaissant doivent appartenir, du point de leur répondant dans l'être, à la composition du *même* Multiple : ce qui est encore une fois affecter l'être de la découpe de l'apparaître : étrange retournement. Peut-on, au moins, dire que, de l'apparaître, reste gommée dans l'être la composition intrinsèque ? Pas même, si l'unité du Multiple-support est de la composition le valant-pour et le témoin de l'immanence, ontique parce qu'ontologique, de l'intrinsèque de l'objet comme identique à lui-même. Mais dire intrinsèque, ne serait-ce pas déjà appeler le consistant ?

La vérité est que Badiou n'a jamais douté – pas plus que de l'identité de l'objet – d'un être de l'apparaître, et nommémeent d'un être de l'objet. Et si peu, qu'au début même de l'exposition du transcendantal, aussitôt définie la situation d'un étant apparaissant par « le monde où l'inscrit une procédure locale d'accès à *son identité à partir d'autres étants* », il passe à la multiplicité des mondes en la déduisant de ce qu'« il va de soi qu'un étant, déterminé abstraitement dans *son être comme multiplicité pure*, peut apparaître dans des mondes différents »[2]. J'avoue ne pas juger, quant à moi, « absurde » de mettre en doute que la déduction aille de soi, tenue la correspondance terme à terme qui sera assignée des atomes de l'un d'apparaître aux éléments de l'Un-multiple ontologique ; mais peu importe pour le moment. Ce qui est certain, c'est que, dans la pensée de Badiou, *il est de prime abord exclu qu'on puisse dire qu'existe un étant impliqué par un monde*

---

1. *Dictionnaire*, sous *atome réel*. La corrélation s'établit plus exactement entre un élément de l'objet apparaissant et un élément du multiple (ontologique) sous-jacent ; c'est ce dernier qui, ainsi, « apparaît ».

2. *Livre I*, 1ère section, chap. 3, p. 124. (Souligné par moi.)

sans impliquer par là qu'il y a dans l'être un Un-multiple qui de lui répond. De là que, au pas suivant, celui où l'un d'existence va permettre de définir l'Un d'objet, la difficulté à résoudre ne sera nullement la démonstration de ce qu'un multiple ontologique est, de l'existence, le support – c'est acquis par prétérition –, mais seulement la *détermination* de ce dernier, par l'assurance « d'un lien effectif entre l'être-multiple et les schémas transcendantaux de son apparition – ou de son existence »[1]. S'il fallait le lien, c'est pour « établir qu'un objet est bien l'être-là d'un étant *déterminé dans son être* » ; et que par là on a « de quoi rendre raison du réel de l'Un ». En somme, Badiou ne s'est pas assigné de trouver l'étant, mais, par un double mouvement, de d'abord « déployer la question de l'existence comme question tout à fait distincte de celle de l'être », puis de monter une issue pour vérifier que "c'est bien *ce* multiple, ontologiquement déterminé, qui est là comme objet du monde"[2]. Nous avons vu comment Badiou « assure » ce montage. Il l'assure parce que, *si son exposition est une construction progressive de l'être-là, il est d'avance entendu qu'elle est sous condition de qualifier l'être*, et mieux encore : sous condition de la définition pré-acquise de l'Un d'être[3] : c'est dire qu'elle est sous condition de sa conclusion.

5. Aux difficultés qu'on vient de souligner, Badiou va répondre – c'est le dernier pas, celui de la « logique atomique » (III, 1, 7 à 9 et surtout 2) – en retournant le problème pour montrer comment *si* l'atome est réel – mais c'est toute la question, et il ne faudra jamais l'oublier – il y a « *rétroaction* de l'apparaître sur l'être ». Ce qui revient à « demander ce qui survient à l'étant dans son être de ce qu'il est devenu objet, forme matérielle de la localisation dans un monde »[4]. Il sera cette fois impossible de déplier ici la suite des opérations, qui repose sur une chaîne de définitions dont chacune requiert une très longue et très technique exposition. L'essentiel est d'entendre que la localisation est un trait *de l'être* (l'étant) dès lors qu'il vient à l'apparaître, et que de ce trait il ne peut plus être indemne. Ou, dit très

---

1. Livre III, introd., pp. 206-207. (Souligné par moi.)

2. On verra *Logiques des mondes* aller encore plus loin, en faisant de l'événement une sorte de montée de l'Un-Multiple ontologique dans l'apparaître.

3. Cf. encore la définition de l'apparaître p. 128 : « ce qui, *d'un multiple mathématique*, est pris dans un réseau relationnel situé ».

4. P. 235. (Souligné par moi.)

grossièrement, que pour qu'il y vienne, il faut qu'il s'y prête. Et dit plus précisément, que, puisque c'est la composition atomique « qui "porte" l'incise du réel sur l'objet », c'est « elle qui va disposer le contre-effet sur le multiple (réel) ». Ainsi, puisque l'atome est une fonction vers le transcendantal marquée d'un degré d'apparition, le dire réel est dire que sa valeur est « prescrite » par un élément de l'Un-Multiple ontologique ; et qu'en ce sens, il n'est plus accidentel à l'étant de plus ou moins apparaître (exister). Davantage : comme il n'y a de degré d'un atome dans l'apparaître que relativement aux degrés d'autres atomes, la localisation d'un élément dans l'Un-Multiple équivaut à une « structuration » de celui-ci, et voici que s'y est introduit le *relationnel*[1]. Et comme la relation dans l'apparaître est toujours celle d'un ensemble d'atomes ou enveloppe, on peut attendre « qu'il y ait solidarité entre le compte pour un ontologique de telle ou telle *région de la multiplicité* et la synthèse *logique* de cette même région ».

On imagine et l'on comprend facilement l'enthousiasme de Badiou arrivé là : parti de la plus grande disjonction de l'apparaître à l'être, il est, à force d'obstination logique, arrivé à leur plus grande conjonction. Mais la beauté de l'exercice ne saurait le légitimer si sa logique n'a prise, au titre de l'apparaître, que sur l'inconsistance d'un décor et si elle ne peut déduire la conjonction qu'en y sup-posant un « réel » interdit à toute démonstration. C'est une logique fantôme.

On peut dès lors tenter de « situer » Badiou, à son tour, dans l'être-là (s'il y en a un) du philosophique. Lui-même excipe de l'atome, et plus encore réel, pour se reclamer du matérialisme, « suppos[ant] qu'il existe un point d'articulation obligé entre la logique de l'apparaître et l'ontologie du multiple »[2] ; mais il est difficile d'admettre ou qu'un atome phénoménal, même qualifié d'« objectif » parce que sans sujet, ait son référentiel dans l'être, ou qu'un atome d'être vienne à l'apparaître comme tel phénoménal. Et je tiens pour digne de remarque que Badiou finisse bien plutôt par rejoindre Husserl reportant *in fine* la composition de l'Un de l'objet noématique dans le « réel » de l'être même, et en inférant, par retournement, l'être de la région, ce qui n'est pas sans quelque ressemblance avec la « contamination » chez Badiou, de l'être par l'enveloppe. Ce qui est « entièrement nouveau »[3]

---

1. P. 239.
2. Livre III, introd., p. 208.
3. P. 205.

dans le concept de l'objet que Badiou propose, c'est donc sa composition atomique indexée sur le transcendantal, et la correspondance terme à terme – même si dite « intersection intelligible »[1] – des éléments de l'Un d'apparaître avec ceux de l'Un-Multiple support[2]. Il faut bien convenir qu'à la première, la consistance de l'objet en ce qu'elle a d'intrinsèque nous a paru faire radicalement défaut, et que la seconde est de part en part un pari – d'une grande beauté formelle, certes –, qui de surcroît élève un multiple du sans-Un de l'être à l'Un. Ne manque pas d'humour que, de nous deux, ce soit lui qui fixe l'objet dans « son » être, déterminant celui-ci assez pour se révéler par lui déterminé.

Au terme de ce long parcours, je me contenterai d'ajouter que, pour ce que j'ai moi-même à titre de réponse avancé, je ne surévalue ni les définitions que j'ai données des axiomatiques du perçu, qui sont une première approche, ni ce qui n'est pas plus qu'un constat dans le passage du site logique à sa « figure » objectale, ni ce qui resterait à creuser du privilège, pour la prédication, du local non-topologique de la situation et de sa figuration par la distribution topologique des sites dans le là : l'analyse ne pouvait être que régressive, le fait de l'être-là est là, comme il est là. Dont le perçu n'autorise pas plus que le relevé du constituant, et requiert qu'on s'y tienne. Reste ceci : parce que consister est l'autre nom de l'apparaître, parce qu'on ne cesse pas de le voir ressurgir là où l'on prétend le contourner, la tentative de *Logiques des mondes* ne pouvait qu'à chacune de ses étapes révéler l'artifice de son obstination à devoir *construire* ce dont elle ne doutait pas qu'il *soit* mais refusait même d'envisager qu'il puisse sans contradiction être *de par soi.* De là que toute la partie centrale de *Logiques des mondes* est la mise en œuvre exacte du « constructivisme »[3] dont *L'être et l'événement* prononçait la condamnation, et je ne dirai pas : parce que l'apparaître ne vaut pas plus, mais : comme faisant hommage à l'opérativité, fût-elle artéfactuelle, de l'instrument.

---

1. P. 207.

2. Tranchant, en somme, là où subsistait le *X* husserlien.

3. Qu'on relise la définition de *EE* p. 318 : « *La pensée constructiviste ne reconnaîtra comme "partie" qu'un regroupement de multiples présentés qui ont en commun une propriété, ou qui soutiennent tous un rapport défini à des termes de la situation eux-mêmes univoquement nommés* » ; ou le changement d'approche et de ton concernant Leibniz.

Fin – navrée – de l'*agôn*[1].

d. Le débat nous aura, chemin faisant, fourni les arguments pour franchir un nouveau pas dans *la problématique ontologique de l'objet*. C'est toujours récuser l'expérience et ruiner le concept de l'objet, que nier et qu'il *est* – sans plus ou moins d'existence – et que sa détermination repose dans l'*immanence* de sa constitution – se tenant en lui-même, au rebours d'une composition faite de traits extrinsèques, par sommation[2] –. Se donner la matière phénoménale de l'être-là pour y relever altérités et identités est renoncer[3] à ouvrir l'objet, et à produire ce dont il est fait : se condamner à ne le traiter qu'en surface. Moment dès lequel son être Un ne pourra plus être trouvé que par une relève dialectique, idéelle ou « matérialiste », dans tous les cas forcée. Ces dénégations, au fond classiques, et dont le classicisme déconcerte, ces thèses qui, dans un premier temps, font du Un de l'objet le relevé d'une matière non ontologique, ont cette conséquence paradoxale qu'après avoir pu démontrer qu'à l'être-en-tant-qu'être appartient la matière du Multiple, on exclut la même démonstration pour l'être de l'objet tout en ne pouvant dénier en lui l'étant. Et de fait, *n'est-ce pas de l'objet que de prime abord se dit "est"* ?

Ici encore, il faut saisir le pourquoi. C'est que fait principe de toute pensée fondatrice une axiomatique, qu'une axiomatique est décision rationnelle sur l'*infini*, et ne connaît la *finitude* que pour tels argu-

---

1. À vrai dire, il en faudrait un second qui nous confronterait à la position, déjà mentionnée, de Claude Imbert, opposant phénoménal de la représentation et langues formulaires comme requérant deux logiques juxtaposées et à jamais étrangères l'une à l'autre, celles du prédicatif et du mathème. Il est clair que notre élaboration de l'axiomatique du perçu a produit la double contestation d'une axiomatisation exclusivement formelle et de son exclusion pour la représentation.

2. Badiou pousse beaucoup plus loin que Hegel la déconstruction de l'objet – quitte à le sauver à la fin – en ce que 1. il ne le compose pas de qualités mais de différences de degrés d'identités (éventuellement qualitatives), 2. c'est par la « synthèse » conjonctive de celles-ci qu'il reconfigure l'objet.

Hegel, quand il détermine le moment de l'être-là comme celui de la négation portée par l'altérité – « par la qualité, une chose s'oppose à une autre chose » –, ajoute aussitôt que l'être-là n'est pas moins « réfléchi sur lui-même et, posé comme tel, il est quelque chose... un étant-là » ; la détermination est la négation, mais qui « se révèle... comme une détermination immanente » ; et le « quelque chose » est « la première négation de la négation » en tant qu'« il se rapporte simplement à lui-même », « agent de sa propre médiation avec lui-même » (*Logique*, I, 1, chap. 2, A).

3. Renoncement ou déficit de Hegel comme de Badiou.

ments qui viennent en remplir les fonctions. Un multiple peut ainsi être l'occurrence finie restrictive d'une axiomatique du Multiple qui s'entend, au principe, des multiplicités infinies, et se déterminer dans celles-ci par coupure dans une infinité d'infinis. Qu'on puisse de même contourner la *finitude* de l'objet en en faisant une coupure transitoire dans le circuit *infini*[1] des relations de Même et d'Autre, tenues pour seules fonctions déterminantes de l'être-là, offrait une incitation à réduire le fait-un fini de l'objet à un effet purement résultant. Ce qui ne va pas dans le rapprochement des deux dispositifs est que, dans le cadre de l'axiomatique du Multiple, chaque multiple fait-un n'est dit « consister » qu'au sens où il n'y a rien dans sa *composition* qui puisse faire contradiction, tandis que la consistance de l'objet s'entend comme sa *constitution*, soit la nécessité réciproque de ses traits pour sa définition ; si l'objet n'était qu'extrinsèquement défini, tout ce qu'on pourrait en dire est que la somme de ses identités quelconques ne comporte pas contradiction. Ainsi, qu'il n'y ait pas de consistance au sens strict au bout du jeu du Même et de l'Autre dans l'apparaître, c'est bien ce qu'entend Badiou et même ce qu'il entend principiellement démontrer. Seulement il lui faut alors aller chercher un Un-Multiple dans l'être pour rendre à l'objet étance et réalité. Ce qui ressemble fort à une démonstration *forcée* de la constitution. Demandons, là-contre : le Même et l'Autre dans l'être-là, qu'est-ce qui les fait advenir à l'apparaître, qu'est-ce qui les fait apparaissants, sous l'espèce de telle forme, de telle couleur, de telle dureté, de tel son, sinon qu'ils sont de tel objet et non de tel autre ? Comment nier que, dans l'expérience perceptive, mais tout autant dans l'exercice de sa logique ou de son transcendantal, *l'objet précède les qualités* qui n'apparaissent que par et pour lui : qui font "sa" différence[2] ? Et cela s'entend fort bien, dès lors que l'objet est, et qu'il est seul, au site logique qui les noue entre elles, et que ce nœud est, et est seul, ce qui les fait apparaître. Ici devient transparent ce que nous avons dès le début reconnu : que dans l'énoncé – celui notamment du perçu – *sont strictement corrélés et insécables les termes, leur relation et le site logique où elle les noue.* De là que la question à laquelle l'objet nous confronte, ce n'est pas seulement qu'en toute occurrence il soit comme Un à l'apparaître, mais qu'en toute occurrence cet Un y soit

---

1. Cf. dans *les 35 énoncés* l'énoncé 9.
2. On aura reconnu là la critique du mode sur lequel le *Topos* se donne l'objet.

comme ce qui est requis pour que *la situation apparaître* elle-même soit constituable.

Cet Un opératoire, comme tous les autres, est certes provisionnel : je puis dire l'un de la branche dans le monde de l'arbre, l'un de l'arbre dans le monde du jardin... Mais *ce qui ne peut manquer au perçu, c'est l'Un*, l'un qui fait objet. Davantage : ce dont le site logique atteste, c'est que chaque fois un étant est tout ce qu'il peut être, tel que sa consistance le définit, dans le temps qu'il est défini. Autrement dit, il a, comme faire-un de tout ce dont il fait Un, le support de la fonction sujet qui répond de son Un. Et rien ne saurait être plus rationnel si son site logique est la condition même pour que soit pensable le situation perceptive. Du même trait s'impose que la situation perceptive est situation ontologique. Ici devient transparent le schème triple du site logique de l'énoncé, du sujet qui le souscrit et de l'être qui le suscrit. Soit l'ultime implication du discours du perçu.

Nous disions qu'il n'y a pas de logique qui ne soit sous condition d'une axiomatique ; on conçoit facilement que l'emboîtement des axiomatiques de l'apparaître requière, pour le divers de leurs arguments, la logique "classique", celle où les rapports sont réglés par une structure de groupe, où deux coupures distinctes ne peuvent être dites identiques, et que, du point de la vérité, régit le tiers exclu. On conçoit facilement que ce doit être sous la même logique qu'est requis un point qui assure le recouvrement des sites spatial, temporel et sensible ; ce sera l'objet, et la prescription que chaque objet soit de tout autre distinct ; et c'est du même trait que cette logique-là est celle qui redéfinit le distinct par ses "propriétés", dont il est le faire-un : celle de la prédication. Ici devient clair *comment dans la logique de l'apparaître toute relation se pense primairement de l'objet*, de par une cohérence qui traverse les moments axiomatiques et prédicatif. Tel est l'ensemble des conditions pour que ce qui dans la situation a été constitué comme le faire-un du site logique, le pose dans l'identité à soi de l'objet. Rien ne pourrait "construire" l'objet de l'apparaître, aucune logique, si son axiomatique ne requérait pas la logique que lui-même prescrit, et si n'était pas prescrite de ce même trait l'indexation de l'être de l'objet. À une réserve près.

La déduction serait, en effet, incomplète si elle ne retenait pas le statut singulier de l'objet, qui dans tout apparaître apparaît sans à proprement parler apparaître. Je veux dire que les axiomatiques emboîtées du perçu commandent tout ce qui *s'expose* dans l'apparaître, sommairement dit : tout le matériel perceptif, tandis que l'objet est le *valant-pour figuratif* de leur site logique, *sans trait matériel propre* : il figure l'Un qui les conjoint et répond de leur emboîtement. De là que tout à la fois il n'est rien de plus que le nœud implicite, la consistance axiomatico-logique de la matière exposée, *sans que de la matière lui appartienne l'indexation ontologique* ; il est le répondant de ce qui dans l'apparaître "est", mais il n'en est, bien que figuratif, que *le moment discursif* qui n'"est" pas[1]. Qu'il y ait eu une problématique de l'objet, dont l'illustration exemplaire fut le kantien objet « transcendantnal », a dans ce statut singulier son motif. Et que fit Husserl, sinon retenir le problème en en retournant les termes, l'objet noématique passant du côté du sujet transcendantal tandis que la question devenait celle de la transcendance de la représentation hylétique ? Et que fit Wittgenstein, sinon tenir le problème pour insoluble, dés lors que la logique du fait, logique de la proposition, excluait celle de la prédication ? Il y a, depuis l'empirio-criticisme, une défiance au regard de l'objet qui est tout à fait justifiée s'il s'agit de délivrer l'apparaître d'un redoublement du site logique des étants en autant de *substances* apparaissantes, construction d'une métaphysique "chosiste" qui confondait le site logique et les prédicats qui font son apparaître ; mais nous n'en sommes plus là, ne serait-ce que parce que la pertinence de l'objet pour la logique du perçu n'en fait pas un argument pertinent pour la science qui lui substitue le non-prédicatif du mathème, et moins encore pour l'ontologie qui n'a à connaître que de l'opérer du faire-un quelconque – qui de lui-même n'"est" pas – sur la matière d'une axiomatique, seule à indexer l'être du sans-Un. Notons que si nous avons dit que peut être produit un objet dans l'immanence à la matière du sensible, propre à l'énoncé esthétique, cet objet-là s'épuise à son tour dans la chaîne de ses constituants, sans la supplémentation d'aucun être propre[2]. Il faut dire « étant » partout où il y a une constitution consistante, et retenir que l'objet n'est qu'une figuration de la consistance de l'étant, dont *l'être ne remonte pas jusqu'à lui*.

---

1. Vérité du *perceptif* qui, bien entendu, n'est pas celle du *connaître*. Nous *savons* de quoi est faite l'existence de l'arbre dès l'instant que nous possédons sa genèse, ses matières, le mode sur lequel ses parties se commandent fonctionnellement, son classement...

2. On n'oubliera pas que le perçu est toujours le discours *princeps*, le discours esthétique « remontant » comme en deçà.

Strictement parlant, le discours du perçu est celui d'une consistance où l'objet n'est rien d'autre que *l'énoncé d'une constitution* ; comme telle intrinsèquement prescrite dans le local d'une situation d'apparaître. Et qu'au perçu soit immédiat l'objet avère ce que nous n'aurons cessé d'affirmer : que le perçu n'est rien d'autre que l'axiomatico-logique d'un discours où se dit l'être sans que lui-même – ce discours – "soit". Ainsi redéterminé, l'objet cesse de faire problème. Dès lors qu'il y a discursivité du perçu, il y en a une axiomatique, et c'est celle qui prescrit, pour l'inconsistance de l'empirie, une séquence d'axiomatiques emboîtées, et, pour le faire-un de leur mise en consistance, l'objet : comme site logique de tout ce qui apparaît, sans lui-même posséder une matière propre d'apparaître : soit comme cela seul qui chaque fois rend possible et pensable la situation apparaître, prescrite comme consistance de consistants. Où voit-on, d'ailleurs, qu'une consistance, qui toujours "résulte", s'expose comme autre chose que le nœud de ce qu'elle fait "résulter", sous le prescriptif d'une détermination opératoire qui l'investit d'un seul trait, dans sa globalité ?

Prenons garde aux conséquences de ce qui vient d'être conclu. Toute axiomatique est ontologique : prescription sur ce qui est. Sans revenir sur ce que le Multiple pur est premier à autoriser une (in)défi-nition de l'être, il n'est dès lors plus possible, tenu ce que nous avons eu à dire et de la tresse de l'apparaître et de l'objet qui lui fait site, d'écrire que rien d'autre que le Multiple pur ne peut indexer l'être. L'espace, le temps, le sensible, indexent l'être, comme le soustractif de leur consistance dans l'objet. Cela ne modifie guère ce qu'on en peut dire, équation il y a de l'être et du soustractif ; cela contraint, en revanche, à reconnaître qu'il y a *autant de « présentations » de l'être* que d'axiomatiques prescrivant un régime de la consistance. Inverse-ment, aucune constitution de l'objet n'est possible sans qu'elle excipe de ce qu'est la présentation de l'être indexée par son énoncé. Et cela ne s'entend pas seulement de l'objet « en général » mais de l'objet singulier dont les déterminations, telles qu'elles apparaissent, sont cela seul qui permet de dire que c'est pour sa part et dans la singularité de ses propriétés, qu'il est constitué. C'est pourquoi nous tenons depuis le début le faire-un d'une situation comme l'énoncé propre de *ce qu'est* ce qui apparaît, autrement dit : ce que, de l'être, cet énoncé indexe.

Reste que l'inconsistance s'indexe non de l'énoncé qui, par définition, consiste, mais de sa matière ; il faut donc convenir que *l'objet du perçu, ne se définissant que de sa consistance, n'indexe pas lui-même l'être* ; il "est" de par tout ce dont il est l'enveloppe, il est par là « au premier chef », mais sans indexer, comme Un, rien de l'être. Tout ce qu'il représente présente l'être, lui-même n'en représente qu'une constitution. Cela n'est pas rien, si c'est ce qui rend l'apparaître pensable ; et cela ne chagrinera que ceux qui ne se résignent pas à ce que l'Un jamais ne soit le point de l'être. Ainsi nous faut-il tout à la fois *et* récuser toute possibilité de pertinence à l'hypothèse d'une identification non immanente de l'objet, hypothèse qui, en le décomposant pour ne lui trouver qu'une composition extrinsèque, voudrait en exclure cela même qui, en s'imposant dans la matière de son apparaître, impose l'être au premier chef, *et* interdire que l'objet soit, en lui-même, index de l'être. Tel est, pourrait-on écrire, le "reste" de la problématique de l'objet, replacé, comme il convient, dans la situation ontologique.

Si, au divers constitué dans l'apparaître, l'être doit être indexé, c'est comme multiple inconsistant certes, mais non sans que des axiomatiques supplémentaires viennent à le spécifier ; dès lors, l'imprésentable, le soustractif, le non-singularisable, qui sont l'(in)définition de l'être, ne peuvent se dire que *dans l'équivoque* le rien : dans l'équivoque du "de quoi" le rien.

6. *Ce qui se peut dire de l'être de l'apparaître*

On ne saurait rendre ses droits au discours de l'apparaître qu'en le remettant à sa place dans la situation ontologique, reconnaissant qu'il lui appartient de plein droit, et mieux : qu'il est l'immédiat à y être. De cette intégration, si généralement déniée, l'axiomatique du perçu livre – on voudrait : définitivement – le fondement, prescrivant la transparence ontologique de l'apparaître dans sa matière, qui cesse ainsi d'être pour la pensée un incalculable "reste". Qu'en l'objet se figure la consistance de l'énoncé, que le fond en soit, comme empirie, le divers sensible, ne dicte pas ce qu'il en va du rien de l'être en-deçà de l'apparaître, mais bien que ce rien soit assez équivoque pour convenir à l'axiomatique à la fois déterminée et plurielle qui présente sa matière multiple à la représentation. Nous en sommes restés là.

Tentons d'aller un peu plus loin sur ce que, ces propositions acquises, il est permis de dire de l'être de l'apparaître.

Soit : "l'arbre *est*", entendons : l'être convient à l'arbre pour autant que l'arbre, en consistant, fait-un du divers d'une multiplicité sans-un. Dire qu'il "est" de par la seule inconsistance du Multiple pur, sans plus de détermination, retirerait à l'appareil effectif de son apparaître, et à la consistance même de cet appareil, toute transparence : ils n'auraient, au regard de la situation ontologique, d'autre statut possible que celui de surplus factice. Le concept d'un apparaître *intransitif*, de par sa matière propre, au concept de l'être est, bien entendu, de tradition platonicienne, au renversement près de l'Un grec dans le sans-Un de la pensée contemporaine. Badiou en donne la formule en l'inversant : « Est platonicienne... la mathématique comme pensée intransitive à l'expérience sensible »[1]. Et Claude Imbert retient cette définition du Platonisme tout en resituant la coupure : montrant comment le point de l'intransitivité n'a pas été compris – ainsi par Kant, identifiant le phénoménal et l'espace – parce que la mathématique était, dans l'occurrence historique grecque, la géométrie, et la géométrie comme tranchant, par une décision de type proprement axiomatique, de la définition des grandeurs commensurables et incommensurables ; pour aller à l'essentiel, s'il y a, dans le contexte platonicien, altérité radicale, c'est entre « l'équation phénoménologique, qui assigne un unique objet sous ses différents aspects, et l'équation arithmétique qui se résout par une application entre deux sous-ensembles finis »[2]. Personne ne doutera que nous tenions pour nôtres ces définitions du Platonisme et son exigence du transparent pour la pensée, *sauf* à réviser à notre tour l'application qu'en fait le Platonisme : à récuser que manque à la matière même de l'apparaître une axiomatique, et à affirmer qu'en cela transitive à l'être du Multiple, elle n'est intransitive qu'à toute espèce d'expérience subjective. Nous n'hésiterons pas, en revanche, sur la suite de la définition de Badiou : platonicienne est une pensée « assumant que tout ce qui est consistant existe » et « dépendant d'une décision sur l'indécidable » : nous n'avons cessé d'invoquer le premier de ces énoncés ; et quant au second, nous dirons qu'en effet, la facticité de la matière du phénomé-

---

1. *Court traité...*, « Platonisme et ontologie mathématique », p. 98.
2. « À propos de Frege. Où finit le platonisme ? » in *Alain Badiou, Penser le multiple*, p. 362.

nal faisant aporie au regard de la transparence de l'idée, une décision axiomatique était, pour sauver celle-là, requise : c'est la décision axiomatique sur *l'apparaître*, rendant ontologiquement intelligible – *intelligible du point de l'ontologie* – ce que Claude Imbert appelle l'équation phénoménologique.

Sur ce que la pensée platonicienne laisse à notre disposition, nous avons même quelque chose à attendre touchant le mode sur lequel la pensée doit requérir la relation de l'apparaître à l'être, soit un modèle de ce que peut être le procès de cette axiomatique de l'apparaître que le Platonisme déniait. Il est frappant que la progression du *Timée* aille de : ce qui se laisse saisir par la pensée logicisante est ce qui est toujours[1], à : bien que né puisque sensible, le ciel-monde, unique et « pour tout le temps »[2], doit pouvoir se configurer sur ce paradigme éternel, partant être ordonné, partant pensable-se-pensant[3] ; et il est frappant que ce soit sur ce qui vient là proprement comme un réquisit, que Timée *décide* sur l'indécidable que : partout le meilleur pensable est la proportion continue – la « médiété » –, sur laquelle il va construire, en virtuose, les quatre corps primaires, et d'abord l'âme, mêlant le sans-parties « toujours le même » et le composé de parties « advenu » dans les corps, pour en tirer un troisième, « médian » par là à la fois du Même et de l'Autre, mêlant à nouveau les trois, et finalement découpant ce mélange selon deux séries géométriques alignées l'une sur l'autre, non sans remplir les intervalles par des médiétés analogues[4]. Et ainsi de suite – avec un risque croissant de remise à la *doxa* – jusqu'au point où l'examen doit être repris par l'autre bout[5], celui de la « cause errante » celui où ne domine pas le *Nous*. Soit ce supplément à la physique platonicienne, la *chôra* – qu'on l'entende comme le réceptacle où vient se ranger la matière ou comme l'intransparent de la matière elle-même – qui ne s'atteint que de biais, par une pensée bâtarde, ni par le raisonnement pur, ni par le perceptif ; elle est ce *triton* qui ne se peut dire ni *on*, ni *aisthèton gennéton*[6], bref ce qu'il faut bien penser sans pouvoir le constituer. Ne sera-t-on

---

1. 28 a. C'est sur le même principe que l'âme doit avoir été – être pensable – avant le corps (34 b).

2. 36 e.

3. C'est bien le double sens de la dotation au monde du *Nous* en 30 b.

4. 35 b.

5. 47 e.

6. 52 a.

pas fondé à lire dans ce *triton*, où il n'y a que pouvoir (se) composer sans s'articuler[1], *l'inertie* dont l'inconsistance de l'être ne peut faire exception ? Ne sera-t-on pas alors fondé, poursuivant le réquisit platonicien, à repérer, dans la béance laissée entre le règne des médiétés et la *chora*, d'un côté l'intelligibilité de ce qui fait la matière de l'apparaître disponible pour la *représentation* dans l'Un de consistance, autrement dit pour la logique du perçu, et de l'autre l'inertie de ce qui la fait, dans sa *présentation*, déliée, mais de surcroît axiomatique indifféremment disponible pour le sans-un d'une infinité d'écarts purs dans un multiple – une infinité – de continus ? En deçà de la constitution de l'apparaître mais au-delà du pur soustractif de l'être, la matière de l'apparaître, reconnue pour ce qui fait, au royaume de l'inconsistance, *supplément de présentation de l'être pour l'apparaître*, se laisse penser comme *in-finité d'écarts possibles* – le tiret indexant ici le soustractif – qui demeurent à l'état de purs possibles, aussi longtemps que fait défaut l'intervenir du constituer. De l'être qui erre dans l'apparaître, on ne dira pas qu'il n'est tout à fait rien puisqu'il faut au moins une axiomatique pour le prescrire à la présentation, mais on sera fondé à dire qu'il ne fait rien puisqu'il faut qu'une opération vienne trancher dans sa matière pour l'élaborer en représentation et de ce trait le qualifier. Alors, demeure d'intonation platonicienne qu'*il n'est pas possible d'écrire que l'inconsistance ek-siste à la consistance de l'étance sans que la matière de celle-ci soit transie par le non-quelconque de son inertie.*

Soit maintenant : *"l'arbre est"*, entendu : ce qui est, c'est ce tilleul singulier, tel que le détermine l'ensemble de ses propriétés, dont il est prédiqué. L'énoncé nous renvoie cette fois à une conceptualité de style aristotélicien et à la syntaxe d'une proposition autrement accentuée. Le « ce que c'est » signifie dans l'apparaître le ce qui est là, concrètement, au singulier, et qui « est » comme ce qui ne se dit lui-même de rien d'autre, mais « dont » se disent les caractères définitionnels (l'arbre, le végétal) et « dans » lequel sont ses qualités susceptibles de plus et de moins (l'énorme dôme qui se gonfle comme une cloche de bronze, les feuilles oblongues qui, plus que le couvrir, l'élèvent à la pesanteur de sa masse, dans laquelle sont piquées les minuscules grappes noires des fleurs)[2]. Le « est » est celui de l'objet comme « su-

1. 52 e.
2. *Catégories*, 2 et 5.

jet » dans le discours de la représentation : ce qui signifie que ce qui se dit est ce qu'il est – l'essence, *ousia* – et qu'avec la définition on tient sa « quiddité » – le *to ti èn einai* –[1].

Propositions dans lesquelles nous pourrions transcrire l'abord primaire de l'apparaître, sauf, ajouterons-nous, que l'objet se dit *de l'apparaître* lui-même, dont il est une "partie", et que ses propriétés sont celles par lesquelles l'apparaître se dit de lui-même sans se dire de rien d'autre. L'apparaître est le « ce qu'est » premier consistant qui manque à l'analyse d'Aristote. Or l'apparaître est lui-même le faire-un d'une matière qui n'est pas quelconque, qui est toujours la même, celle même dont nous avançons qu'une triple axiomatique commande la constitution. Et, de ce point, le tilleul n'est plus que la telle et telle mise-en-un partielle ou locale de la matière de l'apparaître, à laquelle il est comme Socrate assis ou Socrate en marche à Socrate, qui seul, comme essence, est primairement. Il faut donc, dans les termes de l'ontologie, nous fier à l'apparaître et nous méfier de la représentation qui, faisant essence « première » d'une constitution singulière ou, au plus, particulière, interrompt prématurément le procès ontologique et ouvre sans médiation la constitution sur l'être, par le forclos de l'en-deçà de la constitution – soit, de l'index premier de l'être qu'est l'axiomatique de la matière de l'apparaître. Sont de ce fait confondus le « ce que c'est » du savoir perceptif et le « ce qu'est » de l'ontologie du perçu. De ce biais, la transformation de l'essence en substance a interminablement égaré la tradition.

En revanche, et sans doute du fait même du trajet court qu'il fixe à l'ontologie, Aristote est celui qui aura réfuté l'intransitivité de l'essence à sa matière et montré qu'est insécable le nœud à celle-ci de l'Un de constitution. Il suffit de repartir du problème « comment peut être Un ce dont nous disons que l'énoncé est défini [: est le multiple d'une définition] ?... L'énoncé défini est Un et de l'essence, il doit donc être énoncé d'un Un ; car, comme nous le disons, l'essence est un Un et signifie un ceci-là (*tode ti*) »[2]. Le ceci-là est Un dans sa singularité, cela ne se discute pas ; mais comment faire-un de ce qu'il entre de pluriel dans une définition ? Il est vrai, d'abord, qu'une définition ne peut concerner que la forme, la matière étant « indéterminée ». Et si la définition de la forme, c'est la dernière différence de son

1. *Métaphysique, Zèta*, 1 et 4.
2. *Zèta*, 12, 1037 b, 11 et 25.

genre, cette dernière est à elle seule définition suffisante, autrement dit l'essence première, celle de ce qui ne se dit de rien d'autre. Mais la forme, à son tour, n'indexe l'être que pour ce qu'elle est à la matière ; or de la matière, s'il est vrai qu'elle est souvent qualité – ainsi, blanc – qui n'appartient pas à la définition, qui est simplement « dans » le sujet, reste que le sujet Socrate ne peut faire exception du corps, non plus que le substrat nez de la concavité : la forme n'est pas intransitive à la matière. Davantage : c'est précisément cette transitivité qui résout le problème de l'unité : « si, comme nous le disons, sont d'une part la matière, d'autre part la forme, et d'une part en puissance, d'autre part en acte, aucune aporie n'apparaît »[1], entendu que tel en puissance est toujours strictement celui de tel acte. « Un chacun, et l'en puissance et l'en acte sont de quelque façon Un, de sorte qu'il n'y a aucune autre cause que le passage de la puissance à l'acte[2]. » Pour éloignés que nous soyons de l'appareil des genres et des espèces, qui classe au lieu de constituer, ainsi que d'une transition causative de la puissance à l'acte, alors que c'est l'opérer du faire-un qui, disons-nous, produit l'objet comme figure du nœud logique, retenons le schème qui fait de l'Un d'objet la forme advenue de sa matière[3]. Aussi bien : aucun objet ne va-t-il sans « une matière prochaine qui lui est propre »[4] ; et si la forme est, dans ce qu'elle lie, le faisant-un de ce qu'une chose « est ce qu'elle est », il convient de toute évidence d'indexer l'« est », qui y fait fond, à la matière non quelconque qui se prête à ces différences-là, en s'en laissant « informer ». Bref, Aristote nous ouvre la voie quand il marque que la matière doit au moins enfermer la virtualité de ce qu'elle sera quand constituée. Nous ne disons rien d'autre quand nous constatons que, pour venir à l'apparaître tel qu'il apparaît, il faut que l'empirie, qui y est la présentation de l'être, soit pensée comme une matière susceptible de tels modes ou types de différentiels – tels sont l'espace, le temps, les sensibles – dans laquelle le perçu prélève la

---

1. *Èta*, 6, 1045 a, 23.

2. *Thèta*, 1, 1045 b, 21.

3. Si flottement il y a, c'est dans le traitement aristotélicien de la *hylé* qui, principiellement, désigne les quatre éléments et « les autres corps simples », mais qui désigne aussi bien le corps de Socrate, lequel n'a plus rien d'indéterminé ni d'en puissance, et qui comporte aussi les « sensibles », autrement dit des qualités qui n'appartiennent pas à l'essence, qui sont seulement « dans ».

4. *Èta*, 4, 1044 a. Sur l'impossibilité pour la matière d'être séparable et individuelle, *Zèta*, 3, 1029 a.

matière des terme qui autorisent sa constitution. Non pas matière indifférenciée, car alors, de la relation de l'apparaître à l'être, aucune intelligibilité ne serait possible : mais matière qui se présente sur plus d'un mode, tenue dans le prescrit de plus d'une axiomatique. Alors, demeure aristotélicien qu'*il n'est pas possible d'écrire que l'inconsistance de l'être ek-siste à la consistance de l'étance sans que dans la matière de celle-ci soient spécifiés les modes de composition que dans celle-là elle prélève.*

Ainsi pouvons-nous affirmer que ce qui (se) présente à l'apparaître est l'inertie du quelconque de composition, spécifié par ce qu'implique, comme axiome de composition possible, sa saisie par la constitution.

On peut risquer, tenter d'aller plus loin, et chercher ce qui s'en induit quant à l'être-en-tant-qu'être. Pour ce faire, nous dirons d'abord comment le problème doit être posé, puis comment il peut être résolu.

L'errance de l'empirie ne doit pas se penser comme spatio-temporelle ou qualitative, elle advient à avoir-été telle quand se constitue l'apparaître, mais pour ce faire il faut que l'apparaître ait prélevé dans le réseau infini des compositions possibles celles qui autorisent le spatio-temporel et le qualitatif. Ce prélèvement était possible, ce n'est pas dire qu'il était nécessaire ; nous en revenons toujours à ceci que, de la présentation de l'être, nous ne pouvons induire que ce qui fait fond d'inconsistance à la consistance de l'apparaître. Que l'apparaître soit consistant avère au moins qu'il y a dans l'être, qu'il y a aussi, ce qui est requis pour que l'apparaître, tel que constitué, l'indexe. La constitution de l'apparaître n'est pas une supplémentation arbitraire à l'être, elle en est un possible, pris dans l'errance, et dont un mode axiomatique atteste la « présentation » spécifique ; qu'à la constitution l'être ek-siste selon ce schème inductif et que d'elle s'induise un trait irréductible de l'*ontologique*, entraîne ce que nous requérions depuis longtemps : s'il y a dans la présentation de l'être l'axiomatique des différents modes sur lesquels se constitue l'apparaître, il n'est pas pensable que rien n'en traverse l'inertie de l'être.

Sommes-nous sur la voie d'oublier ce que nous avons assumé : que le discours n'"est" pas, et qu'il y a disjonction entre opérer et être ? Aucunement, bien entendu. Ce que nous récusons – en fait, depuis le début –, c'est que l'inertie de l'être le laisse radicalement intransitif à ce qui "avec lui", en opérant sur lui, se fait. Aussi bien, si ce qu'offre à l'opérer la matière comme indétermination soustractive ne requiert pour l'être d'autre « nom » que celui du vide, vide signifiant ici : disponible pour une composition en l'absence de tout prédicat constitutif, cette définition reste valable dans tous les cas, pour toutes les axiomatiques ; mais autant y a-t-il d'axiomatiques, autant de prescriptions compositionnelles, autant de fois le « vide » doit-il être spécifié. Nous sommes loin de prétendre que de l'être en tant que tel, le concept se soit de quelque façon rempli ; seules se sont démultipliées les conditions pour que "soit" ce qu'il y a. Ou les conditions pour que "soit" le divers de ce qu'il y a. Le discours n'"est" pas, mais pose, avec l'étant, l'être qui y est en tant que ce qui est requis de lui par la constitution. L'in-différencié des différences qui constituent l'arbre ne s'imprésente que tenu ce qu'est l'apparaître de l'arbre. En sorte que l'être doit, comme nous l'avons fait, se dire équivoque : de ce que, toujours indéterminé, il l'est sous plusieurs ordres prescriptifs.

L'errance du divers, telle qu'elle rôde dans l'expérience, est ce qui doit être promu comme la présentation de l'être à l'apparaître, mais requiert de l'être et qu'il puisse venir à la présentation, et qu'il puisse venir à tel mode de la représentation. Autrement dit, dès lors que départ est pris de l'analytique du discours – et singulièrement de celui du perçu –, il est exclu que l'être, qui est en toute occurrence l'être de l'étant, soit occurrent ailleurs qu'au soustractif du site logique ; inclus qu'il doit n'y être rien de ce qu'est, comme constitué, l'étant ; exclu qu'in-différencié au regard de la différence, il soit "indifférent" au regard de ce que l'étant sera. Ainsi l'axiomatique sous décision de laquelle vient à se constituer un étant préjuge-t-elle du moins de ce qui y ouvre un accès à l'être. C'est même chose de dire qu'il n'y a pas de perçu sans axiomatiques, et de dire que l'être est indicié par le prescrit des axiomes propres du perçu.

Nous pouvons, ces réquisits de l'induction rassemblés, tenter d'avancer ce qui, de l'être-en-tant-qu'être, est indexé par l'apparaître tel que nous en avons déterminé le bâti axiomatico-logique. Toutefois, prenons-y garde : aussitôt s'impose le constat que la force singulière et l'élégance intellectuelle attachée à la composition du Multiple pur – celle à laquelle s'est tenu Badiou – tient à ceci que le vide, où la soustractivité de l'être trouve son nom, est aussi ce dont le Multiple ne cesse pas de se composer, sous la forme du « premier » qu'est l'ensemble vide : il y a transitivité de la composition à l'être lui-même. Dès lors que l'apparaître est irréductible au pur Multiple et qu'il le supplémente d'une axiomatique propre, la transparence de l'(in)défi-nition de l'être à ce qui sera sa constitution disparaît. Nous ne pou-vons donc pas espérer une réponse aussi simplement évidente. Il n'empêche qu'apparaître il y a, et dont la matière ne se constitue pas sans une séquence de prescriptions axiomatiques : ce qui peut se dire de l'être ne saurait laisser cet "il y a" en impasse. Que le dire n'aille pas de soi au regard du confort de la langue est l'excuse que j'invoque-rai pour la barbarie de ce qui va suivre.

Ce qui, comme prescrit axiomatique de l'apparaître, y indexe l'être, s'est avéré être chaque fois un écart ouvert par une double coupure dans un champ continu. L'existence de ces champs ne peut être déduite : s'y signe la facticité de l'axiomatique même de l'apparaître. En revanche, la *continuité* emporte que leur être est transi par l'*infi-nité*. Ce trait est effectivement omniprésent à l'apparaître, pas seule-ment à l'espace et au temps, mais aux degrés de diversité et d'intensité du sensible. Et nous avons évoqué plusieurs fois le retour du laby-rinthe du continu dans l'apparaître lui-même, qui ne peut être ni – de par la prescription du local – total, ni – de par la prescription de consistance – illimité. Que peut-on alors induire comme la composi-tion axiomatique qui convient à l'inconstitution de l'être de l'appa-raître, sinon une composition *d'infinis in-finis*, dont on peut seulement dire que le terme même d'infini y est défalqué de sa consistance ?

La condition de tout apparaissant est ensuite la, ou plutôt les, *cou-pure(s)*[1] : prélèvement-un chaque fois dans une modalité d'infini. Mais où situer cet Un dans une infinité inconstituée ? C'est un site sans site assignable. Et dès lors prélèvement de quoi ? *D'Uns in-finis*, finis dans leur être de coupures, mais, de par l'indétermination de la composi-tion, in-finis dans leur localisation. De la détermination du constitué

---

1. On ne peut manquer de remarquer une nouvelle fois la parenté avec la compo-sition du Nombre telle en particulier que Badiou en repense la définition, où sont prescrits : 1. un *continu*, qui était dès le début celui de la matière des nombres ; 2. une séquence de *coupures* qui tour à tour séparent, distinguent, situent et supplémen-tent, d'un trait chaque fois unique, deux ensembles d'ordinaux ; 3. toute coupure ouvre, ou indexe, ou définit un *écart* et ce qui enfin est « unique Nombre » s'identifie à un écart.

La différence n'est pas seulement celle que j'ai marquée du tiret de l'in-consis-tance. Elle est d'abord que dans l'apparaître le distinct est devenu du divers.

s'induit qu'elle est opération déterminante sur la pure in-détermination du trait dans la présentation.

Enfin, puisque de la coupure double résulte dans la représentation
un *écart* – différence de position, diversité de qualité –, toute in-finité
doit être différentielle, infiniment – ou infinitésimalement – différentielle, mais l'in-finité traversée de part en part par la différence nue.
Ce qui nous oriente vers une (in)définition de l'être de l'apparaître
comme *différence in-finie* ou *in-fini de la différence*. Parce que l'in-fini
de la différence est le terme ultime de toute constitution d'apparaître,
la différence pure ferme – si l'on peut dire – le concept de l'inconstitution qui y fait fond[1]. Tout différer pur, traversé par l'in-finité des
différences qu'il enveloppe, est différence in-finie au regard de l'infinité des différences qui l'enveloppent ; et pour autant qu'en lui le
jeu in-fini des différences se ponctue, il est : à la fois ponctuel et non-
défini. On se gardera de voir là rien qui ressemble à une définition,
car de ce que peut être une différence de rien (rien négatif), une différence d'in-différence, nous n'avons pas moyen de former une quelconque idée ; le concept – nous ne nous en étonnerons pas – reste
entièrement soustractif.

Nous dirons donc : parce qu'il y a l'apparaître, parce qu'il y a
l'étant, il faut induire que *l'être s'en (in)définit comme in-fini de différentiel pur.*

L'ensemble de ces discussions nous a conduits si loin de Heidegger
que, suivant notre route, nous semblons l'avoir laissé sur le chemin. Il
était impossible de procéder autrement puisque, de l'être de l'étant,
dont la définition était notre objectif commun, il tient que rien ne
peut être dit tant que n'a pas été assuré le passage de la constitution
d'être originaire du *Dasein* à l'être « en général »[2], et que ce passage
est resté chez lui en suspens. Au moins le débat dans lequel nous nous
sommes placés aura-t-il mis en lumière le divorce méthodologique
entre une « ontologie phénoménologique... partant de l'herméneutique du *Dasein* » et une ontologie qui fait argument de l'apophantique reconduite au moment de l'axiomatique. Il est tout de même
frappant que Heidegger, dès que posée la « différence » de l'être du

---

1. Il est donc loisible de dire que le débat avec Badiou se ponctue de l'opposition
entre une différence axiomatique, partant in-différante, et une différence phénoménale, partant in-consistante.

2. Pp. 436-437.

Dasein à celui de l'étant, déclare n'y trouver pas « apaisement » et rouvre la question : « pourquoi l'être est-il justement "de prime abord" "conçu" à partir du sous-la-main ? », en d'autres termes retombe sur le passage inévitable du « fil conducteur » herméneutique par l'ontique. Et plus frappant encore ceci : quand on verra l'angoisse puis le souci renvoyer l'être de l'étant à celui du *Dasein* qui s'en préoccupe, la dénonciation qui redoublera ce mouvement, dénonciation d'une déduction de l'idée de l'être sur la base de « l'"abstraction" logico-formelle », y visera, bien plutôt que l'opérer logique, un concept chosiste, et « réifiant », qui n'est plus, au regard de la métaphysique contemporaine – y inclus husserlienne – qu'une caricature, et dont ce n'est pas nous aventurer que dire qu'il n'en reste rien dans les textes que nous avons lus et les discussions que nous avons menées. C'est à ce stade du spéculatif qu'on aurait voulu voir se confronter Heidegger, et les développements de la logique à l'époque de *Sein und Zeit* ou même les apories du positivisme sceptique de Wittgenstein auraient pu lui en fournir l'occasion. Mais sur ce terrain aussi il a fait le choix de l'archaïsme. Après tout, c'est la tournure qui commande un concept de l'étant, et partant de son être, qui « n'est pas à la mesure » de la pensée ; et c'est, à l'inverse, le ne pas céder sur la pensée de l'étance qui produit, pour l'être de l'étant, le concept d'un soustractif à tout argument, mais prescripteur à la mesure des systématicités de fonctions par lesquelles se trouve déterminé l'étant.

II

L'être-avec
ou
qu'à la question de l'être s'inclut celle de l'Autre

Exposant les premiers chapitres de *Sein und Zeit*, j'ai constamment rencontré cette question : faut-il lire que l'outil présuppose l'emploi, dont l'effet totalisant implique le monde, et est-ce, de ce fait, l'usage de l'outil qui fait, pour le *Dasein*, orient de la « libération » de son être-découvrant ; *ou bien* est-ce la position originaire du *Dasein* comme l'étant-pour-qui-il-y-va-de-son-être qui découvre à sa compréhension explicitative propre la chaîne d'implications de la tournure, et d'abord l'usage possible de l'outil ? Explicitement, Heidegger suit bien entendu la seconde voie, mais le dispositif phénoménologique de son exposition constitue un recours implicite à la première, en sorte que l'être-au-monde est circulairement donné comme « *a priori* » et comme *phénoménalement* attesté par la seule « quotidienneté ». Ce cercle est si nécessaire au système que c'est lui qui commande que la question pressante et de prime abord existentiale : « *qui* est le *Dasein* ? » ne puisse être abordée que par celle, existentielle, de cette « *médiocrité* » qui est la racine de l'oubli où il se tient de son être, « capté par son monde »[1], et sous l'emprise du penser le sous-la-main. Puisque toutefois des structures d'être sont déjà des guises de l'être, déterminer ce qu'est le « qui médiocre » ne peut signifier que découvrir les structures ontologiques « cooriginaires » à l'être-au-monde qui, du « qui » assurent existentialement la constitution.

---

1. P. 113.

a. Le « qui » médiocre[1] est celui qui, disant Je, implique par là le « Mien » comme celui d'un étant qui jouit d'une sorte d'unité-continuité substantielle et s'éprouve distinct des autres « qui ». Étant cela, il « indique » bien une constitution ontologique, mais indéterminée, et qui, comme telle, ne peut dépasser le mode du sous-la-main. Suit que le Moi est une figure « purement formelle » qui, sous un semblant d'évidence première, « n'est pas à la mesure du *Dasein* ». Aussi bien fait défaut à la définition d'un « sujet sans monde » la constitution de l'être-à. Autrement dit, et le geste heideggérien est ici radical, *le Moi est ontologiquement une impasse* parce qu'y est en éclipse le à-.

Il suffit, pour se reprendre, de « s'orienter » d'une nouvelle façon sur l'être-au-monde : le « qui » est à un *monde d'autres*. Au plan conducteur du phénomène, dans chaque à-portée-de-la-main, il y avait un renvoi complémentaire, l'emploi était « pour les autres ». Et ce qui se trouve ainsi libéré comme l'autre est bien plus qu'une nouvelle figure de la mondialité : c'est – au sens d'un existential – « le *Dasein* des autres », lequel est « *comme est* le *Dasein* même qui le libère » : autant dire que le *Dasein* est « être-Là-avec des autres » et que l'autre « *lui aussi est Là et Là-avec* »[2]. Cette définition d'autrui dans le dispositif ontologique même, vaut *de facto* réfutation de la constitution husserlienne de l'*alter ego* et en évite les apories ; au demeurant, l'être-avec ne recueille même pas le terme *ego* : dans le « faire-encontre des autres », ce qui fait encontre, c'est l'autre en tant que *Dasein*.

Nous avons alors la structure suivante : dans l'expérience intramondaine, le *Dasein* a rencontré, sur le fond de l'outil, le monde comme un étant qui le préoccupe sans présenter lui-même « le caractère du *Dasein* » ; que ne présente pas davantage le Moi ; dans la rencontre des autres, au contraire, c'est un étant présentant ce caractère qui est libéré ; et puisque l'encontre reste intramondaine, au monde lui-même adviennent ainsi les caractères du *Dasein*.

L'équivocité du dispositif que je disais tout à l'heure est ainsi vérifiée : d'un côté, Heidegger induit sur le pour-autrui de l'outil l'être-avec ; d'un autre coté, il entend qu'il ne s'agit pas là d'un constat ontique, et que l'être-Là-avec est caractère de l'être même du *Dasein*[3].

---

1. § 25.
2. § 26, p. 118. Proposition pour une typologie de la pensée contemporaine : baliser l'espace entre l'être-Là-avec-l'autre heideggérien et la rage de dent du voisin des wittgensteiniens.
3. P. 120.

Procès phénoménologique, mais phénoménologie étayée de quel côté[1] ? Si j'y insiste, c'est que cette position ambiguë, ce champ ambivalent, va entraîner une première fois – il y en aura beaucoup d'autres – Heidegger à aventurer des analyses psycho-comportementales tranchantes plus qu'argumentées, à la fois pénétrantes et contestables sur leur propre terrain, chargées de fournir l'expérience quotidienne *ad hoc,* où l'interprétation par la relève ontologique n'aura plus qu'à trouver une preuve de ce qui, de l'être, y vient à découvert. C'est ainsi que l'être-Là-avec substitue à la préoccupation pour le monde la « sollicitude », qui reste inauthentique quand elle se porte seulement vers la préoccupation d'autrui, mais devient authentique quand c'est « au devant » de l'existence de ce même autrui qu'elle va. Je n'entrerai pas dans une discussion de cette figure, discussion que sa matière même destinerait à demeurer infinie : il suffit de pointer qu'à coté d'une déduction ontologique qui est entièrement *a priori* – et cela, je ne le lui reprocherai pas, Heidegger a, pour l'assurer, monté des analyses phénoménologiques dont la prétention, évidemment circulaire, est de fournir de ladite déduction une preuve phénoménale-herméneutique suffisante. Analyses qui seront ce que certains retiendront chez lui comme l'essentiel et le neuf. Or de quoi, sous le nom de la sollicitude, s'agissait-il ? De ce qu'aucun *Dasein* ne se comprendrait s'il ne comprenait pas les autres[2] : on se gardera de le nier.

Reste un geste sans véritable précédent dans l'histoire de l'ontologie[3] : l'être-avec est un syntagme aussi impossible à décomposer que

---

1. Husserl, au contraire, partant de la visée d'objet, tenait la corrélation de ses deux démarches, constituante et remplissante, dès le départ.

2. P. 123. On ne dira pas, pour autant, que la compréhension est originaire à la connaissance.

3. C'est certes déjà un trait remarquable de la *Monadologie* que la communication y est essentielle à l'être, sous les espèces de la « liaison ou accommodement de toutes les choses créées à chacune », qui « fait que chaque substance simple a des rapports qui expriment toutes les autres » dans un « miroir vivant perpétuel de l'univers » (§ 56). Mais, outre qu'est monade toute substance, loin en deçà de l'*alter ego,* la monade étant, comme chacun sait, « sans fenêtre », ne communique – comme chez Berkeley – qu'à travers Dieu. Figure saisissante, ce détour, de l'impasse où la prescription de l'Un du singulier met une pensée par ailleurs gouvernée par l'axiomatique de l'infini. Impasse transposée dans celle où le reclos du Soi – et historiquement du *Cogito* – conduit la pensée la plus ouverte à la radicalité fondatrice de l'être-avec, en vertu de quoi tout fait chaîne. La figure se répète dans la « Cité de Dieu » où les Esprits, « miroirs vivants... de l'univers des créatures » et de « l'Auteur même de la

l'être-au-monde, dont il est – mieux encore – un moment constituant : *l'être du Dasein inclut l'autre* ; si le *Dasein* est cet étant pour qui il en va de son être, il en va en son être même de l'être de tout autre *Dasein*, et – mieux encore – l'être-avec est condition constituante de *l'être-Soi*. À la fois mise en place consistante avec le parti ontologique heideggérien et solution *in nucleo* d'un problème sur lequel les prédécesseurs de Heidegger n'avaient cessé de buter. Nous ne récuserons certes pas la solution dans son noyau : il n'y a pas de constitution du Je sans celle de l'autre. Mais nous avons déjà montré que les laisser en tête à tête n'y suffit pas.

Comme on peut s'y attendre, rien n'est, pour Heidegger, plus ambivalent dans ses effets que l'être-avec-l'autre. Car c'est lui qui, dans sa figure ontique, explique l'erreur du « qui » sur lui-même. D'où le – célèbre – pas suivant,[1] et à première vue inverse, qui découvre comment, dans la quotidienneté, l'être-l'un-avec-l'autre signifie « l'emprise » de l'autre : non de l'un ou l'autre autre, mais du *On*, véritable « sujet de la quotidienneté »[2]. Enoncé qui introduit un double jugement de valeur négative : le On qui « pré-donne tout jugement », qui nous en ôte la responsabilité, qui est par là, pour le *Dasein*, « décharge d'être »[3], est tout cela en tant qu'il induit le *Dasein* à interpréter l'être du monde et d'autrui sur le mode du sous-la-main. Trait qui, de surcroît, n'a rien d'accidentel : que le *Dasein* « se préoccupe de la *médiocrité* » est un énoncé proprement existential. Mais c'est aussi – cette fois positivement – dans le On que, à travers la circon-spection et la sollicitude, se libèrent l'être-au-monde et l'être-avec. En sorte que, lorsque le *Dasein* « s'ouvre à lui-même son être authentique », il s'agit d'une « modification existentielle du On ».

Particulièrement significative pour qui veut saisir comment Heidegger noue existentiel et existential est cette ambivalence du statut

---

nature », entrent dans « une manière de société avec Dieu », en laquelle seule se réalise leur « assemblage » (§ 83-85). Il est frappant que Leibniz, se débattant avec une contradiction logique, et Kant tentant de séparer deux usages de la Raison, se rencontrent pour n'assigner le *socius* que dans un « Monde moral » (§ 86) : détour où n'a cessé de se masquer l'incapacité à résoudre dans son originalité le problème d'autrui.

1. § 27.
2. P. 114.
3. Je ne reprends pas la discussion des ambivalences du dispositif : elle va de soi.

assigné par lui au On, dans une exposition qui change continuellement de registre. Ainsi, il évoque le « distancement » qu'éprouve chacun à l'égard des autres comme « impliquant » leur prise ou mainmise sur lui. Ce qui va très loin : « *les autres lui ont ôté l'être* »[1], ils disposent de ses possibles. Du sein de l'être-avec, « le "qui" est *le On* » où il se dissout. C'est là une phénoménologie – banale – de la dépersonnalisation, du « nivellement » du Moi public comme se confondant avec la médiocrité tout entière. Mais la même référence à l'être-avec reconduit le phénoménologique dans l'existential : « tout aussi peu sous-la-main que le *Dasein* en général », le On a en cela même. « *des guises d'être propres.* » Si la banalité, le nivellement, l'aplatissement de l'originalité appartiennent au On, le On lui-même appartient au contraire « *à la constitution positive du Dasein.* » C'est dans le On comme « le *personne* » que « tout *Dasein*... s'est à chaque fois déjà livré » ; mais c'est encore du On-même que le *Dasein* comme Soi-même pourra se déverrouiller.

Il y a dans ces pages, touchant la médiocrité, un ton de diatribe qui, au vrai, n'est pas « à la mesure » d'un propos philosophique. Et l'on s'irrite d'autant plus qu'il n'est nullement démontré – même si c'est un lieu commun – que le On soit voué à la médiocrité. Le plus étrange est qu'il n'y a pas même, chez Heidegger, l'amorce d'une discussion sur ce point ; à moins qu'il ne soit entendu que le « personne » est médiocre de n'être pas le Soi-même, seul authentique. Mais dans le même temps, que le « qui » ne puisse faire moins que passer par les « obscurcissements » du On, et que ce soit un moment de la constitution d'être du *Dasein*, élargit le champ de l'ontologique qui *inclut* le moment de son obscurcissement : c'est encore un geste qui doit être relevé. Mais c'est un geste qui confond le "tout doit être pensé" – proposition qui en soulève une autre, et contestable, "tout doit être philosophiquement pensé" –, avec le "tout doit être compris comme moment de l'être du *Dasein*", à entendre comme : la « translucidité » doit inclure l'« obscurcissement ». Démarche typique du sotériologique, à quoi nous répondrons que, si nous avons à *penser* l'être, c'est avec de tout autres réquisits : pour ce qu'il est *en tant que tel* ; et comme tel, il ne peut que (se) tenir hors de tout ce qui ponctue notre advenir propre ; que nous advenions à le penser décide d'une tout autre problématique, sur laquelle nous reviendrons.

---

1. P. 126. (Souligné par moi.)

b. On se gardera de confondre le On tant avec l'autre qu'avec l'Autre tels que, après Lacan notamment, nous les entendons.

Ici s'amorce une confrontation que nous aurons plus d'une fois à reprendre, qu'impose une commune thématique de l'« ek-sistence ». Dans le moment où Heidegger réévaluait la fonction de l'autre au point de faire de l'être-Là-avec un caractère existential du *Dasein*, Lacan refondait en un autre style la fonction de l'autre dans la structuration du « sujet »[1]. Aussi bien, nous le constaterons désormais tout au long, entre « l'analyse de la totalité structurelle du *Dasein* » heideggérienne et la « subversion du sujet » lacanienne, l'opposition ne cesse pas d'être, terme à terme, celle de l'interprétation et de la structuration. La confrontation fera apparaître que, sous le titre de l'*alter ego*, c'est tout autre chose qui est ici et là en question.

Au premier abord, l'accent porté sur l'emprise de l'autre dans le On, qui va jusqu'à priver le *Dasein* de son être, rencontre de façon frappante la détermination psychanalytique – en tous cas, lacanienne – du Moi comme identification à un autre, et de ce fait comme essentielle aliénation du sujet. Nous avons vu Heidegger convenir que le Moi n'est justement pas le *Dasein* : le « On est » – le parallélisme avec les formulations lacaniennes est frappant – « selon la guise de la dépendance et de l'inauthenticité »[2]. Mais aussitôt se mesure la distance entre une phénoménologie dont l'assise est purement herméneutique, à ce titre non analytique, et la modélisation d'une structure où la relation *a-a'* (image de l'autre – image du Moi) est moment englobé dans une figure à quatre termes, qui part de l'Autre et finit au Sujet, figure destinée à *articuler* sans reste ce qu'il en va de ce dernier[3]. Davantage : c'est parce qu'il se tient à l'échéant d'un parcours existentiel que Heidegger est constamment à la recherche d'une « structure totale du tout du *Dasein* », quand l'articulation de la structure lacanienne avère d'elle-même qu'est exclue toute totalisation du sujet. D'où que les procès divergent. Selon le mouvement heideggérien habituel, jusque dans l'aliénation-dispersion au sein du On, « réside le "maintien" prochain du *Dasein* » ; autant dire que ledit maintien précède ontologiquement une perte du Soi qui est inévitable mais enveloppée dès l'origine par ces guises de l'être-à qui en fondent la relève ;

---

1. Une fois de plus, nous nous plierons ici à la définition post-cartésienne du sujet qui est celle de Lacan et dont nous avons assez dit que ce n'est pas la nôtre.

2. P. 128.

3. C'est le premier schéma lacanien, dit schéma L, déjà cité.

en sorte qu'*il n'y a pas ultimement de disjonction* entre aliénation du *Dasein* et « libération » de son être. Ce que ponctue Lacan est, au contraire, une *remise du Soi hors de soi radicale*, indépassable, qui exclut pour le sujet toute immédiateté à soi. Nous avons dit déjà quelle aliénation est fonction de l'Imaginaire[1] : nous ne pouvons ni échapper au Moi, ni, n'y échappant pas, cesser d'y être captés. Nous avons relevé aussi que cette aliénation ne se dévoile que depuis un autre lieu, autre que celui où jouent en face à face le Moi et l'autre comme On, et que ce lieu, nécessaire pour que structure du sujet il y ait, c'est celui de l'*Autre*. D'où que c'est la fonction de ce Tiers-Autre qui, chez Lacan, et pour nous avec lui, réfute Heudegger.

À vrai dire, c'est par l'Autre qu'il aurait fallu, du point de l'analyse, commencer pour saisir, au-delà même de l'aliénation du Moi, la radicale incomplétude du sujet. Comment l'Autre est avéré et déterminé, je ne le rappellerai que d'une esquisse. Notre premier rapport à l'autre, c'est la « demande »[2] ; et celui qui dispose de la réponse à la répétition, jamais comblée, de la demande est, en cela déjà, l'Autre majuscule. C'est encore parce que nul n'est seul à faire au même lieu sa demande, parce qu'il y a toujours un autre qui demande aussi et, croyons-nous, la même chose, que se construisent en images rivales le Moi et l'autre. Et c'est encore parce qu'est inépuisable – absolue – la demande à l'Autre, qu'en « tombe » cela qui deviendra l'objet du désir, en vain requis de tout autre autre. Reste que ce qui sera décisif pour la définition de l'Autre est qu'au mutisme foncier de l'image du Moi s'oppose la parole de l'Autre, incluse dans ce qui fait de la demande un appel. L'Autre tient de là sa définition primordiale[3], que nous traduirons comme celle du *lieu du discursif*. Pas plus qu'un lieu, puisque du discours on ne saurait dire qu'il "est". Et il est du même trait le lieu d'une énigme : parce que, de ce discours qui nous précède, nous ne savons pas *ce qu'il nous veut*[4].

---

1. C'est l'objet, dans notre IIe partie, de I, 2, a.

2. Que l'autre nous aime en satisfaisant nos besoins.

3. Extraire des références du texte lacanien, où l'Autre est, explicitement ou implicitement, omniprésent, aurait toute chance de se voir taxé d'arbitraire. On trouvera une définition qui ne cache rien de la complexité du concept à la fin des *Lacaniana* de Moustapha Safouan.

4. Partis l'un et l'autre de l'inauthenticité foncière du Moi, Heidegger et Lacan en ont donné des interprétations opposées pour se rejoindre, à la fin, sur l'énigme de la Parole, mais à nouveau pour la traiter sur les voies opposées de l'herméneutique du Poème et de la fonction structurante de la chaîne signifiante.

Pour légitimer cette définition, il faut marquer plus précisément que nous ne l'avons fait jusqu'ici la complexité, et mieux : le caractère polyvoque, d'un concept extrait par Lacan de la singularité d'une expérience. D'un côté, l'Autre, pour autant que le signifiant fait sens – ou non-sens – par lui-même, selon des déterminations, et notamment des déterminations d'insistance, qui lui sont propres – « l'inconscient, c'est le discours de l'Autre » –, ne se laisse pas confondre avec la transparence du Logos : il est opaque de ce qu'il se tient à une autre place ; « vérité » dans l'analyse il n'y a alors, et éventuelle, que dans le moment de l'interprétation, et pour autant que le sujet l'assume comme le singulier de son énonciation : vérité en cela, ajouterai-je, *existentielle*. Mais d'un autre côté, l'Autre n'est pas le lieu du discours sans être d'abord le lieu de la *loi* discursive, des réquisits de l'intelligibilité, du Logos enfin, qui répond de la vérité telle que prescrite, au rebours de l'opacité du signifiant, par la transparence des concepts. C'est ce qui permet à Lacan d'écrire que « cet Autre est exigé pour situer *dans le vrai* la question de l'inconscient »[1]. Situer la question dans le discours de l'Autre, lui faire « cracher le morceau », est reconnaître dans l'Autre – à la fois le même et un autre, le même à une autre place – le lieu de la vérité de l'inconscient même. Aussi bien, que resterait-il de la thèse de l'inconscient si elle ne pouvait s'assurer pour vraie, vraie dans et selon la seule discipline qui fasse foi, celle du Logos à l'épreuve de l'expérience ? Ce n'est pas par hasard que Lacan est plusieurs fois revenu sur le tourniquet cartésien du Dieu trompeur et de l'impossibilité qu'à la fin des fins il trompe, quand bien même il n'y a que lui pour de lui répondre[2].

Tout cela posé, ce qui dans le dialogue de Lacan avec Heidegger sur l'autrui importe, c'est qu'au lieu et place de la reconnaissance d'une *identité* – serait-elle identité d'essence ontologique –, l'Autre indexe, de l'un à l'autre quelconques, *le véritable universel-transcendant* : il y a certes, en-deçà, la contagion moïque des (res)semblances, les circulations identifiantes d'affect, mais aucune constitution d'autrui ni du Soi comme ce que la tradition appelle un « sujet » – que nous corrigerons en *sub-jectus* : placé sous l'injonction du discursif – n'est possible qui ne prenne son départ de ce Tiers que nous avons déjà

---

1. Qu'on compare là-dessus le début (p. 439 des *Écrits*) et la fin (p. 454) de « La psychanalyse et son enseignement ».

2. *Ibid.* p. 454.

nommé[1] et qui précède tous les Uns. L'Autre, sans être le propre d'aucun, est, pour chacun, le prescriptif qui permet qu'il y ait des uns et des autres. Disjoint de la figure aliénée du Moi, il est de toutes façons, dans ses occurrences aveuglées comme dans la transparence de la pure intelligibilité, *ce qui fait lien du discursif*, et par là-même, de ce qui est proprement la condition de l'ek-sister. On peut le dire injonctif, pour autant que nous ne sortons de nos partages affectifs qu'à nous tenir en lui, comme condition pour la rencontre de sujets. On doit le dire irruptif en ce qu'il survient au Moi comme un Autre et, dans le temps même où il nous constitue, frappe notre identité d'un signifiant d'Un énigmatique. Parce qu'il n'y a pas plus pour en rendre compte que sa facticité, on peut, avec Lacan, dire que la question lui reste toujours posée du « que me veux-tu ? ». Mais quoi qu'il « veuille », il le veut pour tous et c'est à cette condition seulement qu'il y a un tous[2].

Heidegger et Lacan s'accordent dans le refus de fonder le « qui » dans le Moi. Et l'être-Là-avec, comme structure d'être du *Dasein*, a, pour chaque existence, même fonction que l'Autre du discours chez Lacan : soit celle de fonder l'autre dans l'essence même du Soi. Mais l'être-avec et l'Autre n'ont pas du tout le même statut : Heidegger ne connaît en l'être-dans-le-monde-des-autres qu'un trait du Soi, *commun* à chaque *Dasein*, mais chaque fois *"privé"* en quelque sorte : pas de place pour un Tiers qui détermine, en ce qu'il est structurant pour chacun, le lieu de l'*universel* où chacun ne saurait advenir comme Soi sans être advenu à la *marque* de l'Autre sur le soi

---

1. IIe partie, II, 2 ci-dessus.

2. On peut, reprenant la référence leibnizienne que nous risquions un peu plus haut, demander, acquis que l'Autre fait comme Dieu condition pour la communication avec les autres, ce qui distingue la fonction de l'Autre de celle du Dieu des monades. C'est d'abord que celles-ci (les sujets lacaniens) ne sont plus des « fulgurations » de celui-là : l'Autre ne crée aucune existence, il y advient, et lui permet seul d'advenir à la constitution de soi. C'est ensuite que l'existence n'est ni « simple », ni donc Une : elle ne l'est pas « avant » sa venue comme demande en l'Autre, et l'est moins encore « après » (ce dont exemplairement atteste l'opposition entre la « volition » leibnizienne et, dans l'appareil psychanalytique, la dispersion et l'incomplétion des pulsions partielles). La différence de Dieu à l'Autre est exactement celle d'un *agent* à un *lieu*. Ce qui agit dans le discours inconscient n'est pas le discours lui-même mais l'objet perdu du désir qui, aux deux sens du mot, le cause. Et ce qui « agit » dans le travail explicite du discursif auquel nous sommes engagés n'est pas davantage le discours mais le questionnement qu'il éveille sur la vérité.

L'objectif, plus encore, est bien différent : Lacan pose la *question de l'altérité* sous le signe du semblable, de la mêmeté conquise par le détour du miroir, de l'Imaginaire qui y prévaut, et la surmonte dans sa conjonction avec la constitution du Sujet sous le prescrit de l'Autre. Où veut en venir Heidegger ? À ceci seulement que l'être-avec, inauthentique comme authentique, exclut, sans plus, que l'existence se pense comme Soi sans l'autre. Au-delà de quoi, de ce qu'est l'altérité elle-même, Heidegger ne tente aucune analyse, ni même ne s'arrête à ce qui met autrui "hors" de celui qui est-Là-avec ; lui suffit l'évidence qu'il n'y a pas d'« être-Là » du *Dasein* sans être-là-avec *ses* autres.

Quant au motif de ce qui est ici en question, il faut entendre que Heidegger cherche à déterminer compréhensivement ce qu'il en va de *l'être du Dasein*, quand Lacan cherche les déterminants de *la vérité du sujet*. Pour Heidegger, l'autre ne peut qu'être inclus à l'être dès lors que l'être ne se dit que de l'être-à. Même la théologie, quand bien elle se fondait sur l'adresse d'un Dieu personnel faite à chaque sujet humain comme à l'un de Ses autres, ou à l'*ekklesia* de ses autres, et quand bien elle élevait la réponse de chacun au rang de décision destinale, n'avait pas osé aller aussi loin, et préservait classiquement comme irréductible à toute instance de l'autre l'enquête sur le concept d'être [1]. On voit bien que ce qui importe ici pour Heidegger est moins ce qu'il entend par l'autre que ce qui en résulte pour l'être, comme être-avec. En avérant qu'il n'est d'aucune façon possible de constituer l'altérité sur le seul dual, qu'il y faut avec l'autre l'Autre, et par l'Autre seul le sujet comme sujet de discours, l'analyse lacanienne s'engage sur une tout autre voie. L'autre est investi par l'Imaginaire, mais même l'Imaginaire n'est opérant leurrant que sous l'accolade de l'Autre et du sujet qui y – ou en – répond, et cette accolade est celle du discours. Et dès qu'on tient ce qui est en jeu dans les occurrences – même les moins maîtrisées – du discours, on ne peut manquer d'être amené à ceci qu'*à la question de l'Autre est inhérente la question de la vérité* : de ce qui

---

1. Puisque nous faisons cheminer un moment côte à côte Leibniz et Heidegger, on remarquera tout de même que la *Monadologie* distingue la sagesse et la puissance de Dieu, qui « se montrent partout », de sa Bonté, qui a proprement son lieu dans sa Cité ou assemblée – monarchique – des Esprits ; ce lieu est de surcroît celui de sa gloire, « puisqu'il n'y en aurait point si sa grandeur et sa bonté n'étaient pas connues et admirées par les esprits » (§ 86). Ou comment le collectif des monades doit être pris en considération pour que soit complètement déplié le concept de Dieu, partant – pour Leibniz – de l'être.

la requiert et de ce qui, dans la structure du sujet, y fait limite. Ce qui veut dire, dans notre propre langage, et que la vérité précède l'être et qu'elle ne peut faire exception de la constitution de l'existant. Au rebours de quoi il n'y a chez Heidegger qu'une instance intuitive de la vérité, soit – lui-même y insiste assez – une instance non-discursive, qui se résout dans le sans-médiation du se-comprendre. S'éclairent, à partir de là, les conséquences du parti pris de l'égoïté inhérente au comprendre : l'être-avec demeure – jusque sous l'espèce du « devancer » dans la sollicitude – être mien ; et par réciproque, confusion il y a du mien avec l'emprise du On. De quoi il faut conclure, transposant une de nos formules précédentes, que la réélaboration heideggérienne de l'ontologie n'est et ne peut être, même dans son passage par l'être-Là-avec, qu'une *égologie*, faute de placer le Soi et l'autre dans l'Altérité de la vérité.

Il apparaît ainsi que Lacan, pas moins que Husserl résolu à ne sacrifier jamais la raison, quitte à dialectiser les instances du sujet qui en supportent l'exercice, rendait son dû imprescriptible, sous le nom de l'Autre, au discours. Alors que Heidegger, faisant fonds de la seule *encontre* d'autrui comme « libération » d'un étant qui « est lui-même *en tant que Dasein* "dans" le monde... selon la guise de l'être-au-monde »[1], se soutenait d'une « évidence » phénoménologique sans médiation, dont il faisait un moment de la constitution du *Dasein* sans produire de ce moment la constitution.

Tout ce que nous avons nous-mêmes avancé jusqu'ici consone avec la conclusion de Lacan : l'autre n'est proprement *alter ego* que par la non-égoïté de l'Autre. Ou : ce n'est qu'en constituant ce que nous sommes *tous*, et d'abord tous ensemble, dans notre rapport *d'autres à l'Autre*, que nous pouvons déterminer ce que, chacun, nous sommes : car à l'Autre, nous ne sommes chacun que pour autant que nous le sommes tous et sommes chacun un autre parmi les autres.

En ce point se situe la déduction transcendantale, non de l'Autre – il n'y a pas d'Autre de l'Autre, l'intelligible est de par soi – mais de *l'être-autre comme ayant sa condition de possibilité dans l'Autre.* L'Autre est le faire-un, le site logique, et le seul, qui nous constitue comme collectivité consistante. En-deçà, il n'y a que la communauté – sans consistance – du semblable. Au-delà, il y a le « collectif » des

---

1. § 26, p. 118.

autres, constitué sous prescription de l'Autre[1]. Cette relation fondatrice est déceptive au regard de toute appropriation subjective de l'autre. Elle vaut même réfutation de ce que sera ultimement l'être-Soi-même heideggérien : ni l'intimité ni la singularité d'une authenticité ne font index du propre de l'existant que nous sommes, car c'est à l'Autre que, collectivement capables de vrai, en tant que nous-mêmes nous sommes. *Le plus propre n'est pas du "dedans", et il n'est même pas propre.* Telle est la première ébauche de réponse à la question qu'à nous-mêmes nous nous posions, demandant : qu'avons-nous à dire du « qui » par qui l'être peut être dit ?

De la discussion de l'être-avec, l'apport inattendu aura donc été, une nouvelle fois, plus encore que la résolution du problème de l'autre, la mise en évidence de l'*Autre* et de sa primauté : pour toute constitution du moi comme de l'autre, mais aussi pour toute indexation de l'être par un Ego. La distance entre le procès phénoménologique-compréhensif et la prescription discursive de l'ontologique est ici patente : elle illustre l'amphibologie dont s'autorise l'usage heideggérien de la « constitution ». De constitution, à proprement parler, il n'y en a qu'une, et c'est celle qui produit un énoncé qui consiste ; c'est donc celle qui a son garant dans l'Autre ; mais l'Autre est du même trait condition d'être pour tout Soi comme pour tout autre ; c'est donc – proposition saisissante – *la même fonction prescriptive qui rend compte de ce qu'il y a du Soi, de l'autre, et de la vérité.*

c. Ce qu'en revanche Heidegger nous a conduits à prendre en compte, c'est qu'il est requis, prononçant l'être, d'interroger sur *qui* le prononce. En répondant que ce n'est, dans l'*Ego,* pas le Moi mais l'Autre souscrit par le sujet logique, nous avons disqualifié une phénoménologie qui se donne le *Dasein* comme suffisant à lui-même, livré dans la cohésion présumée de sa lecture herméneutique, dans la forclusion d'une analyse qui décèle dans la structure de son intimité le Tiers. L'être-au-monde et l'être-avec sont des *thèmes* du *Dasein* : or ce n'est pas avec des thèmes qu'on articule une *structure*. Requérant cette dernière, nous avons reconnu que l'étant qui advient au discours ne le peut faire que pour ce que c'est à l'Autre qu'en lui-même il

---

1. Sans dénier, certes, la redoutable dimension imaginaire du collectif, sur laquelle Freud avait fait porter l'accent, on peut prendre acte de ce que Lacan fonde *aussi* le concept d'une *constitution* de la collectivité, sous le prescrit de l'Autre.

advient. Nous laissant devant l'aporie de ce que *la place où cet étant prononce l'être n'est pas celle où lui-même, comme étant, il se tient.*

S'agissant de l'étant qui interroge sur l'être, et des quatre termes où se noue sa structure – simplifiée[1] –, on sera fondé à demander non à quel titre il "est" lui-même, mais sous quel mode y sont chacun de ces termes : soit le moi, l'autre, l'Autre et le sujet. Car ce qui d'emblée est évident, c'est que leur répartition structurale ne rend pas possible, et bien plutôt exclut, une affirmation globale de leur position dans l'être, exclut donc la proposition massive d'un être du *Dasein*, telle que la prononce Heidegger. Nouveau pas dans la détermination de ce qui peut légitimement se dire de l'étant pour qui il en va de l'être.

Paradoxalement, c'est le *sum* cartésien qui a rendu problématique la question : y étant implicite, de par la distinction de la pensée et de l'étendue, que l'*Ego* est sans être un *ens* comme un autre. Quelle que soit la critique heideggérienne du cartésianisme, c'est bien pourtant d'une lecture pré-orientée par ce dernier que prend son départ la coupure entre étant sous-la-main et existence, et même l'affaire herméneutique. Et le concept du "sujet-de-conscience" s'est ainsi développé qu'il n'a pu résister qu'avec plus ou moins de succès à sa tendance à absorber l'être, aux dépens de l'étant objectal. Encontre quoi, me demanderait-on si je *suis*, mon premier mouvement serait de répondre : *non*.

Encore fait-il distinguer. *Comme Moi, je suis,* la matière moïque n'ayant rien à envier à la matière du perçu et s'indexant d'un semblable fond d'empirie où il faut tenir que de l'être vient à la représentation. Est-ce ce que Heidegger désigne comme notre facticité ? Non, car la facticité, qui indexe le sans-fond de notre condition, désigne une expérience déjà constituée ; c'est ce déjà-constitué qui permet au procès ontologique heideggérien de se développer sans qu'y soit distingué le moment structurant de l'Autre, qui précède, au moins logiquement, tous les autres.

De *l'autre* comme du Moi, tels que nous avons vu devoir s'en définir l'instance, ce qui prescrit l'être est alors cette même rumeur inconsistante de notre empirie que nous cherchons sans cesse à faire consister, et qui, aussi longtemps qu'elle n'a que le cohésif de l'Imaginaire, n'a encore consistance que de semblant.

---

1. Au moins pour ce que, n'ayant pas ici à dépasser le premier schéma du sujet lacanien, nous n'avons eu à placer dans la structure ni la chaîne signifiante ni le vide de son sujet.

Franchissant plus haut le pas de reconnaître que la conscience elle-même n'est pas plus qu'un fait d'empirie, et doit à ce titre être dite étante, nous achevions ainsi le partage entre le moi ou l'autre, qui sont, et *l'Autre*, soit l'instance en nous du discursif, qui à ce titre, nous l'avons reconnu depuis longtemps, n'*"est"* pas. Et, bien entendu, la vérité pas davantage.

Suit aussitôt que *le sujet cartésien est* pour ce qu'il ne va pas sans le Moi qui le supporte, mais que *le sujet dans sa définition purement discursive* n'*"est"* pas. Car que du sujet advienne de par notre venue au travail du discours, mais que le discours lui-même ne "soit" pas, commande que son sujet aussi bien ne "soit" pas. Que le sujet "est" peut se dire, par un renversement du schème heideggérien, dans la mesure où il est « quotidien ». En revanche, comme se portant à l'énoncé, engagé dans le décours du discursif, s'arrimant au véridictif, assumant s'il le faut la décision de vérité, et par là témoin de ce que l'intelligible n'a pas d'autre garant que lui-même, le sujet partage de l'Autre la valeur normative et le n'*"être"*-pas. On voit bien toutefois ce qu'il y a de biaisé dans la définition d'un sujet pris entre l'échéant de son être et le n'être pas de sa con-sistance au Logos ; et le temps est venu de dire qu'il s'agit bien plus proprement de *l'existant* : pour autant que *l'existence est précisément cette tension – cette ek-sistence – de l'étant qui le porte au discours*. Heidegger, entendant par le « qui » celui qui est-à, et spécifiant le « ek- » du monde et de l'autre, privilégie une coupure qui n'est pas propre à l'existant, une coupure que celui-ci partage avec le monde animal ; redisons : s'est-on demandé un instant ce qu'il y aurait à spécifier d'un vivant qui ne serait pas au monde ? Le perceptif "est" encore, il appartient au "naturel" ; *c'est le perçu qui fait coupure*, s'insignant de l'Autre, et qui, d'être discursif, n'« est » pas. Et le propre de l'existence réside en cette butée : *le "que n'est pas" ne s'y laisse pas dissocier du « que est » qui le porte*. C'est en ce point que s'ouvre, conclue l'(in)déterminaîtion de l'être, le labyrinthe de l'existant.

On voit bien qu'en rigueur, le sujet est autre chose, qui appartient à la logique du discours : pure fonction de l'énoncé, redoublement du site logique attestant de la consistance du procès qui l'a généré, répondant par là de l'être qui le suscrit, il n'a titre que de sa transparence à la discursivité. À quoi d'autre oserait-on le dire *subjectum* ? Là où les thèmes heideggériens sont présumés se conjuguer, et où tout l'effort sera de les ramener à former un tout structurel, l'exigence d'une structure de l'existant lui-même – paradoxalement consistante ou à jamais inconsistante, il faudra trancher – exclut que soient transparents l'un à l'autre les termes qu'elle conjoint. C'est donc sous condition d'une pluralité constitutive de l'existant, que la prononciation discursive de l'être est possible. Mais quant à cette prononciation, il faut entendre que l'être, ne s'avérant que de l'énoncé, ne s'y avère suscrit que pour autant que le *sujet* qui le souscrit appartient au seul énoncé, sans que sa prescriptivité logique puisse jamais être propre à l'*existant* qui énonce.

Ainsi, que l'énoncé soit possible, avère une *double inscription de l'Ego* qui conjugue le Moi et l'Autre, advenant à indicier *dans l'Autre seul* la fonction du sujet. L'erreur de Lacan fut, une nouvelle fois, de ne pas désimpliquer le sujet du discours du sujet englué dans le Moi[1],

---

1. Une des formulations de ce problème, et par son mode d'exposition la plus classique, est celle qui s'inscrit dans ce que Lacan désigna comme le « graphe du sujet » : où la ligne qui conjugue dans l'Imaginaire le Moi et l'autre est traversée des deux côtés par le « poinçon » de l'Autre – en forme de point d'interrogation – et structurée par le matériel, qui la surplombe, de la parole et de son code. Autant dire que l'Imaginaire, qui se donne pour délivrant l'être, ne se peut décrire sans sa subversion par l'Autre, qui n'est pas ; et que, à son tour, le « sujet » à la fois est sous condition du sans-Autre de l'Autre et n'a lieu que dans le moi. Inversement, il n'existe pas de moi pur là où la question de l'Autre est ce par quoi il faut toujours en passer pour énoncer.

Encore n'ai-je restitué là qu'un schéma incomplet, puisqu'il y faut faire recouper ensuite le poinçon de l'Autre par une nouvelle ligne où se place au titre de l'Imaginaire, le fantasme dont répond symétriquement le désir, structurés en surplomb par une nouvelle incidente discursive qui à l'énoncé qui précédait substitue l'énonciation : et transcrit pour le sujet castré le désir dans la jouissance : soit le discours d'un sujet conduit au point de sa butée.

C'est aussi en ce dernier point, celui du « plus de jouir », celui où le sujet défaille devant l'excès de l'objet perdu poursuivi dans le chaos des pulsions partielles, que devenait inévitable l'isolement d'une troisième instance, d'une troisième inscription de l'*Ego* : le Réel, soit ce qui, requis par la discrépance du Symbolique et de l'Imaginaire, les fait con-sister sans cesse lui-même d'échapper.

Où l'on voit que Lacan se refuse obstinément à trahir une complexité de constitution qui est réfutation radicale d'une possible transparence à soi autorisant la « libération » du *Dasein*. Mais cette complexité même laisse ouverte la question – qu'il a tenue dérobée – d'où se plaçait pour lui l'être. Sans doute la recherche même d'un terme à la fois ultime et unique – je l'ai noté plus haut – lui apparaissait-elle impertinente, liée à ce qu'il tenait pour l'illusion philosophique d'une transparence de l'exister à la pensée. Il serait donc aventureux de lire dans son insistance ultime sur le Réel (« je vous ai apporté le réel ») ce qui serait la place de l'être, s'il devait y en avoir une. Ou alors il faudrait dire qu'en tant que le Réel est le témoin à la fois de

soit de s'en tenir à la structure de l'*existence*, épousant par là ce qui demeurait indistinct dans les formulations cartésiennes (et que devaient s'essayer à coriger les formulations kantiennes). On réécrira, de ce biais, son projet comme celui de s'orienter dans les recoupements d'instances qui structurent un existant singulier[1]. Mais on n'oubliera pas que, dans le même temps, il réélaborait radicalement le concept du sujet à partir de ce qu'en témoigne sa souscription à la chaîne signifiante, avec le vide qui insigne cette souscription : élaboration que nous n'avons eu qu'à reprendre pour y tenir la définition du sujet logique. En sorte que « sujet » est pris dans le texte lacanien en deux sens qui doivent être chaque fois distingués : le premier désigne l'existence comme structure complexe, et mieux : hétérogène, qui s'inscrit dans des champs décalés, et qui par là est vouée à boîter ; le second est seul propre, désignant la fonction logique qui con-tient la consistance de l'énoncé, aussi nue que l'autre est pleine, et aussi transparente que l'autre est condamnée à l'opacité.

Avec ces mises en place, nous tenons une nouvelle épreuve des *limites de l'attribution d'être,* au sens où, fond de tout ce qui s'énonce, il n'est pertinent ni pour l'énoncé, ni pour l'Autre qui prescrit l'énoncé, ni pour le sujet qui le souscrit, et pas davantage pour l'énoncé singulier auquel l'être est suscrit. Nous ne prononçons sur notre être qu'en et par cette instance de nous-mêmes qui n'advient en

---

la consistance *de fait* du sujet et de son inconsistance *de droit* structurel, il fait signe vers une résolution « impossible » de la question ontologique quant au sujet subverti.

Redisons, pour notre part, qu'il n'y a aucun titre à exciper de la complexité structurelle de l'*existant*, complexité qui en est le relevé par la pensée, un impouvoir de la pensée à trancher de l'être, là où le discursif le prescrit. Que l'existence reste une énigme – être dans le moi, ne pas être dans l'Autre –, nous en prendrons longuement acte. Mais énigme précisément parce que nous sommes à l'Autre qui ne s'assigne que de lui-même et qui a, de soi, titre à prononcer sur l'être de tout ce qui n'est *pas* l'existant, et même titre à départager, jusque dans l'existant, ce qui est et ce qui – soit, le sujet – n'est pas.

Cette note à la fois trop longue et trop courte pour au moins mettre en place, compte tenu de tout ce que nous lui empruntons, le problème de Lacan et comment nous le déplaçons.

1. Pour achever la note précédente : cette aporie est ce pourquoi Lacan a finalement déclaré « ne pas trouver » d'autre résolution que la figure du nœud borroméen, liant de telle sorte Symbolique, Imaginaire et Réel qu'à en détacher un, les autres se séparent ; et plaçant au point où tous, se recoupant, se recouvrent, l'objet structurant du désir.

nous-mêmes comme notre propre qu'en tant qu'elle n'advient pas à l'être. En sorte que dire du Moi et de l'autre qu'ils « sont », loin de leur prêter une quelconque prévalence, est seulement faire renvoi à ce qui fait leur fond d'« il y a », sous le seul prescrit qui vaille, qui est celui de l'Autre.

Que le « je suis » ne fasse référence que pour l'il-y-a du Moi et de l'autre, soit pour ce qui n'est pas plus que donnée factice au regard de l'ordre du discursif où le sujet seul fait pertinence, qui lui n'"est" pas, voilà aussi qui destitue singulièrement l'être de son *aura*. Si l'on cherche une aura, la seule est, au premier abord, celle de l'énoncé qui relève en être l'il y a. Reste que ce qui fait là matière de l'énoncé, ce qui est énoncé, c'est ultimement l'être. De ce biais, les termes se retournent, et le prix de l'énoncé est de garantir l'être en garantissant du « que est » l'intelligibilité. En sorte qu'au terme du procès, si c'est bien l'Autre qui y est premier, c'est bien l'être qui se révèle en fixer la finalité.

III

Les voies de l'ontologie : l'être-à, l'angoisse et le souci,
ou
le manque dans l'existence et l'in-finité de l'être

Pourquoi « les voies de l'ontologie » ? Parce qu'à l'inverse d'une analyse linéaire qui, assise prise des réquisits opératoires de l'intelligibilité pour le faire-un d'une situation quelconque, en est armée pour constituer la situation apparaître, rendre compte de sa consistance, produire les axiomatiques qu'elle requiert, et remonter de l'être-là à la définition conceptuelle de l'être qui y fait soustractivement fond, la démarche « compréhensive » a pour matière la « thématique »[1] du *Dasein*, soit le relevé de ce qui, dans son expérience, peut se définir comme autant de phénomènes ontologiques : *phénomènes*, parce que l'existence les « encontre » comme requérant, avec la force pathique de l'affection, l'interprétation ; *ontologiques*, parce qu'elles ont en propre de confronter le *Dasein* à son « où il en est » ce qui est dire : où il en est avec l'être. S'en suit qu'acquises les « structures totales » de l'être-au-monde et de l'être-avec, le « fil » qui doit conduire au découvrement de l'être du *Dasein* va passer par des situations cette fois de prime abord particulières, quand bien même elles aussi s'avèreront totales pour finir, et non sans que s'aperçoive facilement dans leur succession un procès. S'en suit que, du même trait, devient explicite que « *la saisie de l'être originaire du Dasein lui-même* » est moment inséparable, moment constituant, de la saisie de l'être. L'effet de ce

---

1. § 28. (La seconde citation soulignée par moi.)

dispositif est qu'avancer en direction de l'être devient tout autant entrer beaucoup plus précisément dans des analyses existentielles. L'être est toujours la question, mais pour y venir il faut avoir relevé ce qui fait thème de l'existence comme être « là » et comment ce même là a son interprétation existentiale décisive dans l'angoisse et passe de là dans le souci.

Moment de transition entre ce qui a été la détermination des structures les plus générales de l'être dans la compréhension qu'en a le *Dasein* et ce qui sera la constitution de la structure existentiale du *Dasein* lui-même. Nous nous trouverons, quant à nous, amenés par là à entrer progressivement dans la problématique de l'existence. Il n'allait pas de soi qu'une analyse du perçu le requière. Mais il s'avèrera qu'y était implicite une définition de cet existant qui se porte au perçu, définition tout autre, on s'en doute, que celle de Heidegger, et qui nous garantira que l'ontico-ontologie du perçu emporte une métaphysique sans reste.

Cela posé, la parenthèse peut être refermée, et nous retrouvons Heidegger où nous l'avons laissé.

Être-au-monde et être-avec étaient des « guises » de l'être du *Dasein* ; la « structure originaire unitaire » de cet être, c'est proprement *l'être-à*[1]. Le terme sur lequel il faut d'abord insister ici est « unitaire », car requis il est par ce qui fut la position initiale de la « question », où était impliqué, comme allant de soi, l'*Un* de l'être ; le *Dasein* s'avèrerait-il pulvérisé qu'une orientation vers l'être comme sien serait, pour Heidegger, impossible ; une ontologie du *Dasein* requiert ce présupposé, et c'est aussi bien – Un et Tout sont évidemment réciproques – pourquoi le *Dasein* doit être un « tout structurel » tourné vers le « tout du monde ». Puisque Heidegger n'exclut toutefois pas une multiplicité de « caractères d'être... existentialement cooriginaires », il revenait d'abord à l'analytique existentielle de les prendre en compte : autant reconnaître qu'on ne fait pas Un de l'existence aussi facilement que de l'essence.

Reste que l'être-Un du *Dasein* se situe, en-deçà de ce qui l'atteste divers, dans l'univocité de l'être-à : c'est l'Un de son se pro-jeter, de ne se tenir d'aucune façon en un reclos, d'être par essence « *ouverture* », et c'est ce que consigne le « *Là* ». Et puisque dans l'attestation phénoménale de l'ouverture au Là, c'est l'être même du *Dasein* qui se

---

1. § 28.

trouve chaque fois déterminé, l'ouverture elle-même n'est pas, de soi, intramondaine, c'est elle, au contraire, qui fonde – au titre de la mondanéité – le mondain : le nœud du tour ontologique, le voilà. Nœud de l'être-Un du *Dasein* et de l'ouverture qu'il « apporte nativement », qui le destine lui-même à être « *son* » Là. Tenu que le *Dasein* est celui-là seul pour qui il y va de son être, tout énoncé sur l'être est suspendu à ce que, du *Dasein*, l'être « consiste à être son "Là" ».

Ces propositions, qui sont en somme l'énoncé principiel de l'ontologie heideggérienne, ramassent ce que nous avons lu jusqu'ici. Elles ne mettent pas seulement en évidence l'*a priori* unitaire de la décision existentiale, mais aussi l'extraordinaire tension qui la traverse : l'être-*Un* du *Dasein* est être-*Là*. L'événement Heidegger tient dans cette conjonction. Où la tradition métaphysique, au moins cartésio-kantienne, faisait fond d'une subsistance en soi ou pour soi du sujet, accueillant d'un dehors qui était son autre l'expérience, actif pour ce qu'il la pensait, passif pour ce qu'il la recevait, le *Dasein*, lui, n'existe que comme ek-sister-Là. Ce tournant de la pensée déborde le parti de la compréhension ; il évite la substantialisation, ou à tout le moins la suffisance, du pour-soi, ou de l'*Ego*, ou de la conscience, avec toutes les apories qui y étaient attachées ; il s'ajoint beaucoup plus pertinemment à l'expérience ; encore une fois, nous n'avons, quant à nous, aucune raison de récuser Heidegger sur ce point[1].

Sauf à le redresser, forts de la mise en place des termes où nous a conduits l'analytique du perçu : nous sommes facticement à l'empirie, nous sommes tout autant – et d'ailleurs tout aussi facticement – à la transcendance du discours. Et, parce que nous ne connaissons de l'empirie que sa constitution par le discours, celle-ci est ce à quoi effectivement nous sommes, sous le titre de l'apparaître : c'est lui, *le constitué, qui nous advient comme « là »*. Or d'Un, il n'y a proprement, là, que celui qui noue l'énoncé ; Un est, du même trait, le sujet, local, qui souscrit l'énoncé ; mais ce sujet n'est pas l'existence, et *de l'existence*, tendue entre empirie et discours, *rien n'est moins donné que l'unité*. De l'ouverture qui nous porte au perçu, nous pouvons dire qu'elle est la *condition* structurelle de la constitution de l'étant et de l'être que nous y rencontrons, mais c'est déjà poser qu'elle n'est *pas*

---

1. On peut discuter si ce tournant était ou non amorcé dans la visée husserlienne. On peut tenir aussi que *Matière et mémoire* le préparait. Reste que c'est Heidegger qui le prend.

au lieu où se conclut l'être lui-même. De l'être enfin, l'opposant au faire-un qui n'"est" pas, nous avons déjà induit qu'il ne se peut (in)déterminer que comme l'in-fini de la pure Multiplicité.

Il est clair qu'à partir de structures aussi opposées que celle du *Dasein* et du perçu, les problèmes mêmes sur lesquels se fixe le questionnement ontologique divergent, ne se recouvrent même pas. Là où Heidegger écrit que le *Dasein* « est lui-même l'éclaircie », nous disons que c'est nous tenant *au champ de l'Autre* que nous pouvons venir à l'énoncé de l'être, et qu'inversement nous nous égarerions à le chercher dans l'existence dont la constitution, quoique toujours cherchée, est la moins assurée. Là où le problème de Heidegger est, à chaque moment, de confirmer l'*a priori* de sa thèse en « dévoilant » un phénomène qui atteste de l'engagement total du *Dasein* dans son Là, nous récusons que la constitution du *Là* soit à chercher ailleurs qu'*en lui-même*. Là où Heidegger prédique l'être de tous les moments de la compréhension que nous avons de nous-mêmes, nous disons que seules font condition pour l'induction de l'être : les *prescriptions axiomatiques de la constitution* de l'apparaître. Là où Heidegger, remettant l'être à un possible du *Dasein*, devra en faire renvoi au futut échéant du projet, ce qui fait question pour nous de l'être doit s'orienter sur ce que nous parvenons à penser comme ce qu'il est *exclu de nous représenter*. Enfin si, disant l'être, Heidegger ne quitte jamais le *Dasein*, nous ne connaissons pour le discours qu'un *sujet*, et qui est le sien.

Le fond de ces oppositions, c'est que n'existe pas chez Heidegger la question de *ce qu'est* l'être – dont d'ailleurs *Sein und Zeit* ne définit jamais le concept –, mais seulement celle du *comment le libérer* et y advenir ; toutes les questions que nous posons sont celles de la détermination – fût-elle soustractive – de l'être. Quant au comment de leur résolution, c'est, au rebours du sans médiat de la compréhension, le *nœin* – le « par là me portaient les juments qui tant indiquent » de Parménide[1] –. Aux jeux olympiques, nos chars n'auraient pas même parcouru le stade dans le même sens.

On va voir, au long du parcours de l'« ouverture » du Là, les divergences se focaliser méthodologiquement autour des procédures, là de la synonymie et ici de la structuration ; thématiquement autour des concepts, là de privation et ici de manque ; ontologiquement autour des réquisits, là de finitude et ici d'in-finité.

---

1. I, v. 4.

1. *La synonymie de la compréhension et de l'être-Là* ou *la concaténation du discours sur l'être*

a. Nous n'avons aucun lieu d'entrer dans le détail de l'analytique existentielle du Là, à quoi nous devons opposer une récusation méthodologique radicale dès lors que Heidegger avance que le Là s'« ouvre originairement » au *Dasein* dans le mode sur lequel celui-ci s'en éprouve « *affecté* » d'une « *tonalité* »[1] : l'affection ou intonation « transporte » le *Dasein* « devant son être comme Là », et la dire originaire signifie que c'est en elle, au rebours de toute élaboration du *theorein*, qu'est signifié au *Dasein* d'où il vient et vers où il va. Qu'une telle procédure prétende armer une constitution existentiale nous apparaît engager la philosophie dans ce qui lui est le plus impropre ; des distinctions « tonales » ne sauraient, en raison de leur terrain egoïque même, échapper aux catégories du semblant : l'affirmation qu'on évite toute confusion du structural avec le « psychique » ne vaut pas exemption[2]. Le labyrinthe du ressenti ne peut, de soi, constituer la voie ouvrant à la *ratio* du seul énoncé où, de toujours, s'est posée la question de l'être. Et qu'est-ce que l'être, fût-ce celui du *Dasein*, sinon cela – ou ce Là – auquel la référence au *vécu* répugne, dont aucun vécu ne saurait constituer l'approche, si ce qu'être désigne est la pensée du pur en-soi du fond ? Enfin, l'analyse heideggérienne a son réquisit proclamé dans l'affirmation d'une primauté de l'effusif sur le connaître[3] qu'il faut dénoncer comme intellectuellement et éthiquement insupportable.

Retenons donc seulement ce qu'est l'argument : il y a toujours pour le *Dasein* une affection ou tonalité qui, marquant, en-deçà de toute connaissance et bien plutôt la précédant, « *où* l'on en est et *où* l'on en viendra,... transporte l'être en son "*Là*" ». Obscure, anodine, instable, « tombant » sur lui, la tonalité n'en fixe que mieux, et quand bien même il l'esquive, ce vers quoi est ouvert le *Dasein,* autrement dit son « *être-jeté* en son Là ». Si l'affection est déterminante pour la tant reprise caractérisation du *Dasein* comme être jeté, c'est qu'elle est tout à la fois une « déterminité existentiale » et une déterminité factice, qui

---

1. § 29, pp. 134-135.

2. Les références, ici, à Scheler attestent bien du terrain sur lequel se tient Heidegger. C'est le lieu de souligner que s'il y a une référence fondatrice de *Sein und Zeit*, ce n'est pas Husserl mais Scheler.

3. Cf. la citation de Pascal en note du § 29.

reste pour lui une énigme. En sorte que nouer entre elles la méconnaissance inhérente à la tonalité et l'affirmation de sa portée comme
ouverture au monde où le *Dasein* « s'est toujours déjà trouvé », est ce
sur quoi Heidegger fait fond [1], arguant de ce qu'à la tonalité est cooriginaire un comprendre[2]. Il peut même écrire, par réciproque, que « le
comprendre est toujours in-toné ». On ne saurait mieux mettre en
lumière que, pour lui, *les formes les plus primitives, les moins lucides,*
de l'affect, sont aussi bien les formes originaires de l'existential. La
constitution du *Dasein* tourne délibérément le dos au concept : c'est
comme telle qu'il faut l'accepter – ou la récuser.

À ce point où prend forme positive de méthode ce que nous avions
reconnu comme une critique – ruineuse – de la connaissance, se situe
ce qui est posé comme, mieux que la ressource, la *structure ontologique du comprendre*. Inséparable de ce qui définit le *Dasein* comme
possible, trait qui va se révéler crucial.

Ce qui rend le *Dasein* – à entendre : le *Dasein* authentique – possible, c'est qu'ouverture et comprendre sont synonymes : sont le même
« mode fondamental de l'*être* du *Dasein* ». Comprendre est mieux que
saisir, *faire advenir l'être-à*. Le faire advenir *et* comme ce en-vue-de-
quoi[3] est le monde *et* comme « ce en-vue-de-quoi le *Dasein* est ».
Comprendre « co-constitue » ainsi « l'être du Là en général ». On saisit ici avec la plus grande acuité le mouvement par lequel, en s'ouvrant
à son à-, et – ce qui revient au même – le comprenant, le *Dasein* libère
son être en se dé-couvrant à lui-même : autrement dit, *il est un Là
pour lui-même*. Et parce qu'il l'est – on voit maintenant pourquoi le
« possible » était dès la position initiale de la « question » donné
comme un caractère essentiel de l'existant –, il est sur le mode du
« *pouvoir être* », dont les guises peuvent se révéler multiples, mais dont
la significativité « pour lui-même », autrement dit leur compréhension,
constitue sa « déterminité ontologique... la plus originaire et ultime ».
D'où suit la célèbre proposition qui n'enveloppe qu'en apparence un
changement de registre : « le *Dasein* est un être-possible remis à lui-
même, *une possibilité de part en part jetée* ».

Jetée, parce que le pouvoir-être appartient à la facticité : le *Dasein*

---

1. § 29-30. On se gardera de nier la rigueur avec laquelle est conduite – et
convaincante – l'analyse de la peur.

2. § 31, p. 142.

3. Heidegger dit seulement « est » (p. 143).

ne pré-saisit pas vers quoi il projette, qui « n'*est...* comme possibilité qu'autant qu'il la jette ». Et *projet* parce que projection « de l'être du *Dasein* vers son en-vue-de-quoi ». En sorte que l'être-à comme lui-même Là, comme « *pas encore* en son pouvoir-être », comme destiné à n'être qu'« en ce qu'il sera ou ne sera pas », retrouve le « Deviens ce que tu es ! » nietzschéen : entendu qu'y sont synonymes l'affection, le comprendre, l'être jeté, le possible, le projet, l'advenir, l'être. La totalité aussi – que nous retrouvons – : parce que le comprendre « concerne chaque fois la *pleine* ouverture du *Dasein* », il est « modification existentiale du projet *en son tout* »[1]. *La synonymie est essentielle au montage heideggérien.*

Resserrée en trois pages d'une rare densité philosophique, au § 31 – on serait tenté d'aventurer à leur propos un « philosophiquement beau » –, cette série d'enchaînements qui sont autant de synonymies a ses temps forts dans « Là pour lui-même », « pouvoir-être », et « avoir-à-être », le tout sous l'accolade, valant identité, du « comprendre ». Le *Dasein*, en sa facticité même, n'est pas donné, il est en avant de lui-même, pro-jeté, il n'est que sur ce mode, mais aussi ce mode n'est rien d'autre que son se-comprendre. L'être n'est remis au *Dasein* que sur le ton d'une injonction et c'est celle d'une « translucidité » à Soi-même. Nous sommes manifestement à un sommet : *il n'y a d'être que comme se comprendre avoir-à-être* ; on écrirait volontiers : à s'être.

En insistant sur la synonymie de termes qui ne vont plus cesser de fournir à la constitution existentiale son armature et ses pivots, j'ai voulu marquer comment le cercle herméneutique commande la co-inclusion des termes qu'il parcourt ; mais aussi rendre justice à la densité d'une systématique où chaque terme répond de ce qu'un autre, pour se déplier, requérait.

Dans le même temps, les co-inclusions sont traversées par une série de *dualités* qui attestent que le parti synonymique ne peut jamais être soutenu jusqu'au bout. Ainsi de la différence de place, qui ne réussit pas à se résorber tout à fait, entre l'ouverture qui est proprement l'ontologique (l'être au Là), et le comprendre qui, s'il n'est pas le connaître en son sens dit ontique, n'en reste pas moins de l'ordre du dé-couvrir. C'est un trait – et un problème – fondamental de la systématique heideggérienne.

---

1. Heidegger souligne l'ensemble de la phrase.

Une autre dualité – ou une autre face de la même – est celle de l'ouverture et de ce qui l'offusque dans l'être-le-plus-souvent-médiocre du *Dasein*. Le parler[1], qui est « cooriginaire » au comprendre, partant au « tout de signification », vise la communication de « ce sur quoi » il parle ; mais au ce-sur-quoi se substitue le plus souvent le parlé lui-même, soit une compréhension sans appropriation : c'est le bavardage, où le *Dasein* est toujours d'abord engagé et du même coup « déraciné ». De même, si « l'ouverture de l'être-à » est de soi une « éclaircie », le voir, qui « suspend » – au sens d'interrompt – l'accroche de la circon-spection à l'en-vue-de-quoi, ne saisit plus du monde que « l'aspect » : c'est la curiosité qui circule dans « l'incapacité de *séjourner* auprès du plus proche ». Il n'est pas jusqu'à l'ouverture compréhensive qui ne soit au risque d'être par avance recouverte par ce qui en était pré-tracé dans le On. J'abrège tout cela, qui ne cesse d'être banal que pour ce qui s'y joue entre « cooriginaire » dans l'existential et « co-constitué » de l'existentiel.

C'est qu'il y a une guise quotidienne de l'être-Là qui le « co-constitue » : qui lui *échoit*[2]. Le *Dasein* « est toujours déjà... échu sur le "monde" » dans la « publicité » du On ; en cela, certes, il est « retombé de lui-même comme pouvoir-être-Soi-même authentique » ; mais cette précipitation dans l'inauthentique, qu'est-ce, sinon déjà un mode de l'être-à ? Dans l'échéance, « il n'y va de rien d'autre que du pouvoir-être-au-monde » compréhensif. Et dans l'authentique, il n'y va de rien d'autre que d'une « saisie modifiée » de l'échéance.

La force de ce traitement du quotidien réside dans son accroche à la facticité. L'inauthenticité est constituante de l'existence au même titre que l'authenticité, et leur définition qualitative tient dans leur réciprocité. Il n'y a pas à « reprocher » au *Dasein* de se jeter dans l'ontique du monde et du bavardage, il l'est, quoi qu'on veuille, de prime abord, mais dès qu'il y est, comprendre ce qu'il est pour y être est déjà n'y être plus. Ainsi le procès compréhensif surmonte-t-il son assise duelle. C'est bien le même *Dasein* qui est jeté ici et là, et ici il est déjà là.

C'est pourquoi il faut encore parler de synonymie pour deux modes de l'être jeté qui sont, dans leur vection, opposés. L'opposition portant

---

1. § 34-35.
2. § 38. Emmanuel Martineau, en défendant sa traduction de *Verfallen* (p. 318), montre très bien qu'il ne s'agit pas d'une « chute », qui impliquerait la possibilité d'un *Dasein* intègre ; le médiocre est « toujours déjà advenu ».

chaque fois sur une même thématique, seule une *pré-interprétation* est en mesure, entre eux, de venir à ce qui est demandé : soit, trancher. D'où l'embarras de la démonstration. Heidegger dit à peu près : si le *Dasein* est conçu comme un sujet pour qui le monde est un objet, l'échéance devient être-sous-la-main pour un étant intramondain, mais c'est là une « mésinterprétation » ontologique de l'échéance ; si au contraire le *Dasein* est « maintenu » comme constitutivement être-au-monde, l'échéance fait preuve de ce qu'elle est déjà un mode de l'être-à. On ne saurait exciper plus clairement d'une pétition de principe : l'interprétation proposée par *Sein und Zeit* de l'existence est appelée à fournir elle-même l'argument de sa propre validité. Car enfin, c'est pour cette dernière seule qu'une lecture « contraire » est lecture « mésinterprétée ». De même suffit-il évidemment d'écrire que, dans la quotidienneté, le *Dasein* s'est « perdu », pour en conclure au pouvoir-être existential où le Soi se retrouve. On est obligé d'inférer de là que l'authentique est au suspens non d'une démonstration mais d'un *choix*, et purement herméneutique.

Reste qu'une interprétation peut être plus riche, plus enveloppante qu'une autre, et c'est sans doute ce que veut entendre Heidegger. Mais nous avons, quant à nous, d'autant moins à nous laisser entraîner sur ce terrain que nous n'avons aucune place à assigner à une quelconque destination ontologique du « médiocre », qui est, sans plus, le déficit dans l'avoir-à-constituer : aussi bien n'y a-t-il rien dans l'apparaître qui soit, comme apparaître, inconstitué ; nous avons seulement à pousser toujours davantage le travail de la constitution, à progresser dans l'apophantique qui prescrit l'ontologique, au regard de quoi le médiocre ne serait que la barbarie du discours. Pas davantage n'aurons-nous à nous glisser entre l'être et son dé-couvrement : notre affaire est la *pensée* de l'être-là et de l'être dans son dépli propre, ou tels qu'ils se pensent en eux-mêmes, et les seuls accidents de ce qui se délivre à la pensée sont les siens. Le signe même de l'échec à faire preuve d'une interprétation sans appareil logico-discursif, c'est l'arbitraire ou *l'a priori* avec lesquels elle distribue au long de son cercle synonymique l'authentique et ce qui y fait défaut ; ce qui, pour nous, retire à l'inauthentique sa pertinence, c'est qu'il est en toute occurrence le défaillir au discursif.

Après quoi, nous ne nous attarderons pas à redire ce que nous avons déjà montré en distribuant dans l'existant, au rebours de toute synonymie, les places du Moi, de l'autre, de l'Autre, et de l'être. Découvrir dans la compréhension de l'affect l'ouverture du *Dasein* à son pouvoir-être revient – et c'est bien le propos de Heidegger – à n'opérer de bout en bout qu'à l'intérieur d'un seul terme sous le couvert des figures successives qu'il revêt ; cette réduction du philosophique au tautologique est – pour virtuose qu'elle soit – l'exacte contraire du « bien découper » socratique ; tantôt ne distinguant que pour confondre, tantôt n'opposant que pour qualifier ou disqualifier, elle dénie ce qui s'est imposé à nous au départ et qui ne se laissera jamais contourner : *l'énoncé n'est ni l'existence ni l'être,* qui de leur côté ne sont pas le même ; et de l'existence comme de l'être, rien ne peut être avancé qui ne s'articule de la concaténation processive de l'énoncé.

Reste, pour en saisir le parti ultime, à déterminer de quelle tradition philosophique la synonymie heideggérienne peut se réclamer.

b. La synonymie comme dispositif d'un retour – du monde au *Dasein,* du *Dasein* à son être – qui est translucidité à venir, s'il y a un *corpus* de l'oecumène philosophique dont on doive la rapprocher, c'est le Néo-Platonisme qui distribue les mêmes termes tour à tour concentrés et dispersés. *Mutatis mutandis*, la facticité de l'échéance est figure de l'ultime dispersion de la procession, et le comprendre intoné, figure de la conversion. Et il est significatif que Heidegger, tentant, non sans mal, de se dégager du voir, cet appareil paradigmatique de la Phénoménologie, introduise en ces lieux le « luire » et le « translucide » qui ne sont pas sans parenté avec la figure néo-platonicienne d'une lumière qui trouve en elle-même sa propre source[1]. La différence cardinale, c'est évidemment que pour Heidegger l'être lui-même, loin de précéder le *Dasein*, est remis à son pouvoir-être, et n'a pas d'autre instance que son projet : qu'il est à la merci du *Dasein* et n'advient que « comme ce comme quoi » celui-ci se comprend. C'est en quoi, malgré tant d'emprunts aux schèmes du crypto-religieux, la pensée de Heidegger reste, encore une fois, laïque.

On peut, sous le même angle d'approche et dans ses limites, risquer une distribution. Il y a un orient de l'ontologie contemporaine qui retrouve la structure du Néo-Platonisme[2] ; le propre en est la tension

---

1. Sur un voir devenu autre que le voir, cf. exemplairement p. 146-147. Quant au luire de l'être dans la compréhension, on pense évidemment au « Lumière de lumières » (Soravardi) des Néo-Platoniciens musulmans. Cf. Christian Jambet, *La logique des Orientaux*, p. 136 *sqq.*

2. Tout en se tenant dans l'*aura* de la pensée heideggérienne, c'est précisément le vers-Un néo-platonicien de Heidegger que cherche à dépasser la philosophie de la

entre une bipolarité et sa réversion dans la continuité, indiciée par le retour de l'originaire au noyau de l'intimité : il y a toujours un dedans plus vrai que tout dehors, et qui le fonde. Un autre orient trouve sa référence dans le dual du déterminisme des corps et de l'indétermination des incorporels, pour privilégier dans la seconde le nominalisme de l'événement, quitte à en faire éventuellement l'argument d'une stochastique de l'être : c'est le Néo-Stoïcisme, explicitement de Deleuze, implicitement de Foucault[1] ; Néo-Stoïcisme pour lequel ce qu'il y a de commun entre l'ordre des savoirs, l'exercice des techniques de pouvoir, et la circulation infinie du sens territorialisant les corps, est la récusation des profondeurs, la circulation des discours selon des « plis » de surface qui ne sont que les leurs. Deux orients herméneuticiens, donc, qu'oppose l'interprétation là des profondeurs, ici des surfaces. Une troisième orientation, clairement alternative, associe l'universel des formes langagières et le singulier des étants, l'empirique et le logique, dans la conjonction de la phrase référentielle : où nous retrouvons le Néo-Aristotélisme restrictif du positivisme analytique, qui tient pour seule phrase correcte celle qui a un référent dans la réalité mais s'abstient thérapeutiquement de toute interrogation sur l'être. Les deux premières options, opposant le sens à la chose, récusaient clairement pour la philosophie les prescriptions de l'épistémologie, autrement dit la garantie rationnelle d'objectivité assurée par la chaîne des propositions logiquement articulées ; la troisième, au contraire, ne fait cas que du logique, mais en le restreignant au traitement langagier du fait. Un quatrième orient, platonicien, assume – seul en somme à le faire – la suture de la pensée à l'être, et réarticule, sur le prescriptif des axiomatiques contemporaines, le pouvoir propre au *nœin* de constituer les énoncés respectifs de l'être et de l'apparaître : ce fut dans une certaine mesure – limitée par le recours à l'intuitif de l'Ego et l'appui pris de la croyance – Husserl, et c'est Badiou.

On ne doutera pas que ce soit le nôtre. Parce que, prenant assise du discursif, nous induisons de son caractère *opératoire* qu'en lui nous

---

« déconstruction », substituant à la structure totale du *Dasein* la fuite des différances, et le sans-origine.

1. Inférer une ontologie de Foucault est assurément risqué. Sauf qu'on n'imagine pas qu'il en pût avoir une – s'il en fallait avoir une – très différente de celle de Deleuze, sous-jacente à la succession des pratiques discursives du savoir, des systèmes de pouvoir, et des formes de subjectité. Toutes procédures discontinues dont le fond ne peut être que l'indétermination.

ne sommes pas – comme le voudraient, pour s'en conforter, les Néo-Platoniciens – en inclusion à l'être. Parce que toute constitution discursive consistante, y incluse celle de l'apparaître, est sous condition principielle d'une prescription *axiomatique*, on est fondé à dire – avec les Néo-Stoïciens – qu'il est impropre d'en déduire pour l'être quelque Un que ce soit, mais on ne peut nier que le propre soit d'en induire une composition sinon de l'être, au moins de sa présentation : soit une (in)détermination de l'être au prescriptif de l'axiomatique du pur Multiple[1] ; et une détermination de l'apparaître au prescriptf de l'axiomatique du perçu. Parce que ce qui autorise la question de l'étant, ce n'est pas le langage, potentiellement structurant du constitué au titre de la référence – à quoi s'arrête le Néo-Aristotélisme positiviste –, mais le chiffrage de l'étance dans son *mathème*, nous ne saurions assigner l'étant que pour autant que nous savons le constituer comme consistant. Parce que l'étant en son propre est toujours ce dont est requis l'être, nous ne saurions – comme il arrive qu'en soient tentés les Platoniciens – restreindre la transparence du concept au seul Multiple pur ensembliste, comme si les axiomatiques de l'apparaître ne commandaient pas la même translucidité. L'être doit se dire du non-être des discours prescrits par une axiomatique et comme ce qui, faute d'être lui-même le constitué, indexe dans *toutes* les dimensions de discours l'inconstitué. Ou : l'axiomatique d'un discours est ce qui soustractivement le suture à l'être.

Ce qui, tout cela posé, singularise le Néo-Platonisme heideggérien, c'est la détermination du propre de l'humain – lequel n'est rien d'autre que le nom « médiocre » du *Dasein* – par *l'interprétation de Soi comme Soi-à*. De là que la « question » n'est plus celle de la remontée de l'étant à l'être, de proche en proche, à travers des instances successives comme celles de l'Etance, de l'Ame du monde et de l'Intelligence, mais la recherche, en quelque sorte horizontale, d'une structure totale-radicale de son expérience comme « tout du *Dasein* » (premier temps)

---

1. Ce sont l'assise herméneutique donnée au problème ontologique, et sa résolution par le biais d'une figure, un geste, ou une accélération, que nous ne pouvons accorder à Deleuze. Nous n'avons, en revanche, pas de raison *a priori* pour récuser une définition stochastique de l'être : le dire inconsistant dans sa présentation est au moins ne pas écarter que le chaos en soit une formulation approchée, mais approchée seulement, si l'inconsistance est elle-même caractère du Multiple tel que prescrit par l'axiomatique cantorienne.

dont (deuxième temps) pourra être mise en lumière la signification ontologique. Ce qui est alors en question n'est pas une transcendance de l'être mais sa remise à *l'interprétation du Soi comme interprète*, soit une injonction faite au *Dasein*, dont se comprendre authentiquement dans son être devient la destination « insigne ». Ainsi encore, ce qu'il reste, dans la synonymie, de la tradition de la remontée débouche sur *l'impossibilité pour l'authentique de se départir du médiocre*. Et ainsi se trouve laïcisé le schème néo-platonicien : ce dont il y va pour le *Dasein* n'est pas plus que son être propre, dont le comprendre lui-même est *remis à l'échéance du propre de son projet*. Ainsi enfin s'annonce le tragique d'une « conversion » qui promet au *Dasein* son fond *sans pouvoir garantir à sa facticité un fond*. On remarquera qu'il ne pouvait en aller autrement, car cette bascule aux limites n'est pas plus que le retour de la clôture herméneutique, où un sens ne réfère en définitive qu'à l'unicité – circulaire – du faire sens.

Heidegger resitué, le trait frappant de ce parcours des « orients » est que : 1. le questionnement contemporain, y inclus sur l'être, est massivement reversé sur le *sens*, avec un éventail de restrictions qui vont du nominalisme du sens à son ek-placement dans la trace ; 2. fait seul exception le positivisme analytique, qui ne retient que la proposition *langagière* avec ou sans sa transparence à l'objet : d'où résulte que l'alternative est bien celle sur laquelle nous nous sommes par deux fois arrêtés, du positivisme analytique et de l'herméneutique ; 3 échappe à ce mouvement d'ensemble qui fait dilemme du sens et de la langue naturelle, le Platonisme, pour lequel, ni sens ni référence, le discours s'entend comme l'axiomatico-logique, soit ce en quoi il revient à l'Autre de la pensée de décider pour la pensée. Cette décision-là est la nôtre, encore une fois.

Si la Déesse rappelait aujourd'hui Parménide, ce n'est pas de la voie de la *doxa* qu'elle l'écarterait – à moins qu'on n'entende pour un retour de celle-ci le positivisme analytique –, mais de la voie de l'*herménèia* qui erre d'une place à l'autre en y retrouvant toujours le même : le Soi est l'être parce qu'il en est le possible, l'être est l'en-vue-de-quoi du projet du Soi, l'en-vue-de-quoi est le possible près d'advenir, et tout cela réciproquement. *Sein und Zeit*, en ce sens, ne dit qu'une seule chose, en la faisant virer continuellement – et certes très subtilement –. Il faut répondre qu'aucune tautologie ne vaut inférence, que du Même le Même ne saurait être fondateur, que le procès du penser est, à chaque moment, retour à l'Altérité qui le règle, et responsabilité dans la décision de ce qui devra le régler. Nous ne cessons de répéter que l'être n'est question que pour une expérience relevée par la médiation de l'intelligible, qui est lui-même de part en part médiation, que la médiation y est du seul Logos, et que c'est pourquoi la vérité est première à l'être comme vérité de la *ratio* : *concatenatio*. À supposer – ce que l'expérience réfute – que le *Dasein* puisse se lire comme consistant en lui-même, ce qui résulterait de son interprétation ne saurait rien avérer de ce que seule sa constitution déplierait, et qu'il se pose la question de son être ne cesserait pas de relever, dans sa procédure et sa légitimation, d'un questionnement radicalement autre qu'une lecture du sens intoné. *L'être ne s'interprète pas, il s'induit.* Nous nous souviendrons que c'est la constitution qui produit, avec l'apparaître, son être, qu'elle y procède pas à pas, d'un énoncé à l'autre, que le local est son précepte, la consistance sa règle, et que c'est aux axiomatiques qu'est ultimement suspendu le discours de l'apparaître et de l'être. Moyennant quoi il n'est aucune place où tout soit d'un seul coup donné, ou projeté. Certes, la question de l'être est chaque fois posée ; mais c'est parce qu'inscrite dans la structure de chaque énoncé.

c. Le dispositif synonymique n'est jamais purement spéculatif ; et précisément c'est lui qui doit, dans les termes heideggériens, permettre de franchir le pas qui va de la détermination de l'être à son advenir effectif : donné l'être comme possibilité et définie celle-ci comme le projet qui porte le *Dasein* « vers son en-vue-de-quoi », le pouvoir-être s'avèrerait le synonyme pertinent de la *liberté*[1].

Comment fonctionne cette nouvelle synonymie ? Son appropriation au singulier du *Dasein* remet l'être, lourd de toutes les épaisseurs du *sum*, à l'historial du Soi-même, quand bien est soigneusement évité tout autre emploi que celui de la troisième personne. Toute l'affaire du *Dasein* heideggérien est d'« *ouvrir en lui-même "où" il en est avec lui-même* ». Le possible est celui d'un *Dasein* « à chaque fois déjà engagé dans des possibilités déterminées », qui sont celles de sa facticité ; sa liberté est alors de s'ouvrir à ces déterminations comme « *possibilité de l'être-libre* pour *le pouvoir-être le plus propre* »[2]. Le mouvement est encore une fois – et comme chez Merleau-Ponty – double : *d'un côté*, le *Dasein* est existentiellement remis à sa facticité,

---

1. § 31, p. 146.
2. (Souligné par moi.) Tout cela p. 144.

qui est aussi bien le hasard des échéances, sans garantie pour l'assurer ; et il est de surcroît, quant à son ouverture au Soi qu'il est, à la merci de lui-même : c'est là la première occurrence de ce que *Sein und Zeit* importe de *dramaturgie*, celle d'une liberté sous condition ; mais *d'un autre côté*, le projet se projette toujours vers le « tout » du projet ; qui ne peut être que – risquons le mot – la *réalisation* de l'être dans sa compréhension : c'est ce que nous avons reconnu comme la promesse de l'être au bout de l'immanence du Soi, toujours possible en soi. L'ouverture n'est pas garantie, mais ce qu'elle libèrerait est assuré, parce qu'il est toujours-déjà Là : figure typique de la sotériologie, encore une fois.

Saute aux yeux qu'à pareille définition de la liberté, un terme manque, sans lequel elle s'évanouit.

Un trait frappant de tous les Néo-Platonismes est qu'à la *décision* ils substituent le *se-re-tourner-vers*, non sans équivoques sur ce qui permet ce retour : on peut certes dire que le *Dasein* se retourne à la mesure de ce qu'il a compris, mais la question revient sous la forme du passage du pouvoir-comprendre au se-décider-à-comprendre : qu'est-ce qui se détermine là ? Heidegger évite en ce point[1] le concept de décision. Livré aux possibles miens, je puis rester ou ne pas rester pris dans ce qu'ils ont de médiocre ; mais qu'est-ce qui se joue en cette bifurcation ? Plus loin, seront invoqués le pour-la-mort assumé et l'appel de la conscience ; mais qu'est-ce qui tranche de les entendre ou ne les entendre pas ? Disant que si j'y suis sourd, c'est que je m'y dérobe, Heidegger contourne le choix et le fait glisser dans le champ de l'intonation. Avec cette conséquence que tout son discours a des accents éthiques, que l'ontologie même y est prescriptive, mais qu'*à cette éthique manque, au plan existentiel, la figure cardinale de la décision*. D'où l'étrange impression que rôde là un maillon manquant.

Je ne prétendrai pas qu'il soit facile de dépouiller la décision des implications dualistes et du formalisme dont la *Critique de la raison pratique* a produit l'énoncé dogmatique. Mais il est plus manifeste encore que le balancement entre deux orientations du Même est sans issue si un *troisième terme* y fait défaut ; et les qualifications d'authentique et d'inauthentique ne résolvent le problème que pour autant

---

1. La décision ne sera invoquée que beaucoup plus tard, au niveau existential de l'avoir-conscience.

qu'elles le préjugent résolu[1]. C'est qu'ici comme partout, il n'y a que l'Autre comme troisième terme ; aussi la décision ne peut-elle être rien d'autre que l'assomption de ce qu'*étant cet étant qui est au discours, nous sommes sous la décision du discursif.*

Il n'y a, en définitive, pas de distance de la constitution du perçu à la prescription de nous constituer nous-mêmes. Le caractère toujours occurrent d'une situation donnée implique qu'il nous faut élaborer chaque fois l'intelligibilité : d'où nous nous trouvons être, nous avons à produire *l'Autre de cet où, ou cet où du point de l'Autre.* C'est ce que Lacan appelait le « bien dire », le bien articuler la situation, entendu que l'articuler nous requiert du point où, dans notre singularité, nous sommes, et que par là l'intelligible est aussi le particulier. De là qu'entre l'*habitus* de notre historial, l'échéance, la prescription de nous tenir au Logos et la détermination de ce qu'en l'occurrence l'être-au-Logos peut être, nous avons toujours à décider d'abord que la décision soit d'instance apophantique-ontologique. Que ce puisse être, comme écrit Badiou[2], l'*inventio* d'une vérité tient à ce qui, jusque dans la *ratio*, demeure indécidable – c'est dire : à décider – : événement dans la *ratio.*

Certes on hésite à entrer dans le labyrinthe de la volonté, dont Descartes n'avait pas tort de dire que si elle est, il faut qu'elle soit *infinie*, quand infinie, nous savons bien qu'elle ne le serait – au mieux – qu'en ces points où elle serait assomption de la vérité du discours. Ce qui ne s'entend bien, à son tour, que de ce que toute *vérité* est elle-même infinie, proposition écartée par Descartes parce qu'il la reporte d'un côté sur le psychologique de la pensée – nous n'avons de pensées que « finies » – et de l'autre sur l'être – il n'y a infini que de Dieu –[3]. Acte pris de la transcendance de l'axiomatico-logique et forts de la distinction à y tracer entre véridicité et vérité, nous n'avons plus le problème cartésien : la vérité est à penser en elle-même, qui décide d'un Un prescrivant son infinité. Mais nous tiendrions-nous à la *véridicité* que nous retrouverions l'infini comme dimension immanente du pensable Les chaînes de raisons n'ont pas

---

1. Heidegger avancerait sans doute que l'être-à *enveloppe* le quotidien. Mais on peut aussi bien dire que celui-ci est le factuel qui *enveloppe* l'hypothèse de l'authentique.

2. *L'éthique,* chap. IV. Amorce d'un développement capital de *Logiques des mondes* que nous retrouverons.

3. *Principes*, I, 19 et 27.

de terme ultime. Il n'est pas de situation qui épuise son articulation, pas d'implication qui n'en implique d'autres. Et si première à penser est l'infinité du multiple, l'opérer du faire-un – possible, réel, ou impossible – y fera nécessairement excès à son tour[1]. Proposons donc : *ce qui fait argument n'est pas la facticité de notre finitude ; mais l'infini de l'en-soi du pensable.* Du point de l'Autre, l'infini nous est immédiat. Toute décision est située, mais elle est l'ouverture de son site à l'infini du procès du penser.

Parler déjà, opter pour une formulation contre une autre, c'est engager le discursif. L'engager, il est vrai, sur ce que nous rencontrons et à la mesure de ce que nous en savons. Mais quelles que soient ces limites, aucune définition de ce que vous appellerez comme vous voudrez, le *Dasein*, le sujet ou l'homme, n'est pertinente qui ne le tienne voué ou livré – comme on voudra – à *se décider pour le discursif.* Cette nécessité-là ne nous manque jamais, elle appartient à notre facticité même, elle est inscrite dans notre constitution. Là où intervient l'échéance, c'est dans ce qui est offert à la décision ; et là où se redouble la décision, c'est dans ce qu'elle se prescrit du point où, finalement, le discours ne cesse de nous obliger à nous décider pour lui-même.

La procédure synonymique exclut la possibilité d'une définition du décider.

On objecte, il est vrai, que l'*existence* est ce qui résiste le plus à se laisser articuler avec la transparence que requiert la décision dans la pensée. Davantage, on[2] précise : si l'existence ne se laisse pas articuler, c'est parce qu'elle est marquée par l'insu d'un discours qui la traverse en ayant, qui pis est, tous les traits d'une bévue. Autrement dit, non seulement nous sommes pré-décidés pour le discours, mais qu'il y ait un discours – celui de l'inconscient – qui décide pour nous à notre insu est la définition ultime de notre échéance. Bref, c'est parce que nous sommes toujours pour l'Autre que nous n'échappons pas à la décision, mais c'est parce que nous sommes toujours déjà placés et déterminés dans l'Autre que, dans le travail de la décision, nous ne disposons jamais des pleins pouvoirs de la lucidité. Pour le « qui » de

---

1. Ce n'est rien d'autre que l'excès des parties au regard des éléments d'un ensemble.

2. On : le discours psychanalytique, bien entendu.

l'étant qui peut advenir au décider, la décision se paye d'une perte de la transparence de l'étant qu'il est.

Gardons-nous de nous perdre dans cette aporie. Prenons acte de ce qu'il nous faut régler ce discours-là, ce discours insu, le régler acte pris du bien dire qui en est requis. On argue du stochastique[1] par lequel il faut en passer pour amener l'insu au jour, et même pas pour le réduire mais pour en faire un moment de la décision pertinent. On argue encore de ce que, acquis le savoir des procédures par lesquelles l'insu se manifeste, on constate qu'il ne cesse de faire retour. Mais on devrait tout autant souligner que si malaise il y a de l'existant, c'est malaise *intra-discursif*, celui d'une étance scellée par l'Autre. Que l'analyse ait pour medium la parole est trait d'essence, et s'assure de ce que *toute parole, même la plus "lâchée", est sous le prescrit du consister* qui rôde là-même où il semble le plus manquer. Ce qui se dit là « interpréter » n'est rien d'autre que restituer au discursif sa discursivité.

Mouvement par lequel le Soi se déporte du mutisme insistant de l'insu du propre et s'arrache à sa compulsion de répétition, pour l'ajointer au procès du constituer : procédure qui m'ex-porte, vers quoi, sinon vers *la non-égoïté* du renversement qui remet ma place à sa place et m'oriente vers l'assumer du point d'infini de sa vérité. Le possible « le plus propre » est au champ de l'Autre jusqu'en son incise propre[2] ; s'il indexe la singularité d'un existant, c'est en remontant au chiffrage qui détermine toute existence ; et ce chiffrage lui-même n'a de prix que par le mode où il atteste de la traversée du Soi par l'Autre. C'est pourquoi aussi il n'y aurait pas lieu d'assigner au procès analytique le montage d'une dramaturgie, si n'était celle qui tient au Moi, qui lui résiste ; s'y implique la patience devant l'échéant, la persévérance dans le réglage du discursif, et le passage à l'infini de la décision. On ne niera pas que ce procès rejoigne la question heideggérienne de l'« où nous en sommes » ; toute la différence est celle de l'éprouvé « énigmatique » de l'intonation à la résolution logique requise de l'intervention.

---

1. Ce que le procès d'une psychanalyse doit et à l'*automaton* et à la *tukhè* résulte de l'autonomie du signifiant et de ce que le narcissisme y a investi. L'existence y est, comme aurait dit Platon, aux hasards de la chasse ; et déceptive en ce qu'elle y attrappe non ce qu'elle est mais son impuissance à être.

2. Le champ du transfert n'est rien d'autre, où le Moi se trouve confronté à son (a)utre occupant la place de l'Autre.

Certes, nous sommes jetés – voire déjetés – à nous-mêmes. Mais si projet il y a, ce ne peut être qu'à-contre l'impensé de ce jet-là, et non dans le simple renversement d'un recouvrement en découvrement. Certes, désintriquer le Moi – s'en désintriquer ne voudrait rien dire – est projet inachevable, parce que, aussitôt une ouverture faite sur le texte de l'*Ego*, il se referme en se déplaçant. Mais parce que ce texte reste le même, il reste à disposition de la consistance d'une décision. Ainsi repensé, le projet, comme *projet de consistance*, est *la chance du sujet*. Le Je a à en endurer le travail. Mais le sujet, nous l'avons assez dit, ce n'est pas le Je. En sorte que tout ce qui donne prix au Je, c'est que du sujet – donc de l'énoncé – advienne, et qui réponde des orientations du Je dans le Logos. Etrange condition d'un animal qui n'a nul besoin de penser pour vivre, mais qui, parce qu'il pense, est sommé de se penser, et ce faisant obligé de *se* décider. Cette sommation est ce dont le *Dasein* heideggérien entendait faire, en appropriant au Soi ce qui n'est qu'au champ de l'Autre, le privilège ontologique de l'humain. Nous ne nous reconnaîtrons aucun privilège ontologique, mais bien un privilège discursif. L'universel de l'Autre d'emblée nous requiert pour ce qu'il est prescrit comme le constituant de toute expérience, y inclus celle de la place qui dans l'Autre nous est assignée. La décision est ce qui advient quand nous nous tenons sur ce chemin.

Pour que notre réponse soit exhaustive, ajoutons : parce que dans notre structure de vivant scindé par le discours, nous ne pouvons nous tenir exemptés de ce que le désir – dont on sait quel éclairage il apporte justement sur cette scission – recoupe de son biais toute motion de l'existant. Autrement dit, doit être déterminé ce qui, du désir, peut investir ce qui s'énonce comme le vrai, au risque d'en préfixer l'orientation. Mais ce sera pour constater que la question est mal posée, acquis que l'injonction de la vérité dans le dire existentiel est cela même qui y commande et inscrit structurellement le désir : il n'y a désir qu'au champ de l'Autre[1]. La vérité de l'existant n'est pas au bout du désir mais le précède ; elle n'en donne pas l'objet – qui est échéant – mais enferme la condition de celui-ci ; ce qui signifie que la décision ne va pas à déjouer le désir mais à tenir quelle vérité locale le commande, de son infinité[2]. C'est pourquoi il faut redire que, de

---

1. Qu'à passer elle-même dans ce champ l'existence défaille, structure la jouissance et l'interdit.

2. Ce point est celui du passage de l'énoncé à l'énonciation où s'inscrit le Je lui-même.

ce qu'il y a une vérité du désir ne s'induit pas qu'il y a un désir de la vérité, la vérité précède et passe tout désir, sauf à rencontrer celui-ci aux croisements des condensations de l'objet avec l'injonction de la vérité : ce qui n'est pas forcément le meilleur moyen d'accéder à la vérité.

Quiconque interprèterait la psychanalyse autrement retomberait, de l'apophantique de l'articulation, dans l'Imaginaire, le sans Tiers, du comprendre, et – pour donner une image – "ferait" du Heidegger en croyant "faire" du Lacan.

Notre fin était ici, une fois de plus, de *séparer* ce que Heidegger condense dans le tout-jeté du Soi s'interprétant. De le reporter sur une distribution des places où a une fonction essentielle l'*outre-Soi* sans lequel demeure inarticulé tout ce qui se donne comme advenir du Soi. Toute figure de la « conversion » est en déficit de Tiers logique[1] ; et l'advenir du Soi reste impossible à prescrire si le Soi n'est pas remis à la décision de trouver pour soi une inscription dans l'Autre, « à la mesure » de l'Autre. La décision qui, nommée ou pas, est le lieu et la condition – valant restriction – de la liberté, n'appartient au Soi que pour autant qu'elle en est constituante, ne l'est qu'au prix de lui restituer la consistance d'une intelligibilité qui lui manque, et ce qui la souscrit n'est pas le Soi mais le sujet de son énoncé. D'un choix sur l'infini d'un indécidable, il est patent qu'il n'assume l'être, l'être d'une situation à laquelle est le Soi, que pour le risquer sur le Logos.

Au terme de cette discussion, nous commençons d'apercevoir pourquoi il nous faut retenir le concept d'*existence*, pourquoi l'existence se trouve ne pouvoir être que *par défaut* et à l'étance du Moi et à l'Autre. Le trajet va du Moi à l'Autre, dans ce qui est proprement choix de dit, ab-stant et à l'immédiateté de l'étance et à l'Altérité d'un sujet qui est seul pertinent dans et pour la décision. Nous avons affaire là à bien plus radical que le « dé-tournement » heideggérien : c'est le malaise dans l'existence, au revers de ce qui la remet à la constitution.

---

1. On pourrait aussi bien dire : déni de la castration ; la constitution du Soi s'effondre si n'y est pas inscrite sa subversion par l'Autre du discours, qui exclut toute translucidité d'un existant immanent à lui-même, entaille sa structure de vivant, et lui prescrit cette même entaille comme le propre de son (in)constitution.

2. *Le rien privatif et le plein de l'angoisse* ou *que le discursif récuse le plein*

De son début à sa fin, l'histoire de la Phénoménologie aura été déterminée par le présupposé, que nous avons dit, de l'*Un-Tout* de l'*Ego transcendantal*, ou du sujet percevant, ou du *Dasein*, quand c'est bien plutôt son incomplétude dispersée, son être en creux, qui spécifient l'existant. Le seul Un que nous aurons, pour notre part, rencontré, c'est celui du Logos comme ordre infini des raisons : Un comme prescription de la consistance, mais infini de la concaténation poursuivie jusqu'au point où elle-même requiert, venue à son incomplétion, une vérité comme décision.

Or Heidegger – qui ne manque jamais à la rigueur, dans son style – n'en a pas fini avec ce problème de l'Un-Total. Il n'en a pas fini parce que, même si peut être tenu pour acquis que l'être-au-monde et l'être-avec sont chacun des « structures totales » du *Dasein*, des structures qui l'investissent en totalité, reste à trouver la « structure unitaire originaire »[1]. Celle-ci, nous l'avons dit aussi, doit résider dans l'être-à comme tel. Mais la procédure analytique-compréhensive requiert alors un *phénomène* qui atteste de cette unité contre la multiplicité occurrente des tonalités[2]. Ce qui est cherché est – Heidegger insiste sur le mot – un « regard » unitaire sur le Tout. Et le but de cette recherche est de rendre transparent, dans son opposition au multiple des « propriétés » existentielles, le caractère originaire du Tout lui-même. Certes, les analyses précédentes ont chaque fois montré dans la facticité de l'être-jeté le pouvoir-être du *Dasein*, autrement dit son être projeté en-vue-de lui-même, entendons : de ce Total qu'est le-plus-propre. Mais il s'agit de passer du chaque fois au une fois pour toutes, de tenir « *la totalité du tout structurel* », ou ce que toutes les structures totales ont de cooriginaire, ou la possibilité structurelle de tout moment structurel. Si l'on y parvient, on aura trouvé un « accès ontico-ontologique » au *Dasein* « adéquat [à ce qu']il exige *de lui-même* ».

Cette position du problème – bien que tortueuse dans son énoncé – donne un bon éclairage de la procédure de Heidegger, ou de ce qu'il entend par « phénoménologie ». Rien n'est donné au départ de l'ana-

1. § 28.
2. Chap. VI, § 39.

lyse « préparatoire » de la structure du *Dasein*, il faut trouver un fil, et celui-ci ne peut être que phénoménal. Mais ce qui est cherché, ce qui doit être montré dans le phénomène, c'est ce qui y est en « retrait » tout en y étant essentiel comme le « fondement » de ce qui ne fait qu'apparaître dans le « plus souvent ». Or si au plus souvent appartient la pulvérisation de l'ontique ; en élucider le fondement est dans tous les cas remonter à une *unité* structurelle dont puisse se vérifier qu'elle est *ontologique*. De la procédure, le nœud est donc que la dispersion existentielle du phénomène ne sera comprise que reconduite à l'Un-Total de l'existential.

Cherchant le « tout structurel de la quotidienneté du *Dasein* en sa totalité »[1], ce n'est évidemment pas dans celle-ci qu'on pourra trouver celui-là. Il y faudrait une « affection compréhensive » privilégiée, une possibilité d'ouverture capable de donner au *Dasein* « une "révélation" ontique sur lui-même »[2] telle qu'il y serait « transporté par son propre être devant lui-même ». Or elle existe : c'est l'*angoisse*. Heidegger ne la déduit pas, il l'encontre ; il n'assure pas qu'elle soit unique à répondre de ce qu'il cherche : rien ne permet de pré-structurer la compréhension ; ce qui, quoi qu'il en soit, rend « insigne » l'angoisse, c'est qu'elle met à nu l'être-à, et le met à nu sur le mode de « la totalité originaire d'être du *Dasein* ».

a. Il faut suivre la chaîne que construit Heidegger : l'échéance comme *fuite* du *Dasein* devant lui-même-en-tant-que-pouvoir-être-Soi-même authentique ; cette fuite comme *privation* d'une ouverture que par là-même elle manifeste ; le « détournement » existentiel comme se « *convertissant* » ainsi en « confrontation » existentiale avec Soi-même ; d'où enfin l'inférence où le point de départ se retourne : c'est « dans la mesure où le *Dasein*, ontologiquement, est essentiellement transporté devant lui-même *par l'ouverture*[3]...qu'il *peut fuir* devant lui ».

À un premier regard, l'analyse a porté sur le renversement de la fuite en attestation du « qui » pour qui il y a fuite, et l'objet de l'angoisse se dit alors le *Dasein* lui-même. À mieux regarder, le nœud de l'exposition est l'ouverture du *Dasein* à lui-même comme étant lui-même pour lui-même le « Là ». C'est en ce dévoilement du *Là* que

---

1. § 39.

2. § 40.

3. (Souligné par moi.)

réside le privilège de l'angoisse : tandis que la peur n'est que recul devant une menace intramondaine, et par là reste tournée vers le mondain, ce devant quoi l'angoisse s'angoisse ne la tourne vers rien d'autre que l'être même du *Dasein* en tant qu'ouvert. Inférence – ou compréhension – où le même terme vient à deux places : c'est « par » l'ouverture que le *Dasein* peut s'« expérimenter » comme « être ouvert »[1].

Deux points sont d'abord dignes de remarque. 1. On n'est pas parti d'une interprétation progressive de l'angoisse, mais de ce phénomène général entre tous qu'est le détournement dans l'échéance : d'où s'entend qu'il puisse être le plus apte à révéler ce qui constitue l'ensemble des touts structurels comme leur totalité. 2. Si l'analyse s'arrêtait là, ce qui s'en conclurait serait, en revanche, précipité : car le Soi-même devant quoi le Soi-même fuit, elle aurait bien montré qu'il est ouverture, mais n'aurait en rien montré qu'il soit proprement ce qu'il est, ouverture au monde, et la thématique de la conversion a, de fait, commandé souvent l'interprétation la plus opposée à cette ouverture-là.

Il faut donc épeler encore. Ce devant quoi l'échéance fuit n'est, on l'a dit, *pas* intramondain ; de ce biais, c'est, sans plus, un « *indéterminé* » ; de ce que dans cette indéterminité « le tout de tournure... s'effondre », s'infère que si menace il y a, elle ne vient *de nulle part* ; or le nulle part à son tour doit être lu comme *privatif* ; il ne renvoie pas à une absence nue mais « implique la contrée en général, *l'ouverture d'un monde en général* pour l'être-à essentiellement spatial »[2] : bref, que le monde perde sens le manifeste comme étant déjà-là, et « *le devant-quoi de l'angoisse est le monde comme tel* ». Comme tel, cela veut dire : non comme l'intramondain, mais comme ce qui le fonde : soit l'appartenance du monde à l'être-au-monde. Alors on peut conclure que ce devant quoi l'angoisse s'angoisse, c'est « *l'être-au-monde lui-même* ».

Deux remarques à nouveau.

Geste génial, assurément, est la mise au jour du basculement en vertu duquel il y a, dans l'effondrement propre à l'angoisse, l'imposition non d'une vacuité mais du monde comme monde de l'être-à : basculement qui, sous le nom de monde, retourne le rien-d'objet de

---

1. Heidegger écrira plus loin (p. 188) : « L'identité existentiale de l'ouvrir avec l'ouvert ».

2. P. 186. (Souligné par moi.)

l'angoisse en manifestation de l'à- originaire qui précède toute possibilité d'objet. Encore une fois, il n'y a aucune objection à faire à ce style d'analyse-là. On ne s'étonnera pas que nous ajoutions : sous réserve d'entendre que l'à- n'est pas plus que la condition de toute constitution ; et que si, en tant qu'à-, *nous* sommes, l'*être*, lui, n'est d'aucune façon, à aucun titre, à-.

Heidegger, à l'inverse, et retrouvant à la fin ce qu'il avait mis au commencement, peut conclure qu'il a trouvé ce qu'il cherchait : non seulement l'angoisse, ne s'angoissant pour rien du monde, ne peut s'angoisser que pour l'être-au-monde, mais du même trait le *Dasein,* qui ne s'y trouve plus compris de manière échéante, dans le chaque fois particulier de sa facticité, se trouve « rejeté... vers son *pouvoir-être-au-monde* authentique ». Et puisque le pouvoir-être a été reconnu déterminer le champ et les limites de la liberté, on sera fondé encore à écrire que l'angoisse place le *Dasein* « devant son être-libre-pour... l'authenticité de son être », auquel il est remis en totalité.

Il faut noter enfin l'insistance sur le « *solipsisme existential* »[1] attaché à l'angoisse : ouvert en elle comme être-possible, le *Dasein* ne peut l'être, et être libre, « qu'à partir de lui-même, seul, dans l'isolement » de l'être-à. D'où « *l'étrang(èr)eté* » caractéristique d'une affection qui n'a plus, dans le monde, de repères pour « où on en est » et revêt la modalité du « hors-du-chez-soi quotidien ». Mais il ne faut pas s'y tromper : le chez-soi perdu était fuite, et fuite justement devant ce que l'étrang(èr)eté signifie : que c'est seulement originairement, ontologiquement, que le Soi « habite » le monde, comme être-au-monde. L'être-au-monde comme le « en-vue-de-quoi » de l'angoisse, l'angoisse comme remise de l'être-au-monde à son pouvoir-être, le pouvoir-être-au-monde modalisé par l'angoisse en solipsisme dans l'étrang(èr)eté au monde, sont – dès qu'on y réfléchit –, une fois de plus, des approches distinctes mais synonymiques d'un *identique.*

Il arrive à Heidegger de récuser le mot « ontologie » comme investi par l'histoire de la métaphysique, c'est-à-dire par l'oubli de l'être dans une pensée qui n'avance qu'au fil de l'étant. Que la thématique de l'être-à ait son moment nodal dans l'angoisse peut se réarticuler, de ce biais, comme moment de la *pensée,* et ramener l'oubli de l'être, comme le dira explicitement *Was ist Metaphysik ?*, à un échec à penser

---

1. P. 188.

das Nichts[1] – disons : le *Rien* –. Or une telle pensée est un impensable si le rien est sans « contenu »[2]. Il doit donc y en avoir un, qui ne peut être que la négation portée sur « la totalité » de l'étant. Or c'est cette négation-là qui est intonée dans l'indétermination de l'angoisse, où « tout », nous-mêmes inclus, recule[3], mais c'est là aussi qu'en reculant, le Tout s'atteste – c'est le recul même et le recul seul qui est ouverture originelle de l'étant –, et se tourne vers nous en s'attestant. *Was ist Metaphysik ?* rejoint ainsi le moment nodal du texte *princeps* : l'être-à se présente « du même coup » que le rien, qui n'est rien que pour autant que le *Dasein* s'éprouve envers lui impuissant. Mais l'analyse conduite tout à l'heure au fil de l'*expérience* que fait le *Dasein* de sa fuite devant lui-même, encontrant le rien du monde dans cette fuite, est cette fois fondée sur la seule *idée* du rien pour y trouver inclus le *Dasein*. Amorce d'une évolution révélatrice des textes où Heidegger reprend et commente l'analyse de *Sein und Zeit*[4] et où ce qui était affection privilégiée du *Dasein* échappe peu à peu à celui-ci.

1. On ne saurait trop insister sur ce que Heidegger joue de dérivés de *Nicht* et d'eux seuls, jusqu'au verbe *nichten* : « tenir (quelque chose) pour rien », et au substantif *das Nichtung* : le fait ou l'effet de cette tenue-pour-rien. La traduction de Corbin par « néant », d'où suivent « néantir » et « néantissement », connote les termes d'une substantivation du *négatif* là où Heidegger ne vise qu'un retrait, un *privatif*. Les risques de contre-sens sont tels qu'on ne peut excuser la reprise, dans l'édition de *Questions I*, de la version de Corbin, laissant, sur ce point et sur plusieurs autres, le lecteur devant l'incohérence de celle-ci avec les traductions de ce qui, dans le volume, précède et suit.

2. Encore une parenté notable, et non explicitée, avec Bergson.

3. Heidegger retrouve, pour caractériser ce recul, écrivant que le rien est, dès que surgissant, répulsif et que cette répulsion est, comme telle, expulsion, des termes proches de ceux de Freud parlant du moment primaire de l'expulsion hors de soi (*Ausstossung aus dem Ich*). Rapprochement d'autant plus frappant que l'un comme l'autre tiennent ce moment pour antérieur à la négation, qui en résulte. Et, du même trait, placent le Logique sous condition d'une dialectisation primaire du en-moi/hors-de-moi.

4. Que, prononcé deux ans plus tard seulement, *Was ist Metaphysik ?* conserve l'analyse en modifiant l'angle d'attaque, on ne saurait y voir un simple artifice de réexposition. Que la « question » soit cette fois celle du rien privatif expulse le *Dasein* de la place structurante qu'il occupait : le « tournant » est pris. Le joint sera désormais : l'angoisse est cela qui nous « donne » la totalité de l'étant en la niant. Et l'accent ne sera plus mis sur le renvoi du monde en fuite à l'être-au-monde qui le précède, mais sur l'effondrement du monde lui-même, la perte de tout « appui », le « glissement », qui par là-même attestent du monde. Avec encore ce nouvel accent : le monde est, par sa privation, révélé comme « radicalement Autre » ; c'est seulement à partir de cette « étrang(èr)eté » du monde que fait retour la problématique du

C'est alors (dans la *Postface* de 43) non plus sur la pensée du rien mais sur le *rien privatif* lui-même – la perte comme implication du perdu – que la question est reportée d'emblée ; et l'angoisse est abordée comme l'expérience spécifique qui, en révélant la privation, révèle

---

Dasein qui, pour ce qu'il se « retient » à l'intérieur du rien privatif, « émerge » de l'étant comme « trans-scendant ».

Il faut encore noter l'embarras que suscitera plus tard chez Heidegger la fin de sa conférence, pour la façon dont on l'a lue. Le fait est que, comme emporté par son mouvement, écrivant que le *Dasein* éprouve dans le comportement négateur qui le « transit » sa « déréliction », qu'il est la « sentinelle » du rien toujours près de l'envahir dans l'angoisse sans que, de par sa finitude, il soit le maître de ce surgissement, Heidegger énonçait, dans une tonalité pathétique, ce dont se réclamera l'existentialisme français ; il n'en sera pas moins justifié à rappeler que la proposition cardinale reste celle de la page suivante : le rien « se dévoile comme com-posant l'être » de l'étant. Et justifié à protester qu'en écrivant « *ex nihilo omne ens qua ens fit* », il ne cédait en rien à une inquiétude, caractéristique au contraire de la métaphysique : c'est justement le dédain de la pensée à l'égard du privatif du « rien » qui aura empêché celle-ci de penser l'être.

On peut reconstituer l'évolution de Heidegger au fil de ces retours sur l'angoisse. La *Postface* de 1943 – dont par ailleurs on ne lit pas sans malaise l'auto-défense contre une interprétation pessimiste et paralysante de la conférence, à-contre la promotion de la « vaillance » – prend cette fois pour axe l'Être lui-même, « qui se distingue de tout étant », « autre pur et simple de tout étant » ; il n'y a rien « qui déploie son essence comme l'Être » et donne ainsi « à tout étant la garantie d'être ». Le déplacement amorcé par la Conférence s'accentue donc : dans celle-là, le mouvement déductif s'achevait sur la transcendance du *Dasein*, c'est ici de la transcendance de l'Être qu'on part ; et ce n'est que comme interpellé par l'Être que le *Dasein* se retrouve invoqué « à partir de l'attention à la voix de l'Être, en direction du disposer venant de cette voix ». Sur un ton non dépourvu de pathos : « Seul de tout l'étant, l'homme éprouve, appelé par la voix de l'être, la merveille des merveilles : Que l'étant est. » Ce qui était pathos tragique est relu comme pathos destinal-triomphal d'un « clair courage » devant l'« épreuve » ontologique de l'angoisse.

Enfin, dans l'*Introduction* de 1949, qui est plutôt une remise en perspective de *Sein und Zeit,* la mention même de l'angoisse a quasiment disparu – sinon comme mise en présence de l'oubli de l'être –, et le *Dasein* se dit : cela « dans l'ouverture duquel l'Être lui-même se dénonce et se cèle » en se « dis-joignant » ; simultanément, l'accent est bien davantage mis sur l'historicité (« âge moderne ») du retrait signé par la métaphysique et sur l'historial du retour de la vérité de l'être : « *Sein* n'est pas autre chose que *Zeit* pour autant que le "temps" est donné comme pré-nom à la vérité de l'Être » ; et le retour est désormais dit (mouvement déjà amorcé à la fin de la *Postface*) « événement de l'Être lui-même » : « la relation de l'Être à l'essence de l'homme appartient bien à l'Être lui-même ». Ainsi ce qui avait été donné d'abord comme ouverture du *Dasein* à l'être est devenu progressivement ouverture de l'être dans le champ du *Dasein*.

du même coup l'être comme ce qui y était affirmé en même temps que nié. D'où se tire la double conséquence que la pensée de l'être ne se délivre que sous condition de la privation qui la « circonscrit », et que « se trouver retenu à l'intérieur du rien » est ce qui permet au *Dasein* d'« émerger » – « trans-scendant » – de l'étant[1].

Au pas suivant (l'*Introduction* de 49), Heidegger opère, sur le « rien » d'*étant* délivré par l'angoisse, un mouvement de bascule : là où le rien révélait au premier abord, avec la fuite du Soi, celle de l'étant, il « dévoile » désormais – comme rien d'étant – « ce qui se distingue de tout étant et que nous nommons *l'Etre* » : d'où pour nous d'une part, dans l'angoisse, une « épreuve de l'Etre », « habitée par l'horreur », mais d'autre part c'est notre privilège d'être « revendiqués par la voix de l'Etre », appelés dans notre essence « en vue de la vérité de l'Etre » et de sa « garde ». Et cette interpellation même sera dite « événement » non plus du *Dasein* mais *de l'Etre lui-même*, selon l'historialité qui lui est propre.

Mouvement, au total, double. Dans *Sein und Zeit*, l'angoisse était une *affection du Dasein* qui avérait l'étant comme suspendu à l'être-au-monde ; à la fin du parcours, le retrait et le retour sont devenus *inhérents à l'Etre* lui-même, dans la vérité duquel c'est l'essence du *Dasein* de se tenir. Mais dans le même temps et comme par contre-coup, s'est singulièrement accentué le dramatisme de la condition du *Dasein* : éprouvé, appelé à ne pas se dérober devant « l'effroi de l'abîme », mais aussi, en vertu d'un privilège insigne, appelé à « honorer la bienveillance en vertu de laquelle l'Etre s'est transmis à l'essence de l'homme dans la pensée ». En sorte que là où *Was ist Metaphysik ?* désignait dans l'homme « la sentinelle du Rien », c'est de l'Etre qu'il est désormais dit le « gardien ». Cette évolution scande, bien entendu, celle de la philosophie heideggérienne dans son ensemble. Mais, autant que comme une mutation, elle apparaît comme le déploiement de ce qui était contenu *in nucleo* dans le texte *princeps* : l'ajointement du rien comme privation de l'étant à l'être, la révélation de l'être de l'étant prescrivant ce qu'il en va de l'être lui-même, la destination à la fois éprouvante et privilégiée du *Dasein* au regard de l'être. Il n'y a donc pas lieu de lire l'analyse de *Sein und Zeit* en faisant abstraction de ce qui l'a reprise au prix d'en déplacer les accents. Mais, de la

---

1. Mise en place du *Dasein* « à l'intérieur du rien » déjà amorcée dans *Was ist Metaphysik ?*

reprise, on est en droit de conclure que, par delà la recherche du phénomène engageant la structure totale du Soi, et par delà l'intonation qui le transit, c'est une *dialectique du rien et du plein* qui, de l'analyse de l'angoisse, fixait, aux deux sens du mot, le motif.

b. Que soit décisive, quant à la saisie de l'être, la position du *rien privatif*, que les deux syntagmes se « com-posent », ouvre à l'évidence une ère singulière dans l'histoire de l'ontologie. Ce serait une erreur de tenter un rapprochement même avec la pensée gnostique, puisque ici c'est le même être qui s'éclipse et qui, parce qu'il s'éclipse, s'atteste. Et Heidegger est, par ailleurs, fondé à écrire que si Hegel déjà posait l'être et le néant comme identiques en tant que pures indéterminations, également ment vides [1], c'est tout autre chose d'introduire que le rien n'est pas plus vide que l'être, ou plutôt est aussi plein que lui, comme faire-rien de ce qui est. L'être de l'étant est légitimé au point même où l'étant paraît se perdre ; l'être importe son ouverture jusque dans son retrait ; son « bordage » par le rien privatif est condition de la « com-position » de l'être. Et quand Heidegger enchaîne sur le possible comme constitutif du *Dasein.*, on peut aussi bien traduire, en vertu de la synonymie, que ce qu'il y a de privatif dans l'historialité de l'Etre désigne cela même au sein de quoi peut être saisie la vérité de celui-ci.

Prendre la mesure de cette opération de pensée sur le *Nichts* est d'abord saisir – et les premières traductions françaises ont tout fait pour égarer là-dessus – qu'il n'y a *pas* de place pour le « néant », le néant pur, le vide, le non-être, chez Heidegger ; le *Nichts* porte seulement sur ce qui *ne peut pas manquer* d'être. De là que l'ontologie se trouve portée par une « intonation » ambivalente, où se croisent le pathos de la « détresse » – quand l'étant fuit – et – dès qu'on remonte de l'étant à l'ouverture qui le porte – l'éprouver de la « merveille des merveilles : *Que* l'étant *est* ». Il n'y a *pas trace de dualisme ontologique* chez Heidegger. De soi, l'être ne peut pas manquer, justement parce qu'il peut s'éclipser.

L'être ne peut pas manquer mais la figure dans laquelle il se découvre, ou se pose, est « com-posée ». La perte « borde » la présence, et la seconde ne s'avère pas sans la première. On peut lire là une ambivalence essentielle – entendue soit comme celle de la foi que son assèchement même conforte, soit comme celle de l'incontournable

---

1. *Was ist Metaphysik ?*, dans *Questions I*, p. 40.

facticité au sans-fond de laquelle le fond lui-même est suspendu. On peut retenir que, du passage obligé par la perte, suit que, pour l'ouverture à l'être, le bordage privatif est aussi essentiel que le plein ; ou le recul aussi constant que la présence. Ce battement suit lui-même de ce que l'être n'est qu'au fil de la compréhension qui ne l'atteint pas sans avoir manqué le perdre. De sorte qu'il n'est *pas* non plus pertinent de mettre l'ontologie de Heidegger en parallèle avec une ontologie *strictement affirmative*.

Second constat : que le « que est » soit porté par le « que fuit » découle du mode — et l'implique — sur lequel Heidegger a fondé sa critique de la métaphysique, en *opposant* l'un à l'autre étant et être, et en les *liant* dans la structure du *Dasein* de telle sorte que le second puisse se définir comme le « devant-quoi » du premier. L'être et l'étant ne sont dès lors pas à la même place dans l'angoisse : la *différence ontico-ontologique* trouve là sa confirmation, entraînant à son tour que son vacillement ne peut que conforter l'évidence de l'être. De ce biais-là, le vécu de l'angoisse n'apporte rien de neuf à la systématique heideggérienne : il doit seulement attester phénoménalement le schème de la révélation de la primauté de l'être-à dans son arrachement à l'à- de l'étance.

Troisième remarque : Heidegger se maintient dans la tradition classique, et d'abord platonicienne, selon laquelle l'être constitue l'*étalon*, l'une-réserve d'existence, dont ne sont que monnaie les étants. Il est vrai que les étants sous-la-main ne "sont" pas au sens de l'être du *Dasein*, qui garantit seulement leur être en ce qu'il ne peut être lui-même sans être-à-eux. Et il est vrai qu'avec lui s'introduit jusque dans l'être la finitude en ce que le *Dasein* n'est lui-même qu'aux limites de sa facticité : de l'échéance de son pouvoir-être. Et que, plus tard, la finitude grèvera l'Etre de sa propre historialité. Mais cette finitude même s'entend sous le couvert du présupposé que l'être est privilège insigne du *Dasein* et tel que *rien d'autre ne se peut dire « à sa mesure »*.

Chacun de ces points requiert la discussion. Nous les reprendrons, compte tenu de leur portée, en remontant du dernier au premier.

1. Même si le *Dasein* est retenu dans sa facticité, l'ouverture de son être est *fondatrice* et pour lui et pour l'étant auquel elle apporte sa garantie. Autrement dit, l'être assure, directement pour le *Dasein*, indirectement pour le sous-la-main, qu'ils sont bien — et au moins jusque-là — *fondés*. Or, dans ce que nous avons reconnu comme la

rigueur de l'énoncé ontologique, l'être n'est que *fond*. Son concept n'emporte rien d'autre que la matière d'inconsistance sur laquelle s'arrache la multiplicité consistante de l'être-là. Il y a surdétermination de l'ontologie dés lors que l'être y est conçu comme la mesure ultime et absolue qui investit tout ce dont on peut dire qu'il est mais n'est qu'à un titre limité, restrictif[1]. Certes, c'est là une conception classique, mais surtout celle d'un classicisme qui réserve la plénitude de l'être à Dieu. L'idéalisme ne fit que la retourner ; et si l'être est pour Hegel d'abord le concept le plus pauvre, il n'hésitera pas à écrire, à la fin, renversant les termes, que « seule l'Idée Absolue est l'*Être* »[2]. Remplacez l'Idée Absolue par le pouvoir-être du *Dasein* et vous aurez la même implication de suréminence de ce qui est ainsi posé. Nous n'accorderons rien de tel : l'induction de l'être ne lui ouvre aucun privilège à mesurer. Nous le disons depuis longtemps : tout de même que le sujet ne peut être que celui de la proposition, *l'être n'a pas d'autre occurrence que l'énoncé qu'il indexe d'un fond*. Ce qui se dit là est, sans plus, que tout énoncé consistant sous le prescrit d'une axiomatique a par là-même implication ontologique. L'opération discursive, telle qu'elle s'institue, ne supplémente ou privilégie aucun des termes qui y sont constitutifs ; l'énoncé s'inscrit dans l'accolade de trois portées : la constitution de consistance, le sujet qui tout au long la soutient, l'être qui y est posé suscrit. Cela sans plus d'*aura*. S'en déduit, ce qui est trop souvent oublié, que si sujet et être sont moments constitutifs de l'énoncé, ils ne sauraient s'en laisser détacher, ni revendiquer un statut débordant le sien : seul *ce dont s'énonce qu'il est*, est, et *est* n'infère l'être que comme fond inqualifié de ce dont est énoncé « est ». Propos pour une ontologie modeste.

2. Nous "sommes" comme "est" l'arbre ; mais nous sommes, de surcroît, à l'Autre, et l'Autre n'"est" pas. S'en suit que l'énoncé, sa souscription et sa suscription, au même titre, ne "sont" pas ; ce qui est, c'est l'étant constitué dans l'énoncé. Ou : l'énoncé, son sujet, sa position d'être, qui tous ensemble portent l'appareil de l'affirmation ontologique, ne "sont" pas, quand bien même ils concluent à l'être. Ces distinctions sont, il faut le redire, capitales. Il en résulte que la « différence » axiale se situe bien moins entre l'étant et l'être, qu'*entre*

---

1. C'est exactement ce qu'impliquent les premières définitions de l'*Éthique* où la substance est clairement une surdétermination de l'être lui-même. Et c'est, bien entendu, la conséquence de ce que, en Dieu, l'essence enveloppe l'existence.

2. *Logique*, chap. final, Lasson, p. 483.

leur couple et le "n'est pas" de l'appareil discursif. L'être répond *dans* l'énoncé, sous le prescrit de l'Autre, non *de* l'énoncé en tant que tel – seul le Logos en répond –, mais *de ce qui* est énoncé comme étant ou être. Si tous ces termes ne sont pas mis en place, l'affirmation de l'être perd sa structure, autant dire sa rationalité. Disons : de part et d'autre de l'énoncé, qui n'"est" pas, il y a l'être de l'étant, qui s'en induit, et celui de l'existant qui "produit" l'énoncé, de ce qu'il est l'étant pour qui il en va de l'Autre.

3. L'être heideggérien *exclut*, de soi, *le vide*. Que l'être exclue le vide résulte de ce que l'ouverture, qui pour *Sein und Zeit* est l'être même, a toujours et essentiellement en face d'elle un devant-quoi ; et ce qui se dé-couvre dans l'angoisse, c'est un devant-quoi *total* – à la mesure, du moins, de notre facticité – pour un en-vue-de-quoi *total*. Le tour de l'angoisse tient en ceci que quand le « tout » de l'étant glisse en fuite, il emplit encore l'être affecté ; et que quand le Soi lui-même est pris dans cette fuite, c'est là précisément que tout ce qu'il com-prend est avéré. En d'autres termes, ce qui est déterminant quant à la définition de l'être comme *plein*, ce n'est pas que l'être-à soit toujours jeté dans le Là auquel il s'ouvre, mais que l'angoisse enveloppe *le prédicat de totalité* d'un côté comme de l'autre : tout l'étant possible pour le tout possible du *Dasein*. La privation n'est pas la négation, au contraire, elle maintient ce dont on est privé ; et puisque ce dont l'angoisse prive est le Tout, elle-même reste pleine. Heidegger, qui ne cesse de dénoncer l'oubli où peut venir à manquer l'être, fait argument de la recherche d'une « structure totale » – totalement compréhensive – du *Dasein* pour induire de celle-ci par prétérition qu'il ne peut y avoir de manque dans ce qui s'y dé-couvre de l'être[1].

Ce dernier débat met une nouvelle fois en pleine lumière comment le choix des voies de l'ontologie en commande le contenu. il oppose la compréhension dont la vocation est de se remplir sans césure, et la constitution dont la finalité est de tenir l'étant dans la logique de son bâti, toujours local : une logique, et mieux encore une axiomatique, n'est jamais pleine, elle défaille à elle-même quand elle assigne en quelque point que ce soit le plein – dont on voit comment il est synonyme du Tout et de l'Un.

---

1. C'est autre chose de poser que le *Dasein* dé-couvre la totalité de son être, et de poser que, parce que le *Dasein* est en cette ouverture lui-même fondateur, l'être demeure infondé.

Aussi bien ce plein qui est prescription heideggérienne principielle s'avère-t-il une seconde fois, et sur un autre plan, attesté, comme on va voir, dans la structure propre de l'existant qui s'angoisse.

c. On cernera mieux ce qui, sous l'intitulé du plein, est en jeu, par une nouvelle confrontation avec Lacan[1], qui introduit l'angoisse par la distinction entre deux identifications du « sujet », la première à cet objet qu'est sa propre image telle que modelée sur celle de l'autre, la seconde à l'objet absent, irreprésentable, de son désir, effet de perte résultant de la prise du sujet dans la chaîne signifiante, autrement dit de ce que quelque chose de l'objet a été soustrait du fait de la relation constituante non plus à l'autre mais à l'Autre[2]. Le sujet est alors au désir comme – j'ai déjà renvoyé à l'appareil de Bouasse – devant un vase dont lui est dérobé le contenu. Or l'angoisse surgit au moment où quelque chose vient, troublant la constitution du désir par la perte de son objet, *emplir* le vase[3]. Les termes sont donc à la fois semblables et contradictoires avec ceux de Heidegger. Semblables en ce que la condition de l'angoisse est une perte privative : pour Lacan, celle du « chu » de l'image qui commande de son manque la procédure du désir ; et semblables en ce que la perte – le rien, la chute – « encadre » le perdu qui ne fait retour qu'en « émergeant » d'elle. Mais contradictoires en ce que l'angoisse est – c'est l'inédit de l'analyse de Lacan – provoquée par le *manque du manque* : par un retour abrupt et sidérant de ce qui dans la structure du sujet désirant échappe comme son « res-

---

1. Le *Séminaire* 1962-63, consacré à *l'Angoisse*, se développe sur un mode passablement diffus pour deux raisons : d'une part, il constitue surtout le premier développement majeur sur l'objet partiel, perdu, du désir, dit objet (*a*) ; d'autre part, l'angoisse y est alors spécifiée comme l'une des structures, – on peut dire, le cas limite – où entre le (*a*). La construction se fait, dans ses grands traits, ainsi : moment de l'identification imaginaire, qui s'écrit *i(a)*, où *a* est l'image de soi dans le miroir ; moment du Symbolique : le « trait unaire » est l'inscription du sujet dans le champ du signifiant ; glissement, de ce fait, du fait donc du passage dans l'Autre, de *i(a)* à une image virtuelle *i'(a)*, où *a* se trouve entamé d'une partie de lui-même, qui est proprement l'objet (*a*), dont le manque est la cause du désir ; l'angoisse, enfin, est l'effet d'une advenue au ne pas manquer de ce qui était structuré comme manque. Essentiellement, ce qui est perdu en (*a*) est le phallus, d'où son écriture comme -Φ ; de là que l'angoisse par excellence est l'angoisse de castration.

2. Transcrits ici respectivement comme *i(a)* et *i'(a)*.

3. Je simplifie outrageusement le schéma. Pour faire entendre que l'objet (*a*) est présent dans sa perte même et que ce qui spécifie le fantasme c'est une coupure dans laquelle le (*a*) surgissant vient s'encadrer, Lacan renverse l'image : c'est le bouquet qui est visible et est caché le vase qui vient, devant le miroir parabolique, l'enfermer.

te » et dont le manque est, pour ce sujet, proprement constituant. La réponse au remplissement de cette structure de manque constituante est ce qui se signe dans l'angoisse.

Que de prime abord ce soit le propre de l'angoisse de n'avoir pas, au contraire de la peur, d'objet assignable, chacun en convient. Quand Lacan énonce que l'angoisse n'est elle-même « *pas sans* objet », la formulation est faite pour laisser entendre que l'objet en question, quand bien même il fait irruption, continue de se dérober, et pour cause : c'est celui qui est de toujours perdu. À son tour, ce surgir-perdu s'explique par – voici l'essentiel – l'inversion des places du défaillir : pour Heidegger, c'est l'étant qui glisse et en glissant révèle au *Dasein* qu'il est lui-même l'être-à qui soutient l'étant ; dans l'expérience analytique, c'est le sujet qui s'évanouit quand l'objet, cessant de manquer, révèle que le désir n'a que le manque pour se soutenir. Exemple typique du retournement du psychologique, avec lequel se confond ici le phénoménologique, par l'analytique. En d'autres termes, bon exemple du procès par lequel, en élaborant logiquement la structure du désir – fixant la place où s'y tient le sujet, en « exclusion interne » à son objet –, l'analyse met au jour ce qu'il y a de pré-critique jusque dans le développement le plus ambitieux de l'herméneutique.

Ce que nous en retiendrons est que, si la structure de l'angoisse doit être inscrite dans celle du désir, alors elle n'advient pas à la manière d'une fuite totale et du pouvoir-être et du monde, et ne découvre pas dans ce trait même le « tout » et de l'être du *Dasein* et de l'étant, mais qu'elle a pour pivot un manque *local*, intérieur au "monde", le hantant comme l'absence, quelque part en lui, de la Chose : quelque part à quoi le désir et par lui le sujet ne cessent de faire retour. Du possible au projet, de l'échéance à la liberté, Heidegger ne connaît, au contraire, rien qui vienne faire inéluctablement *trou*, rien qui atteste d'un manque constituant *dans* mon pouvoir-être – ce qui est tout autre chose que de dire que l'échéant de prime abord me détourne de ce pouvoir –. C'est le type d'énoncés dont Lacan fait grief à la philosophie. La constitution du désir montre que ce vers quoi celui-ci se porte manque structurellement, que ce manque est précisément ce dont il se soutient, que la réalité à son tour est suspendue, pour le désirant, à ce point où d'elle, en elle, quelque chose, la Chose, se dérobe, qui commande de sa fuite le procès du sujet. Tel est le cadre où se lit l'angoisse, comme la soudaine obturation d'un en-défaut fondateur.

Si l'analyse lacanienne n'est, une première fois, pas réfutable quand elle met en évidence la dépendance de l'angoisse, comme trait symptômal, aux avatars structurels du désir, on sent bien qu'elle ne retire pas, au prix d'y opposer un trait de structure, toute pertinence à l'analyse phénoménologique heideggérienne, qui ne prendra tout son sens que quand elle passera le relais au *souci* : « être-déjà-en-avant-de-soi-dans-(le-monde) comme être-auprès (de l'étant faisant encontre) »[1]. Il suffira alors de retenir que, sous le nom d'angoisse, Heidegger entend un *défaillir* du Soi comme être-auprès du monde, tel que, de cet être-auprès, le défaillir même est finalement le garant. Ce qui, en revanche, continuera de faire problème est une analyse du *Dasein* qui n'y prend pas en compte la *structure de manque*, une analyse qui tient le pouvoir-être du *Dasein* pour lui-même un Là et un Là qui peut être « recouvert » (dans l'inauthenticité), mais que le recouvrement ne *creuse* pas en son « dedans ». Nous avons déjà dû prendre acte, et nous y reviendrons longuement, de ce *troué* qui spécifie l'existant. Le dénier est justement ce qui conduit à substituer, au castratif qui marque l'existence, le frustratif d'un être en fuite[2].

Aussi bien, ce qui commande une seconde fois l'incomplétude dans la structure du sujet n'est pas le désir mais la subversion de l'existant par le discours, subversion dont le désir, comme soutenu par le manque, est lui-même un effet. Et comment serions-nous – Lacan dirait : à la langue, nous dirions : à l'énoncé – sans porter en quelque point nodal de nous-mêmes le stigmate du *ne pas "être"*, propre au discours ? Comment, si c'est dans et par le discours, et nulle part ailleurs, qu'il y a instauration d'un sujet ? Lacan ne s'y trompait pas, dont on peut penser qu'il entendait faire pièce à Heidegger quand il adoptait les accents du métaphysicien, élevant l'objet partiel au concept de la Chose à la fois dérobée à jamais et parlante, qui nous hante dans l'insistance de son absence : rôdant non pas autour de nous mais *en nous*, récusant pour nous toute plénitude, même possible, de présence à nous-mêmes[3].

---

1. P. 192.

2. Autrement dit, Heidegger ne manque pas moins que Merleau-Ponty la structure de manque par laquelle le Symbolique marque de la castration l'existant.

3. Quand bien même on avancerait – et ce ne serait pas absurde – que la figure lacanienne de la Chose a emprunté à celle de l'Être – à la fois voilé et présent en la parole du poème – dans les textes heideggériens postérieurs à la *Kehre*, il resterait l'essentiel : l'être heideggérien nous interpelle de ce qui vient à la lumière de lui-même, la Chose lacanienne du trou qui fait bord dans notre égoïté.

Ce moment annonce un tournant sur notre propre chemin. Sous l'intitulé du discours, de l'énoncé, du logique, nous avons reconnu ce qui commande que toute expérience soit sous condition de sa constitution. Venant par approches successives à l'*existant* qui s'éprouve mis au travail du discours, nous devons prendre la mesure de ce que cette condition ne le laisse pas lui-même intact, qu'il en paye le coût ; de ce qu'est ce coût se déduit qu'il n'y a pas de constitution de l'existence qui se referme, qu'elle est par là en exception, bref que, justement pour ce que nous sommes à l'Autre, nous ouvrons une place d'*incomplétude* et quant à ce que nous avons d'être et dans ce qu'entraîne pour nous le prescriptif de l'Autre. Ce n'est pas dire qu'il n'y a pas de logique – paradoxale – de l'existant : en un sens, tout l'effort de Lacan fut de tenter de l'établir sur ce qu'elle requérait une autre logique ; d'autres quanteurs[1], une autre topologie[2] ; sans toutefois qu'il parvînt à en établir la synthèse, qui reste à faire.

Mais il faut ajouter que retenir le manque comme constitutif *de l'exister* est fixer et limiter le champ de sa pertinence. Or la tentation ne fut pas douteuse, chez Lacan comme elle l'avait été chez Freud, d'induire, de ce qu'est *celui qui énonce*, ce que ne peut manquer d'être *l'énoncé*. Autrement dit, de tenir pour illusoire toute constitution de l'énoncé qui ne ferait pas sa place à la constitution en creux du sujet, et partant au manque. Ce glissement n'est pas tenable et se démasque facilement dès qu'on y reconnaît un usage amphibologique des termes « discours » et « sujet ».

Quant au discours : c'est à proprement parler en tant que *signifiants* que ses termes se trouvent déterminer la place où le manque advient au sujet. Signifiant, c'est-à-dire ce moment de la langue qui fait barre au signifié, lequel ne se peut dès lors atteindre que par le double jeu des métaphores (du sujet) et des métonymies (du désir). Moment, pour le dire plus rigoureusement, de la « chaîne signifiante » dont ce sont la concaténation et tous ses modes d'enjambement qui « représentent » le sujet. Ou pour le dire plus rigoureusement encore, moment où le signifiant est « ce qui représente le sujet pour un autre signifiant ». Ce qui se trouve déterminé par là, c'est où le sujet, tel

---

1. Le « pas-toute » castrée de la femme, et le : de l'homme, « il y a quelque un qui » castré « ne l'est pas ».

2. Celles de la lame à un seul bord, des corps qui se traversent eux-mêmes et des ronds de ficelle dont le nœud se dénoue dès que l'un quelconque d'entre eux vient à s'ouvrir.

que constitué dans ses échéances singulières, en est avec l'Autre. Or cela ne dit rien du discursif, cela ne dit rien du logique, cela ne convient pas avec l'énoncé. *Ce n'est pas avec des signifiants mais avec des concepts que procède le discursif* ; et du concept, ou du mot comme concept, il n'y a pas de barre qui le sépare de ce qu'il emporte dans l'énoncé ; un concept peut tomber dans la place du signifiant, mais c'est alors un concept détourné, aveuglé par la chaîne dans laquelle il est pris : soit un accident *existentiel* du discursif proprement dit. Sans doute Lacan, en insistant sur ce qui traverse tout langage d'équivoque, peut-il renvoyer de la langue à « Lalangue » comme à un Réel qui déborde tout usage de maîtrise ; mais ce fut le propre de la Sophistique d'identifier ainsi langage et concept, et le psychanalyste devient sophiste quand les bévues du premier passent à ses oreilles pour investir le second. Ce que Badiou appelle la dérive « langagière » de la pensée contemporaine se repère exactement au point où Socrate, quand il réclame l'analyse des termes sur lesquels il pousse l'interrogation, les délivre en fait de la langue pour les reconduire au concept[1]. *Ce qui advient dans la langue, c'est de n'en être pas affecté qui spécifie le discours.* C'est pourquoi le privilège du mathème qui tient, de la détermination purement fonctionnelle de ses termes vides d'argument, une exactitude sans pareille ; mais s'en suit aussi bien que de tout argument strictement tenu dans les prescrits de l'axiomatique qui le gouverne, l'articulation logique est sans reste pour la production d'un discours consistant.

Quant au "sujet" : certes, le Je qui énonce, l'existant – tel est bien plutôt, je l'ai dit, le nom pertinent –, passant « sous les fourches » de l'Autre, en sort décomplété, pluriel dans sa constitution, et fait par là exception aux prescriptions qui assurent la consistance de l'étant ; mais l'existant n'est à aucun titre le sujet de l'énoncé qui n'a, lui, pas d'autre fonction que de tenir dans le creux de son accolade les termes et leur relation, au sein du champ axiomatique qui règle la situation en question. *Le sujet appartient à l'énoncé, non à l'énonciateur* ; il est au champ de l'Autre, non à celui de l'existant ; l'existant est un *Ego* sous condition de l'Autre, le sujet est un moment de l'Autre. Quand, dans une formule mémorable, Lacan écrit : « Qu'on dise reste oublié derrière ce qui se dit dans ce qui s'entend »[2], quand il traduit : c'est

---

1. Ce qu'au reste, Lacan semble parfaitement entendre quand il cherche à définir ce qu'était pour Socrate l'épistèmè, dans le Séminaire sur le *Transfert*.

2. « L'étourdit », in *Scilicet*, 4 et dans *Autres écrits*.

où la logique même fait toucher le discours à sa « modalisation » par l'existence, et où « l'énonciation[1]... située du discours..."ex-siste" à la vérité », il creuse l'énoncé et la vérité par le modal attaché à l'existentiel ; mais *l'énonciation n'est pas l'énoncé* ; et ce qui définit la logique de l'énoncé, c'est justement son indifférence à l'énonciation, non pas empiriquement mais constitutivement. Il y a, oui, une logique de l'énonciation. Mais ce sera toujours erreur que de croire qu'elle prime sur la logique de l'énoncé. Il est vrai qu'il y a une vérité modalisée par l'énonciation, mais ce n'est pas celle du discours en son sens propre. Et à vrai dire, qui en doute ? Tenir le contraire serait donner une version moderne du « l'homme est la mesure de toute chose » protagorien.

On touche ici à une troisième, et plus fondamentale, amphibologie, celle qui concerne l'*Autre* et qui tient à la polysémie du terme déjà invoquée : à la fois *prescriptif* de l'intelligible, ne s'autorisant que de soi, tel que je n'ai pas cessé de l'entendre, et *lieu* où s'est inscrite la chaîne signifiante, avec lequel ou dans lequel l'existant se débat, qui, en tant qu'il porte la logique du signifiant, porte bien la logique elle-même mais sous sa forme, pour parler comme Heidegger, « modifiée », et, pour parler comme Lacan, « modalisée ». La modalisation n'est pas le discours *princeps* ; et, par exemple, la répartition des places dans le jeu du pair et de l'impair n'a rien qui offusque la pure logique, elle ne devient automatisme que pour celui qui « ne savait pas », ne savait pas qu'il y était pris. Bref, souligner la portée et le poids logique de l'exception ne saurait être en faire la règle fondatrice enveloppant le Logos lui-même, si c'est au contraire le Logos qui requiert qu'acte soit pris de l'exception. C'est toujours le logique qui est pertinent : pour tous les ordres du discours, et jusque pour le discursif de l'énonciation quand il met celui-ci en exception Tout énoncé se supporte de son sujet, et non de son énonciateur, y inclus quand il constitue – ou creuse – l'énoncé dans l'énonciation. C'est comme tel qu'il doit être entendu. Et c'est ce qui fondait, plus loin encore qu'il ne l'entendait, Roland Barthes à prononcer la mort de l'auteur.

Tout cela dûment distingué, on n'oubliera encore une fois pas que dans ce qui a été élaboré du signifiant, de l'énonciation, du modal,

---

1. Il faut entendre ici : l'acte d'énoncer, sans plus, et non le passage de l'énoncé à l'énonciation comme moment où le sujet advient à la lucidité de sa place dans l'insu de son discours.

bref de l'exception, un éclairage philosophico-logique essentiel a été apporté sur la constitution du discours en lui-même. Au premier chef, l'articulation de la *chaîne* où le sens se génère du renvoi d'un terme à un autre, de proche en proche, redistribuant ainsi tout préalable référentiel éventuel. Et son corrélat, le *sujet vide* comme ce qui n'y est rien d'autre que le représenté par chacun des moments de la chaîne pour le suivant. Schème dont j'ai largement usé, fondateur pour tout ce que nous avons dit de la suffisance à soi du discours et de la condition du sujet qui n'en est pas plus que le souscripteur. C'est même la réflexion sur ce schème qui m'aura conduit à la proposition nodale qu'il n'y a sujet que de l'énoncé, soit du temps où la chaîne se referme pour se constituer en discours.

d. En avons-nous ainsi fini avec l'angoisse ? Pas tout à fait. Car il faut encore souligner que, dans la lecture de Heidegger, l'angoisse est marquée par son caractère échéant : au suspens d'advenir ou de n'advenir pas pour un *Dasein* « qui demeure le plus souvent recouvert pour lui-même... par l'être-explicité public du On »[1]. Heidegger n'a, au vrai, rien d'autre à dire là-dessus, sinon qu'il suffit que la « rareté » de l'angoisse laisse tout de même sa place à l'ouverture originaire qu'elle est, quand l'affection en survient. Mais on pourrait avancer que, par là, se trouve impliqué un trait structurel de l'angoisse que nous n'avons pas encore signalé : ce qu'on peut tenir pour son *événementialité.*

Je n'entends pas désigner par là seulement l'occurrent de l'angoisse, ou inversement le tournant ontico-ontologique qu'elle constitue, mais la *structure de la situation* heideggérienne d'angoisse, une structure très particulière, qui appelle la confrontation avec la définition qu'a proposée Badiou de la situation événementielle[2] : soit une situation à laquelle un élément appartient sans cependant y être inclus, autrement dit une situation dans laquelle un élément est bien présenté mais sans que rien soit par là présenté de son contenu. Ainsi le Soi et le monde n'appartiennent-ils à la situation d'angoisse que comme des figurants muets : en fuite, indéterminés, rien ne peut plus être assigné de ce

---

1. P. 190.

2. Une fois encore, je ne conserve ici que le squelette de l'exposition, sans l'appareil qui la fonde dans la théorie du Multiple. De surcroît, j'ai parfois dû substituer, à ceux de Badiou, d'autres termes, pour éviter une synonymie avec ceux dont j'ai fait usage dans une autre acception. Cf. *L'être et l'événement*, méditations 20 et 22. On verra que *Logiques des mondes* modifie profondément la structure de l'événement.

qu'ils sont ; mais ce qu'avère l'angoisse, c'est qu'ils sont bien Là. Et si, parce qu'un site événementiel n'a rien, dans la situation, qui l'assure dans l'ouverture de sa composition, Badiou le dit « au bord du vide », ce syntagme devient littéral[1] touchant ce devant quoi l'angoisse s'angoisse.

Ce point d'arrêt dans la constitution d'une situation est, dans la définition de Badiou, ce qui ouvre un champ à l'événement, dont la condition est une « intervention interprétante », qui prélève parmi les éléments présentés ce qui pourrait constituer une partie supplémentaire susceptible de venir au lieu où il n'y avait que de l'imprésenté ; et puisque cet Un-là n'est pas, de soi, donné dans la situation, non seulement il faut, pour le déterminer, l'indexer d'un nom supplémentaire, mais il n'existe que sous condition de son interprétation dans ce nom. Or cette intervention, n'est-ce pas chez Heidegger le renversement ou reversement du vide du Soi et du monde dans le plein de l'être-au-monde ? « Ce devant-quoi fuit l'échéance comme fuite devient désormais visible », interprété non plus comme fuite « *devant* l'étant intramondain mais... *vers* lui » ; autrement dit : que je voie la quotidienneté se vider bascule et se remplit dans : c'est moi qui me vidais dans la quotidienneté. Et le nom supplémentaire est « l'étrang(èr)eté » au *Dasein* du monde de la quotidienneté, qu'il saisit maintenant comme un « hors-de-chez-soi »[2].

Que l'événement, enfin, soit indécidable, s'atteste de ce qu'il n'appartient pas à la situation. Entre le vide qu'il va remplir et ce qui sera son remplissement, il faut, pour que celui-ci advienne, qu'il se soit « interposé » lui-même dans ce qui deviendra son propre bord : ce qui revient à dire qu'en exception au prescriptif de la constitution, il s'auto-appartient. La quotidienneté, loin d'appeler le je-suis-hors-de-chez-moi, le recouvre ; la « publicité concrète du On... apporte le calme de l'auto-sécurité, l'"évidence" du "chez soi" dans la quotidienneté médiocre du *Dasein* ». La situation-angoisse est l'ébranlement de ces assurances ; mais n'en dit plus qu'à pointer ce qu'il y a dans cet ébranlement de privatif, à en forger la définition et à interposer celle-ci entre l'imprésenté de l'en-fuite et le présenté de la conversion.

Parvenu là, le rapprochement structurel bute sur ce que l'événement est décision, un terme dont nous savons qu'il n'est pas pertinent

---

1. À condition de ne pas oublier que ce n'est que vide privatif.
2. Pp. 188-189.

à ce stade du cheminement heideggérien. L'angoisse est un phénomène qui « montre » le familier comme « un mode de l'étrang(èr)eté
du *Dasein*... et non pas l'inverse »¹ : l'affection n'introduit pas au
choix mais inclut comme possible son interprétation. Que le *Dasein* y
advienne semble devoir s'entendre comme une chance ; il est vrai
qu'on peut aussi entendre tout *Sein und Zeit* comme un apprendre à
comprendre ; mais on bute toujours sur ce que l'existentiel, bien que
lui appartiennent tous les réquisits de l'existential, n'a pas en soi, hors
le survenir de l'angoisse, la ressource pour les *choisir*.

De ce qui apparente l'épreuve de l'angoisse à l'événementialité
découle au moins, trait décisif, que l'ontologie heideggérienne, parce
qu'elle est passage de l'inauthentique à l'authentique, exclut l'anhisto-
ricité traditionnellement attachée au dit de l'être, qu'elle ne cesse pas
d'avoir une dimension *historiale*, et que, partant, elle ne peut échapper
– pour l'essentiel – à la structure propre de l'historique. Le *Dasein* est
« menacé » de se perdre dans l'habiter hors-de-soi, dans l'intramondain ; qu'éprouver la menace comme telle lui fasse saisir l'étrang(èr)eté
de cette situation, alors, mais alors seulement, dans la mondialité peut
se dé-couvrir la mondanéité et le Soi peut habiter auprès-de-soi. Il y
faut le passage par le *moment* portant la structure de l'événement.
Plus exactement, l'historicité revêt ici un double sens. D'une part,
avant l'angoisse, il n'y avait, dans le recouvrement, que de l'historique
au sens trivial ; l'historial était bien déjà-là, en attente, mais l'ouverture
de l'angoisse seule est le moment de son instauration. L'événementiel
est alors le lieu de la seule Histoire qui mérite son nom, soit le passage
de l'historique à l'historial, où le *Dasein* est en son seul être authentique, celui du pouvoir-comprendre qu'il est. Mais, d'autre part, l'angoisse est un moment intemporel de l'ontico-ontologie ; et
l'événementiel réside seulement dans l'en-venir-à ce qui n'a jamais
cessé d'être. Tandis que Badiou conclut que l'événement, risque pris
d'un faire-un qui pour pouvoir s'énoncer se requiert lui-même, trace
une coupure irréductible entre l'historique ainsi défini et l'ontologique, Heidegger argue de « l'identité du devant-quoi de l'angoisse et
de son pour-quoi » pour reconnaître en elle « un mode fondamental
de l'être-au-monde »² : un moment herméneutique de l'ontologique.

---

1. P. 189.
2. P. 188.

La spécificité de l'événement tient, pour Badiou, en ce qu'il échappe structurellement à la constitution ontologique. Tandis que l'angoisse est, pour Heidegger, un – voire, le – moment constituant dans lequel, venant à se comprendre lui-même, l'être est à-découvert.

Cette opposition qui fait passer l'ontologie heideggérienne dans la structure de l'événement sans l'assumer jusqu'au bout, est bien entendu l'opposition entre axiomatico-logique et compréhension. Nous dirons, quant à nous, que l'événement ponctue la « franchise » – au sens où se dit un territoire franc – du discours au regard de l'être. Et le risque qui y est pris. L'angoisse, elle, est sans "franchise" : elle advient ou n'advient pas, mais dès qu'elle advient elle est, comme compréhension, synonyme de l'être. Il y a place chez Heidegger pour le dé-couvrement de l'être, mais non pour ce qui serait constitution *en exception* à l'être. La résolution de l'angoisse va à l'opposé de cet énoncé en excès – en excès au discours de l'étant d'où s'induit l'être – qui structure l'événement : la résolution heidéggerienne de l'angoisse, c'est le plein de l'être simplement advenu.

e. Nous sommes en mesure de conclure : ce qui fait le fond de l'analyse heideggérienne de la « libération » de l'être dans l'angoisse, c'est la dialectique du *rien* et du *plein*. Ce qu'il y faut entendre, ce qui spécifie le tour heideggérien, ce qui lui donne au premier abord une armature logique, c'est que *le Rien y vient, par le biais du privatif, comme argument du Plein*. Mais quelle est – de quel registre – une argumentation qui opère sur ces *termes absolus*, « le » rien et « le » plein ?

Le glissement du monde en fuite devant un être-au-monde en fuite devant lui-même et le rien privatif comme nécessaire au dé-couvrement du plein qui le « circonscrit », ponctuent le moment de comprendre « l'identité existentiale de l'ouvrir avec l'ouvert »[1]. Ce qui rend l'expérience cruciale, c'est que l'être, étant Tout, ne peut être menacé que par sa propre absence, et ne peut répondre à la menace que par l'impossibilité de nier la totalité qu'il est. Ce qui rend l'expérience possible, c'est qu'elle n'est pas négation mais conservation de l'affirmation dans la privation. Ce qui fait le succès de l'expérience, c'est qu'elle a mis au jour ce qu'on cherchait : une structure totale du tout du *Dasein* comme être-à. Mais ce qui fait douter de la légitimité de l'expérience, c'est précisément cette *totalité* qu'elle cherchait.

---

1. P. 188.

On voit de suite que c'est tout autre chose de dire, comme Lacan, qu'à la structure de l'existant le manque est moment constituant. Et c'est tout autre chose encore de dire, comme Badiou, l'être soustractif, et l'événement irréductible à l'être. À proprement parler, il n'y a ici comme là aucune figure du rien ni du plein, mais des structures localement déterminées. Quand Lacan met entre parenthèses l'objet perdu, et justement dit partiel, ce qu'il désigne est en définitive une absence d'autant plus insistante qu'impossible à saisir, mais locale. Et le manque-à-être du sujet, statut inscrit dans son advenue au Symbolique, signifie à son tour non pas absence-à mais creux dans l'être, et structurellement assigné. Bref, *le manque est toujours situé*. On fait un contre-sens quand on croit pouvoir induire de l'insistance du terme une philosophie du manque, où celui-ci ne serait plus un moment dans la constitution mais un terme ultime, générant avec l'être un nouveau dualisme, une néo-gnostique. Le manque est toujours en inclusion. Quant à l'être, si Badiou le dit le « vide », cette nomination se spécifie de désigner le soustractif induit par toute opération du faire-un, que nous savons toujours locale[1]. Et si à l'inverse l'événement est supplément, c'est au regard d'un vide local encore et au risque, encore une fois opératoire, d'en forcer en son lieu la récollection. Nous retrouvons là ce dont nous avons dés le début dit axiomatique la prescription : *il n'y a discours que de la constitution du local*.

D'où ce qui met en impasse le montage de Heidegger : le Tout du rien comme du plein, l'absoluité des deux termes. Car à les manier de la sorte, on s'enferme dans une situation que rien ne peut structurer, sinon la « circon-scription » qui atteste globalement de la privation. On dira que celle-ci assure logiquement le passage du rien de l'angoisse au plein du *Dasein* et de son monde. Mais on ne sera pas plus avancé, parce que cela revient à dire que l'être-au-monde s'était tout entier perdu et s'est tout entier retrouvé, en sorte que *rien*, sauf dans le sens de l'intonation, *n'est arrivé* : l'ouverture à Soi n'a pas le même sens mais a exactement le même être que la fuite devant soi. Il en irait autrement si pouvait être assignée une *différence structurale* entre le moment de la perte et celui du plein ; et, pour autant que les deux moments sont, en dernière instance, ceux de l'existentiel et de l'exis-

---

1. Vide si peu indéterminé que, sous l'espèce de l'ensemble vide, il fonde de son itération le Multiple de la constitution, au titre de l'axiome dit justement « de fondation » : il n'y a pas de multiplicité ordonnée si un élément au moins, dit « initial », n'y est pas spécifié comme « au bord du vide ».

tential[1], il n'est pas exclu qu'aurait pu – et dû – y être reconnue une différence de structure quand *Sein und Zeit* aurait, comme c'était son propos, repris l'analyse du point de la constitution du second[2] ; mais à la place où vient l'interprétation de l'angoisse, rien ne permet d'indicier une quelconque différence ; et le mouvement se résume en un simple retournement, dans le style d'un "c'était là, comme le plein, là où je croyais qu'il n'y avait plus rien". Aucun dessillement herméneutique de ce type n'est opération argumentative. Jouant d'un dual sans reste de la disparition et de l'imposition, Heidegger excipe du moment logique de la privation au tournant d'une conversion qui n'a que faire de la logique, et il paye là le prix du mépris où il tient cette dernière. De négation comme d'affirmation, il n'y a que discursives, et partant aux limites chaque fois de ce qui distingue les moments de l'opération.

Il est vrai que c'est le propre déclaré de la « tonalité » d'investir chaque fois l'existence comme un Tout qu'elle qualifie de part en part ; et il est vrai que c'est un trait dont elle fait argument : « la tonalité a à chaque fois déjà ouvert l'être-au-monde *en tant que totalité... * L'affection... ouvre à chaque fois l'être-au-monde total »[3]. Nous répondrons qu'il n'y a pas de plus sûre marque de l'inadéquation de l'intonation à la structure d'une démonstration. Et si l'on veut objecter que la compréhension doit justement être entendue comme un tout autre style de "preuve" que l'argument logique, nous demanderons : qu'on relise les pages 185-186, et qu'on ose avancer que cette argumentation sur le « quoi » du « devant-quoi » ne prétend pas constituer une démonstration dans les règles. Aussi bien, ce à quoi nous en avons, c'est le leurre d'une démonstration dont est, au principe, exclue la forme prescriptive. Pour le dire autrement : le rien et le plein sont figures de la seule pensée *mythiqe*, impropres à la pensée philosophique : figures inversées du même Total où le mythe se précipite pour ouvrir une voie vers ce que, précisément, le Logos interdit.

On peut ponctuer d'une seconde façon ce qui sous-tend le cheminement de Heidegger à l'écart des prescriptions fondatrices de l'argumentation logique. Il souligne sans cesse la *finitude* de l'être du *Dasein* qui n'est jamais que factice, fond auquel est refusé un fond, et qui se saisit dans le solipsisme d'une expérience qui ne répond que de cha-

---

1. Le premier venu au moment où il ne peut plus que virer au second.
2. Mais ce n'est pas le parti pris par Heidegger après la *Kehre*.
3. Chap. V, § 29, p. 137.

cun, quand bien c'est comme le plein dont atteste la tonalité que l'être y est avéré. Or si « libération » il peut y avoir, c'est celle où la pensée se tient à hauteur de sa dimension propre, qui est celle de l'*infinité* : celle du procès de l'intelligible, tenu entre le toujours local de son départ et la contradiction qu'emporterait tout point de clôture dans la concaténation des chaînes de raisons ; et celle du concept même du couple finitude-infinitude, où s'est dégagée, comme le réquisit de toute transparence axiomatisable des termes, l'antériorité de l'infini au fini[1]. Pour le dire autrement, ce qui inscrit au Logos la finitude de l'étant que nous sommes, requiert d'elle qu'elle se repense comme moment de l'infini des vérités et se pense dans l'infini de sa vérité. On en conclut que l'indifférence de Heidegger au regard du "il faut penser l'infini" – qu'on ne confondra pas avec l'indéfini de l'échéance – est au nœud de ce qui l'enferme, au rebours de toute épistèmè contemporaine, dans la finitude redoublée du Rien et du Plein. Où le Tout et la Finitude sont le revers et l'avers.

Enfin, son analyse de l'angoisse et le parti qu'il en attend éclairent une ambigüité fondamentale de la pensée heideggérienne : par le rappel constant de la facticité, du recouvrement inscrit dans l'échéance, d'un dé-couvrement jamais une fois pour toutes acquis, et par ce qu'enveloppe de risque le moment tournant de l'angoisse, l'existence est remise à un projet non prétracé, elle est *ouverte* ; mais ce qu'avère le retour de l'existentiel à l'existential, c'est que toute négation n'est – en principe – que privation et que le *Dasein* y est d'avance convoqué par le plein de son être : à l'échelle du *Dasein*, la seule qu'il lui appartienne de comprendre, l'ontologie est *fermée*, son être se résorbe dans son Tout. Ce style de dialectique n'est que semblant.

---

1. Que notre être soit plein est exclu par Lacan ; il est vrai qu'il induit de là notre *finitude*, et sur un ton assez heideggérien, le défaut-à-être révélant, pour ce qu'il en est du sujet, l'absence d'ultime fondation ; mais ces propositions mêmes sont avancées dans une orientation, celle de la pensée post-galiléenne, qui, du point de la vérité, privilégie toujours l'*infini*. Badiou, nommant l'être par le vide, exclut sous ce terme, aussi bien le rien que le plein ; et, le déterminant – au titre de sa présentation à la représentation – par le Multiple inconsistant, il en implique l'*infinitude*. Et c'est encore sous condition de la production d'une vérité « générique », production infinie parce que sur l'indiscernable, qu'il légitime l'advenir d'un sujet pour la vérité dont il répond.

Quant à nous, écartant toute instance du Rien, nous redirons d'abord qu'entre être et discours, il y a une *altérité* qui est différence sans reste. C'est dire d'abord qu'est exclu tout monisme, y inclus celui où en définitive, comme tout néo-platonicien, se tient Heidegger. Mais c'est dire surtout qu'entre le faire-un de la constitution, qui est ce en quoi nous nous tenons, et l'inconsistance de l'être venu à la présentation, aucun « rien » ne s'intercale, qui rendrait impossible la constitution ; la seule réserve, c'est que tout – l'existence – n'est pas constituable ; mais que le manque y soit en inclusion exclut qu'il soit occurrence du rien. Le Logos est l'Autre de l'être, l'être s'induit dans et pour le Logos. Et c'est seulement si, en quelque point, s'attestait une rupture du discours inducteur de l'être – autre chose sont ses impasses, et autre chose le risque pris de l'événement –, qu'il y aurait lieu de parler d'un surgir du rien. Ce n'est pas sans raisons que toute philosophie authentique pose que ce point n'existe pas. C'est le jeu du mythologique de s'effrayer du point de rien pour s'empresser de le remplir. *Aucune place pour le Rien*, donc, dans le procès métaphysique.

Pas davantage de place pour le Plein. Exclu au principe par le schème de la constitution locale de l'étant, il l'est encore pour l'existant indicié du creux situé dont nous prenions acte à l'instant. Ce qui porte l'existant au discours le porte, par un trait d'essence, à la *coupure* : non seulement à celle qui ponctue chaque moment du discours dans l'infini de son procès, non seulement à celle qui prélève les termes dans l'infini d'une situation, mais à celle qui le laisse distinct du sujet de "ses" énoncés, et du même trait distinct dans son étance de ce que ses énoncés dé-posent de l'être. Moyennant quoi son être est ce qu'il échouera toujours à remplir. Il suffit de nommer l'ek-sister-à-l'Autre pour se trouver au plus loin du Plein.

Enfin, quand nous disions que, de l'empirie qui fait fond au local de la constitution, ce que l'induction commande d'énoncer est : une *in-finité* de différences, nous introduisions un troisième terme qui déjoue aussi bien le rien que le plein. Ce qui est posé dans le discours comme multiplicité et diversité déterminées, il faut le penser prélevé et constitué sur une multiplicité inconsistante de diversités sans limites dans l'être même de leur différenciation : outre-passé le faire-un de la constitution, tout se démultiplie, rien ne s'enferme dans une définition, il n'y a qu'irrésolution des qualifications. Est à penser une *dispersion* pure d'inéquivalences ; c'est aussi bien pourquoi il n'y a pas de constitution qui ne soit un prélèvement de son axiomatique dans le matériel inassignable de la présentation ontologique. On peut se représenter la consistance de l'être-là non comme le fond des choses, mais comme l'articulation d'une phrase sur la rumeur d'un chaos. À condition encore que la phrase rende raison de ce qui *prescrit* sa découpe dans l'inconsistance du pur Multiple et de ce qui *interdit* qu'aucun énoncé soit le dernier. Proposition triple : *tout est logique, le logique n'est pas un tout, le logique n'est pas tout.* Ces propositions s'entendent toutes trois de l'être-là en le replaçant dans le Réel ontologique dont il s'arrache. Ce que nous avons appelé l'empirie, qui n'est plus l'être, n'est pas encore l'apparaître et nous avons conçu la constitution de ce dernier comme faisant coupure dans l'in-finitude de la première. Le sommeil dogmatique serait de tenir, parce que le Logos est-au-monde, ou plutôt parce que le monde est-au-Logos, que c'est là dire tout ce qu'il y a au fond du "monde".

Voilà un bon exemple de ce par quoi nous introduisions notre lecture de Heidegger : son chemin est si différent du nôtre qu'il éclaire pour nous mieux qu'aucun autre... où nous en sommes.

3. *La réalité rapportée au souci* ou *le* polemos *de la réalité*

a. Qu'ait été trouvée [1], avec le « phénomène plein » de l'angoisse, « la totalité du tout structurel du *Dasein* », que ce dernier ait été phénoménalement « rempli », est pour Heidegger avéré de ce qu'une définition de sa « globalité » est contenue dans ces trois termes co-originaires : l'être-au-monde, l'y être jeté, le pouvoir y être comme en vue de quoi. Ce qui se réécrira synthétiquement : « *le pouvoir-être* [*est*] *être-en-avant-de-soi-dans-l'être-déjà-dans-un-monde* ». Ce sera la définition du *souci.* Où se marque que l'existence est toujours déjà « auprès » du monde. Mais où aussi se trouve dégagé que, d'y être toujours-déjà, « l'existentialité est essentiellement déterminée par la facticité ». Et où surtout doit être retenu que l'être-auprès « échéant » est être au monde *de la préoccupation,* celui du sous-la-main, et à nul autre. Nouvelle formulation de la réversibilité de l'ontologie heideggérienne : *autant l'angoisse faisait du* Dasein *condition pour l'étant, autant le souci va faire de l'étant condition pour le* Dasein.

---

1. § 41.

La tension entre ces deux termes, le pouvoir-être et son être jeté dans l'intramondain, est ce sur quoi Heidegger va avancer, le point étant que toute possibilité d'une existence « délivrée » de ce monde-là, celui du quotidien, est exclue.

Dans l'être-en-avant comme être-pour-le-plus-propre est contenue la « condition ontologico-existentiale de possibilité » d'une liberté qui doit maintenant s'entendre – et ne s'entendre *que* – comme possibilité de séjour ou authentique ou « velléitaire » de la facticité d'être à ce monde où l'on est. toujours déjà. Formulation que Heidegger n'hésite même pas à retourner : « c'est en vue du pouvoir-être que le *Dasein* est chaque fois comme il est facticement »[1]. Bref, à l'existence la *préoccupation* ne manque jamais et ce n'est donc pas elle qui détermine l'authenticité ou l'inauthenticité, mais la saisie du pouvoir-être le plus propre comme ce en-vue-de-quoi le *Dasein* est à la facticité – dans le souci qu'il en a.

Une fois de plus, Heidegger a resserré en trois pages, denses comme le moment où une fugue rassemble le matériel qu'elle n'a cessé de transformer, ce qu'aura été l'analyse compréhensive du *Dasein*. C'est dire que, par delà l'admiration "technique", la discussion pourrait s'engager sur ce qui va être distingué comme autant de manières d'être du pouvoir-être – le vouloir, le souhaiter, l'impulsion, et même le vouloir-vivre... – dont le phénomène du souci est donné pour la matrice ontologique. Mais nous n'avons ici à interroger que la co-détermination du concept d'être par le rapport du *Dasein* à de l'étant intramondain : soit à un *autre mode d'être* que le sien[2].

b. On ne comprendrait pas pourquoi, une fois l'être du *Dasein* déterminé comme souci, Heidegger revient sur le problème classique – et husserlien – de la transcendance du monde, si ne restait à déterminer ce que signifie l'ouverture du *Dasein* à l'ontique intramondain pris dans son mode d'être propre. Détermination nécessaire parce qu'il convient de trancher entre ce monde qui se tient, plus justement dit, dans une « connexion de dérivation avec le *Dasein* »[3] et ce qui sera désigné plus loin[4] comme « le pouvoir-être-tout authentique du *Dasein* » lui-même, à la constitution duquel sera consacrée la Seconde Section de *Sein und Zeit*.

---

1. P. 193.
2. § 43, p. 201.
3. *Ibid.*
4. § 45, p. 234.

Il s'agit pour le moment de trouver la réponse à la question que posait explicitement l'angoisse comme « recul de l'étant » : reste à assurer qu'en ouvrant le *Dasein* à son être en l'ouvrant à l'étantité, elle en garantit *la réalité*. L'angoisse renvoyait de l'inquiétude pour le monde à l'évidence fondatrice du Soi comme être-au-monde ; le souci renvoie le pouvoir-être du Soi à l'objectité de la facticité du monde. Ainsi sera résolue une question dont l'absence nous avait surpris dans la définition de l'être-au-monde : celle de l'altérité du monde "extérieur".

Que la question de la transcendance soit réglée d'emblée, du point de l'existential, par la constitution du *Dasein* comme être-à, et mieux encore telle qu'explicitée maintenant dans le souci, nous le savons depuis longtemps : ce qui remplit l'*à-* est un *là*, sa place est pour le *Dasein* celle d'une altérité. Demander au *Dasein* s'il est à l'intramondain comme au « où ? » de l'être-à, est pour Heidegger tout bonnement « dépourvu de sens »[1]. Dès lors, l'intéressant n'est pas tant sa critique des tentatives de démonstration de la résidence hors de nous, ou en soi, du monde, mais la concentration du débat sur l'assise prise, dans l'argumentation kantienne, du *temps*.

L'argument est connu : la conscience est essentiellement « change », mais le changement n'est lui-même déterminable que par le permanent ; et puisque ce dernier « ne peut pas être une intuition en moi », il faut qu'il soit « distinct » des représentations internes, soit ce « par rapport à quoi leur changement – et par conséquent mon existence dans le temps où elles changent – puisse être déterminé »[2]. Heidegger a beau jeu de dire que la « preuve » va seulement, entre sens interne et sens externe, d'un sous-la-main à un autre, sans réussir à articuler par là le se-tenir-ensemble d'un sujet et d'un objet ; et qu'elle reste ainsi très loin de ce qu'enveloppe le « phénomène du monde ». En revanche, il convient qu'il y a là à tout le moins « apport d'une "preuve ontologique" *tirée de l'idée d'un étant dans le temps* »[3], sauf à lui reprocher de rapporter cet étant au sujet cartésien, supposé isolé du – et non ouvert au – non-moi : un sujet « sans monde ». Bref, ce qui a été manqué, c'est la « totalité » conjonctive de la différence et

---

1. § 43, p. 202.
2. *Critique de la Raison pure*, note de la préface de la Seconde édition, p. XXXIX. (Trad. Tremesaygues et Pacaud.)
3. P. 204. (Souligné par moi.)

de la connexion de l'en-moi et du hors-de-moi. Autant de pierres en attente de ce qui suivra.

Récusant la démarche ontique du réalisme et son usage, pour une « démonstration » de l'effectivité du monde, du schème causal comme gouvernant la relation entre chose et conscience ; puis récusant l'ontique encore de l'idéalisme psychologique à qui fait défaut, pour la démonstration inverse, le préalable « d'une analyse ontologique de la conscience elle-même », Heidegger, c'est bien clair, ne pouvait pour finir refuser pour lui-même l'option idéaliste, mais délivrée de la sujétion à l'ontique : « C'est seulement parce que *l'être est "dans la conscience", c'est-à-dire compréhensible dans le Dasein* », que celui-ci « peut aussi comprendre... des caractères d'être comme l'indépendance, l'"en-soi", la réalité en général »[1]. Le seul idéalisme qui fasse argument est celui où est reconnu le « transcendantal » de l'être pour l'étant – de la mondanéité pour la mondialité – et l'équation de l'être au *Dasein*[2].

En somme, le problème de la transcendance ne serait correctement posé qu'à l'intérieur du problème ontologique, comme celui de l'*être* de l'étant intramondain, et ce problème-là sera résolu si à l'être du *Dasein* – tenu que d'être, il n'y en a ici pas d'autre – est cooriginaire son *souci* de l'étant. Ce que le schème heideggérien permet de comprendre, et ce faisant de valider, doit faire du même coup preuve de sa propre validité. À ceci près que, ce schème, c'est seulement le répéter et que Heidegger ne peut que redire, à une substitution de terme près, au titre du phénoménologique du souci, ce qu'il vient d'énoncer au titre de l'ontologique de l'angoisse : la question de la transcendance est résolue pour qui a compris que l'intramondain « se fonde dans le phénomène du *monde*, qui, quant à lui, appartient, en tant que moment structurel essentiel de l'être-au-monde, à la constitution fondamentale du *Dasein* »[3].

C'est cela dit que Heidegger introduit et spécifie le concept de *réalité*. Celle-ci est « rapportée à l'étant intramondain » en tant que lui-même « fondé dans la mondanéité du monde », donc dans l'être-à.

---

1. P. 207 (souligné par moi).

2. « Si le *Dasein* n'existe pas, alors l'"indépendance", alors l'"en-soi" n'"est" pas non plus » ; mais dès que compris l'être, on peut dire que l'étant continuera d'être (p. 212).

3. § 43, b, p. 209.

Certes, on reconnaît traditionnellement sous ce titre de réalité l'être du sous-la-main et de l'à-portée-de-la-main « chosiques » ; mais la « nature », entendue comme l'intramondain « qui nous "environne" », n'est pas sur le mode du chosique, auquel ne saurait être restreinte la réalité. D'où cette reformulation ontologique : « *la réalité... doit être rapportée au phénomène du souci* »[1].

Le pas suivant est en défense ambiguë contre ce qui pourrait apparaître une nouvelle expression soit d'un idéalisme absolu, soit d'un réalisme tenté de fonder la « conscience » dans l'étant. C'est certes seulement « aussi longtemps que le *Dasein est* » comme possibilité ontique de comprendre l'être, que l'être de l'étant intramondain, et partant la réalité de cet étant, est pensable. Mais « *maintenant qu'*est la compréhension de l'être », devient dicible que « l'étant continuera d'être ». Inversement, la réalité ne saurait fournir son fil conducteur à l'analyse de l'existence, qui ne peut arguer que de la compréhension qu'en elle-même elle a d'elle-même. L'interprétation de l'être comme souci assure la réalité sans suspendre à l'existence le réel et sans programmer sur celui-ci l'existence. Reste que « c'est seulement si la compréhension d'être *est* », autrement dit « si est un étant qui a le mode d'être du *Dasein* », que l'on saura ce que signifie être de l'étant.

C'est l'originalité et la force de la pensée heideggérienne de ne céder ni sur l'enséité du monde, ni sur la facticité de celui-ci, fondés qu'elle les tient dans le phénomène du souci. Quelque grief que nous devions faire au report idéaliste du phénoménal-ontique sur la « constitution » ontologique du souci, et quelques objections que nous ayons dû faire à une pseudo-logique qui prédique de la totalité la facticité, aura été du moins à nouveau écarté ce recours frileux au seul registre de l'intimité que la méthode compréhensive semblait faite pour commander. Et quelque objection que soulève l'appropriation de l'être par le *Dasein*, celle-ci n'aura pas fourni son point de départ à une de ces remontées vers l'en-soi pour-soi de l'Être doublées d'une dévaluation des apparences, où tout Néo-Platonisme se résout. Terme proprement existential, le souci ponctue que l'être du *Dasein* ne va pas sans être à la réalité de l'étant intramondain : que c'est même en cela qu'il en va pour lui de son être.

---

1. § 43, c. On échoue à cerner quelle difficulté de fond a rendu la rédaction de ce paragraphe exceptionnellement embarrassée.

La radicalité de cette proposition balaie une vieille tentation de la philosophie, celle de tenir tout factice pour une sorte d'*accident*[1], opaque au propre de la pensée. Que cette lecture-là recouvre ou non la vérité du Platonisme lui-même, c'est en tout cas celle que la tradition en a faite. Et puisque le perçu est le témoin de ce que l'exercice *princeps* du Logos a son lieu dans la constitution de l'apparaître, nous serions ici heideggériens – *pas de pensée sans pensée de l'intramondain* – si Heidegger nouait – on peut dire, tout aussi grossièrement : en aristotélicien – l'intramondain au discours, et non à l'existence ontologiquement comprise. Tout est là : car bien entendu nous existons comme existants au monde, et mieux : n'existants *qu'*au monde, mais le propre de l'existence est de *penser* le monde et de ne le penser qu'en le constituant. Encontre quoi, remettant l'intramondain à une structure existentiale du *Dasein*, Heidegger se le donne sans rien élaborer de ce qui fait que l'apparaître est, dans son articulation, ce qu'il est. *L'affirmation ontologique ne peut suppléer la constitution.* Et le souci reste une vection générale incapable de produire la multiplicité ordonnée du divers, adossée par lui à la seule prononciation de sa facticité.

Il faut rendre justice à la Phénoménologie dans son ensemble d'avoir rompu avec la prétention – l'illusion – d'une pensée qui pourrait se penser sans être d'abord celle d'un existant au "monde". Mais ce n'est pas dans son être, c'est en s'en arrachant pour répondre à l'interrogation de l'Autre, à la fois immanente et transcendante au Soi-même, que l'existant constitue le phénomène. Ce qu'il faut reprocher à Heidegger – non à Husserl –, c'est de ne rendre raison de la facticité du monde que pour ce que, existentialement comme existentiellement, il n'appartient pas au *Dasein* de s'en détacher : sans que soit pris en compte le travail *prescripteur* de la constitution.

De la Phénoménologie, nous avons, d'autre part, sans cesse constaté qu'elle était restée prisonnière du schème dual sujet-objet. Or Heidegger, dans son traitement de l'intramondain, est retenu dans le dual, devenu celui du *Dasein* et du monde, bien plus qu'il ne voudrait le laisser paraître. Écrivant : « dans la mesure où à la réalité appartient le caractère... de l'indépendance, la question du sens de la réalité se

---

1. On notera qu'en instituant l'Imaginaire Lacan marquait, d'un geste antiplatonicien et comme essentielle à notre constitution, notre représentation de l'intramondain, mais dénonçait, d'un geste platonicien, cette élaboration comme leurrante dans ses effets.

trouve associée à celle de la possible indépendance du réel "par rapport à la conscience" »[1], il objecte qu'il faudrait d'abord clarifier le concept de cette dernière « quant à son être », ce qui veut dire : lui substituer l'être-à et le souci. Mais cette substitution même atteste qu'on est resté à la même place, celle où sont confrontés le Soi et le devant-quoi : la différence ontico-ontologique vient redoubler, avec un pas supplémentaire de recul, le dual épistémologique.

À cela, une fois encore nous objecterons : de la « transcendance » de l'en-soi, c'est en toute occurrence la consistance de l'énoncé seule qui fait foi. Et le monde, la nature, l'apparaître sont positions d'énoncés tout aussi bien que le nombre ou l'idée. Et le nombre ou l'idée sont aussi "extérieurs" que la nature : nous sommes "à" eux comme nous sommes au monde. Le procès est toujours le même, au *factum* sensible près. Et quelle que soit l'expérience sensible elle-même, elle n'est pas plus qu'un *possible* de réalité, qui *réalité* n'advient qu'une fois constitué. J'ouvre les yeux sur le divers d'un "monde" possible, qui *ce* monde ne devient que dans le travail – pour faire métaphore : la mise-au-point – du discursif. Si dualité il y a là, c'est celle de l'étant à la pensée comme Autre ; mais *dans la pensée, il n'y a pas de dualité* : le sujet en est un moment constituant. Quant à l'existant, il est, en tant que cet étant pour qui il en va de la pensée.

Le « phénomène du monde » heideggérien préjuge de ce travail, le surplombe, met entre parenthèses les moments de la structure apparaître et de sa mise en proposition consistante. Heidegger se retrouve alors lui-même devant le problème classique dont il n'a pas tort de dire que la position est circulaire, qui pour conclure à la réalité doit préjuger de l'« extérieur », dont l'« un autre mode d'être » heideggérien est simplement le substitut. Bien entendu, si le problème revient, c'est signe que, sous le titre du *Dasein*, et avec lui du sens, *c'est la conscience qui fait retour* : en instituant le champ du comprendre, et en destinant le *Dasein* à se comprendre, Heidegger a réactivé le fantasme du monde intérieur. Le coup de génie, je l'ai dit, fut de vouer l'intérieur à l'extérieur : ce n'est pas autre chose qui s'énonce comme : le souci propre à l'être-au-monde ; mais *qui* est-au-monde, sinon une subjectité, fût-elle ontologique, plus intime que toute extériorité ? Encore une fois, il n'y a pas, dans la constitution, d'intérieur et d'extérieur, mais de l'*à-constituer* et du *constitué*, qui s'avère comme le trans-

---

1. P. 202.

cendant. Car de l'apparaître comme de l'être, qui est toujours l'ultime autre de la constitution, c'est toujours l'Autre qui répond.

c. Nous sommes, quant à nous, ici au point où, quasi insidieusement, nous voyons se profiler sous le « phénomène du monde » la *réalité*. Insidieusement, parce que montrer que le souci de l'être-au-monde suffit pour fonder la transcendance de l'étant intramondain est le seul but que s'assigne Heidegger. La réalité comme telle reste étrangère à son intérêt, tout entier – à quelques remarques près – tourné vers le *Dasein* lui-même. Notre position est tout autre, et nous devons le prendre au mot. Car dès l'instant qu'on passe, de la réflexion sur le moment spécifique de l'ontique intramondain, à ce qui caractérise le « monde » dans la *consistance sans reste* de son effectivité, on dit : l'apparaître ; et dès l'instant qu'on passe de là au constat que rien de la matière même d'un apparaître consistant n'est pensable hors de l'axiomatique de sa constitution, on dit : la réalité comme l'assurance que, discursivement fondé, l'étant apparaissant est exactement, est en soi, en tant qu'apparaître, ce qu'il est : soit *l'identité de l'étance et de l'apparaître*. Et si la transcendance de l'apparaissant s'indexe quelque part, c'est bien là.

La question de la réalité n'est pas la plus radicale que la philosophie ait à poser, mais elle fait *critère* pour toute philosophie : aucune pensée ne peut être tenue pour valide si elle n'a pas pris en compte, voire si elle destitue, la suffisance à soi de la réalité, y incluse sa consistance.

Disons d'abord que ramener la question à celle de l'« extériorité » comme le fait ici Heidegger après Husserl, est geste qui demeure naïf en tant que prisonnier du dual perceptif ; et que, pour une fois, il faut plutôt donner raison à Merleau-Ponty : *ce qui fait problème, ce n'est pas l'objectité de la réalité, mais notre existence, pour ce qu'elle vient la creuser* et l'indexer d'un manque. L'être-là « naturel » était là au temps – qu'il faut prendre tout-à-fait au sérieux – des dinosaures. Et l'être-là interstellaire était là avant la Terre, au « temps » de la formation des galaxies. Et un quelque chose de la matière énergétique était-là « avant » le *Big Bang.* Et à chacune de ces ères, le réel était – au moins macroscopiquement – consistant, ce qui permet d'induire ce qu'il était mathématiquement – c'est ce qui autorise la cosmo-physique à s'y avancer –. Comment, dans ce tissu compact du réel, l'existence peut-elle advenir, y ouvrant une disjonction où s'index un « troué » ? C'est le problème qu'il faudra, sinon résoudre, prendre en compte. Car *c'est* le Dasein qui est, à l'intérieur de la réalité, en extériorité à la réalité. Et la définition que donne Lacan de la localisation du "sujet" à l'égard de l'objet de son fantasme – soit, en exclusion interne – vaut définition de l'existant lui-même au regard de la réalité. Ce manque dans l'être est cela même qui permet la pensée. Mais son advenir n'est pas, pour autant, facile à penser.

Ce qui est loisible et exigible, au contraire, c'est de penser dans le dépli de sa discursivité cette réalité dont la consistance nous a permis d'induire l'être lui-même. Mais à ce point, l'*agôn* revient, qui nous avait confrontés à l'artefact d'une logique transcendantale régulatrice-par-défaut pour l'apparaître : il revient au point où le renversement de ladite logique en onto-logie est l'instrument sur lequel Badiou va *construire ce qui fait la structure relationnelle d'un monde*. On pourrait juger que l'essentiel a été dit avec la définition de l'objet[1]. Mais l'appareil de Badiou doit être mesuré à son ambition : si *L'être et l'événement* proposait une réélaboration du Platonisme, *Logiques des mondes* s'avère désormais une réélaboration du Kantisme, au niveau notamment des *Antinomies* et des *Analogies de l'expérience* – dont attestait déjà la fonction de l'intensité dans le calcul transcendantal –. C'est à cette aune que doivent être évaluées sa définition de ce qui peut se dire un monde, et les contraintes que sa systématique lui impose, sur lesquelles il ne pourra que buter.

L'*agôn* s'énonce cette fois : **comment doit être pensé l'Un d'un « monde » ? Comme la « conservation » de sa Multiplicité d'étants ou comme celle de sa consistance pour tout ce qui peut advenir en lui comme étant ? Et comment, par voie de conséquence, doivent être conjoints l'être-là et son devenir ?**

Cette nouvelle formulation de la mise en débat de l'apparaître, du point de ce qui y délivre l'être-là comme possédant la *globalité* d'un monde, découle évidemment de la précédente ; mais elle va commander un retournement des options de Badiou et des nôtres, l'une par rapport à l'autre. Comme écrit Badiou, dans un beau chapitre sur Leibniz, c'est même chose de dire l'être-là ou de dire l'être-ainsi. Mais cet « ainsi » est justement ce qui fait problème quand on a vidé l'apparaître de toute détermination intrinsèque. Et pour avoir, parant à cet évidement, fait fond des Uns-Multiples qui sont termes ontologiques, Badiou va se trouver contraint à en faire argument au prix de refermer

---

1. Cf. ci-dessus, p. 472.

sur eux la structure du monde : renvoyant l'Un d'un monde *en-deçà de lui-même* : dans la composition de son « support ». Au demeurant, ce qui le contraint est aussi ce qu'il cherche. Pourquoi ? Parce qu'il s'agit d'opposer la rémanence des relations dans un monde à ce qui indexera l'événement comme y introduisant la recomposition, c'est-à-dire le changement de monde. Nous objecterons, quant à nous, que si l'apparaître est si évidemment Un, c'est qu'il l'est en lui-même, et que, loin que l'être-là d'un monde réside dans le multiple de ses objets-étants, c'est *son Une consistance seule* qui l'indexe originairement, parce que c'est elle seule qui, en se constituant, constitue dans leur détail et leur devenir les étants.

« Monde » est le terme majeur de l'ontique de Badiou, puisque le trait définitoire de l'être-là est l'existence des sites et que ne voudrait rien dire « un site » sans ce qui le distingue de, et partant le *relie* à, d'autres sites. Nous avons même vu que « monde » se substitue désormais à « situation », comme faire-un de relations. On conviendra sans peine qu'un transcendantal, assignant par une même échelle de mesure des relations ce qui identifie toute existence située, implique par là que l'être-là a toujours, dans ses connexions, la cohérence *logique* d'un monde. Et par le biais de ce concept ontique-logique, il va de soi que le terme de monde est débarrassé des caractères préconceptuels que nous y avions, lisant Merleau-Ponty, dénoncés[1].

Mais surgit aussitôt un problème – que nous avons déjà deux fois rencontré – : que Badiou va d'emblée traiter comme ontico-ontologique. Rien n'autorise à récuser que le monde, comme apparaître, soit *infini* et nous savons depuis Galilée que c'est aussi la condition du discours requis par la mathématisation de la science. Seulement doit tout autant être rendu compte de la pensabilité du système ordonné des sites[2] comme formant *Un* monde, ce qui ne va pas sans dire la « *clôture* »[3] de tout monde. Badiou, récusant l'indécidable kantien,

---

1. On ne saurait confondre un « monde » ici entendu comme – selon l'expression de Badiou – « enveloppe » des objets coexistants ou – selon moi – systématique de la coexistence articulée des étants, et « le » monde de Merleau-Ponty comme Tout d'un corps avec lequel nous communiquons, dont nous avons conduit la critique. S'il est un point sur lequel Badiou et moi convergeons, c'est que le concept de monde est un concept structurel et emporte avec lui l'infini.

2. Énoncés 4 et 5 des *35 énoncés* (15 et 16 de *LM*). *LM* IV, 1, 2.

3. Cf. *monde* dans le Dictionnaire de *Logiques des mondes*.

tranche en recourant à ce qu'on pourrait appeler la double inscription dont il a fait système, laquelle requiert que soient « pensé[s] deux types de relations » : si « un monde est assignable ontologiquement par ce qui apparaît, et logiquement par les relations entre apparaissants »[1], il devient intelligible que l'apparaître, indexé sur le *transcendantal*, ne puisse être qu'infini ; en revanche, que tout *étant* soit « inscrit dans un monde » ne peut manquer d'« affecte[r] rétroactivement l'être d'une consistance nouvelle distincte de sa propre dissémination multiple »[2] : c'est cette consistance – notons le retour du terme au nom de l'ontologique et de lui seul – qui détermine la clôture d'un monde.

Badiou démontre alors que, donné qu'un monde doit avoir une *dimension*, et que c'est là un terme ontologique puisque mathématique, c'est celle d'un cardinal infini inaccessible : inaccessible à partir d'un cardinal plus petit que lui[3]. C'est qu'un monde est sans dessous assignable, de par sa transitivité aux éléments de ses éléments, et sans dessus assignable, de ce qu'une sommation des parties d'un monde en sera encore une partie, ce qui, précisément, veut dire qu'il est « clos » – toutes ses opérations lui sont intérieures – sans pour autant être mesurable.

Qu'il y ait pour tout monde *un* nombre infini mais *inaccessible* est proposition formelle dont on ne peut que convenir. Mais que, d'être mathématique, la proposition soit ontologique est ici loin d'être évident. Et la démonstration, usant du système à double entrée que *Logiques des mondes* a construit de toutes pièces, sépare ce qui ne saurait se disjoindre – l'apparaître et l'Un – et conjoint ce qui ne le saurait – l'être et l'Un –. Comment *l'apparaître lui-même*, dans sa globalité, peut-il être nommé abstraction faite de la consistance sans quoi ne va pas sa définition, et dont notre propos a été précisément de montrer comment il suffit de l'analyser pour en rendre raison ? Impasse ne peut être faite là-dessus que *si* l'existence de l'apparaître n'est que celle de son indexation réglée sur un transcendantal ; mais la possibilité même d'une t'elle impasse constitue une nouvelle preuve de ce que nous avons démonté comme l'artefact du transcendantal. C'est en lui-même, et de prime abord, que l'apparaître se pose comme

---

1. *LM*, IV, 1, 1, p. 321.

2. IV, Introd., p. 316.

3. *Les 35 énoncés...*, énoncé 32 et glossaire. *Logiques des mondes,* IV, 3,1 et II, 3,1.

à la fois infini et comme Un consistant, sans tolérer aucun détour. Et qu'il consiste est aussi bien ce qui prescrit qu'un objet, tel qu'il apparaît, se résolve dans sa constitution, dont nous avons pu montrer comment c'est elle, et rien d'autre, qui ouvre l'objet sur l'indexation matérielle de son être. Quant à *l'Un-Multiple ontologique*, qu'il puisse se voir affecté du nombrable par l'apparaître trahit à quel point ladite construction tourmente ce qui est, de toujours, le concept de l'être introduit par Badiou. Nous retrouvons ici ce qu'a d'aporétique la définition que donne Badiou de l'étant, distinct à-même l'inconsistant, et même à présent définitoirement, sinon effectivement, énumérable, et même globalement consistant. Propositions contradictoires, qu'on échoue à intelliger, auxquelles il est permis d'opposer la transparence des axiomatiques de l'apparaître à l'axiomatique de l'être qu'elles supplémentent.

Aussi bien est-ce dans son principe même que la question d'un *compte* de l'apparaître doit être récusée, *le seul terme fixe du monde étant le monde lui-même*. S'agissant de l'apparaître comme tel, autrement dit de l'ontique que Badiou ordonne sur le transcendantal, sa démonstration s'appuyait sur le comptage-pour-un d'un atome, et sur le comptage-pour-un du site objectal dont tous les atomes sont réels. Or nous y avons objecté qu'un perçu n'est pas un compte ensembliste, que sa consistance est, en chacun de ses sites, à la fois irréductible aux lois de la composition d'un ensemble et infiniment variable dans sa constitution. Con-sister n'est ici compter-pour-un que pour autant qu'il ne s'agit plus d'un compte, mais des opérations de connexion intrinsèque propres à la constitution toujours mobile de la chaîne des situations. Ces prescriptions sont *a fortiori* celle d'un monde. C'est même le lieu propre de la disjonction entre être et monde. Suit qu'il n'y a pas de pertinence à requérir le nombre d'un monde, qui est bien de l'ordre proposé par Badiou, mais qui y est *quelconque*, et qui est inassignable non par sa taille mais parce qu'à la définition du monde, où seul l'Un compte, il est indifférent. Autant il est nécessaire de retenir que l'apparaître est Un, l'Un de sa consistance, autant n'y a-t-il pas de motif à entendre le clos comme le dénombrable, sauf à en bloquer la mobilité foncière en ontologisant chaque objet : ce que dément aussitôt l'expérience.

On touche ici aux conséquences du virage par lequel « le non-être de l'existence fait que c'est autrement que selon son être que l'être est. Il est, précisément, l'être d'un objet ». Et c'est aussi bien ce qui

« fait » que le concept d'un monde doit être celui d'une « collection d'objets »[1]. Badiou, rapprochant de son concept de l'objet l'unité synthétique de l'objet transcendantal kantien[2], a marqué que si Kant dut recourir au sujet pour fonder la synthèse, l'un réel des atomes garantit à celle-ci la pure objectivité. Mais cette objectivité est contraignante : le monde comme apparaître n'a plus sa structure en lui-même et ses propriétés sont reportées sur celles de l'Un-multiple (étant) dont l'irréductibilité – où chaque Un d'être est tout ce qu'il peut être – représente ce qui est à un monde le plus allogène. À ce jeu, le monde n'est plus qu'une énumération d'Uns où il se défait. On n'a gagné l'être qu'en disjoignant la conjonction. Ce qui démontre que, pour être objective, celle-ci doit relever d'un autre ordre que l'ontologique.

Un monde fait-un intrinsèquement ; la proposition première est que la co-détermination de toutes ses parties n'a pas lieu de « fermer » l'étance qui peut et doit, selon ses occurrences, envelopper *un nombre variable d'étants*. Nous avions été conduits dans un premier temps – discutant des lieux de pertinence du concept de Tout[3] – à supposer, au regard de l'infinité qui ne peut manquer au Multiple pur, un infini de l'apparaître « plus petit que » l'infini de l'être, pour ce que sa consistance emporte de restrictif. L'être se disant d'une infinité d'infinis, il ne saurait en aller de même de l'être-là[4] : de prime abord, la réalité se détermine comme le n'être *que* ce qu'elle est, et cette détermination est ontico-ontologiquement conséquente ; c'est dire que la réalité ne retient de l'être que ce qui se compose dans ses axiomatiques et ce qui s'en compose comme consistant. On peut alors admettre qu'un monde, dans son apparaître, ne va « pas plus loin », en dessous comme au-dessus, que les composants réels de ses Uns consistant les uns avec les autres, mais ces Uns sont eux-mêmes variables à l'infini. On pourrait dire encore : lesquels Uns et composants, pratiquement innombrables, n'en composent pas moins un infini restreint, restreint par ses Uns et par ce que sa consistance requiert d'eux. Mais ce serait tomber dans le piège que chercher à nombrer l'étance ; la pertinence d'une étance composée d'Uns à la fois *provisionnels* et chaque fois entre eux consistants, c'est qu'*elle a*

---

1. IV, Introd., p. 316.

2. III, 2, p. 247.

3. Cf. p. 426.

4. J'use dans cette discussion indifféremment des termes être-là, apparaître et réalité, qui disent le même sous un autre de ses traits.

un ordre sans avoir de nombre ; elle demeure l'articulation impavide de l'étance quel que soit le nombre des étants. Bien entendu, on peut toujours « compter » un de ses états, une de ses parties – et d'abord c'est ainsi qu'on a commencé de compter – ; bien entendu, son ordre, qui en est le stable, permet d'y calculer échanges et devenir à une échelle donnée – macro et microscopique, cosmique et subato-mique... – ; bien entendu, ce calcul n'avère sa pertinence qu'ouvert, aux dimensions de l'infinité ; mais *rien n'en demeure constant que la consistance.* Où l'on voit que la réalité est, est par excellence, Une ; d'un Un qui a priorité sur tous les uns-multiples dont tour à tour il se compose et dont il est l'ultime prescrit. Alors, toute spéculation qui prend racine du Multiple ontologique de l'apparaître s'avère inopéran-te ; il y a dans l'apparaître, qui se dit de la venue à la représentation non de l'être pur mais de son faire-un qualifié par ses axiomatiques, non seulement un supplément de composition ontologique, mais *un supplément de consistance qui est un supplément d'unité*, qui, de sa supplémentation, suspend la pertinence de la multiplicité ontologique. On ne peut qu'en prendre acte : le principe de consistance est principe d'unité. Ce n'est, bien entendu, pas une transcendance au regard de l'être ; c'est une altérité. *Il y a l'ordre.* Et le perçu, qui est le relevé de cet ordre comme de ce qui commande son intelligibilité, est le relevé de cette unité.

Marquons là un tournant au regard de ce que nous avions relevé du perçu jusqu'ici, même si ce tournant y était impliqué dès le départ : il n'y a pas dans l'apparaître de consistance sans Un ; et donc *il y a un Un de l'apparaître comme tel*, par quoi tout ce qu'il subsume, bien que toujours local, est déterminé[1] et c'est cela qui est à penser. Faut-il spécifier que cet Un, objectif, n'a aucune parenté avec l'Un projectif de quelque sujet transcendantal, et encore moins du *Dasein* ? En revanche, quand Badiou regrette que Leibniz, au-delà d'une mémo-rable analytique de l'infini, ne cède pas sur la puissance de l'Un, nous répondrons que c'est du côté de la réalité, de ce qui la fonde comme telle, que Leibniz à bon droit se tient – de quelque vêtement métaphy-sique qu'il l'affuble[2]. Et ce que nous avons relu, dans le *Timée*, du

---

1. On sait bien que de toutes les « indéterminations », notamment en physique quantique, le vrai problème est celui du déterminisme qui s'en induit.

2. Ajoutons qu'il paraît difficile de traduire « la raison déterminante [doit être] hors de la matière » par une équivalence avec le transcendantal ; il ne s'agit pas de la corrélation calculée entre des termes, mais d'une loi qui précède ses termes.

principe des médiétés comme assurant l'ordre du monde au travers de la cause errante, autorise à écrire que l'Un est – est aussi, hors son affirmation au principe de toute intelligibilité – ce qui règle et assure dans le monde sensible ce qu'aujourd'hui nous appelons la consistance de la réalité. Car de ce que celle-ci ne comporte entre les étants aucun hiatus, aucune pensée responsable ne peut se détourner.

D'un monde où toute unité objectale est, en même temps que constituée, provisionnelle et d'un monde en constant devenir, il n'y a pas à chercher le nombre, qui est assurément une infinité et inaccessible parce que mouvante ; *le seul point fixe est l'Un de consistance*. Qui, il est vrai, recevrait une expression mathématique – mais pas plus – si démonstration pouvait être faite de ce que les énergies sont réductibles à l'unité. Quoi qu'il en soit, le support ontologique des Uns-Multiples, s'il entend pouvoir rendre compte de ce qui identifie les unités dans l'être-là, est radicalement impropre à rendre compte de la consistance de l'être-là axiomatiquement antérieure à tout objet et sans laquelle il n'y a pas de monde. Et du même trait, il est radicalement impropre à rendre compte de la *mobilité* du monde, de son devenir, qu'il en vient à dénier : ce qui est par trop préférer la cohérence d'un système à l'évidence de la réalité.

Nous avons déjà remarqué ce trait singulier de la construction de Badiou : compenser l'extrinsèque du calcul transcendantal par la nécessité que les unités d'apparaître soient, de par leur fondation ontologique, exactement celles que la calcul transcendantal indexe et telles que, phénoménologiquement, elles apparaissent. En sorte qu'il finit par prendre, si je puis dire, la phénoménalité de l'apparaître à la lettre, là où, par la référence aux axiomatiques matérielles, à la constitution, au provisionnel de l'objet, au primat de l'Un de l'étance, nous sommes bien plus prêts à distinguer l'apparaître et sa consistance, de l'être qui fait fond à son apparition.

Le même type de démarche commande le traitement par Badiou de ce dont il pose qu'est fait un monde : la *relation*. Il y reconnaît la structure propre d'un monde mais il en propose[1] une figure, lui-même le dit, « *conservatrice* », et de quoi ? conservatrice *de l'objet*. Alors que le calcul transcendantal empruntait, pour l'apparaître, à la théorie des

---

1. *LM*, IV, 1, 3.

Catégories, réduisant l'existence à la somme des relations d'identité et de différence qui la fixent, le traitement ontologique de l'objet, et par lui du monde, commande un retournement. Une relation « tient son être de ce qu'elle relie » ; fonction des atomes d'un objet vers ceux d'un autre, elle « ne crée ni de l'existence ni de la différence – elle conserve le degré d'existence d'un élément et ne diminue jamais le degré d'identité de deux éléments »[1]. Ce faisant, ce qu'elle conserve est l'être de ce qu'elle relie. Il le fallait. Pourquoi ? Parce que ces unités de l'apparaître qu'elle relie ont reçu leur support dans l'être d'un Un-Multiple, auquel la relation modifiante ne saurait convenir. On est alors tenté de dire que le tour par lequel l'indexation transcendantale a été connectée à l'être se révèle pour l'apparaître un bien mauvais tour, générant le concept d'une relation *descriptive*, où c'est le degré d'identité, donc d'existence, de deux objets qui détermine leur degré de co-apparition ; ce qu'ils ont en commun est « la même chose que leur mesure [respective et corrélative] d'identité »[2] ; rien ne se passe, l'unite de calcul « objet » ne varie pas, tout est déjà là, tel qu'il se voit ou qu'il faut savoir le penser. D'où un dispositif étrange : ce sont les relations qui ont permis la localisation du site qu'indexent ses identités, mais elles sont sans pouvoir sur l'objet qui est l'Un de composition du site. On imaginerait difficilement une représentation moins adéquate ou plus paradoxale de l'apparaître, qu'elle fige, et de la relation, qu'elle – si j'ose dire – impuissante.

Ce concept réducteur de la relation, que le système de Badiou commande, se dénonce aussitôt comme tout-à-fait artificiel : dans le discours du perçu comme dans celui de la science (et celui de l'esthétique), *les relations dans un monde ne cessent pas d'y être constituantes et reconstituantes*. Répliquant qu'il n'y a pas d'objet qui ne s'impose comme consistant, nous dirons qu'ou bien les relations sont intérieures à la consistance de l'objet, qu'elles en sont un moment constituant, ou bien ce qui advient est la connexion d'un objet à un autre, mais c'est la même chose, parce que deux objets connectés sont une nouvelle situation, qui se constitue comme toute autre, qui doit être également *mais autrement* consistante, et finalement constitue un objet à son tour. Et ainsi de suite, de proche en proche, et en tous sens, jusqu'à l'Un de l'objet étance. Autant d'objets qu'on voudra, et qui

---

1. *35*, énoncé 33. *LM*, énoncé 41. Et IV, 1, 3, p. 327.
2. Énoncé 25 et glossaire dans *35*. Dans *LM*, énoncé 36.

éventuellement s'annulent réciproquement, mais chacun consistant, dans le maintien de l'Une-consistance de l'être-là. Bref, la relation ne cesse de re-déterminer ce qu'elle relie, elle commande une re-constitution. Propos de validité générale, dont les relations de causalité sont seulement l'exemple le plus spectaculaire. La relation ne fait pas que composer tant un monde qu'une identité : elle les change. Sans quoi, on a non pas un monde mais l'immobilité d'un tableau. Ici, la logique atomique atteste son impouvoir à écrire les effets du pouvoir-être de l'étant.

Ce qui engage Badiou dans cette dénégation, c'est qu'il n'a, tels qu'il se les est donnés, aucun moyen pour mettre en rapport un Un-Multiple (ontologique) avec un autre, encore moins pour sur lui opérer. Leur seule détermination est la correspondance Un-Un de leurs éléments avec les atomes de l'objet qu'ils « supportent ». Y aurait-il entre eux relations propres qu'ils ne relèveraient plus de l'ontologique. Il faut donc que la composition atomique de l'apparaissant soit « conservée », comme se conserve dans l'Un-Multiple de l'étant la composition de ses éléments. L'ontologique a dévoré l'ontique. Pour éclairer la façon dont Badiou en est arrivé là, il faut le suivre pas à pas : un objet, indexation transcendantale (par le jeu des identités et différences phénoménales) d'un multiple d'atomes constituant sa composition, est un terme d'apparaître, non d'être, mais ses atomes, d'être réels, sont supposés « prescrits » par la composition de l'étant-multiple ontologique qui le supporte ; suit de là que la relation entre les objets d'un monde, définie comme une fonction de l'un vers l'autre ramenée à leurs ensembles supports respectifs, ne peut affecter ni leur existence, ni l'identité ou la différence de degré transcendantal de deux de leurs éléments atomiques, autrement dit le « nombre » transcendantal de leur composition ; où l'on voit que ce qu'on peut établir entre les éléments du support est à son tour une relation, d'ordre, mesurée sur leur degré transcendantal d'apparition, et cette relation-là est proprement « onto-logique »[1]. Badiou qui, dans son *Court traité*, identifiait être-là et relation logique, entendant manifestement par cette dernière le synthétique constituant kantien, a donc bouleversé le statut de la relation : qui, pour être fonction vers le transcendantal, n'est plus constituante, et qui, pour ordonner les éléments de l'étant-

---

1. Le plus clair est ici de lire attentivement le *Dictionnaire* (sous *Objet* et trois fois *Relation*) avant de suivre l'exposition de la Logique atomique en III, 3.

multiple, atteste seulement de sa composition. Figure inédite, où la relation permet de comparer et de composer mais est *totalement dépourvue d'efficace*. Autant dire que le concept en est évidé, et que le monde en est substantiellement figé. De là qu'où Kant assignait à la relation synthétique de rendre « possible » la constitution du monde, elle n'est plus pour Badiou que ce qui rend un monde « *lisible* »[1]. Nous n'avons, pour notre part, nul besoin pour la relation d'un *a priori* kantien : il suffit qu'elle opère sur le fond des axiomes que l'être, si je puis dire, lui tend ; mais elle doit être dite, sur ce fond, opérante, au sens propre du *faire*-un dans le cadre du faire-Un des uns.

On s'étonnera : nous avions vu, pourtant, l'être « affecté » par les relations de co-existence des objets dans l'apparaître, autrement dit par leur « compatibilité » à l'intérieur d'une enveloppe. Mais les relations en question sont celles-là même que nous venons de décrire. Et rien de l'objection n'est levé. On pourrait, en revanche, demander à Badiou ce qui rend pour lui évidente la *fixité* de l'étant-multiple (en quoi il est radicalement non-deleuzien) ; après tout, dans l'inconsistance de l'être, qu'est-ce qui interdit à un Un-Multiple, qui est en somme une « partie » de l'être, de comporter dans sa composition des parties dont le degré d'existence et la valeur transcendantale d'identité à d'autres varient indépendamment des siennes, voire de passer, de par sa composition, elle-même dans une autre, voire d'être toujours résoluble dans l'Une in-finité de « toutes » le autres (ce qui ferait un schème de l'Un-Multiple deleuzien) ? Badiou, ayant trouvé l'Un, s'y tient. Mais c'est prédiquer l'être de cet Un qui n'est que dans le champ du faire-un discursif.

Reste que – cette fois, du point de l'apparaître, donc de l'ontique – une relation ne fait pas encore un *monde*, qui se dit de l'Un systématique des relations. Ce qui est en cause est le rapport des relations au monde dans lequel elles entrent et, en fait, proprement la consistance de celui-ci. Dans les termes de Badiou, un monde est à l'évidence la converse d'une même échelle transcendantale. Et son concept commande que les relations ne « sortent » pas de l'organigramme ou « réseau opératoire » où se résume l'apparaître, et ce de telle façon que « la Relation entre relations est elle-même dans le monde »[2]. Comme,

---

1. III, 2, p. 246.
2. IV, 1, 4, p. 329.

toutefois, Badiou n'a reconnu de relations qu'entre objets et défini le monde comme une collection d'objets, un monde ne peut manquer d'avoir aussi un référentiel ontologique dans les étants-multiples supports des objets. D'où une exposition à double entrée.

Ce que Badiou propose alors[1] est, partant de la relation entre deux objets (relation dite « exposée »), sa saisie par d'autres objets (dits « exposants ») qui, du même trait, sont saisis les uns par les autres : on a entre eux tous un diagramme commutatif. Je suis de ma fenêtre un exposant pour la relation du tilleul T au marronnier M plus éloigné, un peu à gauche ; et la même relation T-M a un autre exposant dans le grand hêtre roux, caché beaucoup plus à gauche : le diagramme de la relation unique qui lie un à un ces quatre objets – et tous les autres exposants de la relation T-M – est *logiquement* valide ; c'est l'exposition « universelle » de la relation T-M. On saisit facilement que toutes ces relations sont « immanentes »[2] au même monde et que, pour qu'il y ait un monde « complet », il faut que *toutes* les relations y soient universellement exposées.

Mais à son tour, cette condition[3] impose pour le monde l'infinité inaccessible qu'on a dite. Or Badiou a posé cette inaccessibilité comme une dimension qui, ne pouvant appartenir au transcendantal, ne saurait être qu'ontologique. Il en conclut que même la consistance des relations qui fait d'un monde un monde dans l'apparaître revêt, en requérant la clôture, une dimension ontologique. Et il tient cette déduction pour la « seconde thèse constitutive du matérialisme ».

On saisit ici la beauté intellectuelle de l'entreprise de Badiou. Réinvestissant dans son propre paradigme de l'ontico-ontologique une réflexion inventive sur les « cônes » de la théorie du *topos* – qui avec l'apparaître fait retour –, il a réussi à construire la complétude logique d'un monde dans son apparaître et à la subordonner à sa dimension d'être. Mais autant on admire la construction, autant on doit récuser l'*a priori* d'une sorte d'inventaire fixe des objets, déterminant l'inventaire universel de leurs relations. Et, je l'ai montré plus haut, la clôture du monde ne requiert que sa consistance, il faut qu'elle soit toujours Une, c'est l'axiome propre d'un monde, et c'est assez. Badiou peut encore dire qu'à la résolution kantienne des antinomies « cosmolo-

---

1. *35 énoncés...*, glossaire ; *LM*, Dictionnaire sous *Monde*, et IV, 1, 4.
2. P. 330.
3. *LM*, IV, 1, 5 et appendice.

giques » par la double destination du *sujet* à l'entendement transcendantal et à la raison, il a su substituer structure *objective* de l'apparaître et loi de l'être ; mais on répondra : au prix de priver la première de ce qui la commande dans ce quelle a d'être et de recourir à la seconde pour ce à quoi la loi de consistance de l'étance suffit.

La clé, c'est que tout l'appareil ontico-ontologique de Badiou est tenu sous la restriction, que nous avons recueillie de sa plume, du « lisible ». Il est bien vrai que, sous cette restriction-là, la relation du vase de houx à la carafe sur la table ne peut que conserver à chacun son degré d'existence et conserver à la différence d'indexation transcendantale de deux éléments de l'un (par exemple, la différence d'intensité de la lumière qui tombe du lustre, entre les plus hautes branches du houx et la base du vase) son identité ou sa différence avec la différence des éléments correspondants du second (le bec et le socle de la carafe, plus éloignée du lustre). Mais soit maintenant une représentation théâtrale ; il se peut qu'un certain soir, l'intensité de présence de l'un des acteurs, soit de son fait propre soit du fait de son attention à la réceptivité du public, accroisse brusquement son degré d'existence relativement à celle des autres, et que de ce fait la « localisation » de son personnage dans l'apparaître de l'intrigue soit bouleversée : la lecture même est remise en question, il n'y a plus conservation de la pièce, c'est un changement. Plus encore, il n'est pas vrai que dans le monde d'une manifestation, les objets postiers et infirmières conservent le même degré d'existence ou que les atomes qui fixent pour chacun leur identité restent les mêmes : chacun sait bien que la manifestation les change, indiciant pour les uns un devenir en commun – une identification entre eux et aux leaders – tout-à-fait autres, et pour d'autres un refus de s'y laisser prendre, qu'elle fait surgir en eux des points de composition *qui n'étaient absolument pas là* ; éveillant chez les infirmières une détermination bruyante que rien dans leur arrivée réticente ne préparait, cependant que les postiers, arrivés en rangs mais blasés, n'assurant que le minimum de participation nécessaire, perdent de leur degré d'existence et découvrent que, contrairement à tout ce qu'ils disaient, ils n'y croient plus : soit un changement d'ordre dans leur composition. Badiou dirait sans doute qu'alors, il ne s'agit plus de ce qui rend lisible un monde, mais d'un événement, qui est changement de monde. Mais à ce prix, il n'y a quasiment *que* des événements. Le réel, c'est que dans et par la relation, les objets changent continuellement.

Au demeurant, l'illustration purement *topologique* de la démonstration logique réduit le monde au système de ses objets comme ses « là » ; or un monde n'est pas – même s'il l'est aussi – un graphe, c'est sa *matière* plus le *faire-un* qu'elle autorise qui fait vraiment question de sa consistance, et du point de celle-ci toute localisation est provisoire, seule la globalité opératoire de l'ordre demeure. *Sous la plume de Badiou, le matérialisme, en hypostasiant l'objet et en évidant la relation, aboutit à la fois à la perte de l'opérativité intrinsèque au faire-là, et au gel du là* sur le fond de l'immutabilité de ce qui le supporte. Il n'y a plus – au moins en ce stade de son exposition – ni déclinaison ni mutation. C'est un matérialisme arctique.

Le plus frappant de ces derniers énoncés est ce que je viens de désigner comme le gel du là. Ils peuvent valoir pour un inventaire synchronique de l'apparaître ; ils laissent entièrement "tomber" *l'essentielle diachronie de l'être-là.* Le monde, la réalité sont de bout en bout – comment un platonicien peut-il l'effacer ? – changement. Et ce ne sera jamais décrire l'apparaître que le figer, fût-ce dans l'espace d'un instant, parce que cet instant même est fonction de son inscription dans le devenir de l'étance. On aperçoit ici le déficit inhérent à la pensée mathématique : qui se tient en dehors du temps et du devenant, et qui certes progresse mais hors de la conceptualité de l'hétérogène et du *changement*[1]. Qu'un exposé de l'immédiat de l'apparaître n'ait pas à prendre en charge sa dimension de changement, qu'il ne le *puisse* pas, cela condamne d'emblée toute thèse qui l'implique ; il est exclu que le changement ne soit pas pris en compte comme un trait d'essence de l'apparaître, et d'autant plus fondamental que *le maintien de la consistance dans le changement* est la preuve majeure de la primauté de son Un. Aussi bien, ce qui peut encore s'entendre quand on dit apparaître ne l'est plus dès qu'on dit être-là : car où le devenir est-il, sinon là ?

Comme on s'en doute, Badiou va aussitôt[2] nuancer. Changement il y a, certes, et qui fait problème s'il n'est ni dans l'être, ni dans le transcendantal. Mais quant à ce dernier, il faut entendre que « l'appa-

---

1. Quelques réserves que mérite le parti que Bergson tire de sa critique du nombré, on tient ici ce qui en fait la validité.

Badiou reconnaîtra lui-même, au début du livre V, qu'à la pensée mathématique est absolument extrinsèque le changement.

2. Livre V, Introd., p. 378.

raître d'un étant dans un monde est la même chose que ses modifications dans ce monde, sans qu'aucune discontinuité... soit requise pour le déploiement de ces modifications ». Ce qui est ici à souligner d'abord, c'est la priorité, pour le changement, du réquisit de *discontinuité* : il n'y aurait changement qu'à ce prix ; l'argument a son motif : Badiou est à la recherche d'une nouvelle définition de l'événement comme ouvrant une discontinuité dans l'apparaître, partant dans le transcendantal. Mais que – c'est la réponse en défense de Badiou – des « *modifications* » continues ne requièrent pas d'être prises en compte, qu'elles commandent seulement une variation du degré d'existence d'un objet – par exemple du degré d'identité-à-soi maximal au degré minimal, qui vaut pour le rien et la mort –, qu'elles n'entraînent pas l'apparition ou la disparition d'objets, ne peut se soutenir. À preuve : Badiou énonce avec raison que la mort n'est pas plus que la conservation d'éléments de l'être-là sous une autre forme ; mais l'objet corps vivant a bel et bien, lui, disparu[1]. Cette proposition essentielle du système, que « la non-apparition d'un étant » est seulement son degré d'existence « minimal »[2], est entièrement *a priori* et fait passer la seule continuité, qui est celle de *l'existence de l'apparaître lui-même*, dans celle des existants demeurants, pour une fois de plus sauver les étants. Le procédé ne peut que ruiner ce qu'il entend sauver.

Ce qui masque la violence faite à la réalité – dont aucune philosophie ne devrait s'autoriser – est la subtilité de la thèse qui fait *passer l'inexistence à l'existence minimale*. Il faut, écrit d'abord Badiou[3], qu'un étant « ne soit pas tout livré dans son apparition », qu'il soit « toujours contingent qu'il apparaisse » ; autrement dit, il n'apparaît dans un monde (ou dans un autre) que pour autant qu'il y est un exposant de la relation universelle ; et la contingence reçoit cette définition non plus ontique mais ontico-ontologique : un Un-Multiple d'être peut apparaître ou pas. Maintenant, s'il apparaît, il en est inévitablement « marqué », marqué par le degré d'existence dont un sien élément répond. Qu'un objet apparaisse « en voie d'inexistence »

---

1. Et pas seulement du fait d'un survenir non immanent à l'étant, comme il l'écrit pour dénier que le passage d'une valeur d'existence à une autre puisse être propre à un étant : nous savons tous qu'il y a des morts par usure. Un apparaître perd sa constitution. Cela ne fait pas objection à la thèse essentielle de Badiou : la mort – comme l'objet – est une catégorie de l'apparaître.

2. *35*, énoncé 6. *LM*, énoncé 17, et IV, 1, 6.

3. V, 1, 6, pp. 339-340.

signifiera alors qu'il y a « *un élément du multiple sous-jacent dont la valeur est minimale* ». Et puisque toute apparition est contingente, « tout objet dispose, parmi ses éléments, un inexistant » ; qui ne peut être qu'un seul. Et Badiou peut lire dans cette déduction, sous-tendue par le postulat du matérialisme, la confirmation d'un autre énoncé de celui-ci : la contingence est rationnelle [1].

J'ai voulu suivre pas à pas cette dernière exposition pour deux raisons. D'abord, parce qu'elle illustre la complétude et la consistance de l'appareil théorique de Badiou, telles qu'il apparaît facilement « habitable » pour une pensée qui épouse la confirmation de chaque choix par le suivant sans relever le ressort artefactuel de chacun et du système qui en résulte. Ensuite, parce qu'ici plus qu'ailleurs on voit que si l'option première de Badiou a été l'approche défective – platonicienne – de l'apparaître, elle n'a pu soutenir une analyse cohérente de l'être-là que par le recours à une seconde option – nullement platonicienne, bien qu'il tente un rapprochement –, le « postulat » du matérialisme. *Si* on postule que l'atome d'apparaître est « réel », si dans le Multiple de l'être peut dès lors être discerné un étant qui de ce réel répond, si les étants doivent être fixes et, partant, les objets sans action des uns sur l'existence des autres, si, en revanche, à l'intérieur d'un monde, les degrés d'existence d'un objet peuvent varier et s'il suffit pour cela que tout étant comporte un élément minimal, qui se dira son inexistence... : chacun de ces pas n'est la répétition du premier que par l'intervention d'un *nouveau* postulat qui le surdétermine, quand bien même tous ensemble se réclament du matérialisme, non sans que la référence au matérialisme peu à peu devienne un preuve du système plutôt que ce qu'il reviendrait à celui-ci de prouver, et bien que le matérialisme s'y retrouve investi d'une dimension ontologique à quoi sa tradition entendait se substituer. Ce qui, du point du perçu, s'avère révélateur, est que l'artefact de l'échelle transcendantale comme organisation adéquate de l'apparaître ne peut se soutenir sans la chaîne d'artefacts qui se réclament du *réalisme* du matérialisme : en sorte que l'intrusion du mot « réel » aura été le tournant de ce qui, de bout en bout, n'est rien d'autre qu'une construction métaphysique obstinée. Admis – ce que j'ai toujours contesté – que le concept d'un Un-Multiple d'être soit constructible dans la multiplicité inconsistante de l'être, qu'est-ce qui commande qu'il soit fixe ? Pourquoi, si un

---

1. Pp. 340-341.

élément de l'ensemble ontologique peut se penser en à-part distinct, faut-il que l'intemporalité de l'être n'en soit pas affectée ? Pourquoi l'intersection de l'apparaître et de l'être doit-elle exclure que le devenir essentiel du premier soit sans correspondance dans le second, correspondance qu'après tout, la neutralité de l'être accueillerait sans difficulté ? Pourquoi, s'il est contingent qu'un étant apparaisse, l'inapparition d'un objet attesté dans un moment du monde doit-elle se corriger en son degré d'existence minimal ? Quant à ce dernier problème, on voit bien qu'il naît de ce que Badiou ne peut assigner un étant que de son indexation par un objet apparaissant ; mais que l'étant ne "doit" pas disparaître, entraînant l'objet à ne pas disparaître à son tour : j'en ai dit assez là-dessus. La vérité est que, dans le système de Badiou, l'être sans Un et sans prédicats accueille des Uns-Multiples et certains prédicats du relationnel tout en excluant par simple décision certains autres.

Quant au matérialisme, le moins qu'on puisse dire est qu'il se retrouve bouleversé. À la distinction du vide et des atomes, s'est substituée l'assignation des atomes (d'être) comme éléments du vide de l'être lui-même. À la matérialité essentielle des atomes, s'est substituée l'assignation des atomes (d'apparaître) à l'extrinsèque du calcul sur le phénoménal. À la déclinaison, s'est substituée la contingence des degrés d'existence mais la substantialité des étants. Bref, le matérialisme est devenu à la fois beaucoup plus fragile dans ce qui l'indexe et beaucoup plus figé dans son référentiel : ce qui permet à *Logiques des mondes* de se déployer dans le double registre du platonisme et du matérialisme, le second "actualisant" le premier sous condition d'avoir été, dès le début, par lui redistribué. La discipline de la *réalité*, à quoi l'analyse du perçu s'efforce de ne pas manquer, ne requiert aucun postulat : la consistance de l'être-là est une assise non problématique, si d'emblée métaphysique. Elle n'est pas classiquement matérialiste en ce qu'elle récuse *ab initio* la disjonction des termes dont les matérialistes ont voulu reconstituer la composition. Elle conserve la contingence sous la forme de la facticité de l'apparaître. Et elle retrouve la matière comme spécification axiomatique de l'apparaître lui-même. À l'objet, en revanche, qu'elle n'a nul lieu de distinguer de l'étant, elle n'assigne rien d'autre qu'un moment provisoire de la consistance de l'étance, à laquelle appartient le dernier mot. C'est en ce sens qu'on peut la qualifier de platonisme redistribué, sous condition que ne soient pas disjoints les termes faire-Un-du-Multiple. Mais on peut aussi bien la tenir assez assurée d'elle-même pour s'avouer indifférente à ce type de classifications.

Beaucoup plus que Badiou prudent dans le maniement de l'objet, et d'abord dans ce qui figerait son support ontologique, je tiens, je l'ai dit, qu'au moment où le perçu se porte de l'arbre à une de ses branches, il ne s'agit pas du même objet, même s'ils s'impliquent ; *a fortiori* s'il s'agit d'une branche cassée qu'on est en train de ramasser. Davantage : il n'y a dans l'apparaître *que* du changement, de l'apparition, du vieillissement, de l'usure, de la disparition, *c'est comme deve-nir qu'il apparaît.* « Le » tilleul est certes demeuré le même devant-là, mais le même comme jamais le même, en hiver, à l'automne, au plein de l'été ; et même on ne peut le voir sans le voir comme poussée. Quand le tilleul mourra, le parc – au moins depuis cette fenêtre –, n'aura plus le même objet d'« existence maximale », ni la même rela-tion exposée, mais la consistance demeurera dans l'être-là. Sa conti-nuité n'annule pas logiquement le changement, elle démontre qu'il y a une logique de l'apparaître qui *constitue le changement* en re-consti-tuant le changeant.

Quand Badiou définit la modification comme « l'apparaître réglé des variations intensives qu'un transcendantal autorise »[1], nous serions plus près de nous accorder, au sens où il est vrai que le change-ment ne s'expose pas en lui-même mais dans les apparaissants. La question devient – classique, celle-là – : jusqu'où les modifications sont-elles celles qu'enfermait l'identité – ou la constitution – de l'objet, à partir de quel point ne s'agit-il plus du même objet – requérant une autre constitution ? Badiou tranche que la question ne se pose jamais, qu'il suffit de ramener l'objet au point d'existence minimal. Mais c'est pur artifice ; la pierre tout-à-fait quelconque que je ramasse à Dodone peut avoir dans ma main le degré d'existence maximal, elle n'a plus rien du morceau de colonne qu'elle fut et n'en est pas une variation : elle a une autre constitution, retrouvant plutôt le cru de l'arraché à une carrière qu'elle fut ; et les restes du *World Trade Center* ne sont des restes qu'au regard de l'herméneutique. Encore une fois, le mode sur lequel Badiou a compensé l'extrinsèque de l'atome d'identité par l'intrinsèque du support ontologique de l'atome réel – tenu que c'est le même – le contraint à absolutiser *un objet qui n'est pourtant jamais plus qu'un moment de la consistance globale de l'être-là.* D'où la

---

1. Introduction du livre V, 1, p. 379.

surprise de le voir redonner un rôle majeur à un concept de l'objet que la pensée contemporaine a patiemment "déconstruit", au même titre que celui du sujet de conscience et avec lui.

Reconnaissant, quant à nous, parmi les axiomatiques de l'apparaître, celle du temps, nous avons marqué qu'aucune exposition du perçu ne peut y faire exception. Commentant Husserl et Merleau-Ponty, nous avions déjà rejeté la devenue classique prédication de la temporalité à la seule subjectivité, souligné l'objectité du temps comme un trait essentiel de la réalité – le monde change, il est changement – : cela, d'ailleurs, Badiou l'accorde ; mais en le supprimant pour en faire un simple dépli de ce qui, plus principiellement, est ; nous avons déjà répondu que le support ontologique de l'apparaître ne peut être figé : pour autant que l'apparaître est chaque fois une constitution nouvelle prélevée dans l'empirie, et qui *redistribue l'être* qui lui fait fond.

De surcroît, le temps où s'assure le maintien de la consistance d'un monde n'est pas quelconque. La science le transcrit comme déterminé, et il est vrai que l'expérience même ne cesse de pressentir cette détermination du changement. C'est ce qui donne raison à Leibniz et fait la fragilité d'un idéal-matérialisme qui n'en a cure, se préparant à dire à sa façon la subjectité du temps en le prédiquant à l'incorporation de l'événement. Mais qu'on n'aille pas dire que la détermination du devenir fait du perçu un simple dépli, si ce qui le scande est appatitions et disparitions ; que le changement soit conséquent atteste, du point propre du perçu, de tout autre chose : qu'à une multiplicité sans cesse changeante, l'Un du global ne vient jamais à manquer. Une logique des mondes ne saurait en faire abstraction, et c'est déjà assez pour faire preuve que sa détermination par la fixité de ses Uns-Multiples est sans pertinence : c'est un trait d'essence de l'apparaître que, sans cesse modifié, *il ne cesse de déplacer sa prise dans l'être, sans jamais perdre sa consistance.*

L'Un du changement de la réalité n'autorise qu'une constante *reconstitution* de ce qui, de l'être, par elle, est prélevé. *Seul l'Un de consistance ou monde peut demeurer.* Cette dernière formule résume ce qui pour le perçu fait concept du monde.

« Le dernier mot, écrit Badiou, reste à l'être »[1] : l'extensif ontologique l'emporte sur l'intensif phénoménal. C'est le plus étonnant

---

1. IV, Introd., p. 318.

d'une construction partie de l'infondé du site dans l'être et de l'extrinsèque des indexations d'objets. Mais c'est aussi le plus symptômatique : la logique transcendantale élaborait un monde si dépourvu d'assise, si flottant, qu'il requérait absolument un redressement où la fondation fasse retour. Seulement telle est alors la prégnance de la fondation qu'on tombe dans une nouvelle impasse : celle d'une consistance *bloquée*, quand l'évidence est celle d'une consistance en devenir de ce qui la remplit. De sorte qu'estimant avoir réuni les réquisits d'un monde, on a bien plutôt élaboré de toutes pièces, après un apparaître ontiquement instable, un support ontologique contraignant, figé. L'ingéniosité – mais qui en eût douté ? – impressionne, l'artifice est sans recours.

Le premier et le dernier mot, c'est la consistance de tout monde. Si fondatrice, si originaire, qu'elle est logiquement *antérieure à tout ce qui, en elle, vient à consister*. Ce qui de l'être est disponible pour la mise-en-un assure chaque fois l'étance : celle d'un un-multiple dont nous avons cherché les conditions axiomatiques, qui n'a pas pour autant à déterminer l'être comme tel. L'être inconsiste, l'être-là le supplémente d'une consistance qui varie en fonction de ce que l'apparaître devient. Tout objet "est" comme un-multiple, mais tout objet est provisionnel. L'étant ne se constitue pas sur le versant de l'être mais sur celui du devenir de l'apparaître, au gré du passage des faire-un faisant Un.

Reste, élucidé ce qu'est un monde, la question du mode sur lequel y advient l'existence comme exception ; Badiou retiendra ce dernier terme, en le déplaçant de l'existence sur l'événement, comme exception productrice de la « singularité » à l'intérieur de l'existence elle-même. Ce qui implique ou que l'existence se résout dans l'apparaître – comme nous l'avons, nous, dit du Moi – ou qu'elle s'indexe en toute occurrence de la possibilité de l'événement – ce qui signifiera qu'elle se place quant à l'être autrement que l'apparaître, mais avec une vection opposée à celle qui nous a fait la situer d'un venir en défaut dans l'être. Où l'on voit une fois de plus que ce qui est en jeu pour Badiou – comme pour Heidegger – est toujours finalement de tenir l'être, et de se tenir à lui – *contre* l'apparaître, dont nous l'avons vu échouer pas à pas à donner une raison suffisante, quand, arguant du sans-*aura* de l'être, nous excipons de l'advenir à l'intelligibilité, qui prescrit l'être *et* l'apparaître, comme de l'exception qui commande toute autre exception.

Ainsi pouvons-nous tenir pour tranché l'*agôn*. Qui nous aura délivrés les éléments pour une définition transparente de la réalité.

d. Pas plus que le souci ne suffit pour définir une réalité de la constitution de laquelle il n'a rien à dire, pas plus ne saurait-on assigner la réalité à l'heureuse – « matérialiste » – rencontre d'un Un-Multiple d'être et d'un Un d'apparaître d'abord définis comme radicalement hétérogènes et entre lesquels il n'y a de passage que si quelque part de l'ontologique – une axiomatique – vient supplémenter celui-ci : toute autre détermination de l'apparaître que sa constitution de part en part, toute autre définition pour ce qui apparaît comme Un que la constitution de l'étance dans son apparaître, doit être récusée pour ce qui nous requiert comme la réalité. Nous sommes à elle telle qu'en elle-même elle est constituée, ce que nous spécifions : tel que son discours, le discours dont elle est le sujet, la constitue, sa constitution fondant précisément son enséité. La réalité, dont l'expérience est imprescriptible, ne s'avère intelligible que de ce que *sa constitution est de part en part immanente à l'apparaître*, tel que lui-même constitué. Ce de part en part immanent de la consistance de l'apparaître est un constat, nous ne l'"expliquons" pas ; qu'il ait valeur de constat éclaire pourquoi il faut qualifier ladite consistance, et avec elle l'intelligibilité du perçu, de transcendante : elle est là, elle est le Là.

En découlent tous les traits de la réalité : telle du moins que c'est dans le perçu que, de prime abord, elle s'énonce.

1. Que la réalité soit l'objet d'un *discours constituant* et non d'une *logique formelle* découle de ce que la réalité est tout entière dans le moment de sa constitution. Une logique au sens restrictif de Badiou règle les rapports entre des termes qu'elle tient pour déjà-là. Ce dont nous avons affaire dans l'apparaître est la venue à l'étance de l'étant : le procès en fonction duquel il est comme étant. Le perçu est d'emblée cela : la remontée de l'apparence à l'intelligibilité de sa production dans sa constitution. Que cette production soit celle de sa consistance est ce qui m'a fait répétitivement écrire qu'il s'agit d'un discours axiomatico-logique : qu'épuise, sous réserve de la facticité, sa transparence. Mais le logique d'un discours constituant n'en fait pas une logique formelle, étrangère à l'objet qu'elle régit. Et s'il en fallait une, elle serait paradoxale, si j'ai raison de décrire comme je l'ai fait le procès d'une auto-constitution.

Après quoi, je ne laisserai pas dire que le discursif est retour au langagier : il est *générateur*, en quête de ce qui fait advenir l'apparaître, tel qu'il apparaît, comme étance. D'une procédure, il ne peut y avoir d'énoncé que discursif. Et *l'apparaître est l'exposition de la procédure ontico-ontologique de sa constitution.*

2. Ce qui spécifie la réalité, ou l'en-soi du "monde", c'est la constitution du perçu dans sa *matière*, telle que prescrite par son (ses) axiomatique(s) propre(s), et produite dans ses sites logiques[1] ; de cette constitution le revers est sa *facticité*. L'être s'apprésente comme il se présente – facticité de l'empirie –, l'apparaître se constitue tel que le prescrit son discours – facticité que ce soit ce discours-là. Si tout ce qui appartient à l'apophantique se suscrit d'un possible ontologique, un possible n'est pas un réel, et c'est finalement tout ce qui, du possible axiomatico-logique, est attesté dans l'apparaître qui y ponctue l'effectivité de l'être dans l'étant. En somme, tout ce qui règle la consistance de la réalité telle qu'effectivement elle consiste.

On a pu être tenté, à partir de là, de se représenter la réalité comme un texte, doté de cette auto-référenciation qui caractérise tout texte digne de ce nom ; mais un texte ne produit pas les termes mêmes qu'il enchaîne, dans le moment qu'il se construit. On pourrait se représenter la réalité comme une langue, laquelle génère en effet et ses sémantèmes et leurs modes grammaticaux de relations ; mais une langue est un système, et non un discours. En rigueur, la réalité est l'en-soi de ce que règle *une* axiomatique qui, du même trait, détermine, pour chaque situation, les termes et leurs relations, sans laisser dans leurs enchaînements et recouvrements aucun point d'indécision. En quoi elle est exactement *l'opération constituante du concret d'une situation.*

3. La réalité est *Une* et se tient de bout en bout dans la consistance de sa constitution. Elle ne comporte pas de vide logique. Le faire-un, qui n'"est" pas, constitue ce qui est au sens de l'effectif : comme ce qui se tient toujours et sans interruption sous les mêmes prescriptions, en en variant sans cesse le déploiement sans jamais venir à disruption. Je peux démultiplier l'apparaître, le ré-viser, le faire plus adéquat, mais sous le présupposé toujours que, de réel, il n'y en a *qu'un*, dans la consistance de cet Un. Et je vois changer l'apparaître, mais sous la prescription que toutes ses parties ne manquent jamais de s'articuler les unes aux autres, en fonction et de l'articulation interne de chacune et de leur coexister. Un même et seul procès de consistance

---

[1]. Au sens que j'ai posé dès les premières pages : site de la constitution d'une situation.

commande "toute" la réalité – quand bien même elle est Une sans être proprement totalisable –. Après tout, c'est en quoi elle est, au singulier, l'être-là : ce qui s'impose dans l'Un d'apparaître de l'être. Et qui nous a fait écrire plus haut que n'apparaît en rigueur que l'apparaître lui-même, dont chaque constitution locale n'est pas plus qu'un moment, valant pour un moment (au sens logique) de l'Un d'étance.

Cet Un soulève à son tour deux questions. Celle d'abord de la continuité, que nous avons évoquée déjà comme le « sans trou » – spatial et temporel – de l'image[1], et dont on devrait, bien plus qu'on ne fait, s'étonner. Elle implique que l'appareil constituant ne tolère pas dans son exposition de césure, qu'il est uniment prescriptif. C'est un trait d'autant plus frappant que l'encyclopédie des savoirs n'a progressé qu'en renonçant à l'unité massive des constitutions – trait typique du mythe –, et en multipliant les structures locales – du macrro et du micro, de l'inanimé et du vivant... –, quitte à tenter le formulaire d'un ultime principe de réduction de toutes les opérations[2]. La continuité de la réalité dans son apparaître n'en reste pas moins un fait premier, dont les axiomatiques du perçu rendent une première fois compte, en ce qu'elles rendent compte de l'unicité ultime de sa matière : tout ce qui, de l'empirie, vient à l'apparaître est susceptible de se synthétiser avec lui-même, et s'avère par là axiomatiquement homogène ; s'en induit *la consistance matérielle de l'étance qui apparaît*.

De l'Un qu'elle est, on ne saurait, en revanche, induire un *Tout* de la réalité. Nous savons qu'il n'y a de situations que locales, et Badiou est fondé à marquer l'aporie d'une totalité de l'apparaître quand le concept même de totalité est, par l'axiomatique du Multiple, d'emblée interdit à tout ce qui est. Ce qui s'en suit est que l'étance n'a pas de mesure parce qu'elle n'est prescrite par rien d'autre que la constitution consistante, qui ne prescrit elle-même aucune dimension. Ontologiquement, on peut toujours dire que l'apparaître est une situation, locale comme toutes les autres, que déborde l'infinité d'in-finis où nous reconnaissons la seule détermination possible de l'être, mais local n'implique ici aucune circonscription. S'en conclut que la réalité – ou un monde – n'est pas plus qu'une partie de l'être. Et les étants qu'elle induit, pas plus qu'une des instances où l'inconstitué vient à la consti-

---

1. Cf. p. 213 *sqq.*
2. On pense à la relativité générale, évidemment.

tution. Reste à penser *la conjonction de l'Un et de l'inaccessible* : énoncé d'un indiscernable, qu'avec Badiou nous appelons un vrai. Que cet Un, toujours excédentaire au multiple de ses éléments, soit de plus inassignable, c'est la véritable position du Là – au sens heideggérien – comme en-soi : un multiple intotalisable d'énoncés est tenu aux limites de sa détermination principielle comme Un. L'être-là a là la vérité de son Là.

4. Aussi bien l'Un lui-même, *l'Un de l'objet et l'Un d'un monde, scande-t-il de part en part l'appréhension de la réalité*, effet, une fois de plus, de ce sur quoi j'ai souvent insisté et que je tiens pour matriciel de la constitution : ce que l'analyse décompose en termes noués par leur relation advient en fait tout d'une pièce, les termes n'y étant rien d'autre que ce qu'ils sont pour leur relation et celle-ci rien d'autre que le site logique dont le sujet logique garantit le fait-Un, en sorte que se dit d'un seul coup l'Un et ce dont est fait l'Un. C'est, du perçu, et la prescription absolue, et l'expérience ininterrompue. Chaque arbre est Un, chaque branche est Une, chaque feuille est Une, chaque fleur qui à son ombre pend est Une, chaque "vide" aussi. Cette énumération même montre que l'Un est toujours relatif ; il n'empêche que de l'Un il y a toujours, que la réalité ne peut effectivement se constituer autrement que d'Uns, qui répondent chacun d'un site logique, mais qui plus encore ne laissent entre eux aucune place pour du non-Un et ne cessent jamais de faire tous ensemble Un.

Cette constance de l'Un, dont la pensée s'étonne, et plus encore quand elle a saisi l'incompatibilité de l'être au faire-un, commande cette spécification : *la réalité est le royaume infini de l'Un*, où il y a de l'Un à l'infini. De là que si l'objet est toujours provisionnel, qu'il y ait toujours de l'objet n'est plus provisionnel, dès lors qu'à du consistant succède toujours du consistant : *à l'objet succède toujours logiquement l'objet*. Ce qui fait de lui le *primum* de toute expérience. Mais ce *primum* aussitôt est second, tenu dans cet autre qu'est l'Un de la réalité elle-même, que nous ne quittons que pour le retrouver, dans lequel, d'emblée, nous sommes pris – comme l'a perçu avec force Merleau-Ponty –, et qui longtemps a fait considérer le ciel comme une enveloppe. *La seule enveloppe, c'est le prescrit de consistance de la réalité, invariable.* Et, pas plus que l'objet, ne s'exposant dans une matière propre. Le faire-un s'épuise dans ce qu'il fait. Et comment en irait-il autrement, puisqu'il n'"est" pas ?

5. La réalité ne se "donne" pas comme l'Un, là, sans s'*ouvrir* : le

perçu est cette ouverture. Le réquisit d'Un se pose, ou comme j'ai écrit plus haut s'im-pose, en produisant les termes dont il se compose. Mon écran est la compacité de son rectangle découpé sur le fouillis des livres, des manuscrits et de l'imprimante qui l'entourent ; son cadre gris foncé se détermine de son écart et avec le blanc de la page où s'imprime l'écrit et avec le gris transparent du fond ; son léger ronflement scande le passage du temps. Toute l'expérience du perçu le montre : il y a *identité de l'Un d'un perçu et du perçu de ses composants.* Autant il faut tenir que l'Un n'"est" pas – ne convient pas à l'être –, autant il faut tenir que l'Un ne s'expose comme rien d'autre que le nœud des termes qui lui "appartiennent" et qui, eux, indexent l'être dans leur matière. En quoi il faut convenir qu'il n'y a d'Un apparaissant que celui du divers qu'il assemble. Mais que, réciproquement, l'existence du multiple est, chaque fois, sous la loi du tout ou rien : posée, posée-Un, dans le posé-Un de l'ensemble des Uns.

La tentation philosophique classique, depuis Aristote, revient alors comme celle de dissocier l'Un-de-l'étant, conçu sur le mode du substantiel ou de la « matière » ontologique, et les propriétés-de-l'étant – soit la constitution du perçu – comme ses prédicats. L'avantage de cette dissociation est de fournir une séquence de termes distincts à la logique, pour le calcul des prédicats, et de renvoyer l'Un à l'être, à moins que ce ne soit au transcendantal. Mais dès lors que l'Un n'"est" pas et que l'être inconsiste, comment l'Un pourrait-il constituer dans l'étant ce qui serait – implicitement ou non – la « définition » de son être, sous-jacente à ses qualités ? L'étant n'indexe rien de l'être en ce que lui-même il consiste mais en ce qui, par sa consistance ontique, est attesté d'inconsistance ontologique ; c'est même ce qui, par un retournement paradoxal, fait que l'Un de l'étant est ce dont le réquisit propre d'être est le plus douteux. Ou que, *premier à l'existence de l'étant, l'Un est dernier à son être.*

La réciproque, nous l'avons dite : *l'Un de consistance est sans matière propre.* Figure du site logique où se noue la matière ontologique sans que lui-même "soit", l'Un ne peut que recueillir la matière du nœud sans rien interposer – aucun être – entre elle et lui. Ce qui revient à dire qu'il est transparent à la constitution de l'étance ; on ne dit rien d'autre quand on prend acte de la réalité comme de l'Un d'ordre en quoi l'être advient à l'apparaître.

L'Un est l'immédiat d'emblée médiatisé.

6. *Le brut du Là* n'est pas le savoir. On dit : réalité, entendant par

là que ce qu'elle apprésente est l'en-soi de l'étance tenu dans la facticité de son apparaître : c'est ce qui me faisait désigner celui-ci, au
moment où j'abordais l'être-au-monde, comme le brut du Là. D'où
l'embarras où le concept de réalité a toujours placé la philosophie ;
car si l'on ne remonte pas au prescrit d'une axiomatique qui règle le
"monde" de part en part, dans le procès du type d'opérations qu'autorise l'analyse de sa matière, on a à rendre compte d'une facticité massive, tout à fait opaque à la pensée : laquelle ne peut alors que
demander ce qu'est le statut de l'espace-temps, ramener la qualité à
ce qui dans les procès intra-matériels la supporte, chercher au-delà de
ses "propriétés" perceptives une définition formelle de la matière elle-
même, introduire le soupçon sur la logique de l'apparaître et en élaborer une autre qui soit purement mathématicienne, passer par là du
régime local du fini à celui de l'infini, et par voie de réciproque s'interroger sur l'en-séité – le fondement à faire concept – de l'objet et du
monde. Aucune de ces questions n'est, bien entendu, impertinente :
ce sont, au demeurant, celles du savoir, et proprement dit de la
science, en quête des énergies qui sous-tendent l'apparaître, de leurs
coordonnées, du calcul de leurs échanges et de leur contraction en
éléments ; on sait à quel point cette enquête-là peut démystifier l'apparaître, au point de revendiquer pour elle seule le nom de réalité. Mais
l'apparaître n'en demeure pas moins le tuf auquel nous sommes tenus,
sur lequel les questions se posent et dont elles ne peuvent s'abstraire,
auquel aussi bien elles font, par le biais de la technique, retour. Il n'y
a en apparence plus rien de commun entre une langue et l'autre, et
pourtant la seconde reste jusqu'au bout une réécriture de la première.

Or ce que le perçu démontre, c'est que *le fossé n'est pas celui que
l'on croit* : le brut n'est pas brut, dès lors que sa composition est sous
le prescrit d'une axiomatique et sa constitution en Uns sous le prescrit
de leur consistance globale. L'erreur inverse dans laquelle il ne faut
pas se précipiter serait d'en induire, du perçu au savoir, une continuité. J'ai souligné plusieurs fois l'analogie entre le triplet de l'axiomatique du perçu – continu, coupures, écart – et la constitution du
nombre lui-même ; mais ce n'est pas plus qu'une analogie. Et sa
logique, pour raffiné qu'en puisse être l'exercice, si elle reste prise
dans le schème élémentaire du triplet, demeure à la fois particulière
et élémentaire au regard de ce qu'il a fallu élaborer pour les « relations
d'indétermination » de la physique quantique ou pour la biologie
génétique. Un multiple de reprises logiques édifie les discours des

sciences comme le dépli de ce que, du point cette fois de l'épistémologie, ce monde induit : opération qui remonte d'une encyclopédie des « propriétés » du monde empirique à ce qui en réécrit l'intelligibilité sous prescription du logico-mathématique, redécoupant les situations, y suscitant d'autres termes et d'autres types de relations. Epistémologiquement parlant, ce procès dont la matière même requiert sans cesse un renouvellement de ses procédures, bouleverse le concept de ce qu'il en va de l'étance et de l'intelligibilité elle-même. Ontologiquement parlant, il atteste qu'au-delà de la Multiplicité inconsistante de l'être et du faire-un consistant dans l'apparaître, existent des couches multiples de consistance et d'inconsistance dont la constitution en termes de fonctions s'avère à son tour possible ou impossible. Dire que ce champ est celui seul de la réalité n'a aucun sens puisqu'il faut toujours la réalité, disons : de l'apparaître, disons : du perçu, pour fournir ses objets – si long que puisse s'avérer le trajet – à l'interrogation du savoir.

On se gardera donc d'opposer les deux discours comme l'indépliable du brut et ce qui seul peut progresser dans le dépli de l'intelligible : c'est de deux discours, de *deux constitutions différentes* qu'il s'agit ; qu'il s'agit de ne pas confondre. Et d'abord parce que, tenant l'axiomatique de l'apparaître dans la matière sensible de celui-ci, rien ne nous autorise à dire que nous tenions l'en-soi de la matière. Nous n'avons dit, de fait, rien de tel, et avons toujours précisé : la matière *de l'apparaître*. C'est au perçu que nous tentons d'arracher tout ce qu'il peut dire, sur le fond de son empirie. De la composition *de l'étant en lui-même*, du système d'interactions auxquelles il est soumis, du type d'entités énergétiques qui, au revers du perçu, requièrent que la matière soit renommée, redistribuée et mathématisée, c'est au discours des sciences qu'il revient de produire la démonstration. L'axiomatique du perçu « nombre » la matière sensible de l'apparaissant ; les axiomatiques de la science visent le « nombre » – le mathème – de ce qui apparait, qu'elles constituent à nouveaux frais, dans un autre style de pensée.

Disons qu'il s'agit toujours du Multiple, et comment en irait-il autrement puisqu'il s'agit toujours de l'être ? Mais ce Multiple, le perçu le dé-chiffre dans l'Un, tandis que la science ne cesse de s'affranchir toujours plus de l'Un pour progresser dans des multiplicités qui sont des fonctions d'autres multiplicités. Il y a deux discours de la réalité qui sont différents par leur procédure ; la seconde est assurément celle qui convient le mieux à la composition de l'être lui-même ; mais la première, attestant que l'être advient à la présentation par le seul biais de l'Un de l'étance, interdit tout discours du sans-Un autre que soustractif. *La réalité, sur le versant – incontournable – de l'apparaître, c'est l'obstination de l'Un.*

8. Remontons, pour finir, de cette double discursivité de la réalité, où toute réduction de l'une à l'autre est exclue, à son assise ontologique.

L'être se dit du revers de l'intelligibilité de la réalité. Ce qui consiste, est. "Est" veut dire : si, et seulement si, la consistance est avérée, il y a quelque chose qui, de l'inconsistant, vient à consistance. Inversement, la consistance, qui n'est pas l'être mais l'opérer sur lui, ne peut soutenir et fonder la réalité que d'énoncés que nous avons dits soustractifs, en quoi l'inconsistant de l'être s'avère, mais s'avère *d'une loi de composition qui fournira au faire-un le champ de validité de son faire* : ainsi se trouve assuré que dans tous les cas, la consistance de la réalité a pour fond une axiomatique, quand ce ne serait d'abord que celle du mathématique.

Mais la consistance, d'être plurielle dans la définition de sa matière, doit être plurielle dans son axiomatique, et commande déjà qu'on se garde de prononcer composition de l'être au singulier. L'être qui fait fond au faire-un du pensé, ne peut se laisser penser lui-même que comme ce qui se dérobe chaque fois à *telle* axiomatique, du sein de ce qui est réglé par elle comme ensemble formel de prescriptions opératoires commandant l'ensemble des termes dont la définition est réciproque aux opérations qu'elle autorise. Qu'il y ait plus d'une procédure du consister commande donc, *eo ipso*, qu'il y a *plus d'un mode d'inconsister*. Et cela déjà pour le perceptif : si l'inconsistant du mathématique est ce pur Multiple de multiples où rien ne vient faire-un, l'inconsistance de l'espace ne peut se dire que de la dissémination sans localisation, l'inconsistance du sensible que du divers qualitatif sans différenciation.

Reconnaissant dans le divers de ces (in)déterminations autant de moments de la présentation du fond errant sur lequel se constitue la réalité, on tiendra que l'être s'y exhibe sur plus d'un mode, qu'on qualifiera, faute de mieux, de matériels. Or on sait bien que dans le champ que nous avons sommairement intitulé de la science, la pluralité des objets de recherche ne cesse d'exiger – particulièrement au niveau sub-atomique – remaniements et supplémentation de l'axiomatique qui commande les opérations ; et que, symétriquement, la recherche logique est venue à multiplier l'axiomatique des mondes possibles : il va de soi que si un monde est pensable où des « objets » différents ne sont pourtant pas distinguables, l'être ne s'y dira plus d'un ensemble de termes, mais – par exemple – d'un ensemble d'actions[1]. Cette disjonction des axiomatiques requiert leur conjonction dans l'ontologique. En sorte qu'il faut renoncer à dire : l'être, comme si c'était sur une seule indexation qu'on le dit. L'être de l'étant, celui auquel l'apparaître et le mathème nous renvoient, qu'ils requièrent, s'(in)définit de plusieurs façons, qui ne se composent pas entre elles. À la fin il est singulier, mais d'abord il est pluriel. Il ne se dit qu'en un sens, mais ce sens est multiple. Il faut bien que son inconsistance soit assez diversifiable pour qu'elle soit indexée par la distinction des axiomatiques

De cette pluralité des inconsistances s'induit que la présentation de l'être n'est pas absolument quelconque et il faut assumer que plusieurs modes de constitution prescrivent de l'être une pluralité d'inconsistances. Telle est, une seconde fois[2], la réponse à l'une des questions que, dès longtemps, nous posions : *de ce que prescrit la réalité, il doit y avoir pré-scription dans l'être.*

Remarquons enfin que cette série de scriptions est au plus loin d'une quelconque « résolution ». Il n'y a pas à chercher de confort dans une induction de l'être en somme factuelle – *factum* des axiomatiques –. Nous serons, de ce biais, au plus loin de Hegel qui, tenant la dialectique dans les pinces du Sujet absolu, enchaîne le pluriel du logique comme autant d'étapes d'un seul progrès au terme duquel « l'Etre [est] rétabli... en tant que médiatisation infinie »[3]. Nous nous garderons d'exciper d'une telle médiation. Ce qui s'inscrit au soustractif de la constitution, nous en avons établi la singularité, et la facticité. Tout ce qui est attesté, et qui assure la consistance de la réalité perçue, c'est que les axiomatiques qui la déterminent se composent, et que partant il y a multiplicité dans la présentation. Cela, encore une fois, n'est qu'induction.

Non seulement l'être inconsiste, mais il faut admettre que, s'il inconsiste toujours comme Multiple, *le Multiple inconsiste de plus d'une façon*, qui interdisent la réduction.

---

1. Cf. la théorie des *Topoï.*
2. Cf. p. 491.
3. *Logique*, III, Du concept en général (trad. fr. p. 266).

La réflexion sur la réalité, autrement dit sur ses conditions axiomatico-logiques, remet à leur place, dérisoire, les remarques de Heidegger, dans la tradition de Maine de Biran, sur ce qu'elle se connote de ce qui nous « résiste ». Certes, il développe un autre style d'argumentation sur l'être-à, le plein de l'angoisse, le « vers » du souci. Mais il est frappant qu'aucun de ces arguments ne fasse preuve au-delà de ce qu'ils présupposent : que l'étant « n'est pas à la mesure » du *Dasein*. Qui finalement est pour Heidegger le seul réel.

4. *L'être conclu par les termes qui lui conviennent*

Tout ce que nous venons d'énoncer de la réalité faisait renvoi à l'être comme à ce dont elle, dans sa constitution consistante, fait-Un. Nous sommes ainsi convoqués à venir, ou plutôt à revenir, à l'être. Nous avons dit déjà ce qui est requis, soustractivement, pour l'être par l'axiomatique de l'apparaître[1] : quelle in-finité d'in-finis différentiels. Mais la définition coupait court dans le champ du discours ontologique, tel qu'institué dans ce qui, par excellence, est l'agôn philosophique. Or nous voulons que soit élaboré le plus complètement possible le perçu, nous voulons savoir *ce qui doit en rigueur se dire de l'être dès lors que le faire-Un n'est pas simple compte, dès lors que c'est à l'axiomatico-logique du perçu qu'il revient de faire-Un* : quelles, parmi les nominations qui ont été attachées à l'être, conviennent ou disconviennent à la consistance de ce qui est-là. Ce n'est qu'accompli ce parcours, que nous aurons un plein discernement de ce que nous écrivons quand nous écrivons « être ». Et si ce que nous cherchons n'est plus seulement ce que le perçu, spécifiquement, requiert pour l'être, mais quelle orientation il commande parmi les définitions avancées de l'être « en général » – comme dirait Heidegger –, symétriquement s'esquisseront les conclusions que nous en tirerons plus loin pour la définition de l'existence : comment peuvent y faire chiasme l'être et le n'"être" pas.

Par quel biais aborder l'examen ? La discussion avec Heidegger peut nous ouvrir une voie. Négative, d'abord. Au long des sections précédentes, nous avons vu comment remettre l'ontologie à une interprétation de l'existence – au sens de *Sein und Zeit* – livrait la première

---

1. Chap. I, 6.

à une thématique de la seconde dont nous avons réfuté les présupposés méthodologiques l'un après l'autre, et qui tous supposent ceci : qu'il y aurait dans l'existence, Une, pleine dans sa présence à soi, finie, de quoi fonder, avec son être, tout l'être. Ce que nous nous trouvions là mettre en cause n'était pas seulement l'herméneutique heideggérienne de l'existence, mais le non-concept de l'être qu'elle impliquait, que l'intonation fondait, écrasant sur l'index l'indexé et modelant sur le bâti de la subjectité compréhensivement interprétée ce dont Parménide avait fixé le concept comme celui de l'ultime enséité : dont nous avons proposé la réécriture dans le suscrit par l'énoncé. Cet échec, celui du Soi à se défaire de soi, même au moment de dire l'être, aura entaché répétitivement l'histoire de la philosophie, où rien ne se sera avéré plus obstiné, plus résistant, que le retour du Soi comme matrice de tout ce qui se pense, même l'en-soi. La conséquence chez Heidegger en aura été que, nouvelle occurrence du cercle herméneutique, la procédure par laquelle le *Dasein* ramène toute constitution à la compréhension de son être propre n'a rien d'autre pour définir le *Dasein* que cette procédure même, et pour pré-définir l'être une série de prédicats qui sont tous impropres à la seule justification qu'il y a d'en appeler à l'être tel que requis par tout énoncé qui consiste. Aussi faut-il retourner la question et interroger ce qui peut et doit se dire un concept de l'être comme ce qui en prescrit l'intelligibilité à part soi. En suivra l'évidence que s'il y a dans l'étance un fil qui n'y peut conduire, c'est l'existence.

Le mérite de Heidegger, en revanche, aura été de replacer devant le radical de la question de l'être une pensée qui se tenait à mi-parcours, soit qu'elle tienne ne pas pouvoir s'avancer au-delà de l'étant, soit qu'elle configure l'être sur l'étant. Davantage : le profit des discussions précédentes va être de nous conduire à déterminer pourquoi les termes qui commandent la recherche de l'authenticité du *Dasein*, resserrés dans l'Un, le Plein, le Fini, disconviennent à l'être, pourquoi aussi – et c'est dire une seconde fois la même chose – exciper du Soi sans produire l'Autre est se priver de toute pertinence rationnelle dans la détermination de ce qu'on poursuit.

Or les termes que nous entendons récuser ne sont pas seulement ceux de Heidegger, mais aussi ceux d'une large part de la tradition ontologique à laquelle il les emprunte. Les traits d'être dont il qualifie le *Dasein* sont aussi bien de ceux dont, dès longtemps, et même dés l'origine, la pensée a voulu déterminer l'être-en-tant-qu'être. De là que s'impose une séquence de questions où se ponctue *historiquement* le différend : pourquoi l'Un et non le Multiple ? La substance et non la constitution ? Le fini et non l'infini ? Autant d'options que Heidegger a seulement reprises dans son style propre de pensée. Qu'est-ce qui les légitimait ? Qu'en a-t-il fait ? Qu'en reste-t-il au regard de ce que prescrit le soustractif ? Et, de les récuser, le soustractif peut-il rendre compte[1] ? *La détermination soustractive de l'être à la consistance de l'étant* ne sera suffisamment éclaircie qu'une fois confrontée avec les options majeures du discours philosophique touchant ce qui fut long-temps désigné comme la « nature » de l'être : indiciée tantôt par le moment *opératoire* de la production formelle de l'étance, tantôt par ce qui *supporte* l'essence, tantôt par ce qui qualifie l'étance comme *Tout*, propositions dont le trait commun est de masquer la relation *définitoire* de l'être à la structure de l'être-là. Au terme de ce parcours, et bien qu'un tel survol ne puisse être que ou trop long ou trop court, aura été élucidé à la fois quels sont les termes que son intelligibilité commande pour l'être, et que ce sont ceux-là mêmes et nul autre que le perçu requiert.

a. L'Un ou le Multiple.

Nous disons – après Badiou – : l'Un n'étant que de l'opératoire, à l'être l'Un disconvient. Il n'y a plus lieu de demander pourquoi le poids de la tradition va dans le sens contraire : c'est que l'être était conçu comme l'ultime *opérateur*, le terme agent qui répond de ce dont le site logique garantit la valeur formelle, dans le même temps qu'on reconnaissait en lui le *fond*. Mais justement : le fond est le dérobé à l'opération. La procédure de Heidegger repose exemplairement sur cette confusion : qui superpose l'un à l'autre l'Un de l'opératoire, entendu comme l'analyse compréhensive de ce qu'est, de soi, le *Dasein*, et ce dont elle doit fournir le découvrement inscrit dans son geste même de retour, qui est l'Un de l'être du *Dasein*, délivré dans « le tout de sa structure totale ». Ce qui place l'investissement heideg-gérien de l'Un à la fois très près, par cette conjonction, de ses fonc-tions, si très loin, par la procédure, de ce qui fut originairement le réquisit ontologique de l'Un.

---

1. Tenu que nous avons pu induire, l'instant d'avant, qu'il y a toujours discours constituant, des procédures gouvernant le perçu comme de celles des sciences ou de l'esthétique, soit leur élaboration sur une assise axiomatique qui vaut pour chacune des couches de la réalité, ce que nous avancerons sera valable dans tous les cas.

Or qu'on doive ou ne doive pas dire *l'*être est de conséquence ; la plus obvie est la réfutation de l'accroche que la singularité de l'être a offerte au religieux ; que l'être se dise du Multiple en ses modes d'inconsistance pourrait bien constituer, *a contrario*, un argument décisif de la pensée critique, pour ne pas dire matérialiste. Encore faut-il bien saisir ce qu'on a voulu dire en énonçant l'être comme Un. On ne peut prendre la mesure des décisions qui s'imposent aujourd'hui au penser de l'être tant qu'on n'aura pas mesuré pourquoi l'histoire de l'ontologie a tenu pour prescriptive l'équation de l'être et de l'Unité, et comment, tout en se maintenant, cette équation s'est transformée. Taillant peut-être arbitrairement, je retiendrai quelques moments révélateurs de ce pourquoi et de ce comment.

Il est frappant que, exception parmi les Présocratiques pour lesquels la question n'était pas venue au jour [1], l'éléatisme ait inscrit l'opposition de l'être et du semblant dans celle de l'Un et du Multiple. L'être fut cet Un en quoi tout, toute la diversité, pour finir, était récusée. On pouvait assigner dans le Multiple un autre : mais cet autre n'était qu'apparence, c'était même chose de prononcer le vrai, l'être et l'Un. Le fragment VIII ne dit rien d'autre : « un », « le même et restant dans le même » [2], l'être est l'absolument Un, l'Un – si l'on peut dire paradoxalement – sous tous les rapports : sans devenir, sans division, sans manque... Dans l'étant se « formule » l'être, et l'être se formule comme Un ; et c'est le non-Un qui se dit le n'être-pas. On n'ira plus jamais aussi loin dans la radicalité de ce que Hegel appellera le pour-l'Un. Cela dit, c'est tout de même sur la négation, celle incluse dans les « sans » et le n'être-pas, qu'est porté l'accent du texte. D'où l'on est en droit d'induire que pour Parménide l'Un est l'affirmatif, et le Multiple la négation de l'affirmatif. L'être est, par essence, l'affirmation simple de ce qui est ; le Multiple, c'est au minimum l'affirmation divisée dans la succession des négations, au maximum l'absolue négation de l'affirmation. Finalement, la pure positivité de l'être commande une seule façon de le nommer, et de le nommer comme l'absolument Un du point de la qualité (au sens kantien) bien plutôt que du nombre.

Telle est la formulation bloquée devant laquelle Platon tente, par la

---

1. On sait comment Platon leur en fait reproche (*Sophiste*, 242 c *sqq.*) et traite comme numériquement aporétiques leurs énoncés.

2. Fragment I, vers 6 et 29.

participation d'abord, puis par les cinq genres du *Sophiste*, d'ouvrir le champ Un de l'être au Multiple de ce qui peut se dire – jusqu'à un certain point – n'être pas. Mais sans jamais prononcer, pour autant, l'être autrement qu'au singulier, et sans cesser de l'indexer, comme il a toujours fait, de l'Un. Le problème s'est ainsi déplacé, ce n'est même plus – en dépit de la lettre du texte – celui de l'Un mais celui du *Multiple*, qu'il faut sauver discursivement et ontologiquement. Le frappant est que, de l'opération, l'Un fera les frais mais non l'Un de l'être.

Si de la participation, qui fait l'objet de la discussion initiale du *Parménide*, les interlocuteurs s'accordent pour reconnaître les apories comme celles de la thèse de l'Un de l'*Eidos*, c'est sans jamais entraîner dans ces difficultés l'Un de l'être. Et quand Parménide reprend la question *ab ovo*, c'est comme celle de l'un et du multiple, qui de nouveau n'est pas proprement celle de l'être, ou n'est celle que de l'être ou du n'être-pas de l'un et du multiple. D'où, après la première hypothèse, « si un est l'Un », qui réfute Parménide lui-même par l'impossibilité de prêter sans contradiction à l'Un-un les déterminations que lui assigne le *Poème*, la formulation de la seconde hypothèse, « si est l'Un », matrice de toute la suite de la discussion. Parménide ajoute aussitôt chercher de cette nouvelle hypothèse les conséquences « pour l'Un », non pour l'être ; et ce qu'il entend, c'est proprement que « l'Un participe (*météchei*) à l'être » et que donc il a, comme et être et un, des parties (*mérè*) différentes. La proposition sera répétée sans jamais être renversée : l'Un participe de l'être mais non l'inverse. C'est donc seulement pour ce que de l'Un doit se dire l'être, et dans les limites de ce dit, que la relation se prend dans les deux sens : « le "est" se dit de l'Un qui est, et l'Un de l'être qui est un »[1] ; c'est seulement si doit être posé l'être de l'Un qu'il est exclu et que les deux termes soient confondus et qu'à l'un l'autre manque, en sorte que chacun est deux. Mais au fond, pas dans le même sens, car si l'Un, d'être deux, cesse d'être Un, l'être, lui, ne cesse pas d'être Un, quand bien même c'est cela qui le fait deux ; il y a contradiction dans l'Un, mais pas dans l'être-Un. Comme l'hypothèse, c'est cette fois le Platonisme même, il faut prendre la mesure de ce qu'elle préserve autant que de ce qu'elle

---

1. 142 d. Toute l'éristique va reposer sur la relation tout-parties, évidemment impropre à générer, comme elle va prétendre le faire, la relation un-multiple, pour la conclure en impasse ; il en serait allé autrement si l'énoncé avait été : pour être, l'Un doit déjà être Deux.

ruine. Elle ruine une nouvelle fois l'Un parménidien parce qu'il fait un avec l'être, mais il semble bien que l'être platonicien reste Un en ce sens particulier qu'il est *avant* d'être Un.

Quand Parménide, avançant qu'« autre est l'être et autre l'Un »[1], aura introduit dans l'Un un troisième terme : l'autre, la différence[2], le problème du Multiple qu'induit la participation aura été plus qu'à moitié résolu. Il suffira alors au *Sophiste*, d'une part d'intervertir dans la seconde hypothèse le sujet (Un) et le prédicat (être) – soit de produire : « si est Un l'être » –, d'autre part de poser sur le second le « non » du non-être et sur le premier ce que Lacan isolera comme le quantum de la négation (le pas-tout-un), et de construire alors la discussion sur l'hypothèse (implicite) « si du non-être l'Un et le Multiple ». Laquelle buterait sur ce que, du non-être, on ne peut énoncer aucun prédicat, s'il n'apparaissait aussitôt qu'à le dire, on a déjà ouvert la contradiction, engageant la prédication : partant, que l'être-non, l'altérité, la différence, n'a pas moins que les autres Formes part à la participation[3]. Ou : le non-être « est » comme *eidos* de l'Autre auquel participent – au même titre qu'au Même – toutes les *eidè*. Le tour frappant de l'argumentation platonicienne – bien au-delà de l'occasion offerte par la définition de la sophistique comme « science » du non-être –, c'est qu'à exciper du non-être comme de l'Autre du Même, elle laisse une nouvelle fois à l'abri du jeu participatif l'être. Autre, c'est d'abord autre-que-l'être, et ici il n'y a plus symétrie : « n'étant pas les autres, l'être est Un en soi » ; certes, puisqu'il y a d'autres Formes, l'être à son tour est autre qu'elles ; mais c'est seulement dans la mesure où les autres ne sont pas. La « forme une déployée partout » à travers beaucoup d'autres « sans y rompre son unité », tel est l'être[4].

---

1. 143 b.

2. Le glissement de la discussion vers les apories du spatial (la limite, le contact, le plus et moins grand) et le temporel (le mouvement, le devenir) prouve assez que les apories du multiple sont apories des étants, non de l'être, ni d'ailleurs de l'Un. Mais est prouvé du même coup que le multiple est supposé opérant du seul côté des étants. Quand l'Étranger du *Sophiste* (238 a) aura cette formule : « Le nombre, tout ensemble, c'est des étants que nous le posons », la traduction de Diès, s'appuyant du contexte – soit qu'on ne devrait pas pouvoir nombrer le non-être –, paraît forcer le texte pour donner « le nombre..., c'est de l'être ».

3. 257 a.

4. 253 d. Il est clair que l'enquête du *Sophiste* ne recoupe pas, et n'a pas à recouper, la célèbre formule de la suréminence du Bien, en *République* 309 a.

Et la barrière parménidienne est levée, la Multiplicité sauvée, sans que l'être cesse d'être Un.

Cet Un-par-exception de l'être, on peut dire que la dialectique s'y dédit, mais pour sauver la dialectique, à laquelle il faut un terme simple ultime. Parménide visait l'Un comme ce qui convient à l'être, Platon comme ce qui convient à la pensée multiple du non-être, prêtant par là à l'être et à son Un la fonction que je disais : à la fois d'opérateur et de fondation.

Au regard de l'événementiel dans l'histoire des idées, la façon dont Aristote va aussitôt et dissocier le concept de l'être-Un platonicien et le conforter définitivement est des plus surprenantes.

C'est d'abord la construction à quatre points d'une croix. Horizontalement, c'est-à-dire *sémantiquement*, l'analyse ne tolère plus aucune fusion de l'*étant* et de l'*Un* dans l'être-un : ce sont deux termes, dont chacun doit être pensé à part soi[1] ; mais ils sont aussi, l'un comme l'autre, universels, par là ne peuvent pas plus l'un que l'autre être tenus sans contradiction pour des genres[2], et sont seuls à être tels ; en sorte qu'ils sont « corrélatifs »[3] ; entre eux, il y a toujours le *et* de l'absolue séparation de sens, mais ils ont toujours la *même* fonction, sans que dans son remplissement ils se confondent[4].

---

1. La distinction est chaque fois posée sans pourtant être discutée, par ex. en *Bêta*, 1, 996 a, 5 et dans la référence qui suit.

2. *Métaphysique Bêta*, 3, 998 b, 17 – 999 a, 1, soit l'exposé de la septième aporie : si étant et un étaient des genres, ils généreraient les espèces par des différences qui seraient encore étant et un ; et ce serait attribuer le genre à ses différences, alors qu'il doit être attribué à l'espèce par des différences qui le supplémentent. Autrement dit, la chaîne des espèces et des genres est interrompue parce qu'il n'y a pas de différence spécifique des deux universaux.

3. *Métaphysique Gamma*, 2, 1003 b, 23 : *tô akolouthein allèlois*. L'identification de l'étant et de l'un est, dans ce passage (jusqu'à 35), maximale : ils sont « de même nature », également *archè* et *aitia*, il y a équivalence à dire « homme un », « homme étant » et « homme » – Leibniz déjà –, il y a (formulation peu cohérente avec le contenu de la note précédente) « autant d'espèces » de l'un que de l'autre, et enfin bien entendu une seule science, celle de l'être-en-tant-qu'être. (Sur les discussions suscitées par ce passage essentiel et sur son interprétation, cf. B. Cassin et M. Narcy, *La décision du sens*, pp. 164 *sqq.*)

4. Ainsi la fin de ce chap. 2 revient à plusieurs reprises sur l'opposition un-multiple en ne la traitant que du point de l'Un. Tout *Gamma* se construit sur l'Un de sens comme impliquant par lui-même l'Un d'être : il y a une science de l'étant-en-tant-qu'étant qui « se dit relativement à une nature unique », « relevant d'un principe unique » – celui de la non-contradiction – qui commande que le dit renvoie à une

Verticalement, maintenant, c'est-à-dire *ontologiquement*, étant et Un sont, chacun comme universel, au plus loin de l'existence *kuriôs*[1] qu'est l'étant individuel, le *tode ti* : de là qu'ils ne sont, strictement parlant, affirmés qu'« en plusieurs sens », non selon un principe d'attribution homogène – comme font les genres –, mais seulement selon une typologie analogique, calquée sur la nature des termes auxquels ils sont rapportés. Mais en tant que rapportés au véritable existant qu'est le *tode ti*, défini à la fois par son essence (*ousia*) et par son unicité (*hen arithmôi*)[2], ou pour mieux dire par son essence comme unique, ils sont conjointement, inséparablement, ce qui permet de dire « ce qu'il est ». De sorte que, quant au ceci – donc à l'existence même –, ils y sont et confondus et confondus avec lui. Et comme il est impensable qu'étants-uns aille à l'infini, il faut bien qu'il y ait une, et une seule, étance première, séparée, formelle, immobile, éternelle : qui se dira l'être-en-tant-qu'être[3], risquons le mot : un *tode ti* suprême, dont la science, science des fondements de l'essence et de l'existence, est universelle.

Aristote aura ainsi réussi à dissocier, au plan de la sémantique, l'être de l'Un et tous deux du schème des genres et des espèces, leur retirant le pouvoir générateur qu'ils avaient dans la participation platonicienne, et du même mouvement à leur refuser, au plan métaphysique, les caractères de l'étance singulière, *tout en* reconnaissant en eux les propriétés essentielles, outre que de chaque existant, d'un Etant à la fois ultime et singulier dont l'impact théologique sera – surtout depuis sa réinterprétation comme terme ultime de la *Physique*, en *Lambda* – autrement fort que ne l'était la figure flottante – un supplément – du démiurge platonicien. Toute la suite du philosophique n'aura plus qu'à préjuger de l'unité de l'être pour construire la théologie sur l'argument platonicien – ontologique –, ou à conclure à la corrélation de l'être et de l'unité dans l'existence, soit l'argument cosmologique – aristotélicien.

L'intérêt de cette séquence originaire est en réalité divergent. Ce que Platon rencontre, c'est l'impossibilité de fonder le Multiple sur

---

seule chose, que donc il ait un seul sens, ce qui entraîne qu'il désigne une essence. Cf. l'Introduction de B. Cassin, *op. cit.*

1. *Catégories*, 5, 2a, 11.

2. *Catégories*, 5, 3b, 10.

3. *Métaphysique Eta*, 1, 1026 a, 10 *sqq.* La présente discussion n'a pas à prendre en compte *Lambda*, qui s'élabore comme théologie de la physique.

l'Un seul sans l'être, et l'impossibilité de penser la relation des êtres à l'être sans l'Un. Ce qu'Aristote doit résoudre, c'est l'impossibilité de penser le multiple des étants particuliers sans qu'être et un s'y juxtaposent, et l'impossibilité de fonder l'un de chaque étant sans un Etant dont l'unicité se prédique du premier et du singulier. L'être de l'Un est chez Platon *constituant* ; l'être-et-être-un est chez Aristote requis par la nature de l'*existant*, et parce que tout ce qui existe est l'Un d'étants singuliers, il faut un étant qui porte à l'absolu l'Un de sa singularité. La persistance de l'argument théologique tiendra pour une bonne part à cette double entrée, conceptuelle (platonicienne) et existentielle (aristotélicienne).

D'un côté, on voit bien que, si l'opération platonicienne a pour objet les Idées, elle constitue une première formulation de ce que nous avons reconnu dans le perçu comme le faire-un que la constitution du multiple requiert, sinon qu'elle laisse confondus l'Un et l'être sur lequel celui-ci opère et les confond parce qu'elle *compte* ce qu'il y a de Même dans l'Autre sans produire le moment décidemment distinct, duel, de la *consistance* où, dans l'étance, ils se nouent : seul moment qui prescrive l'*altérité* du faire et de ce sur quoi il opère. De son côté, Aristote se tient au plus près de la constitution du perçu singulier, telle que nous l'avons rencontrée dans l'être-là, mais – j'y reviendrai en abordant la substance – l'être-de-l'être-un, s'il prend appui de la structure logique de l'étance, n'est finalement qu'une *qualité* ou propriété de l'existence : pour laquelle il n'y a pas d'autre définition que celle, sémantique[1], de l'essence-Une de l'existant singulier : faisant défaut la question de ce qui fait-un de l'essence et de l'existence ; question qui, de nouveau, ne se résout que si la première, loin d'avoir dans la seconde son doublet, a dans elle sa *matière*. Suit que, quitte à structurer tout autrement que Platon le nœud de l'Un au Multiple et son rapport à l'être, la remontée du faire-Un au Multiple dans l'ontologie du perçu peut être dite se tenir dans le registre de l'opératoire platonicien, tandis qu'Aristote, si nous lui devons une analyse serrée de la structure de l'apparaître, échoue à y ouvrir une voie définitoire vers l'être : vers le non-structuré que la structure requiert. Heidegger, lui, resserrant l'existant au singulier et l'être au sien, opère – sur un mode radicalement différent – en aristotélicien.

---

1. Cf. la place et l'insistance de ce point dans le chap. 2, capital, de *Métaphysique, Gamma*.

De la suite – ce n'est rien de plus que la détermination successive d'un concept que j'interroge ici à grands traits –, il vaut la peine de remarquer que lorsqu'elle est venue, rompant avec la tradition grecque, à prédiquer l'être – le monde d'abord, l'être ensuite – non de l'Un mais de la Multiplicité, ç'a été du multiple comme *infinité*, et qualitative, lui permettant de poser *l'*infini à son tour au singulier. De ce retour du Multiple à l'Un, les démonstrations liminaires de Spinoza ont valeur exemplaire : tenu que la substance est infinie et, comme telle, a une infinité d'attributs infinis, tout porterait à attendre qu'on est entré dans l'univers de pensée du multiple d'infinités ; mais il n'en est finalement rien : l'« absolument infini » excluant toute négation limitante[1], il n'y a nécessairement qu'une substance, et elle – Dieu – est *l'*infini même ; mieux : c'est son infinité qui commande son unicité. Pour suivre ce mouvement d'un peu plus près : on peut d'abord concevoir *des* substances, qui chacune (déf. 3) se conçoivent de par soi, se trouvant du même coup exclu (prop. 2) qu'elles enveloppent le concept l'une de l'autre et donc (prop. 5) puissent être plusieurs à avoir même attribut, non plus (prop. 6) qu'être produites l'une par une autre, d'où suit en particulier (prop. 7) que l'essence d'une substance doit envelopper son existence ; or, puisque toutes ces propriétés de la substance sont celles de ce qui n'est limité par rien d'autre de même nature, il s'en conclut que « toute substance » doit être infinie[2] ; mais « toute substance » n'est que façon de dire, de ce qui précède se concluant évidemment que c'est exactement même chose de poser que la substance est infinie et qu'elle est *seule* de sa nature : « de sa définition ne peut suivre l'existence de plusieurs substances »[3]. L'insolite de l'explicitation de cette proposition capitale à la fin d'un scolie serait incompréhensible si infini n'était depuis le début entendu comme ce que rien – rien d'autre – ne peut limiter. À partir de quoi son usage au singulier va de soi. Mais non sans conséquences pour ce qu'il faut entendre dans la conjonction de l'être et de l'Un.

Il était impliqué depuis les débuts parménido-platoniciens qu'est l'Un, qu'il est le simple[4] et qu'il n'y en a qu'un, et que ce dire est dire trois fois la même chose, au moins s'agissant du Un d'être, de l'Un qui est inhérent à la définition de l'être (suscitées par le problème de

---

1. *Éthique* I, déf. 6 et explication.
2. Prop. 8, scolie 1.
3. Scolie 2.
4. Même s'il est logiquement, de par sa participation à l'être, Deux.

la participation, les hypothèses du *Parménide* parcourent ce qu'il en va de l'Un *hors* de l'être) ; c'est la minimalité de sa définition, incluse en chacun des trois termes, qui autorise son pouvoir *générateur* pour l'intelligibilité de tout ce qui n'est pas, ou pas seulement, Un. L'Un spinoziste, lui, est d'abord, est principiellement, le *sans autre* : que la substance soit Une dans son concept et qu'il enferme son existence, que la multiplicité infinie des attributs et des manières qu'elle enveloppe se déduise d'elle entièrement, qu'elle soit unique, ce sont autant de modes de dire qu'il n'y a pas pour elle d'altérité extérieure ni – ultimement – intérieure. À l'*Hen* s'est substitué le *Monos*. Au premier constituant s'est substituée la clôture sur soi de la constitution elle-même.

Ce glissement de l'Un à l'En-soi-seul accompagne une modification du concept de l'être lui-même : il était le principe ou l'essence ultime, il est devenu – comme le dieu d'Aristote – existence, et cette fois l'existence en sa totalité, ou mieux en sa perfection. Nous y reviendrons. Mais pour le moment, il faut prendre acte de ce paradoxe : le *more geometrico* de l'*Éthique* est exposé d'une pensée qui, sous l'accolade de l'Unique, a expulsé le mathématique. C'est que s'il n'y en a qu'un, il faut bien que ce soit en lui que ça change. Tandis que c'est même chose que multiplicité consistante et itération de l'*altérité*, dont les Platoniciens avaient reconnu que l'opérateur intelligible est l'Un qui vaut pour toute unité, l'*Éthique*, dès les premiers théorèmes, fonde, comme Aristote, sa problématique sur l'*alloiôsis* du changement déterminé. Porter, comme fait Spinoza, la relation sur la causalité est, quand bien même on tenterait de la calculer par ses effets, faire prévaloir sur l'axiomatique du nombre constituant un transfert d'existence, devenu ce dont il faut rendre raison. Mais rendre raison comme dépli plutôt que comme production.

Bien qu'en Spinoza s'entrecroisent toutes les catégories dont j'interroge le devenir – l'Un, la substance, l'infini –, je l'ai introduit ici pour ce que j'ai appelé le *Monos*, par où l'infini, d'être Un, dédit le Multiple, qui n'est plus que sa multiplication. Le symptôme est frappant, de ce qui fut l'extrême difficulté de la pensée à conceptualiser *en lui-même* le Multiple, soit ce sans-Un dont c'est le propre de la structure du perçu de le requérir pour son fond. Bien que l'absoluité du Un-seul fît scandale, elle mettait à nu ce qu'impliquait la conjonction de la *propriété* « infini » dans la nature et dans l'unicité *principielle* de Dieu, soit un blocage intime de ce que Koyré désignera comme la

« révolution ontologique » galiléenne. Preuve, s'il en fallait une, de ce que l'intelligibilité libre de préconcept prescrit l'infinité du Multiple comme disjointe de tout Un et n'y advenant que du point où la consistance de l'être-là avère qu'il la saisit au titre d'opérateur.

Que l'être ne peut être, en chacune de ses occurrences, qu'au singulier sera encore une proposition heideggérienne, liée à ce réquisit du Tout que nous avons abondamment discuté. Chaque *Dasein* est l'être, et qu'il communique avec les autres n'y change rien. C'est un trait de l'absoluité de l'être – de son être – qui investit l'existence. Et c'est ce qui requiert en elle le changement pour qu'authentiquement elle y parvienne. On sent bien, ici plus encore, qu'à devenir l'Un de l'*existence*, l'Un, tout en perdant son pouvoir générateur, est ravalé au rang de propriété définitoire de ce qui est, au constat de quoi la pensée s'arrête. Voilà qui éclaire rétrospectivement le geste d'Aristote et avère que ce n'est que dans ses termes platoniciens que le débat de l'un et du multiple, celui même que pour se fonder le perçu requiert, peut être dit pour toute pensée proprement cardinal.

Par une sorte de transfert d'Un, c'est l'Un du Sujet qui va commander un nouveau dépérir de l'Un de l'être – on pense. notamment à la quatrième antinomie kantienne, dans son traitement de l'être aristotélicien –. Réabordée de ce biais, la dialectique hégelienne n'a plus grand'chose à faire du Un-d'être. Certes, Hegel écrit « l'être » au singulier : celui de son concept ; mais dès la Seconde Préface de la *Science de la Logique*, il a posé que, pour qui se tient au développement « nécessaire » de la pensée touchant les premiers concepts, soit l'Etre, le Néant, le Devenir, « cette dernière détermination, simple en elle-même, con[tient]...les deux autres comme étant ses moments »[1]. Le singulier va sans doute de soi s'agissant de ce qui est « exempt de différences » ; mais c'est un singulier dépourvu de sens dès lors que de l'être, « indétermination pure et vide pur », « il n'y a rien à penser »[2]. Disons que singulier, il faut bien que, comme terme premier, l'être le soit, si toute *Aufhebung* est relève d'un particulier par sa négation déterminée, avec pour « résultat » un concept « enrichi »[3]. Mais constatons surtout que « ce qui est vrai, ce ne sont ni l'être, ni le

---

1. Trad. S. Jankélévitch, p. 24.
2. Livre Ier, Ire section, chap. 1, A.
3. Seconde Préface, p. 40.

néant, mais le passage », qu'il faut lire comme l'Un du « mouvement de disparition de l'un dans l'autre »[1] ; plus clairement encore, dans la Note III : « l'être et le néant *n'ont rien de vrai par eux-mêmes* »[2] et ce ne sont qu'erreurs métaphysiques que génèrent les pseudo-concepts d'un être et d'un néant purs radicalement distincts.

D'où la critique hégelienne de Parménide[3] : si l'on prétend penser l'être seul, il n'y a plus rien à penser – ce qui ne va pas sans rappeler la première hypothèse du dialogue platonicien –. Pour tenir un commencement, il faudrait alors une « intervention extérieure » ; mais que celle-ci soit possible supposerait une détermination propre de l'être, et lui serait retirée l'indétermination de l'immédiat. Ce dernier réquisit montre surtout où la réfutation hégelienne pêche : Parménide n'a à l'évidence jamais tenu l'être pour immédiat et tout ce que nous avons de son texte expose en quoi l'être est déterminé ; Hegel oppose à Parménide un concept du commencement qui n'est d'aucune façon parménidien ; au demeurant, ce que la Déesse propose à Parménide est un recommencement qui est bien plutôt une fin. Mais le plus significatif du texte hégelien est le passage, à travers une critique de Kant par Jacobi, à la récusation – à ce stade – de tout *Un*, « état d'indifférence, enfermé en lui-même », inapte à produire quelque détermination que ce soit. Un, c'est l'abstraction inféconde[4], l'erreur d'une pensée formelle, quand la science doit avoir pour principe la production du contenu. On pourrait retraduire : l'être, et comme lui le néant, ce sont de « mauvais » Uns ; un « vrai » Un – mais il n'est déjà plus un –, c'est le devenir où les premiers passent l'un dans l'autre. D'où se conclut que le parti de Hegel est, vidés de toute substance et l'être et l'Un, celui du Multiple, d'un certain type de multiple, celui que règle la dialectique ; mais sans que l'être lui-même, qui est un moment du multiple, ait à se dire multiple pour sa part : en rigueur, être et néant sont les seuls concepts dont il n'y ait pas à le dire.

---

1. chap. 1, C.

2. (Souligné par moi.)

3. Note III, p. 87 *sqq.*

4. À cela se rattache la réduction du *Parménide* au jeu de termes abstraits, parce qu'abstraits extérieurs l'un à l'autre, et étrangers au mouvement concret de la réalité, tandis que pour les éléates Être et Un représentaient la même chose (*ibid.*, p. 94). Outre que, pour Platon, être et Un sont au moins conjoints, mais que vont traverser le Même et l'Autre, sa lecture force Hegel à écrire que la seconde hypothèse conclut au non-être de l'Un quand elle dit seulement qu'il est n'importe quoi, à commencer par les contraires.

Reste que cette exténuation de l'Un de l'être, le procès dialectique ne va cesser de la retourner, depuis le *logion* que toute abstraction est contradiction – celle, d'abord, de l'être et du néant –, dont les déterminations concrètes seront toujours davantage la résolution. On ne s'étonne pas alors que ce qui donnera en premier lieu la « raison » médiate de l'être, ce soit de nouveau l'*existence*[1]. Et l'on ne doute plus que l'entreprise hégelienne soit la radicalisation de ce qui s'amorçait chez Aristote et devenait fondateur pour Spinoza : au terme étique de l'Un comme opérateur s'est substituée l'absolue concrétude de la substance, de quelque façon qu'on la nomme. Le basculement est cette fois achevé : depuis l'être et l'Un vides, tout le chemin de la *Logique* est le passage à l'Un-Multiple de l'être *complet*. Dans la formule martelée « l'*Etre* n'acquiert la signification de Vérité que pour autant que l'Idée représente l'unité du concept et de la réalité »[2], « unité » ne signifie plus simplicité mais totalité. Comme chaque fois que Hegel nomme une unité « vraie »[3].

L'Un était le simple ; il est devenu l'Unité-Unicité du Multiple dans l'exhaustif de sa complexité. Et pourquoi ? Parce que l'être lui-même n'a plus indexé la transparence du principe mais l'existence dans son épaisseur comme progrès du Sujet. D'où un déplacement décisif : c'est au Sujet que manquerait cet Un auquel, d'essence, il se rapporte[4], s'il n'était lui-même son autre, dans la multiplicité idéelle de ses moments. À ce point, on peut et doit le dire pour-l'Un. Exposition frappante en ce qu'elle introduit l'Un dans la dialectique hégelienne tardivement, au stade du pour-soi, et idéellement. L'Un se dit du – ou dans le – rapport de la conscience comme réelle à ses déterminations comme supprimées[5], et signifie que de l'une aux autres il n'y a pas réellement distinction : autrement dit, poser l'Un et poser l'idéalisme sont propo-

---

1. P. 92.
2. Livre III, 3e section, p. 464.
3. Caractéristique est à cet égard l'analyse critique du mode sur lequel l'être-pour-soi se « postule » idéellement comme « être-pour-l'Un » (Livre I, chap. III, A) alors que « n'existe pas encore l'Un dont il serait l'être » et qui impliquerait, pour son devenir précision, l'être-pour-l'autre. Faute de quoi, les moments de l'être-pour-soi tombent pour lui dans une indifférenciation sans signification : « il devient sa propre limite, tout à fait abstraite : l'Un ».
4. Livre Ier, 1ere section, chap. 3, A, b.
5. *Ibid.,* note.

sitions converses[1]. L'être n'est proprement Un qu'avec la conscience-de-soi, qui fait rentrer le multiple dans le Soi.

De ces biais, Heidegger, sous la triple condition de l'identification de l'existence avec le *Dasein*, de la structure de celui-ci comme Un en-avant-de-soi, et de la requalification du vrai comme moment de l'existence authentique, achève bien plus qu'on ne croit la tradition hégélienne ; à une réserve près – la finitude – sur laquelle nous reviendrons. Mais c'est tout ce mouvement qui fait basculer l'*être* dans le *ce-qui-est* qui entraîne avec lui l'Un pour le faire virer au Total : soit l'identification de l'être avec le *tode ti* suprême (Aristote), le dépli de la différence dans l'Un du sans-autre (Spinoza), le progrès de la négation comme totalisation du Sujet (Hegel), et il n'est pas jusqu'à la finitude du *Dasein* qui n'ait, pour accéder à son Un, à s'assurer du « total » de sa structure. L'Un n'est plus rien en lui-même ; il est devenu l'Un *de* l'être entendu comme le tout de l'existant.

Mais c'est aussi bien ce qui rend possible un retour de l'Un comme opérateur platonicien. Car il suffit, comme fait Badiou, de retourner Hegel, tenant que dans la pensée le faire-un est l'opérateur de son autre, qui est le Multiple, pour avoir à définir ce dernier comme l'être soumis à l'opération, et à en déduire que, comme sans-Un dès que pur, l'être-Multiple prononce l'interdit sur le Tout. Alors, Un et Multiple, conditions de tout penser, ne sont plus prédicats de quoi que ce soit qui les précède : ils sont les arguments de l'intelligibilité. Encore faut-il que, pour ne pas constituer un faire-Un précaire, toujours près de se défaire, en soit le garant la consistance du fait-Un, autrement dit sa nécessité intrinsèque. C'est ce qu'à notre tour, et faisant objection à Badiou, nous n'avons cessé de demander.

Si l'on accepte notre lecture de Parménide, soit celle d'un Un primairement qualitatif, et bien pré-socratique en cela, en cela même antérieur au débat, il appert de ce parcours, si peu exhaustif qu'il soit, que l'équation de l'être et de l'Un a balancé entre deux acceptions : l'Un de l'être est ce qui le fait générateur pour la pensée du Multiple des et dans les étants, l'Un d'être est le revers de l'existence mesurée au total des étances.

Le saisissant est que la première acception ne convient qu'au Plato-

---

1. On remarque que ce sera là le schème implicite du « champ d'immanence » deleuzien.

nisme (déjà moins strictement à la « procession » des Néo-platoniciens) et qu'Aristote fait césure, ouvrant une réduction à l'exister dont l'ontologie ne se départira plus, fût-ce par le biais de solutions mixtes (notamment chez les Cartésiens). Mais il est vrai aussi que le Platonisme raturait la consistance de son geste en faisant de l'Un à la fois l'opéré et l'opérateur : d'où la nécessité d'un Platonisme purifié, tenu dans sa seule intelligibilité ; au terme de laquelle ce que nous retrouvons est bien ce sans-Un du Multiple de l'être – comme matière – et ce règne de l'Un dans l'être-là – comme opérateur de consistance –, que le perçu requiert.

Nous ne pouvons, en revanche, que tenir pour une bévue de l'histoire de la pensée le passage à l'existence, inscrit dans le glissement aristotélicien de l'*ousia* au substrat de l'*hupokeimenon* ; pour le dire abruptement, invoquer pour l'être de l'étant son existence est faire argument de la conjonction de la constitution avec ce qui ne se laisse pas constituer : l'étant existe en tant qu'il est, mais son être ne se confond pas, ne peut se confondre, avec cela qu'il est, car alors ou bien être et étance sont deux concepts qu'on indistingue, ou bien on prête à chaque localisation étante de l'être un supplément ...d'être, dont on serait bien en peine de donner un surcroît de définition. L'il y a du perçu ou sa réalité – son « ce que c'est » – étant sa constitution intrinsèque, celle-ci ne requiert, hors son opération propre, rien d'autre de l'être qu'un fond in-constitué dont elle s'arrache et qui ne peut se représenter. Enfin, la pensée, hors le mythe, ne requiert, pour tout ce qui est, *aucun autre universel que la consistance, qui n'est rien d'autre que l'intrinsèque du faire-un – sans être – de l'être qui n'est pas Un.*

L'être du perçu ne tolère que le schème platonicien ainsi révisé, lui assignant la pure Multiplicité.

a'. Le contre-Un et le pour-l'Un.

De prime abord, s'il est une décision sur l'être qui trancha sans détours en faveur du Multiple, c'est le Matérialisme. Ce serait beaucoup s'avancer que prétendre que le matérialisme ait produit une véritable systématique ontologique, sa démarche demeurant essentiellement critique. Il n'en reste pas moins que, de Leucippe à Lucrèce, le Multiple est premier à la constitution : à la fois dans la dualité fondatrice des atomes et du vide, dans l'infinité – « l'illimitation » – qui convient aux uns comme à l'autre, dans la variété de la forme des atomes et dans la pluralité des mondes qui, par la déclinaison, s'en constituent ; il faut même ajouter une multiplicité temporelle, puisqu'un monde peut se défaire et ses atomes passer dans un autre.

Il est vrai que, si l'on a vu, depuis Platon, les théoriciens de l'hénologie se débattre avec le Multiple, il a fallu aux théoriciens du Multiple en *arrêter la dissémination avec de l'Un,* ou mieux : la définir comme celle de l'Un[1], et deux fois : parce que, de la matière, rien ne se perd, et plus encore parce que tout son être réside dans l'unité fondatrice, même si diverse, irréductible comme « insécable » et « immuable » de l'atome – qui, s'il n'est peut-être pas simple, n'est pas, au moins pour Epicure, sans une partie minimale. Le matérialisme entreprend ainsi simultanément la destitution du fini, du Tout nombrable et stable, et l'institution de l'Un minimal comme critère de la réalité, décomposant toute complexité. En sorte que s'il est permis de penser que, comme on l'écrivait récemment[2], le matérialisme, se résume dans le parti pris en toute occurrence du contre-Un, il l'est tout autant d'écrire que ce qu'à l'Un il oppose est la multiplicité des uns absolument uns. Au regard du Platonisme, c'est sans l'opérativité de l'Un qu'il trouve dans la matière – faisant fonction d'être – sa résolution en uns.

Avec ce résultat que, traitant l'Un et l'être (matière) comme un avers et son revers, il a tantôt manqué, dans la doctrine des simulacres, la constitution du perçu, tantôt l'a réduite à un simple effet de cohésion des Uns atomiques. Échecs d'un déni de la consistance de l'apparaître où l'on aura reconnu celui qui fut l'objet de l'*agôn, Logiques des mondes* épousant résolument la structure du matérialisme antique.

La cohérence sera plus forte dans le *Nominalisme*, qui est structurellement d'abord l'inverse du matérialisme. Il n'y a d'être que du singulier, qui se dit de l'individuel comme chaque fois unique. L'être n'est pas indexé par la généralité du signe ; de soi, « toute chose hors de l'esprit est réellement singulière »[3]. C'est dire que l'être est multiple, aussi multiple que les singuliers ; mais c'est dire aussi qu'il est une multiplicité d'Uns.

---

1. Aussi pourrait-on relire la *Lettre à Hérodote* sur le modèle du *Parménide*, comme jouant en alternance du « Si l'infini... » et du « Si l'un... ». Sauf que le « si » serait plutôt un « parce que ».

2. *Vive le matérialisme*, sans nom d'auteur (: Guy Lardreau). On aura noté qu'à l'inverse, Badiou, venant à l'atome « réel », fait du prescrit de l'Un l'insigne ultime du matérialisme : pas d'existence qui n'ait dans l'être son Un-Multiple.

3. Réf. dans *Guillaume d'Ockham, Le singulier* de Pierre Alféri, p. 62.

Du point de l'Un, qui implique l'identité absolue de l'essence singulière d'un singulier et de son existence – c'est dire deux fois la même chose –, la difficulté surgit quand il faut définir la relation maintenue de ce qui est en somme une substance, et à ce titre – dans les termes aristotéliciens – sujet, à certains de ses accidents, ceux dits « inséparables » – exemple : le nez de Socrate –, accidents qu'en droit on doit pouvoir retrancher, mais qui de fait ne sont pas dissociables de la singularité : en sorte que la détermination de l'Un est mise en danger [1]. Le problème ainsi posé, il faudra passer à Dieu pour le résoudre. Mais ce qui nous intéresse ici, c'est que Dieu est lui-même absolument simple ou Un, ne crée que des essences-existences singulières, et – c'est la réponse au problème précédent – peut les créer avec ou sans tel accident. « Je montre que l'idée est la créature même. C'est en effet à elle que participe chacune des plus petites parties contenues dans la description [2]. »

S'en suit, du point de la Multiplicité, la conception d'un *non-monde* d'êtres dispersés, sans généralités pour les ordonner, où les possibles ne sont pas plus que ceux de chaque singulier : une collection sans nécessité, dont l'ordre qu'elle montre peut à tout moment être rompu par Dieu.

Cet anti-leibnizianisme radical, et déconcertant, Ockham aurait pu l'éviter puisqu'il écarte pour Dieu même la contradiction ; mais c'eût été dresser un plan général entre Dieu et les particuliers, sur quoi Ockham ne cède pas. Ce qui à-contre Ockham se démontre là, c'est l'impossibilité de passer de l'Un de l'être à l'être-un multiple de chaque étant. D'abord parce que l'être-là lui-même consiste, en sorte que les étants ne sont pas pensables hors des rapports qu'ils entretiennent. Ensuite, parce que, dans l'ordre de l'existence, l'Un divin lui-même cesse d'être Un quand il multiplie les uns. L'être doit donc être multiple, à la mesure de la multiplicité constitutive des étants. L'Un absolu est d'un côté comme de l'autre intenable.

Ajoutons deux remarques latérales, dans le fil de notre propos. Il n'est pas sans intérêt que Heidegger ait vu, chez Ockham, « par la séparation nominaliste des mots et des choses... évacuant le concept de réalité », les prémices « de l'idée d'une clef mathématique du monde » : le sujet nommant, scindé qu'il est de la singularité absolue

---

1. *Op. cit.*, La teneur de l'unique.
2. *Op. cit.*, p. 123, note 3.

de l'objet et donc de la réalité, cherchera une parade à cette perte de la « vérité » du singulier dans la « certitude » attachée à une mathématique de la nature[1]. Interprétation inattendue, qui décèle un passage entre ontologie du singulier et réduction de la pensée de l'être à celle de l'étant « sous-la-main » ; mais interprétation qui n'est pas sans pertinence, nous allons y revenir. Il n'est pas sans intérêt aussi que, par un mouvement inverse, sur la base du principe de l'essence-existence, Ockham ait décrit le singulier comme identique à ce qui, dans le présent de l'objet, s'en perçoit[2], autrement dit rapproche le nominalisme d'une ontologie du perceptif sans la constitution du perçu.

Le matérialisme et le nominalisme ont en commun, avec des points de départ opposés, de *dénier l'opérativité du faire-un*, trait dont l'accroche est pour le premier l'exclusion de toute participation d'un atome à sa rencontre avec un autre atome, et pour le second l'exclusion qu'il y ait aux singuliers quelque préalable que ce soit (sauf le singulier divin). D'où pour tous deux *l'assignation brute de l'être aux Uns*. D'où ce qui se retrouve aujourd'hui des deux doctrines dans le positivisme logique et d'abord dans la discipline du *factum* – à la fois matériel et singulier – de la dénotation. Il faut là-dessus rendre justice à la subtilité de la remarque de Heidegger, car ce n'est pas seulement la mathématisation des sciences mais plus encore les logiques mathématiques qui, sur l'assise d'une définition brute de l'Un d'étant, ont trouvé la voie libre pour un exercice formel de la pensée. À cet état de choses, l'interrogation sur le perçu, mais aussi bien toute interrogation ontologique conséquente, font objection, qui ne cessent pas de demander quel trajet discursif rend compte, d'une part, de l'être et, de l'autre, des étants-Uns, récusant qu'on puisse intelligiblement manier les seconds quand on en use comme d'un donné. *Tout ce qu'il y a est le faire-un d'une multiplicité* : comment ne pas lire là que chaque Un est un faire, que c'est sur ou dans du multiple comme son contraire qu'il fait-un, et que si l'il-y-a résulte du faire, ce qu'il emporte comme il-y-a, autrement dit son être, réside au plus nu de la Multiplicité ? Et comment ne pas enchaîner : aucun Un, comme Un d'un Multiple, n'est simple ? Ne discutons pas de l'insécable, qui n'est pas un terme ontologique. Mais pour ce que le mot connote toujours d'unité ultime

---

1. *Séminaire hégelien du Thor* (1968), in *Questions IV*, p. 221.
2. Sur tout cela, cf. Alféri, § 15.

et composée d'un seul terme – une sorte de « singleton » de l'Un –, il faut conclure que *l'ontico-ontologique prononce sur l'atome l'interdit.* C'est pourquoi, aussi bien, aucune multiplicité ne serait tenue par sa constitution si celle-ci n'avait pour se garantir le propre de sa consistance. Où l'on voit que la fermeture de l'Un sur lui-même, c'est exactement la dénégation du perçu comme opération.

Quant à Heidegger, et à l'opposé de ce à quoi nous venons d'objecter, non seulement il conduit jusqu'à son extrémité l'identification aristotélicienne de l'existence et de l'Un, en présupposant tout au long l'Un structurel du *Dasein*, répartissant ainsi sur chaque existant la conjonction de l'Un et de l'Etre ; mais quand il en vient à traiter de l'Un pour lui-même, il en fait le terme d'un procès de dé-couvrement strictement analogue à celui qui assure la remontée-retour de l'existentiel à l'existential. Pour exemple, soit la « déchirure »[1] : l'Unité y est « présente en tant qu'unité perdue », sur le mode donc du schème privatif de l'angoisse : c'est même seulement là « que peut apparaître, comme absente, l'unité ». Contre toute scission, entre autres celle du sujet et de l'objet, le « besoin » de la philosophie est ce qu'exprime son acheminement vers une « vivante unité », qui n'est dite perdue que pour ce qu'elle a toujours précédé la scission. On ne s'étonnera donc pas que Heidegger, renvoyant simultanément à Héraclite et... à *Sein und Zeit*, écrive que « l'Un est l'autre nom de l'Etre » : non plus le premier à participer de l'être, et non plus un des prédicats de l'existence première, mais un autre nom de l'existence même. Le *Dasein* est en tant que c'est son être d'être Un. On saisit là au plus vif ce à quoi sa position de la question ontologique contraignait Heidegger : l'être lui-même serait parti en miettes si l'existence n'avait pas été Une. Tout ce qui traitera de la structure existentiale n'aura pas d'autre fin que de réassurer cette unité-là. Mais on ne peut contester qu'arrivée au réquisit qu'elle soit « vivante », l'Unité a connu son ultime décadence.

Redisons les enjeux en une autre langue : sans doute le choix de l'Un fut-il, à l'origine, celui de l'intelligible, de ce en quoi toute multiplicité, qui n'est alors conçue que comme récurrence de l'Un, se résume ; mais l'Un était par là-même le signe doté d'un pouvoir forcé ou du privilège forcé du pouvoir : ce que Lacan désigne comme le « signifiant maître ». Où il y a du discours, il y a toujours de l'Un. Mais c'est aussi bien dire que l'insistance avec laquelle le pouvoir se

---

1. *Séminaire du Thor* de 1968, p. 215, *sqq.*

réclame de son être est la marque de ce qu'il aveugle : qu'il n'y a pas d'être du pouvoir.

b. *La substance ou le sans-prédicats.*

La question de l'être n'est pas la même dans les philosophies de la substance et chez les Platoniciens. Pour ceux-ci, et depuis Parménide, qu'il y ait l'être n'est pas en débat, c'est de *ce qu'il est* qu'il s'agit. Pour les Aristotéliciens, l'analyse ontologique ne porte même plus sur le concept d'être lui-même, universel et étranger à l'échelle des genres et des espèces, mais *sur l'étant :* sur ce qui fait que ce soit *comme tel et tel* qu'il *soit.* On a là un nouvel exemple de ce que la procédure qui conduit à l'énoncé d'une question gouverne jusqu'au bout sa résolution. En l'occurrence, questionner sur le tel et tel revient à se porter directement au *singulier,* séparable et indivisible ; et chercher ce qui fait son être-tel, soit sa définition ou limite, qui ne va pas sans qu'il soit (ou ne soit pas).

Entre le « *ce que c'est* » ou *essence*[1] et le « *ce à quoi* » (et en quoi) sont les prédicats (et qualités) ou *existence,* il y a, pour Aristote, deux modes de désignation du même terme. Du point, logique, des *Catégories,* c'est, de prime abord, parfaitement clair. Toutefois, que ce que nous traduisons par « essence », autrement dit le « ce que c'est » que genres et espèces déterminent, se dise *ousia* et non *eidos,* indexe la bascule que commande le « ce à quoi » : l'essence est de l'étant, et de l'étant singulier sensible (tel homme) ; sa définition doit toujours être celle d'une *existence,* terme qu'aucun commentaire moderne ne peut éviter d'ajouter à la nomenclature aristotélicienne[2] pour faire entendre ce qui y spécifie de son être l'essence ; c'est ce qui, comme étant, *est* absolument Un et séparé, n'étant ni à un autre ni dans un autre, et a de ce trait même une essence propre, et intrinsèque. De même, que ce que nous appelons « sujet » linguistico-logique se dise *hupokeimenon* entraîne la condensation du sujet syntaxique et du *substrat* ontologique. *Métaphysique Zèta,* prenant la question par l'autre bout, dira : « le depuis longtemps et toujours et maintenant cherché et qui fait toujours aporie : qu'est[-ce que] l'étant ?, cela est : qu'est[-ce que]

---

1. J'adopte les traductions de F. Ildefonse et J. Lallot, entièrement légitimées par le remarquable commentaire de leur édition des *Catégories,* p. 192 *sqq.* L'essence répond à la question « qu'est-ce que c'*est ?* ».

2. Non qu'on ne puisse traduire par « exister » *huparkhein,* mais dans le sens banal de « il y en a qui appartient à ».

l'essence ? » [1] Aristote se tient à l'expérience manifeste : tout singulier est d'abord un étant, mais tout étant se définit – signifie – par son essence, mieux : son être consiste en elle et en ce qu'elle a de plus propre. Ce qu'on pourrait appeler le trait aristotélicien est de mettre tout l'accent sur le singulier : séparable – ce que n'est pas la matière –, et Un – par l'essence ou forme « première » entendue avec sa matière, ce qu'elle ne serait plus si elle devait participer à un multiple de Formes platoniciennes [2]. L'Un n'est plus, du point de la définition, le principe générateur qui indexait l'être ; il est le garant de la singularité. *Mais*, tout autant, cet Un est, dans tous les cas, celui d'un « qui est » et la question reste à la fois marquée et non dépliable de ce qu'est là « est ».

Ce faisant, Aristote ne dit pas *ce qu'est l'être*, ce en quoi il *complète* l'essence de quelque façon, et il n'estime pas avoir à le dire puisque l'étant est exactement le sujet dont son essence se prédique ; être et essence sont converses, puisqu'on peut tenir que même « homme ». en général, étant une essence, « est » aussi bien, au moins « secondairement ». Il suffit de dire que l'être ne va pas sans l'essence, dite « première », du plus concret. Ce qui, pour nous, ne va pas de soi, qui voulons savoir ce qui se détermine comme *einai* dans *ousia*.

Commence ainsi, dans le souci de spécifier ce qui était resté indéterminé, entre généralité du concept d'être et particularité de l'essence, l'accident philosophique qui va s'intituler de la *substance*, entendue comme ce *demeurer dans son être tel qu'il convient à l'essence* : attribution de la singularité à l'être lui-même, que les traductions scolastiques d'Aristote, substituant « substance » à *ousia*, introduisent partout hors de propos, pour résoudre une question qu'Aristote ne se posait pas, lui qui entendait seulement prouver que ce qui a sa définition intelligible dans son apparat logique est l'étant singulier, dont la donnée ontologique était à la fois supposée évidente et pertinente seulement sous condition de la définition de l'essence [3]. Lui était étrangère la double aporie qui s'en suivait : quant à l'être, qu'il devenait prison-

---

1. *Métaphysique, Zèta,* 1028 b, 2.

2. Soit respectivement, dans *Zèta,* les « chapitres » 3 (où l'hypothèse, écartée, que la matière soit le support n'en éclaire pas moins ce que celui-ci doit être) et 6 puis 13 à 16.

3. « Impossible de connaître "ce qu'est" quand on ignore si "est" », *Analytiques postérieurs*, 93 a, 17.

nier du singulier de l'essence, et ne se pensait plus que comme *être-de...* ou être-tel ; quant à l'essence, qu'elle ne se laissait plus penser sans le supplément nécessaire d'une *doublure immanente d'être*. D'où, dans l'Ecole puis dans le cartésianisme et jusqu'à Hegel, un renversement : quand on dira « substance » on entendra *ce* « qui est » que caractérise *ce* « ce que c'est ». La substance se donne dès lors à la fois l'être en tant que tel et l'essence toute faite. On voit dès à-présent ce que nous y objectons : font défaut et le concept de l'être qu'on invoque, celui du fond qui, matière de tout faire-Un, n'en comporte aucun, et le concept du rapport de l'essence à l'être comme de ce qui s'arrache de l'être par l'opération du faire-un.

Suit de là que les dégâts générés par le concept de substance vont concerner directement celui *d'existence*. Il y aura multiplicité de substances (Aristote ; les Aristotéliciens du XIIIᵉ siècle, Leibniz) ou il n'y en aura qu'une (Spinoza, Hegel) qui, fût-ce sous un autre nom, produit les autres ou se démultiplie en elles. La substance se dit de la ressource que son être, qui n'est pas quelconque, qui est propre, délivre différemment pour chaque existant ou catégorie d'existants. Mais cela étant, toujours la substance, revers de l'apparaître d'une existence, fera confusion du *fond* d'être et du *fonds* d'essence.

L'identification de la substance avec ce qu'il y a d'être dans chaque étant déplace radicalement la question ontologique : c'était celle ou de l'agent universel ou du pensable ultime, ce devient celle de ce qui fait le particulier être, et être ce qu'il est. Ce refus de céder sur le particulier est aussi bien le nœud de tout aristotélisme authentique ; ainsi de l'obstiné « les gens pensent »[1] – entendons : chacun pour son compte, de par sa substance propre – que Thomas oppose au *Nous* impersonnel d'Averroès. Mais en même temps, l'être qui convient au particulier ne lui est pas, en tant qu'être, particulier : il est, pourrait-on dire, la *matière d'être* du particulier. Et ce problème-là n'est jamais résolu. Ou si mal résolu qu'il semble que l'être d'un étant, Socrate ou le tilleul, lui appartienne : soit sa propriété exclusive, appelée à disparaître avec lui. Aristote spécifiait ce qu'est et que doit être la définition de l'étant, et constatait subsidiairement qu'elle délimitait l'être ; inversement, disant substance, on mettra l'accent sur ce qu'il y a là de l'être, dont on fera alors attribution à l'essence.

Comment *un concept dont les termes sont à ce point distincts et*

---

1. In *Contre Averroès*, passim.

indiscernés l'un de l'autre a-t-il pu connaître un tel destin, jusqu'à cet ultime avatar qu'est le « je suis » cartésien, sans parler de sa renaissance erratique dans le visible merleau-pontyen ? Il y faut supposer le mouvement croisé d'une défense de l'étant singulier, qui ne peut ne pas être tel qu'il est dans la consistance de sa définition, et de l'insistance sur le primat de l'être, qui seul peut donner au défini la subsistance. Ce sont propositions qui n'ont rien d'absurde, qu'on ne peut même qu'accepter. Mais qui, faute d'une élaboration de ce qu'est leur relation, la relation être-étant, ont généré un collage inconsistant. Moyennant quoi, ce qui s'autorisait du passage du sujet logique à son substrat propre est devenu le fondement du *particulier* par ce qui lui *appartient* de l'être comme instance *universelle*, sans qu'on sache comment. Et ce qui de l'être s'avérait déterminé par l'essence de l'étant s'est trouvé réifié en une improbable *doublure* ontologique de l'étant : « sous » le singulier des existants l'être, sous le *tode ti*, l'*einai*. Soit, au total, une image de l'autre-et-double[1] résistant à toute véritable articulation. La clé, c'est qu'une pensée des classes comme celle d'Aristote *ordonne* analytiquement, un à un, des pensables entre lesquels le *nœud* est second, en sorte que, dans l'énoncé, le multiple se dit du *prédiqué* – Socrate est cet homme *qui* a la compétence du bien dire – plutôt que du *constituant*, qu'ils n'ont pas au sens strict l'Un de consistance dont l'essence se targue, et n'atteignent l'Un qu'au terme ultime de la concrétude singulière, qui ne se dit plus de l'essence mais de l'être ; même si le terme ultime est dit l'essence première du *tode ti*, elle pressent qu'elle n'a pas encore atteint l'Un, pour lequel il lui faut l'être – celui même de *cet* être –, et qu'il est décidemment en-dessous[2]. C'est ce dont s'autorisera la lecture heideggerienne d'Aris-

---

1. On peut remarquer que c'est exactement le sens des plaisanteries de Molière sur la scolastique : preuve qu'il savait où il fallait toucher.

2. On sait l'hostilité de Foucault à toute idée d'une doublure, et sa préférence pour l'*épistèmè* de l'âge « classique » consonne avec la note précédente. On aura, par ailleurs, entendu le renvoi de la doublure substantielle à l'*Imaginaire* lacanien : renvoi à ce qu'a d'inquiétant la suspension d'un concept à ce qui n'a que la compacité d'un semblant, voire qui n'insiste que de sa fuite comme objet d'un fantasme.

Curieusement, affirmer l'impossibilité de constituer l'apparaître induit *Logiques des mondes* à un traitement aristotélicien : mise en ordre des identités, qui ne sont en rien de l'être, jusqu'au moment d'Un des atomes, et redoublement de ceux-ci dans ce qui n'est pas par hasard dit leur « support » d'être, avec l'impossibilité du passage à un absolu d'inexistence ; bien entendu, la différence est qu'où les Aristotéliciens font porter l'accent sur l'Un de la substance, Badiou renvoie l'Un (local) de l'atome à la Multiplicité pure de l'être, même si c'est par « un » Un-Multiple que l'apparaissant est supporté.

tote comme attestant encore – dans la tradition des présocratiques – un « montrer » qui est « laisser apparaître »[1].

C'est ainsi que le rationalisme aristotélicien, analyse régressive de la quiddité ou, pourrait-on dire, du « comment c'est » – si Socrate un homme, si homme un animal, si animal un vivant... – doit, en rigueur anti-platonicienne et puisque n'existe proprement que l'individu singulier, refuser l'existence à la généralité de l'idée, mais n'en désigne pas moins les prédicats comme des « étants » et va même jusqu'à écrire que les genres se prédiquent des espèces « comme » (*hôs*) d'un substrat-sujet[2]. C'est dire que là encore Aristote se tient aux implications ambiguës de l'analyse linguistico-logique, et laisse ouverte la question ontologique : si les « choses dites » même celles qui ne se disent qu'« en combinaison » sont des étants, en quel sens le sont-elles, avec quel statut ? La querelle des Universaux naîtra de ce sur quoi le *corpus* aristotélicien ne tranchait pas. Mais pouvait-il trancher, dès lors que la hiérarchie des classes, interne à chaque catégorie de l'essence, était conjointe avec l'identification de l'essence à l'Un de l'être-existence ? Et s'il ne le pouvait pas, n'est-ce pas signe de ce que la division substrat-prédicats du sujet n'était pas opérante ? Opérante, si elle ne l'était pas, c'est faute d'avoir isolé le moment nodal de la consistance de l'être-là : où l'être n'est pas dans l'élévation du singulier au rang de substrat, mais dans sa *matière* sensible – celle de la feuille, du tronc... –, et où les espèces et les genres – le tronc, l'arbre... – sont des moments du *faire-un* qui n'« est » pas. C'est le singulier qui existe, qui « n'est dans aucun sujet » mais, pour que décidemment il soit, il faut que dans l'existence le partage ne soit pas du sujet et des prédicats, qu'il soit de l'être tel que fait-un et de l'opération sans « être » du faire-un. Cette réarticulation complète de la question tranche du statut du logique, et par lui du Logos, qui se dit de l'*opératoire*, aliène à l'être qui advient en ce qu'il en fait. On voit aisément que la même découpe avère, avec les mêmes effets, la non-pertinence de la substance, qui met et pourtant ne met pas l'être dans l'essence ; de substrat, il n'y a que l'être en lui-même ; tout le reste est le faire-axiomatico-logiquement-Un. Cela posé, on pourrait nous demander – et depuis longtemps – ce que signifie ce « est » de « n'"est" pas » dont depuis longtemps nous faisons usage ; la réponse sera que cette

---

1. Cf. les références dans B. Cassin et M. Narcy, *La décision du sens*, p. 15 et 33.
2. Cf. l'analyse limpide de F. Ildefonse et J. Lallot, in *Catégories*, pp. 144-162.

écriture veut mettre l'accent sur la contrariété de l'être et du faire, et récuser un débat qui, inévitablement, conduir it à "quel est l'être de ce qui n'est pas l'être ?" : j'ai déjà dit la place modeste de l'être, le faire-un est son autre, en quoi s'atteste l'Autre qui n'a aucun garant autre mais dont répond l'intelligibilité qu'il promeut : dont la première occurrence est la consistance de la réalité, à quoi le perçu est adossé.

Je l'ai dit, Aristote n'est pas responsable – au moins, pas directement – d'un concept confusionnel qui a pris l'*hupokeimenon* au mot et induit symétriquement un dédoublement entre être-tel et être, permettant aux prédicats d'être sans exister. Ce sera sa gloire d'avoir voulu que l'étant singulier soit pensable dans sa singularité. S'y attachant, il n'a touché que par prétérition à l'être. Mais il en a ainsi laissé le problème vacant. Or un traitement non ontologique de la pensée des classes – si celles-ci devaient se dire l'être, le Platonisme reviendrait – ne pouvait éviter la question de cet être qui vient supplémenter les seules « premières » définitions et pourtant ne fait pas défaut aux termes de la définition. La substance et la question des universaux ont été promues sur l'irrésolution de la question.

On peut dès lors trancher : seule la *constitution* de l'étant, et pour autant seulement qu'elle *consiste* sur ou dans la matière de l'être, autorise une complète intelligibilité de l'ontico-ontologique, assurant un concept transparent de l'un et l'autre de ses termes, quand la thématique de la substance et de sa définition requiert pour la singularité de l'étant un doublet d'être, qui n'est que le sien, mais dont, quoiqu'elle en aie, elle devient le prédicat, et pour les termes de la définition un être dont on ne sait pas ce qu'il peut être. Davantage : si notre redistribution des constituants de l'étant est pertinente, si tout prédicat assigné à l'étant singulier comme moment de son essence est opération du faire-Un sur une Multiplicité qui le "précède", il faut que cette Multiplicité soit, elle, *neutre, sans prédicats*, sans qualités, sans Un, et de ce trait – comme propose de la nommer Badiou – *vide*. L'il-y-a serait ce dont il n'y a rien à dire s'il ne fallait que, soustractif au faire-un, il comporte au moins la Multiplicité avec laquelle se fait de l'Un. Mais c'est une Multiplicité absolument quelconque, et donc inconstituée. Elle n'"appartient" pas à l'étant, il se fait avec ; elle ne le double pas, elle est ce sur quoi constitutivement l'être-là opère. Le dual fondateur est celui de la constitution qui opère et de l'opéré qui, sans plus, est.

C'est sans doute dans ce qui aura constitué ses derniers feux, chez Leibniz, que le concept de substance a son exposition la plus déductive, la plus complète, mais aussi celle où est patent en quoi sa longue histoire l'a transformé et déformé. La première formulation en reste logique : la substance, c'est le sujet auquel des prédicats sont attribués comme ses « identiques » – autrement dit lui sont « nécessairement » attribués –, et qui n'est lui-même attribué « à aucun autre ». La *Monadologie* retrouve ainsi les *Catégories*, avec l'inflexion du « nécessaire » qui n'était pas explicité chez Aristote, et qui marque la prise en main, si je puis dire, de la définition par la même exigence – cartésienne – d'exhaustivité de la rationalité qui était à l'œuvre chez Spinoza ; ce trait n'est pas secondaire, car. avec lui la *prédication* ne devient rien de moins que la *constitution consistante* que nous réclamions. Seulement les conséquences que Leibniz en tire, pour être nouées au pré-concept de substance, vont au plus loin d'y reconnaître la nécessité d'une *opération*. Il reste fidèle à la tradition quand il pose ensuite que la substance est Une ; mais l'Un se trouve radicalisé en terme ontologique ultime : « la Monade... n'est autre chose qu'une substance *simple*... c'est-à-dire sans parties »[1], insécable, un absolu, et dont, même, l'existence est démontrée par celle, logiquement ultérieure, de sa composition. Suit un troisième trait qui, cette fois, force radicalement la doctrine d'Aristote pour qui la définition du sujet logico-grammatical était son « altérité »[2] à tout ce qui ne peut se dire que de lui ou qu'en lui : Leibniz, lui, déduit de ses définitions précédentes – et de son ontologisation de la consistance – l'*immanence* à la substance de tous ses prédicats, c'est dire de tout ce qu'elle est et fait ; et c'est par voie de réciproque que rien ne peut « entrer » en elle d'une autre substance[3]. On voit là de façon frappante comment une fidélité séculaire à ce qui était une *caractérisation* positive du propre de l'étant singulier, le tel et tel qui est là, s'est transformé, sous le couvert d'un argumenté linéaire, en promotion fondatrice de l'*absoluité ontologique des étants* ; et comment cette absoluité même va requérir un *système* où chacun soit, outre que clos, « différent »[4] de tout autre. Que chacune de ces propositions s'introduise d'un « il faut que » indexe et

---

1. *Monadologie*, 1. Leibniz va là encore plus loin qu'Aristote, cf. *Catégories*, 7, 8 a, 16-21.
2. Aristote écrit *alla* et *allôn*, *Catégories*, 5, 2 b, 4-6.
3. *Monadologie*, 7.
4. *Op. cit.*, 9. Cf. *Discours de Métaphysique*, VIII.

que les caractères de la substance sont devenus déductifs et que cette déduction entend assurer – comme elle l'a assurée aux XIIIe-XIVe siècles – la rationalité du monde en tant que monde de substances. Mais par là, ce qui était un monde *ouvert* de singularités – sous prescription du premier moteur – s'est *refermé* sur l'universel d'un ordre de nécessités[1]. Or cet accident – car c'en est un, quelle que soit la « beauté » du procès déductif – est ce qui advient quand, *identifiant être et essence dans la substance,* on prétend lire *dans la discursivité de ce qui est,* tel qu'il est, *la discursivité de l'être lui-même*, opérant sur ce dernier avec ce qui n'était en propre que la logique du singulier. La confusion de l'être avec les caractères de l'étant dénature l'occurrence de celui-ci en absoluité de son devoir être, et l'être en œcumène des singularités absolues[2].

Comme on sait, ce monde de substances singulières était, au jugement des cartésiens, *daté*, et Leibniz est contraint de revendiquer ce retour en arrière[3]. Le problème est celui du général ou du singulier : les prescriptions d'universel du nouveau discours scientifique commandaient à Descartes de ne retenir que la généralité des deux substances étendue et pensée, dont le « j'existe » n'était qu'une occurrence particulière ; la singularité de Leibniz est de tenter la conjonction de la raison scientifique et d'une ontologie des singuliers. Pour quoi il lui faut un autre paradigme de la science, la dynamique, qui, au mouvement descriptible en extériorité, substitue la *force* qui ne se laisse et penser et calculer qu'en immanence[4]. Ce qui nous intéresse ici est que la novation leibnizienne est, en fait, révélatrice de ce que toutes les systématiques « modernes » des substances impliquaient beaucoup moins clairement, voire se gardaient prudemment d'impliquer : une multiplicité d'étants qui ont au plus intime de leur être la

---

1. De là qu'où Aristote tient les possibles pour requis par l'expérience de la *dunamis* (*Thèta*, 1 *sqq.*), Leibniz 1. prête à tous les non-contradictoires une tendance à être, 2. tranche de la nécessité des possibles réels par la raison suffisante dans l'Entendement divin (*Lettres à Arnauld*, passim).

2. Comment ne pas constater, lu sous cet angle et à cette distance, la proximité de Leibniz et de Spinoza ?

3. « Les formes substantielles qui sont aujourd'hui si décriées », *Discours de Métaphysique*, X.

4. « Ni le mouvement... ni la résistance... ne dérivent de l'étendue », « les lois de la nature qu'on observe dans le mouvement et le choc des corps ne découlent point de [sa] seule notion » (*Remarques sur les principes de Descartes*, I. Sur l'art. 52. Trad. Schrecker).

raison ultime de tout ce qui par et pour eux advient, et telle que devait advenir tout ce qui leur advient[1]. Ici encore, le germe peut se dire aristotélicien, c'est l'analyse de la relation de la puissance à l'acte, en somme ce qu'à *Métaphysique Gamma* et *Zèta* ajoute *Thèta* ; mais, outre que la doctrine de la *dunamis* et de l'*enteleicheia* se développe chez Aristote plutôt comme une seconde analyse de l'essence que comme une suite de la définition de celle-ci, la proposition, qualitative, en est tout-à-fait différente du contexte où la substance leibnizienne, venue plaider pour une autre, nouvelle, raison, fait, du même trait, porter à la raison ce qui ne s'entend que comme *intention*. À la confusion de la logique de l'étant et du pré-logique de l'être, succède celle qu'emporte la subjectité des substances.

Ce qui suit, en effet, et qui n'est assurément plus aristotélicien, c'est que là où était requise la conjonction de la forme et de la matière, termes impersonnels, la substance leibnizienne est *spirituelle,* et il n'est pas besoin que le mot soit convoqué pour que l'interprétation s'impose. Elle s'impose déjà pour la force, qui ne va pas sans « quelque chose de métaphysique... Il y a, inhérente à la matière, la force même ou la puissance d'agir qui [opère] le passage de la métaphysique à la nature et des choses matérielles aux choses immatérielles »[2], et ce parce que, de la force, les lois ne se peuvent déduire de la nécessité mais seulement de la « raison parfaite » : c'est le « double règne ». Aussi bien toute l'analyse qui suit[3] est-elle celle de la perception et de l'appétition : le paradigme de la substance, qui ne peut ni commencer ni mourir, est la substance « rationnelle » c'est-à-dire l'âme. L'ensemble de la reprise du concept de substance dans le cadre de la pensée chrétienne allait dans ce sens, et le pas était acquis au moins depuis Thomas. Mais c'est bien chez Leibniz qu'en sont tirées toutes les conséquences : le réel de la Création, ce sont les esprits, pour quoi les autres substances sont secondairement. De sorte que ce qui était, à l'origine, attention au divers des étants s'est transformé en « règne des esprits » doctrine tout-à-fait étrangère au réalisme aristotélicien – comme au nôtre – et dont l'argument qu'elle tire de sa résolution du problème de la « transsubstantiation » ne peut que mettre la philo-

---

1. *Monadologie,* 11.
2. *Remarques sur les principes de Descartes.*, II, sur l'art. 64. (trad. modifiée). Sur le double règne, aussi bien dit du naturel et du moral (voire de la grâce), *Monadologie,* 87.
3. *Monadologie,* 12 à 28.

sophie au soupçon. À travers une série de glissements, le sujet-*support* aristotélicien est devenu le sujet-*Psuchè* de la modernité, généralisé, et les prédicats sont devenus des moments de cette substance-là. Laquelle serait tout près, alors, de ce qui, deux siècles plus tard, sera dit l'existence, si elle n'était ici « nature » quand c'est comme anti-nature que l'existence s'imposera.

Tenu que chaque substance est singulière et close, Leibniz est enfin tout à fait conséquent quand il en conclut que le problème devient celui de la *communication* entre les substances, pour quoi la ressource doit être une substance absolue qui, d'une façon ou d'une autre, les règle toutes[1]. D'abord, si « la raison suffisante de l'existence des choses ne saurait être trouvée ni dans aucune... ni dans tout l'agré-gat », alors Dieu en son « unité dominante... ne régit pas seulement le monde, mais elle le construit, elle le fait »[2]. Ensuite, en inscrivant toutes les monades en chacune, elle fait que chacune trouve en soi l'« expression » des autres en La trouvant, On a là un exemple éton-nant de ce que ce que nous avons dénoncé comme la confusion du traitement logique de l'étant et de celui de l'être, commande le retour du second comme Étant Transcendant ; Ego souverain puisque les étants sont des Ego, mais Ego en qui fait un retour clandestin la diffé-rence ontologique puisqu'il faut que ce que les étants ont d'être soit le fait de ses « fulgurations ».

Après quoi on ne s'étonnera pas que, pas plus qu'Aristote, Leibniz ne se soucie de déduire de l'existence de la substance ce qu'est en elle l'*être*. Il est vrai qu'un caractère remarquable en est prononcé, mais c'est bien plutôt une déduction tirée de la substance qu'enferme le célèbre « ce qui n'est pas véritablement *un* être n'est pas non plus

---

1. La *Monadologie* insiste plutôt sur le Dieu créateur parfait dont les Monades sont les « fulgurations ». Le *Discours de métaphysique* finit sur le Dieu monarque de la Cité des esprits.

2. *De la production originelle des choses prises à sa racine*, début. Les derniers mots cités me paraissent rendre difficile la lecture de Badiou, selon laquelle la clôture de la monade commande – au moins en deçà de la raison suffisante – une définition négative, *non créatrice*, de la relation. Cette lecture suppose qu'une exposition de la relation non supplémentée de la raison suffisante est possible. Mais tous les exemples de Leibniz montrent que déjà pour le mouvement, aucune explication sans la raison suffisante n'est possible (par ex. *De la nature en elle-même*, § 12-13, contre la passivité de la matière et contre la « dénomination extrinsèque » du mouvement par le change-ment de lieu).

véritablement un *être* »[1] ; car l'Un qui est, c'est la substance ; et reste alors à dire ce qu'il en va de l'être en lui-même, de cet être qui est une infinité de fois Un : non pas, redirions-nous pour notre part, sujet au sens aristotélico-leibnizien, car de l'être l'Un ne saurait être tenu pour un prédicat sans le précipiter dans l'être-là, plutôt matière que rien ne prédique mais avec la Multiplicité de laquelle, et selon l'axiomatique présentationnelle de laquelle, se fait de l'Un.

Forte de cet écrasement de l'être sur les substances, de ce que ce sont les âmes qui proprement sont les substances, et de ce qu'un monde d'âmes requiert l'Un créateur-régulateur d'un Dieu, cette ultime occurrence de l'*hupokeimenon* peut identifier la philosophie déductive avec le *religieux*. Proposition dont Leibniz est au plus loin de cacher la satisfaction qu'elle lui procure[2]. En regard de quoi l'analyse du perçu n'a nul motif de gratifier l'existant d'autre chose que de son pouvoir-être-à-l'Autre qui fait de l'Un, et l'étant d'autre chose que de la consistance de sa constitution, et l'être d'autre chose que de faire fond inconstitué à la constitution. Quant à Heidegger, si c'est « l'homme » et partant le sujet de conscience qu'il désigne par le *Dasein*, il faut reconnaître – mais tout autant s'en inquiéter – qu'il se garde de qualifier de quelque façon que ce soit l'être, hormis – après la *Kehre* – que l'« acheminement » vers lui a pour nous comme *medium* la « parole » et qu'il s'y délivre sur le mode de l'« historial ».

Ce que cette discussion enseigne, c'est comment une authentique fidélité à Aristote vire en une radicale mutation produite par le concept même de substance, que Leibniz conduit jusqu'au bout de ses implications. On dira peut-être : n'est-ce pas ce qui s'amorçait avec l'âme du *Peri psuchès* et dans le Dieu de *Métaphysique Lambda* ? Je serais enclin à répondre : oui, une première démarche, ouverte, d'Aristote se retrouvant fermée par une seconde, sans nécessité de consécution. De ce biais, le système de Leibniz devient une admirable mise en forme déductive de ce qu'une ontico-ontologie de la substance où le sujet finissait par inclure tous ses prédicats prescrivait, et le révélateur de ce que j'ai appelé un accident contre lequel l'aristotélisme n'avait pas assuré ses défenses. Effet de l'écrasement de la différence ontico-ontologique, entraînant la spécification de l'être par ce

---

1. *Lettre à Arnauld* du 30 avril 1687. Leibniz tranche ainsi de ce qu'Aristote avait seulement laissé indécis.

2. Mériterait d'être creusé comment herméneutique et substance se rejoignent, et font ressource du religieux, par le biais de l'âme substantifiée.

qui n'est légitimé à être que la logique de l'étant, y inclus celle de l'étant suprême.

Reste à dire un trait fondamental des philosophies de la substance. Si le compte ontologique est celui du divers des existences comme celui du réel des essences, autrement dit de leur « actualité », ce à quoi la substance fait renvoi est ce qui advient et, advenant, fait de tout existant substantiel *ce qui a à être son être*. C'est ce qu'Aristote formulait par le dual de la puissance et de l'acte, de l'un à l'autre l'*energeia* assurant le passage[1] ; ce qui sera chez Spinoza le *in suo esse perseverare conatur* qui n'est, pour chaque chose, rien d'autre que son « essence actuelle »[2] ; ce qui chez Leibniz devient la force « portée par elle-même à l'action », le « pouvoir d'agir inhérent à la substance »[3] et qui en est proprement l'entéléchie. On ne dit pas la substance sans dire un avoir-à-être sa définition, que l'occurrent autorise ou paralyse. Que le renvoi soit à la cause formelle ou à la *dunamis*, la substance a en elle-même une tension propre, que finit toujours par synthétiser un cosmologico-théologico-actualisme. De ce trait, l'être – son être – est en chaque existence substantielle à la fois posé et à réaliser ; de ce trait, il n'est plus seulement le concept ultime mais l'inscription déterminée de ce qui, en vertu de son essence, peut être et tend à l'être. Même chez Spinoza : pour qui tout le pouvoir-être se résorbe dans le *causa sui* de la substance infinie, se fonde sur la seule idée qui en est informée, et se déplie de par la nécessité de sa nature dans les modes ou « manières » de ses attributs. On peut même dire que le Dieu de Spinoza délivre le formulaire adéquat de ce qui était contenu depuis l'origine dans le concept de substance, cause de soi selon sa nécessité propre, et libre en cela[4] ; il est vrai que la difficulté devenait alors

---

1. Il va de soi que le présent parcours synoptique est contraint de tailler à la serpe, notamment à travers les distinctions de *Métaphysique Thèta*. Il faut au moins noter combien les définitions y restent logiques : c'est le pouvoir de s'actualiser dans les contraires et la réalisation d'un seul des contraires qui définit l'acte d'une essence rationnelle, par opposition à l'acte pré-déterminé d'un être sans *psuchè* (ch. 2). Inversement (ch. 8), que l'acte doive se dire « antérieur » à la puissance qu'il est seul à faire apparaître, et qu'en ce sens il soit le plus ancien principe – *archè* –, fait signe en direction de la détermination ontologique. Aristote avance dans cette tension-là.

2. *Éthique*, III, prop. VI et VII.

3. *De la réforme de la Philosophie première*.

4. Par ex. *Éthique*, I, XVI, et ses corollaires. Et Déf. VII. Mais aussi Hegel : si l'Absolu est l'identité de l'extérieur et de l'intérieur, substance se dit du rapport absolu entre le possible des accidents et leur nécessité telle que posée dans la réalité.

l'ordre muliple des existences particulières et leur limitation réciproque : de quoi la monadologie privilégiera, elle, l'ex-plication.

À partir du tournant cartésien, le paradigme de la substance singulière était devenu le *sujet* déterminé, selon les termes de Leibniz, comme perception et appétition, selon ceux de Spinoza comme pensée et volonté. C'est le sujet destiné à s'actualiser ou pas. Dans un premier temps, la substance avait été conçue comme ce qui permet d'accoler l'essence à l'existence ; dans un second temps, le plus concret et le plus destinal de l'existence est renvoyé à ce à quoi son essence la destinait. De ce biais, Heidegger ne fait, dans sa définition – comme nous avons vu – de la liberté et – comme on verra – de la conscience, qu'aller au bout de la tradition.

Or, à la détermination substantielle, l'existence d'un sujet ne perd pas moins, de s'avérer pré-fixée, que l'être à devenir une sorte de noyau du spirituel. Car comme sujet des prédicats d'inhérence, il reste pour l'existence à s'actualiser, mais rien d'autre. Elle n'est pas plus que ce que sa singularité peut être, et ce n'est pas hasard si tantôt le déterminisme tantôt le finalisme, de ce biais équivalents, ont été le dernier mot du substantialisme. Faisant destin de l'issue pour chacun d'une éthique réglée par la maxime "actualise-toi toi-même", la philosophie de la substance s'est trompée sur l'existant et l'a trompé du même coup. Non tant pour ce que, en définitive, elle le tenait pour déterminé que pour ce à quoi elle le déterminait. Car *prescrire l'inhérence* – ce qui, de soi, n'est pas tracer un projet paresseux –, c'est supposer la linéarité ou, pour mieux dire, la non-contradiction dans la définition du Bien ou du Meilleur. On sait qu'à la substance a été depuis Aristote associée cette réduction : la seule fin que naturellement nous voulons pour elle-même est le bonheur qui « a le plaisir en lui-même » ; nos actes propres, ceux de la *psuchè*, étant rationnels, ce qui nous revient dans la vertu est seulement de les faire passer à l'acte ; en ce passage, ne se rencontrant aucune contradiction mais seulement le risque, pour la délibération « logistique », d'une erreur de mesure, par excès ou défaut[1]. Mouvement encore accentué chez Spinoza, qui écrit l'*Ethique* contre l'infini de la volonté cartésienne, pour démontrer

---

L'accidentalité n'est plus alors que « l'actualisation de la Substance, en tant que calme progression à partir d'elle-même ». De là que la substantialité « se présente seulement, dans l'unité immédiate de la force avec elle-même, sous l'aspect de son identité » (*Logique*, II, III, 1, A).

1. *Éthique à Nicomaque*, I, 1, 7, 8, 13 ; II, 2, 6 ; VI, 2, 13 ; X, 4.

qu'il n'est pas même possible qu'une « manière » de Dieu, quelle qu'elle soit, ait à sa disposition d'autre appétit que ceux que sa nature induit, et qui ne lui propose rien d'autre : « la vertu... est l'essence même ou nature de l'homme, en tant qu'il a le pouvoir de faire certaines choses qui peuvent se comprendre par les seules lois de sa nature »[1]. Or comment nier qu'en assurant à l'existant qu'il n'a qu'à se réaliser, rien de moins mais rien de plus n'étant requis de lui, on efface ce que son essence inclut de radicalement *discordant* ?

Une fois de plus, l'expérience psychanalytique nous servira ici de témoin. Soit l'essentielle divergence du désir – qui ne propose aucun « bien », aucun bien-être, mais l'insoutenable de l'objet qu'il recherche – et le retour en lui d'un Réel qui est tout autre chose que le revers de la réalité, bien plutôt l'insistance de sa ruine. Là où l'éthique de la substance propose, sous les traits de l'accomplissement du Soi, une variable du plaisir, le « ne cède pas sur ton désir » assignant à l'existence l'écart ouvert entre principe du plaisir et fond mortel du désir, avère l'abîme ouvert dans l'existant par la castration.

On n'oubliera pas, pour autant, que la castration et la « schize » du "sujet" sont effet de l'ek-sistence au discours. Aussi bien avons-nous constamment tenu que si l'existant est justement celui pour qui il n'y a pas d'inhérence, c'est – reprenons le mot : – jeté qu'il est à la transcendance du discours, d'une discursivité qui n'est pas "sienne". Le faire-un d'une situation, autrement dit son énoncé, à commencer par celui du perçu, n'appartient à *notre essence* que pour autant que celle-ci *n'en est pas proprement une*, de nous porter à l'Autre du Logos. Que nous soyons fondés à nous définir par là ne signifie pas qu'il en va là de notre être : bien plutôt de notre *être en défaut dans l'être* dès

---

1. *Éthique*, IV, déf. VIII. Accent particulièrement fort dans les Préfaces des livres III et V. Il est vrai que, paradoxalement, Dieu étant seul substance, il est aussi le seul à n'être pas plus que le dépli de son essence, et, totalement déterminé, sans liberté, ne fait que réaliser sa nature dans l'ordre, sans obstacle ni effort (I, prop. 32 à 35). La finitude de notre manière, ouvrant l'écart entre l'impulsion de la force (*vis*) la plus grande, en général celle qui est attachée à l'idée inadéquate des affections, et les seules forces qui conviennent au *conatus* parce que conformes à notre essence (IV, prop. 5), soit celles qui accompagnent une idée adéquate, ouvre du même coup un espace conflictuel. À quoi vient remédier le second décrochement par lequel nous pouvons détacher de l'objet qui la cause l'idée inadéquate d'une affection et la rattacher aux plus fortes parce que plus communes idées adéquates (V, 2 *sqq.*). Il y a une éthique parce que réaliser notre essence – mais il ne s'agit de rien d'autre – suppose une tactique au regard de notre détermination par les causes extérieures.

lors qu'à l'Autre nous nous portons, et n'y sommes pas sans ek-sister pour y être.

Il importe, en revanche, de marquer que la « faille » ouverte dans l'existence par le discours n'est pas un trait du discours lui-même, qui ne suscite aucun pathos : nul autre procès que la transparence de l'intelligible conduite à son terme. Le manque est en nous, non dans le Logos qui à soi jamais ne manque. Le nœud de tout cela, c'est que *le discours n'est pas castré*, et qu'on brouille toutes les instances quand on tente de projeter les disjonctions de l'existence dans les apories de la logique. Ce qui n'est aucunement nier que soit possible une logique propre de l'existence, qui fait à la logique exception, de dérober au sujet sa place et de se constituer, l'y renvoyant, autour d'une absence qui se déplace mais ne se résout pas.

Quitte à anticiper, il sera intéressant de remarquer que c'est justement fort de n'avoir à se réclamer que de la décision du Logique, que Badiou tranche, dans *Logiques des mondes*, de la même problématique. Opposant au "sois ce que tu es" un "sois celui qui répond d'un autre monde", et au "ne cède pas sur ton désir" un "sois jusqu'en ton corps le témoin d'une Idée". Entendu qu'avec le ce-que-tu-es et avec le monde tel qu'il est, on n'a justement pas encore un sujet. Et entendu qu'au lieu de la perte de l'objet, ce qui fait trou est la possibilité de *changer* de monde par la production d'une discontinuité effective. Sans développer ici la procédure du changement, on voit bien que la démarche est antithétique au regard du substantialisme, mais aussi de Lacan, en ce qu'elle suppose une liberté (dans la pensée) absolue, non pas gratuite pour autant, en ce qu'elle est, comme on verra, au suspens d'une « montée » de l'être dans le monde. Sous un autre angle, il n'est pas sûr que Lacan, tout autant décidé à ne pas céder sur le changement d'être-au-monde prescrit par l'inflexible de la pensée formalisée, ne se serait pas lui-même reconnu dans la figure du sujet de Badiou.

Quoi qu'il en soit, il nous faut, quant à nous, opposer aux substantialismes que l'existence est cela précisément à quoi fait défaut la consistance de l'essence ; en quoi nous rejoignons les « existentialismes » ; mais pour opposer à ceux-ci que l'(in)consistance de l'existence et son manque de substance ne sont pas autre chose que son accroche et sa destination à la consistance sans "être" du discours.

Cette discussion, d'où il ressort que le concept de substance a infléchi plus qu'aucun autre celui d'existence, ponctue, à l'évidence, l'ambigüité du parti de Heidegger. On objectera qu'il évite l'équation existence = substance. Mais il est clair qu'il prête au *Dasein* les caractères que nous avons reconnus comme principiellement définitoires de la substance. Il est vrai qu'il n'est pas moins essentiel pour lui de n'y pas faire référence. D'abord parce que, très vraisemblablement, la substance lui apparaît une des figures objetantes où l'être est rabaissé à la mesure de l'étant. Ensuite parce que le *Dasein* n'a, pour dé-couvrir l'existential, d'autre ressource que la compréhension de ce qui est recouvert dans l'existentiel, et que cette opération, ne renvoyant qu'au plus propre de sa structure, n'implique rien qui soit de l'ordre d'une essence : aussi bien, si une équation en demeure, c'est celle de l'être et de l'ouverture du pouvoir-être, au sens où le second est la véritable définition du premier. Enfin et surtout, s'il revient au *Dasein* de se fonder, c'est comme infondé. Tous ces traits sont ceux de l'absolue originalité de la pensée heideggérienne et de sa rigueur critique : ceux d'un substantialisme de l'existence sans substance.

En ce sens, elle échappe à ce qui, du point de l'ontologie, commande la récusation du concept de substance, que nous redirons pour finir. Tout rabattement de l'être sur ce qui s'apparente à une substance de l'étant, conjoignant dans celle-ci l'essence et le substrat qui en vient à la redoubler, est une proposition *unheimlich* de l'histoire de la philosophie. L'être n'est pas la réalité – qu'Aristote était par ailleurs fondé à défendre –, il n'est rien de la réalité, et s'il faut le penser pour la soutenir, c'est comme ce qui la soutient en tant que radicalement allogène : instance qui ne peut être qu'*épékeinè*, en-deçà ou au-delà. Tel est son concept, concept aux limites – parce que de l'*off limits* – et dont toute une partie de l'histoire des idées aura été marquée par l'effort pour le récupérer, pour le rapprocher, pour l'accoler à l'étant et plus encore à l'existant. Avec ce résultat paradoxal qu'autant se laissent induire l'indétermination de l'être et son faire-un dans la constitution de l'étant, autant est confuse l'idée de substance, métaphore d'une matière ontologique qui vient doubler l'essence sans la constituer, et qui n'en partage pas la structure – élaborée dans la systématique des classes – tout en ayant à la réaliser. D'où l'on est en droit de conclure que le mode sur lequel Aristote et les siens déterminent l'essence ne leur suffit pas pour définir l'étance et qu'il leur faut alors, outre le supplément d'être, encore un Un enveloppant être et essence, qui sera la substance, sans que la constitution en soit élaborée. Au rebours de ces détours, c'est en s'en délivrant qu'on peut déterminer avec rigueur et ce qui fait l'Un de l'étant et ce qu'est le neutre de l'être qui y fait fond. C'est parce que le perçu est l'instance première de la constitution consistante, qu'il est aussi la première instance qui fasse signe en direction de l'inconsistant, et qui, pour se constituer, le requière. Dans un énoncé transparent.

c. Le *fini* ou l'*infini*.

Troisième alternative pour la définition de l'être : la finitude ou l'infinitude. Alternative qui se superpose plus ou moins aux deux autres ; pour l'Antiquité, l'Un se pense comme le fini, parfait en cela-même, et le Multiple comme menacé par l'infini ; nous avons vu, à l'inverse, Spinoza, prenant départ de la substance, en déduire son infinité mais induire de celle-ci sa singularité. Il faut convenir que penser l'infini-en-tant-qu'infini – c'est le pas de la modernité – s'est avéré des plus difficiles ; et il faut convenir que ce pas ne fut pas amorcé par les philosophes, mais par la géométrisation de la Physique ; on peut dire, il est vrai, que c'est en philosophes que Galilée et ses successeurs ont réélaboré l'étendue qualifiée en espace universel homogène et le changement provoqué en mouvement relatif : dans nos termes, déplacé le champ où "ça consiste "; mais il reste qu'il ne traitaient ainsi de l'être que pour autant que par ce mot ils entendaient la réalité ; et si les philosophes ne voyaient pas de difficulté à prédiquer, comme *a contrario* d'un nouveau sublunaire, Dieu d'une infinité toute qualitative, si – mieux – ils n'hésitaient plus à prédiquer de l'infinité mathématique l'être, ils n'étaient pas prêts à prononcer que – pour nous exprimer comme Aristote – l'infini n'est pas « dans un autre » mais est comme n'étant « dans aucun autre » : autrement dit, que de l'être à lui, il y a homonymie. Cette homonymie, je l'ai déjà dite, et j'ai pu dire pourquoi je la disais, sur le fond de la constitution consistante ; mais ce disant, c'est l'infini venu à l'inconsistance que je désignais ; or cela ne peut se dire, sauf à ruiner le concept, qu'assuré que de l'infini aussi il y a une constitution consistante, au local d'une situation conceptuelle. Sans quoi ce serait un concept-fantôme, qui ne "tiendrait" pas. Et c'est bien là le problème.

D'emblée, la « philosophie de l'existence » au sens heideggérien est un *hapax* dans l'histoire de l'ontologie moderne[1]. Une conséquence

---

1. De ce biais, Sartre dé-construit radicalement Heidegger, le « néant » de l'existence débouchant sur l'infini de sa liberté. Autant en va-t-il pour Badiou de l'« événement » qui porte le sujet advenu aux limites de l'infini de l'être ; et pour Deleuze

majeure de l'appropriation heideggérienne de l'être au *Dasein* est de tenir sa détermination dans la dimension du *fini* comme indépassable.

La libération de l'être est ce dont il en va pour le *Dasein* sans au-delà qui lui-même le précède – il est un fond sans fond, c'est le sans-fond de sa facticité –, et dans les limites de l'échéance – qui fait de l'advenue de l'angoisse condition pour sa liberté –. Sans-fond de la facticité, échéance de la liberté, restriction de l'être au plus propre : l'être se voit ramené à la mesure finie du *Dasein*. Et cette mesure trouvera son chiffre définitif quand le *Dasein* recevra de l'être-pour-la-mort sa définition originaire. On ne niera pas qu'il y gagne une posture impressionnante, et finalement un tragique radical ; qu'il conservera au-delà de la *Kehre* comme veilleur de l'Etre, lui-même historial. Mais on dénoncera, une fois de plus, la confusion des instances : que le tragique connote une existence appelée à se fonder elle-même et projetée vers sa fin ne saurait faire preuve, et c'est bien plutôt le contraire, de ce que de l'être-en-tant-qu'être il en va : question sur laquelle, comme on sait, Heidegger butera.

Le fait est que la finitude du *Dasein* ne peut revendiquer pour elle-même l'être sans dénégation. Disons-le dans ses propres termes : si c'est l'être de l'étant, il doit se dire sous-la-main, figure inauthentique où la pensée s'égare, cherchant le fond dans un savoir qui toujours le dédouble, incapable de surmonter le dual de l'ojet et de sa représentation pour le sujet ; si c'est l'être de l'existence, elle ne peut l'atteindre qu'à condition de surmonter l'inauthentique de sa dispersion pour advenir à soi comme totalité authentique. Mais précisément, nous avons opposé à Heidegger, et nous y reviendrons obstinément, que *l'existence n'est jamais totale*, à la fois parce qu'elle est étance *et* être-à-l'Autre ou pensée, parce que la pensée, qui n'"est" pas, fait trou dans l'être, qui ne doit se dire que de l'étance, et parce que, consubstanttiellement à son n'"être" pas, la pensée elle-même, outre qu'elle ne s'institue que du local, récuse du point de l'axiomatique le total. Ce qui s'écrit à bon droit ek-sistence doit s'entendre comme ek à soi-même, que nous imaginions le contraire est affaire du Moi, et Heidegger leurre le *Dasein* en lui proposant, fût-ce comme pensable, le plein de l'être à soi. C'est ce qui, par voie de réciproque, nous a commandé d'établir que l'être ne vient à la pensée que comme le

---

circulant entre l'infini du sens et la stochastique du coup de dé ; et pour Derrida, ouvrant tout différent à l'in-fini de la différence.

réquisit ultime de son faire-un-à-l'infini et que ce réquisit est celui de l'infinité soustractive, celle de la pure et inconsistante Multiplicité ; que penser sous le prescrit de la finitude est penser à contre-pensée, et que penser l'être sous ce prescrit est ne le penser pas. Après quoi, on ne niera évidemment pas que l'existence, elle, soit marquée de sa finitude, celle de l'étance et celle de ce qui restreint le pas de la pensée dans son ouvert. Autre chose est qu'en doive être recueilli le pathos du *Dasein*, égaré par l'étant qui n'est pas à sa mesure, seul dans l'angoisse qui le ramène à l'évidence de son être-à, commis par celui-ci à son pouvoir-être, qui a à s'assumer comme pouvoir-être pour la mort, et convoqué à se comprendre sans que rien lui soit promis au-delà de cette compréhension. Ce pathos-là, qu'on peut dire plutôt a-philosophique qu'anti-philosophique, résume la confusion pascalienne de l'existentiel avec le discursif.

On peut, il est vrai, aborder le problème du fini d'une autre façon. L'assertion de la finitude comme *retrait du fondement* est, en un premier sens, un geste très moderne de dessillement. Énonçant que le "sujet" a à s'identifier à sa place dans le discours sans pouvoir se réclamer, pour s'en assurer, d'aucune ultime transcendance, et qu'il bute sur l'impossible d'un Réel, Lacan le reconnaissait tenu dans la même finitude, avec les mêmes accents de tragique assourdi. Et Foucault ou Deleuze ne faisaient pas moins – mais sans le tragique et pour l'ouvert de la pensée – récusation du fondement dans ce que commande la stricte exploration du savoir, du pouvoir, du sexe, du sens, de l'éthique, de la politique ou de l'art. L'être ne cautionne plus un humain dès lors tenu dans ses propres limites. Ou si quelque chose peut s'en induire, ce sera l'indifférente neutralité de l'en-soi.

Mais, en un second sens, ruineuse est la restriction qu'introduit le sans-fond de l'existence dès lors qu'il signifie – Deleuze et Foucault s'en sont gardés – la limite de ce à quoi est convoqué l'existant, ou – en termes heideggériens – ce qui épuise son pouvoir-être. Ici se mesure le prix que doit payer l'heideggerianisme, retenu dans l'à soi-même de la compréhension, pour n'avoir pas extrait du rapport du *Dasein* au monde ce que j'ai plusieurs fois désigné comme le Tiers terme, autrement dit l'être-au-Logos. *Que l'existant soit à l'Autre est précisément dire qu'il a toujours déjà transcendé sa finitude.* Peut-être n'est-ce encore qu'une détermination négative. Et il faut admettre que tout au long de l'Antiquité comme de l'âge médiéval, le transcender a été interprété comme l'ordre des finitudes confirmé par le pouvoir de le penser. Mais ce qui n'est pas douteux, c'est que le sans-fond n'est, lui, énonçable que pour une pensée qui procède dans un autre ordre que celui des chaînes de déterminations "naturelles" où le fini se vérifie sans jamais avoir à manquer de fond. Et l'ordre autre, c'est celui de l'Autre, dés lors que, d'une part, il ne constitue le singulier que comme moment de l'universel, et que, d'autre part, il n'est lui-même – pour reprendre le mot lumineux de Lacan – que sans Autre pour se fonder. Bref, Heidegger emprunte à l'Univers post-galiléen le sans-fond et l'interprète dans les termes du Cosmos antico-médiéval, qui se retrouve privé par là-même des certitudes qui l'assuraient contre l'aura du tragique qu'il acquiert au terme de l'opération. Cette inconséquence atteste du malaise, et pis : du porte-à-faux, de la pensée heideggerienne en regard du discours de la science et pour autant que celui-ci a accompagné la reconfiguration du Logos – malaise dont l'expression ultime sera l'horreur, commandant jusqu'à son dédit, que lui inspire l'infinité du temps. Il n'est que trop vrai que l'histoire de la pensée est jalonnée de tentatives pour s'assigner des points d'arrêt ; trop vrai que le Logos lui-même a dès l'origine été confondu avec la clôture dans l'Un ; mais cette espèce de vertige qui saisit la pensée devant son devoir-pouvoir « le plus propre » n'aura jamais été qu'un à soi-même manquer. Aussi le geste originel de Heidegger, faisant de notre finitude d'existants la condition de ce que nous avons à penser, et à penser de l'être même, est-il, outre qu'un archaïsme détourné, un détournement du penser : l'écrasement de l'apophantique sur la limite singulière et contingente de l'existant en tant qu'étant.

Pensant, se portant à l'Autre, l'existant s'arrache à sa finitude, pense contre la finitude, et se retourne sur elle depuis son dépassement. J'ai noté, il est vrai, que ce dépasser n'était peut-être encore que détermination négative. C'était reconnaître que restait à *inventer l'infini*, à en inventer non plus l'usage mais le concept, et à l'inventer contre la finitude de l'existence elle-même, pour autant que, restant sous le régime de l'étant, elle résiste à penser ce qui en diffère absolument : geste, celui de l'invention, où il serait permis de reconnaître l'intitulé d'une seconde « modernité ». Geste, à tout le moins, nécessaire pour éclaircir en quoi il en va de l'être au titre de l'infinité prescrite par l'axiomatico-logique du discursif.

Hegel est ici de nouveau le témoin majeur, et pourtant déceptif. Majeur, parce qu'il délivre la philosophie de la longue tradition des définitions négatives [1] et requiert un concept *positif* de l'infini. Déceptif, parce que l'infini y reste une *qualité du procès*, c'est dire échoue à produire en lui-même une définition suffisante de lui-même, et parce que du même trait il se trouve refermé avec le procès. Autant d'achoppements éclairants sur ce que *a contrario* doit être une détermination de l'infini dotée de la même transparence que celles du Multiple comme présentation du sans-prédicats, et convenant par là à la pensée de l'être.

D'abord, ce n'est pas primairement en lui-même que Hegel définit l'infini, mais comme un réquisit du *passage* : le procès de l'outrepassement d'un moment de l'être au suivant. Passage qu'on peut un moment tenir pour proprement ontologique, en ce qu'il est donné pour « naturel » à l'être, avant même le mouvement réflexif par lequel la pensée revient sur cet enchaînement et l'élucide ; mais passage qui ne tient sa « vérité » qu'en ce second temps.

Revenons une fois de plus aux moments-clés de l'apparaître : si l'être-là comme « quelque chose » déterminé est limité, il enferme par là une négation qui annonce sa disparition ; mais en même temps cette négation est pour lui « son » être-autre, sa « barrière » ou sa « borne », que comme telle son être ne peut que nier dans l'accomplissement de son « devoir-être » ; suit qu'en niant la barrière, il l'implique : chacun ayant dans l'autre « son » autre, la barrière et le devoir-être sont le même, et cette identité affirmative est à son tour l'autre du négatif qu'était le fini : soit une première fois l'infini [2]. Ainsi, là où la finitude de l'échéance signe pour le souci du *Dasein* la finitude de son être, l'être-là hégelien signe dans la négation de la négation propre à sa finitude, le passage comme infini. Mais infini qui n'est rien d'autre que celui du mouvement par lequel affirmation et négation s'appellent l'une l'autre.

La suite sera la célèbre analyse de ce que l'infini, pris cette fois dans son concept, reste abstrait et est manqué aussi longtemps qu'il n'est que la réciproque du fini, l'un restant extérieur à l'autre, et l'infini

---

1. Leibniz, introduisant l'infini *négativement*, sous l'angle de l'inassignable des parties dans le continu, y compris matériel, dont les « extrêmes » ne sont eux-mêmes que des « limites », ne pense pas positivement l'infini mathématique, et même exclut de le penser. Pour le reste, « infini » reste connotation de parfait.

2. *Logique*, I, I, 2, B.

redevenant par là-même fini : ce qui le ramène au vide répétitif de la progression « à l'infini ». D'où que l'infini « vrai », concret, c'est la suppression de l'un et de l'autre dans l'Un d'« un seul et même procès », où fini et infini ne sont plus chacun la négation simple de l'autre mais où chacun est « à la fois » l'autre : identité affirmative du passage comme négation de ce qui n'était que deux fois négation. Dialectique dont le sens logique se dit : « l'Infini est déjà en soi... à la fois fini et infini ». Dialectique dont le sens ontologique est d'abord l'existence du procès dialectique, et bien plutôt le sujet comme procès ; et du même trait l'idéalité de l'infini comme négation qui se rapporte à elle-même : soit le passage de l'être-en-soi de l'être-là à la réflexivité de l'être-pour-soi. Finalement, la détermination de linfini est sa redéfinition comme passage au « refus de reconnaître dans le Fini un existant vrai » ; mais ce refus est à son tour la redéfinition de la philosophie comme idéalisme, pour autant que c'est l'Esprit seul qui reconnaît, dans tout moment du fini, son dépassement dans l'infini[1].

Tout cela n'est rappelé ici que pour en ponctuer le défectif. On s'inquiètera de ce que l'infini hégelien, qui se dit d'abord de l'existence en-soi comme devenir ontologique, et se dit une seconde fois dans et de l'existence pour-soi, réintroduise de ce biais la *substance*, redéterminée par les concepts conjoints du sujet et du passage qui serait son propre. On s'inquiétera plus encore que, comme moment du passage, l'infini demeure les deux « à la fois » c'est dire échoue à se laisser penser *sans le fini*, à part soi. *Comment l'infinité pourrait-elle se dire de l'être si elle ne suffisait pas à se définir en elle-même ?* Si cette définition est possible, nous le rappelons depuis longtemps, c'est et c'est seulement parce qu'au soustractif du faire-Un, le Multiple pur prescrit l'infinité comme transparente à sa propre définition. Définition qui, d'être axiomatique, ne requiert ni sujet, ni objet, ni passage. De soi le Multiple de Multiples ne tolère pas de limites : il ne peut être qu'infini à l'infini. En définitive, si c'est l'analyse de la constitution de l'étant qui prescrit pour l'être le Multiple pur, c'est le Multiple pur qui prescrit *pour soi* l'infini, premier dès lors à tout fini, qui le restreint[2]. Si l'infini est, il n'est pas *avec* le fini, mais *épékeinè*.

---

1. Livre Ier, 1ere section, chap. 2, C et D. Sur ce qu'il ne s'agit pas encore de la stricte priorité conceptuelle de l'infini, cf. Badiou, *L'être et l'événement*, méditation 15.

2. Ceci écrit sans oublier que Badiou, à qui chacun est redevable de l'ensemble de cette chaîne fondatrice de concepts, est parti, lui, de l'axiomatique du Multiple et de l'axiome de l'infini qu'elle requiert.

Au demeurant, le *passage* n'est pas plus propre à prendre par le travers la constitution de l'étant que celle de l'être, si celle-là – c'est ce dont nous sommes partis – saisit chaque fois le *local* d'une situation, dont elle fait-un « tout d'une pièce ». Opération, toujours la même, qui produit un site logique en produisant les termes qu'il noue, qui n'a rien à voir avec une genèse dialectique s'élevant du plus vide au plus concret, elle est d'emblée le logique et le concret *à la fois*, elle est le concret du logique ; et le pour-soi n'y compose pas avec l'en-soi, mais se porte à l'en-soi tel qu'il *se* compose lui-même : c'est cette composition que nous avvons désignée comme le transcendant. De là que nous sommes dans la réalité, dans la consistance de ses Uns, d'emblée : *la constitution n'attend pas*. Et le mieux qu'on puisse dire du progrès hégelien est qu'il fait d'elle bien plutôt une analyse *régressive* en direction des concepts les moins "remplis" pour trouver, de leur remplissement, une exposition dialectique où la négation de la négation est l'insigne de la subjectité. Entraînant avec elle l'être à changer de sens à chaque moment. C'est pourquoi Badiou, qui n'a cessé de retravailler l'infini hégelien, a eu grand soin[1] d'éviter le sujet réflexif au profit de l'objectité du prescriptif, de tenir dans l'indétermination de la Multiplicité sans mesure ce sur quoi opère le local du faire-un consistant, et de ne ponctuer le procès de cette opération d'aucun caractère dialectique : tout est, une fois pour toutes, disponible dans l'axiomatique, qui fixe aussi bien ses interdits, et qui autorise la pensée d'une infinité d'infinis.

Le troisième trait dont il faut s'inquiéter, nous l'avons déjà rencontré quand nous constatons que, d'abord vide, le Un fait à la fin retour chez Hegel comme plein. À ce moment il est le *Tout* dans lequel l'infini même du passage se résorbe[2]. Par la médiation de la science s'effectue « le véritable passage... au Tout défini en-soi et pour-soi ». L'idée de la connaissance absolue « est elle-même le concept pur, ayant pour objet lui-même, et qui, parcourant... la totalité de ses déterminations, devient le Tout de sa réalité »[3]. Une fois de plus la pensée de l'être aura achoppé sur le pré-requis de la Totalité, et le pré-supposé que l'être doit envelopper le Tout de la réalité. Nous en avons dit assez là-dessus pour n'y pas revenir. Le Multiple pur est

---

1. Dans *L'être et l'événement* comme dans *Le Nombre et les nombres*, textes de référence pour le versant ontico-ontologique de *Logiques des mondes*.
2. Cf. maintenant *Logiques des mondes*, II, 2.
3. *Logique*, Livre 3, 3ᵉ section, chap. 3, trad. fr. p. 571-572.

l'intotalisable, n'enveloppe rien, et n'assigne aucune dimension à la réalité, qui n'a d'autre loi pour retenir le local du constituer que le toujours consister sous le prescrit d'une axiomatique : excluant par là-même qu'elle se laisse sur aucune de ses représentations refermer. C'est l'erreur de l'idéalisme, sous toutes ses formes, de *faire-un du souscrit* qui n'assure que la consistance de l'énoncé *et du suscrit* qui ne pose que le fond d'être de l'énoncé ; et de faire, de la confusion de ces places que l'énoncé commande en les séparant, ce qui le commande lui-même ; l'Un du pour-soi prescrit alors le Tout de l'en-soi ; mais non : à l'être ne convient que ce qui s'infère soustractivement de la consistance de l'énoncé, par là *a priori* inaffectable d'aucune totalité.

Pour conclure une première fois : sur ce que c'est la détermination qui se pose comme finité, on ne saurait produire comme une définition de l'infini de par soi le procès dans lequel la suppression est à la fois l'un et son autre. Si l'être doit être de par lui-même infini, ce ne peut être par une relève de l'être-là, qui ne s'excèdera jamais lui-même. Et si le passage est l'être du pour-soi, l'infini n'a pas sa vérité en lui-même. Reste requise une définition où l'infini *s'affirme lui-même* : c'est ce que Hegel a cherché et qu'il a manqué.

L'infini qualitatif peut d'une autre façon spécifier la pensée de l'être : non plus comme progrès de sa constitution concrète, mais comme adéquation du regard porté à la mobilité infinie de l'intelligé : c'est Deleuze privilégiant pour la philosophie l'*infinité de la vitesse dans la pensée*. « Le problème de la pensée c'est la vitesse infinie, mais celle-ci a besoin d'un milieu qui se meut en lui-même infiniment »[1] revient à dire que le problème de la pensée est d'atteindre la vitesse de ou dans l'être lui-même. Mais comment y parvient-elle ? Définissant le concept comme un multiple de composantes, qui renvoient à d'autres concepts, par rapport auxquels il est, en même temps qu'endo-consistant et auto-référentiel, toujours en devenir, et plus encore posant que, de ses composantes, le concept est un « point de condensation » intensif, Deleuze débouche sur cette formule où l'on peut retrouver – sans dialectique – le « à la fois l'un et l'autre » hégelien : « Il [le point de condensation] *est infini par son survol ou sa vitesse, mais fini par son mouvement qui trace le contour des composantes* »[2]. De là la distinction

---

1. 2, p. 38.
2. *Qu'est-ce que la philosophie ?*, 1 p. 26.

nécessaire des « touts fragmentaires » que sont les concepts et du « plan d'immanence » dans lequel ils rayonnent sans proprement l'articuler tout en s'y ébauchant.

Ces thèmes, conjoints à ceux de la pensée comme coup de dé, sont d'abord autant de figures de l'accélération qui convient à la labilité de l'intuition herméneutique. Mais par delà une interprétation du sens comme circulation infinie, ils débouchent plus ou moins explicitement sur une ontologisation de ce qui y fait fond. Spécifiant le coup de dé comme « l'événement », celui de la question qu'il pose et dont il va produire une solution, et mieux : faisant de tous les coups de dé « l'Unique événement », Deleuze entend, à l'évidence spécifier par là le moment ontologique dispersé du faire-sens. De là un concept stochastique de l'être, où le hasard a une fois pour toutes le dernier mot. L'infinie contingence double avec conséquence l'infinité du mouvement : on ne saurait davantage être anti-hégelien. Même si c'est seulement l'être de la philosophie, distinct de celui de la science qui « ralentit » la pensée pour isoler et articuler des fonctions inscrites sur des coordonnées. À la philosophie revient, en somme, une autre façon de dire l'in-finité de l'être, et la soustractivité du coup de dé.

Cette herméneutique nietzschéenne et anti-hégelienne, salubre dans son renversement de la tradition de l'*herméneia*, n'en reste pas moins une anti-philosophie au sens où l'on entend par là un procès pour détourner la philosophie d'elle-même, mené du sein de la philosophie elle-même. et notamment par récusation un à un de ses réquisits. Avec pour résultat une ontologie dont les termes ne s'ajustent pas. Car, d'un côté, une pensée à vitesse infinie ne peut que générer une infinité de termes constamment mouvants et évanouissants, prescrivant pour l'être l'indéterminé d'un scintillement. Mais, d'un autre côté, l'Unique coup de dé n'est opérant qu'en vertu d'une primauté d'être qui n'appartient pas, comme telle, au hasard qu'elle détermine, pour autant qu'elle le commande : il y a une multiplicité infinie de coups, mais le Coup est un absolu. Bref, Deleuze doit réinventer un dieu malin qui crée continûment des im-mondes, pour narguer les philosophes obstinés à argumenter le vrai et le faux.

On ne s'excusera pas, là-contre, d'avoir progressé lentement, d'avoir pris assise de l'énoncé *princeps* de la situation, et de s'être cru tenu de rendre compte de la consistance de l'apparaître comme faire-un de ses constituants. Ces prosaïsmes sont le propre hautain de la philosophie. Et une fois de plus il nous faut dire que la philosophie ne peut se caler sur l'herméneutique, même la plus délivrée des vertiges de la profondeur, même la plus inventive, parce que le discours du sens, d'être aveugle à la constitution, n'est *toto caelo* pas le sien. Deleuze, qui n'a cessé de récuser que soient adéquates au mouvement de la pensée et la proposition et sa vérité, finit par acclamer un sens « vrai » : la réponse, nous l'avons plusieurs fois prononcée, c'est que du sens il n'y a pas de vérité. Et que la vérité ce soit finalement l'événement, revient à dire que l'infini n'était encore une fois que parcours – mais instantané – d'Un qui n'est plus le Sujet mais le hasard comme être suprême.

Le nœud est qu'à un infini qualitatif – chez Hegel comme chez Deleuze –, manquent, avec la neutralité de l'élément (au sens ensembliste), les lois de la composition qu'elle autorise, et qu'en conséquence l'infini se trouve contraint de requérir un Un qui provoque *du dehors* – dialectiquement ou stochastiquement – le faire-un. À devoir choisir entre le sujet hégelien et le dé, on sera plus près de la vérité en choisissant le dé. À moins qu'un supplément axiomatique ne commande *du dedans* la composition.

Quand il retrouvera l'infini devenu *quantitatif*, Hegel y trouvera cet élément composant interne, mais devra en surmonter la répétition, celle de l'Un toujours le même, d'où résulterait que le « à l'infini » n'emporte pas de réelle contradiction ; d'où « impuissance du négatif à empêcher de revenir ce qu'il supprime » et retour du mauvais infini. La solution sera que ce en quoi le quantum diffère de la qualité peut être tenu pour son extériorité propre, et la qualité ce qu'en propre il supprime, ou son non-être : soit cette fois, de l'un à l'autre, le mouvement du vrai infini ; davantage et relève : le quantum, non plus en soi mais pour soi, est qualitatif en ce que c'est en lui-même que l'infini pose « l'indifférence de la précision ». Bref, comme tel, le nombre manquerait d'autre, donc de négatif, si ce manque n'était sa négativité même, et qui est infinie[1]. (Commentant Hegel, Heidegger traduira les deux moments du faux et du vrai infini comme ceux du « à l'infini » et de l'« in-fini »[2], traduction – la seconde – assurément impropre à restituer le « chacun à la fois l'autre » hégelien.)

---

1. Livre 1er, 2e section, chap. 2, B et C. Cf. la discussion de cette exposition dans la méditation *Hegel* de *l'être et l'événement*.

2. Même *Séminaire du Thor*, pp. 218, 239, 247-248. Tout le mouvement est, au demeurant, conduit depuis l'affirmation de l'Unité comme « besoin » propre de la philosophie.

On peut lire dans ce mouvement en quoi le *quantum* s'est affranchi du qualitatif, et le mathématique de l'être-là. On peut même y lire l'amorce d'une pensée de l'inconsistance. Mais la faiblesse de l'exposition est qu'elle va d'une négativité introuvable à une primauté du négatif où *fait défaut la positivité de l'affirmatif*, et qu'elle laisse l'infini défini comme ou suppressivité dans la relation à l'autre (qualitatif) ou suppression (de la précision) en lui-même, quand l'infini doit être la prolifération outrepassant absolument l'instance des déterminations. On voit bien ici pourquoi ce ne peut être penser l'infini que le penser comme passage d'un autre à l'autre : qui est le rapporter encore à la négation. Comme écrit Badiou, « rien ne peut préserver, si l'on veut l'infini, d'une décision qui d'un seul coup disjoint le lieu de l'Autre de toute l'insistance des autres-mêmes »[1]. Ce qui est dire que le *quantum* hégelien reste *logique* (dialectique) quand ce que l'infini requiert est de l'ordre sans-Un de l'*axiomatique*. Et qu'à ce stade, il ne s'agit plus de fonder l'ordre des raisons, mais de décider pour ce qui ne le fonde que de décisoirement l'*excéder*.

Or ce qui s'entend en ce lieu là, c'est que, de l'infini, la définition pertinente prend appui de la seule densité foisonnante *immanente* d'éléments qui occupe l'espace entre « un » élément et « un » autre, composés l'un comme l'autre de la même prolifération : l'infinité est le prescrit de la *matière* même de l'Autre en tant qu'il n'est aucun autre. À partir de quoi il faut dire *l'infini premier au fini*. C'est exemplairement ce que requiert l'axiomatique du nombre[2]. Où l'on aperçoit que, tant qu'il s'est dit au singulier de la succession, cet infini qui a pu paraître ouvrir la pensée n'en restait pas moins prisonnier du privilège fait partout à l'Un. Mais où l'on aperçoit surtout qu'ouverture il y a sur une infinité qui ne laisse en soi privilège à aucun retour

---

1. *L'être et l'événement*, même Méditation XV, p. 190.

2. Cela s'éclaire dès qu'on saisit qu'entre nombre fini et nombre infini, la différence n'est pas de succession mais structurelle. Soit un nombre fini, : entre lui et le dernier de ses éléments – qui est le nombre « précédent » –, il n'y a rien, la *succession* se fait par une rupture. Soit maintenant un nombre infini : par définition, il *ne* « succède » à aucun autre ; entre n'importe laquelle de ses parties et lui, il y a une infinité d'ordinaux, sans coupure. Sa prodigalité *interne* est sans limites et ne cesse de se déployer. Il est clair que c'est le nombre successeur qui fait alors exception à l'essence du nombre et que s'impose un renversement du schème opératoire : un entier naturel ne peut plus être conçu que comme un élément, parmi une infinité d'autres, du « premier » non-successeur. Cf. Badiou, *Le Nombre et les nombres*, 9 à 11, auquel toute cette exposition est empruntée.

du singulier, lequel ne se définit que de sa découpe. C'est ce que j'ai appelé l'invention de l'infini. Que l'infini ne soit plus calculable avait signifié pour la pensée classique une différence de nature, qualifiable du suréminent ; mais il restait toujours là-contre qu'*un* infini est le singulier par excellence, que pourtant un infini peut toujours l'être plus qu'un autre, et que des infinis il y en a à l'infini. La difficulté ne s'est résolue qu'à concevoir le concept proliférant d'infini comme déterminé *de par soi*.

Encore faut-il prendre garde que le moment axiomatique de cette détermination s'est construit sur celui de l'infini *mathématique* et que n'est pas délivrée par là l'indétermination qui "convient" à l'infinité de l'*être* : l'infini mathématique est le concept qui vaut pour la *présentation* du Multiple pur *dans sa composition* en éléments et parties, et ne saurait, à ce titre, présenter le fond inconstitué de toute constitution. Non seulement, donc, nous ne dirons pas, comme Hegel, que l'infini est le qualitatif du *quantum*, mais nous ne dirons pas non plus que, dans sa définition axiomatique, l'infini est détermination de l'être. Il faut là-dessus être explicite. Les apories de l'infini mathématique sont celles de la composition axiomatique, et sous son prescrit de consistance propre. Le nombre, qui requiert la notion d'ordre, réglée par l'appartenance, met, pour s'ordonner, le multiple en consistance, et exclut que l'infini même soit inconsistance : le paradoxe des nombres « non-successeurs » est que pourtant ils se succèdent. Le multiple du Nombre est une « matière » infinie mais *distincte* dans laquelle un nombre est l'opération d'une découpe autorisant sa distinction[1]. Tout reste là de l'ordre de l'opératoire. C'est un beau paradoxe de la pensée qu'elle soit parvenue à composer en un-sans-un le sans-bord. Mais c'est aussi avertissement que si l'être est bien le non-opératoire, le concept mathématique de l'infini, à son tour, lui disconvient. Et moins encore, bien entendu, celui de l'empirie, qui le surdétermine. L'être requiert que son indétermination excède à son tour l'axiomatique de l'infini mathématique : que son infinité s'en disjoigne comme ce qui excède toute consistance, l'excédant entendu non comme relatif à ce qu'il surmonte mais comme intrinsèquement différent : c'est ce que nous avons écrit *in-finité d'in-finis*.

---

1. Nous retrouvons ici les termes dont la conjonction a induit les apories de l'*agôn* : l'être se dit du Multiple sans Un, l'Un-Multiple de l'axiomatique ne peut être que pur quelconque, le Nombre emporte la distinction de ses éléments, l'étant prescrit la différence de ses éléments.

Nous touchons ainsi au point où nous tenons ce que nous cherchions : dire que la composition de sa matière est l'infini sur quoi se prélève toute détermination du consistant et dire que l'être est le concept ultime de ce qui doit se dire inconsistant, c'est reconnaître que l'être ne peut être qu'inconsistante in-finité d'in-finis inconsistants. Non pas l'infini au singulier, qui n'est encore qu'une prononciation rémanente de l'Un. Et pas non plus les autres du fini qu'ils déborderaient : proposition qui reviendrait à ne savoir encore penser l'infini que comme négation, sur le mode du platonicien « chaque *Eidos* renferme beaucoup d'être et une quantité infinie de non-être »[1]. Et pas davantage quelque ordre dans les infinis, quand bien même la succession n'y est plus pertinente. *L'in-finité des in-finis* est, en revanche, ontologiquement affirmative : le désordre de l'être est pure dissémination. Aussi se gardera-t-on d'écrire qu'il est le sans-limites : il est, plus strictement parlant, sans sans. Avant qu'il y ait à indicier, au regard des consistances, un sans. Alors, du point de l'Autre où se prescrit la pensée, et où le concept d'infini a trouvé sa définition axiomatique consistante, l'être doit se dire de cette infinité qui ignore toute consistance ; et si l'on nous objecte qu'avec cet « ignorer » nous tombons nous-mêmes dans une définition négative, nous répondrons : nous entendions seulement dire que, dans l'inconsistance de l'être, tous les infinis doivent pénétrer tous les infinis à l'infini. On peut, à partir de là, tenir l'infinie surabondance de l'être pour gratifiante, comme on peut tenir sa soustractivité pour déceptive. De par le mode sur lequel l'être est à l'infini, il ne manque lui-même jamais, mais il manque à autoriser tout discernement dans ce qu'il est.

Nous avions conclu, contre l'Un qui commande l'opératoire, le soustractif de l'être comme instance du Multiple sans Un ; contre la substance, la distinction radicale du fonds constitutif de chaque existence et de son fond d'être sans prédicats ; nous venons de conclure, contre le Fini qui fait argument de la limite, l'induction pour l'être non du fini, ni de la composition infinie, mais de la prolifération. sans consistance. Aucune de ces conclusions, on le voit bien, n'est inédite[2] ;

---

1. *Sophiste*, 256 e.

2. Elles ne font, à l'évidence, que retrouver par un autre procès, de renversement inductif, celles de *L'être et l'événement*. En tranchant de l'inexistence, ou pour mieux dire : du n'« être » pas, de l'Autre, qui n'y était pas jusqu'au bout assumé, si initialement impliqué.

mais que les décisions qu'elles comportent soient celles *requises par la seule constitution consistante qui noue l'être à l'être-là* est cardinal et emporte une triple conséquence philosophique.

D'abord, elles auront mis en évidence l'*orientation de la pensée* requise par l'analyse du perçu que nous avons faite : quels sont les concepts opérateurs dont elle s'autorise, sans le recours auxquels il est maintenant démontré qu'aucune production de la consistance de l'être-là n'est intelligible, et quelles décisions elle commande touchant l'être et l'être-là saisis du point de leur relation comme *le seul* où leur détermination réciproque soit permise. Du même trait se trouve explicité pourquoi toute tentative de construire l'apparaître sur le pré-supposé de son inconsistance, requérant le recours à l'artefact, organi-sateur par substitution, d'un quelconque calcul « transcendantal », ne peut qu'achopper devant la constitution de l'être-là, qui résiste, et, pour y parer, faire perdre à l'être sa nue soustractivité : exemple frap-pant des voies par lesquelles l'exigence de penser à hauteur des axio-matiques peut se retourner contre l'axiomatique elle-même, pour avoir fait exception de la pertinence de son champ. Privé de la consistance de l'être-là, on ne peut plus en rigueur ni soutenir ce qu'il est, ni retenir ce que de l'être il en va. Et pour en dire un peu plus, qu'opéra-teurs et décisions requis pour la définition de l'existant soient les mêmes, fera plus loin preuve que c'est de nouveau en se plaçant au point où ils font couple que doivent être co-déterminés la constitution consistante des mondes et l'(in)constitution de l'existence.

Ensuite, cet examen critique des ontologies aura permis de mettre au jour en le récusant l'appareil conceptuel qui, de toujours, a été produit dans et par la mise de l'apparaître hors-jeu du champ du concept, entraînant un *report erratique du Deux de l'ontico-ontologique* – opérateur/opéré, fonds/fond, local/infini – *à l'intérieur de l'être même* ; appareil qui va tout autant à contre-courant de tout ce qui a été élaboré de nos jours sur l'« existence » par sa mise, elle aussi, hors-jeu du champ du concept, entraînant un *report erratique du Deux* – être de l'étance/ek-sistence – *à l'intérieur du « propre »* qualifié ici d'authentique et là d'inauthentique. De ce biais, la discussion n'aura pas laissé le conflit des ontologies indemne : son champ reconfiguré, le dual redistribué, ce qui s'est imposé est un autre *corpus* des concepts, refondé sur la consistance que le perçu met en évidence. *Corpus* qui pourra encore sans se renier commander une redéfinition de l'existence où se redistribuent de bout en bout consistance et inconsistance, dual d'une étance sans substance et de ce qui fait trou dans l'étance, du point où la même pensée qui assigne la consistance à l'être-là s'assure de l'Autre qui n'"est" pas. Au terme de la discussion, ce n'est ainsi rien de moins que la *découpe* de l'être et de l'apparaître, de l'étance et de l'Autre, qui se sera avérée devoir être radicalement repensée.

Enfin, qu'un examen comme celui-ci ait inévitablement été celui de *textes* qui ont fait histoire donne la mesure des enjeux : l'ampleur, la beauté argumentative et la portée de ce qui a été écrit en défense de l'Un, de la substance, de la finitude excluaient une réfutation qui ne serait pas motivée par le seul progrès de l'intelligibilité qu'elle permet ; et d'autant plus qu'au terme de ce progrès, l'avéré est un appareil conceptuel austère, peu gratifiant pour le "vivant", déceptif au regard de l'unité, du plein et du clos – bref, une fois de plus, d'un possible Tout – vers lesquels il se porte ; en revanche, on y aura reconnu la fidélité de la pensée au prescriptif de l'axiomatico-logique, dont moins qu'aucune autre ne doit s'excepter l'élaboration de l'ontico-ontologique, sous condition de la chercher et la retenir dans l'immanence des termes qu'il lui revient de conjoindre. Le prix ultime, mais le moins communément avancé, aura été de montrer que, s'y tenant conjoints la matière de l'apparaître et l'Autre comme lieu du prescriptif, *la pensée ne peut répondre de l'être et de l'être-là qu'acquis que le Logos n'"est" pas.*

L'ensemble de ces conclusions réfute, on l'a vu, les choix ontologiques de Heidegger, qui un à un vont à l'opposé de ce que prescrit une analyse stricte de la situation ontico-ontologique comme conjonction du perçu et de l'axiomatico-logique, et comme disjonction dans l'existence. Ici se démontre ce que nous avions dès l'examen de la méthode annoncé : chercher l'être dans la compréhension du *Dasein*, c'était se destiner à en manquer le concept.

Reconnaissons, pour finir, que l'induction n'est exhaustive qu'à un point près. Le perçu n'est possible, et avec lui la pensée, que sous condition que l'être, "avant" de se constituer dans la représentation, vienne à la *présentation* : qu'il s'apprésente. On ne peut glisser sur ce trait, mais on n'en a rien à dire. *L'énigme de l'être, c'est l'empirie*[1] : la donnée inséparable du discours du perçu. Nous nous garderons de retomber dans la figure d'Imaginaire de la source débordante, ou dans

---

1. Sans doute est-ce l'énigme de la présentation qui a suscité chez Fichte l'étrange proposition que, pour qu'il y ait apparaître, il faut que l'apparaissant ait désiré apparaître (*Doctrine du savoir* de 1812).

le concept d'une infinité de puissance, qui ne garantirait pas plus à l'intelligibilité[1]. Il ne faut pas dire de l'être qu'il (se) présente, mais qu'il *est-comme-présenté*. Si c'est l'ultime trait de ce que nous pouvons en inférer, c'est aussi celui qui ne nous laisse rien pour, fût-ce soustractivement, l'articuler. Présentation non représentable, soit ; mais si, un à un, les traits dont nous avons dû indexer l'être portaient tous la négation en regard de l'apprésenté, nous ne savons comment y intégrer ce qu'il y a d'abord, qu'on le veuille ou non, de venue en présence dans présenté. Si l'aporie du Platonisme était l'apparaître, cette aporie demeure, devenue celle de la présentation de l'être, ou empirie, sur quoi s'élabore la représentation. Nous disons l'être parce qu'il vient à la présentation ; nous nous gardons, pour autant de la confondre avec la présence, qui n'appartient qu'à la constitution ; mais nous devons exclure qu'il n'y ait pas dans la présentation, partant dans l'inconsistance imprésentée de l'être, les conditions axiomatiques de la représentation. Proposition aporétique dont le pluriel des in-finités est l'expression.

Reste à dire à quel titre, sur le fond de l'être, nous-mêmes sommes.

5. *Second passage à l'Ego : l'existant*

On pourrait nous objecter que la difficulté s'est renversée, et que c'est non de ce que l'énoncé indexe comme l'être mais de l'*Ego* qu'il nous devient difficile d'assigner le statut. Dès le début, nous avions reconnu attaché à la conscience un premier insu : sans recul au regard d'elle, nous sommes impuissants à en déterminer le type d'étance ; et de cette instance à laquelle toute lucidité est suspendue, aucune élucidation n'est possible. Plus loin, nous avons risqué qu'enveloppant un fond propre d'inconsistance, la conscience doit, pour se faire requête d'intelligibilité, s'arracher à sa propre empirie. C'était risqué, car on hésite aussitôt à prononcer ce qui en elle indexe l'être, hors ce qui la spécifie et la limite – mais c'est déjà autre chose – d'être conscience d'un étant singulier. Du moins est clair à quoi elle est, au sens de l'être-à : elle est-au-discours, avant qu'à ou en même temps qu'au-monde. Mais en quoi dira-t-on qu'elle y est ? Écrire : dans sa

---

1. C'est ce qui nous a fait écarter les définitions de l'être comme acte. Ce que nous avons dit, et plus encore dirons, de l'existant, conduit à la stricte disjonction entre le mouvement par lequel il se porte au discours, en cela défaillant à l'être, et la consistance du discours lui-même, d'où s'induit l'être.

visée, revient à écrire : dans son acte. Mais l'étance de son acte n'est que de constituer le discours, qui justement n'"est" pas. En sorte qu'il faut avancer qu'elle est comme ek-sistant à l'être, *se portant, dans et de par son être, à ce faire-un qui n'"est" pas*. Pour quoi il faut qu'elle soit, comme nous l'avons dit déjà, *en défaut dans l'être*. En-défaut-dans qui n'est pas l'en-défaut-de que combattait Merleau-Ponty, et qui ne retient pas l'objection de ce dernier, car l'en-défaut-dans n'est pas radicalement coupé de ce dont il se définit comme en défaut.

Risquons de nouveau : le penser, comme acte, "tend" son étance au discours dans lequel se constitue l'expérience. L'erreur qui sous-tend la représentation de la pensée comme rapportée à l'étant que nous sommes, est de croire que l'étance peut trouver en soi ce qui norme la constitution, qui n'"est" pas ; le n'"être" pas appartient au seul discursif qui commande ses prescrits – divers soient-ils – en lui-même. Ce qui alimente l'erreur, c'est la « réflexion » décrite – souvenons-nous de Husserl – comme visée d'un objet immanent donc étant, quand il s'agit au contraire d'un un-multiple transcendant en tant que non-"étant". Bref, entre être et discours, la pensée se tient à la place d'un mixte qui ne se définit que de son office de passeur ; on commence d'errer quand on prétend conjoindre ce qui est substantiellement – mieux : ontologiquement – disjoint. Allons au fond : *si l'opérer du faire-un est radicalement autre que le multiple-rien-que-multiple de l'être, s'il est l'autre de l'être, il ne peut que n'"être" pas, et la pensée qui va de l'un à l'autre est tenue paradoxalement aux deux extrêmes de l'écart.* Paradoxe il y a, mais qui ne devrait pas tolérer de discussion.

Après quoi, tenu que conscience n'est qu'un terme tout à fait translucide quand on lui soustrait l'être de l'*Ego*, il y a cela encore, à quoi nous a préparés ce que nous avons eu à spécifier de l'Imaginaire et du Moi : ma manière d'être-au-discours, qui fait pour moi histoire, accompagne tous mes actes, les armant et les encombrant tout à la fois. Distinguons bien, encore une fois, l'inconsistance, où nous avons reconnu le propre de l'être – pour autant que ce terme de "propre" peut y convenir –, et l'(in)constitution, qui signe l'échec de l'existence à faire-un dans le champ du constitué, autrement dit de sa représentation [1]. Tant que je vis – ce qui veut dire : tant que je suis cet individu

---

1. En rigueur, toute constitution est consistante. Qu'elle inconsiste veut dire qu'elle doit être reprise ; que sa consistance ne soit pas assurée veut dire qu'elle est au suspens d'une décision.

vivant, pris dans cette histoire discursive, constituant tant bien que mal, et plutôt mal que bien, cette (in)constitution dont je ne sais pas grand chose –, le Moi me fournit un substitut de constitution – Merleau-Ponty disait un style – dont je ne puis faire exception, dont le mieux que je puisse faire est d'en tenter la constitution, et qui transit tous les actes de conscience. C'est ce qui nous fait dire « moi », sans pouvoir pour autant en cerner la réalité, parce qu'à son tour il ne peut faire exception de la pensée.

Le malentendu dont nous devons en tous les cas nous prémunir, c'est la confusion entre conscience et sujet, sujet de l'énoncé tel que nous l'avons défini. L'une est acte effectif quand l'autre est fonction logique ; l'une est toujours au présent de son acte quand l'autre est, dès que souscrit, atemporel ; de soi, le second est vide quand la première traîne, de son investissement par le Moi, une histoire et éventuellement la fait.

Ces premières analyses nous ont replacés dans l'*existence*, seule dimension pertinente pour spécifier l'*Ego*, et seule à proprement nous qualifier. Qu'il soit exclu de réfuter sur ce point Heidegger est même un des motifs pour lesquels s'imposait la lecture critique de *Sein und Zeit*. Pour lesquels s'imposait de prendre position sur ces termes – l'être-à, le pouvoir-être propre, l'angoisse, le souci, la finitude – dont son analyse de l'existence a excipé tour à tour. Ramassant la discussion, nous pouvons dire maintenant que, loin d'ouvrir le *Dasein* à son être, ils sont chacun témoin de *l'inappropriation de l'existence à l'être*. Ce qui s'en sera conclu, c'est que l'être est si peu au bout du souci que bien plutôt, au bout du souci et dans tous les termes que nous venons d'énumérer, il y a l'évidence d'un en-défaut propre à notre situation d'existants. Requis d'inconsistance par et pour tout énoncé consistant, l'être ne se saurait suscrire à l'existence sans que le suscrit y vienne barré.

De ce qui spécifie l'existant, la castration, encore une fois, offre un repérage adéquat : le "sujet" placé sous le prescrit de l'Autre s'y retrouve défalqué de la présence à soi, du point même où il requiert l'Autre. C'est pourquoi, : de l'existence, l'énoncé ne peut être fait que de biais, il reste toujours rompu quelque part ; et l'évanouissement de l'existant quand le manque vient à manquer atteste de l'impossibilité que se constitue là l'énoncé. On peut traduire : l'existence visée comme quelque chose de l'étant, donc quelque chose où s'induit l'être, ce qui n'appartient qu'au Réel, à la violence du Réel, celle de ce qui fait trou dans l'étant et du vertige de ce trou[1]. Ainsi en va-t-il aussi bien du souci dont la structure, remontant de l'être-au-monde au pouvoir-être le plus propre, est claire, mais la détermination interne, le Soi-même comme fin du pouvoir-être, jamais cernée : irréductible à tout effort pour la déplier. On ne dira pas que répéter « le plus propre » soit définition de ce propre ; et si – comme c'est le cas – propre signifie avoir-à-être l'étant pour qui il y va de son être, alors Heidegger en fait injonction à un étant qui n'a, pour se définir, qu'à se réclamer de cette injonction. Sans voir que c'est pour ce qu'il n'"est" pas qu'il ne se définit que de l'injonction.

Ce qui se trouve ainsi approché n'est rien de moins que la situation, disons de l'*Ego*, disons du *Dasein* : qui fait désordre dans l'étant pour ce qu'il est en déficit d'être, et par là en déficit de constitution. Notre conclusion prend là à contre-pied le présupposé heideggérien, et avec lui toute la machinerie heideggérienne, dont il serait peut-être plus juste de dire que, prise entre le sans-fond et l'être-pour-la-mort, prise – comme il nous reste à voir – entre l'ouverture du projet et le toujours à décider de la conscience, elle démontre le contraire de ce qu'elle prétend démontrer, le pouvoir-être du *Dasein* ne faisant injonction que pour ce qu'il ne cesse pas de manquer à être[2].

Ce n'est pas qu'il ne s'impose à l'existant de chercher sa constitution propre ; mais il est clair qu'elle est inachevable : *empiriquement*, parce qu'il n'est pas, comme Moi, transparent à lui-même (on n'a pas oublié que le Moi lui-même est identification) ; *structurellement*, parce que, d'être constitué sous les « fourches » de l'Autre, il en est divisé jusqu'en lui-même ; *métaphysiquement*, parce que ce n'est que d'une position d'étrang(èr)eté à l'être (l'Autre n'est pas) qu'est possible l'énoncé de l'être ; en sorte qu'*ontologiquement*, nous sommes cet étant qui, au titre d'étant, est bien, mais n'"est" qu'au titre d'un faire exception comme ouvrant un creux dans la constitution, et par là en défaut d'étance, et par là en défaut dans l'être : faisant trou dans le

---

1. Traduction parallèle : l'obstination de la névrose est son entêtement à reporter dans l'être le Réel, à soutenir que ce que Lacan écrivait l'aChose est une chose. Et pour continuer : la tension de l'écrivain s'institue entre le viser Lalangue comme Réel et chercher à lui donner l'épaisseur ontologique de la chose.

2. On ne doutera pas que ce soit un des points qu'y souleva Lacan.

fond. Pour quoi il n'y a de lui, aucune véridicité, seulement une possible vérité. Ou une constitution *forcée*[1].

Il va de soi que ce déficit d'être du *Dasein* fait aussi bien pour nous sa force : le creux qu'il ouvre dans l'étant est le fait de ce qui le destine à l'Autre, et finalement à la prononciation de ce qu'il en est de l'étant. Le Moi comme substitut de constitution, la pensée comme passeur de l'apprésenté à la consistance, sont l'un figure, l'autre agent d'une consistance discursive qui leur manque mais à laquelle il faut la place de ce manque pour qu'elle soit reconnue. Car, notre difficulté d'être, le dit de l'être y est suspendu.

Pour serrer les formules que je viens de proposer de l'existence, on peut noter qu'elles sont aussi éloignées de celles de Sartre que de celles de Heidegger, et ce pour la même raison de méthode, l'un privilégiant – jusque dans l'angoisse – l'être-à, l'autre l'en-défaut-d'être, ni l'un ni l'autre ne retenant pour originaire la place du *manque en inclusion dans l'être*. Il suffit de se rappeler succinctement que *L'être et le néant* s'ouvre sur la distinction, quant à ce qui s'y peut dire de l'être, du *percipere* et du *percipi*, soit sur ce dual du sujet et de l'objet dont le concept du perçu achève de délivrer la pensée. Que dit Sartre ? Comme « dimension transphénoménale du sujet », la conscience est « dimension d'être », mais elle n'a pas de contenu, elle est tout entière

---

1. Je reprends à Badiou le concept de forçage (*L'être et l'événement*, méditation XXXV). Une intervention dans une situation peut y susciter la découverte et la mise en question d'une connexion neuve, qui comporte en soi son opérateur. Mais il se peut aussi que la procédure de connexion s'avère infinie, partant comporte des parties indiscernables, et qu'on soit cependant fondé à la tenir pour, dans un futur purement conceptuel, achevée : tel est, dans un premier sens, large, le forçage qui, portant le discours à ses limites, aura par là statut propre de vérité. Mais la démarche ne peut pas, bien entendu, être arbitraire et il n'y a que du point du savoir qu'elle peut se garantir contre ce risque : il faut donc qu'à la situation qui porte le futur antérieur d'une vérité appartiennent certains termes de plusieurs situations consistantes – dont la véridicité est assurée –, qui la « conditionnent », alors même – et c'est pourquoi elle est indiscernable – que par au moins un de ses termes elle est incompatible avec l'ensemble de ces conditions ; c'est en ce sens restreint que Badiou emploie forçage : forçage de la décision de véridicité pour un énoncé de vérité. Décision qui du même trait s'oppose à la finitude de la véridicité, autrement dit du savoir exhaustif. En termes lacaniens, maintenant, on dira alors que la vérité « fait trou » dans le savoir. Mais ce ne sera encore que définition formelle. La vérité, « on ne la dit pas toute » parce que la castration, suspendue au Symbolique où se structure la pensée, a défalqué de cette dernière, comme « impossible à écrire », le Réel.

intention positionnelle du monde, et pour autant qu'elle est dans le même temps non-positionnelle d'elle-même, son « type » d'être est existence de par soi comme « absolu non-substantiel », exactement opposé au « plein d'être ».

Quant à la conscience, c'est cette position du non-thétique comme en vis-à-vis du thétique que nous y récusons : position qui place l'existence dans la subjectité, et régénère une métaphysique dualiste ; il y faut répondre que ce n'est pas *à* l'être, mais *dans* l'être, au creux de l'être, que l'existant s'éprouve faire creux ; et que s'il y fait creux, c'est parce qu'il se porte dans une tierce place : au lieu de l'Autre. De n'avoir pas isolé et situé ce lieu-là est ce qui ruine dès le départ l'ontologie sartrienne. En sorte que si Sartre a pu donner de ce qui fait absence dans l'existence des formules mémorables[1] et qui continuent de nous convenir, il les a prononcées sans la constitution du cadre où les fonder. Tout ce que nous pouvons avancer d'assuré est l'Autre du consistant, tout ce que nous savons articuler de l'existant est la structure où, de son ek-sistence à l'Autre, son en-absence-dans-l'être fait site[2].

Quant à l'être autre « de la chose perçue en tant qu'elle est perçue », qui est prescrit par l'intention, et qui est dit également « transphénoménal », la « consistance-en-soi » dont le détermine Sartre, « l'inhérence à soi sans la moindre distance », le non-rapport, l'opaque à lui-même et le massif, est exactement le contraire de ce qui doit s'entendre par consistance et qui est l'articulation de la constitution. Et nous ne dirons pas davantage que ce soit là définition de l'inconsistance requise par la consistance comme son fond d'être : car l'inconsistance n'y est pas le compact mais la déliaison du rapport, le multiple sans-un, le soustractif qui s'indique dans l'in-fini que transit la coupure. L'être de l'en-soi sartrien est, à la vérité, une figure de ce qui s'oppose terme à terme au pour-soi ; sa définition, impliquant la clôture et le plein, relève directement – sous les apparences de l'élaboration conceptuelle – de l'Imaginaire ; il est vrai qu'il est aussi loisible d'avancer que, sous les espèces de la chose du perceptif, c'est l'impossible à atteindre de la Chose freudienne que Sartre décrit, et éventuellement dans l'horreur[3].

---

1. Elle « est ce qu'elle n'est pas et n'est pas ce qu'elle est ».
2. Il y a toutes raisons de penser que telle fut la position de Lacan.
3. Trait qui va s'explicitant de *La nausée* aux *Séquestrés d'Altona*.

Bref, qu'il s'agisse du néantiser ou de la chose, Sartre promeut un en-deçà et un au-delà de la constitution, quand nous nous rappelons qu'hors de celle-ci, il n'est nul dit qui vaille, du fond d'être comme du manque dans l'être.

Symétriquement, on se gardera de confondre le retranchement du Réel – intitulé lacanien de l'inconstituable et effet ultime de la castration – avec l'inconsistance où l'être a son (in)détermination. Homonymie gênante, qu'il faut marquer parce qu'elle rôde sous certains commentaires confusionnels. Le retranché du Réel ne nous apprend rien sur l'être, mais sur ce qui s'en défalque en se défalquant de la réalité *pour l'existant* ; c'est l'impossible pour le pouvoir-être, ce n'est nullement le propre de l'être. En s'arrachant de l'être vers l'Autre, l'ek-sistence se dé-complète elle-même, elle ne décomplète pas l'être – dont, en rigueur, il n'y aurait pas plus de sens à dire qu'il est complet qu'incomplet. Dans le sens que donne à l'existence son être à l'Autre, n'y être que comme ek-sister fait fuir pour elle quelque chose de sa propre réalité – y inclus ce qu'elle requiert de la réalité –, et cette perte fait image pour elle d'un trou qui la hante[1]. C'est condition de *l'existentiel*, ce n'est pas condition de *l'ontologique*. Il n'y a castration que du discours porté sur l'existant : sur la singularité de l'existence qui, pas plus qu'elle ne peut se dire sans l'Autre, n'a titre à investir de son inclusion externe à l'Autre l'ensemble du discursif.

Tandis que le perçu est discours non « étant » de ce qui est, l'existant n'est que pour autant qu'il manque dans l'être. Nous sommes arrêtés à ce point. Le paradoxe de l'être est que n'ayant pas d'autre site que la suscription de l'énoncé consistant dont ce qu'il désigne est le fond d'inconsistance où gît l'il y a, il n'est, contre toute attente, pas un universel La limite de l'être – du concept d'être –, c'est alors que, faisant fond de tout ce que prescrit, de soi, le Logos, il perd sa pertinence là où le Logos achoppe. Ce dont atteste l'existence, c'est qu'*il n'est pas vrai que tout ce dont il y a expérience "soit"*.

---

1. Cf. le Séminaire *R S I*, in *Ornicar ?* n° 4 à 6.

IV

La constitution de l'être du *Dasein*
ou
l'existence in-constituée

La Seconde Section de *Sein und Zeit* s'ouvre sur une déclaration d'insatisfaction. L'acquis, c'est que le *Dasein*, comme « pouvoir-être compréhensif pour lequel... il y va de son être », est être-au-monde qui co-inclut à travers le souci la facticité. Ce qui reste loin du cherché, qui était « le sens de l'être *en général* ». Et cette recherche-là ne peut progresser dans ce que Heidegger appelle désormais la « situation herméneutique » sans que le *Dasein* soit « interprété *originairement* quant à son être », autrement dit sans « une expérience *fondamentale* de l'"objet" à ouvrir ». Quant à ce qui peut guider une telle expérience, la "pré-vision" ne fait pas défaut : ce doit être celle du « *tout* de l'étant thématique », elle-même clarifiée par celle de « *l'unité* de [ses] moments structurels »[1].

Nous en sommes donc à cela : est à chercher – la formule va rassembler tous les présupposés heideggériens – le « sens de l'unité de la totalité d'être de l'étant en son tout ».

Dit en une autre langue, est requise de l'interprétation une *constitution* ontologique du *Dasein*, ressaisi cette fois dans son existentialité, et selon une procédure cette fois déductive. Encore faut-il bien voir qu'Être comme Un Total et être *authentique* sont synonymes. En sorte que, de la constitution, le véritable fil sera l'avoir-à-être-authentique, tel qu'avéré dans le pouvoir-être le plus propre.

---

1. § 45. (Toutes les italiques sont miennes.)

Or, du point de l'analytique, ce programme – qui maintient au premier plan le pouvoir-être « libre pour l'authenticité ou l'inauthenticité » – n'est pas plutôt énoncé qu'en apparaît la difficulté : le *Dasein* peut-il, et bien plutôt ne l'exclut-il pas, être *total* sans cesser d'être un existant ? La question devient celle de la mort comme « excédent » déterminant la fin et du même coup déterminant comme possible la totalité du *Dasein*. Mais ce qui se laisse ainsi anticiper comme la « constitution ontologique du pouvoir-être-tout du *Dasein* » requiert encore la possibilité pour le *Dasein* factice d'advenir existentiellement à la compréhension authentique de la mort. Où la question devient cette fois celle de ce qui peut dé-couvrir l'« être pour la mort » au *Dasein* quotidien.

Encore faut-il – retour à l'existential – s'assurer que le *Dasein* « peut exister *totalement* de manière authentique ». Lui seul peut en répondre, et cette réponse c'est cette fois la « conscience » comme « vouloir-avoir-conscience » qui la donne. Mais de nouveau il faudra encore s'assurer que le quotidien de la conscience « possibilise » existentiellement cette possibilité existentiale.

Enfin, ce qui apparaît pouvoir délivrer la totalité structurelle cherchée ne va pas, ici comme là, sans la temporalité. Dont se découvre ainsi la signification existentiale, avec la nécessité de « libérer... le sens temporel » de toutes les structures ontologiques antérieurement conquises comme délivrant le nœud de leur *unité*. Soit ce en quoi le *Dasein* est « au fond de son être ; *historial* », et comment en provient l'expérience existentielle du temps.

Tel est le programme, dont il faut souligner le double registre. La convocation d'authenticité ne se discute pas, elle n'a pas à être prouvée, seulement à être interprétée : elle est le socle de *Sein und Zeit*, ce par quoi l'existant comprend qu'il en va pour lui de son être. Mais elle a à faire preuve deux fois de ce que cet être est *possible* : et du point de sa structure existentiale – c'est l'« anti-cipation » de ce qu'elle *doit* être, commandant *sur le sens* un procès *hypothético-déductif* – et du point de son expérience existentielle. On pourrait avancer *cum grano salis* que Heidegger est ici kantien, demandant à quelles conditions l'authenticité avère en elle-même l'être, répondant dans un premier temps par ce qui y constitue comme Tout-Un l'être du *Dasein*

– moment du « catégorial », dans un second temps s'assurant de ce qui le pré-constitue dans son recouvrement existentiel – moment de l'« expérience ». On verra qu'il s'agit souvent plutôt d'un balancement incessant entre un registre et l'autre.

L'objection qui vient aussitôt est que le sens cherché est de part en part connu d'avance, anti-cipé par la pré-détermination de ce que doit être l'authenticité. Mais Heidegger ne le dénierait pas. Son objectif est, au fond, plus modeste : montrer que le *Dasein* a en lui-même les ressources de son faire-sens, que l'authenticité lui est bien possible sur le fond de ce qu'il a de plus propre ; et montrer que si la quotidienneté recouvre l'authentique, elle n'en contient pas moins très précisément ce qu'il faut pour le dé-couvrir. La circularité est assumée, de ce qui fixe le sens du *Dasein* sur ce qu'il *a à être*, et le *pouvoir-y-être* sur la disponibilité de l'existentiel au « plus propre ». Ce n'en est pas moins dire ce qu'elle a d'artefactuel, assignée de toutes pièces à la convocation de ce qu'elle requiert : un *Dasein* sans reste.

Le chemin où Heidegger va s'engager ainsi peut typiquement s'épingler de ceci que le dos tourné à Descartes va s'avérer – mais on se souviendra que l'indication était donnée dès le début – affinité avec Pascal. C'est dans cette tonalité que l'être se requalifie de l'authentique, la constitution de la destination comme Totale, la structure d'Un être pas-à-pas mise au jour, le penser, qui n'est de personne, tomber à l'affaire de l'*ipse*, et se voir dénoncée la « vulgarité » de l'inauthentique.

C'est dire combien nous nous retrouverons là loin du statut que, sur le fond de ce que nous avons appris du perçu, nous cherchons pour l'existence et que nous n'avons qu'esquissé comme l'être-tou-jours-en-défaut de l'*Ego*[1]. Mais la radicalité de l'opposition a un pouvoir éclairant, et sera sans doute beaucoup mieux affirmé où nous devons en venir, touchant le sujet, quand aura été épuisé où cherche à en venir Heidegger, et comment il y échoue. Pour le reste, nous ne nous laisserons pas égarer dans le détail du matériel classique – à commencer par « l'expérimentabilité » de la mort – dont Heidegger va tirer argument. Mais pas davantage nous n'hésiterons à prendre

---

1. Que dans ce nouveau mouvement il soit équivalent d'écrire *Dasein* ou Conscience, se lit p. 234, et va traverser tous les chapitres suivants.

acte de ce que, en suivant son chemin, Heidegger a mis à découvert des traits (in)constituants de l'existant qui désormais doivent ponctuer son « propre ».

Il est, au demeurant, possible de lire la convocation heideggérienne à l'être Tout-Un dans un autre contexte, plus strictement philosophique.

La philosophie a récursivement été travaillée par l'ambition de saisir l'expérience en totalité, et mieux : de tenir le point où s'avère que toutes les formes de l'étance ont un principe totalisant, et par là unifiant, dont la production par le discours est le point d'arrivée, quand il n'en est pas, comme chez Spinoza, le point de départ. Mais c'est avec Hegel que le rapprochement est le plus éclairant, et nous avons déjà dit pourquoi : parce que pour lui aussi Un s'entend comme complet et parce que, pour lui aussi, le Tout n'est question que pour et du « sujet conscient »[1] ; mais du biais d'une nécessité logique qui, à la convocation du *Dasein*, manquera toujours.

De soi, chaque moment de la *Logique* hégelienne est *total* : la vuidité de l'être et du néant, l'être-là, l'essence sont sans reste, chacun recouvre l'exhaustivité de ce qu'enferme son concept. Mais ils sont *incomplets*, au sens où ils appellent la concrétion, et le progrès de la dialectique n'a pas d'autre moteur. C'est alors la synonymie du total, du complet, du concret et du vrai, qui achèvera l'ensemble du procès.

Le problème heideggérien est d'abord différent en ce qu'il n'y s'agit pas d'une succession à totaliser, mais d'une pluralité de structures « totales » du *Dasein* juxtaposées, à unifier. À la résolution des contradictions se substitue une réduction de la constitution existentiale, poursuivie jusqu'au point où s'articulera d'elle-même son unité. Mais il est frappant que la préoccupation de Heidegger soit désormais de se placer dans la *concrétude*[2] d'une structure qui demeurait « abstraite » faute que l'idée d'existence soit phénoménalement remplie par celle de ce qu'est l'authenticité. Et il est frappant que la possibilisation de l'existential par l'existentiel puisse s'entendre comme : ce n'est qu'en en saisissant le « rempli » de l'expérience quotidienne qu'on est assuré de tenir la possibilité de l'authenticitté. La surdétermination de l'Un-Total par sa concrétude ne va donc pas sans analogie chez Hegel et chez Heidegger.

---

1. *Logique*, III, 1, tr. fr. p. 248, dans la réfutation du Spinozisme.
2. Cf. l'emploi du mot à la dernière ligne de la p. 232.

Prend ainsi son relief ce qui les oppose. L'« être-tout » du *Dasein* ne s'arrache pas à l'aporie de sa facticité, il n'a aucune chance de pouvoir la relever : il est lui-même « nullité ». Et l'interprétation existentiale, entendant faire la preuve que l'être-tout est possible, ne saurait aller plus loin, s'avérant que possible il n'est que selon le mode sur lequel le *Dasein* ek-siste à son existence, la pense et la décide. L'ontologie est ainsi libérée de ce qu'avait de clos et de déterminé un Un pour lequel toute altérité est à la fin récupérée par l'auto-constitution du sujet. On peut dire qu'il n'y a pas, pour Heidegger, d'à la fin, parce que l'Un du *Dasein* authentique est à la merci du *Dasein* lui-même, parce que c'est un Un injonctif, et parce que c'est sans fondement qu'il est fondateur pour le *Dasein*. D'où, à l'encontre des apparences, un *horizon ontologique* plutôt qu'une ontologie affirmative.

Il est vrai qu'au point où il aborde l'Idée pratique Hegel assume l'aporie du présupposé subjectif d'une réalisation objective, d'un infini pourtant fini, et d'une généralité pourtant particulière[1]. Que « le Bien reste ainsi un devoir-être », Heidegger dirait autrement la même chose – et en un point de l'élaboration ontologique aussi peu convenu. Reste que pour Hegel la dialectique du Pratique, qui se refermerait sur sa subjectivité si l'objectif lui restait extérieur, peut se réaliser comme vérité parce que « le concept [s'y] retrouve identique à lui-même ». Identité de la personnalité et de l'universalité, l'Idée Absolue n'« incarne la plus haute contradiction » que pour autant qu'elle est la « totalité accomplie »[2]. On peut certes estimer que la difficulté de la relève a été cette fois plutôt forcée que franchie ; mais le réquisit d'avoir en toute occurrence à poser le Total n'en est que mieux attesté. On peut inversement prendre acte de ce que la restriction heideggérienne du Tout au seul possible n'a pu être par Hegel totalement levée. Et nous qui avons fait reproche à Heidegger de requérir sans cesse du *Dasein* son Tout, introuvable, nous devons porter à son crédit que de l'effectivité du Tout, il a fait doctrine qu'elle ne se pouvait que viser.

D'où une tension qui fait le prix de cette seconde section[3].

---

1. *Logique*, livre III, 3ᵉ section, chap. II, p. 542 *sqq.* de la trad.
2. Pp. 549-551.
3. L'analyse avançant – § 47 à 53 – du quotidien à la « structure ontologico-existentiale » par allers et retours, je ne suivrai pas cette fois pas à pas le texte, mais y découperai trois niveaux d'explicitation qui sont, dans le texte, mêlés.

1. *L'être-pour-la-mort* ou *qu'impossible est la constitution de l'existence*

a. L'existence a été reconnue pouvoir-être, mais on n'a toujours pas le phénomène d'un pouvoir-être authentique. Le souci a été établi comme une constitution « totale » du *Dasein* ; mais n'a pas été établi le Tout du *Dasein* lui-même. Or précisément si le *Dasein* authentique doit être de son « début » à sa « fin » pouvoir-être « en-vue-de-soi-même », d'un soi-même qui est toujours *en avant* de lui-même, ce Tout ne peut jamais être saisi[1]. D'où l'aporie que nous avons dite : comment tenir une compréhension originaire du *Dasein*, si ce doit être une compréhension du *Dasein* comme Tout ? L'exposition glisse de l'authenticité à la totalité, dans l'implicite de ce que la problématique de la seconde constitue la condition et commande le sens véritable de la première.

La solution, célèbre, se dit : si, aussi longtemps qu'il est, il y a toujours, pour le pouvoir-être du *Dasein* un « excédent » à venir, qui exclut la totalité, en revanche la « fin » de ce pouvoir-être, la mort donc, « détermine la totalité à chaque fois possible du *Dasein* ». Et l'authenticité se reformule « *vouloir-avoir-conscience* » *de la mort* en la « précédant ». Autrement dit, reconnaître notre détermination comme « *être pour la mort* ».

Ce tournant tant commenté ne laisse pas pour autant de stupéfier par le mode sur lequel, passant de l'ultime au total et revenant de la totalité à l'authenticité, il se joue ouvertement sur ce double déplacement du sens. Et synthétiquement, rien, à l'évidence, n'autorise à prononcer que la finitude d'un pouvoir-être en son extension délivre la finalité (*Sein* **zum** *Tode*) du même pouvoir-être en intension. Qu'est-ce qui induit chez Heidegger la désinvolture de pareil coup de force ? Certes, il est fondé à dire que l'authenticité du *Dasein* passe par l'avoir conscience de la mort. Mais la mort est un des constituants de notre site logique, elle n'en est que factuellement le déterminant ultime, elle n'a pas, de soi, titre à en fixer le sens, qui est un multiple intotalisable de décisions chaque fois locales. Notre propension à faire depuis ce point des comptes est trait d'Imaginaire[2], porté ou conforté par la

---

1. § 46.
2. Ici se récuse le sens sartrien de la mort.

structure conclusive du « récit ». Admis même les choix ontologiques de l'Un, de la quasi-Substantialité, de la Finitude, rien ne contraint la violence logique de la proposition heideggérienne. Si, pour Heidegger, il n'y a apparemment nul sophisme, c'est que tout « en-avant-de-soi » signifie « en-vue-de-soi ». Ce qui, quand on se tient au sens, n'est en effet pas contestable. Je ne puis mettre la mort en avant de moi sans me mettre en elle. Mais rien n'est résolu par là. Car rien ne prescrit là que, pour être un élément de ma possible totalité, la mort me totalise au sens où, appartenant à mon destin, elle se définirait du même trait comme vocation destinale « la plus propre ». Et bien plutôt est-elle signe que mon destin lui-même ne sera jamais totalisable.

De tout cela, qui est passablement piétonnier, il faut prendre la mesure. L'être pour la mort est le tournant de *Sein und Zeit* : son tournant, de prime abord, vers l'intonation du tragique, mais surtout son tournant vers l'invocation d'un *surplus de sens* qui, supposé prédiquer l'authentique, fait *impasse de la logique*. Jusqu'ici, c'était en somme la logique du sens qui était et devait être analysée. Ici, le sens, la charge intonationnelle du sens, prend le pas sur l'analyse et la soumet : faisant basculer la structure par un surinvestissement des thématiques de l'ultime : comme si, d'être ultimes, leur assurait une fonction structurante supplémentaire, ou plus encore comme si – mais c'est tout le problème de la compréhension heideggérienne – il appartenait aux thèmes d'être structurants[1]. On ne doutera pas que ce soit précisément ce qu'il y a là de logiquement transgressif qui ait fait de l'être pour la mort l'*aura* de l'heideggérianisme.

Il ne faut donc pas hésiter à dire qu'il y a dans ce qui n'est rien d'autre qu'une amphibologie volontaire le type de ces retournements de l'argumentaire contre la rection de l'argumenter qui accompagnent traditionnellement l'invocation des suprêmes enjeux intra-existentiels contre l'intelligible humilié : retour du modèle pascalien par élévation d'un trait aporétique[2] de notre facticité au statut de trait existential-ontologique. Or, là où le « pari » n'apparaît plus fondé à dominer l'argument, celui-ci perd toute pertinence. Notre facticité de mortels

---

1. Remarquons au passage l'impact de cette distinction pour la critique littéraire, dans laquelle le mot structure circule, indûment, depuis cinquante ans, entre thématique et constitution narrative.

2. Mais pourquoi plus que la naissance, à laquelle seul le respect de la symétrie commande un vague renvoi ? On ne cesse pas de s'en étonner, et pas seulement chez Heidegger.

est justement ce que nous avons de « naturel » et qui nous renvoie nous-mêmes au quelconque *de l'étant*, au rebours de l'existant. L'être-mortel est, certes, ce qu'il appartient à l'existence de concevoir, mais c'est une conception à laquelle elle n'advient que comme ek-sistence. À ce niveau et sous cette « guise », je suis bien plutôt dans ce qui déporte l'existant dans l'exception à la mortalité de l'étant.

On touche, à travers cette série de glissements, ce qu'il y a toujours de forcé à vouloir faire de la « méditation de la mort » le nœud de la vie. De forcé et d'indécent : car c'est placer la facticité de l'étance au-dessus de la suffisance à soi de l'appareil opératoire du penser.

a'. En même temps a pris forme une redéfinition du propre de l'existence, redéfinition qui est ce vers quoi se dirigeaient les analyses « préparatoires » de la Première Section, mais surtout redéfinition dont il ne faut pas hésiter à écrire qu'elle s'est depuis *Sein und Zeit* imposée et qu'on ne voit pas ce qui pourrait lui être opposé. Un recadrage implicite du *Dasein* s'est opéré, où le souci n'est plus qu'un des noms du possible, du pouvoir-être, de l'*être-en-avant-de-soi*.

Or, paradoxalement, cette dernière formulation, celle en somme de l'existence comme pro-jet, qui radicalise l'être-à en être-au-delà-de-soi, commande la restriction à laquelle est soumise la quête du Tout. Toujours en-avant-de-soi, et d'autant plus qu'il est plus authentiquement lui-même, le *Dasein* est, de prime abord, à chaque moment intotalisable : c'est là le fond, le roc, de la définition heideggérienne, à quoi dès lors on ne peut que souscrire, aussi bien empiriquement que théoriquement. Que, toutefois, nous traduirions, quant à nous : exister, c'est toujours être en retard d'un énoncé. Ou n'être que dans le creux depuis lequel on va se porter vers un énoncé.

Seulement, la totalité, nous savons que Heidegger est moins que jamais prêt à y renoncer, c'est elle qu'il ne cesse pas de requérir pour une compréhension du *Dasein*, dans le pré-acquis que l'originaire de la convocation se doit d'être total. D'où ce qui est en somme une parade à l'aporie reconnue. Parade qui se dit : pour l'existant, la mort n'est pas un excédent quelconque, mais un toujours précédent[1], et cette « pré-cédence » est indépassable parce que c'est celle de « pouvoir-ne-plus-être-Là ». Le *Dasein* n'est-au-monde que sous cette condition – cette facticité-là.

---

1. § 50.

Propositions, certes, incontournables, dont toutefois il faut redire qu'il ne résulte aucunement qu'elles constituent pour le *Dasein* « son pouvoir-être le plus propre », ni ne révèlent qu'il n'existe au sens propre que « comme être jeté *pour sa fin* ». Le « ne... que » – sous-entendu dans le « toujours » – commandant le « pour », c'est ce au prix de quoi la totalité est – artificieusement – sauvée.

Mais, la machination déjouée, reste à discerner ce dont l'en avant-de atteste : atteste dans la structure et non dans le sens.

On accordera volontiers que l'angoisse devant la mort spécifie l'« étrang(èr)eté » qui qualifie l'apparaître pour tout être-angoissé. Ce qui s'y atteste est la facticité de l'apparition comme facticité de celui à qui elle apparaît. Ne devrait-on pas dire alors que la connaissance de la disparition programmée de l'existence elle-même, comme contradiction principielle, est bien plutôt ce en quoi son propre lui est avéré comme étrang(èr)eté à elle-même : prescrivant non seulement que ce qui lui revient de l'étance est de par lui-même, en-soi et pour-soi, non-total, mais qu'elle se leurrerait à tenter de dépasser, pour Soi, l'en-soi de cette contradicition ? En d'autres termes, le propre, c'est bien plutôt qu'elle n'est que *pour le ne-pas-cesser-de-manquer-à-être*.

Voilà qui nous replace dans les termes déjà cités de la réponse de Lacan à Heidegger : ce qui dans l'angoisse devant la mort angoisse, c'est d'être destiné à ne plus manquer. Ce manque destiné à manquer, c'est bien celui d'un étant en défaut dans l'étance. Qui meurt en tant qu'*étant*. Mais qui, comme *en-défaut* dans l'étance, meurt bien plutôt à l'espace ouvert par le manque. On peut dire que, du même coup, il devient soudain total au sens qu'a disparu le manque ; mais ce total-là, radicalement étranger à son existence, ne peut que s'avérer aussi radicalement étranger à définir sa finalité la plus propre. Bref, la mort trace une limite *extérieure* et non intérieure à l'existence. L'artifice de Heidegger est de forcer l'extérieur à s'introduire dans l'intérieur.

Le manque, en revanche, est immanent à l'existence, c'est lui qui la jette constamment en avant de soi, lui qui – pour parler comme Husserl – « anime » le discours, et le propre du Soi, s'il en est un, est de le tenir ouvert. Ce qui est dire : non pas ouvert à vide, mais ouvert à cette même discursivité qui est en lui le principe du manque. Prendre acte de l'(in)constitution qui régit l'étance, assigner à l'existence ce qu'elle en peut conquérir, est le geste consistant par lequel, en devançant l'énoncé, il nous advient de l'ouvrir.

À la mort, comme le plus propre du Dasein, il faut substituer le manque[1]. Mais se garder d'en induire une nouvelle mise du discours sous condition, celle cette fois de l'*intra-existentiel* du manque. Quand nous disons que le Logos ne s'autorise que de lui-même, nous entendons que la vérité ne porte aucun stigmate. En irait-il autrement que le manque lui-même ne pourrait plus se poser comme vrai pour l'existence. Aussi bien, nous l'avons dit, est-il plus que douteux qu'existe un désir de la vérité, autrement dit que la vérité soit objet (*a*) de quelque désir, et par là concernée par les défilés de l'existentiel. La transcendance du Logos ne signifie rien d'autre que cela : un champ où l'intelligible s'énonce lui-même sans motifs. De là que la vérité, c'est elle le possible « authentique » du *Dasein*, cet en-avant de lui vers lequel, en vertu de ce qui est en lui manque à être dans l'être, il se projette.

Le propre de l'existant n'est d'être ni pour ni contre la mort : simplement ailleurs. Assez pour qu'il ait pu, contre toute évidence, imaginer qu'il était immortel, quand, ce qui de "nous" apparaît, qui certes tient à la contingence de ce que nous sommes, c'est le pouvoir d'être à l'Autre, qui demeure en soi et pour soi, toute mort abolie. Il y a,

---

1. Les discours dont Lacan a proposé le « mathème » s'articulent ainsi d'une série d'écarts irréductibles ou « disjonctions », tels que « l'impossibilité », selon le célèbre mot de Freud, de gouverner ou d'éduquer ne s'entend que du passage d'une impuissance à une autre : soit, pour le premier (discours du maître), l'impuissance à ce que la jouissance satisfasse les sujets autrement qu'à faire supporter la réalité par le fantasme, cette impuissance s'éclairant à son tour de celle de la jouissance produite par le savoir à produire la vérité de la jouissance (discours de l'hystérie) ; et, pour le second (discours de l'université), l'impuissance de la jouissance du sujet produit par le savoir à y sup-poser celle d'avoir le maître à qui il se remet, impuissance éclairée par celle de l'analyse qui n'a pour sa jouissance la science du désir que pour autant qu'elle s'y tient comme à ce qui s'y avère perdu. Cette séquence où l'on voit bien que l'impuissance est chaque fois le réel donc le véritable impossible et que celui-ci est chaque fois la « barrière de la jouissance », mais aussi que celle-ci traverse si radicalement l'existant, qu'elle ne se laisse saisir que dans un continuel déplacement, est des plus propres à faire voir qu'il n'y a pas « une » place du manque dans l'existence, qu'il y est autant mobile que consubstantiel et que s'il était saisi ici du point de ce que Lacan, paraphrasant Marx, appelait le « plus-de-jouir », il peut transire tous les discours existentiels, illustrant comment l'existence est ouverte par le dedans du fait de son défaut à la constitution. La mort n'a pas là de place, en ce qu'elle n'est pas l'accomplissement de l'existence, mais sa négation. (Cf. « Radiophonie » dans *Autres écrits*.)

transcendant la mort parce que nous transcendant, la constitution, et le sujet qui la souscrit, et l'être qui la suscrit. Il y a la décision axiomatique. Et la production de vérités. Il y a le discours. Qui est l'à- auquel nous sommes, mais comme en défaut dans l'être. Au creux de notre (in)constitution.

b. Posée – ou imposée – la prescription existentiale du *zum Tode*, demeure qu'il y a, pour l'être quotidien du *Dasein*, une aporie de sa saisie : autrement dit, un défaillir de l'existentiel à se rendre accessible l'existential. C'est, continue Heidegger, que, de la mort, la quotidienneté – le On – ne retient que la certitude empirique et s'abrite du vague de son échéance pour la recouvrir. Le nœud de ce mouvement d'esquive, c'est qu'« avec la certitude de la mort se concilie l'*indétermination* de son quand »[1], équivoquant de doute la certitude. Mais c'est manquer à voir que son indétermination, loin de voiler la mort, en est tout au contraire un des traits constitutifs et que la certitude de l'indétermination est elle-même apodictique. Le *Dasein* authentique, s'il est « l'être-découvrant » pour qui l'« être-découvert » se fonde « dans la vérité la plus originaire », déjoue comme « inadéquate » la certitude empirique ; et avère dans l'indétermination l'originaire de « l'être possible à tout instant ».

S'en induit que le « concept ontologico-existential plein » de la mort doit se décliner comme « *la possibilité la plus propre, absolue, certaine et comme telle indéterminée, indépassable du Dasein* »[2]. Formulation dont l'insistance et la carrure déductive font un *hapax* dans le style des analyses heideggériennes. C'est qu'avec cette déclinaison conjointe de la certitude et de l'indétermination, ce qui a été « élaboré » n'est rien de moins que ce que cherchait Heidegger : « un mode d'être du *Dasein* où celui-ci peut être total en tant que *Dasein* », un « être-tout possible » du *Dasein* en tant qu'être pour-la-fin.

Mais derechef *le Dasein peut-il* se tenir ainsi dans son être-pour-la-mort, autrement dit le comprendre authentiquement ? Il ne suffit pas d'en avoir élaboré le concept existential et de l'avoir mis à découvert dans l'existentiel ; encore faut-il que l'être quotidien n'y fasse pas un

---

1. § 52.

2. P. 258. L'insistance de la liste n'est pas sans intriguer. Signe, au moins, de ce que Heidegger estime jouer sur l'être pour la mort son va-tout. Symptôme, plutôt, de ce qui, dans l'affirmation, reste pour lui problématique. Je ne me hasarderai pas à aller plus loin.

obstacle infranchissable. Plus platement dit, cela revient à demander si le *Dasein* est *capable* de se tenir dans l'être-pour-la-mort. Heidegger va répondre dans un paragraphe[1] qui, partant d'une analytique du possible, adopte ensuite le ton de la diatribe et même sa structure rhétorique, reprenant l'une après l'autre chacune des qualifications de l'être-pour-la-mort qu'il vient d'énumérer.

En tant qu'être « *pour une possibilité* », l'être-pour-la-mort se distingue en ce qu'il n'a rien à voir avec la préoccupation de réaliser un à-portée-de-la-main. Ce à quoi il est confronté est la possibilité du possible, d'un possible qui demeure au plus loin de l'effectif. Il n'y a dans la mort « rien » que le *Dasein* « pourrait *être* lui-même en tant qu'effectif ». Si l'être-pour-la-mort s'ouvre à la compréhension, ce ne peut être que comme la « *possibilité de l'impossibilité de l'existence* », d'une existence qui n'a par là aucun point vers lequel se tendre[2]. Or le *Dasein* est cet étant « dont le mode d'être est le devancement même », et le devancement de la mort celui où « il s'ouvre à lui-même quant à sa possibilité extrême » : qu'il s'y ouvre ne veut rien dire si ce n'est pas qu'il la comprend. Le problème que s'opposait Heidegger est ainsi résolu, l'existence authentique est « possible », elle l'est de par la structure, sienne, du devancement qui, comme devancement de la mort, la jette dans la possibilité de son impossibilité.

La suite sera tout injonctive : le devancement de la mort comme possibilité la plus propre ouvre au *Dasein* la possibilité de s'arracher à son être médiocre. Absolue, la mort l'est en tant qu'elle interpelle le *Dasein* comme singulier : « le *Dasein* ne peut être authentiquement lui-même que s'il s'y dispose à partir de lui-même ». Indépassable, elle signifie pour lui la nécessité de « *se sacrifier* », c'est dire de « se rendre libre » pour la mort au regard de toutes les possibilités factices, en cela au moins qu'il les comprend comme finies. Certaine, elle ne l'est qu'au prix du devancement par quoi le *Dasein* possibilise en lui-même, pour lui-même, la possibilité de l'être-pour-la-mort ; sa « vérité » ne peut donc se rapprocher d'aucune autre, elle requiert – disons pour être davantage que Heidegger explicites – la décision du devancement. Indéterminée, la mort est enfin pour le *Dasein* une « menace

---

1. § 53.
2. Cela, qui est essentiel pour ce que j'ai appelé la laïcité de *Sein und Zeit*, est énoncé en quelques lignes (vers la fin de la p. 262) au premier abord très obscures, et dont on s'étonne qu'elles ne soient pas développées davantage.

jaillissant de son Là lui-même » que l'angoisse seule « est en mesure de tenir ouverte ».

Suivre le détail de cette exposition était nécessaire parce qu'on y saisit comment l'abrupt – pour ne pas dire le sophisme – de l'énoncé existential se meuble et s'investit peu à peu d'une tranchante autorité, en se possibilisant dans l'énoncé existentiel. La démarche est dans tous ses détails typiquement heideggerienne. L'*a priori* – pour ne pas dire l'artefactuel – de l'existential retourne l'existentiel sur lui-même et remonte de là à l'existential devenu, au passage, quasiment déductif. Cela dit, c'est sur ce trajet que sont produites les propositions sur la mort les plus dignes d'attention.

Techniquement, on aura noté que si l'être-possible du *Dasein* était la charnière initiale de cette déduction existentielle de l'être-pour-la-mort, c'est le *devancement* qui en a, en définitive, rendu – pour parler comme Heidegger – possible la possibilité. Et il est incontestable qu'avec le devancement, l'analyse heideggérienne a mis en lumière une structure essentielle de l'existant. Mais le devancement vaut ce que vaut ce vers quoi il se porte ; et quant à l'injonction de s'approprier le devancement de la mort, on ne peut que constater qu'elle remet l'existence à ce que l'étance a de factice, et non à ce sur quoi ouvre sa facticité. Nous sommes ici au point où le repli du Soi sur soi fait barrage à la pensée et en offusque les possibles propres. Nous ne nierons pas que le *Dasein* ait aussi à se penser lui-même, mais nous récuserons que la butée qu'il y rencontre ait titre à un quelconque privilège au regard de ce que *peut* la discursivité. Nous avons déjà dit ce qu'a d'indécente cette fascination de la pensée par le penseur ; elle est plus encore non pertinente. La problématique de l'étant que nous sommes n'a pas de titre à recouvrir celle de ce qui est prescripteur de par soi. De l'étance au discours, il y a disjonction, et c'est dans l'assomption de cette disjonction que nous pensons. S'y tenir sans l'assumer fait vaciller dans sa structure même *Sein und Zeit*.

Cela dit – qui est capital –, il serait absurde de dénier la puissance de l'analyse, du mode sur lequel est articulée l'aporie de la mort qui pour l'existant ne peut « être » et de la modalité tout à fait spécifique du possible-devançant qui est la sienne. Qu'on rencontre en ce point la possibilité d'une impossibilité de l'existence ouvre au demeurant un champ conceptuel qui déborde de beaucoup l'interprétation heideggé-rienne, et l'on peut aussi bien y lire que *l'existence est, est par essence, la possibilité d'une impossibilité,* s'il n'y a de possible que le consistant. Ainsi entendue, c'est une proposition à laquelle nous ne cesserons plus de nous tenir.

Pour en rester à la mort, on en conclura que son devancement n'est pas plus que la prise en compte de cet impossible, excluant que le « plus propre » puisse se trouver dans quelque expérience que ce soit du factice. Aussi bien le devancement est-il, au plus juste, le stigmate de l'impossible du Soi, comme impossible du Soi à soi. Que l'authenticité soit se rendre libre pour la mort signifierait qu'elle fait extrême horizon de l'existence la possibilisation de son impossibilité, dans le déni de ce qu'elle rend possible. Et si le sens pouvait être total, ce ne le serait qu'au prix de voir buter tout sens sur le non-sens d'une conjonction de la disjonction qui le supporte. Autant de propositions dans lesquelles il faut pointer la reconnaissance du statut paradoxal de l'existence, ce qui la fait pivoter autour de son ab-stance à l'étance et dans le même temps la surmonter. Autant de propositions qui, débordant la résolution qu'en a proposée Heidegger, et mieux : la retournant, ont fixé, d'un geste inaugural, ce qu'il en va de l'existence, et qu'aucune pensée authentiquement contemporaine ne peut manquer d'intégrer.

Mais qui, à-contre ce qu'en prescrit l'argument, l'ont fixé chez Heidegger dans un registre – celui du sens –, une tonalité – celle de la diatribe –, sur le pathique attaché à une expérience – celle de la mort – et par là ont refermé ce qui, comme mise au jour de l'impossible, venait d'être ouvert. Le réel de la mort ne se prête à aucune récupération. Et il revient au Soi de se porter en avant de soi comme possible *malgré* l'impossible.

b'. La discussion n'aura cessé de nous ramener, quant à nous, à ce qui spécifie l'existence de sa relation au discours. Reste que définir l'existence comme la condition d'un étant qui se place au creux de l'être pour se porter au Logos, requiert de nous aussi que nous disions ce qui rend possible cet impossible. Ce qui ne saurait rien dire d'autre que chercher hors de toute phénoménalité comment l'existence est susceptible de *se constituer précisément comme impossible* : déterminant notre propre, s'il en est un.

Ce que nous avons acquis de la constitution du perçu commande, en somme, que nous nous retournions sur notre propre constitution. Mais cela ne peut se faire, sans risque de céder à la myopie de la description psychologique ou de la totalité tout Imaginaire du Moi, qu'arrimés au projet de rendre raison malgré tout consistante de ce qu'il y a d'inconsistance « originaire » dans l'existence à sa place propre.

La tradition philosophique a retenu que c'est – sous des noms divers – la conscience qui occupe cette place où le rendre raison de soi devient possible. En coupant à la serpe, on dira : place suréminente d'un *nœin* armé du pouvoir construire conceptuellement l'étant et l'être, pour tous les idéalismes – de Platon à Hegel –, place du sujet de la connaissance pour tous les transcendantalismes – en donnant au mot un sens très large : on n'en exceptera ni Aristote, ni les Stoïciens, ni les empiristes –, place spécifiée comme celle d'un creux ontologique – si l'être est bien le fond de toute constitution, la conscience, elle, manque de fond[1]. Nous plaçant dans la constitution du discours, excluant qu'elle n'enveloppe pas l'indexation de l'être, mais en s'arrachant elle-même de l'être, nous avons reconnu ce creusement dans l'être pour la place paradoxale de l'existant.

En un sens, le schème heideggérien est proche de celui que la seule rigueur nous impose, par l'écart qu'il marque entre le *Dasein* et l'étant, par l'écart qu'il ouvre entre l'existentiel et l'existential – nous le verrons aller jusqu'à dire la « violence » du second au regard du premier –, par l'énigme qu'il soulève d'une possibilisation de l'impossible. Mais en un autre sens, son schème suit l'orientation opposée, quand, par un jeu à double entrée, il assure l'existential et l'existentiel l'un par l'autre, retourne l'encontre de l'imposible en éclaircie de sa possibilité, se faisant fort d'avoir par là résolu l'énigme. Cette démarche, directe conséquence du présupposé compréhensif, annule les écarts pourtant si strictement établis, et les soumet en définitive à une opération de récupération. Il suffira de rappeler là-contre les coupures qui scandent la structure de l'existant, telles qu'y est impossible la présence à soi du Soi, telles que le "sujet" n'est à lui-même que comme métaphore. Les énigmes « authentiques » sont celles qu'aucun Œdipe ne résout.

---

1. De n'avoir pour cette place aucune constitution propre, est ce dont ne se relèvera jamais le matérialisme dogmatique.

Qu'à l'existence soit refusée l'une-place et la subsistance en soi, atteste de son défaillir à la consistance de l'étance ; qu'elle l'entende, atteste de ce qu'elle se tient en avant de soi, dans la transcendance du discours ; que le discours ne "soit" pas, atteste que l'existence n'est avérée que pour autant que ce qu'elle pose, ce n'est pas elle mais la vacuité du sujet de l'énoncé. Et l'énoncé est, pour autant qu'il ne tombe pas au semblant, le travail infini de la constitution. Aussi restera-t-il toujours que l'étant-en-défaut que nous sommes ne s'accomplit que dans la constitution, mais aussi qu'en celle-ci *il ne cesse à son tour de se constituer.* Le paradoxe de sa propre constitution résultant de ce qu'elle est retenue dans *son altérité au discours qui d'elle s'induit.* Nous l'avons déjà dit : c'est de par notre pouvoir-être adéquats au discursif que la prescription d'existentice est elle-même pré-scrite. En quoi le pouvoir-être-soi est d'adéquation au paradoxe de notre statut ontologique.

Comment se nouent en l'existence être et manquer-à-être, nous n'en savons rien au départ, mais nous pouvons en savoir quelque chose à la fin : à la fin de cette nouvelle ébauche de notre constitution. Encore une fois, en nous gardant d'abord du double aveuglement qui commande tour à tour notre réduction à l'étant – ressurgi aujourd'hui sous l'intitulé positiviste du cognitivisme, mais éventuellement aussi du structuralisme – et notre envol dans un champ de pure immanence – ressurgi dans une herméneutique qui, quoi qu'elle en ait, s'accroche ultimement à l'irréductibilité du sens –. Ensuite en replaçant sur son terrain propre, proprement *logique*, la question : nous ne produisons des énoncés pertinents sur nous-mêmes qu'à nous résoudre à *faire paradoxalement consister in-sistance* dans l'être et ce que j'ai appelé *abstance* du discours à l'être, en d'autre termes immédiateté de l'acte énonciatif et altérité de ce dont il se saisit dans le discursif, par et pour lequel il est produit. Se dégage un site logique propre, dont les constituants sont irréductibles entre eux, mais qui nous assure de nous tenir à la torsion de notre place.

Ce n'est pas encore une "explication", mais c'est la possibilité advenue de substituer à l'énoncé l'*énonciation*, c'est-à-dire un énoncé dont nous puissions répondre parce qu'il épouse dans sa structure logique les places, l'une à l'autre aliène, de notre constitution. Et l'on comprend alors que ce soit aussi le seul moment où, d'un énoncé sur nous-mêmes, tenant, comme de tout énoncé consistant, le sujet logique, nous pouvons dire que c'est à nous-mêmes qu'il réfère. Ce n'est pas dire que nous le "sommes", mais que nous nous tenons, avec notre fracture propre, en son site, dans l'instant que nous le prononçons.

Il est, au demeurant, tout à fait "naturel" que, d'un étant qui se trouve n'être que sur le mode de l'exception dans l'étance, venir à son site requière un acte d'assomption de son exception. La nécessité de cet acte – discours : de *correction*, aux deux sens du terme – est le seul point sur lequel notre analyse rejoigne celle de Heidegger : quand celle-ci requiert du *Dasein* l'assomption de son authenticité ; après quoi, a été assez marquée l'hétérogénéité complète tant du "matériel" existentiel dont la pertinence est par nous reconnue que de la procédure de son élaboration, et de la seule rigueur de la solution.

Ce que vous appelez Je n'est qu'au lieu paradoxal de l'énonciation.

Dira-t-on qu'il n'y a aucune consistance qui se laisse ici déplier, que le noué en est proprement indiscernable, et qu'ainsi on n'a pas dépassé le constat que l'existence s'appuie d'un énoncé que la logique échoue à fonder ? La réponse sera que la pensée même requiert cet énoncé : qu'il lui est une nécessité. Parce que dans le moment où nous énonçons, nous nous constituons, *ne pouvons manquer de nous constituer*, comme nous constituons l'expérience, et quand bien même ce ne pourrait être que par une constitution *forcée*. Le paradoxe tient à ceci que l'Un de constitution n'est ici prononçable qu'en excès à l'articulation distincte requise d'une situation : c'est qu'il est l'Un de la situation existentielle, qui est celle-là même dont le propre est d'énoncer pour toute situation la constitution, sans satisfaire elle-même aux réquisits de celle-ci ; mais le paradoxe se résout dès lors qu'aucune situation ne saurait prescrire l'intelligibilité de sa constitution sans que *la situation « constituer » en et par elle-même consiste* ; en sorte que la consistance de l'existence, qui porte toute constitution, est – est comme par supplément, mais intelligiblement – une vérité de l'énoncé lui-même.

Il va de soi que nous venons de franchir un pas capital. Redisons-le autrement : demandera-t-on comment peut se concilier un défaut de consistance dans l'existence avec l'évidence qui doit accompagner tout énoncé dont elle répond ? Le problème serait insurmontable s'il ne se retournait du point du discours : que celui-ci ne s'autorise que de lui-même, *prescrit* que l'exister y prenne place comme consistant, pour le porter à la consistance. *C'est pour autant que nous sommes à la transcendance du logein que nous sommes énoncés comme l'Un-Je.* Nous ne le sommes pas en nous-mêmes, dont l'existence est de bout en bout livrée à l'aporie du recueil présumé de sa dispersion. Nous le sommes en tant qu'au travail – ce mot pris dans ses deux sens – du discours qui, à distance de nous, requiert que nous soyons constitués pour le travailler. En un mot, c'est l'apophantique du discours lui-même qui fait Un ontologiquement constitué de « celui » qui vient à l'énoncer : ne l'intégrant que comme devant-être-lui-même-constitué.

Forçage qui laisse intacte l'aporie que l'existence pose à la constitution. Mais aussi forçage qui, tenu par les seuls réquisits de l'énoncé, exclut et l'heideggérien Un du *Dasein*, parce que : le Je tel qu'il s'énonce ne peut avoir d'autre lieu qu'au revers d'échéance du Logos, et le retour de quelque sujet transcendantal, parce que la *ratio* ne requiert aucun sujet pour la fonder, sinon le sien. C'est donc sur la place où, nous portant au discours, nous nous inscrivons en lui, que question est posée : non de comment nous y sommes – nous n'y sommes pas –, mais comment nous y sommes *représentés*. Nous ne pouvons l'être que selon ce que le Logos tolère, c'est-à-dire un énoncé, fût-ce par forçage, consistant. Ce sera là notre troisième constitution de l'existant.

Reste que l'énonciation est ponctuelle et que nous avons pour notre part à répondre de ce que Heidegger, par le biais de l'être pour la mort, implique comme essentiel à l'existence au titre de l'en-avant-de : du devancement qui, en la projetant, préjuge qu'elle demeure Une à travers le passage du temps. Ce n'est qu'une première approche d'un problème – celui de l'Un d'existence – que nous retrouverons quand *Sein und Zeit* viendra à la détermination de l'ipséité par le souci. Mais nous ne pouvons dès maintenant commencer d'élaborer la constitution de l'existence sans requérir ce dont s'autorise Heidegger pour affirmer qu'elle se retient comme *mêmeté* à travers la facticité qui la jette dans le temps.

Est demandé ce qui autorise à présupposer la constance de l'être-Un de l'existant. Présupposé heideggérien cardinal : il faut que le *Dasein* se comprenne chaque fois comme le même Un, dans la singularité demeurante de son unité, pour qu'il y aille de son être comme du revers de cette unité. Le « Soi-même toujours le même » n'est pas, dans *Sein und Zeit*, une expérience à fonder, mais une évidence originaire sur laquelle l'existentialité du *Dasein* pourra être elle-même fondée. Unité dont l'être-pour-la-mort aura, après le souci, accentué l'irréductible temporalité. C'est dire déjà qu'il y a là problème, et que nous ne pouvons nous satisfaire de seulement le pré-poser.

Il convient d'abord d'y insister : l'Un de l'existence dans l'indéterminé de sa durée est empiriquement, autant qu'improuvable, éprouvé. Certes, ce que nous rappelions un peu plus haut de la complexité structurelle de l'existence, structure dont les arguments sont marqués pour chacun par son histoire propre, renvoie à son tour à une subsistance dont nous éprouvons, serait-ce à l'aveugle, la rémanence[1]. Mais que nous apercevions cette rémanence – ce que Merleau-Ponty appelait notre « style » – requiert à son tour un regard qui d'abord soit lui-même assuré d'être « le même ». Et la question a là sa plus grande acuité.

Heidegger lui-même va nous guider, qui interrogeait sur la conjonction de l'être-tout-authentique et du *possible*. Il suffit de pousser l'interrogation. Le possible ne s'entend que du point d'un lui-même à la fois identique et toujours autre, autrement possible. Nous n'assignons un changement dans l'étant que sous la condition qu'il reste à d'autres égards le même ; et que nous qui l'assignons, changés en cela, restions pourtant le même nous-même. L'aporie sur laquelle ne cesse de buter, depuis Aristote[2], l'énoncé du possible est celle-là : essentiellement multiple est le pouvoir-être, mais cette multiplicité même se prédique à une unité sans laquelle on ne pourrait le penser. Et cette unité est toujours ultimement celle du Soi. Mais où la trouver ? Si Husserl, Merleau-Ponty, Heidegger se la donnent – dans des registres certes différents –, c'est qu'elle est pour chacun – directement ou indirectement – le stigmate du maintien phénoménologique du dual sujet-objet : le sujet, le percevant, l'existence sont chacun l'Un toujours-le-même dans sa visée de l'objet, sa diaphragmatisation du monde, son être-à. Nous n'avons, quant à nous, le dual évacué, eu à requérir, pour la constitution de toute pensée, que l'énoncé, son sujet, éventuellement sa suscription d'être, et l'opération du faire-un qui n'est en rien

---

1. On ne confondra pas avec la *mémoire* qui, comme retour des représentations, appartient à l'animalité, donc à l'étance. Le propre de l'existence, donc du discursif, est d'y conjoindre le retour du Je.

2. Cf. là-dessus la critique que fait Gilson (au chap. 2 de *L'être et l'essence*) des futurs contingents, comme conflit entre la réalité du changement et l'idéal de la définition aristotélicienne de l'essence.

un Soi. Il peut apparaître que cette structure nous laisse sans moyens pour aborder le problème du « lui-même ».

C'en est au contraire la solution : car dès lors que l'énoncé est, de toute analyse discursive, la dimension pertinente, c'est une évidence que, se tenant sans cesse au discours, *l'existence ne cesse de s'y énoncer elle-même comme la même*. D'énoncer ce qu'elle est, soit le nouage irrésoluble de *la continuité changeante de l'étance* – de la mienne comme de toute autre –, sous la prescription axiomatique du temps pour l'apparaître, et de *l'atemporel de la proposition constituante*, dans la série des actes, datés, qui nous portent à poser la constitution : ce dernier terme, la *date* de l'acte, assurant le nouage des deux autres. Soit trois modes de l'existence à la temporalité, qui mutuellement se commandent. Ce n'est pas, bien entendu, la constitution de la temporalité elle-même telle que nous l'avons définie plus haut[1] : seulement l'analyse, en somme obvie, de ce qui autorise l'existant tout à la fois à exister comme passant "dans" le temps et à exister comme Un en "demeurant" au fil du devenir, à titre d'énonçant. La continuité de l'individu vivant que nous sommes, sa persistance, sa singularité, mais aussi bien son évolution, sa dispersion, son aliénation, accompagnent chacun de nos énoncés au lieu où ils sont prononcés ; les énoncés, qui ne se réclament que d'eux-mêmes, échappent à la temporalité, et l'énoncé de l'existence qui leur est conjoint assure, de soi, son atemporalité ; comme nôtres, en revanche, les énoncés sont rapportés à la temporalité de notre étance. Un énoncé de l'Un de l'existence dans sa durée *connote* ainsi tous les énoncés. J'énonce que c'est en se portant au présent intemporel de chaque nouvel énoncé, que mon existence singulière se répète comme la même dans la succession de l'étance. Tenons-nous en pour le moment à ce "même" dont il faudra, bien entendu, tenter de fixer la constitution. Tout Je résume un énoncé, l'énoncé de la temporalité d'une existence, et tout autre énoncé est redoublé par cet énoncé-là.

Nous pouvons désormais conclure. Nous disions tout-à-l'heure que dans l'énonciation se nouent notre être et notre n'"être" pas, que c'est dans ce nœud qu'elle a sa place ; il faut ajouter à présent qu'elle s'énonce d'*un Un requis sans être constitué autrement que par forçage*, d'un Un qui ne tient à nous-mêmes que parce qu'il est requis par le

---

1. Là-dessus, cf. I, supplément, *b*, et II, p. 330 *sqq.*

discours : à distance de nous-mêmes ; et que, de soi atemporel au titre du discursif, l'Un d'existence assume la temporalité de l'étant sur le mode du demeurer dans le changement. Cette série d'écarts dans la constitution de l'existence et dans cette constitution au regard de l'axiomatique de la constitution, n'a rien de surprenant, elle est exactement adéquate à la structure « impossible » de l'existence : multiple et une comme tout étant, prédicable de l'Un comme n'"étant" pas, indexant son atemporalité dans le temps, tenue dans la consistance du Logos par forçage. *L'énonciation est l'énoncé d'un Je alogique.* Cela ne suffit pas pour le faire Un mais pour avoir à le penser comme tel. Y manquerait-il qu'il ne pourrait plus, de son inconsistance, répondre de ce qui le dépasse absolument dans la chaîne des énoncés : consistants.

Le risque toujours encouru est de glisser du sujet (a)logique à l'*Ego*, comme il appert de sa transformation soit en substance soit en liberté absolue, là retombé dans l'être, ici pur non-être : ce qui, par sa définition, est également exclu. De tout énoncé, le sujet immanent est vide ; il appartient seulement à l'existant d'être, comme énonciateur, représenté dans l'énoncé par le Je présumé consister.

Heidegger forge de l'ouverture, au monde, à l'autre, au Soi-même, un concept qui conserve implicitement l'Un-à-soi, pour lequel il « prévoit » la possibilité de l'Un-total. Ce que rencontre bien plutôt l'analyse, c'est que cet Un est inconstituable, sa structure de toutes parts trouée, et qu'il n'a son lieu que forcé. Ce que Heidegger met en relief comme notre être-possible, ne cesse pas de faire renvoi à *notre* être, tel qu'avant – ou plutôt au-delà de – tout possible ; or ce qui se désigne comme le divers possible d'un même requiert une une-constitution qui est ici introuvable, et pourtant requise par toute constitution ; il faut donc bien conclure, de la constitution du Soi qu'elle est *prescription*. Qu'elle soit prescription n'en fait plus un présupposé. De là que la tâche de *nous* constituer, d'obtenir une consistance de notre inconsistance – qui ne saurait annuler celle-ci –, s'avère une tâche infinie. Et intotalisable bien plus radicalement que ne l'écrit Heidegger. La constitution ne franchit jamais le moment éphémère et répétitif de son énonciation. Qui serait seul à tolérer pour nous l'adéquation d'un improbable *nom*[1].

---

1. S'il n'y a de nom que de ce qui consiste, nous manquons à en avoir un. Sauf à tenir celui du consister-et-y-faire-défaut.

2. *La conscience du Soi*[1] ou *le bien énoncer*

Qui nous a suivi jusqu'ici ne s'étonnera pas de notre extrême réticence à l'égard d'une élection de la « conscience » – à la fois rapprochée et distinguée de la conscience morale dans sa manifestation quotidienne – comme moment de l'analytique ontologique : l'être est un concept, pour lequel il y va du prescrit de la pure pensée, non de « la parole en silence » et de « l'appel » de la conscience. Et quand nous parlons d'éthique, c'est éthique du Logique. Mais, un certain nombre de scories une fois écartées, on ne peut nier que Heidegger demeure jusqu'au bout fidèle à ce qu'il s'est assigné et le poursuit dans les voies qu'il s'est proposées : une constitution herméneutique du *Dasein* dé-couvrant comment il en va de son authenticité dans l'immanence de sa « présence » à soi.

Notre réserve – pour ne pas dire plus – quant au report de la question du Soi sur une « advocation » dont le *Dasein* a le privilège, même ici amenée au point où le *Dasein* peut se dire à lui-même le Là, demeure aussi, bien entendu. Arguer d'une constitution « phénoménale » du Soi est par-odie de ce qui remet toute constitution aux réquisits axiomatiques de son intelligibilité. En regard de quoi le vécu, tenu dans le tautologique de sa compréhension, ne sait exciper que de son immédiation. Sauf, comme on va voir, à introduire dans le Soi une reduplication introuvable.

a. Le motif du recours à la conscience, c'est, selon un schème que maintenant nous connaissons bien, la nécessité pour Heidegger de s'assurer l'*effectivité* de ce dont il a montré la possibilité, en mettant à nu *existentiellement* le pouvoir-être authentique qu'il vient d'engager *existentialement* dans l'être pour la mort. Et pour ce faire, de l'« attester » dans un *phénomène*[2] qui lui-même « *exige* » du pouvoir-être l'authenticité. Pour le dire crûment : l'existential doit être requis par la substance même du phénoménal.

La procédure est, cette fois, la référence à la perte du *Dasein* dans le On, mais « re-saisie » comme choix aveugle avérant la possibilité même du choix. « C'est dans le choix du choix que le *Dasein se rend*

---

1. Je choisis cette traduction de *Gewissen* pour éviter toute confusion avec « conscience morale » : en quelque sorte, pour laisser à Heidegger sa chance.

2. Cf. § 45, in fine, et § 53, id.

pour la première fois *possible* son pouvoir-être authentique[1]. » Encore faut-il qu'il puisse là se trouver ; et ce qui l'y guide, ce qui lui « montre » son authenticité possible, ce n'est rien d'autre que la « voix de la conscience »[2] : à son tour reconnue comme « *ad-vocation du Dasein* vers son pouvoir-être-Soi-même le plus propre », ce qui est dire : comme en elle-même un existential.

De quoi s'agit-il ? D'un appel qui est ouverture du *Dasein* à son Là propre, toujours déjà compris dans son ouverture au monde, mais mis à nu par la conscience comme appel sur et vers Soi-même. Pour le distinguer de la morale quotidienne qui parle au nom du On, il suffit de marquer[3] que « l'appelant » convoque « comme tel », comme un « cela », et fait adresse à « l'appelé » comme à un « *quid* vide » : l'un et l'autre étrangers à toute personnalisation ou détermination. Pas de doute, dès lors : c'est le *Dasein* qui « s'appelle lui-même », qui est l'appelant et l'appelé à la fois. Et ce qui a été jusque là compris du devancement permet de retraduire : l'appelant est le *Dasein* sans plus rien de mondain, le « "que" nu », dans l'épreuve de son étrang(èr)eté solitaire, « le *Dasein* s'angoissant dans l'être-jeté (être-déjà-dans...) pour son pouvoir-être » ; et l'appelé est le *Dasein* « con-voqué à son pouvoir-être le plus propre (en-avant-de-soi) ».

À bien le lire, on aperçoit dans ce moment une reprise, un nouveau tour de la première expérience cruciale que fut l'angoisse[4]. Le progrès consiste en ceci que l'accent est passé du rien du monde au rien – ne rien valoir quant à l'être-Soi – du *Dasein* quotidien ; et que ce qui s'y dé-couvre n'est plus le plein de l'être mais le *pleinement pouvoir-être-Soi-même*. C'est pourquoi aussi ce moment est celui où vient au premier plan l'étrang(èr)eté comme « le mode fondamental » du *Dasein*, et qui le « traque », et qui se signifie comme « la solitude de son abandon à lui-même »[5] : appelé à ce qui est un « dépassement » qui ne vient de nulle part ailleurs que de lui-même.

---

1. § 54.
2. § 54.
3. § 57.
4. Inversement, à relire du point où nous sommes à présent, on relève dans l'analyse de l'angoisse qu'en s'angoissant pour le pouvoir-être-au-monde du *Dasein*, déjà elle est dite s'angoisser pour son être-possible comme pouvoir de se choisir. Cf. p. 288, au début.
5. P. 277.

Forte de ce progrès, la conclusion[1] peut lier, comme attendu, phénomène existentiel et condition existentiale : la conscience « transporte le *Dasein*... devant son "qu'il est et, en tant que l'étant qu'il est, il a à être en pouvant-être" ».

La tonalité de l'exposé est ambiguë. D'un côté, intervient constamment la rhétorique gratifiante du retour à l'injonction du plus intime, dans la destitution de l'extérieur : la conscience est « silence », son appel renvoie le Soi au *solus ipse* et se tient même à l'écart d'une quelconque « familiarité », elle advoque catégoriquement, au-delà de toute discussion, elle n'a même rien de commun avec un vouloir : on comprend que Heidegger, après avoir récusé le « tribunal » de la conscience kantienne, éprouve le besoin de spécifier en quoi il ne s'agit pas davantage de la voix de quelque Dieu. Autant de retours de l'intonationnel dans le théâtral du choix d'âme. D'un autre côté, on ne peut nier l'absence de concession, la radicalité d'un appel qui récuse tout fondement naturel ou rationnel, comme tout contenu factuel, et qui ne requiert du *Dasein* que de se « trouver » dans la nudité de son Là en se détournant de la « més-entente » de soi dans le bavardage public. L'appel, en ne se réclamant même plus du Soi, ne se réclame que de lui-même[2]. S'esquisse ainsi une figure du Soi qui prend sur soi le Soi en le débarrassant de toutes les immédiatetés du Soi – un kierkegaardisme délivré du religieux, un nietzschéisme débarrassé de toutes ses scories positivistes –, figure dont la hauteur, doublée du tragique de la solitude, a assurément été pour beaucoup dans le rayonnement de la pensée heideggérienne.

Aussi bien convient-il de se demander si l'invocation de la conscience dans sa dimension advocante n'occupe pas dans *Sein und Zeit*, plus même que la mort, une position tout-à-fait centrale, qui pénètre l'analyse dès l'origine. Car dès qu'il est parti de l'opposition entre l'aliénation du Soi au On et le Soi-même authentique, dès qu'il a opposé la facticité du sous-la-main et le dé-couvrement de l'originaire, Heidegger l'a fait en des termes qui n'ont pas cessé d'être connotés d'une « pro-vocation » du Soi-même depuis et vers son étrang(èr)eté au soi-même quotidien, et, dans cette provocation, d'une ouverture

---

1. Conclusion qui, toutefois, et curieusement, ne se donne pas pour non-réfutable : « rien ne s'y oppose, et au contraire plaident en ce sens tous les phénomènes... » (p. 276, fin).

2. § 55-56.

qui « rouvre » le pouvoir-être[1] au delà de tous les « contenus » de son être. Simplement, il arrive ici au point où ce dont il préjugeait depuis le début doit se trouver, comme il dirait, explicité ; mieux : où il lui est possible d'affirmer qu'à travers le « phénomène *originaire* » de la conscience, l'existential était déjà et sans médiation avéré. *Il n'en va de son être pour l'existence heideggérienne que pour autant qu'il en va de la conscience du Soi comme son rappel* : ainsi et pas autrement.

Ponctuons de nouveau que c'est un étrange accident de l'ontologie que d'être au suspens du « cri » – silencieux – de la conscience, ramenant le Soi-même à Soi. Mais convenons qu'en revanche la nudité de l'impératif heideggérien – bien au-delà du formalisme kantien – fait en même temps litière de tout le matériel compréhensif. Ce « tu dois » pur, tu dois parce que tu dois, on se doit d'assumer que c'est la seule formulation du devoir qui se tienne à l'abri de tout autre sens. Et c'est seulement ce principe d'abord acquis, que nous avons pu dire, que nous redisons (et là, nous ne sommes plus heideggériens), qu'il n'y a d'éthique que du logique : parce que c'est d'être à l'Autre que nous sommes au « tu dois ». Et parce que, pour pur que soit le « tu dois », nous n'aurions nul fondement à en faire critère, nul motif de le remplir, si ce n'était pas le remplir de ce qui est légitimé de par soi. Le vide du « tu dois » est ce qui le fait entièrement disponible pour l'exercice du Logos.

Admettons un instant que la voie consciencielle ait une pertinence ontologique. Dès lors que son être est ce qu'il en va pour le *Dasein*, que la préoccupation néanmoins l'en arrache, il était consistant qu'il y ait pour lui un possible du retour à Soi et qui se tienne à la mesure de l'étrang(èr)eté du Soi. Car que signifierait un pouvoir-être qui ne serait pas pouvoir-s'être ? Encore faudrait-il qu'être du Soi et pouvoir-être comme pouvoir de s'y porter soient distingués. Au contraire de quoi, Heidegger s'est jeté dans une difficulté sur laquelle aussitôt il bute : l'advocation du *Dasein* par le *Dasein* fait surgir en son sein une *dualité* qui casse l'Un-Tout structurel du *Dasein*. Se trouve redupliqué l'être-jeté, qui pour se comprendre ne se suffit plus d'une seule place ; on dira que, comme la mort, le dual attaché à l'appel de la conscience exhibe dans l'existentiel l'insistance du devancement de l'existential ; mais comment entendre que le *Dasein* se devance, cette fois, lui-même,

---

1. P. 280.

pour que le Soi s'ouvre à son Là ? D'où trois longues pages embarrassées[1] où Heidegger se défend de ce que l'appel de la conscience introduise dans l'analytique du *Dasein* rien qui soit étranger au *Dasein*, rien qui ne soit ce qu'il peut et a à être, rien non plus qui, de sa subjectivité, restreigne l'objectivité de l'advoqué : pages où, en portant tout l'effort sur la démonstration négative de ce qu'il n'y a rien d'autre à chercher dans le « colloque » avec la conscience que la « con-vocation » du *Dasein* par lui-même, Heidegger évite de poser la vraie question : *comment, sans duplication du Soi, écrire qu'il s'appelle lui-même ?* Aussi bien est-il singulier que tout l'exposé ne retienne que l'appel du *Dasein* par le *Dasein* sans prendre appui du pouvoir-être, dans le concept duquel le conflit est encore plus clair. Car pour celui-ci, de quoi s'agit-il ? De se retourner sur sa vérité dans le fil même de ce qui lui est donné comme l'*indétermination* de ses possibles : proposition impensable, sauf à ce que le pouvoir-être soit en lui-même scindé, ce qui est aussitôt exclu pour l'Une-Totalité recherchée. On dira que l'appel de la conscience est justement ce supplément qui détermine le pouvoir-être à choisir ; mais l'appel de la conscience n'est rien d'autre que celui du pouvoir-être encore. On dira que l'appel est spécifié d'être celui du pouvoir-être « le plus propre » et que c'est précisément ce qui se dit quand on le dit pouvoir-*être* ; mais pour que le pouvoir-être se fasse adéquat à son propre, il faudrait que celui-ci soit posé à la fois en lui et en avant de lui : Heidegger ne dit pas autre chose et il est pleinement fondé à écrire que, dans l'appel, le Soi est confronté à son propre Là ; mais dans son obstination à trouver l'être authentique dans l'immanence d'un pouvoir dont il a présupposé dès le début qu'il était pouvoir-être, il n'a pas de place distincte, à part soi, pour ce Là. L'aporie est celle de toute pensée qui fixe *à l'intérieur du pouvoir*, jamais isolé comme tel par Heidegger et cependant impliqué par le possible du choix, *la fin du pouvoir*. La démarche est possible s'il s'y agit d'une fin qui précède le pouvoir ; elle n'est plus tenable dès l'instant que le pouvoir est censé avoir les ressources pour ouvrir en lui-même la distinction entre lui-même et son authenticité. Le fond de l'aporie est l'impasse d'un style de pensée qui, ne remettant pas le pouvoir-être à l'être mais l'être au pouvoir-être – et tel est bien, dès qu'on y réfléchit, le radical du mouvement heideggérien –, doit énoncer simultanément le moyen et la fin.

---

1. § 57.

Certes, cette remise à soi du pouvoir-être est ce qui donne à la conscience heideggérienne son accent singulier et la force de son exigence nue, dans le dépouillement de toute complicité avec un quelconque contenu ; mais ce qu'on découvre alors, c'est pourquoi l'insistance sur la quotidienneté était si nécessaire : c'est qu'elle est là pour placer négativement et par contraste le Là. Qu'elle soit censée y suffire ne fait que reposer la question : qu'est-ce qui, pour le pouvoir-être, fait signe de ce qui n'est pas l'être dans cet être-là ? Que Heidegger n'ait pas cédé sur la conscience malgré les difficultés qu'elle introduisait dans la consistance de son analyse, que bien plutôt il ait fondé celle-ci sur l'appel de celle-là, et en mettant tout l'accent sur cela même qui entraînait l'inconsistance de la seconde, atteste qu'il tenait une proposition dont les termes sont introuvables pour la figure cruciale de ce qu'il entendait par la constitution compréhensive du *Dasein*.

a'. Un trait singulier des analyses de cette Seconde section de *Sein und Zeit* est que, d'un côté, elles mettent au jour avec une acuité et une rigueur impressionnantes des caractères de l'existence – tout-à-l'heure, l'en-avant-de ; à présent, le « tu dois » nu – qui sont autant d'avancées qu'on se doit de prendre en compte ; mais que, d'un autre côté, le parti qu'il en tire comme rappel de l'être à l'être engage l'ontologie dans une impasse qu'on ne peut que souligner. Entre le pouvoir-être et l'être du pouvoir-être, quelle ressource pour le dire, sinon une tautologie sans place pour une quelconque *médiation* ? Nous venons de le montrer : la différence existentielle avait justement pour fonction d'ouvrir dans la tautologie un écart, mais au moment crucial de son dépassement elle cesse, elle ne peut que cesser, d'être opérante, l'existential – puisque l'existentiel n'était que son semblant – n'est plus confronté qu'à lui-même. Autre façon de dire que, sans la césure introduite par l'Autre, la question de l'être ne saurait même pas se poser. Et autre façon de dire que ce qu'elle a d'être n'est appréhendable par l'existence que pour autant qu'elle-même n'est pas seulement. En définissant l'être par l'existence et l'existence par l'être, Heidegger s'est enfermé dans un cercle qui ne laisse aucune ressource pour la démonstration. L'ontologie est en situation d'étouffement.

Il est, on le voit bien, exclu que l'existence puisse se convoquer elle-même dans le reclos de son pouvoir-être. Il ne faut même pas dire du devancement : vers l'Autre, mais *depuis* l'Autre ; et il ne faut même pas dire du « tu dois » nu : au nom de l'Autre, mais : *pour* l'Autre, pour que témoignage soit rendu de l'Autre. La question de l'être est posée parce que l'Autre la pose et pour que l'Autre soit exposé. *La question ontologique passe de bout en bout par la médiation de l'Autre.*

C'est là pointer le lien entre l'impossibilité de l'existence et la possibilité de l'ontologie. On dira qu'au redoublement du *Dasein*, nous ne faisons que substituer la disjonction de l'existant ; mais ce que le premier bloquait, la seconde l'ouvre à l'argument. Allant de soi que, de l'argumentation de l'être, elle éclaire la condition sans pouvoir déduire la démonstration, pour quoi nous n'avons que l'induction.

C'est pointer aussi comment se recoupent toutes les questions que nous avons dû soulever, toutes les réponses que nous avons cherché à y apporter. Quant à la pensée, nous l'indiquions dès le début, elle ne peut assurer aucun procès en s'appuyant du Même seul, mais pas davantage de l'Autre pur. C'est pourquoi Hegel restera toujours irréfutable, d'avoir reconnu comme sa condition la médiation. Et si c'est ce que le cartésianisme énonçait en marquant la fonction du distinct au fil des chaînes de raisons, il faut convenir que dans le « j'existe » il n'allait pas jusqu'au bout de son énoncé ; de là qu'il a pu se refermer chez Spinoza en une ontologie du Même. Et si le prescrit du médiat est ce que le kantisme répétait en assignant le faire-un du divers phénoménal aux catégories, lui non plus n'allait pas jusqu'au bout en attachant leur appareil à l'unité aperceptive du sujet ; de là que sa postérité a cru pouvoir faire du tout de la diversité la production d'un pur sujet toujours le même ; et que Hegel lui-même a rapporté la médiation au devenir soi-même de l'Absolu sujet. C'est pourquoi encore il faut aujourd'hui répondre à Milner que l'autre de l'autre n'est que le rêve d'une pensée sans matière – c'est l'aporétique du Même qui détermine le devoir penser l'Autre – ; et convenir avec Badiou que faire matière du Multiple pur serait, sans l'opérer du faire-un, le rêve d'une matière sans pensée – c'est l'Autre qui fixe la composition possible du Même et la fait passer à la médiation de la constitution –. Qu'il faille se tenir au discours ne requiert pas d'autre raison : *le discours, c'est la médiation* : le prescrit de la médiation.

Et s'il fallait partir du discours du perçu, c'est qu'il se constitue comme celui où la médiation est obvie : qu'elle transit de part en part. Médiation dans sa matière, dont nous avons dit quelles axiomatiques y sont productrices, à chaque moment, d'apparaître, et comment c'est leur élaboration discursive qui en fait un ensemble consistant. Médiation de l'apparaître lui-même comme consistance qui subsume tous les possibles consistants. Et médiation de l'apparaître pour l'induction de l'être : c'est sur quoi, lui manquant pour la déduction le *medium*, a buté Badiou, ce qui l'a conduit à récuser la médiation – sinon indirecte – de l'apparaître à l'être, et ce qui pourtant se résout de ce qu'il n'y a rien dans l'apparaître – sinon le *factum* de l'empirie – qui ne soit transparent au discours, qui n'apparaisse comme discours, et comme discours consistant, et de ce que, hors cette discursivité, rien ne permettrait d'induire l'être. Le perçu fonde le discours en ce qu'il y fonde la médiation, dont le concept sera l'élaboration.

Quant à l'existant, son privilège – ambigu –, ou mieux dit son pouvoir être-au-discours, tient à ce qu'il doit se dire *en lui-même médiat* : être et Autre, être à l'Autre qui le transit. C'est ce dont Lacan a produit l'évidence et cherché à tirer toutes les conséquences. Il est vrai que ne réussit jamais à s'écrire, hors dans ses conséquences, cette médiation-là, et s'il y a une facticité, c'est bien là ; mais il est tout autant avéré que ce n'est pas en faisant son miel de cette butée, bien plutôt en poursuivant le discours aussi loin qu'il peut aller sur ses bords, qu'on en tient assuré le procès. L'existence ne se tient jamais où elle est parce qu'elle se pense depuis le lieu où il n'y a plus d'être. Et en le pensant, elle atteste que, mieux que l'être, fait fond la discursivité qui n'"est" pas. Car si, dès lors qu'il y a, il faut bien qu'il y ait de l'être, d'un tout autre import est le discursif qui en régit le concept. L'être n'est, après tout, que le reste de cet immense discours qui est d'abord celui du perçu.

Telle est, dans la systématicité de son impact, la portée du principe de la médiation discursive. Où se mesure que le "du Même au Même" heideggérien ne pouvait ouvrir que le semblant d'une voie sans issue.

Après quoi, on doit convenir qu'est place cardinale pour l'existant l'injonction à s'accomplir. Mais laquelle ? Il est caractéristique d'un parti-pris ethico-destinal comme celui de Heidegger, de présupposer qu'il n'y a qu'*un seul « choix »* qui soit le bon et qui mérite ce nom. Or l'injonction d'être au Logos est, au contraire, essentiellement *ouverte* : parce que, qui ne le sait ?, s'orienter concrètement sur la consistance n'est pas transparent, défi de la contingence du factuel où revient dans l'apparaître l'infini de l'être ; parce que la pensée même ne progresse pas, dans le multiple d'articulations des concepts, sans avoir continuellement à décider – la systématique des concepts, de leur définition, n'est pas un univers statique, mais se creuse, à chaque instant de l'aporétique, d'une autre définition dans une autre situation conceptuelle, et du devoir à nouveaux frais enchaîner – ; parce qu'enfin penser n'est, si le mot produire y a un sens, pas accepter mais « forcer », faire sauter les goulots d'étranglement de l'argument – c'est ce qui, après Badiou, nous a fait distinguer véridicité et vérité –. Pour n'aller pas plus loin, le divers des voies choisies par la pensée, comme celles qu'ont analysées Lévi-Strauss, soit – très grossièrement dit – le blocage du consistant par le taxinomique, ou Jullien, soit l'évitement du consistant par le stratégique, ou ce que j'ai appelé l'*agôn* comme conflit sur les pouvoirs du consistant, illustrent suffisamment que prononcer « penser » n'est pas transparent. Et, pour aller à l'essentiel : il ne suffit surtout pas de dire : *nous* sommes au seul axiomatico-logique du philosophique, et nous n'y sommes qu'autant qu'il nous appartient d'y être et que nous savons y être ; il faut dire qu'*en lui-même* l'axiomatico-logique est aporétique, est ponctué de blocages et s'avère pluriel. Rien ne serait plus niais que la confusion entre le rationnel et l'à une seule entrée. Il n'y a pas seulement des analogies de structure – comme celles des trois axiomatiques du perçu –, mais des points de rupture – comme ceux dont a tranché entre d'autres Gödel, ou ceux de l'infra-atomique –, des impossibilités à faire consister – comme le passage des langues formulaires au prédicatif –, enfin des couches de rationalité distinctes Dans chacun de ses ordres de discours, de l'esthétique à la philosophie, l'histoire est le récit de ce démêlé intérieur au logique même. *Toute expression de la consistance est transcendante, mais la consistance n'est pas univoque : il faut avancer avec ce paradoxe.*

Reste la décision d'intelligibilité, elle intangible. L'analyse du perçu aura été ici le moment de la mise en lumière de ce qui en est toujours-acquis ; la détermination de l'axiomatique du perçu aura voulu engager le moment d'ouverture. On ne "fait" pas le consistant, qui *est là*, et pourtant il faut toujours qu'on en *décide*. C'est dans ce champ marqué de la médiation que le Soi a à continuer : à persévérer dans le procès du discourir où il se trouve inscrit en son nom d'étant singulier qui répond de son choix sur ce qui, avant et sans lui, est là. Choix où il se risque en risquant ce qui lui demeure transcendant.

Dans un style heideggérien, on dira que nous sommes libres pour cette tâche, à la mesure de laquelle proprement nous existons. En conformité avec le dépli de ce qui est la structure même de l'existence, celle d'une médiation sans résolution. Mieux : il n'est pas exagéré de dire qu'à l'exercice d'une telle liberté convient chaque fois le titre de l'événement : événement en ce qu'elle est simultanément constitution décidable aux limites du consistant et constitution indécidable d'un énoncé, celui du Je, dont la colligation des termes demeure indiscernable. Le Je est alors le faire exception d'une singularité se portant, au titre de sa singularité même, à ce qui récuse qu'elle puisse se fonder dans la consistance d'une proposition. Mais tentant d'y répondre par l'exciper de la proposition qu'il énonce.

Alors, du point de la méthode, peut être retrouvée la relation de l'injonctioni à l'éthique, mais comme celle de l'énoncé *exact*. Heidegger, en vidant la conscience appelante de tout contenu, en la faisant advocation muette de notre Là, à la fois met au jour un moment fondateur de l'existence et, le traitant sans la médiation qui l'instaure, destitue le pouvoir-être de toute procédure. Il évite ainsi le bavardage de la morale « publique », remet le *Dasein* à la seule expérience de son étrang(èr)eté – mais en manque le principe originaire –, et investit la « pro-vocation » de son seul sens ontologique – mais sans voie pour médiatiser l'être – ; moyennant quoi, il n'a qu'une liberté *sans méthode*, muette à son tour, et qui, jusque dans sa dépendance de l'échéance, tient beaucoup plus de la conversion que du procès. Moyennant quoi encore, le Soi heideggérien se voit privé de cet exercice persévérant à l'Autre qui n'en demeure pas moins le propre dont un Soi puisse à bon droit se réclamer et la seule voie qui assure une procédure sur laquelle il puisse de façon transparente se régler. Nous répondrons donc qu'il y a une méthode de l'éthique intellectuelle, un pas-à-pas où l'adéquation se double de la décision, qui est, pour chaque situation, celui du discernement constituant, inclus celui de ce que de notre singularité il implique. Que le Je puisse, en se choisissant pour l'Autre, se choisir, implique qu'il ne vient à l'exposition qu'en s'exposant lui-même, ce que je traduirai : en se posant comme *ce qu'un Un qui est indiscernable dans l'apparaître requiert comme représentaation dans l'Autre, pour que par lui le discernement soit*. Détermination comme Un-Je au champ de l'Autre, dont l'(in)constitution du Soi ne rend pas transparent qu'elle soit possible. Mais détermination dont l'analyse de la situation « existence » montre ce qui la prescrit : dès lors que l'existant est à l'Autre et que – comme je le proposais plus haut[1] – pour qu'un prononcer de la consistance soit, il faut que le

---

1. Cf. p. 669.

prononçant lui-même consiste. Il n'y a, ici comme partout, de bien faire que sous condition du proprement énoncer la situation. En quoi nous retrouvons le *dictum* lacanien qu'il n'y a éthique que du *bien dire* : qui est ultimement tenir les termes dans lesquels est tenue la situation exister.

C'est à ce prix seulement qu'il y a chance que le Soi ne se tienne pas trop loin du sujet logique de ses énoncés.

b. Surgit un problème, dont Heidegger se fait à lui-même une nouvelle objection [1] : entre l'expérience existentielle de la conscience et son interprétation existentiale – rappelons-nous que la première doit attester de la possibilité de l'ouverture à la seconde –, la distance ne rend-elle pas encore une fois impossible l'attestation cherchée de l'une dans l'autre ? C'est que, phénoménalement, la conscience est bien plutôt qu'advocation, *réprimande* ou, si appel, appel au titre d'une culpabilité : elle « pro-voque » le Dasein comme *en-dette*. « La "voix" de la conscience parle d'une "dette" » [2] dont le concept existential reste à trouver *d'abord* pour qu'il puisse être *ensuite* reconnu dans l'existentiel [3]. La résolution de ce retournement dans la méthode se fait en trois temps qui méritent un examen minutieux.

1. *L'en-dette.* La réponse requiert une réécriture inattendue du *Cogito* : puisque la conscience est ad-vocation du *Dasein* par lui-même, il faut que « "en-dette" surgi[sse] comme prédicat du "je suis" » [4].

Bien entendu, ce prédicat ne saurait être de la forme du « manquer à » qui relève encore de la préoccupation d'un sous-la-main ou de la sollicitude d'un avec. S'agissant du « je suis », il faudra dire qu'il est en-dette comme déterminé par un « *ne-pas* » (: je ne suis pas...) qui n'a d'autre « fondement » que lui-même (: je suis cause de ce que je

---

1. On ne peut qu'être frappé, je le redis, par la *rigueur* que Heidegger met au service d'un discours qui dénie le primat de la rigueur.

2. § 58.

3. Où la rigueur a sa limite : on retrouve ici la procédure « à rebours » qui commandait tout à l'heure la définition existentiale de « l'ouverture du Là » comme préalable à sa confirmation dans l'expérience existentielle de l'advocation nue, débouchant à son tour dans « l'appel du souci ». Et à vrai dire, cette procédure est celle de *Sein und Zeit* tout entier, où l'existentiel, qui nous rend « possible » l'accès à l'existential, ne se comprend lui-même comme tel que pour autant qu'a été préposé ce qu'il en va dans la structure originaire de l'existential.

4. P. 281.

ne suis pas...) ; ou mieux, qu'il est « *être-fondement d'une nullité* » (: du n'être pas...). Entendons : l'être-en-dette existentiel, éprouvé comme endettement privatif, doit avoir son fondement existential dans un être-en-dette du Soi-même au regard de son être même.

La question devient alors : qu'est-ce qui, dans l'être du *Dasein* – le souci –, rend possible un être-en-dette originaire ? Réponse : sa *facticité* dont le concept dévoile, à ce point, sa complexité. D'une part, l'étant-jeté « *n'*est *pas* porté à son Là par lui-même », le pouvoir-être « s'appartient » sans s'être à lui-même « remis » ; l'existant ne passe pas « derrière » son être-jeté, de telle sorte qu'il puisse reconduire de ce qu'il est à son être-Là. Mais d'autre part, l'être-jeté n'est pas pour autant simple « factualité » qui de bout en bout lui échappe : en tant du moins qu'il existe comme lui-même, remis à cet étant qu'il est, le *Dasein* est le *fondement* de son pouvoir-être, s'éprouve chaque fois, dans chaque être-jeté, comme ce fondement – qu'il n'a pourtant pas lui-même fondé[1]. Poser que l'être du *Dasein* est le souci, revenait à poser qu'il est *fondement jeté* : jeté comme Soi-même vers les possibles où il se projette, il a – c'est cela même le pouvoir-*être* et l'avoir-à-*être* – à du même trait « poser le fondement de lui-même » mais sans « *jamais* se rendre maître de celui-ci » puisque c'est jeté qu'il se projette. En un mot : l'être-jeté exclut que le fondement du *Dasein* lui soit donné, mais l'être-Soi-même-et-aucun-autre impose que, comme tel, ce soit lui-même qui se fonde.

Or s'il n'est, comme jeté, jamais « avant » son fondement, et n'est que « depuis » celui-ci, il « n'est *jamais* en possession de son être le plus propre » et ne se projette « *en tant que* Soi-même » qu'« en deçà » de ses possibilités, tenu toujours par et dans celle où il est jeté, soit dans le « ne pas » de toute autre possibilité. C'est ce dont Heidegger s'autorise pour écrire que non seulement l'être-fondement, mais aussi le projet et la liberté sont également « *nuls* »[2]. Et que la nullité est cela même qui se trouve originairement déterminer le *Dasein* comme en-dette.

---

1. Tout ce passage est, dans son mouvement et son expression, d'une extrême obscurité. Sans doute parce qu'il n'y a cette fois pas assignation – autre danger – d'une dualité.

2. Aucune traduction ne permet de faire clairement passer le retour ici du *Nicht* et de ses dérivés, dont nous avions souligné l'importance dans l'analyse de l'angoisse. Nullité, c'est *Nichtigkeit*.

C'est certes au titre de la morale « publique » que Heidegger a introduit la réprimande ; il n'empêche que la détermination de la conscience existentiale par la dette préjuge d'une « intonation » culpabilisante qu'on tiendra à bon droit pour théologico-névrotique : névrose de la religion à quoi la philosophie – pourtant obsessionnelle dans son essence – a toujours résisté et à laquelle Spinoza a opposé le plus beau modèle d'éthique de bout en bout affirmative. Nous sommes ici en un de ces points où la pensée heideggérienne épouse l'orient d'une anti-philosophie.

Mais nous sommes aussi au cœur de la méditation heideggérienne sur la facticité, qui est sans doute, avec les thématiques de l'être-à et du pouvoir-être, son geste philosophique décisif : dont il ne sera plus possible de ne pas tenir compte. C'est pourquoi il a fallu suivre au plus près les articulations d'une argumentation par moments très obscure dans son expression.

Que l'existence échoue à se fonder elle-même, c'est certes une évidence, mais dont Heidegger a marqué l'importance conceptuelle et les déterminations tant existentielles qu'existentiales avec une puissance de pensée qui la replace au cœur de la définition du *Dasein*. Évidence qui s'impose à côté du *Cogito*, et en un sens contre lui : contre ce qu'il y restait d'impensé – comme remis à Dieu. Pour autant que nous sommes, nous sommes, oui, *jetés* à ce que nous sommes. Cela s'entend d'abord de ce qu'étant, nous ne le sommes que comme jetés à l'étance. Nous le sommes comme tous les étants. Mais aussi autrement, parce que, existants, nous sommes « ouverts » à ce qu'a de factice notre étance. Or cette ouverture à son tour, nous ne pouvons qu'en prendre acte. Et il faut accorder à Heidegger que ce pouvoir même que nous avons d'en prendre acte, soit l'existence, nous n'y sommes pas moins jetés, sans qu'elle puisse prétendre qu'elle s'est par elle-même fondée. Jetés, nous le sommes de part en part.

Seulement Heidegger dit de nouveau deux choses à la fois. Car si d'un côté l'être en dette est une nouvelle fois retour de « ce pour quoi l'angoisse s'angoisse », dont fait symptôme le retour des termes « privation » et « nul », d'un autre côté, si une nouvelle fois ce sur quoi « ouvre » l'angoisse est son bord même, ce bord n'est cette fois rien d'autre que l'être du *Dasein* : comment, sans quoi, le *Dasein* pourrait-il être à son propre égard en dette ? D'un côté, jamais le dé-couvrement de son être par le *Dasein* n'a paru aussi précaire que dans ces pages, où à la limite il est exclu. Mais d'un autre côté, le découvrement est inévitable, ou inévitablement présumé, dès lors que le *Dasein* n'a pas d'autre horizon que lui-même à trouver.

Cette dernière proposition est évidemment celle qui fait problème. Car ce qui fait fond de la facticité, c'est bien plutôt que je n'ai *définitivement* aucun moyen de me fonder. Heidegger, qui paraît radical, se garde en vérité de mettre l'existant en exception dans l'être fondateur ; et plus encore de penser qu'il ne puisse que pas-tout y être. Il s'arrête à ceci que l'existant est à l'être en y étant, certes, comme jeté, et comme jeté in-fondé ; mais y être jeté, c'est y être. Qu'il y ait conséquence d'exister à être n'est pas même discuté. Et pas davantage que ce soit dans l'espace du *solus ipse* que la question du fondement doive trouver sa résolution. Autrement dit, que l'être soit si adéquat à l'exister que ce soit l'existence qui, par excellence, est.

2. *Le vouloir-avoir-conscience.* Ce qui, pour Heidegger, possibilise l'ouverture du *Dasein* à son être-en-dette est l'appel de la conscience. L'appel de son étrangè(re)té est ce qui « donne à comprendre » au *Dasein* son être, comme « rappel » de la nullité de son pouvoir-être le plus propre [1]. À son tour, le « se-laisser-pro-voquer... à cette possibilité » inclut en soi le *devenir-libre* du *Dasein* pour l'appel » [2] : comprendre, être « obédient » à l'appel, s'être soi-même « choisi », « agir sur soi » du plus propre, sont synonymes. Et le choix, à son tour, est « *vouloir-avoir-conscience* » comme « présupposition existentielle la plus originaire de la possibilité du devenir-en-dette factice ».

La conscience n'est là rien d'autre que l'appel du souci comme originairement souci de Soi. La dire advocation n'est ni la dire critique ni la dire admonition, sur le mode de la moralité quotidienne, qui qualifie des actes échéants recouvrant l'existential. On doit en revanche la dire « positive » en tant qu'ouverture du *Dasein* à son pouvoir-être.

Ce second temps de l'analyse de l'être-en-dette est aussi faible que la mise au jour du sens de la facticité comme infondation prescrivant une fondation infondée était pénétrante. D'abord parce qu'en ce point apparaît le prix à payer pour la dualité de l'appelant et de l'appelé. D'un côté, c'est l'appel qui rend seul raison de l'ouverture, en sorte

---

1. P. 287.
2. P. 287.

que l'appelé semble n'avoir d'autre ressource que de *se laisser appeler*. Mais d'un autre côté, l'appelé, en comprenant l'appel, se rend libre pour lui et, ce faisant, *se choisit*. Seulement, de ce pouvoir choisir, qui décidemment fait problème pour Heidegger[1], rien n'est explicité : il est manifestement tenu pour une resssource du pouvoir-être factice qui va de soi, sans plus. On objectera qu'il est resserré en vouloir-avoir-conscience. Mais qu'est-ce que cela ? Comme vouloir-avoir, une détermination de l'appelé. Comme avoir-conscience, une détermina-tion de l'appelant. Je ne puis que le redire : le Soi ad-voqué par Soi – et non par l'Autre – au Soi s'enlise dans le faux dual d'une tautologie dont les termes fuient et qui échoue à les légitimer. Moyennant quoi, toutes les références de Heidegger à la « liberté » sonnent le creux conceptuel.

On pourrait, cependant, avoir le sentiment que tombe ici l'objection que nous avions faite au dédoublement du *Dasein*, inscrit dans son injonction par la conscience, et à l'aporie d'un pouvoir-être à la fois *indéterminé* comme pouvoir – devenu ici sa nullité – et *déterminé* comme le plus propre – devenu ici l'appel –. Car cette fois l'appel est bien ce supplément qui ouvre au *Dasein* la compréhension de son être. Mais le propos est loin d'être aussi simple. D'un côté, que l'appelé « se choisisse » en choisissant l'appel, présuppose ce que nous avions reconnu comme un pouvoir, sans plus : ouvert à tout possible. D'un autre côté, en se faisant obédient, c'est son pouvoir-être, soit le moins quelconque, qu'il dé-couvre. Mais il est hors de question que ce ne soit pas ici et là *le même pouvoir* et la question se repose de ce qui assure le détournement dans le quelconque. En vérité, Heidegger parle ici deux langages à la fois : celui, dualiste, de l'advocation et celui, moniste, de la remise au Soi du Soi. Et le premier n'est là que comme un moyen de mettre en mouvement le second : l'appel de la conscience est une autre façon de dire que dans la nullité il y a déjà l'étrang(èr)eté.

Sans reculer devant l'artifice, l'assomption du fondement s'autorise de l'impasse du tautologique : l'appel va du Même au Même par le Même.

3. *La résolution.* Dans le vouloir-avoir-conscience, qui est « laisser-agir en-soi le Soi-même... à partir de lui-même en son être-en-dette »[2],

---

1. Cf. sur la décision, p. 527 ci-dessus.
2. § 60.

se trouve « attesté » mais plus encore enfin explicité, ce qu'est le pouvoir-être *le plus propre*. Que, pour l'élucider, Heidegger indexe
comme la « résolution ». Soit l'ouverture au monde, à l'autre, au Soi-
même « modifiée » non pas dans son contenu factice mais dans le
mode sur lequel elle le « laisse "être" » et « se rend libre pour lui ».
Il faut comprendre que la résolution ne fait pas exception à la facticité
de l'existence : « sûre d'elle-même » comme « *déterminité existentiale* », elle n'en est pas moins la détermination d'une « *indétermination
existentielle* ». Mais inversement, ce serait se tromper que de croire que
les possibles factices la précèdent : c'est elle seule qui répond de l'ouverture au factice *comme factice* et du s'y projeter. Comme « vérité authentique », la résolution « s'approprie authentiquement la non-vérité » de
l'ir-résolution échéante du On, qui demeure « souveraine » sans
pouvoir « entamer » la résolution pour autant.

Cette structure extraordinairement tendue débouche sur la mise au
jour d'un dernier phénomène existential. De ce que la résolution pour
le plus propre est toujours jetée dans des possibilités factices, suit
qu'inévitablement elle est, comme on dira plus tard, « *en situation* ».
« La situation est le Là à chaque fois ouvert dans la résolution – le Là
en tant que quoi l'étant existant est là ». La situation ne s'entend que
fondée dans la résolution, mais elle en détermine ce qu'on peut dire
l'occasion. « La résolution transporte l'être du Là dans l'existence de
sa situation »[1]. Concept introduit *in fine* pour souligner que l'ad-vocation, loin d'être appel vide, « *pro-voque [le pouvoir-être] à la situation* ». Il y a par là – dans le Là – une positivité existentielle de la
résolution, qui est aussi une limitation. Et il y a par là – dans le là –
la fondation de la situation dans l'existential de la résolution.

Nous opposions plus haut à « l'un seul choix » ce que nous avons
appelé la constitution tendue de l'existence à l'être et à l'Autre. Heidegger répond ici à l'objection : oui, il n'y a d'autre résolution que
celle dans et pour la conscience, mais elle passe toujours par l'existentiel interprété existentialement comme la situation.

L'enjeu est clair : le pouvoir-être authentique n'est aucunement
pouvoir qui se détournerait de l'ouverture au factice, et cela alors
même que c'est lui – le pouvoir-être le plus propre – qui prend la

---

1. P. 300, où l'être dans telle situation, qui appartient à la résolution, est mis en
correspondance avec la spatialité, qui appartient à l'être-au-monde.

mesure de ce que signifie la facticité. La pensée heideggérienne est, sur cette question cardinale, à la fois profonde, stricte et exigeante, qui écarte de l'existential toute fuite hors de l'existentiel et qui interdit que le plus propre soit un décrochement du Soi faisant repli dans quelque intimité suréminente, délesté du monde, des autres, et de sa propre étance. On peut dire que, cette fois, la conjonction des deus sens de factice a trouvé sa pertinence. C'est aussi, pour beaucoup, ce qui aura été légitimement retenu de *Sein und Zeit*, avec la proposition converse de ce qui engage le plus propre du *Dasein* dans sa « situation » dont répond sa résolution. Quitte à faire sursauter, on pourrait dire que ce qui s'esquisse là comme une éthique inhérente à l'ontologique n'est pas sans une parenté inattendue avec l'assomption de l'être au monde tout en le tenant à distance, où se résume le modèle stoïcien.

Sous un autre angle, mais pour les mêmes raisons, il faut souligner que la résolution, si l'être qui s'en dit le terme est bien déterminé, ne devient à aucun moment un pouvoir se l'approprier. Le pouvoir-être délivre non pas l'être vers quoi l'en dette le porte mais l'ouverture qui s'y porte, dans l'absence de fondement qui la porte. Le Soi est retenu sur les bords de son être, tels que les a dépliés la dialectique du fondement, et ce qui s'y trouve « modifié » reste l'abord de la facticité. Pas plus qu'il n'a donné un contenu à l'appel, Heidegger – et c'est sa grandeur – n'a mis dans la résolution la promesse au *Dasein* d'"avoir" cet être à la mesure duquel il est. Comme écrivait Reiner Schürmann [1], l'archè ne cesse pas de manquer.

Quant à la question dont nous cherchons depuis un moment la solution, celle de la division interne d'un pouvoir qui doit pourtant n'être finalement que le même pouvoir-être, on aura remarqué que Heidegger prend cette fois à son compte ce que nous avions dû inférer jusque ici nous-mêmes : que la dualité est celle de l'indétermination et de la déterminité du pouvoir. Autrement dit, qu'elle porte sur les modalités d'un même. Ce qui est conséquent avec la condition d'un être factice, condamné par là-même à se fonder lui-même, mais qui n'a aucune ressource pour ne pas rester « sourd à l'appel » si tel est le cours de son indétermination. En sorte que l'appel est à la fois la solution et l'incertitude de la solution : sa contingence.

---

1. *Le principe d'anarchie.*

b'. Reste que poser *l'absence de la fondation et la résolution qui y répond* est avancer un geste philosophique majeur contre lequel ne tient aucune objection. Geste libérateur au regard d'une tradition qui n'a cessé de chercher pour l'existence – et, quand ce n'était pas pour elle, pour la connaissance[1] – un fond qui l'assure, en la réintégrant par quelque biais soit à l'être qui précède toute étance – quand ce ne serait que par le propre de la substance –, soit à une détermination *a priori* ou *a posteriori* constituante, requalifiée du « par essence ». Nous retrouvons ici la césure entre le naturalisme de l'Aristotélisme – l'essence est une nature –, qui enveloppe quasiment toute l'histoire de la philosophie postérieure, et le Platonisme qui, livrant la pensée à sa seule circulation consistante, lui retire, et par elle à ce que nous appelons aujourd'hui l'existant[2], toute espèce de fondation qui la précède : la pensée ne s'autorisant que d'elle-même, absolument. Que l'existant doive s'entendre de la même disruption au regard d'un quelconque « naturel » fondateur de toute visée, l'ultime résolution de Socrate en atteste suffisamment. Il faut dès lors s'étonner du croisement dans le discours heideggérien de deux coulées géologiques divergentes : nous l'avons vu, dans sa définition des caractères qui conviennent à l'être du *Dasein*, adopter toutes les solutions de l'Aristotélisme, mais voici que – non sans sursaut – on doit le dire platonicien dans son arrachement du *Dasein* à la garantie d'une fondation qui, fût-ce par le biais de quelque supplément, l'intégrerait à l'ordre du naturel. L'irréductibilité du *Dasein* à l'étant acquiert de ce point un tout autre sens, au titre du manque d'essence. Titre que nous-mêmes assumons depuis longtemps, et dont on peut risquer qu'il est platonicien au vu de l'échelle de médiations que Platon doit introduire pour que l'existence soit à la fois d'ici et de là. Ce qui, bien entendu, n'est chez Heidegger pas du tout platonicien, c'est la définition de l'existence par le sens et non par l'idée : geste, cette fois, anti-philsophique qui, de ce que le Soi est livré à soi, conclut qu'il ne le peut qu'à se tenir au plus près de la compréhension du Soi.

Là où, récusant que la médiation soit possible, nous ne serons plus platoniciens, c'est pour ce que l'existence, tenu ce qui l'(in)constitue, ne pourrait se décider que dans la résolution d'assumer intégralement

---

1. On n'en exceptera pas le criticisme du transcendantal.
2. Il est, de ce biais, secondaire que Platon invente à toutes fins mythologiques la réminiscence.

et l'étance *et* le discours, quand bien même elle ne peut que bien dire pourquoi, du côté de l'un comme de l'autre, c'est l'impossibilité de l'« intégralement » qui répond. Impossibilité que Heidegger, au moins utopiquement et malgré beaucoup de restrictions, manque, à travers le basculement qui reconduit le *Dasein* de l'existentiel à l'existential.

Il nous faut, arrivés là, tenter de fonder autrement que sur un règlement éthique de la réserve à conserver au regard du soi-même, le malaise que nous avons plusieurs fois exprimé devant la promotion du Soi comme objet nodal de la pensée philosophique, avec les affects qui y sont adhérents. Que nous tenions ce qui résulte de cette promotion pour une indécence de la pensée n'est pas affaire de goût – le goût n'est, malgré Kant, pas un concept philosophique – mais – qu'on nous permette un jeu sur l'équivoque dans le style lacanien – la ponctuation d'un *dé-sens*. Que le Soi heideggérien se « con-voque » comme un anti-objet ne saurait faire que cette convocation ne demeure dans le registre de l'*appropriation* : du bien conquis. C'est là l'erreur paradoxale d'une philosophie de l'existence qui, voulant se détourner de la préoccupation de l'étant, conserve en se retournant sur soi la structure de la « tournure ». Et si malaise il y a, c'est pour l'erreur qui le commande, d'une possibilité pour le Soi d'être à soi, avec le mode qu'y a cet « à soi ». Heidegger propose une lecture du *Dasein* brouillée par son accroche au « plus propre » comme celle d'un bien, dont de surcroît la proximité, précipitant – fût-ce impossiblement – le Soi vers soi, le jette dans la structure de la *propriété* en ce qu'elle a d'obscénité.

On pourrait dire alors que Heidegger s'obstine à trouver le Tout des touts du *Dasein* pour y tenir dans le recel du soi l'Un d'un être dont il n'aura jamais le Tout. Quant à nous qui cherchons comment est possible la décision de l'existant, nous avons à déterminer et situer – si nous le pouvons – *ce qui autorise un passage du chiasme de l'existence à l'Un de la décision.*

Soient, quant au chiasme de l'étance et du discursif, et pour en faire exemple, les célèbres propositions lacaniennes : « d'homme, il n'y en a pas un qui castré ne le soit » et « de femme, il n'y en a pas qui soit autrement que pas-toute castrée »[1]. Il va de soi que nous ne nous préoccupons pas ici des hommes et des femmes, ou ne nous en occupons que pour autant que tous les hommes sont des femmes et réci-

---

1. *Séminaire XX, Encore*, VII.

proquement. Nous avons déjà plus d'une fois reconnu dans la castration la métaphore de la restructuration, par le discours, de l'étant que nous sommes : soit ce qui l'élève à l'existence. La castration, marque du Symbolique sur l'étance renvoyée par là à distance, c'est l'inscription du Logos dans l'étance. Mais l'existence n'est aussi que pas-toute-au-Logos, puisqu'elle est aussi étance. S'en suit une double tension de toute résolution, qui y impose aussitôt une double butée, que la jouissance illustre des deux côtés à la fois. Car le désir, qui est en somme ce que le discours reconfigure, en la relevant, de notre impulsion [1] à nous approprier l'étant, n'est assumable par le discours que sous condition qu'il ne puisse se satisfaire, et se satisfaire, on sait que l'existence s'entend fort bien à l'éviter : sûre qu'au point de la satisfaction, elle défaillerait d'une retombée à l'étance. Mais le discours, de son côté, est sommé par l'étance de rendre compte de la jouissance, et ne pouvant qu'y manquer, n'a d'autre issue que de l'interdire : ce que, à défaut d'en rendre compte – il n'y a rien d'autre là, dit Lacan, que « réti-sens » –, l'existence s'entend de nouveau fort bien à faire, sûre qu'elle ne peut se maintenir qu'à l'abri du sans-limites sur lequel le « plus de jouir » ouvre. Ces jeux sont, comme on voit, ceux du masculin et du féminin comme structures. Poussons plus loin : l'homme, pour autant que c'est par la castration qu'il se signifie, ne peut avoir d'autre partenaire que l'objet de son fantasme ; mais son partenaire ainsi manqué, qui est-ce alors au juste ? Lacan répond en toutes lettres : « son partenaire sexuel *qui est l'Autre* ». La femme, elle, de n'être pas toute castrée, « est ce qui a *rapport à cet Autre* » ou à son signifiant qui lui-même est sans Autre : seul à répondre de soi, et qui ne peut « que rester toujours Autre ». Traduisons : non seulement la jouissance place étance et discours au croisement défectif de l'un par l'autre, mais le rapport sexuel est de soi, est d'abord, rapport de l'étant à l'Autre, rapport à l'Autre lui-même, au moins dans son signifiant.

Relisons cette structure en entendant, comme j'ai toujours fait, par l'Autre le Logos. On m'accusera certainement de tirer l'Autre très au-delà de ce qu'entend ici Lacan ; mais on ferait mieux de s'étonner de la venue du Logos jusqu'en cette place, celle où le chiasme se fait évitement et interdiction, et où, comme dit encore Lacan, la question de l'existant devient « que me veut l'Autre ? ». On objectera derechef

---

1. Précisément ce que la castration transforme en compulsion.

la singularité du labyrinthe sexuel ; mais on ferait mieux d'entendre que ce qui fait là débat avec le Logos transit l'existence de part en part et y commande la difficulté d'exsister. Ce qui veut dire : le malaise pour l'existant d'être castré – et tout autant de ne l'être pas toute –, générant le malaise à l'égard de ce qui le castre et de ce qui fait défaut à l'être castré.

En somme, le disjonctif dépasse l'inappropriation de l'étance au discours pour se nouer là même où l'un est depuis toujours traversé par l'autre. Voilà qui rend le rapport à l'Autre moins apaisé qu'il n'avait pu nous apparaître jusqu'à présent. Que l'existence ne s'accomplisse qu'en se portant à l'Autre, n'empêche pas qu'*en tant qu'existence* elle soit en débat avec lui. Et avec cela même que l'Autre est indifférent au débat. On en conclut que la résolution n'est possible qu'à partager cette indifférence, s'excluant par là des tourniquets de l'existence. Mais demandons, reprenant à notre compte le style d'interrogation de Heidegger : cela se peut-il ? Et comment cela se pourrait-il sans retomber dans l'illusoire de la pure âme ? Cela ne se peut que si le logique vient au secours du logique. Et telle semble être la pure *fonction* de cet Un vide, de cette pure lettre, de ce *signifiant* qui représente l'existant au champ consistant du logique. *Il faut que l'existant s'écrive là comme lui-même consistant. Et indifférent.* Or cela – ce non-"être" – est : cela est prouvé, puisque il le faut pour que la pensée soit.

Il est de *koinè* lacanienne de dire que pas plus qu'une lettre -Φ ou *a* ou mieux ce qui s'écrit $\$ \diamond (a)$ est cause du désir. Ce n'est vrai qu'à-demi, puisque la lettre est en l'occurrence l'inscription du discours sur le corps et par là témoin incarné du chiasme. Ce qui **est** lettre pure, qui appartient au seul discours, qui est l'Une-représentation de l'existant au champ du Logos ou son "signifiant", qui est cardinal mais n'« est » pas, cela seul le fonde qu'il faut que la lettre s'écrive pour qu'à l'énoncé l'existant advienne, et que pour qu'elle s'écrive là il faut qu'elle soit écriture d'un consistant. *De n'avoir pas isolé la fonction du dire-Je à cette place* laisse, dans l'appareil lacanien lui-même, inintelligible que l'existant supporte et puisse prononcer l'à part soi de l'intelligibilité dont, dans le même temps, Lacan excipe ; l'en-soi du discours se trouve dès lors reporté sur les modes existentiels du discursif, y entraînant la décision à son tour.

Nous revenons ainsi au *logion* de Lacan, « qu'on dise reste oublié derrière ce qui se dit dans ce qui s'entend »[1], qui se veut démonstration de ce que le Je du « Je dis » « annule » tout universel, parce que c'est lui qui, du dit, répond et qu'il n'est lui-même qu'au décours changeant de sa place dans la typologie différentielle des discours structurellement divers que j'ai qualifiés de l'*existentiel*. Ce disant, Lacan entend faire, de la position du sujet qui énonce, condition de ce qui est affirmé dans l'énoncé, et donc des limites de sa validité. Du même coup, il implique que le Je lui-même ne se dit qu'au décours de la modalité de son dire. Si l'énoncé de l'Un-Je est celui, toujours singulier, chaque fois circonstanciel, logiquement « modal », du « Je dis », ces conditions ne peuvent manquer de prédéterminer chaque fois le Je, qui s'en trouve spécifié. Paradoxe : le Je, qui n'est – disons-nous – que pour l'énoncé, ferait condition de tout énoncé la diversité des énonciations en lesquelles il est existentiellement engagé.

On ne peut en rester là et se satisfaire de cette lecture du *logion*. Lacan, un peu plus loin, passe du « réti-sens » à l'« *ab-sens* » du rapport sexuel, pointant par là son impossibilité pour l'énoncé, donc pour [la vérité, et la seule possibilité] d'y fixer *logiquement* l'entrée du sujet par le double formulaire quantique $\forall x \cdot \Phi x$, et $\exists x \cdot \Phi x$ où se lit que le phallus, Φ, n'est rien d'autre qu'une "fonction asémantique" – là satisfaite, et ici non-. Ce qui "veut dire" 1. que, même du point de la logique, il fait exception, 2. qu'au moins du point du formulaire, la fonction en est assignable, le repérage possible, et maniable, 3. que c'est strictement situé du sexuel que le dire dédit l'universel[2]. *L'étourdit* doit être lu avec précaution. On pourrait dire aussi que Lacan a toujours été tenté par le rapprochement de l'impossibilité d'un énoncé sur le sexe avec les butées immanentes au Logique, qui en sont le Réel à leur tour, et qu'ici même il désigne dans « l'incomplet de l'inconsistant, l'indémontrable du réfutable, voire... l'indécidable de ne pas arriver à s'exclure de la démonstrabilité ». Mais la structure de l'impossible, ici et là, est tout à fait différente. Les impasses et les paradoxes du raisonnement logique ne disqualifient pas le sujet (logique), ne le « barrent » pas ; il les soutient, au contraire, les prédiquant de la même évidence que la déduction. Intra-logiques ils sont, tandis que

---

1. « L'étourdit » in *Scilicet*, 4. Repris dans les *Autres écrits*, p. 449.
2. Sur tout cela et sa portée, cf. *Formules de l'Étourdit*, texte remarquable de Badiou, qui maîtrise le discours de Lacan beaucoup mieux que ne font nombre de psychanalystes, pour ne pas dire qu'ils ne font tous.

le sexe, dans son implication du sujet (existentiel), prononce une impossibilité du logique lui-même dans son champ. Le mathème, alors, n'est plus expression constituante de l'inconstituable, mais expression elle-même inconstituable.

La réciproque, c'est qu'il n'est jamais pertinent de confondre sujet du logique et singularité du sujet vivant. Nous disons Platon, Husserl, Leibniz, Heidegger, parlant de textes inscrits dans un moment de la problématique et dont c'est la consistance que nous interrogeons à travers des noms. Une vérité est sans signature. Une existence peut-elle se signer d'une vérité ? Oui, quand de la vérité on fait retour à l'existence qui s'est ponctuée d'un Un au champ de l'Autre. Mais il restera toujours qu'au-delà de l'« il y a du sujet » la vérité est indifférente au « tel » sujet. Il fallait seulement qu'il y en ait un, un quelconque Un. Qui ne répond pas de ce qu'autorise *de soi* le Logos, mais seulement de ce qu'il s'y est porté, fort du signifiant de consistance de l'existant.

Le chiasme ne se résout que de ce qui l'excède. *Que de l'existence réponde dans l'Autre le signifiant Je est la proposition qui, de son forçage, autorise toute possible vérité.* Comme résolution pour la vérité.

3. *Le souci comme Un d'être* ou *le non-"être" du Je*

Ce que peut être l'existence authentique – ce qui en constitue la structure – est, avance Heidegger, désormais « explicité » ; mieux : il est acquis que son originarité est « visible phénoménalement » dans le souci, dont elle constitue le « sens d'être »[1]. Mais à l'authenticité, le même souci ne cesse pas de faire obstacle, d'être livré à l'échéant. Et chaque progrès du procès ontologique revèle davantage la radicalité de cet obstacle qui lui fait barrage. En sorte que non seulement la seule ressource aura été de pré-déterminer ce que doit être l'existential-ontologique, mais que ce n'aura pas été possible sans faire « violence » à l'existentiel-ontique L'aporie est telle que, parvenu au point où se trouve requise l'élucidation de l'*Unité* du *Dasein* authentique qui jusqu'ici juxtapose être-pour-la-mort et vouloir-avoir-conscience, Heidegger interrompt brusquement l'exposé pour répondre par ce qui est aussi bien un retour destiné à justifier son parcours.

---

1. § 63, p. 314. Tout ce qui suit est le développement de ce paragraphe.

Il fallait, pour une « prédonation » du *Dasein* authentique, un « guidage », des « indicateurs de direction » : c'est la compréhension ou « auto-explicitation » du *Dasein* qui les a fournis. Mais, dé-couvert ainsi le vouloir-être le plus propre, il fallait encore que lui soit trouvé un « sol ontique » qui rende l'authenticité, comme liberté, possible, sans la rendre contraignante : la mort a été le socle ontique de l'ouverture du pouvoir-être à l'être. Il fallait de surcroît que pareille définition de l'authenticité ne soit pas arbitraire : en a attesté la résolution devançante comme convocation du *Dasein* par lui-même. Oui mais n'y avait-il pas, à la base de tout ce procès, un préconcept de l'existence ? Objection écartée puisque le *Dasein* se comprend toujours déjà lui-même comme « l'étant que... je suis à chaque fois moi-même, et cela en tant que pouvoir-être pour lequel il y va d'être cet étant » : soit le fonds compréhensif sur lequel le souci a pu commencer de déterminer la différence ontologique entre « existence » et « réalité ». À ce point, Heidegger ne peut dénier le recours de sa procédure au « cercle » herméneutique, mais c'est pour affirmer ici son « privilège » : celui de mettre l'existant à même de « *décide[r]. de lui-même s'il fournira... la constitution d'être en direction de laquelle il fut ouvert... dans le projet* ». Et d'affirmer que c'est la seule méthode pertinente touchant un étant toujours projeté en avant de lui-même par le souci : aussi bien toute recherche est-elle « *elle-même un mode d'être du Dasein ouvrant* ». De là que, loin de s'en défendre, il faut « sauter » dans le cercle.

J'ai suivi de très près ce mouvement, d'abord parce qu'il permet de faire le point, mais aussi parce qu'il comporte plusieurs traits nouveaux. Dont son insistance sur la *prise de décision*, que le pouvoir-être permet mais ne contraint pas, autrement dit sur l'effectivité de la *liberté* du *Dasein* dans l'assomption de son pouvoir-être authentique ; il s'agit manifestement d'assurer que l'authenticité est, de soi, possible, abstraction étant faite à présent des occurrences favorables ou défavorables évoquées dans les couches précédentes de l'exposé. Nous objecterons bien entendu à ce schème que la liberté n'est pas un possible, qu'elle est toujours, quoique facticement, acquise, dès lors qu'exister et être à l'Autre sont définitions converses ; se détache ainsi l'opposition entre deux styles, celui du destinal – qui ne va jamais sans sauvés et exclus – et celui de la nue responsabilité – où n'est en question que ce qu'un existant *fait* de la liberté.

Suit, comme pré-concept de l'Un heideggérien, la venue sur le devant de la scène philosophique du « je suis chaque fois moi-même » tuf et expression minimale de la compréhension du Soi par soi, qui servira de pivot à la discussion sur l'*ipséité* du *Dasein*. Nous aurons à nous étonner de pareille « évidence » et à en requérir les conditions, surpris à bon droit que Heidegger ne les mette pas en question ; c'est un bon exemple de la prudence avec laquelle le « phénoménal » doit être mis à contribution.

Enfin et surtout, la différence est énoncée, et revendiquée, de la linéarité des chaînes de raisons à la circularité du progrès dans l'appareil herméneutique, qui présuppose l'anticipation de la réponse dans la formulation de la question. On voit dans cette définition pourquoi et comment l'*hermnéneia* se fait fort d'enfermer l'interlocuteur dans ses rets. Mais on voit aussi comment ne pas s'y laisser prendre : l'argumenter, faisant reculer la question, objecte l'inappropriation de la compréhension à la structuration et récuse qu'on puisse bâtir sur elle une constitution. Le clos, de ne renvoyer qu'à lui-même, ne propose qu'une fausse production, il n'avance rien qui soit, selon le mot de Popper, réfutable, et l'on ne peut revendiquer comme une procédure ce dont le bilan se fait mérite d'être nul. Bien sûr, réécrire un texte n'est, du point du sens, pas indifférent ; mais pour strictement que soit conduite la réécriture – et rien de ce souci-là ne manque chez Heidegger –, elle ne sera pas plus vraie que le texte initial [1]. Or le plus étonnant, ce n'est pas que Heidegger revendique le recours méthodologique au cercle herméneutique, mais qu'il affirme qu'il y en a ici un. *Le présupposé de Heidegger*, son coup de force, *ce n'est pas le cercle de la compréhension, c'est la subsomption de l'existence à ce cercle comme allant de soi.* Car, de ce que l'existence est ouverture, ne s'induit pas que ce ne peut être qu'ouverture du Soi sur soi. Et depuis le début nous objectons que si ouverture il y a, c'est à cet Autre qui, de sa transcendance, porte l'existant hors de soi.

Cela dit, on ne peut nier que Heidegger ait mis là toutes ses cartes sur la table, sans rien cacher de l'éventuelle fragilité de son jeu. Laissant à découvert le point faible de sa stratégie : le préconcept jamais mis en question que le *Dasein* fait toute l'affaire du *Dasein*.

Il faut ajouter que la nécessité où le cercle herméneutique place Heidegger de ramener sans cesse l'un à l'autre existentiel et existential va contraindre, ici plus encore qu'ailleurs, son exposition à se modeler sur

---

1. Soit dit en passant, on saisit là, et contre Popper, en quoi la psychanalyse ne tombe pas sous la critique que fait l'épistémologie à l'herméneutique : c'est que son objet est la lecture d'un *autre texte*, celui de l'inconscient, écrit sur une « autre scène ».

l'enchevêtrement de ce qu'il a d'abord si fermement distingué. Et c'est un constat que tout lecteur peut faire : la tentative d'élaboration ontologique du *Dasein* va, à partir d'ici, reposer sur un jeu de symétries, de brusques co-articulations des termes jusqu'alors disjoints et de laborieuses dispersions de leurs effets, que rend vain son évidente prédétermination. Plus étonnant encore : Heidegger est arrivé au point où il ne peut rendre ses analyses conclusives qu'en leur donnant une tournure déductive aliène à ce qui faisait, selon lui, preuve jusqu'à présent.

a. Au point où l'on est parvenu, il s'agit – compte tenu de ce que ce qu'on cherche est le Tout des touts, en d'autres termes l'Un du *Dasein*, qui phénoménalement se dit son être un *ipse* – de s'assurer que « pouvoir-être-*tout* » et « pouvoir-être-*le-plus-propre* », autrement dit l'être-pour-la-mort comme devancement et la résolution comme advocation au Soi-même authentique, dont les finalités paraissent tout-à-fait divergentes, convergent pourtant dans « *l'unité de la totalité* »[1].

La question est, bien entendu, énoncée de deux façons : en quoi ces deux existentiaux, le pouvoir-être pour la fin et le vouloir-être pour l'avoir-conscience sont-ils le même projet ? Et où se trouvent les « indicateurs » de cette mêmeté dans les déterminations simplement existentielles du *Dasein* ? Toutefois la réponse ne pourra être trouvée que dans une circulation incessante entre existential et existentiel.

La réponse, ce sera l'implication de l'être pour la mort dans la résolution. Envisagée comme possibilité existentielle, la résolution ne se rend certaine qu'en se projetant, par-delà le quelconque du pouvoir-être factice, « vers [la] possibilité extrême » de la mort, s'avérant ainsi *résolution devançante*[2] : laquelle constitue une « modalisation existentielle » de la résolution[3]. Envisagée comme possibilité existentiale, la résolution se projette vers l'être-en-dette « comme lequel le *Dasein* est *aussi longtemps qu'il est* », soit constamment jusqu'à et pour la fin : c'est donc en elle-même qu'elle « abrite » l'être pour la mort comme une modalité sienne[4].

---

1. § 64, p. 317 (souligné par moi). Mais la démonstration vient aux § 61-62. 3ᵉ cit. p. 302.

2. § 61.

3. § 62. Formule qui marque maximalement le recroisement désormais indépassable de l'existentiel et de l'existential.

4. § 62, pp. 305-306. J'ai souligné la différence, à peine indiquée, des deux expositions.

Ou encore : à la résolution authentique étant « co-certaine » l'irré-solution, cette « indéterminité » (existentielle) ne peut être saisie « totalement » qu'assumée l'impossibilité ultime (existentiale) du pou-voir-être dans la mort[1]. Symétriquement, le pouvoir-être en dette « n'est jamais que dans un pouvoir-être factice » (existentiel), que la résolution n'ouvre à l'être le plus propre qu'en « se qualifi[ant] » comme être pour la mort[2]. En sorte que les deux structures sont bien « cooriginaires »[3]. « Le souci abrite cooriginairement en soi la mort et la dette ».

Étape dont Heidegger souligne avec solennité l'importance. C'est seulement maintenant, comme devançante, que la résolution comprend « *originairement* » le pouvoir-être-en-dette. Et c'est seule-ment maintenant, comme « porté » par la résolution, que le devance-ment comprend « *authentiquement* » le pouvoir-être authentique qu'il est[4]. Et c'est seulement maintenant qu'avec cette auto-explicitation de ce qui peut désormais se dire le pouvoir-être-tout-authentique, *l'idée d'existence est élucidée*, dans sa spécificité[5].

Heidegger a trouvé, et même déduit, l'*unité* qu'il cherchait pour le *Dasein*. Il l'a aussi spécifiée, car si corrélation il y a, elle est dissymé-trique. Dans le labyrinthe où les niveaux se croisent souvent sans être explicités, il est constamment clair que seul l'être pour la mort, fonde-ment de l'être total, est définitoire du *Dasein* ; la résolution y est le complément garantissant que le pouvoir-être-tout est aussi pouvoir-être-authentique[6] en ce qu'elle le requiert pour être elle-même authen-tique. Il faut cette dissymétrie pour que soit acquise l'attestation « phénoménale cherchée de l'être-tout-authentique »[7].

Cette dissymétrie n'est pas secondaire ; elle conduit à l'une des phrases qui donnent à *Sein und Zeit* son accent définitif : « L'authen-tique "pensée de la mort" est le vouloir-avoir-conscience qui s'est

---

1. § 62, p. 308.
2. § 62, p. 306.
3. Les pp. 307-308 vont pouvoir reprendre la déclinaison de l'être pour la mort (cf. p. 663 ci-dessus) et l'appliquer à la résolution devançante.
4. Pp. 306 et 309.
5. § 63, p. 311.
6. Je respecte la graphie de Heidegger. Mais il serait plus clair d'écrire ici : pou-voir être-authentique.
7. P. 309.

rendu existentiellement translucide ». Pathétique maîtrisé, certes, mais pathétique où s'avoue comment la philosophie se trouve détournée jusque dans sa langue, dès lors que c'est sur le sens de l'existence et non sur sa constitution qu'on fait porter l'accent. Où se trouve-t-il attesté que l'injonction nue doive avoir dans la mort son référent ? Et ne faudrait-il pas plutôt que l'injonction se dise : pour tout temps, parce que – mais c'est justement la question – là est le seul trait de la temporalité qui la détermine ? *Infléchir la décision vers la mort est lui donner pour enjeu le décideur et non ce qu'il décide* : encore un geste typique de l'anti-philosophique.

Cela dit, je ne nierai pas l'obstination, et même le courage, du ne-pas-céder-sur-l'Unité, étape après étape, alors même que, posée dans la dimension répétitive de l'interprétation, la question ne pouvait que renaître indéfiniment de sa solution. On comprend mieux, de ce point, l'irritante requête d'un « tout du tout » aussi répétitive qu'inappropriée à l'existence, aussi impérative qu'impertinente au regard des axiomes ultimes du pensable : le Tout est, dans le registre de la compréhension, la seule procédure qui puisse assurer au souci l'Unité. De celle-ci, nous chercherons une tout autre définition.

Je ne nierai pas non plus la beauté intellectuelle de la solution qui revient à placer *sous l'accolade du temps*, via le devancement, l'interprétation de la mort et de la résolution. Ainsi s'amorce le mouvement qui va consister à lire dans la temporalité du *Dasein* la clé de sa constitution. On voit, de ce trait, bien mieux chez Heidegger qu'ailleurs, l'herméneutique tenter de faire alternative exhaustive au logique. On a même là une accroche au temps si dépouillée du matériel de l'existence, voire si immatérielle, qu'elle tracerait une alternative à l'atemporalité du Logos que le Logos pourrait tenir pour à sa mesure si elle ne devait, pour finir, s'avérer exclure les constituants mêmes du temps.

b. Reste encore à trouver[1] comment le *Dasein peut* « exister *unitairement* », autrement dit comme *ipse*, à partir de l'« articulation » qu'on vient de déterminer comme celle de l'authenticité dans ses devancements.

La réponse sera qu'il suffit d'« ouvrir », c'est-à-dire plus simplement : de recadrer, « le sens d'être du souci » dont ce n'est qu'une « tautologie » de dire qu'il est souci de Soi. Soit en somme ce syllo-

---

1. § 64.

gisme : des guises du *Dasein*, le seul lien évident est qu'elles sont chaque fois, comme « *miennes* », celles du Soi-même ; or l'être du *Dasein* est le souci ; c'est donc du point du souci comme souci de Soi que doit être compris comme *ipséité* le Soi-même[1].

Mais – retour de l'aporie du cercle – qu'est-ce que cela veut dire « Je suis moi-même ces possibilités-là », si dans l'existentiel c'est sur le mode inadéquat du sous-la-main que retombe toujours la pensée du Moi ? Il y a, certes, dans le quotidien, une « auto-explicitation » du *Dasein* qui « s'ex-prime sur "soi-même" dans le *dire-Je* ». Mais Kant[2] a montré qu'on ne peut, sinon par paralogisme, rien tirer de ce type d'expressions quant à un quelconque statut ontique du Moi. Aussi bien, ce qui se lit dans le dire-Je n'est-il pas plus qu'un « chaque fois moi, et rien d'autre » et un « se maintenant le même », soit un sujet. simple et vide en cela même. Qui, en cela, « accomplit le On-même ».

L'échec d'une détermination ontique du Soi laisse toutefois disponible la voie d'une détermination ontologique, à condition que soit « *pré-dessin[ée]* » celle-ci. Il suffit alors de relever que « dans le dire-Je, le Je qui est en "étant-au-monde"...signifie cooriginairement un en-avant-de-soi », et que, sur le souci comme « pouvoir-être-Soi-même authentique », se déchiffre « la *consistance propre au Soi-même* » comme « contre-possibilité » au manque du maintien échéant. Autrement et beaucoup plus clairement dit, *c'est la structure de la résolution devançante* qui délivre le sens existential du « *maintien du Soi-même* ». Autrement dit encore, c'est cette fois sur la résolution que peut être « déchiffrée » l'articulation de l'ipséité. Et par là, il est démontré que ce n'est pas le Soi-même qui fonde le souci, mais l'inverse : le Je a son « sol phénoménal originaire » dans l'être même du *Dasein*.

---

1. P. 318.

2. Comme toutes les analyses historiques de Heidegger, et quand bien même elles enveloppent un coup de force, celle-ci est d'une pénétration et d'un intérêt considérables. Ainsi – laudativement – sur la réduction du sujet-conscience au seul « je pense », en deçà des représentations qu'il porte, pour quoi Heidegger trouve une formulation dont on pourrait croire qu'il nous la tend : « Le Je, compris comme forme de la représentation, signifie la même chose que : le Je comme "sujet logique" ». Ou – critiquement – sur ce que c'est l'absence du concept de l'être-là comme au-monde qui contraint Kant à tenir le sujet à distance de l'empirie de la représentation. Ou encore sur ce que rien n'est suffisamment éclairci quant à la façon dont des catégories théoriques, par destination critiques, peuvent être reportées sur une définition existentiale de la pratique.

Ce développement vise donc à montrer, loin de toutes les apories du psychologique, que l'unité du Je ne peut être fondée qu'*ontologiquement.* Ne le serait-elle pas, que la constitution existentiale cherchée perdrait toute raison d'être ; ne s'avérerait-elle pas possible que le Tout du *Dasein* s'écroulerait. Il est d'autant plus nécessaire d'en interroger la démonstration que dans le texte l'essentiel est recouvert par l'indirect et la surcharge.

Il y a d'abord le « mien » dont, comme « toujours le même », jamais je ne me détache : soit une réduction au minimal du matériel existentiel. Mais, répondrons-nous, on sait bien que c'est le plus suspect des minimaux, non pas suspect dans son immédiateté, dont nous ne saurions nous arracher, mais dans ce dont il est la médiation, et qui nous renvoie à la prudence que nous adoptions, en commençant, concernant la conscience. Le plus proche est ce dont nous savons le moins, rien ne reste plus incertain que le référent du mien, pour ne rien dire de son « maintien ». Que l'« auto-explicitation » toujours si méticuleuse, recueille ces termes sans les interroger, déconcerte. Certes, la distinction va être tracée entre le mien quotidien et le mien authentique, mais sans qu'il en résulte un quelconque dépli du mien, et encore moins de son maintien. De la compréhension, Heidegger considère en somme que c'est ici le point de butée ; mais c'est sur ce point-là que va prendre appui ce Soi dont la définition ontologique constitue le but de *Sein und Zeit* tout entier. Sans doute Heidegger estime-t-il qu'en référant le Soi au souci et non l'inverse, il a suffisamment assuré le caractère originaire et du mien et de son maintien. Nous ne nous égarerons pas, quant à nous, sur une thématique qui, plus qu'aucune autre, confronte l'existence à sa facticité. S'il est un cas où doive être prise en compte l'ultime proposition du *Tractatus*, c'est celui-là. Aussi bien n'est-ce pas du côté de ces immédiations que notre tenue aux prescriptions du discursif nous conduira.

Heidegger sait si bien en fuite le « contenu » du « mien » qu'il lui substitue le « *dire-Je* » ; la formulation est, de soi, admirable, qui substitue à l'inconsistance du subjectif la consistance d'une structure de discours, et j'ai dit déjà que nous ne pouvons que la retenir. Mais il faut remarquer qu'à ce moment Heidegger devient lacanien. Et que le dire n'est déjà plus se tenir dans l'immédiateté du *Dasein*. Il n'y a de dire qu'où l'être est transi par l'Autre : par là, *le Je n'est plus le « mien » mais le sien.* Je n'aurai à proposer rien d'autre. Que Heidegger ne prenne pas en compte[1] la fonction médiatrice du dire, sinon pour en déplorer l'usage dans le On, est le goût qu'il paye pour la réduction, proprement intenable, qu'il a faite du signe et de la langue à une explicitation de l'intonation. S'en suit que le dire-Je reste à son tour indéterminité pure.

C'est donc encore une fois de l'existential que Heidegger doit repartir, pour "remplir" le dire-Je en un double sens : il resitue le Je dans le temporel du devancement et il l'identifie avec – disons synthétiquement – la consistance de la résolution pour la mort. Il n'y a d'ipséité et de maintien à et en soi-même du Soi-même qu'à la mesure de la résolution qui se laisse « libre pour elle-même ». Par là Heidegger réussit à libérer l'ipséité – le Soi-même comme un lui-même – de l'immédiation du « mien » pour la fonder dans le pouvoir-être authentique : elle n'est qu'autant qu'est la résolution devançante. Ou plus précisément : le souci se comprend toujours d'abord comme mien, mais, comme ayant son phénomène originaire dans le devancement, il projette le Je dans l'en-avant-de-soi authentiquement compris. Autant dire que *le Je se tient dans l'existential* et ne se fonde que de là – voire du Là – dans l'existentiel. On assiste ainsi à une sorte de « décollage » de la compréhension : c'est ce qui était annoncé comme la « violence » de l'existential, qui remet le *sens* de l'ontique à la *constitution* de l'ontologique. Comme la résolution a été dite sans contenu, on conviendra que la détermination du Soi ne s'embarrasse plus de rien d'autre que de sa structure ontologique : elle dit l'être-Soi tenu dans la nudité de cette résolution-là. Et cette nudité-là n'a rien de commun avec la vacuité de précision du « mien ».

Il faut prendre garde, toutefois, à ce dont la démonstration part, et à ce qu'est son point d'arrivée. Au départ, il y a le souci, ici constamment réinvoqué. Pourquoi ? Parce qu'il n'est souci de rien sans être souci de Soi. Et que d'abord il est le « *phénomène ontologique* » en tant que c'est comme « être » (au monde) que je m'y exprime[2]. Mais le concept d'un phénomène ontologique, d'un phénomène où l'être – et avec lui le Soi – se trouve, au double sens du mot, compris, emporte de nouveau avec lui tout ce qu'il faut récuser de la procédure heideggérienne : on peut tenir que tous les phénomènes sont *médiate-*

---

1. Ou plutôt : pas encore. Car c'est bien de l'inverse que témoignera plus tard la *Parole*. Sur le mode de l'inassignable, toutefois.

2. § 64, p. 321.

ment « ontologiques », qu'un seul puisse se dire à la mesure de l'être annule le concept même du phénoménal, qui, par définition, ponctue la *disjonction* de l'apparaître et de l'être. On dira : mais ce phénomène-là, c'est en définitive le *Dasein* ; nous répondrons : le « comme quoi » le *Dasein* s'interprète peut faire sens, mais ne peut faire preuve que là où se ponctue la conjonction du sens à l'écriture vraie, telle que c'est l'argumenter seul qui la démontre ou y achoppe. On dira : les interprétations de Heidegger sont essentiellement structurales et leur enchaînement ne cède jamais sur la rigueur, nous répondrons : quand la structure cherchée est celle de l'intoné, de l'où nous en sommes, du souci, de la mort, de la conscience, du silence, c'est chaque fois la disjonction de la subjectité du vécu à l'enséité du concept qui est déniée. La perversité intrinsèque de *Sein und Zeit* est d'adopter la procédure médiate de l'argumentation sur le matériel du comprendre dont l'immédiation récuse l'argumentation. De ce heurt des contraires, le « phénomène ontologique » est la criante expression.

Ce qui est inattendu, c'est qu'après avoir soigneusement récusé toute réification du Soi, Heidegger conclut : « Seule l'orientation phénoménale sur le sens d'être du pouvoir-être-Soi-même authentique met la méditation en mesure d'élucider quel droit ontologique peuvent revendiquer *la substantialité, la simplicité et la personnalité* en tant que caractères de l'ipséité[1] » ; il ne s'agit évidemment plus du « droit » classique de l'*ipse* à ces titres ; mais s'indique là qu'à partir du contenu d'un phénomène ontologique, on retrouve toujours, si loin qu'on l'épure, quelque chose du contenu à la fin. Ce n'est pas hasard si, alors, ce qui est indexé est l'ontologie la plus controuvée, celle de la subjectité.

On aura peut-être aperçu que je cherche, dans ces dernières étapes où doit se conclure la « constitution » du *Dasein*, bien plutôt que ce qui a été longuement montré l'en éloigner, ce qui peut la rapprocher de ce que j'ai avancé comme l'Un vide, signifiant de l'existence telle que constituée dans l'enséité du Logos. C'est que la procédure heideggérienne ne cesse de s'épurer en avançant – du pour la mort ne reste que le devancement, de la dette que la résolution nue –, même si, comme on vient de le voir, cela ne va pas sans des retours. Et c'est que la structure du *Dasein* s'avère en définitive bien plutôt formelle

---

1. P. 323. (Souligné par moi.)

que matérielle. Dès lors, le dialogue redevient possible, entre l'*ipse* comme suspendu à la résolution devançante et l'*ipse* comme n'advenant que de sa représentation dans l'Autre. Ce n'est pas le même, bien entendu, mais c'est la même vacuité et le même site en exclusion à la présence. Disons qu'il y a écho entre l'*Un* du vouloir-être-le-plu-propre, qui finit par se résoudre dans le vouloir-son-Un, et le *consister* qui manque à l'existant sans qu'il puisse être à l'Autre autrement qu'à consister en son lieu. L'écho, c'est la transcendance à vide de l'ipséité. Indiciant là l'être, ici le n'"être" pas.

c. Quand on entre plus précisément dans l'argument heideggérien, un point étonne : la question du *Je ponctuel*, « fugace » est évacuée, donnée comme existentiellement transparente, faisant seul problème la permanence du Je comme Soi. Or le « dire-Je », le « je pense », l'« avoir conscience », le « lier », qui lui sont propres, que sont-ils ? Et le problème de l'ipséité n'est-il pas, avant que de se maintenir, l'Un qu'elle est *chaque fois* dans le faire-un de la multiplicité d'un divers ? La fonction de l'aperception kantienne reste de ce biais suspendue. Et moquer le « Je Je » de la quotidienneté n'est pas y répondre[1]. Sinon pour impliquer que l'Un de l'*ipse* est au plus loin du Je logique[2], ce qui ramène au premier plan le scandale d'un Je décomplété du Logos et d'un dire qui sait ce qu'il dit sans avoir à dire comment – sous quelles prescriptions – il le dit.

Sans doute Heidegger tient-il que, le souci étant chaque fois souci de Soi et l'être du Soi se fondant danst celui du souci, sa définition de l'*ipse* est actuelle pour tout le temps. Mais il faut alors reconnaître que l'Un de la réponse à la convocation nue et l'Un fonctionnel du consister nous font revenir à cette opposition des régistres du penser que nous avons intitulés du sotériologique et du philosophique.

Il nous faut donc redire que le Je qualifié par Heidegger de « fugace » est le Je actuel : *celui qui énonce*, en tant qu'il énonce, en tant que, énonçant, il "existe" au seul titre de l'énoncé, et lui est co-naturel. Multiple est l'existence qui énonce, mais Une la multiplicité dont l'énoncé est le faire-un. En quoi, pour finir, le Je qui porte l'énoncé – ou que l'énoncé porte – est bien, comme le veut Kant, Je logique.

---

1. Bien entendu, il y a ici la première occurrence de ce qui s'avérera à la fin l'horreur de Heidegger pour la discrétion répétitive du temps quotidien.
2. Cf. p. 319, à la fin.

Mais non pas logique au sens où il serait investi de la « production » même du prescriptif, qui reposerait en lui : le Logos, avons-nous toujours dit, n'excipe que de lui-même ; comme ce lui-même est de bout en bout opératoire, *la fonction du dire-Je est de rendre possible pour l'existant l'opération.* Que l'existence dispersée qui énonce soit représentée, au champ où le Logos opère, par la consistance du dire-Je, c'est condition de l'opération. Que le dire-Je représente l'existence pour la chaîne des raisons et n'y soit représenté par rien d'autre que de sa conjonction à la chaîne elle-même, c'est condition pour que son intrusion n'altère pas l'opération. Qu'il ne "soit" pas signifie qu'il se dit comme purement opératoire : c'est condition pour qu'il disparaisse au terme de l'opération. Disons alors qu'il est à l'existence comme son moment transcendant, entendu que par transcendant nous n'avons jamais désigné autre chose que ce qui se légitime de par soi parce que logiquement. Le Je doit se prononcer du perçu, non du perceptif. Suit de là évidemment qu'un Je « vaut » ce qu'il énonce.

Nous avons tenté plus haut de cerner comment ce qui « date » un énoncé indexe son appartenance double à l'a-temporel du logique et à la temporalité de l'existence [1]. Il est là clair qu'autant est transparente l'actualité du dire-Je dans le « j'énonce », autant est problématique sa permanence. Le Je, en se prononçant pour la consistance, fait Un de l'existence, mais cet Un, elle ne le possède pas, hors la simple factualité de sa continuité dans l'étance. Et c'est le lieu de revenir sur ce que nous avons plus haut distingué comme *moment existentiel des discours* et *moment du discours logique.* Si loin que puisse aller l'analyse de l'existence, il n'y a aucune chance qu'elle puisse remonter jusqu'à un Un étranger à tout ce qui la meuble, un Un qui n'a d'effectivité que méta-physique, si métaphysique signifie advenir comme un réquisit du logique, et c'est dire aussi bien : sans exister. Les efforts d'une existence pour *être* Une ne déboucheront jamais sur cet Un qui n'*"est" pas.* Comme il se voit à ce que, quand on se tourne vers l'existence, on n'a où le saisir. Pour porter l'Un, il faut un autre discours, celui qui, d'un côté, induit l'être et qui, de l'autre, spécifie l'Un-Je du n'*"être"* pas. Ce discours-là n'a de lieu que philosophique. Mais qu'on y prenne garde : *à la certitude ultime et paradoxale que chacun a, de pouvoir, en dépit de tout ce qui y contredit, se dire Un, il n'y a pas d'autre fondement possible que cette inscription sans être et sans contenu qui lui permet d'entrer dans le calcul logique.*

---

1. Cf. ci-dessus, p. 672.

Reste que si le Je est au moment discursif de l'existence, il y porte le moment de l'étance, et cela repose la question de son « constamment » ou de sa « permanence ». Car quant au « moi-même » de l'étant, nous avons assez dit ce qu'il recouvre empiriquement d'aliénations structurelles et de compulsion de répétition ; et quant au « chaque fois le même », ce qu'il emporte d'illusion. On ne niera pas, pour autant, qu'étants, nous sommes dans la persévérance – le *conatus* – de notre étance ; et on ajoutera aussitôt qu'existants, nous ne cessons pas de nous tenir pris dans la singularité de notre récit. Mais le récit est ici le mode sur lequel la répétition, traversant la dispersion du Moi, nourrit l'illusion de la permanence, ce qui est dire : un énoncé de consistance inconsistant. Au rebours de quoi, étant au faire-un du discours, nous nous tenons sous l'injonction de ce qui prescrit comme Un le discursif. Faut-il écrire : sous l'injonction de "notre" unité discursive ? Ce serait beaucoup s'avancer, car l'Un n'appartient pas à l'existence en ce qu'elle a d'immédiat : c'est elle qui lui "appartient" en ce qu'elle est indexée par l'Autre. De même n'y a-t-il pas à qualifier l'Un du Je de la « permanence » : il appartient à cet autre ordre, celui des raisons, qui ne se conjugue pas avec celui du temps, et que justement pour cela nous avons dit atemporel.

La réponse est : *le Je ne transit l'existence qu'à la mesure d'un dire consistant.* L'existence tend au Je le devenir de ses énoncés successifs, le Je a à en assurer la consistance, il se défait dès qu'il ne le fait pas. C'est dire que seule l'existence *est*, au titre de l'étance ; le Je *fait* et n'"est" pas ; mais ce qu'il fait *s'écrit*, et l'écrit dans le temps de l'existence ; cet écrit est *le monument du Logos dans l'être-là*. En tant que l'existence est au temps, elle se définit d'un avoir-à : un avoir-à-répondre de l'Un d'un Je au lieu de l'Autre, et de la consistance entre eux des énoncés que successivement il prononce. Car qu'elle soit Un-Je quand elle prend sur soi d'énoncer ne garantit pas que l'Un de l'Un soit assuré si ces énoncés inconsistent. Et puisqu'elle est au temps, ce qui s'y projette comme la permanence du Je – éventuelle et jamais garantie – n'est rien d'autre que le monument des énoncés qu'il produit. C'est dire que *Je, Un, consister, se maintenir* sont autant de noms de la même instance intra-discursive. Nous rejoignons Heidegger pour constater que le dire-Je est essentiellement injonctif ; mais l'injonction de consistance, ce n'est pas du tout l'avoir-à-être heideggérien, qui confond ce qui, dans l'(in)consistance de l'existence, est disjoint. Et le Je n'a pas à se trouver ou dé-couvrir, mais à déposer la trace d'un discours consistant. En quoi il est bien, comme nous disions, le "témoin" de ce que "vaut" une existence au lieu de l'Autre.

Ceci implique qu'entre la continuité de l'existence et l'atemporel du discursif, la médiation du *monument* est décisive. Avérant la succession dans le faire du Je, elle le confronte à ce qui s'écrit comme la singularité de ce faire. Aussi retrouvons-nous là la structure concrète de l'*ipse*. Il serait absurde de la décompléter de tout le poids de mémoire – et d'inconscient –, de récit et de style, et même d'intonation, qui, de prime abord, la meuble au titre de l'étance. Et il serait aveugle de ne pas prendre en compte ce complexe d'identifications qui se donnent pour porteuses de sa signification. Mais ce n'est qu'à ce qui l'aura fait Un consistant dans le contingent des occurrences qu'*ipse* il y aura qui ne soit pas du semblant. À qui objecterait qu'une telle exigence est elle-même fait existentiel, intitulé sinon de l'Imaginaire du Surmoi, au moins du Symbolique de l'Idéal du moi, nous répondrons que les voies par lesquelles un existant vient à l'Autre n'ont plus de pertinence dès l'instant qu'il y est, acte pris de ce à quoi il n'est pour rien et qui, au contraire, le fait ek-sister : qu'il y a l'Autre, à quoi il n'adviendrait pas s'il n'y était. À qui encore objecterait qu'il y a geste réducteur dans l'injonction de l'Un, tenue l'infinité de l'Autre, et cette multiplicité des champs de l'intelligible que nous avons plusieurs fois soulignée, nous répondrons que l'Un n'a pas le confort d'une fermeture, qu'il est au risque de tout ce qui peut s'articuler et des apories qui s'y rencontrent : jamais plus Un, on en convient, que quand il réussit à embrasser ce qui d'abord paraît ne pas se laisser colliger. J'ai dit, en revanche, ma réticence à ce que soit, sinon par commodité, signé d'un nom le monument : le Logos est l'anonyme, en sorte que c'est ce par où toujours un discours a manqué à l'Un que finalement il se signe.

On m'objectera sans doute là-contre – pour peu qu'on ait prêté attention aux moments successifs de l'exposition – que l'insistance d'abord mise sur "sujet il n'y a que de l'énoncé" perd peu à peu sa pertinence, au fur et à mesure que le dire-Je est attesté dans l'assomption des énoncés. Il ne faut pourtant pas céder sur la distinction entre ce qui assure la consistance dans l'*immanence* de l'énoncé, qui est la fonction-sujet de l'énoncé, et le représentant de l'existant qui assure son *adéquation* à ce qu'il y ait de l'énoncé. Qu'on ait pu les indistinguer signe la propension de l'existant à croire, quand il "produit" un argument, qu'il fait plus qu'en reconnaître la légitimité de par soi.

Bref, il n'y a aucun lieu de confondre le sujet qui souscrit l'anonymat de l'énoncé et le dire-Je qui atteste que la singularité d'un existant peut à bon droit s'y porter.

Une détermination ontologique de l'existence qui ne tiendrait pas compte de l'Un où elle-même ne cesse pas de se repérer, s'avérerait impuissante à saisir ce qu'elle vise. Une description ontique de l'existence qui prétendrait trouver l'Un dans son expérience – serait-elle description compréhensive –, se leurrerait. Ce double constat suffirait pour avérer que l'un-Je ne peut être qu'instance de l'Autre : de l'ek-sistence à l'Autre. Seule place qui convienne au se réclamer du Soi-même comme du logiquement évident : pour quoi est requis que le Je se dise comme *à l'Autre*.

Est-ce à dire que nous avons obtenu un concept suffisant de l'*ipse* ? Non car, Un de la consistance introuvable de l'existence, le Je reste tributaire de ce pouvoir-énoncer, de ce pouvoir-faire-un, de ce savoir lier, qui sont eux-mêmes moments de notre facticité. Témoin de notre représentation dans l'Autre, il nous laisse devant ce que nous avons reconnu comme l'(in)consistance de l'existence, tendue entre l'autre de l'étance et l'Autre du Logos, dont le Je ne nous livre pas la clé : si peu qu'on serait assuré de le manquer si l'on cherchait, en le rapprochant de l'*Ego*, à le remplir. Le perçu, c'est l'énigme de la discursivité de la réalité. Le dire-Je, c'est l'énigme de l'in-sistance de l'existence à la discursivité. C'est là que nous demeurons, en attente du "forçage" d'une vérité. La singularité d'une existence n'a sa place que dans le Je qui la tend à l'anonymat de l'Altérité.

Il est grand temps de ponctuer, à notre tour, où nous en sommes. D'abord, au constat que, venu à la constitution existentiale du *Dasein*, Heidegger « ouvre » là, sous les titres du devancement, de la résolution, du Soi-même, les apories vérirablement cardinales de l'existence, et les creuse avec une pénétration, une richesse dans l'analyse, que ne doit pas oblitérer l'objection, tout autant cardinale, qu'il faut faire à sa procédure compréhensive, à ses présupposés, et, partant, aux conclusions vers lesquelles il l'a conduit. Jamais mieux, hors dans l'analyse de l'angoisse, n'aura été manifeste qu'il s'agit d'un texte majeur, que la problématique du philosophique ne saurait désormais contourner.

Aussi bien est-ce d'avoir pas à pas à récuser à la fois ses points de départ et ses points d'arrivée qui nous aura permis de produire la définition de ce qui doit être tenu pour la constitution paradoxale de l'existant. Opposant à l'être-pour-la-mort que c'est de par soi que l'existence, ancrée tout à la fois dans l'étance et dans le *logein*, est impossible, inconsistante par essence, et ne libère aucune place pour un Un-Je, sinon que la prescrit le discours lui-même, qui ne va pas sans la consistance de la situation discursive où elle ne peut manquer d'être inscrite. Opposant au vouloir-avoir-conscience le choix commandé par l'être-à-l'Autre, choix qui prescrit de par soi la constitution pour qui s'y porte, mais constitution forcée, et dont le forçage même serait impossible si l'existant n'y était pas représenté par un signifiant. garant de son inscription dans l'Autre. Opposant au Soi-même-toujours-le-même la récurrence purement opératoire du dire-Je, qui est le signifiant cherché, la lettre qui supporte l'existant d'un Un à distance de lui-même et qui dès lors, ni empirique ni ontologique, n'a d'autre instance qu'intra-discursive pour se fonder.

Il est, enfin, frappant qu'à chacun de ces moments la dimension temporelle de l'existence se soit trouvée convoquée : comme devancement dans l'existence, atemporalité de la constitution, insistance de l'Un que requiert la seconde dans le cours fuyant du premier. Nous avions, dès longtemps, dit la constitution ontico-ontologique du temps. Ce n'était pas encore tenir comment ne va pas sans s'y inscrire l'existant.

V

Être et temps :
la temporalisation de l'existence
ou
le Je de l'existant

Rien, strictement rien, ne nous autorise à placer ici une césure, coupant au milieu d'un chapitre où l'exposé heideggérien se poursuit, fidèle à son propos, dans son style et sur sa lancée.

Mais nous observerons d'abord que la constitution ontologique du *Dasein* a joué de l'intrication de tant de données « phénoménales » et d'interprétations « compréhensives » qu'elle a suscité l'élaboration d'une synthèse si laborieuse, suscitant de notre part le développement d'autant de propositions opposées, qu'une ponctuation devient nécessaire. Les pages précédentes ont assez dit où nous-mêmes en sommes. Quant à Heidegger, on fera le point d'une phrase : « c'est l'existentialité comme constituant du souci qui livre la constitution ontologique du maintien du Soi-même »[1]. Ici le maintien du Soi dans son être, là l'Un du dire-Je qui n'"est" pas : telles sont les pièces du débat.

Ce qui nous autorise à repartir de ce point précis est que Heidegger va, une fois de plus, s'y arrêter – comme on se prépare – pour jeter un regard rétrospectif sur ce qui fournit sa ressource à sa procédure. Et c'est que ce pour quoi il se prépare est l'exposition de la temporalité comme nœud, et par là comme constitution originaire, de l'Un de l'être du *Dasein*. Soit le terme – provisoire – de ce que, dès l'origine, son questionnement recherchait – *qui* est cet étant qui interroge sur

---

1. Le maintien (*Ständigkeit*) au sens à la fois de conserver et de se tenir en soi-même.

l'être ? –, et la réponse qui, aujourd'hui encore, tient lieu d'enseigne de la pensée heideggérienne.

La césure a un dernier motif, qui fera sans doute sursauter : c'est que si, même sur le fond de la récusation radicale d'une possible ontologie herméneuticienne, on ne peut nier que le concept d'existence ait été par Heidegger recadré et réarticulé en une série d'analyses qui auront fait date, et si, même, l'élévation, qu'il va promouvoir, de la temporalité au statut d'une Forme pure l'affranchit un instant de l'appareil compréhensif, je tiens les dernières propositions de *Sein und Zeit*, ses propositions sur les trois ekstases et sur le temps proprement dit, pour le moment le plus arbitraire de son parcours, et tellement arbitraire que pour finir le parcours se brise, *ruiné au point où la subjectité rencontre l'objectité*. On peut certes être impressionné par la hardiesse du geste qui va chercher l'Un de l'être du *Dasein* au point, la temporalité, qui semble devoir y faire la plus grande difficulté, ou l'obstacle le plus entêté. Mais à quoi bon, si la réponse est fabriquée de toutes pièces, n'y ayant même plus un « phénomène ontologique » pour la justifier, et si elle s'avère incapable de se « possibiliser » dans le temps existentiel, qu'elle met en lambeaux au fil d'une machinerie dont la mise en œuvre mécanique décourage même la discussion ?

C'est précisément parce qu'en ce point la Phénoménologie compréhensive atteste de son impuissance qu'il me faut requérir la patience de suivre Heidegger pas à pas et jusqu'au bout, pour que, de la compréhension, le délitement soit mis en évidence. Nous n'y perdrons pas, nous, notre temps, si la discussion nous permet d'aller au fond de ce qui fait que l'intelligibilité – tant déniée – du temps n'est pas dissociable de l'intelligibilité même.

1. *Une temporalité in-temporelle* ou *l'a-temporalité du dire-Je*

Une nouvelle fois, donc, Heidegger s'arrête avant de franchir ce qui sera le dernier pas, afin d'éclairer ce qui lui permet d'avancer, nous livrant ce qui nous permettra, pour notre part, d'en évaluer l'argumenté.

Le « maintien de Soi-même » était le passage nécessaire pour saisir ce qu'est « le sens du souci »[1]. Heidegger en prend occasion pour

---

1. § 65.

resserrer de façon particulièrement dense ses propositions sur le *sens* lui-même. Dans le sens se tient « la compréhensibilité de quelque chose » sans que celle-ci « vienne thématiquement au regard » ; ce qui s'y signifie – comme le *vers-où* – est « le quelque chose... conçu comme ce qu'il est en sa possibilité », dont l'explicitation rend à son tour visible – comme le *vers-quoi* – « ce qui rend possible ». Ainsi, dégager le sens du souci était « accompagner le projet qui est à la base... de l'interprétation existentiale... du *Dasein* » ; son vers-où, c'était qu'y est projeté « l'être du *Dasein*... en ce qui le constitue comme pouvoir-être-tout authentique » ; le vers-quoi de ce projeté, c'était « ce qui possibilise cette constitution... en l'unité de son articulation ».

Ce qui se dit là du sens[1] doit être replacé dans la définition du comprendre comme « projection vers des possibilités » qui pourra se « configurer » – ce sera son explicitation – et qui donc n'est pas encore thématisée, sans que pour autant la thématisation y doive introduire aucun supplément. C'est conséquence de ce schème qu'en se projetant « vers [quelque] où », le *Dasein* ne saisit pas encore ce qu'il y a dans ce « où », mais qu'il suffira de déplier (« ex-pliciter ») le vers-où pour comprendre « vers [quel] quoi » il se dirigeait.

Cette formulation du sens comporte une articulation interne qui la rend beaucoup plus complexe et productive que toutes celles que nous avons rencontrées avant elle. Elle implique même une productivité qui déborde largement une explicitation : que le vers-où de la tournure – par exemple son « pour quoi » l'outil – ait son vers-quoi dans l'objectalité de ses instruments, qui la possibilisent – dans leur « comme quoi » –, ce n'est rien de moins qu'un retournement du pour-soi à l'en-soi. Seulement, que le sens puisse remplir pareille fonction paraît plus que douteux : il s'agit bien de ce qui – pour rester dans les termes de Heidegger – le rend possible, mais possible au seul raisonnement analytique.

Au demeurant, il faut aller beaucoup plus loin et prendre garde que dans la définition du comprendre comme projection-vers est investie *la surdétermination de l'herméneutique et en gnoséologie et en ontologie.* Que la « compréhensibilité de quelque chose » soit ce à partir de quoi « quelque chose peut être conçu comme *ce qu'il est en sa possibilité* » implique en effet :

1. que *le comprendre* délivre au sens de : fait *connaître* ce qui « rend

---

1. À rapprocher du § 32. Cit. des p. 148 et 151.

possible » – « libérer le vers-où d'un projet signifie ouvrir ce qui rend possible le projeté ». Or cela ne va pas de soi, loin de là. Manque à la compréhension la détermination, consistante ou non, du projeté en question : ainsi avons-nous récusé que la compréhension de la mort comme possible en tant que mienne (vers-où) se laisse analyser de façon consistante comme tenant son vers-quoi dans l'être pour la mort. La détermination peut même avérer l'impossibilité du projeté en question : comprendre le désir est certes saisir ce qu'est le possible de l'éprouver, mais ce possible masque au comprendre l'impossibilité de le satisfaire.

Comment la compréhension heideggérienne du projet ne peut-elle manquer d'ouvrir sur la possibilité du projeté faisant ainsi Un de deux temps qui, pour la connaissance, sont distincts ? Parce que l'inférence du comprendre au possible ne s'entend que de ce que le comprendre[1] a été introduit à la suite de l'affection, comme saisie de « ce en-vue-de quoi le *Dasein* est », autrement dit de ce dont il en va pour lui, et pour lui comme pouvoir-être. *Le possible heideggérien ne se dit pas de la chose mais du Dasein*, dont il est un existential. Il se confond avec le projet. « Le *Dasein* "voit" des possibilités à partir desquelles il est »[2]. On saisit dès lors pourquoi son seul problème est de mettre au jour ce qui le rend possible lui-même.

C'est dire que le comprendre n'est rien d'autre qu'une auto-explicitation du *Dasein*. Présupposant et que cette auto-explicitation est elle-même un possible du *Dasein* et que ce qui s'y explicite comme son possible propre ne peut par là même que se révéler comme le possible qu'il a à être. Ainsi le cercle herméneutique se garantit-il lui-même, n'ayant d'ailleurs pas d'autre ressource pour le faire. Ainsi, dans sa clôture sur soi, interdit-il toute discussion autre que la récusation absolue. À quoi l'on répugne, curieux de ce qu'il va apporter. Mais qu'on s'est réservé de chaque fois replacer sur la grille du consister, tenu *qu'aucun possible de la subjectité ne saurait faire foi s'il ne résiste pas à l'épreuve et de la possibilité de l'existence et du possible en soi.* C'est ainsi que nous avons pu accorder à Heidegger que l'être-au-monde est un concept consistant de l'existant comme être-à, mais non pas sans corriger de ce que c'est par là l'existence elle-même qui ne consiste pas.

---

1. § 31.
2. P. 148.

2. que *le compris est l'être même* – « le projeté est l'être du *Dasein*...
ouvert en ce qui le constitue » –. Si le *Dasein* s'auto-explicite, ce qu'il
explicite est ce qu'il est. L'insistance sur le bavardage du On et sur
les recouvrements du quotidien cache un trait beaucoup plus fondamental de l'herméneutique heideggérienne : en définitive, *jamais le
Dasein ne se trompe sur le Dasein.* Il a toujours le moyen de
comprendre où il en est, et par là ce qu'il est. Ainsi le régressif de
l'en-dette se comprend-il comme en dette de la conscience, par où il
se projette dans ce qu'assume de la facticité du Soi la résolution. Il
n'y a pas chez Heidegger – en cela radicalement non freudien – de
place pour un aveuglement indépassable de l'existant sur l'existant. Il
peut y avoir du caché, il n'y a ni perdu, ni interdit, ni inconscient :
rien qui bloque dans le regard du *Dasein* sur lui-même la saisie de son
être même. Ce trait, où se résume toute la démarche heideggérienne,
emportant la précipitation d'une constitution sur une interprétation,
et de l'être sur le sens, met le plus médiat au risque de l'immédiat :
de ce que le *Dasein* s'éprouve comme projet, quelle est la nécessité
qui induit que projet est son être ?

De cela, c'est cette fois le concept heideggérien de la *vérité* qui
répond, entendue comme « ce qui se montre soi-même »[1] et ne peut
manquer par là d'être « dans une connexion originaire avec l'être ».
La vérité, avions-nous lu[2], « fait voir » elle est « être découvert ».
Quant au découvrant, c'est le *Dasein* ; et comment découvre-t-il ?
Dans la compréhension. D'où l'on passe à : « l'être de la vérité se tient
dans une connexion originaire avec le *Dasein*[3]. »

Il est permis de penser, là-contre, que *la vérité ne se fait pas voir
mais se démontre*, et que rien ne ressemble moins qu'elle à un voir[4] ;
que le « comme quoi » de quelque chose, c'est ce qui peut axiomatico-
logiquement en déplier la constitution ; et que le sens de l'existence
– puisque c'est toujours de cela qu'ici il s'agit – est aveugle à son être
aussi longtemps – c'est-à-dire jusqu'au bout – qu'il l'entend comme
ouverture sans spécifier ouverture à ce qui, comme intelligible, est
consistant. Il n'est pas douteux que le sens est « mien » ; mais il est
transparent que l'être est justement ce qui, mien, n'est à aucun titre.

---

1. § 44, p. 213.
2. Cf. ci-dessus p. 444.
3. § 44, p. 230.
4. Le voir platonicien est métaphorique et conclusif ; le voir heideggérien procé-
dural et littéral.

En vérité, ce qui se construit comme un appareil rigoureux des implications du sens cherche à contre-emploi la rigueur là où la médiation fait défaut et promeut comme philosophique l'écrasement du *philosophein* dans l'immédiation dont veut faire argument la compréhension. On peut admirer l'acribie avec laquelle Heidegger a introduit la question « *qu'est-ce qui possibilise la totalité... du souci en l'unité de son articulation déployée ?* » ; mais on doit dénoncer les termes qui commandent que la question soit posée, dont il est exclu qu'elle apporte, et de ce qu'est le possible de l'existence et de ce qu'il en va de l'être, une réponse adéquate, c'est-à-dire un argumenter consistant.

a. C'est dans l'espace méthodologique biaisé qu'on vient de fixer ; et qu'il vient lui-même de rappeler, que Heidegger va introduire, abruptement, à partir du « maintien du Soi-même » comme aporie du faire-sens, ce qui va être tenu pour le nœud, tant cherché, de la constitution ontologique du *Dasein* : l'existence, « ni substance ni sujet »[1], enferme originairement la *temporalité* en tant que *structure unitaire* qui n'a pas le sens du temps vulgaire mais qui emporte pour les différentes structures du *Dasein* différentes guises *d'un même et unique procès*, dit de « *temporalisation* ». En d'autres termes, les analyses précédentes sont toutes à reprendre « en direction de leur temporalité » comme « phénomène originaire » de la structure totale du *Dasein*.

L'enjeu est clair. « le sens d'être du *Dasein*... est le *Dasein* même se comprenant » et ce sens s'est révélé être celui qui, « possibilis[ant] le souci en sa constitution, constitue originairement l'être du pouvoir-être ».[2]. Or, pour être possible, toute constitution doit, on le sait depuis le début, être « totale » c'est-à-dire aussi unitaire ; et certes, l'unité du souci comme authenticité du pouvoir-être-Soi-même s'est déjà « exprimée » comme « la constance propre au Soi-même » dans le dire-Je[3] ; mais le souci ne saurait se possibiliser comme constance ou maintien s'il n'avait pas, dans sa constitution, l'unité d'un « tout structurel *articulé* »[4] : c'est cette articulation que Heidegger va saisir dans un concept de la temporalité reforgé, concept où l'articulation triple du devancement, de l'en-dette et de la situation vient comme

---

1. § 61, p. 303.
2. P. 325.
3. P. 322.
4. (Souligné par moi.)

offrir le sens ontologique du souci à l'Une-Triplicité du temps. Si cette grille à double entrée, où deux triplets distincts se recouvrent point par point, est pertinente, preuve compréhensive sera faite que le souci est articulé, et l'être-Un du *Dasein* élucidé au titre même de sa constitution comme temporal.

La réponse est apportée en trois paragraphes dont la célébrité n'a cette fois d'égale que la sécheresse et la complaisance du jeu sur les amphisémies :

Le projeté de la résolution devançante était l'« être pour le pouvoir-être le plus propre ». Or rien d'autre ne peut autoriser un tel projet, que la possibilité pour le *Dasein* d'« advenir à soi ». Mais qu'est-ce que cette possibilité d'advenir, sinon « le phénomène originaire de l'*avenir* » entendu comme : « le *Dasein* est avenant en son être » : où avenant ne signifie pas, ou pas encore, un futur mais un avoir à venir au plus propre ?

Or encore, pour le *Dasein* résolu, qui ne va pas sans assumer l'être-en-dette, l'advenir n'est rien d'autre qu'être « tel qu'il était à chaque fois déjà » : son « *été* » ; il n'est donc authentiquement avenant que comme re-venant à la dette, en sorte que « l'être-été... jaillit de l'ave-nir ».

Or enfin, le laisser-faire-encontre à la résolution « n'est possible que dans un *présentifier* de cet étant » qu'est le monde.

De cette déduction de la temporalité – déduction qu'on pourrait dire transcendantale par substitution du projet au sujet – appert essentiellement : qu'il y a *dans la résolution* un « phénomène unitaire » *de l'advenir* comme à la fois avenant, avenu et survenant, et que c'est dans cette unité enfin trouvée que le *Dasein*, dont tous les moments désormais s'articulent, « se rend possible à lui-même le pouvoir-être-tout authentique » : syntagme frappant en ce que tous ses termes renvoient à la discussion procédurale qui vient de s'achever et en assument la portée. Dit autrement, est acquis le *sens* – possibilisant – *du souci* – dont le vers-où est l'être du *Dasein* – *authentique*, dans le vers-quoi de la résolution. Ou encore : c'est bien le même pouvoir-être qui s'articule en être-en-avant-de-soi – moment de l'*existentialité* –, être-déjà-dans – moment de la *facticité* –, et être-auprès-de – moment de l'*échéance* –, moments qu'on ne peut mettre bout à bout, qui sont, d'un seul tenant ; mais c'est aussi le même pouvoir jeté dans trois orients qui sont, ou seront, ceux du temps. Ou enfin : puisque la modalité originaire du pouvoir-être est la modalité originaire de l'être-à, elle doit se dire « *le "hors-de-soi" originaire en et pour soi-même* ». D'où la célèbre qualification des trois advenir comme ekstases.

Qui ensemble sont cooriginaires et unes, mais non sans une « primauté » de l'*à-venir* dans un ordre déductif à trois moments. Or ce qu'a révélé le devancement de l'être pour la mort, c'est que « l'avenir authentique... se dévoile lui-même comme fini ». Le *Dasein* n'existe donc, et précisément parce qu'il est primairement à-venir, que comme jeté dans la *finitude* de la temporalité originaire : « Sa finitude... est un caractère de la temporalisation elle-même. L'avenir originaire et authentique est le à-soi » pour lequel la nullité est « possibilité indépassable[1]. » Le temps ne jaillit au Soi qu'en tant que promesse de clôture. L'avenir ne fait sens que comme finitude du pouvoir-être, et c'est en ce sens-là qu'il est originairement ekstase. Heidegger ne nie pas que devoir tirer l'infini du temps du fini de l'advenir puisse susciter, à tout le moins, la perplexité ; mais à l'objection « vulgaire » de l'infinité essentielle au temps, il oppose qu'un questionnement « adéquat... des concepts de finité et d'in-finité » pourrait seul répondre, et qu'il montrerait comment se thématise un temps « inauthentique, un temps infini à partir du temps fini » – ce dont il ébauchera effectivement l'exposition plus loin. Du même coup, c'est dans la temporalité qu'est la plus forte la violence faite par l'existential à l'existentiel. Du même coup encore, prend tout son relief la détermination essentielle de l'ontologie heideggérienne comme ontologie de la finitude.

La temporalité, c'est l'Un d'articulation triple de l'existence comme ekstatique sous condition de sa finitude.

Avec ce § 65, dont il ne fera plus qu'exploiter ce qui s'en veut la portée ontologique, Heidegger, à le suivre, a réussi à articuler – au sens, aussi bien, où est atteint le dénouement d'une intrigue – ce qui se tenait ou restait, malgré tant d'efforts, dispersé dans l'expérience du *Dasein*. Ce qui continuait de creuser le dire-Je ou menaçait, son unité trouvée, de le faire à nouveau voler en éclats. Et ce qui a été trouvé, c'est que ce qui menaçait existentiellement l'unité du *Dasein* dans l'aporie de son « se maintenir » est précisément ce qui existentialement la possibilise, possibilisant l'être du *Dasein* par là-même.

L'ensemble du dispositif tout à fait inédit[2] dans lequel la tempora-

---

1. P. 330.

2. Si l'on excepte *Matière et mémoire* encore une fois. Et, mais sous une forme ultra-synthétique, le Schématisme kantien.

lité a été introduite va requérir que (*b*) nous tentions d'abord d'en préciser le *sens*, soit en somme le sens de ce qui est avancé comme l'ultime sens du *Dasein*, puis (*c*) que nous évaluions la réponse à la question de l'*Un* du Soi, enfin (*d*) que nous examinions à quel titre l'*être* peut se dire investi par la temporalité. Chaque fois se trouvera explicité par là-même ce que l'ouverture de l'existence à l'Autre et sa représentation dans le dire-Je commandent d'y substituer.

b. Il faut rendre à Heidegger hommage d'avoir introduit avec force que *le nœud de l'existence est son être ek-statique.* C'est une proposition sur laquelle il est exclu qu'on puisse revenir, et qui balaye la longue cécité du philosophique ne retenant tantôt que l'Un du « sujet » épistémique[1] et tantôt que la dispersion du sujet psychologique. Après le souci, l'en-avant-de, le nu de la résolution, le dire-Je, l'ekstatique est le cinquième concept majeur de *Sein und Zeit* et ce qu'en conservera sans doute la philosophie, fût-ce pour le fonder autrement.

Davantage : que sous le nom de temporalité soit indexée l'Une-triplicité du *Dasein* hors de toute référence au vécu du temps, nous ramène, d'un premier mouvement, à cette réduction du phénomène en ses ultimes constituants où nous disions reconnaître une sorte de parenté entre la démarche de Heidegger et celle où nous nous tenons. Or si aucune existence – mais tout autant aucune étance – n'est constituable sans un concept, si épuré soit-il, de l'articulation du changement, la temporalité est en somme un candidat à ce titre. Et si sa portée est ici limitée par sa déduction du seul pouvoir-être de l'existant, elle peut prétendre, passant outre ces limites, exciper du noyau où l'être exposé au devenir conjugue l'unité et la dispersion. Le paradoxe est que, sous cet angle, on n'a jamais mieux défini l'aporie propre du *concept* de temps comme du *faire-un par la dispersion même.* Mieux encore : la procédure par laquelle la temporalité est introduite met en lumière ce qui spécifie comme « *hors-de-soi* » tout existant jeté-dans-le-temps. Et que sous ses trois modes la temporalité soit ekstase, non seulement nous en avons convenu pour l'existant dès l'être-à, mais nous y pouvons reconnaître ce que nous avons désigné comme l'im-

---

1. Ici de nouveau s'éclaire ce qui a pu ponctuer pour Lacan une proximité avec Heidegger qui redoublait le grief fait à la philosophie. Et ici doit être posée à ceux dont le discours évite l'être en creux de l'existence, la question de ce qu'ils en font.

possibilité onto-logique de l'existence qui n'est à soi qu'en se portant hors de soi, en défaut dans l'être par là.

L'éloge s'arrêtera là. Car le montage que fait Heidegger de l'ekstatique non seulement est, à contre-emploi de ce que prescrit la détermination d'une essence matérielle, gouverné par la fonction qu'il assigne à la temporalité comme nœud résolutoire du procès de l'herméneutique ontologique, mais s'avère aussitôt n'y parvenir que par une succession d'artéfacts : reconfigurant la temporalité sur le schème des structures existentiales, puis distribuant le temporel, à-contre son essence, en une succession d'instances forgées de toutes pièces, qui n'ont pas d'autre fin que de mettre l'Un à l'abri de la dispersion, et finalement échouant sur le roc du temps qui résiste à toutes les tentatives d'y dissocier l'authentique et l'inauthentique.

Soit d'abord ce qui viendrait d'être atteint comme le *sens ultime* du *Dasein* : que faut-il entendre par cet « ultime » ? Ce n'est pas la temporalité qui dé-couvre la structure ekstatique, laquelle était donnée dès le « hors de soi » de l'être-à. Dès lors, pour que la temporalité, comme ressaut unificateur de l'ekstatique multiple de l'être-à, soit moment résolutoire, il faudrait que l'ekstase, de soi, ne se laisse pas « comprendre » sans la temporalité ; il n'en est rien ; la temporalité ne vaut de ce biais que comme *un des « hors de soi » parmi les autres*. Elle investit tous les autres ? Mais autant en va-t-il de chacun : l'être-au-monde, l'être-avec, le souci... Elle doit son caractère « insigne » à ce qu'elle seule articule l'existence dans sa multiplicité ? On ne saurait pourtant dire que la temporalité laisse de façon convaincante « comprendre » comme fondamentalement triplice l'existence, à travers l'interprétation du devancement comme requérant et la dette – pourquoi plutôt que les autres moments de la résolution ? – et la circon-spection – pourquoi plutôt que les autres moments du souci ? – Heidegger tire trop manifestement du paquet des structures existentiales les cartes qui lui conviennent parce qu'elles autorisent la correspondance avec ce qu'il y a d'irréductible dans l'expérience factice du temps ; ce que j'ai appelé la déduction des ekstases est à l'évidence contraint par la réalité qu'il lui faut subsumer, et qui par avance la détermine. Seule la temporalité ne se prescrit pas sans prescrire l'unité de ses orients ? C'est évidemment vrai pour le temps, mais que l'une-triplicité du temps puisse se penser hors du temps lui-même va si peu de soi que ce qu'aurait d'originaire l'Un des ekstases temporales est affirmé sans être même « interprété » ou il ne l'est que dans l'implication de ce que les structures qu'il conjugue sont toutes simultanément structures du Soi, mais alors c'est ce dernier qui précède autant qu'elles le conditionnent. Bref, la temporalité n'a pas titre suffisant pour prétendre à une primauté existentiale qui soit évidente en elle-même. Paradoxe : ce montage du sens n'a d'autorité que celle qu'il tire d'une analyse préalable de l'une-multiplicité du temps de la réalité dans son concept.

Dès lors devient arbitraire le report des ekstases sur les structures du *Dasein* authentique : arbitraire de la transcription du projeter en primauté de l'advenir, quand c'est au même titre que les trois ekstases sont pro-jets ; arbitraire de la finitude excipant de l'herméneutique de l'être pour la mort contre la temporalité elle-même ; et jusqu'à l'arbitraire de la mise de l'articulation des trois ekstases au compte du « maintien » du *Dasein*, qui suppose lui-même acquis le temps. Autant de traits où il y a évidence de la duplicité d'une exposition qui part de la question formelle « à quelles conditions la temporalité est-elle possible avant le temps ? » et configure la réponse sur la structure du temps. Après quoi, que dire d'un nouvel usage de la synonymie qui n'est plus la compréhension d'une instance dans une autre, mais la mise en tableau de tous les triplets dispositibles, dussent-ils être reconstruits pour l'occasion ?

Quand bien même on accepterait la mise en place des ekstases dans la constitution existentiale du *Dasein*, effet elle-même d'une mise en série de ses moments entièrement *a priori*, elle n'imposerait ici qu'un semblant de rigueur. Sa procédure lui interdisant de pousser la constitution existentiale au-delà de ce qui la possibilise dans le public-existentiel, Heidegger ne peut produire la mise au jour d'une temporalité ex-posée sans avoir « sous la main » la spécification quotidienne du hors de soi dans lequel elle est jetée ; or, de la temporalité, ce qu'il entend montrer, c'est bien plutôt qu'elle *impossibilise* les formes publiques du temps ; de là que sa démarche est méthodologiquement contradictoire, et que la détermination *a priori* de la temporalité ek-statique sur ce qui n'est en fait rien d'autre que le triplet du temps « quotidien » génère un de ces effets de comique auxquels on n'échappe pas quand ce qui se donne pour démonstration ou « ouverture » à hauteur d'existential – projet, facticité, échéance – retombe infailliblement sur les distinctions temporo-existentielles les plus triviales. Ce qui contraint Heidegger, ou du moins l'entraîne, placé qu'il se dit dans l'existential, à tour à tour y désigner déjà, sans tout à fait les nommer mais sans cesser de loucher vers eux à l'abri de termes bivalents, l'avenir, le passé, le présent, tout en demandant qu'on n'aille pas croire que la temporalité soit à comprendre dans les termes qui sont ceux de la grille du temps. Cela dans le moment même où la puissance de l'idée était de tenir une forme ultime du devenir exempte de ce qui l'indicie des temps de la conjugaison. Ce gâchis, qu'on y prenne garde, signe l'impuissance d'une phénoménologie herméneutique à produire et respecter la pureté d'un concept.

Il vaut ici la peine de revenir en arrière et de marquer comment, dès longtemps, a été préparée et impliquée la *contamination de la temporalité par le temps*. Demandons d'abord : *où* est-on ? Ni dans le temps constitué de la quotidienneté, ni dans une saisie originaire qui déterminerait le temporal dans une partition immanente à sa seule définition. Car en ce point où Heidegger prétend sortir du cercle, le cercle tient bon : il n'a même jamais davantage tenu, comme le montre le basculement continuel entre terminologie du structurel existential et terminologie du temps existentiel, qui ne cessent d'avoir besoin l'une de l'autre. C'est que ce qui pourrait être transparent comme nœud axiomatique de la constitution du temps, n'est pas possible *au sein d'une analyse herméneutique*[1] sans qu'il y ait eu dès le début *enjambement*. Et de fait, la précédence structurelle de la temporalité, dès qu'on y réfléchit, s'est renversée depuis longtemps : la production du devancement comme moment originaire de l'existence butait d'emblée sur la question : *qu'est-ce que le devancement sans le temps ?* Et dès lors, comment penser la constitution de l'inauthentique par l'authentique si le second ne peut se poser sans le premier ? Heidegger pourrait répondre que son procès est un creusement progressif du sens, que c'est le sens du devancement qui se découvre envelopper le temps et que comprendre celui-ci est ce qui nous fait trouver en lui, par remontée, la temporalité. Mais ce serait contredire sa démarche, où le temporal va prétendre tirer entièrement de soi ce qui peut être conservé du temps. De surcroît, l'enjambement commande un *renversement*. Nulle part Heidegger ne nie qu'il y ait un temps du monde, pour autant du moins que celui-ci est celui de l'être-au-monde. Par là,

---

1. Ce qui était possible *ontologiquement* dans le Néo-Platonisme (comme le débordement de l'être) devient impossible pour une phénoménologie *herméneutique* qui ne peut trouver un sens ultérieur que s'il était déjà-là.

il ne dit pas seulement que le *Dasein* se constitue, pour sa part, comme Un dans la temporalisation : il dit aussi que la temporalisation est originaire pour la temporalité quotidienne du *monde* du *Dasein*. Or, si l'on peut bien comprendre la temporalité comme une structure configurante du temps propre au *Dasein*, on échoue à entendre comment elle peut *précéder* onto-logiquement le temps lui-même dans son « extériorité » objectale. Tel est l'embarras qu'il fait soupçonner l'invention de ne pouvoir se maintenir sans avérer l'artifice du mode sur lequel elle est introduite.

On serait même tenté de dire que la temporalité se débat entre emprunter beaucoup plus qu'elle ne prétend au temps et manquer de faire place à ce sans quoi elle ne pourra à aucun titre tirer de sa structure le temps, comme elle y prétend. Nous le verrons plus loin mais le trait s'aperçoit d'emblée, la « réduction » eidétique qui définit le temporel n'en retient pas un terme – la *durée* – qu'il suffit de prononcer pour prendre acte de ce que sans lui le temporel n'est *pas même pensable* : perd son sens. Heidegger pourrait répondre qu'au point où il est parvenu, sa procédure ne requiert pas plus que ce qu'il va donner, soit l'unité de ce qui jette comme avenant-avenu-circonspect le projet hors de soi. Mais la suite va user de cette définition comme du noyau suffisant de tout ce qui ne se constitue pas sans le temps, et finalement de la constitution du temps lui-même. De sorte qu'il aura perdu deux fois : trop près et trop loin de ce que le temps est de par soi. Indice, encore une fois, du risque pris quand c'est sur le « fil » du vers-où et du vers-quoi, non sur l'intégrité du concept, qu'on cherche une définition.

Bref, la temporalité comme forme pure, nue de toute détermination existentielle, transcendant en l'ignorant le temps, enfermant la thématique des orients du temps sans en inclure les déterminations empiriques-existentielles, aurait eu droit à revendiquer le titre d'essence husserlienne « matérielle » – quand Husserl, là justement, s'était arrêté à la conscience intime du temps. Mais Heidegger a manqué ce qu'il avait trouvé : le reconfigurant sur la quête du sens du maintien du *Dasein* et élaborant à cette fin un schème du temporal qui vient en exception à tous les autres existentiaux en ce qu'il devrait se construire avant des existentiels qui mieux que le recouvrir le dénaturent, mais qui échoue à se tenir à l'abri des caractères qui le spécifient dans l'existentiel. La conséquence sera le caractère entièrement artefactuel du programme qui va suivre : reconduire d'abord du schème temporal à toutes les analyses existentiales du *Dasein* précédentes, et montrer que c'est lui qui les « possibilise » ensuite le confronter à toutes les expériences existentielles du temps, s'assurer qu'elles ne rendent pas le dé-couvrement de la temporalité impossible, et par là la possibilisent à leur tour. Le résultat sera une série d'analyses à ambition démonstrative dont le noyau opératoire est contradictoire et la conclusion connue d'avance, plus un mépris violent pour la « vulgarité » du temps mondain qui prétend notamment faire valoir son infinité contre la finitude du temporal. Or c'est peut-être en ce point que se trahit ce qui est, à défaut d'un sens ultime dont on aura constaté qu'il ne réussit pas à se constituer, le sens premier, l'originaire au sens de ce qui reste masqué, de la temporalité dans sa configuration heideggérienne.

Il faut alors, pour finir, interprétant à notre tour, avancer que, derrière ou sous les ambiguïtés du procès, il y a un double refus de Heidegger, refus qu'on dira, selon son choix, philosophique ou préphilosophique. Refus double, et pour lui conjoint, du dispersé et du continu, qui ne voit dans le second qu'une tentative de maîtriser le premier. De ce biais, la temporalité doit être entendue comme *le temps d'avant la dispersion du temps* : où s'exprime une aversion pré-conceptuelle du changement dont nous avons rencontré plusieurs exemples et dont on sait l'effet dans la position de Heidegger en face de son époque. *Le paradoxe de cette ontologie du temps, est qu'elle se pense contre lui*, n'en retenant comme authentique que le moment intemporel de l'ouverture ekstatique. Violence explicite d'un déni qui est exactement celui assumé, « par ailleurs », à l'égard du toujours médiat du rationnel. Nous tenant strictement aux implications théoriques du terme – toute autre entente serait niaiserie –, nous dirons que c'est déni du médiat que commande la castration.

Position ou pré-position en dernière analyse inverse de ce que, depuis un long moment nous constatons : que l'exister est la condition d'un étant convoqué – s'il faut le dire ainsi – à la *dé-clôture* du Soi.

b'. Il est vrai que c'est un des avatars singuliers de la philosophie de produire comme régulièrement des anti-philosophies : de se reproduire en contre-chants. Où se voit que sa destination même pourrait être sa propre définition. En quoi nous rejoindrions encore une fois Platon.

Mais il est vrai aussi que, s'agissant du temps, du temps non pour ce qu'il englobe mais en lui-même, dans sa constitution, les philosophes – je n'ai pas dit la philosophie – se sont le plus souvent cantonnés dans une réserve prudente, et il est significatif que ce que nous en savons de plus convaincant tienne dans ses descriptions comme immanent à l'existence, soit celles d'Augustin, Bergson, Husserl, Deleuze ou, pour une part, Ricœur.

Nous reconnaissant portés dès le perçu à l'en-soi du discursif, nous ne pouvions nous tenir affranchis de chercher la constitution du temps : de ce qui, comme discursif, le désignait d'emblée transcendant. Nous l'avons trouvée dans une de ces axiomatiques qui, distinctes mais emboîtées, et analogues dans leur structure, prescrivent l'ensemble du *factum* perceptif. Le temps appartient à l'être-là qui, si s'en disjoint la soustractivité de l'être, n'est à aucun titre disjoint de l'axiomatico-logique de l'empirie, laquelle fournit au perçu tout ce dont celui-ci s'instrumente. Tenir l'axiomatique d'une expérience est tenir tout ce qu'il faut à la raison pour en rendre raison. Abordant le temps de ce biais, nous assumions ce qui en toute occurrence doit être le geste du philosophe, et récusions qu'aucun autre y puisse être adéquat, sauf évidemment à décider *a priori* que le temps est inconstituable ; nous ne concéderons pas même que soit pertinente la seule exploration « intime » du temps, quand, ce faisant, on fait impasse sur ce donné primaire que constitue *l'équation de la réalité et du temps*.

Mais cela ne dit pas encore comment je puis, pour concevoir le temps – le constituer –, *m'y concevoir* : à la fois soumis à lui comme étant et surplombant son passage et m'y conservant, comme existant qu'il n'entraîne pas seulement, et qui au même titre que lui – tant que j'existe – demeure. C'est cela, la question : non plus celle du temps comme notre sens ultime, mais celle du sens ultimement double du temps. Question fondatrice qui resserre celle tout à fait générale de mon appartenance à la réalité *se débordant* de mon pouvoir la constituer. Question métaphysique s'il en est une : la psycho-logique peut bien décrire les opérations que penser la constitution met en œuvre, et dont arguait la réflexion husserlienne, elle ne saurait produire ce qui rend possible la constitution elle-même, ce qui se délivre à la pensée comme l'intelligibilité d'un constituant constitué.

Le problème que Heidegger nous tend est celui-là : celui de notre être *à* l'intelligibilité du temps comme incluant celui de notre position "*dans*" le temps. Nous pouvons bien dire, quant à nous : comme existants, nous sommes d'emblée ouverts à l'Autre, dans l'ouverture de l'énoncé, où c'est le sujet de l'énoncé qui souscrit le discours auquel nous nous portons ; mais ce discours est aussi bien celui de ce à quoi nous sommes soumis dans notre étance, et par là dans notre appartenance à l'être-là, et qui nous conditionne. Cette dualité des places, malaisée à penser, le geste de Heidegger[1] est de la contourner en prédiquant l'existence de l'originaire de la temporalité : à pareil coup de force, on se doit de résister ; doit être prise au sérieux la réalité, dont le temps est un constituant irréfragable, qui ne doit rien – hors sa facticité – qu'à l'Altérité de son intelligibilité. Par là *le Soi n'est à la constitution du temps qu'hors de soi* : dans la prescription de l'indifférent à la "clôture" du Soi ; mais simultanément il est *constitué par le temps*, au titre de son être d'étant. *Mon* temps est clos ; *le* temps est ouvert ; j'ek-siste, conformément à la définition même de l'existence, si je sais que je, comme étant, suis né et dois mourir, et que cela dépend de, mais ne concerne pas, la constitution du temps dont l'intelligibilité requiert la seule recherche du mode sur lequel se prescrit axiomatiquement le faire-un d'une multiplicité homogène procédante infinie et d'un écart quelconque au sein de cette multiplicité. Placer la pensée de la mort ou le projet au cœur de la problématique du temps est donc passer à côté du vrai problème, celui du nœud entre "ma" temporalité d'étance et "mon" atemporalité[2] d'abstance.

Nous avons, chemin faisant, reconnu que cette dualité de notre place – dans l'étance et à sa constitution axiomatico-logique – ne peut s'articuler que de ce que l'énoncé qui nous porte à l'Autre et nous investit du point de l'Autre comme con-sistants avec l'Autre, se *connote* de l'opérer par lequel nous en mettons en œuvre pour notre part et en assumons le faire-un, et que cet opérer est, lui, situé dans le temps de l'étance, *daté*. Nous avons ensuite introduit comme condition absolue de notre con-sistance à l'Autre le *dire-Je, signifiant paradoxalement consistant de notre (in)consistance*. C'est là seulement, avancerons-nous, que peut être trouvée la réponse à notre double place dans le temps, et dans la réalité en général. L'ex-position du

---

1. Sur ce point, renouvelant le geste de Kant.
2. Sans doute est-il... grand temps que je m'explique sur mon usage d'*atemporel*. Un énoncé consistant retient sa consistance hors du temps, quand même c'est l'énoncé d'un fait temporel. Mais parce que l'énoncé n'"est" pas, il fallait écarter « intemporel » qui s'est chargé de toutes les connotations d'un étant demeurant, pour ne pas dire éternel.

temps est fondée sur cette donnée tout à fait originaire de l'Un qui nous résume et nous indicie, que l'étance dénie, dont aucun discours empirique ne peut rendre raison, *qui n'est énonçable que du point d'inexistence de l'Autre, où ce n'en est pas moins notre existence qui se représente.* D'une part, un représentant est toujours une unité strictement discursive, il n'a de fonction que dans le discours, où il ne se détermine que de sa relation à l'ensemble du discours ; d'autre part, il n'a à proprement parler pas d'être, dès lors qu'il n'est qu'élément de discours. Mais le représenté, pour inadéquat qu'il soit au représentant, n'en est pas moins notre étance d'existants. *Ainsi l'Un-Je sans être doit-il être pensé comme ce qui fait se tenir à hauteur de constitution notre être d'existants. Et l'atemporalité du Je doit-elle être pensée comme ce qui fonde l'existence à se saisir Une dans l'objectité du temps.* L'existence ne peut être à l'Autre sans être représentée "dans" l'Autre, d'y être l'autorise à se penser à la fois comme constituante et constituée. Ainsi le dire-Je doit-il être pensé comme ce qui représente Un l'existant, sans autre signifié que le laissé vide de son référent, que l'existence, quant à elle, meuble de ce qui advient dans le temps.

On ne peut nier, cela posé, que l'articulation du temps telle qu'elle se spécifie en présent, passé et avenir est connotation propre de l'existence, qui, conformément à son (in)constitution, *ramasse*, pourrait-on dire, *en le creusant*, le temps, à partir du point qui l'y situe elle-même : qu'on peut dire le point de sa situation dans le temps de la réalité. Que le point en question soit chaque fois celui du dire-Je, Heidegger ne le nierait pas. Mais il dirait, contre le présent augustinien, que le dire-Je est se projeter dans l'à-venir ; et contre Bergson, que le point qui fait Un se situe ontologiquement bien en-deçà de l'extériorisation dans l'espace d'une durée qualitative [1], ou bien autrement que la venue à la rencontre du monde d'un passé demeurant. Or il est bien plutôt transparent que les trois moments du temps sont strictement « cooriginaires » et le sont si bien qu'il n'y a qu'artifice à tenter de les déduire depuis l'un, quel qu'il soit, d'entre eux, en prenant appui de la matière d'un pouvoir-exister étranger à la constitution propre du temps. Le temps se constituant d'un écart, celui-ci se redéfinit pour l'existant de son être-en-défaut-dans-l'être comme point origine – celui du dire-Je

---

1. § 66, p. 333.

en situation – au sein d'un *continuum*, et de deux autres points, spécifiés ou indéterminés, de part et d'autre : le point origine est celui de la confrontation avec le manque, les deux autres points sont prédiqués de ce qui manque. Dans chacun des moments, c'est le trou dans l'étance qui est opérant. Pour l'existant qui, comme étant, est constitué par le temps, et qui, comme Je, consiste avec la constitution du temps, la succession *s'ouvre*, depuis la position du Soi telle que représentée par la situation où se dit Je, en position de ce qui fut en-deçà et position de ce qui sera au-delà [1].

Ce qui spécifie *pour l'existence* la structure triple du temps est ainsi le témoin de cette *(in)consistance* de l'existence que nous tentons de serrer depuis longtemps. C'est dans sa saisie par l'existant que le temps est tendu de toute la dy-stance de l'avant et de l'après de son in-stant. De soi, l'énoncé du temps est atemporel, et le Je qui s'y porte est atemporel avec lui ; mais ce qui est ainsi énoncé précipite l'existence dans l'absence et en-deçà et au-delà, comme l'(in)consistance de sa structure le commande. Loin, donc, que le "creusé" du temps fasse objection à la consistance du Logos, comme quasiment toute la pensée contemporaine le prétend, *c'est précisément parce qu'il faut que l'existence ne "soit" pas pour être au Logos, qu'elle creuse la continuité homogène du temps* quand elle se saisit "dans" le temps, et *la ramasse* à partir de la situation qui fixe son présent. De soi, le temps est, comme tout le perçu ; il index de la consistance de son énoncé le multiple de l'être qui y fait fond. Mais ce que le concept du temps prescrit comme sa consistance propre commande qu'une existence ne peut s'y placer sans à soi s'absenter : ce qui ne veut rien dire d'autre que ce que nous désignons par l'effort du Soi pour à la fois creuser le temps et le ramasser.

Tant que par la « temporalité » Heidegger entend ce qui ultimement structure l'existence en tant que « primairement » temporelle, il demeure dans l'évidence. Et quand il écrit ekstase, il touche au fond de ce dont il s'agit. Mais ce qui énonce le temps, l'en-soi du temps, ce n'est pas l'existence : c'est le temps lui-même qui s'énonce ; *le sujet de l'énoncé du temps, c'est le temps*. L'existence qui connote l'énoncé ne peut le retenir sans s'avérer par lui creusée, sans cesse mise à dis-

---

1. On retrouverait ici Merleau-Ponty *si* le diaphragme de la conscience sur fond d'appartenance ne réduisait pas l'Autre à la perception et l'Un au déficit de la conscience, ce qui ne saurait passer pour une fondation.

tance d'elle-même. Qu'elle reconnaisse là l'impossible de ce qui n'est pas plus qu'asymptotiquement un énoncé, atteste que c'est en constituant le temps dans son objectité qu'elle se tient au plus près de l'adéquation à elle-même : moment que nous avons dit celui de son énonciation ; et qu'en ce sens, mais en ce sens seulement, la temporalité peut exciper d'une vérité.

Voilà qui nous délivre du geste d'appropriation du temps par le Soi, né avec le romantisme et parvenu à son acmè chez Bergson, relayé par tous les phénoménologues : renvoyer la constitution du temps à la conscience, en prédiquer celle-ci comme de ce qui ne peut que lui être propre – fût-ce ici au titre du pouvoir-être existential. Que l'expérience du temps de la subjectité comme flux et comme chevauchement (Husserl), comme dispersion diachronique d'un étant synchronique (Merleau-Ponty), ou comme Unité d'une Triplicité, requière une problématique spécifique, ce n'est pas niable : cette expérience-là est, très concrètement, celle de ce que nous venons de décrire au titre de la temporalité existentielle ; mais tout ce qu'il y a à dire là-dessus ne vient qu'après l'énoncé constituant du temps ; et l'aporie propre de l'existence au regard du temps n'est à aucun titre ce qui rendrait impossible une constitution autre qu'intraconsciencielle du temps. Il est, de ce biais, frappant que la butée de Husserl sur la constitution de la conscience transcendantale dans celle du temps se soit simplement retournée chez Heidegger en fondation de l'être du *Dasein* sur la constitution immanente du temps. Nous répondrons que le temps est immanent à l'être-là, et que nous-mêmes ne le sommes que parce qu'à la réalité nous appartenons. Le temps est ce terme constituant de l'étance dont ne peut faire exception constituante aucune pensée de l'étance, et rien ne saurait mieux définir le statut – ou la "condition" – de l'existant que la double approche par laquelle il pense – constitue – le temps de l'étant et se pense – tente de se constituer – dans la succession creusée-ramassée du temps. Peut-être faut-il dire : en l'impossibilité explicitée de constituer la conscience intime du temps.

c. La temporalité assure le « *maintien* » du *Dasein* en tant que le projet – son advenir – est, pour Heidegger, constamment héritier d'une facticité – son « été » – et déterminé par un présentifié. Il y a donc maintien primaire d'une *forme* et non d'un contenu – l'opposition avec Bergson est ici maximale. C'est dans la seule structure temporale du *Dasein* que réside son demeurer. Nous rencontrons une nouvelle fois ici cette remontée jusqu'à l'*εidos* qui délivre le comprendre heideggérien du réductivisme psychologique. Ce qui est acquis est que tous les moments totalisants de la structure totale du *Dasein* sont temporalité en leur fond, comme est censé en attester ce processus de réinterprétation que Heidegger nomme la « temporalisation ».

Mais s'il s'agit toujours du même procès temporal, ce n'est pas par là qu'un *Dasein* singulier demeure *le même Soi-même*, ce « toujours le même » dont excipait l'ipséité. Heidegger ne s'explique pas là-dessus, et le problème du maintien de l'Un – du même Un – reste irrésolu. C'est qu'au fond, il s'agit pour lui d'une autre question, qui a été résolue avec la résolution devançante, et donc finalement avec le souci : il n'y a d'autre singularité du *Dasein* que celle de l'authenticité, qui est réponse à une con-vocation aussi vide qu'absolue. Il n'y a donc pas de "contenu" de la singularité, pas plus que de fondement. La temporalité, affirmant l'Un du *Dasein* possible, est ici la condition ; elle n'est définitoire du *Dasein* que pour autant qu'elle est l'ouverture de ce que requiert, pour se constituer, le projet. Heidegger ne fait aucune concession sur ce qu'il faut attendre du « même » de la convocation. Mais du même trait, et par un procédé que nous allons rencontrer constamment, il l'énonce *comme si la temporalité était l'originaire de ce qu'elle ne fait que rendre possible*, qui est à l'évidence la convocation elle-même. Glissement qui surinvestit indûment le temporal, afin d'en faire le cardinal. Rien d'autre ne fonde la singularité que le projet authentique ; dire que la temporalité comme telle fonde une singularité n'a proprement aucun sens. Et dire que je reconnais ma singularité à "ma" temporalité n'en a un que pour autant que le « même toujours le même » ce n'est pas elle, mais mon projet, auquel elle est attachée. Pas plus qu'elle ne faisait le sens du *Dasein*, la temporalité n'est ce qui fait son unité.

c'. Nous qui ne nous soucions d'aucun salut mais de ne pas manquer à l'intelligibilité, qui tenons que c'est là que dès notre origine d'existants nous nous portons, et que pour nous y porter, pour que nous y soyons opérants, il faut qu'un signifiant de notre consistance garantisse notre adéquation au Logos, nous n'avons pas davantage rempli ce signifiant dont le contenu s'épuise dans sa fonction. Le dire-Je – duquel cette fois nous repartons – purement opératoire, purement discursif, n'a pas d'être. On ne saurait non plus le dire existentiel :

représenter l'existence n'est pas appartenir à l'intra-existentiel ; et nous avons marqué, l'instant d'avant, la différence entre la constitution du temps, avec quoi le Je consiste, et le creusé du temps existentiel. Tout ce que nous pouvons en dire est que, pour représenter l'existence dans l'Autre, il faut que le dire-Je con-siste avec lui. Nous portant à la constitution, c'est-à-dire en assumant l'intelligibilité, le dire-Je se tient prescrit lui-même – si l'on peut dire – par elle. Reste qu'il "représente" l'existant que nous sommes. Ce qui veut dire tout simplement que *nous n'opérons pas à même le logique sans attester que nous "en" sommes*, mais aussi que *si nous pouvons nous dire Un singulier, c'est là*. Non dans notre existence, mais dans sa présomption de consistance. D'un Un méta-existentiel en tant qu'intra-logique. De ce point, nous sommes – paradoxalement – bien mieux armés que Heidegger, retenu dans la dimension intra-existentielle du projet, pour saisir ce que singularité veut dire : qui ne se "tient" dans l'existence qu'à la mesure de son engagement au Logos. En ce sens, Un, nous le sommes toujours plus ou moins ; mais nous le sommes de savoir y pouvoir être. En ce qui est n'"être" pas, et n'être Un que d'être disponibles pour ce qui se prescrit Un d'un sans-Un.

Redisons encore cela dans un autre style, celui-là existentiel. Du représentant, le concept le plus naïf est celui qui s'assure de la *mimèsis*. Laquelle n'est jamais, comme aurait dit Lacan, qu'un semblant. Le "vrai" représentant, c'est le diplomate choisi pour son adaptation au langage de celui auprès duquel il doit représenter, c'est-à-dire au plus loin de celui qu'il représente. Ou croit représenter. Une belle anecdote est celle du poète pré-islamique qui ne savait pas lire et qui, de La Mecque, fut chargé de porter à l'émir de Doubaï une lettre ; il trouva en route l'occasion de donner à lire la lettre – selon une des versions, écrite sur son crâne –, qui demandait qu'à son arrivée il soit mis à mort ; tel Socrate, il choisit l'Autre de la lettre contre le Même de l'être, et transmit lui-même sa condamnation. Ce détour pour marquer l'extrême Altérité du Je non seulement à notre étance, telle que tour à tour nous le déniions ou la déniions, mais à la mixité de l'existence. Et ce nouveau détour pour redire qu'il n'y a de statut du Je qu'à l'Autre. Après quoi on saisit pourquoi *Sein und Zeit* ne pouvait que s'épuiser à chercher la « constance » d'une existence dans l'intra-existentiel. Il y a, oui, une singularité de l'existant, mais ce n'est que de l'interpellation de l'Autre qu'il la reçoit et pour la recevoir il faut qu'il soit lui-même représenté dans l'Autre : qu'il soit en ce lieu-là, qui n'"est" pas.

Nous devons donc récuser tout ce qui, existentiellement, nous identifie, et qui constitue la quasi-totalité de nos préoccupations. C'est là que le Moi triomphe. Mais en se perdant dans la banalité. *Si singularité il y a, c'est le dire-Je seul qui en atteste*, parce qu'il est seul à nous fonder comme cet existant qui du Logos a à répondre. Chacun, pour autant qu'en l'Autre il peut *mettre en œuvre* « son » Un.

Tentons d'aller un peu plus loin. Nous avons dit, parlant du devenir de l'apparaître, que Badiou en tenait désormais les modifications pour un développement, sans plus, et y opposait le changement proprement dit, qui ne peut relever ni de la neutralité de l'être, ni de la constance identitaire de l'apparaître. C'est sa nouvelle définition de l'*événement* comme producteur d'une *discontinuité*[1], qui nous intéresse directement ici parce qu'il tient que c'est aussi la seule occurrence d'une *singularité*.

Très succinctement : un événement est la « montée » instantanée dans l'apparaître d'un Un-Multiple (étant), qui ne s'y présentait pas, ou plutôt ne s'y présentait que minimalement : Multiple qui s'indexe ainsi lui-même dans un « site » du transcendantal, et qui, selon le degré d'intensité qu'il y a, entraînera ou non un changement dans le transcendantal, valant changement de monde même. L'inexistant passe à l'existant, l'apparaître est « subverti » par l'être. D'un côté, il y a une sorte d'objectité ontologico-ontique de l'événement, et d'autant plus forte que sa vérité – « éternelle » – ne va pas sans faire retour dans d'autres situations, d'autres mondes. On pourrait dire, de ce biais, qu'il y a une historicité des événements, ou que les événements font histoire ; mais non une historialité, puisqu'ils sont locaux, dispersés et excluent toute totalité. D'un autre côté, et c'est ici l'essentiel, un événement resterait virtuel sans un « sujet » qui relève et discerne les « points » où sa vérité « procède » et qui, tous ensemble, réforment l'étant-là comme « corps » de l'événement (aussi bien révolutionnaire qu'épistémique). Le sujet peut être singulier ou collectif, mais il est toujours, au sein d'un monde, une singularité, par l'intervention de laquelle un monde autre est indexé. Autrement dit, il faut, pour que soit l'événement, qu'il soit « subjectivé » et il faut une telle subjectivation pour que soit une singularité.

Badiou, s'assumant là sartrien – sans *cogito* –, remet donc l'événe-

---

1. *Logiques des mondes*, livres V à VII.

ment à la *décision* d'un sujet qui tranche par là de sa singularité, fût-ce sur la totale indécision de la situation, affirmant par là l'infini de sa liberté, à la mesure de ce que l'être a d'infinité. Or, curieusement, on pourrait dire que cette définition de la singularité, portée par celle de l'événement, convient aussi, quant à sa procédure, avec l'affirmation du pouvoir-être authentique heideggérien : même in-singularité de l'existentiel et du transcendantal, même montée, par le biais d'un étant qui n'existait que recouvert, de l'être qui s'auto-indexe dans le phénoménal, même fonction des sites événementiels – qui sont chez Heidegger le souci, l'être pour la mort et la résolution devançante –, même tenue de l'*ipse* dans la fidélité à la vérité de l'être, dont il répond. La différence, il est vrai radicale, tient au traitement, justement, de la liberté : là, *refermée* sur l'avoir à être de l'*Un* du pouvoir-être le plus propre, soit l'intangible du *Tout* de sa vérité ; ici, *ouverte* sur la *déliaison* d'un monde et la production d'*une* vérité qui s'en était absentée.

Je me tiendrai cette fois à l'exposition et ne reprendrai pas l'*agôn*, le concept nouveau de l'événement étant entièrement fondé sur ce qui a été construit comme le dual du transcendantal et de l'ontologique – à moins qu'en venir à la redéfinition de l'événement n'ait été le véritable motif de l'institution du dual. La conclusion de *L'être et l'événement* posait qu'il n'y a « du sujet » qu'où il y a production d'une vérité ; la nouveauté, double, est que, d'un côté, l'événement affecte l'être lui-même de ce qui devient son auto-exposition dans l'apparaître – un trait, cette fois, qui conviendrait plutôt au dernier Heidegger ; et que de l'autre côté, l'accent se porte sur la singularité ontico-ontologique du sujet qui, par une subjectivation discernante, supporte « réellement » l'événement.

Ce que j'ai proposé s'écarte de Badiou sur deux points, qui se trouvent de surcroît exclure tout rapprochement avec Heidegger.

Que l'intelligibilité soit, comme l'a toujours montré Badiou, l'inverse de la clôture, que, partant, penser soit produire et que produire soit décider, ne saurait être contesté. J'ai assez insisté sur ce que ce qui a fait événement a constamment été ouverture sur un moment de déliaison de la Multiplicité et de réécriture du faire-un. Mais le faire-un peut à son tour recouvrir un problème, pour quoi il faudrait entrer dans une ambiguïté de Badiou[1] : quand il écrit que l'événement fait

---

1. Qui d'ailleurs remonte à *L'être et l'événement*.

passer d'un monde à un autre, il implique que ce dernier retrouve ce qu'il tient pour la discursivité transcendantale de tout monde ; mais dans d'autres contextes, sur lesquels je reviendrai pour finir, la vérité sans laquelle il n'y a pas d'événement, partant pas de singularité, est présentée comme *absolument* hétérogène à la consistance discursive, excluant toute espèce de raisons, et ne consistant qu'avec elle-même. Ce qui simultanément remet en cause la définition de la consistance et dramatise la position du singulier – sur un mode, à nouveau, passablement heideggérien. Maintenant la distinction de l'être et du n'"être" pas de la vérité, y inclus de la vérité sur l'être, je ne conçois pas que celle-ci puisse, sur un mode ou sous un autre, faire exception de l'opérer du faire-un qui est la définition même de toute espèce d'intelligibilité ; que penser l'être soit penser la déliaison reste tenu dans ce qui norme l'infinité de la pensée, fût-ce pour la conduire au bord de l'in-finité ; là-dessus, il ne faut pas céder. Après quoi, fixer jusqu'où l'exception événementielle peut tourmenter la pensée sans l'outrepasser, jusqu'où et entre quelles limites l'inconsistance de l'être peut transir la consistance de la pensée, voire comment la consistance peut s'en trouver autrement articulée, reste l'objet d'un débat qu'il faudra tenir, si nous survivons tous deux.

Le second point est l'accent mis par Badiou sur l'immanence du singulier-« sujet » à l'événement-vérité. Non problématique tant qu'il s'agit de ponctuer la fonction dudit sujet dans l'advenir d'une vérité, elle inquiète quand elle tend à les identifier. En insistant sur la "transcendance" d'une intelligibilité qui ne s'autorise que d'elle-même, j'ai pris soin de rappeler qu'il n'y a de vérité qu'en et par elle-même, et que c'est elle qui répond de la délocalisation qu'elle produit dans l'existant. Elle fait la singularité d'un sujet, elle ne lui est pas singulière, et quelque "mérite" qu'il y ait, *il n'y est pas compté*. Du point de l'action – esthétique, politique, scientifique, amoureuse –, l'intervention du sujet qui prend parti pour l'événement est décisive ; on est là dans le champ de l'éthique – prise dans son sens le plus large – ; mais l'acte est *existentiel*, il peut s'avérer décisif pour la venue d'une vérité au jour de l'apparaître, il ne l'*institue* pas comme vérité, dans sa nue intelligibilité[1]. De même, le « corps » d'un événement n'est

---

1. Il est frappant que tous les événements dont *LM* donne, à titre d'exemplification, l'analyse soient présentés du point de celui qui en discerne la possibilité ou échoue à le faire, comme chaque fois le possible advenir d'une singularité.

finalement rien d'autre que la pensée qui se pense comme relevé des traces de l'événement, et qui pour se penser prescrit la vacuité de son sujet propre, sans autre détermination que la pensée qu'il porte. En soulignant que, pour venir à cette place, il faut qu'un existant se tienne pour con-sistant avec le Logos, et qu'il y ait à ce titre un signifiant de l'Un de sa consistance, signifiant vide à l'assomption de possible consistance près, qui éventuellement viendra le remplir, j'ai refusé qu'impasse soit faite sur l'Altérité de l'intelligible, et ce que j'ai avancé en vérité, c'est que *décider pour ce signifiant est le premier, l'originaire, événement.* Celui par lequel ce n'est pas l'être de l'existant mais *le non-"être" du dire-Je dans l'Autre qui s'indexe lui-même* comme faisant exception à l'être-là, d'y être en ab-stance. En tant que signifiant d'une existence, le dire-Je est bien l'insigne d'une singularité, mais qui n'est pour l'existant qu'Altérité.

Le fond de ce débat est que Badiou prédique implicitement son sujet de l'événement d'avoir part à l'être qu'il prononce, d'en être. Justement pensée, la singularité ne désigne pas l'être d'un existant, ne le transmue pas, mais le dénie, ne le qualifiant que du n'"être" pas.

d. Il faut, pour finir, tenter de saisir dans quelle mesure la temporalité, comme sens authentique, donc vrai, du temps, peut prétendre résoudre, pour Heidegger, la question *ontologique* – conformément à la série sens-possibilité-vérité-être que nous avons redéroulée au début du présent chapitre –. C'est ce qui était requis de la temporalité dès le début : « il est besoin d'une explication originelle du temps comme horizon de la compréhension de l'être *à partir de la temporalité comme être du Dasein qui comprend l'être* »[1].

Ce genre de propositions qui font provocation de la circularité à l'intérieur de leur présupposé requiert que nous interrogions de plus près ce que, tout au long, Heidegger entend par « *explication* » et « *rend possible* ». Car de quoi l'argument s'appuie-t-il ? Non de ce que la temporalité s'ajoute comme son être à ce qui a été d'ores et déjà dégagé comme l'originaire de l'être, mais seulement de ce qu'elle l'articule en lui étant immanente. Écrivant « le temps est originairement comme temporalisation de la temporalité en tant que laquelle il possibilise la constitution de la structure du souci »[2], Heidegger implique

---

1. P. 17 (la phrase entière en italiques).
2. P. 331.

que c'est la structure du souci qui, d'elle-même, requiert, comme la condition de sa possibilité, la temporalité. À son tour, cette séquence est englobée dans une autre, qui se dit : « le souci... embrasse l'unité [des] déterminations d'être du *Dasein* »[1], « le sens... du souci... constitue originairement l'être du pouvoir être », enfin « la temporalité se dévoile comme le sens du souci authentique »[2] En d'autres termes, il suffit que les ekstases soient originaires au souci, et mieux : à son unité demeurante, pour qu'en elles l'être du *Dasein* devienne transparent. Mais que l'être du *Dasein* soit le souci était acquis depuis longtemps et c'est ce que redit la présente séquence ; que la temporalité en prétende donner la possibilité n'en constitue donc ni la preuve ni, partant, l'origine. *On voit ici comment superposer les couches de l'ex-plication et celles de la fondation ontologique fausse radicalement la constitution* : comment l'ultime du sens, s'il est originaire pour la compréhension, ne l'est pas pour la démonstration ontologique. Inconsistance de l'argument révélatrice, car ce que toute la suite va montrer c'est *l'absolu artifice qu'il y a à faire de la temporalité l'« originaire » de toutes les structures ontologiques* – quand bien elles-mêmes compréhensives – du *Dasein*. Ainsi se retrouve ce glissement de l'être dans celui des sens successifs du *Dasein*, dont avait constitué un premier caractéristique exemple l'échec à faire se recouvrir le « lui-même toujours le même » et le « maintien » de l'être[3].

Se trouve ainsi mis en lumière comment la procédure heideggérienne, qui mène de front l'analyse compréhensive du *Dasein* et sa constitution ontologique, sous le présupposé que seule la première peut ouvrir la seconde, force son propre dispositif en impliquant qu'on ne peut s'avancer davantage dans le *sens* sans tenir par là une définition plus complète ou plus précise non seulement de l'ouverture à l'être mais de l'*être* lui-même. De là que le fil de l'exposition, entièrement guidé par la première, est supposé se confondre avec la saisie du second, qui en est la fin. De là que le § 65 peut s'intituler de la temporalité comme « *sens ontologique* » du souci. Il faudrait revenir ici aux premières pages de *Sein und Zeit*, qui sous l'« oubli » de la question de l'être entendent l'oubli de la question de son sens, renvoient celui-ci à l'être du *Dasein* en tant que le *Dasein* est celui qui

---

1. § 41, p. 193.
2. Pp. 325 et 326.
3. Cf. ci-dessus chap. IV, 1, b, p. 670 et 3, b, p. 702.

questionne, précisent sa question comme ancrée dans sa compréhension de « son » être comme « ce qu'il a à être », spécifient que par là l'être dont il y va pour lui est toujours le « mien », que ce mien est donc le point de départ et le critère de l'être, et concluent que constitue son authenticité la posssibilité d'être à son être comme à son « propre »[1]. C'est seulement dans ce cadre que peut se dire que « ce à partir de quoi le *Dasein*... comprend... quelque chose comme l'être [,] est *le temps* »[2].

Or, à strictement parler, ce qui est supposé avoir été prouvé et se trouver compris, c'est que l'être du pouvoir-être désigné comme le *Dasein* n'est pas *interprétable* hors de l'unité des trois ekstases ou, ce qui revient au même, que le sens du projet ne va *pas sans* le temps. Ce n'est pas dire que « l'être *est* le temps »[3]. Ce qu'on devrait dire, c'est, sans plus, que "le *Dasein* n'est à l'être que dans le temps". Même ainsi restreinte, la proposition ne fait preuve que pour le *Dasein* et, comme Heidegger le dira à la fin, reste en suspens pour l'être « en général ». Mais même ainsi restreinte au *Dasein*, la proposition ne peut pas s'entendre, comme Heidegger l'écrira en conclusion, « c'est la temporalité qui s'est manifestée comme [le] *fondement* [du] tout originaire du *Dasein*, et ainsi comme le sens d'être du souci »[4] : le souci ne va *pas sans* la temporalité, qui achève son sens et l'assure, ce n'est pas dire qu'elle soit « sens d'être » – à moins que ce ne soit pour dire qu'elle qualifie l'être du souci, de soi acquis – ; le *Dasein* ne va *pas sans* la temporalité en tant qu'il ne va que comme projet : ce n'est pas dire que la temporalité le « fonde » – à moins que ce ne soit façon de dire qu'il est fondé comme projet. Ces énoncés heideggériens sont autant de retombées dans ce que Kant dénonçait sous le titre du *paralogisme* de la psychologie : le temporal qui rend possible l'être du *Dasein* n'a pas de titre, même dans les termes de l'analyse heideggérienne, à épuiser cet être, encore moins à le fonder, sinon par une confusion de ce qui possibilise avec ce qui est possibilisé. Toute la machinerie compréhensive repose et bute sur ce paralogisme, et non par hasard : c'est lui qui la rend possible. Comme quoi l'esprit têtu de la méthode ne manque pas d'humour.

---

1. Introd. chap. 1 et Première section, chap. 1.

2. Introd. chap. II, p. 17.

3. Affirmation qui sera davantage tranchante après la *Kehre, via* l'« historialité » de l'être, mais qui là encore ne préjuge pas d'une identification.

4. § 83, p. 436.

d'. La célébrité d'énoncés aussi aventureux tient, à l'évidence, en ce que s'y achève et couronne la lente montée du temps, au long de trois siècles, dans le discours philosophique. On notera ici que c'est non seulement une couronne gagnée par le travers du coup de force qu'on vient de dire, mais une couronne ébréchée car, si c'est l'être lui-même qui se voit qualifier du temporel, c'est alors – comme nous avons vu – un être fini, Un et quasi-substantiel : soit prédiqué de tous les caractères qui disconviendraient, si elle était possible, à une authentique temporalisation de l'être, laquelle ne saurait faire jusqu'au bout exception de la multiplicité infinie du temps. Les déterminations de l'être heideggérien sont effet de ce que, si sa définition de la temporalité transcende indubitablement le psychologique [1], l'usage qui en est fait dans la compréhension la replace dans le champ de la subjectité. Il faut, là-contre, répéter que l'être est, dans sa neutralité inqualifiée, étranger au devenir, et que le temps s'en disjoint, qui appartient, en son objectité, au seul être-là. Ce qui n'exclut pas l'inflexion de la saisie de l'être pour une pensée prise elle-même dans le temps de l'apparaître. J'en ai dit assez là-dessus pour n'y pas revenir.

L'existence est au temps parce qu'elle est immanente à l'être-là. Et il va de soi qu'elle n'est pas sans le temps. Ce qui a demandé tant d'efforts pour le démontrer, c'est l'appropriation de l'être au *Dasein* et à l'être l'appropriation de l'unité de la subjectité. Ce qui fait que de la démonstration rien ne peut philosophiquement s'inférer, c'est qu'y sont appropriés au sens l'être, le *Dasein* et son unité. Efforts vains puisqu'ils partaient de *ce qui n'existe pas : une existence qui n'ek-siste pas à l'Autre*. Reconnaître comme constitutives du temps les trois ekstases reste reconnaissance aveugle tant qu'on excepte un quatrième terme, l'atemporel de la constitution du temps qui les précède logiquement, si bien eux la scandent. Après quoi, l'Autre – purement opératoire – n'"étant" pas, ce n'est pas en interrogeant ce qui le fait consister, et avec lui l'existence, qu'on a la moindre chance de rencontrer l'être "en personne". Dire, comme il le faut, que l'être s'induit comme l'inconsistance requise par la consistance que prescrit le Logos, est affirmation qui ne laisse aucune chance que rien puisse être sauvé de l'ontologie heideggérienne. Quand on a, comme elle, fait impasse sur le Logos, reste le sens. Et le pré-concept le plus enfoui de Heidegger, celui qui conduit à la prédication du sens à l'être, c'est

---

1. C'est ce qui suffit, aux yeux de Heidegger, à l'assurer contre le paralogisme.

que l'être s'entend comme ce qui ne trompe pas, au moins sur le plus propre du Soi. Quand de l'être il n'y a à dire ni qu'il trompe, ni qu'il ne trompe pas ; il est le sans qualité, point. S'il faut une conclusion, ce sera que, *l'être n'ayant aucun sens, jamais une herméneutique ne pourra se modeler en procédure ontologique.*

2. *La temporalisation de l'existence* ou *la double instance du temps*

Restait pour Heidegger à faire la preuve de « la possibilité de la constitution d'être du *Dasein* sur la base de la temporalité » par la « confirmation »[1] de ce que tout ce qui appartient au souci a lui-même sa « possibilité dans un mode de temporalisation de la temporalité »[2]. Programme triple : d'une part, spécifier les articulations de la temporalité propres à chacune des structures existentiales que l'analyse a dégagées, et montrer comment ces articulations sont recouvertes dans l'existentiel de la quotidienneté ; d'autre part, interpréter chaque fois ces caractères temporels non comme un trait, parmi d'autres, des différentes structures du *Dasein*, mais comme le moment fondateur de la structuration elle-même.

Nous n'aurions aucune obligation de suivre, à travers quelques exemples, Heidegger dans cette auto-légitimation, si elle ne s'avérait la plus révélatrice et de ses choix philosophiques et de ses choix préphilosophiques. C'est que cette section est aussi la plus "classique" : celle où tout philosophe se doit de rendre compte, depuis ce qu'il a posé comme son axiomatique, de toutes les catégories majeures de l'à-penser. On verra, chemin faisant, quelle dénaturation des structures objectives peut entraîner leur basculement dans les structures herméneutiques : au point qu'un caractère sans lequel il n'y a définition possible d'aucune forme du temporel s'y trouve entièrement méconnu.

a. Ce sont les structures existentiales dégagées de l'expérience du quotidien au fil des analyses « préparatoires » de la Première Section – être-au-monde, être-avec, souci – qui doivent être réinterprétées sur

---

1. § 66, p. 331.
2. P. 353.

la base de la temporalité, aux fins de démontrer qu'on y retrouve bien celle-ci comme fondatrice, sur le mode chaque fois spécifique de la temporalisation qui les régit.

1. Au cœur de la constitution du *Dasein*, qui est à-, se trouve l'*ouverture*. Heidegger annonce, sans le justifier davantage et sans l'avoir auparavant énoncé, que ses trois moments constituants à retenir – il faut bien qu'ils soient trois, comme on va voir – sont le comprendre, l'affection et l'échéance.

Le comprendre, qui est l'ouverture du *Dasein* comme « pouvoir-être en-vue-de-quoi [il] existe », enferme l'« *être-projetant* » *dans l'avenir*[1], ces deux formulations valant synonymie. Et l'être-projetant jamais ne manque au comprendre : il n'y a pas à chercher dans la quotidienneté un « défaut du comprendre » mais seulement un « mode déficient de l'être-projeté ». Il appert donc que c'est « *l'avenir [qui] rend ontologiquement possible un étant qui est de telle manière qu'il existe... dans son pouvoir-être* ». Mais, puisqu'il n'y a pas temporalisation sans co-originarité des trois ekstases, l'être a-venant lui-même ne va pas sans être présent-à : sur le mode, pour la résolution authentique, de l'*instant* qui est « tenue active » et, pour le quotidien inauthentique, du *maintenant* intratemporel, que quelque chose, en passant, préoccupe. De même dira-t-on de l'être-été qu'il est, comme « re-venir » de la résolution dans l'être a-venant, la *répétition*, et, comme projeter dans l'objet de préoccupation, l'*oubli* : ce dernier non comme absence mais comme « désengagement... devant l'"été" le plus propre »[2].

Nous demanderons non plus si est pertinente l'analyse de ce qui possibilise le compris, mais ce qui, sur la base d'un tel appareil, *détermine le compris lui-même*. Il est grand temps de dire que si la compréhension que Heidegger propose de l'existence n'est jamais

---

1. § 68, a.

2. Pour sa part, l'affection, transportant le *Dasein* devant son être-jeté, « se temporalise primairement dans l'être-été » et dégage ainsi pour la structure de l'être-intoné le « *re-porter vers* ». D'où, dans l'intonation inauthentique qu'est la peur, un revenir vers le soi de la préoccupation, dans l'oubli égaré de cela même qui préoccupe ; et, dans l'intonation authentique qu'est l'angoisse, la nullité de la préoccupation confrontée au dévoilement « du *Dasein* nu... jeté dans l'étrang(èr)eté ».

Quant à l'échéance, elle « a son sens existential dans le *présent* » et son fondement ontologique dans le « sacrifice » du s'attendre-à, l'assignant à la dispersion de l'être-entraîné.

quelconque, jamais sans intérêt, elle n'est aussi jamais la seule possible, et que fait défaut tout au long la discussion, attendue, d'autres interprétations (hormis les approches du *theorein* et de la science, mais ce ne sont déjà plus des « compréhensions »). Que le à- s'entende à-l'avenir ne va pas de soi ; ce pourrait tout autant être : à l'occurrent, au retour, ou à l'éternel[1], chacun commandant de tout autres sens de l'acte, du maintenant ou de l'oubli. De là que *la compréhension heideggérienne est en vérité dogmatique* : elle impose comme allant de soi, dans l'univers de l'interprétation, ce qui ne l'est pas. De là que sa consistance propre – qui n'est pas niable – prend le lecteur dans les rets d'une séquence d'affirmations qui se confortent les unes les autres, sans que reste – c'est le cas de le dire – ouvert à la compréhension aucun espace alternatif. On peut, il est vrai, interroger si ce n'est pas là le propre de toute situation herméneutique, armée de sa seule circularité. L'effet en est, en tout cas, que se trouve *imposé* davantage à chaque pas ce qui était et demeure hypothétique dans les pas précédents. D'où un effet d'étouffement qu'on confrontera à la liberté que laisse une séquence de médiations dans les croisements qu'elles scande en y décidant d'une des options chaque fois[2]. Ainsi jusqu'au point présent de l'exposition où, de devoir se concrétiser, ce que les choix – jamais donnés comme des choix – avaient de forcé est avéré par ce qui ne réussit à être qu'un cumul d'artifices : le plus impropres à convaincre que c'est avec *cette* interprétation de la temporalité que l'être du *Dasein* a été en toute transparence fondé.

Dès lors se déploie une espèce d'appareil catégorial assignant par avance qu'à chaque structure du *Dasein* sera « primaire » *tel* moment de la temporalisation, qu'il est exclu que les deux autres, lui étant co-originaires, n'y trouvent pas leur co-articulation – toute temporalisation est « totale » –, et qu'enfin peut être reconnu dans ces figures successives de la temporalisation l'authentique fondement ontologique des structures dont elles dévoilent ultimement le sens – affirmation dont nous n'allons pas reprendre la récusation –. Que dire de ce qu'a de pré-fabriqué une telle démonstration, qui va de découpes imposées en figures arbitraires et prétend y déchiffrer le dernier mot de ce qu'est être ? Singulier délitement de l'exposition au point où elle

---

1. Il ne serait pas difficile de rapporter à chacune de ces options la philosophie qui en est exemplaire.

2. C'est évidemment d'abord la structure de la dialectique platonicienne ; au moins dans sa formulation idéale.

entend mettre au jour les plus enfouis, mais aussi les plus définitivement « ouvrants », de ses arguments.

On ne peut manquer de rappeler que quand une question a toujours
à sa disposition vingt réponses, c'est qu'elle n'a pas été posée adéquatement.

2. Tel est le dispositif : encore ne faut-il pas en sous-estimer l'ambition. Car dès qu'on dit l'être-au-monde fondé dans sa temporalisation,
ce qu'on prétend tenir est d'un côté l'adéquation de ce schème à notre
avisement du monde, mais aussi d'un autre côté la même adéquation
du schème au monde lui-même, tel au moins qu'à lui nous sommes. Et
dans ce sens, la temporalisation devient l'instrument d'une *constitution
généralisée*, tant de. l'objectité que de la subjectité. Et dans ce sens,
c'est une véritable *procession herméneutico-ontologique de la temporalité* qui est engagée.

Pour exemplifier l'avisement, arrêtons-nous sur un moment stupéfiant par la disproportion de ce qu'il entend fonder aux voies par
lesquelles il dit y parvenir : soit la guise de la temporalisation qui
fonde « la modification de la préoccupation circon-specte en découverte *théorique* du sous-la-main intramondain »[1]. Autrement dit, revenant à ce sur quoi nous nous étions longuement arrêtés sous les titres
de la critique heideggérienne de la connaissance, de sa définition de
la vérité comme intuition et du « virage » de l'explicitation, Heidegger
va, pas moins, prétendre donner une « genèse ontologique du comportement théorique », celui de la science, fondée sur la temporalité
comme dimension originaire de l'être du *Dasein*, revenant de l'authentique à l'inauthentique.

Ce qui est cherché se dit « le virage de la préoccupation circon-
specte pour l'*à-portée-de-la-main* en recherche du *sous-la-main* trou-
vable à l'intérieur du monde »[2]. Primairement, la circon-spection
« rapproche » les outils du *Dasein*. Ce rapprochement s'explicite une
première fois dans – le choix du terme est inattendu – la « réflexion »
sous la forme du « si... alors... » : si tel est le cherché, alors tels sont
les moyens. Explicitation du « monde ambiant de la préoccupation »
la réflexion est un mode de la *présentification*, mais qui reste « *atten-
tive* » à une possibilité.

---

1. § 69, b (souligné par moi).
2. P. 357 (souligné par moi).

Le « virage » de la « découverte théorique » ou seconde explicitation, s'opère lui-même en deux temps. Il provient – premier temps – de ce que, dans la réflexion, de l'être attentif à une possibilité – le « si » ou pour-quoi –, le *Dasein* doit être « revenu vers un pour-cela » – où l'« alors » « *conserve* » l'à-portée-de-la-main – Ce n'est pas encore le virage cherché : l'outil considéré comme un objet doté de telle propriété. Mais c'en est la condition.

Le virage, Heidegger le spécifie – second temps – comme passage de la considération de quelque chose comme doté du caractère d'outil, spécifiant sa place, à sa considération comme sous-la-main dans la *totalité spatio-temporelle* ambiante où aucun lieu n'est privilégié. Ainsi « dé-limité », l'étant se découvre comme *à découvrir* et par là comme objectif : tel est le mode d'être présentifiant sur lequel la science est fondée.

Au prix d'une extrême obscurité dans l'expression et la progression, Heidegger a ainsi « éclairci » le schème du « quelque chose comme quelque chose » : du voir « comme tel ce dont il retourne avec », le fondant au moins ultimement dans la temporalisation de la préoccupation circon-specte, retournée en une sorte de constant présent. J'écris : « ultimement », parce que cette fois la constitution temporelle est, en fait, absorbée par la réexposition du « virage » de la saisie pragmatique à la saisie théorique, dont la temporalisation est alors bien plus un effet qu'une condition. Ce qu'il faut surtout retenir, outre l'extravagance d'une pareille possibilisation de la science, et ce qui y est attaché de défectif, c'est que se conjoint ici avec l'antipathie manifeste de Heidegger pour le théorétique, son antipathie tout aussi manifeste pour le présent. Comme quoi le dogmatisme n'a pas même l'innocence de l'intuition nue dont nous l'avions vu se réclamer.

3. Plus subtil est le passage du *Dasein* temporel au monde. La Première Section de *Sein und Zeit*, parvenue à la mise-au-jour du souci, s'achevait par l'exposition de la non-pertinence de la question de la réalité « extérieure » dont la résolution est pré-posée avec l'être-au-monde. Ce qui n'était pas encore acquis, c'est ce qui *fonde la transcendance* du monde[1] : formulation qui donne la mesure de la fonction ontologique assignée à l'existential temporel.

Encore faut-il rependre le premier état de l'argument à la lumière

---

1. § 69, c.

de ce qui l'a depuis développé, soit la place constituante du pouvoir-être : le *Dasein* « existe en vue de lui-même », d'un pouvoir-être lui-même ; mais c'est tout autant comme jeté qu'il existe, et à ce titre il est « remis à de l'étant dont il a besoin pour pouvoir être comme il est » ; en sorte qu'il se comprend « dans la connexion du en-vue-de-lui-même avec ce qui lui est chaque fois un pour ». Autrement dit, il *se* comprend dans le là de l'étant factice : le *Dasein* « est son monde ». Autant de propositions ontologiques, qui marquent la connexion du pouvoir-être, de l'être-au-monde, et du monde.

Comment la temporalité va-t-elle recevoir un rôle fondateur-unificateur qui manque encore à la transcendance du monde ? D'une part, chaque ekstase a un vers-où, un *horizon*. D'autre part, l'unité de la temporalité ekstatique a alors pour horizon propre, ou vers-quoi, *un* monde où l'étant est à la fois avenir, être-été et présentifié. « Le monde... se temporalise dans la temporalité. Il "est là" avec le hors-de-soi des ekstases » et il n'est là que par elles. C'est seulement parce que l'unité des ekstases est originaire à l'existant qu'il y a pour lui « un » monde, et transcendant. « L'être-au-monde... doit déjà être ekstatiquement ouvert pour qu'à partir de lui de l'étant intramondain puisse faire encontre ». Ce qui signfie que le monde comme là est co-originaire avec l'une-temporalité du *Dasein*, mais aussi que le monde, la transcendance ekstatique du monde, est le présupposé ontologique de tout faire-encontre de l'étant dans un objet particulier. L'objectivité du monde lui-même est première à celle de l'objet : en tant qu'elle est l'horizon de la temporalisation du *Dasein*. D'où cette formulation saisissante, dont nous avons retrouvé l'écho chez Merleau-Ponty : « le monde est pour ainsi dire "plus loin dehors" qu'un objet ne peut jamais l'être ».

a'. On accordera sans hésiter qu'un monde ne se laisse pas construire sans horizon, y inclus sans horizon temporel, et qu'il précède logiquement l'objet qu'il inclut. Mais nous avons vu Badiou proposer une structure de groupe exposants-exposés autrement consistante que le concept vague d'horizon ; et nous avons nous-mêmes montré que s'il y a antécédence du monde, c'est parce qu'il emporte, y inclus dans sa temporalité, la consistance sans reste de tout ce qui peut dans la mondialité exister.

Au lieu de quoi ce que Heidegger donne à comprendre comme le monde est l'unité des horizons comme unité des ekstases. Proposition tout à fait étrange en ce qu'elle suscite un problème – que rien ne posait – et simultanément assure le résoudre : c'est parce qu'il y a trois ekstases qu'il y aurait trois horizons, mais c'est parce qu'elles sont Une qu'il n'y aurait qu'un monde. Il faut, autrement dit, *préjuger* d'abord que la temporalité structure ultimement le monde, pour qu'ensuite elle soit comprise comme le dissolvant et le ressoudant à la fois. Au demeurant – je l'avais indiqué –, s'il a bien été posé que les ekstases ne sont pas sans être articulées entre elles, et que c'est même ce qui fonde et garantit comme être-Un le *Dasein*, nulle part n'est éclairci le passage de la co-originarité des ekstases à leur unité, fondatrice pour toutes les temporalisations. Or que les ekstases se commandent mutuellement ne commande pas, de soi, qu'elles s'accordent, et l'on pourrait parfaitement concevoir que, tirant à hue et à dia, elles gé- nèrent un monde disjoint. Il y a donc plus dans le dit que ce qui est dit, et qu'est-ce sinon que, mieux que co-originaires, les ekstases sont consistantes entre elles ? *La temporalité heideggérienne suppose cette même consistance qu'elle voudrait remplacer.* Mais ce n'est pas ce que Heidegger est prêt à admettre et il préfère présupposer une nouvelle fois – sans en rendre compte – que *l'Un temporal produit toujours et partout de l'Un-Total*. Moyennant quoi, il peut écrire que « sur la base de la constitution horizontale de l'unité ek-statique de la temporalité, appartient à l'étant qui est à chaque fois son Là quelque chose comme un monde ouvert »[1].

Mais qu'est, au juste, ce monde ? À ce point surgit le paradoxe d'une définition originaire du monde, et de sa transcendance même, comme *d'abord* temporels[2]. Heidegger, bien entendu, ne peut passer sous silence la dimension *spatiale* du monde ; mais ce sera sous la forme de « la temporalité de la spatialité propre au *Dasein* »[3], lequel n'est pas « dans » l'espace mais « l'occupe ». Il suffira alors de dégager dans l'orientation et l'é-loignement, caractéristiques de l'occupation, la « contrée » qui possibilise le vers-où en tant qu'horizon fondé dans un « s'attendre ekstatiquement, conservant du vers-là-bas et du vers-ici possible »[4]. Rangeons l'espace dans la liste des antipathiques, avec le présent et le théorétique ; et constatons que, quoiqu'en ait Heideg- ger, ces rejets sont très bergsoniens.

1. P. 365.
2. Thèse inédite sauf si l'on tire dans ce sens *L'évolution créatrice*.
3. § 70.
4. (J'ajoute la ponctuation.)

C'est ensuite le concept « ouvrant » d'*horizon* qui a supporté toute cette dernière déduction. Il y est introduit comme la suite du ek – des ekstases, qui supporte un « vers » – une « échappée vers » –, qui se spécifie pour chacune d'entre elles comme son vers-où, et pour l'Un de la temporalisation comme son vers-quoi. Ce n'est certainement pas par hasard que Heidegger introduit en ce point l'expression de « *schèmes horizontaux* », faisant implicitement appel de ce qu'il reprend ainsi le projet du schématisme kantien mais dispose, quant à lui, des arguments qui manquaient si manifestement à Kant pour le remplir. C'est dire l'ambition – et l'aveuglement[1] – du projet. L'enjeu manifeste était la substitution de l'ouverture temporale du *Dasein* à l'intention d'objet husserlienne, et du monde comme horizon de la temporalisation aux « couches de la constitution transcendantale de la chose »[2]. Mais l'enjeu était plus encore la rivalité avec Kant, qui est, avec Descartes, le seul philosophe "classique" avec lequel *Sein und Zeit* conduise des discussions techniques. Et rien n'éclaire mieux l'intention de ces derniers chapitres : *une constitution transcendantale des existentiaux, et par eux des existentiels, sur la base de la temporalité* et non de catégories logiques qu'un Je véhicule[3]. On saisit même ici pourquoi le « maintien » du *Dasein* dans sa « mêmeté » restait vide quant au contenu du maintenu : *ce n'est pas un Je mais "une" temporalité qui véhicule l'être solipsiste de l'exister.* On tient ainsi la place que Heidegger – du moins celui de *Sein und Zeit* – s'assigne dans l'Histoire de la philosophie. Place singulière en ce qu'elle conjugue l'ambition de Kant avec les refus de Bergson.

On peut aussi bien en induire que Heidegger reste dans la tradition idéaliste, et même plus irréductiblement que Husserl, ou en induire au contraire son réalisme, parce qu'après tout le pour-quoi, le comme-quoi, l'horizon sont autant de modes du constituer une facticité dont Heidegger se garde de dire qu'ils la génèrent. La temporalité du *Dasein* est au principe de l'ordre où apparaît ce qui est ; il n'est pas

---

1. Que le passage du vers au vers-où et de celui-ci au vers-quoi et de celui-ci au comme-quoi soit plus qu'une reconfiguration de ce que la facticité laisse avenir au *Dasein* au titre de son devant-quoi et de son pour-quoi, que cette reconfiguration du biais de l'Un des ekstases soit suffisante à faire que le pour-moi se transforme en la chose en-soi, qui le croira ?

2. *Ideen*, § 151.

3. Je me souviens de la surprise de Jean Hyppolite découvrant un *Kant* axé sur le schématisme.

dit qu'elle le fait être. Et en ce sens, elle n'est pas le lieu d'une genèse ontologique absolue.

Reste que même entendue ainsi, la « démonstration » ne tient pas et qu'en est même l'aveu sa répétition obstinée. Que le *Dasein* se comprenne comme souci, que le souci ne s'interprète pas sans la temporalité, si on l'admet – aucune autre constitution, et surtout pas une constitution axiomatico-logique, n'ayant été soumise à discussion intrinsèque –, qu'alors tout ce vers quoi le *Dasein* se projette soit temporalisé, peut indexer, comme un nouveau transcendantal, toute expérience ; mais il s'avère, temporalisation après temporalisation, qu'est chaque fois laborieux artefact la réduction de tout ce qu'encontre le *Dasein* au temporal de l'être, ou ne serait-ce que de l'essence du temps ; que quiconque puisse accorder à Heidegger ces déductions contrefaites n'est pas pensable ; et par contre-coup, c'est l'« évidence » de la compréhension originaire qui tombe au soupçon. Faisant douter que le rayon qui a généré le cercle aie jamais été le bon.

Aussi bien est-il temps de dire que la temporalité elle-même reste un concept ou une figure insuffisamment éclaircis, et de ce fait incapable de porter l'appareil proliférant de la temporalisation.

b. Dans toutes ces séquences, un trait saisit : Heidegger se tient tour à tour dans *chacune* des ekstases comme dans une visée pensable à part soi, quand bien même elle entraîne nécessairement les deux autres avec soi. Et cela parce que la désignation des trois ekstases s'est faite en passant sous silence un trait insuppressible de la temporalité, que la distinction même des ekstases requiert : *la succession dans la continuité.* Silence stupéfiant dès qu'on y pense, qui ne s'entend que par le souci de constituer la temporalité avant le temps, qu'elle précéderait existentialement. Mais silence impossible : il n'existe rien de tel que la pensabilité d'une ekstase séparée, parce que *le concept de la succession et celui de la cooriginarité de ses moments sont logiquement Uns,* ou que ceux-ci ne sont pas autre chose que l'écart qu'il faut à celle-là pour s'attester. Pour qu'à-venir et été il y ait, il faut bien qu'il y ait succession impliquée ; et comment quelque chose comme une succession pourrait-il y avoir si ce n'était pas sur le fond d'une continuité qui permet de confronter deux ou plusieurs de ses moments dans leur disparité ? Que le temps soit toujours représenté comme une droite orientée n'a rien d'arbitraire : impossible, sans quoi, de placer les trois instances qui y indexent par définition des dy-stances.

En supprimant la ligne, on rend inintelligibles les ekstases. Adosser la temporalisation à une co-originarité sans assise intra-temporelle, et – comme fera Heidegger – devoir alors associer la continuité à la seule figure inauthentique du temps, bute sur ce que requiert la consistance du concept, même épuré, de temps : et qui est cela même que nous avons reconnu comme son axiomatique où les trois moments ne se laissent pas dissocier de la succession continue qui ne se peut penser sans eux, pas plus qu'eux sans elle. Il n'est alors plus permis d'en douter : faute d'intégrer dans sa définition le successif, *le concept heideggérien de temporalité est, en lui-même, inconsistant*. Et dès lors nous allions trop vite en accueillant tout à l'heure ce concept comme ayant titre à constituer un bon *eidos* du temps. Il y aurait fallu introduire un supplément tel que « l'advenir *en durant* ».

Il faut en conclure un échec crucial de la tentative heideggérienne : la temporalité n'est pas intelligible, et pas davantage « compréhensible » à partir des seules trois ekstases, elle n'est pas constituable avant son axiomatique sur laquelle il faut bien que la temporalisation se modèle. Paradoxalement, Heidegger fonde sur la temporalité l'unité du *Dasein* en rompant l'unité conceptuelle de la temporalité. Pourquoi le fait-il ? Parce que ce qu'il s'assigne de comprendre n'est pas le temps lui-même, mais seulement la fondation ontologique qu'il devrait fournir à l'unité du Soi. Seulement, aveuglé par cette accroche-là, le *Dasein* n'aura cru se comprendre par la temporalité qu'en ne la comprenant pas.

Aucune immédiation des ekstases à la compréhension qu'a de soi le *Dasein* n'est pensable sans la constitution préalable du temps sous l'axiomatique du continu successif scandé par son double écart. Que l'analyse du souci remonte à sa temporalité laisserait celle-ci "en l'air" si elle pouvait n'être pas prescrite par ce qui rend constituable le temps. Quand Heidegger dit la temporalité du *Dasein*, et par elle le temps du monde, à la fois fondatrice et infondée, nous lui accordons le factice d'une réalité qui, au demeurant, se trouve n'être que l'une des réalités dont la consistance est pensable ; mais la constitution de cette réalité-là – comme de toute autre dont le temps serait un terme constituant – exclut tout geste suspensif de ce qui commande le *processif* du temporel. Objection entraînant, bien entendu, celle du dé-clos de l'intelligible au finitisme de la clôture. L'horizon, s'il en faut un, est le "à l'infini" où se prononce l'in-finitude de la prescription de continuité. La croix du temps, certes, c'est la surabondance à l'infini de sa matière de temps, mais ces apories – les plus anciennes peut-être de l'histoire de la pensée – sont aussi bien celles du Multiple fait-Un. En tentant de se placer en survol du flux, Heidegger, outre qu'il perd toute pertinence, rend inintelligible quoi que ce soit qui puisse se dire du temps. Il faut « conserver » le passage pour que passage il y ait.

b'. La puissante intuition de Husserl fut de saisir que les formes les plus pures de la pensée, les prescriptions du rationnel comme tel, sont inscrites dans et *pour* l'expérience phénoménale ; son erreur fut d'en chercher la preuve non dans la structure logique du perçu mais dans la fiction réflexive d'un sujet transcendantal. La décadence de la Phénoménologie suit de cette erreur, aggravée par la substitution de la matière inconsistante du vécu à ce qui était l'exigence de consistance du sujet pur. En renvoyant la pensée, bien plutôt qu'au Logos, à l'existence telle qu'elle se comprend elle-même – et en la prédiquant de l'être –, Heidegger renversait la rationalité du projet husserlien ; en fondant l'existence dans la temporalité, il restait fidèle à ce qui, précisément, grevait le projet husserlien, de demander à l'Ego la raison de toutes les raisons. On peut, on doit, récuser la démarche heideggérienne, et les flottements – c'est peu dire – de sa constitution mécanique de l'existence sur la temporalité, attestant de ce qu'elle a deux fois d'arbitraire, attestent surtout du manque d'un « fil conducteur » prescripteur pour la pensée dès qu'elle prend assise de la subjectité et de la subjectivité comme sens : manque d'autant plus frappant chez Heidegger qu'il s'est acharné à tracer un fil qui, pour finir, s'avère inopérant. La Phénoménologie est morte d'avoir cherché le logique dans le sujet, et plus encore d'avoir promu le comprendre en lieu et place du constituer. Ce que nous devons conserver, qu'elle n'avait au demeurant pas "inventé" mais réactualisé, c'est que *l'énoncé du logique lui-même est un moment de la réalité.* Ou que c'est sous les prescrits de la réalité qu'a été délivré tout ce qui a pu se développer comme discours pur des raisons enchaînées.

C'était l'implicite de la démonstration du perçu. Ce que nous devons en illustrer maintenant, reprenant et fondant ce que nous n'avons jusqu'ici qu'indiqué, c'est comment au faire concept de la thématique temporale, qui demeure "en l'air", doit être substituée *la tenue de la pensée elle-même dans le temps de la réalité.* C'est dire qu'il nous reste à montrer comment la pensée même se constitue dans la succession continue du temps : non plus au sens où l'axiomatique du temps de l'étant régit l'existant comme tout autre étant, ce que nous avons exposé depuis longtemps, et pas non plus – nous l'avons dit aussi – au sens où elle illustre le statut ambigu de l'existant, se saisissant d'un prescriptif auquel il est lui-même soumis dans le moment qu'il le saisit. Ce que nous cherchons à définir maintenant, c'est la portée de ce que *la pensée, elle-même processive, ne peut tenir le concept du procès sans s'y reconnaître elle-même subsumée.* Nous suivrons ce chemin-là pas à pas.

Première approche : l'Autre, si nous l'avons dit « atemporel », c'est que, de soi pure systématique du prescriptif, il n'est ni dans le temps ni hors du temps : il règle ce qui commande *une constitution qui toujours, elle, passe dans le temps.* Disons que, atemporel, l'Autre l'est *pour* le temps. Que tout ce que de prime abord il prescrit tombe, selon sa prescription même, sous la prescription du temps. La – ou les – logique(s) même, c'est sous les conditions mêmes de ce qui assure la consistance de la réalité qu'elle(s) se délivre(nt) au penser. Et comment en irait-il autrement ? Nous n'en sommes plus à inventer une « faculté » qui disposerait, par la grâce du naître humain, de tout l'appareil dit intellectuel ; il faut bien que ce soit en lisant le réel du sein du réel que nous y déchiffrions le discours qui le tient et qui le constitue transcendant. C'est-là le discursif du perçu. Il ne tombe pas d'un ciel "platonicien", il est déchiffrement terrestre de la logique du terrestre, et en ce sens, mais en ce sens seulement, phénoméno-logique, avec l'accent porté sur le second de ces termes. Cela, du moins, jusqu'au point où, maîtrisant le prescriptif – du temps entre autres –, la pensée peut le concevoir comme quant à lui atemporel, puis construire sur son fond les variables de l'axiomatique et notamment du temps.

L'enivrement qu'il y a – je le connais comme tout un chacun – à partir de la pureté des axiomatiques et à en dérouler les enchaînements et butées, c'est la figure contemporaine d'un idéalisme qui peut se dire aussi bien réalisme, parce qu'il est fondé à tenir que dans ce que prescrivent les axiomatiques et leurs logiques, il tient les conditions ultimes de tout possible réel. Mais s'il est possible et licite de repenser l'appareil du Logos à partir de lui-même, et même de le démultiplier, il n'est pas possible de *nous* penser, étants que nous sommes, hors des axiomes et chaînes logiques de la réalité. Et pas même de le penser de la pensée. Puisque la pensée elle-même n'échappe pas au prescriptif temporel.

Deuxième approche : C'est le *per-sister* ou faire-un de ce qui ne cesse pas de passer, qui fait condition pour la pensée. Ne succèderait-elle pas, que la durée – l'élongement – du procès manquerait à l'opération qui elle-même est "dans" ou "du" monde en ce qu'elle requiert elle-même du temps ; ne demeurerait-elle pas, qu'elle ne serait pas, puisque si elle ne conservait pas le "monde" en se conservant, ou ne conservait pas son être-au-monde, elle n'en pourrait déplier la constitution, mettre en jeu ce pouvoir-opérer où elle se résume. En d'autres termes, le devenir et le ne-devenir-pas ne sont pas, dans la pensée, disjoints mais conjoints. En quoi elle fait exception au simple passage du temps, mais dans la structure du temps conservée : la règle n'est pas restreinte par l'exception. Au plus juste, comme je l'ai dit, la pensée creuse le temps pour le ramasser. De ce biais, on peut accorder à Heidegger que le caractère propre de l'existence est son traitement du temps, et même sa façon d'en faire-un. Sans la confondre avec l'être, et sans rien en requérir qui ne soit démonstration.

On pourrait croire, et craindre, que sa sujétion au temps, quand bien même maîtrisée, constitue une défaillance de la pensée, l'humiliation de sa condition. Mais le temps qu'il me faut pour parcourir une chaîne de raisons, la suite des opérations nécessaires pour la résolution d'une équation, se resserrent à la fin dans l'instantané d'une évidence gagnée : gagnée contre le temps. À sa constitution historiale, la pensée ne peut se dérober ; il n'empêche : ce dont elle fait argument, c'est que de la vérité, il n'y a pas de temps.

Troisième approche : Croire qu'en lui-même le pensé dénie la temporalité est confondre avec une statique des concepts qui n'existe nulle part, ou avec quelque Livre écrit une fois pour toutes, ce qui du côté de la pensée est essentiellement *production*, et du côté du pensé l'intotalisable des *circuits* de vérité[1]. L'immutabilité des axiomatiques gouverne non pas un mais un multiple inassignable de discours. Et des discours, la consistance n'est pas close, mais se décline d'une infinité de façons. Et ce de par un trait fondateur de l'intelligible que nous avons souvent impliqué : *de l'intelligibilité, il n'y a pas d'*Augenlicht, *l'intelligible est de part en part, en lui-même, procéder et en procédant se conserver.* Que le discursif soit procès n'est pas accident dans l'intelligible, ou au regard de celui-ci. L'intelligible d'un seul coup, cela n'a

---

1. Platon en témoigne, restructurant chaque fois l'échelle des Formes selon qu'il convient à la question que Socrate a posée.

pas de sens. Nous avons dès longtemps marqué que les chaînes de concepts sont infinies, qu'elles ont toujours un départ local et sont chaque fois sous la dépendance de ce local, qu'ainsi elles ne cessent de se recroiser sans qu'il s'en puisse fixer une qui aurait droit à se dire ultime. Et de la pensée en acte, à son tour, nous n'avons pas cessé de rappeler qu'elle est d'essence ouverture, déconstruction d'elle-même, passage à l'infini, décision sur la déliaison. *C'est l'intelligible qui, dans la surabondance de sa structure, exclut toute autre détermination qu'en procès.* De sorte que le pouvoir-opérer qui s'y porte ne peut être que ce qu'il est : poursuivant et reprenant l'opération autrement, et éventuellement advenant au site où elle se suspend. Le temps de la déduction se coule sur l'intervalle des médiations et, en se conservant, comme lui se re-tient. Bref, il y a entre le temps de la pensée et la structure du pensable adéquation. Ou plutôt *le Logos, de se constituer comme parcours, n'est pas opérant sans le temps* : ce qu'il institue comme hors-temps se constitue dans une figure du temps.

S'en conclut que ce qui commande le temps à l'étant le commande au Logos opérant. Ce n'est que du point du persister que le procès devient vue synoptique : mais vue synoptique de ce qui substantiellement est procès.

Quatrième approche : Dès lors, le concept du temps, ou pour mieux dire son axiomatique, ne sont pas ceux de l'apparaître sans être ceux de la pensée, et partant ceux du connaître. Tout ce que nous pouvons énoncer de l'Autre est encore temporel, quand bien même il se distingue de ne pas passer jusque dans son passage. Pris sous cet angle, le perçu n'a pas seulement le premier mais le dernier mot : à l'axiomatique du temps, telle que la réalité s'en trouve commandée, il n'y a rien du pensable qui échappe. L'inférence, la séquence des lettres, le mathème sont eux-mêmes impensables sans le – ou du – temps, persistant. Et ces propositions ne tolèrent pas de renversement : nous n'apercevrions pas le temps de la pensée, peut-être pas même son procès, si nous n'étions – n'existions – pas dans le temps où, avec l'être-là, nous changeons. L'appareil de la *ratio* ne va pas sans celui du passage que deux concepts, dits l'un d'avant, l'autre d'après, coupent d'un écart par rapport auquel le persister occupe la place de « l'exposant »[1]. Nous

---

1. Je rappelle que dans la théorie du *topos*, telle que reprise par Badiou dans *Logiques des mondes,* posée la relation entre deux objets B et C, l'objet exposant A a avec B et avec C une relation qui préserve tout ce qui les définit et ce qui le définit lui-même. ABC est un triangle commutatif qui « expose » la relation BC pour A. On pourrait dire que, du point non plus de l'instant mais du temps lui-même, toute

pouvons penser un univers sans temps, mais cela même nous ne pouvons le penser que dans et par la topologie du temps.

Il ne saurait être question de tirer de ces analyses quelque chose comme un néo-empirisme : notre point fixe a été et sera que le Logos ne se réclame que de lui-même, aussi bien dans le perçu que dans ses énoncés littéraux. Il faut donc affirmer, à l'inverse, que *si le perçu ne se constitue que dans l'axiomatique du temps, c'est pour ce que le Logos ne se constitue pas autrement.* Enoncé où se mesure la distance entre Heidegger et nous. Il n'y a que du Logique, il n'y a pas de logique qui ne procède avec du temps : je ne dis pas que le logique est, de soi, temps, mais que le temps est la *matière* du logique. Comme du perçu. Il n'y a pas de constitution qui ne se fasse *avec* du temps.

Alors, il n'y a qu'illusion à croire que la pensée échappe jamais aux conditions de l'être-là : parce que ce sont d'abord les siennes.

On comprend mieux désormais la fonction du dire-Je : tenu dans la consistance de l'Autre, il y consiste avec ce que requiert de demeurant le prescriptif ; représentant de la singularité d'une étance, il en implique le succéder. Sa co-appartenance entraîne sans contradiction ici la succession, et là ce qui est succession dans le non-succéder de l'Autre. Ceci n'est pas un "montage", mais la simple transcription de ce qu'est la situation de l'existant pour autant qu'il pense. Le temps est la matière dont dispose l'Autre pour prescrire, hors-temps, à l'existence le temps. Ou : l'Autre prescrit la matière dans laquelle lui-même opère : matière qui, sans être l'objet de l'opération, en est la condition ; à moins encore qu'on ne pose que le 1, 1..., où toute pensée commence, n'est rien d'autre que le grain à grain du temps.

Il est donc vrai que le Je n'est pas dissociable de sa temporalisation. Mais il ne l'est, *onto-logiquement*, que depuis ce qu'avant le site de l'*Ego* dans le temps, il y a la constitution du temps de l'être-là[1] ; et il ne l'est, *"nég-ontologiquement"*, que parce que le même temps est constituant de l'Autre lui-même, et que le temps de l'Autre est ce qui

relation BC est « universellement exposée » en ce que tout atemporel T', T'', etc. crée, comme à l'infini persistant, un triangle commutatif avec ABC.

1. Dès lors que l'*apparaître* désigne ce qui au pour-soi se livre de l'en-soi de l'*être-là*, ou ce que de celui-ci fait celui-là, le contexte requiert la distinction, que l'usage tend à gommer, de l'une ou l'autre expression.

Ce sont les mêmes considérations de contexte qui commandent de choisir entre l'*Autre* et le *Logos*.

permet de penser l'être-là, entendu que, ici comme là, le temps n'« est » jamais que comme n'"être" pas. Le Je, qui n'"est" pas, est la transcription de la temporalité de l'étance, qui est, dans l'écriture temporelle de l'atemporalité de l'Autre. Le temps est ce qui médiatise ce qui passe et ce qui ne passe pas, et le Je est de la médiation le témoin. Biface, le dire-Je est l'intervention où se risquent *sur la même grille structurelle* à la fois le Moi et la *Ratio*.

Nous pouvons ajouter maintenant : c'est là que se tient la *certitude du nous-même*. À déplier le multiple complexe dont se fait l'*ego*, on en viendrait, si l'on n'y prenait garde, à ne plus pouvoir exciper d'un référent qui, s'il n'était qu'illusion, entraînerait la ruine de toute autre assurance. L'assurance ne tient à l'*ego* que pour autant que sa temporalité est assurée dans l'atemporalité de la temporalité de l'Autre. Il faut d'abord que, comme Je, je sois fait de la même matière dont toute consistance se fait. Mais ce n'est pas encore assez pour que je consiste ; ce ne l'est que si le temps suspendu du consister peut être le mien. Et de cela, il n'y a que le Je pour répondre.

Il en répond en ce que, comme l'Autre, ou mieux : parce qu'en l'Autre, je suis moi aussi opérant. Je regarde, j'entends, je pense, j'écris en pensant. C'est comme per-sistant pour la pensée que le temps où le dire-Je s'atteste pouvoir-opérer fait "en même temps" le Je Un dans le temps : demeurant. Ce *permanere* pour le pouvoir-opérer vaut *réquisition d'Un* : réquisition pour qu'à l'existence le per-sister de l'opérer soit possible, et possible à l'opérer d'être porté par l'existant. Ce que nous pouvons en dire est que cet Un est celui qui dit-Je sans, de ce Je, pouvoir rien dire de plus que celui que la pensée, le réclamant, fait advenir : indexation paradoxale en ceci que la dire au plus juste serait la dire à la fois proto-supplémentaire à l'existence et proto-immanente à l'intelligibilité du penser.

On est dès lors métaphysiquement fondé à indicier le dire-Je comme *événement*, au sens où – pour reprendre la nouvelle formulation de Badiou en l'inversant – *le "non-être" de l'Autre s'indexe lui-même dans l'apparaître de l'existence*. Que l'apparaître en soit, sans rompre sa consistance, transformé, c'est ce que l'Histoire ne cesse d'attester. Effet de ce que l'événement-Je appartient – au titre du n'"être" pas – au discours axiomatico-logique, cependant que son advenue dans le temps, son historialité, sa databilité au sens littéral, le fait – au titre de l'être – moment du discours de l'être-là.

J'aperçois, au terme de cette chaîne d'analyses, que j'ai en somme accompli le projet heideggérien d'épuiser le rôle fondateur de la temporalité pour l'existence. Mais entendu que l'existence, c'est la pensée en tant qu'elle est être au Logos[1]. Ainsi le discord ultime n'aura-t-il été que la figure, dans un jeu de miroirs, du premier, celui qui porte sur la méthode, qui lui-même reflète la définition de l'exister. J'aurai peut-être conduit la déduction à ses dernières inférences, mais je n'ai eu pour y venir à faire recours d'aucun choix arbitraire des référents, d'aucun glissement dans la sémantique des formants, d'aucun renversement des séquences.

Ce que, en indiciant la temporalité de ses sites, j'ai établi, est la distribution consistante des places de l'étance, de l'existence, du procès discursif comme procès de l'Autre, du dire-Je comme les colligeant. Cette distribution est originaire : commandant la pensée, elle commande, avant toute autre articulation, tout ce qui se peut énoncer. De là qu'il faut toujours en revenir à elle, en-deçà de ce qui est, ici ou là, avancé de l'existence, du discours, et de ce à quoi, improprement, on fait référence comme détermination du "sujet". C'est l'intelligible lui-même qui requiert la retenue dans le temps, de l'Un en procès du Vrai.

3. *De la temporalité au temps quotidien* ou *de l'intelligibilité du temps au temps de l'intelligibilité*

Nous demandions comment la triplicité des ek-stases peut suffire à fonder l'*unité* du pouvoir-être-tout authentique du *Dasein*. Et nous remarquions qu'au mieux, ce qui en est acquis, c'est que chacune, comme mode de la temporalisation, commande conjointement une

---

1. L'erreur de Kant fut de confronter « l'Unité transcendantale de l'aperception » au « divers » temporel du monde. Construction sur l'objet qui contournait le vrai problème : comment la pensée *elle-même* est-elle à la fois procès et Une, ou : comment au temps de son procès se trouve incluse la chaîne des raisons ? Le passage du « sujet » épistémologique à l'existence aura entraîné l'illusion d'une attribution de la temporalité à la subjectité originaire, mais facilité le progrès de la reconnaissance de la temporalité comme condition de la pensée elle-même. Ainsi est-ce en deçà d'un éventuel "sujet" comme de l'objet, ainsi est-ce *le hors-temps logique de la logique du temps* qui, rendant possible la pensée, rend possible le Je, de ce que le temps synchronique du Logique commande le demeurer-en-devenant du diachronique.

modalité des deux autres. Ce n'est pas à ce niveau, celui de l'unité originaire dont il annonçait la résolution, que Heidegger aura apporté une réponse, ou plutôt on a vu pourquoi il ne pouvait pas en répondre. Renversant la question, il va achever sa tentative de démonstration de la fondation temporelle du temps, par la « monstration » de ce qu'il en va d'elle dans « le mode d'être où le *Dasein* se tient de prime abord et le plus souvent : la quotidienneté »[1].

Ce qu'il en attend est, comme dans les étapes précédentes, la « possibilisation » par son inscription dans l'expérience existentielle, de ce qui a été existentialement énoncé. Seulement le problème s'est en vérité retourné et l'enjeu a changé : c'est *la production du temps à partir d'une structure qui, à proprement parler, n'était pas temporelle.* Les trois ekstases, en impliquant l'être-été, le présentifier, l'être-à-venir, devaient appartenir à l'être du souci, en dessiner les horizons propres ; leur désignation nominale, en dépit de ses double-sens, entendait viser des déterminations plus fondamentales ou plus anciennes que celles du temps, elles ne le préparaient qu'en l'anticipant ; elles ne le requéraient pas : seule la facticité le commande ; enfin, elles étaient assurées d'une authenticité qui manquera toujours au temps. Entre le noyau ontologique et le concept ontique, la différence structurelle ést donc cette fois radicale. De sorte que, par une prise de la méthode à revers, il n'y a même plus d'enjambements des instances : c'est cette fois linéairement – non sans un étrange détour – que l'existential devra conduire à l'existentiel. Nouvel indice de ce qu'en ce moment ultime, la procédure se défait. S'il faut se résoudre à suivre jusque là, c'est pour que soit poussée jusqu'au bout l'impuissance d'une philosophie de l'auto-explicitation à tirer la réalité de son fonds et pour que soit retrouvée la consistance du perçu dans sa fraîcheur, au point où *Sein und Zeit* s'achève en désastre.

a. Le *Dasein* vit dans la quotidienneté une *dispersion* d'instantanés qu'il se contente d'additionner « dans » le temps ; de là « qu'il doive... se reprendre... et inventer pour l'ensemble ainsi réuni une unité englobante »[2] ; mais ce que signifie l'englobant suppose qu'a été posée une question laissée en réserve, celle-là même de la *continuité* du temps, dont nous nous sommes plus qu'étonnés qu'elle ne soit pas incluse

---

1. § 71.
2. § 75. (italique supprimée.)

dans la définition originaire de la temporalité. D'où la nécessité d'un nouveau départ, qui requerrera la détermination de l'*historialité* comme moment constitutif en quelque sorte supplémentaire.

1. L'être-pour-la-fin n'a retenu, avec la mort, qu'un de ses termes ; l'autre est la naissance [1]. Et entre les deux, est demeuré inaperçu *l'être « é-tendu »* du *Dasein*. D'où une nouvelle série – un nouveau Tout – de la temporalité : la naissance, la mort et l'é-tension qui les sépare, dite encore « l'enchaînement » qui doit pouvoir se dé-couvrir « dans le *Dasein* lui-même » aussi longtemps qu'il existe. La nouvelle structure existentiale cherchée est le *provenir* au sens où le Soi ne se saisit pas sans saisir d'où il provient.

L'accent est donc mis, cette fois – tout à fait arbitrairement – sur le *passé* [2]. La résolution « ouvre les possibilités à chaque fois factices d'exister authentique *à partir de l'héritage* qu'elle *assume* en tant que jetée » [3]. Si le *Dasein* est essentiellement « avenant », sa finitude, le rejetant vers son « étant-été », lui fait « délivrer... la possibilité héritée » de son être jeté, et lui rend ainsi possible d'« être instantané pour "son temps" ». Entendons que le *Dasein* ne va pas sans la facticité d'un héritage, et reconnaît jusque dans le devancement de l'être pour la mort – qui reste ainsi prépondérant – ce que peut être la résolution authentique de son existence : soit son *destin*.

Mais l'héritage à son tour, et avec lui l'enchaînement, ne serait pas ontologiquement possible si le *Dasein* lui-même n'était pas « constitué comme *ex-tension* » [4]. C'est ce dernier trait structurel qui est fondateur pour l'historialité. « En tant que souci, le *Dasein* est l'"entre-deux" ». Reste à dire où il peut l'être originairement. La réponse revient à la résolution devançante qui « est en soi-même la *continuité é-tendue* » contre « l'in-stabilité de la distraction » [5]. Fidèle à l'exigence du Soi-même, la résolution est « respect... des possibilités répétables de l'existence », stabilité existentielle par anticipation. Comme temporalisation, elle « reporte » le répété à l'ekstatique du étant-été, mais du sein d'une « reprise dans l'existence » dont se trouve ainsi déterminé comme devancement le « Là propre ».

---

1. § 72.
2. § 73.
3. § 74.
4. § 72, p. 374.
5. § 75, p. 390.

D'où suit enfin que l'historialité peut se redire la compréhension de « l'être-été-au-monde *à partir de sa possibilité* »[1].

« E-tension » est un beau terme, qui mérite d'être conservé ; mais c'est aussi un de ceux qui se prêtent le moins à une lecture qui privilégie une des structures existentiales – ici, la résolution – pour y rapporter une des ekstases – ici, le passé – : une fois de plus, Heidegger ne sait traiter que des ekstases *séparées*. Je ne réinsisterai pas sur ce qu'il n'y a pas l'ombre d'un fondement à ce que l'é-tension soit vection spécifique du passé.

Quant au fond, traitant du sens de l'historialité, et la ramassant dans le destin comme assomption par le *Dasein* authentique de la facticité de ses possibilités – restrictivement entendues –, Heidegger rejoint ces consonances stoïciennes que nous avions reconnues dans le traitement de la résolution ; et l'insistance qu'il fait porter ici sur ce que le possible propre est « dé-livré » dans son retour est ce qui en sera surtout retenu par la postérité « existentialiste ». Mais le lisant ainsi, dans la seule phénoménalité de la nouvelle constitution, on le lisait mal. Car, fidèle d'abord à son projet, c'est bien la *fondation* existentiale de l'historialité dans la temporalité elle-même qu'il entendait trouver. Il semble qu'explicité, le raisonnement soit : il n'est pas de structure existentiale qui ne se ramasse dans la temporalité ; il faut donc que dans la temporalité du *Dasein*, l'entre-deux soit un caractère constituant ; c'est à quoi se prêteraient l'être-été et la résolution. Mais on ne peut manquer d'objecter, retrouvant l'objection à une mise entre parenthèses de la succession qu'incluait le devancement : comment un être-été et un être-à-venir seraient-ils possibles sans que déjà le soit un être-entre-deux ?

2. Au demeurant, on se tromperait à conclure que, sous le nom d'entre-deux, la succession continue a, pour finir, fait retour dans l'existential ; car pour Heidegger, l'entre-deux n'a, comme on va voir, ouvert que la signification destinale, qui laisse l'historial constitutivement distinct de la continuité de *succession*.

La différence structurelle entre existential et existentiel fait en effet surgir un problème dans le passage de l'*entre-deux* à l'*enchaînement*. Du thème de l'héritage, suit qu'est immanente à « l'historialité authen-

---

1. § 76. (Souligné par moi.)

tique » la répétition de ce « qui a été Là » et qu'elle seule – la répétition – rend manifeste au *Dasein* son destin. Seulement cela, qui vaut pour *chaque* possibilité de choix, chaque « instantané », ne donne pas encore le fondement de leur *enchaînement*, qui n'est donc *pas* un existential et qui dès lors ne peut se construire que *depuis l'existentiel*[1]. Mais comment ? La réponse – inattendue – est que la quotidienneté elle-même nie ce que son expérience a d'inauthentique. Car l'enchaînement est précisément ce qui récuse le purement additif d'une intra-temporalité modelée sur le sous-la-main. Donnée la dispersion du *Dasein* quotidien, c'est seulement en regard de celle-ci qu'on peut comprendre que le *Dasein* doive se reprendre et inventer une unité englobante. L'enchaînement doit-il alors s'entendre comme une première ouverture de ou à l'existential, ou comme une réaction interne et propre (« inventée ») à l'intratemporalité de l'existentiel ? La réponse à cette question, Heidegger, parlant soudain de « zones d'ombre », ne va pas la fournir, ébauchant plutôt une double réponse. D'un côté, « l'historialité authentique... – le destin et la répétition – ... paraît le moins capable de livrer le sol phénoménal requis pour porter à la figure d'un problème ontologiquement fondé ce que vise fondamentalement la question de l'"enchaînement" du *Dasein* »[2]. Voilà de quoi s'arrêter, incrédule : *il n'y aurait pas, dans l'existentialité du Dasein, de quoi rendre compte de la continuité du Dasein.* Mais d'un autre côté, l'historialité de l'être-au-monde, être à la préoccupation, ne va pas sans se comprendre comme histoire du monde. Avec ce double sens, que ladite histoire tient son provenir de celui du *Dasein*, mais a son provenir propre, intramondain, celui de l'à-portée-de-la-main et du sous-la-main, essentiellement processif ou « mobile » : le premier sens n'est pas historique, au sens de comporter le procès, c'est le second qui l'est. *Entraînant le Dasein factice à se comprendre sur le mode de l'histoire mondo-historiale.* « Ainsi est mise en évidence l'origine de la question d'un "enchaînement" au sens de l'unité de la chaîne des vécus entre naissance et mort »[3], mais cette origine n'est pas un originaire, c'est un « comme si ». C'est, dirons-nous, surtout un trait essentiel de la temporalité suspendu à une espèce de défense contre elle-même de la facticité existentielle, qui à son tour est suspendue au processif propre de l'étant du monde : toute la machinerie intrinsèque de *Sein und Zeit* se trouve retournée, *l'intra-mondain précède la mondanéité.*

---

1. Répétition, donc, du passage de l'ipséité à la temporalité, mais cette fois sans solution existentiale.
2. P. 390.
3. P. 390.

Entre un désastre et l'autre s'avoue la stupéfiante incapacité du schème heideggérien à intégrer la continuité, ou comme il dit ici l'« énigme de l'être du mouvement », incapacité telle qu'il est prêt à la payer d'un "raté" dans le système existential/existentiel, ou *Dasein/*-monde, ou être/étant. Au fond, c'est l'impasse husserlienne de la constitution de la conscience constituante par et dans le temps qui se répète ici : *il n'y a pas dans la temporalisation de quoi fonder le temps sans recourir au temps.* La méthode heideggérienne achoppe en ce point. Reconnaissons que Heidegger n'est pas de ceux qui feraient, par le silence, impasse sur pareille difficulté.

Le parti méthodologique se trouve ici manifestement surdéterminé par un certain nombre de choix qui prolongent ce que j'ai appelé les antipathies de Heidegger et qui déterminent ses options pré-philosophiques. Soit, en premier lieu, un traitement constamment dépréciatif du *présent*, qu'après tout l'être-au-monde ne requérait pas. Le présentifier est toujours associé par Heidegger à la distraction, à la discontinuité, au se-perdre ; attaché à la préoccupation, il est à la mesure de l'étant et du On. Il n'y a là rien d'évident : si l'on veut déprendre le *Dasein* de l'étant, n'est-ce pas dans le présent où son regard fait Un de l'étant que d'abord son authenticité s'affirme, ex-posant – leçon d'Augustin – dans le temps le hors-temps ? En second lieu, ce qui provoque l'aporie de la « mutabilité », aporie qui pas davantage ne va de soi, est clairement l'index d'une autre horreur, celle du *changement*. Nous n'allons pas découvrir que, chez Heidegger, l'originaire est toujours aussi l'originel. Enfin, en repoussant le plus loin possible de la temporalité authentique l'enchaînement, *Sein und Zeit* avoue une sorte d'hostilité radicale à la *succession* qu'il faut sans doute entendre comme sa mise en opposition avec l'Un absolu de la résolution. Autant d'effets de ce qui est, pourrait-on dire, l'intonation personnelle de Martin Heidegger.

b. Contournée l'impasse de l'enchaînement, il reste, pour que le projet méthodologique soit accompli, et la temporalité possibilisée, à montrer que l'historialité du *Dasein*, temporelle « en son fond » – ce qui est dire : la temporalisation sans le temps –, peut se « niveler » pour la quotidienneté en une temporalisation des comportements « dans le temps »[1]. L'enjeu est explicite : c'est le passage de l'ontolo-

---

1. Chap. VI, § 78. (Souligné par moi.)

gique originaire à l'« ontico-temporel », déterminant *en quel sens le temps* « "où" de l'étant fait encontre » *peut ou non se dire lui-même* « *étant* » ; et c'est finalement la démonstration attendue que seul « le tout de la temporalisation » rend possible la compréhension, aussi bien que de l'être, de l'étant. L'intérêt pour nous de cette séquence sera de voir Heidegger confronté enfin à ce que nous avons reconnu comme la constitution axiomatico-logique du temps, et n'en pouvoir venir à bout que par une série de dissections au terme desquelles sa construction devient tout à fait improbable.

1. Le premier mouvement ne va à rien de moins que l'affirmation de ce que le temps objectif lui-même ne serait pas temporel sans la primauté existentiale de la temporalité. « Il faut montrer comment le *Dasein comme* temporalité temporalise un comportement qui se rapporte de telle manière au temps qu'il tient compte de lui »[1].

Or il a été acquis que, « remis par le jet au "monde", le *Dasein* échoit contre lui dans la préoccupation » qui ne peut manquer de tenir compte du temps, sur le mode du *présentifier* – qui « s'attend et conserve » –. Et qui prend alors la forme du « maintenant » encadré par deux « alors ». Cette structure sera celle de la *databilité*, avant même tout comptage[2].

Seulement ces références temporelles de la préoccupation n'ont en celle-ci rien d'évident. Elles ne lui sont pas – avance Heidegger – intrinsèques ; nous ne les trouvons pas dans le sous-la-main ; encore moins la « compréhension "naturelle" du "maintenant" » enferme-t-elle le concept du temps que nous y reconnaissons. S'il s'indique là, c'est parce que le *Dasein* ne se porte pas auprès de l'à-portée-de-la-main sans que « son advocation... s'ex-prime conjointement *elle-même* » sur le mode du présentifier. Autrement dit : si la temporalité est reconnue dans le là, c'est et ce ne peut être que parce que la temporalité ekstatique constitue l'être-éclairci du Là. Alors seulement « le "maintenant" explicite un *présentifier* d'étant » ; et la structure de databilité atteste que le maintenant et l'alors « *ont la temporalité pour souche, qu'ils sont eux-mêmes du temps* ».

---

1. § 78.
2. § 79.

L'*a priori* est ici que le sous-la-main n'implique aucune temporalité, que celle-ci s'attache seulement à l'à-portée-de-la-main « auprès » duquel se tient le *Dasein* circon-spect – on voit à quel point ces catégories initiales, appartenant au pragmatisme transcendantal, sont décisives pour l'exposition ontico-ontologique jusqu'au bout –. Le trait nouveau, c'est que le *Dasein* ne se porte pas auprès sans *se « co-expliciter » lui-même*. Ce redoublement de la présentification en présentification-de-Soi, rien – à vrai dire – ne le préparait, et le renvoi à l'explicitation ne parait guère adéquat[1] ; davantage : l'affirmation que s'ouvrir au monde ne va pas sans s'ouvrir à soi-même, entendue telle quelle, introduit une référence à la réflexion au sens husserlien qui est étrangère à la définition et à la pratique heideggériennes de la compréhension. Quoi qu'il en soit, ce qui en résulte est que *l'existant est seul à tenir compte du temps* et à en investir l'étant.

Le plus intéressant de cette ultime prédication du temps au *Dasein*, prédication telle qu'il ne l'a pas seulement plus radicalement que l'étant mais qu'il l'a *seul*, même pour l'étant, tient dans la description de l'intra-conscienciel de « l'avoir du temps ». Si la préoccupation enveloppe, à travers l'alors du maintenant, le laps de l'entre-temps, si elle « se-laisse-du-temps... à partir de ce dont [elle] se préoccupe », si pour le *Dasein* préoccupé le temps « s'écoule », c'est « à partir de *la manière dont, conformément à ce qui est à chaque fois son existence, il "a" son temps* »[2]. Entendons que la résolution, ouverte à l'écoulement du temps comme celui de son Là dans la situation, le tient comme à distance dans le maintien « total » du Soi-même historial. On retrouve là le meilleur de l'analyse de la résolution : qui « a constamment son temps » par ce que rien ne peut la motiver de ce qui est occurrent dans le temps, sans qu'elle puisse s'en détourner pour autant.

Mais que ledit maintien soit au principe de l'absence d'une constitution du temps public est ici tout l'enjeu de la démonstration.

2. La suite[3], exposition du procès par lequel, tenue dans le présentifier de la préoccupation, la temporalité va, sans jamais être sous-la-main elle-même, appartenir au sous-la-main sur le mode du temps public, entrainant à son tour le *comput* du temps, importe essentielle-

---

1. On est ici bien plutôt près du « virage » par lequel elle se perd, mieux qu'elle ne se gagne, en « jugement objectif » et théorie.
2. P. 410.
3. § 80 à 82.

ment en ceci qu'elle permet de professer que, ni proprement subjectif, ni proprement objectif, le temps de la quotidienneté qualifie effective-ment et inévitablement l'étant[1] tout en ne le faisant que depuis la constitution existentiale du *Dasein*.

C'est – nouveau et pesant jeu sur les amphisémies – parce que le *Dasein* « compte avec » le temps qu'il en arrive à « compter » le temps[2]. Et puisque dans l'ouverture au monde, orientée par la tour-nure, principiel est le maintenant, c'est du « dire-maintenant » que le comput doit s'originer compréhensivement. Genèse d'où il résulte 1. que « le sous-la-main ne peut en aucun cas être qualifié strictement de "temporel" » ; 2. que « le temps du monde... est à chaque fois déjà ekstatico-horizontalement "objeté" avec l'ouverture du monde », et tout autant « "subjectif"...parce que c'est lui qui – ... compris comme le sens du souci comme être du Soi-même facticement existant – rend tout d'abord possible... cet être même »[3]. En d'autres termes, parce que le *Dasein* ne peut exister *que* dans ou à la facticité, la « publica-tion » intramondaine factice de sa temporalisation n'est rien d'autre que la « *condition* » de l'existant. Proposition typique de ce que j'ai appelé le schème heideggérien.

À partir du comput, le *Dasein* ne séjourne plus « auprès » du temps comme tel, mais se tourne vers un flux, une succession de maintenant conjoints au sous-la-main, « nivellement » dans lequel le sens de la temporalité et la databilité même sont recouverts. Par ce recouvrement de l'être é-tendu ekstatique, le temps public interprète la succession « dans l'horizon d'un sous la main indissoluble », comme *ininterrom-pue* ; et il l'interprète comme sans début ni fin, sur l'« en-soi flottant en l'air d'un déroulement sous-la-main des maintenant » dans lequel le regard fuit la finitude attachée à l'être pour la mort ; en revanche, l'*irréversibilité* du temps serait incompréhensible sans la temporalisa-tion qui, elle et elle seule, « "va" ekstatiquement vers sa fin ».

Sein und Zeit hait le temps, ce qui s'appelle communément le temps ; et le mode sur lequel il le déchiquète, sans qu'en en rassem-blant les pièces on ait chance de le retrouver consistant, rend superflue la discussion. Heidegger n'apporte plus rien : il essaie de sauver l'exis-

---

1. Et, pour être précis, l'étant sous-la-main comme étant à-portée-de-la-main.
2. Faut-il et peut-on se résigner à cet emploi caricatural du cercle ?
3. P. 419.

tential en sauvant la temporalité, et ce faisant ruine, avec la seconde, le premier. On ne s'étonnera pas qu'une exposition qui ne progresse qu'en détruisant ce qu'elle prétend comprendre, une exposition, de surcroît, aussi embarrassée par des réquisits divergents – qu'on relise la déduction de l'irréversibilité du temps –, débouche sur une mise en ruines du temps.

Ce qui est frappant, c'est *l'impuissance de l'eidos temporal à produire le temps autrement que comme un leurre.* Ce qui est déconcertant – pour ne le dire que par litote –, c'est l'accroche tour à tour de chacun des moments de cette constitution défective à l'une ou l'autre des ekstases, sans aucune pertinence. Spectacle désolant d'une machinerie qui tourne à vide. Ce qui est évident, c'est que le procès compréhensif a perdu sa cohérence propre et n'est sauvé que par une série d'artifices qui le prennent à contre-sens, dont le plus spectaculaire est l'« invention » de la continuité par le quotidien dispersé, contre lui-même retourné. Au terme d'un pareil échec à « possibiliser » l'Un du *Dasein* dans son existence quotidienne, la temporalité, sinon le temps, peut-elle encore répondre de l'Un du *Dasein* dans son être ? Il y faudrait que, renonçant à son schème, Heidegger fasse preuve qu'*en soi* être et temps ne se peuvent penser l'un sans l'autre. Et pour ce faire, il faudrait que soient résolus les problèmes devant lesquels, butant, *Sein und Zeit* va s'interrompre. Le temps a-t-il un être ? Et s'il en a un, est-ce seulement pour le temps où le *Dasein* lui-même est ? Ou bien est-il plutôt un étant « "plus étant" que tout possible étant » ?

Ce qui est clair, c'est que ne rusant pas avec l'objectité du temps, en relevant l'axiomatique, y reconnaissant le prescriptif de la réalité où nous sommes, prenant acte de ce que nous ne saurions être au prescriptif du Logos sans y être représentés d'un signifiant comme lui consistant, à la mesure de son atemporalité mais nous indiciant dans le temps, nous n'avons rencontré aucune des impasses sur lesquelles la démonstration heideggérienne s'est brisée. L'écart se mesure exactement de l'impensable d'une temporalité intemporelle au dire-Je qui ne répond de rien d'autre que de notre pouvoir, nous portant à l'Autre et nous y faisant adéquats, nous constituer dans le temps. Quant à l'être, rien de ce qui est opérer de l'Autre ne lui convient.

c. Dans un premier mouvement, d'interrogation sur le temps « objectif », celui auquel toute réalité est soumise, dans le passage duquel tout étant est entraîné, qui ne manque jamais à la constitution de l'apparaître, nous en avons cherché le statut, dégagé les lois de sa composition et conclu qu'une axiomatique en répond, qui supplémente de l'étance le pur Multiple de l'être. Que le temps appartienne à la facticité de la réalité, qu'il en soit indissociable, n'entraîne en rien – c'est même le contraire – qu'il ne soit pas constituable et qu'à sa constitution la consistance fasse défaut. Ainsi pouvions-nous affirmer et la réalité du temps, du temps en soi, et son intelligibilité. Celles du temps qui précède toute conscience ou tout *Dasein*, temps de l'être-là, qui est là.

En un second mouvement, d'interrogation sur le temps de l'existant, nous avons trouvé dans ce déchiffrement de la structure objective du temps l'ouverture de l'existence à l'Autre du Logos, qui n'"est" pas ; mais aussi le creusement du temps par la triplicité des ekstases et son ramassement dans le présent. D'advenir en défaut dans l'être à la fois délivre à l'existence la connaissance de ce qu'est le temps et interdit qu'exister soit au temps sans s'éprouver comme à soi-même manquer.

Mais – troisième mouvement – dans ces énoncés, le temps est encore un pensé ; or la pensée elle-même est temporalisée, ne va pas sans le temps ; aporie dont la solution tient dans l'intelligible lui-même, dans ce qu'il est en soi procéder. S'en conclut que c'est comme immanent à l'intelligible que le temps est prescriptif pour tout ce qui peut se penser, de la subjectité comme de l'objectité.

Ces conclusions ne laissent aucune place à l'infatuée promotion d'un temps de la conscience qui lui serait propre, voire de ce que le temps serait propre à la conscience seule. On pourrait dire qu'après tout, elles remplacent la conscience par la pensée. Mais la conscience est intimité, et son temps subjectivité ; la pensée est dépli du Logos, transcendant pour tout pensant. Nous ne laisserons aucune place à l'idéalisme : le concept du Soi requiert le temps de la réalité, et le temps de la réalité atteste de son intégrale intelligibilité. Le Je du « je pense » lui-même ne fait preuve du Soi que comme du prescriptif de tout existant-là.

À ce point, nous retrouvons le perçu, qui n'est rien d'autre que la transparence des prescriptions axiomatico-logiques de tout ce que saisit l'existence. Dont la constitution est le dépli. Si nous sommes-à, c'est à la consistance de ce qui – facticement – est là.

Entre ce que nous avions dégagé comme la triple axiomatique de la réalité dans son apparaître et l'immanence de la temporalité à la pensée, surgit un dernier problème : de tout ce que nous pouvons énoncer, la constitution non pas du « temps logique » mais du *temps de la logique* s'avère fondatrice et par là première à l'espace, à la qualité et même au temps de la réalité. Fondatrice au sens d'un faire condition sans exception.

Nous avions dit : c'est parce que l'expérience qualitative, spatiale et temporelle s'atteste portée par une axiomatique, que peut se déployer l'appareil conceptuel qui ne s'autorise que de lui-même. Mais cet appareil, entièrement opératoire, ne peut se faire pensée sans impliquer la succession continue et la scansion du temps. Et la question doit dès lors être posée : *la pensée déroule-t-elle son articulation sur le fond de la constitution du temps,* ou bien *est-ce la structure du discursif qui constitue la structure du temps ?* Encore une fois, il ne saurait être question de revenir par ce biais à un quelconque idéalisme : la pensée ne "fait" pas le temps. Mais il est, en somme, rationnel d'avancer que l'é-tension et la scansion du temps de la logique sont précisément ce qui *nous* rend possible de constituer le temps : d'en reconnaître les constituants consistants et de rattacher leur consistance à l'antériorité logique de leur axiomatique. *Ainsi est-ce en ce qu'elle s'insigne de la pensée que l'existence est intelligiblement au temps.* L'articulation temporelle de la pensée, épousant la structure du pensable, attache toute pensée au temps[1]. De cette "dimension"-là nous ne nous arrachons pas. Mais elle nous attache si peu à nous-même qu'elle nous renvoie à ce qui est indifférent à ce que nous soyons ou ne soyons pas.

Au demeurant, que le perçu nous délivre la discursivité de la réalité ne prescrit-il pas que sa structure soit celle du discours lui-même ? Ainsi entendue, la proposition vaut évidemment pour toute espèce et de logique et d'axiomatique. Rien de ce qui consiste n'a d'autre constitution que celle de l'opérativité du Logos lui-même. Ce que j'ai constamment appelé l'à-part-soi du prescriptif, qui n'"est" pas mais s'assure de soi, n'est pas seulement l'opérateur de la pensée, il est cela même qui ne cesse pas d'être pensé à travers toutes les instances de l'intelligibilité. La pensée n'a d'autre fonction, d'autre fin et d'autre avenir que de se penser.

Ainsi cette dernière enquête se conclut-elle, exemplairement, sur ce

---

1. De là, dans le champ des discours esthétiques, la primauté de la musique comme au plus près de la structure de la pensée : livrant son qualitatif propre au procéder mesuré du progresser dans l'énoncé. De là que ce qu'il y a de pensée dans la peinture, la plastique, l'architecture ou l'urbanisme, s'y avère aussitôt musical.

que la Phénoménologie *ne peut pas* "tirer" de son sujet, fût-il le plus épuré, les constituants de la réalité, à commencer par sa consistance. Ainsi aura-t-il été démontré qu'à l'inverse il faut *partir de la réalité*, sans jamais la quitter, et que ce procéder est possible parce que c'est dans l'immanence de la réalité que gît son intelliginilité. Ainsi enfin aura été éclairci pourquoi, cette intelligibilité, nous pouvons la dire : parce que nous n'y sommes pas aliènes dans le moment où notre signifiant y est le *dire-Je*.

Une herméneutique circulant entre les couches de la subjectité y ouvrira toujours des perspectives surprenantes, et parfois saisissantes ; qu'arbitraires aussi elles soient toujours, découle de l'(in)consistance de l'existence ; mais là où l'herméneutique se brise en toute occurrence, c'est quand elle prétend venir à la rencontre de ce qui consiste de par soi. Le perçu se tient dans ce dernier, en ouvre l'accès, y intellige non le tout-fait d'une "loi naturelle" mais le dépli des opérations commandées par une axiomatique prescrivant un mode de composition du Multiple ontologique. Pas de place ici pour l'arbitraire, aucune échappatoire : ce qui s'expose dans l'apparaître, ce sont, avec sa consistance, les conditions de son intelligibilité. On n'a pas, pour autant, à y figer la pensée : rien n'interdit que d'autres axiomatiques soient possibles, et d'autres modes du consister, qu'il est losible et requis de concevoir : point que Husserl frôle et qu'il manque en faisant retour des prescriptions logiques sur l'Ego. Davantage : si, comme nous l'avons toujours énoncé, il n'y a axiomatique que par décision en un de ces lieux où l'intelligibilité ne se prescrit plus elle-même, voire s'avère achopper contre elle-même, la prononcer est en assumer la responsabilité. Que l'existant soit cet étant pour qui il en va de l'Autre lui laisse, fort de son inscription dans l'Autre, à se prononcer sur l'Autre. Et c'est en ce point que proprement le dire Je lui advient.

On voit que je n'avais pas tort d'écrire que, paradigme de tout ce qui s'intitule aujourd'hui phénoménologie, l'interprétation heideggérienne est la plus opposée à ce qui s'induit du perçu. Son échec est celui d'un système qui part de l'être-au-monde du *Dasein* pour aboutir à une dénégation de la consistance du monde. S'il est une erreur qui suffit pour récuser une pensée, c'est celle qui induit la cécité à l'en-soi de la réalité, où nous sommes, dont nous sommes, et l'intelligibilité qui s'y déchiffre. Le sens de l'existence, qui ne cesse pas de nous préoccuper, qui nous préoccupe plus que tout autre chose, est la source de ces vertiges où l'existant prend le pour-soi comme l'origine de l'en-soi. Chez Heidegger, c'est de bout en bout le sens qui a gagné, partant, le débat du *Dasein* avec lui-même, où tout ce qu'il y a d'être et de n'être pas s'engloutit. Nous lui accordons, dans un autre style, quelque chose, quand nous disons l'existence intransparente à l'étance ; mais c'est pour constater qu'elle ne l'est que de par ce pouvoir la pensée, de par ce pouvoir du penser, qui s'avère adéquat à la consistance de la réalité : pouvoir de l'intelligibilité. Et acte où se risque la consistance du dire-Je, pour se tenir à la mesure du prescriptif de l'étance.

Bien entendu, on peut convenir que le souci – sans la mondanéité –, le devancement – sans l'être pour la mort –, la résolution – sans l'être en dette –, la temporalité – sans le prétemporel –, ponctuent l'existence et en dégagent partiellement la structure. Mais de ce qui spécifie l'existence, de ce qui l'arrache à l'étance, rien de pertinent ne peut être acquis sans le pouvoir être à l'intelligible, qui est son propre. En cela, l'auto-explicitation du *Dasein*, contrainte par ce qu'elle excluait, était condamnée à défaillir dès son départ. Son intérêt est de mettre au jour, sans détours, le déni du Logos qui supporte ultimement toute pensée du salut, et qui lui fait chercher dans l'existence, où elle est introuvable, l'assise que seul le *theorein* peut garantir [1]. Son paradoxe est l'obstination avec laquelle elle argumente son élaboration des fins de l'existence dans le discrédit prononcé sur ce qui, de soi, autorise et fait fondation de l'argumenter Son échec est celui de toute prétention du faire sens à acquérir une fonction constituante et du « qui » à être celui pour qui « il y va de son être » quand bien plutôt il est celui à qui il advient de manquer dans l'être et quand, de l'être même, seule la consistance de l'étance répond. Ainsi retrouvons-nous pour finir ce que nous annoncions à l'orée de notre lecture : *Sein und Zeit* est, oui, une œuvre philosophique majeure, mais de l'anti-philosophie.

Le dilemme n'est pas neuf : c'est celui du héros tragique ou pascalien, assumant le sans-fond de l'existence, et du Socrate platonicien prenant sur soi l'architecture des concepts débarrassée de toute fausse linéarité, elle-même accidentée et génératrice de ses propres apories : se mesurant toujours non à sa clôture mais à son ouverture. Comme nous n'avons cessé de le constater, la première voie est celle de l'égologique d'un impossible salut, la seconde seule peut se dire philosophie. Avec modestie, car, philosophe, non seulement on ne l'est, comme disait Descartes, que quelques heures par jour, mais quand on l'est, on ne l'est jamais assez.

---

1. Les systèmes qui, comme le Néo-platonisme, font synthèse d'une remontée à l'Intelligible comme moment du salut de l'âme resteront toujours suspects de placer l'intellection sous le primat de l'ascension. Requérant par là pour l'Autre un Autre.

EN GUISE DE POST-FACE :
QUE FAIRE ?

Il n'y a pas à s'étonner qu'entre l'(in)consistance de l'existence et la consistance de l'étance, le hiatus génère pour la première une aporétique du faire – que faire ? et comment faire ? – qui pourrait se dire le *malaise de la raison théorético-pratique.* De cela même que nous savons ce qu'est consister, nous savons qu'il n'y a aucune chance que, tout en y tendant toujours, nous parvenions sans y manquer au consister : nous-mêmes, c'est-à-dire ce que nous faisons.

Au-delà de cette position, plus moderne dans ses termes mais restée en somme classique, de la question « que faire ? », valable dans le champ de la connaissance comme dans celui de la pratique, le malaise prend une nouvelle dimension dès lors qu'il est acquis que le consister ne va pas sans que nous ayons nous-mêmes à en décider – en atteste déjà la "décision" axiomatique – et que le champ où nous sommes provoqués à intervenir en ce nom est de part en part celui de la facticité : la nôtre, mais tout autant celle de la réalité sur son fond d'empirie, mais tout autant celle du prescriptif de consistance qui régit l'étance. Nous avons à trancher pour l'intelligible dans ce monde, en décidant de ce qu'il est, sans fond pour en répondre, sinon que c'est d'elle-même que la pensée le prescrit, et le prescrit pour lui.

De là que l'existence contemporaine, outrepassant le confort des encyclopédies du savoir et des doctrines du devoir, symétriquement creusée du manque et ouverte à l'excès, se trouve confrontée à une double série d'apories, suscitant deux modèles de réponse, qui ont répétitivement croisé notre chemin :

1. destitué de sa suffisance un "sujet" tenu dans sa structure de manque et conditionné par sa situation, ses choix sont occurrents et

le remettent à ce que, mais pas plus, il saura tirer de l'occasion. Mais *qu'est-ce* que ce savoir-tirer ? Où le situer ? A-t-il plus pour s'armer que cet « héritage » qu'invoquaient Heidegger et Merleau-Ponty, et sa rencontre avec l'échéance ? Ou bien y a-t-il une place pour la « résolution » et où, et *de qui* ? Ce problème est exemplairement celui de la fin – si possible conclusive – d'une psychanalyse.

2. outrepassé le conclusif des chaînes de raisons bien nouées, la pensée convoquée à l'excès de l'ouverture et remise à sa décision sur l'événement, quand bien même elle se garde de le faire autrement que dans la préservation de la consistance, est toujours menacée de n'avoir plus de *critère* de ce qui légitime sa mise en œuvre. Où l'excès devient-il excessif ? Peut-on encore invoquer, pour garantir le choix, la constance du projet logique d'un "sujet" qui demeure celui qu'il est, ou bien le choix lui-même est-il ce qui fait *advenir* un sujet qui n'est alors que celui d'une évidence qui subvertit tout autre calcul ? Ces questions sont exemplairement celles où la décision touche à l'éthique et donc au politique.

1

Dans le contexte théorique qu'on a dit, la fin d'une psychanalyse s'entendrait : quelque chose comme un point d'équilibre a été atteint entre ce qui ne pouvait pas ne pas être et ce qui met à disposition ce ne-pouvait-pas : le rend opérant. Mais *par et pour qui* ? Qui est celui qui a épuisé les impasses et qui – si la fin mérite son nom – assume ce qu'elles ont fait de lui ?

Ce qui ne précède pas une psychanalyse mais sur quoi elle se conclut, est que le sujet qui y vient est *castré* : qu'il y vient des impasses où il se tient, de ne le savoir pas. Suit que c'est le sujet castré qui est opérant dans l'analyse : opérant dans le dos de celui qui ne savait pas, et opérant d'abord dans la demande d'analyse. Dire « castré » s'entend comme « troué », interdit à la plénitude, dé-complété, ne pouvant – nous l'avions dit pour l'angoisse – manquer de manquer.

Le manque n'a rien de commun avec un intoné heideggérien. C'est un point de butée *logique* : il a son site là où toute consistance s'avère au sujet impossible, où il ne *se* trouve pas de vérité à quoi il puisse se tenir. Lacan supportait ce site de l'« il n'y a pas de rapport sexuel » ;

mais il n'est pas nécessaire qu'il n'y ait qu'un seul site. Le décisif est le *fading* de la vérité elle-même.

La cure analytique a pour opérateur la parole : on en induit un lien fondateur entre sujet au manque et sujet parlant ou « parlêtre ». Il n'est, de fait, pas douteux que la langue, dont tout élément ne se définit que de sa différence avec les autres, et qui fait syntagme d'une succession de termes discrets, transit tout sens de sa discontinuité constituante ; le sujet ne cessant pas de se dire, son étance s'en trouve disjointe, et l'impulsion du vivant démultipliée en un désordre de pulsions. Procès qui synthétise la castration comme la prise du Symbolique sur le vivant.

Or à son tour, la langue s'avère, dans le travail de l'analyse, être le lieu d'une exception logique : dans la parole de l'analysant apparaissent des automatismes – c'est ce qu'on appelle l'inconscient – qui, de leur répétition, font sens (ou non-sens) et peuvent alors être dits les « signifiants » des impasses névrotiques.

Leur effet est une scission du sujet lui-même, entre le discours qu'il sait (ses énoncés) et celui qu'il ne sait pas (son énonciation). S'en induit que dans les deux cas le sujet n'est que le support de ce qui lui tient lieu de discours. Lacan reformule : « un signifiant, c'est ce qui représente le sujet pour un autre signifiant ». Et ajoute : de soi, le sujet est vide.

Comment alors comprendre que Lacan assigne comme fin à la psychanalyse « qu'il y ait du sujet » ? La réponse est précisément : qu'il se sache *vide*. Mais encore : quel peut être l'opérateur, si le sujet de l'énoncé ignore que la vérité peut faire trou, et si le sujet de l'énonciation ignore que ce que l'automatisme ramène est dénégation du même trou ?

C'est à ce point qu'est requis l'*Autre*, tourment du sujet comme ce lieu d'indifférence où s'inscrit le calcul des vérités qui font chaîne et de celles qui font trou. Les impasses ponctuées par le retour des automatismes décèlent, certes, dans ce retour même, ce qu'elles importent d'aliénation, mais si ce déceler est une libération, ce n'est pas une conclusion ; et ce n'est que du point de l'Autre, c'est-à-dire de la logique, que les leurres remontent à l'impasse qu'ils faisaient sur ce qui fait impasse dans la logique du sujet quand y fait défaut le trou. Pourquoi « l'Autre » ? Parce que la logique est toujours l'Autre du sens, et plus encore en ce point où, logique du manque, elle écrit en elle-même la place d'« ab-sens » du déclos. Ainsi, ce n'est que du point de l'Autre que le sujet peut savoir en quel trou gît pour lui la vérité et en quelle place elle lui enjoint de se tenir.

On ne remarque pas, le plus souvent, qu'ainsi ponctuée[1], une analyse ne se conclut pas dans le moment de la prise en compte de l'insavoir mais à l'inverse dans le savoir logique, littéral, de ce qui commande l'insavoir. Ce que nous cherchions comme le « qui ? » opérant de l'analyse s'avère ainsi n'être qu'un temps le sujet de l'énonciation, que le sujet de l'énoncé doit prendre en charge à la fin, fin qui est le *savoir* de ce qui fut l'analyse. Quant au « que choisir ? » c'est l'assomption de cette place où le sujet se *sait* de soi vide et supporté par le discours, et le discours du sujet assigné au manque par cette structure même.

Tentons de replacer ce procès dans la chaîne de concepts qui nous a conduits.

La problématique de la psychanalyse est, ai-je répété, celle de l'*existence*, et son dispositif tient son opérativité de son adéquation à la structure de l'existence. Suit que l'analysant est d'abord l'existant qu'il est, livré aux détours dont est tissée son existence, et que c'est elle, cette masse obscure, qui procède ou ne procède pas, sans en tenir éventuellement le pourquoi, jusqu'à ce qui sera pour elle un point d'équilibre opérant. *Une existence n'est pas un sujet* : elle est un malaître ou un bien-être, un impouvoir ou un pouvoir. La faire se travailler est un objectif nécessaire, mais en somme modeste, rendu complexe en ce qu'il implique et la technique analytique et le savoir qu'elle a produit. L'aporie propre de ce procès est que son advenir est, Lacan en avait la conscience la plus aiguë, le fait du *hasard* : celui des rencontres du signifiant et celui de l'opérativité de leur interprétation. Le sens peut bien être prévisible, son advenue ne l'est pas.

Dans nos termes, la situation analytique est donc d'abord celle d'une existence livrée à elle-même : à l'impossible de la constitution d'un étant qui, dès qu'il pense, cesse d'« être ». Par où la situation est scellée à la place où l'existence manque dans l'être tantôt, et tantôt manque à y manquer. Mais que le démêlé y soit avec l'Autre, dont un autre – le « sujet supposé savoir » – fait en l'occurrence fonction, atteste assez que, par delà l'existence telle et telle, c'est la vérité

---

1. Par exemple dans la conférence, lumineuse, de 1967, au Vinatier, recueillie par J.A. Miller dans le volume intitulé *Mon enseignement*.

logique qui est en cause, et en une place telle qu'elle va déboucher sur la logique de la vérité. Suit de là que, d'un côté, la matière de l'analyse est l'appareil entier de l'existence : Lalangue, l'identification imaginaire, l'ouverture du besoin en demande d'amour et désir d'un objet à la fois partiel et perdu, la menace du Réel comme d'un intime chaos... Mais d'un autre côté, ce qui s'implique là d'exceptions logico-topologiques, et que la castration résume, ne se laisse pas défalquer ; si bien qu'une analyse *pensée* est une analyse reconduite à ce qui l'a structurée.

Or l'analysant parle, et parlant *pense*, même sans comprendre ce qu'il pense. Lacan aimait dire que cette pensée est le plus souvent – au double sens du mot – idiote. Mais peu importe, l'irréfragable est que ça pense. Or le penser porte *en lui-même* ses prescriptions, à commencer par celles des structures logiques, qui s'indexent jusque dans le raisonnement le plus faux. Où ça pense se prescrit d'elle-même la consistance. Cette opérativité de la consistance, que prescrit et ins-crit, de par soi, la parole, n'est pas plus que l'existence un sujet : c'est une règle opérante. Il va sans dire qu'elle opère en analyse d'autant mieux que l'existant n'y prétend pas. Cela ne l'empêche pas d'être ce moment de l'Autre dont le bien-dire est l'apparat. Et l'on peut dire alors que ce que j'appelais le point d'équilibre de l'existant est un point – relatif – où la prétention de consistance de la névrose, à force de se répéter devant l'Autre, se dénonce comme inconsistance : la consistance a gagné sur et dans le dos de l'existentiel. Mais le point crucial est que, par là, elle-même s'ouvre sur ce qui, dans l'existence, fait trou indépassable, dont l'axiomatico-logique doit, à la fin, se sup-plémenter : c'est en quoi Lacan attendait désespérément des analy-sants qu'ils fassent de l'exercice analytique l'exercice d'un nouveau savoir. Savoir s'entend ici aux limites d'une existence et de la situation qui est la sienne.

De ce procès, Lacan a désigné le moteur dans le syntagme signifiant et son sujet vide. Mais il en a isolé l'automatisme, qui est ratiocination aliénée – où la résistance s'insigne –, davantage que le noyau prescrip-tif, qui est l'usage – malgré tout, malgré le manque sur lequel il va achopper – du *principe de consistance*. L'irréductibilité de l'Autre au malaise existentiel induit que le partage peut et doit se faire entre la symptomatique du discours du manque et les réquisits *du* discours, opérants pour leur compte ; et cela en dépit du fait que c'est l'Autre qui constitue le noyau dudit malaise. Une occurrence analytiquement cruciale de l'automatisme est celui de la langue elle-même, en tant qu'elle se prête universellement au calembour : s'y éclaire, certes, le halo de sens ou de non-sens qui affecte tout dire ; mais les condensations de sens où pointe l'organisation du manque ne sont pas universelles et n'ont d'efficace que de leur consistance située – névrotique ; ça parle dans la langue, mais ce n'est pas la langue, c'est la névrose qui parle, et jusqu'au moment où l'inconsistance de sa consistance la dédit.

Si l'on va plus loin, on rencontre la faute originelle de la psychanalyse. Freud, ébloui par ce qu'il decouvrait comme la pensée de l'inconscient, a retenu ce en quoi elle faisait exception au discours du conscient et non ce qu'elle impliquait, qu'elle commandait malgré tout, comme pensée, que j'épingle du consistant ; pis, il a esquissé une genèse du logique même à partir des pulsions de l'*infans*, essai dont on sait l'effet proprement dévastateur dans l'histoire de la psychanalyse. Lacan lui-même n'a pas résisté à la promotion de son savoir – de la dimension *existentielle* du savoir même – comme englobant tous les autres et seul à pouvoir situer l'origine de la vérité. Il faisait à ce point l'impasse du sophiste sur ce que, pour être vrai, un discours, quel qu'il soit, fait référence à la seule loi opérante *du* discours. Que l'analyse prescrive, pour son champ, une réécriture « paradoxale » de la logique, est tout le contraire d'une éclipse de l'originaire du logique. Epingler la science de la « suture » du sujet qui la souscrit est aveugler que dans tous les cas où il s'autorise, l'énoncé – comme je n'ai cessé d'y revenir – n'a, de soi, d'autre sujet que le sien. Et le non-sens, nonsens *pour l'existant*, de ce qui détermine son discours, et qui est avancé comme une vérité ultime, est dans le même temps, et jusque dans le cas extrême d'un calcul stochastique, reconnu l'effet de lois de composition qui sont exhaustivement transparentes *pour le savoir* que l'existant peut en avoir[1]. C'est dire que l'exception existentielle, exception d'inconsistance, est sans pouvoir au regard de l'intelligible, tel qu'au penser il se prescrit de par soi ; ce sans quoi l'exception elle-même ne serait pas. La question qu'ici je pose est celle, inverse, du pouvoir du prescriptif de la pensée sur l'inconsistance de notre exister, dès qu'elle commence, devant et pour l'Autre, de s'énoncer. Et c'est ce qui me l'a faite écrire, dès le début, (in)consistance : où *le (in) n'est qu'en exception interne à la consistance.*

---

1. C'est l'ambivalence des « parenthèses » de *La lettre volée*.

Comment, entre singularités successives du malaise d'une existence et permanence opératoire du principe de consistance, une analyse prend un tournant, on peut en avoir une idée en ces « *points* » où le discours de la névrose finit par se décomposer sous les coups de son effort pour arguer lui-même de sa consistance. Mais tant que l'analyse en reste là, elle se déplace sans jamais tenir le « qui » que nous cherchons, celui qui, autant que faire se peut conclusif, assigne à l'existant l'Un de sa place.

Cette place ne peut être que celle où *un singulier tranche de son universalité*, seule conclusion admissible d'une analyse. Autrement dit, elle advient là où une existence est reprise du point de la pensée et assumée comme à la mesure du pensable de l'existence. Mais cette place, c'est alors celle-là même du *dire-Je*[1] : celle où consiste du point de son signifiant un existant qui pense, qui ne peut manquer d'être représenté consistant dans son existence en tant que et dans le moment qu'il la pense : c'est dire dans l'en-soi du Logos. Seulement le dire-Je n'est d'aucune façon un existentiel : son concept, purement discursif, au suspens de ce qui se prescrit dans le non-« être » du discours, ne peut se rencontrer dans le matériel propre de l'analyse qui ne se désimplique pas de l'étance. On comprend dès lors l'impossibilité où l'analyse se trouve, et à bon droit dans son registre, d'assigner le « qui ? » de sa résolution.

Le Je est méta-existentiel, il n'a nul autre « lieu » que dans l'Autre. En prendre acte est, pour un analysant, reconnaître que, de cela seul que son existence se laisse représenter comme consistante, elle peut être à la mesure de son signifiant : du signifiant dont il s'autorise pour penser. Et, pour un analyste, reconnaître que, du travail que lui-même a conduit, seul le philosophe, dont l'affaire est de penser la pensée, est en mesure de conceptualiser l'issue : issue dans laquelle il n'y a place pour nul autre sujet que celui, purement fonctionnel, de l'énoncé consistant de l'universalité d'une existence. Aucune existence n'*est* un Je, toute existence requiert qu'un Je la tolère du point de non-« être » de la pensée. *Le « qui ? » de la fin de l'analyse n'a pas d'être, il n'a pour lui que l'Un souscripteur de l'énoncé paradoxal qui prescrit la consistance pour l'(in)constitution d'une existence.*

Que Lacan ne pousse pas jusque là l'analyse de l'analyse, en dépit de ce qu'il en attend, qu'au contraire il insiste jusqu'au bout sur les

---

1. Dans toute entrée en analyse il y a le constat d'une défaite du Je.

effets contraignants qui sont structurellement déterminants de tout discours d'un existant, que par là il exclue d'autre intelligibilité que de ce qui limite une intelligibilité toujours condamnée à faire exception à elle-même, que même par là il convienne que son propre discours n'est peut-être que le sien, le fait revenir, quoi qu'il en ait, à la tradition sophistique et dédit ces Lumières dont il se réclame. L'à-part-soi du consistant doit être dégagé de ce qu'y embarrasse l'existence, mais ne tolère pas de restriction. Le point est que, pour dominer la question, pour en reconnaître les portants, il faut se tenir à la définition – pourtant obvie – que nous avons donnée de l'existence : tendue dans la disjonction de ce qui la localise dans l'étance et de ce qui la porte à l'universel du Logos. Pour être trivial, le constat n'en est pas moins incontournable.

Les objections que nous avons, chemin faisant, opposées à Lacan, ont leur nœud en ce point. *Que toute conscience soit précédée d'un inconscient est indubitable ; mais le principe de consistance ne tolère aucun précédent* [1].

Réussissant à tracer un modèle consistant de l'inconsistance de l'existant, Lacan l'a construit sur une critique interne du sujet cartésien, conservé mais « subverti » par la « dialectique du désir ». Il n'est pas question de contester ce dispositif, qui se délivre du psychologique pour se constituer rigoureusement comme structurel, mais il est nécessaire de marquer encore une fois que ce qu'il modèle est le sujet *de l'existence* et n'a pas titre à en déborder l'expérience ; aussi ne peut-il – c'est, aussi bien, sa destination – se remplir que de la répartition instancielle des échéances qui font le concret d'une existence au point de sa singularité, y distribuant schizes, leurres et impossibilités. Lacan ne répond pas de ce qu'est la pensée, alors même qu'en logicien il s'y avérait un opérateur génial ; *et pourtant*, comme disait Thomas – je l'ai déjà cité, c'est que la rapprochement avec Galilée m'enchante – « les gens pensent ». L'Autre, il est vrai, n'a d'autre fonction que de s'imposer à l'existence comme ce à quoi elle est arrimée ; mais c'est encore en retenir comment il la marque, et non ce qu'en soi la pensée n'"est" pas. Il n'est pas sûr que Lacan ait eu tort de laisser le statut du penser en marge de l'appareil de la psychanalyse ; il est sûr, en

---

1. Le passage de la précédence dans la conscience à la précédence dans le savoir est explicitement thématisé dans la Ire leçon de *D'un Autre à l'autre*.

revanche, qu'il en tira à tort, par un procès de dénégation, le présupposé que la pensée, prétendant à la transparence, est vouée à l'illusion : ce retranchement était un choix, et philosophique, le fût-il en
tant que celui de l'anti-philosophie ; preuve que penser le penser est
justement l'objet du philosophique. Auquel il revient de rappeler, sans
là-dessus céder, que ce qui met l'existence en exception dans l'étance,
ce n'est pas le parler mais le faire-un de la multiplicité du donné, le
constituer, en reconnaître la consistance, en produire les prescriptions
axiomatico-logiques, en décider s'il le faut, soit *l'à-part-soi du penser*,
qui n'a rien à faire des chicanes où une existence singulière s'engloutit : engloutit la pensée. Répétons qu'en retenant la définition, en
somme ontologique, de l'existence par la disjonction de l'étance, qui
est, et du Logos qui opère et, opérant sur l'être, n'"est" pas, je n'enten-
dais rien d'autre que la nécessité absolue d'assumer la dualité de l'existentiel, qui est en dernière instance l'étanciel, et de l'intelligible qui
arrache l'existence à l'étance pour la porter à l'en-soi de son prescriptif. Il suffit de faire remarquer qu'il n'y a rien de commun entre l'aveuglement d'un discours existentiel prisonnier de déterminations qu'il
ignore et les apories du discours ontico-ontologique qui sont inscrites
dans ses prémisses et effets de sa transparence. Rien de plus n'est
requis : nous sommes à la pensée avant qu'à la confusion existentielle,
nous y sommes facticement, et sans avoir à la substantifier d'aucun
pour-soi. Mais nous disparaissons de la scène dès qu'on croit pouvoir
faire l'impasse sur la *pensée qui se pense elle-même*, la seule à avoir en
termes logiques un sujet et qui ne la souscrit que dans l'immanence
de ce qu'elle énonce : bref, qui se détermine elle-même en elle-même.
Ces paradoxes sont forts, certes ; mais ce sont ceux auxquels il faut se
rendre parce que ce sont ceux de notre facticité. Et finalement ceux
qui la gardent de se résoudre en non-sens.

C'est ainsi qu'à suivre Lacan, *l'Imaginaire* aveugle de sa semblance
ce que nous prenons pour le perceptif. Proprement existentiel, propre
de l'existentiel, l'Imaginaire, c'est l'image à la fois privée de consistance par le dédoublement du sujet attaché au miroir, et privée, du
fait de sa compacité, du manque qui creuse le monde du sujet parlant,
bref, la réalité manquée. Manquée, elle l'est là en effet, mais si totalement que nul ne reconnaîtra dans la reconstruction qu'en donne
Lacan une quelconque expérience de la réalité, sauf encombrée de la
subjectité de l'existentiel. Celle, pourrait-on dire, d'un « il n'y a pas

de rapport intra-mondain », d'où un discours sans extérieur, qui a une structure propre mais qui exclut toute logique pour le formaliser ; la réalité serait ailleurs ; mais le discours de Lacan n'a pas de place autre que négative pour cet ailleurs. Un tel parti préjuge d'une clôture sur soi qui nous ferait aliènes à l'altérité dans le moment que nous sommes au monde : ce peut être vérité analytique, symptomale ; mais ce ne peut être vérité gnoséologique, et celle-là même dont prend son départ cette Physique dont Lacan disait qu'elle est le seul savoir désormais qui, de soi, tienne. Si nous avons démontré quelque chose, c'est que l'apparaître, loin d'être compact, est de bout en bout, consistant et que, au plus loin du flottement d'un reflet, il est toujours tenu dans l'énoncé de sa constitution. Rien n'est moins pertinent que l'image que Lacan donne de l'image. Davantage : l'intelligibilité manquerait-elle à la réalité que nous serait refusé ce qui s'autorise comme l'intelligibilité : le discours du perçu est celui même dont toute pensée se soutient. Comment une théorie du sujet aussi systématique que celle de Lacan a-t-elle pu intégrer pareille dénégation de l'objectal, sinon parce que, comme celle de Heidegger, ce n'était qu'une théorie de l'existence ? Comment, si rigoureux dans le montage du discours, Lacan a-t-il pu se satisfaire – et satisfaire son auditoire – de quelques expériences "curieuses" comme celle de l'anamorphose, en guise de démonstration d'une équation visible = semblant ? Comment la critique d'une constitution fondée sur le semblable[1] a-t-elle pu glisser, sans temps pour une analyse rigoureuse, à l'implication de ce type de constitution pour l'apparaître ? Où la prégnance de l'objet (*a*) glisser, en un geste précipité, à la dé-réalisation de tout autre objet ? Comment le souci d'une écriture logique peut-il générer l'illogique d'une récusation de la réalité, fût-ce en s'abritant du renvoi de celle-ci au Réel impossible ? Il faut bien qu'une butée se soit rencontrée là dans ce qui fut une élaboration exemplaire de l'expérience de la subjectité, et qu'il faut nommer – en donnant au mot sa violence d'interdit – : l'horreur et fascination du visible.

Il faut répondre froidement : en quoi se signe l'(in)constitution de l'existant, sinon en ce qu'étant dans et du monde, et pensant, c'est le monde qu'il pense, et que le penser c'est le constituer ? *Rien ne peut faire que l'apparaître ne consiste, et nul discours ne tient qui n'assume pas ce consister.*

---

1. Cf. ci-dessus p. 195.

Dans le même temps, ce que l'énoncé du sujet cartésien maintenait confondu, Lacan l'ouvrait : c'est le « je pense : "donc je suis" » qui met en évidence la séquence propre du *discursif*, et du même trait évite pour celui-ci l'immédiat de la conséquence ontologique. J'ai dit la portée de ce schème, celui de la chaîne signifiante et du sujet, vide, qui la souscrit ; j'en ai fait le plus grand usage. Mais Lacan subvertit le discours à son tour, en lui donnant pour modèle l'*automaton* de la chaîne des Uns littéraux représentant le sujet l'un pour l'autre. Four avoir affaire au retour compulsif de signifiants qui sont les marqueurs d'une existence, la psychanalyse promeut là, de nouveau, ce qui est exception à la chaîne discursive où – on s'excuse de le rappeler – les *concepts* ne sont pas les « petites lettres » justement chères à Jean-Claude Milner, et où la déduction n'est pas procès du hasard. Il n'y a pas à céder sur ce qui est, à la lettre, *auto-nomie* de la pensée, et si peu que c'est de ses prescriptions que la psychanalyse elle-même argue à la fin pour se théoriser.

Lacan est plus facile à entendre, et d'ailleurs plus classique, dans la tradition de Frege, de Russell et même du *Tractatus*, quand il cherche à ramener la pertinence du discours, et partant sa vérité, à son appareil logique : à ce qui peut s'en formaliser. Ce qui, du point de la psychanalyse, pourrait signifier que la recherche du mathème a pour fin de parer aux effets d'un discours en proie au calembour, et qu'à ce titre elle peut n'être pas plus qu'une réécriture, sans prétention à la production d'une impossible objectité. Outre que cela est contredit par les textes[1], le problème ne ferait que reculer pour aboutir à un : s'il y a maniement du mathème, ce n'est que des signifiants qu'il y a vérité[2]. Reportée sur tout le champ du discursif, la proposition entraîne l'infléchissement – philosophique encore – du savoir, par le biais du seul formalisme des signifiants, vers un nouveau type de *logicisme*[3]. On n'objectera pas à ce que, de la pensée, le nœud soit ce qui la norme et dont la formalisation est le garant : on l'a rappelé à l'instant. En revanche, les difficultés que nous avons vu chacun des logiciens que je viens de citer – il faudrait ajouter Quine – rencontrer au moment où

---

1. En particulier tous ceux qui ont trait aux « quatre discours », producteurs de la vérité d'*une* vérité.

2. Ce qui est bien le sens d'un des derniers textes, *Litturaterre*.

3. Sans l'« intellectualisme » de Brunschvicg et sous l'invocation de la « matière » des signifiants.

il faut bien introduire *ce qui* fait l'objet de la formalisation, démontrent l'incapacité des langues formelles à se constituer en corps indépendant. Ce qui peut constituer une théorie consistante du vrai en logique ne peut être *philosophiquement* suffisant. Or nous avons montré que l'*exception* signifiante ne s'entend elle-même que depuis la précédence du principe de consistance, premier à se formaliser. Et ç'aura été un de nos soucis constants de faire preuve que la leçon de ce qui commande l'*intelligibilité* n'est nulle part ailleurs que dans la leçon de la *réalité*. La preuve que la discursivité du perçu est, comme je l'ai dit plusieurs fois, moment *princeps*, moment qu'il faut dès lors dire non pas logique mais ontico-ontologique, moment où la pensée advient à son axiomatique dans la constitution de l'étance et moment sur le fond duquel il lui revient de la formaliser.

Le *logion* « qu'on dise... » subvertissant à son tour le logicisme, indexe le logique de l'existentiel, invoque les marques de celui-ci dans la grammaire, en infère qu'« il n'y a pas d'universelle qui ne doive se contenir d'une existence qui la nie », en conclut que l'*énonciation* « située du discours... "ex-siste" à la vérité » et qu'on touche en cela à ce qui fait la logique « science du réel », autrement dit de l'impossible[1]. Suit la condamnation conjointe de l'universel comme « semblant » et de la philosophie qui se targue de « nullubiquité »[2]. J'ai fait objection à ce texte du seul point du *Je* que la constitution du discours requiert ek-sistant à l'existentiel, garant purement intra-discursif de la consistance de l'énonciateur[3]. Je compléterai maintenant : la consistance du discours bien formé, axiomatico-logiquement fondé, y inclus fondé à se creuser, à la fois prescrit que soit recherché ce qu'il lui faut comme sujet pour se soutenir et réfute comme sophistique toute prétention de mettre en question son assise. Que sophisme il y ait, la tentative que fait, au même lieu, Lacan, de déconstruire – comme on dit – un énoncé universel de la mort, en est un exemple suffisant[4]. Coupons

---

1. Que Lacan ait déclaré Wittgenstein « psychotique » ne m'a paru d'abord avoir pu trouver à ses yeux, et depuis son propre logicisme, un fondement que dans la réduction de la proposition logique à un modèle unique, et tautologique. Il apparaît ici qu'il s'agit plutôt de la forclusion de l'énonciation.

2. « L'étourdit », in *Autres écrits,* pp. 449-451.

3. Cf. ci-dessus p. 548. *sqq.*

4. Que la mort ne soit pas à la même place, de l'un à l'autre des discours que le mathème lacanien distingue, ne fait pas qu'elle ne soit dans tous.

court : l'énonciation n'a dans le *logion* une fonction subversive que de son accroche aux « quatre » discours, qui sont eux-mêmes, je l'ai dit, des discours strictement existentiels ; d'une formalisation à ce titre irréfutable, mais ce qui s'y indexe est un problème local ; *le « vrai » problème, vrai parce que c'est celui de la vérité, est précisément celui que Lacan, réjoignant la tradition sophistique, dénie : celui de ce qui autorise la pensée et de ce qu'il lui faut pour s'autoriser.* Lacan est fondé à dire que c'est celui de la « logique philosophique » : ce l'est depuis Platon, en effet. Problème de la pensée se pensant, qui remet le discours à sa plus extrême responsabilité ; en regard duquel la sophistique s'est toujours épuisée dans sa vanité. On peut défendre le sophiste, que son exigence poppérienne d'un discours réfutable contraindrait à soupçonner le discours de n'y pas satisfaire – c'est à l'évidence le cas de Lacan – ; mais c'est renverser le problème : nous savons tous très bien que le vrai ne s'autorise que de lui-même, et dans quelle consistance du discours ; c'est même pourquoi je l'ai dit en-soi, "transcendant". Que la consistance de la pensée – hors celle de l'existentiel – ne soit possible que du surmontement de l'énonciateur ne peut faire argument contre elle, mais fait preuve, au contraire, qu'elle prescrit comme sa condition la représentation de l'énonciateur dans la consistance exigée du dire-Je.

La consistance de la pensée et celle de la réalité – c'est la même – feront toujours objection à ce que le défectif du sujet existentiel, ponctuation de la fin d'une analyse, commande la défectivité du vrai. Il est vrai que le vrai doit se dire du pas-tout, et c'est même vrai de tout ce qui se dit si l'être, comme nous le répétons, est le plus étranger à une quelconque totalisation ; mais ce n'est pas dire que la vérité *est* pas-toute, au moment où elle prononce le pas-tout : c'est même ce qui autorise l'analysant, venu au moment de conclure, à être assuré de l'universalité de sa singularité.

Reste à aborder la problématique des dernières élaborations de Lacan, qui conduisent l'analyse de l'analyse dans la direction exactement inverse de celle que je viens de déduire, s'y conjuguant la question de ce que ces élaborations rompent ou non avec ce qu'on peut appeler le dispositif lacanien « classique ».

Le premier élément [1] en est le *nœud*, borroméen en ce qu'il fait passer trois cercles les uns dans les autres de façon telle qu'à en couper

---

1. Cf. les Séminaires *RSI* et *Le sinthome*.

un, les deux autres se libèrent. La question qui en a requis l'usage est celle de l'*Un* du sujet existentiel : qu'est-ce qui fait se tenir ensemble les trois « instances » sur la distinction desquelles repose l'appareil lacanien, Symbolique, Imaginaire et Réel ? Le nœud est ici le seul « support » du sujet, en tous les cas « le seul que j'ai trouvé », dit Lacan.

Le second terme est la *corde*, celle justement avec laquelle on fait les nœuds. Si le nœud est l'assemblage d'un multiple, la corde, elle, est d'Un seul tenant : « elle tient ». Et Lacan se hasarde à voir dans cette tenue une nouvelle définition du consistant.

La troisième nouveauté n'en est pas une : c'est le *Réel*, mais requalifié par la référence au nœud et à la corde, par ce qui dans le premier est irréductible à S et dans le second irréductible à I. Du même trait, Lacan donne toute son importance à l'« invention » du R. « Freud vous avait donné la chaîne, je vous ai apporté le Réel ».

Ceci, qui n'est pas proprement un remaniement des structures mais un essai de descendre en-deçà, est d'une conséquence considérable, le *matériel* du nœud y valant ultime contrainte, aux dépens et de l'Imaginaire, débordé en quelque sorte par le dessous, et des accidents de la seule chaîne signifiante, donc du Symbolique, réduit à la tenue de la corde. Le supplément qui s'insigne du nœud et de la corde a par là la tonalité d'un retournement qui requiert la plus grande attention : ce n'est pas rien qu'à la problématique du « parlêtre » introduire comme ultime l'objectité du matériel. Aussi bien ne peut-on aborder ce dire, qui conduit de front affirmation péremptoire et recherche à tâtons, sans y ponctuer plusieurs difficultés majeures.

D'abord, le nœud borroméen est – quoique Lacan le dénie – un *modèle*. Dans un premier temps, Lacan lui-même avait conclu du recours au nœud que nous ne pouvons avoir de la consistance du sujet qu'une représentation imaginaire. Le retournement se produit quand – sans d'abord souligner le pas – il investit le nœud du Réel, y reconnaissant la structure ultime du sujet : ce qui fait consister en deçà de toute transparence logique sa triplicité. Mais les propriétés d'un modèle aussi approximatif peuvent-elles plus qu'hypothétiquement prédiquer le modélisé ? Méthodologiquement, le changement de registre reste, c'est le moins qu'on puisse dire, problématique. R, S ou I ne sont en rien adéquats à un « rond de ficelle », ni même à un rond, ni même à aucune surface ou aucun corps. De sorte que restera toujours douteux que, des propriétés du nœud, on puisse induire les modes constitutifs du sujet. Ce que bientôt Lacan n'hésitera pas à faire, qualifiant un « faux nœud » – une erreur dans le tracé du nœud – de « lapsus » et inférant de la différence entre un nœud lévogire et un nœud dextrogire qu'elle peut changer l'issue d'une rencontre dans le signifiant.

Pour mettre en place le nœud et la corde au regard de l'Imaginaire, Lacan réinterprète ce dernier comme entièrement tenu par l'œil, et commandant une géométrie des surfaces qui n'est que géométrie du visible – souvenir de Merleau-Ponty ? La tenue de la corde devient par là l'index de la réalité, entendue comme être brut, et de la réalité comme Réel, du fait que nous sommes comme impuissants à penser le nœud, et ce faisant, à le manier. En somme, le leurre imaginaire est requalifié de substituer l'image à la pratique et le recours à la corde devient un exercice pertinent pour le psychanalyste. Tout n'est pas là récusable ; ce qui l'est absolument, c'est la redéfinition de la consistance par la compacité de la corde, soit la négation ou le sacrifice du *principe même de la pensée* : de ce qui en fait strictement la rection. En ce sens, oui, il s'agit d'une abjuration[1], mais qui pour une part s'explique par ce qui, dès longtemps, était le recours aux langues formulaires dans la récusation de l'ontologique qui en garantit l'argument, et par ce qui demeurait la difficulté à disjoindre le penser du faire-sens.

Quant au Réel, il est inclus d'abord dans le nœud où il vient à la place où sont disjointes les deux autres instances, mais il est ensuite le nœud lui-même : le Réel est là à deux places, et c'est la seconde qui prime. Seulement alors, ce qui reste désigné comme champ de pure inconsistance, comme a-logique, dont on ne saisit que des bouts, devient celui où tout, d'un seul tenant, se tient. Sans doute du fait d'une opérativité que sa multiplicité laisse intacte, qui est celle des *corps*.

Il faut ajouter une dernière novation, qui semble surgie en cours de route, et qui n'est pas sans faire penser à l'argument du... quatrième homme : en avançant que la distinction des trois ronds ne se peut conjoindre avec leur « lien énigmatique » que par « l'ex-sistence » d'un quatrième, le Symptôme, Lacan n'introduit rien de moins que

---

1. Nuancée par la réponse, aussitôt célèbre, à une question : « Le nom du père, on peut aussi bien s'en passer. On peut aussi bien s'en passer à condition de s'en servir ». De s'en servir d'abord.

l'esssentialité du symptôme au « supposé sujet », à « l'être qui, de faire nœud, croit être homme ». Réponse, en somme, de sens opposé, à la même question qui m'a fait introduire le di.ᵤ-Je. Mais dont il faut mesurer la conséquence : c'est que le sujet qui serait sans symptôme, ce serait celui en qui I, R et S ou seraient disjoints, autrement dit la schizophrénie, ou feraient chaîne continue, le nœud dénoué en un seul fil, et qui n'est rien d'autre que le paranoïaque, pour qui il n'y a plus de trou. Et la vérité propre du sujet, ce serait « son » symptôme. Ce qui repose la question de la fin de la cure : reconnaître le symptôme ? Le « déjouer » comme peut faire l'artiste ? Le déplacer assez pour que le trou, loin que le sujet y fasse objection, avec lui consiste, pour que le sujet se sustente de son ek-sister ?

Synthétiquement, on peut avancer que, par tous ces gestes, Lacan opère une ultime manœuvre pour se dégager du sens, dans le « faux trou » duquel il tient qu'il restait en rapportant le symptôme au symbole, et s'assure l'objectité d'un : c'est comme ça qu'un nœud opère, sans qu'on y trouve aucun sens. D'où ces formulations radicales : « le foutoir dit épistémique... c'est de faire passer l'être avant l'avoir, alors que le vrai c'est que LOM *a* au principe ». Et qu'il a quoi ? Un corps.

Il n'est possible, comme on voit, que de multiplier les questions autour d'un déplacement radical mais pas plus qu'ébauché, où la hâte est celle du raisonnement anticipé. Thèse qui demande qu'on lui accorde beaucoup, sans qu'elle ait à sa disposition quelque preuve que ce soit à livrer. Et qu'il est loisible de lire comme une sorte de *Götterdämmerung* où le maniement des nœuds et des cordes, prenant la place de l'énoncer, ferait écho au fracas des forges d'Alberich ; mais aussi bien comme une trouée impressionnante, conséquente – en dépit du paradoxe – avec les précédentes, et dont intuitivement on pressent qu'elle n'est pas de bout en bout sans portée. Strictement rien n'interdit de maintenir les deux lectures à la fois. Ce qui doit être tenu pour sûr, c'est le souci de souligner une fois encore ce qu'il y a d'occurrent dans l'échéance d'une analyse, avec ce qui y est dépérissement du sens. Mais, cette fois, au point où un « *savoir-faire* » se substitue à ce qui était la mise-en-œuvre d'un savoir.

Je n'alourdirai pas de mon étonnement qu'une fois encore Lacan ne conçoive pour les corps que l'opacité au constituable : peut-être est-ce même ce qu'il en attend ; et qu'alors qu'il opposait naguère à l'Imaginaire un « espace réel » – sans rien dire, il est vrai, de ce qu'il peut être – ; il déclare, sans plus, à présent, qu'« il n'y a pas d'espace réel », rien que le Réel des corps[1]. Le « lacanisme » qui s'était ouvert d'une remise en situation de la psychanalyse dans le « champ de la parole et du langage » s'achève ainsi en une sorte de *nominalisme matérialiste.* Qui commande à son tour une nouvelle définition de la vérité. Du fait de la nomination, la nature ne peut être qu'« un pot-pourri de *hors-nature* » ; est requise une autre logique qui, destituée d'avoir à trancher de l'universalité du prédicat, ne peut s'armer que d'un savoir-faire[2]. Le leurre prend sa ressource imaginaire de la forme vide – à quoi s'arrime le symbole – du sac corporel, *Un* d'un *rien,* et Un dont la consistance ne s'entend réellement qu'en un second sens : celui de ce qui tient ; en sorte que le dit de l'Un, qui s'en dit le savoir, « en quoi le symbole en remet sur l'imaginaire », repose sur l'équi-voque de l'image dont le Un, avec son vide, « ne consiste en rien » avec le « vrai trou » par où la traverse le Réel[3]. Aussi la vérité ne saurait-elle être que celle du Réel, ou plutôt *une* vérité puisqu'au Réel répugne le Tout : tel est le seul projet susceptible de fonder une « foli-sophie » qui vaille. L'anti-philosophie se redouble de faire tomber la philosophie dans le trou, et sans doute ne serait-ce plus un savoir mais le maniement – possible ? impossible ? – du trou qui ferait acte de la fin d'une analyse.

D'où le mode sur lequel Lacan réintroduit l'opposition de la Vérité et du Réel qu'il vient de rêver effacée. L'inconscient, « entièrement réductible à un savoir », comme tel scriptible, et par là interprétable, c'est le savoir freudien, où se trouve représenté le Sujet : représenté « vraiment », « conformément à la réalité », celle de son « fonctionne-ment ». Le Réel, qui ne s'écrit que métaphoriquement par le manie-ment de la chaîne de nœuds, n'a « rien à faire » avec un tel fonctionnement, dont il ne fait que sup-poser la condition, celle qui

---

1. La représentation des surfaces dans l'espace est celle de « pelures » qui ne « se tiennent » pas.

2. Notons toutefois qu'au titre du non-universel, c'est la seule sexuation qui est invoquée, l'ininscriptible du phallus et le "pas-toute" de La-femme ; pour en induire dans le symptôme une sorte de mobile et leurrant bouche-trou. Plus loin, Lacan parlera significativement de l'« opacité sexuelle ».

3. On ne peut laisser dire que le *singleton* cantorien de l'ensemble vide doive quoi que ce soit de sa consistance *rationnelle* au dual de l'Un et de son vrai trou. S'il n'était pas *d'abord* vrai que, pour qu'il y ait compte, il faut que le sans éléments lui-même soit compté, le Un du corps ne requerrait pas d'être celui d'un Zéro ; que le Réel traverse.

fait tenir ensemble Symbolique et Imaginaire. Entre le savoir de l'inconscient et ce second degré qu'est l'« invention » du Réel, « il y a un abîme ». Le savoir a un sens, le Réel n'en a pas, encore qu'il puisse avoir une direction ; et du trou qu'il fait dans le savoir, trou où il se tient, si c'est bien trou de l'Autre, alors il faut dire qu'il n'existe pas.

Il y a évidence que c'est ici, dans cette mise en place ultime, le plus grand Lacan qui s'exprime et – quoiqu'il en ait – s'explique. Il s'explique si bien que chacun peut saisir que ce qui fait abîme est la juxtaposition de deux écritures dont l'une ne connaît que du *signifiant* tandis que l'autre a rapport à ce qui supporte du *corps* le trait unaire du sujet. Derrière quoi se profile la polyvocité qu'il a prêtée à l'Autre : Autre de ce qui ne cesse pas de s'écrire (le mathème) et Autre de l'impossible à écrire, Autre qui prescrit le discours consistant et Autre qui pour chacun « coince » dans la division sexuelle. C'est, de ce que j'appelle l'(in)constitution de l'existant, l'énonciation lacanienne : énigmatique parce que l'énonciation ne s'y écrit pas dans la même langue que l'énoncé.

Sur le fond de cette disjonction, Lacan oppose enfin le « plaisir » du Vrai et la « jouissance » du Réel. Mais qu'est-ce dire au juste ? Quant au Vrai, il est certain qu'il ne promet aucune jouissance parce que d'abord il n'est l'objet d'aucun désir ; mais c'est, ajouterai-je, ouvrir une fausse fenêtre que d'y substituer un plaisir ; *le Vrai oblige*, point ; il est ce que prescrit l'intelligible ou, comme dirait Lacan, ce qui ne cesse de s'écrire ; le seul sens où il implique le sujet, je l'ai marqué, c'est le dire-Je, en tant qu'il le suppose lui-même scriptible. La Vérité est sans affect. Quant au Réel, Lacan l'a en effet toujours assigné comme le « lieu » où ek-siste la jouissance et où elle est interdite. Mais à ce point, le propos bute sur ce que cette interdiction ne s'entend que dans le vrai de l'écriture[1], c'est dire dans l'instance freudienne et non matérielle. On ne peut pas tenir que l'énigme trouve là rien qui ressemble à une résolution.

---

1. Revenant sur ce que la jouissance, polarisée par la dualité des sexes, n'est pas symétrique, Lacan énonce : la jouissance du Phallus (J), jouissance de la transmission d'un symbole, est le témoin-garant de la castration, tandis qu'« il n'y a pas » de jouissance de l'Autre (JA), il ne peut y en avoir, puisque l'Autre n'« existe » pas. La juxtaposition du vrai et du réel illustre ici la difficulté où est Lacan pour conjoindre deux écritures qui sont par leurs références disjointes. Il faut la déficience de matérialité de la figure imaginaire du corps, enveloppe d'un vide, pour que ce vide soit le trou où le corps comme matière s'engouffre et lie I et S. Il faut la prévalence de la chaîne signifiante, pour que la sexuation des corps s'indexe de J et de JA.

Faut-il encore insister sur l'énigme que furent toujours davantage pour Lacan la psychanalyse et l'issue de celle-ci ? Il aurait voulu savoir – tous ses modèles n'ont pas d'autre objet –, mais du savoir c'est le pas-tout, c'est le « vrai » trou du Réel qui a eu le dernier mot. Et le « sujet » auquel il s'accrochait n'a pas cessé de se défaire entre ses doigts.

J'ai assez insisté sur ce que j'écris (in)constitution de l'existence pour n'avoir pas à m'étonner de cette conclusion. Mais le dire est n'y trouver aucun confort. Bien plutôt dirai-je que l'effort de Lacan pour serrer l'impossible de la constitution existentielle donne son poids et sa mesure à ce dont j'énonçais seulement la condition ontico-ontologique.

L'erreur de Lacan fut ailleurs : de chercher le sujet dans l'existence où il n'est pas et de faire par là, du doute sur le sujet, argument pour le doute sur la structure opérante du pensable – où le sujet est, cette fois, mais n'"est" pas –, sur ce qui s'assure à part soi comme le prescriptif du penser, sur l'évidence de l'intelligibilité dans son immanence, enfin sur la transparence de son objet à l'Idée, qu'il ne cessa de récuser et dont pourtant excipe tout ce à quoi nous pouvons nous tenir. D'où, chez lui, avec le souci constant de la logique comme support d'une écriture qui, isolant les enchaînements, tient à distance les arguments, le suspens d'un logicisme qui est suspens du vrai au regard du réel ; d'où l'anti-philosophie qui aveugle l'assise ontico-ontologique de l'énoncé « épistémique », d'où le retour des arguments de la sophistique qui soustrait à l'opérer du faire-un l'être du multiple où il a sa matière. Il y faut répondre que *le penser comme Un et l'être comme Multiple sont, par un trait de constitution, termes conjoints, que c'est là le fond de toute opération*, et que le seul prescrit en est la transparence. Assurés nous sommes, de ce qui se laisse constituer ; et le seul paradoxe est que la tradition philosophique y ait déclaré impropre l'apparaître, qui y est primairement accordé. C'est sur nous-mêmes que nous échouons. Là, mais là seulement.

C'est aussi ce qui m'a fait risquer une autre issue pour la psychanalyse. Tenu que, constitués, nous ne le sommes qu'*en tant que* nous sommes à la constitution, celle-ci nous laisse le possible d'assumer le singulier de notre (in)constitution comme projet de constitution. Cela ne résout rien des apories lacaniennes ; cela en permet seulement le surmontement en nous portant à notre place dans l'Autre : qui ne nous appartient pas, elle n'est que de l'Autre. La chance, c'est qu'*il suffit d'être à la consistance du penser pour, de sa conséquence, nous y trouver.*

2

Posé que c'est par son prescrit axiomatico-logique – par quoi, sinon ? – que se définit "un" monde, autrement dit l'Un d'un monde, et qu'il y a autant de mondes possibles que de modèles de consistance dont la pensée sait déplier le prescriptif, il est plus que loisible, il s'impose de penser ce qui spécifie le *passage* d'un monde à un autre. Et puisqu'un monde n'est pas une stase, qu'il a une histoire touchant éventuellement à sa constitution même, il s'impose au premier chef de penser ce qui autorise le passage local d'un mode de la consistance à un autre au sein d'un même monde.

Repartons du mode sur lequel *Logiques des mondes* reprend la définition de l'événement[1] sous le titre plus général du « changement » comme *discontinuité* qui, par définition, est étrangère à l'être – « immobile de ce qu'il ne saurait décevoir la déduction qui en illumine les lois » – et n'est pas moins étrangère à l'être-là dont les « modifications » ne sont rien d'autre que le déploiement de l'identité transcendantale de son monde, indifférente à la variation des relations qu'elle autorise. Si discontinuité réelle il y a, il faut donc qu'elle soit ailleurs. Mais pas tout-à-fait ailleurs, dès lors qu'il a été affirmé aussi qu'un objet toujours se conserve, fût-ce sous la forme d'une intensité minimale, en ce qu'un Un-Multiple de l'être est en lui indexé. La solution

---

1. Livre V, introd. Dans *L'être et l'événement*, le second, traçant la limite entre nature et histoire, se définissait par une intervention sur un indécidable. Structurellement, il s'agit d'une situation dont au moins un élément est présenté sans que ses éléments le soient, ce qui lui interdit d'être inclus à la situation et permet à Badiou de le dire « au bord du vide ». L'événement, soit la décision sur l'imprésenté, n'a alors d'autre ressource que de « s'interposer », autrement dit de faire-un des éléments imprésentés – ou « site événementiel » – et de lui-même : il est contraint à s'autoappartenir. D'où enfin la nécessité d'un nom pour répondre d'une consistance dont il est seul à répondre. Concrètement, soit une situation qui s'organise à partir de certains de ses éléments, qui la structurent, cependant que d'autres n'y sont présents qu'au titre d'accidents ; L'événement est le faire ressurgir de certains de ces autres, ouverts – faisant apparaître leurs éléments – et possibilisant une restructuration de la situation.

proposée est alors : « Il se peut que l'être-multiple, ordinairement support des objets, monte "en personne" à la surface de l'objectivité... Il suffit pour cela qu'un multiple prétende apparaître en tant que référé... à sa propre indexation transcendantale »[1].

Imageons : dans les fonds d'une mer sub-polaire flottent de lourds blocs de glace ; l'un d'eux surgit à la surface et s'y indexe comme iceberg, changeant de par son être de glace l'apparaître, soit comme y représentant un obstacle ponctuel, soit comme une barrière rejetant derrière elle l'horizon. Ce qui suscite aussitôt deux remarques. D'une part, ce que Badiou constitue là est l'*abrupt* de l'événement, dont il dira aussi la ponctualité, qui le destine à être bientôt résorbé – d'où l'importance des conséquences où il subsiste. Mais d'autre part, ce qui surgit – ou sur-gît –, en le disant *un* Un-Multiple de l'être advenant lui-même dans l'appataître, Badiou accentue encore cette « infection » du quelconque de l'être par l'être-là, que nous avions notée et à quoi nous devrons de nouveau objecter : *ou bien* ce qui « monte » c'est l'*être*, mais par définition rien ne peut s'y distinguer comme le tel support de telle objectité, *ou bien* c'est un *étant*, l'être fait-un, en tant que support de l'apparaître, mais alors on ne peut plus dire qu'il y a surrection de l'être lui-même, dont l'événement est illuminé. Retour de l'aporie que nous avions vue remonter à *L'être et l'événement*.

Ce qui est assuré, c'est qu'un événement, dont l'évidence est immanente, offre d'abord au déchiffrement le seul relevé critique de ses « points » dans l'apparaître, soit sa *vérification*, dont la topologie permet d'énoncer *a posteriori* ce qu'il est. Et que son effet est un brusque *changement de niveau*, un mouvement de recul par quoi toute une partie de l'apparaître se recompose autrement. La phénoménologie de

---

1. Ces formules inédites, où le montage transcendantal de l'apparaître expose ce qui fut l'intention de son élaboration, impliquent la conservation d'un des termes de l'ancienne définition de l'événement et en modifient trois autres. Est conservée l'*auto-appartenance*, explicitée d'être celle du support ontologique à l'advenir de son apparaître. Le *site*, en revanche, n'est plus l'existence d'éléments présentés sans être proprement représentés et comme en attente de l'être, mais la présentation même du support dans son indexation transcendantale, bref son advenue phénoménale. L'élément présenté non représenté était dit – sans qu'on sache bien pourquoi – « singulier » ; la *singularité* va désigner la « convocation » d'*un* Un-Multiple à manifester l'être à et dans son être-là. Enfin, va devenir essentielle l'*intensité d'existence* de l'événement, ou plutôt de ses traces, dans le transcendantal : n'est proprement singularité que l'événement dont « l'intensité d'existence est maximale », et autrement dit maximal l'effacement d'une inexistence.

l'exception que conduit Badiou rassemble une diversité d'exemples extraordinaire – de Valéry à Galois, Rousseau, Sartre, et Mao – dont c'est le trait commun. Toute rupture notable de la pensée a épousé ce procès-là ; Badiou, en somme, l'hypostasie. Et il l'hypostasie parce qu'il va fonder sur cette récurrence de la rupture une définition de ce qu'a proprement de disruptif une *vérité*, incluant en quoi elle est *prescriptive* pour le faire.

Il ne sera plus question ici d'*agôn.* Que l'événement soit la structure de la situation elle-même *excessive* où une vérité est produite et en se produisant singularise celui qui en répond, ce sont affirmations qui doivent susciter une discussion destinée à rester ouverte, précisément parce qu'elle investit le « que faire ? » et le « qui fait ? », qui ne seraient pas aporie demeurante, qui ne se tiendraient pas au risque de la décision, s'il pouvait être *a priori* tranché de ce qu'ils sont. On va voir, en revanche, qu'un problème est tout au long posé par ce qu'ont de sourdement *disjonctif* les définitions de l'*événement* et de la *vérité*.

Certes, c'est dans un premier temps, le souci de tracer ferme la distinction entre axiomatique, dont l'objet est purement ontologique, et logique de la relation, qui a conduit Badiou à tenir l'apparaître pour ce que règle la seconde, et dans l'appareil transcendantal dont j'ai contesté l'arbitraire. Mais la structure même de *Logiques des mondes* ne laisse aucun doute sur ce que l'écart entre la destitution de l'apparaître à faire index de l'être et la référence pourtant à un Un-Multiple d'être au support de l'objet, a pour fin d'assigner une structure ontico-ontologique à l'événement comme advenue de l'ontologique dans l'ontique, et de prescrire à ce titre la décision éthique. À la limite, j'avance-rais – et je m'en rassurerais – que la thèse défective sur l'apparaître n'a été produite qu'en vertu du souci de l'éthique et du politique, doublé de la préoccupation du statut dont s'investit "qui" y intervient. Ce qui n'est, au demeurant, pas acquis, c'est qu'elle y soit nécessaire.

Dans une préface étincelante et vindicative, qui ouvre le procès par son terme, Badiou a maintenu, contre la *koiné* du « matérialisme démocratique », qu'il n'y a pas que des corps et des langues, qu'il y a des *vérités*, qui ne sont pas existentielles, qui ne sont pas non plus ce que la chaîne des raisons ou le syntagme discursif déroulent ; elles n'ont pour fonder l'Un de leur Multiplicité, qui se distingue d'être infinie, que le rappel – ou la protestation – nu(e) de l'Idée. Il est donc de l'essence d'une vérité de se poser en excès à ce qui est-là, dans le présent de ce qui est là ; et c'est parce qu'elle ne cessera jamais de s'avérer telle que le recueil de ses traces, seul à indexer à bon droit un sujet[1], est une opération de portée éternelle[2].

Cette prise de position est bien d'emblée éthico-politique, en rupture avec le relativisme d'opinion doublé d'un culte individuel de la vie, dont on conviendra avec Badiou qu'ils caractérisent, en tous cas au point où elle en est, la démocratie[3]. Ce qui veut être annoncé ici, c'est que, par delà le désêtre tant cité des idéologies, les vérités restent et qu'elles seules mobilisent « vraiment », aux deux sens du mot, une vie. Ce point de départ ne devra pas être perdu de vue : il explique que l'« exception » soit définie d'abord comme une opposition qui va jusqu'à refabriquer son autre, mais il a cet effet problématique qu'elle n'a pour se fonder qu'une *évidence sans corrélations ni pré-indications*. Il y aurait de quoi s'en étonner s'il n'y avait toujours eu chez Badiou mathématicien, conjointes, la rigueur de la déduction et la conviction que les tournants des mathématiques ont été la fulguration d'évidences rompant avec tout ce qui précédait.

Techniquement, du point des modes du penser, s'enchaînent trois présupposés : 1. Une vérité s'oppose, comme excessive, au véridique de la discursivité, confondue avec la platitude démocratique. 2. De ce qu'elle est ainsi le seul témoin de ce qui peut se dire éternel, suit qu'elle seule peut faire, de qui se soutient d'elle, un sujet. 3. Elle n'en est pas moins réglée par le relevé de la consistance immanente de ses traces et la mesure de ses conséquences dans le présent d'un monde.

Le premier de ces points ne va pas de soi dans sa disqualification du déductif. L'évidence cartésienne, invoquée par Badiou, il sait bien qu'elle « tomb[e] sous notre connaissance » et que s'il n'est pas nécessaire de dénombrer *l'intuitus* des vérités, c'est « parce que nous ne

---

1. *Préface*, § 1, p. 15. Dans la langue de *L'être et l'événement*, il s'agit des « procédures génériques » ; et sujet ne s'entend pas sur le mode du « personnel ».

2. § 2, p. 17.

3. L'incroyable hostilité que suscite, au moment où j'écris, la publication par Badiou de *Portées du mot « juif »* montre à quel point « on » ne veut pas que l'enquestion reste ouvert, en l'occurrence celui de l'universel des vérités contre le particularisme des communautés. Que la définition du mot « juif » comme porteur d'une vocation à l'universel soit lue comme un « antisémitisme » en dit long quant au niveau du débat sur le terreau du « matérialisme démocratique ».

saurions manquer de les savoir »[1] : les vérités de Descartes sont très exactement les « maximes » du discours, et rien d'autre ; elles sont, pour parler la langue de Badiou, de l'ordre des véridicités et non des vérités. Et pourquoi Badiou devrait-il rejeter ce tour déductif qu'il revendique d'avoir donné à l'ontico-ontologie ? L'exception ne requiert pas que soit jeté aux orties le *corpus* du logique, et si la démocratie pouvait être déductive, elle serait tout autre chose que ce qu'elle est ; après tout, qu'elle puisse l'être, c'est ce que les Lumières ont cru. Bref, il n'est pas opérant de faire du mésusage du discours dans la démocratie la définition du discours. Davantage : Badiou cède à l'emportement quand il identifie discursif, être-là, et matérialisme démocratique, allant à cette fin jusqu'à prétendre montrer que l'apparaître n'est *pas* proprement discursif : nul ne pouvant tenir les atomes de sa logique transcendantale pour les termes suffisants de ce que requiert un discours constituant – et de discours, il n'y en a pas d'autre. C'est pourtant comme universel et éternel, premier s'il en est un à le faire, que l'apparaître se prescrit. Que la démocratie se vautre dans la *doxa* de l'être-là, la logique de l'être-là n'en a cure, qui ne s'autorise qu'à part soi. À le dénier, on en viendrait à isoler une sorte de vérité suréminente, libre d'ignorer l'ordre des vérités bien constituées ; et ce terme de suréminence n'est pas de ceux qu'une pensée positive ou non spiritualiste doit être exposée à prononcer.

De prime abord, une vérité événementielle, si elle excède le faire-un du discursif, c'est en faisant retour à la dispersion du Multiple ontologique ; on dit assez son propre en disant qu'elle fait remonter l'inconsistance dans le consistant. De sorte qu'elle en dit plus sur l'être. C'était le fond de sa définition dans *L'être et l'événement*. *Logiques des mondes* rectifie : un événement fait monter l'être dans le transcendantal de l'apparaître, une vérité est la saisie de cette montée, par quoi l'apparaître se voit redistribué. De surcroît, c'est d'un Un-Multiple d'être indicié – minimalement indicié – dans l'apparaître, ou d'un de ses éléments, qu'il s'agit. Dès lors, ce qui est en question est *l'inscription du local d'une vérité dans un monde*, tel que celui-ci est d'abord apparu. Dès lors, excédente qu'elle soit, une vérité s'inscrit *pour* un monde, elle est l'intelligible pour autant qu'il fait retour, d'y avoir été absent, à *ce* monde. Dès lors, une incertitude demeure[2] sur l'abrupt de la rupture dans ce qui est finalement l'avènement d'un autre monde, d'un monde autre, mais dans *ce* monde encore. On

---

1. *Principes*, I, 49.
2. Déjà présente dans *L'être et l'événement*.

entend certes qu'une vérité affronte la résistance de l'apparaître à se laisser bouleverser, en sa surdité à ce qui, dans sa structure, fait coupure de la venue de l'inconsistance à s'auto-exposer. Et l'on saisit du même trait pourquoi une vérité investit le « que faire ici même ? » : pourquoi il y a chez Badiou synonymie entre ethique et assomption d'une vérité. Mais finalement c'est la *fixité* de l'assise ontologique du monde qui se trouve par là confortée, et le détour par le transcendantal de l'apparaître s'efface, inutile, devant les Uns-Multiples de l'être qui l'indexent de part en part comme son support.

Pourtant il est tenu qu'une vérité atteste de ce que tout autre discours dément. On comprend mieux ce qui est désormais en jeu quand Badiou assume comme vraie l'éternité dont Saint-Preux prédique son amour ; cette vérité-là va *contre* toutes les autres, à commencer par celles de M. de Volmar. On demandera, là-contre, si ce qui fait le relief, ou l'intensité, d'une telle vérité, ce n'est pas justement ce à quoi elle s'oppose, en tant qu'elle s'y oppose. Aussi bien, qu'est-ce qu'une vérité isolée, le dire a-t-il même un sens – sauf mystique –, et comment l'excès ne serait-il pas dans une relation dialectique à ce qu'il excède ? De là que, selon Badiou, ce qui se dirait éternel, ce serait ce qui « ordonne que l'humanité soit en excès sur son être-là »[1]. Mais même ce *logion* est ambigu, car, d'un côté, le *vrai* est supposé n'avoir pas de référent hors de lui-même, tandis que d'un autre côté, l'*événement* avéré n'est pas plus que le passage, à l'intérieur de l'être-là, d'une intensité minimale à une intensité maximale. Il y a une grande et dure solitude des vérités de Badiou qui n'ont qu'elles-mêmes pour se fonder. On doit en conclure qu'elles ne sont pas réfutables. Mais en même temps, l'explication de leur surgissement dans ce qu'elles excèdent implique qu'elles y étaient présentes autant qu'inaperçues, réfutables par là. *L'exposition ne cesse de basculer entre l'abrupt de la vérité, qui la fait irréductible à l'apparaître, et la détermination de l'événement comme discontinuité assignable de l'apparaître.* Hiatus qui s'avérera à la fin celui du passage d'un monde à un autre et de l'Idée insoluble au mondain.

C'est que l'être est là le valant-pour des mêmes étants que le monde indicie et la vérité ici l'inconsistance où elle se tient.

---

1. *LM,* Conclusion, 7.

Qu'une vérité ainsi située soit ce qui seul produit un *sujet*[1], qu'il n'y ait sujet que d'une vérité, n'est pas, pour Badiou, moins important. C'est dire d'abord qu'advenir sujet est arracher la pensée à l'être-là, proposition si radicale qu'on demandera si penser l'être-là était y être inclus, ce qu'il serait paradoxal d'accorder. C'est dire surtout que la saisie d'une vérité est changement de celui même qui la saisit, qui devient autre, et se recompose en la « filtrant », comme en épousant en lui-même le syntagme, et par là même, en y advenant, décide d'un autre lui-même. On conviendra que les phénoménologies proposées de tels procès dans les champs de l'art, de la science, de la politique, de l'amour, illustrent l'échec (Spartacus, les premières femmes de Barbe-bleue) ou le succès (Gallois, l'Ariane de Dukas, le Mao de 1928) d'une vie à se faire le sujet d'une vérité en attente de l'intervention singulière qui la promeut. Et la – magnifique – analyse de l'événement que fut le 18 mars 1871, y démonte le surgissement, sous les espèces de la Commune, de la capacité politique ouvrière[2] comme surgissement d'un sujet qui lui-même ne se savait pas et, pendant ses deux mois de venue à l'acte, hésita à se savoir. On en retiendra que le champ que des vérités ponctuent de leur fulguration est, bien plutôt que l'être-là, l'Histoire. Badiou, qui a toujours assigné à l'événement la *fracture* entre nature et histoire, conjoint maintenant éternité des vérités et *créatif* du présent, d'où résulte que l'immortalité est toujours à réinventer, d'où suit ce qu'il faut appeler la hauteur du militant de l'Idée, et ce qui l'indexe comme singularité. Le pas qui suit se dit : adéquat à la vérité qu'il promeut, le sujet est, ou vit lui-même en, immortel.

Dans un texte conclusif qui constitue un exemple étonnant de ce que peut être un poème philosophique, Badiou parcourt les conditions du « vivre "en Immortel" ». Soit d'abord un nouveau type de géologie, qui retient « ce qui fait trace [dans un présent] de ce qui lui est advenu sous les espèces d'une disposition foudroyante », d'où suit l'impératif « prends soin de ce qui naît... qui inapparaissait ». Ce qui

1. Je ne reprendrai pas ici la discussion sur ce terme. Il suffit qu'une existence soit fidèle à une vérité qui ne s'énonce pas sans énoncer son sujet.

2. Je ne suis pas sûr que la violence inouïe de la répression, sans aucune mesure avec celles qui avaient suivi les révolutions précédentes, ne constitue pas un événement à son tour, et la naissance d'un autre sujet, noir : événement dont les conséquences – le refoulement de la Commune dans l'histoire de la France, aujourd'hui encore – l'emportent, à l'échelle nationale, sur celles de la Commune elle-même.

naît, ce sont des « présents disparates », prescrivant une incorporation subjective, point par point, aux traces de la fulguration : tel est le « devenir un élément actif de ce corps ». Le statut ontico-ontologique de cette subjectivation se dira « expérimenter une Idée », vivre « au présent l'éternité qui autorise la création de ce présent » et y reconnaître ce qui excède l'humanité dans l'humain.

Il serait mal venu de récuser l'accent porté sur ce qui met un existant à hauteur du moment où, à travers lui, est reconnu ce qui insigne une vérité. Mais on doit rectifier : *il faut qu'un sujet soit d'abord possible* pour que dans leur énoncé les vérités le provoquent à se faire militant de l'Idée. Et cette possibilité n'est autre que celle d'advenir à l'Autre-que-son-étance, celle que j'ai intitulée du dire-Je, au travail des raisons que l'événement va brusquement ouvrir. C'est parce qu'il n'y a pas d'existence qui ne se tienne en excès à elle-même, qu'une vérité l'assigne à assumer son excès propre. Confronter l'humain à ce qu'il y a d'excessif ne signifie pas instaurer en lui un excès qui jusque-là inexistait. Les analyses de Badiou mettent en lumière, dirais-je plutôt, comment l'Histoire – une Histoire discontinue – se risque dans ce qui fait de sa vérité à elle un sujet. Et un existant ne se trouve confronté à lui-même qu'en ce qu'il se trouve confronté à la vérité : se tient responsable envers elle. Il n'y a pas par là de sujet immortel : immortel, il n'y a que les vérités pour l'être.

Je me suis longtemps demandé quelle tactique commandait à Badiou d'introduire le concept ambigu d'un *corps* des vérités[1]. Concept ambigu en ce qu'il est destiné à réduire la fracture entre événement-monde et vérité-histoire. Le corps désigne les points qui font le marquage de l'événement dans le présent d'un monde, et dont certains, ceux qui commandent la décision, peuvent se dire les « organes »[2] ; il emporte la décision si le sujet s'avère « fidèle » à ce dont attestent ces points, et fonde sur eux sa pratique. Ainsi Mao, en 1928, établit-il qu'un corps de paysans révolutionnaires est là, disponible. Seulement ce n'est pas ce corps qui *prescrit la révolution*, vérité qui, d'être infinie, récuse tout référent. On voit bien que c'est l'appareil qui vient là à deux places : d'un côté, le corps en enveloppe l'objectité,

---

1. *Livre VII.*

2. Qu'il s'agisse de conforter à la fois la « dialectique matérialiste » et le « sujet » de *L'être et l'événement*, ou qu'il s'agisse d'un contrepoint critique à Deleuze, le résultat paradoxal de ces nominations est une figure nietzschéenne du témoin de l'Idée.

celle de tel Un Multiple venu à l'apparaître, de l'autre, la « subjectivation » d'une vérité déporte le sujet de tout renvoi à l'être-là. Les efforts
de Badiou vont à gommer cette dualité, mais elle demeure. De là sa
discussion avec Lacan, dont il écarte le marquage du corps – entendu
cette fois au sens traditionnel : notre corps à chacun – par l'Autre
sous la forme de sa structuration ; à quoi il oppose ce qu'il y a de
créatif dans la décision, renouvelant le corps existentiel, qui se fait en
somme adéquat à celui de l'événement. Je ne récuse pas cette analyse,
mais je constate encore une fois qu'on a là les *conditions* événementielles de la décision, non ce qu'on appellera trivialement son *contenu,*
la vérité propre de l'Idée, qui transcende toute condition. J'ai fini
par comprendre que Badiou se donnait par ce passage du corps de
l'événement à celui du sujet les moyens pour que l'humain puisse se
faire l'exception elle-même, et, en s'appropriant aux conditions d'une
vérité, se l'approprier. Mais, encore une fois, que le sujet serve une
vérité ne saurait signifier qu'elle lui appartienne, ni même qu'il soit
jamais Un avec elle. Sujet, si on ne l'est qu'« incorporé », cela s'entend
en ce qu'on advient « militant » d'une vérité. Mais Badiou outrepasse
la condition du militant, et la définition même de la vérité, quand il
va jusqu'à écrire que son sujet la « crée ». De telles propositions sont
symptomales d'un basculement de la vérité du côté de celui qui, pourrait-on au plus avancer, la prend en charge. Ce basculement peut à
son tour s'entendre comme un effet de l'obstruction que le monde
contemporain, celui du « matérialisme démocratique », oppose à tout
ce qui, et à tout sujet qui, l'excède : dont l'écroulement de Nietzsche
fut le premier effet et le premier témoin. Mais c'est indice de ce monde
et non du statut d'un sujet à la vérité.

Je disais que la thèse du dual du transcendantal et de l'Un-Multiple
ontologique doit être lue comme un moment préalable de la thèse sur
l'événement. La structure de *Logiques des mondes* ne laisse pas de
doute sur ce qu'à leur tour les vérités préparent une nouvelle « théorie
du sujet », lequel était d'autant plus absent du transcendantal qu'il
devait ressurgir avec l'objection qu'y fait l'ontologique. Mais on ne
peut dire que la théorie soit cette fois dépliée. Du point de l'histoire
des concepts, on notera que Badiou noue ici sa fidélité à Sartre avec
sa propre élaboration de l'être et de l'ontique, pour rendre au sujet
comme décidant sur ce qu'au présent il en va de l'être, une liberté
absolue au regard de son être-là. Cela ne va pas toutefois sans l'impasse que j'ai dite, sur ce que Badiou désigne comme le sujet. On

n'imagine pas que la relève de l'axiomatique ontologique puisse être le fait du pouvoir de néantisation sartrien.

Le dernier point est celui qui apporte un début de réponse à certaines des questions précédentes, mais non à toutes. « Les vérités ne font pas qu'être, elles apparaissent »[1]. Alors, pour le dire crûment, elles ne sont rien d'autre que *l'apparition d'un événement assumée*. Mais nous avons tout au long constaté que, *dans leur être précisément, elles n'assument plus rien* : n'ayant pour elles que leur être. Redisons donc, plus restrictivement, que ce sont les *conditions* d'une vérité qui apparaissent. Et, certes, leur apparition n'est en rien quelconque. Et Badiou sait dire ce qu'elle prescrit comme déchiffrement du présent : d'abord, qu'il *faut* que ce dernier ne se résume pas en son être-là, qui est aussi bien fait de ce que Heidegger appellerait son héritage, mais qu'il soit gros d'un dépassement ; ensuite, le relevé de ce qui, dans le présent de l'apparaître même, atteste de ce qu'il ne se referme pas en lui-même, de ce qu'il tient ouvert (Ariane, Valéry, Mao), à condition d'y analyser un à un les points où la fracture est possible et de s'assurer qu'ils sont consistants entre eux : l'Idée ne se dit pas d'une idée qui viendrait à un possible sujet par quelque accident, ses conditions sont là avant lui dans l'apparaître même, elles y ont une sorte de présence en attente, et leur relevé doit être essentiellement opération consistante ; enfin, ce qui spécifie cette opération-là est ce qu'elle produit : une *nouvelle intelligibilité*, qui va jusqu'à contredire celle dont l'apparaître, ou l'être-là, d'abord se réclame, mais qui n'a néanmoins pas d'autre titre que d'y produire une plus fondatrice intelligibilité.

Pour serrer un peu plus le moment crucial de l'opération, il faut noter d'abord qu'elle requiert la subjectité, personnelle ou collective, pour faire – par la reconnaissance de la barre tranchant dans un texte, ou par une redistributioni de l'appareil conceptuel, ou par la possibilisation d'une impossible action – exister le (jusque-là) inexistant et advenir le changement, et ce par des opérations qui, comme l'anticipant, sont à sa mesure. Elle doit « filtrer » l'infini de la situation nouvelle de l'apparaître, pour y connoter du Deux d'un « oui » ou d'un « non » l'éventuelle trace du changement intervenu. Et elle ne peut le faire qu'en « trai[tant] la situation mondaine *"point par point"* »[2], dans

---

1. *Préface*, § 2, p. 18.
2. *Livre VI*, § 1.

le parcours de ce qu'y sont les intensités d'existence et leurs relations. Qu'en un seul point viennent pour finir se conjoindre ce que serait le transcendantal d'un (nouveau) monde et le Deux de la décision – comme il arrive au tournant d'une tragédie ou d'une révolution –, et ce point-là pourra être dit « position destinale d'un monde »[1]. On comprend mieux ce dont il s'agit quand on a saisi que chaque point est un *lieu* – soit une localisation dans l'être-là de la montée de l'Un-Multiple – et que, dans ces lieux, c'est « la topologie latente de l'être » qui s'indique[2] : qui s'indique précisément « devant l'instance du Deux »[3]. Encore n'est-ce qu'à en mesurer les conséquences qu'on pourra trancher de ce qu'il s'agit « réellement » du passage d'un monde à un autre. L'opération événementielle est singulière en ce qu'elle mine l'édifice des raisons acquises, mais elle est de bout en bout balisée par sa rigueur.

Demeure que c'est l'*événement* qui se prête à pareille rigueur et que la *vérité* est délivrée de ces critères, qui passe outre même ce qui lui ferait contradiction. L'exposition n'aura à aucun moment surmonté sa disjonction.

Je n'entends pas un instant récuser le concept de vérités sous conditions événementielles qui scandent l'histoire en y surgissant comme ce qui y excède l'être-là du présent, en quoi font retour l'infini de l'intelligible – « il n'y a pas que l'il y a » – et la multiplicité sans mesure de l'être dont il atteste. La production de ce concept aura été un des apports de Badiou à la philosophie, et la disjonction que j'y ai soulignée entre événement et vérité atteste, par delà ce qu'elle a dans l'exposition d'aporétique, de l'écart en effet irréductible entre penser à hauteur de l'inconsistance de l'être et l'injonction d'à un monde en substituer un autre. Je n'entends donc pas davantage récuser que de telles vérités *obligent* au présent même, à la mesure de ce qu'elles ont de disruptif et de libérateur, que ce soit pour la pensée ou pour le faire.

J'ai objecté, en revanche, à la pièce rapportée qu'est l'appareil transcendantal des prémisses. Qu'ait paru nécessaire, pour en venir à l'on-

---

1. § 3.

2. Ce dernier développement, qui occupe la plus grande partie du livre VI, constitue en fait un supplément plutôt autonome à la logique transcendantale, et en prolonge l'impressionnante originalité technique.

3. § 7.

tologie de l'événement, de destituer tout monde d'être en son apparaître – et quand bien même il y fallait aussitôt suppléer par une médiation de l'ontologique risquée – aura inutilement fragilisé du préalable d'un montage artéfactuel l'exposition de la vérité événementielle : qu'un monde – car quoi d'autre fait ici histoire ? –, porteur de l'Un de sa consistance, soit tantôt à restructurer par une consistance plus enveloppante, tantôt à ouvrir à la surabondance du Multiple ontologique qui le supporte, que la prononciation d'une vérité l'excède en ce point même et *rouvre* son intelligibilité à ce qui le transit d'infinité[1], rien de plus et rien d'autre n'était requis pour que soient cadrés la fonction et le sens décisoires d'une vérité événementielle. Davantage : en requalifiant la distinction que faisait *L'être et l'événement* entre nature et histoire, en plaçant sous la première le déficit d'être de l'apparaître[2], et sous la seconde le surgir (local) disruptif de l'être, *Logiques des mondes* a destitué ce qui n'est plus qu'un semblant de consistance dans l'apparaître, de l'inconsistance qui pourtant ne cesse pas de le transir, et remis l'infinité de l'être à une rupture au seul suspens de la chance événementielle : on ne voit pas comment l'ontologie aurait pu s'élaborer à ce prix, et c'est seulement parce qu'il la retient – retient celle de *L'être et l'événement* – que Badiou peut prendre le risque de disjoindre maintenant radicalement calcul du transcendantal et vérité.

Aussi bien n'y aurait-il pas non plus de sujet de la vérité si l'apparaître était sans sujet ; on peut convenir que, du point de la subjectité, la différence est essentielle, qui est assomption de l'excès et de la militance : mais du point de la subjectité seulement. Car si sujet il y a, ce ne peut être que de tout énoncé. Rien, dès lors, ne permet d'opposer comme un sommeil du sujet et son éveil *véridicités et vérités, qui certes n'ont pas le même objet, mais qui, au contraire, ont le même sujet.*

Suit de ce montage d'oppositions radicales le déport de la vérité événementielle sur celui qui, s'en faisant le hérault, peut en être l'agent. Mais dans le même temps fait problème ce qu'il en va de ce sujet qui naît avec, de, et pour, l'événement. Au fond, Badiou ne se

---

1. Que l'(in)consistance de l'existant soit chevillée au leurre sur ce qu'elle tient pour sa consistance, est ce qui justifie l'emploi de ma graphie. Sous cet angle, il s'agit du contraire de l'inconsistance de l'être.

2. Du moins au premier abord, avant le « pari » ontologique.

soucie pas de lui donner un statut propre[1], il est la rencontre d'une pensée saisie par l'évidence et d'un corps « subjectivé » qui prend l'évidence en charge, il n'est que cela et c'est en cela qu'il fait objection à l'humain de l'être-là. Mais enfin, qu'est-ce que cette subjectité, sinon l'*existence* en tant que condamnée par l'étance au déficit de transparence en regard de la pensée à laquelle elle advient ? En ne reconnaissant d'autre sujet que celui de la pensée, immanent à la logique de l'énoncé – qui peut être celui de l'être-là comme celui de l'excédent –, je rappelais que l'existence, quand bien même elle s'y porte, ne peut jamais être adéquate au sujet du discours. Il est au contraire essentiel pour Badiou d'affirmer qu'à l'humain le sujet de vérité est *possible*, comme ce que d'autres ont nommé le « divin » en nous, sans que soit nulle part excipé de ce qui rend possible cette possibilité. J'ai, pour ma part, longuement rappelé ce que l'existence porte en elle d'*impossible*, qui lui fait *savoir* ce qu'est un sujet sans qu'elle le *soit* jamais, et sans que lui soit par là interdit, dans l'opérer de la pensée, de se tenir là où il y a du sujet, de s'y tenir et d'y instruire sa pratique. On n'est pas moins militant pour cela, mais on évite d'oublier que la vérité, si l'on peut la produire, ne s'autorise que de soi. J'en conclus, lacanien et non heideggerien, que l'« incorporation » à une vérité est, comme la jouissance, interdite, ressaut de la castration dans le champ sans *épithumia* des vérités.

C'est enfin le même souci de maintenir la disjonction de l'existence elle-même par son advenue à la pensée qui m'a conduit à insister sur l'être *Là* du Logos, sur ce que j'ai appelé la *transcendance* du discursif sous toutes ses espèces : c'était accentuer cette première exception qu'est au regard de l'existence l'enséité de la consistance – non sans qu'en soient soulignés les trajets infinis –, et tout autant viser la seconde exception, immanente à la première, qui est la surrection de l'inconsistant dans le consistant. Cette mise en place des termes est ce pourquoi je fais grief à Badiou de coller l'existentiel au reverts de l'idéel, comme s'il ne s'agissait pas d'instances incompatibles, quand ce ne serait que parce que l'une est quand l'autre n'"est" pas. Bien entendu, une existence venue à l'une de ces fulgurations par lesquelles la pensée se reprend et se restructure elle-même, en est intimement bouleversée, bouleversée *comme existence* ; mais l'exis-

---

1. C'était déjà la démarche de *Théorie du sujet*, où toutefois ce qui était opposé au manque était la « destruction » plutôt que l'exception.

tence – Badiou écrit : « le vivant » –, tenue dans son étance, reste toujours en marge du sujet de la vérité, et bien plutôt se trouve en défaut d'acquérir une quelconque transparence dans et pour le discours. On mesure ici quelle aura été l'importance, dans notre analyse du statut du discours, de la mise en place du concept d'existence, avec ce qu'il importe d'impossibilité. Et l'on mesure du même trait ce qui aura requis la mise en place du *dire-Je* à l'écart de l'existant dans le même temps que, du point de son ouverture au Logos, il en répond : interdisant qu'à l'ab-stance de la vérité pour le sujet lacanien se substitue sa *venue en présence*, que *L'être et l'événement* reprochait à Heidegger mais qui devient ici un « s'incorporer [du sujet] au présent sous le signe de la trace de ce qui change »[1]. Badiou protestera qu'en l'ouvrant à ce qui advient, il ouvre l'humain à pas moins que la pluralité infinie des mondes, mieux : à leur création, qui est celle de leur « organisation transcendantale » et qu'un corps alors n'y va pas sans être lui-même « articulé sur une rupture »[2]. On ne récusera rien de cela. Et cette multiple altérité de l'Altérité, qui est l'intelligible même, on lui concède de sursouligner ses effets sur le sujet existentiel pour faire pièce au démocratisme. Mais finalement les sursouligner est dénaturer la vérité elle-même, en omettant que si, comme je le dis depuis le tout début, on ne peut introduire l'Autre sans voir revenir le Même, aucune confusion n'en résulte de l'Autre et du Même : ici, de l'Idée et de l'existant. La pensée et l'agir ne font consistance que de la multiplicité de leurs ruptures – sur les terres du Platonisme, il sont les deux à la fois – mais leur être fidèle est se défalquer soi-même de ce qui ne répond que de soi.

Disjoignant l'être de l'apparaître, la vérité de la véridicité, et le sujet de la discursivité de l'être-là, mais conjoignant l'Idée et la vie – termes de prime abord curieusement pré-critiques –, Badiou promeut un héroïsme de la pensée qui en dénie la principielle consistance et l'altérité à l'(in)consistance de l'existence. *On voit bien que ce sont ces disjonctions qui commandent la localisation stricte de l'événement mais le sans-lieu de la vérité, entraînant l'envol du sujet.*

Tenu l'ensemble de cette remise en place de ce qui peut se dire une vérité événementielle et de ce qu'elle requiert comme son sujet, le

---

1. *Conclusion*, 7.
2. *Préface*, § 7, p. 43.

point critique – au sens qu'a ce mot en chimie – est le *discernement des vérités*, autrement dit les critères de ce qu'une idée est bien une Idée. À première vue, que cette dernière n'ait plus à connaître que d'elle-même rend la réponse des plus difficiles. Mais c'est justement là qu'il faut rendre justice à Badiou, qui n'est pas sans moyens pour y parer, ayant distingué entre sujet *fidèle* à la production d'un présent indexé par ses traces, sujet *réactif* qui dénie ce présent en en niant les traces, et sujet *obscur* qui occulte qu'il puisse même y avoir la nouveauté d'un présent[1]. Ce à quoi se prescrit la fidélité étant, de surcroît, et d'essence, l'*ouverture du présent à la déliaison*, Badiou répond à ceux qui ont pu tenir le national-socialisme pour une idée, qu'il n'y a pas d'Idée là où l'on se réclame d'une identité contre les autres ou, qui pis est, de sa supériorité sur toutes les autres. On pourrait, restant dans le champ du politique, ajouter qu'il y a des faits foudroyants qui par le remodelage « point par point » et « fibré » de l'être-là qu'ils commandent, par l'incorporation subjective qu'ils prescrivent – mettons : la révolution des Mollahs –, sont bien des événements, mais traités réactivement, dans le déni de ce que requiert le présent qui les suscite. Et j'ai noté au passage que la violence inédite de la réaction à la Commune avait les traits d'un événement, mais en « obscurcissant » toute possibilité d'alternative au demeurer de l'ordre « naturel » existant. Ces distinctions cruciales remettent à sa place le débat d'opinions qui meuble le discours démocratique : il n'y a pas d'alternative là où le prescrit est toujours la déliaison, tramée en inclusion à la consistance d'une intelligibilité infinie qu'elle subvertit tout en la conservant.

Le mouvement, par éclats hymnique, de *Logiques des mondes* est trop "entier" pour qu'y trouve place une réponse concrète à la question « que faire ? », mais s'il est quelque chose dont Badiou ne saurait être soupçonné, c'est de laisser la place disponible pour plus d'une réponse, s'agissant de la fidélité à ce qui est rupture *ouvrante* dans l'événement. On tient ici le déplacement que Badiou opère sur la question du « que faire ? » récusant l'extériorité de quelque tribunal kantien[2], et prescrivant 1. l'évidence propre d'une vérité, 2. ce qui s'impose au faire dans l'*immanence* de celle-ci. Ce qui entraîne 1. que l'agir est une *pensée déliante*, 2. qu'il est la *procédure singulière* que

---

1. C'est l'objet – beaucoup plus fouillé – du *Livre I*. Cf. aussi le Dictionnaire.
2. Cf. *Abrégé de métapolitique,* « Contre la philosophie politique ».

cette pensée prescrit[1]. Soit d'un côté une sorte d'absolutisme : « Une vérité est peut-être la seule chose qui n'"exige" rien du tout, étant construite dans et à travers un assentiment délibéré dont la norme est en partage »[2], de l'autre la complexité de l'analyse qui met à l'épreuve de sa consistance ce qui pourrait être un événement, et dont un des exemples les plus frappants est la procédure qui amène Galois à "produire" le mathème de la structure de groupe, présente en absence depuis longtemps dans le travail des mathématiciens, mais requérant un geste de littéralisation supplémentaire. À qui demanderait un peu plus de précision, Badiou répond : pas d'Idée qui, d'être l'*universel* d'une pensée, n'implique l'*égalité* de tous comme pensants[3]. Ce n'est là pas moins qu'un « axiome » de la pensée politique, qui ne peut être que « logique »[4], déliante[5], et émancipante : « Pas de politique liée à la vérité sans l'affirmation – ... qui n'a ni garantie ni preuve – d'une capacité universelle à la vérité politique ». Inférons-en que, comme aucune politique ne peut se dérober à son axiomatique, il n'y a jamais eu qu'une seule et même Idée du politique, que le temps a événementialisée autrement.

Reste que « vivre en immortel » privilégie une connotation nietzschéenne – donc anti-philosophique – : j'aurais préféré « se tenir à la mesure de l'immortel ». Et reste que l'inflexion – je l'ai dite hyperbolique – de la vérité sur son sujet a un effet des plus surprenants : impossible de n'être pas frappé par ce que tout le système s'en trouve investi par une tonalité heideggérienne : même dramatisation de la dichotomie existentiel/existential (transposée), même mépris de l'ontique qui n'est pas à la mesure d'une vérité qui ne répond que d'ellemême, même indexation de l'être par lui-même, même promesse – si d'une autre sorte – d'authentique liberté, même accent sotériologique pour dire la « grâce » de se tenir dans la fulguration de l'Idée, et jusqu'à frôler en les inversant les termes heideggeriens quand le surgir

---

1. En ce sens, les analyses de Badiou ont cette obstination dans le traitement du détail, dans le relevé de ce qui insigne l'Idée, et dans l'implication du requis pour « créer », qui marquent quel lecteur de Lénine il est.

2. *Op. cit.*, p. 24. La « norme » est ici celle de la discussion, cf. p. 33.

3. *Op. cit.*, « Vérités et justice ». Notamment p. 112.

4. *Op. cit.*, « Philosophes résistants ».

5. *Op. cit.*, « La déliaison politique » : « La politique s'efforcera toujours de déconstruire le lien », p. 83.

à l'événement, « chance de s'incorporer au présent subjectif d'une vérité »[1], fait écho à l'authenticité du *Dasein* comme « impossible possibilité ». C'est que l'événement a tous les traits d'une conversion – objective – de l'être-là lui-même. Et c'est que cette conversion est suspendue à celle du sujet qui *se fait* moment immanent de la conversion. La différence des styles de pensée est, bien entendu, radicale, le mathématique n'étant pas la boîte à outils, et un supplément d'intelligible n'ayant rien de commun avec une navigation à l'affect bien compris ; Heidegger connote l'être du plein quand Badiou écrit qu'« un site est la révélation instantanée du vide qui hante les multiplicités »[2] ; et quand il répond à Deleuze que « l'événement n'a pas le moindre sens », il s'oriente plutôt vers le faire-trou lacanien. Il n'empêche : *Logiques des mondes s'achève en réplique inversée du modèle heideggérien*, l'« invention » de l'Idée y remplissant – ponctuellement – les mêmes fonctions que le retour à l'authenticité du Soi. Il est hors de question que Badiou ne soit pas conscient du défi qu'il lance, à travers la suréminence sotériologique du sujet de vérité, à l'intolérance des bonnes mœurs démocratiques (beaucoup plus prêtes à l'indulgence quand il s'agit de la singularité de la foi, ou de l'authenticité du *Dasein*). Reste qu'aucune existence ne peut s'approprier à une vérité, du point de laquelle elle reste indifférente. Ne serait-ce que parce qu'aucune existence n'épuise l'infini d'une vérité.

Je serai davantage laïc, tenant qu'aucune existence ne peut venir à la place où s'énonce aussi bien une véridicité qu'une vérité. C'est beaucoup, et c'est assez, qu'au prix de son (in)consistance, l'existence puisse se porter au point, à elle transcendant, où s'énonce l'éternité d'une vérité comme d'une véridicité. Et y tenir, du même trait que la consistance qui fait insigne du discursif son revers ontologique d'inconsistance. Après quoi, l'advenir à hauteur d'une vérité telle qu'elle advient au temps, ne saurait rien promettre qui ressemble à un salut, il suffit qu'il épargne à une existence la honte de ne pas s'excéder.

---

1. Conclusion, 11.
2. Conclusion, 2. En revanche, il n'y a pas dans la logique transcendantale place pour une inexistence pure, mais l'entraînement par une existence d'une inexistence, qui peut être elle aussi maximale (§ 6) : c'est son « envers ».

3

Un constat : Lacan et Badiou, seuls dans ce qui peut à bon droit être tenu pour la *koinè* de la pensée contemporaine, maintiennent une figure du sujet ancrée à la fois dans l'*existence* et dans l'insistance du *logein* ; davantage : ils s'accordent pour professer que de sujet, il n'y en a proprement qu'à la fin, dans l'assomption par l'existence du faire-excès de la vérité.

Encore faut-il prendre acte de ce que ledit sujet ne doit plus rien à un dual avec l'objet[1] il n'est référé à lui-même qu'en tant ou qu'en lui le requiert l'objet ou qu'il se fait immanent à l'apparition d'un nouvel objet dans le monde, les deux structures appelant le choix pour et par lequel une nouvelle vérité est possible, appelé par là à se choisir. Et n'ayant titre à se dire tel que venu au site où l'assigne un choix qui ne comporte pas d'alternative quant à l'avoir à choisir. Mieux : un choix qui, intitulé du manque ou de l'excès, emporte la destitution-de-la-clôture pour l'exister comme pour le penser.

Pour Lacan, ne peut être sujet qu'un vivant marqué par des signifiants, par là condamné au démêlé avec eux, par là appelé à les démêler, et finalement capable, sachant comment ils s'emmêlent, de savoir que tel sera toujours son statut. Ce dernier savoir est celui qui autorise au sujet le passage de l'énoncé, où il se leurre en se croyant le maître de ce qu'il dit, à l'énonciation, où se ponctue comme seul vrai que maître il ne sera jamais[2].

Badiou, en réservant la définition de sujet à qui relève une vérité et se fait militant pour elle, redouble l'exception-vérité de l'exception sujet-singularité. Il n'y a sujet, dès lors, que lorsque la pensée s'arrache au discours d'un monde, qui se leurre en croyant son monde clos, pour l'ouvrir à ce qu'a d'insituable dans ce monde, et donc d'absolument risqué, une Idée qui, en le déliant, le nie.

Autrement dit, une frappante parenté des structures, avec une divergence au départ – Lacan : pas de signifiant sans sujet, Badiou : pas de sujet sans vérité – et une opposition radicale de la fin sur quoi elles débouchent. Cette opposition est à l'évidence celle des discours

---

1. Pour Lacan, l'objet est inclus au sujet ; pour Badiou, c'est sur le nouvel objet que se crée le sujet.

2. La conférence « Mon enseignement, sa nature et ses fins », dans le recueil déjà cité, est sur tout ceci d'une parfaite limpidité.

psychanalytique – au sens où le signifiant y offusque la place insubstituable de l'idée – et philosophique – au sens où l'entend et le conteste Lacan. Mais tout autant le sujet n'est-il ici comme là que le constituant *second* d'une structure où il est requis là par le signifiant et ici par *l'inventio* de l'Idée, qui logiquement le précèdent, dont il est plutôt un *effet*, et un effet *existentiel.* Et c'est là toute la question. De soi, aucune proposition ne saurait se constituer sans le sujet qui, de son immanence, la supporte. Mais quand Lacan et Badiou disent « sujet », c'est *l'advenue de l'existence comme sujet* qu'ils désignent, et c'est ce retour de la fonction *logique* à l'empirique de la *subjectité* qui n'est pas recevable, et qui fait de surcroît paradoxe dans deux systèmes où la fonction ne cesse de prévaloir sur l'argument. Une stricte mise en place commanderait, là, que les démêlés constitutifs de l'existence en proie aux signifiants ne viennent pas occuper et occulter la place où le discours tient en immanence *son* sujet, et ici, que la singularité d'une existence venue à l'exception d'une vérité se garde d'*hypostasier* cette singularité au regard de ce qui, en toute occurrence, reste l'en-soi du sujet de toute vérité.

Ce n'est pas seulement la nécessité de faire litière du dual phénoménologique qui me conduit à écrire "l'existant" et non le sujet dès que pris en compte – comme il doit l'être – le chiasme de l'existence qui *est* comme étance et qui n'*"est"* pas comme opérer discursif ou pensée : désigner le chiasme de l'existant par le sujet, revient à occulter que ce dernier n'*"est"* pas, et revient soit à traiter comme siennes des apories qui sont celles de l'(in)constitution de l'existence, soit à dénier que ces apories sont, lourdes de leur opacité propre, étrangères à la transparence du sujet. C'est dans ce cadre conceptuel irréfragable que doit être placé ce que j'ai toujours désigné comme la fonction intra-discursive sujet. Et l'advenue à la vérité du « trou » ouvert dans la consistance de l'étance par l'advenue du discours lui-même ne requiert, à son tour, pas d'autre sujet que celui de son énoncé de l'aporie de l'existence. Sans doute le devenir des vérités et l'avoir à y advenir suscitent-ils assez "naturellement" le retour du terme « sujet » ; mais c'est forclôre le : pour autant que l'existence est au discours et que le sujet logique n'est jamais que celui du discours. Une existence s'atteste du discours auquel elle se porte, mais enfin le discours ne répond que de soi : aussi bien est-ce au point où, de soi, il fait trou dans la logique de la véridicité, qu'est avérée la nécessité d'un discours des vérités. Et dire que l'existant est le sujet du discours de sa vacuité vaut dénégation de ce que le seul sujet – et c'est ce qui le garantit –, c'est celui de ce discours.

On comprend qu'à suivre, d'expérience, les circonlocutions de l'interminable effort d'une existence pour se déprendre de ce qu'elle prend pour elle-même, Lacan y ait désigné la « subversion » du sujet cartésien. On a vu comment Badiou tient qu'une pensée qui s'arrache à un monde et en crée un autre indexe une singularité, on a vu quel accent il met sur l'investissement, par là requis, d'une « subjectivité » et comment alors sujet peut se dire celui qui porte, de sa fidélité, l'éternité d'une vérité. J'en conclus combien il est difficile de décrocher ces procès tant du tourment que de l'exaltation *existentiels* qui en sont le revers et qui peuvent occuper, de leur immédiation, tant de place. Je ne nie évidemment rien du travail auquel une existence a le privilège de se sacrifier et de ce que par là elle peut faire exemple pour toute existence, disant comme le Thésée de Gide : « j'ai fait mon œuvre ». Mais enfin ce Je-là n'est pas plus que celui d'une existence fidèle au dire-je qui, lui, est à l'Autre, et ne doit pas être estompée l'indifférence de l'Autre à tout autre. L'Autre, qui est sans Autre, qui est lui-même factice, ne me doit rien et c'est pourquoi à son imperturbable consistance – même au lieu où elle inscrit l'inconsistance – je me tiens.

Prendre site de l'existence est remettre la pensée au lieu disjonctif à partir duquel elle est possible mais où elle s'institue comme à-part.

Entre le pessimisme de Lacan qui, cherchant l'Un du sujet, ne le trouve pour finir que dans la corde et le prophétisme de Badiou, qui requiert l'incessante ouverture du sujet au Multiple excédentaire, il est permis de trancher que ce n'est ni l'Un ni le Multiple mais la disjonction propre de l'existence qui répond.

S'il est une urgence, c'est de ne pas tenter d'opposer ou de concilier Lacan et Badiou dans ce qu'ils concluent, mais de pointer que, pour chacun, parce que pour tous, fait axiome que l'existence a en partage la vacuité et l'illimité. C'est son statut ontico-ontologique d'être en défaut dans l'étance et portée par la pensée à l'outrepasser. Contre toutes les dénégations, il faut donc maintenir que l'existence – entendue de l'écart ouvert par la pensée dans l'étance – doit à ce qui l'insigne – évidence qui va contre toute évidence – d'être assez (in)consistante pour penser, y inclus pour penser l'inconsistance. Mais penser, à son tour, prescrit qu'elle con-siste avec la consistance : ce qui nous ramène au dire-Je. Mais le dire-Je, à son tour, ne fait pas exception du trou ek-sistant à la consistance dans l'existence. Ces tourniquets sont ceux d'une vérité qui n'est paradoxale à la fin que parce qu'elle l'est au début. Et si un pas a été franchi, qui fait accéder la pensée à ce qui put paraître impensable, il faut dire que c'est retour au point de départ. C'est la pensée qui marque l'existence du défaillir à soi, et requiert d'elle le s'excéder. Et ces paradoxes ne sont rien d'autre que le dépli du : il y a la pensée.

Badiou est le hérault d'une pensée qui ne cesse de faire éclater l'Un pour le rendre au Multiple. Lacan tantôt décrit un Un vide représenté par le Multiple de la chaîne des signifiants, tantôt énonce l'impossibilité de trouver une intelligibilité à l'Un de l'existant. Mais qui se tient pour hérault glisse du philosophe socratique à la dramatisation héroïque de l'Œdipe lecteur d'énigmes, au risque de s'entendre reprocher les épidémies ; et qui se tient à l'énigme du sujet se crève les yeux sur ce que l'y conduit la leçon imperturbable de l'Autre socratique, au risque de n'avoir plus qu'un bout de ficelle entre les doigts. Écrivant cela dans sa brutalité, je ne fais rien d'autre que décrire la croix de la pensée contemporaine venue au point où de chaque côté, celui du vide et celui de l'excès, et à la mesure de ce qu'elle a su produire comme vérité, elle bute sur la même aporie : celle du penser l'existence elle-même. On en dit la vérité quand on dit qu'elle est trouée et on en dit la vérité quand on dit que, d'essence, elle s'excède. Mais la vérité c'est aussi que ce qui s'indexe là, c'est son indépassable impossibilité.

Finalement, *le point de butée, c'est l'existence,* bien plus que le vide ou l'excès. Ou plutôt, c'est la pensée du vide et de l'excès en tant que l'existence est par elle indiciée. Réécriture de son impossibilité, lue non plus du point de son advenue à la pensée, mais de celui de son advenir dans et pour la pensée. De quoi suit désormais l'aporie disjonctive du « Que faire ? » : qui le contraint de se tenir, sans le franchir et pour s'y retrouver sans cesse, *au bord* du vide et de l'excès.

Ce qui à tout le moins se conclut, c'est qu'au « que faire ? » répondre d'un autre point donne la mesure des morales et des politiques où le siècle s'agite. Il ne s'agite pas sans raison, rivé à ce qu'il ne veut pas savoir. Mais que l'impossible de l'existence devienne possible, nulle chance. Et là-dessus nous en savons un peu plus, de la reconnaître tendue entre deux bords opposés. Chaque existence est l'Un paradoxal d'une (in)consistance qui se réclame du consister, elle l'est comme toutes les autres, et le prescrit minimal est alors que tout Un soit compté pour Un[1] ; mais ce qui pour tout Un revendique sa consistance ne va pas sans son (in)consistance, et le compter sans elle ne serait pas le compter. C'est assez pour qu'aucun ne puisse être tenu en marge du compte, fût-ce pour ce que ce dont il se réclame n'indexe, en dernière instance, que sa vacuité. Et c'est assez pour que nul, singulier ou collectif, ne puisse s'autoriser à décider que, dans le compte, la singularité d'un Un vient en excès au compte. Après quoi, on a seulement localisé l'aporie que, requis par le travers du manque comme de l'excès, génère le compte.

Rien ne nous excuse de ne pas tenter de faire, rien ne nous permet de nous tenir indemnes de l'impasse du faire. La seule chance que nous ayons, c'est de savoir où et sur quoi nous butons.

4

Rien n'advient au discours sans que le discours y ait été opérant au départ.

Neutre, indifférente, l'étance nous donne à voir sa consistance, *la* consistance. Et c'est d'apprendre à la lire que nous savons ce que *logein* veut dire. La réalité est la matrice de ce que peut le penser. Il y a de quoi s'en étonner, mais c'est la même facticité qui supporte l'il y a l'être-là et l'il y a la constitution discursive de son énoncé, que rien, aucune expérience, ne permet de disjoindre l'un de l'autre. Ainsi, de toute discursivité, le perçu est-il l'originaire.

Aussi aura-t-il fallu le retour d'un vieux préjugé, celui d'une intransparence du sensible à l'intelligible, pour annoncer, au revers du plus avancé de la pensée, que l'apparaître n'est que leurre de l'exister, aveugle à ce qu'il est lui-même par l'Autre aliéné ; ou pour forger un appareil tel que l'apparaître y soit impropre à mieux qu'un calcul sur les apparences, qui interdit qu'il soit en son propre constitué. Ces préjugés, dès l'origine fondés sur l'irréductible dualité du sensible et de l'idée, n'ont cessé de masquer que, de l'un à l'autre, c'est *l'opérateur axiomatico-logique* qui les conjoint. Aussi est-il paradoxal qu'adossés à la vieille et primaire opposition des termes, Lacan ait cru devoir la

---

1. Je reprends cette formulation à Badiou sans en retrouver la place. Je défie qui que ce soit de n'y pas souscrire.

fonder sur un déficit logique de l'image, et Badiou sur l'altérité d'une logique qui lui serait propre. L'un comme l'autre apercevait bien le lieu du problème mais s'aveuglait à ce qu'il suffit d'ouvrir les yeux pour voir, et que j'ai pointé comme la discursivité sans reste de l'image. L'aveuglement se portait d'ailleurs aussi bien à l'autre bout de la chaîne, excluant que le formalisme logique et même, comme j'ai tenté de le montrer, axiomatique puisse s'encanailler dans la facticité de l'apparaître. Le résultat est que toute parole sur le sensible est menacée ou par le phénoménologique, de préférence existentiel, ou par le mutisme du déictique. À ces embarras, la réponse qu'une vieille obstination parmédienne dénie, c'est que *le "monde" dans son apparaître est au perçu comme au parménidien de la droite pensée*. Et que la réalité n'a cure de ce qui forcerait le discours à faire exception à lui-même en tant qu'il a pour objet l'apparaissant de l'être-là. Il y a un transfert d'horreur singulier qui fait glisser Badiou de la démocratie à l'être-là, et Lacan du sac de peau, vide ouvert où vient s'encadrer le fantasme, à l'espace, même géométrisé. Le perçu promet plus de sérénité. L'être-là y est le garant de ce que je requérais en commençant : assurer qu'il n'y a nulle disjonction de la réalité et de la pensée.

Le perçu est, dans son tissu, énoncé d'Uns provisionnels. De tels énoncés sont le faire-un d'une consistance. Pour autant que c'est celle du sensible, elle s'avère réglée par une axiomatique, celle d'un *continuum* que deux coupures insignent d'un écart. Pour autant, la consistance, si elle est le premier mot, n'est pas le dernier. Tout énoncé requiert, pour garantie de son point d'Un, la souscription d'une fonction-sujet qui le referme, et qui, n'y ayant pas d'autre fonction, ne peut être que dépourvue d'argument : de tout énoncé d'Un, il faut qu'un Un vide réponde. Tout énoncé requiert, pour la matière de son point d'Un, la souscription de ce qu'il a d'être, qui précède toute opération et qui, à ce titre, ne peut être qu'inconsistant : faisant fond à l'Un d'étant d'une Multiplicité de multiplicités que nous avons écrite in-finie. Dans l'apparaître, ce qui est, et dans ce qui est, l'être, ce n'est qu'en disjoignant celui-ci de l'apparaître qu'on l'induit ; mais c'est la constitution de l'apparaître qui le prescrit. Dans l'apparaître, une chaîne d'énoncés qui consistent, et dans ce qui consiste un sujet qui n'est que le sien, ce n'est qu'en son inclusion à l'énoncé qu'il est requis, mais c'est parce qu'un énoncé, sans quoi, se délierait, qu'on le reconnaît prescrit.

Toujours ouverte sur un supplément d'être, autrement dit débordée par une infinité d'éléments, toujours nouée par un Un vide, autrement dit creusée par le sans élément, l'axiomatico-logique du perçu est tout le contraire d'une discursivité piétonnière : sa véridicité ne va pas sans que s'y imposent les points d'outrepassement qui sont l'intitulé d'une vérité. Ces points-là, il restera toujours que nul mieux que Lacan et Badiou n'aura cherché à en démontrer la portée et les conséquences. Mais le mal qu'ils se sont donné pour ne pas en reconnaître l'immanence au perçu les a fait disjoindre ce qui est conjoint dans l'expérience, remettre le statut de l'intelligible à une absence de précédent, et manquer ce que j'ai nommé la joie de voir se lever le *Logos* dans la matière de l'*aisthètos*.

Nous ne sommes ni aveugles ni divins, nous sommes des *opérateurs* : refaisant pour notre compte, quand nous nous faisons adéquats au perçu, les opérations dont il est fait. Nous sommes projetés par là hors de notre étance, nous portant à ce qui, comme opération *sur* l'être, n'*en* "est" pas. Ce qui doit s'écrire ainsi commande que la réalité ellemême requiert la dualité de son fond neutre d'être et de ce qui règle l'être-là comme intelligibilité. Il n'y a là-dessus rien de plus à avancer, et encore moins à hypostasier. Je l'ai souvent dit, l'Autre lui-même est factice. Suffit qu'il réponde de ce qu'esr l'intelligibilité. Mais il en répond de par soi : ce dont la consistance se norme ne nous appartient pas. Autant le perçu atteste-t-il de l'intelligibilité de la réalité, et sous l'espèce même de son apparaître, autant il avère que la transparence de l'intelligible est là comme un Là sans au-delà.

À ce Là, il faut bien que l'existant soit de quelque façon adéquat, ou, comme j'ai dit, qu'avec lui il con-siste. C'est pourquoi il fallait encore que soit requis pour lui le *dire-Je* qui, au fil de l'opération, l'y représente : signifiant d'un n'"être" de discours, qu'on ne saurait prêter à notre être, qui n'a d'effectivité qu'à la mesure des énoncés qui l'autorisent, témoin, sur le versant du Logos, du chiasme de l'existence. Un signifiant n'est en rien un transcendantal, il n'est pas plus qu'un des termes requis par l'énoncé pour qu'il se norme. Signifiant, le dire-Je, qui ek-siste à notre existence mais qui, d'être comme tout signifiant toujours disponible, atteste qu'elle peut ek-sister Là.

Quant au sujet-lui-même – faudra-t-il redire qu'il n'y en a pas d'autre que celui de la chaîne énoncée, même si l'existence s'y trouve, par le ressaut du dire-Je, en deçà de lui représentée ? –, un trait l'isole dans le bruit qui connote l'entière existence : il n'est ni celui de la parole, ni celui d'une subjectivation triomphante : ce qui le supporte et ce dont il est le point d'Un, c'est le discours du *cela là* : le discours du silence.

Photocomposition Nord Compo
Villeneuve d'Ascq

Impression réalisée sur CAMERON par
BRODARD ET TAUPIN
La Flèche

pour le compte des Éditions Fayard
en août 2007

Dépôt légal : septembre 2007
N° d'éditeur : 89329 – N° d'impression : 43181
35-10-3686-9/01

Imprimé en France